河南统计年鉴 2014

HENAN STATISTICAL YEARBOOK

2014

统计年鉴

河南统计年鉴

HENAN STATISTICAL YEARBOOK 2014

河南省统计局
国家统计局河南调查总队 编
Compiled by Henan Statistics Bureau
Henan General Team of Investigation under the NBS

总第31期 NO.31

中国统计出版社
China Statistics Press

2014 河南统计年鉴

图书在版编目（CIP）数据

河南统计年鉴. 2014 : 汉英对照 / 河南省统计局, 国家统计局河南调查总队编. -- 北京 : 中国统计出版社, 2014.9

ISBN 978-7-5037-7299-3

Ⅰ. ①河… Ⅱ. ①河… ②国… Ⅲ. ①统计资料－河南省－2014－年鉴－汉、英 Ⅳ. ①C832.61-54

中国版本图书馆CIP数据核字（2014）第218640号

河南统计年鉴-2014

作　　者/ 河南省统计局　国家统计局河南调查总队
责任编辑/ 佘竞雄　刘金成
责任校对/ 朱　涛
装帧设计/ 梁裕宇
出版发行/ 中国统计出版社
地　　址/ 北京市丰台区西三环南路甲6号　邮政编码/100073
电　　话/ 邮购（010）63376909　书店（010）68783171
网　　址/ http://csp.stats.gov.cn
印　　刷/ 1-3000册
经　　销/ 新华书店
开　　本/ 890mm×1240mm　1/16
字　　数/ 1600千字
印　　张/ 64
版　　别/ 2014年9月第1版
版　　次/ 2014年9月第1次印刷
定　　价/ 320.00元

本书附同版本CD-ROM一张，光盘内容以书面文字为准。

如有印装差错，由本社发行部调换。

《河南统计年鉴－2014》

编委会和编辑部工作人员名单

Editorial Board and Staff

编辑说明

一、《河南统计年鉴—2014》是一部全面反映河南省经济和社会发展情况的资料性年刊。本书收录了全省和各市(县)2013年以及重要历史年份的经济和社会各方面大量的统计数据，并收录了全国及各省市区2013年的主要统计数据。

二、全书内容分为30个部分，即，1、行政区划和自然资源；2、综合；3、国民经济核算；4、人口；5、从业人员和职工工资；6、固定资产投资；7、对外贸易和旅游；8、能源；9、财政；10、物价；11、人民生活；12、城市概况；13、农业；14、工业；15、建筑业；16、交通运输、仓储、邮政业；17、信息传输、软件和信息技术服务业；18、批发和零售业、住宿和餐饮业；19、金融业；20、房地产业；21、租赁和商务服务业；22、科技；23、水利、环境和公共设施管理业；24、居民服务、修理和其他服务业；25、教育；26、卫生和社会工作；27、文化、体育和娱乐业；28、公共管理、社会保障和社会组织；29、各县（市、区）主要统计指标；30、全国及各省市区主要统计指标。各篇前有简要说明，篇末附有《主要统计指标解释》。

三、本年鉴的资料来源，大部分来自年度统计报表，一部分来自抽样调查。

四、资料中所使用的度量衡单位均采用国际统一标准计量单位。

五、 本年鉴部分数据合计数或相对数由于单位取舍不同而产生的计算误差均未作机械调整。

六、本年鉴各表中，有关对全表的注解均在该表上方，对表中部分指标的注解则在该表下方。凡带续表的资料，对部分指标的注解一律在最后一张续表的下方。

七、本年鉴表中的符号使用说明：“空格”表示该项统计指标数据不详或无该项数据；“#”表示其中的主要项。

Preface

I. Henan Statistical Yearbook 2014, is an annual statistical publication, which comprehensively reflects the economy and society development of Henan. It widely covers data for 2013 and key statistical data in some historically important years of Henan, at data for 2013 year at the national level and the local levels of province ,autonomous region and municipality directly under the Central Government.

II. The yearbook contains the following twenty-nine parts, 1. Divisions of Administrative Areas and Natural Resources; 2.General Survey; 3.National Accounts; 4.Population; 5.Employment and Wages; 6.Investment in Fixed Assets, 7. Foreign Trade and Tourists; 8. Energy; 9.Government Finance; 10.Price Indices; 11.People's Livelihood; 12.General Survey of Cities; 13.Agriculture; 14.Industry; 15.Construction; 16.Transport, Storage and Post; 17.Information Transmission, software and Information technology services; 18.Wholesale and Retail Sale trades, Hotels and Catering Services; 19.Financial Intermediation; 20.Real Estate; 21.Leasing and Business Services; 22.Scientific Research and Technical Services; 23.Management of Water Conservancy, Environment and Public Facilities; 24.Services to Households, Repairing and Other Services; 25.Education; 26. Sanitation and Social Work; 27.Culture, Sports and Entertainment; 28.Public Management, social security and Social Organizations;29.Main Indicators of County （City, municipal districts）; 30.Main Indicators of the Whole Nation and 31 Provinces (Municipality, Autonomous Regions). there is brief description at the beginning of each chapter, and Explanatory Notes on Main Statistical Indicators are at the end of each chapter.

Ⅲ. The major data sources of this publication are obtained from annual statistical reports, and some from sample surveys.

Ⅳ. The units of measurement used in this yearbook are internationally standard measurement units.

V. Statistical discrepancies due to rounding are not adjusted in this yearbook.

VI. The notes concerning the whole table are placed at the upper part of the table, while the notes concerning individual indicators are placed at the lower part. If the table occupied more than one page, the footnotes of the individual indicators are placed at the end of the last page.

VII. Notations used in this yearbook: "(Blank)" indicates that the data are unknown or are not available; "#"Indicates a major breakdown of the total.

目录索引

目　　录

CONTENTS

三、国民经济核算
National Accounts

五、从业人员与职工工资

Employment and Wages

六、固定资产投资
Investment in Fixed Assets

八、能源

Energy Sources

十一、人民生活
People's Livelihood

十二、城市概况

General Survey of Cities

十三、农业

Agriculture

十四、工业
Industry

十六、交通运输、仓储和邮政业
Transport, Storage and Post

十八、批发和零售业、住宿和餐饮业
Wholesale and Retail Sale trades, Hotels and Catering Services

十九、金融业

Financial Intermediation

二十四、居民服务、维修和其他服务业
Resident Services, Repairing and Other Services

二十五、教育
Education

二十六、卫生和社会工作

Sanitation and Social Work

二十七、文化、体育和娱乐业
Culture, Sports and Entertainment

二十八、公共管理、社会保障和社会组织

Public Management, Social Security and Social Organization

二十九、各县（市、区）主要统计指标

Main Indicators by County (City, District)

行政区划和自然资源

Divisions of Administrative Areas and Natural Resources

◉ 资料整理：王习涛　孔令惠

简要说明

一、主要内容

本篇包括行政区划资料，自然状况和自然资源资料。

二、资料来源

行政区划资料，是截止上年末经国务院批准的行政区划变更情况，由河南省民政厅提供。自然状况包括土地、山脉、河流等数据资料，根据有关历史资料整理。其中，气象资料由河南省气象局提供；矿产资源数据由河南省国土资源厅提供。本篇资料由河南省统计局社会与科技统计处和固定资产投资处编辑整理。

Brief Introduction

I. Main Contents

This chapter consists of three parts: divisions of administrative areas, Natural Conditions and Natural Resources.

II. Sources of Data

Data on divisions of administrative areas in Henan are prepared and provided by the Henan Province Bureau of Civil Affairs on the basis of the changes in the divisions of administrative areas as approved by the State Council at the end of the previous year. Data on natural conditions cover land area, mountain ranges, rivers, ocean and meteorological phenomena. Data on natural conditions are compiled by the Department of Comprehensive Statistics using relevant historical data. Data on meteorological phenomena and mineral are provided respectively by Henan Provincial Bureau of Meteorological and Henan Provincial Bureau of Land and Resources. Data in this chapter are sort out by Department of social and scientific and technological, and investment in fixed assets of Henan provincial bureau of statistics.

1-1 全省行政区划(2013年底)

Administrative Division of Henan Province (End of 2013)

单位：个 (unit)

市 City	市 City	省辖市 Cities Under the Jurisdication of Province	县级市 Cities at County Level	县 County	市辖区 Districts Under the Jurisdication of City	镇 Townships	乡 Townships	街道办事处 Urban Subdistrict Offices	居民委员会 Neighbourhood Committees	村民委员会 Village Committees
全 省 Total	**38**	**17**	**21**	**88**	**50**	**1085**	**755**	**566**	**4287**	**46997**
郑州市 Zhengzhou	6	1	5	1	6	74	16	83	666	2318
开封市 Kaifeng	1	1		5	5	36	54	25	143	2379
洛阳市 Luoyang	2	1	1	8	6	99	32	55	414	2770
平顶山市 Pingdingshan	3	1	2	4	4	48	42	49	227	2558
安阳市 Anyang	2	1	1	4	4	57	35	43	220	3267
鹤壁市 Hebi	1	1		2	3	14	5	23	163	811
新乡市 Xinxiang	3	1	2	6	4	73	48	30	224	3533
焦作市 Jiaozuo	3	1	2	4	4	36	20	50	183	1822
濮阳市 Puyang	1	1		5	1	35	40	12	73	2940
许昌市 Xuchang	3	1	2	3	1	54	24	20	310	2115
漯河市 Luohe	1	1		2	3	33	15	3	69	1239
三门峡市 Sanmenxia	3	1	2	3	1	29	33	12	126	1342
南阳市 Nanyang	2	1	1	10	2	141	63	37	355	4508
商丘市 Shangqiu	2	1	1	6	2	87	87	18	177	4598
信阳市 Xinyang	1	1		8	2	80	91	36	374	2929
周口市 Zhoukou	2	1	1	8	1	91	78	32	202	4796
驻马店市 Zhumadian	1	1		9	1	87	72	33	267	2616
济源市 Jiyuan	1		1			11		5	94	456

注：济源市为省直辖县级行政单位。
a) Jiyuan is the county level administrative unit crowned by provincial.

1-2 各市、县(市、区)名称(2013年底)

Name of Administrative Area (End of 2013)

市 Cities	县(市、区)数(个) Counties (unit)	市辖县 Counties Under the Jurisdiction of Cities	市辖区 Districts Under the Jurisdiction of Cities	县级市 Cities at County Level
郑州市 Zhengzhou		中牟 Zhongmou	中原区、二七区、管城回族区、金水区、上街区、惠济区 Zhongyuan,Erqi,Guancheng Huizu,Jinshui,Shangjie,Huiji	巩义市 Gongyi 荥阳市 Xingyang 新郑市 Xinzheng 登封市 Dengfeng 新密市 Xinmi
开封市 Kaifeng		杞县、通许、尉氏、开封、兰考 Qixian,Tongxu,Weishi,Kaifeng,Lankao	龙亭区、顺河回族区、鼓楼区、禹王台区、金明区 Longting,Shunhe Huizu,Gulou,Yuwangtai,Jinming	
洛阳市 Luoyang		孟津、新安、栾川、嵩县、汝阳、宜阳、洛宁、伊川 Mengjin,Xin'an,Luanchuan,Songxian,Ruyang,Yiyang,Luoning,Yichuan	老城区、西工区、瀍河回族区、涧西区、吉利区、洛龙区 Laocheng,Xigong,Chanhe Huizu,Jianxi,Jili,Luolong	偃师市 Yanshi
平顶山市 Pingdingshan		宝丰、叶县、鲁山、郏县 Baofeng,Yexian,Lushan,Jiaxian	新华区、卫东区、湛河区、石龙区 Xinhua,Weidong,Zhanhe,Shilong	汝州市 Ruzhou 舞钢市 Wugang
安阳市 Anyang		安阳、汤阴、滑县、内黄 Anyang,Tangyin,Huaxian,Neihuang	文峰区、北关区、殷都区、龙安区 Wenfeng,Beiguan,Yindu,Longan	林州市 Linzhou
鹤壁市 Hebi		浚县、淇县 Xunxian,Qixian	鹤山区、山城区、淇滨区 Heshan,Shancheng,Qibin	
新乡市 Xinxiang		新乡、获嘉、原阳、延津、封丘、长垣 Xinxiang,Huojia,Yuanyang,Yanjin,Fengqiu,Changyuan	红旗区、卫滨区、凤泉区、牧野区 Hongqi,WeiBin,Fengquan,Muye	卫辉市Weihui 辉县市Huixian
焦作市 Jiaozuo		修武、博爱、武陟、温县 Xiuwu,Boai,Wuzhi,Wenxian	解放区、中站区、马村区、山阳区 Jiefang,Zhongzhan,Macun,Shanyang	沁阳市Qinyang 孟州市Mengzhou
濮阳市 Puyang		清丰、南乐、范县、台前、濮阳 Qingfeng,Nanle,Fanxian,Taiqian,Puyang	华龙区 Hualong	
许昌市 Xuchang		许昌、鄢陵、襄城 Xuchang,Yanling,Xiangcheng	魏都区 Weidu	禹州市Yuzhou 长葛市Changge
漯河市 Luohe		舞阳、临颍、 Wuyang,Linying	源汇区、郾城区、召陵区 Yuanhui，Yancheng, Zhaoling	
三门峡市 Sanmenxia		渑池、陕县、卢氏 Mianchi,Shanxian,Lushi	湖滨区 Hubin	义马市Yima 灵宝市Lingbao
南阳市 Nanyang		南召、方城、西峡、镇平、内乡、淅川、社旗、唐河、新野、桐柏 Nanzhao,Fangcheng,Xixia,Zhenping,Neixiang Xichuan,Sheqi,Tanghe,Xinye,Tongbai	卧龙区、宛城区 Wolong,Wancheng	邓州市 Dengzhou
商丘市 Shangqiu		虞城、民权、宁陵、睢县、夏邑、柘城 Yucheng,Minquan,Ningling,Suixian,Xiayi,Zhecheng	梁园区、睢阳区 LiangYuan,Suiyang	永城市 Yongcheng
信阳市 Xinyang		息县、淮滨、潢川、光山、固始、商城、罗山、新县 Xixian,Huaibin,Huangchuan,Guangshan,Gushi,Shangcheng,Luoshan,Xinxian	浉河区、平桥区 Shihe,Pingqiao	
周口市 Zhoukou		扶沟、西华、商水、太康、鹿邑、郸城、淮阳、沈丘 Fugou,Xihua,Shangshui,Taikang,Luyi,Dancheng,Huaiyang,Shenqiu	川汇区 Chuanhui	项城市 XiangCheng
驻马店市 Zhumadian		确山、泌阳、遂平、西平、上蔡、汝南、平舆、新蔡、正阳 Queshan,Biyang,Suiping,Xiping,Shangcai Runan,Pingyu,Xincai,Zhengyang	驿城区 Yicheng	
济源市 Jiyuan				济源市 Jiyuan

1－3 自然资源
Natural Resources

项　目	Item	2005	2010	2012	2013
地理位置	**Geographical Position**				
东经	East Longitude	110°21′～116°391′	110°21′～116°391′	110°21′～116°391′	110°21′～116°391′
北纬	North Latitude	31°23′～36°23′	31°23′～36°23′	31°23′～36°23′	31°23′～36°23′
土地	**Land**				
土地面积(万平方公里)	Land Area(10 000sq.km)	16.70	16.70	16.70	16.70
#山区	Mountain Area	4.44	4.44	4.44	4.44
丘陵	Hills	2.96	2.96	2.96	2.96
平原	Plain	9.30	9.30	9.30	9.30
在山区、丘陵面积中	In Mountains and Hills				
太行山脉	Taihang Mountains	0.83	0.83	0.83	0.83
伏牛山脉	Funiu Mountains	4.97	4.97	4.97	4.97
桐柏山脉	Tongbai Mountains	0.21	0.21	0.21	0.21
大别山脉	Dabie Mountains	1.39	1.39	1.39	1.39
按四大水系分	By Major River System				
淮河流域	Huaihe River	8.83	8.83	8.83	8.83
黄河流域	Yellow River	3.62	3.62	3.62	3.62
海河流域	Hai River	1.53	1.53	1.53	1.53
长江流域	Yangtse River	2.72	2.72	2.72	2.72
气候	**Climate**				
平均气温(摄氏度)	Average Temperature(℃)	12.2～16.0	12.4～16.1	12.2～16.0	13.5～16.8
年降水总量(毫米)	Total precipitation(mm)	451～1525	432～1632	257～1021	334.4～961.2
日照时数(小时)	Sunshine Hours(Hours)	1607～2274	1328～2350	1260～2438	1302.8～2315.6
矿产资源(保有储量)	**Mineral Resources (Ensured Reserves)**				
煤炭(亿吨)	Coal(100 million tons)	260.00	279.74	266.02	272.82
铁矿(矿石,亿吨)	Iron Ore(100 million tons)	10.60	16.35	17.85	18.84
铝矿(铝土矿矿石,亿吨)	Aluminium(100 million tons)	4.59	7.84	7.15	6.86
钼矿(钼,万吨)	Molybdenum(10 000 tons)	374.60	365.05	462.92	491.37
金矿(金,吨)	Gold mine(ton)	353.58	379.15	524.34	549.04
钛矿(金红石 万吨)	Titanium ore (10 000 tons)	375.08	399.67	407.48	407.48
钒矿(V2O5 万吨)	Vanadium ore (V2O5,10 000 tons)	8.61	30.81	203.01	200.54
炼镁白云岩(矿石 亿吨)	Smelting magnesium dolomite (100 million tons)	0.32	1.45	1.78	1.78
钨矿(VO3 万吨)	Tungsten (VO3,10 000 tons)	56.63	43.86	30.90	29.14
蓝晶石(万吨)	kyanite(10 000 tons)	416.60	355.26	352.30	352.30
红柱石(万吨)	andalusite(10 000 tons)	1016.89	995.38	995.38	995.38
天然碱(矿物,万吨)	trona(10 000 tons)	8384.90	8830.11	14380.59	13818.41

1-4　各城市气候情况(2013)
Climate by City (2013)

市　City	年平均气温(摄氏度) Average Temperature(℃)	年极端最高气温(摄氏度) Extreme maximum Temperature(℃)	年极端最低气温(摄氏度) Extreme minimum Temperature(℃)	年平均相对湿度(%) Average relative humidity (%)	全年日照时数(小时) Sunshine Hours(Hours)	全年降水量(毫米) Total precipitation(mm)
郑　州　市 Zhengzhou	16.1	39.6	-9.3	53	1925.6	353.2
开　封　市 Kaifeng	15.7	38.7	-7.3	61	1835.8	335.3
洛　阳　市 Luoyang	15.2	39.2	-8.7	61	2263.8	392.0
平 顶 山 市 Pingdingshan	16.2	40.6	-8.1	62	1729.5	513.4
安　阳　市 Anyang	14.1	38.8	-13.6	67	1677.1	429.8
鹤　壁　市 Hebi	13.6	38.4	-14.2	72	2250.6	498.7
新　乡　市 Xinxiang	15.4	37.8	-10.4	65	1814.8	466.9
焦　作　市 Jiaozuo	16.3	38.9	-9.5	58	1956.7	443.2
濮　阳　市 Puyang	14.0	36.5	-14.2	67	2263.6	476.8
许　昌　市 Xuchang	14.7	38.9	-11.3	69	1823.2	491.4
漯　河　市 Luohe	15.5	39.8	-9.9	68	2120.7	794.9
三 门 峡 市 Sanmenxia	15.1	39.2	-10.0	58	1944.2	338.5
南　阳　市 Nanyang	16.7	40.3	-7.6	62	1799.7	765.9
商　丘　市 Shangqiu	15.2	38.6	-10.4	68	1890.5	648.1
信　阳　市 Xinyang	16.6	40.1	-7.1	67	1753.8	952.0
周　口　市 Zhoukou	16.6	39.6	-7.0	61	1907.9	739.2
驻 马 店 市 Zhumadian	16.5	39.3	-6.8	66	1931.8	693.7
济　源　市 Jiyuan	15.6	38.9	-10.3	65	1659.8	474.6

主要统计指标解释

行政区划 指国家对行政区域的划分。根据有关法规规定，我国的行政区域划分如下：(1)全国分为省、自治区、直辖市；(2)省、自治区分为自治州、县、自治县、市；(3)自治州分为县、自治县、市；(4) 自治区、自治州、自治县都是民族自治的地方；县、自治县分为乡、民族乡、镇；(5)直辖市和较大的市分为区、县；(6)国家在必要时设立的特别行政区。

Explanatory Notes on Main Statistical Indicators

Divisions of Administrative Areas refers to the division of administrative areas by the State. The relative laws stipulate that 1) the whole country is divided into provinces, autonomous regions and municipalities directly under the Central Government; 2) provinces and autonomous regions are further divided into autonomous prefectures, counties, autonomous counties and cities; 3) autonomous prefectures are further divided into counties, autonomous counties and cities; 4) counties and autonomous counties are further divided into townships, ethnic townships and towns; 5) municipalities directly under the Central Government and large cities are divided into districts and counties, 6) the State shall, when necessary, establish special administrative regions.

综合
General Survey

● 资料整理：方伟平　朱　涛　孙崇龙

简要说明

一、主要内容

本篇包括国民经济综合资料，基本单位资料，产业聚集区和航空港区资料。

二、资料来源

国民经济综合资料是通过对各篇章主要统计指标及其速度、结构和效益等加工计算的，由河南省统计局综合处编辑整理。

基本单位资料主要包括所有法人单位和产业活动单位数，根据名录库中各部门的单位审批登记资料和经常性统计调查中查到的新增、变动和消亡单位情况进行汇总。本部分资料由河南省统计局普查中心编辑整理。

产业聚集区和航空港区资料由河南省统计局监测评价考核处编辑整理。

Brief Introduction

I. Main Contents

This chapter consists of following parts: summary data on the national economy and social development, Institutional unit, Main economic indicators of industry gathering area and zhengzhou Airport.

II. Sources of Data

The summary data on the national economy and social development reflect the overall situation by presenting further processed statistics including growth, structure, ratio, and efficiency data derived from other chapters.

Data on institutional unit include legal and establishment units, which are calculated on directory library and increase, change and reduce unit in regular surreys. Data in this part are prepared by Census Center of Henan provincial Bureau of statistics.

Data on industry gathering area and zhengzhou Airport is prepared by Assessment of Henan provincial Bureau of Statistics.

2-1　河南省主要统计指标居全国位次
The Main Indicator Seating Arrangement of Henan in Nation

指　标	Indicator	2000	2005	2009	2010	2012	2013
生产总值	Gross Domestic Product	5	5	5	5	5	5
生产总值增速	Growth of Gross Domestic Product	14	5	22	21	20	21
固定资产投资	Total Investment in Fixed Assets	11	6	4	4	4	3
#房地产开发	Real Estate	18	15	9	10	10	8
居民消费价格指数	General Consumer Price Index	26	9	19	13	22	13
公共财政预算收入	Financial Revenue of the Local Government	9	8	9	9	10	9
公共财政预算支出	Financial Expenditures of the Local Government	7	7	6	5	5	5
规模以上工业增加值增速	Growth Rate of Industrial Enterprises above Designated Size	17	4	14	14	14	15
社会消费品零售总额	Total Retail Sales of Consumer Goods	5	5	5	5	5	5
进出口总额	Total Exports and Imports	18	16	17	16	12	12
进口	Imports	21	18	16	19	11	11
出口	Exports	14	13	18	17	12	12
农民人均纯收入	Per Capita Net Income of Rural Residents	18	19	17	17	16	16
城镇居民人均可支配收入	Per Capita Annual Disposable Income of Urban Households	30	20	16	17	20	21
在岗职工平均工资	Average Wage of Staff and Workers	30	30	23	26	30	31

注：2010年以前固定资产投资为城镇口径。(下表同)
a)Data on investment in fixed assets before 2010 is urban investment.(the same as following table)

2-2　河南省主要统计指标占全国比重
The Main Indicator Poroportion of Henan in Nation

单位：%　　　　(%)

指　标	Indicator	1952	1978	1990	2000	2010	2012	2013
生产总值	Gross Domestic Product	5.3	4.5	5.0	5.1	5.3	5.7	5.7
第一产业	Primary Industry	6.6	6.3	6.4	7.8	8.0	7.2	7.1
第二产业	Secondary Industry	5.8	4.0	4.3	5.0	6.0	7.1	7.1
第三产业	Tertiary Industry	2.8	3.3	4.7	4.1	3.7	4.0	3.9
人均生产总值	Per Capita GDP		60.9	66.4	69.4	81.5	81.9	81.5
全社会固定资产投资总额	Total Investment in Fixed Assets		2.7(1980年)	4.6	4.5	6.0	5.7	5.8
#固定资产投资	Investment in Fixed Assets		3.1(1980年)	3.8	3.6	5.8	5.6	5.8
公共财政预算收入	Financial Revenue of the Local Government	2.5	3.5	4.3	3.8	3.4	3.3	3.5
公共财政预算支出	Financial Expenditures of the Local Government	1.0	4.7	4.3	4.3	4.6	4.7	4.7
粮食产量	Output of Grain	6.3	6.9	7.4	8.9	9.9	9.6	9.5
社会消费品零售总额	Total Retail Sales of Consumer Goods	3.9	4.6	3.8	4.8	5.1	5.2	5.2
进出口总额	Total Exports and Imports	0.1(1957年)	0.6	0.9	0.5	0.6	1.3	1.4
#出口额	Exports	0.3(1957年)	1.0	1.4	0.6	0.7	1.5	1.6
城镇居民人均可支配收入	Per Capita Annual Disposable Income		91.7	76.3	75.9	83.4	83.2	83.1
农民人均纯收入	Per Capita Net Income of Rural Residents		78.4	76.8	88.1	93.3	95.0	95.3

2–3　国民经济和社会发展总量和速度指标

指　标	Item	1978	2000	2005	2010
人口与就业	**Population and Employment**				
人口(万人)	**Population (10 000 persons)**				
年底总人口	Population (year-end)	7067	9488	9768	10437
#城镇人口	Urban	963	2201	2994	4052
常住人口	Residents popolation			9380	9405
就业(万人)	**Employment (10 000 persons)**				
年底从业人员	Employment(year-end)	2807	5572	5662	6042
#在岗职工	Staff and Workers	420	718	681	723
城镇登记失业人数	Registered Unemployed in Urban Areas	15.74	21.40	33.02	38.20
宏观经济	**Macroeconomy**				
国民核算	**National Accounting**				
生产总值(亿元)	Gross Domestic Product (100 million yuan)	162.92	5052.99	10587.42	23092.36
第一产业	Primary Industry	64.86	1161.58	1892.01	3258.09
第二产业	Secondary Industry	69.45	2294.15	5514.14	13226.38
#工业	Industry	59.20	2000.04	4896.01	11950.88
第三产业	Tertiary Industry	28.61	1597.26	3181.27	6607.89
人均生产总值(元)	Per Capita GDP (yuan)	232	5450	11346	24446
固定资产投资(亿元)	**Investment in Fixed Assets (100 million yuan)**				
全社会固定资产投资总额	Total Investment in Fixed Assets		1475.72	4378.69	16585.85
#固定资产投资	Investment in Fixed Assets		1176.76	3928.49	15799.21
#工业投资	Industry		446.77	1938.66	8223.57
#房地产开发投资	Real Estate Development		77.87	388.52	2114.08
对外贸易	**Foreign Trade**				
进出口总额(万美元)	Total Exports and Imports (USD 10 000)	11843	227486	773604	1779157
进口额	Imports	1612	78148	263511	725710
出口额	Exports	10231	149338	510093	1053447
利用外资(万美元)	**Utilization of Foreign Capital (USD 10 000)**				
实际利用外商直接投资	Actually Utilized Direct Foreign Investments		53999	122960	624670
能源(万吨标准煤)	**Energy (10 000 tons of SCE)**				
能源生产总量	Total Energy Production	4434	6591	14522	18672
能源消费总量	Total Energy Consumption	3353	7919	14625	21438
财政(亿元)	**Public Finance (100 million yuan)**				
公共财政预算收入	Public Financial Revenue of the Local Government	33.73	246.47	537.65	1381.32
公共财政预算支出	Public Financial Expenditures of the Local Government	27.67	445.53	1116.04	3416.14
物价总指数(以上年为100)	**Price Indices (preceding year=100)**				
居民消费价格总指数	General Consumer Price Index	100.1	99.2	102.1	103.5
商品零售价格总指数	General Retail Price Index	100.1	98.5	101.7	103.7
农业生产资料价格总指数	Means of Agricultural Production Price Index	97.9	99.6	107.9	103.1
人民生活	**People's Livelihood**				
城镇居民人均可支配收入(元)	Per Capita Annual Disposable Income of Urban Households (yuan)	291.00	4766.26	8667.97	15930.26
城镇居民人均消费性支出(元)	Per Capita Annual Living Expenditure of Urban Residents (yuan)	274.00	3830.71	6038.02	10838.49
农民人均纯收入(元)	Per Capita Net Income of Rural Residents (yuan)	104.71	1985.82	2870.58	5523.73
农民人均生活消费支出(元)	Per Capita Living Expenditure of Rural Households (yuan)	81.70	1315.83	1891.57	3682.21
在岗职工平均工资(元)	Average Wage of Staff and Workers (yuan)	590	6930	14282	30303

Principal Aggregate Indicators on National Economic and Social Development and Growth Rates

2012	2013	2013年为以下各年% 2013 as % of the Following years					年均增长速度(%) Average Annual Growth Rate		
		1978	2000	2005	2010	2012	1979-2013	2001-2013	2011-2013
10543	10601	150.0	111.7	108.5	101.6	100.6	1.2	0.9	0.5
4473	4643	482.1	210.9	155.1	114.6	103.8	4.6	5.9	4.6
9406	9413			100.4	100.1	100.1			0.0
6288	6387	227.5	114.6	112.8	105.7	101.6	2.4	1.1	1.9
850	1023	243.6	142.5	150.2	141.5	120.4	2.6	2.8	12.3
38.27	40.19	255.3	187.8	121.7	105.2	105.0	2.7	5.0	1.7
29599.31	32155.86	4056.4	422.8	246.4	134.4	109.0	11.2	11.7	10.4
3769.54	4058.98	696.8	188.2	144.4	112.9	104.3	5.7	5.0	4.1
16672.20	17806.39	7982.1	559.2	285.2	138.8	110.0	13.3	14.2	11.5
15017.56	15960.60	8666.1	586.6	294.7	139.8	109.9	13.6	14.6	11.8
9157.57	10290.49	7146.9	398.8	239.9	135.9	108.8	13.0	11.2	10.8
31499	34174	2970.9	416.5	244.3	134.9	108.9	10.2	11.6	10.5
21449.99	26087.45		2075.8	699.6	184.7	121.6		25.6	23.2
20558.61	25188.06		2535.4	745.8	188.8	122.5		27.8	24.2
11024.18	13132.81		3554.6	873.6	193.1	119.1		31.9	26.5
3035.29	3843.76		4935.8	989.3	181.8	126.6		36.9	21.6
5175027	5995098	50621.4	2635.4	775.0	337.0	115.8	19.5	28.6	49.9
2207239	2395893	148628.6	3065.8	909.2	330.1	108.5	23.2	30.1	48.9
2967788	3599205	35179.4	2410.1	705.6	341.7	121.3	18.2	27.7	50.6
1211777	1345659		2492.0	1094.4	215.4	111.0		28.1	29.2
12666	13248	298.8	201.0	91.2	71.0	104.6	3.2	5.5	-10.8
23647	24756	738.3	312.6	169.3	115.5	104.7	5.9	9.2	4.9
2040.33	2415.45	7161.1	980.0	449.3	174.9	118.4	13.0	19.2	20.5
5006.40	5582.31	20174.6	1253.0	500.2	163.4	111.5	16.4	21.5	17.8
102.5	102.9								
102.3	101.9								
105.4	101.3								
20442.62	22398.03	1215.3	315.8	200.6	126.5	106.6	7.4	9.2	8.2
13732.96	14821.98	5409.5	386.9	245.5	136.8	107.9	12.1	11.0	11.0
7524.94	8475.34	1889.5	283.1	221.8	137.4	109.5	8.8	8.3	11.2
5032.14	5627.73	6888.3	427.7	297.5	152.8	111.8	12.9	11.8	15.2
37958	38804	1306.8	420.4	219.8	121.5	102.2	7.6	11.7	6.7

2-3 续表 1

指 标	Item	1978	2000	2005	2010
城市概况	**General Survey of Cities**				
供水总量(万立方米)	Volume of Tap Water Supply (10 000 cu.m)		191706	183436	179122
排水管道长度(公里)	Length of Sewer Pipelines (km)		6070	10201	14733
城市煤气、天然气家庭用量(万立方米)	Volume of Coal Gas and Natural Gas Supply in Urban Areas (10 000 cu.m)		30100	31384	63663
公共汽(电)车总数(标台)	Total Number of Public Buses and Trolley Buses (unit)		12514	12514	18912
道路长度(公里)	Length of Paved Roads (km)		4920	7090	9413
公园绿地面积(公顷)	Areas of Green Land (hectare)		6286	12644	18361
产 业	**Industry**				
农林牧渔业	**Farming Forestry, Animal Husbandry and Fishery**				
主要农产品产量	Output of Major Farm Products				
粮食(万吨)	Grain (10 000 tons)	2097.40	4101.50	4582.00	5437.10
#粮食生产核心区	The core area of grain production				5296.50
棉花(万吨)	Cotton (10 000 tons)	22.42	70.38	67.70	44.72
油料(万吨)	Oil-bearing Crops (10 000 tons)	24.16	392.55	449.60	540.72
烟叶(万吨)	Tobacco (10 000 tons)	29.95	27.60	28.84	28.75
园林水果(万吨)	Fruits (10 000 tons)	47.11	364.73	555.69	795.99
年底大牲畜存栏头数(万头)	Large Animals (year-end) (10 000 heads)	515.03	1445.73	1508.80	1044.80
年底生猪存栏头数(万头)	Hogs (year-end) (10 000 heads)	1724.90	3787.69	4439.00	4547.00
年底羊存栏只数(万只)	Sheep and goats (year-end) (10 000 heads)	989.70	2961.40	3988.00	1895.40
肉类(万吨)	Meat (10 000 tons)	45.64	517.00	689.00	638.40
工业	**Industry**				
规模以上工业增加值(亿元)	value-added of Industrial Above Designated Size (100 million yuan)		1154.39	3200.23	9901.52
主要工业产品产量	Output of Major Industrial Products				
机制纸及纸板(万吨)	Machine-Made Paper and Paperboards (10 000 tons)	17.13	290.06	562.18	975.64
原煤(万吨)	Coal (10 000 tons)	5845	7578	18761	21349
原油(万吨)	Crude Oil (10 000 tons)	167.44	562.18	507.16	497.90
发电量(亿千瓦小时)	Electricity (100 million kwh)	130.68	694.93	1414.68	2283.84
生铁(万吨)	Pig Iron (10 000 tons)	109.72	508.88	973.00	2073.92
粗钢(万吨)	Steel (10 000 tons)	54.22	404.84	1226.62	2327.35
成品钢材(万吨)	Steel Products (10 000 tons)	30.94	405.62	1337.40	3196.42
农用化肥(折纯量)(万吨)	Chemical Fertilizer (10 000 tons)	51.92	258.56	396.64	439.25
水泥(万吨)	Cement (10 000 tons)	352.85	3723.00	6210.70	11479.73
平板玻璃(万重量箱)	Plate Glass (10 000 weight cases)	184.20	2425.41	3894.92	2414.41
主营业务收入(亿元)	Sales Revenue (100 million yuan)		3297.78	10114.21	36163.12
利润总额(亿元)	Total Profits (100 million yuan)		139.97	643.39	3302.22
建筑业	**Construction**				
施工房屋面积(万平方米)	Floor Space of Buildings Under Construction (10 000 sq.m)		5308.29	10813.15	28677.13
竣工房屋面积(万平方米)	Floor Space of Buildings Completed (10 000 sq.m)		2629.33	4787.12	13156.03
交通运输、仓储、邮政业	**Transport, Storage and Post**				
客运量(万人)	Passengers (10 000 persons)	11177	83912	98099	167804
#铁路	Railways	4319	4727	5842	8399
公路	Highways	6781	79017	91920	158630
货运量(万吨)	Freight (10 000 tons)	18206	60678	78827	202470
#铁路	Railways	6722	10172	14806	14224
公路	Highways	11321	50133	62684	183291
邮电业务总量(亿元)	Business Volume of Post and Telecommunications Service (100 million yuan)	0.71	130.06	556.50	486.11
批发和零售业、住宿和餐饮业	**Wholesale and Retail Trades、Accommodation and Catering Trade**				
社会消费品零售总额(亿元)	Total Retail Sales of Consumer Goods (100 million yuan)	71.79	1869.80	3380.88	8004.15

continued

2012	2013	2013年为以下各年% 2013 as % of the Following years					年均增长速度(%) Average Annual Growth Rate		
		1978	2000	2005	2010	2012	1979-2013	2001-2013	2011-2013
188538	188710		98.4	102.9	105.4	100.1		-0.1	1.8
17292	18297		301.4	179.4	124.2	105.8		8.9	7.5
76325	98199		326.2	312.9	154.2	128.7		9.5	15.5
21852	22790		182.1	182.1	120.5	104.3		4.7	6.4
10798	11235		228.4	158.5	119.4	104.0		6.6	6.1
21202	22226		353.6	175.8	121.1	104.8		10.2	6.6
5638.60	5713.69	272.4	139.3	124.7	105.1	101.3	2.9	2.6	1.7
5447.00	5455.00				103.0	100.1			1.0
25.69	18.97	84.6	27.0	28.0	42.4	73.8	-0.5	-9.6	-24.9
569.51	589.08	2438.2	150.1	131.0	108.9	103.4	9.6	3.2	2.9
30.68	34.65	115.7	125.5	120.1	120.5	113.0	0.4	1.8	6.4
870.43	888.30	1885.6	243.6	159.9	111.6	102.1	8.8	7.1	3.7
942.34	936.80	181.9	64.8	62.1	89.7	99.4	1.7	-3.3	-3.6
4587.28	4426.70	256.6	116.9	99.7	97.4	96.5	2.7	1.2	-0.9
1827.70	1830.30	184.9	61.8	45.9	96.6	100.1	1.8	-3.6	-1.2
677.35	699.08	1531.7	135.2	101.5	109.5	103.2	8.1	2.3	3.1
12654.83	13986.51		879.1	383.7	153.2	111.8		18.2	15.3
905.77	826.11	4822.6	284.8	146.9	84.7	91.2	11.7	8.4	-5.4
18058									
476.56	476.51	284.6	84.8	94.0	95.7	100.0	3.0	-1.3	-1.5
2626.90	2853.27	2183.4	410.6	201.7	124.9	108.6	9.2	11.5	7.7
2116.00	2551.91	2325.8	501.5	262.3	123.0	120.6	9.4	13.2	7.2
2215.78	2786.08	5138.5	688.2	227.1	119.7	125.7	11.9	16.0	6.2
3481.38	4255.19	13753.0	1049.1	318.2	133.1	122.2	15.1	19.8	10.0
435.47	535.89	1032.1	207.3	135.1	122.0	123.1	6.9	5.8	6.9
14805.09	16764.00	4751.0	450.3	269.9	146.0	113.2	11.7	12.3	13.5
1216.10	1128.00	612.4	46.5	29.0	46.7	92.8	5.3	-5.7	-22.4
52276.38	59975.16		1818.7	593.0	165.8	114.7		25.0	18.4
4016.39	4543.07		3245.7	706.1	137.6	113.1		30.7	11.2
38328.73	43408.63		817.8	401.4	151.4	113.3		17.5	14.8
16397.59	18179.14		691.4	379.8	138.2	110.9		16.0	11.4
208094	225738	2163.0	287.3	245.7	134.5	108.5	9.2	8.5	10.4
9628	11160	215.8	197.2	159.5	132.9	115.9	2.2	5.4	9.9
197785	213900	3383.1	290.3	249.6	134.8	108.1	10.6	8.5	10.5
272240	304369	1414.4	423.7	326.1	150.3	111.8	7.9	11.7	14.6
12779	12762	215.2	142.2	97.7	89.7	99.9	2.2	2.7	-3.6
251772	282970	2081.5	470.1	375.9	154.4	112.4	9.1	12.6	15.6
661.36	794.93	283047.1	1894.6	442.8	163.5	120.2	25.5	25.4	17.8
10915.62	12426.61	17345.0	666.0	368.3	155.6	113.8	15.9	15.7	15.9

2-3 续表 2

指 标	Item	1978	2000	2005	2010
金融业(亿元)	**Finance (100 million yuan)**				
金融机构年底存款余额	Deposits of National Banking System	45.71	4753.41	10003.96	23148.83
金融机构年底贷款余额	Loans of National Banking System	99.99	4356.94	7434.53	15871.32
城乡居民储蓄存款年底余额	Balance of Savings Deposit of Rural and Urban Residents (year-end)	9.81	3182.08	6488.55	12883.70
租赁和商务服务业	**Leasing and Business Services**				
接待旅游者人数(万人次)	Number of foreign tourists (10 000 person-times)		32.50	60.05	146.84
旅游外汇收入(万美元)	Foreign Exchange Earnings from Tourism (USD 10 000)		12390	21604	49877
科学研究、技术服务和地质勘查业	**Scientific Research, Technical Services and Geologic Prospecting**				
研究与试验发展(R&D)经费内部支出(亿元)	Intramural Expenditures on R&D (100 million yuan)		24.80	55.61	211.38
技术市场成交额(亿元)	Volume of Transaction in Technical Markets (100 million yuan)		21.16	26.37	27.69
三种专利授权量(项)	Three Types of Patent Application Granted (item)		2766	3748	16539
水利、环境和公共设施管理业	**Management of Water Conservancy, Environment and Public Facilities**				
水资源总量(亿立方米)	Total Amount of Water Resources (100 million cu.m)		669.95	558.56	534.89
环境污染治理投资总额(亿元)	Total Investment in Treatment of Environment Pollution (100 million yuan)		8.06	82.34	132.25
教育	**Education**				
专任教师数(万人)	Number of Full-time Teachers (10 000 persons)				
高等学校	Institutions of Higher Education	0.54	2.02	4.63	7.75
普通中学	Regular Secondary School	29.34	30.86	37.30	38.10
小学	Primary Schools	42.88	45.93	47.55	49.04
在校学生数(万人)	Students Enrollment (10 000 persons)				
高等学校	Institutions of Higher Education	2.73	26.24	85.19	145.67
普通中学	Regular Secondary School	521.62	638.14	758.22	661.56
小学	Primary Schools	1140.26	1130.63	986.84	1070.53
卫生、社会保障和社会福利业	**Health, Social Security and Social Welfare**				
卫生机构床位数(万张)	Number of Beds in Health Institutions (10 000 units)	10.20	19.86	21.40	32.76
#医院、卫生院	Hospitals	9.73	18.34	20.23	30.44
卫生技术人员数(万人)	Number of Medical Technical Personnel (10 000 persons)	11.44	26.84	28.92	37.28
#医生	Doctors	4.38	11.11	11.11	15.48
文化、体育和娱乐业	**Culture, Sports and Entertainment**				
图书出版数(万册)	Number of Books Published (10 000 copies)		35077	27260	20150
期刊出版数(万册)	Number of Magazines Issued (10 000 copies)		10721	9323	8524
报纸出版数(万份)	Number of Newspapers Issue (10 000 copies)		129104	197896	214158

注：1.本表价值量指标除邮电业务总量2001年以来为2000年不变价，1990-2000年按1990年不变价格计算，以前年度按1980年不变价格计算，其他价值量指标均按当年价格计算。(下同)。生产总值、工业增加值、邮电业务总量、城乡居民收入、在岗职工平均工资发展(增长)速度均按可比价格计算。
2.1994年始财政收入为分税制后新口径数据(下同),发展(增长)速度按可比口径计算。
3.在岗职工、工资1997年及以前年度为职工口径(下同)。
4.进出口总额1992年及以后年度为海关数，其他为有关部门数(下同)。

continued

2012	2013	2013年为以下各年% 2013 as % of the Following years					年均增长速度(%) Average Annual Growth Rate		
		1978	2000	2005	2010	2012	1979-2013	2001-2013	2011-2013
31970.43	37591.70	82244.6	790.84	375.8	162.4	117.6	21.1	17.2	17.5
20301.72	23511.41	23512.8	539.6	316.2	148.1	115.8	16.9	13.8	14.0
17528.08	20232.12	206239.8	635.8	311.8	157.0	115.4	24.4	15.3	16.2
190.77	207.33		637.9	345.2	141.2	108.7		15.3	12.2
61141	65997		532.7	305.5	132.3	107.9		13.7	9.8
310.78	355.35		1432.7	639.0	168.1	114.3		22.7	18.9
40.21	41.39		195.6	156.9	149.5	102.9		5.3	14.3
26833	29482		1065.9	786.6	178.3	109.9		20.0	21.3
265.50	215.20		32.1	38.5	40.2	81.1		-8.4	-26.2
178.21	288.10		3576.5	349.9	217.9	161.7		31.7	29.6
8.60	9.09	1683.3	450.0	196.3	117.3	105.7	8.4	12.3	5.5
38.97	38.80	132.2	125.7	104.0	101.8	99.6	0.8	1.8	0.6
49.69	49.45	115.3	107.7	104.0	100.8	99.5	0.4	0.6	0.3
155.90	161.83	5927.8	616.7	190.0	111.1	103.8	12.4	15.0	3.6
646.42	574.28	110.1	90.0	75.7	86.8	88.8	0.3	-0.8	-4.6
1079.20	939.98	82.4	83.1	95.3	87.8	87.1	-0.6	-1.4	-4.2
39.39	42.98	421.4	216.4	200.8	131.2	109.1	4.2	6.1	9.5
36.57	40.03	411.4	218.3	197.9	131.5	109.5	4.1	6.2	9.6
42.88	46.91	410.1	174.8	162.2	125.8	109.4	4.1	4.4	8.0
16.77	18.06	412.3	162.6	162.6	116.7	107.7	4.1	3.8	5.3
22919	23987		68.4	88.0	119.0	104.7		-2.9	6.0
9566	9748		90.9	104.6	114.4	101.9		-0.7	4.6
215265	214226		165.9	108.3	100.0	99.5		4.0	0.0

a) Figures in value terms in this table are Calculated at current prices, except that on the business transaction of post and telecommunications service since 2001 is calculated at 2000 constant prices.1990~2000 is calculated at 1990 constant prices.Figures on postal and telecommunication services before 1990 were calculated at 1980 constant prices,and those since 1991 were calculated at constant prices.The indices and growth rates of the follow indicators are calculated at GDP, value added of industry, Business volume of post and telecommunications, per capita income of urban and rural residents,comparable prices: wages of Fully Employed Staff and workers(the same as following tables)

b) Total financial revenue since tax reform began to be implemented in 1994(the same as following tables).The indices in this table are calculated at comparable prices.

c) Before 1997,Data of Number and Wage of Fully Employed Staff and workers Refer to Total Employed persons(the same as following tables).

d) Since 1992,the data of imports and exports in foreign trade begin to be obtained from custom statistics(the same as following tables).

2-4 国民经济和社会发展结构指标

Structural Indicators on National Economic and Social Development

单位：% (%)

指 标	Item	2000	2005	2010	2012	2013
人口	**Population**					
城乡结构	Urban and Rural Structure					
市镇	Urban	23.2	30.7	38.8	42.4	43.8
乡村	Rural	76.8	69.3	61.2	57.6	56.2
性别结构	Sexual Structure					
男	Male	51.6	51.6	51.8	51.8	51.8
女	Female	48.4	48.4	48.2	48.2	48.2
就业	**Employment**					
从业人员产业结构	Industrial Structure					
第一产业	Primary Industry	64.0	55.4	44.9	41.8	40.1
第二产业	Secondary Industry	17.5	22.1	29.0	30.5	31.9
第三产业	Tertiary Industry	18.5	22.5	26.1	27.7	28.0
国民核算	**National Accounting**					
生产总值产业结构	Industrial Structure					
第一产业	Primary Industry	23.0	17.9	14.1	12.7	12.6
第二产业	Secondary Industry	45.4	52.1	57.3	56.3	55.4
工 业	Industry	39.6	46.2	51.8	50.7	49.6
建筑业	Construction	5.8	5.8	5.5	5.6	5.8
第三产业	Tertiary Industry	31.6	30.0	28.6	31.0	32.0
全社会固定资产投资	**Investment**					
全社会固定资产投资产业结构	Structure of Investment in Fixed Assets					
第一产业	Primary Industry		3.8	4.7	3.9	3.7
第二产业	Secondary Industry		45.0	48.3	51.5	50.4
#工 业	Industry		44.4	48.2	51.4	50.4
第三产业	Tertiary Industry		51.2	47.0	44.7	45.9
实际利用外商直接投资	**Actually Used Direct Investment by forign Enterprises**					
#独资经营	Foreign Investment Enterprises	8.3	39.3	58.7	63.2	66.0
合资经营	Joint Ventures Enterprises	50.5	44.5	30.6	30.4	30.6
合作经营	Cooperative Operation Enterprises	11.6	8.3	9.4	6.3	2.1
能源	**Energy Sources**					
能源生产总量结构	Structure of Energy Sources Products					
原煤	Coal	83.7	91.3	92.7	89.6	89.9
原油	Base oil	12.2	5.0	3.8	4.8	5.1
天然气	Gas	2.8	1.8	0.5	0.5	0.5
水电	Water and Electricity	1.4	1.9	3.0	5.1	4.5
财政	**Government Finance**					
公共财政预算收入结构	Structure of Government Revenue					
#各项税收	Taxes	79.1	68.0	73.6	72.0	73.1
公共财政预算支出结构	Structure of Government Expenditures					
#农林水事务	Supporting Agricultural Production and Agricultural Operating Expenses	7.7	7.4	11.7	11.0	11.3
教科文卫	Culture Education Science and Health Care	24.3	24.2	28.7	33.3	32.7
#科学技术	Science	1.5	1.2	1.3	1.4	1.4
生活	**People's Livelihood**					
城镇居民消费结构	Consumption Structure of Urban Residents					
食品类	Food	36.2	34.2	33.0	33.6	33.2
衣着类	Clothing	12.0	13.4	13.3	13.7	12.9
日用品及其他	Articles for Daily Use and Others	37.5	41.6	43.7	44.0	45.0
居住	Residence	14.3	10.8	10.0	8.7	8.9
农村居民消费结构	Consumption Structure of Rural Residents					
食品类	Food	49.7	45.4	37.2	33.8	34.4
衣着类	Clothing	6.6	7.0	7.1	8.4	8.6
日用品及其他	Articles for Daily Use and Others	28.0	30.8	34.9	36.7	38.4
居住	Residence	15.7	16.8	20.8	21.1	18.5

2-4 续表 continued

单位：% (%)

指 标	Item	2000	2005	2010	2012	2013
农业	**Agriculture**					
农林牧渔业增加值结构	Structure of Value-added					
农 业	Farming	64.7	56.5	63.9	61.4	60.6
林 业	Forestry	3.6	2.7	2.1	2.3	2.3
牧 业	Animal Husbandy	30.5	37.0	30.5	32.7	33.5
渔 业	Fishery	1.2	1.3	1.5	1.5	1.6
农林牧渔服务业	Service activities for Farming, forestry, Animal Husbandy and Fishery		2.5	2.0	2.0	2.1
工业	**Industry**					
增加值轻重工结构	Structure of Value-added of the Industry					
轻工业	Light Industry	37.5	34.9	31.0	31.6	32.9
重工业	Heavy Industry	62.5	65.1	69.0	68.4	67.1
运输业	**Transportation**					
货运量运输方式结构	Structure of Freight Traffic					
#铁 路	Railways	16.8	18.8	7.0	4.7	4.2
公 路	Highways	82.6	79.5	90.5	92.5	93.0
水 运	Waterways	0.6	1.7	2.4	2.8	2.8
客运量运输方式结构	Structure of Freight Ton -Kilometers					
#铁 路	Railways	5.6	6.0	5.0	4.6	4.9
公 路	Highways	94.2	93.7	94.5	95.0	94.8
水 运	Waterways	0.1	0.1	0.2	0.1	0.3
批发零售贸易、住宿和餐饮业	**Wholesale and Retail Trades、Accommodation and Catering Trade**					
社会消费品零售总额结构	Composition of Retail Sales of Consumer Goods					
批发零售和贸易业	Wholesale and Retail Trade	84.9	84.0	84.9	84.9	85.0
住宿和餐饮业	Accommodation and Catering Trade	11.7	13.9	13.8	13.9	13.8
其它	Others	3.4	2.1	1.3	1.2	1.2
国际旅游	**International Tourism**					
国际旅游人数结构	Structure of Tourists					
外国人	Foreigners	56.0	57.8	65.4	62.2	60.4
港澳台同胞	Compatriots form Hong Kong,Macao and Taiwan	44.0	42.2	34.6	37.8	39.6
环境	**Environment**					
污染治理资金使用结构	Uses of Funds in Pollution Treatment					
#治理废水	Waste Water Treatment	43.1	49.2	35.4	20.5	10.9
治理废气	Waste Gas Treatment	49.8	34.2	60.4	52.6	79.5
治理固体废物	Solid Wastes Treatment	5.0	11.7	0.7	2.7	5.0
治理噪声	Noise Abatement	0.2	0.2	0.4	0.3	
教育	**Education**					
专任教师结构	Full-time Teachers by Type					
普通高等学校	Regular Institutions of Higher Education	2.5	5.1	7.9	8.6	9.2
中等专业学校	Specialized Secondary Schools	2.1	1.2	3.3	3.1	1.6
普通中学	Regular Secondary Schools	38.3	41.2	38.8	38.8	39.2
小学	Primary Schools	57.1	52.5	50.0	49.5	50.0
在校学生结构	Structure of Student Enrollment					
普通高等学校	Regular Institutions of Higher Education	1.4	4.5	7.4	8.0	9.4
中等专业学校	Specialized Secondary Schools	1.8	2.6	4.1	3.7	2.5
普通中学	Regular Secondary Schools	34.9	40.4	33.8	33.1	33.4
小学	Primary Schools	61.8	52.5	54.7	55.2	54.7

2-5　主要社会经济指标人均水平

Major Per Capita Indicators of Society and Economy

本表价值量指标均按当年价格计算。
The data in value terms in the table are calculated at current prices.

指　标	Item	2000	2005	2010	2012	2013
人口密度（人/平方公里）	**Population Density (person/sq.km)**	**568**	**585**	**566**	**563**	**563**
生产总值(元)	**Gross Domestic Product (yuan)**	**5450**	**11346**	**24446**	**31499**	**34174**
全社会固定资产投资额(元)	**Total Investment in Fixed Assets (yuan)**	**1564**	**4494**	**17559**	**22826**	**24676**
人民生活(元)	**People's Livelihood (yuan)**					
在岗职工平均工资	Average Wage of Staff and Workers	6930	14282	30303	37958	38804
城镇居民人均可支配收入	Per Capita Annual Disposable Income of Urban Households	4766	8668	15930	20443	22398
城镇居民人均消费性支出	Per Capita Annual Living Expenditure of Urban Residents	3831	6038	10838	13733	14822
农民人均纯收入	Per Capita Net Income of Rural Residents	1986	2871	5524	7525	8475
农民人均生活消费支出	Per Capita Living Expenditure of Rural Households	1316	1892	3682	5032	5628
居民储蓄额	Balance of Savings Deposit of Rural and Urban Residents	3354	6643	13639	18635	21502
农林牧渔业	**Farming,Forestry, Farming of Animals and Fishing**					
农林牧渔业增加值(元)	Value-added of Farming Forestry, Animal Husbandry and Fishery (yuan)	1229	1942	3449	4011	4006
主要农产品产量(千克)	Output of Major Farm Products (kg)					
粮食	Grain	435	470	576	600	607
#小麦	Wheat	237	265	326	338	343
棉花	Cotton	7	7	5	3	2
油料	Oil- bearing Crops	42	46	57	61	63
猪、牛、羊肉	Pork, Beef and Mutton	48	61	55	57	59
牛奶	Milk	2	11	31	34	34
禽蛋	Poultry Eggs	29	39	41	43	44
工业	**Industry**					
规模以上工业增加值(元)	value-added of Enterprises Above Designated Size (yuan)	1223	3285	10482	13467	14864
主要工业产品产量	Output of Major Industrial Products					
原煤(千克)	Coal (kg)	803	1926	2260	1922	
原油(千克)	Crude Oil (kg)	60	52	53	51	51
发电量(千瓦小时)	Electricity (kwh)	736	1452	2418	2796	2961
粗钢(千克)	Steel (kg)	43	126	246	236	297
成品钢材(千克)	Steel Products (kg)	43	137	338	370	452
水泥(千克)	Cement (kg)	394	637	1215	1576	1782
社会消费品零售总额(元)	**Total Retail Sales of Consumer Goods (yuan)**	**1981**	**3470**	**8474**	**11616**	**13206**
财政	**Finance**					
公共财政预算收入(元)	Financial Revenue of the Local Government(yuan)	261	552	1462	2171	2567
公共财政预算支出(元)	Financial Expenditures of the Local Government (yuan)	472	1145	3616	5328	5933
教育	**Education**					
每万人拥有大学生(含研究生)(人)	Number of Doctors per 10 000 Persons (Include Postgraduates) (person)	28	89	149	201	211
卫生	**Health Care**					
每千人拥有医院、卫生院床位(张)	Number of Hospital Beds per 1 000 Persons (unit)	1.93	2.07	3.24	3.89	4.25
每千人拥有医生(人)	Number of Doctors per 1 000 Persons (person)	1.17	1.14	1.65	1.78	1.92

2-6 国民经济和社会发展比例和效益指标

Indicators on Proportions and Efficiency in National Economic and Social Development

本表价值量指标均按当年价格计算。

The data in value terms in the table are calculated at current prices.

指标	Item	2000	2005	2010	2012	2013
人口	**Population**					
出生率(‰)	Birth Rate (‰)	13.07	11.55	11.52	11.87	12.27
死亡率(‰)	Death Rate (‰)	5.93	6.30	6.57	6.71	6.76
自然增长率(‰)	Natural Growth Rate (‰)	7.14	5.25	4.95	5.16	5.51
城镇化率(%)	Standard of Urbanization (%)	23.2	30.7	38.8	42.4	43.8
就业	**Employment**					
城镇每一就业者负担人口(人)	Number of Dependents per Urban Employee (person)	1.94	1.94	1.95	1.90	1.90
城镇登记失业率(%)	Unemployment Rate in Urban Areas (%)	2.6	3.5	3.4	3.1	3.1
国民核算	**National Accounting**					
经济增长贡献率(%)	Contribution Rate to GDP (%)					
第一产业	Primary Industry	10.2	9.8	4.5	5.8	5.9
第二产业	Secondary Industry	62.6	62.2	68.5	65.1	65.6
第三产业	Tertiary Industry	27.2	28.0	27.0	29.1	28.5
全社会劳动生产率(元/人.年)	Overall Labor Productivity (yuan/person.year)	9377	18824	38517	47414	50739
第一产业	Primary Industry	3382	5926	11898	14229	15638
第二产业	Secondary Industry	24282	46086	77173	88404	90068
第三产业	Tertiary Industry	15827	25738	42822	53630	58320
固定资产投资	**Investment in Fixed Assets**					
全社会固定资产投资率(%)	Proportion of Investment in fixed Assets to GDP (%)	29.2	41.4	71.1	72.5	81.1
全社会房屋建筑面积竣工率(%)	Rate of Total Floor Space of Buildings Completed in Construction (%)	77.6	67.4	44.3	34.1	25.7
对外经济贸易和国际旅游	**Foreign Trade and International Tourism**					
进出口总额相当于生产总值比例(%)	Proportion of Total Imports & Exports to GDP (%)	3.7	5.9	5.2	11.0	11.4
每一来豫游客支出(美元)	Expenditure per International Tourist in Henan (USD)	381	360	340	321	318
利用外资	**Utilization of Foreign Capital**					
实际利用外商直接投资额相当于签订利用外资额比例(%)	Proportion of Foreign Capital Actually Used to Total Amount of Foreign Capital for Utilization by Signed Contracts or Agreements (%)	77.2	52.3	108.0	103.3	117.5
能源	**Energy**					
能源生产弹性系数	Elasticity Ratio of Energy Production		0.78	0.78		0.51
能源消费弹性系数	Elasticity Ratio of Energy Consumption	0.77	0.84	0.68	0.22	0.52
单位GDP能耗(吨标准煤/万元)	Energy Consumption per 10 000 yuan GDP (ton of SCE/10 000yuan)		1.380	0.928	0.831	0.798
单位GDP电耗(千瓦时/万元)	Electricity Consumption per 10 000 yuan GDP (kwh/10 000yuan)		1277.70	1019.35	966.00	934.66
单位工业增加值能耗(吨标准煤/万元)	Energy Consumption per 10 000 yuan Add-value Industry (ton of SCE/10 000yuan)		4.020	1.593	1.236	1.112

2-6 续表 continued

指 标	Item	2000	2005	2010	2012	2013
财政	**Finance**					
地方公共财政收入相当于生产总值比例(%)	Proportion of Government Revenue to GDP (%)	4.9	5.1	6.0	6.9	7.5
家庭	**Family**					
少儿抚养系数(%)	Dependency Ratio of Children		28.8	29.7	30.2	30.3
老年抚养系数(%)	Dependency Ratio of the Aged		11.4	11.8	12.6	13.0
生活	**Family**					
城乡居民收入比例 (农民人均纯收入为1)	Proportion of Growth Rate of Annual Income of Urban Residents to the Growth Rate of Annual Net Income of Rural Residents (Per Capita Net Income of Rural Residents=1)	2.4	3.0	2.9	2.7	2.6
恩格尔系数(%)	Angle modulus					
城镇居民	Urban Household	36.2	34.2	33.0	33.6	33.2
农村居民	Rural Household	49.7	45.4	37.2	33.8	34.4
农业	**Agriculture**					
每公顷播种面积农产量(千克)	Output of Farm Crops per Hectare of Sown Area (kg)					
粮食	Grain	4542	5006	5582	5647	5667
棉花	Cotton	903	866	957	1001	1016
油料	Oil-bearing Crops	2630	2800	3457	3619	3705
工业	**Industry**					
规模以上工业企业效益(%)	Main Economic Beneficial Indicators of Enterprises Above Designed Size (%)					
成本费用利润率	Ratio of Profits to Industrial Cost	4.5	6.9	10.2	8.3	8.2
资产负债率	AssetsLiability Ratio	66.4	61.6	55.2	51.4	48.5
总资产贡献率	Ratio of Total Assets to Industrial Output Value	8.6	15.7	22.4	18.9	16.9
产品销售率	Proportion of Products Sold	98.0	98.4	98.7	98.3	98.4
全员劳动生产率(元/人)	Overall Labor Productivity (yuan/person)	33643	88950	206596	216674	221106
建筑业	**Construction**					
技术装备率(元/人)	Value of Machinery per Laborer (yuan/person)	5302	8531	10173	11766	12110
金融保险	**Finance**					
金融机构存款相当于生产总值比例 (%)	Bank Deposits as Percentage of GDP (%)	94.1	94.5	100.2	108.0	116.9
金融机构贷款相当于生产总值比例 (%)	Bank Loans as Percentage of GDP (%)	86.2	70.2	68.7	68.6	63.1
教育	**Education**					
小学适龄人口入学率(%)	Rate of School-age Children Enrollment (%)	99.8	99.7	99.9	99.9	99.9
小学毕业生升学率(%)	Rate of Graduates of Primary Schools Entering Junior Secondary Schools (%)	95.4	98.8	96.1	92.8	83.7
初中毕业生升学率(%)	Rate of Graduates of Junior Secondary Schools Entering Senior Secondary Schools (%)	41.4	60.2	79.5	78.2	79.3
学校教师负担系数(人)	Student-teacher Ratio(in percentage) (person)					
大学生	Undergraduate	13.2	17.5	17.6	19.3	21.3
普通中等专业学校	Specialized Secondary Schools	20.1	43.7	42.8	29.3	26.9
普通中学	Regular Secondary Schools	20.7	20.3	17.4	15.9	14.1
小学生	Primary School Students	24.6	20.8	21.8	21.7	19.8

2-7 按三次产业分的基本单位数及构成

Institutional Units and Composition By Industry

年份 Year	单位数(个) Number of Enteprised (unit)	第一产业 Primary Industry		第二产业 Secondary Industry		第三产业 Tertiary Industry	
		绝对数 Value	构成(%) Composition(%)	绝对数 Value	构成(%) Composition(%)	绝对数 Value	构成(%) Composition(%)
法人单位 Institutional Units							
1997	217803	4101	1.9	85488	39.2	128214	58.9
1998	232775	5032	2.2	97576	41.9	130167	55.9
1999	223741	4904	2.2	90576	40.5	128261	57.3
2000	225806	5035	2.2	90865	40.3	129906	57.5
2001	267883	4782	1.8	88965	33.2	174136	65.0
2002	266230	4604	1.7	87495	32.9	174131	65.4
2003	272024	10803	4.0	89839	33.0	171382	63.0
2004	277950	8660	3.1	91370	32.9	177920	64.0
2005	286207	8334	2.9	97446	34.1	180427	63.0
2006	305722	8600	2.8	106732	34.9	190390	62.3
2007	322828	9570	3.0	114560	35.5	198698	61.5
2008	362427	11406	3.1	123219	34.0	227802	62.9
2009	379992	13022	3.4	128949	33.9	238021	62.6
2010	400767	14317	3.6	136646	34.1	249804	62.3
2011	412772	15179	3.7	139539	33.8	258054	62.5
2012	426534	15923	3.7	142556	33.4	268055	62.9
产业活动单位 Establishments Units							
1997	336064	4936	1.5	93405	27.8	237723	70.7
1998	347599	5801	1.7	104649	30.1	237149	68.2
1999	334889	5641	1.7	96979	29.0	232269	69.3
2000	336330	5755	1.7	97001	28.8	233574	69.5
2001	374810	5386	1.5	94602	25.2	274822	73.3
2002	371791	5159	1.4	92909	25.0	273723	73.6
2003	374699	13518	3.6	94607	25.3	266574	71.1
2004	383093	10811	2.8	96284	25.1	275998	72.1
2005	387463	9924	2.6	101636	26.2	275903	71.2
2006	403819	10054	2.5	110784	27.4	282981	70.1
2007	421567	10957	2.6	118568	28.1	292042	69.3
2008	453789	12071	2.7	126048	27.8	315670	69.6
2009	471512	13655	2.9	131829	28.0	326028	69.1
2010	492300	14941	3.1	139509	28.3	337850	68.6
2011	503248	15806	3.1	142386	28.3	345056	68.6
2012	517217	16540	3.2	145425	28.1	355252	68.7

2-8 分行业法人单位数

Number of Institutional Unit by City

单位：个 (unit)

年份 Year	合计 Total	农林牧渔业 Farming, Forestry, Animal Husbandry and Fishery	采矿业 Mining	制造业 Manufacturing	电力、燃气及水的生产和供应业 Production and Supply of Electricity,Gas and Water	建筑业 Construction	交通运输仓储及邮政业 Traffic, transport, storage and post	信息传输计算机服务和软件业 Information transfer, computer services and software	批发和零售业 Wholesale and retail trade	住宿和餐饮业 Accommodation and Restaurants
2003	272024	10803	5893	77783	794	5369	2471	1486	26052	4666
2004	277950	8660	6853	77694	938	5885	2462	1699	27384	4402
2005	286207	8334	7482	82822	946	6196	2430	1704	28669	4546
2006	305722	8600	7800	90965	1025	6942	2652	2156	33862	5181
2007	322828	9570	7893	97862	1090	7715	2882	2497	37450	5882
2008	362427	11406	7454	105315	1367	9083	4885	4631	47472	8809
2009	379992	13022	7774	109908	1450	9817	5300	4892	52698	9092
2010	400767	14317	7955	115652	1556	11483	5787	5267	58780	8240
2011	412772	15179	7951	117629	1605	12354	6112	5564	63176	8411
2012	426534	15923	7882	119770	1629	13275	6319	6451	67778	8688

年份 Year	金融业 Finance	房地产业 Real estate	租赁和商务服务业 Tenancy and business services	科学研究、技术服务和地质勘查业 Scientific research, technical service and geologic perambulation	水利、环境和公共设施管理业 Management of water conservancy, environment and public establishment	居民服务和其他服务业 Resident services and other services	教育 Education	卫生、社会保障和社会福利业 Sanitation, social security and social welfare	文化、体育和娱乐业 Culture, sports and entertainment	公共管理和社会组织 Public management and social organization
2003	3248	2455	4952	4366	2193	1370	14180	25428	3445	75070
2004	1907	3467	5759	4038	1913	1813	16623	29686	2542	74225
2005	1679	3610	6468	4189	1942	1920	16705	29715	2599	74251
2006	1755	4210	7820	4341	1915	2298	16917	29660	2685	74938
2007	1796	5111	8620	4527	1979	2556	17127	30031	2814	75426
2008	1076	6765	9821	5266	2206	3700	22536	26057	3492	81086
2009	1368	7464	11318	5577	2323	4173	22751	26114	3607	81344
2010	1695	9328	13304	6221	2418	4448	22900	26174	3751	81491
2011	1983	10550	15093	6574	2510	4568	22940	25221	3876	81476
2012	2034	11420	16400	7053	2604	4814	23074	25239	4608	81573

2-9 各市按三次产业和机构类型分法人单位数(2012年)

Number of Institutional Unit by orgniztion type and City (2012)

单位：个 (unit)

市(县) City(County)	合计 Total	第一产业 Primary Industry	第二产业 Secondary Industry	第三产业 Tertiary Industry	企业法人 Business Entity	事业法人 Institution Entity	机关法人 Government Entity	社会团体 Social Organization	其他 Others
全　省 Total	**426534**	**15923**	**142556**	**268055**	**284152**	**40987**	**11828**	**5577**	**83990**
省辖市 City									
郑州市 Zhengzhou	67994	1026	16208	50760	55087	3607	942	627	7731
开封市 Kaifeng	21894	665	8102	13127	15933	1331	614	270	3746
洛阳市 Luoyang	35814	1062	10999	23753	22025	5424	978	504	6883
平顶山市 Pingdingshan	21417	1173	6070	14174	14211	1610	818	380	4398
安阳市 Anyang	22497	505	7780	14212	14596	2260	613	210	4818
鹤壁市 Hebi	7045	421	1846	4778	3748	760	356	220	1961
新乡市 Xinxiang	25509	861	10264	14384	17180	2286	855	344	4844
焦作市 Jiaozuo	17100	538	6644	9918	11121	1596	583	381	3419
濮阳市 Puyang	17570	468	5428	11674	8421	1868	450	225	6606
许昌市 Xuchang	28500	807	12219	15474	20771	1585	411	247	5486
漯河市 Luohe	8138	242	2821	5075	5013	950	336	132	1707
三门峡市 Sanmenxia	14918	623	3945	10350	10680	1564	441	351	1882
南阳市 Nanyang	41622	2607	14292	24723	24972	5929	1029	599	9093
商丘市 Shangqiu	21084	458	8588	12038	12405	1926	818	223	5712
信阳市 Xinyang	21525	1477	6595	13453	12144	3106	867	387	5021
周口市 Zhoukou	21598	537	8923	12138	13214	1744	838	120	5682
驻马店市 Zhumadian	28595	2421	10704	15470	20555	3011	803	348	3878
济源市 Jiyuan	3714	32	1128	2554	2076	430	76	9	1123
省直管县 Province Administrating County									
巩义市 Gongyi	4284	45	2334	1905	3027	351	85	40	781
兰考县 Lankao	3776	146	1646	1984	2951	99	75	10	641
汝州市 Ruzhou	2624	206	907	1511	1753	201	93	43	534
滑县 Huaxian	3624	44	1434	2146	1930	489	73	41	1091
长垣县 Changyuan	2758	144	1187	1427	1888	115	78	25	652
邓州市 Dengzhou	4955	737	1601	2617	2750	837	84	29	1255
永城市 Yongcheng	2565	18	1028	1519	1331	185	82	29	938
固始县 Gushi	3267	215	732	2320	1656	542	83	44	942
鹿邑县 Luyi	1919	33	958	928	1161	109	71	7	571
新蔡县 Xincai	3819	183	1308	2328	2819	373	86	114	427

2-10 各市分行业法人单位数(2012年)

单位：个

市(县)	City(County)	合 计 Total	农林牧渔业 Farming, Forestry, Animal Husbandry and Fishery	采矿业 Mining	制造业 Manufac-turing	电力、燃气及水的生产和供应业 Production and Supply of Electri-city,Gas and Water	建筑业 Constru-ction	交通运输仓储及邮政业 Traffic, transport, storage and post	信息传输计算机服务和软件业 Information transfer, computer services and software
全 省	**Total**	**426534**	**15923**	**7882**	**119770**	**1629**	**13275**	**6319**	**6451**
省 辖 市	**City**								
郑 州 市	Zhengzhou	67994	1026	615	11927	126	3540	994	2164
开 封 市	Kaifeng	21894	665	3	7345	56	698	569	508
洛 阳 市	Luoyang	35814	1062	1215	8663	164	957	420	725
平 顶 山 市	Pingdingshan	21417	1173	1178	4301	77	514	248	442
安 阳 市	Anyang	22497	505	514	5839	88	1339	287	200
鹤 壁 市	Hebi	7045	421	111	1555	38	142	107	83
新 乡 市	Xinxiang	25509	861	158	9171	79	856	320	183
焦 作 市	Jiaozuo	17100	538	197	6043	68	336	291	174
濮 阳 市	Puyang	17570	468	9	5001	34	384	154	232
许 昌 市	Xuchang	28500	807	308	11207	77	627	400	317
漯 河 市	Luohe	8138	242	19	2624	29	149	207	18
三 门 峡 市	Sanmenxia	14918	623	986	2341	145	473	356	235
南 阳 市	Nanyang	41622	2607	1120	12221	194	757	341	379
商 丘 市	Shangqiu	21084	458	9	8148	91	340	402	58
信 阳 市	Xinyang	21525	1477	699	4989	164	743	266	117
周 口 市	Zhoukou	21598	537	1	8360	81	481	399	264
驻 马 店 市	Zhumadian	28595	2421	647	9148	100	809	521	319
济 源 市	Jiyuan	3714	32	93	887	18	130	37	33
省 直 管 县	**Province Administrating County**								
巩 义 市	Gongyi	4284	45	76	2199	23	36	45	68
兰 考 县	Lankao	3776	146	3	1537	10	96	72	63
汝 州 市	Ruzhou	2624	206	274	607	5	21	28	51
滑 县	Huaxian	3624	44	1	1319	3	111	18	21
长 垣 县	Changyuan	2758	144		995	9	183	25	23
邓 州 市	Dengzhou	4955	737	28	1502	46	25	13	72
永 城 市	Yongcheng	2565	18	7	975	10	36	56	1
固 始 县	Gushi	3267	215	52	610	31	39	64	5
鹿 邑 县	Luyi	1919	33		918	8	32	13	
新 蔡 县	Xincai	3819	183		1220	17	71	66	47

Number of Institutional Unit by Sector and City (2012)

(unit)

批发和零售业 Whole-sale and retail trade	住宿和餐饮业 Accomm-odation and Restau-rants	金融业 Fina-nce	房地产业 Real estate	租赁和商务服务业 Tenancy and business services	科学研究、技术服务和地质勘查业 Scientific research, technical service and geologic perambulation	水利、环境和公共设施管理业 Management of water conservancy, environment and public establishment	居民服务和其他服务业 Resident services and other services	教育 Education	卫生、社会保障和社会福利业 Sanitation, social security and social welfare	文化、体育和娱乐业 Culture, sports and enterta-inment	公共管理和社会组织 Public manage-ment and social organi-zation
67778	**8688**	**2034**	**11420**	**16400**	**7053**	**2604**	**4814**	**23074**	**25239**	**4608**	**81573**
19700	1136	431	3430	7582	2045	355	891	2571	3019	753	5689
3352	825	80	546	808	378	105	279	793	486	438	3960
5370	537	207	1022	1215	723	307	299	2620	3588	447	6273
3933	746	126	611	619	271	156	329	1036	785	385	4487
3460	356	70	457	606	219	126	345	1636	1467	172	4811
728	118	72	187	169	102	40	58	403	877	76	1758
3684	397	99	627	598	244	182	267	1303	828	139	5513
2325	194	78	390	495	294	111	146	722	953	167	3578
1451	248	52	202	255	229	71	141	1101	3152	146	4240
4374	646	127	609	677	227	128	440	1445	2018	299	3767
1084	174	54	194	180	72	49	110	535	165	74	2159
3311	323	107	361	915	444	199	302	505	433	212	2647
4344	1188	101	660	800	499	294	342	3161	4029	385	8200
1882	230	131	409	253	99	49	118	1248	418	122	6619
2218	552	88	552	349	718	198	128	1149	1083	219	5816
1830	333	72	419	265	104	63	217	1238	433	152	6349
4211	658	113	631	514	321	141	369	1393	942	346	4991
521	27	26	113	100	64	30	33	215	563	76	716
407	65	7	60	67	34	28	16	165	364	42	537
619	127	12	59	102	63	15	69	61	70	88	564
414	52	3	28	41	30	14	19	129	59	28	615
285	23	2	45	28	19	5	36	410	53	9	1192
353	42	10	69	44	23	10	12	55	26	7	728
256	33	3	31	29	25	30	19	571	574	45	916
158	15	7	51	14	13	5	3	114	55	11	1016
418	67	18	100	94	76	20	31	197	144	46	1040
109	18	1	18	8	5	7	3	68	30	8	640
801	100	8	39	47	18	14	59	194	93	54	788

2-11 各市按登记注册类型分企业法人单位数(2012年)

单位：个

市(县)	City(County)	企业单位数 Number of Enterprises	内资企业 Domestic Funded Enterprises	#国有企业 State-owned Enterprises	#集体企业 Collective-owned Enterprises	#股份合作企业 Cooperative Enterprises
全省	**Total**	**284152**	**282618**	**6454**	**7739**	**1764**
省辖市	**City**					
郑州市	Zhengzhou	55087	54524	884	773	353
开封市	Kaifeng	15933	15857	339	547	114
洛阳市	Luoyang	22025	21880	761	776	143
平顶山市	Pingdingshan	14211	14167	335	433	86
安阳市	Anyang	14596	14545	225	529	91
鹤壁市	Hebi	3748	3715	84	213	62
新乡市	Xinxiang	17180	17047	371	652	140
焦作市	Jiaozuo	11121	11054	253	264	64
濮阳市	Puyang	8421	8386	214	205	80
许昌市	Xuchang	20771	20715	165	185	55
漯河市	Luohe	5013	4979	130	134	16
三门峡市	Sanmenxia	10680	10643	259	565	86
南阳市	Nanyang	24972	24884	624	666	175
商丘市	Shangqiu	12405	12371	383	334	75
信阳市	Xinyang	12144	12112	611	791	71
周口市	Zhoukou	13214	13176	392	271	41
驻马店市	Zhumadian	20555	20501	373	352	104
济源市	Jiyuan	2076	2062	51	49	8
省直管县	**Province Administrating County**					
巩义市	Gongyi	3027	3013	39	99	22
兰考县	Lankao	2951	2944	27	22	4
汝州市	Ruzhou	1753	1749	36	49	3
滑县	Huaxian	1930	1927	18	58	9
长垣县	Changyuan	1888	1880	21	28	17
邓州市	Dengzhou	2750	2745	69	57	5
永城市	Yongcheng	1331	1329	34	36	4
固始县	Gushi	1656	1651	36	82	12
鹿邑县	Luyi	1161	1161	22	26	1
新蔡县	Xincai	2819	2818	27	24	28

Number of Business Entities by City and Status of Registration (2012)

(unit)

#联　营 Joint Ownership	#有限责任公　司 Limited Liability Corporations	#股份有限公　司 Share-holding Corporations Ltd.	#私　营 Private	#其他内资 Others	港、澳、台商投资企业 Enterprises with Funds from Hong Kong, Macao and Taiwan	外商投资企　业 Enterprises with Foreign Investment
463	**46961**	**7038**	**198601**	**13598**	**681**	**853**
44	15242	1132	34591	1505	240	323
37	1973	382	11690	775	33	43
44	4388	482	14528	758	67	78
24	2053	304	10075	857	24	20
20	2934	416	9634	696	22	29
8	1047	165	1819	317	15	18
29	2513	685	11664	993	51	82
24	2404	319	6895	831	28	39
15	1108	173	5987	604	16	19
17	2429	384	16239	1241	24	32
7	995	119	3235	343	16	18
14	1244	269	7665	541	14	23
59	2573	473	18738	1576	47	41
17	1147	278	9726	411	13	21
65	1259	312	8373	630	16	16
16	1009	600	10446	401	21	17
22	1872	477	16369	932	30	24
1	771	68	927	187	4	10
7	389	52	2316	89	5	9
5	125	23	2642	96	3	4
4	114	9	1458	76	4	
4	195	37	1410	196	1	2
3	575	81	994	161	3	5
	68	8	2476	62	2	3
1	110	14	1050	80	1	1
25	231	30	1224	11	2	3
1	157	15	897	42		
3	72	104	2332	228	1	

2-12 "三上"法人单位数(2013年底)

Number of Institutional Unit of industry,construction, wholesale and retail trades, hotels and catering enterprises above designated size (end of 2013)

单位：个 (unit)

市(县) City(County)	合计 Total	工业 Industry	建筑业 Construction	批发和零售业 Wholesale and retail trade	住宿和餐饮业 Accommodation and Restaurants	房地产业 Real estate	重点服务业 Key Services
全 省 Total	**45645**	**20558**	**6431**	**7331**	**2441**	**5438**	**3446**
省 辖 市 City							
郑 州 市 Zhengzhou	7624	2299	1814	1303	355	1140	713
开 封 市 Kaifeng	2147	980	276	385	174	215	117
洛 阳 市 Luoyang	3922	1765	493	687	189	558	230
平 顶 山 市 Pingdingshan	2034	670	286	383	202	305	188
安 阳 市 Anyang	1775	808	287	238	77	265	100
鹤 壁 市 Hebi	1011	555	108	131	48	126	43
新 乡 市 Xinxiang	2380	1108	365	361	102	332	112
焦 作 市 Jiaozuo	2150	1210	242	273	63	204	158
濮 阳 市 Puyang	1636	875	293	227	48	138	55
许 昌 市 Xuchang	2519	1432	139	404	115	266	163
漯 河 市 Luohe	1126	598	110	184	75	100	59
三 门 峡 市 Sanmenxia	1338	637	191	240	71	141	58
南 阳 市 Nanyang	3242	1419	447	602	232	360	182
商 丘 市 Shangqiu	1710	851	192	242	67	257	101
信 阳 市 Xinyang	2122	985	254	311	147	235	190
周 口 市 Zhoukou	2132	1044	253	248	152	225	210
驻 马 店 市 Zhumadian	2707	1325	252	412	151	244	323
济 源 市 Jiyuan	507	225	96	68	17	78	23
省 直 管 县 Province Administrating County							
巩 义 市 Gongyi	576	434	27	46	19	33	17
兰 考 县 Lankao	611	274	16	144	25	24	128
汝 州 市 Ruzhou	396	128	9	108	6	23	122
滑 县 Huaxian	263	128	40	55	5	25	10
长 垣 县 Changyuan	385	133	135	40	23	36	18
邓 州 市 Dengzhou	281	144	24	62	12	24	15
永 城 市 Yongcheng	257	128	32	22	8	39	28
固 始 县 Gushi	343	169	28	71	32	21	22
鹿 邑 县 Luyi	193	84	12	32	14	9	42
新 蔡 县 Xincai	258	150	10	52	12	15	19

2-13 产业集聚区法人单位数(2013年)

Number of Institutional Unit in Industry gathering Area (2013)

单位：个 (unit)

名　称	合计 Total	工业 Industry	建筑业 Construction	房地产业 Real estate	批发和零售业 Wholesale and retail trade	批发业 Wholesale	零售业 retail trade	住宿和餐饮业 Accommodation and Restaurants	住宿业 Accommodation	餐饮业 Restaurants	重点服务业 Key Services
合计	**11125**	**7608**	**848**	**921**	**1192**	**488**	**704**	**243**	**109**	**134**	**313**
郑州马寨产业集聚区	90	79	1	1	7	2	5	2	2		
郑州市金岱工业园区	24	3			20	1	19				1
郑州上街装备产业集聚区	41	39	2								
郑州国际物流中心园区	55	50	3								2
郑州市白沙产业集聚区	21	16	2	2	1	1					
郑州市官渡产业集聚区	42	40			2	2					
巩义市产业集聚区	66	66									
巩义市豫联产业集聚区	47	43			4	1	3				
荥阳市产业集聚区	41	29		5	5	4	1				2
新密市产业集聚区	41	38			3	3					
新郑新港工业园区	49	42	1		4	2	2	2		2	
登封市产业集聚区	36	30			6	1	5				
郑州经济技术产业集聚区	320	83	98	46	55	37	18	5	5		33
郑州高新技术产业集聚区	272	111	86	45	19	16	3	1	1		10
郑州航空港区	74	47	3	10	6	3	3	5	3	2	3
开封边村产业集聚区	25	20	2		2	1	1	1	1		
开封市精细化工产业集聚区	23	16		1	5		5	1		1	
开封汴西产业集聚区	346	107	76	63	46	6	40	45	12	33	9
杞县产业集聚区	83	60		1	10	1	9	4		4	8
通许县产业集聚区	88	64	5	7	11	2	9				1
尉氏县产业集聚区	132	93	6	4	17	2	15	8	2	6	4
开封黄龙产业集聚区	82	58	7	8	4	2	2	3		3	2
兰考县产业集聚区	101	75		5	10	4	6	2	1	1	9
洛阳工业产业集聚区（含洛阳工业园区）	73	57	3	1	7	5	2				5
洛阳市先进制造业集聚区	41	25	3	3	4	3	1				6
洛阳市石化产业集聚区	42	12	19		5	5					6
洛阳经济技术产业集聚区（含洛阳经济开发区）	72	5	9	37	18	13	5	2	2		1
洛阳市洛龙科技园区	53	42	5	1	3	1	2				2
孟津县产业集聚区	31	26	1		4	3	1				
洛阳市洛新产业集聚区	132	109	7	9	5	4	1	1	1		1
新安县产业集聚区	39	36	1		2	2					
栾川县产业集聚区	20	6	3	2	4	1	3	2	2		3
嵩县产业集聚区	10	10									
汝阳县产业集聚区	15	15									
宜阳县产业集聚区	71	67		2	2	1	1				
洛宁县产业集聚区	29	22		6				1		1	
伊川县产业集聚区	16	16									
洛阳市伊洛产业集聚区	68	63		4	1		1				
偃师市产业集聚区	83	78			5		5				
洛阳高新技术产业集聚区（含洛阳国家高新技术产业开发区）	186	95	22	40	10	9	1	3	1	2	16
平顶山平新产业集聚区	4	3									1
平顶山高新技术产业集聚区（含平顶山高新技术产业园区）	75	19	10	2	37	4	33				7
平顶山市石龙产业集聚区	19	19									
宝丰县产业集聚区	30	21	2		3	2	1	4	4		
平顶山化工产业集聚区	4	4									

2-13 续表 1 continued

单位：个 (unit)

名 称	合计 Total	工业 Industry	建筑业 Construction	房地产业 Real estate	批发和零售业 Wholesale and retail trade	批发业 Wholesale	零售业 retail trade	住宿和餐饮业 Accommodation and Restaurants	住宿业 Accommodation	餐饮业 Restaurants	重点服务业 Key Services
叶县产业集聚区	26	18	2	2				3	3		1
鲁山县产业集聚区	24	20			3	1	2				1
郏县产业集聚区	27	16	3	5	2	2		1	1		
舞钢市产业集聚区	25	20	2	1	2	2					
汝州市产业集聚区	27	20			1	1					6
安阳高新技术产业集聚区（含安阳高新技术产业园区）	83	38	11	19	12	7	5	2	2		1
安阳市产业集聚区	20	12	1	4	3	2	1				
安阳市纺织产业集聚区	9	9									
安阳市新东产业集聚区	14	6		7	1		1				
安阳县产业集聚区	7	6			1		1				
汤阴县产业集聚区	25	23		2							
滑县产业集聚区	47	27	5	6	7	1	6	1		1	1
内黄县产业集聚区	67	47	8	6	5	3	2	1	1		
林州市产业集聚区	95	86	3	2	3	2	1				1
鹤壁市宝山循环经济产业集聚区	29	26		1	1		1				1
鹤壁市金山产业集聚区	112	91	8	3	9	1	8	1	1		
黎阳产业集聚区(鹤壁市浚县)	57	48		6	2	1	1				1
鹤壁市鹤淇产业集聚区	60	44		8	6	4	2				2
新乡市新东产业集聚区	47	20	1	11	13	8	5	1	1		1
新乡电源产业集聚区	33	26	1	3	1	1		1		1	1
新乡经济技术集聚区（含新乡经济开发区）	112	66	13	14	14	3	11	4	2	2	1
获嘉县产业集聚区	69	40	15	2	9	2	7	2		2	1
新乡市桥北产业集聚区	15	11	1		3	2	1				
原阳县产业集聚区	65	51		11				2	1	1	1
延津县产业集聚区	44	42			1	1		1		1	
封丘县产业集聚区	50	31	4	4	9	2	7	1		1	1
长垣县产业集聚区（含长垣起重工业园区）	163	80	49	15	11	3	8	7	1	6	1
卫辉市产业集聚区	29	25		1	3	1	2				
辉县市产业集聚区	43	37	2	2	1	1		1	1		
新乡高新技术产业集聚区（含新乡高新技术开发区）	216	57	46	49	42	10	32	14	7	7	8
新乡工业产业集聚区（含新乡工业园区）	71	66	2		3	3					
焦作工业产业集聚区	35	35									
焦作经济技术产业集聚区（含焦作经济开发区）	87	41	4	8	28	7	21	1	1		5
焦作循环经济产业集聚区	12	11									1
修武县产业集聚区	55	54		1							
博爱县产业集聚区	37	37									
武陟县产业集聚区	95	79	3	2	5		5	1		1	5
温县产业集聚区	52	51			1		1				
沁阳市沁北产业集聚区	99	87	6	1	4	2	2				1
孟州市产业集聚区	66	60	3	1	2	2					
濮阳市濮东产业集聚区	57	38	3		16	1	15				
清丰县产业集聚区	39	35		1	3	1	2				
南乐县产业集聚区	36	34			1	1					1
范县产业集聚区	91	81		5	5	5					

2-13 续表 2 continued

单位：个 (unit)

名 称	合计 Total	工业 Industry	建筑业 Construction	房地产业 Real estate	批发和零售业 Wholesale and retail trade	批发业 Wholesale	零售业 retail trade	住宿和餐饮业 Accommodation and Restaurants	住宿业 Accommodation	餐饮业 Restaurants	重点服务业 Key Services
台前县产业集聚区	42	42									
濮阳市产业集聚区（含濮阳工业园区）	7	7									
濮阳县产业集聚区	30	22		5	3		3				
濮阳经济技术产业集聚区（含濮阳经济开发区）	81	50	3	16	6	1	5				6
许昌魏都产业集聚区	74	49	6	6	12	1	11				1
许昌尚集产业集聚区	81	72	1	3	4	1	3	1		1	
中原电气谷核心区	8	8									
鄢陵县产业集聚区	62	54	3	2	2	1	1				1
襄城县产业集聚区	56	45		1	3	1	2	7	4	3	
禹州市产业集聚区	182	140		9	18	5	13	6	3	3	9
长葛市产业集聚区	88	66	1	2	15	14	1	1	1		3
许昌经济技术产业集聚区（含许昌经济开发区）	109	75	4	18	10	3	7	1	1		1
漯河市沙澧产业集聚区	96	49	3	8	28	3	25				8
漯河淞江产业集聚区	53	33	6	1	8	4	4	5		5	
漯河市东城产业集聚区	35	31			1	1		1		1	2
舞阳县产业集聚区	32	31			1		1				
临颍县产业集聚区	48	35	4	5	3		3	1		1	
漯河经济技术产业集聚区（含漯河经济开发区）	92	69	5	7	8	6	2	1	1		2
渑池县产业集聚区	62	51	1		10	7	3				
陕县产业集聚区	19	17			2	1	1				
卢氏县产业集聚区	14	14									
义马市煤化工产业集聚区	43	32	1	2	8	3	5				
灵宝市产业集聚区	38	31	2		4		4				1
三门峡经济技术产业集聚区（含三门峡经济开发区）	64	14	16	16	11		11	1	1		6
三门峡产业集聚区	51	34	4	1	8	8					4
南阳市新能源产业集聚区	112	54	18	15	18	7	11	6	2	4	1
南阳高新技术产业集聚区（含南阳高新技术产业园区）	220	71	32	24	70	19	51	11	8	3	12
南阳光电产业集聚区	80	37	4		36	32	4				3
南召县产业集聚区	29	27			1	1		1	1		
方城县产业集聚区	61	36	5	9	7	4	3	4		4	
西峡县产业集聚区	95	80	2	1	5	1	4	3	1	2	4
镇平县产业集聚区	66	56	1	4	1		1	2	1	1	2
内乡县产业集聚区	52	38	2	3	2	1	1	4	1	3	3
淅川县产业集聚区	59	55			1	1		3		3	
社旗县产业集聚区	68	46	7	7	3	1	2	3		3	2
唐河县产业集聚区	103	87	5	5	3	3		1		1	2
新野县产业集聚区	79	78			1	1					
桐柏县产业集聚区	45	29	5	3	6	2	4	2	2		
邓州市产业集聚区	47	35	4	2	4	1	3	1		1	1
商丘经济技术产业集聚区（含商丘经济开发区）	81	44	14	12	8	4	4	3		3	
豫东综合物流集聚区	17	6		1	7	7					3
商丘市梁园产业集聚区	106	48	3	15	39	4	35				1
商丘市睢阳产业集聚区	77	56		5	8	7	1				8

2-13 续表 3 continued

单位：个 (unit)

名 称	合计 Total	工业 Industry	建筑业 Construction	房地产业 Real estate	批发和零售业 Wholesale and retail trade	批发业 Wholesale	零售业 retail trade	住宿和餐饮业 Accommodation and Restaurants	住宿业 Accommodation	餐饮业 Restaurants	重点服务业 Key Services
民权县产业集聚区	96	61	8	11	8	5	3	2	1	1	6
睢县产业集聚区	63	47	1	14	1		1				
宁陵县产业集聚区	49	41	2	6							
柘城县产业集聚区	91	54	5	19	9	7	2	2	1	1	2
虞城县产业集聚区	77	61	3	5	7	4	3	1	1		
夏邑县产业集聚区	78	69		8	1	1					
永城市产业集聚区	45	33	2	1	9	2	7				
信阳金牛物流产业集聚区	71	38	6	16	9	1	8				2
信阳市产业集聚区	105	42	13	11	30	3	27	3	1	2	6
信阳市平桥产业集聚区	56	45	2	2	7		7				
信阳市上天梯产业集聚区	32	31		1							
信阳明港产业集聚区	21	15	1	1	4	4					
罗山县产业集聚区	44	41		3							
光山县官渡河产业集聚区	44	31	2	3	6	2	4				2
新县产业集聚区	26	19			6	2	4	1		1	
商城县产业集聚区	41	26	5	2	5	4	1				3
固始县史河湾产业集聚区	29	23			3		3	2	1	1	1
固始县产业集聚区	41	33		3	3		3	2	1	1	
潢川经济技术产业集聚区（含潢川经济开发区）	26	16	2	4	2		2				2
潢川县产业集聚区	27	23		3	1		1				
淮滨县产业集聚区	66	42	7	10	3		3	2	2		2
息县产业集聚区	52	33	5	5	8	4	4				1
周口市川汇产业集聚区	31	12	2		15	15		1		1	1
扶沟县产业集聚区	58	54	2		1		1				1
西华县产业集聚区	20	20									
商水县产业集聚区	63	49	1	3	5	4	1	2	1	1	3
沈丘县产业集聚区	92	77	5	7	2	1	1				1
郸城县产业集聚区	56	51			5	3	2				
淮阳县产业集聚区	62	61						1	1		
太康县产业集聚区	44	35	1	2	3	2	1				3
鹿邑县产业集聚区	57	47	2		6	6					2
项城市产业集聚区	43	38		3	2	1	1				
周口经济技术产业集聚区（含周口经济开发区）	45	18		15	9	4	5				3
驻马店装备产业集聚区	74	33	8	6	26	10	16	1	1		
驻马店市产业集聚区	39	38	1								
西平县产业集聚区	56	41	2	6	6	4	2	1	1		
上蔡县产业集聚区	80	68	4	2	4	1	3	2	2		
平舆县产业集聚区	115	109		2	2	2		2	1	1	
正阳县产业集聚区	35	21	4	6	1		1	2	1	1	1
确山县产业集聚区	59	50	1	3	1		1	4	3	1	
泌阳县产业集聚区	60	51		6	1		1	1		1	1
汝南县产业集聚区	70	68			1	1		1	1		
遂平县产业集聚区	90	68	3	3	10	8	2	3	2	1	3
新蔡县产业集聚区	39	26	8	5							
驻马店经济技术产业集聚区（含驻马店经济开发区）	1	1									
济源市高新技术产业集聚区	40	21	3	8	1		1	1	1		6
济源市玉川产业集聚区	29	27			2	2					
济源市虎岭产业集聚区	39	35	2		2	2					

2-14 产业集聚区主要指标(2013年)

Number of Institutional Unit in Industry gathering Area (2013)

单位：亿元 (100 million yuan)

名 称	规模以上工业从业人员期末人数(人) Number of Employed Persons (persons)	规模以上工业主营业务收入 Revenue from Principal Business	固定资产投资完成额 Investment in Fixed Assets
合 计	**3518440**	**31491.06**	**12700.25**
郑州高新技术产业集聚区	41220	389.77	169.37
郑州经济技术产业集聚区	42941	470.90	133.39
郑州航空港产业集聚区	276746	1747.90	166.94
郑州国际物流产业集聚区	8039	170.85	93.84
郑州市中牟产业集聚区	10055	38.02	68.57
郑州市中牟汽车产业集聚区	14826	223.16	69.64
郑州市金岱产业集聚区	717	1.70	27.40
郑州上街装备产业集聚区	7588	141.79	31.02
郑州马寨产业集聚区	12791	137.97	35.07
巩义市产业集聚区	19742	463.75	66.16
巩义市豫联产业集聚区	13706	246.88	40.54
新郑新港产业集聚区	15522	143.03	71.17
新密市产业集聚区	18877	198.45	80.84
登封市产业集聚区	14629	154.76	55.08
荥阳市产业集聚区	18379	247.58	69.43
开封汴西产业集聚区	26979	221.36	151.64
开封黄龙产业集聚区	27485	142.02	98.75
开封市汴东产业集聚区	14707	90.16	19.23
尉氏县产业集聚区	49375	324.57	94.47
杞县产业集聚区	38525	180.19	83.06
开封市精细化工产业集聚区	9907	71.39	26.04
通许县产业集聚区	28316	147.35	78.01
兰考县产业集聚区	28312	130.73	61.92
洛阳高新技术产业集聚区	27683	229.32	70.86
洛阳工业产业集聚区	16770	145.60	45.51
洛阳经济技术产业集聚区	1364	15.32	29.65
伊滨产业集聚区	18301	114.18	95.71
洛阳市洛龙产业集聚区	16974	142.48	85.49
洛阳市洛新产业集聚区	24634	350.85	77.24
洛阳市石化产业集聚区	7197	547.90	18.81
洛阳市先进制造产业集聚区	36657	363.95	53.57
洛宁县产业集聚区	25166	115.69	35.49
宜阳县产业集聚区	20552	189.51	91.40
新安县产业集聚区	22284	491.16	114.28
栾川县产业集聚区	2831	43.40	70.40
孟津县华阳产业集聚区	14812	128.96	70.54
汝阳县产业集聚区	7506	47.69	69.04
嵩县产业集聚区	6912	52.34	21.94
伊川县产业集聚区	13181	244.59	119.54
偃师市产业集聚区	27639	332.19	75.26
平顶山高新技术产业集聚区	8160	198.96	23.59
平顶山平新产业集聚区	5489	6.30	24.78
平顶山化工产业集聚区	730	2.66	59.64
平顶山市石龙产业集聚区	4841	69.93	10.50
郏县产业集聚区	17004	66.60	81.76
汝州市产业集聚区	14817	94.01	48.47

2-14 续表1 continued

单位：亿元 (100 million yuan)

名 称	规模以上工业从业人员期末人数(人) Number of Employed Persons (persons)	规模以上工业主营业务收入 Revenue from Principal Business	固定资产投资完成额 Investment in Fixed Assets
叶县产业集聚区	7395	131.17	65.55
宝丰县产业集聚区	12960	80.34	84.34
舞钢市产业集聚区	25235	116.27	73.88
鲁山县产业集聚区	4893	73.66	66.36
安阳高新技术产业集聚区	11201	82.76	90.47
安阳市产业集聚区	2832	88.67	10.29
安阳市纺织产业集聚区	957	11.10	8.32
安阳市新东产业集聚区	558	4.26	15.25
安阳县产业集聚区	5604	186.10	37.32
滑县产业集聚区	11916	69.91	65.69
林州市产业集聚区	40844	488.99	169.14
汤阴县产业集聚区	10210	238.34	29.03
内黄县产业集聚区	19244	152.62	47.99
鹤壁市鹤淇产业集聚区	27203	193.90	61.25
鹤壁市宝山循环经济产业集聚区	53830	289.91	47.32
鹤壁市金山产业集聚区	12262	168.88	91.10
浚县产业集聚区	28440	147.70	69.61
新乡高新技术产业集聚区	24241	304.39	65.26
新乡工业产业集聚区	35510	292.80	112.44
新乡经济技术产业集聚区	37008	336.65	90.57
新乡电源产业集聚区	15112	130.28	56.78
新乡市新东产业集聚区	8525	25.43	35.20
新乡桥北产业集聚区	2816	8.74	63.08
长垣县产业集聚区	31599	326.42	102.84
原阳县产业集聚区	13786	85.70	82.36
获嘉县产业集聚区	11435	70.31	55.82
封丘县产业集聚区	6461	38.13	44.45
卫辉市产业集聚区	4324	43.10	17.58
延津县产业集聚区	15316	126.08	40.39
辉县市产业集聚区	21935	258.99	52.54
焦作经济技术产业集聚区	31718	228.27	97.07
焦作循环经济产业集聚区	1659	10.65	10.37
焦作市工业产业集聚区	12843	224.66	66.74
武陟县产业集聚区	38089	412.64	126.83
温县产业集聚区	14864	221.55	100.11
孟州市产业集聚区	51587	437.15	153.16
沁阳市产业集聚区	35871	554.76	129.05
修武县产业集聚区	11083	152.88	65.09
博爱县产业集聚区	25004	263.77	84.48
濮阳经济技术产业集聚区	13474	199.41	60.25
濮阳市产业集聚区	1634	40.52	58.46
濮阳市濮东产业集聚区	9324	60.83	55.76
南乐县产业集聚区	6070	77.42	60.89
清丰县产业集聚区	13787	118.17	93.10
台前县产业集聚区	8091	43.79	27.79
濮阳县产业集聚区	12197	138.57	87.07
范县产业集聚区	15125	259.81	56.18
许昌经济技术产业集聚区	21490	148.39	46.80
许昌魏都产业集聚区	11381	95.80	75.97

2–14 续表2 continued

单位：亿元 (100 million yuan)

名　称	规模以上工业从业人员期末人数(人) Number of Employed Persons (persons)	规模以上工业主营业务收入 Revenue from Principal Business	固定资产投资完成额 Investment in Fixed Assets
许昌尚集产业集聚区	31551	178.61	94.80
中原电气谷核心区	1557	20.54	52.81
长葛市产业集聚区	44559	534.81	162.56
鄢陵县产业集聚区	28849	248.87	107.55
襄城县产业集聚区	13636	71.15	106.57
禹州市产业集聚区	49006	494.19	133.40
漯河市经济技术产业集聚区	51321	611.34	82.57
漯河市沙澧产业集聚区	27088	123.98	73.40
漯河市东城产业集聚区	27128	121.18	62.46
漯河市淞江产业集聚区	21884	167.56	73.30
舞阳县产业集聚区	22974	208.70	90.54
临颍县产业集聚区	22863	247.09	108.68
三门峡经济技术产业集聚区	2765	80.46	15.99
三门峡产业集聚区	13764	436.27	114.85
义马煤化工产业集聚区	67146	392.71	98.67
卢氏县产业集聚区	3111	28.98	29.64
渑池县产业集聚区	14372	246.67	115.61
灵宝市产业集聚区	12873	242.72	81.01
陕县产业集聚区	4591	29.18	40.61
南阳高新技术产业集聚区	17773	153.25	77.07
南阳市新能源产业集聚区	23568	182.91	98.45
南阳市光电产业集聚区	9301	60.90	79.64
邓州市产业集聚区	15977	162.87	83.89
新野县产业集聚区	31599	219.47	107.06
淅川县产业集聚区	19323	231.80	121.55
内乡县产业集聚区	12566	78.91	109.90
唐河县产业集聚区	37083	132.51	100.41
桐柏县产业集聚区	8238	83.57	66.45
镇平县产业集聚区	13548	96.17	77.17
西峡县产业集聚区	39708	350.21	113.56
社旗县产业集聚区	17964	86.90	75.39
南召县产业集聚区	5735	38.78	40.58
方城县产业集聚区	7790	32.12	55.12
商丘经济技术产业集聚区	12930	47.78	73.06
豫东综合物流产业集聚区	394	3.61	18.07
商丘市梁园产业集聚区	10111	80.78	84.47
商丘市睢阳产业集聚区	20210	86.56	67.00
永城市产业集聚区	38205	341.53	98.30
民权县产业集聚区	13113	133.98	109.14
夏邑县产业集聚区	25925	120.92	106.49
虞城县产业集聚区	20386	144.86	103.33
柘城县产业集聚区	14968	120.42	100.62
宁陵县产业集聚区	9991	70.24	62.57
睢县产业集聚区	23949	114.67	96.27
信阳市产业集聚区	8070	61.59	128.21
潢川经济技术产业集聚区	7765	43.64	45.40
信阳平桥产业集聚区	19072	93.81	47.48
信阳市上天梯产业集聚区	13376	50.88	40.06

2-14 续表 3 continued

单位：亿元 (100 million yuan)

名 称	规模以上工业从业人员期末人数(人) Number of Employed Persons (persons)	规模以上工业主营业务收入 Revenue from Principal Business	固定资产投资完成额 Investment in Fixed Assets
信阳金牛物流产业集聚区	7335	48.81	50.33
信阳明港产业集聚区	12780	174.79	21.13
固始县史河湾产业集聚区	6841	42.12	30.73
固始县产业集聚区	11840	55.57	60.02
光山县官渡河产业集聚区	11438	85.37	50.28
新县产业集聚区	13759	71.73	45.66
罗山县产业集聚区	9289	68.32	50.01
淮滨县产业集聚区	28289	94.40	58.70
商城县产业集聚区	16731	99.70	45.36
潢川县产业集聚区	16433	88.15	52.18
息县产业集聚区	14425	113.00	50.02
周口经济技术产业集聚区	10636	199.73	57.80
周口市川汇产业集聚区	6729	33.26	21.12
项城市产业集聚区	31005	211.67	70.89
淮阳县产业集聚区	13940	153.99	47.69
扶沟县产业集聚区	16878	175.35	64.02
鹿邑县产业集聚区	20615	179.87	76.54
郸城县产业集聚区	28537	245.70	68.78
西华县产业集聚区	17885	169.66	70.00
沈丘县产业集聚区	35330	306.43	97.10
太康县产业集聚区	27461	183.37	86.95
商水县产业集聚区	30656	215.35	75.09
驻马店经济技术产业集聚区	455	10.42	37.73
驻马店装备产业集聚区	19419	96.65	74.87
驻马店市产业集聚区	18345	261.66	57.07
遂平县产业集聚区	19641	103.96	70.03
新蔡县产业集聚区	8928	41.89	45.88
正阳县产业集聚区	9668	37.50	41.95
汝南县产业集聚区	17216	137.40	72.68
西平县产业集聚区	10261	64.86	50.61
泌阳县产业集聚区	30474	174.41	70.05
平舆县产业集聚区	21606	198.71	64.45
确山县产业集聚区	9980	96.98	62.15
上蔡县产业集聚区	22298	132.76	65.30
济源市高新技术产业集聚区	4038	31.40	25.44
济源市玉川产业集聚区	18020	379.11	96.84
济源市虎岭产业集聚区	39752	457.86	90.34

2-15 航空港主要经济指标(2013年)

Main Economic Indicators of Zhengzhou Airport (2013)

指 标	Item	航空港 Airport 绝对数 Absolute value	航空港 Airport 增长速度(%) Growth Rate (%)	#郑州 Zhengzhou 绝对数 Absolute value	#郑州 Zhengzhou 增长速度(%) Growth Rate (%)
生产总值(亿元)	Gross Domestic Product (100 million yuan)	333.82	24.7	325.60	25.4
第一产业	Primary Industry	16.02	0.4	13.28	-0.5
第二产业	Secondary Industry	277.47	32.8	272.91	33.6
#工业	Industry	274.18	32.7	270.48	33.5
第三产业	Tertiary Industry	40.33	8.7	39.41	8.8
规模以上工业增加值(亿元)	value-added of Industrial Above Designated Size (100 million yuan)		36.1		36.3
#外商及港澳台投资企业	Foreign, Hong Kong, Macao and Taiwan Businessmen		41.4		41.4
固定资产投资(亿元)	Investment in Fixed Assets	201.54	54.1	201.54	54.1
#民间投资	civilian	36.50	-16.1	36.50	-16.1
#工业	Industry	39.07	-46.1	39.07	-46.1
#房地产开发	Real Estate	88.46	391.9	88.46	391.9
社会消费品零售总额(亿元)	Total Retail Sales of Consumer Goods (100 million yuan)	63.24	16.2	60.91	16.3
#限上企业(单位)消费品零售额	above Designated Size	4.29	-0.4	4.29	-0.4
进出口总值(亿美元)	Total Value of Imports and Exports (USD 100 million)	348.75	15.2	348.75	15.2
出口总值	Total Exports	193.96	28.1	193.96	28.1
进口总值	Total Imports	154.80	2.3	154.80	2.3
外商实际投资额(万美元)	Total Amount of Foreign Investment(USD 10 000)	42000	58.2	42000	58.2
引进省外境内资金(亿元)	Foreign Capital Actually Used(100 million yuan)	29.67	55.7	29.67	55.7
地方公共财政预算收入(亿元)	Public Financial Revenue of the Local Government (100 million yuan)	15.07	104.5	15.07	104.5
#税收收入	Tax Revenue	11.52	64.7	11.52	64.7
地方公共财政预算支出(亿元)	Public Financial Expenditure of the Local Government (100 million yuan)	38.03	222.0	38.03	222.0
#一般公共服务支出	Commonly Public servings	2.26	25.6	2.26	25.6
民航旅客吞吐量(万人次)	Passenger throughput of civil aviation (10 000 person-time)	1314.00	12.6	1314.00	12.6
民航货邮吞吐量(万吨)	Goods throughput of civil aviation (10 000 tons)	25.57	69.1	25.57	69.1
航空运输飞行架次(万架次)	Air transport flight vehicles (10 000 vehicles)	12.78	17.0	12.78	17.0

主要统计指标解释

可比价格 指计算各种总量指标所采用的扣除了价格变动因素的价格，可进行不同时期总量指标的对比。按可比价格计算总量指标有两种方法：一种是直接用产品产量乘某一年的不变价格计算；另一种是用价格指数进行缩减。

不变价格 指以同类产品某年的平均价格作为固定价格，用于计算各年的产品价值。按不变价格计算的产品价值消除了价格变动因素，不同时期对比可以反映生产的发展速度。新中国成立后，随着工农业产品价格水平的变化，国家统计局先后五次制定了全国统一的工业产品不变价格和农业产品不变价格。从 1952 年到 1957 年使用 1952 年工（农）业产品不变价格，从 1957 年到 1970 年使用 1957 年不变价格，从 1971 年到 1980 年使用 1970 年不变价格，从 1981 年到 1990 年使用 1980 年不变价格，从 1991 年开始使用 1990 年不变价格。

平均增长速度 平均增长速度表明社会经济现象在一个较长的时期内逐期平均增长变化的程度，它不能根据各个环比增长速度直接求得，但与平均发展速度之间存在着一定的数量关系：平均增长速度＝平均发展速度－1。

平均发展速度是一种根据环比发展速度计算的序时平均数，由于各时期对比的基础不同，所以计算平均发展速度不能采用一般的序时平均数的计算方法，计算方法分为水平法和累计法。水平法，又称几何平均法，即将环比发展速度按连乘法用几何平均数公式计算。累计法，也称方程法，根据一段时期内各年发展水平总和与基期水平的关系，列出方程式计算平均发展速度。水平法着重考虑最后一年所达到的发展水平；累计法着重考虑整个时期累计发展水平的总量。

本《年鉴》内所列的平均增长速度，除固定资产投资用“累计法”计算外，其余均用“水平法”计算。从某年到某年平均增长速度的年份，均不包括基期年在内。如建国四十三年以来的平均增长速度是以 1949 年为基期计算的，则写为 1950-1992 年平均增长速度，其余类推。

国民经济行业分类 自 2012 年定期报表开始使用新的《国民经济行业分类》（GB/T4754-2011）。该分类是由国家统计局组织修订，国家质量监督检验检疫总局和中国国家标准化管理委员会于 2011 年 4 月 29 日发布。这次修订是在 2002 年分类标准的基础上，参照联合国《全部经济活动的国际标准产业分类》（ISIC/Rev.4）进行的。修订后的《国民经济行业分类》（GB/T4754-2012）共有门类 20 个，大类 96 个，中类 432 个，小类 1094 个。

企业（单位）登记注册类型 是以在工商行政管理机关登记注册的各类企业为划分对象，以工商行政管理部门对企业登记注册的类型为依据，将企业登记注册类型分为内资企业、港澳台商投资企业和外商投资企业三大类。内资企业包括国有企业、集体企业、股份合作企业、联营企业、有限责任公司、股份有限公司、私营公司和其他企业；港澳台商投资企业和外商投资企业分别包括合资经营企业、合作经营企业、独资经营企业和股份有限公司。对不在工商行政管理部门进行登记注册的行政机关、事业单位和社会团体，主要按其经费来源和管理方式进行划分。

国有企业 指企业全部资产归国家所有，并按《中华人民共和国企业法人登记管理条例》规定登记注册的非公司制的经济组织。不包括有限责任公司中的国有独资公司。

集体企业 指企业资产归集体所有，并按《中华人民共和国企业法人登记管理条例》规定登记注册的经济组织。

股份合作企业 指以合作制为基础，由企业职工共同出资入股，吸收一定比例的社会资产投资组建，实行自主经营，自负盈亏，共同劳动，民主管理，按劳分配与按股分红相结合的一种集体经济组织。

联营企业 指两个及两个以上相同或不同所有制性质的企业法人或事业单位法人，按自愿、平等、互利的原则，共同投资组成的经济组织。联营企业包括国有联营企业、集体联营企业、国有与集体联营企业和其他联营企业。

有限责任公司 指根据《中华人民共和国公司登记管理条例》规定登记注册，由两个以上、五十个以下的股东共同出资，每个股东以其所认缴的出资额对公司承担有限责任，公司以其全部资产对其债务承担责任的经济组织。有限责任公司包括国有独资公司以及其他有限责任公司。

股份有限公司 指根据《中华人民共和国公司登记管理条例》规定登记注册，其全部注册资本由等额股份构成并通过发行股票筹集资本，股东以其认购的股份对公司承担有限责任，公司以其全部资产对其债务承担责任的经济组织。

私营企业 指由自然人投资设立或由自然人控股，以雇佣劳动为基础的营利性经济组织。包括按照《公司法》、《合伙企业法》、《私营企业暂行条例》规定登记注册的私营有限责任公司、私营股份有限公司、私营合伙企业和私营独资企业。

其他内资企业 指上述企业之外的其他内资经济组织。

与港澳台商合资经营企业 指港澳台地区投资者与内地企业依照《中华人民共和国中外合资经营企业法》及有关法律的规定，按合同规定的比例投资设立、分享利润和分担风险的企业。

与港澳台商合作经营企业 指港澳台地区投资者与内地企业依照《中华人民共和国中外合作经营企业法》及有关法律的规定，依照合作合同的约定进行投资或提供条件设立、分配利润和分担风险的企业。

港澳台商独资经营企业 指依照《中华人民共和国外资企业法》及有关法律的规定，在内地由港澳台地区投资者全额投资设立的企业。

港澳台商投资股份有限公司 指根据国家有关规定，经外经贸部依法批准设立，其中港、澳、台商的股本占公司注册资本的比例达 25%以上的股份有限公司。凡其中港、澳、台商的股本占公司注册资本的比例小于 25%的，属于内资企业中的股份有限公司。

中外合资经营企业 指外国企业或外国人与中国内地企业依照《中华人民共和国中外合资经营企业法》及有关法律的规定，按合同规定的比例投资设立、分享利润和分担风险的企业。

中外合作经营企业 指外国企业或外国人与中国内地企业依照《中华人民共和国中外合作经营企业法》及有关法律的规定，依照合作合同的约定进行投资或提供条件设立、分配利润和分担风险的企业。

外资企业 指依照《中华人民共和国外资企业法》及有关法律的规定，在中国内地由外国投资者全额投资设立的企业。

外商投资股份有限公司 指根据国家有关规定，经外经贸部依法批准设立，其中外资的股本占公司注册资本的比例达 25%以上的股份有限公司。凡其中外资股本占公司注册资本的比例小于 25%的，属于内资企业中的股份有限公司。

行政机关、事业单位和社会团体 参照企业登记注册类型，主要按其经费来源和管理方式划分。具体规定如下：

⑴行政机关：包括国家机关和政党机关，原则上均列为“国有”。但有特殊规定的，如供销社等，则列为“集体”。

⑵事业单位：包括经国家机构编制部门和有关业务主管部门批准成立的各类事业单位，不包括实行企业化管理的事业单位。事业单位的划分办法如下：

①由国家财政预算拨款或列入财政预算外资金管理以及经费主要来源于国有主管部门或国有上级单位的事业单位，列为“国有”。

②经费主要来源于集体单位的事业单位，列为“集体”。

③公民个人（或个人合伙）开办的事业单位，列为 “私营”。

④上述以外的其他事业单位，如果其经费来源不明确，按管理方式进行归类。

⑶社会团体：包括经民政部门批准成立以及未纳入社会团体管理条例范围的工会、妇联等各类社会团体。社会团体的划分办法如下：

①未纳入民政部社会团体管理条例范围的工会、妇联、共青团、青联、工商联、科协、侨联等社会团体，国家拨款设立的基金会或基金管理组织以及经费主要来源于国有业务主管部门或国有上级单位的社会团体，列为“国有”。

②经费主要来源于集体单位的社会团体，列为“集体”。

③公民个人（或个人合伙）开办的社会团体，划为 “私营”。

④上述以外的其他社会团体，如果其经费来源不明确，改按管理方式进行归类。

法人单位 指具备：

⑴依法成立、有自己的名称、组织机构和场所、能够独立承担民事责任；

⑵独立拥有和使用（或授权使用）资产、承担负债、有权与其它单位签订合同；

⑶会计上独立核算、能够编制资产负债表。法人单位包括企业法人、事业单位法人、机关法人、会团体法人和其他法人。

产业活动单位 是法人单位的附属单位。产业活动单位应具备下列条件：

⑴在一个场所从事一种或主要从事一种社会经济活动；

⑵相对独立组织生产经营和业务活动；

⑶能够掌握收入和支出等业务核算资料。

Explanatory Notes on Main Statistical Indicators

Comparable Prices refer to prices that are used to remove the factors of price change in calculating economic aggregates, so as to facilitate comparison of aggregates over time. Two methods are used for calculating economic aggregates at comparable prices:

One is Multiplying the output of products by their constant prices of certain year, and other is Deflation of data at current prices by relevant price index.

Constant Price refers to the average price of a given product in certain year, which is used for comparison of over output value time. As the output value at constant prices removes the factor of price changes, it reflects the trend of production development over time. Since 1949,with the changes in general price level, the State Statistical Bureau has issued nationally unified constant prices five times: the 1952 constant prices for 1949-1957;the 1957 constant prices for 1957-1971; the 1970 constant prices for 1971-1981; the 1980 constant prices for 1981-1990;and the 1990 constant prices have been used since 1991.

Average Annual Growth Rate shows the average growth rate of social and economic development during a longer period. It can not be directly calculated by chain based growth rate. The relation is:

Average Annual Growth Rate = Average Speed of Development – 1

Average speed of development is the time series average of speed which calculated by chain based. Because the reference bases during the different periods are not same, average speed of development can not be calculated by the general method. Level approach and accumulative approach for calculating average speed of development rate are applied. The “level approach”, or the method of calculating the geometric average, is derived by the formula of geometric average of the chain-based speeds of development, or comparing the level of the last year of the interval with that of the beginning year; the other is called the “accumulative approach” or the “algebraic average”, “equation” method, which is derived by the summation of the actual figure of each year in the interval divided by the figure in the base year. The level approach focuses on the level of the last year, while the accumulative approach emphasizes the aggregate development in the duration.

The average annual growth rates listed in the Yearbook are calculated by the level approach except for the growth rate of investment in fixed assets. The base year is not listed in the duration for which average annual growth rates are computed. For instance, the average annual growth rate of the 43 years since 1949 is shown as the average annual growth rate of 1950-1992 without showing the base year 1949.

Industrial Classification of the National Economy The new Industrial Classification of the National Economy (GB/T 4754-2011) is introduced starting from the compilation of 2012 annual statistics. The revision, based on the 2002 classification, was organized by the National Bureau of Statistics taking into consideration of the International Standards of the Industrial Classification of All Economic Activities (ISIC/Rev.4) of the United Nations. The new Classification was promulgated by the National Administration of Quality Supervision, Inspection and Quarantine and the Standardization Administration of the People's Republic of China on April 29, 2011. The revised version of the Industrial Classification of the National Economy (GB/T 4754-2012) is composed of 20 sections, 96 divisions, 432 groups and 1094 classes.

Registration Status of Enterprises Enterprises are classified into 3 categories, namely domestic-funded enterprises, enterprises with investment from Hong Kong, Macau and Taiwan, and enterprises with foreign investment, in the light of the registration status of an enterprise in industrial and commercial administration agencies. Domestic-funded enterprises include state-owned enterprises, collective-owned enterprises, cooperative enterprises, joint ownership enterprises, limited liability corporations, share-holding corporations Ltd., private enterprises and other enterprises. Included in the enterprises with investment from Hong Kong, Macau and

Taiwan and enterprises with foreign investment are joint-venture enterprises, cooperative enterprises, sole investment enterprises and share-holding corporations Ltd. For government agencies, institutions and social organizations which are not requested to be registered in industrial and commercial administration agencies, they are classified mainly by their sources of funds and way of management.

State-owned Enterprises refer to non-corporation economic units where the entire assets are owned by the state and which have registered in accordance with the Regulation of the People's Republic of China on the Management of Registration of Corporate Enterprises. Excluded from this category are sole state-funded corporations in the limited liability corporations.

Collective-owned Enterprises refer to economic units where the assets are owned collectively and which have registered in accordance with the Regulation of the People's Republic of China on the Management of Registration of Corporate Enterprises.

Cooperative Enterprises refer to a form of collective economic units (enterprises) where capitals come mainly from employees as their shares, with certain proportion of capital from the outside, where production is organized on the basis of independent operation, independent accounting for profits and losses, joint work, democratic management, and a distribution system that integrates remuneration according to work with dividend according to capital share.

Joint Ownership Enterprises refer to economic units established by two or more corporate enterprises or corporate institutions of the same or different ownership, through joint investment on the basis of equality, voluntary participation and mutual benefits. They include state joint ownership enterprises, collective joint ownership enterprises, joint state-collective enterprises, and other joint ownership enterprises.

Limited Liability Corporations refer to economic units established with investment from 2-50 investors and registered in accordance with the Regulation of the People's Republic of China on the Management of Registration of Corporations, each investor bearing limited liability to the corporation depending on its share of investment, and the corporation bearing liability to its debt to the maximum of its total assets. Limited liability corporations include exclusive state-funded limited liability corporations and other limited liability corporations.

Share-holding Corporations Ltd. refer to economic units registered in accordance with the Regulation of the People's Republic of China on the Management of Registration of Corporations, with total registered capitals divided into equal shares and raised through issuing stocks. Each investor bears limited liability to the corporation depending on the holding of shares, and the corporation bears liability to its debt to the maximum of its total assets.

Private Enterprises refer to profit-making economic units invested and established by natural persons, or controlled by natural persons using employed labor. Included in this category are private limited liability corporations, private share-holding corporations Ltd, private partnership enterprises and private-funded enterprises registered in accordance with the Corporation Law, Partnership Enterprises Law and Interim Regulations on Private Enterprises.

Other Domestic-funded Enterprises refer to domestic-funded economic units other than those mentioned above.

Joint-venture Enterprises with Funds from Hong Kong, Macau and Taiwan refer to enterprises jointly established by investors from Hong Kong, Macau and Taiwan with enterprises in the mainland of China in accordance with the Law of the People's Republic of China on Sino-foreign Joint Venture Enterprises and other relevant laws, where the share of investment, profits and risks is stipulated in the contract.

Cooperative Enterprises with Funds from Hong Kong Macao and Taiwan, established by investors from Hong Kong, Macao and Taiwan with enterprises in the mainland of China in accordance with the Law of the People's Republic of China on Sino-foreign Cooperative Enterprises and other relevant laws, where the investment or provision of facilities, and the share of profits and risks is stipulated in the cooperative contract.

Enterprises with Sole (exclusive) Investment from Hong Kong, Macao and Taiwan refer to enterprises established in the mainland of China with exclusive investment from investors from Hong Kong, Macao and Taiwan in accordance with the Law of the

People's Republic of China on Foreign-Funded Enterprises and other relevant laws.

Share-holding Corporations Ltd. with Investment from Hong Kong, Macao and Taiwan refer to share-holding corporations Ltd. established with the approval from the Ministry of Foreign Trade and Economic Relations in line with relevant state regulations, where the share of investment from Hong Kong, Macau or Taiwan businessmen exceeds 25% of the total registered capital of the corporation. In case the share of investment from Hong Kong, Macao or Taiwan is less than 25% of the total registered capital, the enterprise is to be classified as domestic-funded share-holding corporation Ltd.

Joint-venture Enterprises with Foreign Investment refer to enterprises jointly established by foreign enterprises or foreigners with enterprises in the mainland of China in accordance with the Law of the People's Republic of China on Sino-foreign Joint Venture Enterprises and other relevant laws, where the share of investment, profits and risks is stipulated in the contract.

Cooperation Enterprises with Foreign Investment refer to enterprises jointly established by foreign enterprises or foreigners with enterprises in the mainland of China in accordance with the Law of the People's Republic of China on Sino-foreign Cooperative Enterprises and other relevant laws, where the investment or provision of facilities, and the share of profits and risks is stipulated in the cooperative contract.

Enterprises with Sole (exclusive) Foreign Investment refer to enterprises established in the mainland of China with exclusive investment from foreign investors in accordance with the Law of the People's Republic of China on Foreign-Funded Enterprises and other relevant laws.

Share-holding Corporations Ltd. with Foreign Investment refer to share-holding corporations Ltd. Established with the approval from the Ministry of Foreign Trade and Economic Relations in line with relevant state regulations, where the share of investment from foreign investors exceeds 25% of the total registered capital of the corporation. In case the share of foreign investment is less than 25% of the total registered capital, the enterprise is to be classified as domestic-funded share-holding corporation Ltd.

Government Agencies, Institutions and Social Organizations are classified into following categories by source of funds and way of management taking reference of the registration status of enterprises:

(1) Government agencies: include state and party agencies, classified in principle as “state-owned”. There are exceptions, such as supply and marketing cooperatives, which are classified, as “collective”.

(2) Institutions: include institutions of various types established with the approval by organization and staffing departments of the government, but exclude institutions where enterprise management system is introduced. Institutions are further classified as follows:

(a) Institutions whose main budget is listed in the government budget appropriations or extra-budget funds, or allocated from the budget of their competent government agencies. Such institutions are classified as “state-owned”.

(b) Institutions whose budget mainly comes from collective units. Such institutions are classified as “collective”.

(c) Institutions other than those mentioned above whose source of budget is not clear. Such institutions are classified by way of management.

(3) Social organizations: include social organizations established with the approval from the Ministry of Civil Affairs, and organizations that are not covered by social organization management regulations such as trade unions, women’s federations etc. Social organizations are further classified as follows:

(a) Social organizations that are not covered by social organization management regulations of the Ministry of Civil Affairs such as trade unions, women's federations, communist youth leagues, youth associations, industrial and commerce associations, scientists associations, overseas Chinese associations, etc., foundations and fund management organizations established with funds from the state, and social organizations whose funds mainly come from the budget of their competent government agencies. Such institutions are classified as "state-owned".

(b) Social organizations whose budget mainly comes from collective units. Such institutions are classified as "collective".

(c) Social organizations established by individual or a group of citizens, which are classified as "private".

(d) Social organizations other than those mentioned above whose source of budget is not clear. Such organizations are classified by way of management.

Artificial person Refer to unit that have following conditions:

(1) legally Established, have own name, organization ,location and can undertake a civil case responsibility independently by law.

(2) independently Own and use(or authorizable usage) a property, undertake liabilities and can make a bargain with other units.

(3) can independently account and workout balance sheet. artificial person unit includes business artificial person, artificial person, organization artificial person, meeting group artificial person and other.

Establishments unit Refer to the subsidiary unit of artificial person unit. it should have following conditions:

(1) Be engaged in only one kind of social economic activities in exclusive condition.

(2) Opposite independently organize management and business activity.

(3) predominate data of businesses, such as income and expenditure...etc.

国民经济核算
National Accounts

◉ 资料整理：胡祀祀

简要说明

一、主要内容

本篇包括生产总值资料、资产负债表、资金流量表和投入产出表。

二、资料来源

生产总值资料是根据不同产业部门、不同支出构成的特点和资料来源情况而采用不同方法计算的。本年鉴公布的地区生产总值以及与之有关的指标数据，如果遇到普查，在能够获得更详细的基础资料的情况下，地区生产总值历史数据还会发生变动。2008年，根据第二次经济普查资料，按照《依据普查资料对2008年地区GDP初步核算数修订方法》的要求，重新修订了经济普查年度（2008年）地区生产总值数据。本年鉴中的数据是修订以后的数据。本年鉴所列分省辖市数据来自各省辖市统计局的国民经济核算资料。由于采取分级核算，各省辖市数据相加不等于全省数据。由河南省统计局国民经济核算处编辑整理。

资产负债表采用国际上通用的矩阵结构。主栏为资产和负债项目，包括三个部分：非金融资产项目、金融资产与负债项目和资产负债差额项目。宾栏为机构部门和经济总体，并下设使用项和来源项，其中使用项目记录资产，来源项目记录负债和资产负债差额。由河南省统计局国民经济核算处编制。

资金流量表表式与国际上通用的表式相似，是机构部门与交易项目的矩阵表式。主栏为交易项目，主要反映分配方式和融资工具；宾栏按机构部门分类。机构部门分类是根据机构单位具有的基本特征所进行的部门分类。资金流量表把参与资金活动的主体分为非金融企业、金融机构、政府、住户、国内省外和国外六个部门。每一部门下设资金来源与资金运用两栏。现行的资金流量表分为两大部分，一部分为实物交易，另一部分为金融交易。由河南省统计局国民经济核算处编制。

投入产出表也称部门联系平衡表或产业关联表，是根据国民经济各部门生产中的投入来源和使用去向纵横交叉组成的一张棋盘式平衡表。它可以用来揭示部门间经济技术的相互依存、相互制约的数量关系。由河南省统计局国民经济核算处编制。

2013年生产总值数据为初步核算数。

Brief Introduction

I. Main Contents

Statistics on national accounts include mainly three parts: gross domestic product, balance sheet, Flow of Funds Table and Input-output table

II. Sources of Data

Data on GDP are computed by the Department of National Accounts of the Henan provincial Bureau of Statistics based on different approaches in the light of the different features of various sectors, various expenditure structures and different data sources. Data on GDP and related indicators of the most recent year published in the Yearbook are not final, Where a census has been conducted, historical data of GDP of the previous years may also undergo change. For example , in 2008, the 2008GDP is adjusted on the basis of the Second Economic Census and GDP annual economic survey of accounting programs, and take advantage of the trend deviation method. Municipal data of Statistics on national accounts are computed by Municipal bureau of statistics. Regional data in this Yearbook are prepared from the national accounts data provided by the statistical bureaus of the 18 cities. The sum of the regional data is not equal to the provincial total due to the decentralized accounting approach.

Similar to internationally accepted format, the Balance Sheet of Henan constitutes a matrix. Items of transactions are expressed as assets and liabilities, including three parts: non-financial assets, financial assets and liabilities, the difference between assets and liabilities. Institutional sectors are column headings and macroeconomic, grouped by utilization and source, utilization record the item of project assets , and source record the item of liabilities and difference between assets and liabilities. Balance Sheet of Henan province is compiled by the Department of National Accounts of the Henan provincial Bureau of Statistics.

Similar to internationally accepted format, the Flow of Funds table of China constitutes a matrix of institutional sectors by transaction items. Items of transactions are expressed as row headings representing forms of distribution and methods of financing. Institutional sectors are shown as column headings, grouped by the characteristics of the transactors. There are 6 groups of institutional sectors in the flow of funds table, namely, non-financial corporations, financial institutions, general governments, households, other provinces and the rest of the world. Under each sector there are 2 headings: sources of funds and uses of funds. The current flow of funds table is composed of two parts: the first part, comprising the physical (real) transactions, is compiled by the Department of National Accounts of the National Bureau of Statistics; and the second part, comprising financial transactions, is compiled by the Department of National Accounts of the Henan provincial Bureau of Statistics.

The Input-output table may be viewed as a table showing sector relationships and balances or one showing sector output relationships. Reflecting the sources of the input into, and the utilization of the output from, the production by various industries of the national economy, the input-output table takes the form of a chess-board shaped matrix format , and is used to reveal, in quantitative terms, the interrelated and mutually dependent economic and technological relationships among industries. The input-output table of China is compiled by the Department of National Accounts of the Henan provincial Bureau of Statistics.

Data in 2013 of National accounts is preliminary accounting.

3-1 生产总值

Gross Domestic Product

本表按当年价格计算。
Data in this table are calculated at current prices.

单位：亿元 (100 million yuan)

年 份 Year	生产总值 Gross Domestic Product	第一产业 Primary Industry	第二产业 Secondary Industry	工 业 Industry	建筑业 Construction	第三产业 Tertiary Industry	人均生产总值(元) Per Capita GDP (yuan)
1952	36.09	22.46	8.23	4.77	3.46	5.40	83
1957	52.55	24.27	18.08	6.87	11.21	10.20	110
1962	43.02	17.00	14.05	8.54	5.51	11.97	88
1965	62.96	29.58	19.10	16.27	2.83	14.28	122
1970	97.19	44.49	36.06	30.04	6.02	16.64	164
1975	127.77	55.71	50.34	41.54	8.80	21.72	191
1978	162.92	64.86	69.45	59.20	10.25	28.61	232
1979	190.09	77.30	80.52	68.64	11.88	32.27	267
1980	229.16	93.23	94.44	80.51	13.93	41.49	317
1981	249.69	106.04	95.79	82.61	13.18	47.86	340
1982	263.30	108.18	102.76	88.62	14.14	52.36	353
1983	327.95	143.49	116.36	100.35	16.01	68.10	433
1984	370.04	155.28	136.29	116.66	19.63	78.47	482
1985	451.74	173.43	170.07	144.39	25.68	108.24	580
1986	502.91	179.02	202.15	174.47	27.68	121.74	635
1987	609.60	220.22	230.25	195.75	34.50	159.13	756
1988	749.09	240.72	299.83	258.38	41.45	208.54	910
1989	850.71	289.95	317.13	281.71	35.42	243.63	1012
1990	934.65	325.77	331.85	288.58	43.27	277.03	1091
1991	1045.73	334.61	388.09	336.26	51.83	323.03	1201
1992	1279.75	353.92	545.21	481.11	64.10	380.62	1452
1993	1660.18	410.45	764.20	678.36	85.84	485.53	1865
1994	2216.83	546.68	1058.89	948.78	110.11	611.26	2467
1995	2988.37	762.99	1394.98	1256.52	138.46	830.40	3297
1996	3634.69	937.64	1677.62	1496.72	180.90	1019.43	3978
1997	4041.09	1008.55	1861.28	1641.08	220.20	1171.26	4389
1998	4308.24	1071.39	1937.83	1692.35	245.48	1299.02	4643
1999	4517.94	1123.14	1981.07	1729.29	251.78	1413.73	4832
2000	5052.99	1161.58	2294.15	2000.04	294.11	1597.26	5450
2001	5533.01	1234.34	2510.45	2182.78	327.67	1788.22	5959
2002	6035.48	1288.36	2768.75	2412.18	356.57	1978.37	6487
2003	6867.70	1198.70	3310.14	2876.93	433.21	2358.86	7376
2004	8553.79	1649.29	4182.10	3644.40	537.70	2722.40	9201
2005	10587.42	1892.01	5514.14	4896.01	618.13	3181.27	11346
2006	12362.79	1916.74	6724.61	6031.21	693.40	3721.44	13172
2007	15012.46	2217.66	8282.83	7508.33	774.50	4511.97	16012
2008	18018.53	2658.78	10259.99	9328.15	931.84	5099.76	19181
2009	19480.46	2769.05	11010.50	9900.27	1110.23	5700.91	20597
2010	23092.36	3258.09	13226.38	11950.88	1275.50	6607.89	24446
2011	26931.03	3512.24	15427.08	13949.32	1477.76	7991.72	28661
2012	29599.31	3769.54	16672.20	15017.56	1654.64	9157.57	31499
2013	32155.86	4058.98	17806.39	15960.60	1845.79	10290.49	34174

注：1. 2000年以来人均GDP按常住人口计算。
2. 2005年以后第一产业含农林牧渔服务业。

a)Data of Per capita GDP since 2000 are calculated at resident population.
b)Add-value of Primary Industry since 2005 inculde Service for Farming Forestry Animal Husbandry and Fishery.

3-2 生产总值指数(上年=100)

Indices of Gross Domestic Product (preceding year=100)

本表按可比价格计算。

The indices in this table are calculated at comparable prices.

(上年=100) (preceding year=100)

年 份 Year	生产总值 Gross Domestic Product	第一产业 Primary Industry	第二产业 Secondary Industry	工 业 Industry	建筑业 Construction	第三产业 Tertiary Industry	人均生产总值 Per Capita GDP
1952	106.1	101.1	138.3	158.1	112.0	129.2	105.0
1957	109.2	105.9	119.0	96.3	152.0	116.0	107.1
1962	100.5	118.4	70.8	76.4	55.9	100.2	99.2
1965	124.5	129.4	128.7	130.8	120.5	104.5	122.1
1970	117.3	106.0	145.8	147.1	140.7	109.7	113.8
1975	106.3	102.9	111.9	112.7	108.5	106.1	104.4
1978	111.3	110.6	112.1	116.4	92.6	111.3	109.5
1979	108.7	101.7	112.6	113.5	107.6	119.7	106.9
1980	115.4	109.2	117.2	116.6	121.3	126.9	113.7
1981	107.8	111.7	101.3	102.2	95.9	113.7	106.3
1982	104.3	100.5	106.1	105.7	108.6	109.0	102.7
1983	123.8	130.2	113.5	113.9	111.2	131.3	121.9
1984	110.1	105.5	115.0	115.0	115.1	110.7	108.5
1985	113.5	100.8	117.0	116.8	117.7	131.9	111.9
1986	104.6	92.1	114.0	115.7	103.2	108.6	103.0
1987	115.0	116.9	108.6	106.9	120.2	123.5	112.9
1988	109.8	97.4	120.1	121.8	109.6	109.4	107.6
1989	107.0	109.2	103.5	105.5	90.1	110.3	104.8
1990	104.5	105.4	102.3	100.1	119.4	106.8	102.5
1991	106.9	97.4	113.3	113.8	109.3	110.4	105.2
1992	113.7	101.5	125.4	126.5	117.1	111.1	112.3
1993	115.8	110.4	122.1	123.1	113.5	111.6	114.6
1994	113.8	101.3	121.6	122.5	113.7	113.1	112.8
1995	114.8	111.9	117.2	117.7	112.2	113.1	113.8
1996	113.9	111.3	116.0	115.3	123.2	112.4	113.0
1997	110.4	107.6	110.9	110.0	120.0	111.8	109.6
1998	108.8	107.0	109.2	108.7	113.5	109.4	107.9
1999	108.1	107.2	107.8	108.0	106.3	109.3	107.3
2000	109.5	104.5	111.8	111.6	113.1	109.2	108.5
2001	109.0	105.5	109.9	109.6	111.6	110.3	108.9
2002	109.5	104.5	111.6	111.7	110.6	109.9	109.2
2003	110.7	97.5	117.0	117.1	116.7	110.1	110.6
2004	113.7	112.8	116.2	117.0	111.0	110.4	113.9
2005	114.2	107.5	117.6	118.7	109.4	112.8	113.8
2006	114.4	107.3	117.7	118.7	110.5	112.9	113.7
2007	114.6	103.8	118.1	119.6	105.1	114.1	114.7
2008	112.1	105.5	114.6	115.3	107.3	110.7	111.9
2009	110.9	104.2	112.4	111.6	121.3	111.1	110.2
2010	112.5	104.5	114.8	115.4	109.5	111.4	112.6
2011	111.9	103.7	113.2	114.1	105.2	113.4	112.5
2012	110.1	104.5	111.4	111.5	110.4	110.2	110.1
2013	109.0	104.3	110.0	109.9	111.8	108.8	108.9

3-3 生产总值指数(1952=100)
Indices of Gross Domestic Product (1952=100)

本表按可比价格计算。
The indices in this table are calculated at comparable prices.

(1952=100) (1952=100)

年份 Year	生产总值 Gross Domestic Product	第一产业 Primary Industry	第二产业 Secondary Industry	工业 Industry	建筑业 Construction	第三产业 Tertiary Industry	人均生产总值 Per Capita GDP
1952	100.0	100.0	100.0	100.0	100.0	100.0	100.0
1957	133.0	115.6	210.3	154.5	315.8	199.7	121.0
1962	82.1	58.6	156.7	188.2	97.5	209.6	73.5
1965	135.3	102.1	285.1	354.1	155.1	258.7	114.2
1970	200.4	132.4	619.8	769.9	338.1	308.0	147.1
1975	251.8	159.5	805.4	1012.7	417.4	417.6	163.6
1978	306.4	174.3	1102.8	1440.6	472.6	537.5	190.1
1979	333.0	177.3	1241.7	1635.0	508.5	643.4	203.2
1980	384.3	193.6	1455.3	1906.4	616.8	816.5	231.0
1981	414.3	216.2	1474.2	1948.4	591.5	928.3	245.6
1982	432.1	217.3	1564.1	2059.4	642.4	1011.9	252.2
1983	534.9	283.0	1775.3	2345.7	714.3	1328.6	307.4
1984	589.0	298.5	2041.6	2697.6	822.2	1470.7	333.6
1985	668.5	300.9	2388.6	3150.8	967.7	1939.9	373.3
1986	699.2	277.1	2723.1	3645.4	998.7	2106.8	384.5
1987	804.1	324.0	2957.2	3897.0	1200.5	2601.8	434.1
1988	882.9	315.5	3551.6	4746.5	1315.7	2846.4	467.0
1989	944.7	344.5	3675.9	5007.6	1185.4	3139.6	489.4
1990	987.2	363.1	3760.4	5012.6	1415.4	3353.1	501.6
1991	1055.3	353.7	4260.5	5704.3	1547.0	3701.8	527.7
1992	1199.9	359.0	5342.7	7215.9	1811.5	4112.7	592.6
1993	1389.5	396.3	6523.4	8882.8	2056.1	4589.8	679.1
1994	1581.3	401.5	7932.5	10881.4	2337.8	5191.1	766.0
1995	1815.3	449.3	9296.9	12807.4	2623.0	5871.1	871.7
1996	2067.6	500.1	10784.4	14766.9	3231.5	6599.1	985.0
1997	2282.6	538.1	11959.9	16243.6	3877.8	7377.8	1079.6
1998	2483.5	575.8	13060.2	17656.8	4401.3	8071.3	1164.9
1999	2684.7	617.3	14078.9	19069.3	4678.6	8821.9	1249.9
2000	2939.7	645.1	15740.2	21281.3	5291.5	9633.5	1356.1
2001	3204.3	680.6	17298.5	23324.3	5905.3	10625.8	1476.8
2002	3508.7	711.2	19305.1	26053.2	6531.3	11677.8	1612.7
2003	3884.1	693.4	22587.0	30508.3	7622.0	12857.3	1783.6
2004	4416.2	782.2	26246.1	35694.7	8460.4	14194.5	2031.5
2005	5043.3	840.9	30865.4	42369.6	9255.7	16011.4	2311.8
2006	5769.5	902.3	36328.6	50292.7	10227.5	18076.9	2628.5
2007	6611.8	936.6	42904.1	60150.1	10749.1	20625.7	3014.9
2008	7412.3	988.1	49154.6	69362.9	11536.9	22830.6	3373.7
2009	8221.6	1029.1	55254.2	77375.4	13997.5	25371.8	3716.7
2010	9249.3	1075.4	63431.8	89291.2	15327.2	28264.2	4187.1
2011	10352.2	1114.7	71832.9	101881.1	16128.5	32040.5	4710.4
2012	11402.6	1164.4	80024.4	113597.5	17809.6	35307.6	5186.2
2013	12428.8	1214.4	88026.8	124843.7	19911.2	38414.7	5647.8

3-4 生产总值分产业构成
Composition of Gross Domestic Product

本表按当年价格计算。
Data in this table are calculated at current prices.
单位：% (%)

年 份 Year	生产总值 Gross Domestic Product	第一产业 Primary Industry	第二产业 Secondary Industry	工 业 Industry	建筑业 Construction	第三产业 Tertiary Industry
1952	100.0	62.2	22.8	13.2	9.6	15.0
1957	100.0	46.2	34.4	13.1	21.3	19.4
1962	100.0	39.5	32.7	19.9	12.8	27.8
1965	100.0	47.0	30.3	25.8	4.5	22.7
1970	100.0	45.8	37.1	30.9	6.2	17.1
1975	100.0	43.6	39.4	32.5	6.9	17.0
1978	100.0	39.8	42.6	36.3	6.3	17.6
1979	100.0	40.7	42.3	36.1	6.2	17.0
1980	100.0	40.7	41.2	35.1	6.1	18.1
1981	100.0	42.5	38.3	33.1	5.2	19.2
1982	100.0	41.1	39.0	33.6	5.4	19.9
1983	100.0	43.7	35.5	30.6	4.9	20.8
1984	100.0	42.0	36.8	31.5	5.3	21.2
1985	100.0	38.4	37.6	31.9	5.7	24.0
1986	100.0	35.6	40.2	34.7	5.5	24.2
1987	100.0	36.1	37.8	32.1	5.7	26.1
1988	100.0	32.1	40.0	34.5	5.5	27.9
1989	100.0	34.1	37.3	33.1	4.2	28.6
1990	100.0	34.9	35.5	30.9	4.6	29.6
1991	100.0	32.0	37.1	32.1	5.0	30.9
1992	100.0	27.7	42.6	37.6	5.0	29.7
1993	100.0	24.7	46.0	40.8	5.2	29.3
1994	100.0	24.6	47.8	42.8	5.0	27.6
1995	100.0	25.5	46.7	42.1	4.6	27.8
1996	100.0	25.8	46.2	41.2	5.0	28.0
1997	100.0	24.9	46.1	40.6	5.5	29.0
1998	100.0	24.9	45.0	39.3	5.7	30.1
1999	100.0	24.9	43.8	38.3	5.5	31.3
2000	100.0	23.0	45.4	39.6	5.8	31.6
2001	100.0	22.3	45.4	39.5	5.9	32.3
2002	100.0	21.3	45.9	40.0	5.9	32.8
2003	100.0	17.5	48.2	41.9	6.3	34.3
2004	100.0	19.3	48.9	42.6	6.3	31.8
2005	100.0	17.9	52.1	46.3	5.8	30.0
2006	100.0	15.5	54.4	48.8	5.6	30.1
2007	100.0	14.8	55.2	50.0	5.2	30.0
2008	100.0	14.8	56.9	51.8	5.2	28.3
2009	100.0	14.2	56.5	50.8	5.7	29.3
2010	100.0	14.1	57.3	51.8	5.5	28.6
2011	100.0	13.0	57.3	51.8	5.5	29.7
2012	100.0	12.7	56.3	50.7	5.6	31.0
2013	100.0	12.6	55.4	49.6	5.8	32.0

3-5 三次产业贡献率

Share of the Three Industries to the Increase of GDP

本表按可比价格计算。

Data in this table are calculated at constant prices.

单位：%　　(%)

年份 Year	生产总值 Gross Domestic Product	第一产业 Primary Industry	第二产业 Secondary Industry	#工业 Industry	第三产业 Tertiary Industry
1981	100.0	61.5	6.9	10.2	31.6
1982	100.0	4.9	55.3	44.4	39.8
1983	100.0	51.7	22.4	19.7	26.0
1984	100.0	23.5	54.1	46.5	22.4
1985	100.0	2.6	47.6	40.6	49.9
1986	100.0	-62.4	117.2	113.4	45.2
1987	100.0	36.0	24.2	17.0	39.8
1988	100.0	-8.8	82.4	76.9	26.4
1989	100.0	37.8	22.0	30.0	40.2
1990	100.0	35.5	21.8	1.2	42.7
1991	100.0	-13.0	69.8	64.0	43.2
1992	100.0	3.4	72.2	66.7	24.3
1993	100.0	18.4	60.1	56.2	21.6
1994	100.0	2.5	70.7	66.2	26.9
1995	100.0	19.0	56.1	52.4	24.9
1996	100.0	18.7	56.7	49.4	24.6
1997	100.0	16.4	52.7	43.7	30.8
1998	100.0	17.5	52.8	45.0	29.7
1999	100.0	19.1	48.8	44.7	32.0
2000	100.0	10.2	62.6	55.4	27.2
2001	100.0	14.0	49.7	42.2	36.3
2002	100.0	10.6	55.8	49.2	33.6
2003	100.0	-5.0	74.6	65.2	30.4
2004	100.0	17.5	58.4	53.3	24.1
2005	100.0	9.8	62.2	58.1	28.0
2006	100.0	9.0	64.1	59.8	26.9
2007	100.0	4.1	67.0	65.0	28.9
2008	100.0	6.5	68.5	65.3	25.0
2009	100.0	5.1	64.8	55.1	30.0
2010	100.0	4.5	68.5	64.3	27.0
2011	100.0	4.3	63.6	61.2	32.1
2012	100.0	5.8	65.1	59.8	29.1
2013	100.0	5.9	65.6	58.8	28.5

注：产业贡献率指各产业增加值增量与GDP增量之比。

a) Share of the three industries refers to the proportion of the increment of every industrial value added to the increment of GDP.

3-6 三次产业对生产总值增长的拉动

Contribution of the Three Industries to GDP Growth

本表按可比价格计算。
Data in this table are calculated at current prices.
单位：百分点 (percent)

年 份 Year	生产总值 Gross Domestic Product	第一产业 Primary Industry	第二产业 Secondary Industry	#工业 Industry	第三产业 Tertiary Industry
1981	7.8	4.8	0.5	0.8	2.5
1982	4.3	0.2	2.4	1.9	1.7
1983	23.8	12.3	5.3	4.7	6.2
1984	10.1	2.4	5.5	4.7	2.3
1985	13.5	0.3	6.4	5.5	6.7
1986	4.6	-2.9	5.4	5.2	2.1
1987	15.0	5.4	3.6	2.5	6.0
1988	9.8	-0.9	8.1	7.5	2.6
1989	7.0	2.6	1.5	2.1	2.8
1990	4.5	1.6	1.0	0.1	1.9
1991	6.9	-0.9	4.8	4.4	3.0
1992	13.7	0.5	9.9	9.1	3.3
1993	15.8	2.9	9.5	8.9	3.4
1994	13.8	0.3	9.7	9.1	3.7
1995	14.8	2.8	8.3	7.8	3.7
1996	13.9	2.6	7.9	6.9	3.4
1997	10.4	1.7	5.5	4.5	3.2
1998	8.8	1.5	4.7	4.0	2.6
1999	8.1	1.6	4.0	3.6	2.6
2000	9.5	1.0	5.9	5.3	2.6
2001	9.0	1.3	4.5	3.8	3.3
2002	9.5	1.0	5.3	4.7	3.2
2003	10.7	-0.5	8.0	7.0	3.2
2004	13.7	2.4	8.0	7.3	3.3
2005	14.2	1.4	8.8	8.3	4.0
2006	14.4	1.3	9.2	8.6	3.9
2007	14.6	0.6	9.8	9.5	4.2
2008	12.1	0.8	8.3	7.9	3.0
2009	10.9	0.6	7.1	6.0	3.3
2010	12.5	0.6	8.6	8.1	3.4
2011	11.9	0.5	7.6	7.3	3.8
2012	10.1	0.6	6.6	6.1	2.9
2013	9.0	0.5	5.9	5.3	2.6

注：产业拉动指GDP增长速度与各产业贡献率之乘积。
a) Contribution of the three industies to GDP growth refers to the growth rate of GDP multiplying the industrial shares.

3-7 全员劳动生产率

Over all Labor Productivity

单位：元/人.年 (yuan/person.year)

年 份 Year	全员劳动生产率 Over all Labor Productivity	第一产业 Primary Industry	第二产业 Secondary Industry	第三产业 Tertiary Industry
1979	669	334	2748	1385
1980	790	393	3180	1788
1981	837	437	3120	1892
1982	851	433	3288	1870
1983	1019	560	3548	2092
1984	1115	600	3802	2115
1985	1316	674	3784	2646
1986	1413	696	3706	2761
1987	1652	852	3889	3102
1988	1946	918	4703	3538
1989	2165	1080	4812	4150
1990	2328	1174	4990	4831
1991	2519	1163	5707	5438
1992	2994	1205	7717	6046
1993	3803	1400	9977	7274
1994	5011	1893	12666	8726
1995	6673	2687	15560	11184
1996	7947	3327	17503	12791
1997	8545	3520	18622	13556
1998	8774	3659	19643	13049
1999	8854	3593	21136	13604
2000	9377	3382	24282	15827
2001	9980	3506	25432	17256
2002	10935	3748	27208	18597
2003	12422	3562	31205	21383
2004	15381	5015	37583	23466
2005	18824	5926	46086	25738
2006	21725	6194	51688	28737
2007	26127	7429	58371	33621
2008	31045	9220	67258	36555
2009	33063	9868	67995	38869
2010	38517	11898	77173	42822
2011	44005	13051	85575	49151
2012	47414	14229	88404	53630
2013	50739	15638	90068	58320

3-8 分行业增加值及指数

Value-added and Index by Sector

本表增加值按当年价格计算，指数按可比价格计算。
Value-added in this table are calculated at current prices. The indices in this table are calculated at comparable prices.

单位：亿元 (100 million yuan)

行业	Sector	2012 增加值 Value-added	2012 指数(上年=100) Index (preceding year=100)	2013 增加值 Value-added	2013 指数(上年=100) Index (preceding year=100)
生产总值	**Gross Domestic Product**	**29599.31**	**110.1**	**32155.86**	**109.0**
第一产业	Value-added of the Primary Industry	3769.54	104.5	4058.98	104.3
第二产业	Value-added of the Secondary Industry	16672.20	111.4	17806.39	110.0
工业	Industry	15017.56	111.5	15960.60	109.9
建筑业	Construction	1654.64	110.4	1845.79	111.8
第三产业	Value-added of the Tertiary Industry	9157.57	110.2	10290.49	108.8
交通运输、仓储和邮政业	Traffic,transport, storage and post	1151.91	106.1	1309.30	105.7
批发和零售业	Wholesale and retail trade	1877.82	115.7	2072.59	108.3
住宿和餐饮业	Accommodation and Restaurants	898.36	106.4	998.47	104.7
金融业	Finance	1013.60	114.7	1181.77	115.0
房地产业	Real estate	1040.70	101.9	1165.07	108.8
其他服务业	Others	3175.18	110.8	3563.29	109.2

3-9 第三产业增加值及指数

Value-added and Index of the Tertiary Industry by Sector

本表增加值按当年价格计算，指数按可比价格计算。
Value-added in this table are calculated at current prices. The indices in this table are calculated at comparable prices.

行业	Sector	2005	2010	2011	2012	2013
第三产业增加值(亿元)	**Value-added of the Tertiary Industry(100 million yuan)**	**3181.27**	**6607.89**	**7991.72**	**9157.57**	**10290.49**
交通运输、仓储和邮政业	Traffic,transport, storage and post	625.87	873.30	961.50	1151.91	1309.30
批发和零售业	Wholesale and retail trade	616.25	1293.50	1586.09	1877.82	2072.59
住宿和餐饮业	Accommodation and Restaurants	302.23	605.23	797.99	898.36	998.47
金融业	Finance	181.74	697.68	868.20	1013.60	1181.77
房地产业	Real estate	298.19	773.23	987.00	1040.70	1165.07
其他服务业	Others	1156.99	2364.95	2790.94	3175.18	3563.29
第三产业增加值指数(%)	**Index of the Tertiary Industry(%)**	**112.8**	**111.4**	**113.4**	**110.2**	**108.8**
交通运输、仓储和邮政业	Traffic,transport, storage and post	109.2	105.3	107.7	106.1	105.7
批发和零售业	Wholesale and retail trade	111.3	117.9	116.1	115.7	108.3
住宿和餐饮业	Accommodation and Restaurants	112.8	110.9	116.6	106.4	104.7
金融业	Finance	104.5	133.7	116.8	114.7	115.0
房地产业	Real estate	110.0	110.9	109.9	101.9	108.8
其他服务业	Others	120.0	106.5	113.2	110.8	109.2

3-10 各市生产总值(2013年)

Gross Domestic Product by City (2013)

本表按当年价格计算。
Data in this table are calculated at current prices.

市(县) City(County)	生产总值(亿元) Gross Domestic Product (100 million yuan)	第一产业 Primary Industry	第二产业 Secondary Industry	工业 Industry	建筑业 Construction	第三产业 Tertiary Industry	人均生产总值(元) Per Capita GDP (yuan)
省辖市 City							
郑州市 Zhengzhou	6201.85	146.96	3470.52	3101.38	369.14	2584.37	68073
开封市 Kaifeng	1363.54	280.40	609.59	555.95	53.64	473.55	29327
洛阳市 Luoyang	3140.76	248.89	1813.43	1590.00	223.43	1078.43	47569
平顶山市 Pingdingshan	1556.88	162.53	906.56	835.81	70.75	487.79	31496
安阳市 Anyang	1683.65	199.16	961.10	855.54	105.56	523.39	33100
鹤壁市 Hebi	622.12	61.04	446.26	413.68	32.57	114.82	38919
新乡市 Xinxiang	1766.10	212.29	999.50	873.73	125.77	554.31	31138
焦作市 Jiaozuo	1707.36	133.07	1151.02	1083.61	67.41	423.27	48545
濮阳市 Puyang	1130.48	148.62	748.11	690.81	57.31	233.74	31483
许昌市 Xuchang	1903.31	184.98	1284.16	1201.55	82.61	434.17	44297
漯河市 Luohe	861.54	107.53	584.08	548.85	35.23	169.92	33568
三门峡市 Sanmenxia	1204.68	99.66	799.79	741.11	58.68	305.23	53863
南阳市 Nanyang	2498.66	449.78	1264.68	1110.00	154.68	784.21	24692
商丘市 Shangqiu	1538.22	343.17	719.99	624.39	95.59	475.06	21073
信阳市 Xinyang	1581.16	419.53	639.60	520.53	119.07	522.03	24754
周口市 Zhoukou	1790.65	445.96	893.65	798.86	94.79	451.04	20359
驻马店市 Zhumadian	1542.02	393.84	674.98	594.90	80.08	473.20	22296
济源市 Jiyuan	460.13	21.51	344.09	324.60	19.49	94.53	64899
省直管县 Province Administrating County							
巩义市 Gongyi	581.22	11.08	407.81	388.19	19.62	162.34	71338
兰考县 Lankao	192.85	35.02	92.73	88.08	4.65	65.09	28974
汝州市 Ruzhou	331.66	38.95	177.11	165.09	12.02	115.60	35569
滑县 Huaxian	183.03	64.72	73.89	65.49	8.40	44.43	16233
长垣县 Changyuan	226.64	31.73	124.87	105.15	19.73	70.04	30292
邓州市 Dengzhou	307.06	91.81	131.10	118.03	13.07	84.14	21313
永城市 Yongcheng	402.44	60.01	245.27	224.81	20.46	97.16	32779
固始县 Gushi	236.22	76.53	81.55	66.79	14.76	78.15	22230
鹿邑县 Luyi	221.79	49.31	115.54	106.05	9.49	56.94	24981
新蔡县 Xincai	141.80	47.66	54.21	46.80	7.42	39.93	17011

注：人均生产总值按常住人口计算。
a) Per Capita GDP are calculated at residents population.

3-11 各市生产总值指数(2013年)

Indices of Gross Domestic Product by City (2013)

本表按可比价格计算。

The indices in this table are calculated at comparable prices.

(上年=100) (preceding year=100)

市(县) City(County)	生产总值 Gross Domestic Product	第一产业 Primary Industry	第二产业 Secondary Industry	工业 Industry	建筑业 Construction	第三产业 Tertiary Industry	人均生产总值 Per Capita GDP
省辖市 City							
郑州市 Zhengzhou	110.0	103.2	110.4	110.3	112.0	109.6	107.9
开封市 Kaifeng	110.8	104.5	114.0	113.8	116.5	110.0	110.9
洛阳市 Luoyang	107.2	103.9	107.4	107.2	109.3	107.7	106.9
平顶山市 Pingdingshan	106.6	104.4	106.4	106.2	108.8	107.7	106.1
安阳市 Anyang	108.5	104.0	110.2	110.1	111.2	106.0	109.1
鹤壁市 Hebi	112.5	104.0	114.7	114.6	116.1	108.0	111.4
新乡市 Xinxiang	109.5	104.4	110.9	110.8	111.3	108.5	109.3
焦作市 Jiaozuo	110.7	104.4	112.4	112.6	108.9	107.2	110.9
濮阳市 Puyang	112.0	104.6	114.1	114.2	111.8	109.1	111.6
许昌市 Xuchang	110.6	104.0	112.0	112.0	112.6	108.5	110.5
漯河市 Luohe	109.4	104.0	110.7	110.5	114.8	107.3	108.9
三门峡市 Sanmenxia	109.1	104.5	109.8	109.5	113.3	108.5	109.1
南阳市 Nanyang	108.7	104.4	109.9	109.7	112.0	109.0	108.9
商丘市 Shangqiu	110.5	104.5	113.9	113.6	115.8	109.4	111.1
信阳市 Xinyang	109.1	104.0	111.5	111.8	110.0	109.3	106.8
周口市 Zhoukou	109.3	104.3	113.1	113.2	111.8	107.4	110.4
驻马店市 Zhumadian	109.5	104.5	112.3	111.9	116.2	109.3	111.0
济源市 Jiyuan	112.0	104.6	113.6	113.8	109.1	106.5	109.1
省直管县 Province Administrating County							
巩义市 Gongyi	110.1	103.9	111.0	111.0	111.6	107.4	109.7
兰考县 Lankao	111.1	104.6	114.2	113.8	122.4	110.5	111.8
汝州市 Ruzhou	108.0	104.4	107.0	106.7	112.7	111.0	107.9
滑县 Huaxian	109.0	104.2	112.2	112.1	113.1	110.0	113.3
长垣县 Changyuan	112.6	104.6	116.1	116.0	116.6	109.2	116.7
邓州市 Dengzhou	109.3	104.5	110.9	110.3	118.4	111.0	110.1
永城市 Yongcheng	109.1	104.5	109.8	109.5	113.7	109.7	109.2
固始县 Gushi	109.2	104.2	111.3	111.8	108.5	112.1	106.9
鹿邑县 Luyi	110.3	104.3	114.2	114.4	112.3	107.3	111.0
新蔡县 Xincai	108.8	104.4	112.1	111.7	115.2	108.1	109.3

3-12 各市第三产业增加值(2013年)
Value-added of the Tertiary Industry by City (2013)

本表按当年价格计算。
Data in this table are calculated at current prices.

单位：亿元 (100 million yuan)

市(县) City(County)	合计 Total	交通运输仓储及邮政业 Traffic, transport, storage and post	批发和零售业 Wholesale and retail trade	住宿和餐饮业 Accommodation and Restaurants	金融业 Finance	房地产业 Real estate	其他服务业 Others
省辖市 City							
郑州市 Zhengzhou	2584.37	365.52	457.80	193.96	487.41	281.85	797.83
开封市 Kaifeng	473.55	61.79	72.96	41.06	15.00	42.41	240.31
洛阳市 Luoyang	1078.43	138.74	231.44	83.79	111.82	97.20	415.44
平顶山市 Pingdingshan	487.79	62.79	112.45	49.72	56.77	43.85	162.20
安阳市 Anyang	523.39	63.74	123.14	54.08	36.71	52.69	193.03
鹤壁市 Hebi	114.82	10.50	26.59	11.41	10.90	11.89	43.53
新乡市 Xinxiang	554.31	84.38	116.39	39.27	54.34	85.31	174.63
焦作市 Jiaozuo	423.27	59.20	122.36	49.57	30.88	37.15	124.12
濮阳市 Puyang	233.74	20.07	45.81	23.81	11.61	32.78	99.66
许昌市 Xuchang	434.17	51.33	107.54	55.06	41.60	47.62	131.02
漯河市 Luohe	169.92	17.57	42.74	26.60	5.77	15.94	61.31
三门峡市 Sanmenxia	305.23	88.76	63.80	18.22	13.76	13.07	107.62
南阳市 Nanyang	784.21	121.75	147.32	92.25	55.31	70.42	297.16
商丘市 Shangqiu	475.06	62.52	82.68	52.17	24.91	57.87	194.93
信阳市 Xinyang	522.03	74.28	73.93	65.52	40.25	58.30	209.77
周口市 Zhoukou	451.04	42.65	92.51	53.35	27.18	67.42	167.93
驻马店市 Zhumadian	473.20	63.41	96.75	38.49	28.77	51.04	194.74
济源市 Jiyuan	94.53	15.54	22.88	9.86	3.70	9.10	33.45
省直管县 Province Administrating County							
巩义市 Gongyi	162.34	62.66	22.79	18.06	10.33	20.61	27.88
兰考县 Lankao	65.09	10.46	8.21	5.40	1.65	5.35	34.02
汝州市 Ruzhou	115.60	18.88	25.09	10.69	10.73	7.20	43.01
滑县 Huaxian	44.43	2.93	9.92	4.90	3.87	4.35	18.47
长垣县 Changyuan	70.04	14.68	16.15	8.38	2.81	11.48	16.55
邓州市 Dengzhou	84.14	12.65	13.73	11.20	3.94	9.30	33.32
永城市 Yongcheng	97.16	11.84	9.99	13.02	7.95	16.30	38.05
固始县 Gushi	78.15	4.03	13.12	7.45	4.76	10.28	38.50
鹿邑县 Luyi	56.94	8.66	9.13	11.24	0.51	7.57	19.84
新蔡县 Xincai	39.93	4.53	9.06	2.52	1.12	3.02	19.68

3-13 各市第三产业增加值指数(2013年)

Indices of Value-added of the Tertiary Industry by City (2013)

本表按可比价格计算。
The indices in this table are calculated at comparable prices.

(上年=100) (preceding year=100)

市(县)	City(County)	合计 Total	交通运输仓储及邮政业 Traffic, transport, storage and post	批发和零售业 Wholesale and retail trade	住宿和餐饮业 Accommodation and Restaurants	金融业 Finance	房地产业 Real estate	其他服务业 Others
省辖市	City							
郑州市	Zhengzhou	109.6	105.5	109.1	100.3	126.6	106.9	106.9
开封市	Kaifeng	110.0	104.9	109.5	104.7	121.2	111.4	111.5
洛阳市	Luoyang	107.7	105.5	109.2	105.7	114.5	115.5	104.5
平顶山市	Pingdingshan	107.7	105.7	108.0	105.5	112.1	113.5	106.5
安阳市	Anyang	106.0	105.4	107.7	100.5	113.6	106.7	105.0
鹤壁市	Hebi	108.0	105.1	108.4	103.7	115.4	112.5	106.7
新乡市	Xinxiang	108.5	105.0	108.6	104.8	115.6	112.4	107.4
焦作市	Jiaozuo	107.2	105.1	109.1	106.9	113.4	106.0	105.2
濮阳市	Puyang	109.1	105.7	109.3	104.2	117.6	113.6	108.4
许昌市	Xuchang	108.5	105.8	109.9	106.4	118.5	110.4	105.9
漯河市	Luohe	107.3	105.7	109.4	106.4	113.2	103.5	107.2
三门峡市	Sanmenxia	108.5	105.7	109.5	105.5	116.0	108.2	109.8
南阳市	Nanyang	109.0	105.9	107.1	104.8	117.1	106.8	111.5
商丘市	Shangqiu	109.4	105.3	109.1	106.7	116.4	108.5	110.8
信阳市	Xinyang	109.3	105.6	109.3	106.8	119.3	104.7	111.0
周口市	Zhoukou	107.4	105.9	109.2	104.3	113.3	105.3	107.5
驻马店市	Zhumadian	109.3	105.6	109.1	105.8	120.6	109.0	109.7
济源市	Jiyuan	106.5	105.1	106.1	103.5	117.9	106.7	106.9
省直管县	Province Administrating County							
巩义市	Gongyi	107.4	106.2	107.9	106.5	107.6	111.4	107.6
兰考县	Lankao	110.5	105.1	110.0	106.9	130.4	112.0	111.8
汝州市	Ruzhou	111.0	106.3	108.0	102.8	120.4	109.0	115.2
滑县	Huaxian	110.0	106.3	109.0	99.7	125.3	105.9	112.2
长垣县	Changyuan	109.2	105.1	109.7	106.7	112.3	121.8	105.7
邓州市	Dengzhou	111.0	105.8	109.5	106.5	119.7	109.6	114.6
永城市	Yongcheng	109.7	106.6	106.8	107.4	116.5	110.2	110.7
固始县	Gushi	112.1	105.6	109.4	106.2	120.1	105.3	115.9
鹿邑县	Luyi	107.3	106.4	107.7	104.9	106.4	105.1	109.7
新蔡县	Xincai	108.1	106.3	109.2	106.1	117.9	102.7	108.4

3-14 非公有制经济增加值(2013年)
Value-added of Non-Public-Owned (2013)

行业	Sector	增加值(亿元) Value-added of Non-Public-Owned (100 million yuan)	指数(%) Index of Value-added of Non-Public-Owned (%)	占GDP比重(%) Value-added of Non-Public-Owned as percentage of GDP (%)
总计	**Total**	**19938.94**	**110.1**	**62.0**
第一产业	Value-added of the Primary Industry	1372.63	104.8	33.8
第二产业	Value-added of the Secondary Industry	13347.99	110.6	75.0
工业	Industry	11843.67	110.5	74.2
建筑业	Construction	1504.32	112.1	81.5
第三产业	Value-added of the Tertiary Industry	5218.32	110.0	50.7
交通运输、仓储和邮电业	Traffic,transport, storage and post	769.87	106.3	58.8
批发和零售业	Wholesale and retail trade	1286.31	113.7	62.1
住宿和餐饮业	Accommodation and Restaurants	933.52	106.9	93.5
金融业	Finance	291.90	116.6	24.7
房地产业	Real estate	1042.33	108.9	89.5
其他服务业	Others	894.39	110.4	25.1

3-15 各市非公有制经济增加值
Value-added of Non-Public-Owned by city

本表按当年价格计算。
Data in this table are calculated at current prices.

市 City	2012		2013	
	增加值(亿元) Value-added of Non-Public-Owned (100 million yuan)	占GDP比重(%) Value-added of Non-Public-Owned as percentage of GDP (%)	增加值(亿元) Value-added of Non-Public-Owned (100 million yuan)	占GDP比重(%) Value-added of Non-Public-Owned as percentage of GDP (%)
全省 Total	**18270.76**	**61.7**	**19938.94**	**62.0**
省辖市 City				
郑州市 Zhengzhou	3409.42	61.4	3790.12	61.1
开封市 Kaifeng	749.24	62.1	850.17	62.4
洛阳市 Luoyang	1581.10	53.0	1711.70	54.5
平顶山市 Pingdingshan	751.65	50.3	802.48	51.5
安阳市 Anyang	936.26	59.8	1015.67	60.3
鹤壁市 Hebi	350.67	64.3	408.54	65.7
新乡市 Xinxiang	1083.63	66.9	1183.66	67.0
焦作市 Jiaozuo	956.98	61.7	1055.20	61.8
濮阳市 Puyang	610.17	61.7	703.16	62.2
许昌市 Xuchang	1184.78	69.0	1312.78	69.0
漯河市 Luohe	518.12	65.0	577.23	67.0
三门峡市 Sanmenxia	572.81	50.8	613.80	51.0
南阳市 Nanyang	1326.42	56.7	1423.69	57.0
商丘市 Shangqiu	841.16	60.2	938.75	61.0
信阳市 Xinyang	777.73	55.7	897.83	56.8
周口市 Zhoukou	970.86	61.7	1117.84	62.4
驻马店市 Zhumadian	831.45	60.5	944.82	61.3
济源市 Jiyuan	296.87	68.9	319.80	69.5

3-16 支出法生产总值

Gross Domestic Product by Expenditure Approach

本表按当年价格计算。

Data in this table are calculated at current prices.

单位：亿元 (100 million yuan)

年 份 Year	支出法生产总值 Gross Domestic Product by Expenditure Approach	最终消费支出 Final Consumption	居民消费支出 Household Consumption	农村居民 Rural Households	城镇居民 Urban Households	政府消费支出 Government Consumption	资本形成总额 Gross Capital Formation	固定资本形成总额 Fixed Capital Formation	存货增加 Changes in Inventories	货物和服务净流出 Net Export of Good and Services
1952	36.09	29.50	27.93	24.61	3.32	1.57	6.63	4.90	1.73	-0.04
1957	52.55	36.87	33.94	27.82	6.12	2.93	16.49	11.17	5.32	-0.81
1962	43.02	40.12	36.46	25.28	11.18	3.66	3.41	8.24	-4.83	-0.51
1965	62.96	42.36	38.13	25.93	12.20	4.23	14.91	12.21	2.70	5.69
1970	97.19	56.98	52.56	38.24	14.32	4.42	39.21	26.05	13.16	1.00
1975	127.77	80.08	68.60	49.67	18.93	11.48	46.34	35.85	10.49	1.35
1978	162.92	107.07	94.34	70.45	23.89	12.73	52.49	40.66	11.83	3.36
1980	229.16	151.48	135.23	104.36	30.87	16.25	69.20	57.70	11.50	8.48
1985	451.74	275.95	231.11	166.16	64.95	44.84	173.43	138.19	35.24	2.36
1990	934.65	527.43	447.97	309.33	138.64	79.46	364.81	225.73	139.08	42.41
1991	1045.73	572.63	479.04	325.30	153.74	93.59	421.32	279.06	142.26	51.78
1992	1279.75	641.79	531.59	357.89	173.70	110.20	571.96	346.67	225.29	66.00
1993	1660.18	878.69	672.23	451.86	220.37	206.46	682.64	485.98	196.66	98.85
1994	2216.83	1196.17	927.84	593.55	334.29	268.33	879.39	670.84	208.55	141.27
1995	2988.37	1590.89	1251.49	814.10	437.39	339.40	1235.62	877.41	358.21	161.86
1996	3634.69	1936.99	1537.04	1001.52	535.52	399.95	1485.58	1079.31	406.27	212.12
1997	4041.09	2146.53	1694.84	1072.61	622.23	451.69	1677.86	1254.89	422.97	216.70
1998	4308.24	2217.62	1717.39	1051.61	665.78	500.23	1845.87	1413.55	432.32	244.75
1999	4517.94	2347.13	1781.18	1029.81	751.37	565.95	1924.38	1469.87	454.51	246.43
2000	5052.99	2745.80	2090.01	1189.26	900.75	655.79	2104.00	1641.43	462.57	203.19
2001	5533.01	3086.15	2266.65	1273.91	992.74	819.50	2257.24	1790.76	466.48	189.62
2002	6035.48	3386.68	2446.93	1341.23	1105.70	939.75	2474.19	2018.58	455.61	174.61
2003	6867.70	3891.70	2870.19	1245.07	1625.12	1021.51	2786.46	2431.76	354.70	189.54
2004	8553.79	4568.52	3370.21	1441.79	1928.42	1198.31	3745.50	3217.10	528.40	239.77
2005	10587.42	5353.67	3817.86	1554.22	2263.64	1535.81	5019.81	4506.75	513.06	213.94
2006	12362.79	6102.27	4251.50	1641.85	2609.65	1850.77	6322.82	6001.50	321.32	-62.30
2007	15012.46	6831.27	4820.00	1768.68	3051.32	2011.27	8366.37	8043.35	323.02	-185.18
2008	18018.53	7759.33	5521.46	1953.80	3567.66	2237.87	10713.52	10301.66	411.86	-454.32
2009	19480.46	8742.69	6248.92	2106.90	4142.02	2493.77	13304.05	12996.08	307.97	-2566.28
2010	23092.36	10209.83	7402.60	2372.73	5029.87	2807.23	15977.40	15704.09	273.31	-3094.87
2011	26931.03	11783.07	8617.90	2792.80	5825.10	3165.17	19166.59	18819.16	347.43	-4018.63
2012	29599.31	13338.44	9754.41	3081.82	6672.59	3584.03	22060.00	21667.75	392.25	-5799.13

3-17 最终消费支出指数

Indices of Final Consumption

本表按可比价格计算。
The indices in this table are calculated at comparable prices.

年份 Year	以1952年为100 (1952=100) 最终消费支出 Final Consumption	居民消费支出 Household Consumption	农村居民 Rural Households Consumption	城镇居民 Urban Households Consumption	政府消费支出 Government Consumption	以上年为100 (preceding year=100) 最终消费支出 Final Consumption	居民消费支出 Household Consumption	农村居民 Rural Households Consumption	城镇居民 Urban Households Consumption	政府消费支出 Government Consumption
1952	100.0	100.0	100.0	100.0	100.0					
1957	124.9	121.3	113.1	184.2	186.3	100.0	99.9	96.6	120.0	100.3
1962	123.1	117.7	93.9	301.9	220.1	100.6	102.6	103.2	101.1	84.6
1965	133.5	126.8	95.7	368.1	255.1	105.7	105.7	105.9	105.1	106.3
1970	186.6	181.3	146.3	451.5	277.7	109.5	110.1	111.6	106.4	102.7
1975	267.3	240.9	195.0	597.8	734.4	105.9	103.3	102.9	104.3	124.8
1978	356.3	330.7	276.2	750.8	812.6	118.3	118.7	118.3	119.9	115.7
1980	480.5	451.7	392.6	908.9	984.2	113.7	114.2	116.4	107.5	109.4
1985	800.0	706.8	587.0	1640.3	2436.3	118.8	117.8	115.2	125.7	124.1
1990	1001.2	869.5	697.5	2226.8	3312.6	104.6	103.8	102.9	106.7	108.0
1991	1061.3	912.1	729.6	2351.5	3723.4	106.0	104.9	104.6	105.6	112.4
1992	1146.2	974.1	763.2	2593.7	4285.6	108.0	106.8	104.6	110.3	115.1
1993	1405.2	1165.0	905.2	3141.0	5939.8	122.6	119.6	118.6	121.1	138.6
1994	1583.7	1262.9	974.9	3439.4	7852.4	112.7	108.4	107.7	109.5	132.2
1995	1761.1	1401.8	1089.0	3783.3	8794.7	111.2	111.0	111.7	110.0	112.0
1996	1993.6	1600.9	1287.2	4097.3	9621.4	113.2	114.2	118.2	108.3	109.4
1997	2167.0	1721.0	1347.7	4593.1	10891.4	108.7	107.5	104.7	112.1	113.2
1998	2290.5	1791.6	1385.4	4873.3	12133.0	105.7	104.1	102.8	106.1	111.4
1999	2476.0	1900.9	1417.3	5443.5	13953.0	108.1	106.1	102.3	111.7	115.0
2000	2840.0	2176.5	1618.6	6249.1	16073.9	114.7	114.5	114.2	114.8	115.2
2001	3172.3	2346.3	1736.8	6780.3	19947.7	111.7	107.8	107.3	108.5	124.1
2002	3508.6	2562.2	1815.0	7743.1	22840.1	110.6	109.2	104.5	114.2	114.5
2003	3971.7	2941.4	1864.0	9787.3	24918.5	113.2	114.8	102.7	126.4	109.1
2004	4337.1	3215.0	1983.3	10922.6	27161.2	109.2	109.3	106.4	111.6	109.0
2005	4749.1	3478.6	2040.8	12244.2	30746.5	109.5	108.2	102.9	112.1	113.2
2006	5418.7	3930.8	2232.6	14129.8	35911.9	114.1	113.0	109.4	115.4	116.8
2007	5841.4	4284.6	2328.6	15811.2	37779.3	107.8	109.0	104.3	111.9	105.2
2008	6168.5	4563.1	2326.3	17439.8	39177.2	105.6	106.5	99.9	110.3	103.7
2009	6995.1	5197.3	2505.4	20422.0	44035.1	113.4	113.9	107.7	117.1	112.4
2010	7904.4	5925.0	2703.3	23873.3	48614.8	113.0	114.0	107.9	116.9	110.4
2011	8773.9	6600.4	3014.2	26571.0	53476.3	111.0	111.4	111.5	111.3	110.0
2012	9782.9	7286.9	3249.3	29653.3	61123.4	111.5	110.4	107.8	111.6	114.3

3-18 资本形成指数

Indices of Final Consumption

本表按可比价格计算。
The indices in this table are calculated at comparable prices.

年份 Year	以1952年为100 (1952=100) 资本形成总额 Gross Capital Formation	固定资本形成总额 Fixed Capital Formation	存货增加 Changes in Inventories	以上年为100 (preceding year=100) 资本形成总额 Gross Capital Formation	固定资本形成总额 Fixed Capital Formation	存货增加 Changes in Inventories
1952	100.0	100.0	100.0			
1957	240.0	223.7	293.7	133.8	110.5	277.5
1962	54.9	152.4		67.1	83.0	
1965	242.0	270.0	150.7	125.2	124.4	130.0
1970	646.0	591.3	818.1	173.7	168.6	186.8
1975	730.0	753.1	648.8	108.3	107.8	110.3
1978	842.0	880.7	709.9	103.9	111.6	81.4
1980	1038.6	1132.3	728.5	113.9	123.5	81.9
1985	2099.3	2125.4	1993.0	118.7	120.4	113.1
1990	3265.5	2803.1	5398.1	101.2	100.2	103.0
1991	3628.0	3161.9	5840.7	111.1	112.8	108.2
1992	4415.3	3737.4	7481.9	121.7	118.2	128.1
1993	4702.3	4309.2	6845.9	106.5	115.3	91.5
1994	5304.2	5158.1	6722.7	112.8	119.7	98.2
1995	6471.1	6117.5	8793.3	122.0	118.6	130.8
1996	7512.9	7224.8	9804.5	116.1	118.1	111.5
1997	8437.0	8315.7	10333.9	112.3	115.1	105.4
1998	9474.8	9496.5	11088.3	112.3	114.2	107.3
1999	10166.5	10085.3	12263.7	107.3	106.2	110.6
2000	10949.3	11043.4	12570.3	107.7	109.5	102.5
2001	11715.8	11982.1	12771.4	107.0	108.5	101.6
2002	12946.0	13539.8	12809.7	110.5	113.0	100.3
2003	14305.3	15990.5	9786.6	110.5	118.1	76.4
2004	17195.0	19044.7	12546.4	120.2	119.1	128.2
2005	21081.1	24796.2	9221.6	122.6	130.2	73.5
2006	25402.7	31540.8	5680.5	120.5	127.2	61.6
2007	31321.5	39426.0	5186.3	123.3	125.0	91.3
2008	37648.5	47508.3	5922.8	120.2	120.5	114.2
2009	48378.3	61855.8	4939.6	128.5	130.2	83.4
2010	55586.7	71567.2	4080.1	114.9	115.7	82.6
2011	63424.4	81658.2	4851.2	114.1	114.1	118.9
2012	72684.3	93417.0	5962.2	114.6	114.4	122.9

3-19 支出法生产总值构成

Structure of Gross Domestic Product by Expenditure Approach

本表按当年价格计算。
Data in this table are calculated at current prices.

年 份 Year	比重（支出法生产总值=100） Proportion (Gross Domestic Product by Expenditure Approach=100)			比重（最终消费支出=100） Proportion (Final Consumption Expenditure=100)	
	最终消费支出 Final Consumption	资本形成总额 Gross Capital Formation	货物和服务净流出 Net Export of Good and Services	居民消费支出 Household Consumption	政府消费支出 Government Consumption
1952	81.7	18.4	-0.1	94.7	5.3
1957	70.1	31.4	-1.5	92.1	7.9
1962	93.3	7.9	-1.2	90.9	9.1
1965	67.3	23.7	9.0	90.0	10.0
1970	58.6	40.4	1.0	92.2	7.8
1975	62.7	36.3	1.0	85.7	14.3
1978	65.7	32.2	2.1	88.1	11.9
1980	66.1	30.2	3.7	89.3	10.7
1985	61.1	38.4	0.5	83.8	16.2
1990	56.4	39.0	4.6	84.9	15.1
1991	54.7	40.3	5.0	83.7	16.3
1992	50.1	44.7	5.2	82.8	17.2
1993	52.9	41.1	6.0	76.5	23.5
1994	53.9	39.7	6.4	77.6	22.4
1995	53.2	41.4	5.4	78.7	21.3
1996	53.3	40.9	5.8	79.4	20.6
1997	53.1	41.5	5.4	79.0	21.0
1998	51.5	42.8	5.7	77.4	22.6
1999	52.0	42.6	5.4	75.9	24.1
2000	54.4	41.6	4.0	76.1	23.9
2001	55.8	40.8	3.4	73.4	26.6
2002	56.1	41.0	2.9	72.3	27.7
2003	56.7	40.6	2.7	73.8	26.2
2004	53.4	43.8	2.8	73.8	26.2
2005	50.6	47.4	2.0	71.3	28.7
2006	49.4	51.1	-0.5	69.7	30.3
2007	45.5	55.7	-1.2	70.6	29.4
2008	43.1	59.5	-2.5	71.2	28.8
2009	44.9	68.3	-13.2	71.5	28.5
2010	44.2	69.2	-13.4	72.5	27.5
2011	43.8	71.2	-14.9	73.1	26.9
2012	45.1	74.5	-19.6	73.1	26.9

3-20 生产总值支出法构成项目

Gross Domestic Product by Expenditure Approach and Structure

本表按当年价格计算。
Data in this table are calculated at current prices.
单位：亿元 (100 million yuan)

项 目	Item	2011	2012
支出法生产总值	**Gross Domestic Product by Expenditure Approach**	**26931.03**	**29599.31**
最终消费支出	**Final Consumption**	**11783.07**	**13338.44**
居民消费支出	Household Consumption	8617.90	9754.41
农村居民	Rural Households	2792.80	3081.82
食品类支出	Food	883.78	935.24
衣着类支出	Clothing	205.58	233.08
居住类支出	Residence	205.69	245.93
家庭设备、用品及服务类支出	Household Facilities,Articles and Service	215.93	198.74
医疗保健类支出	Medical treatment and medical Service	345.26	384.11
交通和通信类支出	Transport, Post and Communication Services	260.33	288.59
文化教育娱乐及服务类支出	Recreation,education and Cultural services	157.63	188.96
银行中介服务支出	Dummy Consumption for finance agency service	134.96	185.68
保险服务消费支出	Insurance	45.95	49.58
自有住房服务虚拟支出	Dummy Consumption for owned housing service	271.61	291.56
其他商品和服务类支出	Miscellaneous and Services	66.08	80.35
城镇居民	Urban Households	5825.10	6672.59
食品类支出	Food	1571.5	1797.49
衣着类支出	Clothing	636.75	735.77
居住类支出	Residence	415.52	464.56
家庭设备、用品及服务类支出	Household Facilities,Articles and Service	379.57	446.86
医疗保健类支出	Medical treatment and medical Service	584.31	697.51
交通和通信类支出	Transport, Post and Communication Services	587.02	675.05
文化教育娱乐及服务类支出	Recreation,education and Cultural services	512.53	595.07
银行中介服务支出	Dummy Consumption for finance agency service	414.95	479.15
保险服务消费支出	Insurance	87.22	94.11
自有住房服务虚拟支出	Dummy Consumption for owned housing service	387.73	400.07
实物收入消费支出	Dummy Consumption for practicality	67.17	67.65
其他商品和服务类支出	Miscellaneous and Services	180.83	219.30
政府消费支出	Government Consumption	3165.17	3584.03
资本形成总额	**Gross Capital Formation**	**19166.59**	**22060.00**
固定资本形成总额	Fixed Capital Formation	18819.16	21667.75
存货增加	Changes in Inventories	347.43	392.25
第一产业	Primary Industry	33.96	36.46
第二产业	Secondary Industry	231.18	270.06
第三产业	Tertiary Industry	82.29	85.73
货物和服务净流出	**Net Export of Good and Services**	**-4018.63**	**-5799.13**

3-21 各市支出法生产总值(2012年)

Gross Domestic Product by Expenditure Approach by City (2012)

本表按当年价格计算。
Data in this table are calculated at current prices.
单位：亿元 (100 million yuan)

市(县) City(County)	支出法生产总值 Gross Domestic Product by Expenditure Approach	最终消费支出 Final Consumption	居民消费支出 Household Consumption	农村居民 Rural Households	城镇居民 Urban Households	政府消费支出 Government Consumption	资本形成总额 Gross Capital Formation	货物和服务净流出 Net Export of Good and Services
省辖市 City								
郑州市 Zhengzhou	5549.79	2612.79	1714.46	432.93	1281.53	898.33	2926.11	10.89
开封市 Kaifeng	1207.05	670.29	495.18	163.41	331.76	175.11	691.79	-155.03
洛阳市 Luoyang	2981.12	1241.33	756.17	203.65	552.52	485.16	1784.61	-44.81
平顶山市 Pingdingshan	1495.80	693.93	484.28	119.90	364.38	209.65	1052.65	-250.78
安阳市 Anyang	1566.90	697.08	488.46	237.54	250.93	208.62	1145.00	-275.18
鹤壁市 Hebi	545.78	228.28	164.90	49.57	115.32	63.38	388.59	-71.08
新乡市 Xinxiang	1619.77	733.85	579.32	198.42	380.90	154.52	1195.09	-309.16
焦作市 Jiaozuo	1551.35	668.65	494.38	181.31	313.06	174.27	1202.45	-319.75
濮阳市 Puyang	989.70	408.13	291.24	101.74	189.50	116.89	721.63	-140.05
许昌市 Xuchang	1716.19	664.39	483.50	171.53	311.97	180.89	1129.59	-77.79
漯河市 Luohe	797.12	406.89	257.06	138.67	118.39	149.83	380.07	10.16
三门峡市 Sanmenxia	1127.32	288.74	197.73	66.69	131.04	91.00	988.16	-149.58
南阳市 Nanyang	2340.73	1306.66	965.02	359.45	605.57	341.64	2311.94	-1277.88
商丘市 Shangqiu	1397.28	588.02	445.33	122.37	322.96	142.69	931.01	-121.75
信阳市 Xinyang	1397.32	785.98	526.38	197.35	329.02	259.61	1396.89	-785.55
周口市 Zhoukou	1574.72	859.70	655.74	289.87	365.87	203.96	1063.06	-348.04
驻马店市 Zhumadian	1373.55	934.21	664.16	309.69	354.47	270.04	984.42	-545.08
济源市 Jiyuan	430.86	121.62	96.43	28.04	68.38	25.19	277.63	31.62
省直管县 Province Administrating County								
巩义市 Gongyi	527.80	146.48	93.59	36.42	57.17	52.89	371.80	9.53
兰考县 Lankao	168.98	78.76	60.35	40.20	20.15	18.41	78.58	11.64
汝州市 Ruzhou	320.43	129.69	90.35	41.44	48.91	39.34	177.72	13.03
滑县 Huaxian	163.83	83.60	67.03	37.05	29.98	16.57	79.87	0.37
长垣县 Changyuan	193.81	77.21	55.90	34.63	21.27	21.31	148.98	-32.38
邓州市 Dengzhou	283.46	144.48	123.59	53.34	70.26	20.88	157.54	-18.55
永城市 Yongcheng	364.44	153.96	122.57	45.81	76.76	31.40	172.62	37.86
固始县 Gushi	212.95	128.53	92.23	65.13	27.10	36.30	110.64	-26.21
鹿邑县 Luyi	191.41	107.35	73.13	54.62	18.51	34.22	129.33	-45.26
新蔡县 Xincai	129.54	85.33	73.98	65.30	8.69	11.35	38.87	5.34

3-22 各市支出法生产总值指数(2012年)

Indices of Gross Domestic Product by Expenditure Approach by City (2012)

本表按可比价格计算。

The indices in this table are calculated at comparable prices.

(上年=100) (preceding year=100)

市(县) City(County)	支出法生产总值 Gross Domestic Product by Expenditure Approach	最终消费支出 Final Consumption	居民消费支出 Household Consumption	农村居民 Rural Households	城镇居民 Urban Households	政府消费支出 Government Consumption	资本形成总额 Gross Capital Formation
省辖市 City							
郑州市 Zhengzhou	112.2	111.9	111.8	112.7	111.6	112.1	113.1
开封市 Kaifeng	111.1	112.1	112.4	106.0	115.9	111.3	112.5
洛阳市 Luoyang	110.0	112.3	110.1	104.7	112.3	115.8	111.7
平顶山市 Pingdingshan	106.8	110.0	107.2	107.0	107.2	116.8	123.9
安阳市 Anyang	107.4	107.5	112.1	114.0	110.3	97.6	119.5
鹤壁市 Hebi	110.9	111.3	111.9	123.1	107.9	109.9	110.0
新乡市 Xinxiang	111.4	113.1	113.2	112.2	113.7	112.8	112.4
焦作市 Jiaozuo	111.2	112.7	113.3	114.7	112.5	110.9	114.7
濮阳市 Puyang	112.1	121.1	125.5	115.4	131.7	110.6	109.8
许昌市 Xuchang	112.2	114.9	111.6	111.7	111.6	124.3	110.5
漯河市 Luohe	112.1	112.0	111.9	111.7	112.2	112.1	112.2
三门峡市 Sanmenxia	112.0	112.0	113.5	111.3	114.7	108.8	120.5
南阳市 Nanyang	110.1	116.2	113.8	109.9	116.2	123.4	104.6
商丘市 Shangqiu	110.8	122.6	125.1	125.9	124.8	114.8	104.7
信阳市 Xinyang	110.5	121.3	120.4	119.8	120.8	123.2	129.9
周口市 Zhoukou	110.6	111.2	110.8	113.1	109.1	112.5	115.6
驻马店市 Zhumadian	110.4	109.6	109.9	110.3	109.6	108.7	109.3
济源市 Jiyuan	111.5	113.0	112.3	114.9	111.1	115.1	111.8
省直管县 Province Administrating County							
巩义市 Gongyi	110.9	116.1	118.2	109.2	124.7	112.6	110.7
兰考县 Lankao	111.2	106.9	107.5	108.0	106.7	104.7	112.1
汝州市 Ruzhou	110.1	105.9	104.2	103.4	104.9	110.0	113.1
滑县 Huaxian	109.5	109.1	107.8	108.9	106.5	114.7	108.1
长垣县 Changyuan	112.5	110.1	111.8	112.5	110.8	105.8	101.2
邓州市 Dengzhou	110.2	117.2	120.3	116.3	123.4	101.5	114.8
永城市 Yongcheng	110.3	115.4	116.9	105.8	124.7	110.1	112.8
固始县 Gushi	109.1	109.2	105.9	106.0	105.3	118.0	110.0
鹿邑县 Luyi	111.0	117.0	113.7	113.9	113.0	125.0	118.5
新蔡县 Xincai	109.1	109.7	109.7	109.4	112.0	109.5	107.9

3-23 居民消费水平及指数

Per Capita Consumption and Indices

本表绝对数按当年价格计算，指数按可比价格计算。
Value items in this table are calculated at current prices, while tempos are calculated at comparable prices.

年 份 Year	居民消费水平(元) Annual Per Capita Consumption (yuan)			城乡消费水平对比(农民=1) Urban/Rural Consumption Rural (Rural Residents=1)	居民消费水平指数 Indices of Annual Per Capita Consumption					
					以上年为100 (preceding year=100)			以1952年为100 (1952=100)		
	全体居民 Rural & Urban Residents	农村居民 Rural Residents	城镇居民 Urban Residents		全体居民 Rural & Urban Residents	农村居民 Rural Residents	城镇居民 Urban Residents	全体居民 Rural & Urban Residents	农村居民 Rural Residents	城镇居民 Urban Residents
1952	64	60	132	2.2				100.0	100.0	100.0
1957	71	62	186	3.0	97.9	94.2	125.1	110.3	104.1	141.3
1962	75	56	287	5.1	101.3	99.9	122.1	105.2	85.9	194.8
1965	74	55	291	5.3	103.6	104.0	100.1	106.7	82.4	220.6
1970	88	70	326	4.7	106.8	108.2	103.2	132.7	108.7	258.5
1975	102	80	362	4.5	101.5	101.0	103.1	156.4	128.9	287.4
1978	135	109	428	3.9	116.9	116.7	116.3	205.4	175.1	337.9
1980	187	159	471	3.0	112.5	115.5	98.6	271.8	244.4	347.9
1985	297	240	750	3.1	116.2	114.5	116.4	395.0	347.1	475.7
1990	523	413	1273	3.1	101.8	101.3	111.7	441.5	381.5	513.9
1991	550	429	1362	3.2	103.2	103.3	101.8	455.6	394.1	523.1
1992	603	469	1478	3.2	105.1	103.8	106.0	478.9	409.0	554.5
1993	755	590	1769	3.0	118.4	118.3	114.2	567.0	483.8	633.2
1994	1032	776	2493	3.2	107.4	107.8	101.7	609.0	521.6	644.0
1995	1381	1067	3045	2.9	110.1	111.9	102.7	670.5	583.7	661.4
1996	1682	1313	3548	2.7	113.3	118.2	103.0	759.7	689.9	681.2
1997	1841	1404	3963	2.8	106.7	104.5	107.7	810.6	720.9	733.7
1998	1851	1373	4106	3.0	103.3	102.5	102.7	837.3	738.9	753.5
1999	1905	1339	4521	3.4	105.3	101.9	109.0	881.7	753.0	821.3
2000	2215	1551	5090	3.3	113.5	113.6	111.8	1000.7	855.4	918.2
2001	2381	1647	5562	3.4	106.9	106.1	108.0	1069.8	907.6	991.7
2002	2553	1734	5986	3.5	108.6	105.1	109.9	1161.8	953.9	1089.9
2003	3083	1819	6585	3.6	108.6	104.7	109.3	1261.7	998.7	1191.2
2004	3625	2156	7394	3.4	109.5	108.8	105.6	1381.5	1086.6	1257.9
2005	4092	2372	8145	3.4	107.7	105.1	105.2	1487.9	1142.0	1323.3
2006	4530	2556	8810	3.4	112.3	111.6	108.3	1670.9	1274.5	1433.2
2007	5141	2833	9743	3.4	109.1	107.3	105.8	1823.0	1367.5	1516.3
2008	5877	3208	10797	3.4	114.3	113.2	110.8	2083.7	1548.0	1680.1
2009	6607	3528	11884	3.4	112.4	110.0	110.1	2342.0	1702.8	1849.8
2010	7837	4061	13958	3.4	114.1	110.3	113.1	2672.2	1878.2	2092.1
2011	9171	4929	15616	3.2	112.0	114.9	107.6	2992.9	2158.1	2251.1
2012	10380	5608	17104	3.0	110.4	111.1	106.8	3304.2	2397.6	2404.1

3-24 各市居民消费水平及指数(2012年)

Per Capita Consumption and Indices by City (2012)

本表绝对数按当年价格计算，指数按可比价格计算。
Value items in this table are calculated at current prices, while tempos are calculated at comparable prices.

市(县) City(County)	居民消费水平(元) Annual Per Capita Consumption (yuan)			指数(以上年为100) Indices (preceding year=100)		
	全体居民 Rural & Urban Residents	农村居民 Rural Residents	城镇居民 Urban Residents	全体居民 Rural & Urban Residents	农村居民 Rural Residents	城镇居民 Urban Residents
全　省 Total	**10380**	**5608**	**17104**	**110.4**	**111.1**	**106.8**
省辖市 City						
郑州市 Zhengzhou	19168	14053	21856	109.5	114.0	107.3
开封市 Kaifeng	10634	5820	17947	112.7	109.7	110.5
洛阳市 Luoyang	11495	5825	17924	114.6	114.3	110.3
平顶山市 Pingdingshan	9836	4353	16799	106.9	108.5	104.7
安阳市 Anyang	9547	7930	11831	112.8	116.7	108.4
鹤壁市 Hebi	10411	6344	14371	111.4	121.4	108.3
新乡市 Xinxiang	10228	6233	15357	113.6	116.2	109.4
焦作市 Jiaozuo	14031	10443	17517	113.7	119.6	108.6
濮阳市 Puyang	8095	4364	14966	124.9	119.8	120.7
许昌市 Xuchang	11254	6983	16954	111.7	115.4	106.7
漯河市 Luohe	10065	12964	7976	111.7	106.6	115.5
三门峡市 Sanmenxia	8842	5605	12521	113.6	114.8	110.6
南阳市 Nanyang	9518	5525	16669	114.5	113.9	110.7
商丘市 Shangqiu	6082	2515	13151	125.8	132.0	114.6
信阳市 Xinyang	8227	4991	13466	114.9	117.9	109.4
周口市 Zhoukou	7385	4834	12693	111.6	117.1	103.6
驻马店市 Zhumadian	9474	6637	15120	112.2	117.3	102.5
济源市 Jiyuan	13955	8709	18532	110.1	121.2	101.7
省直管县 Province Administrating County						
巩义市 Gongyi	11530	8490	14937	117.8	113.2	118.7
兰考县 Lankao	9013	8579	10024	108.2	111.0	102.0
汝州市 Ruzhou	9698	6974	14495	104.0	108.2	95.6
滑县 Huaxian	5720	4136	10865	113.4	112.5	118.8
长垣县 Changyuan	7098	6526	8281	114.2	114.6	113.6
邓州市 Dengzhou	8511	5313	15675	121.0	119.9	117.2
永城市 Yongcheng	9973	5884	17039	118.2	108.0	124.0
固始县 Gushi	8701	9098	7874	102.1	105.4	94.8
鹿邑县 Luyi	7984	6776	16829	113.4	113.6	113.0
新蔡县 Xincai	6604	6469	7830	108.5	108.2	110.9

3-25 收入法生产总值构成项目

Structure of Gross Domestic Product

本表按当年价格计算。
Data in this table are calculated at current prices.
单位：亿元 (100 million yuan)

年 份 Year	生产总值 Gross Domestic Product	劳动者报酬 Compensation of Laborers	生产税净额 Net Taxes on Production	固定资产折旧 Depreciation of Fixed Assets	营业盈余 Operating Surplus
1978	162.92	91.39	24.03	16.23	31.27
1980	229.16	134.18	28.57	22.77	43.64
1985	451.74	266.09	60.91	53.62	71.12
1990	934.65	576.24	107.04	119.13	132.24
1991	1045.73	627.13	140.99	141.93	135.68
1992	1279.75	727.03	186.24	184.36	182.12
1993	1660.18	891.85	221.30	233.82	313.21
1994	2216.83	1353.68	251.78	297.03	314.34
1995	2988.37	1822.82	344.76	333.82	486.97
1996	3634.69	2136.19	430.47	465.52	602.51
1997	4041.09	2264.52	477.78	530.06	768.73
1998	4308.24	2273.50	425.50	563.32	1045.92
1999	4517.94	2319.04	509.06	577.36	1112.48
2000	5052.99	2498.84	582.76	654.29	1317.10
2001	5533.01	2703.99	628.58	726.80	1473.64
2002	6035.48	2828.60	709.58	791.59	1705.71
2003	6867.70	2995.93	836.00	892.88	2142.89
2004	8553.79	3830.53	1036.6	954.67	2731.99
2005	10587.42	4691.11	1270.84	1220.15	3405.32
2006	12362.79	5100.69	1497.77	1335.52	4428.81
2007	15012.46	6167.59	2026.05	1579.84	5238.98
2008	18018.53	8463.30	2309.77	2016.91	5228.54
2009	19480.46	9566.24	3262.67	2119.55	4532.00
2010	23092.36	11503.22	3071.13	2867.95	5650.06
2011	26931.03	13439.43	3358.46	3179.39	6953.75
2012	29599.31	14834.54	4633.77	3348.38	6782.62

3-26 各市收入法生产总值构成项目(2012年)

Structure of Gross Domestic Product by City (2012)

本表按当年价格计算。
Data in value terms in this table are calculated at current prices.

单位：亿元 (100 million yuan)

市(县)	City(County)	生产总值 Gross Domestic Product	劳动者报酬 Compensation of Laborers	生产税净额 Net Taxes on Production	固定资产折旧 Depreciation of Fixed Assets	营业盈余 Operating Surplus
全省	**Total**	**29599.31**	**14834.54**	**4633.77**	**3348.38**	**6782.62**
省辖市	**City**					
郑州市	Zhengzhou	5549.79	2091.54	998.23	657.20	1802.82
开封市	Kaifeng	1207.05	717.44	97.09	111.55	280.97
洛阳市	Luoyang	2981.12	1408.83	436.07	349.55	786.63
平顶山市	Pingdingshan	1495.80	829.16	196.31	204.81	265.52
安阳市	Anyang	1566.90	712.89	224.08	173.71	456.21
鹤壁市	Hebi	545.78	200.45	96.08	44.26	205.00
新乡市	Xinxiang	1619.77	688.13	179.33	331.37	420.94
焦作市	Jiaozuo	1551.35	718.37	214.70	157.67	460.61
濮阳市	Puyang	989.70	406.02	155.01	178.36	250.32
许昌市	Xuchang	1716.19	761.17	259.97	127.01	568.04
漯河市	Luohe	797.12	206.18	99.19	141.47	350.29
三门峡市	Sanmenxia	1127.32	484.29	151.84	153.86	337.33
南阳市	Nanyang	2340.73	1145.94	285.47	277.47	631.85
商丘市	Shangqiu	1397.28	716.02	190.24	183.12	307.90
信阳市	Xinyang	1397.32	645.54	152.26	164.74	434.77
周口市	Zhoukou	1574.72	774.11	211.81	193.21	395.59
驻马店市	Zhumadian	1373.55	499.64	89.25	161.18	623.47
济源市	Jiyuan	430.86	156.96	76.28	102.38	95.25
省直管县	**Province Administrating County**					
巩义市	Gongyi	527.80	148.53	165.77	48.01	165.49
兰考县	Lankao	168.98	87.57	6.34	16.19	58.88
汝州市	Ruzhou	320.43	145.84	19.40	36.94	118.25
滑县	Huaxian	163.83	93.66	6.51	22.24	41.41
长垣县	Changyuan	193.81	75.31	25.45	27.89	65.17
邓州市	Dengzhou	283.46	163.15	33.47	25.86	60.98
永城市	Yongcheng	364.44	158.78	47.92	42.54	115.20
固始县	Gushi	212.95	106.33	20.56	27.79	58.27
鹿邑县	Luyi	191.41	62.70	18.82	25.82	84.07
新蔡县	Xincai	129.54	82.15	7.48	14.33	25.58

3-27 资金流量表(实物交易，2012年)

单位：亿元

交易项目	Transaction	非金融企业部门 Non-financial Enterprises 使用 Utilization	非金融企业部门 Non-financial Enterprises 来源 Source	金融机构部门 Financial Institutions 使用 Utilization	金融机构部门 Financial Institutions 来源 Source
净出口	**Net Exports**				
增加值	**Value Added**		**18421.54**		**1013.60**
劳动者报酬	**Compensation of Laborers**	**8423.61**		**282.81**	
工资及工资性收入	Wages and Related Income	8025.03		264.83	
单位社会保险付款	Employer's Contribution of Social Securities	398.58		17.98	
生产税净额	**Taxes on Production, Net**	**3771.49**	**-56.25**	**134.93**	
生产税	Taxes on Production	3771.49		134.93	
生产补贴	Subsidies to Production		56.25		
财产性收入	**Income from Properties**	**1496.19**	**835.17**	**2248.61**	
利息	Interest	1277.12	815.64	2236.74	
红利	Dividend	45.91	19.54	1.67	
土地租金	Rent on Land Use	132.35			
其他	Others	40.81		10.20	
初次分配总收入	**Total Income from Primary Distribution**		**5509.18**		
经常转移	**Current Transfer**	**320.43**	**34.23**	**101.50**	
收入税	Taxes on Income	179.42		29.71	
社会保险缴款	Payment to Social Security				
社会保险福利	Welfare of social Security				
社会补助	Allowances	1.52			
其他	Others	139.49	34.23	71.80	
可支配总收入	**Total Disposable Income**		**5222.98**		
最终消费	**Final Consumption Expenditure**				
居民消费	Household Consumption				
政府消费	Government Consumption				
总储蓄	**Savings**		**5222.98**		
资本转移	**Capital Transfer**		**459.00**		
投资性补助	Investment Allowances		459.00		
其他	Other				
资本形成总额	**Gross Capital Formation**	**16343.55**		**12.30**	
固定资本形成总额	Gross Fixed Capital Formation	16052.77		12.30	
存货增加	Changes in Inventories	290.78			
其他非金融资产获得减处置	**Minus Items from OtherNon-financial Capital**				
净金融投资	**Net Financial Investment**	**-10661.57**		**647.76**	

Flow of Funds Table (Physical Transaction, 2012)

(100 million yuan)

政府部门 Governments		住户部门 Households		省内合计 Regional Sum		国内省外 Domestic & Outside province		国外 Rest of the World		总计 Total	
使用 Utilization	来源 Source	使用 Utilization	来源 Source	使用 Utilization	来源 Source	使用 Utilization	来源 Source	使用 Utilization	来源 Source	使用 Utilization	来源 Source
									5799.13		**5799.13**
	1928.76		**8235.41**		**29599.31**						**29599.31**
638.06		**5490.05**	**14834.53**	**14834.53**	**14834.53**					**14834.53**	**14834.53**
462.61		5096.12	14834.53	13848.59	13848.59					13848.59	13848.59
175.45		393.93		985.94	985.94					985.94	985.94
3.30	**4633.77**	**667.80**		**4577.52**	**4577.52**					**4633.77**	**4633.77**
59.55	4633.77	667.80		4633.77	4633.77					4633.77	4633.77
56.25				56.25	56.25					56.25	56.25
171.07	**385.19**	**576.12**	**1067.36**	**4491.99**	**4537.43**	**64.94**	**19.50**			**4556.94**	**4556.93**
171.07	198.13	576.12	1010.54	4261.05	4261.05					4261.05	4261.05
	3.69		56.82	47.58	93.02	64.94	19.50			112.52	112.52
	132.35			132.35	132.35					132.35	132.35
	51.01			51.01	51.01					51.01	51.01
	6135.29		**17403.32**		**29644.74**		**-45.44**				**29644.74**
2051.32	**1362.77**	**948.98**	**1860.64**	**3422.24**	**3422.24**					**3422.24**	**3422.24**
	257.51	48.38		257.51	257.51					257.51	257.51
229.77	999.49	769.72		999.49	999.49					999.49	999.49
691.02			691.02	691.02	691.02					691.02	691.02
900.74			902.26	902.26	902.26					902.26	902.26
229.79	105.77	130.88	267.36	571.96	571.96					571.96	571.96
	5446.74		**18314.97**		**29644.74**		**-45.44**				**29644.74**
3584.03		**9754.41**		**13338.44**						**13338.44**	
		9754.41		9754.41						9754.41	
3584.03				3584.03						3584.03	
	1862.71		**8560.56**		**16306.30**		**-45.44**		**5799.13**		**22060.00**
459.00				**459.00**	**459.00**					**459.00**	**459.00**
459.00				459.00	459.00					459.00	459.00
1711.83		**3992.32**		**22060.00**						**22060.00**	
1707.53		3895.15		21667.75						21667.75	
4.30		97.17		392.25						392.25	
-308.12		**4568.24**		**-5753.70**		**-45.44**		**5799.13**		**0.00**	

3-28 资 产 负 债 表(2012年)

单位：亿元

项 目	Item	非金融企业部门 Non-financial Enterprises		#国有单位 State-owned Units	
		使 用 Utilization	来 源 Source	使 用 Utilization	来 源 Source
非金融资产	**Non-Financial Capital**	**38824.08**		**15172.68**	
固定资产	Fixed Assets	27431.22		10661.54	
#在建工程	Under Construction Project	3336.63		1965.44	
存货	Inventories	9228.72		3224.12	
#产成品和商品库存	Products and Inventory	3853.04		2079.23	
其他非金融资产	Other Non-Financial Capital	2164.14		1287.02	
#无形资产	Intangible Assets	1750.35		1223.22	
金融资产与负债	**Financial Capital and Debt**	**24798.55**	**40747.30**	**9906.95**	**15561.70**
国内金融资产与负债	Domestic Financial Capital and Debt	24723.51	37826.03	9881.89	15409.60
通货	Currency in Circulation	4378.62		1850.56	
存款	Savings Deposits	11943.95		3501.82	
贷款	Loans		13881.34		3356.08
股票及其他股权	Stocks and Other Stock Rights	2540.76	10778.56	1814.43	5574.07
证券(不含股票)	Securities (Not Including Stocks)	92.24	860.02	81.32	785.88
保险准备金	Reserves for Insurance Business	242.62		56.42	
其他	Others	5525.32	12306.11	2577.34	5693.58
国外金融资产与负债	Foreign Financial Capital and Debt	75.04	2921.27	25.06	152.10
直接投资	Direct Investment	75.04	2921.27	25.06	152.10
证券投资	Securities				
其他投资	Other Investment				
资产负债差额	**Surplus of Capital Debt**		**22875.33**		**9517.93**
资产、负债与差额总计	**Total of assets、Debts and Net-worth**	**63622.63**	**63622.63**	**25079.63**	**25079.63**

Balance Sheet (2012)

(100 million yuan)

金融机构部门 Financial Institutions		#国有单位 State-owned Units		政府部门 Governments		住户部门 Households	
使 用 Utilization	来 源 Source	使 用 Utilization	来 源 Source	使 用 Utilization	来 源 Source	使 用 Utilization	来 源 Source
1080.67		**343.16**		**3657.77**		**19364.59**	
581.64		255.89		3229.71		18065.24	
72.44		26.46		388.56			
				105.25		1138.90	
						1000.02	
499.03		87.27		322.81		160.45	
373.64		28.26					
29794.16	**35408.49**	**9085.12**	**16299.52**	**3786.45**	**1971.38**	**21972.00**	**5267.78**
29771.60	35307.18	9067.06	16218.48	3786.45	1971.38	21972.00	5267.78
416.66		207.62		8.69		893.99	
	31401.68		14725.69	2439.14		17528.08	
20420.27		8078.83			598.43		5267.78
462.30	558.55	10.86	52.27	82.23		2460.69	
1751.52	6.90	33.09	0.13	25.72	105.55	243.69	
	2638.76		1187.32			778.97	
6720.84	701.29	736.66	253.08	1230.67	1267.39	66.59	
22.57	101.30	18.06	81.04				
	14.13		11.30				
4.20	8.87	3.36	7.10				
18.37	78.30	14.70	62.64				
	-4533.65		**-6871.25**		**5472.84**		**36068.81**
30874.83	**30874.83**	**9428.27**	**9428.27**	**7444.22**	**7444.22**	**41336.59**	**41336.59**

3-28 续表

单位：亿元

项 目	Item	省内部门 Regional Sectors 使 用 Utilization	来 源 Source	#国有单位 State-owned Units 使 用 Utilization	来 源 Source
非金融资产	**Non-Financial Capital**	**62927.10**		**19173.60**	
固定资产	Fixed Assets	49307.80		14147.13	
#在建工程	Under Construction Project	3797.63		2380.47	
存货	Inventories	10472.88		3329.37	
#产成品和商品库存	Products and Inventory	4853.06		2079.23	
其他非金融资产	Other Non-Financial Capital	3146.43		1697.10	
#无形资产	Intangible Assets	2123.99		1251.48	
金融资产与负债	**Financial Capital and Debt**	**80351.17**	**83394.94**	**22778.51**	**33832.59**
国内金融资产与负债	Domestic Financial Capital and Debt	80253.56	80372.37	22735.39	33599.45
通货	Currency in Circulation	5697.97		2066.87	
存款	Savings Deposits	31911.17	31401.68	5940.96	14725.69
贷款	Loans	20420.27	19747.55	8078.83	3954.50
股票及其他股权	Stocks and Other Stock Rights	5545.98	11337.11	1907.53	5626.33
证券(不含股票)	Securities (Not Including Stocks)	2113.17	972.47	140.13	891.56
保险准备金	Reserves for Insurance Business	1021.59	2638.76	56.42	1187.32
其他	Others	13543.41	14274.79	4544.67	7214.05
国外金融资产与负债	Foreign Financial Capital and Debt	97.61	3022.58	43.12	233.14
直接投资	Direct Investment	75.04	2935.40	25.06	163.40
证券投资	Securities	4.20	8.87	3.36	7.10
其他投资	Other Investment	18.37	78.30	14.70	62.64
资产负债差额	**Surplus of Capital Debt**		**59883.33**		**8119.52**
资产、负债与差额总计	**Total of assets、Debts and Net-worth**	**143278.27**	**143278.27**	**41952.11**	**41952.11**

continued

(100 million yuan)

国内省外 Domestic & Outside province		国外部门 Rest of the World		总　计 Total	
使　用 Utilization	来　源 Source	使　用 Utilization	来　源 Source	使　用 Utilization	来　源 Source
				62927.10	
				49307.80	
				3797.63	
				10472.88	
				4853.06	
				3146.43	
				2123.99	
8139.67	**8020.88**	**3022.58**	**97.61**	**91513.41**	**91513.44**
8139.67	8020.88			88393.23	88393.25
	5697.97			5697.97	5697.97
	509.49			31911.17	31911.17
	672.72			20420.27	20420.27
5791.13				11337.11	11337.11
	1140.70			2113.17	2113.17
1617.16				2638.75	2638.76
731.38				14274.79	14274.79
		3022.58	97.61	3120.19	3120.19
		2935.40	75.04	3010.44	3010.44
		8.87	4.20	13.07	13.07
		78.30	18.37	96.67	96.67
	118.79		**2924.97**		**62927.08**
8139.67	**8139.67**	**3022.58**	**3022.58**	**154440.52**	**154440.52**

主要统计指标解释

国内生产总值（GDP） 指按市场价格计算的一个国家(或地区)所有常住单位在一定时期内生产活动的最终成果。国内生产总值有三种表现形态，即价值形态、收入形态和产品形态。从价值形态看，它是所有常住单位在一定时期内生产的全部货物和服务价值超过同期投入的全部非固定资产货物和服务价值的差额，即所有常住单位的增加值之和；从收入形态看，它是所有常住单位在一定时期内创造并分配给常住单位和非常住单位的初次收入之和；从产品形态看，它是所有常住单位在一定时期内最终使用的货物和服务价值减去货物和服务进口价值。在实际核算中，国内生产总值有三种计算方法，即生产法、收入法和支出法。三种方法分别从不同的方面反映国内生产总值及其构成。

三次产业 三产业的划分是世界上较为常用的产业结构分类，但各国的划分不尽一致。我国的三次产业划分是：

第一产业是指农业、林业、畜牧业、渔业。

第二产业是指采矿业，制造业，电力、煤气及水的生产和供应业，建筑业。

第三产业是指除第一、二产业以外的其他行业。

支出法生产总值 是从最终使用的角度反映一个国家(或地区)一定时期内生产活动最终成果的一种方法，包括最终消费支出、资本形成总额及货物和服务净出口三部分。计算公式为：

支出法生产总值=最终消费支出+资本形成总额+货物和服务净出口

最终消费支出 指常住单位为满足物质、文化和精神生活的需要，从本国经济领土和国外购买的货物和服务的支出。它不包括非常住单位在本国经济领土内的消费支出。最终消费支出分为居民消费支出和政府消费支出。

居民消费支出 指常住住户在一定时期内对于货物和服务的全部最终消费支出。居民消费支出除了直接以货币形式购买的货物和服务的消费支出外，还包括以其他方式获得的货物和服务的消费支出，即所谓的虚拟消费支出。居民虚拟消费支出包括如下几种类型：单位以实物报酬及实物转移的形式提供给劳动者的货物和服务；住户生产并由本住户消费了的货物和服务，其中的服务仅指住户的自有住房服务；金融机构提供的金融媒介服务；保险公司提供的保险服务。

政府消费支出 指政府部门为全社会提供的公共服务的消费支出和免费或以较低的价格向居民住户提供的货物和服务的净支出，前者等于政府服务的产出价值减去政府单位所获得的经营收入的价值，后者等于政府部门免费或以较低价格向居民住户提供的货物和服务的市场价值减去向住户收取的价值。

资本形成总额 指常住单位在一定时期内获得减去处置的固定资产和存货的净额，包括固定资本形成总额和存货增加两部分。

固定资本形成总额 指常住单位在一定时期内获得的固定资产减处置的固定资产的价值总额。固定资产是通过生产活动生产出来的，且其使用年限在一年以上、单位价值在规定标准以上的资产，不包括自然资产。可分为有形固定资本形成总额和无形固定资本形成总额。有形固定资本形成总额包括一定时期内完成的建筑工程、安装工程和设备工器具购置(减处置)价值，以及土地改良、新增役、种、奶、毛、娱乐用牲畜和新增经济林木价值。无形固定资本形成总额包括矿藏的勘探、计算机软件等获得减处置。

存货增加 指常住单位在一定时期内存货实物量变动的市场价值，即期末价值减期初价值的差额，再扣除当期由于价格变动而产生的持有收益。存货增加可以是正值，也可以是负值，正值表示存货上升，负值表示存货下降。存货包括生产单位购进的原材料、燃料和储备物资等存货，以及生产单位生产的产成品、在制品和半成品等存货。

货物和服务净出口 指货物和服务出口减货物和服务进口的差额。出口包括常住单位向非常住单位出售或无偿转让的各种货物和服务的价值；进口包括常住单位从非常住单位购买或无偿得到的各种货物和服务的价值。由于服务活动的提供与使用同时发生，一般把常住单位从非常住单位得到的服务作为进口，非常住单位从常住单位得到的服务作为出口。货物的出口和进口都按离岸价格计算。

劳动者报酬 指劳动者因从事生产活动所获得的全部报酬。包括劳动者获得的各种形式的工资、奖金和津贴，既包括货币形式的，也包括实物形式的，还包括劳动者所享受的公费医疗和医药卫生费、上下班交通补贴、单位支付的社会保险费、住房公积金等。对于个体经济来说，其所有者所获得的劳动报酬和经营利润不易区分，这两部分统一作为劳动者报酬处理。

生产税净额 指生产税减生产补贴后的余额。生产税指政府对生产单位从事生产、销售和经营活动以及因从事生产活动使用某些生产要素(如固定资产、土地、劳动力)所征收的各种税、附加费和规费。生产补贴与生产税相反，指政府对生产单位的单方面转移支出，因此视为负生产税，包括政策亏损补贴、价格补贴等。

固定资产折旧 指一定时期内为弥补固定资产损耗按照规定的固定资产折旧率提取的固定资产折旧，或按国民经济核算统一规定的折旧率虚拟计算的固定资产折旧。它反映了固定资产在当期生产中的转移价值。各类企业和企业化管理的事业单位的固定资产折旧是指实际计提的折旧费；不计提折旧的政府机关、非企业化管理的事业单位和居民住房的固定资产折旧是按照统一规定的折旧率和固定资产原值计算的虚拟折旧。原则上，固定资产折旧应按固定资产当期的重置价值计算，但是目前我国尚不具备对全社会固定资产进行重估价的基础，所以暂时只能采用上述办法。

营业盈余 指常住单位创造的增加值扣除劳动者报酬、生产税净额和固定资产折旧后的余额。它相当于企业的营业利润加上生产补贴，但要扣除从利润中开支的工资和福利等。

机构单位 指有权拥有资产和承担负债，能够独立地从事经济活动并与其他实体进行交易的经济实体。

机构部门 将相同性质的机构单位归并在一起，就形成机构部门。资金流量核算将常住机构单位划分为以下四个机构部门：非金融企业部门、金融机构部门、政府部门、住户部门。与常住单位发生经济往来关系的非常住单位组成国外部门，在资金流量核算中也视同机构部门。

非金融企业与非金融企业部门 非金融企业指主要从事市场货物生产和提供非金融市场服务的常住企业，它主要包括从事上述活动的各类法人企业。所有非金融企业归并在一起，就形成非金融企业部门。

金融机构与金融机构部门 金融机构指主要从事金融媒介以及与金融媒介密切相关的辅助金融活动的常住单位，它主要包括中央银行、商业银行和政策性银行、非银行信贷机构和保险公司。所有金融机构归并在一起，就形成金融机构部门。

政府单位与政府部门 政府单位指在我国境内通过政治程序建立的、在一特定区域内对其他机构单位拥有立法、司法和行政权的法律实体及其附属单位。政府单位的主要职能是利用征税和其他方式获得的资金向社会和公众提供公共服务。通过转移支付，对社会收入和财产进行再分配。它主要包括各种行政单位和非营利性事业单位。所有政府单位归并在一起，就形成政府部门。

住户与住户部门 住户指共享同一生活设施、部分或全部收入和财产集中使用、共同消费住房、食品和其他消费品与消费服务的常住个人或个人群体。所有住户归并在一起，就形成住户部门。

非常住单位与国外部门 所有不具有常住性的机构单位都是非常住单位。将所有与我国常住单位发生交易的非常住单位归并在一起，就形成国外部门。

初次分配总收入 初次分配是生产活动形成的净成果在参与生产活动的生产要素的所有者及政府之间的分配。生产活动的净成果是增加值。生产要素包括劳动力、土地、资本。劳动力所有者因提供劳动而获得劳动报酬；土地所有者因出租土地而获得地租；资本的所有者因资本的形态不同而获得不同形式的收入：借贷资本所有者获得利息收入；股权所有者获得红利或未分配利润；政府因直接或间接介入生产过程而获得生产税或支付补贴。初次分配的结果形成各个机构部门的初次分配总收入。各部门的初次分配总收入之和就等于国民总收入，亦即国民生产总值。

经常转移 转移是一个机构单位向另一个机构单位提供货物、服务或资产，而同时并没有从后一机构单位获得任何货物、服务或资产作为回报的一种交易。经常转移包括扣除资本转移外的所有转移。其形式有收入税、社会保险付款、社会补助和其他经常转移。

可支配总收入 在初次分配总收入的基础上，通过经常转移的形式对初次分配总收入进行再次分配。再分配的结果形成各个机构部门的可支配总收入。各部门的可支配总收入之和称为国民可支配总收入。

总储蓄 指可支配总收入用于最终消费后的余额。各部门的总储蓄之和称为国民总储蓄。

资本转移 指一个部门无偿地向另一个部门支付用于非金融投资的资金，是一种不从对方获取任何对应物作为回报的交易。资本转移具有不同于经常转移的两个特征，一是转移的目的是用于投资，而不是用于消费；二是资本转移其实物形式往往涉及除存货和现金以外资产所有权的转移；其现金形式往往涉及除存货以外的资产的处置。资本转移包括投资性补助和其他资本转移。

净金融投资 它反映机构部门或经济总体资金富余或短缺的状况。从实物交易角度看，它是指总储蓄加资本转移收入减资本转移支出减非金融投资后的差额。从金融交易角度看，它是金融资产的增加额减金融负债的增加额之后的差额。

通货 指以现金形式存在于市场流通中的货币，包括本币和外币。

存款 指金融机构接受客户存入的货币款项，存款人可随时或按约定时间支取款项的信用业务。包括活期存款、定期存款、住户储蓄存款、财政存款、外汇存款和其他存款等。

贷款 指金融机构将其所吸收的资金，按一定的利率贷放给客户并约期归还的信用业务。包括短期贷款、中长期贷款、财政贷款、外汇贷款和其他贷款。

证券 包括债券和股票。由债券购买者承购的或因销售产品而拥有的，可在金融市场上交易并代表一定债权的书面证明。包括政府债券、金融债券、企业债券、商业票据、支付固定收入但不提供法人企业残余价值分享权的优先股等。股票购买者及直接投资者对其投资企业净资产所拥有的权益。股票是股份公司签发的证明股东投资并按其所持股份享有权益和承担义务的权益性证券。其他股权是机构单位以直接投资的方式用除股票、债权性证券以外的土地、房屋及建筑物、机器设备、存货、资源资产等实物资产，商标、专利权、土地使用权、特许使用权、商誉等无形资产及货币资金直接向其他单位进行的投资。通常以股权证、出资证明书、参与证或类似的单据为凭证。

保险准备金 指对人寿保险准备金和养恤基金的净权益、保险费预付款和未结索赔准备金。

结算资金 指金融机构用于结算目的汇兑在途的资金。

金融机构往来 指各金融机构之间的资金往来，包括同业存放款和同业拆借款。

准备金 指各金融机构在中央银行的存款及缴存中央银行的法定准备金。

中央银行贷款 指中央银行向各金融机构的贷款。

经常项目 包括货物、服务、收益及经常性转移。

货物进出口 指通过我国海关进出口的货物。货物的进出口值都按离岸价格估价。离岸价格可视为进口商在出口商边境领取货物时支付的购买者价格。当进口商领取该货物时，该货物已装载到进口商自己的运载工具或其他运载工具，出口商已为该货物支付了出口税或获得了出口退税。

服务进出口 指常住单位与非常住单位之间相互提供的服务。包括运输服务、旅游服务、通讯服务、建筑服务、保险服务、金融服务、计算机和信息服务、咨询服务、广告、宣传服务、电影音像服务、专有权力使用费和特许费、其他商务服务、政府服务。

收益 指常住单位与非常住单位之间因相互提供生产要素而产生的收入，包括劳动者报酬和投资收益。其中投资收益包括直接投资、证券投资和其他投资的收益和支出，以及直接投资收益的再投资。

资本项目 包括移民转移、债务减免等资本性转移。

金融项目 包括直接投资、证券投资和其它投资。

直接投资 指外国、港澳台地区在我国和我国在外国、港澳台地区以独资、合资、合作及合作勘探开发方式进行的投资。

证券投资 指我国对外国、港澳台地区发行的股票、债券等有价证券和我国购买外国、港澳台地区发行的股票、债券等有价证券。

其它投资 指除直接投资和证券投资以外的所有对外金融资产与负债交易项目。包括外国提供给我国和我国提供给外国的贸易信贷、贷款、货币和存款以及其他资产。

储备资产增减额 指我国在黄金储备、外汇储备、在国际货币基金组织的储备头寸、特别提款权、使用基金信贷等方面本年末与上年末余额之间的差额。负号表示储备资产增加，正号表示储备资产减少。

Explanatory Notes on Main Statistical Indicators

Gross Domestic Product (GDP) refers to the final products at market prices produced by all resident units in a country (or a region) during a certain period of time. Gross domestic product is expressed in three different perspectives, namely value, income, and products respectively. GDP in its value perspective refers to the total value of all goods and services produced by all resident units during a certain period of time, minus the total value of input of goods and services of the nature of non-fixed assets; in other words, it is the sum of the value-added of all resident units. GDP from the perspective of income includes the primary income created by all resident units and distributed to resident and non-resident units. GDP from the perspective of products refers to the value of all goods and services for final consumption by all resident units minus the net exports of goods and services during a given period of time. In the practice of national accounting, gross domestic product is calculated from three approaches, namely production approach, income approach and expenditure approach, which reflect gross domestic product and its composition from different angles.

Three Industries Classification of economic activities into three strata of industry is a common practice in the world, although the grouping varies to some extent form country to country. In China economic activities are categorized into the following three strata of industry:

Primary industry refers to agriculture, forestry, animal husbandry and fishery.

Secondary industry refers to mining and quarrying, manufacturing, production and supply of electricity, water and gas, and construction.

Tertiary industry refers to all other economic activities not included in the primary or secondary industries.

GDP by Expenditure Approach refers to the method of measuring the final results of production activities of a country (region) during a given period from the perspective of final uses. It includes final consumption expenditure, gross capital formation and net export of goods and services. The formula for computation is

GDP by expenditure approach = final consumption expenditure + gross capital formation + net export of goods and services

Final Consumption Expenditure refers to the total expenditure of resident units for purchases of goods and services from both the domestic economic territory and abroad to meet the needs of material, cultural and spiritual life. It does not include the expenditure of non-resident units on consumption in the economic territory of the country. The final consumption expenditure is broken down into household consumption expenditure and government consumption expenditure.

Household Consumption Expenditure refers to the total expenditure of resident households on the final consumption of goods and services. In addition to the consumption of goods and services bought by the households directly with money, the household consumption expenditure also includes expenditure on goods and services obtained by the households in other ways, i.e. the so-called imputed consumption expenditure, which includes the following: (a) the goods and services provided to households by employers in the form of payment in kind and transfer in kind; (b) goods and services produced and consumed by the households themselves, in which the services refer only to the owner-occupied housing; (c) financial intermediate services provided by financial institutions; (d) insurance services provided by insurance companies.

Government Consumption Expenditure refers to the consumption expenditure spent for the provision of public services provided by the government to the whole country and the net expenditure on the goods and services provided by the government to households free of charge or at reduced prices. The former equals to the output value of the government services minus the value of operating income obtained by the government departments. The latter equals to the market value of the goods and services provided by the government free of charge or at reduced prices to the households minus the value received by the government from the households.

Gross Capital Formation refers to the fixed assets acquired less disposals and the net value of inventory, thus including gross fixed capital formation and changes in inventories.

Gross Fixed Capital Formation refers to the value of acquisitions less those disposals of fixed assets during a given period. Fixed assets are the assets produced through production activities with unit value above a specified amount and which could be used for over one year. Natural assets are not included. Gross fixed capital formation can be categorized into total tangible fixed capital formation and total intangible fixed capital formation. Total tangible fixed capital formation includes the value of the construction projects and installation projects completed and the equipment, apparatus and instruments purchased (less those disposed) as well as the value of land improved, the value of draught animals, breeding stock and animals for milk, for wool and for recreational purposes and the newly increased forest with economic value. Total intangible fixed capital formation includes the prospecting of minerals and the acquisition of computer software minus the disposal of them.

Changes in Inventories refers to the market value of the change in the physical volume of inventory of resident units during a given period, i.e. the difference between the values at the beginning and at the end of the period minus the gains due to the change in prices. The changes in inventories can have a positive or a negative value. A positive value indicates an increase in inventory while a negative value indicates a decrease in inventory. The inventory includes raw materials, fuels and reserve materials purchased by the production units as well as the inventory of finished products, semi-finished products and work-in-progress.

Net Export of Goods and Services refers to the exports of goods and services subtracting the imports of goods and services. Exports include the value of various goods and services sold or gratuitously transferred by resident units to non-resident units. Imports include the value of various goods and services purchased or gratuitously acquired resident units from non-resident units. Because the provision of services and the use of them happen simultaneously, the acquisition of services by resident units from abroad is usually treated as import while the acquisition of services by non-resident units in this country is usually treated as export. The exports and imports of goods are calculated at FOB.

Laborers Remuneration refers to the total payment of various forms to labourers for the productive activities they are engaged in. It includes wages, bonuses and allowances, which the labourers earn in cash and in kind. It also includes the free medical services provided to the labourers and the medicine expenses, transport subsidies and social insurance, and housing fund paid by the employers. As regards the individual economy, since labourers remuneration is not easily distinguishable from the operating profit, both parts are treated as labourer remuneration.

Net Taxes on Production refers to taxes on production less subsidies on production. The taxes on production refers to the various taxes, extra charges and fees levied on the production units on their production, sale and business activities as well as on the use of some factors of production, such as fixed assets, land and labour in the production activities they are engaged in. In contrast to taxes on production, subsidies on production refer to the unilateral government transfer to the production units and are therefore regarded as negative taxes on production. They include subsidies on the loss due to implementation of government policies, price subsidies, etc.

Depreciation of Fixed Assets refers to the depreciation of fixed assets in a given period, drawn in accordance with the stipulated depreciation rate for the purpose of compensating the wear-and-tear loss of the fixed assets or the depreciation of fixed assets imputed in accordance with the stipulated unified depreciation rate in the national economic accounting system. It reflects the value of transfer of the fixed assets in the production of the current period. The depreciation of fixed assets in various enterprises and institutions managed as enterprises refers to the depreciation expenses actually drawn. In government agencies and institutions not managed as enterprises which do not draw the depreciation expenses, as well as for the houses of residents, the depreciation of fixed assets is the imputed depreciation, which is calculated in accordance with the stipulated unified depreciation rate. In principle, the depreciation of fixed assets should be calculated on the basis of the re-purchased value of the fixed assets. However, currently the conditions in China do not facilitate the revaluation of all the fixed assets. Therefore, only the above-mentioned methods can be adopted at present.

Operating Surplus refers to the balance of the value added created by the resident units after deducting the labourers remuneration, net taxes on production and the depreciation of fixed assets. It is equivalent to the business profit of the enterprises plus subsidies to production, but the wages and welfare expenses paid from the profits should be deducted.

Institutional Units refer to economic entities that are in a position to own assets and incur liabilities; to engage independently in economic activities; and to conduct transactions with other entities.

Institutional Sectors refer to groups of institutional units that are homogenous in nature and have been grouped together. The following 4 institutional sectors are identified in the flow of funds accounts: non-financial corporations, financial institutions, general government and households. and also treated as an institutional sector is the rest of the world, which is composed of non-resident units that have economic relations with resident units.

Non-Financial Corporations and the Sector of Non-Financial Corporations refer to resident corporations that are engaged in the production of goods and the provision of non financial services in the market, mainly covering corporate enterprises of various types engaged in the above-mentioned activities. All non-financial corporations make up the sector of non-financial corporations.

Financial Institutions and the Sector of Financial Institutions refer to resident institutions that are engaged in the financial intermediary services or auxiliary financial activities that are closely related with financial intermediary services, mainly covering the Central Bank, commercial banks, policy banks, non-banking credit institutions and insurance companies. All financial institutions together make up the sector of financial institutions.

General Government and the Sector of General Governments refer to legal entities and their auxiliary units within the territory of China that are established through the political process and are empowered with legislative, administrative or judicial rights over other institutional within specific regions. The main function of general government is to acquire funds through taxation or other means in order to provide public services to society and households, and to conduct redistribution of income and properties of society through transfer payment. General government cover mainly administrative and non-profit institutional units of various types. All general government together make up the sector of general governments.

Households and the Sector of Households refer to resident individuals or groups of resident individuals who share common living facilities, pool together entire or part of their income and properties for their common disposal, and share their housing, food and other consumer goods and services. All households together make up the sector of households.

Non-resident Units and the Rest of the World Non-resident units refer to units that are of a non-resident nature. All non-resident units that have transactions with resident units together make up the rest of the world.

Total Income from Primary Distribution refers to the distribution of net results from production activities among the owners of factors of production and the governments. The net results from production activities is the value-added. Factors of production include labour force, land and capital. Owners of labour force gain remuneration by providing labour. Owners of land receive rents from leasing of land. Owners of capitals get income of various forms depending on the type of capital: owners of loan capital receive income from interests. Share holders receive dividends or non-distributed profits. Government either obtains production tax or pays subsidies in participating directly or indirectly in the production processes. Results of primary distribution generate the total income from primary distribution of each sector, and the sum of the total income of primary distribution of all sectors make up the Gross National Income, or the Gross National Product.

Current Transfers to the transaction in the form of provision of goods, services or assets by an institutional unit to another institutional unit without receiving any goods, services or assets in return from the recipient. Current transfers refer to all kinds of transfers other than capital transfers. They include income tax, payment to social securities, social allowances and other current transfers.

Total Disposable Income Total income from primary distribution is re-distributed through current transfer, resulting in the total disposable income of various institutional sectors. The sum of total disposable income of all institutional sectors makes up the total national disposable income.

Total Savings refer to total disposable income subtracting final consumption. Total savings of all sectors make up the total national savings.

Capital Transfer refers to the free payment from one sector to another sector of non-financial investment capital, and is a transaction that seeks no return from the recipient. Capital transfer differs from current transfer in 2 aspects: 1) The purpose of the capital transfer is investment rather than consumption. 2) Capital transfer features the transfer of the ownership of assets other than inventory and cash, and capital transfer in its monetary form involves the disposal of assets other than inventory. Capital transfer includes investment subsidies and other capital transfers.

Net Financial Investment reflects the surplus or shortage of capitals of institutional sectors or of the economy in general. It refers to total savings plus the income from capital transfer minus payment for capital transfer and the non-financial investment from the point of view of physical transaction. In terms of monetary transaction, it is the difference between the increase in financial assets minus the increase of the financial liabilities.

Currency refers to currency that is in circulation in the market, including local and foreign currencies.

Deposits refer to credit transactions by which financial institutions accept deposits from clients who could withdraw their deposit at any time or by an agreed time frame. They include demand deposit, time deposit, savings deposit, fiscal deposit, foreign exchange deposit and other deposits.

Loans refer to credit transactions by which financial institutions lend their capital to clients at certain level of interest rates, which the latter will repay by an agreed time frame. They include short-term loan, medium- and long-term loan, fiscal loan, foreign exchange loan and other loans.

Securities Include Shares and bond. refer to written certificates representing creditors' rights as purchased by bond holders or as acquired by selling products, which can be transacted at the financial markets. They include government bonds, financial bonds, corporation bonds, commercial drafts, preferential stocks that provide fixed income without the right to share the residual value of corporations, and so on. the rights of stockholders and direct investors on the net assets of corporations they have invested in. Shares refer to negotiable securities on creditor's rights, issued by share companies certifying the investment by stockholders and their rights and duties in accordance with the amount of stocks that they hold. Other holding rights refer to the direct investment by institutional units in other units with currency capital or with assets, in forms other than shares and negotiable securities on creditor's rights, including such tangible assets such as land, buildings, machines and equipment, inventory, resources, etc., and such intangible assets as trade marks, patents, monopolies, rights on land use, licenses, commercial reputation, etc.. Documents of proof of holding rights usually include certificates on creditor's right, certificates on investment or on participation, etc.

Insurance Reserve Funds consists of net equity of households in life insurance reserves and in pension funds reserves, prepayments of insurance premiums, and reserves for outstanding claims.

Settlement Fund refers to fund in float of financial institutions for settlement.

Inter- financial Institutions Accounts refer to flow of capital between financial institutions, consisting of nostro accounts, inter-bank lending.

Required and Excessive Reserves refer to financial institutions' deposits with the People's Bank of China.

Central Bank Lending refer to lending to financial institutions by the People's Bank of China

Current Account includes goods, services, income and current transfers.

Import and Export of Goods refer to imported or exported goods through Chinese customs. Both import and export of goods are valued at free on board (f.o.b.) prices. Free on board prices can be regarded as the purchaser's prices paid by importers when claiming goods at the border of the exporters. When the importer claim the imported goods, the goods have been loaded in importer's carriers or other carriers, and the exporter has paid export duty or received export redeem.

Import and Export of Services refer to services provided between resident and non-resident units, including services on transportation, tourism, communications, construction, insurance, finance, computer and information, consultancy, advertising and publicity, as well as film, audio and video services, royalty for patents, trademarks and other special rights, other commercial services, and government services.

Income refers income from provision of factors of production between resident and non-resident units, including compensation of labour and earnings from investment. Earnings from investment include earnings from and expenses on direct investment, security investment and other investment, as well as reinvestment of earnings from direct investment.

Capital Account includes capital transfers such as immigration transfer, reduction or exemption of debts, etc.

Financial Account includes direct investment, security investment and other investments.

Direct Investment refers to investment by foreign investors or investors from Hong Kong, Macao and Taiwan in China, or by Chinese investors in foreign countries or in Hong Kong, Macao and Taiwan, in forms of exclusive investment, joint investment, contracted operation and cooperative development.

Security Investment refers to the issue of stocks and securities by China in foreign countries or in Hong Kong, Macao and Taiwan, and the purchase by Chinese units of stocks and securities issued in foreign countries or in Hong Kong, Macao and Taiwan.

Other Investment refers to all external transactions on financial assets and liabilities other than direct investment and security investment, including trade credits, loans, currency, deposits and other assets, provided by foreign countries to China and by China to foreign countries.

Reserve Assets, Net Increase refers to the difference between the end of the reference year and the end of the previous year, in gold reserve, foreign exchange reserve, special drawing rights in the International Monetary Fund, and the use of the Fund's credits. An increase in reserve assets is expressed in a negative figure and a decrease in the reserve assets is expressed in a positive figure.

人口
Population

● 资料整理：马　召

简要说明

一、主要内容

本篇包括历年人口及自然变动资料，城镇化资料、人口结构主要分类资料，历次人口普查主要指标。

二、资料来源

1971-1981年、1983-1989年、2000年和2010年总人口数是根据1982年、1990年、2000年和2010年人口普查数据调整推算的；1990-1999、2001-2009年数据是人口变动抽样调查调整数；市镇、乡村人口1953、1964、1982、1990、1995、2000、2005、2010年数据是根据当年人口普查（或抽样调查）数据调整推算的，普查年度之间年份是根据两次普查间平均每年增幅调整的；2004年后非普查年份是根据当年人口与城镇化抽样调查推算的。由河南省统计局人口与就业处编辑整理。

三、统计调查方法

在逢“0”的年份进行全国人口普查；在逢“5”的年份进行全国1%人口抽样调查；其余年份进行全国人口变动情况抽样调查。人口抽样调查是以全国为总体，各省为次总体，采用分层、多阶段、整群概率比例抽样方法抽取样本。

Brief Introduction

I. Main Contents

This chapter include the size of Henan population and natural change, urban proportion, classification of the population structure, data of All previous National Population Census.

II. Sources of Data

Figures for 1971-1981, 1983-1989, 2000,2010 have been adjusted on the basis of the 1982, 1990, 2000,2010 National Population Census. Figures for 1990-1999, 2001-2009 are estimated from the National Sample Survey on Population Changes. Figures of Urban and rural population in 1953,1964,1982,1990,1995,2000,2005,2010 are adjusted on the basis of the current year National Population Census or National Sample Survey, Figures for the years between National Population Census are adjusted on the basis of the growth rate of two National Population Census. Data in 2004,2006-2009 were calculated on the basis of the Spot Check of population and Urbanization. Tables in this part are compiled by the Department of Population and Employment Statistics of the Henan provincial Bureau of Statistics.

III. Sampling Methodology

The national population census is conducted in the year ending with 0; the national 1 percent population sample survey is conducted in the year ending with 5; sample surveys on population changes are conducted in the rest of the years which cover about 1 per thousand of the total population of the country. The sample survey on population change takes the whole nation as the population and each province, autonomous region or municipality as sub-populations, and the stratified multi-stage systematic PPS cluster sampling scheme is used.

4-1 总 人 口(年底数)

Total Population (Year-end)

单位：万人 (10 000 persons)

年 份 Year	总人口数 Total Population	按性别分 By Sex 男 Male	 女 Female	性别比 (女=100) Sex Ratio (Female=100)	按城乡分 By Residence 城镇 Urban	 乡村 Rural	城镇化率 (%) Urban Proportion (%)	人口密度 (人/平方公里) Population Density (person/sq.km)	常住人口 Residents popolation
1957	4840	2469	2371	104.1	449	4391	9.3	290	
1962	4940	2485	2455	101.2	518	4422	10.5	296	
1965	5240	2648	2592	102.1	585	4655	11.2	314	
1970	6026	3055	2971	102.8	730	5296	12.1	361	
1975	6758	3436	3322	103.4	883	5875	13.1	405	
1978	7067	3599	3468	103.8	963	6104	13.6	423	
1979	7189	3662	3527	103.8	994	6195	13.8	431	
1980	7285	3710	3575	103.8	1021	6264	14.0	436	
1981	7397	3768	3629	103.8	1050	6347	14.2	443	
1982	7519	3835	3684	104.1	1084	6435	14.4	450	
1983	7632	3902	3730	104.6	1111	6521	14.6	457	
1984	7737	3960	3777	104.9	1137	6600	14.7	463	
1985	7847	4022	3825	105.2	1164	6683	14.8	470	
1986	7985	4097	3888	105.4	1196	6789	15.0	478	
1987	8148	4184	3964	105.5	1232	6916	15.1	488	
1988	8317	4272	4045	105.6	1269	7048	15.3	498	
1989	8491	4366	4125	105.9	1308	7183	15.4	508	
1990	8649	4440	4209	105.5	1342	7307	15.5	518	
1991	8763	4501	4262	105.6	1389	7374	15.9	525	
1992	8861	4554	4307	105.7	1434	7427	16.2	531	
1993	8946	4602	4344	105.9	1477	7469	16.5	536	
1994	9027	4643	4384	105.9	1520	7507	16.8	541	
1995	9100	4651	4449	104.5	1564	7536	17.2	545	
1996	9172	4715	4457	105.8	1687	7485	18.4	549	
1997	9243	4751	4492	105.8	1811	7432	19.6	553	
1998	9315	4787	4528	105.7	1937	7378	20.8	558	
1999	9387	4825	4562	105.8	2064	7323	22.0	562	
2000	9488	4895	4593	106.6	2201	7287	23.2	568	
2001	9555	4915	4640	105.9	2334	7221	24.4	572	
2002	9613	4946	4667	105.9	2480	7133	25.8	576	
2003	9667	4980	4687	106.3	2630	7037	27.2	579	
2004	9717	5000	4717	106.0	2809	6908	28.9	582	
2005	9768	5045	4723	106.8	2994	6774	30.7	585	9380
2006	9820	5074	4746	106.9	3189	6631	32.5	588	9392
2007	9869	5100	4769	106.9	3389	6480	34.3	591	9360
2008	9918	5125	4793	106.9	3573	6345	36.0	594	9429
2009	9967	5150	4817	106.9	3758	6209	37.7	597	9487
2010	10437	5407	5030	107.5	4052	6385	38.8	625	9405
2011	10489	5417	5072	106.8	4255	6234	40.6	628	9388
2012	10543	5456	5087	107.2	4473	6070	42.4	631	9406
2013	10601	5487	5114	107.3	4643	5958	43.8	635	9413

注：2010年以来总人口数为根据2010年人口普查登记的户籍人口推算数据，历史数据未进行调整。(下同)

a) Data of the total population since 2010 is calculated basis on the Registered population of the 2010 National Population Census, historical data have not been adjusted. (the same as following table).

4-2 人口自然变动情况
Natural Changes of Population

单位：万人 (10 000 persons)

年 份 Year	年平均人口数 Average Person Per Year	出生人口数 Number of Birth	出生率(‰) Birth Rate (‰)	死亡人口数 Number of Death	死亡率(‰) Death Rate (‰)	自然增加人口数 Number of Natural Growth	自然增长率(‰) Natural Growth Rate (‰)
1957	4787	161	33.67	56	11.80	105	21.87
1962	4872	183	37.50	39	8.04	144	29.46
1965	5170	187	36.10	44	8.45	143	27.65
1970	5943	211	35.54	45	7.61	166	27.93
1975	6703	158	23.65	51	7.66	107	15.99
1978	7012	154	21.92	44	6.30	110	15.62
1979	7128	153	21.51	45	6.35	108	15.16
1980	7237	145	20.00	46	6.32	99	13.68
1981	7341	151	20.64	48	6.57	103	14.07
1982	7458	153	20.62	46	6.21	107	14.41
1983	7576	154	20.38	48	6.30	106	14.08
1984	7685	145	18.89	48	6.26	97	12.63
1985	7792	157	20.09	48	6.13	109	13.96
1986	7916	187	23.65	51	6.44	136	17.21
1987	8067	212	26.22	51	6.32	161	19.90
1988	8233	214	25.95	48	5.83	166	20.12
1989	8404	223	26.51	48	5.76	175	20.75
1990	8570	214	24.92	56	6.52	158	18.40
1991	8706	172	19.78	58	6.63	114	13.15
1992	8812	159	18.13	61	6.99	98	11.14
1993	8904	141	15.87	56	6.35	85	9.52
1994	8987	138	15.36	57	6.34	81	9.02
1995	9064	130	14.41	57	6.28	73	8.13
1996	9136	130	14.28	58	6.44	72	7.84
1997	9208	129	13.97	58	6.30	71	7.67
1998	9279	131	14.17	59	6.37	72	7.80
1999	9351	132	14.07	60	6.35	72	7.72
2000	9438	123	13.07	56	5.93	67	7.14
2001	9522	126	13.20	59	6.26	67	6.94
2002	9584	119	12.41	61	6.38	58	6.03
2003	9640	116	12.10	62	6.46	54	5.64
2004	9692	113	11.67	63	6.47	50	5.20
2005	9743	112	11.55	61	6.30	51	5.25
2006	9794	113	11.59	61	6.27	52	5.32
2007	9845	111	11.30	62	6.30	49	4.90
2008	9893	113	11.42	64	6.45	49	4.97
2009	9943	113	11.45	64	6.46	49	4.99
2010	10202	117	11.52	67	6.57	50	4.95
2011	10463	121	11.56	69	6.62	52	4.94
2012	10516	125	11.87	71	6.71	54	5.16
2013	10572	130	12.27	72	6.76	58	5.51

4-3 各市户数、人口数(2013年底)

Number of Households and Population by City (End of 2013)

分市数据是根据全省2013年人口与城镇化抽样调查数据推算及公安年报数据。

Data by city were computative on the basis of the 2013 National Sample Surveys Population and annual reports of the Bureau of Public Security.

市(县)	City(County)	总户数(万户) Total Number of Households (10 000 households)	总人口数(万人) Total Population (10 000 persons)	常住人口(万人) Residents popolation (10 000 persons)	男 Male	女 Female	城镇 Urban	乡村 Rural	年平均人口数(万人) Average popolation (10 000 persons)	城镇化率(%) Urban Proportion (%)	年平均常住人口(万人) Average Residents (10 000 persons)
全省	**Total**	**3125**	**10601**	**9413**	**4737**	**4676**	**4123**	**5290**	**10572**	**43.8**	**9410**
省辖市	**City**										
郑州市	Zhengzhou	210	751	919	463	457	617	303	745	67.1	911
开封市	Kaifeng	156	511	465	234	231	191	274	510	41.1	465
洛阳市	Luoyang	213	692	662	332	330	327	334	690	49.4	660
平顶山市	Pingdingshan	155	538	496	255	241	230	266	536	46.4	494
安阳市	Anyang	168	576	509	244	265	223	286	575	43.8	509
鹤壁市	Hebi	48	161	161	84	77	85	76	161	52.8	160
新乡市	Xinxiang	173	600	568	283	285	261	306	599	46.1	567
焦作市	Jiaozuo	100	367	351	174	178	183	169	366	52.0	352
濮阳市	Puyang	114	388	358	180	178	132	227	387	36.7	359
许昌市	Xuchang	146	485	430	220	210	190	240	484	44.2	430
漯河市	Luohe	77	276	258	133	125	114	144	275	44.2	257
三门峡市	Sanmenxia	71	227	224	114	110	110	115	226	48.9	224
南阳市	Nanyang	360	1171	1009	524	485	386	623	1168	38.3	1012
商丘市	Shangqiu	262	900	728	362	366	255	473	897	35.0	730
信阳市	Xinyang	278	860	638	325	313	253	385	858	39.7	639
周口市	Zhoukou	332	1131	878	432	447	306	573	1128	34.8	880
驻马店市	Zhumadian	243	896	690	346	344	241	449	894	34.9	692
济源市	Jiyuan	21	69	72	36	36	39	32	69	54.8	71
省直管县	**Province Administrating County**										
巩义市	Gongyi	22	83	82	41	40	40	42	83	49.1	81
兰考县	Lankao	26	84	66	32	34	21	45	83	31.5	67
汝州市	Ruzhou	30	107	93	48	46	35	58	106	37.7	93
滑县	Huaxian	38	135	111	53	59	26	85	135	23.4	113
长垣县	Changyuan	26	85	74	34	41	28	46	85	38.0	75
邓州市	Dengzhou	49	175	143	76	67	48	96	175	33.2	144
永城市	Yongcheng	40	153	123	61	62	48	75	153	39.2	123
固始县	Gushi	57	173	107	54	53	36	70	173	33.9	106
鹿邑县	Luyi	37	120	89	41	47	30	58	120	34.2	89
新蔡县	Xincai	29	112	83	40	43	22	61	111	26.9	83

4-4 各市人口出生率、死亡率、自然增长率(2013年底)
Birth Rate, Death Rate, and Natural Growth by City (End of 2013)

市(县)	City(County)	出生人口(万人) Birth (10000 person)	出生率(‰) Birth Rate (‰)	死亡人口(万人) Death (10000 person)	死亡率(‰) Death Rate (‰)	自然增长人口(万人) Natural Growth (10000 person)	自然增长率(‰) Natural Growth Rate (‰)
全省	**Total**	**130.00**	**12.27**	**72.00**	**6.76**	**58.00**	**5.51**
省辖市	**City**						
郑州市	Zhengzhou	7.39	9.91	3.21	4.31	4.17	5.60
开封市	Kaifeng	5.73	11.23	3.10	6.08	2.63	5.15
洛阳市	Luoyang	7.48	10.83	3.72	5.39	3.76	5.44
平顶山市	Pingdingshan	6.24	11.64	3.41	6.37	2.83	5.27
安阳市	Anyang	6.07	10.55	3.39	5.89	2.68	4.66
鹤壁市	Hebi	1.76	10.93	0.86	5.32	0.90	5.61
新乡市	Xinxiang	6.32	10.55	3.20	5.35	3.11	5.20
焦作市	Jiaozuo	3.80	10.37	1.97	5.37	1.83	5.00
濮阳市	Puyang	4.35	11.25	2.36	6.10	1.99	5.15
许昌市	Xuchang	5.18	10.71	2.93	6.06	2.25	4.65
漯河市	Luohe	2.89	10.51	1.46	5.32	1.43	5.19
三门峡市	Sanmenxia	2.15	9.48	1.21	5.36	0.93	4.12
南阳市	Nanyang	12.50	10.70	7.12	6.09	5.39	4.61
商丘市	Shangqiu	9.38	10.45	5.12	5.70	4.26	4.75
信阳市	Xinyang	9.75	11.37	5.13	5.98	4.62	5.39
周口市	Zhoukou	11.76	10.42	6.57	5.82	5.19	4.60
驻马店市	Zhumadian	9.96	11.14	5.60	6.27	4.35	4.87
济源市	Jiyuan	0.80	11.70	0.40	5.85	0.40	5.85
省直管县	**Province Administrating County**						
巩义市	Gongyi	0.82	9.91	0.48	5.84	0.34	4.07
兰考县	Lankao	0.97	11.64	0.53	6.37	0.44	5.27
汝州市	Ruzhou	1.28	12.07	0.75	7.10	0.53	4.97
滑县	Huaxian	1.44	10.69	0.75	5.59	0.69	5.10
长垣县	Changyuan	0.90	10.57	0.47	5.50	0.43	5.07
邓州市	Dengzhou	2.07	11.81	1.30	7.41	0.77	4.40
永城市	Yongcheng	1.75	11.45	0.87	5.69	0.88	5.76
固始县	Gushi	1.99	11.52	1.18	6.82	0.81	4.70
鹿邑县	Luyi	1.31	10.96	0.74	6.14	0.58	4.82
新蔡县	Xincai	1.23	11.02	0.75	6.75	0.48	4.27

4-5 河南省人口预期寿命

Population life expectancy of Henan

单位：岁 (age)

年龄 Age	1990			2000			2010		
	合计 Total	男 Male	女 Female	合计 Total	男 Male	女 Female	合计 Total	男 Male	女 Female
	70.0	68.1	72.0	72.8	71.0	74.7	74.6	71.8	77.6
1	70.5	68.4	72.8	73.5	71.2	75.9	74.3	71.6	77.4
5	67.1	64.9	69.4	69.7	67.4	72.2	70.5	67.7	73.5
10	62.3	60.1	64.6	64.9	62.6	67.3	65.5	62.8	68.6
15	57.4	55.3	59.7	60.0	57.7	62.4	60.6	57.9	63.6
20	52.7	50.6	54.9	55.2	52.9	57.5	55.7	53.0	58.7
25	48.0	45.9	50.2	50.4	48.2	52.7	50.9	48.3	53.8
30	43.3	41.2	45.5	45.7	43.5	47.9	46.1	43.5	48.9
35	38.6	36.5	40.8	40.9	38.8	43.1	41.3	38.8	44.0
40	33.9	31.9	36.1	36.2	34.2	38.3	36.6	34.2	39.2
45	29.3	27.3	31.4	31.6	29.7	33.6	32.0	29.7	34.4
50	24.9	23.0	26.9	27.1	25.2	29.0	27.5	25.4	29.8
55	20.7	18.9	22.6	22.8	21.0	24.6	23.2	21.3	25.4
60	16.8	15.2	18.4	18.7	17.0	20.3	19.1	17.3	21.1
65	13.4	11.9	14.7	15.0	13.4	16.4	15.4	13.7	17.1
70	10.3	9.1	11.3	11.7	10.3	12.8	12.0	10.6	13.5
75	7.8	6.8	8.5	9.1	7.9	9.9	9.4	8.1	10.6
80	5.5	4.8	6.0	6.9	5.9	7.4	7.2	6.0	8.1
85	3.6	3.2	3.8	5.4	4.6	5.7	5.8	4.8	6.5
90	1.5	1.4	1.6	3.9	3.6	4.0	4.8	3.9	5.3
95	1.3	1.1	1.3	2.8	3.0	2.8			
100	1.1	1.0	1.2	0.5	0.5	0.5			

注：本表数据是根据普查数据计算。

a) Data in this table are calculated basis on National Population Census.

4-6 各市常住人口年龄结构(2013年底)
Composition of Population by Age and City (End of 2013)

全省数据是根据2013年人口变动抽样调查汇总数据推算，分市数据是根据2013年人口与城镇化抽样调查数据推算(下表同)。
Data of total in this table are estimated from the National Sample Survey of 1‰ population in 2013.Data by City are estimated from the Provincial Sample Survey of Population and Urbanization in 2013(the next table is the same).

市 City	常住人口数(万人) Total Population (10 000 persons)				比重 (%) % to Total Population		
		0-14岁 Age 0-14	15-64岁 Age 15-64	65岁及以上 Age 65+	0-14岁 Age 0-14	15-64岁 Age 15-64	65岁及以上 Age 65+
全 省 Total	**9413**	**1988**	**6572**	**853**	**21.1**	**69.8**	**9.1**
省 辖 市 City							
郑 州 市 Zhengzhou	919	167	671	81	18.2	73.0	8.8
开 封 市 Kaifeng	465	100	320	44	21.6	68.9	9.5
洛 阳 市 Luoyang	662	126	476	60	19.1	71.9	9.1
平 顶 山 市 Pingdingshan	496	101	346	49	20.4	69.7	9.9
安 阳 市 Anyang	509	113	348	48	22.2	68.3	9.5
鹤 壁 市 Hebi	161	34	115	11	21.3	71.6	7.1
新 乡 市 Xinxiang	568	120	396	52	21.1	69.8	9.2
焦 作 市 Jiaozuo	351	63	259	29	18.0	73.8	8.2
濮 阳 市 Puyang	358	77	249	32	21.5	69.5	9.0
许 昌 市 Xuchang	430	86	300	43	20.1	69.8	10.1
漯 河 市 Luohe	258	44	185	28	17.2	72.0	10.8
三 门 峡 市 Sanmenxia	224	34	168	22	15.1	75.0	9.9
南 阳 市 Nanyang	1009	224	689	96	22.2	68.3	9.5
商 丘 市 Shangqiu	728	143	510	76	19.6	70.0	10.4
信 阳 市 Xinyang	638	132	438	67	20.8	68.8	10.5
周 口 市 Zhoukou	878	178	611	89	20.3	69.6	10.1
驻 马 店 市 Zhumadian	690	149	464	77	21.6	67.3	11.2
济 源 市 Jiyuan	72	13	53	5	17.7	74.7	7.6
省 直 管 县 Province Administrating County							
巩 义 市 Gongyi	82	13	60	9	15.9	73.2	11.0
兰 考 县 Lankao	66	17	43	7	25.5	64.5	10.0
汝 州 市 Ruzhou	93	23	63	8	24.2	67.2	8.6
滑 县 Huaxian	111	28	70	14	24.9	62.9	12.3
长 垣 县 Changyuan	74	18	47	9	24.6	63.2	12.1
邓 州 市 Dengzhou	143	32	98	13	22.7	68.2	9.2
永 城 市 Yongcheng	123	27	81	14	22.3	66.2	11.5
固 始 县 Gushi	107	25	68	14	23.3	63.4	13.3
鹿 邑 县 Luyi	89	18	61	10	20.3	68.8	10.9
新 蔡 县 Xincai	83	18	55	10	21.3	66.3	12.4

4-7 各市常住人口抚养系数(2013年底)

Dependency Ratio of Population by City (End of 2013)

单位：% (%)

市 City	少儿系数 Ratio of Children	老年系数 Ratio of the aged	老少比 Ratio of the aged to Children	少儿抚养系数 Children Dependency Ratio	老年抚养系数 The Aged Dependency	总抚养系数 Total Dependency Ratio
全　省 Total	**21.1**	**9.1**	**42.9**	**30.3**	**13.0**	**43.2**
省辖市 City						
郑州市 Zhengzhou	18.2	8.8	48.5	24.9	12.1	37.0
开封市 Kaifeng	21.6	9.5	44.2	31.3	13.8	45.1
洛阳市 Luoyang	19.1	9.1	47.5	26.5	12.6	39.1
平顶山市 Pingdingshan	20.4	9.9	48.3	29.3	14.2	43.4
安阳市 Anyang	22.2	9.5	42.9	32.4	13.9	46.3
鹤壁市 Hebi	21.3	7.1	33.3	29.7	9.9	39.6
新乡市 Xinxiang	21.1	9.2	43.5	30.2	13.1	43.3
焦作市 Jiaozuo	18.0	8.2	45.7	24.4	11.2	35.6
濮阳市 Puyang	21.5	9.0	41.8	30.9	12.9	43.8
许昌市 Xuchang	20.1	10.1	50.3	28.8	14.5	43.3
漯河市 Luohe	17.2	10.8	62.9	23.9	15.0	38.9
三门峡市 Sanmenxia	15.1	9.9	65.7	20.1	13.2	33.3
南阳市 Nanyang	22.2	9.5	42.7	32.6	13.9	46.5
商丘市 Shangqiu	19.6	10.4	53.0	28.0	14.8	42.8
信阳市 Xinyang	20.8	10.5	50.5	30.2	15.3	45.5
周口市 Zhoukou	20.3	10.1	49.6	29.2	14.5	43.7
驻马店市 Zhumadian	21.6	11.2	51.7	32.1	16.6	48.7
济源市 Jiyuan	17.7	7.6	42.6	23.7	10.1	33.9
省直管县 Province Administrating County						
巩义市 Gongyi	15.9	11.0	69.1	21.7	15.0	36.7
兰考县 Lankao	25.5	10.0	39.4	39.5	15.6	55.0
汝州市 Ruzhou	24.2	8.6	35.3	36.1	12.7	48.8
滑县 Huaxian	24.9	12.3	49.4	39.5	19.5	59.1
长垣县 Changyuan	24.6	12.1	49.2	39.0	19.2	58.1
邓州市 Dengzhou	22.7	9.2	40.4	33.2	13.4	46.6
永城市 Yongcheng	22.3	11.5	51.8	33.7	17.4	51.1
固始县 Gushi	23.3	13.3	56.9	36.8	20.9	57.7
鹿邑县 Luyi	20.3	10.9	53.6	29.5	15.8	45.3
新蔡县 Xincai	21.3	12.4	58.5	32.0	18.8	50.8

4-8 分年龄、性别的人口结构(2013年)
Population Construction by Age and Sex (2013)

本表数据为2013年人口变动抽样调查机器汇总样本数据。抽样比为0.5‰。(4-9，4-10表同)
Data in this table are the sumed data obtained from Sample Survey on Population in 2013.The Sampling fraction is 0.5‰.
(4-9,4-10 are the same)

年龄	Age	占常住人口比重 (%) percentage to Population(%)	男 Male	女 Female	性别比 (女=100) Sex Ratio (Female=100)
合　计	**Total**	**100.0**	**50.3**	**49.7**	**101.3**
0-4岁	0-4 Age	6.5	3.7	2.8	129.5
5-9岁	5-9 Age	7.7	4.2	3.5	121.1
10-14岁	10-14 Age	6.8	3.9	2.9	134.8
15-19岁	15-19 Age	5.6	3.1	2.5	120.6
20-24岁	20-24 Age	8.6	4.7	3.9	118.6
25-29岁	25-29 Age	7.1	3.2	3.9	81.3
30-34岁	30-34 Age	6.1	2.9	3.2	89.3
35-39岁	35-39 Age	5.9	2.8	3.1	89.7
40-44岁	40-44 Age	8.5	4.1	4.4	92.5
45-49岁	45-49 Age	9.1	4.3	4.9	87.6
50-54岁	50-54 Age	6.3	2.9	3.3	88.6
55-59岁	55-59 Age	6.4	3.2	3.2	100.7
60-64岁	60-64 Age	5.7	2.8	2.9	96.5
65-69岁	65-69 Age	3.9	2.0	1.9	107.1
70-74岁	70-74 Age	2.5	1.2	1.3	96.3
75-79岁	75-79 Age	1.7	0.8	0.9	81.8
80-84岁	80-84 Age	1.1	0.5	0.6	77.4
85-89岁	85-89 Age	0.4	0.2	0.3	56.1
90-94岁	90-94 Age	0.1	0.1	0.1	74.1
95岁及以上	Above 95 Age				20.0

4-9 6岁及6岁以上分年龄、性别、受教育程度的人口结构(2013年)

Population Construction of 6 and over by Age,Sex and Educational Attainment (2013)

单位：% (%)

年龄	Age	6岁及6岁以上人口 6 and over	男 Male	女 Female	未上过学 No-Schooling	男 Male	女 Female	小学 Primary School	男 Male	女 Female	初中 Junion Secondary School	男 Male	女 Female
合 计	**Total**	**100.0**	**100.0**	**100.0**	**5.7**	**3.7**	**7.6**	**26.8**	**25.8**	**27.9**	**45.5**	**46.0**	**45.0**
6-9岁	6-9 Age	100.0	100.0	100.0	5.2	4.9	5.6	93.7	93.9	93.4	1.0	0.9	1.0
10-14岁	10-14 Age	100.0	100.0	100.0	1.9	1.6	2.3	53.3	54.1	52.3	43.0	42.3	43.8
15-19岁	15-19 Age	100.0	100.0	100.0	0.4	0.5	0.3	2.2	2.5	1.9	47.8	48.7	46.7
20-24岁	20-24 Age	100.0	100.0	100.0	0.6	0.3	0.9	2.7	2.2	3.3	49.4	43.6	56.3
25-29岁	25-29 Age	100.0	100.0	100.0	0.5	0.4	0.5	3.4	3.0	3.8	58.9	58.2	59.6
30-34岁	30-34 Age	100.0	100.0	100.0	1.0	1.2	0.7	6.4	5.4	7.4	59.6	58.2	60.8
35-39岁	35-39 Age	100.0	100.0	100.0	1.4	1.2	1.5	10.0	7.5	12.3	61.7	62.1	61.4
40-44岁	40-44 Age	100.0	100.0	100.0	1.3	1.0	1.5	12.3	8.8	15.6	62.5	62.9	62.2
45-49岁	45-49 Age	100.0	100.0	100.0	2.1	1.4	2.6	19.3	14.9	23.2	59.6	60.5	58.9
50-54岁	50-54 Age	100.0	100.0	100.0	2.8	1.9	3.6	24.3	17.5	30.3	52.3	55.0	49.9
55-59岁	55-59 Age	100.0	100.0	100.0	7.0	3.8	10.2	36.8	30.8	42.9	41.0	47.2	34.8
60-64岁	60-64 Age	100.0	100.0	100.0	11.6	7.3	15.8	46.3	40.5	51.8	34.5	42.4	26.8
65岁及以上	Above 65 Age	100.0	100.0	100.0	30.6	19.2	41.1	46.3	50.0	42.9	18.1	23.6	13.1

年龄	Age	高中 Senior Secondary School	男 Male	女 Female	大学专科 College	男 Male	女 Female	大学本科 University	男 Male	女 Female	研究生 Graduate	男 Male	女 Female
合 计	**Total**	**14.6**	**16.0**	**13.1**	**4.5**	**4.7**	**4.3**	**2.8**	**3.6**	**2.0**	**0.1**	**0.2**	**0.1**
6-9岁	6-9 Age	0.1	0.2										
10-14岁	10-14 Age	1.7	1.7	1.7	0.1	0.2							
15-19岁	15-19 Age	44.6	43.7	45.6	3.2	2.7	3.9	1.8	1.9	1.7			
20-24岁	20-24 Age	25.2	25.4	25.0	10.1	10.0	10.4	11.7	18.2	4.1	0.2	0.2	0.1
25-29岁	25-29 Age	20.9	22.4	19.7	11.0	11.5	10.5	5.0	4.2	5.5	0.3	0.2	0.4
30-34岁	30-34 Age	19.1	21.0	17.5	8.6	8.9	8.4	5.0	5.0	5.1	0.2	0.4	0.1
35-39岁	35-39 Age	16.7	18.4	15.2	7.0	7.6	6.6	2.9	2.9	2.8	0.2	0.3	0.1
40-44岁	40-44 Age	15.8	18.3	13.4	5.5	6.3	4.7	2.5	2.6	2.4	0.2	0.2	0.1
45-49岁	45-49 Age	13.4	16.1	11.1	3.4	4.3	2.6	2.0	2.5	1.5	0.2	0.3	0.1
50-54岁	50-54 Age	15.6	19.3	12.4	3.1	3.2	2.9	1.6	2.5	0.8	0.3	0.6	
55-59岁	55-59 Age	11.1	13.5	8.7	2.5	2.8	2.3	1.4	1.8	0.9	0.2	0.2	0.1
60-64岁	60-64 Age	5.7	7.6	3.9	1.6	1.8	1.3	0.3	0.4	0.2			
65岁及以上	Above 65 Age	3.5	5.1	2.0	1.2	1.7	0.7	0.3	0.4	0.2	0.0	0.1	0.0

4-10 15岁及以上分年龄、性别、婚姻状况的人口结构(2013年)
Population Construction of 15 and over by Age, Sex and Marital Status (2013)

单位：% (%)

年龄	Age	15岁及15岁以上人口 15 and over	男 Male	女 Female	未婚 Never married	男 Male	女 Female	初婚有配偶 First Married	男 Male	女 Female
合 计	**Total**	**100.0**	**100.0**	**100.0**	**18.5**	**22.4**	**14.8**	**73.1**	**70.6**	**75.5**
15-19岁	15-19 Age	100.0	100.0	100.0	96.6	96.7	96.4	3.2	3.1	3.4
20-24岁	20-24 Age	100.0	100.0	100.0	70.3	77.9	61.3	28.9	21.3	37.9
25-29岁	25-29 Age	100.0	100.0	100.0	26.6	30.3	23.5	71.9	67.5	75.5
30-34岁	30-34 Age	100.0	100.0	100.0	6.8	9.4	4.4	90.1	87.3	92.7
35-39岁	35-39 Age	100.0	100.0	100.0	2.6	4.2	1.2	92.9	90.9	94.6
40-44岁	40-44 Age	100.0	100.0	100.0	1.8	3.5	0.3	93.7	91.1	96.1
45-49岁	45-49 Age	100.0	100.0	100.0	1.3	2.7	0.1	93.1	91.7	94.3
50-54岁	50-54 Age	100.0	100.0	100.0	0.8	1.4	0.3	92.6	92.3	92.8
55-59岁	55-59 Age	100.0	100.0	100.0	1.8	3.6		88.3	87.1	89.5
60-64岁	60-64 Age	100.0	100.0	100.0	2.3	4.5	0.2	84.7	84.9	84.4
65岁及以上	Above 65 Age	100.0	100.0	100.0	1.4	2.9	0.0	64.5	72.7	56.9

年龄	Age	再婚有配偶 Re-married	男 Male	女 Female	离婚 Divorced	男 Male	女 Female	丧偶 Widowed	男 Male	女 Female
合 计	**Total**	**1.1**	**1.1**	**1.1**	**1.3**	**1.5**	**1.0**	**6.0**	**4.4**	**7.5**
15-19岁	15-19 Age	0.0	0.1		0.1	0.1	0.2			
20-24岁	20-24 Age	0.3	0.1	0.5	0.5	0.6	0.3	0.1	0.1	
25-29岁	25-29 Age	0.5	0.5	0.5	1.0	1.5	0.5	0.1	0.1	0.1
30-34岁	30-34 Age	1.2	1.1	1.2	1.5	1.9	1.2	0.4	0.2	0.6
35-39岁	35-39 Age	1.6	1.7	1.5	2.3	2.8	1.8	0.6	0.3	0.9
40-44岁	40-44 Age	1.3	0.9	1.6	2.3	3.4	1.3	0.9	1.0	0.8
45-49岁	45-49 Age	2.0	2.1	1.9	1.5	1.8	1.3	2.1	1.7	2.4
50-54岁	50-54 Age	1.8	1.9	1.7	1.6	1.5	1.8	3.2	2.9	3.4
55-59岁	55-59 Age	1.3	1.1	1.5	1.5	1.7	1.2	7.1	6.4	7.7
60-64岁	60-64 Age	1.5	1.5	1.4	1.0	1.1	0.9	10.6	8.0	13.1
65岁及以上	Above 65 Age	0.9	1.1	0.7	0.7	0.7	0.7	32.5	22.7	41.7

4-11 育龄妇女分年龄、孩次的生育状况(2013年)

Age-specific Fertility Rate of Childbearing Women by Age of Mother and Birth Order (2013)

本表是2013年人口变动情况抽样调查样本数据，抽样比为0.5‰。
Data in this table are botained from the 2013 Sample Survey on Population Changes.The sampling fraction is 0.5‰.

年　龄	平均育龄妇女人数（人）Average Number of Childbearing Women(person)	出生人数（人）Births (person)	一孩 1st Birth	二孩 2ed Birth	三孩及以上 3rd Birth and Above	生育率（‰）Fertility Rate (‰)	一孩 1st Birth	二孩 2ed Birth	三孩及以上 3rd Birth and Above
总计 Total	**11283**	**425**	**270**	**139**	**16**	**37.67**	**23.93**	**12.32**	**1.42**
15-19	**1076**	**6**	**5**	**1**		**5.58**	**4.65**	**0.93**	
15	234	1	1			4.27	4.27		
16	210								
17	224	2	2			8.93	8.93		
18	198	1	1			5.05	5.05		
19	210	2	1	1		9.52	4.76	4.76	
20-24	**1802**	**137**	**118**	**18**	**1**	**76.03**	**65.48**	**9.99**	**0.55**
20	244	6	6			24.59	24.59		
21	273	17	16	1		62.27	58.61	3.66	
22	383	26	23	3		67.89	60.05	7.83	
23	467	40	37	2	1	85.65	79.23	4.28	2.14
24	435	48	36	12		110.34	82.76	27.59	
25-29	**1597**	**170**	**104**	**63**	**3**	**106.45**	**65.12**	**39.45**	**1.88**
25	422	49	29	19	1	116.11	68.72	45.02	2.37
26	366	42	26	15	1	114.75	71.04	40.98	2.73
27	288	33	19	14		114.58	65.97	48.61	
28	257	23	15	7	1	89.49	58.37	27.24	3.89
29	264	23	15	8		87.12	56.82	30.30	
30-34	**1377**	**73**	**31**	**39**	**3**	**53.01**	**22.51**	**28.32**	**2.18**
30	315	18	9	9		57.14	28.57	28.57	
31	263	20	7	13		76.05	26.62	49.43	
32	264	16	6	8	2	60.61	22.73	30.30	7.58
33	283	10	5	4	1	35.34	17.67	14.13	3.53
34	252	9	4	5		35.71	15.87	19.84	
35-39	**1368**	**29**	**10**	**14**	**5**	**21.20**	**7.31**	**10.23**	**3.65**
35	250	6	2	4		24.00	8.00	16.00	
36	233	10	1	6	3	42.92	4.29	25.75	12.88
37	261	5	3	2		19.16	11.49	7.66	
38	303	3	1	1	1	9.90	3.30	3.30	3.30
39	321	5	3	1	1	15.58	9.35	3.12	3.12
40-44	**1990**	**8**	**2**	**3**	**3**	**4.02**	**1.01**	**1.51**	**1.51**
40	369	4	2		2	10.84	5.42		5.42
41	362								
42	390	2		2		5.13		5.13	
43	402	1			1	2.49			2.49
44	467	1		1		2.14		2.14	
45-49	**2073**	**2**		**1**	**1**	**0.96**		**0.48**	**0.48**
45	406	2		1	1	4.93		2.46	2.46
46	380								
47	461								
48	373								
49	453								

4-12 六次人口普查主要指标
Main Indicators on National Population Censuses in 1953,1964,1982,1990, 2000and 2010

单位：万人 (10 000 persons)

项 目	Item	1953	1964	1982	1990	2000	2010
全省总人口	**Total Population**	**4378.50**	**5032.60**	**7442.30**	**8553.40**	**9255.80**	**9402.99**
按性别分的人口	**Population By Sex**						
男 性	Male	2231.50	2549.10	3795.00	4380.30	4775.30	4749.30
女 性	Female	2147.00	2483.50	3647.30	4173.10	4480.50	4653.70
按年龄分的人口	**Population By Age**						
0岁-6岁	Age 0-6	913.90	920.30	1026.60	1268.50	765.10	981.30
7岁-12岁	Age 7-12	510.90	846.40	1165.10	943.10	1211.20	759.90
育龄妇女(15-49岁)	Women at Childbearing Age (Age 15-49)	1017.00	1108.70	1780.60	2278.60	2495.70	2623.20
劳动年龄人口	Population within Working Age						
(男16-59 女16-54)	(Male Age 16-59 and Female Age 16-54)	2289.70	2482.00	3927.40	4985.00	5600.90	5818.90
男60岁女55岁以上人口	Males Aged 60 and Females Aged 55 and Over	457.70	448.50	738.70	898.50	1105.00	1482.50
按民族分的人口	**Population By Nationality**						
汉 族	Han Nationality	4337.90	4980.90	7362.30	8452.50	9143.30	9290.80
各少数民族	Minority Nationality	40.60	51.70	80.00	100.90	112.50	112.20
按城乡分的人口	**Population By Residence**						
城镇总人口	Urban Population	310.60	551.70	1172.50	1302.90	2144.70	3622.00
乡村总人口	Rural Population	4067.90	4480.90	6269.80	7250.50	7111.10	5781.00
按文化程度分的人口	**Population By Educational Level**						
#大学和相当于大学	University		9.30	24.50	72.60	247.50	601.60
高中	Senior Secondary School		44.00	470.10	606.10	928.40	1242.30
初中	Junior Secondary School		208.50	1427.00	2269.80	3646.00	3992.50
小学	Primary School		1229.60	2321.80	2971.90	3072.60	2266.90
文盲和半文盲(12周岁以上)	Illiterate and Semi-literate(Age 12 and Over)		2146.80	2015.00	1395.80	543.20	399.20

注：1.第五次人口普查数据为快速汇总数据，其中文盲和半文盲人口是指15岁及以上。
2.第五次人口普查总人口指根据《第五次人口普查办法》规定的常住人口。
3.第六次人口普查数据为常住人口，其中文盲和半文盲人口是指15岁及以上。

a) Data of the fifth Population Census were fast collected results, Illiterate and Semi-literate were age 15 and over.
b) Total Population of the fifth Population Census refers to Population of resident according with 《Way of the fifth National Population Census》.
c) Data of the sixth Population Census is residents popolation, Illiterate and Semi-literate were age 15 and over.

4-13 各市户数、人口数和性别比

Number of Households, Population and Sex Ratio by City

市 City	户数(万户)10 000 Households 合计 Total	家庭户 Family household	集体户 Non-Family household	人口数(万人)Population(10 000 persons) 合计 Total	男 Male	女 Female	性别比 Sex Ratio	平均家庭户规模(人/户) Household size (people/household)
全 省 Total	**2640.50**	**2592.87**	**47.62**	**9402.99**	**4749.31**	**4653.69**	**102.05**	**3.47**
郑 州 市 Zhengzhou	260.66	243.67	17.00	862.71	442.23	420.48	105.17	3.15
开 封 市 Kaifeng	125.88	124.10	1.78	467.65	237.08	230.57	102.82	3.64
洛 阳 市 Luoyang	184.35	180.63	3.72	654.99	330.66	324.34	101.95	3.48
平 顶 山 市 Pingdingshan	135.30	133.60	1.70	490.47	252.31	238.16	105.95	3.53
安 阳 市 Anyang	150.36	148.65	1.71	517.32	250.29	267.03	93.73	3.39
鹤 壁 市 Hebi	40.49	40.12	0.37	156.92	80.43	76.49	105.14	3.84
新 乡 市 Xinxiang	145.16	143.52	1.64	570.82	287.35	283.47	101.37	3.85
焦 作 市 Jiaozuo	88.59	87.33	1.26	354.01	179.63	174.38	103.01	3.89
濮 阳 市 Puyang	95.87	95.22	0.64	359.87	179.63	180.25	99.66	3.70
许 昌 市 Xuchang	117.55	115.60	1.94	430.75	220.66	210.09	105.04	3.52
漯 河 市 Luohe	67.45	66.21	1.24	254.43	129.97	124.46	104.43	3.63
三 门 峡 市 Sanmenxia	64.35	62.96	1.39	223.40	114.84	108.56	105.79	3.34
南 阳 市 Nanyang	279.73	274.80	4.93	1026.37	528.07	498.29	105.98	3.57
商 丘 市 Shangqiu	221.79	219.88	1.91	736.30	368.39	367.91	100.13	3.28
信 阳 市 Xinyang	184.14	182.59	1.54	610.91	306.62	304.29	100.77	3.25
周 口 市 Zhoukou	252.99	250.55	2.44	895.38	442.57	452.81	97.74	3.48
驻 马 店 市 Zhumadian	207.62	205.69	1.93	723.12	364.14	358.99	101.43	3.36
济 源 市 Jiyuan	18.24	17.75	0.48	67.58	34.44	33.14	103.92	3.61

注：本表数据为2010年第六次人口普查汇总数据。(14~21表同)

a) Data in this table was calculated from The Sixth National Population Census.(the same as 14~21)

4-14 各市家庭户规模

单位：户

市 City	家庭户户数 Family Households	一人户 One person 户数 Households	一人户 One person 比重(%) Proportion (%)	二人户 Two persons 户数 Households	二人户 Two persons 比重(%) Proportion (%)	三人户 Three Persons 户数 Households	三人户 Three Persons 比重(%) Proportion (%)	四人户 Four Persons 户数 Households	四人户 Four Persons 比重(%) Proportion (%)
全 省 Total	**25928729**	**2643470**	**10.2**	**4971716**	**19.2**	**6092683**	**23.5**	**6142375**	**23.7**
郑 州 市 Zhengzhou	2436665	403807	16.6	481911	19.8	638210	26.2	476043	19.5
开 封 市 Kaifeng	1241002	113260	9.1	222506	17.9	267820	21.6	305253	24.6
洛 阳 市 Luoyang	1806277	175196	9.7	334455	18.5	448974	24.9	422174	23.4
平 顶 山 市 Pingdingshan	1336013	127879	9.6	226292	16.9	337363	25.3	322861	24.2
安 阳 市 Anyang	1486536	153548	10.3	292723	19.7	377668	25.4	354843	23.9
鹤 壁 市 Hebi	401216	25201	6.3	55914	13.9	89179	22.2	109287	27.2
新 乡 市 Xinxiang	1435177	96772	6.7	211057	14.7	302480	21.1	375533	26.2
焦 作 市 Jiaozuo	873312	49165	5.6	119253	13.7	201895	23.1	223624	25.6
濮 阳 市 Puyang	952240	72405	7.6	166344	17.5	212521	22.3	238277	25.0
许 昌 市 Xuchang	1156026	102402	8.9	214262	18.5	274439	23.7	282453	24.4
漯 河 市 Luohe	662051	53795	8.1	106554	16.1	159704	24.1	162595	24.6
三 门 峡 市 Sanmenxia	629601	63899	10.2	115563	18.4	181154	28.8	149023	23.7
南 阳 市 Nanyang	2747972	266131	9.7	485285	17.7	625293	22.8	671864	24.5
商 丘 市 Shangqiu	2198804	243157	11.1	533076	24.2	479505	21.8	522727	23.8
信 阳 市 Xinyang	1825919	227959	12.5	428367	23.5	419905	23.0	394919	21.6
周 口 市 Zhoukou	2505505	231873	9.3	520147	20.8	541359	21.6	615787	24.6
驻 马 店 市 Zhumadian	2056880	225029	10.9	429958	20.9	489066	23.8	468280	22.8
济 源 市 Jiyuan	177533	11992	6.8	28049	15.8	46148	26.0	46832	26.4

Family Household by scale and City

(household)

五人户 Five Persons		六人户 Six Persons		七人户 Seven Persons		八人户 Eight Persons		九人户 Nine Persons		十人及以上户 Ten Persons and Over	
户数 Households	比重(%) Proportion (%)	户数 Households	比重(%) Proportion (%)	户数 Households	比重(%) Proportion (%)	户数 Households	比重(%) Proportion (%)	户数 Households	比重(%) Proportion (%)	户数 Households	比重(%) Proportion (%)
3437022	**13.3**	**1712777**	**6.6**	**584531**	**2.3**	**196633**	**0.8**	**80190**	**0.3**	**67332**	**0.3**
244837	10.1	126738	5.2	41442	1.7	14192	0.6	5550	0.2	3935	0.2
178176	14.4	93340	7.5	34975	2.8	12225	1.0	5546	0.5	7901	0.6
244869	13.6	115855	6.4	42593	2.4	13212	0.7	5111	0.3	3838	0.2
180398	13.5	89982	6.7	32384	2.4	10897	0.8	4509	0.3	3448	0.3
174836	11.8	89734	6.0	27151	1.8	8863	0.6	3515	0.2	3655	0.3
62667	15.6	38922	9.7	13447	3.4	4077	1.0	1476	0.4	1046	0.3
228385	15.9	142629	9.9	50582	3.5	16089	1.1	6313	0.4	5337	0.4
141120	16.2	91108	10.4	30021	3.4	9942	1.1	4262	0.5	2922	0.3
136448	14.3	75381	7.9	30573	3.2	11123	1.2	5085	0.5	4083	0.4
160337	13.9	87713	7.6	23993	2.1	6561	0.6	2366	0.2	1500	0.1
106689	16.1	50078	7.6	14743	2.2	4608	0.7	1958	0.3	1327	0.2
73281	11.6	32713	5.2	9308	1.5	2848	0.5	1147	0.2	665	0.1
394785	14.4	188069	6.8	66969	2.4	26443	1.0	12171	0.4	10962	0.4
257486	11.7	100707	4.6	37613	1.7	13913	0.6	5739	0.3	4881	0.2
208273	11.4	95366	5.2	31833	1.7	11120	0.6	4535	0.3	3642	0.2
348074	13.9	160347	6.4	57458	2.3	18430	0.7	6755	0.3	5275	0.2
269329	13.1	121124	5.9	36132	1.8	11304	0.6	3877	0.2	2781	0.1
27032	15.2	12971	7.3	3314	1.9	786	0.4	275	0.2	134	0.1

4-15　各市家庭户类别

单位：户

地　　区	家庭户户数 Family Households	一代户 One Generation 户数 Households	一代户 One Generation 比重(%) Proportion (%)	二代户 Two Generation 户数 Households	二代户 Two Generation 比重(%) Proportion (%)
全　　省 Total	**25928729**	**6523188**	**25.2**	**13551628**	**52.3**
郑　州　市 Zhengzhou	2436665	807827	33.2	1183904	48.6
开　封　市 Kaifeng	1241002	287880	23.2	655332	52.8
洛　阳　市 Luoyang	1806277	430720	23.9	995818	55.1
平顶山市 Pingdingshan	1336013	298591	22.4	727705	54.5
安　阳　市 Anyang	1486536	352951	23.7	787060	53.0
鹤　壁　市 Hebi	401216	69020	17.2	220940	55.1
新　乡　市 Xinxiang	1435177	254025	17.7	749104	52.2
焦　作　市 Jiaozuo	873312	139619	16.0	454059	52.0
濮　阳　市 Puyang	952240	205468	21.6	512471	53.8
许　昌　市 Xuchang	1156026	273436	23.7	585931	50.7
漯　河　市 Luohe	662051	136243	20.6	341721	51.6
三门峡市 Sanmenxia	629601	148145	23.5	355038	56.4
南　阳　市 Nanyang	2747972	625773	22.8	1428065	52.0
商　丘　市 Shangqiu	2198804	687771	31.3	1196526	54.4
信　阳　市 Xinyang	1825919	571740	31.3	902043	49.4
周　口　市 Zhoukou	2505505	649692	25.9	1321855	52.8
驻马店市 Zhumadian	2056880	550812	26.8	1035496	50.3
济　源　市 Jiyuan	177533	33475	18.9	98560	55.5

Family Household by Category and City

(household)

三代户 Three Generation		四代户 Four Generation		五代及以上户 Five Generation and over	
户数 Households	比重 (%) Proportion (%)	户数 Households	比重 (%) Proportion (%)	户数 Households	比重 (%) Proportion (%)
5609674	**21.6**	**243967**	**0.9**	**272**	
428713	17.6	16198	0.7	23	
283442	22.8	14331	1.2	17	
368251	20.4	11481	0.6	7	
299041	22.4	10669	0.8	7	
332221	22.4	14278	1.0	26	
106172	26.5	5075	1.3	9	
411640	28.7	20379	1.4	29	
267561	30.6	12066	1.4	7	
222442	23.4	11841	1.2	18	
282343	24.4	14306	1.2	10	
175825	26.6	8253	1.3	9	
122411	19.4	4006	0.6	1	
666671	24.3	27439	1.0	24	
301366	13.7	13122	0.6	19	
340142	18.6	11985	0.7	9	
509578	20.3	24369	1.0	11	
448080	21.8	22450	1.1	42	
43775	24.7	1719	1.0	4	

4-16 各市分性别的农业户口、非农业户口人口

Agricultural and Non-agricultural registered permanent residence by Sexy and City

单位：万人 (10 000 persons)

市 City	合 计	男 Male	女 Female	农业户口 Agricultural registered permanent residence 合 计 Total	男 Male	女 Female
全 省 Total	**9316.27**	**4706.77**	**4609.50**	**7466.43**	**3748.34**	**3718.09**
郑 州 市 Zhengzhou	857.19	439.36	417.83	569.20	293.95	275.25
开 封 市 Kaifeng	465.87	236.25	229.62	386.32	195.80	190.52
洛 阳 市 Luoyang	648.13	327.14	320.99	483.11	241.55	241.56
平 顶 山 市 Pingdingshan	484.15	249.27	234.87	373.04	190.27	182.77
安 阳 市 Anyang	505.12	244.12	261.00	398.54	188.93	209.61
鹤 壁 市 Hebi	153.90	78.91	75.00	105.40	53.66	51.75
新 乡 市 Xinxiang	566.17	285.08	281.09	468.55	234.70	233.85
焦 作 市 Jiaozuo	350.12	177.72	172.39	255.66	127.84	127.82
濮 阳 市 Puyang	356.40	177.98	178.42	298.90	148.04	150.86
许 昌 市 Xuchang	427.82	219.24	208.58	320.81	163.87	156.94
漯 河 市 Luohe	253.72	129.65	124.07	197.28	99.99	97.29
三 门 峡 市 Sanmenxia	221.42	113.77	107.65	157.19	80.07	77.12
南 阳 市 Nanyang	1016.49	523.41	493.08	872.73	447.78	424.95
商 丘 市 Shangqiu	731.67	366.07	365.60	627.35	311.79	315.56
信 阳 市 Xinyang	603.08	302.88	300.20	498.17	249.26	248.91
周 口 市 Zhoukou	888.91	439.46	449.45	794.75	390.57	404.18
驻 马 店 市 Zhumadian	719.04	362.27	356.77	612.89	306.77	306.13
济 源 市 Jiyuan	67.07	34.19	32.89	46.54	23.51	23.03

市 City	非农业户口人口 Non-agricultural registered permanent residence 合 计 Total	男 Male	女 Female	非农业户口人口占总人口比重(%) Non-agricultural registeredproportion of the total population(%) 合 计 Total	男 Male	女 Female
全 省 Total	**1849.84**	**958.43**	**891.41**	**19.9**	**20.4**	**19.3**
郑 州 市 Zhengzhou	287.99	145.41	142.58	33.6	33.1	34.1
开 封 市 Kaifeng	79.55	40.45	39.10	17.1	17.1	17.0
洛 阳 市 Luoyang	165.02	85.60	79.43	25.5	26.2	24.7
平 顶 山 市 Pingdingshan	111.11	59.00	52.11	23.0	23.7	22.2
安 阳 市 Anyang	106.58	55.19	51.39	21.1	22.6	19.7
鹤 壁 市 Hebi	48.50	25.25	23.25	31.5	32.0	31.0
新 乡 市 Xinxiang	97.62	50.38	47.24	17.2	17.7	16.8
焦 作 市 Jiaozuo	94.46	49.88	44.58	27.0	28.1	25.9
濮 阳 市 Puyang	57.50	29.94	27.55	16.1	16.8	15.4
许 昌 市 Xuchang	107.01	55.37	51.64	25.0	25.3	24.8
漯 河 市 Luohe	56.44	29.66	26.78	22.3	22.9	21.6
三 门 峡 市 Sanmenxia	64.23	33.71	30.52	29.0	29.6	28.4
南 阳 市 Nanyang	143.77	75.63	68.13	14.1	14.5	13.8
商 丘 市 Shangqiu	104.32	54.27	50.05	14.3	14.8	13.7
信 阳 市 Xinyang	104.91	53.61	51.30	17.4	17.7	17.1
周 口 市 Zhoukou	94.16	48.90	45.26	10.6	11.1	10.1
驻 马 店 市 Zhumadian	106.15	55.50	50.65	14.8	15.3	14.2
济 源 市 Jiyuan	20.53	10.67	9.86	30.6	31.2	30.0

4-17 各市分性别、民族的人口

Population By Nationality, Sexy and City

单位：万人 (10 000 person)

市 City	合计 Total	男 Male	女 Female	汉族 The Han Nationality	男 Male	女 Female	各少数民族 National Minority	男 Male	女 Female
全省 Total	**9402.99**	**4749.31**	**4653.69**	**9290.84**	**4692.43**	**4598.41**	**112.16**	**56.88**	**55.28**
郑州市 Zhengzhou	862.71	442.23	420.48	848.17	435.10	413.07	14.54	7.13	7.41
开封市 Kaifeng	467.65	237.08	230.57	460.29	233.47	226.82	7.36	3.61	3.75
洛阳市 Luoyang	654.99	330.66	324.34	648.34	327.29	321.05	6.65	3.36	3.29
平顶山市 Pingdingshan	490.47	252.31	238.16	483.72	248.88	234.84	6.75	3.43	3.31
安阳市 Anyang	517.32	250.29	267.03	516.75	250.04	266.71	0.57	0.25	0.32
鹤壁市 Hebi	156.92	80.43	76.49	156.76	80.36	76.41	0.16	0.07	0.09
新乡市 Xinxiang	570.82	287.35	283.47	566.05	284.96	281.09	4.77	2.39	2.38
焦作市 Jiaozuo	354.01	179.63	174.38	346.81	176.01	170.80	7.20	3.62	3.58
濮阳市 Puyang	359.87	179.63	180.25	359.11	179.26	179.84	0.77	0.36	0.40
许昌市 Xuchang	430.75	220.66	210.09	424.85	217.69	207.16	5.90	2.97	2.93
漯河市 Luohe	254.43	129.97	124.46	251.93	128.73	123.20	2.50	1.24	1.26
三门峡市 Sanmenxia	223.40	114.84	108.56	222.35	114.31	108.04	1.06	0.53	0.52
南阳市 Nanyang	1026.37	528.07	498.29	1006.29	517.05	489.25	20.07	11.03	9.05
商丘市 Shangqiu	736.30	368.39	367.91	724.48	362.48	362.00	11.82	5.91	5.91
信阳市 Xinyang	610.91	306.62	304.29	608.19	305.31	302.88	2.72	1.32	1.40
周口市 Zhoukou	895.38	442.57	452.81	882.49	436.14	446.34	12.89	6.42	6.47
驻马店市 Zhumadian	723.12	364.14	358.99	717.55	361.36	356.19	5.57	2.78	2.79
济源市 Jiyuan	67.58	34.44	33.14	66.72	34.00	32.72	0.86	0.43	0.42

4-18 各市人口年龄构成和抚养比

Proportion and Dependency Ratio of Population by City

单位：万人 (10 000 person)

市 City	合计 Total	0-14岁 0-14	15-59岁 15-19	60岁及以上 Over 60	占总人口比重(%) proportion (%)	0-14岁 0-14	15-59岁 15-19	60岁及以上 Over 60	抚养比(%) Dependency Ratio(%)	少儿抚养比 Children Dependency	老年抚养比 The Aged Dependency
全 省 Total	**9402.99**	**1974.73**	**6231.44**	**1196.82**	**100.0**	**21.0**	**66.3**	**12.7**	**50.9**	**31.7**	**19.2**
郑 州 市 Zhengzhou	862.71	138.01	632.63	92.07	100.0	16.0	73.3	10.7	36.4	21.8	14.6
开 封 市 Kaifeng	467.65	99.97	308.65	59.03	100.0	21.4	66.0	12.6	51.5	32.4	19.1
洛 阳 市 Luoyang	654.99	131.31	443.46	80.22	100.0	20.1	67.7	12.3	47.7	29.6	18.1
平 顶 山 市 Pingdingshan	490.47	99.25	327.52	63.70	100.0	20.2	66.8	13.0	49.8	30.3	19.5
安 阳 市 Anyang	517.32	113.07	341.10	63.15	100.0	21.9	65.9	12.2	51.7	33.2	18.5
鹤 壁 市 Hebi	156.92	35.30	104.89	16.73	100.0	22.5	66.8	10.7	49.6	33.7	16.0
新 乡 市 Xinxiang	570.82	119.80	381.80	69.22	100.0	21.0	66.9	12.1	49.5	31.4	18.1
焦 作 市 Jiaozuo	354.01	66.77	246.63	40.61	100.0	18.9	69.7	11.5	43.5	27.1	16.5
濮 阳 市 Puyang	359.87	79.97	236.02	43.88	100.0	22.2	65.6	12.2	52.5	33.9	18.6
许 昌 市 Xuchang	430.75	84.88	287.33	58.53	100.0	19.7	66.7	13.6	49.9	29.5	20.4
漯 河 市 Luohe	254.43	45.51	173.18	35.74	100.0	17.9	68.1	14.1	46.9	26.3	20.6
三 门 峡 市 Sanmenxia	223.40	34.89	160.72	27.80	100.0	15.6	71.9	12.4	39.0	21.7	17.3
南 阳 市 Nanyang	1026.37	234.92	659.69	131.75	100.0	22.9	64.3	12.8	55.6	35.6	20.0
商 丘 市 Shangqiu	736.30	157.14	482.18	96.98	100.0	21.3	65.5	13.2	52.7	32.6	20.1
信 阳 市 Xinyang	610.91	143.64	378.23	89.04	100.0	23.5	61.9	14.6	61.5	38.0	23.5
周 口 市 Zhoukou	895.38	213.48	563.14	118.76	100.0	23.8	62.9	13.3	59.0	37.9	21.1
驻 马 店 市 Zhumadian	723.12	165.20	455.92	102.01	100.0	22.9	63.1	14.1	58.6	36.2	22.4
济 源 市 Jiyuan	67.58	11.62	48.34	7.61	100.0	17.2	71.5	11.3	39.8	24.1	15.7

4-19 各市分性别、受教育程度的6岁及以上人口

Population over 6 By Sexy, Educational Level and City

单位：万人　　　　(10 000 person)

市 City	6岁及以上人口 Over 6 years old 合计 Total	男 Male	女 Female	未上过学 Illiterate 小计 Total	男 Male	女 Female	小学 Primary School 小计 Total	男 Male	女 Female	初中 Junior Secondary School 小计 Total	男 Male	女 Female
全省 Total	**8556.36**	**4277.74**	**4278.62**	**452.96**	**130.68**	**322.28**	**2266.92**	**1065.29**	**1201.63**	**3992.53**	**2076.75**	**1915.78**
郑州市 Zhengzhou	799.72	408.17	391.55	21.87	5.93	15.94	140.94	66.69	74.26	306.64	163.16	143.48
开封市 Kaifeng	423.29	212.19	211.10	28.63	7.93	20.70	110.57	52.56	58.01	197.54	105.45	92.09
洛阳市 Luoyang	604.16	303.79	300.37	20.57	5.46	15.11	144.78	66.25	78.53	287.04	149.75	137.29
平顶山市 Pingdingshan	440.16	224.55	215.61	22.00	6.84	15.17	106.67	51.33	55.34	220.88	115.62	105.26
安阳市 Anyang	463.67	219.93	243.74	19.02	4.72	14.31	128.31	56.57	71.74	230.70	113.22	117.48
鹤壁市 Hebi	143.09	72.70	70.39	6.21	1.65	4.56	37.75	17.93	19.82	68.92	36.57	32.34
新乡市 Xinxiang	516.67	256.78	259.89	19.41	5.27	14.15	121.57	57.33	64.24	249.92	127.37	122.55
焦作市 Jiaozuo	329.46	166.31	163.15	8.76	2.13	6.63	66.02	31.06	34.96	163.55	84.29	79.27
濮阳市 Puyang	324.11	159.45	164.65	22.32	5.96	16.36	95.60	43.41	52.19	147.59	78.48	69.11
许昌市 Xuchang	391.55	198.79	192.76	17.03	4.65	12.38	92.19	44.23	47.96	201.55	104.98	96.57
漯河市 Luohe	234.56	119.03	115.53	11.75	3.46	8.29	49.41	24.47	24.94	117.84	61.03	56.81
三门峡市 Sanmenxia	209.86	107.75	102.11	4.33	1.34	3.00	47.53	21.01	26.52	99.91	53.07	46.84
南阳市 Nanyang	913.15	464.56	448.58	47.26	17.51	29.75	267.95	131.18	136.77	438.67	226.49	212.18
商丘市 Shangqiu	675.13	333.62	341.52	57.75	16.15	41.60	199.57	93.26	106.31	318.73	168.52	150.21
信阳市 Xinyang	553.14	273.84	279.30	42.58	12.91	29.67	191.18	91.21	99.97	222.63	114.77	107.86
周口市 Zhoukou	816.05	398.43	417.62	65.43	16.90	48.52	257.19	118.12	139.07	378.54	199.37	179.17
驻马店市 Zhumadian	655.82	325.96	329.87	36.75	11.54	25.21	198.30	93.60	104.70	315.36	161.06	154.30
济源市 Jiyuan	62.76	31.88	30.88	1.29	0.35	0.94	11.39	5.10	6.29	26.50	13.53	12.97

市 City	高中 Senior Secondary 小计 Total	男 Male	女 Female	大学专科 College 小计 Total	男 Male	女 Female	大学本科 University 小计 Total	男 Male	女 Female	研究生 Graduate 小计 Total	男 Male	女 Female
全省 Total	**1242.35**	**687.12**	**555.24**	**403.45**	**210.90**	**192.56**	**185.88**	**100.19**	**85.68**	**12.27**	**6.81**	**5.47**
郑州市 Zhengzhou	166.83	88.43	78.40	101.62	50.64	50.99	56.47	30.41	26.06	5.35	2.91	2.44
开封市 Kaifeng	58.23	31.49	26.74	18.94	9.80	9.14	8.63	4.57	4.06	0.74	0.38	0.36
洛阳市 Luoyang	100.44	54.60	45.84	33.17	17.52	15.65	16.99	9.52	7.47	1.16	0.70	0.47
平顶山市 Pingdingshan	60.57	34.32	26.25	20.90	11.27	9.62	8.75	4.93	3.82	0.40	0.24	0.16
安阳市 Anyang	59.51	32.03	27.49	16.56	8.64	7.92	9.20	4.56	4.64	0.35	0.20	0.16
鹤壁市 Hebi	21.29	11.78	9.51	6.77	3.56	3.21	2.05	1.16	0.90	0.09	0.06	0.04
新乡市 Xinxiang	89.40	48.61	40.79	22.58	11.76	10.82	12.91	6.00	6.91	0.86	0.43	0.43
焦作市 Jiaozuo	64.19	34.34	29.85	18.45	9.42	9.03	7.99	4.78	3.21	0.49	0.30	0.20
濮阳市 Puyang	39.42	21.28	18.14	12.98	6.81	6.16	5.94	3.36	2.57	0.26	0.15	0.11
许昌市 Xuchang	58.63	33.26	25.37	15.81	8.26	7.55	6.08	3.26	2.82	0.27	0.16	0.11
漯河市 Luohe	39.66	21.76	17.89	12.30	6.30	6.01	3.41	1.90	1.51	0.19	0.11	0.08
三门峡市 Sanmenxia	42.98	24.03	18.95	11.39	6.21	5.18	3.57	2.01	1.56	0.14	0.08	0.06
南阳市 Nanyang	111.58	63.35	48.22	33.73	18.35	15.38	13.35	7.35	6.00	0.61	0.34	0.26
商丘市 Shangqiu	73.38	41.51	31.87	18.70	10.44	8.26	6.72	3.57	3.15	0.29	0.17	0.13
信阳市 Xinyang	68.99	40.32	28.67	18.25	9.63	8.61	9.23	4.82	4.41	0.29	0.18	0.12
周口市 Zhoukou	89.19	50.31	38.88	18.47	9.93	8.54	6.86	3.60	3.25	0.38	0.20	0.18
驻马店市 Zhumadian	81.09	46.37	34.72	17.72	9.62	8.10	6.29	3.59	2.70	0.32	0.18	0.14
济源市 Jiyuan	16.97	9.32	7.65	5.10	2.74	2.36	1.45	0.81	0.64	0.06	0.03	0.03

4-20 各市分性别的15岁及以上文盲人口

Illiterate Population Over 15 By City

单位：万人 (10 000 person)

地区	15岁及以上人口 Over 15 years old			文盲人口 Illiterate			文盲人口占15岁及以上人口比重(%) Proportion(%)		
	合计 Total	男 Male	女 Female	合计 Total	男 Male	女 Female	合计 Total	男 Male	女 Female
全 省 Total	**7428.26**	**3647.21**	**3781.06**	**399.15**	**108.00**	**291.15**	**5.4**	**3.0**	**7.7**
郑州市 Zhengzhou	724.70	367.21	357.49	18.24	4.39	13.85	2.5	1.2	3.9
开封市 Kaifeng	367.68	180.46	187.22	25.92	6.80	19.13	7.1	3.8	10.2
洛阳市 Luoyang	523.68	261.05	262.63	17.18	4.10	13.08	3.3	1.6	5.0
平顶山市 Pingdingshan	391.22	197.44	193.78	19.38	5.71	13.67	5.0	2.9	7.1
安阳市 Anyang	404.25	187.00	217.25	15.63	3.38	12.25	3.9	1.8	5.6
鹤壁市 Hebi	121.62	60.57	61.05	5.35	1.27	4.08	4.4	2.1	6.7
新乡市 Xinxiang	451.02	220.21	230.81	16.46	4.04	12.42	3.7	1.8	5.4
焦作市 Jiaozuo	287.24	142.88	144.36	7.22	1.47	5.74	2.5	1.0	4.0
濮阳市 Puyang	279.91	134.80	145.11	20.34	5.11	15.23	7.3	3.8	10.5
许昌市 Xuchang	345.86	172.53	173.34	15.13	3.89	11.24	4.4	2.3	6.5
漯河市 Luohe	208.92	104.28	104.64	9.81	2.66	7.15	4.7	2.6	6.8
三门峡市 Sanmenxia	188.52	96.56	91.96	3.30	0.90	2.41	1.8	0.9	2.6
南阳市 Nanyang	791.44	397.19	394.25	40.35	14.32	26.03	5.1	3.6	6.6
商丘市 Shangqiu	579.16	278.70	300.46	53.60	14.42	39.18	9.3	5.2	13.0
信阳市 Xinyang	467.27	225.50	241.77	38.81	11.32	27.50	8.3	5.0	11.4
周口市 Zhoukou	681.90	321.93	359.96	59.11	14.38	44.73	8.7	4.5	12.4
驻马店市 Zhumadian	557.92	270.70	287.22	32.40	9.66	22.75	5.8	3.6	7.9
济源市 Jiyuan	55.95	28.17	27.78	0.92	0.20	0.72	1.6	0.7	2.6

4-21 各市家庭户的住房间数和面积

Number of Rooms and Per Capita Net Living Space of Urban and Rural Households by city

市 City	家庭户户数(万户) Family Households (10 000 Households)	家庭户人数(万人) Population of Family Households (10 000Persons)	平均每户住房间数(间/户) Rooms Per Family Households (Rooms/Households)	人均住房建筑面积(平方米/人) Per Capita Floor Space of Houses (sq.m)	人均住房间数(间/人) Per Capita Room of Houses (unit/person)
全 省 Total	**2592.87**	**9002.81**	**4.2**	**32.5**	**1.2**
郑 州 市 Zhengzhou	243.67	766.78	3.8	36.2	1.2
开 封 市 Kaifeng	124.10	451.68	5.1	28.9	1.4
洛 阳 市 Luoyang	180.63	629.06	4.0	34.0	1.1
平 顶 山 市 Pingdingshan	133.60	471.78	3.8	28.8	1.1
安 阳 市 Anyang	148.65	504.54	4.7	36.9	1.4
鹤 壁 市 Hebi	40.12	153.97	4.4	32.4	1.2
新 乡 市 Xinxiang	143.52	552.38	4.5	34.0	1.2
焦 作 市 Jiaozuo	87.33	339.92	4.3	34.5	1.1
濮 阳 市 Puyang	95.22	352.33	4.2	27.3	1.1
许 昌 市 Xuchang	115.60	407.03	4.1	34.6	1.2
漯 河 市 Luohe	66.21	240.32	3.8	33.4	1.1
三 门 峡 市 Sanmenxia	62.96	210.28	3.5	29.3	1.1
南 阳 市 Nanyang	274.80	981.14	4.3	31.8	1.2
商 丘 市 Shangqiu	219.88	720.99	4.5	31.6	1.4
信 阳 市 Xinyang	182.59	592.93	3.4	33.4	1.0
周 口 市 Zhoukou	250.55	872.92	4.6	30.2	1.3
驻 马 店 市 Zhumadian	205.69	690.76	3.9	32.0	1.2
济 源 市 Jiyuan	17.75	64.02	3.8	42.1	1.1

主要统计指标解释

人口数 指一定时点、一定地区范围内的有生命的个人的总和。

年度统计的年末人口数指每年 12 月 31 日 24 时的人口数。

常住人口 指实际经常居住在某地区一定时间（指半年以上）的人口。按人口普查和抽样调查规定，主要包括：1、在本地居住，户口也在本地的人口；2、户口在外地，但在本地居住半年以上者，或离开户口地半年以上而调查时在本地居住的人口；3、调查时居住在本地，但在任何地方都没有登记常住户口，如手持户口迁移证、出生证、退伍证、劳改劳教释放证等尚未办理常住户口的人，即所谓“口袋户口”的人。

出生率(又称粗出生率) 指在一定时期内(通常为一年)平均每千人所出生的人数的比率，一般用千分率表示。计算公式为：

出生率＝年出生人数／年平均人数×1000‰

式中：出生人数指活产婴儿，即胎儿脱离母体时(不管怀孕月数)，有过呼吸或其他生命现象。年平均人数指年初、年底人口数的平均数，也可用年中人口数代替。

死亡率(又称粗死亡率) 指在一定时期内(通常为一年)一定地区的死亡人数与同期平均人数(或期中人数)之比，一般用千分率表示。计算公式为：

死亡率＝年死亡人数／年平均人数×1000‰

人口自然增长率 指在一定时期内(通常为一年)人口自然增加数(出生人数减死亡人数)与该时期内平均人数(或期中人数)之比，一般用千分率表示。计算公式为：

人口自然增长率＝（本年出生人数－本年死亡人数）／年平均人数×1000‰＝人口出生率－人口死亡率

性别比 总人口中男性人数与女性人数之比。通常用每 100 个女性人口相应有多少男性人口表示。其计算公式为：

性别比＝男性人口数/女性人口数×100%

总抚养系数 指被抚养人口（0-14岁和65岁或60岁以上人口）与15-64岁或15-59岁人口的比例。计算公式为:

总抚养系数=被抚养人口/15-64岁或15-59岁人口×100

老年抚养系数 指老年人口（65岁或60岁以上人口）与15-64岁或15-59岁人口的比例。计算公式为:

老年抚养系数=老年人口/15-64岁或15-59岁人口×100

少年抚养系数 指少年儿童与 15-64 岁或 15-59 岁人口的比例。计算公式为:

少年抚养系数=少年儿童人口/15-64 岁或 15-59 岁人口×100（修改）

Explanatory Notes on Main Statistical Indicators

Total Population refers to the total number of people alive at a certain point of time within a given area.

The annual statistics on total population is taken at midnight, the 3lst of December.

Resident Population refers to the population actual living in a certain area for six months or more. According to the census and sample surveys, it includes the following main items : 1, Population live in this area, with the local resident registered; 2, Population with the resident registered of other area, live this area over half a year or Less than half a year but Leaving the area where they resident registered over half a year; 3, Population live in the local area, but have no resident registered, only have Migration Certificate 、Birth certificate 、Legionnaires card 、Release card from Re-education through labor or haven not yet requisition the resident registered ,so-called "pocket-registered "population.

Birth Rate (or Crude Birth Rate) refers to the ratio of the number of births to the average population during a certain period of time (usually a year), which is often expressed in‰. The following formula is used:

Birth Rate=Number of Births/Average Number of Population×1000‰

Number of births refers to live births i.e. the births when babies had showed any vital phenomena regardless of the length of pregnancy.

Annual Average Number of Population is the average of the number of population at the beginning of the year and that at the end of the year. Sometimes it is substituted for with the mid year population.

Death Rate (or Crude Death Rate) refers to the ratio of the number of deaths to the average population (or mid year population) during a certain period of time (usually a year), which is often expressed in‰. The following formula is used:

Death Rate umber of Deaths=Number of Deaths/Annual Average Number of Population×1000‰

Natural Growth Rate of Population refers to the ratio of natural increase in population (number of births minus number of deaths) in a certain period of time (usually a year) to the average population (or mid year population) of the same period, which is often expressed in‰. The following formulas are applied:

Natural Growth of Population=(Number of Births－Number of Deaths)/Average Number of Population×1000‰

Natural Growth Rate of Population=Birth Rate－Death Rate

Sex Ratio Refers to the Proportion of Male to Female Among the Total Population Which is often described as the proportion of 100 females to males. the following formula is used:

Sex Ratio=Number of Males/Number of Females×100%

Total Dependency Ratio refers to the ratio of number of dependents to the total population aged 15-64, the number of dependents being population aged 0-14 and population aged 65 and over. The total dependency ratio is calculated as follows:

Total Dependency Ratio = Number of Dependents/Population Aged 15-64×100%

The Aged Dependency Ratio refers to the ratio of the number of the aged population to the total population aged 15-64, the aged being population aged 65 and over. The aged dependency ratio is calculated as follows:

The Aged Dependency Ratio = Number of the Aged Population/ Population Aged 15-64×100%

The Juvenile and Children Dependency Ratio refers to the ratio of the number of the juvenile and children to the total population aged 15-64, the juvenile and children being population aged 0-14. The juvenile and children dependency ratio is calculated as follows:

The Juvenile and Children Dependency Ratio = Number of Juvenile and Children/ Population Aged 15-64 or 15-59×100%

从业人员与职工工资

Employment and Wages

● 资料整理：裴　斐

简要说明

一、主要内容

本篇资料反映从业人员就业情况、城镇登记失业情况，平均工资及指数变化情况等。

二、统计范围

《劳动统计报表制度》的调查范围为法人单位（不包括乡镇企业和个体工商户）；《乡村社会经济调查方案》的调查范围为乡镇以下农村地区；《培训就业统计报表制度》的填报范围为就业服务和职业介绍机构；私营企业及个体工商业统计范围为全社会。1998年及以后城镇单位就业人员、工资总额、平均工资等指标中不再包括离开本单位仍保留劳动关系职工及其生活费。

三、资料来源

就业基本情况及分组和平均工资等资料，由河南省统计局人口处根据《劳动统计报表制度》、《乡村社会经济调查方案》编辑整理。城镇私营企业及个体工商业就业人员，由河南省工商行政管理局提供。城镇登记失业人数，由河南省人力资源和社会保障厅提供。

四、调查方法

劳动统计报表采用全面调查方法，由各级统计部门逐级上报。培训、就业统计及私营企业和个体工商业统计利用行政登记资料加工整理。

Brief Introduction

I. Main Contents

Data in this chapter include employment situation, the registered urban unemployment situation, average wages and index chan ge situation, etc.

II. Scope of Statistics

Statistics Scope of "Labor statistics system" is investigation units (not including township enterprises and individual); Statistics Scope of "the rural social and economic survey plan" refers rural areas; Statistics Scope of "the training employment statistics system" refers employment services provided and job-introduction agencies; Statistics Scope of private enterprises and individual industrial refers the whole society. Data on employment personnel, total wages, average wage of town unit no-include leaving this unit but still keep working relationship worker and the cost of living since 1998.

III. Sources of Data

Date on employment, Earnings and wages of staff and workers is used in the labor statistics, are compiled by the Department of population and employment of the Henan provincial Bureau of Statistics. Data on the number of employed persons in private enterprises and self-employed individuals are provided by the Henan provincial Bureau of Industry and Commerce. Data on the employment services and the exchanges of labor force and on the number of registered unemployed persons in urban areas are collected provided by the Henan provincial Bureau of Human Resources and Social Security.

IV. Sampling Methodology

Labor statistics using comprehensive investigation method, statistical departments at various levels shall report to higher level. Training, employment statistics, private enterprises, individual industrial and commercial statistics using administrative registration data.

5-1 分城乡的从业人员数

Number of Employed Persons at the Year-end by Residence

单位：万人 (10 000 persons)

年 份 Year	合 计 Total	城 镇 Urban Area	#国有经济 Stateowned Units	#集体经济 Collective-owned Units	#有限责任公司 Limited Liability Corporations Units	#港澳台投资经济 Economic Units Funded by Entrepreneurs from Hong Kong, Macao and Taiwan	#外商投资经济 Foreign Funded Economic Units	#私营经济 Urban Private Economic Units	#城镇个体 Urban Self-Employed Individuals	乡 村 Rural Area
1978	2807	423	346	74						2384
1979	2873	444	363	78						2429
1980	2929	469	379	83						2460
1981	3039	508	407	90						2531
1982	3146	516	407	95						2630
1983	3289	542	425	99						2747
1984	3346	574	419	129						2772
1985	3520	627	454	139						2893
1986	3598	649	469	149						2949
1987	3782	686	488	156						3096
1988	3916	704	508	161						3212
1989	3943	717	512	168						3226
1990	4086	727	521	171						3359
1991	4216	774	544	177						3442
1992	4332	811	571	172						3521
1993	4400	865	599	162						3535
1994	4448	890	604	158						3558
1995	4509	931	617	162						3578
1996	4638	981	640	161						3657
1997	4820	1002	603	177						3818
1998	5000	933	485	149				26	135	4067
1999	5205	894	475	146	66	9	6	27	124	4311
2000	5572	860	464	143	69	10	6	28	97	4712
2001	5517	829	448	134	69	8	5	28	82	4688
2002	5522	831	417	123	99	8	5	35	86	4691
2003	5536	841	399	117	121	8	6	41	98	4695
2004	5587	869	409	96	121	8	7	57	117	4718
2005	5662	910	405	91	132	7	8	73	137	4752
2006	5719	942	402	86	147	8	10	88	143	4777
2007	5773	958	397	83	154	10	11	89	151	4815
2008	5835	976	391	68	160	10	10	106	156	4859
2009	5949	1067	381	49	192	10	11	161	172	4882
2010	6042	1127	389	50	192	11	12	177	198	4915
2011	6198	1287	400	52	238	28	16	196	252	4911
2012	6288	1383	409	51	287	19	17	208	294	4905
2013	6387	1535	370	46	435	53	20	169	291	4851

5-2 按城乡分的从业人员数(2013年底)

单位：万人

项　目	Item	合　计 Total
从业人员总计	**Total Number of Employed persons**	**6386.57**
按国民经济行业分	**Grouped by Sector**	
农、林、牧、渔业	Farming, Forestry,animal Husbandry and Fishery	2562.60
采矿业	Mining	63.40
制造业	Manufacturing	1222.81
电力、燃气及水的生产和供应业	Production and distribution of electricity,gas and water	24.98
建筑业	Construction	723.88
批发和零售业	Wholesale and retail trade	575.91
交通运输、仓储和邮政业	Traffic,transport, storage and post	242.80
住宿和餐饮业	Accommodation and Restaurants	184.76
信息传输、软件和信息技术服务业	Information transfer, software and Information technology services	38.58
金融业	Finance	25.35
房地产业	Real estate	26.02
租赁和商务服务业	Tenancy and business services	31.05
科学研究和技术服务业	Scientific research and technical service	20.00
水利、环境和公共设施管理业	Management of water conservancy,environment and public establishment	13.00
居民服务、修理和其他服务业	Resident services,Repairing and other services	345.34
教育	Education	117.30
卫生和社会工作	Sanitation and social work	49.07
文化、体育和娱乐业	Culture, sports and entertainment	11.27
公共管理、社会保障和社会组织	Public management,social security and social organization	108.48
按三次产业分	**By Type of Industry**	
第一产业	Primary Industry	2562.60
第二产业	Secondary Industry	2035.08
第三产业	Teriary Industry	1788.90

Number of Employed Persons at the Year-end in Urban and Rural Areas (End of 2013)

(10 000 persons)

城 镇 Urban Area	国有经济 State-owned Units	集体经济 Collective-owned Units	其他经济 Collective-owned Units	私营经济 Urban Private Economic Units	城镇个体 Urban Self-Employed Individuals	乡 村 Rural Area
1535.17	**369.84**	**46.09**	**660.06**	**168.53**	**290.65**	**4851.41**
21.86	3.65	0.42	1.12	8.80	7.87	2540.74
63.40	8.29	2.16	52.13	0.57	0.26	
374.57	8.14	7.76	296.77	42.59	19.31	848.24
24.98	13.17	0.37	11.02	0.37	0.06	
201.39	7.77	10.38	171.32	10.91	1.01	522.49
297.32	11.62	7.14	33.90	54.72	189.94	278.59
49.70	23.01	1.90	18.71	3.85	2.24	193.10
46.63	2.61	0.72	8.48	3.23	31.58	138.13
12.93	2.71	0.16	6.59	2.99	0.48	25.64
25.35	6.66	3.17	14.30	1.22	0.00	
26.02	0.93	0.38	14.45	10.18	0.08	
31.05	3.86	1.66	6.97	16.66	1.90	
20.00	8.90	0.37	5.54	4.00	1.18	
13.00	10.55	0.20	1.68	0.55	0.01	
40.85	0.61	0.23	1.15	6.09	32.76	304.49
117.30	101.70	6.52	8.70	0.24	0.14	
49.07	42.38	2.06	4.00	0.32	0.31	
11.27	6.50	0.18	1.83	1.24	1.52	
108.48	106.79	0.30	1.39			
21.86	3.65	0.42	1.12	8.80	7.87	2540.74
664.35	37.36	20.68	531.24	54.43	20.65	1370.73
848.96	328.83	25.00	127.70	105.29	262.13	939.94

5-3 各市分城乡的从业人员数(2013年底)

单位：万人

市(县) City(County)	合 计					
	Total	城 镇 Urban Area	#国有经济 State-owned Units	集体经济 Collective-owned Units	股份合作经济 Cooperative Units	联营经济 Joint Ownership Units
全 省 Total	**6386.57**	**1535.17**	**369.84**	**46.09**	**7.80**	**1.39**
省 辖 市 City						
郑 州 市 Zhengzhou	538.09	305.28	45.01	3.62	1.54	0.10
开 封 市 Kaifeng	324.39	71.93	13.01	3.02	0.93	0.11
洛 阳 市 Luoyang	425.34	130.99	29.15	3.04	0.26	0.04
平 顶 山 市 Pingdingshan	317.45	74.30	20.52	2.34	0.75	0.02
安 阳 市 Anyang	355.36	81.16	15.20	3.11	0.37	0.01
鹤 壁 市 Hebi	92.23	31.92	5.26	0.79	0.23	0.02
新 乡 市 Xinxiang	340.30	97.43	20.10	4.80	0.40	0.04
焦 作 市 Jiaozuo	232.94	85.04	14.73	1.25	0.18	0.07
濮 阳 市 Puyang	253.83	64.33	12.85	0.91	0.29	0.10
许 昌 市 Xuchang	296.46	93.00	13.84	1.05	0.26	0.07
漯 河 市 Luohe	166.73	37.91	9.78	1.07	0.01	0.00
三 门 峡 市 Sanmenxia	137.41	42.32	10.51	2.16	0.03	0.29
南 阳 市 Nanyang	671.95	117.18	36.84	4.70	0.73	0.16
商 丘 市 Shangqiu	522.39	83.84	24.64	2.03	0.70	0.09
信 阳 市 Xinyang	504.92	98.26	28.98	4.25	0.47	0.05
周 口 市 Zhoukou	690.49	113.57	28.02	3.61	0.20	0.13
驻 马 店 市 Zhumadian	575.33	91.97	24.07	3.14	0.39	0.08
济 源 市 Jiyuan	47.79	21.57	2.73	0.06	0.06	
省 直 管 县 Province Administrating County						
巩 义 市 Gongyi	48.31	15.62	1.59	0.75	0.29	0.02
兰 考 县 Lankao	57.08	11.01	0.85	0.13	0.03	0.01
汝 州 市 Ruzhou	61.35	9.92	3.65	0.37	0.50	0.01
滑 县 Huaxian	80.38	12.34	2.36	0.90	0.01	
长 垣 县 Changyuan	50.39	18.61	1.74	0.43	0.07	
邓 州 市 Dengzhou	96.37	9.58	4.23	0.29	0.04	
永 城 市 Yongcheng	102.47	21.93	3.49	0.07	0.04	
固 始 县 Gushi	102.16	15.24	4.12	0.41	0.09	
鹿 邑 县 Luyi	77.85	10.36	2.74	0.19	0.01	0.01
新 蔡 县 Xincai	70.36	5.18	1.68	0.18	0.02	0.02

Number of Employed Persons at the Year-end by Residence and City (End of 2013)

(10 000 persons)

有限责任公司 Limited Liability Corporations Units	股份有限公司 Share Holding Corporations Units	港澳台投资经济 Economic Units Funded by Entrepreneurs from Hong Kong, Macao and Taiwan	外商投资经济 Foreign Funded Economic Units	私营经济 Urban Private Economic Units	城镇个体 Urban Self-Employed Individuals	乡　村 Rural Area
435.21	**120.64**	**52.84**	**20.06**	**168.53**	**290.65**	**4851.41**
84.57	15.88	32.72	4.72	64.14	49.19	232.81
21.85	6.14	0.48	0.53	12.95	11.31	252.46
29.34	6.37	2.76	1.21	27.28	30.92	294.34
17.33	13.38	1.38	0.48	4.81	12.17	243.15
33.91	3.05	0.43	0.45	5.67	18.28	274.20
14.43	0.98	0.20	0.18	5.41	4.15	60.31
33.60	8.23	1.03	2.60	10.82	14.63	242.87
22.14	7.56	1.10	1.89	21.70	13.94	147.90
18.34	6.70	0.78	0.32	10.87	12.48	189.50
18.84	6.25	0.43	1.74	29.09	19.74	203.46
11.70	1.53	3.99	1.69	2.29	5.47	128.83
6.34	7.50	0.32	0.16	6.05	8.34	95.08
30.72	8.94	1.50	0.93	5.74	23.39	554.77
19.52	5.24	0.99	0.26	9.25	19.00	438.55
20.56	4.63	0.69	0.40	6.29	31.32	406.66
19.99	10.75	1.38	1.09	22.01	25.36	576.92
24.18	6.75	0.46	1.22	14.58	15.53	483.36
6.43	0.76	2.20	0.21	3.20	5.79	26.22
3.35	1.25	0.09	0.12	4.89	2.98	32.70
2.69	0.22	0.06	0.10	3.15	3.15	46.07
1.13	0.27	0.07		1.97	1.71	51.43
2.73	0.32	0.15		0.54	5.24	68.04
11.09	0.61	0.02	0.03	1.95	2.54	31.78
1.93	0.60		0.03	0.14	2.16	86.80
6.42	0.30			4.17	7.41	80.54
2.77	0.26		0.08	3.37	4.12	86.92
2.64	0.61			0.50	3.50	67.48
1.10	0.36			0.44	1.26	65.18

5−4 分三次产业的从业人员数

Number of Employed Persons at the Year-end by Three Industries

年 份 Year	从业人员(万人) Number of Employed Persons (10 000 persons)				从业人员构成(以从业人员为100) Composition in Percentage (Total=100)		
		第一产业 Primary Industry	第二产业 Secondary Industry	第三产业 Tretiary Industry	第一产业 Primary Industry	第二产业 Secondary Industry	第三产业 Tretiary Industry
1952	1683	1511	74	98	89.8	4.4	5.8
1957	1829	1577	111	141	86.2	6.1	7.7
1962	2021	1698	82	241	84.0	4.1	11.9
1965	2172	1796	91	285	82.7	4.2	13.1
1970	2481	2037	150	294	82.1	6.0	11.9
1975	2689	2279	230	180	84.8	8.6	6.7
1978	2807	2262	296	249	80.6	10.5	8.9
1979	2873	2366	290	217	82.4	10.1	7.6
1980	2929	2378	304	247	81.2	10.4	8.4
1981	3039	2470	310	259	81.3	10.2	8.5
1982	3146	2530	315	301	80.4	10.0	9.6
1983	3289	2598	341	350	79.0	10.4	10.6
1984	3346	2578	376	392	77.0	11.2	11.7
1985	3520	2571	523	426	73.0	14.9	12.1
1986	3598	2574	568	456	71.5	15.8	12.7
1987	3782	2596	616	570	68.6	16.3	15.1
1988	3916	2648	659	609	67.6	16.8	15.6
1989	3943	2719	659	565	69.0	16.7	14.3
1990	4086	2833	671	582	69.3	16.4	14.2
1991	4216	2921	689	606	69.3	16.3	14.4
1992	4332	2955	724	653	68.2	16.7	15.1
1993	4400	2910	808	682	66.1	18.4	15.5
1994	4448	2865	864	719	64.4	19.4	16.2
1995	4509	2814	929	766	62.4	20.6	17.0
1996	4638	2822	988	828	60.8	21.3	17.9
1997	4820	2909	1011	900	60.4	21.0	18.7
1998	5000	2947	962	1091	58.9	19.2	21.8
1999	5205	3305	913	987	63.5	17.5	19.0
2000	5572	3564	977	1031	64.0	17.5	18.5
2001	5517	3478	997	1042	63.0	18.1	18.9
2002	5522	3398	1038	1086	61.5	18.8	19.7
2003	5536	3332	1084	1120	60.2	19.6	20.2
2004	5587	3246	1142	1200	58.1	20.4	21.5
2005	5662	3139	1251	1272	55.4	22.1	22.5
2006	5719	3050	1351	1318	53.3	23.6	23.0
2007	5773	2920	1487	1366	50.6	25.8	23.7
2008	5835	2847	1564	1424	48.8	26.8	24.4
2009	5949	2765	1675	1509	46.5	28.2	25.4
2010	6042	2712	1753	1577	44.9	29.0	26.1
2011	6198	2670	1853	1675	43.1	29.9	27.0
2012	6288	2628	1919	1740	41.8	30.5	27.7
2013	6387	2563	2035	1789	40.1	31.9	28.0

5-5 各市分三次产业的从业人员数(2013年底)

Number of Employed Persons at the Year-end by Three Industries and city (End of 2013)

市(县) City(County)	从业人员(万人) Number of Employed Persons (10 000 persons)	第一产业 Primary Industry	第二产业 Secondary Industry	第三产业 Tretiary Industry	从业人员构成(以从业人员为100) Composition in Percentage (Total=100) 第一产业 Primary Industry	第二产业 Secondary Industry	第三产业 Tretiary Industry
全　省 Total	**6386.57**	**2562.60**	**2035.08**	**1788.90**	**40.1**	**31.9**	**28.0**
省辖市 City							
郑州市 Zhengzhou	538.09	96.29	216.33	225.47	17.9	40.2	41.9
开封市 Kaifeng	324.39	137.68	108.47	78.23	42.4	33.4	24.1
洛阳市 Luoyang	425.34	149.51	139.38	136.44	35.2	32.8	32.1
平顶山市 Pingdingshan	317.45	142.16	93.94	81.35	44.8	29.6	25.6
安阳市 Anyang	355.36	139.65	128.12	87.59	39.3	36.1	24.6
鹤壁市 Hebi	92.23	27.47	36.66	28.09	29.8	39.7	30.5
新乡市 Xinxiang	340.30	110.13	142.83	87.33	32.4	42.0	25.7
焦作市 Jiaozuo	232.94	76.04	92.47	64.43	32.6	39.7	27.7
濮阳市 Puyang	253.83	117.24	77.96	58.64	46.2	30.7	23.1
许昌市 Xuchang	296.46	98.99	112.49	84.98	33.4	37.9	28.7
漯河市 Luohe	166.73	69.68	59.80	37.26	41.8	35.9	22.3
三门峡市 Sanmenxia	137.41	62.88	32.72	41.81	45.8	23.8	30.4
南阳市 Nanyang	671.95	319.98	189.42	162.56	47.6	28.2	24.2
商丘市 Shangqiu	522.39	223.29	171.41	127.70	42.7	32.8	24.4
信阳市 Xinyang	504.92	208.75	128.53	167.64	41.3	25.5	33.2
周口市 Zhoukou	690.49	311.63	212.92	165.95	45.1	30.8	24.0
驻马店市 Zhumadian	575.33	261.48	169.21	144.64	45.4	29.4	25.1
济源市 Jiyuan	47.79	13.78	17.25	16.76	28.8	36.1	35.1
省直管县 Province Administrating County							
巩义市 Gongyi	48.31	8.59	26.04	13.69	17.8	53.9	28.3
兰考县 Lankao	57.08	20.31	10.13	26.63	35.6	17.7	46.7
汝州市 Ruzhou	61.35	27.20	18.97	15.17	44.3	30.9	24.7
滑县 Huaxian	80.38	39.02	21.67	19.68	48.5	27.0	24.5
长垣县 Changyuan	50.39	7.56	30.54	12.28	15.0	60.6	24.4
邓州市 Dengzhou	96.37	50.44	25.73	20.21	52.3	26.7	21.0
永城市 Yongcheng	102.47	29.91	50.61	21.94	29.2	49.4	21.4
固始县 Gushi	102.16	40.72	28.86	32.57	39.9	28.3	31.9
鹿邑县 Luyi	77.85	28.79	28.45	20.61	37.0	36.5	26.5
新蔡县 Xincai	70.36	32.67	20.31	17.38	46.4	28.9	24.7

5-6 分行业从业人员数

单位：万人

年 份 Year	合 计 Total	农林牧渔业 Farming, Forestry, Animal Husbandry and Fishery	采矿业 Mining	制造业 Manufacturing	电力、燃气及水的生产和供应业 Production and Supply of Electricity,Gas and Water	建筑业 Construction	批发和零售业 Wholesale and retail trade	交通运输仓储及邮政业 Traffic, transport, storage and post	住宿和餐饮业 Accommodation and Restaurants	信息传输、软件和信息技术服务业 Information transfer, software and Information technology services
2003	5535.67	3331.86	49.44	614.84	23.14	396.13	318.00	166.37	44.47	6.63
2004	5587.44	3245.66	49.27	652.80	22.90	417.15	315.33	180.37	106.05	17.98
2005	5662.44	3138.83	49.96	732.53	22.66	446.55	343.71	187.29	123.50	17.14
2006	5718.70	3050.00	50.20	800.40	22.20	477.80	362.30	188.90	129.10	20.70
2007	5772.72	2920.29	51.33	884.14	21.61	529.90	378.70	198.65	139.50	24.25
2008	5835.45	2847.31	51.27	933.43	20.99	558.23	406.10	204.46	147.07	25.63
2009	5948.78	2764.86	55.49	1006.00	21.23	592.00	443.94	207.70	157.12	31.34
2010	6041.56	2711.72	54.43	1053.52	21.66	623.76	481.71	213.14	165.97	34.25
2011	6197.85	2670.45	65.17	1109.32	22.01	656.00	535.44	217.80	176.52	35.74
2012	6287.50	2628.01	64.48	1155.66	23.20	675.97	565.80	222.77	186.60	35.73
2013	6386.57	2562.60	63.40	1222.81	24.98	723.88	575.91	242.80	184.76	38.58

Number of Employed Persons by Sector

(10 000 persons)

金融业 Finance	房地产业 Real estate	租赁和商务服务业 Tenancy and business services	科学研究和技术服务业 Scientific research, and technical service	水利、环境和公共设施管理业 Management of water conservancy, environment and public establishment	居民服务、修理和其他服务业 Resident services Repairing and other services	教育 Education	卫生和社会工作 Sanitation, and social work	文化、体育和娱乐业 Culture, sports and entertainment	公共管理、社会保障和社会组织 Public management social security and social organization
21.11	4.56	8.34	10.73	10.37	294.74	103.84	31.80	7.00	92.30
21.19	6.04	11.21	11.09	10.45	278.48	104.75	33.27	7.70	95.75
20.92	7.68	13.98	11.09	10.58	291.37	107.22	33.43	6.92	97.08
20.70	8.80	15.30	11.40	11.30	301.90	109.60	34.40	8.20	95.50
22.32	9.82	16.29	11.56	11.70	300.75	111.60	35.51	8.22	96.58
21.58	10.87	20.08	13.07	11.78	310.18	109.81	36.50	8.28	98.81
22.48	15.06	26.85	13.88	11.98	314.83	112.58	39.21	8.43	103.80
23.47	17.18	29.04	14.92	12.82	314.08	114.27	41.27	8.62	105.72
25.15	21.98	32.15	16.30	13.53	323.86	117.59	43.75	8.99	106.11
24.75	24.43	33.06	18.65	13.90	330.46	119.17	46.66	9.79	108.40
25.35	26.02	31.05	20.00	13.00	345.34	117.30	49.07	11.27	108.48

5-7 各市分行业从业人员数(2013年底)

单位：万人

市(县) City(County)	合计 Total	农林牧渔业 Farming, Forestry, Animal Husbandry and Fishery	采矿业 Mining	制造业 Manufacturing	电力、燃气及水的生产和供应业 Production and Supply of Electricity,Gas and Water	建筑业 Construction	批发和零售业 Wholesale and retail trade	交通运输仓储及邮政业 Traffic, transport, storage and post	住宿和餐饮业 Accommodation and Restaurants	信息传输、软件和信息技术服务业 Information transfer, software and Information technology services
全 省 Total	**6386.57**	**2562.60**	**63.40**	**1222.81**	**24.98**	**723.88**	**575.91**	**242.80**	**184.76**	**38.58**
省 辖 市 City										
郑 州 市 Zhengzhou	538.09	96.29	8.05	145.12	3.64	59.52	79.71	22.49	20.22	6.33
开 封 市 Kaifeng	324.39	137.68		68.02	0.72	39.74	25.45	11.41	8.22	1.64
洛 阳 市 Luoyang	425.34	149.51	2.56	91.31	1.60	43.92	49.48	18.16	13.47	2.96
平 顶 山 市 Pingdingshan	317.45	142.16	13.47	54.19	3.45	22.84	22.28	11.20	10.87	1.52
安 阳 市 Anyang	355.36	139.65	1.29	57.15	0.92	68.77	29.43	11.91	9.75	3.12
鹤 壁 市 Hebi	92.23	27.47	4.62	20.06	0.34	11.64	8.07	3.94	2.99	0.15
新 乡 市 Xinxiang	340.30	110.13	0.73	78.22	1.24	62.64	25.45	11.40	9.84	2.00
焦 作 市 Jiaozuo	232.94	76.04	4.70	70.76	1.04	15.97	20.57	11.73	5.83	1.63
濮 阳 市 Puyang	253.83	117.24	7.56	40.58	0.85	28.97	21.04	7.18	5.32	0.46
许 昌 市 Xuchang	296.46	98.99	4.50	84.81	0.81	22.37	30.42	10.27	9.76	2.11
漯 河 市 Luohe	166.73	69.68	0.00	41.35	0.34	18.10	10.58	5.63	3.54	0.90
三 门 峡 市 Sanmenxia	137.41	62.88	18.91	4.91	0.94	7.97	12.71	5.47	5.18	0.98
南 阳 市 Nanyang	671.95	319.98	2.73	126.24	1.87	58.58	55.86	20.67	17.34	3.46
商 丘 市 Shangqiu	522.39	223.29	4.77	102.02	0.95	63.67	65.39	16.09	13.80	4.35
信 阳 市 Xinyang	504.92	208.75	2.82	43.67	3.19	78.85	42.33	31.52	28.54	10.16
周 口 市 Zhoukou	690.49	311.63	0.00	127.19	1.24	84.49	46.12	4.22	32.15	13.35
驻 马 店 市 Zhumadian	575.33	261.48	0.17	94.70	1.32	73.02	47.11	17.49	18.78	1.68
济 源 市 Jiyuan	47.79	13.78	0.77	12.36	0.32	3.79	6.39	1.95	1.75	0.20
省 直 管 县 Province Administrating County										
巩 义 市 Gongyi	48.31	8.59	0.82	21.94	0.18	3.09	4.49	2.23	1.80	0.23
兰 考 县 Lankao	57.08	20.31		3.58	0.13	6.42	4.80	2.33	1.19	0.19
汝 州 市 Ruzhou	61.35	27.20	1.77	13.33	0.08	3.79	3.67	3.52	1.17	0.30
滑 县 Huaxian	80.38	39.02	0.06	9.92	0.10	11.60	7.51	2.41	2.79	1.16
长 垣 县 Changyuan	50.39	7.56	0.00	13.39	0.06	17.09	3.96	1.00	1.83	0.27
邓 州 市 Dengzhou	96.37	50.44	0.00	18.67	0.16	6.89	7.71	2.39	2.70	0.63
永 城 市 Yongcheng	102.47	29.91	4.79	32.93	0.12	12.77	8.23	2.07	3.56	0.40
固 始 县 Gushi	102.16	40.72	0.06	18.69	0.22	9.89	13.42	7.67	5.90	0.80
鹿 邑 县 Luyi	77.85	28.79		18.85	0.06	9.54	7.95	3.62	0.35	0.10
新 蔡 县 Xincai	70.36	32.67		12.70	0.11	7.50	4.31	0.70	3.26	2.04

Number of Employed Persons at Year-end by Sector and City (End of 2013)

(10 000 persons)

金融业 Finance	房地产业 Real estate	租赁和商务服务业 Tenancy and business services	科学研究和技术服务业 Scientific research, and technical service	水利、环境和公共设施管理业 Management of water conservancy, environment and public establishment	居民服务、修理和其他服务业 Resident services Repairing and other services	教育 Education	卫生和社会工作 Sanitation, and social work	文化、体育和娱乐业 Culture, sports and entertainment	公共管理、社会保障和社会组织 Public management social security and social organization
25.35	**26.02**	**31.05**	**20.00**	**13.00**	**345.34**	**117.30**	**49.07**	**11.27**	**108.48**
5.01	7.59	12.80	7.78	1.92	22.25	14.13	7.71	4.30	13.24
0.53	1.78	1.93	0.68	0.60	14.08	3.98	2.25	0.57	5.10
2.30	2.18	3.48	3.17	0.78	20.12	7.34	3.86	0.74	8.39
1.72	1.06	1.21	0.79	1.09	15.14	5.46	2.43	0.47	6.11
1.46	0.93	1.26	0.39	0.65	15.36	5.37	2.59	0.40	4.98
0.43	0.67	0.71	0.30	0.39	6.03	1.68	0.78	0.08	1.87
1.18	1.44	1.22	1.22	0.62	15.86	6.84	3.24	0.41	6.60
1.73	1.02	1.46	0.67	0.67	7.30	4.29	2.04	0.43	5.08
0.74	0.99	2.19	0.54	0.40	10.85	3.43	0.97	0.33	4.20
0.69	3.12	1.45	0.61	0.64	13.85	4.71	1.83	0.45	5.07
0.61	0.50	0.78	0.18	0.38	6.21	3.22	1.34	0.26	3.13
1.23	0.30	0.47	0.25	0.27	7.01	3.24	1.19	0.23	3.28
2.23	1.04	1.98	1.69	1.55	28.22	13.75	5.04	0.84	8.87
1.09	1.54	0.78	0.52	0.96	1.82	9.40	3.82	0.27	7.87
1.52	2.00	3.58	1.03	0.95	16.67	12.14	8.73	0.77	7.72
1.93	1.47	0.84	0.50	0.63	40.02	10.90	3.43	0.56	9.82
1.23	2.33	1.43	0.85	0.64	33.05	9.05	3.29	0.59	7.13
0.20	0.33	0.28	0.08	0.17	2.98	0.79	0.39	0.13	1.11
0.13	0.12	0.17	0.06	0.13	2.29	0.89	0.37	0.10	0.68
0.05	0.37	0.37	0.24	0.08	15.98	0.27	0.33	0.05	0.39
0.14	0.14	0.38	0.18	0.07	3.38	0.93	0.49	0.08	0.71
0.17	0.07	0.09	0.04	0.01	3.03	1.11	0.42	0.07	0.81
0.08	0.30	0.11	0.42	0.06	2.09	1.02	0.41	0.06	0.66
0.06	0.11	0.07	0.17	0.22	3.21	1.62	0.55	0.04	0.72
0.05	0.11	0.04	0.10	0.27	3.79	1.49	0.49	0.07	1.28
0.14	0.18	0.16	0.23	0.26	0.46	1.83	0.56	0.09	0.88
0.07	0.04	0.05	0.05	0.11	5.69	1.45	0.34	0.03	0.75
0.09	0.08	0.05	0.07	0.03	5.26	0.75	0.26	0.02	0.45

5-8 分行业城镇单位从业人员数

单位：万人

年 份 Year	合 计 Total	农林牧渔业 Farming, Forestry, Animal Husbandry and Fishery	采矿业 Mining	制造业 Manufac-turing	电力、燃气及水的生产和供应业 Production and Supply of Electri-city,Gas and Water	建筑业 Constru-ction	批发和零售业 Whole-sale and retail trade	交通运输仓储及邮政业 Traffic, transport, storage and post	住宿和餐饮业 Accomm-odation and Restau-rants	信息传输、软件和信息技术服务业 Information transfer, software and Information technology services
2003	701.70	9.63	48.72	159.91	23.14	61.70	58.92	32.94	9.79	5.32
2004	695.89	9.06	48.62	152.07	21.97	64.22	53.24	33.34	9.49	5.12
2005	700.59	9.54	49.24	155.24	21.69	64.79	48.18	32.91	11.00	4.84
2006	711.25	8.80	49.29	159.06	21.93	71.26	46.04	31.51	10.65	5.06
2007	719.18	8.68	50.41	157.11	21.15	77.79	43.11	30.96	10.04	4.58
2008	714.41	7.95	50.33	153.62	20.42	80.64	41.03	29.42	9.07	3.99
2009	734.73	6.97	53.32	154.78	20.67	87.32	38.88	28.78	9.53	5.20
2010	751.68	7.12	52.65	158.82	21.09	93.66	38.19	29.15	9.95	4.87
2011	839.09	7.25	63.67	193.82	21.46	116.06	42.73	30.24	10.53	5.87
2012	881.18	5.83	63.00	218.25	22.50	125.58	42.59	30.89	10.10	6.34
2013	1075.99	5.19	62.57	312.67	24.56	189.48	52.66	43.62	11.82	9.46

Number of Employed Persons in Urban Units by Sector

(10 000 persons)

金融业 Finance	房地产业 Real estate	租赁和商务服务业 Tenancy and business services	科学研究和技术服务业 Scientific research, and technical service	水利、环境和公共设施管理业 Management of water conservancy, environment and public establishment	居民服务、修理和其他服务业 Resident services Repairing and other services	教育 Education	卫生和社会工作 Sanitation, and social work	文化、体育和娱乐业 Culture, sports and entertainment	公共管理、社会保障和社会组织 Public management social security and social organization
21.11	4.56	8.34	10.73	10.37	1.56	103.84	31.80	7.00	92.30
21.19	4.59	9.30	11.09	10.45	1.72	104.75	32.97	6.94	95.75
20.92	5.45	10.27	11.09	10.58	1.48	107.22	33.09	5.98	97.08
20.72	5.93	10.36	11.41	11.33	1.71	109.60	34.11	7.03	95.45
22.32	6.94	10.43	11.56	11.70	1.80	111.60	35.24	7.17	96.58
21.49	6.91	12.39	11.95	11.61	1.66	109.78	36.17	7.17	98.81
22.02	8.57	12.05	11.08	11.54	1.77	112.51	38.85	7.10	103.80
22.60	8.97	11.29	11.49	12.22	1.94	114.11	40.85	7.00	105.72
23.81	11.64	11.14	12.25	12.89	1.92	117.40	43.21	7.09	106.11
23.32	13.10	11.29	13.12	13.13	1.60	118.90	46.12	7.12	108.40
24.13	15.76	12.49	14.82	12.44	1.99	116.92	48.44	8.51	108.47

5-9 各市分行业城镇单位从业人员数(2013年底)

单位：万人

市(县) City(County)	合计 Total	农林牧渔业 Farming, Forestry, Animal Husbandry and Fishery	采矿业 Mining	制造业 Manufacturing	电力、燃气及水的生产和供应业 Production and Supply of Electricity,Gas and Water	建筑业 Construction	批发和零售业 Wholesale and retail trade	交通运输仓储及邮政业 Traffic, transport, storage and post	住宿和餐饮业 Accommodation and Restaurants	信息传输、软件和信息技术服务业 Information transfer, software and Information technology services
省辖市 City										
郑州市 Zhengzhou	191.96	0.31	7.77	68.13	3.51	32.88	9.72	6.77	3.67	2.21
开封市 Kaifeng	47.67	0.25		15.39	0.67	9.97	3.72	1.39	0.69	0.51
洛阳市 Luoyang	72.79	0.17	2.26	23.02	1.47	9.88	4.03	2.90	0.94	0.52
平顶山市 Pingdingshan	57.33	0.08	13.41	11.97	3.44	4.57	2.39	1.37	0.67	0.31
安阳市 Anyang	57.20	0.12	1.27	13.21	0.91	20.43	1.92	1.38	0.45	0.45
鹤壁市 Hebi	22.36	0.03	4.60	7.78	0.34	2.78	0.68	0.32	0.17	0.08
新乡市 Xinxiang	71.98	0.23	0.72	23.20	1.20	21.14	2.21	1.40	0.65	0.53
焦作市 Jiaozuo	49.40	0.10	4.66	18.02	0.97	4.57	1.63	3.36	0.34	0.41
濮阳市 Puyang	40.98	0.05	7.55	8.86	0.82	9.37	1.37	0.73	0.24	0.35
许昌市 Xuchang	44.17	0.08	3.61	16.98	0.70	5.26	1.56	0.81	0.36	0.31
漯河市 Luohe	30.15	0.03	0.00	15.64	0.33	2.70	0.88	0.61	0.12	0.14
三门峡市 Sanmenxia	27.93	0.09	7.87	3.96	0.72	2.14	2.71	0.77	0.28	0.14
南阳市 Nanyang	88.05	1.02	2.67	22.53	1.85	14.66	5.27	2.86	0.94	0.65
商丘市 Shangqiu	55.58	0.36	4.76	10.28	0.93	9.26	2.77	1.91	0.32	0.54
信阳市 Xinyang	60.65	0.57	0.74	11.33	1.45	12.57	3.88	1.86	0.73	0.96
周口市 Zhoukou	66.20	1.19		19.30	1.15	10.58	3.74	1.65	0.24	0.81
驻马店市 Zhumadian	61.85	0.49	0.09	14.59	1.28	14.66	3.55	2.23	0.55	0.49
济源市 Jiyuan	12.57	0.03	0.58	6.56	0.31	1.38	0.45	0.33	0.06	0.05
省直管县 Province Administrating County										
巩义市 Gongyi	7.75	0.01	0.80	3.45	0.13	0.44	0.26	0.19	0.08	0.05
兰考县 Lankao	4.71	0.11		1.63	0.10	0.34	0.47	0.22	0.01	0.05
汝州市 Ruzhou	6.24	0.01	1.73	1.02	0.08	0.15	0.35	0.18	0.04	0.01
滑县 Huaxian	6.56	0.02	0.06	0.78	0.10	2.07	0.58	0.12	0.07	0.07
长垣县 Changyuan	14.12	0.02		3.35	0.05	7.34	0.29	0.09	0.19	
邓州市 Dengzhou	7.27	0.07		1.55	0.16	0.87	0.86	0.14	0.05	0.04
永城市 Yongcheng	10.35		4.76	0.19	0.11	1.37	0.22	0.13	0.04	0.03
固始县 Gushi	7.75	0.04		1.42	0.22	1.06	0.62	0.13	0.05	0.05
鹿邑县 Luyi	6.36	0.10		2.07	0.06	0.65	0.55	0.10	0.05	
新蔡县 Xincai	3.48	0.01		0.89	0.11	0.44	0.11	0.16	0.02	0.01

Number of Employed Persons in Urban Units at Year-end by Sector and City (End of 2013)

(10 000 persons)

金融业 Finance	房地产业 Real estate	租赁和商务服务业 Tenancy and business services	科学研究和技术服务业 Scientific research, and technical service	水利、环境和公共设施管理业 Management of water conservancy, environment and public establishment	居民服务、修理和其他服务业 Resident services Repairing and other services	教育 Education	卫生和社会工作 Sanitation, and social work	文化、体育和娱乐业 Culture, sports and entertainment	公共管理、社会保障和社会组织 Public management social security and social organization
4.71	3.96	2.71	4.99	1.65	0.42	14.07	7.53	3.70	13.24
0.49	0.96	0.68	0.45	0.54	0.24	3.96	2.25	0.40	5.10
2.23	1.12	1.04	2.35	0.72	0.12	7.30	3.82	0.50	8.39
1.66	0.68	0.67	0.63	1.07	0.06	5.44	2.42	0.37	6.11
1.42	0.73	0.68	0.28	0.64	0.09	5.36	2.58	0.30	4.98
0.30	0.21	0.17	0.11	0.39	0.02	1.68	0.78	0.06	1.87
1.13	0.79	0.28	0.98	0.59	0.08	6.79	3.22	0.26	6.60
1.68	0.39	0.68	0.35	0.61	0.07	4.25	2.02	0.22	5.08
0.64	0.35	1.36	0.16	0.35	0.06	3.41	0.94	0.17	4.20
0.58	0.86	0.46	0.37	0.58	0.10	4.70	1.81	0.21	4.82
0.60	0.27	0.50	0.09	0.37	0.01	3.21	1.33	0.19	3.13
1.09	0.16	0.31	0.24	0.26	0.02	2.72	1.19	0.17	3.11
2.17	0.78	1.26	1.53	1.51	0.21	13.74	4.93	0.59	8.87
1.02	0.79	0.12	0.32	0.92	0.05	9.38	3.81	0.19	7.87
1.33	1.64	0.68	0.89	0.94	0.07	10.21	2.87	0.45	7.49
1.85	0.77	0.06	0.32	0.58	0.04	10.86	3.39	0.29	9.37
1.09	1.16	0.56	0.67	0.58	0.17	9.00	3.17	0.38	7.13
0.14	0.14	0.02	0.03	0.14	0.02	0.77	0.37	0.06	1.11
0.12	0.05	0.06	0.03	0.11	0.00	0.89	0.37	0.05	0.68
0.04	0.18	0.17	0.20	0.06	0.14	0.26	0.33	0.02	0.39
0.13	0.01	0.13	0.15	0.06	0.00	0.93	0.49	0.05	0.71
0.17	0.05	0.03	0.01	0.00	0.01	1.11	0.42	0.06	0.81
0.07	0.15	0.01	0.37	0.06	0.00	1.02	0.41	0.04	0.66
0.06	0.09	0.05	0.17	0.22	0.01	1.62	0.55	0.04	0.72
0.05	0.05		0.06	0.26	0.02	1.27	0.48	0.04	1.28
0.14	0.17	0.07	0.23	0.23	0.02	1.79	0.54	0.09	0.88
0.07	0.02		0.03	0.11		1.45	0.34	0.03	0.75
0.09	0.03	0.03	0.05	0.03	0.01	0.75	0.26	0.01	0.45

5-10 城镇单位从业人员数

Number of Employed Persons in Urban Units at Year-end

单位：万人 (10 000 persons)

年 份 Year	合 计 Total	在岗职工 Staff and Workers	其他从业人员 Others	国有单位 State-owned Units	城镇集体单位 Urban Collective-owned Units	其他单位 Other Units	第一产业 Primary Industry	第二产业 Secondary Industry	第三产业 Tretiary Industry
1978	420			346	74				
1979	441			363	78				
1980	462			379	83				
1981	497			407	90				
1982	502			407	95				
1983	524			425	99				
1984	548			419	129				
1985	593			454	139				
1986	618			469	149				
1987	645			488	156	1			
1988	670			508	161	1			
1989	681			512	168	1			
1990	693			521	171	1			
1991	722			544	177	1			
1992	746			571	172	3			
1993	771			599	162	10			
1994	788			604	158	26			
1995	815			617	162	36			
1996	842			640	161	41			
1997	841			603	177	61			
1998	772	748	24	495	162	115	5	361	406
1999	742	723	19	475	146	121	5	335	402
2000	734	718	16	464	143	127	5	321	408
2001	719	704	15	457	138	124	5	308	406
2002	710	694	16	427	127	156	5	278	428
2003	702	683	19	399	117	187	10	293	399
2004	696	677	19	409	96	191	9	287	400
2005	701	681	20	405	91	205	10	291	400
2006	711	692	19	402	86	224	9	302	401
2007	719	699	20	397	83	240	9	306	404
2008	714	692	22	391	68	255	8	305	401
2009	735	708	27	381	49	305	8	316	412
2010	752	723	28	389	50	312	7	326	418
2011	839	809	30	400	52	387	30	395	414
2012	881	850	32	409	51	421	6	429	446
2013	1076	1023	53	370	46	660	5	589	482

5-11 各市城镇单位从业人员数(2013年底)

Number of Employed Persons in Urban Units by City (End of 2013)

单位：万人 (10 000 persons)

市(县) City(County)	合计 Total	在岗职工 Staff and Workers	#劳务派遣 Labor Dispatching	其他从业人员 Others	国有单位 State-owned Units	城镇集体单位 Urban Collective-owned Units	其他单位 Other Units	第一产业 Primary Industry	第二产业 Secondary Industry	第三产业 Tretiary Industry
全省 Total	**1075.99**	**1023.38**	**54.08**	**52.61**	**369.84**	**46.09**	**660.06**	**5.19**	**589.28**	**481.52**
省辖市 City										
郑州市 Zhengzhou	191.96	184.40	13.14	7.55	45.01	3.62	143.33	0.31	112.30	79.35
开封市 Kaifeng	47.67	44.89	3.81	2.78	13.01	3.02	31.64	0.25	26.03	21.40
洛阳市 Luoyang	72.79	68.46	5.90	4.34	29.15	3.04	40.61	0.17	36.63	35.99
平顶山市 Pingdingshan	57.33	55.42	4.13	1.91	20.52	2.34	34.47	0.08	33.39	23.85
安阳市 Anyang	57.20	53.09	1.41	4.11	15.20	3.11	38.89	0.12	35.82	21.27
鹤壁市 Hebi	22.36	21.73	1.07	0.64	5.26	0.79	16.31	0.03	15.50	6.84
新乡市 Xinxiang	71.98	67.83	3.66	4.15	20.10	4.80	47.07	0.23	46.25	25.51
焦作市 Jiaozuo	49.40	47.07	3.74	2.32	14.73	1.25	33.41	0.10	28.22	21.08
濮阳市 Puyang	40.98	38.13	3.54	2.85	12.85	0.91	27.22	0.05	26.60	14.33
许昌市 Xuchang	44.17	42.84	1.34	1.33	13.84	1.05	29.28	0.08	26.55	17.53
漯河市 Luohe	30.15	29.49	1.00	0.66	9.78	1.07	19.30	0.03	18.68	11.43
三门峡市 Sanmenxia	27.93	26.21	0.87	1.72	10.51	2.16	15.26	0.09	14.69	13.15
南阳市 Nanyang	88.05	83.41	2.40	4.64	36.84	4.70	46.51	1.02	41.71	45.32
商丘市 Shangqiu	55.58	53.47	3.10	2.12	24.64	2.03	28.91	0.36	25.23	30.00
信阳市 Xinyang	60.65	55.97	1.86	4.68	28.98	4.25	27.43	0.57	26.09	33.99
周口市 Zhoukou	66.20	64.64	0.88	1.55	28.02	3.61	34.56	1.19	31.03	33.97
驻马店市 Zhumadian	61.85	58.12	1.41	3.73	24.07	3.14	34.64	0.49	30.63	30.73
济源市 Jiyuan	12.57	11.68	0.36	0.89	2.73	0.06	9.79	0.03	8.84	3.71
省直管县 Province Administrating County										
巩义市 Gongyi	7.75	7.55	0.25	0.20	1.59	0.75	5.41	0.01	4.82	2.93
兰考县 Lankao	4.71	4.52	0.11	0.19	0.85	0.13	3.74	0.11	2.07	2.53
汝州市 Ruzhou	6.24	6.04	0.87	0.20	3.65	0.37	2.23	0.01	2.98	3.25
滑县 Huaxian	6.56	6.24	0.07	0.32	2.36	0.90	3.30	0.02	3.01	3.52
长垣县 Changyuan	14.12	13.47	1.59	0.65	1.74	0.43	11.95	0.02	10.74	3.36
邓州市 Dengzhou	7.27	6.57	0.11	0.70	4.23	0.29	2.75	0.07	2.58	4.62
永城市 Yongcheng	10.35	10.14	1.57	0.21	3.49	0.07	6.78		6.44	3.91
固始县 Gushi	7.75	7.28	0.10	0.47	4.12	0.41	3.22	0.04	2.70	5.01
鹿邑县 Luyi	6.36	6.30	0.05	0.06	2.74	0.19	3.43	0.10	2.78	3.49
新蔡县 Xincai	3.48	3.45	0.01	0.02	1.68	0.18	1.62	0.01	1.44	2.02

5-12 各种分组的城镇单位从业人员数(2013年底)

Number of Employed Persons in Urban Units by Groups (End of 2013)

单位：万人 (10 000 persons)

类别	Type	合计 Total	在岗职工 Staff and Workers	#劳务派遣 Labor Dispatching	其他从业人员 Others	国有单位 State-owned Units	城镇集体单位 Urban Collective-owned Units	其他单位 Other Units
总计	**Total**	**1075.99**	**1023.38**	**54.08**	**52.61**	**369.84**	**46.09**	**660.06**
按企业、事业、机关分	**Grouped by Enterprises, Institutions and Agencies**							
企业	Enterprises	780.23	734.40	51.61	45.83	95.47	36.45	648.31
事业	Institutions	208.48	203.13	1.51	5.35	194.95	8.74	4.80
机关	Agencies & Organizations	76.51	75.26	0.71	1.24	76.16	0.09	0.26
按国民经济行业分	**Grouped by Sector**							
农、林、牧、渔业	**Farming, Forestry,animal Husbandry and Fishery**	**5.19**	**5.10**	**0.01**	**0.09**	**3.65**	**0.42**	**1.12**
农业	Farming	2.54	2.50	0.00	0.04	1.96	0.19	0.39
林业	Forestry	0.75	0.75	0.00	0.01	0.68	0.03	0.04
畜牧业	Animal Husbandry	0.55	0.51		0.04	0.16	0.02	0.37
渔业	Fishery	0.07	0.07		0.00	0.04		0.03
农、林、牧、渔服务业	Service activities for Farming, forestry, animal Husbandry and fishery	1.27	1.27	0.00	0.01	0.80	0.18	0.29
采矿业	**Mining**	**62.57**	**61.23**	**9.91**	**1.34**	**8.29**	**2.16**	**52.13**
制造业	**Manufacturing**	**312.67**	**308.43**	**7.21**	**4.24**	**8.14**	**7.76**	**296.77**
电力、燃气及水的生产和供应业	**Production and distribution of electricity, gas and water**	**24.56**	**23.79**	**1.02**	**0.77**	**13.17**	**0.37**	**11.02**
建筑业	**Construction**	**189.48**	**161.54**	**22.36**	**27.94**	**7.77**	**10.38**	**171.32**
房屋建筑业	Building Construction	120.79	103.48	16.54	17.30	2.35	8.55	109.89
土木工程建筑业	Civil engineering construction	41.91	34.85	3.40	7.06	4.60	0.90	36.41
建筑安装业	Architectural installation	12.36	9.99	1.03	2.37	0.66	0.71	10.98
建筑装饰和其他建筑业	Architectural decoration and Others	14.42	13.22	1.40	1.21	0.15	0.22	14.05
批发和零售业	**Wholesale and retail trade**	**52.66**	**50.54**	**1.81**	**2.12**	**11.62**	**7.14**	**33.90**
批发业	Wholesale	21.35	20.53	0.97	0.82	8.30	2.75	10.30
零售业	Retail trade	31.31	30.01	0.84	1.30	3.32	4.40	23.60
交通运输、仓储和邮政业	**Traffic,transport, storage and post**	**43.62**	**40.96**	**3.03**	**2.66**	**23.01**	**1.90**	**18.71**
铁路运输业	Transport via railway	12.01	11.69	0.12	0.32	10.90	0.31	0.79
道路运输业	Transport via road	23.43	21.45	1.07	1.98	7.05	0.68	15.70
水上运输业	Water transport	0.58	0.57	0.00	0.00	0.03	0.32	0.22
航空运输业	Air transport	0.78	0.78	0.44		0.04		0.74
管道运输业	Transport via pipeline	0.01	0.01					0.01
装卸搬运和运输代理业	Loading, unloading, portage and Transportation agency	1.09	1.00	0.08	0.09	0.22	0.46	0.41
仓储业	Storage	2.32	2.18	0.07	0.15	1.54	0.11	0.68
邮政业	Post	3.40	3.28	1.26	0.12	3.23	0.01	0.16
住宿和餐饮业	**Accommodation and Restaurants**	**11.82**	**11.43**	**0.42**	**0.39**	**2.61**	**0.72**	**8.48**
住宿业	Accommodation	7.70	7.39	0.33	0.31	2.30	0.60	4.80
餐饮业	Restaurants	4.12	4.04	0.09	0.08	0.32	0.13	3.68
信息传输、软件和信息技术服务业	**Information transfer,software and Information technology services**	**9.46**	**8.89**	**2.88**	**0.57**	**2.71**	**0.16**	**6.59**
电信、广播电视和卫星传输服务	Telecom,Radio,television and Satellite transmission service	8.50	7.94	2.79	0.56	2.60	0.13	5.76
互联网和相关服务	Internet and related services	0.28	0.28	0.07	0.00	0.05	0.00	0.23
软件和信息技术服务业	Software and information services	0.69	0.68	0.02	0.01	0.06	0.03	0.60
金融业	**Finance**	**24.13**	**21.28**	**0.70**	**2.85**	**6.66**	**3.17**	**14.30**
货币金融服务	Monetary and financial services	15.15	14.96	0.50	0.20	4.75	3.04	7.37
资本市场服务	Capital market services	0.33	0.33	0.00	0.00	0.25		0.08
保险业	Insurance	8.42	5.79	0.19	2.63	1.64	0.13	6.65
其他金融业	Other financial activities	0.22	0.20	0.00	0.02	0.01	0.00	0.20

5-12 续表 continued

单位：万人 (10 000 persons)

类别	Type	合计 total	在岗职工 Staff and Workers	#劳务派遣 Labor Dispatching	其他从业人员 Others	国有单位 State-owned Units	城镇集体单位 Urban Collective-owned Units	其他单位 Other Units
房地产业	**Real estate**	**15.76**	**14.79**	**0.47**	**0.98**	**0.93**	**0.38**	**14.45**
#房地产开发经营	Real estate development and operation	11.64	10.85	0.20	0.79	0.37	0.12	11.16
物业管理	Real estate management	3.01	2.86	0.22	0.15	0.21	0.17	2.63
房地产中介服务	Intermediate service of real estate	0.46	0.46	0.00	0.00	0.11	0.04	0.31
租赁和商务服务业	**Tenancy and business services**	**12.49**	**11.93**	**0.60**	**0.56**	**3.86**	**1.66**	**6.97**
租赁业	Tenancy	0.34	0.29	0.01	0.05	0.04	0.10	0.20
商务服务业	Business service	12.15	11.64	0.59	0.51	3.82	1.57	6.76
科学研究和技术服务业	**Scientific research and technical service**	**14.82**	**14.39**	**1.30**	**0.43**	**8.90**	**0.37**	**5.54**
研究和试验发展	Research and experimental development	3.04	2.87	0.48	0.16	2.22	0.02	0.80
专业技术服务业	Professional technique services	9.26	9.06	0.79	0.20	5.16	0.33	3.77
科技推广和应用服务业	Science and technology popularization and application services	2.52	2.45	0.03	0.06	1.52	0.02	0.98
水利、环境和公共设施管理业	**Management of water conservancy, environment and public establishment**	**12.44**	**11.62**	**0.09**	**0.81**	**10.55**	**0.20**	**1.68**
水利管理业	Management of water conservancy	3.56	3.50	0.01	0.06	3.34	0.05	0.18
生态保护和环境治理业	Ecological protection and Environmental management	0.59	0.58	0.01	0.00	0.42	0.00	0.16
公共设施管理业	Management of public establishment	8.29	7.55	0.08	0.75	6.80	0.15	1.35
居民服务、修理和其他服务业	**Resident services,Repairing and other services**	**1.99**	**1.89**	**0.08**	**0.11**	**0.61**	**0.23**	**1.15**
居民服务业	Resident services	1.08	0.99	0.01	0.09	0.46	0.16	0.46
机动车、电子产品和日用产品修理业	Motor vehicle repair industry, electronic products and daily products	0.36	0.34	0.00	0.01	0.04	0.02	0.30
其他服务业	Other services	0.56	0.55	0.06	0.00	0.12	0.04	0.39
教育	**Education**	**116.92**	**115.10**	**0.23**	**1.82**	**101.70**	**6.52**	**8.70**
#初等教育	Primary education	40.20	39.88	0.07	0.32	34.59	3.55	2.07
中等教育	Secondary education	59.67	58.74	0.08	0.93	53.62	2.75	3.30
高等教育	Higher education	8.99	8.59	0.04	0.40	7.88	0.00	1.11
卫生和社会工作	**Sanitation and social security**	**48.44**	**46.84**	**0.74**	**1.60**	**42.38**	**2.06**	**4.00**
卫生	Sanitation	47.71	46.13	0.73	1.58	41.78	2.04	3.90
社会工作	Social security	0.73	0.71	0.01	0.02	0.61	0.02	0.10
文化、体育和娱乐业	**Culture, sports and entertainment**	**8.51**	**7.47**	**0.14**	**1.04**	**6.50**	**0.18**	**1.83**
新闻和出版业	Journalism and publishing activities	1.65	1.63	0.01	0.02	1.49	0.01	0.15
广播、电视、电影和影视录音制作业	Broadcasting,movies,television and aud Video recordings	2.50	2.47	0.01	0.03	2.18	0.08	0.23
文化艺术业	Culture and art	2.74	2.67	0.11	0.07	2.49	0.06	0.19
体育	Sports activities	0.25	0.24	0.01	0.01	0.22		0.03
娱乐业	Entertainment	1.37	0.45		0.92	0.12	0.02	1.22
公共管理、社会保障和社会组织	**Public management,social welfare and social organization**	**108.47**	**106.17**	**1.08**	**2.31**	**106.79**	**0.30**	**1.39**
#中国共产党机关	Chinese Communist Party organs	3.23	3.20	0.02	0.03	3.21	0.02	
国家机构	Organ of state	100.90	98.67	1.04	2.23	99.80	0.23	0.87
人民政协、民主党派	People's Political Consultative Conference and democratic parties	0.60	0.60	0.01	0.00	0.5976		0.00
社会保障	Social welfare	0.86	0.85	0.00	0.01	0.85	0.00	0.01
群众团体、社会团体和其他成员组织	Mass communities, social communities and other organizations	2.80	2.78	0.01	0.03	2.32		0.44

5-13 各种分组的城镇女性从业人员数(年底数)

Number of Female Employed Persons at the Year-end by Groups (Year-end)

单位：万人 (10 000 persons)

项　目	Item	2011	2012	2013
合计	**Total**	**291.64**	**317.28**	**371.86**
按国民经济行业分	**Grouped by Sector**			
农、林、牧、渔业	Farming, Forestry, Animal Husbandry and Fishery	2.60	2.15	1.55
采矿业	Mining	12.19	12.55	11.17
制造业	Manufacturing	70.72	91.98	128.22
电力、燃气及水的生产和供应业	Production and distribution of electricity,gas and water	6.28	6.59	7.35
建筑业	Construction	14.10	14.99	21.43
批发和零售业	Wholesale and retail trade	18.67	18.63	24.05
交通运输、仓储和邮政业	Traffic,transport, storage and post	9.11	9.01	11.89
住宿和餐饮业	Accommodation and Restaurants	5.90	5.67	6.51
信息传输、软件和信息技术服务业	Information transfer, software and Information technology services	2.51	2.88	3.98
金融业	Finance	11.80	11.44	11.35
房地产业	Real estate	3.92	4.08	5.10
租赁和商务服务业	Tenancy and business services	3.51	3.79	3.93
科学研究和技术服务业	Scientific research and technical service	3.93	3.97	4.44
水利、环境和公共设施管理业	Management of water conservancy, environment and public establishment	5.01	4.97	4.51
居民服务、修理和其他服务业	Resident services,Repairing and other services	0.83	0.60	0.73
教育	Education	59.45	60.17	60.17
卫生和社会工作	Sanitation, social security	24.78	26.78	27.90
文化、体育和娱乐业	Culture, sports and entertainment	2.89	2.77	3.41
公共管理、社会保障和社会组织	Public management,social welfare and social organization	33.46	34.26	34.16
按三次产业分	**by Type of Industry**			
第一产业	Primary Industry	2.60	2.15	1.55
第二产业	Secondary Industry	103.28	126.12	168.18
第三产业	Teriary industry	185.76	189.01	202.13
按注册类型分	**by Registration Status**			
#国有单位	State-owned Units	154.82	159.08	147.50
城镇集体单位	Urban Collective Owned Units	18.55	17.76	15.87
股份合作单位	Share Holding Units	3.46	3.41	3.20
联营单位	Joint Owned Units	0.54	0.59	0.53
有限责任公司	Limited Liability Corporations	63.23	87.98	118.26
股份有限公司	Share-holding Corporations Ltd.	23.28	24.56	36.91
港澳台商投资单位	Units Funded by Entrepreneurs from Hong Kong, Macao & Taiwan	10.64	10.02	32.05
外商投资单位	Foreign Funded Units	5.81	6.08	8.13

5-14 各市城镇登记失业人数及失业率

Number of Unemployed and Unemployment Rate in Urban Area by City

市(县) City(County)	年底登记失业人数（万人） Number of Unemployed End of the year (10 0000 person)								登记失业率(%) Registered Rate of Unemployment (%)							
	2005	2007	2008	2009	2010	2011	2012	2013	2005	2007	2008	2009	2010	2011	2012	2013
全 省 Total	**33.02**	**33.07**	**36.51**	**38.50**	**38.20**	**38.40**	**38.27**	**40.19**	**3.5**	**3.4**	**3.4**	**3.5**	**3.4**	**3.4**	**3.1**	**3.1**
省 辖 市 City																
郑 州 市 Zhengzhou	4.64	4.81	4.94	3.92	2.95	2.23	5.03	6.13	3.5	3.4	3.4	2.1	2.8	2.0	2.0	2.2
开 封 市 Kaifeng	2.15	2.35	2.52	2.41	2.54	2.49	2.37	1.90	3.0	3.0	3.1	3.9	3.9	3.9	3.7	2.9
洛 阳 市 Luoyang	2.53	3.57	3.09	2.72	2.80	3.23	3.98	3.93	3.9	3.8	4.0	3.2	3.3	3.5	3.8	3.8
平 顶 山 市 Pingdingshan	1.93	1.52	2.12	2.11	2.01	2.20	2.03	2.21	3.6	3.5	3.0	3.4	3.2	3.3	3.0	3.3
安 阳 市 Anyang	1.96	1.51	2.12	2.15	2.09	2.27	2.64	2.72	3.3	3.5	3.2	3.7	3.3	3.4	3.9	3.6
鹤 壁 市 Hebi	0.47	0.60	0.57	0.65	0.70	0.88	0.54	0.55	4.0	3.5	3.8	3.1	3.7	3.9	2.0	2.6
新 乡 市 Xinxiang	2.07	2.10	2.10	2.18	2.45	2.53	2.42	2.68	2.9	3.7	3.4	3.6	3.9	3.9	3.8	3.8
焦 作 市 Jiaozuo	1.36	1.90	2.17	2.04	2.17	2.41	2.25	2.64	3.3	3.3	3.3	3.8	3.9	4.0	4.0	4.1
濮 阳 市 Puyang	1.28	0.91	0.97	0.88	0.94	1.39	1.37	1.41	3.8	3.8	3.9	2.2	2.6	2.7	3.0	2.6
许 昌 市 Xuchang	0.95	0.87	0.94	0.98	0.99	0.46	1.11	1.06	4.1	2.5	3.0	3.3	3.3	3.2	3.0	3.0
漯 河 市 Luohe	0.60	0.44	0.49	0.77	0.62	0.53	0.79	0.92	3.1	3.0	3.0	3.6	2.5	2.7	2.6	2.6
三 门 峡 市 Sanmenxia	1.07	1.01	0.90	1.02	0.90	0.84	0.77	0.75	3.1	2.1	2.3	3.6	3.3	3.2	2.9	2.9
南 阳 市 Nanyang	3.31	3.68	4.54	3.91	3.70	3.73	3.83	3.81	3.8	3.3	3.1	3.4	3.3	3.3	3.4	3.2
商 丘 市 Shangqiu	2.42	2.00	2.37	2.54	2.52	2.66	2.42	2.76	3.4	3.1	3.7	3.7	3.6	3.7	3.4	3.7
信 阳 市 Xinyang	1.75	1.46	1.44	1.60	1.19	0.92	0.82	0.92	3.8	3.4	3.7	3.1	2.9	2.3	2.9	2.4
周 口 市 Zhoukou	2.64	2.63	3.16	3.75	3.17	3.02	3.59	3.56	3.4	3.0	2.9	3.9	4.0	4.0	4.0	4.0
驻 马 店 市 Zhumadian	1.56	1.29	1.55	1.58	1.50	1.58	1.60	1.54	3.7	3.4	4.0	3.6	3.4	3.7	3.4	3.2
济 源 市 Jiyuan	0.33	0.42	0.51	0.61	0.69	0.82	0.67	0.70	3.3	3.0	3.6	3.2	3.3	3.5	2.8	2.8
省 直 管 县 Province Administrating County																
巩 义 市 Gongyi	0.19	0.30	0.40	0.41	0.47	0.53	0.44	1.30	0.8	1.5	2.3	2.0	2.0	2.0	1.0	3.9
兰 考 县 Lankao	0.48	0.11	0.19	0.10	0.10	0.10	0.04	0.01	4.4	2.3	2.9	3.5	3.2	2.4	1.1	2.7
汝 州 市 Ruzhou	0.16	0.19	0.17	0.19	0.21	0.17	0.16	0.23	3.4	3.3	3.2	3.1	3.8	3.3	3.5	3.0
滑 县 Huaxian	0.19	0.14	0.10	0.09	0.13	0.16	0.18	0.25	3.9	3.7	3.5	3.4	3.7	3.8	4.0	4.1
长 垣 县 Changyuan	0.14	0.12	0.13	0.20	0.23	0.23	0.22	0.22	4.2	3.6	3.9	3.8	3.8	3.7	3.6	3.6
邓 州 市 Dengzhou	0.18	0.13	0.16	0.14	0.14	0.19	0.34	0.23	3.4	2.0	2.5	2.0	2.4	2.7	3.7	3.2
永 城 市 Yongcheng	0.14	0.13	0.21	0.26	0.27	0.26	0.27	0.27	3.9	4.7	4.2	4.0	4.0	4.1	4.0	3.9
固 始 县 Gushi	0.16	0.11	0.17	0.17	0.17	0.18	0.17	0.18	3.2	3.3	3.2	3.1	3.2	3.2	3.0	3.2
鹿 邑 县 Luyi	0.21	0.20	0.18	0.14	0.15	0.13	0.13	0.35	4.1	4.3	4.0	3.9	3.8	3.7	3.7	3.9
新 蔡 县 Xincai	0.15	0.10	0.18	0.09	0.08	0.20	0.21	0.21	3.1	2.8	3.1	2.8	2.8	3.0	3.1	2.9

5-15 城镇单位从业人员平均工资

Average Earnings of Employed Persons in Urban Areas

单位：元 (yuan)

年份 Year	合计 Total	国有单位 State-owned Units	城镇集体单位 Urban Collective-owned Units	股份合作单位 Cooperative Units	联营单位 Joint Ownership Units	有限责任公司 Limited Liability Corporations Units	股份有限公司 Share Holding Corporations Units	港、澳、台商投资单位 Economic Units Funded by Entrepreneurs from Hong Kong,Macao and Taiwan Units	外商投资单位 Foreign Funded Economic Units	其他 Others
1998	5641	6103	4050	4026	5270	6201	5342	6009	8503	2213
1999	6136	6562	4524	5201	3897	6637	5895	6997	7502	4017
2000	6877	7408	4840	5640	5084	6910	7515	9267	7997	5521
2001	7868	8518	5669	5685	5661	7811	8077	9596	9070	5512
2002	9714	9791	6607	7208	6370	9148	10003	10482	9992	7507
2003	10639	11280	7828	9285	8482	10789	11862	12091	13363	8718
2004	11970	12562	8582	9586	9211	12150	13629	14278	14045	9864
2005	14119	14740	10248	11722	10386	14796	14986	14937	15437	10886
2006	16791	17702	12377	13075	12247	17051	17034	17710	17452	14811
2007	20639	22044	15674	17581	13370	19728	21771	20133	21371	17488
2008	24438	26222	16873	21493	17581	24012	24740	23315	25237	18435
2009	26906	28503	18006	26731	20665	25701	29628	25153	27120	22135
2010	29819	31470	20385	29928	25245	28775	32377	27257	29620	25087
2011	33634	35386	24220	32982	32881	33136	34884	31948	32674	28909
2012	37338	39344	27682	36536	33885	36386	38581	36814	36053	31329
2013	38301	42270	33135	41673	34299	34323	41388	42801	36985	32572

5-16 各种分组的城镇单位从业人员平均工资(2013年)

Average Wage of Employed Persons in Urban Units by Groups (2013)

单位：元 (yuan)

类别	Type	平均工资 Average Wage	在岗职工 Staff and Workers	#劳务派遣 Labor Dispatching	其他从业人员 Others	国有单位 State-owned Units	集体单位 Collectiveowned Units	其他单位 Others
总　　计	**Average**	**38301**	**38804**	**37418**	**28378**	**42270**	**33135**	**36393**
按企业、事业、机关分	**Grouped by Enterprises, Institutions and Agencies**							
企　业	Enterprises	37849	38366	38174	29477	49805	31558	36389
事　业	Institutions	40216	40710	22339	21022	40343	39338	36648
机　关	Agencies & Organizations	37525	37820	18782	19628	37516	51249	35389
按国民经济行业分	**Grouped by Sector**							
农、林、牧、渔业	**Farming, Forestry,animal Husbandry and Fishery**	**25268**	**25402**	**25030**	**17698**	**23908**	**26764**	**29148**
农业	Farming	22622	22728	32607	15086	22364	24897	22827
林业	Forestry	23273	23347	18615	13845	23052	25000	25877
畜牧业	Animal Husbandry	29097	29798		20718	23413	26959	31739
渔业	Fishery	33985	34019		11000	29884		39919
农、林、牧、渔服务业	Service activities for Farming, forestry, animal Husbandry and fishery	29588	29656	21538	15377	28188	28937	33890
采矿业	**Mining**	**51158**	**51168**	**48536**	**50697**	**51165**	**32398**	**51898**
制造业	**Manufacturing**	**33951**	**34058**	**33343**	**26616**	**44213**	**31439**	**33725**
电力、燃气及水的生产和供应业	**Production and distribution of electricity, gas and water**	**53634**	**54367**	**20927**	**31023**	**61478**	**31734**	**44730**
建筑业	**Construction**	**33856**	**34311**	**37450**	**31167**	**42070**	**29945**	**33692**
房屋建筑业	Building Construction	33171	33458	36905	31433	37798	29388	33345
土木工程建筑业	Civil engineering construction	35741	37011	42577	29066	44742	37758	34556
建筑安装业	Architectural installation	34829	34489	28537	36278	38671	28733	34991
建筑装饰和其他建筑业	Architectural decoration and Others	33062	33411	35267	29179	50180	21274	33036
批发和零售业	**Wholesale and retail trade**	**33759**	**34045**	**32541**	**27176**	**43592**	**27492**	**31642**
批发业	Wholesale	40212	40507	30887	33055	49411	30117	35331
零售业	Retail trade	29275	29539	34547	23416	28540	25820	30018
交通运输、仓储和邮政业	**Traffic,transport, storage and post**	**44633**	**45823**	**33764**	**26493**	**51875**	**25807**	**37591**
铁路运输业	Transport via railway	67895	69007	28053	23356	71722	16859	37843
道路运输业	Transport via road	34087	34661	29197	27973	31767	23866	35594
水上运输业	Water transport	38095	38199	20435	27455	50715	33493	42943
航空运输业	Air transport	85659	85659	42608		56899		87250
管道运输业	Transport via pipeline	34473	34473					34473
装卸搬运和运输代理业	Loading, unloading, portage and Transportation agency	37758	37700	29737	38451	59748	26221	30165
仓储业	Storage	35035	36193	36426	17276	35952	40812	32010
邮政业	Post	37570	38613	35376	12974	37235	27730	44541
住宿和餐饮业	**Accommodation and Catering Trade**	**27895**	**28081**	**26723**	**22504**	**30066**	**25505**	**27439**
住宿业	Accommodation	28291	28509	28256	23160	29609	24670	28118
餐饮业	Catering Trade	27151	27294	21099	19927	33370	29513	26541
信息传输、软件和信息技术服务业	**Information transfer,software and Information technology services**	**47671**	**49071**	**37678**	**23462**	**45528**	**33059**	**48910**
电信、广播电视和卫星传输服务	Telecom,Radio,television and Satellite transmission service	46656	48125	37949	23590	42176	35620	48937
互联网和相关服务	Internet and related services	32406	32467	24721	24571	33666	29643	32179
软件和信息技术服务业	Software and information services	66686	67145	44698	11236	236895	20674	54926
金融业	**Finance**	**62835**	**68337**	**48716**	**20972**	**64770**	**52627**	**64233**
货币金融服务	Monetary and financial services	74736	75212	54059	38081	71286	52753	86195
资本市场服务	Capital market services	109691	109745	37000	20000	128332		52539
保险业	Insurance	39982	49032	34742	19683	37138	50065	40514
其他金融业	Other financial activities	41250	43286	21000	21215	49543	32727	40773

5-16 续表 1 continued

单位：元 (yuan)

类别	Type	平均工资 Average Wage	在岗职工 Staff and Workers	#劳务派遣 Labor Dispatching	其他从业人员 Others	国有单位 State-owned Units	集体单位 Collectiveowned Units	其他单位 Others
房地产业	**Real estate**	**37594**	**38165**	**30351**	**28703**	**35980**	**31582**	**37853**
#房地产开发经营	Real estate development and operation	39814	40476	33134	30200	40139	29767	39894
物业管理	Real estate management	28781	29027	24243	24180	33973	32868	28084
房地产中介服务	Intermediate service of real estate	40461	40582	41333	25029	36312	26855	43837
租赁和商务服务业	**Tenancy and business services**	**34965**	**36357**	**25053**	**18133**	**32776**	**25969**	**38070**
租赁业	Tenancy	36038	40976	19725	7229	84354	18748	34252
商务服务业	Business service	34936	36241	25143	18719	32226	26431	38180
科学研究和技术服务业	**Scientific research and technical service**	**47717**	**48362**	**36888**	**25571**	**49035**	**37913**	**46223**
研究和试验发展	Research and experimental development	52000	54008	26684	13946	56789	34655	38907
专业技术服务业	Professional technique services	49954	50234	43898	37279	49262	38698	51918
科技推广和应用服务业	Science and technology popularization and application services	34175	34620	34799	17475	36634	29920	30396
水利、环境和公共设施管理业	**Management of water conservancy, environment and public establishment**	**31679**	**32823**	**21233**	**15117**	**31014**	**40823**	**34753**
水利管理业	Management of water conservancy	34605	34811	20451	23478	34383	44233	36150
生态保护和环境治理业	Ecological protection and Environmental management	36554	36646	44700	15240	34232	26531	42929
公共设施管理业	Management of public establishment	30064	31596	18953	14376	29139	40008	33603
居民服务、修理和其他服务业	**Resident services,Repairing and other services**	**27878**	**28472**	**20932**	**17261**	**28917**	**24518**	**27994**
居民服务业	Resident services	28419	29483	12476	16254	29399	23086	29318
机动车、电子产品和日用产品修理业	Motor vehicle repair industry, electronic products and daily products	31444	31907	31040	20745	32744	32746	31178
其他服务业	Other services	24501	24490	22655	25950	25930	25111	23993
教育	**Education**	**42099**	**42384**	**22126**	**23746**	**42700**	**39028**	**37288**
#初等教育	Primary education	39197	39340	19694	21206	39482	38148	36219
中等教育	Secondary education	42949	43258	26932	22606	43310	40479	39139
高等教育	Higher education	52049	53113	16425	29578	53371	26679	42292
卫生和社会工作	**Sanitation and social Work**	**43526**	**44087**	**27509**	**26858**	**44092**	**41590**	**38522**
卫生	Sanitation	43642	44208	27556	26915	44218	41473	38599
社会工作	Social Work	35971	36297	21151	21280	35471	54390	35630
文化、体育和娱乐业	**Culture, sports and entertainment**	**36555**	**38500**	**21376**	**14288**	**38213**	**28521**	**29764**
新闻和出版业	Journalism and publishing activities	49460	50343	22083	22996	47061	33853	75211
广播、电视、电影和影视录音制作业	Broadcasting,movies,television and audiovisual activities	37005	37217	28981	16911	38148	23685	31181
文化艺术业	Culture and art	32705	33020	20570	19874	32583	31143	34850
体育	Sports activities	37875	38453	21892	17030	38506		33199
娱乐业	Entertainment	22339	33549	60000	12408	39244	36817	19272
公共管理、社会保障和社会组织	**Public management,social welfare and social organization**	**36348**	**36736**	**18081**	**18216**	**36394**	**41576**	**31671**
#中国共产党机关	Chinese Communist Party organs	40003	40194	18728	19621	40037	35027	
国家机构	Organ of state	36208	36609	18012	18138	36255	43251	28887
人民政协、民主党派	People's Political Consultative Conference and democratic parties	41814	41901	21590	29244	41813		42000
社会保障	Social welfare	34833	35049	16686	15760	34945	26935	23067
群众团体、社会团体和其他成员组织	Mass communities, social communities and other organizations	36736	36882	20605	21763	36442		38242
按三次产业分	**Grouped by Industry**							
第一产业	Primary Industry	25268	25402	25030	17698	23908	26764	29148
第二产业	Secondary Industry	36628	36948	39056	31372	51371	29940	35517
第三产业	Teriary industry	40459	41145	32718	22913	41414	38179	41705

5-16 续表 2 continued

单位：元 (yuan)

类别	Type	平均工资 Average Wage	在岗职工 Staff and Workers	#劳务派遣 Labor Dispatching	其他从业人员 Others	国有单位 State-owned Units	集体单位 Collectiveowned Units	其他单位 Others
水利、环境和公共设施管理业	**Management of water conservancy, environment and public establishment**	**31679**	**32823**	**21233**	**15117**	**31014**	**40823**	**34753**
水利管理业	Management of water conservancy	34605	34811	20451	23478	34383	44233	36150
生态保护和环境治理业	Ecological protection and Environmental management	36554	36646	44700	15240	34232	26531	42929
公共设施管理业	Management of public establishment	30064	31596	18953	14376	29139	40008	33603
居民服务、修理和其他服务业	**Resident services,Repairing and other services**	**27878**	**28472**	**20932**	**17261**	**28917**	**24518**	**27994**
居民服务业	Resident services	28419	29483	12476	16254	29399	23086	29318
机动车、电子产品和日用产品修理业	Motor vehicle repair industry, electronic products and daily products	31444	31907	31040	20745	32744	32746	31178
其他服务业	Other services	24501	24490	22655	25950	25930	25111	23993
教育	**Education**	**42099**	**42384**	**22126**	**23746**	**42700**	**39028**	**37288**
#初等教育	Primary education	39197	39340	19694	21206	39482	38148	36219
中等教育	Secondary education	42949	43258	26932	22606	43310	40479	39139
高等教育	Higher education	52049	53113	16425	29578	53371	26679	42292
卫生和社会工作	**Sanitation and social Work**	**43526**	**44087**	**27509**	**26858**	**44092**	**41590**	**38522**
卫生	Sanitation	43642	44208	27556	26915	44218	41473	38599
社会工作	Social Work	35971	36297	21151	21280	35471	54390	35630
文化、体育和娱乐业	**Culture, sports and entertainment**	**36555**	**38500**	**21376**	**14288**	**38213**	**28521**	**29764**
新闻和出版业	Journalism and publishing activities	49460	50343	22083	22996	47061	33853	75211
广播、电视、电影和影视录音制作业	Broadcasting,movies,television and audiovisual activities	37005	37217	28981	16911	38148	23685	31181
文化艺术业	Culture and art	32705	33020	20570	19874	32583	31143	34850
体育	Sports activities	37875	38453	21892	17030	38506		33199
娱乐业	Entertainment	22339	33549	60000	12408	39244	36817	19272
公共管理、社会保障和社会组织	**Public management,social welfare and social organization**	**36348**	**36736**	**18081**	**18216**	**36394**	**41576**	**31671**
#中国共产党机关	Chinese Communist Party organs	40003	40194	18728	19621	40037	35027	
国家机构	Organ of state	36208	36609	18012	18138	36255	43251	28887
人民政协、民主党派	People's Political Consultative Conference and democratic parties	41814	41901	21590	29244	41813		42000
社会保障	Social welfare	34833	35049	16686	15760	34945	26935	23067
群众团体、社会团体和其他成员组织	Mass communities, social communities and other organizations	36736	36882	20605	21763	36442		38242
按三次产业分	**Grouped by Industry**							
第一产业	Primary Industry	25268	25402	25030	17698	23908	26764	29148
第二产业	Secondary Industry	36628	36948	39056	31372	51371	29940	35517
第三产业	Teriary industry	40459	41145	32718	22913	41414	38179	41705

5-17 各市城镇单位从业人员平均工资(2013年)

单位：元

市(县) City(County)	平均工资 Average Wages	在岗职工 Staff and Workers	#劳务派遣 Labor Dispatching	其他从业人员 Others	#国有单位 State-owned Units	#集体单位 Urban Collective-owned Units	#股份合作单位 Cooperative Units
全　省 Total	**38301**	**38804**	**37418**	**28378**	**42270**	**33135**	**41673**
省辖市 City							
郑州市 Zhengzhou	44119	44622	40594	31241	49327	34672	41398
开封市 Kaifeng	34797	35197	33674	28212	41096	34890	41290
洛阳市 Luoyang	39559	40469	36595	25177	41518	33490	48194
平顶山市 Pingdingshan	41839	42490	42446	23538	39904	38401	55050
安阳市 Anyang	34348	34613	28887	30763	36108	31575	49302
鹤壁市 Hebi	36839	37191	30433	26509	49163	33858	31019
新乡市 Xinxiang	33427	33564	33967	31099	39647	31093	39857
焦作市 Jiaozuo	37241	37794	41255	25699	39604	33721	34119
濮阳市 Puyang	36814	37590	42484	27556	32848	23211	23114
许昌市 Xuchang	35877	36022	32924	31044	37590	35821	42081
漯河市 Luohe	34538	34751	28708	24535	38277	32416	26224
三门峡市 Sanmenxia	42746	42929	31638	39996	45625	34719	28652
南阳市 Nanyang	36071	36565	39560	26998	42460	35608	29729
商丘市 Shangqiu	36300	36815	39688	23693	37161	34146	52738
信阳市 Xinyang	33833	34396	27910	26419	35803	34030	34648
周口市 Zhoukou	36372	36492	33338	31735	45337	34676	51859
驻马店市 Zhumadian	31896	32289	30178	25859	33594	29312	35826
济源市 Jiyuan	36108	35977	32703	37920	39962	31435	58594
省直管县 Province Administrating County							
巩义市 Gongyi	35083	35395	24584	22913	41804	44456	50010
兰考县 Lankao	36330	36412	47420	34363	33039	35997	50704
汝州市 Ruzhou	41189	41919	37906	19482	47980	32008	47046
滑县 Huaxian	26934	27043	22865	24796	29475	29861	20268
长垣县 Changyuan	33372	33393	32936	32913	34400	36567	31467
邓州市 Dengzhou	31564	32298	33503	24388	34232	30912	27439
永城市 Yongcheng	45534	46248	45155	15206	35002	41523	48023
固始县 Gushi	34407	34867	17860	23667	37588	34971	28806
鹿邑县 Luyi	41497	41554	38659	35894	62639	34240	26831
新蔡县 Xincai	32093	32163	26701	21473	32745	26406	21514

Average Wage of Employed Persons in Urban Units by City (2013)

(yuan)

#联营单位 Joint Ownership Units	#有限责任公司 Limited Liability Corporations Units	#股份有限公司 Share Holding Corporations Units	#港澳台投资 Economic Units Funded by Entrepreneurs from Hong Kong, Macao and Taiwan	#外商投资 Foreign Funded Economic Units	第一产业 Primary Industry	第二产业 Secondary Industry	第三产业 Teriary industry
34299	**34323**	**41388**	**42801**	**36985**	**25268**	**36628**	**40459**
29080	38521	53316	48932	46997	26616	42037	47077
34475	31148	32180	33018	34833	41221	31583	38504
31710	37250	49788	27208	43378	23075	38886	40317
23171	35761	53012	42796	43860	23095	44353	38405
24039	33776	33658	32694	43460	26257	34271	34522
31857	33593	30055	22195	28684	46472	33464	44627
25752	30159	32364	34424	35235	21609	30924	37967
36913	37359	36182	31888	29190	21923	37141	37450
37094	34846	54774	25084	37712	21864	39957	31240
34281	33068	42825	33017	30005	31102	36475	35001
24388	29324	31777	43874	30788	21058	32831	37258
33468	34844	48938	48119	30316	33830	42730	42830
39768	29223	34065	28830	34449	24723	31257	40688
56446	37601	28373	30059	37227	24338	34963	37535
21593	30796	35941	28765	31845	26207	32298	35101
28057	28427	29917	25463	26023	22656	27044	45212
28675	30639	32010	30160	34457	22856	30273	33632
	34983	32471	33955	47771	34649	34991	38733
27714	30055	30621	48035	26155	31157	30681	42065
39449	36792	30701	33799	32808	37318	36134	36445
19174	24169	34763	45070		28417	37439	44810
	25479	19257	16130		19248	25077	28544
	33299	30666	24091	42950	29937	33295	33624
	26914	28759		18859	26080	28402	33335
	52458	33596				51979	35638
	30418	27513		22712	23568	30643	36336
30000	25223	21721			17217	24032	56131
23147	33705	30360			20390	29348	34126

5−18　各市分行业城镇单位从业人员平均工资(2013年)

单位：元

市(县) City(County)	合　计 Total	农林牧渔业 Farming, Forestry, Animal Husbandry and Fishery	采矿业 Mining	制造业 Manufacturing	电力、燃气及水的生产和供应业 Production and Supply of Electricity,Gas and Water	建筑业 Construction	批发和零售业 Wholesale and retail trade	交通运输仓储及邮政业 Traffic, transport, storage and post	住宿和餐饮业 Accommodation and Restaurants
省　辖　市 City									
郑　州　市 Zhengzhou	44119	26616	47297	41444	46995	41441	37188	47441	30584
开　封　市 Kaifeng	34797	41221		30715	55148	31304	34140	29253	27037
洛　阳　市 Luoyang	39559	23075	44873	37165	60053	38390	38990	40434	27534
平 顶 山 市 Pingdingshan	41839	23095	54092	35611	48236	34992	34177	26230	23064
安　阳　市 Anyang	34348	26257	44925	34129	42222	33368	24865	28876	23239
鹤　壁　市 Hebi	36839	46472	45618	26430	55094	29863	26607	31545	24464
新　乡　市 Xinxiang	33427	21609	69127	29052	45974	30784	29331	34554	23823
焦　作　市 Jiaozuo	37241	21923	53085	32778	56939	32845	26249	38127	24633
濮　阳　市 Puyang	36814	21864	60087	26796	37786	35970	29641	23191	23751
许　昌　市 Xuchang	35877	31102	43053	34565	64402	34259	37283	31548	32049
漯　河　市 Luohe	34538	21058	64079	33128	56620	28174	31327	41423	22927
三 门 峡 市 Sanmenxia	42746	33830	46772	33410	58437	39224	38698	34701	22439
南　阳　市 Nanyang	36071	24723	56396	28491	39844	29583	31529	30754	25348
商　丘　市 Shangqiu	36300	24338	57125	29346	46239	29323	33942	36243	24845
信　阳　市 Xinyang	33833	26207	27291	31931	36291	32432	30162	27841	27464
周　口　市 Zhoukou	36372	22656		23733	30263	32801	32931	29905	27536
驻 马 店 市 Zhumadian	31896	22856	28971	32000	34299	28166	32060	29940	25105
济　源　市 Jiyuan	36108	34649	31476	34359	83908	27991	31338	42713	25968
省 直 管 县 Province Administrating County									
巩　义　市 Gongyi	35083	31157	31837	29945	46507	29492	26333	24418	21534
兰　考　县 Lankao	36330	37318		34603	57221	37343	35077	39290	38279
汝　州　市 Ruzhou	41189	28417	43689	27848	61400	19758	26813	29074	18220
滑　　　县 Huaxian	26934	19248	34530	24467	39015	24351	19037	18444	19321
长　垣　县 Changyuan	33372	29937		32515	30603	33687	26155	33023	24812
邓　州　市 Dengzhou	31564	26080		27055	38817	28735	23437	19503	18613
永　城　市 Yongcheng	45534		57125	39861	53102	36380	38264	35212	25463
固　始　县 Gushi	34407	23568		29149	32206	32750	22697	27881	24188
鹿　邑　县 Luyi	41497	17217		24231	41670	21624	29295	24908	28230
新　蔡　县 Xincai	32093	20390		32005	27577	24328	36366	48390	23155

Average Wage of Employed Persons in Urban Units by Sector and City (2013)

(yuan)

信息传输、软件和信息技术服务业 Information transfer, software and Information technology services	金融业 Fina-nce	房地产业 Real estate	租赁和商务服务业 Tenancy and business services	科学研究和技术服务业 Scientific research, and technical service	水利、环境和公共设施管理业 Management of water conservancy, environment and public establishment	居民服务、修理和其他服务业 Resident services Repairing and other services	教育 Education	卫生和社会工作 Sanitation, and social work	文化、体育和娱乐业 Culture, sports and enterta-inment	公共管理、社会保障和社会组织 Public management social security and social organization
62901	91042	45988	46208	55108	34777	26070	45959	46441	42058	43764
35458	44719	35838	34419	35651	35026	36247	42462	49872	37784	39099
52714	68746	38406	27649	64278	27245	28475	38340	38796	33318	33236
44067	60575	31865	26711	38867	31793	27138	45351	42174	29769	34259
33308	51472	34083	28198	43791	29375	28938	36621	37840	29291	33707
41109	73593	33950	34329	41439	32784	23897	50548	47759	44834	48944
52855	57321	37344	27264	34523	29849	26545	41676	41025	32328	35296
37137	35323	37205	30605	34900	30373	26886	37959	56634	34203	36431
41947	46229	32703	36144	48515	25367	22914	31319	33056	25198	27917
68504	67067	35240	31893	32839	26228	30727	32577	35982	29264	32814
27058	59485	34172	28829	36399	31539	32808	39089	38719	33855	34709
43951	58011	30477	28226	47115	36608	34146	46050	45793	37414	43506
42263	59042	30744	37490	40929	38211	24106	46561	49053	32800	35266
55251	50872	35112	24959	27112	30636	30264	40515	40239	26975	33747
32055	48357	33404	25887	33768	32199	31118	38439	39203	29965	34203
49482	65086	34967	31473	40765	28951	34200	52431	52574	45114	40001
31655	49902	34442	25533	31537	26250	27042	35748	35236	28479	32273
34188	70640	36070	33568	34653	21392	21036	45203	39573	31452	36057
30029	97649	34631	28476	32036	25417	23333	47812	46160	27911	43013
31855	50019	37246	36471	35313	34471	38738	32883	52738	27275	24459
28770	75708	39357	26592	26709	46188	39231	55777	52553	44275	41343
35097	29266	31651	17709	30575	27559	19525	33356	35213	18797	27886
	45986	34064	27291	29193	30367	29182	36705	37884	34445	33324
17825	62985	40199	32479	34612	33117	21732	36475	40649	26198	34470
31742	56023	38814		24343	17038	31769	37308	45273	25902	34022
33619	44525	40603	26939	35581	34953	35520	41904	40725	22143	34577
	48343	22124		69891	31913		77298	71389	21648	39485
33722	38395	28101	23447	28524	23762	26403	38420	25723	24543	28673

5-19 职工工资及指数

Wages and Related Indices of Staff and Workers

年份 Year	工资总额(亿元) Total Wages (100 million yuan)	国有单位 State-owned Units	城镇集体单位 Urban Collective-owned Units	其他单位 Other Units	平均工资(元) Average Wage (yuan)	国有单位 State-owned Units	城镇集体单位 Urban Collective-owned Units	其他单位 Other Units	平均工资指数(以上年为100) Index of Average Wage (Preceding year=100) 全部职工 Total Staff and Workers	国有单位 State-owned Units	城镇集体单位 Urban Collective-owned Units	其他单位 Other Units
1952	1.43	1.43			347	347						
1957	5.90	5.90			546	546						
1962	8.33	8.33			538	538				130.4		
1965	10.89	9.07	1.82		503	599		369	86.2	102.6		
1970	12.87	11.18	1.69		547	573		424	98.9	98.7	102.9	
1975	18.12	15.37	2.75		561	581		488	100.5	98.4	104.7	
1978	24.30	20.65	3.64		590	609		496	104.8	105.4	99.8	
1979	27.63	23.60	4.03		644	668		533	108.8	109.4	107.1	
1980	32.93	28.14	4.79		730	759		597	106.9	107.2	105.7	
1981	35.43	30.33	5.09		742	772		604	99.3	99.3	98.8	
1982	37.40	31.82	5.59		754	789		604	99.8	100.4	98.2	
1983	39.19	33.36	5.82		767	805		606	98.9	99.2	97.5	
1984	46.24	37.76	8.47	0.01	866	921	686	809	110.5	111.9	110.8	
1985	57.85	47.06	10.76	0.02	1015	1080	804	1014	110.1	110.1	110.0	117.7
1986	69.57	56.97	12.57	0.03	1159	1245	882	1079	106.9	107.9	102.7	99.6
1987	78.98	64.34	14.58	0.06	1258	1347	974	1559	100.7	100.4	102.4	134.0
1988	95.90	78.66	17.18	0.07	1470	1582	1110	1520	96.2	96.7	93.8	80.2
1989	108.70	89.48	19.12	0.09	1628	1767	1191	1724	96.4	97.2	93.4	98.7
1990	123.86	102.52	21.19	0.15	1825	1997	1288	2128	111.5	112.5	107.6	122.8
1991	138.18	113.58	24.33	0.27	1964	2132	1433	2477	102.4	101.6	105.9	110.8
1992	165.51	138.38	26.51	0.62	2269	2473	1583	2544	107.3	107.7	102.6	95.4
1993	200.82	168.89	28.90	3.03	2646	2860	1821	3097	105.4	104.6	104.0	110.1
1994	275.18	229.87	35.66	9.66	3545	3851	2295	4038	105.2	105.7	98.9	102.3
1995	347.70	284.17	47.79	15.75	4344	4677	3007	4644	104.8	103.9	112.1	98.4
1996	407.43	332.03	54.77	20.63	4924	5265	3485	5197	103.5	102.8	105.8	102.2
1997	434.08	336.34	66.05	31.69	5225	5643	3797	5209	103.6	104.7	106.4	97.9
1998	431.01	299.76	63.36	67.88	5781	6204	4258	5976	119.9	120.4	117.5	117.2
1999	445.61	307.17	62.31	76.13	6194	6594	4639	6384	110.9	110.0	112.8	110.6
2000	495.66	338.39	66.44	90.84	6930	7453	4913	7212	112.9	114.1	106.9	114.0
2001	553.40	381.92	75.73	95.75	7916	8573	5726	7889	113.4	114.2	115.7	108.6
2002	622.42	400.42	80.84	141.15	9174	9864	6664	9335	116.1	115.3	116.6	118.5
2003	720.52	436.31	88.51	195.69	10749	11397	7894	11160	115.2	113.6	116.5	117.5
2004	801.95	497.47	79.62	224.86	12114	12701	8686	12588	106.9	105.7	104.4	107.0
2005	949.97	575.63	90.29	284.05	14282	14877	10383	14852	115.5	114.7	117.1	115.6
2006	1152.05	690.58	103.21	358.26	16981	17886	12483	17088	117.5	118.8	118.8	113.7
2007	1431.35	849.87	125.01	456.48	20935	22345	15850	20333	117.0	118.5	120.5	112.9
2008	1702.22	1008.08	111.75	582.39	24816	26536	17118	24189	110.8	111.0	100.9	111.2
2009	1918.14	1066.34	85.52	766.28	27357	28914	18352	26817	110.9	109.6	107.9	111.5
2010	2171.69	1200.07	98.62	873.00	30303	31924	20769	29770	107.1	106.8	109.5	107.4
2011	2721.42	1390.91	119.85	1210.66	34203	35894	24397	33719	107.1	106.6	111.3	107.5
2012	3146.25	1575.98	134.27	1436.00	37958	39948	28103	37145	111.0	111.3	115.2	110.2
2013	4048.73	1556.02	149.02	2343.68	38804	42831	33954	36765	102.2	107.2	120.8	99.0

注：1.本表平均工资指数按实际工资计算，即扣除了职工生活费用价格变动因素。
2.1998年及以后年度工资总额为在岗职工口径，与以前年度不尽可比。

a)Indices of average wage in this table were calculated on practical wage ,change factor of employee maintenance price was taken out.
b)Total wages funds since 1998 were totalized by all employed staff and workers ,and can't compared with former years.

5-20 城镇私营单位从业人员平均工资
Everage Wage of Engaged Persons in Private Enterprises

单位：元 (yuan)

项　　目	Item	2011	2012	2013
从业人员总计	**Total Number of Employed persons**	**18749**	**21255**	**23936**
按国民经济行业分	**Grouped by Sector**			
农、林、牧、渔业	Farming, Forestry,animal Husbandry and Fishery	14364	17071	19869
采矿业	Mining	21144	22361	24314
制造业	Manufacturing	18188	20844	23142
电力、燃气及水的生产和供应业	Production and distribution of electricity,gas and water	16119	21024	23711
建筑业	Construction	21607	24054	27104
批发和零售业	Wholesale and retail trade	17087	19339	23086
交通运输、仓储和邮政业	Traffic,transport, storage and post	19600	19581	24919
住宿和餐饮业	Accommodation and Restaurants	16807	19352	21798
信息传输、软件和信息技术服务业	Information transfer,software and Information technology services	18550	19111	22215
金融业	Finance	16894	21652	20682
房地产业	Real estate	20679	22621	26746
租赁和商务服务业	Tenancy and business services	19364	21498	24655
科学研究、技术服务业	Scientific research and technical service	24949	26399	28898
水利、环境和公共设施管理业	Management of water conservancy, environment and public establishment	17755	20480	24411
居民服务、修理和其他服务业	Resident services,Repairing and other services	16217	18705	21372
教育	Education	18859	21028	24772
卫生和社会工作	Sanitation and social Work	20492	24293	25966
文化、体育和娱乐业	Culture, sports and entertainment	16542	19982	22177
公共管理、社会保证和社会组织	Mass communities, social communities and other organizations	15545	15341	18940

5-21 各市城镇私营单位从业人员平均工资

Everage Wage of Engaged Persons in Private Enterprises by City

单位：元 (yuan)

市(县) City(County)	2010	2011	2012	2013
郑州市 Zhengzhou	18832	22326	24686	27533
开封市 Kaifeng	16049	19153	21609	24902
洛阳市 Luoyang	16363	20583	23271	25208
平顶山市 Pingdingshan	17091	19374	21514	23807
安阳市 Anyang	16226	18477	20324	23003
鹤壁市 Hebi	13023	16635	18662	20581
新乡市 Xinxiang	16014	18852	21116	23552
焦作市 Jiaozuo	14171	16736	19511	22369
濮阳市 Puyang	13536	16222	18807	20489
许昌市 Xuchang	17407	20224	22378	27662
漯河市 Luohe	13692	16244	19022	23882
三门峡市 Sanmenxia	15659	17296	21909	23899
南阳市 Nanyang	14379	15880	18115	20263
商丘市 Shangqiu	13101	15265	18338	21696
信阳市 Xinyang	16510	18750	20649	22838
周口市 Zhoukou	14525	16912	19033	21881
驻马店市 Zhumadian	13968	16192	18847	22500
济源市 Jiyuan	15379	19733	25678	29938

5-22 各市按行业分城镇私营单位从业人员平均工资(2013年)

Average Wage of Employed Persons in Urban Private Units by Sector and City (2013)

单位：元 (yuan)

市 City	平均工资 Average Wage	农林牧渔业 Farming, Forestry, Animal Husbandry and Fishery	采矿业 Mining	制造业 Manufacturing	电力、燃气及水的生产和供应业 Production and Supply of Electricity,Gas and Water	建筑业 Construction	批发和零售业 Wholesale and retail trade	交通运输仓储及邮政业 Traffic, transport, storage and post	住宿和餐饮业 Accommodation and Restaurants	信息传输、软件和信息技术服务业 Information transfer, software and Information technology
郑州市 Zhengzhou	27533	21751	28241	25964	23999	30878	26033	29893	23935	28988
开封市 Kaifeng	24902	22169		24110	27455	27829	23739	24193	23661	22494
洛阳市 Luoyang	25208	19743	21729	25700	24104	30167	21556	21410	21739	19408
平顶山市 Pingdingshan	23807	19863	24296	23870	22831	25328	24246	25440	20537	26400
安阳市 Anyang	23003	19276	23883	21401	25677	24568	20839	24808	19209	17403
鹤壁市 Hebi	20581	19371	20018	20305	19152	24402	19396	22956	23636	16428
新乡市 Xinxiang	23552	20947	23263	22463	25617	29106	22757	24392	22350	20480
焦作市 Jiaozuo	22369	21071	19076	22721	20716	24349	16783	24785	18825	18262
濮阳市 Puyang	20489	11215		20191	17769	24094	16143	23891	18995	21636
许昌市 Xuchang	27662	19553	24891	27219	21278	37244	23598	27708	34916	
漯河市 Luohe	23882		23218	23406	18516	27693	25718	31685	25522	26333
三门峡市 Sanmenxia	23899	20460	25536	25318	25125	23466	19910	26030	20302	14985
南阳市 Nanyang	20263	17353	21900	20413	20866	20721	17833	20189	17460	18935
商丘市 Shangqiu	21696	16069		20790	18335	28947	18478	22426	17432	18195
信阳市 Xinyang	22838	19438	21327	21999	22171	25376	20196	23285	22831	22587
周口市 Zhoukou	21881			20600	33092	26872	23931	24396	19871	18464
驻马店市 Zhumadian	22500	25599	28212	21564	24452	22559	22403	24467	19549	24027
济源市 Jiyuan	29938		23943	32417	25678	23085	25678	27444	21656	26364

市 city	金融业 Finance	房地产业 Real estate	租赁和商务服务业 Tenancy and business services	科学研究和技术服务业 Scientific research, and technical service	水利、环境和公共设施管理业 Management of water conservancy, environment and public establishment	居民服务、修理和其他服务业 Resident services Repairing and other services	教育 Education	卫生和社会工作 Sanitation, and social work	文化、体育和娱乐业 Culture, sports and entertainment	公共管理、社会保障和社会组织 Public management social security and social organization
郑州市 Zhengzhou	22339	28312	27547	34028	29022	22389	22539	32819	29035	17463
开封市 Kaifeng	29148	25317	23381	25600	27746	22741	33755	24618	24247	23425
洛阳市 Luoyang	16588	29102	19140	25204	23116	22710	25881	25760	18046	21732
平顶山市 Pingdingshan	22955	25220	30145	23577	18143	21103	21588	32250	19570	
安阳市 Anyang	25270	23602	21082	22503	27578	21646	23544	18018	23604	
鹤壁市 Hebi	17834	28389	19175	23331	18525	17863	20868	16508	17201	16428
新乡市 Xinxiang	25523	27682	26431	22692	23177	18737	29678	22214	22191	17429
焦作市 Jiaozuo	13728	22090	13919	18131	25219	20787	20907	19157	18060	13815
濮阳市 Puyang	17182	23087	18656	11053	11204	17757	21221	16289	21125	
许昌市 Xuchang		27203	20307	27464	21982	20862		25085	17893	
漯河市 Luohe	28727	19671	25086	24300		22099	21982	26838	24304	
三门峡市 Sanmenxia	18967	18880	19533	18967	19177	19461	19136	21009	20787	
南阳市 Nanyang	19710	22581	20846	19214	19327	19439	19797	21558	19200	
商丘市 Shangqiu	17115	22330	15582	18743	15667	15265	17630	17617	15632	16921
信阳市 Xinyang	32410	23170	24123	23080	24060	23970	25893	24757	25211	23905
周口市 Zhoukou		21563	21706	18600		24690	24183	27048		
驻马店市 Zhumadian	39181	25664	26754	22427	24371	21882	35435	24594	17463	25771
济源市 Jiyuan		34025	25678	26400	25678	19565	25678	19340	25681	

主要统计指标解释

从业人员 指在16周岁及以上，从事一定社会劳动并取得劳动报酬或经营收入的人员。这一指标反映了一定时期内全部劳动力资源的实际利用情况，是研究我国基本国情国力的重要指标。

单位就业人员 指报告期末最后一日24时在本单位中工作，并取得工资或其他形式劳动报酬的人员数。该指标为时点指标，不包括最后一日当天及以前已经与单位解除劳动合同关系的人员，是在岗职工、劳务派遣人员及其他就业人员之和。就业人员不包括：

(1)离开本单位仍保留劳动关系，并定期领取生活费的人员；

(2)利用课余时间打工的学生及在本单位实习的各类在校学生；

(3)本单位因劳务外包而使用的人员。

城镇私营和个体就业人员 城镇私营就业人员指在工商管理部门注册登记,其经营地址设在县城关镇(含县城关镇)以上的私营企业就业人员，包括私营企业投资者和雇工。城镇个体就业人员指在工商管理部门注册登记，并持有城镇户口或在城镇长期居住，经批准从事个体工商经营的就业人员，包括个体经营者和在个体工商户劳动的家庭帮工和雇工。

在岗职工 指在本单位工作且与本单位签订劳动合同，并由单位支付各项工资和社会保险、住房公积金的人员，以及上述人员中由于学习、病伤、产假等原因暂未工作仍由单位支付工资的人员。在岗职工还包括：

(1)应订立劳动合同而未订立劳动合同人员(如使用的农村户籍人员)；

(2)处于试用期人员；

(3)编制外招用的人员；

(4)派往外单位工作，但工资仍由本单位发放的人员(如挂职锻炼、外派工作等情况)。

工资总额 指根据《关于工资总额组成的规定》(1990年1月1日国家统计局发布的一号令)进行修订，在报告期内(季度或年度)直接支付给本单位全部就业人员的劳动报酬总额。包括计时工资、计件工资、奖金、津贴和补贴、加班加点工资、特殊情况下支付的工资，是在岗职工工资总额、劳务派遣人员工资总额和其他就业人员工资总额之和。

工资总额是税前工资，包括单位从个人工资中直接为其代扣或代缴的房费、水费、电费、住房公积金和社会保险基金个人缴纳部分等。

工资总额不论是计入成本的还是不计入成本的，不论是以货币形式支付的还是以实物形式支付的，均应列入工资总额的计算范围。

平均工资 指单位就业人员在一定时期内平均每人所得的货币工资额。它表明一定时期职工工资收入的高低程度，是反映就业人员工资水平的主要指标。计算公式为：

$$\text{平均工资}=\frac{\text{报告期实际支付的全部就业人员工资总额}}{\text{报告期全部就业人员平均人数}}$$

平均工资指数 指报告期就业人员平均工资与基期就业人员平均工资的比率，是反映不同时期就业人员货币工资水平变动情况的相对数。计算公式为：

$$\text{平均工资指数}=\frac{\text{报告期就业人员平均工资}}{\text{基期就业人员平均工资}}\times 100\%$$

平均实际工资指数 就业人员平均实际工资指扣除物价变动因素后的就业人员平均工资。就业人员平均实际工资指数是反映实际工资变动情况的相对数，表明就业人员实际工资水平提高或降低的程度。计算公式为：

$$平均实际工资指数 = \frac{报告期就业人员平均工资指数}{报告期城镇居民消费价格指数} \times 100\%$$

城镇登记失业人员 指有非农业户口，在一定的劳动年龄内(16 周岁至退休年龄)，有劳动能力，无业而要求就业，并在当地劳动保障部门进行失业登记的人员。

城镇登记失业率 城镇登记失业人员与城镇单位就业人员(扣除使用的农村劳动力、聘用的离退休人员、港澳台及外方人员)、城镇单位中的不在岗职工、城镇私营业主、个体户主、城镇私营企业和个体就业人员、城镇登记失业人员之和的比。

Explanatory Notes on Main Statistical Indicators

Employed Persons refer to persons aged 16 and over who are engaged in gainful employment and thus receive remuneration payment or earn business income. This indicator reflects the actual utilization of total labour force during a certain period of time and is often used for the research on China's economic situation and national power.

Persons Employed in Various Units refer to the total number of employees who work at his unit and obtain wages or other forms of payment at the end of the reporting period. This indicator is a kind of time point index and it equals to the sum of the number of employed staff and workers, labor dispatch personnel and other employed persons. Employed persons do not include:

1)persons who have left their working units while keeping their labour contract (employment relation) unchanged and receiving regular alimony;

2)students who do part-time jobs in spare time and all kinds of enrolled students who do internship in various units;

3)persons employed due to labor outsourcing;

4)persons who dissolve labor contracts with their units on the last day of reporting period or before.

Persons Employed in Private Enterprises and Self-Employed Individuals in Urban Areas Persons employed in private enterprises refer to the persons employed in the private enterprises which have been registered at the departments of industrial and commercial administration for which the business operation are situated at a county town (i.e. a town where the county government is located), or at urban areas with administrative hierarchy higher than a county town. The self-employed individuals in urban areas refer to persons who hold the certificates of residence in urban areas or have resided in the urban areas for a long time and have been registered at the departments of industrial and commercial administration and approved to be engaged in individual industrial or commercial business, including self-employed persons as well as helpers and hired laborers who work in individual households.

Employed Staff and Workers refer to persons who signed labor contracts with working units and working units would pay wages, social insurance and housing funds for them. Persons who have their work posts but are temporarily absent from work for reasons of study or on sick, injury or maternal leave and still receive wages from their working units are also included. Employed staff and workers also include:

1)Persons who should have signed the labor contracts but not (like people with rural household registration);

2)Employees on probation;

3)Employees beyond the staffing quota;

4)Employees who are sent to other working units but still obtain wages from their original units (situations like on-the-job placement, expatriated assignment, etc.)

1)Employed Staff and Workers do not include: Dispatched personnel who work and are paid directly by the working units; they shall be counted into "labour dispatch personnel" of the working units;

2)Personnel through labor outsourcing, they shall be counted into "employed staff and workers" of the units which contracted them.

Total Wage Bill It is revised according to the "Provision of Composition of Total Wages" (Order No.1 by National Bureau of Statistics on January, 1st, ,1990), total wage bill refers to the total remuneration payment to all employed persons in various units during the reporting period (by quarter or by year), including hourly-paid wages, piece-rate wages, bonuses, allowance and subsidies, overtime wages and wages paid under special circumstances. It equals to the sum of total wages of employed staff and workers, dispatch labors and other employed persons.

Total wage bill is pre-tax wages, including the room charges, utility bills, housing funds and social insurance paid or withheld by employee's units.

Total wage bill, whether or not included in cost, whether or not paid in money or in kind, shall be included in the calculation of total wage.

Average Wage refers to the average per capita wage in money terms during a certain period of time for employed persons. It shows the general level of wage income of staff and worker during a certain period of time, one major indicator to reflect the wage level. It is calculated as follows:

$$\text{Average Wage} = \frac{\text{Total Wage Bill of Employed Persons at Reference Time}}{\text{Average Number of Persons Employed at Reference Time}}$$

Average Wage Indices refers to the ratio of average wage of employed persons the reporting period to that at the base period, which reflects the change of wage of employed persons at the different period. It is calculated as follows:

$$\text{Average Wage Indices} = \frac{\text{Average Wage of Employed Persons at Reference Time}}{\text{Average Wage of Persons Employeds at Base Period}} \times 100\%$$

Average Real Wage Indices average real wage of employed persons refers to the average wage of employed persons after removing the effects of the price changes and average real wage indices of employed persons refers to the change of real wage, which reflects the relative increasing or decreasing level of real wage of employed persons ,which is calculated as follows:

$$\text{Average Real Wage Indices} = \frac{\text{Average Wage Indices of Employed Persons at the Reference Time}}{\text{Urban Consumer Price Indices at Reference Time}} \times 100\%$$

Registered Unemployed Persons in Urban Areas refer to the persons with non-agricultural household registration at certain working ages (16 years old to retirement age), who are capable of working, unemployed and willing to work, and have been registered at the local employment service agencies to apply for a job.

Registered Unemployment Rate in Urban Areas refers to the ratio of the number of the registered unemployed persons to the sum of the number of persons employed in various units (minus the employed rural labour force, re-employed retirees, and Hong Kong, Macao, Taiwan or foreign employees), laid-off staff and workers in urban units, owners of private enterprises in urban areas, owners of self-employed individuals in urban areas, employees of private enterprises in urban areas, employee of self-employed individuals in urban areas, and the registered unemployed persons in urban areas.

固定资产投资
Investment in Fixed Assets

● 资料整理：高　彦　刘凤玲

简要说明

一、主要内容

本篇包括固定资产投资的规模、结构和比例关系、资金来源、投资效果及大型项目等资料。

二、统计范围

固定资产投资统计范围包括：城乡计划总投资500万元及500万元以上建设项目投资，房地产开发投资及农户投资。

三、统计口径的变化

自1997年起，除房地产开发投资、农村非农户投资、个人投资及城镇和工矿区私人建房投资外，固定资产投资的统计起点由5万元提高到50万元。自2006年起，非农户固定资产投资统计改为按项目统计，调查方法由抽样调查改为全面统计报表，起点提高到50万元。城镇和工矿区私人建房投资改为按项目统计，起点为50万元。自2011年起，固定资产投资的统计起点由50万元提高到500万元,取消“城镇固定资产投资”指标。

四、资料来源

农村居民投资数据来源于农村住户抽样调查，全省农村住户固定资产投资数据由国家统计局河南调查总队提供；市级数据由河南省地方经济社会调查队编辑整理。除此以外的固定资产投资统计资料均为全面统计报表，由河南省统计局固定资产投资统计处编辑整理。

Brief Introduction

I. Main Contents

Statistics in this chapter including the size, growth, structure, ratio, financing and results of the investment, major projects.

II. Scope of Statistics

Statistics on the investment in fixed assets cover investments in capital construction projects investment over 5 million yuan , investments in real estate development and farm household investment.

III. Changes in Statistical Scope

Since 1997, the cut-off point of projects covered by statistics of investment in fixed assets are raised from an investment of 50,000 yuan to 500,000 yuan, except investment in real estate development, farm household investment, non-farm household investment and private investment in housing construction in urban areas and industrial and mining areas. Since 2006, statistics on investments in fixed assets of rural non-farm households are changed to project-based, the sample survey method changed from Sampling survey to comprehensive statistics, investments in private investment in housing construction in urban areas and industrial and mining areas The cut-off point has been raised to 500,000 yuan.Since 2011, the cut-off point of projects covered by statistics of investment in fixed assets are raised from an investment of 500,000 yuan to 5 million yuan, Index of investment in fixed assets in unban areas was canceled.

IV. Sources of Data

Data on individual investments in fixed assets in rural areas are collected through sample surveys, Provincial data are provided by the Henan provincial Investigation Team of the NBS, and municipal data are provided by Henan provincial Survey organization of social and economy, Other data on investment in fixed assets are collected by the system of reporting form with complete enumeration, which are provided by the Department of investment in fixed assets of the Henan provincial Bureau of Statistics.

6-1 全社会固定资产投资总额

Investment in Fixed Assets in the whole Province

年 份 Year	全社会固定资产投资总额(亿元) Total Investment in Fixed Assets (100 million yuan)	固定资产投资 Investment	#工业投资 Industry Investment	#房地产开发投资 Real Estate Development	#基础设施投资 Infrastructure	农户投资 Farm Households	#民间投资 civilian Investment	#基础设施投资 Infrastructure
“六五”时期								
the"Sixth five-year Plan"Period	376.05				56.05		166.66	56.05
#1985	126.95	82.64			18.72	44.32	62.38	18.72
“七五”时期								
the"Seventh five-year Plan"Period	903.21	593.42			126.11	309.79	434.88	126.11
#1989	187.68	124.53			24.20	63.15	88.06	24.20
1990	206.12	139.33	87.77	3.43	29.42	66.79	97.89	29.42
“八五”时期								
the"Eighth five-year Plan"Period	2458.78	2094.71	971.45	150.30	588.20	364.07	916.91	588.20
1991	256.46	175.38	115.46	4.07	38.12	81.08	112.18	38.12
1992	318.83	250.07	133.83	8.78	55.03	68.76	129.68	55.03
1993	450.43	395.22	181.93	25.27	107.55	55.21	155.58	107.55
1994	628.03	560.32	238.54	49.61	163.30	67.71	215.51	163.30
1995	805.03	713.72	301.69	62.56	224.20	91.31	303.96	224.20
“九五”时期								
the"Ninth five-year Plan"Period	6220.92	5158.50	1714.86	312.98	1931.27	932.99	2901.17	1931.27
1996	1003.61	881.61	357.97	54.84	290.86	122.00	427.83	290.86
1997	1165.19	979.48	365.52	51.75	328.42	152.00	539.44	328.42
1998	1252.22	1047.41	337.88	58.10	382.03	193.10	595.69	382.03
1999	1324.18	1073.24	404.71	70.41	420.74	210.94	639.42	420.74
2000	1475.72	1176.76	446.77	77.87	509.22	254.95	698.79	509.22
“十五”时期								
the"Tenth five-year Plan"Period	13237.05	11452.53	5064.11	1074.09	4423.33	1692.31	6883.37	4483.13
2001	1627.99	1305.87	480.15	102.84	581.51	276.13	781.97	581.51
2002	1820.45	1483.81	524.86	138.36	628.57	295.42	911.76	628.57
2003	2310.54	1983.75	833.27	185.56	828.88	321.79	1228.28	828.88
2004	3099.38	2750.61	1287.17	258.82	1052.59	348.77	1526.42	1075.62
2005	4378.69	3928.49	1938.66	388.52	1331.78	450.20	2434.94	1368.55
“十一五”时期								
the"eleventh five-year Plan"Period	54699.00	51362.87	27349.52	6293.61	11198.79	3336.13	40417.09	11421.08
2006	5907.74	5399.54	2704.35	581.95	1633.77	508.20	3600.76	1733.94
2007	8010.11	7418.57	4081.42	837.11	1694.92	591.54	5573.14	1725.19
2008	10490.65	9821.02	5385.76	1206.71	1972.73	669.63	7659.96	2008.46
2009	13704.65	12924.53	6954.42	1553.76	2687.75	780.12	10561.40	2715.39
2010	16585.85	15799.21	8223.57	2114.08	3209.62	786.64	13021.83	3238.10
2010(新口径 New caliber)	14124.69	13338.05	6800.63	2114.08	2626.73	786.64	11109.84	2655.21
2011	17770.51	16935.88	9110.52	2626.54	3080.58	834.63	14151.06	3109.07
2012	21449.99	20558.61	11024.18	3035.29	3430.57	891.38	17513.16	3461.02
2013	26087.45	25188.06	13132.81	3843.76	4140.60	899.39	21540.29	4174.10

注：1.1997-2003年全社会投资总额中含规模为5-50万元地方项目投资，其他指标均不包括(下同)。

2.2005年及以前年度全社会、固定资产投资及各种分组中包括城镇工矿区私人建房投资(下同)。

a)Data of Investment in fixed assets in 1997~2003 contained local projects from 50000 to 500000 Yuan,other indicators didn't contained these projects (the same as in following tables)

b)Fixed Assets Investment in the Whole Country and Fixed Assets Investment, as well as investment by Group in and before 2005 included the Housing Investment by Individuals in Urban Areas and in Industrial and Mining Areas.(the same as the following tables)

6-2 各种分组的全社会固定资产投资

Investment in Fixed Assets in the whole Province by Group

项 目	Item	2008	2009	2010	2010 (新口径) New Caliber	2011	2012	2013
投资总额(亿元)	**Total Investment (100 million yuan)**	**10490.65**	**13704.65**	**16585.85**	**14124.69**	**17770.51**	**21449.99**	**26087.45**
按登记注册类型分	**By Registration status**							
国有经济	State-Owned Units	2127.02	2586.90	2857.41	2390.83	2829.97	3177.10	3681.96
集体经济	Collective-Owned Units	697.12	1039.78	1241.10	1006.82	1044.34	1133.53	1348.33
城乡个人	Individuals	775.93	930.26	987.26	940.55	959.53	1021.83	980.57
#农村	Rural	669.63	780.12	786.64	786.64	834.63	891.38	899.40
联营经济	Joint-Ownership Economic Units	34.31	25.34	28.06	23.82	52.51	32.30	51.64
股份制经济	Share Holding Economic Units	2960.10	3857.26	4915.90	4267.91	6212.65	7381.51	8976.59
港澳台投资经济	Economic Units Funded by Entrepreneurs from Hong Kong, Macao and Taiwan	174.69	142.42	239.92	207.72	230.74	228.54	212.65
外商投资经济	Foreign Funded Economic Units	164.28	149.04	164.32	145.87	185.92	208.96	245.44
私营经济	Privately Owned Enterprises	3008.37	4109.97	5027.54	4228.95	4748.55	5963.83	7791.74
其他经济	Others	548.82	863.68	1124.34	912.21	1506.31	2302.39	2798.56
按隶属关系分	**Grouped by Administrative Relationship**							
中央	Central Investment	361.94	376.77	314.59	286.04	254.68	256.29	266.26
地方	Local Investment	10128.71	13327.88	16271.27	13838.65	17515.83	21193.70	25821.20
按构成分	**Grouped by Use of Funds**							
建筑安装工程	Construction and Installation	6762.40	8966.75	10235.49	8790.41	11161.90	13036.40	16008.51
设备、工具、器具购置	Purchase of Equipment and Instruments	2791.21	3534.60	4412.60	3647.26	4522.66	5808.30	7285.86
其他费用	Others	937.04	1203.29	1937.76	1687.02	2085.96	2605.29	2793.08
资金来源(亿元)	**Source of Funds (100 million yuan)**							
国家预算内资金	State Budgetary Appropriation	223.26	392.68	363.55	303.21	353.71	412.02	583.90
国内贷款	Domestic Loans	850.93	921.57	1574.30	1376.95	2100.74	2494.87	3271.21
债券	Bond		4.65					
利用外资	Foreign Investment	95.33	50.92	45.98	38.98	100.68	78.08	86.88
自筹资金	Fundraising	8567.31	10004.24	13251.89	11192.79	13990.31	16790.36	20362.65
其他资金	Others	753.81	2330.58	1350.14	3681.56	4115.97	5129.70	1782.81
房屋建筑面积(万平方米)	**Floor Space of Buildings (10 000 sq.m)**							
施工面积	Floor Space Under Construction	47725	59869	68230	67803	72560	81028	96791
#住宅	Residential Buildings	29758	35072	38555	38503	41376	42960	45800
竣工面积	Floor Space Completed	26202	30758	30198	29614	28120	27641	24856
#住宅	Residential Buildings	17003	19410	20277	20123	19810	18074	16175

6-3 分产业全社会固定资产投资

Investment in Fixed Assets in the whole Province by Sector

单位：亿元 (100 million yuan)

产 业	Branch	2008	2009	2010	2010 (新口径) New Caliber	2011	2012	2013
总 计	**Total**	**10490.65**	**13704.65**	**16585.85**	**14124.69**	**17770.51**	**21449.99**	**26087.45**
第一产业	**Primary Industry**	**538.14**	**761.57**	**824.14**	**670.50**	**720.89**	**825.88**	**962.02**
农、林、牧、渔业	Farming, Forestry,Animal Husbandry and Fishery	538.14	761.57	824.14	670.50	720.89	825.88	962.02
第二产业	**Secondary Industry**	**5421.83**	**6980.42**	**8242.72**	**6817.26**	**9127.57**	**11042.51**	**13154.87**
工业	Industry	5392.16	6958.99	8228.06	6805.12	9113.16	11029.73	13139.01
建筑业	Construction	29.68	21.42	14.66	12.14	14.43	12.79	15.85
第三产业	**Tertiary Industry**	**4530.67**	**5962.67**	**7518.99**	**6636.92**	**7922.04**	**9581.61**	**11970.56**
批发和零售业	Wholesale and retail trade	280.21	370.24	465.91	375.05	410.14	526.71	724.34
交通运输、仓储和邮政业	Traffic,transport, storage and post	485.48	583.89	791.54	665.31	812.54	927.25	1201.45
住宿和餐饮业	Accommodation and Restaurants	114.09	166.30	213.43	171.02	175.18	217.18	286.03
信息传输、软件和信息技术服务业	Information transfer, software and Information technology services	55.58	76.06	58.93	45.46	31.91	46.78	74.72
金融业	Finance	8.09	12.73	15.14	11.80	16.57	14.84	21.26
房地产业	Real estate	2424.29	2987.51	3775.15	3590.45	4456.33	5363.65	6719.36
租赁和商务服务业	Tenancy and business services	22.46	30.96	56.07	45.07	56.39	84.67	179.08
科学研究和技术服务业	Scientific research and technical service	23.85	41.15	52.73	43.34	41.26	75.54	109.80
水利、环境和公共管理业	Management of water conservancy, environment and public establishment	612.26	934.28	1303.73	1060.62	1283.85	1497.21	1688.83
居民服务、修理和其他服务业	Resident services,Repairing and other services	52.34	66.02	72.19	59.57	68.72	123.14	167.69
教育	Education	162.55	235.48	265.09	209.68	230.38	278.09	290.44
卫生和社会工作	Sanitation, social security	83.73	129.67	137.76	110.05	152.73	160.04	166.98
文化、体育和娱乐业	Culture, sports and entertainment	90.68	149.69	165.63	133.72	110.44	182.32	262.21
公共管理、社会保障和社会组织	Public management,social welfare and social organization	115.06	178.68	145.70	115.77	75.61	84.20	78.37

6-4 各市按城乡及三次产业分的全社会固定资产投资(2013年)

Investment in Fixed Assets in the whole Province by Rural and Urban Area and Industry (2013)

单位：亿元 (100 million yuan)

市(县) City(County)	合计 Total	固定资产投资 Investment in Fixed Assets	农户投资 Rural Area	第一产业 Primary Industry	第二产业 Secondary Industry	#工业 Industry	第三产业 Tertiary Industry
全省 Total	**26087.45**	**25188.06**	**899.39**	**962.02**	**13154.87**	**13139.01**	**11970.56**
省辖市 City							
郑州市 Zhengzhou	4489.29	4380.21	109.08	62.38	1381.05	1376.77	3045.86
开封市 Kaifeng	979.08	941.68	37.40	22.27	513.48	513.38	443.32
洛阳市 Luoyang	2569.24	2518.98	50.26	121.74	1190.25	1186.52	1257.26
平顶山市 Pingdingshan	1262.00	1231.76	30.24	115.00	643.20	642.86	503.81
安阳市 Anyang	1368.88	1328.62	40.26	53.37	705.10	699.26	610.40
鹤壁市 Hebi	498.43	487.01	11.42	28.04	268.52	268.52	201.86
新乡市 Xinxiang	1602.46	1553.65	48.81	45.08	899.21	897.60	658.17
焦作市 Jiaozuo	1408.24	1374.04	34.20	22.28	950.84	945.24	435.12
濮阳市 Puyang	965.07	941.89	23.18	56.02	563.05	563.03	346.00
许昌市 Xuchang	1415.56	1371.11	44.45	67.46	850.51	849.86	497.59
漯河市 Luohe	672.33	648.29	24.04	12.98	471.51	471.51	187.85
三门峡市 Sanmenxia	1125.32	1113.02	12.30	72.38	656.17	656.14	396.77
南阳市 Nanyang	2190.28	2091.40	98.88	111.56	1311.50	1311.50	767.21
商丘市 Shangqiu	1310.72	1246.79	63.93	26.76	782.77	782.70	501.19
信阳市 Xinyang	1524.86	1447.28	77.58	61.72	547.30	545.56	915.84
周口市 Zhoukou	1261.43	1151.55	109.88	65.58	719.05	718.21	476.79
驻马店市 Zhumadian	1093.14	1014.90	78.24	65.87	503.98	502.77	523.29
济源市 Jiyuan	351.44	345.89	5.55	9.76	220.01	219.58	121.67
省直管县 Province Administrating County							
巩义市 Gongyi	364.06	352.54	11.52	5.31	230.94	230.94	127.81
兰考县 Lankao	111.19	103.34	7.85	4.37	74.48	74.48	32.33
汝州市 Ruzhou	207.85	203.46	4.39	40.81	102.12	101.87	64.91
滑县 Huaxian	113.32	107.38	5.94	10.64	60.95	60.95	41.74
长垣县 Changyuan	205.38	198.82	6.56	13.73	108.60	106.99	83.05
邓州市 Dengzhou	224.89	211.90	12.99	31.54	97.61	97.61	95.75
永城市 Yongcheng	217.79	214.05	3.74	0.92	99.55	99.55	117.31
固始县 Gushi	197.83	185.43	12.40	14.86	74.34	74.34	108.64
鹿邑县 Luyi	128.09	112.55	15.54	11.43	66.25	66.25	50.42
新蔡县 Xincai	95.27	85.80	9.47	4.11	37.83	37.83	53.32

6-5 各市全社会固定资产投资实际到位资金(2013年)

Actual Funds for Investment in Fixed Assets in the whole Province by City(2013)

单位：亿元 (100 million yuan)

市(县)	City(County)	本年实际到位资金 Subtotal of Actual Funds for Investment	国家预算资金 State Budget	国内贷款 Domestic Loans	利用外资 Foreign Investment	自筹资金 Self-raising Funds	其他资金 Others
全省	**Total**	**26530.57**	**583.90**	**3271.21**	**86.88**	**20362.65**	**1782.81**
省辖市	**City**						
郑州市	Zhengzhou	4667.22	224.33	443.81	12.48	3101.16	885.45
开封市	Kaifeng	1013.24	23.22	142.66	1.77	766.56	79.03
洛阳市	Luoyang	2596.47	6.66	95.93	0.84	2231.56	261.48
平顶山市	Pingdingshan	1272.37	18.55	202.68	1.45	918.35	131.32
安阳市	Anyang	1369.41	9.49	61.23		1245.70	52.99
鹤壁市	Hebi	497.24	15.91	85.35	1.25	366.15	28.57
新乡市	Xinxiang	1638.60	6.89	238.10	1.32	1294.38	97.90
焦作市	Jiaozuo	1427.14	28.89	305.50		1049.48	43.26
濮阳市	Puyang	970.07	52.45	109.01		785.69	22.91
许昌市	Xuchang	1460.36	12.92	321.05	3.34	1054.16	68.89
漯河市	Luohe	681.91	0.91	41.32	1.05	620.67	17.96
三门峡市	Sanmenxia	1137.60	53.40	263.47	0.80	742.43	77.50
南阳市	Nanyang	2239.65	20.91	242.41	15.86	1863.60	96.88
商丘市	Shangqiu	1327.28	12.18	141.96		1102.84	70.31
信阳市	Xinyang	1507.24	26.38	268.58	1.92	1026.84	183.53
周口市	Zhoukou	1270.87	16.39	159.27	3.55	1050.30	41.34
驻马店市	Zhumadian	1099.15	32.98	146.60	5.44	853.57	60.24
济源市	Jiyuan	355.07	15.84	19.02	35.80	262.13	22.27
省直管县	**Province Administrating County**						
巩义市	Gongyi	361.95	0.18	43.21		318.39	0.16
兰考县	Lankao	112.79	5.00	8.79		98.64	0.36
汝州市	Ruzhou	211.12	2.03	46.40	0.95	130.04	31.71
滑县	Huaxian	116.26	1.93			112.20	2.12
长垣县	Changyuan	207.17	0.45	42.90		160.72	3.09
邓州市	Dengzhou	231.13	1.77	3.72		217.04	8.61
永城市	Yongcheng	217.19		1.65		201.43	14.11
固始县	Gushi	198.00	6.75	32.46		132.54	26.25
鹿邑县	Luyi	128.42	9.87	13.25		90.18	15.12
新蔡县	Xincai	89.17	1.18	9.14		78.85	

6-6 各市按登记注册类型分的全社会固定资产投资(2013年)

单位：亿元

市(县) City(County)	总计 Total	内资 Domestic	国有 State-owned	集体 Collective-owned	股份合作 Cooperative	联营 Joint
全　　省 Total	**26087.45**	**25629.37**	**3351.26**	**1116.28**	**221.88**	**92.50**
省　辖　市 City						
郑　州　市 Zhengzhou	4489.29	4313.32	758.65	176.74	71.73	20.28
开　封　市 Kaifeng	979.08	975.59	116.39	34.08	3.25	4.14
洛　阳　市 Luoyang	2569.24	2523.99	401.34	249.45	36.41	32.84
平 顶 山 市 Pingdingshan	1262.00	1247.28	121.18	20.72	5.01	2.26
安　阳　市 Anyang	1368.88	1358.11	193.72	67.36	9.27	1.95
鹤　壁　市 Hebi	498.43	497.76	86.80	11.37		4.33
新　乡　市 Xinxiang	1602.46	1569.68	145.40	46.17	3.25	1.59
焦　作　市 Jiaozuo	1408.24	1399.37	146.46	27.63	2.00	5.71
濮　阳　市 Puyang	965.07	964.90	195.05	25.27	4.99	5.16
许　昌　市 Xuchang	1415.56	1405.94	49.65	48.29	4.98	2.99
漯　河　市 Luohe	672.33	652.17	31.25	4.53	0.96	0.36
三 门 峡 市 Sanmenxia	1125.32	1098.85	316.29	67.84	7.51	1.15
南　阳　市 Nanyang	2190.28	2164.31	273.17	116.27	5.05	1.52
商　丘　市 Shangqiu	1310.72	1306.87	68.59	63.13	15.18	4.53
信　阳　市 Xinyang	1524.86	1504.80	205.91	82.46	14.04	2.67
周　口　市 Zhoukou	1261.43	1251.96	82.36	8.16	22.23	0.05
驻 马 店 市 Zhumadian	1093.14	1083.78	123.80	60.76	16.02	0.69
济　源　市 Jiyuan	351.44	310.99	35.27	6.02		0.26
省 直 管 县 Province Administrating County						
巩　义　市 Gongyi	364.06	356.18	19.54	19.53	4.12	1.16
兰　考　县 Lankao	111.19	111.19	8.41	11.32		
汝　州　市 Ruzhou	207.85	200.41	6.38	2.12	1.00	0.50
滑　　县 Huaxian	113.32	112.72	19.98	1.55		0.03
长　垣　县 Changyuan	205.38	205.38	4.58	1.76		
邓　州　市 Dengzhou	224.89	224.89	73.18	4.61		0.17
永　城　市 Yongcheng	217.79	217.79	3.62	58.41	11.61	
固　始　县 Gushi	197.83	197.83	21.91	0.55		1.13
鹿　邑　县 Luyi	128.09	128.09	26.32			
新　蔡　县 Xincai	95.27	94.64	4.32	14.51	16.01	0.32

Investment in Fixed Assets in the whole Province by Status of Registration and City (2013)

(100 million yuan)

有限责任公司 Limited Liability	股份有限公司 Share-holding	私　营 Private	个　体 Self-employed Individual	其　他 Others	港、澳、台商投资 Funds from Hong Kong, Macao and Taiwan	外商投资 Foreign Funded
7047.32	**2229.28**	**7791.74**	**980.56**	**2798.56**	**212.65**	**245.44**
1632.59	288.58	856.79	113.36	394.60	97.88	78.09
268.68	47.40	417.61	37.75	46.28	3.13	0.36
706.38	99.33	764.84	52.47	180.93	22.67	22.57
448.26	79.55	388.44	40.76	141.09	3.38	11.34
368.63	77.97	506.00	41.46	91.74	3.03	7.74
219.24	5.85	126.16	11.42	32.59	0.67	
423.01	62.75	445.65	49.02	392.85	5.47	27.30
348.16	125.31	619.08	41.42	83.60		8.87
168.26	154.94	301.45	24.39	85.39	0.16	0.01
375.31	112.68	465.80	52.25	294.00	0.61	9.02
146.90	198.51	198.19	24.04	47.42	1.75	18.42
255.33	54.87	247.97	12.68	135.21	2.97	23.49
244.72	307.87	879.70	107.20	228.80	11.12	14.85
261.59	146.57	533.86	68.11	145.32	0.41	3.43
471.14	36.36	351.51	103.38	237.33	10.99	9.07
274.63	349.60	262.57	117.21	135.15	0.04	9.42
323.76	47.86	384.29	78.40	48.21	8.52	0.85
110.73	33.28	41.82	5.55	78.05	39.85	0.61
50.21	17.23	195.64	12.79	35.96	1.50	6.39
3.24	1.27	79.10	7.85			
46.41	23.45	90.74	5.02	24.78	1.62	5.82
30.61	29.63	17.76	6.30	6.85	0.60	
17.12	10.78	6.25	6.56	158.34		
38.19	4.18	89.86	12.99	1.71		
20.12	5.71	111.31	3.83	3.17		
96.32	1.28	4.10	12.40	60.15		
60.95	22.94	1.56	16.07	0.25		
0.96	10.46	38.03	9.47	0.55	0.07	0.56

6-7 各市分行业全社会固定资产投资(2013年)

单位：亿元

市(县) City(County)	合计 Total	农林牧渔业 Farming, Forestry, Animal Husbandry and Fishery	工业 Industry	建筑业 Construction	批发和零售业 Wholesale and retail trade	交通运输仓储及邮政业 Traffic, transport, storage and post	住宿和餐饮业 Accommodation and Restaurants	信息传输、软件和信息技术服务业 Information transfer, software and Information technology services
全　　省 Total	**26087.45**	**962.02**	**13139.01**	**15.85**	**724.34**	**1201.45**	**286.03**	**74.72**
省　辖　市 City								
郑　州　市 Zhengzhou	4489.29	62.38	1376.77	4.27	139.14	290.91	57.90	35.84
开　封　市 Kaifeng	979.08	22.27	513.38	0.10	43.60	33.60	21.76	2.12
洛　阳　市 Luoyang	2569.24	121.73	1186.52	3.73	47.64	81.22	25.69	7.83
平顶山市 Pingdingshan	1262.00	115.00	642.86	0.34	44.18	46.21	35.60	1.50
安　阳　市 Anyang	1368.88	53.37	699.26	5.84	36.43	59.23	24.59	15.18
鹤　壁　市 Hebi	498.43	28.04	268.52		15.14	23.62	4.84	0.95
新　乡　市 Xinxiang	1602.46	45.08	897.60	1.61	21.55	49.73	2.34	
焦　作　市 Jiaozuo	1408.24	22.28	945.24	5.60	33.16	75.93	20.27	0.65
濮　阳　市 Puyang	965.07	56.02	563.05	0.01	26.42	37.73	6.73	2.60
许　昌　市 Xuchang	1415.56	67.46	849.86	0.65	38.53	26.50	8.01	
漯　河　市 Luohe	672.33	12.98	471.51		15.51	43.84	9.76	0.20
三门峡市 Sanmenxia	1125.32	72.38	656.14	0.03	18.22	91.73	2.47	1.95
南　阳　市 Nanyang	2190.28	111.56	1311.50		106.95	92.65	31.88	3.94
商　丘　市 Shangqiu	1310.72	26.76	782.70	0.08	43.77	50.94	1.81	0.20
信　阳　市 Xinyang	1524.86	61.72	545.56	1.74	35.44	74.36	18.91	1.76
周　口　市 Zhoukou	1261.43	65.59	718.21	0.83	15.82	60.53	1.63	
驻马店市 Zhumadian	1093.14	65.87	502.77	1.22	42.40	54.36	12.38	
济　源　市 Jiyuan	351.44	9.76	219.58	0.43	11.16	11.13	1.50	
省直管县 Province Administrating County								
巩　义　市 Gongyi	364.06	5.31	230.94		4.47	14.71	0.71	0.65
兰　考　县 Lankao	111.19	4.37	74.48		0.76	1.74		
汝　州　市 Ruzhou	207.85	40.82	101.88	0.24	4.91	16.69	10.32	0.60
滑　　县 Huaxian	113.32	10.64	60.95		2.97	7.01	0.22	
长　垣　县 Changyuan	205.38	13.73	106.99	1.61	2.11	2.23	0.81	
邓　州　市 Dengzhou	224.89	31.54	97.61		9.79	4.89		
永　城　市 Yongcheng	217.79	0.92	99.55		3.38	14.13	0.24	
固　始　县 Gushi	197.83	14.86	74.34		1.43	18.99		1.76
鹿　邑　县 Luyi	128.09	11.43	66.25		2.73	13.63		
新　蔡　县 Xincai	95.27	4.11	37.83		5.06	3.17		

Investment in Fixed Assets in the Urban Area by Sector and City (2013)

(100 million yuan)

金融业 Finance	房地产业 Real estate	租赁和商务服务业 Tenancy and business services	科学研究和技术服务业 Scientific research, and technical service	水利、环境和公共设施管理业 Management of water conservancy, environment and public establishment	居民服务、修理和其他服务业 Resident services Repairing and other services	教育 Education	卫生和社会工作 Sanitation, and social work	文化、体育和娱乐业 Culture, sports and entertainment	公共管理、社会保障和社会组织 Public management social security and social organization
21.26	**6719.36**	**179.08**	**109.80**	**1688.83**	**167.69**	**290.44**	**166.98**	**262.21**	**78.37**
6.84	1789.43	73.88	28.13	454.49	2.10	75.69	38.64	37.10	15.77
3.51	218.80	5.14	9.46	67.54	6.47	12.54	4.15	10.99	3.65
1.66	637.50	20.39	25.58	212.67	96.83	30.27	19.81	43.41	6.75
1.82	271.73	3.72	3.28	55.45	1.20	10.91	4.63	20.04	3.53
1.60	306.56	7.71	1.00	89.23	5.49	22.06	12.46	20.09	8.78
	111.86	6.49	4.70	24.31	0.99	4.53	1.83	0.60	1.99
	444.72	7.79	8.54	91.87	1.21	11.49	10.56	5.99	2.39
	211.38	8.81	5.20	31.69	6.04	15.17	4.68	19.48	2.66
0.02	140.69	3.50	5.98	86.07	1.86	14.48	5.71	11.61	2.60
0.92	311.34	4.77	0.15	58.87	10.08	11.62	7.06	9.57	10.17
	89.20			22.91	0.01	3.21	1.34	1.88	
	165.27	5.56	1.21	81.75	1.53	5.54	1.99	17.77	1.79
	282.78	6.47	7.54	161.86	5.67	15.43	24.49	21.14	6.42
1.72	341.35	9.39	0.09	41.42	0.75	5.45	2.34	1.21	0.74
2.98	599.94	0.11	1.62	121.91	1.48	21.27	14.03	15.67	6.36
0.20	333.93	2.58	5.16	23.28	2.65	7.27	7.51	13.53	2.69
	328.45	13.04	0.36	36.29	1.82	17.04	5.07	10.48	1.61
	58.18	0.80	1.80	26.77	0.77	6.78	0.68	1.64	0.49
1.21	90.35	0.97	2.68	3.47	0.47	4.63	0.68	2.58	0.25
	22.34	0.15	0.88	4.65		0.71	0.17	0.75	0.18
	18.46	1.14		6.55	0.10	2.94	0.80	2.39	
	21.49			7.50	1.28		0.96	0.30	
	58.02	7.07	0.47	5.88		0.83	2.55	2.88	0.20
	52.42	0.79		22.47	0.90	4.04	0.44		
	89.49	0.67	0.09	7.24	0.01	0.15	0.60	1.01	0.31
	76.65			5.79	0.02	0.79	2.20	0.77	0.24
	20.59	2.55	4.58	5.16		0.92	0.25		
	36.04			3.64	0.34	4.33	0.38	0.36	0.02

6-8 各市按构成分的全社会固定资产投资及房屋面积(2013年)

Total Investment in Fixed Assets and Floor Space of Buildings by Composition in Cities (2013)

市(县) City(County)	固定资产投资总额(亿元) Total Investment in Fixed Assets(100 million yuan)					房屋面积(万平方米) Floor Space of Buildings (10 000 sq.m)			
	合计 Total	建筑工程 Construction	安装工程 Installation	设备、工具、器具购置 Purchase of Equipment and Instruments	其他费用 Others	施工面积 Floor Space Under Construction	#住宅 Residential Buildings	竣工面积 Floor Space Completed	#住宅 Residential Buildings
全省 Total	**26087.45**	**15662.99**	**345.52**	**7285.86**	**2793.08**	**96791**	**45800**	**24856**	**16175**
省辖市 City									
郑州市 Zhengzhou	4489.29	2766.17	56.21	758.61	908.30	15108	7640	2337	1536
开封市 Kaifeng	979.08	506.76	17.03	380.31	74.97	3865	1587	1039	505
洛阳市 Luoyang	2569.24	1670.10	45.06	601.71	252.37	9458	5198	2142	1472
平顶山市 Pingdingshan	1262.00	628.16	23.55	423.67	186.64	5180	2162	1497	672
安阳市 Anyang	1368.88	820.01	23.53	448.08	77.25	9801	6833	6166	5045
鹤壁市 Hebi	498.43	354.67	1.84	127.50	14.42	1878	848	525	356
新乡市 Xinxiang	1602.46	1078.90	24.83	409.26	89.46	6873	2920	1219	983
焦作市 Jiaozuo	1408.24	599.58	22.19	669.47	117.00	8174	1450	725	527
濮阳市 Puyang	965.07	266.32	6.48	468.58	223.69	2456	1300	619	440
许昌市 Xuchang	1415.56	828.61	14.71	480.20	92.04	4515	1560	1348	761
漯河市 Luohe	672.33	460.52	5.39	181.59	24.84	3390	998	395	232
三门峡市 Sanmenxia	1125.32	637.75	30.42	354.66	102.49	1735	1117	372	285
南阳市 Nanyang	2190.28	1414.61	31.47	620.48	123.71	5782	3122	1947	1502
商丘市 Shangqiu	1310.72	748.54	7.70	451.22	103.25	4416	2449	1501	1118
信阳市 Xinyang	1524.86	960.99	10.76	244.58	308.53	7408	4708	3159	2035
周口市 Zhoukou	1261.43	876.69	9.82	319.56	55.37	4642	2606	2811	1942
驻马店市 Zhumadian	1093.14	803.86	4.00	234.07	51.21	5134	2691	2042	1259
济源市 Jiyuan	351.44	151.94	10.16	176.64	12.70	966	477	213	113
省直管县 Province Administrating County									
巩义市 Gongyi	364.06	197.78	12.02	137.89	16.37	732	301	201	143
兰考县 Lankao	111.19	71.77	0.16	36.22	3.04	163	146	80	79
汝州市 Ruzhou	207.85	104.78	3.79	88.97	10.31	605	232	186	146
滑县 Huaxian	113.32	86.89	0.08	25.79	0.56	399	185	132	83
长垣县 Changyuan	205.38	126.19	13.24	65.24	0.71	2598	365	110	105
邓州市 Dengzhou	224.89	141.07	2.43	73.72	7.68	275	238	184	182
永城市 Yongcheng	217.79	166.95	2.79	40.85	7.19	987	368	90	82
固始县 Gushi	197.83	122.07	0.56	39.64	35.57	1180	615	410	181
鹿邑县 Luyi	128.09	77.67	4.08	36.34	10.01	194	175	157	151
新蔡县 Xincai	95.27	77.95	0.14	15.01	2.16	453	246	73	38

6-9 固定资产投资

Investment in Fixed Assets

项 目	Item	2008	2009	2010	2010 (新口径 New Caliber)	2011	2012	2013
投资总额(亿元)	**Total Investment (100 million yuan)**	**9821.02**	**12924.53**	**15799.21**	**13338.05**	**16935.88**	**20558.61**	**25188.06**
按控股情况分	by Shore-holding							
国有控股	State-holding	2501.86	2927.66	3232.83	2721.10	3264.78	3594.37	4206.72
集体控股	Collective-holding	928.46	1352.30	1657.26	1371.79	1416.32	1466.92	1668.07
港澳台商控股	Hong Kong, Macao and Taiwan-holding	154.03	122.60	203.86	177.92	203.24	192.94	179.49
外商控股	Foreign-holding	127.55	92.99	127.34	115.83	151.43	149.13	159.27
私人及其他控股	Private and others-holding	6109.11	8428.98	10577.92	8951.40	11900.11	15155.26	18974.51
按隶属关系分	Grouped by Administrative Relationship							
中央	Central Investment	361.94	376.77	314.59	286.04	254.68	256.29	266.26
地方	Local Investment	9459.08	12547.76	15484.63	13052.01	16681.20	20302.32	24921.80
按构成分	Grouped by Use of Funds							
建筑安装工程	Construction and Installation	6213.74	8279.65	9542.36	8097.28	10418.25	12242.18	15213.67
设备、工器具购置	Purchase of Equipment and Instruments	2685.16	3455.46	4332.55	3567.21	4438.31	5718.27	7188.35
其他费用	Others	922.11	1189.42	1924.31	1673.56	2079.33	2598.16	2786.04
按建设性质分	Grouped by Type of Construction							
#新建	New Construction	6034.31	7718.71	9788.66	8061.23	10893.91	13731.39	17695.98
扩建	Expansion	1594.65	2247.23	2433.80	1978.27	2070.08	2185.20	2140.70
改建和技术改造	Reconstruction	728.26	1108.48	1179.63	956.16	1107.52	1306.37	1195.15
资金来源(亿元)	**Source of Funds (100 million yuan)**	**9487.74**	**13232.40**	**16156.60**	**13704.12**	**17254.35**	**20818.69**	**25631.18**
国家预算资金	State Budgetary Appropriation	223.26	392.68	363.55	303.21	353.71	412.02	578.32
国内贷款	Domestic Loans	847.14	1118.37	1570.75	1373.40	2093.30	2490.13	3270.31
债券	Bond		4.65					
利用外资	Foreign Investment	95.33	53.67	45.98	38.98	100.68	78.08	86.88
自筹资金	Fundraising	7918.42	10211.22	12474.66	10419.57	13166.16	15910.74	19473.88
其他资金	Others	403.59	1451.81	1701.66	1568.95	1540.50	1927.70	2221.79
新增固定资产(亿元)	**Newly Increased Fixed Assets (100 million yuan)**	**7379.87**	**9500.32**	**10599.13**	**8842.09**	**11001.17**	**13036.64**	**15604.51**
房屋建筑面积(万平方米)	**Floor Space of Buildings (10 000 sq.m)**							
施工面积	Floor Space Under Construction	33857	43285	51477	51050	56480	65885	84386
#住宅	Residential Buildings	16810	19300	22710	22658	25800	29089	34650
竣工面积	Floor Space Completed	13417	16009	15121	14537	14291	14703	14701
#住宅	Residential Buildings	5197	5591	6075	5921	7117	6812	6603

6-10 分行业固定资产投资

Investment in Fixed Assets by Sector

单位：亿元 (100 million yuan)

产　业	Branch	2008	2009	2010	2010 (新口径 New Caliber)	2011	2012	2013
总　计	**Total**	**9821**	**12925**	**15799**	**13338**	**16936**	**20559**	**25188**
第一产业	**Primary Industry**	**457**	**675**	**739**	**585**	**641**	**747**	**873**
农、林、牧、渔业	Farming, Forestry, Animal Husbandry and Fishery	457	675	739	585	641	747	873
第二产业	**Secondary Industry**	**5404**	**6973**	**8236**	**6810**	**9122**	**11032**	**13143**
工业	Industry	5386	6954	8224	6801	9111	11024	13133
轻工业	Light Industry	1481	1990	2620	2153	2945	3887	4622
重工业	Heavy Industry	3905	4965	5603	4647	6165	7137	8511
#能源工业	Energy Industry	871	974	813	708	824	785	868
建筑业	Construction	18	19	12	10	12	7	11
第三产业	**Tertiary Industry**	**3960**	**5277**	**6825**	**5942**	**7172**	**8780**	**11171**
批发和零售业	Wholesale and retail trade	279	367	462	372	407	524	720
交通运输、仓储和邮政业	Traffic,transport, storage and post	450	557	763	637	784	897	1169
住宿和餐饮业	Accommodation and Restaurants	114	166	213	171	175	217	286
信息传输、软件和信息技术服务业	Information transfer, software and Information technology services	56	76	59	45	32	47	75
金融业	Finance	8	13	15	12	17	15	21
房地产业	Real estate	1912	2353	3134	2949	3759	4619	5985
租赁和商务服务业	Tenancy and business services	22	31	56	45	56	85	176
科学研究和技术服务业	Scientific research and technical service	24	41	53	43	41	76	110
水利、环境和公共管理业	Management of water conservancy, environment and public establishment	612	934	1304	1061	1284	1497	1688
居民服务、修理和其他服务业	Resident services,Repairing and other services	31	46	51	38	48	101	143
教育	Education	163	235	265	210	230	278	290
卫生和社会工作	Sanitation, social security	84	130	138	110	153	160	167
文化、体育和娱乐业	Culture, sports and entertainment	91	150	166	134	110	182	262
公共管理、社会保障和社会组织	Public management,social welfare and social organization	115	179	146	116	76	84	78

6-11 分行业固定资产投资实际到位资金(2013年)
Actual Funds for Investment in Fixed Assets by Sector(2013)

单位：亿元 (100 million yuan)

指标	Item	实际到位资金 Sources of Actual Funds	国家预算资金 State Budget	国内贷款 Domestic Loans	利用外资 Foreign Investment	自筹资金 Self-raising Funds	其他资金 Others
总计	**Total**	**25631.18**	**578.32**	**3270.31**	**86.88**	**19473.88**	**2221.79**
农、林、牧、渔业	**Farming, Forestry,animal Husbandry and Fishery**	**871.54**	**25.89**	**75.39**	**1.75**	**735.25**	**33.25**
农业	Farming	317.36	3.40	33.09	0.63	268.07	12.17
林业	Forestry	44.38	1.24	1.89		38.93	2.32
畜牧业	Animal Husbandry	358.22	0.01	32.12	1.13	315.15	9.82
渔业	Fishery	16.47	0.03	1.16		13.66	1.62
农、林、牧、渔服务业	Service activities for Farming, forestry, animal Husbandry and fishery	135.12	21.22	7.14		99.45	7.32
工业	**Industry**	**13097.23**	**39.05**	**2005.50**	**66.37**	**10766.96**	**219.37**
采矿业	Mining	602.42	0.62	92.88		483.44	25.47
煤炭开采和洗选业	Mining and Washing of Coal	185.40	0.60	23.87		154.42	6.51
石油和天然气开采业	Extraction of Petroleum and Natural Gas	50.97		11.78		39.19	
黑色金属矿采选业	Mining of Ferrous Metal Ores	20.63		1.74		18.60	0.29
有色金属矿采选业	Mining of Non-ferrous Metal Ores	246.70	0.03	40.38		190.87	15.43
非金属矿采选业	Mining and Processing of Nonmetal Ores	88.08		14.07		70.77	3.24
开采辅助活动	Mining Auxiliary	9.59		0.81		8.78	
其他采矿业	Mining of Other Ores n.e.c	1.05		0.24		0.81	
制造业	Manufacturing	11778.26	4.82	1825.05	60.61	9722.21	165.58
农副食品加工业	Processing of Food from Agricultural Products	813.57	0.41	128.92	4.29	655.00	24.95
食品制造业	Manufacture of Foods	516.58	1.50	70.04	0.40	439.87	4.77
酒、饮料和精制茶制造业	Manufacture of Wine, drinks and refined tea	282.44		39.83		240.60	2.01
烟草制造业	Manufacture of Tobacco	32.49	0.38	2.36		29.73	0.02
纺织业	Manufacture of Textile	453.82		78.02		364.54	11.26
纺织服装、服饰业	Manufacture of Textile Wearing,Apparel	299.16		31.23		264.23	3.70
皮革、毛皮、羽毛及其制品和制鞋业	Manufacture of Leather, Fur, Feather and Its Products,Shoemaking	245.54		36.97	6.08	200.70	1.79
木材加工及木、竹、藤、棕、草制品业	Processing of Timbers, Manufacture of Wood, Bamboo, Rattan, Palm, and Straw Products	176.28		31.58		139.95	4.75
家具制造业	Manufacture of Furniture	199.89		36.54		156.70	6.65
造纸及纸制品业	Manufacture of Paper and Paper Products	198.13	0.25	30.23		162.43	5.21
印刷和记录媒介复制业	Printing,Reproduction of Recording Media	81.83		13.03	0.23	67.18	1.40
文教、工美、体育和娱乐用品制造业	Manufacture of Cultural and educational supplies, industrial, sporting and entertainment	57.14		7.88		48.91	0.34
石油加工、炼焦及核燃料加工业	Processing of Petroleum ,Coking, Processing of Nucleus Fuel	62.58		12.19	3.00	46.01	1.38

6-11 续表 1 continued

单位：亿元 (100 million yuan)

指 标	Item	实际到位资金 Sources of Actual Funds	国家预算资金 State Budget	国内贷款 Domestic Loans	利用外资 Foreign Investment	自筹资金 Self-raising Funds	其他资金 Others
化学原料及化学制品制造业	Manufacture of Chemical Raw Material and Chemical Products	847.97		118.66	0.05	722.87	6.39
医药制造业	Manufacture of Medicines	363.37		73.70		287.31	2.36
化学纤维制造业	Manufacture of Chemical Fiber	42.43		9.12		33.31	
橡胶和塑料制品业	Manufacture of Rubber and Plastic	325.51	0.70	51.29	0.52	270.24	2.76
非金属矿物制品业	Manufacture of Non-metallic Mineral Products	1391.17	0.01	174.28	7.22	1186.62	23.05
黑色金属冶炼和压延加工业	Manufacture and Processing of Ferrous Metals	231.14		44.11		186.68	0.35
有色金属冶炼及压延加工业	Manufacture and Processing of Non-ferrous Metals	553.56		108.30	0.85	441.70	2.71
金属制品业	Manufacture of Metal Products	457.41		72.45		379.06	5.90
通用设备制造业	Manufacture of General Purpose Machinery	791.92	0.83	108.22	0.10	675.93	6.84
专业设备制造业	Manufacture of Special Purpose Machinery	901.90	0.67	144.87	0.84	743.80	11.72
汽车制造业	Manufacture of Automobile	605.04		111.04	2.20	479.51	12.28
铁路、船舶、航空航天和其他运输设备制造业	Manufacture of Railway, shipbuilding, aerospace, and other transportation equipment	197.56	0.08	16.87		173.07	7.54
电气机械及器材制造业	Manufacture of Electrical Machinery and Equipment	849.08		148.23	0.10	690.14	10.61
计算机、通信和其他电子设备制造业	Manufacture of Computer Communication Equipment, and Other Electronic Equipment	609.44		95.94	34.73	476.80	1.97
仪器仪表制造业	Manufacture of Measuring Instrument	90.82		14.37		75.00	1.45
其他制造业	Manufacture of others	57.27		9.37		46.59	1.32
废弃资源综合利用业	Comprehensive utilization of waste materials	31.87		3.36		28.41	0.10
金属制品、机械和设备修理业	Repairing of Metal products, machinery and equipment	11.37		2.06		9.32	
电力、燃气及水的生产和供应业	Production and Distribution of Electricity, Gas and Water	716.55	33.60	87.57	5.76	561.30	28.32
电力、热力生产和供应业	Production and Supply of Electric Power and Heat Power	436.95	9.65	64.51	3.67	348.60	10.53
燃气生产和供应业	Production and Distribution of Gas	118.62	1.48	9.94		106.18	1.03
水的生产和供应业	Production and Distribution of Water	160.97	22.48	13.12	2.08	106.52	16.77
建筑业	**Construction**	**10.63**	**0.63**	**0.85**		**9.08**	**0.08**
#房屋建筑业	Building Construction	3.74				3.74	
批发和零售业	**Wholesale and retail trade**	**722.07**	**1.20**	**78.87**	**2.65**	**619.81**	**19.53**
#批发业	Wholesale	328.85	1.20	40.88	2.65	276.03	8.10
交通运输、仓储和邮政业	**Traffic,transport, storage and post**	**1157.06**	**116.34**	**230.89**	**7.00**	**745.30**	**57.54**
#铁路运输	Transport via railway	39.56	5.73	8.07		21.89	3.87
道路运输业	Transport via road	561.36	97.69	104.01		319.16	40.51
仓储业	Storage	341.07	0.75	56.91		272.99	10.42

6-11 续表 2 continued

单位：亿元 (100 million yuan)

指标	Item	实际到位资金 Sources of Actual Funds	国家预算资金 State Budget	国内贷款 Domestic Loans	利用外资 Foreign Investment	自筹资金 Self-raising Funds	其他资金 Others
邮政业	Post	9.49	0.09	0.09		9.09	0.23
住宿和餐饮业	**Accommodation and Catering Trade**	**287.34**	**0.01**	**30.48**		**243.56**	**13.30**
#住宿业	Accommodation	238.04		27.15		199.82	11.07
信息传输、软件和信息技术服务业	**Information transfer,software and Information technology services**	**73.38**	**0.12**	**14.83**		**58.07**	**0.36**
#电信、广播电视和卫星传输服务业	Telecom,Radio,television and Satellite transmission service	18.74	0.02	1.72		17.00	
互联网和相关服务	Internet and related services	0.85				0.85	
金融业	**Finance**	**21.06**	**0.20**	**1.06**		**18.71**	**1.10**
#货币金融服务	Monetary and financial services	17.39	0.20	0.96		15.14	1.10
保险业	Insurance	1.60				1.60	
房地产业	**Real estate**	**6510.37**	**35.82**	**596.58**	**5.40**	**4222.32**	**1650.25**
租赁和商务服务业	**Tenancy and business services**	**174.99**	**0.01**	**12.89**	**1.83**	**158.08**	**2.19**
#商务服务业	Business service	173.50	0.01	12.89	1.83	156.59	2.19
科学研究和技术服务业	**Scientific research and technical service**	**108.56**	**7.45**	**8.87**		**88.14**	**4.11**
#研究和试验发展	Research and experimental development	57.94	6.62	6.16		41.10	4.06
专业技术服务业	Professional technique services	18.36	0.42	1.00		16.89	0.05
水利、环境和公共设施管理业	**Management of water conservancy, environment and public establishment**	**1674.19**	**249.10**	**151.25**	**1.54**	**1101.22**	**171.07**
水利管理业	Management of water conservancy	132.87	50.58	11.37	0.15	58.33	12.44
生态保护和环境治理业	Ecological protection and Environmental management	47.00	11.04	1.31		25.77	8.88
公共设施管理业	Management of public establishment	1494.32	187.48	138.57	1.39	1017.12	149.76
居民服务、修理和其他服务业	**Resident services,Repairing and other services**	**140.78**	**0.55**	**4.25**		**133.22**	**2.77**
#居民服务业	Resident services	115.26	0.55	0.94		111.20	2.57
教育	**Education**	**281.00**	**37.60**	**12.75**	**0.35**	**203.06**	**27.24**
卫生和社会工作	**Sanitation and social Work**	**164.87**	**14.45**	**17.12**		**127.94**	**5.35**
#卫生	Sanitation	136.51	11.32	13.78		108.47	2.94
文化、体育和娱乐业	**Culture, sports and entertainment**	**259.73**	**22.71**	**26.40**		**199.50**	**11.13**
#广播、电视、电影和影视录音制作业	Broadcasting,movies,television and audiovisual activities	3.91				3.74	0.17
文化艺术业	Culture and art	119.91	4.18	9.83		100.38	5.53
公共管理、社会保障和社会组织	**Public management,social welfare and social organization**	**76.38**	**27.22**	**2.36**		**43.67**	**3.14**
国家机构	Organ of state	60.31	24.03	1.86		33.01	1.41
社会保障	Social welfare	2.51	0.55	0.30		0.71	0.95

6-12 按行业和注册类型分固定资产投资(2013年)

单位：亿元

指　标	Item	投资额 Total Investment	中　央 Central Investment	地　方 Local Investment
总　　计	**Total**	**25188.06**	**266.26**	**24921.80**
农、林、牧、渔业	**Farming, Forestry,animal Husbandry and Fishery**	**873.22**	**0.70**	**872.52**
农业	Farming	318.80	0.21	318.59
林业	Forestry	44.31		44.31
畜牧业	Animal Husbandry	358.92		358.92
渔业	Fishery	16.42		16.42
农、林、牧、渔服务业	Service activities for Farming, forestry, animal Husbandry and fishery	134.76	0.49	134.27
工业	**Industry**	**13132.81**	**190.28**	**12942.52**
采矿业	Mining	602.91	80.79	522.12
煤炭开采和洗选业	Mining and Washing of Coal	187.27		187.27
石油和天然气开采业	Extraction of Petroleum and Natural Gas	50.28	48.28	2.00
黑色金属矿采选业	Mining of Ferrous Metal Ores	20.74	4.60	16.14
有色金属矿采选业	Mining of Non-ferrous Metal Ores	246.60	27.91	218.69
非金属矿采选业	Mining and Processing of Nonmetal Ores	87.55		87.55
开采辅助活动	Mining Auxiliary	9.43		9.43
其他采矿业	Mining of Other Ores' n.e.c	1.05		1.05
制造业	Manufacturing	11805.00	68.45	11736.55
农副食品加工业	Processing of Food from Agricultural Products	819.36		819.36
食品制造业	Manufacture of Foods	517.79		517.79
酒、饮料和精制茶制造业	Manufacture of Wine, drinks and refined tea	283.14		283.14
烟草制造业	Manufacture of Tobacco	32.49	17.00	15.49
纺织业	Manufacture of Textile	452.06		452.06
纺织服装、服饰业	Manufacture of Textile Wearing,Apparel	298.02		298.02
皮革、毛皮、羽毛及其制品和制鞋业	Manufacture of Leather, Fur, Feather and Its Products,Shoemaking	246.69		246.69
木材加工及木、竹、藤、棕、草制品业	Processing of Timbers, Manufacture of Wood, Bamboo, Rattan, Palm, and Straw Products	175.99		175.99
家具制造业	Manufacture of Furniture	199.31		199.31
造纸及纸制品业	Manufacture of Paper and Paper Products	198.12		198.12
印刷和记录媒介复制业	Printing,Reproduction of Recording Media	81.53		81.53
文教、工美、体育和娱乐用品制造业	Manufacture of Cultural and educational supplies, industrial, sporting and entertainment	57.22		57.22
石油加工、炼焦及核燃料加工业	Processing of Petroleum ,Coking, Processing of Nucleus Fuel	69.07	1.61	67.46
化学原料及化学制品制造业	Manufacture of Chemical Raw Material and Chemical Products	849.80	0.53	849.27
医药制造业	Manufacture of Medicines	366.00		366.00
化学纤维制造业	Manufacture of Chemical Fiber	42.34		42.34
橡胶和塑料制品业	Manufacture of Rubber and Plastic	325.33		325.33
非金属矿物制品业	Manufacture of Non-metallic Mineral Products	1386.74	0.42	1386.32
黑色金属冶炼和压延加工业	Manufacture and Processing of Ferrous Metals	231.30	2.08	229.22
有色金属冶炼及压延加工业	Manufacture and Processing of Non-ferrous Metals	560.93	0.27	560.67
金属制品业	Manufacture of Metal Products	457.56	0.78	456.78
通用设备制造业	Manufacture of General Purpose Machinery	791.54		791.54
专业设备制造业	Manufacture of Special Purpose Machinery	904.22	22.72	881.49
汽车制造业	Manufacture of Automobile	604.93	2.50	602.43
铁路、船舶、航空航天和其他运输设备制造业	Manufacture of Railway, shipbuilding, aerospace, and other transportation equipment	198.18	3.17	195.01
电气机械及器材制造业	Manufacture of Electrical Machinery and Equipment	847.53	9.48	838.05
计算机、通信和其他电子设备制造业	Manufacture of Computer Communication Equipment, and Other Electronic Equipment	616.80	4.44	612.36

Investment in Fixed Assets by Registration Status and Sector (2013)

(100 million yuan)

内　资 Domestic Invest-ment	港澳台商投资 Units with Funds from Hong Kong, Macao and Taiwan	外商投资 Foreign Funded Units	国有控股 State holds the majority of shares	集体控股 Collective holds the majority of shares	私人控股 Private holds the majority of shares	港澳台控股 Hong Kong, Macao and Taiwan holds the majority of shares	外商控股 Foreign holds the majority of shares	其他控股 others
24729.98	**212.65**	**245.44**	**4206.72**	**1668.07**	**15663.50**	**179.49**	**159.27**	**3311.01**
861.10	**3.08**	**9.05**	**96.56**	**65.83**	**579.90**	**1.36**	**3.03**	**126.54**
312.04	2.32	4.44	22.83	33.66	206.36	0.81		55.15
44.31			10.59	7.82	20.02			5.88
353.64	0.67	4.61	3.78	8.46	295.88	0.55	3.03	47.23
16.42			1.85	1.08	10.39			3.10
134.68	0.09		57.52	14.81	47.24			15.19
12867.40	**107.48**	**157.93**	**1108.81**	**434.46**	**9829.74**	**93.45**	**96.10**	**1570.25**
578.84	5.01	19.07	183.85	40.37	287.44			91.26
183.44	2.51	1.32	49.05	24.94	75.87			37.41
50.28			50.28					
19.54	1.20		4.61	4.08	10.55			1.50
228.85		17.75	73.93	5.30	122.23			45.13
86.25	1.30		5.02	3.59	74.10			4.84
9.43			0.96	2.45	4.31			1.70
1.05					0.37			0.68
11575.13	92.83	137.05	595.38	335.10	9290.94	88.68	94.80	1400.10
806.08	1.85	11.43	28.10	14.51	702.76	1.85	8.57	63.58
513.17		4.62	16.34	2.68	448.06	0.32	3.47	46.92
268.38	1.87	12.90	1.37	5.78	216.17		11.31	48.52
32.49			29.12	0.79	1.87			0.71
448.20	3.86		38.99	3.47	380.71	3.00		25.89
298.02			2.04	8.71	252.35			34.92
231.46	1.97	13.26	0.32	7.36	223.48	1.97	8.58	4.98
175.79		0.20	0.30	6.02	139.68			30.00
199.31				11.51	176.59			11.20
198.09	0.03			5.49	177.39			15.24
81.53			0.27	1.72	72.42			7.12
57.22				4.85	48.97			3.40
68.78		0.29	5.00	12.18	44.40			7.49
825.09	1.42	23.29	127.50	24.58	592.08	0.60	20.97	84.08
360.50		5.50	3.40	18.23	306.25	3.04	0.54	34.53
42.34			6.36	1.40	29.78			4.80
325.14	0.11	0.09	3.70	9.86	274.50	0.11		37.16
1366.26	6.84	13.65	26.40	30.47	1135.36		9.83	184.68
231.30			10.58	8.38	173.44			38.89
550.63		10.30	131.18	11.63	320.73		10.30	87.08
456.02	0.25	1.29	8.57	6.97	373.98		0.08	67.95
785.27	5.00	1.26	20.74	17.37	644.76	5.00	1.26	102.40
894.03		10.18	42.79	48.61	668.37	5.71	4.47	134.26
587.36	3.54	14.03	17.47	25.05	454.17	3.54	7.43	97.28
188.48		9.70	5.56	1.19	166.63		5.66	19.14
846.48		1.06	23.65	25.26	689.54	0.28	0.81	107.99
548.36	64.45	3.99	30.00	14.83	430.09	63.27	1.50	77.10

6-12 续表

单位：亿元

指 标	Item	投资额 Total Investment	中 央 Central Investment	地 方 Local Investment
仪器仪表制造业	Manufacture of Measuring Instrument	90.75		90.75
其他制造业	Manufacture of others	57.54	3.41	54.13
废弃资源综合利用业	Comprehensive utilization of waste materials	31.35	0.04	31.31
金属制品、机械和设备修理业	Repairing of Metal products, machinery and equipment	11.37		11.37
电力、燃气及水的生产和供应业	Production and Distribution of Electricity, Gas and Water	724.89	41.04	683.85
电力、热力生产和供应业	Production and Supply of Electric Power and Heat Power	442.81	40.31	402.51
燃气生产和供应业	Production and Distribution of Gas	118.70	0.73	117.97
水的生产和供应业	Production and Distribution of Water	163.38		163.38
建筑业	**Construction**	**10.65**		**10.65**
#房屋建筑业	Building Construction	3.72		3.72
批发和零售业	**Wholesale and retail trade**	**720.37**	**3.22**	**717.14**
#批发业	Wholesale	330.30		330.30
交通运输、仓储和邮政业	**Traffic,transport, storage and post**	**1168.61**	**14.48**	**1154.13**
#铁路运输	Transport via railway	47.01	11.07	35.94
道路运输业	Transport via road	563.10		563.10
仓储业	Storage	341.84	3.41	338.43
邮政业	Post	9.53		9.53
住宿和餐饮业	**Accommodation and Catering Trade**	**285.76**		**285.76**
#住宿业	Accommodation	236.30		236.30
信息传输、软件和信息技术服务业	**Information transfer,software and Information technology services**	**74.72**	**2.68**	**72.05**
#电信、广播电视和卫星传输服务业	Telecom,Radio,television and Satellite transmission service	18.70	2.68	16.02
互联网和相关服务	Internet and related services	0.85		0.85
金融业	**Finance**	**21.26**	**3.19**	**18.07**
#货币金融服务	Monetary and financial services	17.37	1.90	15.47
保险业	Insurance	1.60		1.60
房地产业	**Real estate**	**5985.16**	**33.89**	**5951.26**
租赁和商务服务业	**Tenancy and business services**	**176.30**	**0.60**	**175.70**
#商务服务业	Business service	174.86	0.60	174.26
科学研究和技术服务业	**Scientific research and technical service**	**109.80**	**7.23**	**102.57**
#研究和试验发展	Research and experimental development	58.70	7.13	51.57
专业技术服务业	Professional technique services	18.62	0.10	18.52
水利、环境和公共设施管理业	**Management of water conservancy, environment and public establishment**	**1688.31**	**4.74**	**1683.57**
水利管理业	Management of water conservancy	135.71	0.80	134.91
生态保护和环境治理业	Ecological protection and Environmental management	47.19		47.19
公共设施管理业	Management of public establishment	1505.41	3.94	1501.47
居民服务、修理和其他服务业	**Resident services,Repairing and other services**	**143.08**		**143.08**
#居民服务业	Resident services	117.75		117.75
教育	**Education**	**290.44**	**0.90**	**289.54**
卫生和社会工作	**Sanitation and social Work**	**166.98**	**3.39**	**163.59**
#卫生	Sanitation	137.33	2.99	134.35
文化、体育和娱乐业	**Culture, sports and entertainment**	**262.21**	**0.53**	**261.68**
#广播、电视、电影和影视录音制作业	Broadcasting,movies,television and audiovisual activities	4.00		4.00
文化艺术业	Culture and art	122.55	0.53	122.03
公共管理、社会保障和社会组织	**Public management,social welfare and social organization**	**78.37**	**0.43**	**77.95**
国家机构	Organ of state	61.72	0.43	61.30
社会保障	Social welfare	2.51		2.51

continued

(100 million yuan)

内 资 Domestic Invest-ment	港澳台商投资 Units with Funds from Hong Kong, Macao and Taiwan	外商投资 Foreign Funded Units	国有控股 State holds the majority of shares	集体控股 Collective holds the majority of shares	私人控股 Private holds the majority of shares	港澳台控股 Hong Kong, Macao and Taiwan holds the majority of shares	外商控股 Foreign holds the majority of shares	其他控股 others
90.75			8.53	1.07	67.19			13.95
57.54			6.09		47.08			4.37
29.70	1.65		0.54	2.50	26.95			1.36
11.37			0.48	2.60	5.18			3.12
713.43	9.64	1.82	329.58	58.99	251.37	4.77	1.29	78.90
432.57	9.64	0.60	221.50	31.32	149.18	4.77		36.05
117.60		1.10	34.60	10.21	59.48		0.79	13.61
163.26		0.12	73.48	17.46	42.70		0.50	29.23
10.65			**2.23**	**0.23**	**8.20**			
3.72					3.72			
710.51	**8.94**	**0.91**	**50.97**	**71.00**	**474.74**	**8.96**		**114.70**
326.24	4.00	0.05	16.08	17.35	232.85	4.00		60.02
1153.75	**5.36**	**9.50**	**555.03**	**81.65**	**407.24**	**5.19**	**7.55**	**111.95**
47.01			37.44		6.20			3.37
560.98	0.17	1.95	418.60	60.58	27.51			56.42
337.29	4.00	0.55	37.19	11.11	248.03	4.00	0.55	40.96
9.53			5.50	0.29	2.75			0.99
283.84	**0.85**	**1.07**	**10.85**	**9.73**	**227.49**	**0.30**		**37.39**
234.69	0.85	0.77	9.09	9.66	183.95	0.30		33.30
72.89		**1.83**	**11.82**	**0.27**	**32.56**		**1.18**	**28.89**
16.87		1.83	10.64	0.27	3.98		1.18	2.63
0.85			0.60		0.25			
21.26			**14.00**	**2.24**	**2.35**			**2.67**
17.37			12.71	2.14	1.45			1.07
1.60								1.60
5863.41	**71.68**	**50.07**	**804.77**	**725.78**	**3417.91**	**59.10**	**49.49**	**928.11**
172.52	**3.78**		**17.24**	**15.80**	**126.58**	**3.78**		**12.90**
171.08	3.78		17.24	15.80	125.25	3.78		12.80
109.77		**0.03**	**35.83**	**8.77**	**54.77**			**10.43**
58.70			23.80	7.37	20.44			7.09
18.62			6.51	0.59	10.44			1.08
1670.32	**7.58**	**10.41**	**1079.87**	**133.01**	**238.31**	**4.25**	**0.69**	**232.18**
133.84		1.87	97.53	11.44	6.00			20.75
47.01		0.18	32.13		9.42			5.64
1489.47	7.58	8.36	950.21	121.57	222.89	4.25	0.69	205.80
142.37	**0.60**	**0.12**	**33.95**	**43.81**	**33.83**			**31.49**
117.03	0.60	0.12	31.09	37.61	25.52			23.54
286.01	**1.69**	**2.74**	**173.63**	**22.05**	**53.16**	**1.57**	**0.49**	**39.54**
166.01	**0.01**	**0.96**	**86.59**	**20.75**	**40.93**			**18.71**
136.55	0.01	0.78	80.25	18.79	26.68			11.62
259.82	**1.55**	**0.83**	**72.81**	**24.02**	**128.19**	**1.53**	**0.74**	**34.92**
4.00			0.68	0.49	2.53			0.30
120.68	1.55	0.33	24.81	12.56	67.26	1.53	0.33	16.07
78.33	**0.05**		**51.77**	**8.68**	**7.59**			**10.34**
61.68	0.05		43.69	6.23	4.30			7.51
2.51			1.19	1.32				

6-13 各市按三次产业分的固定资产投资和建设总规模(2013年)

单位：亿元

市(县)	City(County)	投资总额 Total Investment	第一产业 Primary Industry	第二产业 Secondary Industry
全省	**Total**	**25188.06**	**873.22**	**13143.46**
省辖市	**City**			
郑州市	Zhengzhou	4380.21	52.41	1369.64
开封市	Kaifeng	941.68	14.58	513.48
洛阳市	Luoyang	2518.98	117.89	1190.10
平顶山市	Pingdingshan	1231.76	110.08	642.90
安阳市	Anyang	1328.62	46.94	699.24
鹤壁市	Hebi	487.01	23.41	268.52
新乡市	Xinxiang	1553.65	42.28	899.17
焦作市	Jiaozuo	1374.04	21.56	944.58
濮阳市	Puyang	941.89	53.34	560.17
许昌市	Xuchang	1371.11	60.76	850.51
漯河市	Luohe	648.29	5.82	471.51
三门峡市	Sanmenxia	1113.02	69.46	655.81
南阳市	Nanyang	2091.40	95.95	1308.76
商丘市	Shangqiu	1246.79	13.91	782.38
信阳市	Xinyang	1447.28	48.24	545.64
周口市	Zhoukou	1151.55	50.74	718.31
驻马店市	Zhumadian	1014.90	36.43	503.16
济源市	Jiyuan	345.89	9.42	219.58
省直管县	Province Administrating County			
巩义市	Gongyi	352.54	2.67	230.94
兰考县	Lankao	103.34	2.61	74.48
汝州市	Ruzhou	203.46	40.65	101.82
滑县	Huaxian	107.38	10.50	60.95
长垣县	Changyuan	198.82	13.50	108.56
邓州市	Dengzhou	211.90	28.74	97.61
永城市	Yongcheng	214.05	0.76	99.55
固始县	Gushi	185.43	9.96	74.34
鹿邑县	Luyi	112.55	7.80	66.25
新蔡县	Xincai	85.80	3.26	37.83

Investment in Fixed Assets by Type of Industry and Total Investment in Construction by City (2013)

(100 million yuan)

#工业 Industry	第三产业 Tertiary Industry	建设总规模 Investment in Construction	在建总规模 Investment in Projects under Construction	在建净规模 Net Investment in Projects under Construction
13132.81	**11171.37**	**72875.23**	**52108.38**	**30207.93**
1366.35	2958.16	17048.81	13481.97	8194.90
513.38	413.61	3206.47	2621.95	1579.72
1186.46	1210.99	6749.22	4755.80	2487.05
642.81	478.79	3726.84	2632.30	1635.05
699.24	582.43	3226.57	1982.26	1062.03
268.52	195.07	1472.71	1063.72	678.24
897.60	612.20	4447.74	3255.15	1824.91
944.58	407.90	3160.62	2092.64	1045.41
560.17	328.38	2534.60	1775.08	1074.96
849.86	459.84	3342.82	2091.94	1160.63
471.51	170.97	1573.77	969.49	531.25
655.81	387.75	2922.80	2081.26	1188.85
1308.76	686.69	5745.72	3554.60	2297.50
782.38	450.50	3519.57	2715.59	1416.08
545.56	853.40	3345.71	2093.94	1171.52
717.47	382.50	3169.91	2290.48	1415.42
502.77	475.31	2928.45	2187.47	1266.70
219.58	116.89	752.89	462.76	177.73
230.94	118.93	938.30	643.65	422.77
74.48	26.24	404.54	348.30	206.43
101.82	60.98	651.72	449.30	304.45
60.95	35.94	267.07	145.51	53.16
106.99	76.76	578.62	438.54	287.82
97.61	85.56	413.42	218.23	97.42
99.55	113.74	679.51	671.03	265.07
74.34	101.14	383.15	214.39	147.36
66.25	38.50	321.94	253.43	161.42
37.83	44.71	267.69	221.00	123.71

6-14 分行业固定资产投资和在建总规模(2013年)

单位：亿元

行 业	Item	建设总规模 Investment in Construction	在建总规模 Investment in Projects under Construction
总 计	**Total**	**72875.23**	**52108.38**
农、林、牧、渔业	**Farming, Forestry,animal Husbandry and Fishery**	**2165.69**	**1417.03**
农业	Farming	942.39	679.62
林业	Forestry	86.73	48.88
畜牧业	Animal Husbandry	815.18	506.92
渔业	Fishery	33.02	16.15
农、林、牧、渔服务业	Service activities for Farming, forestry, animal Husbandry and fishery	288.37	165.46
工业	**Industry**	**29926.42**	**18279.2**
采矿业	Mining	1287.11	728.5
煤炭开采和洗选业	Mining and Washing of Coal	483.47	287.41
石油和天然气开采业	Extraction of Petroleum and Natural Gas	119.68	85.07
黑色金属矿采选业	Mining of Ferrous Metal Ores	73.2	45.79
有色金属矿采选业	Mining of Non-ferrous Metal Ores	407.85	207.71
非金属矿采选业	Mining and Processing of Nonmetal Ores	182.09	88.91
开采辅助活动	Mining Auxiliary	19.71	13.61
其他采矿业	Mining of Other Ores n.e.c	1.11	
制造业	Manufacturing	26818.59	16414.26
农副食品加工业	Processing of Food from Agricultural Products	1714.33	1008.1
食品制造业	Manufacture of Foods	1075.25	611
酒、饮料和精制茶制造业	Manufacture of Wine, drinks and refined tea	664.76	409.3
烟草制造业	Manufacture of Tobacco	65.13	37.2
纺织业	Manufacture of Textile	1048.22	549.62
纺织服装、服饰业	Manufacture of Textile Wearing,Apparel	713.86	456.02
皮革、毛皮、羽毛及其制品和制鞋业	Manufacture of Leather, Fur, Feather and Its Products,Shoemaking	603.37	408.43
木材加工及木、竹、藤、棕、草制品业	Processing of Timbers, Manufacture of Wood, Bamboo, Rattan, Palm, and Straw Products	362.39	239.57
家具制造业	Manufacture of Furniture	372.35	224.74
造纸及纸制品业	Manufacture of Paper and Paper Products	517.32	327.56
印刷和记录媒介复制业	Printing,Reproduction of Recording Media	173.08	89.69
文教、工美、体育和娱乐用品制造业	Manufacture of Cultural and educational supplies, industrial, sporting and entertainment	141.37	75.24
石油加工、炼焦及核燃料加工业	Processing of Petroleum ,Coking, Processing of Nucleus Fuel	196.8	103.95
化学原料及化学制品制造业	Manufacture of Chemical Raw Material and Chemical Products	2146.01	1329.85
医药制造业	Manufacture of Medicines	811.19	464.32
化学纤维制造业	Manufacture of Chemical Fiber	81.41	45.14
橡胶和塑料制品业	Manufacture of Rubber and Plastic	672.28	395.69
非金属矿物制品业	Manufacture of Non-metallic Mineral Products	2956.16	1513.06
黑色金属冶炼和压延加工业	Manufacture and Processing of Ferrous Metals	559.39	329
有色金属冶炼及压延加工业	Manufacture and Processing of Non-ferrous Metals	1713.76	1301
金属制品业	Manufacture of Metal Products	947.7	516.42
通用设备制造业	Manufacture of General Purpose Machinery	1583.49	888.79
专业设备制造业	Manufacture of Special Purpose Machinery	1860.17	1138.96
汽车制造业	Manufacture of Automobile	1397.7	956.59
铁路、船舶、航空航天和其他运输设备制造业	Manufacture of Railway, shipbuilding, aerospace, and other transportation equipment	456.14	313.48
电气机械及器材制造业	Manufacture of Electrical Machinery and Equipment	1981.67	1293.96
计算机、通信和其他电子设备制造业	Manufacture of Computer Communication Equipment, and Other Electronic Equipment	1531.52	1053.29

Investment in Fixed Assets by Sector and Total Investment in Construction (2013)

(100 million yuan)

在建净规模 Net Investment in Projects under Construction	投资总额 Total Investment	按构成分 By Use of Funde 建筑工程 Construction	安装工程 Installation	设备购置 Purchase of Equipment	其他费用 Others	按建设性质分 By Type of Construction #新建 New Construction	#扩建 Expansion	#改建和技术改造 Reconstruction and Technical Alteration
30207.93	**25188.06**	**14869**	**344.67**	**7188.35**	**2786.04**	**17695.98**	**2140.7**	**1195.15**
972.34	**873.22**	**540.04**	**8.99**	**199.96**	**124.23**	**800.37**	**54.8**	**16.79**
497.47	318.8	188.95	3.41	70.33	56.11	308.06	10.38	0.36
32.92	44.31	25.76	0.16	5.29	13.11	41.83	2.18	0.03
326.01	358.92	217.5	4.1	94.89	42.43	326.77	31.48	0.68
9.89	16.42	10.12	0.17	3.79	2.34	16.21	0.21	
106.05	134.76	97.71	1.14	25.66	10.25	107.5	10.54	15.73
9811.68	**13132.81**	**5799.53**	**263.55**	**6076.78**	**992.94**	**10574.85**	**1643.47**	**717.2**
364.76	602.91	266.32	19.62	240.3	76.67	372.53	70.5	152.35
122.5	187.27	73.68	6.07	86.41	21.1	68.73	23.1	90.41
46	50.28	19.01	1.36	28.19	1.72	37		13.28
37.25	20.74	9.06	0.82	5.56	5.3	10.96	8.77	1
95.1	246.6	117.83	9.32	83.09	36.35	172.08	28.08	43.94
54.19	87.55	40.5	2.02	34.57	10.47	75.11	10.56	1.88
9.74	9.43	5.97	0.01	2.31	1.14	7.68		1.75
	1.05	0.26	0.01	0.17	0.61	0.97		0.08
8808.13	11805	5191.93	227.62	5518.32	867.14	9675.73	1432.71	513.52
534.37	819.36	364.43	10.67	366.45	77.81	697.03	93.58	24.2
315.41	517.79	254.15	7.47	214.63	41.54	411.29	81.5	13.89
261.78	283.14	130.71	4.38	119.65	28.41	229.02	30.18	12.73
9.46	32.49	17.34	0.62	14.15	0.38	4.38	0.61	27.5
265.24	452.06	204.23	4.68	215.32	27.83	301.65	105.53	32.22
257.41	298.02	145.59	3.9	127.19	21.34	264.63	28.98	2.79
230.56	246.69	121.24	3.09	105.25	17.11	222.73	15.69	3.65
124.6	175.99	71.65	2.55	84.14	17.66	154.49	17.8	3.21
105.86	199.31	84.29	1.64	89.72	23.66	178.48	17.98	2.43
220.49	198.12	76.2	2.64	103.57	15.71	153.63	28.14	14.02
54.59	81.53	40.84	1.26	32.66	6.77	65.3	15.07	0.2
49.71	57.22	31.34	0.97	21.09	3.83	51.3	3.08	2.11
71.39	69.07	19.12	2.56	42.79	4.61	51.91	14.06	3.1
742.5	849.8	343.09	16.26	439.99	50.47	629.99	162.07	45.92
246.57	366	164.13	7.5	165.61	28.76	290.35	47.38	23.51
33.11	42.34	14.68	1.22	19.81	6.64	35.83	6.51	
217.15	325.33	117.2	5.76	175.54	26.83	272.5	38.26	8.55
888.68	1386.74	619.97	29.37	634.55	102.85	1074.99	172.74	127.5
181.16	231.3	75.73	4.71	130.45	20.4	175.43	48.69	6.43
701.05	560.93	202.79	19.56	311.92	26.67	461.07	49.1	47.17
289.7	457.56	206.07	9.21	204.33	37.94	395.46	44.14	13.14
430.81	791.54	366.14	19.84	356.99	48.56	667.88	98.89	14.12
546.34	904.22	402.27	15.47	420.91	65.56	724.61	111.28	36.83
467.6	604.93	266.8	15.15	283.68	39.29	507.91	66.77	22.39
173.67	198.18	93.53	6.6	88.78	9.27	177.12	16.07	0.84
678.87	847.53	380.07	15.7	386.31	65.46	758.43	69.06	7.13
507.73	616.8	297.82	11.78	269.07	38.14	562.29	30.61	5.97

6-14 续表

单位：亿元

行　业	Item	建设总规模 Investment in Construction	在建总规模 Investment in Projects under Construction
仪器仪表制造业	Manufacture of Measuring Instrument	192.26	128.86
其他制造业	Manufacture of others	180.59	144.97
废弃资源综合利用业	Comprehensive utilization of waste materials	82.01	53.48
金属制品、机械和设备修理业	Repairing of Metal products, machinery and equipment	16.91	6.97
电力、燃气及水的生产和供应业	Production and Distribution of Electricity,Gas and Water	1820.72	1136.43
电力、热力生产和供应业	Production and Supply of Electric Power and Heat Power	1240.90	801.95
燃气生产和供应业	Production and Distribution of Gas	282.32	191.74
水的生产和供应业	Production and Distribution of Water	297.50	142.75
建筑业	**Construction**	**18.86**	**5.31**
#房屋建筑业	Building Construction	5.11	2.72
批发和零售业	**Wholesale and retail trade**	**1952.51**	**1373.11**
#批发业	Wholesale	916.39	652.08
交通运输、仓储和邮政业	**Traffic,transport, storage and post**	**3773.66**	**2692.76**
#铁路运输	Transport via railway	341.86	234.19
道路运输业	Transport via road	1927.59	1371.63
仓储业	Storage	955.10	679.22
邮政业	Post	18.28	10.39
住宿和餐饮业	**Accommodation and Catering Trade**	**815.55**	**608.42**
#住宿业	Accommodation	704.02	544.39
信息传输、软件和信息技术服务业	**Information transfer,software and Information technology services**	**472.75**	**448.45**
#电信、广播电视和卫星传输服务业	Telecom,Radio,television and Satellite transmission service	63.38	48.42
互联网和相关服务	Internet and related services	1.00	0.75
金融业	**Finance**	**48.30**	**35.72**
#货币金融服务	Monetary and financial services	30.76	18.18
保险业	Insurance	2.30	2.30
房地产业	**Real estate**	**25449.08**	**21249.87**
租赁和商务服务业	**Tenancy and business services**	**908.91**	**836.74**
#商务服务业	Business service	906.89	836.74
科学研究和技术服务业	**Scientific research and technical service**	**312.13**	**259.80**
#研究和试验发展	Research and experimental development	157.87	138.21
专业技术服务业	Professional technique services	47.32	36.61
水利、环境和公共设施管理业	**Management of water conservancy, environment and public establishment**	**4399.67**	**3094.09**
水利管理业	Management of water conservancy	319.72	231.32
生态保护和环境治理业	Ecological protection and Environmental management	89.05	64.58
公共设施管理业	Management of public establishment	3990.89	2798.20
居民服务、修理和其他服务业	**Resident services,Repairing and other services**	**295.02**	**171.64**
#居民服务业	Resident services	226.79	123.60
教育	**Education**	**764.31**	**509.11**
卫生和社会工作	**Sanitation and social Work**	**443.62**	**278.30**
#卫生	Sanitation	384.63	249.76
文化、体育和娱乐业	**Culture, sports and entertainment**	**936.43**	**730.07**
#广播、电视、电影和影视录音制作业	Broadcasting,movies,television and audiovisual activities	9.30	1.83
文化艺术业	Culture and art	419.14	334.10
公共管理、社会保障和社会组织	**Public management,social welfare and social organization**	**192.33**	**118.77**
国家机构	Organ of state	147.67	94.19
社会保障	Social welfare	10.87	10.06

continued

(100 million yuan)

在建净规模 Net Investment in Projects under Construction	投资总额 Total Investment	按构成分 By Use of Funde 建筑工程 Construction	安装工程 Installation	设备购置 Purchase of Equipment	其他费用 Others	按建设性质分 By Type of Construction #新 建 New Construction	#扩 建 Expansion	#改建和技术改造 Reconstruction and Technical Alteration
59.63	90.75	38.06	1.32	43.53	7.84	73.34	10.06	4.15
104.69	57.54	27.33	0.77	25.58	3.86	52.05	5.49	
34.84	31.35	12.56	0.61	16.29	1.88	22.74	3.40	5.10
3.18	11.37	2.57	0.37	8.34	0.09	7.90		2.71
638.78	724.89	341.28	16.32	318.16	49.13	526.59	140.25	51.34
445.11	442.81	191.05	11.98	218.70	21.10	306.49	93.40	36.97
111.42	118.70	52.11	2.08	53.46	11.05	90.85	20.29	6.88
82.25	163.38	98.12	2.27	46.01	16.98	129.25	26.57	7.49
1.06	**10.65**	**4.72**	**0.19**	**5.14**	**0.61**	**5.17**		**2.59**
0.77	3.72	2.40		0.76	0.56	2.20		
913.07	**720.37**	**426.73**	**8.83**	**166.36**	**118.44**	**660.48**	**34.50**	**24.64**
424.86	330.30	173.61	4.23	80.18	72.27	306.49	17.79	5.77
1489.98	**1168.61**	**802.62**	**21.47**	**220.29**	**124.24**	**963.59**	**91.15**	**108.78**
95.30	47.01	32.13	1.28	10.92	2.68	36.83	0.80	8.94
729.64	563.10	445.28	11.83	46.82	59.19	397.22	71.52	92.81
424.47	341.84	196.15	5.54	94.21	45.94	322.41	17.86	1.00
3.20	9.53	7.03	0.04	1.87	0.59	8.59		0.94
364.66	**285.76**	**195.21**	**1.75**	**40.99**	**47.80**	**253.32**	**14.95**	**17.37**
322.14	236.30	158.53	1.54	34.05	42.19	209.60	12.59	14.11
377.35	**74.72**	**52.92**	**0.44**	**7.92**	**13.44**	**69.94**	**3.01**	**1.62**
33.79	18.70	13.50	0.43	2.82	1.96	17.98	0.07	0.65
0.15	0.85	0.08		0.78				0.85
15.07	**21.26**	**16.86**	**0.15**	**1.92**	**2.33**	**18.73**		**1.66**
4.41	17.37	13.87	0.15	1.92	1.43	14.84		1.66
0.18	1.60	1.60				1.60		
12461.30	**5985.16**	**4886.44**	**21.62**	**160.44**	**916.66**	**1838.98**	**75.97**	**168.06**
676.01	**176.30**	**119.54**	**2.27**	**28.66**	**25.82**	**165.78**	**2.95**	**6.84**
676.01	174.86	119.32	2.25	27.48	25.81	164.77	2.95	6.84
156.81	**109.80**	**66.17**	**1.45**	**21.49**	**20.68**	**102.25**	**2.93**	**3.93**
76.68	58.70	37.19	0.89	10.38	10.25	55.90	2.80	
19.77	18.62	10.37	0.16	5.73	2.36	17.81	0.12	
1938.79	**1688.31**	**1262.79**	**7.98**	**133.43**	**284.11**	**1428.84**	**144.40**	**100.79**
111.31	135.71	96.28	0.74	18.20	20.49	104.54	20.05	10.63
38.45	47.19	22.91	0.18	7.45	16.66	36.15	1.72	0.99
1789.03	1505.41	1143.61	7.06	107.78	246.96	1288.15	122.62	89.17
85.44	**143.08**	**112.66**	**0.74**	**16.55**	**13.14**	**138.53**	**3.19**	**1.09**
60.93	117.75	97.62	0.49	7.36	12.29	113.86	2.80	0.81
247.43	**290.44**	**230.25**	**0.99**	**28.69**	**30.52**	**249.94**	**25.90**	**8.17**
138.93	**166.98**	**112.20**	**1.01**	**34.89**	**18.89**	**131.13**	**16.36**	**3.30**
126.88	137.33	93.37	0.90	29.14	13.93	104.10	13.74	3.30
489.86	**262.21**	**173.87**	**2.96**	**39.83**	**45.54**	**226.36**	**23.06**	**10.99**
1.11	4.00	2.96	0.03	0.78	0.22	2.86	0.47	0.66
229.89	122.55	81.82	1.65	20.29	18.79	107.26	12.61	0.91
68.14	**78.37**	**66.46**	**0.27**	**5.00**	**6.65**	**67.72**	**4.08**	**1.34**
59.59	61.72	51.90	0.18	4.50	5.14	56.08	2.59	1.34
0.55	2.51	1.88	0.09	0.48	0.07	2.51		

6-15 各市分行业固定资产投资(2013年)

单位：亿元

市(县) City(County)	合计 Total	农林牧渔业 Farming, Forestry, Animal Husbandry and Fishery	工业 Industry	建筑业 Construction	批发和零售业 Wholesale and retail trade	交通运输仓储及邮政业 Traffic, transport, storage and post	住宿和餐饮业 Accommodation and Restaurants	信息传输、软件和信息技术服务业 Information transfer, software and Information technology services
全 省 Total	**25188.06**	**873.22**	**13132.81**	**10.65**	**720.37**	**1168.61**	**285.76**	**74.72**
省 辖 市 City								
郑 州 市 Zhengzhou	4380.21	52.41	1366.35	3.29	131.82	278.81	56.63	35.84
开 封 市 Kaifeng	941.68	14.58	513.38	0.10	41.11	33.60	21.76	2.12
洛 阳 市 Luoyang	2518.98	117.89	1186.46	3.64	47.64	80.78	25.69	7.83
平 顶 山 市 Pingdingshan	1231.76	110.08	642.81	0.09	44.08	46.11	35.60	1.50
安 阳 市 Anyang	1328.62	46.94	699.24		36.00	54.36	24.29	15.17
鹤 壁 市 Hebi	487.01	23.41	268.52		15.13	22.97	4.84	0.95
新 乡 市 Xinxiang	1553.65	42.28	897.60	1.57	21.34	45.08	2.13	
焦 作 市 Jiaozuo	1374.04	21.56	944.58		32.08	75.85	20.27	0.65
濮 阳 市 Puyang	941.89	53.34	560.17		26.30	37.06	6.73	2.60
许 昌 市 Xuchang	1371.11	60.76	849.86	0.65	37.65	26.50	8.01	
漯 河 市 Luohe	648.29	5.82	471.51		14.60	42.40	9.26	0.20
三 门 峡 市 Sanmenxia	1113.02	69.46	655.81		18.22	91.69	2.47	1.95
南 阳 市 Nanyang	2091.40	95.95	1308.76		106.95	90.96	31.88	3.94
商 丘 市 Shangqiu	1246.79	13.91	782.38		43.77	50.94	1.81	0.20
信 阳 市 Xinyang	1447.28	48.24	545.56	0.08	34.45	73.93	18.91	1.76
周 口 市 Zhoukou	1151.55	50.74	717.47	0.83	15.82	52.91	1.63	
驻 马 店 市 Zhumadian	1014.90	36.43	502.77	0.40	42.35	54.23	12.37	
济 源 市 Jiyuan	345.89	9.42	219.58		11.07	10.43	1.50	
省 直 管 县 Province Administrating County								
巩 义 市 Gongyi	352.54	2.67	230.94		4.47	14.71	0.71	0.65
兰 考 县 Lankao	103.34	2.61	74.48		0.74	1.74		
汝 州 市 Ruzhou	203.46	40.65	101.82		4.83	16.66	10.32	0.60
滑 县 Huaxian	107.38	10.50	60.95		2.97	7.01	0.22	
长 垣 县 Changyuan	198.82	13.50	106.99	1.57	2.11	1.64	0.80	
邓 州 市 Dengzhou	211.90	28.74	97.61		9.79	4.89		
永 城 市 Yongcheng	214.05	0.76	99.55		3.38	14.13	0.24	
固 始 县 Gushi	185.43	9.96	74.34		1.43	18.99		1.76
鹿 邑 县 Luyi	112.55	7.80	66.25		2.73	13.63		
新 蔡 县 Xincai	85.80	3.26	37.83		5.06	3.17		

Investment in Fixed Assets by Sector and City (2013)

(100 million yuan)

金融业 Finance	房地产业 Real estate	租赁和商务服务业 Tenancy and business services	科学研究和技术服务业 Scientific research, and technical service	水利、环境和公共设施管理业 Management of water conservancy, environment and public establishment	居民服务、修理和其他服务业 Resident services Repairing and other services	教育 Education	卫生和社会工作 Sanitation, and social work	文化、体育和娱乐业 Culture, sports and entertainment	公共管理、社会保障和社会组织 Public management social security and social organization
21.26	**5985.16**	**176.30**	**109.80**	**1688.31**	**143.08**	**290.44**	**166.98**	**262.21**	**78.37**
6.84	1722.44	73.86	28.13	454.49	2.10	75.69	38.64	37.10	15.77
3.51	194.42	2.66	9.46	67.54	6.11	12.54	4.15	10.99	3.65
1.66	592.15	20.39	25.58	212.67	96.67	29.96	19.81	43.41	6.75
1.82	247.12	3.63	3.28	55.45	1.08	10.91	4.63	20.04	3.53
1.60	284.89	7.69	1.00	89.23	4.82	22.06	12.46	20.09	8.78
	105.75	6.49	4.70	24.31	0.97	4.53	1.83	0.60	1.99
	404.09	7.79	8.54	91.87	0.94	11.49	10.56	5.99	2.39
	185.34	8.81	5.20	31.69	6.02	15.17	4.68	19.48	2.66
0.02	124.39	3.24	5.98	86.07	1.60	14.48	5.71	11.61	2.60
0.92	274.57	4.77	0.15	58.87	9.99	11.62	7.06	9.57	10.17
	75.18			22.91		3.21	1.34	1.88	
	156.29	5.56	1.21	81.75	1.53	5.54	1.99	17.77	1.79
	203.95	6.47	7.54	161.86	5.67	15.43	24.49	21.14	6.42
1.72	290.90	9.37	0.09	41.42	0.54	5.45	2.34	1.21	0.74
2.98	539.06		1.62	121.91	1.46	21.27	14.03	15.67	6.36
0.20	248.89	2.55	5.16	23.28	1.05	7.27	7.51	13.53	2.69
	280.74	13.04	0.36	36.24	1.79	17.04	5.07	10.48	1.61
	54.99		1.80	26.77	0.77	6.78	0.68	1.64	0.49
1.21	81.48	0.96	2.68	3.47	0.47	4.63	0.68	2.58	0.25
	16.27	0.15	0.88	4.65		0.71	0.17	0.75	0.18
	14.85	1.05		6.55		2.94	0.80	2.39	
	15.69			7.50	1.28		0.96	0.30	
	52.33	7.07	0.47	5.88		0.83	2.55	2.88	0.20
	42.23	0.79		22.47	0.90	4.04	0.44		
	85.92	0.67	0.09	7.24		0.15	0.60	1.01	0.31
	69.17			5.79		0.79	2.20	0.77	0.24
	8.68	2.55	4.58	5.16		0.92	0.25		
	27.43			3.64	0.34	4.33	0.38	0.36	0.02

6-16 各市按建设性质和构成性质分的固定资产投资(2013年)

Investment in Fixed Assets by Type of Construction, Composition of Funds and City (2013)

单位：亿元 (100 million yuan)

市(县) City(County)	投资总额 Total Investment	按建设性质分 by Type of Construction #新建 New Construction	#扩建 Expansion	#改建和技术改造 Reconstruction	按构成性质分 by Composition of Funds 建筑工程 Construction	安装工程 Installation	设备购置 Purchase of Equipment	其他费用 Others
全省 Total	**25188.06**	**17695.98**	**2140.70**	**1195.15**	**14869.00**	**344.67**	**7188.35**	**2786.04**
省辖市 City								
郑州市 Zhengzhou	4380.21	2313.75	324.12	246.97	2690.83	56.21	735.09	898.08
开封市 Kaifeng	941.68	633.99	131.85	24.94	478.94	17.03	374.00	71.70
洛阳市 Luoyang	2518.98	1857.39	149.23	159.37	1621.73	45.06	600.30	251.89
平顶山市 Pingdingshan	1231.76	935.55	77.74	59.52	601.42	23.55	420.83	185.97
安阳市 Anyang	1328.62	794.39	301.30	68.31	796.65	23.42	432.49	76.05
鹤壁市 Hebi	487.01	407.08	8.92	15.88	347.86	1.84	122.94	14.37
新乡市 Xinxiang	1553.65	1112.94	159.87	43.25	1037.95	24.83	401.64	89.22
焦作市 Jiaozuo	1374.04	1109.84	84.23	46.10	569.13	22.19	666.70	116.01
濮阳市 Puyang	941.89	736.79	98.09	28.69	249.54	6.48	462.84	223.03
许昌市 Xuchang	1371.11	1001.37	119.86	92.04	786.68	14.71	477.95	91.77
漯河市 Luohe	648.29	517.32	41.85	10.75	444.22	5.39	176.72	21.97
三门峡市 Sanmenxia	1113.02	758.86	157.75	106.02	628.77	30.24	352.15	101.86
南阳市 Nanyang	2091.40	1697.61	135.71	112.49	1334.48	31.47	602.01	123.43
商丘市 Shangqiu	1246.79	958.12	77.77	18.51	695.07	7.70	440.89	103.12
信阳市 Xinyang	1447.28	1100.49	76.44	42	892.76	10.62	236.52	307.38
周口市 Zhoukou	1151.55	742.61	125.50	70.48	791.40	9.82	296.37	53.97
驻马店市 Zhumadian	1014.90	784.83	27.89	15.51	754.10	3.96	213.23	43.62
济源市 Jiyuan	345.89	233.04	42.57	34.31	147.47	10.15	175.66	12.61
省直管县 Province Administrating County								
巩义市 Gongyi	352.54	212.23	65.90	25.57	186.27	12.02	137.89	16.36
兰考县 Lankao	103.34	75.59	18.47	2.92	65.61	0.16	34.99	2.58
汝州市 Ruzhou	203.46	161.34	20.27	10.8	100.79	3.79	88.6	10.28
滑县 Huaxian	107.38	96.10	2.41	1.42	81.85	0.08	24.95	0.50
长垣县 Changyuan	198.82	179.63	2.22	0.55	120.40	13.24	64.52	0.66
邓州市 Dengzhou	211.90	185.77	4.78	9.22	130.88	2.43	71.14	7.46
永城市 Yongcheng	214.05	170.81	12.67		163.38	2.79	40.69	7.18
固始县 Gushi	185.43	153.44	4.02	8.28	109.67	0.56	39.64	35.57
鹿邑县 Luyi	112.55	97.32	2.73	10.00	65.75	4.08	32.71	10.01
新蔡县 Xincai	85.80	72.37	0.22	0.81	69.34	0.14	14.16	2.16

6−17 各市按登记注册类型分的固定资产投资(2013年)

单位：亿元

市(县) City(County)	总计 Total	内资 Domestic	国有 State-owned	集体 Collective-owned	股份合作 Cooperative	联营 Joint
全　　省 Total	**25188.06**	**24729.98**	**3351.26**	**1116.28**	**221.88**	**92.50**
省辖市 City						
郑州市 Zhengzhou	4380.21	4204.24	758.65	176.74	71.73	20.28
开封市 Kaifeng	941.68	938.19	116.39	34.08	3.25	4.14
洛阳市 Luoyang	2518.98	2473.73	401.34	249.45	36.41	32.84
平顶山市 Pingdingshan	1231.76	1217.04	121.18	20.72	5.01	2.26
安阳市 Anyang	1328.62	1317.85	193.72	67.36	9.27	1.95
鹤壁市 Hebi	487.01	486.34	86.80	11.37		4.33
新乡市 Xinxiang	1553.65	1520.87	145.40	46.17	3.25	1.59
焦作市 Jiaozuo	1374.04	1365.17	146.46	27.63	2.00	5.71
濮阳市 Puyang	941.89	941.72	195.05	25.27	4.99	5.16
许昌市 Xuchang	1371.11	1361.49	49.65	48.29	4.98	2.99
漯河市 Luohe	648.29	628.13	31.25	4.53	0.96	0.36
三门峡市 Sanmenxia	1113.02	1086.55	316.29	67.84	7.51	1.15
南阳市 Nanyang	2091.40	2065.43	273.17	116.27	5.05	1.52
商丘市 Shangqiu	1246.79	1242.94	68.59	63.13	15.18	4.53
信阳市 Xinyang	1447.28	1427.22	205.91	82.46	14.04	2.67
周口市 Zhoukou	1151.55	1142.08	82.36	8.16	22.23	0.05
驻马店市 Zhumadian	1014.90	1005.54	123.80	60.76	16.02	0.69
济源市 Jiyuan	345.89	305.44	35.27	6.02		0.26
省直管县 Province Administrating County						
巩义市 Gongyi	352.54	344.66	19.54	19.53	4.12	1.16
兰考县 Lankao	103.34	103.34	8.41	11.32		
汝州市 Ruzhou	203.46	196.02	6.38	2.12	1.00	0.50
滑县 Huaxian	107.38	106.78	19.98	1.55		0.03
长垣县 Changyuan	198.82	198.82	4.58	1.76		
邓州市 Dengzhou	211.90	211.90	73.18	4.61		0.17
永城市 Yongcheng	214.05	214.05	3.62	58.41	11.61	
固始县 Gushi	185.43	185.43	21.91	0.55		1.13
鹿邑县 Luyi	112.55	112.55	26.32			
新蔡县 Xincai	85.80	85.17	4.32	14.51	16.01	0.32

Investment in Fixed Assets
by Status of Registration and City (2013)

(100 million yuan)

有限责任公司 Limited Liability	股份有限公司 Share-holding	私营 Private	个体 Self-employed Individual	其他 Others	港、澳、台商投资 Funds from Hong Kong, Macao and Taiwan	外商投资 Foreign Funded
7047.32	**2229.28**	**7791.74**	**81.17**	**2798.56**	**212.65**	**245.44**
1632.59	288.58	856.79	4.28	394.60	97.88	78.09
268.68	47.40	417.61	0.35	46.28	3.13	0.36
706.38	99.33	764.84	2.21	180.93	22.67	22.57
448.26	79.55	388.44	10.52	141.09	3.38	11.34
368.63	77.97	506.00	1.20	91.74	3.03	7.74
219.24	5.85	126.16		32.59	0.67	
423.01	62.75	445.65	0.21	392.85	5.47	27.30
348.16	125.31	619.08	7.22	83.60		8.87
168.26	154.94	301.45	1.21	85.39	0.16	0.01
375.31	112.68	465.80	7.80	294.00	0.61	9.02
146.90	198.51	198.19		47.42	1.75	18.42
255.33	54.87	247.97	0.38	135.21	2.97	23.49
244.72	307.87	879.70	8.32	228.80	11.12	14.85
261.59	146.57	533.86	4.18	145.32	0.41	3.43
471.14	36.36	351.51	25.80	237.33	10.99	9.07
274.63	349.60	262.57	7.33	135.15	0.04	9.42
323.76	47.86	384.29	0.16	48.21	8.52	0.85
110.73	33.28	41.82		78.05	39.85	0.61
50.21	17.23	195.64	1.27	35.96	1.50	6.39
3.24	1.27	79.10				
46.41	23.45	90.74	0.63	24.78	1.62	5.82
30.61	29.63	17.76	0.36	6.85	0.60	
17.12	10.78	6.25		158.34		
38.19	4.18	89.86		1.71		
20.12	5.71	111.31	0.09	3.17		
96.32	1.28	4.10		60.15		
60.95	22.94	1.56	0.53	0.25		
0.96	10.46	38.03		0.55	0.07	0.56

6-18 各市固定资产投资实际到位资金(2013年)

Actual Funds for Investment in Fixed Assets by City (2013)

单位：亿元 (100 million yuan)

市(县)	City(County)	本年实际到位资金小计 Subtotal of Actual Funds for Investment	国家预算资金 State Budget	国内贷款 Domestic Loans	利用外资 Foreign Investment	自筹资金 Self-raising Funds	其他资金 Others
全省	**Total**	**25631.18**	**578.32**	**3270.31**	**86.88**	**19473.88**	**2221.79**
省辖市	**City**						
郑州市	Zhengzhou	4558.14	224.33	443.81	12.48	2992.08	885.45
开封市	Kaifeng	975.84	23.22	142.57	1.77	729.56	78.72
洛阳市	Luoyang	2546.21	6.66	90.84	0.84	2188.25	259.63
平顶山市	Pingdingshan	1242.13	18.55	202.67	1.45	888.43	131.01
安阳市	Anyang	1329.15	9.49	55.97		1213.02	50.67
鹤壁市	Hebi	485.82	15.91	83.92	1.25	356.16	28.57
新乡市	Xinxiang	1589.79	6.89	236.21	1.32	1247.46	97.90
焦作市	Jiaozuo	1392.94	28.89	305.50		1016.71	41.83
濮阳市	Puyang	946.89	52.45	109.01		762.51	22.91
许昌市	Xuchang	1415.91	12.92	321.05	3.34	1009.71	68.89
漯河市	Luohe	657.87	0.91	41.31	1.05	596.90	17.70
三门峡市	Sanmenxia	1125.30	53.40	263.47	0.80	730.13	77.50
南阳市	Nanyang	2140.77	20.91	240.25	15.86	1770.28	93.47
商丘市	Shangqiu	1263.35	12.18	140.72		1048.17	62.29
信阳市	Xinyang	1429.66	26.38	268.58	1.92	949.26	183.53
周口市	Zhoukou	1160.99	16.39	159.27	3.55	940.42	41.34
驻马店市	Zhumadian	1020.91	32.98	146.60	5.44	776.87	59.01
济源市	Jiyuan	349.52	15.84	18.55	35.80	257.96	21.36
省直管县	**Province Administrating County**						
巩义市	Gongyi	350.43	0.18	43.21		306.87	0.16
兰考县	Lankao	104.94	5.00	8.74		90.84	0.36
汝州市	Ruzhou	206.73	2.03	46.39	0.95	125.80	31.57
滑县	Huaxian	110.32	1.93			106.26	2.12
长垣县	Changyuan	200.61	0.45	42.90		154.16	3.09
邓州市	Dengzhou	218.14	1.77	3.72		204.05	8.61
永城市	Yongcheng	213.45		0.41		201.18	11.86
固始县	Gushi	185.60	6.75	32.46		120.14	26.25
鹿邑县	Luyi	112.88	9.87	13.25		74.64	15.12
新蔡县	Xincai	79.70	1.18	9.14		69.38	

6−19 高成长性制造业、传统支柱产业和六大高载能行业投资完成额及结构
Investment in Fixed Assets in High-growth industries, Traditional pillar Industrial Exterprises and Six Carrying energy Industrial Enterprises

单位：亿元 (100million yuan)

行　业	Sector	2012	占固定资产投资比重(%) percentage of Investment in Fixed Assets (%)	2013	占固定资产投资比重(%) percentage of Investment in Fixed Assets (%)
高成长性制造业	**High-growth industries**	**2821.55**	**13.7**	**3501.06**	**13.9**
电子信息产业	Electronic information industry	271.37	1.3	281.44	1.1
装备制造业	Equipment manufacturing industry	1156.29	5.6	1416.38	5.6
汽车及零部件产业	Automobile and parts industry	245.22	1.2	310.15	1.2
食品产业	Food industry	662.86	3.2	820.19	3.3
现代家居产业	Modern furniture industry	248.76	1.2	318.52	1.3
服装服饰	Clothing accessories	237.05	1.2	354.38	1.4
传统支柱产业	**Traditional pillar industries**	**4374.82**	**21.3**	**5059.60**	**20.1**
冶金工业	Metallurgical industry	684.23	3.3	792.23	3.1
建材工业	Building materials industry	1073.3	5.2	1257.08	5.0
化学工业	Chemical industry	880.35	4.3	1033.07	4.1
轻纺工业	Textile industry	1029.14	5.0	1178.15	4.7
能源工业	Energy industry	707.8	3.4	799.07	3.2
六大高载能行业	**Six Carrying energy Industrial**	**3162.86**	**15.4**	**3658.86**	**14.5**
煤炭开采和洗选业	Mining and Washing of Coal	247.61	1.2	187.27	0.7
化学原料及化学制品制造业	Manufacture of Chemical Raw Material and Chemical Products	719.54	3.5	849.80	3.4
非金属矿物制品业	Manufacture of Non-metallic Mineral Products	1201.02	5.8	1386.74	5.5
黑色金属冶炼及压延加工业	Manufacture and Processing of Ferrous Metals	280.6	1.4	231.30	0.9
有色金属冶炼及压延加工业	Manufacture and Processing of Non-ferrous Metals	403.63	2.0	560.93	2.2
电力、热力的生产和供应业	Production and Supply of Electric Power and Heat Power	310.45	1.5	442.81	1.8

6-20 能源原材料工业投资额及结构

Investment and structure of Energy raw material industrial

行 业	sector	2012	2013
能源原材料工业(亿元)	**Energy and raw material industrial**	**4221.43**	**4771.86**
煤炭开采和洗选业	Mining and Washing of Coal	247.61	187.27
石油和天然气开采业	Extraction of Petroleum and Natural Gas	59.54	50.28
黑色金属矿采选业	Mining of Ferrous Metal Ores	25.63	20.74
有色金属矿采选业	Mining of Non-ferrous Metal Ores	234.27	246.60
非金属矿采选业	Mining and Processing of Nonmetal Ores	119.35	87.55
石油加工、炼焦和核燃料加工业	Processing of Petroleum ,Coking, Processing of Nucleus Fuel	77.80	69.07
化学原料和化学制品制造业	Manufacture of Chemical Raw Material and Chemical Products	719.54	849.80
橡胶和塑料制品业	Manufacture of Rubber and Plastic	254.77	325.33
非金属矿物制品业	Manufacture of Non-metallic Mineral Products	1201.02	1386.74
黑色金属冶炼和压延加工业	Manufacture and Processing of Ferrous Metals	280.60	231.30
有色金属冶炼和压延加工业	Manufacture and Processing of Non-ferrous Metals	403.63	560.93
废弃资源综合利用业	Comprehensive utilization of waste materials	42.54	31.35
电力、热力生产和供应业	Production and Supply of Electric Power and Heat Power	310.45	442.81
燃气生产和供应业	Production and Distribution of Gas	90.20	118.70
水的生产和供应业	Production and Distribution of Water	154.48	163.38
能源原材料工业占工业投资比重(%)	**Proportion in Investment of Industry Enterprises(%)**	**38.3**	**36.3**
煤炭开采和洗选业	Mining and Washing of Coal	2.2	1.4
石油和天然气开采业	Extraction of Petroleum and Natural Gas	0.5	0.4
黑色金属矿采选业	Mining of Ferrous Metal Ores	0.2	0.2
有色金属矿采选业	Mining of Non-ferrous Metal Ores	2.1	1.9
非金属矿采选业	Mining and Processing of Nonmetal Ores	1.1	0.7
石油加工、炼焦和核燃料加工业	Processing of Petroleum ,Coking, Processing of Nucleus Fuel	0.7	0.5
化学原料和化学制品制造业	Manufacture of Chemical Raw Material and Chemical Products	6.5	6.5
橡胶和塑料制品业	Manufacture of Rubber and Plastic	2.3	2.5
非金属矿物制品业	Manufacture of Non-metallic Mineral Products	10.9	10.6
黑色金属冶炼和压延加工业	Manufacture and Processing of Ferrous Metals	2.5	1.8
有色金属冶炼和压延加工业	Manufacture and Processing of Non-ferrous Metals	3.7	4.3
废弃资源综合利用业	Comprehensive utilization of waste materials	0.4	0.2
电力、热力生产和供应业	Production and Supply of Electric Power and Heat Power	2.8	3.4
燃气生产和供应业	Production and Distribution of Gas	0.8	0.9
水的生产和供应业	Production and Distribution of Water	1.4	1.2

6-21 各市能源工业投资
Investment Energy Industry in Urban Area by City

单位：亿元 (100 million yuan)

年 份 Year 市(县) City(County)	合 计 Total	煤炭开采及洗选业 Mining and Washing of Coal	石油和天然气开 采 业 Extraction of Petroleum and Natural Gas	石油加工、炼焦和核燃料加工业 Processing of Petroleum ,Coking, Processing of Nucleus Fuel	电力、热力及燃气的生产和供应业 Production and Supply of Electric Power、Heat Power and Gas
2005	523.11	122.62	55.83	21.10	323.56
2006	606.29	162.67	55.40	26.95	361.27
2007	697.43	234.03	68.40	39.03	355.97
2008	869.09	302.55	72.75	46.83	446.96
2009	971.24	335.29	73.21	59.36	503.37
2010	812.32	256.15	71.23	76.08	408.87
2010(新口径 New Caliber)	707.83	225.48	71.23	65.97	345.16
2011	824.27	295.80	56.90	96.29	375.28
2012	785.22	247.61	59.16	77.80	400.65
2013	868.14	187.27	50.28	69.07	561.51
省 辖 市 City					
郑 州 市 Zhengzhou	120.35	75.36	2.00	1.61	41.37
开 封 市 Kaifeng	28.37			5.07	23.31
洛 阳 市 Luoyang	75.84	10.33		6.00	59.51
平 顶 山 市 Pingdingshan	74.39	41.98		6.74	25.66
安 阳 市 Anyang	71.40	15.33		0.86	55.21
鹤 壁 市 Hebi	18.27	2.94		0.85	14.47
新 乡 市 Xinxiang	27.70	10.56		5.60	11.54
焦 作 市 Jiaozuo	91.63	6.00		0.40	85.23
濮 阳 市 Puyang	60.04		24.61	7.89	27.54
许 昌 市 Xuchang	22.01	12.26		4.79	4.97
漯 河 市 Luohe	7.34				7.34
三 门 峡 市 Sanmenxia	86.99	9.78		8.96	68.25
南 阳 市 Nanyang	45.72		23.67	2.05	20.00
商 丘 市 Shangqiu	13.10			0.10	13.00
信 阳 市 Xinyang	28.28			7.00	21.28
周 口 市 Zhoukou	29.15			2.46	26.68
驻 马 店 市 Zhumadian	19.18	0.83		0.52	17.83
济 源 市 Jiyuan	48.38	1.89		8.17	38.32
省 直 管 县 Province Administrating County					
巩 义 市 Gongyi	4.36	3.50			0.86
兰 考 县 Lankao	2.75			0.27	2.48
汝 州 市 Ruzhou	9.64	4.92		2.32	2.40
滑 县 Huaxian	0.22				0.22
长 垣 县 Changyuan	3.11				3.11
邓 州 市 Dengzhou	0.17				0.17
永 城 市 Yongcheng	5.17				5.17
固 始 县 Gushi	9.66			7.00	2.66
鹿 邑 县 Luyi	4.95			1.64	3.31
新 蔡 县 Xincai	0.07				0.07

6—22 分行业固定资产投资项目个数及新增固定资产(2013年)

Number of Projects of Investment in Fixed Assets and Newly Increased Fixed Assets by Sector (2013)

行业	Item	在建规模(亿元) Investment in Projects under Construction (100 million yuan)	#新开工规模 Started in This Year	施工项目(个) Number of Projects under Construction (unit)	#新开工 Started in This Year	全部投产项目(个) Number of Projects Completed and Put into Use (unit)	新增固定资产(亿元) Newly Increased Fixed Assets (100 million yuan)
总　计	**Total**	**53549**	**26038**	**24215**	**13698**	**14069**	**14032**
农、林、牧、渔业	**Farming, Forestry,animal Husbandry and Fishery**	**2166**	**1307**	**2153**	**1323**	**1270**	**615**
农业	Farming	942	588	720	451	379	208
林业	Forestry	87	62	94	64	62	33
畜牧业	Animal Husbandry	815	474	936	553	574	257
渔业	Fishery	33	16	40	28	30	13
农、林、牧、渔服务业	Service activities for Farming, forestry, animal Husbandry and fishery	288	167	363	227	225	104
工业	**Industry**	**29926**	**14476**	**12465**	**7025**	**7401**	**8900**
采矿业	Mining	1287	636	558	325	326	483
煤炭开采和洗选业	Mining and Washing of Coal	483	148	182	77	105	160
石油和天然气开采业	Extraction of Petroleum and Natural Gas	120	80	20	15	8	26
黑色金属矿采选业	Mining of Ferrous Metal Ores	73	35	31	17	21	26
有色金属矿采选业	Mining of Non-ferrous Metal Ores	408	257	137	107	84	198
非金属矿采选业	Mining and Processing of Nonmetal Ores	182	97	170	95	98	66
开采辅助活动	Mining Auxiliary	20	18	15	13	7	6
其他采矿业	Mining of Other Ores n.e.c	1	0	3	1	3	1
制造业	Manufacturing	26819	12988	11103	6172	6575	7822
农副食品加工业	Processing of Food from Agricultural Products	1714	927	936	513	549	516
食品制造业	Manufacture of Foods	1075	567	563	329	341	352
酒、饮料和精制茶制造业	Manufacture of Wine, drinks and refined tea	665	406	267	166	164	170
烟草制造业	Manufacture of Tobacco	65	21	13	9	10	22
纺织业	Manufacture of Textile	1048	435	412	206	265	352
纺织服装、服饰业	Manufacture of Textile Wearing,Apparel	714	380	355	195	192	165
皮革、毛皮、羽毛及其制品和制鞋业	Manufacture of Leather, Fur, Feather and Its Products,Shoemaking	603	237	273	129	146	123
木材加工及木、竹、藤、棕、草制品业	Processing of Timbers, Manufacture of Wood, Bamboo, Rattan, Palm, and Straw Products	362	222	261	147	145	110
家具制造业	Manufacture of Furniture	372	184	251	135	154	130
造纸及纸制品业	Manufacture of Paper and Paper Products	517	292	190	104	113	138
印刷和记录媒介复制业	Printing,Reproduction of Recording Media	173	101	100	62	56	65
文教、工美、体育和娱乐用品制造业	Manufacture of Cultural and educational supplies, industrial, sporting and entertainment	141	74	123	76	68	43
石油加工、炼焦及核燃料加工业	Processing of Petroleum ,Coking, Processing of Nucleus Fuel	197	88	56	29	30	58
化学原料及化学制品制造业	Manufacture of Chemical Raw Material and Chemical Products	2146	972	710	394	428	617
医药制造业	Manufacture of Medicines	811	385	291	165	166	276
化学纤维制造业	Manufacture of Chemical Fiber	81	64	32	27	17	28
橡胶和塑料制品业	Manufacture of Rubber and Plastic	672	375	424	217	258	217
非金属矿物制品业	Manufacture of Non-metallic Mineral Products	2956	1453	1659	943	1084	1071
黑色金属冶炼和压延加工业	Manufacture and Processing of Ferrous Metals	559	227	177	89	118	166
有色金属冶炼及压延加工业	Manufacture and Processing of Non-ferrous Metals	1714	767	267	143	139	279
金属制品业	Manufacture of Metal Products	948	526	530	300	318	356
通用设备制造业	Manufacture of General Purpose Machinery	1583	834	748	425	450	562
专业设备制造业	Manufacture of Special Purpose Machinery	1860	935	812	441	465	570
汽车制造业	Manufacture of Automobile	1398	582	448	248	240	329
铁路、船舶、航空航天和其他运输设备制造业	Manufacture of Railway, shipbuilding, aerospace, and other transportation equipment	456	223	131	70	73	117
电气机械及器材制造业	Manufacture of Electrical Machinery and Equipment	1982	950	621	357	337	559
计算机、通信和其他电子设备制造业	Manufacture of Computer Communication Equipment,and Other Electronic Equipment	1532	566	266	146	146	308

6-22 续表　continued

行　业	Item	在建规模(亿元) Investment in Projects under Construction (100 million yuan)	#新开工规模 Started in This Year	施工项目(个) Number of Projects under Con-struction (unit)	#新开工 Started in This Year	全部投产项目(个) Number of Projects Completed and Put into Use (unit)	新增固定资产(亿元) Newly Increased Fixed Assets (100 million yuan)
仪器仪表制造业	Manufacture of Measuring Instrument	192	73	81	47	46	59
其他制造业	Manufacture of others	181	58	46	23	27	31
废弃资源综合利用业	Comprehensive utilization of waste materials	82	59	47	33	20	23
金属制品、机械和设备修理业	Repairing of Metal products, machinery and equipment	17	7	13	4	10	10
电力、燃气及水的生产和供应业	Production and Distribution of Electricity, Gas and Water	1821	851	804	528	500	595
电力、热力生产和供应业	Production and Supply of Electric Power and Heat Power	1241	529	319	200	194	391
燃气生产和供应业	Production and Distribution of Gas	282	137	161	105	96	82
水的生产和供应业	Production and Distribution of Water	297	185	324	223	210	121
建筑业	**Construction**	**19**	**8**	**15**	**13**	**9**	**14**
#房屋建筑业	Building Construction	5	4	6	6	3	1
批发和零售业	**Wholesale and retail trade**	**1953**	**917**	**883**	**462**	**533**	**445**
#批发业	Wholesale	916	382	315	156	202	202
交通运输、仓储和邮政业	**Traffic,transport, storage and post**	**3774**	**1399**	**1201**	**669**	**736**	**910**
#铁路运输	Transport via railway	342	94	27	13	15	106
道路运输业	Transport via road	1928	560	705	412	471	488
仓储业	Storage	955	392	332	165	176	204
邮政业	Post	18	8	22	10	14	8
住宿和餐饮业	**Accommodation and Catering Trade**	**816**	**367**	**393**	**187**	**246**	**149**
#住宿业	Accommodation	704	326	295	138	176	114
信息传输、软件和信息技术服务业	**Information transfer,software and Information technology services**	**473**	**384**	**55**	**38**	**26**	**18**
#电信、广播电视和卫星传输服务业	Telecom,Radio,television and Satellite transmission service	63	15	25	14	13	11
互联网和相关服务	Internet and related services	1	1	2	2	1	0
金融业	**Finance**	**48**	**25**	**27**	**20**	**12**	**10**
#货币金融服务	Monetary and financial services	31	14	23	18	12	9
保险业	Insurance	2		1			
房地产业	**Real estate**	**6123**	**2918**	**2587**	**1215**	**1294**	**1190**
租赁和商务服务业	**Tenancy and business services**	**909**	**492**	**128**	**66**	**56**	**60**
#商务服务业	Business service	907	492	122	64	50	58
科学研究和技术服务业	**Scientific research and technical service**	**312**	**171**	**110**	**61**	**54**	**42**
#研究和试验发展	Research and experimental development	158	69	37	19	14	18
专业技术服务业	Professional technique services	47	29	38	21	21	8
水利、环境和公共设施管理业	**Management of water conservancy, environment and public establishment**	**4400**	**2389**	**2442**	**1633**	**1389**	**1042**
水利管理业	Management of water conservancy	320	187	328	239	199	85
生态保护和环境治理业	Ecological protection and Environmental management	89	83	61	51	29	25
公共设施管理业	Management of public establishment	3991	2120	2053	1343	1161	932
居民服务、修理和其他服务业	**Resident services,Repairing and other services**	**295**	**124**	**181**	**79**	**129**	**118**
#居民服务业	Resident services	227	108	140	62	100	102
教育	**Education**	**764**	**329**	**722**	**434**	**460**	**191**
卫生和社会工作	**Sanitation and social Work**	**444**	**193**	**304**	**163**	**164**	**115**
#卫生	Sanitation	385	162	233	121	119	94
文化、体育和娱乐业	**Culture, sports and entertainment**	**936**	**427**	**304**	**164**	**148**	**157**
#广播、电视、电影和影视录音制作业	Broadcasting,movies,television and audiovisual activities	9	4	15	9	10	5
文化艺术业	Culture and art	419	222	154	86	67	63
公共管理、社会保障和社会组织	**Public management,social welfare and social organization**	**192**	**111**	**245**	**146**	**142**	**57**
国家机构	Organ of state	148	89	208	126	118	44
社会保障	Social welfare	11	2	7	4	4	1

6-23 各市固定资产投资项目个数和在建规模
Number of Projects of Investment in Fixed Assets and Investment in Projects under Construction

年份 Year / 市(县) City(County)	施工项目(个) Number of Projects under Construction (unit)	#新开工 Started in This Year	全部建成投产项目(个) Number of Projects Completed and Put into Use (unit)	全部建成投产率(%) Rate of Construction Projects Completed and Put into Use (%)	在建规模(亿元) Investment in Projects under Construction (100 million yuan)	#新开工 Started in This Year
2005	21983	18254	15889	72.3	7695.80	3497.32
2006	26522	22685	20467	77.2	9475.15	4210.22
2007	37501	32426	28660	76.4	12112.77	6555.77
2008	44123	37575	35032	79.4	14725.49	8687.27
2009	52790	46133	41654	78.9	20204.60	13922.86
2010	48651	38652	35323	72.6	27675.97	17545.39
2010(新口径 New Caliber)	43075	33549	29973	69.6	22986.67	14481.25
2011	32091	19612	20466	63.8	32945.44	17807.55
2012	27886	17278	16776	60.2	42713.41	22390.48
2013	24215	13698	14069	58.1	53548.82	26038.14
省辖市 City						
郑州市 Zhengzhou	3206	1957	1867	58.2	9822.95	4943.42
开封市 Kaifeng	873	533	366	41.9	2562.84	1278.52
洛阳市 Luoyang	2126	1315	1392	65.5	5103.47	2651.53
平顶山市 Pingdingshan	1517	818	840	55.4	2822.27	1325.43
安阳市 Anyang	970	609	686	70.7	2308.70	1162.81
鹤壁市 Hebi	549	313	327	59.6	1222.28	580.03
新乡市 Xinxiang	1346	837	737	54.8	3169.70	1601.95
焦作市 Jiaozuo	1527	555	907	59.4	2736.61	1193.07
濮阳市 Puyang	1465	631	916	62.5	2156.88	966.07
许昌市 Xuchang	1319	719	826	62.6	2683.59	1407.33
漯河市 Luohe	483	293	301	62.3	1373.09	598.71
三门峡市 Sanmenxia	706	457	468	66.3	2593.74	1477.66
南阳市 Nanyang	2681	1684	1449	54.0	4783.08	2158.01
商丘市 Shangqiu	1124	520	423	37.6	2715.94	1133.50
信阳市 Xinyang	1722	1068	1178	68.4	2522.64	1297.16
周口市 Zhoukou	1128	704	589	52.2	2211.45	1218.06
驻马店市 Zhumadian	1209	518	634	52.4	2162.99	846.45
济源市 Jiyuan	264	167	163	61.7	596.57	198.41
省直管县 Province Administrating County						
巩义市 Gongyi	477	356	320	67.1	806.47	409.27
兰考县 Lankao	181	128	42	23.2	352.99	193.73
汝州市 Ruzhou	251	168	154	61.4	601.20	353.65
滑县 Huaxian	134	61	93	69.4	224.09	81.62
长垣县 Changyuan	200	143	96	48.0	507.90	357.25
邓州市 Dengzhou	236	98	183	77.5	392.24	184.33
永城市 Yongcheng	277	85	3	1.1	519.51	157.33
固始县 Gushi	262	225	198	75.6	272.95	209.37
鹿邑县 Luyi	159	103	64	40.3	303.14	175.28
新蔡县 Xincai	244	47	83	34.0	229.84	84.43

6-24 各市亿元及以上固定资产投资项目投资情况(2013年)

Investment of Projects above 100 Million yuan by City (2013)

市(县) City(County)	施工项目(个) Number of Projects under Construction (unit)	#新开工 Started in This Year	在建规模(亿元) Total investment Planed (100 million yuan)	#新开工 Started in This Year	本年完成投资(亿元) Real investment completed in this year (100 million yuan)
全　　省 Total	**10664**	**5827**	**46939.24**	**22335.79**	**17113.47**
省　辖　市 City					
郑　州　市 Zhengzhou	1427	842	8907.07	4446.51	2301.79
开　封　市 Kaifeng	448	253	2334.65	1124.27	686.50
洛　阳　市 Luoyang	1013	597	4532.10	2302.47	1807.13
平 顶 山 市 Pingdingshan	633	320	2430.81	1116.44	872.66
安　阳　市 Anyang	466	272	2085.68	1012.07	995.85
鹤　壁　市 Hebi	292	140	1089.86	491.60	351.27
新　乡　市 Xinxiang	638	331	2797.47	1351.03	1090.41
焦　作　市 Jiaozuo	551	275	2285.44	1043.88	961.51
濮　阳　市 Puyang	495	237	1780.80	820.65	647.03
许　昌　市 Xuchang	546	328	2235.55	1191.45	971.71
漯　河　市 Luohe	310	173	1231.68	536.69	495.07
三 门 峡 市 Sanmenxia	350	206	2424.84	1362.27	897.33
南　阳　市 Nanyang	1140	602	4074.36	1695.16	1600.56
商　丘　市 Shangqiu	662	321	2456.68	1021.42	901.77
信　阳　市 Xinyang	586	337	1968.64	914.28	816.38
周　口　市 Zhoukou	541	337	1950.66	1051.04	809.23
驻 马 店 市 Zhumadian	450	199	1823.68	702.37	648.75
济　源　市 Jiyuan	116	57	529.25	152.20	258.53
省 直 管 县 Province Administrating County					
巩　义　市 Gongyi	146	97	652.95	295.00	182.81
兰　考　县 Lankao	71	43	297.85	152.12	75.76
汝　州　市 Ruzhou	124	74	542.21	310.14	149.24
滑　　县 Huaxian	51	24	197.55	68.25	81.46
长　垣　县 Changyuan	112	73	456.31	318.58	148.08
邓　州　市 Dengzhou	85	41	309.78	153.91	144.20
永　城　市 Yongcheng	90	39	411.40	126.77	132.26
固　始　县 Gushi	57	45	179.07	123.73	86.60
鹿　邑　县 Luyi	75	41	256.93	142.36	81.56
新　蔡　县 Xincai	44	22	170.20	73.79	55.53

6-25 各市施工、竣工房屋建筑面积及竣工价值(2013年)

Floor Space and Value of Urban Buildings under Construction and Completed by City (2013)

年份 Year	施工房屋建筑面积(万平方米) Floor Space Under Construction (10 000 sq.m)	#住宅 Residential Buildings	竣工房屋建筑面积(万平方米) Floor Space Completed (10 000 sq.m)	#住宅 Residential Buildings	竣工房屋价值(亿元) Value of Buildings Completed (100 million yuan)	#住宅 Residential Buildings
2005	15413.62	7576.97	7550.16	3715.38		
2006	18750.06	8750.92	8095.71	3147.69		
2007	26899.30	13145.07	11832.65	4667.34	1166.97	450.02
2008	33856.85	16809.66	13416.52	5197.16	1400.69	563.17
2009	43284.53	19299.84	16008.93	5590.59	1659.51	638.20
2010	51476.60	22709.88	15121.38	6075.41	1889.14	790.29
2010(新口径 New Caliber)	51049.72	22657.97	14537.36	5920.74	1815.36	768.71
2011	56480.43	25799.52	14290.72	7116.73	1996.32	979.06
2012	65885.02	29089.23	14702.60	6811.91	2051.92	1057.28
2013	84386.05	34649.82	14701.06	6602.76	2268.51	1105.87
省辖市 City						
郑州市 Zhengzhou	14285.39	6915.69	1548.82	824.49	348.85	184.46
开封市 Kaifeng	3544.15	1301.21	719.10	220.85	110.73	44.69
洛阳市 Luoyang	8605.60	4413.15	1552.49	916.51	279.51	151.60
平顶山市 Pingdingshan	4759.77	1771.37	1079.76	282.79	153.27	47.82
安阳市 Anyang	3883.82	1807.95	540.25	239.27	83.83	45.27
鹤壁市 Hebi	1753.34	724.54	408.61	242.59	52.38	31.93
新乡市 Xinxiang	6134.88	2183.73	515.82	284.59	90.52	47.99
焦作市 Jiaozuo	7731.22	1019.97	322.98	132.37	52.86	26.25
濮阳市 Puyang	2119.62	971.56	283.43	120.01	52.24	23.57
许昌市 Xuchang	3999.76	1086.95	834.66	265.95	158.28	58.08
漯河市 Luohe	3152.55	785.24	199.01	56.78	48.35	11.88
三门峡市 Sanmenxia	1570.90	952.89	208.39	120.80	44.53	24.64
南阳市 Nanyang	4452.17	1816.93	654.34	216.61	78.77	37.67
商丘市 Shangqiu	3644.51	1706.28	736.90	386.95	103.57	64.63
信阳市 Xinyang	6635.14	4020.05	2481.11	1406.95	307.81	191.62
周口市 Zhoukou	2935.17	907.64	1191.89	331.62	123.97	37.97
驻马店市 Zhumadian	4347.39	1914.24	1299.47	525.62	165.84	70.49
济源市 Jiyuan	830.69	350.43	124.04	28.01	13.19	5.30
省直管县 Province Administrating County						
巩义市 Gongyi	625.50	222.28	121.89	71.68	24.39	14.53
兰考县 Lankao	92.38	75.16	8.70	8.43	1.26	1.25
汝州市 Ruzhou	502.04	137.02	85.80	52.46	12.51	8.54
滑县 Huaxian	315.40	100.82	49.22		5.57	
长垣县 Changyuan	2526.64	293.46	38.53	33.75	5.97	5.02
邓州市 Dengzhou	117.28	79.91	25.86	24.19	4.68	4.40
永城市 Yongcheng	913.92	294.88	24.32	19.90	5.07	4.21
固始县 Gushi	1012.03	499.72	292.62	95.48	24.78	11.58
鹿邑县 Luyi	43.46	23.64	6.48		0.53	
新蔡县 Xincai	453.10	246.12	72.92	38.14	11.84	4.85

6-26 大型项目投资情况(2013年)
Urban Investment of Major Projects (2013)

单位：万元 (10 000 yuan)

单位名称 Unit Names	计划总投资 Total investment Planed	累计完成投资 Accumnlative Investment Actually Completed	本年完成投资 Real investment completed in this year	本年新增固定资产 Newly Increased Fixed Assets This Year
周口大用农牧有限公司(肉鸡养殖小区)	300000	220000	139508	
安阳大众煤业有限责任公司(年产120万吨原煤工程项目)	100568	100568	88568	100568
新乡市焦煤矿业投资有限公司(陈煤一矿矿井技改项目)	81889	81889	81889	81889
中国铝业股份有限公司中州分公司(选矿拜耳法系统工程)	299242	299242	92815	299242
河南金渠黄金股份有限公司(950坑口深部探矿)	80000	80000	80000	80001
灵宝市黄金投资有限责任公司(探矿工程项目)	82270	88550	88550	88550
灵宝市阳平镇马蹄沟金矿(中深部探矿)	80000	95200	95200	95201
河南金渠黄金股份有限公司(1250坑口深部探矿)	92000	110400	110400	110401
中国黄金集团中原矿业有限公司(夜长坪钼矿改扩建工程)	187257	166984	150500	150500
汝州市福瑞硅石有限公司(硅石场建设)	240000	240000	88749	88749
洛阳东汉禽业有限公司(年加工15000万只肉鸭项目)	85000	85000	85000	85000
洛阳东汉禽业有限公司(东汉产业园)	170000	91000	91000	
河南白鹅实业有限公司(鹅系列产品深加工一体化)	340000	278882	172490	58020
驻马店联顺食品有限公司(新建年产76万吨肉制品等农副产品深加工项目)	161423	105624	84700	
河南统一企业有限公司(年产7500万箱饮料及方便面项目)	150000	107310	106010	
南阳佳吉食品饮料有限公司(年产100万吨绞股蓝饮料、植物蛋白食品饮料生产线项目)	300000	80000	80000	
河南中烟工业有限责任公司许昌卷烟厂(易地技改项目二期工程)	82000	82000	82000	82000
河南中烟工业有限责任公司(郑州和新郑卷烟厂联合易地技术改造)	270000	240819	170000	
扶沟县和合纺织印染有限公司(年产1.8亿米印染高档面料项目)	129000	88243	88243	
河南鸿闽实业有限公司(年产1600万件服装生产项目)	200000	114800	114800	
河南申港纺织有限责任公司(生产37880吨精梳纱及9000万米服装面料项目)	200000	145500	98280	
河南鸿闽实业有限公司(年产3.6亿米坯布喷水织造项目)	150000	107200	107200	
河南鸿闽实业有限公司(年产1920万米非定岛型超细纤维高仿真皮革项目)	110000	110000	99570	99570
唐河县永茂集团巨佑体育用品有限公司(体育用品项目)	235000	160960	85840	
河南省雅宝家俱有限公司(年产五万件实木家俱生产项目)	95000	87567	87567	
新乡市第二纸箱厂(电源产业园区标准化厂房建设)	126000	126000	89110	80600
绥芬河嘉源进出口有限公司义马分公司(年产50万吨清洁燃料项目)	130000	154200	86795	154000
河南神马尼龙化工有限责任公司(年产25万吨精己二酸项目)	321000	156110	138110	
永城煤电集团有限责任公司(煤化工二期)	400000	340574	93390	
河南开祥天源化工有限公司(甲醇工程产品结构调整项目)	330000	202210	202210	
安阳九龙化工有限公司(年生产10万吨保险粉项目)	91977	91977	91977	91977
河南心连心化肥有限公司(采用洁净煤气化技术进行原料结构调整项目)	298531	298531	131731	131731
河南晋煤天庆煤化工有限责任公司("18.30.5"现代煤化工项目)	329797	174560	174560	
河南中科化工有限责任公司(年产100万吨稀土多元螯合复混肥项目)	103000	98016	89086	31000
广济药业(孟州)有限公司(生物产业园建设)	600000	600000	306450	600000
洛阳民生药业集团有限公司(产业园项目一期)	97000	82960	82960	
濮阳凯麒源集团有限公司(年产3000万平方米蜂窝墙体，5000平方米重型包装箱项目)	100800	84800	84800	

6-26 续表 1 continued

单位：万元 (10 000 yuan)

单位名称 Unit Names	计划总投资 Total investment Planed	累计完成投资 Accumnlative Investment Actually Completed	本年完成投资 Real investment completed in this year	本年新增固定资产 Newly Increased Fixed Assets This Year
河南中技桩业有限公司(年产2800万米先张法预应力混凝土空心方桩建设项目)	92000	92000	92000	92000
镇平县英奇陶瓷地板砖项目(建筑陶瓷项目)	450000	370990	256420	256420
南阳亿瑞陶瓷公司(年产3000万吨抛光砖生产线项目)	80000	80000	80000	80000
河南合力投资发展有限公司(内乡石材基地项目建设)	800000	627240	201310	201000
河南万达矿业有限责任公司(花岗岩石材项目)	80000	81100	81100	81100
河南省鸿润建材发展有限公司(陶瓷园项目)	500000	391583	126555	
河南紫宸装饰材料有限公司(年产2000万卷PVC环保壁纸项目)	102000	102000	94000	102000
郑州旭飞光电科技有限公司(年产220万平方米液晶玻璃基板生产线)	250000	258456	103000	103000
郑州福耀玻璃有限公司(福耀汽车玻璃项目)	150000	150000	87431	23977
洛阳睦和科技有限公司(洛阳睦和科技有限公司年产24万m3发泡玻璃项目)	108000	92066	90125	
河南鲁泰能源有限公司(年产30万吨高新合成材料项目)	90000	92040	81540	80000
河南黄河旋风股份有限公司(超硬材料及制品关键技术研发产业化)	250000	201300	134300	
林州市弘旭沥青科技有限公司(年产20万改质沥青项目)	120000	110000	110000	
安钢集团永通球墨铸铁管有限责任公司(年产30万吨高强、耐腐、高韧性离心球墨铸铁管项目)	90000	90000	90000	90000
舞钢市国能新材料科技有限公司(年产50万吨不锈钢复合板新材料制造项目)	350000	86281	81965	
河南省龙成集团有限公司(年产10万吨切割件)	320000	160000	105500	
三门峡义翔铝业有限公司(技改工程项目)	88000	97558	97558	88000
中金嵩县嵩原黄金冶炼有限责任公司(黄金冶炼二期扩建项目)	95000	85600	85600	
河南中原黄金冶炼厂有限公司(年产金60吨，阴极铜40万吨，白银350吨，硫酸240万吨)	970000	201220	201220	
河南龙辉铜业有限公司(年产9万吨新型节能铜及铜合金菜项目)	115677	115677	115677	29902
河南奥信投资有限公司(综合科技大楼及年产6万吨高精度铜板带建设项目)	94000	94000	94000	94000
洛阳万基铝加工有限公司(年产40万吨冷轧项目)	355141	296570	205103	
河南鑫泰铝业有限公司(年产30万吨铝深加工产品项目)	150000	140000	88500	
洛阳万基铝加工有限公司(年产90万吨热轧项目)	377407	301472	211480	
洛阳华中铝业有限公司(年产15万吨高档精密铝材加工项目)	176983	208705	114160	196705
洛阳万基铝加工有限公司(年产10万吨中厚板项目)	390232	322646	243143	
河南同人铝业有限责任公司(年产60万吨铝合金铸造及深加工)	3000000	102970	102970	
东方希望(三门峡)铝业有限公司(年产100万吨铝合金工业型材及板带箔精深加工项目)	1200000	505861	320380	
河南中原泛家居产业有限公司(年产800万镗各类高档门项目)	180000	180000	87368	87368
国机重工(洛阳)有限公司(产业园一期)	177805	177805	87719	177805
东风汽车有限公司郑州分公司(48万发动机乘用车项目)	328474	223894	120000	
安阳超强实业有限公司(年产60万吨高档离心球墨铸铁管)	90000	90000	90000	90000
厦工机械(焦作)有限公司(配套产业园)	100000	87929	80129	
恒爱节能环控设备有限公司(年产2600台(套)通风环保设备项目)	106000	86000	86000	

6-26 续表 2 continued

单位：万元 (10 000 yuan)

单位名称 Unit Names	计划总投资 Total investment Planed	累计完成投资 Accumnlative Investment Actually Completed	本年完成投资 Real investment completed in this year	本年新增固定资产 Newly Increased Fixed Assets This Year
郑州宇通重工有限公司(工程机械新工业园建设项目)	298580	284928	266000	
扶沟县力神机械有限公司(年产1.2万台100KW-170KW电液信息化智能变速拖拉机项目)	85000	99450	99450	99450
郑州宇通重工有限公司(环保产业园建设项目)	122830	125737	94000	94000
郑州宇通客车股份有限公司(年产10000辆节能与新能源客车生产基地项目)	386774	283430	132000	
河南格林沃特有限公司(年产125万套汽车尾气净化器项目)	200000	165600	142000	
林州市畅达铁路材料有限公司(新扩夹板生产线项目)	87080	87080	87080	87080
河南隆鑫机车有限公司(工业园一期项目)	120000	92165	92165	
南阳康卫集团有限公司(年装配50万套500KV及以上高压开关柜建设项目)	200000	159700	110000	
新乡高新区管理委员会(科技企业加速器建设项目(标准化厂房及基建))	201300	99386	84717	
河南华洋铜业集团有限公司(年产5万吨风力发电、轨道交通特种线生产线)	93424	91000	91000	43000
洛阳中先实业有限公司(年产300兆瓦太阳能单晶片)	165000	166416	100089	166416
河南三丽电源股份有限公司(500万KVAH硅胶体铅蓄电池)	150000	131950	86350	
民权台商电器工业园(年产100万台洗衣机和50万台净水设备项目)	90000	90000	90000	90000
河南心里程科技有限公司(年产1000万台平板电脑项目)	100000	115380	115380	
东兴电子科技工业园有限公司(电子产业城项目)	300000	153000	100000	
深新隆(洛阳)科技有限公司(光电触摸显示器件生产项目)	200000	184540	184540	
河南黄河精密电子科技有限公司(手机配件生产线(一期工程))	90000	90000	90000	90000
鸿富锦精密电子(郑州)有限公司(IT产业园建设项目)	900000	900000	134970	134970
上海豪晟投资发展有限公司(洛阳国际科技创新产业园项目)	280000	281140	180780	
鸿富锦精密电子(郑州)有限公司(新增手机生产线数条)	113961	113961	113961	
河南泛蓝科技有限公司(科技园项目)	210000	190130	135025	209360
河南均鼎电子科技有限公司(年产苹果手机配件6.4亿件(套)项目)	1000000	790660	521704	
富泰华精密电子(济源)有限公司(年产1520万台第三代手机及相关组件一期项目)	535125	555706	328006	
唐河县产业集聚区管理委员会(建台湾产业园电子组件制造)	270000	213536	91134	213536
商丘金振源电子科技有限公司(年产电子元件30000万件项目)	296800	160900	105000	
河南省龙成集团有限公司(1000万吨煤分质清洁高效利用)	750000	130000	124282	
河南龙泉金亨电力有限公司(2*660mw机组上大压小工程)	540000	621604	85383	563336
河南华能沁北发电有限责任公司(三期2*100万千瓦超临界机组)	832144	869472	259000	869472
华能国际电力股份有限公司(2*30万千瓦热电联产项目)	288832	274727	148684	
焦作电厂(上大压小异地扩建工程)	536000	104823	104823	
焦作万方电厂(热电“上大压小”扩建项目)	274000	274000	162370	274000
华润电力焦作有限公司(2×660MW超超临界机组工程)	501800	380500	380500	
周口市天然气电力有限公司(2＊300MW等级循环热电项目)	288000	258731	147031	
中电投河南新能源有限公司(中电投陕县雷震山风电场工程)	99448	99448	99448	99448
洛阳万众吉利热电有限公司(2×350mw等级燃气-蒸汽联合循环电厂)	265000	97200	97200	
开曼(三门峡)能源综合利用公司(热力站及三门峡产业集聚区工业热力管网工程)	150000	150000	80839	80839
中国石油化工股份有限公司(输气管道配套工程项目)	643360	283433	103833	

6-26 续表 3 continued

单位：万元 (10 000 yuan)

单位名称 Unit Names	计划总投资 Total investment Planed	累计完成投资 Accumnlative Investment Actually Completed	本年完成投资 Real investment completed in this year	本年新增固定资产 Newly Increased Fixed Assets This Year
中国石油化工股份有限公司榆济分公司(增压扩能工程)	100222	100222	100222	100222
河南东正农贸市场开发(农副产品物流园建设项目)	283187	200187	124500	115700
郑州手拉手集团有限公司(农产品批发市场)	265800	205800	205800	31930
郑州金源百荣管理有限公司(商业物流综合体)	800000	351783	351783	31860
郑州市金马凯旋家居有限公司(CBD项目一期)	1100000	249409	183176	
河南鹰城集团有限公司(石佛寺玉雕湾商贸城)	260000	175600	103700	
河南置业责任公司(贯辰(河南)通用航空基地项目)	150000	144000	133000	
郑州铁路局(铁路工程项目(焦作段))	600000	412272	92272	
郑州市轨道交通有限公司(地铁一号线一期工程)	1520000	1276061	265599	
郑州市轨道交通有限公司(地铁2号线1期工程)	1040800	315524	189038	
三门峡市交通枢纽建设指挥部(连霍高速公路洛阳至三门峡段改扩建工程)	1056462	977705	354162	
三门峡市交通枢纽建设指挥部(三淅高速公路卢氏至西坪段)	997300	171218	141607	
项城市亿嘉港航实业有限公司(沙颍河项城港亿嘉码头)	200000	171258	171258	
河南省机场集团有限公司(郑州机场2期建设项目)	1540000	455010	455010	
河南德众公共保税中心(公共保税中心项目)	150000	150000	102400	150000
安阳华强新城市发展有限公司(五星级大酒店、写字楼、综合服务区)	380000	307400	109160	
郑州金水万达投资有限公司(金水万达中心建设项目)	367098	168900	168900	
林州863科技孵化器有限公司(河南863科技园林州基地)	158300	150000	150000	
郑州华强广场置业有限公司(电子高端服务业基地项目)	300000	142850	100000	
郑州中都电子科技有限公司(电子信息产业园建设项目)	150000	86860	86860	
滑县新鑫田园开发有限公司(锦和新城二期建设项目)	230223	223684	83700	
安阳县伦掌镇人民政府(伦掌安居苑建设项目)	92300	92300	92300	92300
长葛市丽园城市建设有限公司(企业总部基地)	350000	210300	108300	
洛阳龙泰投资股份有限公司(标准化厂房建设)	150000	134120	84520	
林州市城郊乡大屯村(和谐新城)	120000	120000	120000	120000
郑州华南城有限公司(华南城一期工程)	1500000	545862	523862	
新区铁南区基础设施指挥部(铁南区基础设施建设项目)	321400	140125	96652	
开封新区基础设施投资公司(基础设施建设五期工程)	166030	119377	109377	
郑州市市政工程建设中心(三环快速化工程)	962000	806300	355500	
郑州市城乡建设委员会(陇海路快速通道工程项目)	1318005	112097	112097	
新乡平原新区管理委员会(新上路网建设项目(道路、绿化、管网建设项目))	499273	499273	228893	228893
安阳市公路管理局(永和乡至许家沟乡公路建设项目)	173899	173899	173899	173899
濮阳县建设投资有限公司(106国道南段绿化工程)	100000	100000	100000	100000
濮阳县建设投资有限公司(金堤河湿地公园项目)	140000	89516	89516	
洛阳市西工区城郊村改造指挥部(红山乡后李村新型社区建设项目)	96000	96000	91000	96000
河顺镇人民政府(河顺镇中心学校)	80000	80000	80000	80000
河南世为动漫产业园有限公司(动漫之都项目)	227700	233010	100200	
郑州华强文化科技有限公司(文化科技产业基地)	750000	390010	96029	

6−27 分行业农村农户固定资产投资

Investment in Fixed Assets farm Households in Rural Area by Sector

单位：亿元

产　业	Branch	2008	2009	2010	2011	2012	2013
总　计	**Total**	**669.63**	**780.12**	**786.64**	**834.63**	**891.38**	**899.40**
第一产业	**Primary Industry**	**80.74**	**87.02**	**85.04**	**79.87**	**79.15**	**88.80**
农、林、牧、渔业	Farming, Forestry, Animal Husbandry and Fishery	80.74	87.02	85.04	79.87	79.15	88.80
第二产业	**Secondary Industry**	**18.14**	**7.30**	**7.12**	**5.18**	**10.87**	**11.41**
工业	Industry	6.40	4.57	4.49	2.64	5.55	6.20
采矿业	Mining	2.33					
制造业	Manufacturing	4.07	4.17	4.09	2.32	4.89	5.51
电力煤气及水的生产和供应业	Production and Distribution of Electricity,Gas and Water		0.40	0.40	0.32	0.65	0.70
建筑业	Construction	11.74	2.73	2.63	2.55	5.33	5.20
第三产业	**Tertiary Industry**	**570.75**	**685.80**	**694.48**	**749.57**	**801.35**	**799.19**
#交通运输、仓储和邮政业	Traffic,Transport, Storage and Post	35.73	27.24	28.08	28.17	30.45	32.84
批发和零售业	Wholesale and Retail Trade	1.37	3.33	3.45	3.08	3.21	3.97
住宿和餐饮业	Accommodation and Restaurants		0.21	0.25	0.26	0.24	0.27
房地产业	Real estate	512.22	634.68	641.27	696.87	745.02	734.20
居民服务和其他服务业	Resident Services and Other Services	21.35	20.34	21.43	21.19	22.44	24.61

6−28 各市按三次产业分的农村农户固定资产投资(2013年)

Investment in Fixed Assets farm Households in Rural Area by City (2013)

单位：亿元 (100 million yuan)

市(县)	City(County)	投资总额 Total Investment	第一产业 Primary Industry	第二产业 Secondary Industry	#工业 Industry	第三产业 Tertiary Industry
省辖市	**City**					
郑州市	Zhengzhou	109.08	9.97	11.41	10.42	87.70
开封市	Kaifeng	37.40	7.69			29.71
洛阳市	Luoyang	50.26	3.85	0.15	0.06	46.27
平顶山市	Pingdingshan	30.24	4.92	0.30	0.05	25.02
安阳市	Anyang	40.26	6.43	5.86	0.02	27.97
鹤壁市	Hebi	11.42	4.63			6.79
新乡市	Xinxiang	48.81	2.80	0.04		45.97
焦作市	Jiaozuo	34.20	0.72	6.26	0.66	27.22
濮阳市	Puyang	23.18	2.68	2.88	2.86	17.62
许昌市	Xuchang	44.45	6.70			37.75
漯河市	Luohe	24.04	7.16			16.88
三门峡市	Sanmenxia	12.30	2.92	0.36	0.33	9.02
南阳市	Nanyang	98.88	15.61	2.74	2.74	80.52
商丘市	Shangqiu	63.93	12.85	0.39	0.32	50.69
信阳市	Xinyang	77.58	13.48	1.66		62.44
周口市	Zhoukou	109.88	14.84	0.74	0.74	94.29
驻马店市	Zhumadian	78.24	29.44	0.82		47.98
济源市	Jiyuan	5.55	0.34	0.43		4.78
省直管县	**Province Administrating County**					
巩义市	Gongyi	11.52	2.64			8.88
兰考县	Lankao	7.85	1.76			6.09
汝州市	Ruzhou	4.39	0.16	0.30	0.05	3.93
滑县	Huaxian	5.94	0.14			5.80
长垣县	Changyuan	6.56	0.23	0.04		6.29
邓州市	Dengzhou	12.99	2.80			10.19
永城市	Yongcheng	3.74	0.16			3.57
固始县	Gushi	12.40	4.90			7.50
鹿邑县	Luyi	15.54	3.63			11.92
新蔡县	Xincai	9.47	0.85			8.61

6-29 各市按构成性质分的农村农户固定资产投资(2013年)

Investment in Fixed Assets farm Households in Rural Area by City and Composition of Funds (2013)

单位：亿元 (100 million yuan)

市(县) City(County)	投资总额 Total Investment	建筑工程 Construction	安装工程 Installation	设备购置 Purchase of Equipment	其他费用 Others
省辖市 City					
郑州市 Zhengzhou	109.08	75.34		23.52	10.22
开封市 Kaifeng	37.40	27.82		6.31	3.27
洛阳市 Luoyang	50.26	48.37		1.41	0.48
平顶山市 Pingdingshan	30.24	26.74		2.84	0.67
安阳市 Anyang	40.26	23.36	0.11	15.59	1.20
鹤壁市 Hebi	11.42	6.81		4.56	0.05
新乡市 Xinxiang	48.81	40.95		7.62	0.24
焦作市 Jiaozuo	34.20	30.45		2.77	0.99
濮阳市 Puyang	23.18	16.78		5.74	0.66
许昌市 Xuchang	44.45	41.93		2.25	0.27
漯河市 Luohe	24.04	16.30		4.87	2.87
三门峡市 Sanmenxia	12.30	8.98	0.18	2.51	0.63
南阳市 Nanyang	98.88	80.13		18.47	0.28
商丘市 Shangqiu	63.93	53.47		10.33	0.13
信阳市 Xinyang	77.58	68.23	0.14	8.06	1.15
周口市 Zhoukou	109.88	85.29		23.19	1.40
驻马店市 Zhumadian	78.24	49.76	0.04	20.84	7.59
济源市 Jiyuan	5.55	4.47	0.01	0.98	0.09
省直管县 Province Administrating County					
巩义市 Gongyi	11.52	11.51			0.01
兰考县 Lankao	7.85	6.16		1.23	0.46
汝州市 Ruzhou	4.39	3.99		0.37	0.03
滑县 Huaxian	5.94	5.04		0.84	0.06
长垣县 Changyuan	6.56	5.79		0.72	0.05
邓州市 Dengzhou	12.99	10.19		2.58	0.22
永城市 Yongcheng	3.74	3.57		0.16	0.01
固始县 Gushi	12.40	12.40			
鹿邑县 Luyi	15.54	11.92		3.63	
新蔡县 Xincai	9.47	8.61		0.85	

6-30 各市分行业农村农户固定资产投资(2013年)

Investment in Fixed Assets farm Households in Rural Area by Sector and City (2013)

单位：亿元 (100 million yuan)

市(县)	City(County)	合计 Total	#农、林、牧、渔业 Farming, Forestry, Animal Husbandry and Fishery	工业 Industry	建筑业 Construction	交通运输、仓储和邮政业 Traffic, Transport, Storage and Post	批发和零售业 Wholesale and Retail Trade	住宿和餐饮业 Accom-Modation and Rest-aurants	房地产业 Real Estate	居民服务修理和其他服务业 Resident Services Repairing and Other Services
省辖市	**City**									
郑州市	Zhengzhou	109.08	9.97	10.42	0.98	12.10	7.32	1.27	66.99	
开封市	Kaifeng	37.40	7.69			0.00	2.49	0.00	24.38	0.36
洛阳市	Luoyang	50.26	3.85	0.06	0.09	0.44		0.00	45.35	0.16
平顶山市	Pingdingshan	30.24	4.92	0.05	0.24	0.09	0.10	0.01	24.61	0.12
安阳市	Anyang	40.26	6.43	0.02	5.84	4.87	0.43	0.30	21.67	0.67
鹤壁市	Hebi	11.42	4.63			0.65	0.01		6.11	0.02
新乡市	Xinxiang	48.81	2.80		0.04	4.65	0.21	0.21	40.63	0.27
焦作市	Jiaozuo	34.20	0.72	0.66	5.60	0.07	1.08		26.05	0.02
濮阳市	Puyang	23.18	2.68	2.88	0.01	0.67	0.12		16.30	0.26
许昌市	Xuchang	44.45	6.70				0.89		36.77	0.09
漯河市	Luohe	24.04	7.16			1.44	0.91	0.50	14.02	0.01
三门峡市	Sanmenxia	12.30	2.92	0.33	0.03	0.04			8.98	
南阳市	Nanyang	98.88	15.61	2.74		1.69			78.83	
商丘市	Shangqiu	63.93	12.85	0.32	0.08				50.45	0.21
信阳市	Xinyang	77.58	13.48		1.66	0.43	0.99		60.88	0.02
周口市	Zhoukou	109.88	14.84	0.74		7.62	0.00		85.04	1.60
驻马店市	Zhumadian	78.24	29.44		0.82	0.13	0.04	0.01	47.72	0.03
济源市	Jiyuan	5.55	0.34		0.43	0.70	0.09		3.19	
省直管县	**Province Administrating County**									
巩义市	Gongyi	11.52	2.64						8.87	
兰考县	Lankao	7.85	1.76				0.02		6.07	
汝州市	Ruzhou	4.39	0.16	0.05	0.24	0.04	0.09		3.61	0.10
滑县	Huaxian	5.94	0.14						5.80	
长垣县	Changyuan	6.56	0.23		0.04	0.59		0.01	5.69	
邓州市	Dengzhou	12.99	2.80						10.19	
永城市	Yongcheng	3.74	0.16						3.57	0.01
固始县	Gushi	12.40	4.90						7.48	0.02
鹿邑县	Luyi	15.54	3.63						11.92	
新蔡县	Xincai	9.47	0.85						8.61	

主要统计指标解释

全社会固定资产投资 是以货币形式表现的在一定时期内全社会建造和购置固定资产的工作量以及与此有关的费用的总称。该指标是反映固定资产投资规模、结构和发展速度的综合性指标，又是观察工程进度和考核投资效果的重要依据。全社会固定资产投资按登记注册类型可分为国有、集体、个体、联营、股份制、外商、港澳台商、其他等。

固定资产投资 指城镇和农村各种登记注册类型的企业、事业、行政单位及城镇个体户进行的计划总投资(或实际需要总投资)500 万元及以上的建设项目投资和房地产开发投资。

固定资产投资的资金来源 根据固定资产投资的资金来源不同，分为国家预算资金、国内贷款、利用外资、自筹资金和其他资金来源。

⑴国家预算资金：自 2011 年起，按照全国人大和国务院的要求，各级财政的所有资金，包括税收和非税收入，均必须纳入预算管理，我国已不存在预算外资金的概念，因此各级政府用于固定资产投资的财政资金均为预算资金。由于已经没有预算外资金，因此名称改为国家预算资金，包括中央预算资金和地方预算资金，旧的国家预算内资金的内容和现中央预算资金的内容基本一致。

国家预算包括一般预算、政府性基金预算、国有资本经营预算和社保基金预算。各类预算中用于固定资产投资的资金全部作为国家预算资金填报，其中一般预算中用于固定资产投资的部分包括基建投资、车购税、灾后恢复重建基金和其他财政投资。各级政府债券也应归入国家预算资金。

⑵国内贷款：指报告期固定资产投资项目单位向银行及非银行金融机构借入的用于固定资产投资的各种国内借款，包括银行贷款、非银行金融机构贷款等。

银行贷款：是指向各商业银行、政策性银行借入的用于固定资产投资的各项贷款。

非银行金融机构贷款：是指向除上述银行之外从事金融业务的机构借入的用于固定资产投资的各项贷款。非银行金融机构包括保险公司和养老基金（企业年金）、信托投资公司、金融租赁公司、金融资产管理公司、汽车金融服务公司、金融担保公司、证券公司、投资基金、证券交易所、其他金融辅助机构。

投资项目单位从上级部门、总公司或公司股东处取得的用于固定资产投资的资金中，来源于银行或非银行金融机构贷款的部分，也应归入国内贷款。

通过银行理财产品和信托产品筹集的资金，如果是用于固定资产投资的，也做为国内贷款统计。

⑶利用外资：指报告期收到的用于固定资产建造和购置的国外资金(包括设备、材料、技术在内)。包括对外借款(外国政府贷款、国际金融组织贷款、出口信贷、外国银行商业贷款、对外发行债券和股票)、外商直接投资、外商其他投资(包括利用外商投资收益在国内进行固定资产再投资活动的资金)。不包括我国自有外汇资金(国家外汇、地方外汇、留成外汇、调济外汇和国内银行自有资金发放的外汇贷款等)。

⑷自筹资金：指固定资产投资单位在报告期收到的，由各企事业单位筹集用于固定资产投资的资金，包括各类企事业单位的自有资金和从其他单位筹集的用于固定资产投资的资金，但不包括各类财政性资金、从各类金融机借入资金和国外资金。

⑸其他资金来源：指在报告期收到的除以上各种资金之外的用于固定资产投资的资金。包括社会集资、个人资金、无偿捐赠的资金及其他单位拨入的资金等。

固定资产投资按国民经济行业分 根据建设项目建成投产后的主要产品种类或主要用途及社会经济活动性质来确定国民经济行业。一般情况下，一个建设项目或一个企业、事业单位只能属于一种国民经济行业。

固定资产投资按建设性质分 根据整个建设项目情况来确定。建设项目的性质一般分为新建、扩建、改建和技术改造、迁建、恢复。房地产开发单位、农村投资不划分建设性质。

⑴新建：一般是指从无到有、“平地起家”新开始建设的单位。有的单位原有的基础很小，经过建设后其新增加的固定资

产价值超过原有固定资产价值(原值)三倍以上的也算新建。

⑵扩建：一般是指为扩大原有产品的生产能力，在厂内或其他地点增建主要生产车间(或主要工程)、独立的生产线或分厂的企业；事业单位和行政单位在原单位增建业务用房(如学校增建教学用房、医院增建门诊部或病床用房、行政机关增建办公楼等)也作为扩建。

⑶改建和技术改造：指现有企业、事业单位，对原有设施进行技术改造或更新（包括相应配套的辅助性生产、生活福利设施）的建设项目。现有企业、事业单位为适应市场变化的需要，而改变企业的主要产品种类（如军工企业转产民用品等）的建设项目，应作为改建。原有产品生产作业线由于各工序（车间）之间能力不平衡，为填平补齐充分发挥原有生产能力而增建不增加本企业主要产品设计能力的车间，也应作为改建。技术改造是指企业、事业单位在现有基础上，用先进的技术代替落后的技术，用先进的工艺和装备代替落后的工艺和装备，以改变企业落后的技术经济面貌，实现以内涵为主的扩大再生产，达到提高产品质量、促进产品更新换代、节约能源、降低消耗、扩大生产规模、全面提高社会经济效益的目的。技术改造具体包括以下内容：机器设备和工具的更新改造；生产工艺改革、节约能源和原材料的改造；厂房建筑和公共设施的改造；劳动条件和生产环境的改造等。

固定资产投资按构成分　固定资产投资活动按其工作内容和实现方式分为建筑安装工程，设备、工具、器具购置，其他费用三个部分。

⑴建筑安装工程(建筑安装工作量)：指各种房屋、建筑物的建造工程和各种设备、装置的安装工程。包括各种房屋建造工程，各种用途设备基础和各种工业窑炉的砌筑工程；为施工而进行的各种准备工作和临时工程以及完工后的清理工作等；铁路、道路的铺设，矿井的开凿及石油管道的架设等；水利工程；防空地下建筑等特殊工程；以及各种机械设备的安装工程；为测定安装工程质量，对设备进行的试运工作。在安装工程中，不包括被安装设备本身的价值。

⑵设备、工具、器具购置：指购置或自制达到固定资产标准的设备、工具、器具的价值，固定资产的标准按财务部门规定。新建单位、扩建单位的新建车间按照设计和计划要求购置或自制的全部设备、工具、器具，不论是否达到固定资产标准均计入“设备、工具、器具购置”中。

⑶其他费用：指在固定资产建造和购置过程中发生的，除建筑安装工程和设备、工具、器具购置以外的各种应摊入固定资产的费用。

施工项目　指报告期内曾进行建筑或安装工程施工活动的建设项目，包括报告期内新开工项目、报告期以前开工跨入报告期继续施工的项目以及报告期施过工并在报告期内全部建成投产或停缓建的项目。

全部建成投产项目　工业项目是指设计文件规定形成生产能力的主体工程及其相应配套的辅助设施全部建成，经负荷试运转，证明具备生产设计规定合格产品的条件，并经过验收鉴定合格或达到竣工验收标准，与生产性工程配套的生活福利设施可以满足近期正常生产的需要，正式移交生产的建设项目。非工业项目是指设计文件规定的主体工程和相应的配套工程全部建成，能够发挥设计规定的全部效益，经验收鉴定合格或达到竣工验收标准，正式移交使用的建设项目。

新增生产能力（或工程效益）　指通过固定资产投资活动而增加的设计能力(或工程效益)，该指标是以实物形态表现的反映固定资产投资成果的指标，也是考核投资经济效果的重要依据之一。

新增生产能力(或工程效益)一般有以下几种表现形式：

(1)用产品数量表示，以工程在单位时间内(一般是一年)所能生产的产品数量(即年产量)表示。如原煤开采用万吨／年表示，化学农药用吨／年表示，汽车制造用辆／年表示等。某些化工产品由于含量差别较大，按其设计含量计算折合量表示，如氮肥、磷肥等。

(2)用单位时间内所能处理的原料数量表示，以工程每天(或小时)所能处理原料的数量表示。如城市污水处理能力用万吨／日表示等。

(3)用新增加的主要设备的数量或容量表示，如毛纺锭等锭数，发电厂新增发电机组容量用万千瓦表示等。

(4)用建筑物个数、容积、容量、面积、长度表示，是非工业项目或工程新增效益的一种表现形式。如铁路投产里程、公路里程、桥梁隧道延长米里程、新（扩）建公路客货运站个数等。

根据工程的特点，有时需要用两种或两种以上的复合计量单位表示新增生产能力或工程效益。如新增内燃机生产能力同时用年产台数、万千瓦数表示等。

为了规范新增生产能力(或工程效益)的名称和计算单位，国家统计局制订了《新增生产能力(或工程效益)目录及代码》。各固定资产投资单位在统计新增生产能力(或工程效益)时，必须按目录中规定的名称、计量单位和代码填报。

新增固定资产　指已经完成建造和购置过程，并已交付生产或使用单位的固定资产的价值，包括已经建成投入生产或交付使用的工程投资和达到固定资产标准的设备、工具、器具的投资及有关应摊入的费用。

属于增加固定资产价值的其他建设费用，应随同交付使用的工程一并计入新增固定资产。

房屋建筑面积　指房屋建筑物勒脚以上外墙外围的水平截面面积，包括房屋建筑物的有效面积和结构面积。该指标是从实物形态上反映建设规模和建设成果的重要指标之一，也是检查工程形象进度、计算工程造价、分析投资效果、研究施工任务和建筑材料之间平衡情况的重要依据。

住宅建筑面积　指施工和竣工房屋建筑面积中供居住用的房屋建筑面积。

施工面积　指报告期内施工的全部房屋建筑面积。包括本期新开工的面积和上期开工跨入本期继续施工的房屋面积，以及上期已停建在本期复工的房屋面积。本期竣工和本期施工后又停缓建的房屋，其建筑面积仍计入本期施工房屋面积中。

竣工面积　指在报告期内房屋建筑按照设计要求已全部完工，达到住人和使用条件，经验收鉴定合格（或达到竣工验收标准)，可正式移交使用的各栋房屋建筑面积的总和。

Explanatory Notes on Main Statistical Indicators

Total Investment in Fixed Assets in the Whole Country refers to the volume of activities in construction and purchases of fixed assets and related fees, expressed in monetary terms. It is a comprehensive indicator which shows the size, structure and growth of the investment in fixed assets, providing basis for observing the progress of construction projects and evaluating results of investment. Total investment in fixed assets in the whole country includes, by type of ownership, the investment by the state-owned units, collective units, individuals, joint ownership units, share-holding units, as well as investment by businessmen from foreign countries and from Hong Kong, Macao and Taiwan, and by other units.

Investment in Fixed Assets refers to construction projects involving a total planned (or required) investment of 5 million yuan and over by urban and rural enterprises and institutions of various types of ownership, by administrative units and by individuals, investment in real estate development, and housing investment by individuals in urban areas and in industrial and mining areas.

Sources of Funds for Investment in Fixed Assets Including State budgetary appropriation, domestic loans, foreign investment, self-raised funds, and others.

(1) State budgetary appropriation Since 2011, according to the National People's Congress and the requirements of the state council, all of the money at all levels for finance, including tax and non-taxable, must be included in the budget management.

State budgetary appropriation include general budget, government fund budget, state-owned capital management budget and social security fund budget. Governments at all levels should also be classified as State budgetary appropriation.

(2) Domestic loans refer to various funds borrowed by enterprises and institutions from banks and non-bank financial institutions assets, include bank loans, non-bank financial institutions loans.

Bank loans refers to the investment in fixed assets loans borrowed from commercial Banks, policy Banks.

Non-bank financial institutions loans refers to the investment in fixed assets loans borrowed from other organization of lending loans. The non-bank financial institutions including insurance companies and pension funds, trust and investment companies, financial leasing companies, financial assets management companies, financial services company, car finance guarantee companies, securities companies, investment funds, securities exchanges, and other financial assistant mechanism.

Investment project units fixed assets funds from higher level department, the corporation or the shareholders of a company, which from Banks and other financial institutions, also should be classified as domestic loans.

(3) Foreign Investment refers to foreign funds received during the reference period for the purpose of investment in fixed assets, including foreign borrowing(foreign government loans, the international finance organization loans, export credit, commercial loans of foreign Banks, foreign issue bonds and stock), foreign direct investment, foreign other investments. Not including has its own foreign exchange funds in China (state foreign exchange, the local foreign exchange, the foreign exchange, has retained the foreign exchange and domestic Banks issue their own funds of foreign exchange loan, etc.)

(4) Self-raised funds refer to funds received by construction enterprises from their higher responsible authorities, local governments, for a fixed asset investment funds.

(5) Others refer to funds received during the reference period which are not included in the above-mentioned sources, Include fund raising, personal capital, free donation funds and other units dial the money into, etc..

Investment in Fixed Assets by Sector The classification of construction projects by sector is determined by the major products or the purpose of the projects when they are put into production or use, and by the nature of their social economic activities. In general, one project or one enterprise or institution can only be classified into one sector.

Investment in Fixed Assets by Type of Construction The construction projects in general can be classified by the type of construction into new construction, expansion, reconstruction and moving away. In capital construction, the type of construction is determined by the condition of the project. In investment in innovation, in other investment by state-owned units and investment by collective-owned units, the type of construction is determined by the condition of the whole enterprise or institutions. Investment by type of construction is not applied to investment by real-estate development units, investment in rural areas and investment in housing by urban individuals.

(1) New construction in general refers to newly constructed units. In the case in which the value of the original fixed assets is quite small, and the value of newly added fixed assets exceeds the original ones by three times, the expansion construction is considered as new construction.

(2) Expansion refers to construction of new major production workshop or independent production line within a factory or in other locations, or construction of a branch factory so as to increase the production capacity of the original products. Newly constructed business houses in institutions and administrative organizations (such as the newly constructed teaching buildings in schools, clinics or bed building in hospitals, and office buildings in administrative agencies, etc.) are also classified as expansion.

(3) Reconstruction refers to technical innovation and transformation of the existing equipment and technical conditions undertaken by enterprises and institutions for the purposes of technological advancement, improvement in product quality, enlarging variety of products, promoting new generation of products, reducing production consumption and cost, promoting comprehensive utilization of resources, strengthening treatment of waste gas, waste water and solid wastes, and safety in production, etc. through application of new technologies and techniques, use of new equipment and new materials (including accessory facilities for production or for living and welfare purposes).Construction of new workshops for improving existing production capacity rather than increasing production capacity is also considered as reconstruction.

Investment in Fixed Assets by Structure refers to the three major parts of investment activities, i.e. construction and installation, purchase of equipment and instrument, and other expenses.

(1) Construction and installation (work volume of construction and installation) refers to the construction of various houses and buildings and installation of various kinds of equipment and instruments, including construction of various houses, equipment foundations and industrial kilns and stoves, preparation works for project construction, and clearing up works post project construction, pavement of railways and roads, drilling of mines and putting up of oil pipes, construction of projects of water conservancy, construction of underground air-raid shelters and construction of other special projects, installation of various machinery equipment, testing operation for pre-testing the quality of installation projects. The value of equipment installed is not included in the value of installation projects.

(2) Purchase of equipment and instruments refers to the total value of equipment, tools, and vessels purchased or self-produced which come up to standards for fixed assets. Equipment, tools and vessels purchased or self-produced for new workshops by newly established or expanded units are categorized as "purchase of equipment and instruments" no matter whether they come up to the standards for fixed assets or not.

(3)Other expenses refer to expenses occurring during the construction or purchase of fixed assets other than construction, installation or purchase of equipment and instruments.

Projects Under Construction refer to projects having construction and installation activities undertaken in the reference period, including projects started in the reference period, or continued from the previous period, or completed and put into production or suspended in the reference period.

Projects Completed and Put into Use Industrial projects refer to the major projects and accessory facilities completed which result in forming production capacity and have been checked and accepted while the living and welfare facilities have been completed and can ensure normal production and formally put into production. Non-industrial projects refer to the major projects and accessory facilities completed which possess the designed capacity and have been checked, accepted and formally put into production.

Newly Increased Production Capacity (or Project Efficiency) refers to the increase in design capacity (or project efficiency) through investment in fixed assets, which reflects the accomplishment of investment in fixed assets in physical form and serves as an important basis for evaluating the economic efficiency of investment.

The newly increased production capacity (project efficiency) are usually expressed in one of the following forms:

(1) volume of output of products, i.e. the volume of output that the project can produce during a given period (usually a year). For instance, the capacity in coal mining is expressed in 10,000 tons/year, the capacity in producing chemical pesticides expressed in ton/year, the capacity in producing automobile in set/year, etc. For some chemical products where the effective contents differ significantly, the production capacity is expressed as the designed effective content equivalent, such as in the case of sulphuric acid, soda ash, caustic soda, etc;

(2) volume of raw materials processed per unit of time, i.e. the volume of raw materials that could be processed by the project per day (or per hour), such as tons of urban sewage processed per day;

(3) number or capacity of major equipment increased, such as number of wool spindles increased, or capacity (in 10 000kilowatts) of power generators increased;

(4) physical measures (number, volume, capacity, area, and length) of construction, which is typical for non-industrial projects, for instance, the length of railways put into operation, Highway mileage, bridge tunnel mileage, new (enlarge) built highway passenger/station number etc.

The special features of projects may sometimes call for the combined use of two or more measurements to reflect the increase in production capacity (or project efficiency); for instance, the new capacity for the production of internal combustion engines is expressed in sets per year and 10 000 kilowatts per year simultaneously.

To standardize the nomenclature and unit of measurement for newly increased production capacity (or project efficiency), the National Bureau of Statistics has developed the Nomenclature and Codes for New Production Capacity (Project Efficiency). All reporting units with investment activities are required to follow these two nomenclatures in reporting statistics on new production capacity (project efficiency).

Newly Increased Fixed Assets refer to the newly increased value of fixed assets, constructed or purchased, that have been transferred to the investors. Including finished fixed assets value and equipment, instrument investment and should be the cost of the relevant booth that reach the standard.

Belong to the increase of fixed assets value of the other construction cost, along with the work of the service of the delivery shall be included in the new with fixed assets.

Floor Space of Buildings under Construction refers to total floor space of the horizontal section of outer walls above the plinth of the building, including the effective area and the area occupied by the structure. This indicator is one of the important indicators in physical terms to reflect the scale and accomplishment of the construction industry, and important basis for monitoring the progress, calculating the cost, analyzing the efficiency and studying the supply of building materials in relation with the construction projects.

Floor Space of Residential Buildings refers to the floor space of the residential buildings among the total space of buildings under construction or completed.

Floor Space under Construction refers to total floor space of all buildings under construction during the reference period, including floor space of newly started buildings during the reference period, floor space of construction extended from the previous period to the current period, and floor space of construction suspended during the previous period and resumed in the current period.

Floor space of construction completed in the current period, and floor space of construction started and then suspended in the current period are also included in the floor space under construction of the current year.

Floor Space of Buildings Completed refers to the floor space of all buildings completed in the reference period, which have been appraised and accepted (or come up to the designed standards) and have been transferred to the owners for use.

对外经济贸易和旅游
Foreign Trade and Economic Cooperation and Tourists

● 资料整理：周文瑞

简要说明

一、主要内容

本篇包括河南对外贸易资料、利用外资资料、对外经济合作以及旅游等资料。

二、统计范围

对外贸易统计的范围是全省各进、出口贸易公司和有进出口经营权的生产企业、外商及港澳台商投资企业、科研机构等辖区内全部有进出口经营权的企业；利用外资统计的范围是辖区内全部外商投资企业、港澳台商投资企业和有外商其他投资的单位；对外经济合作统计范围是经各级商务部门批准的从事对外承包和劳务合作业务并具有法人地位的对外承包劳务企业。对外直接投资统计范围是境内投资主体通过直接投资在境外设立的各类公司型企业和非公司型企业。

三、资料来源

对外贸易、外商投资企业的登记注册情况、对外经济合作和对外直接投资资料采用全面调查方法。对外贸易资料1992年及以后为海关进出口统计数字，由郑州海关提供；利用外资资料中外商投资企业的登记注册情况资料由河南省工商行政管理局提供,其他由河南省商务厅提供；对外经济合作资料和对外直接投资资料由河南省商务厅提供。本篇资料由河南省统计局贸易外经处编辑整理。

旅游资料中，旅游收入和国内出游人数等指标采取抽样调查方法，其余指标均为全面调查统计取得。旅游资料由河南省旅游局等有关部门提供，由河南省统计局贸易外经处编辑整理。

Brief Introduction

I. Main Contents

Data in this chapter provide summary data of Henan provincial foreign trade, utilization of foreign capital, labour cooperation with foreign countries or territories and Tourists.

II. Statistical Scopes

The statistics of foreign trade cover the Henan provincial mport and export corporation, the manufacturing enterprises that have right to operate import and export, foreign and Hong Kong, Macao and Taiwan-invested enterprises and scientific research institutions. The statistics of utilization of foreign capital cover the foreign direct investments and other foreign investments, and the basic condition of registration of foreign funded enterprises. The statistics of labour cooperation with foreign countries or territories cover the corporate enterprise engaged in contracted projects and labour services cooperation with foreign countries and has been approved by the department of commerce at various levels. The statistics cover overseas corporate and non-corporate enterprises of various forms established by domestic investors through their investment operation.

III. Data Sources

Data on foreign trade, utilization of foreign capital, labour cooperation with foreign countries or territories are calculated through a comprehensive reporting system. Data on foreign trade are calculated by Zhengzhou Customs. Data on utilization of foreign capital are calculated by the Henan provincial bureau of Commerce, data on registered cases of foreign-invested enterprises are calculated by the Henan provincial administration of Industry and Commerce. Data on overseas direct investment and labour cooperation with foreign countries or territories are calculated by the Henan provincial bureau of Commerce. Data in this chapter are provided by the Department of Trade and External Economic Relations of the Henan provincial bureau of Statistics.

Data on tourism revenue and number of tourism persons are calculated through a Sample survey system, and other data are calculated through a comprehensive reporting system. Data on tourism are calculated by the Henan provincial bureau of tourism. Data on tourism are provided by the Department of Trade and External Economic Relations of the Henan provincial bureau of Statistics.

7-1 对外经济贸易基本情况
Foreign Trade and Economic Cooperation

指标	Item	2005	2010	2012	2013
货物进出口总额(人民币亿元)	**Total Value of Imports and Exports (RMB 100 million yuan)**	**626.54**	**1204.40**	**3260.27**	**3655.15**
出口总额	Total Exports	413.12	713.13	1869.71	2194.40
进口总额	Total Imports	213.42	491.27	1390.56	1460.75
进出口差额	Balance	199.71	221.86	479.15	733.65
货物进出口总额(亿美元)	**Total Value of Imports and Exports (USD 100 million)**	**77.36**	**177.92**	**517.50**	**599.51**
出口总额	Total Exports	51.01	105.34	296.78	359.92
进口总额	Total Imports	26.35	72.57	220.72	239.59
进出口差额	Balance	24.66	32.77	76.06	120.33
外商直接投资合同项目(个)	**Number of Projects for Contracted Foreign Direct Investment (unit)**	**472**	**362**	**363**	**344**
实际使用外资额(亿美元)	**Total Amount of Foreign Investment Actually Utilized (USD 100 million)**	**23.52**	**62.47**	**121.18**	**134.57**
#外商直接投资	Foreign Direct Investments	12.30	62.47	121.18	134.57
外资企业基本情况	**Registered Foreign-funded Enterprises**				
年末实有企业数(户)	Number of Registered Enterprise in the Year-end (unit)	2877	2459	2227	2045
投资总额(亿美元)	Total Investment (USD 100 million)	206.41	378.66	462.96	477.87
注册资本(亿美元)	Registered Capital (USD 100 million)	112.29	205.35	236.51	244.79
#外方	Capital from Foreign Investors	75.34	148.66	171.02	179.10
对外经济合作(亿美元)	**Economic Cooperation with Foreign Countries & Regions (USD 100 million)**				
合同金额	Contracted Value	6.29	25.26	34.71	40.58
#对外承包工程	Contracted Projects	5.85	23.73	30.86	39.42
对外劳务合作	Labor Services	0.39	1.53	3.85	1.15
完成营业额	Value of Turnover Fulfilled	4.99	23.23	37.09	42.09
#对外承包工程	Contracted Projects	4.53	20.71	32.59	34.67
对外劳务合作	Labor Services	0.42	2.51	4.50	7.42

7-2 进出口总额
Total Value of Imports and Exports

年 份 Year	美元(万美元) USD (10 000 dollors)				人民币(万元) RMB (10 000 yuan)			
	进出口总额 Total Imports & Exports	出口总额 Total Exports	进口总额 Total Imports	顺差 Balance	进出口总额 Total Imports & Exports	出口总额 Total Exports	进口总额 Total Imports	顺差 Balance
1957	1387	1387		1387	3412	3412		3412
1962	1326	1309	17	1292	3262	3220	42	3178
1965	2008	1914	94	1820				
1970	3700	3328	372	2956				
1975	6342	5438	904	4534	11796	10115	1681	8434
1978	11843	10231	1612	8619	19896	17188	2708	14480
1979	15406	13422	1984	11438	23879	20804	3075	17729
1980	22644	20448	2196	18252	33966	30672	3294	27378
1981	28487	24948	3539	21409	42855	37531	5324	32207
1982	28761	25471	3290	22181	54358	48140	6218	41922
1983	30418	27963	2455	25508	60228	55367	4861	50506
1984	38203	34174	4029	30145	89013	79625	9388	70237
1985	44991	36710	8281	28429	167367	136561	30806	105755
1986	50671	45263	5408	39855	188496	168378	20118	148260
1987	74732	65434	9298	56136	278003	243414	34589	208825
1988	84961	75052	9909	65143	316055	279193	36862	242331
1989	98539	81897	16642	65255	335157	304657	30500	274157
1990	100385	86689	13696	72993	481848	416107	65741	350366
1991	121489	104297	17192	87105	643892	552774	91118	461656
1992	116194	81632	34562	47070	633257	444894	188363	256532
1993	131423	75546	55877	19669	756996	435145	321852	113293
1994	163193	102242	60951	41291	1398564	876214	522350	353864
1995	222918	135759	87159	48600	1861365	1133588	727778	405810
1996	196855	124001	72854	51147	1631928	1027968	603960	424009
1997	189699	128663	61036	67627	1572604	1066616	505988	560628
1998	173196	118675	54521	64154	1435795	983816	451979	531837
1999	175044	112889	62155	50734	1449364	934721	514643	420078
2000	227486	149338	78148	71190	1883584	1236519	647065	589453
2001	279256	171548	107708	63840	2311339	1419864	891475	528389
2002	320351	211876	108475	103401	2652506	1754333	898173	856160
2003	471640	298041	173599	124442	3905179	2467779	1437400	1030380
2004	661346	417610	243736	173874	5475945	3457811	2018134	1439677
2005	773604	510093	263511	246582	6265419	4131243	2134176	1997067
2006	979594	663497	316097	347400	7809094	5289240	2519853	2769387
2007	1280493	839145	441347	397798	9803869	6424771	3379098	3045673
2008	1747934	1071890	676044	395846	12238006	7504743	4733263	2771481
2009	1343839	734648	609191	125457	9179764	5018380	4161384	856997
2010	1779157	1053447	725710	327737	12044003	7131309	4912694	2218616
2011	3264212	1924040	1340172	583868	20711951	12208344	8503607	3704736
2012	5175027	2967788	2207239	760549	32602703	18697083	13905620	4791463
2013	5995098	3599206	2395893	1203313	36551513	21943999	14607520	7336479

注：本表1991年及以前年度为有关部门统计数据，从1992年开始为海关进出口数据。
a)Data before 1991 were obtained from the Department concerned, and the data since 1992 have been obtained from the customs statistics.

7-3 各种分组的进出口总额

Total Value of Imports and Exports by Group

单位：万美元 (USD 10 000)

项目	Item	进出口总额 Total Value of Imports and Exports 2012	2013	#出口总额 Exports Trade 2012	2013
合计	**Total**	**5175027**	**5995098**	**2967788**	**3599206**
按贸易方式分	**By trade system**				
一般贸易	General trade	1793124	1892857	1081860	1233096
援助物资	Aid material	413	886	413	882
加工贸易	Processing trade	3033551	3843649	1829475	2282001
#来料加工贸易	Trade of processing with customer's materials	37740	44592	24862	31474
进料加工贸易	Trade of processing with imported materials	2995812	3799057	1804613	2250527
对外承包工程出口	Export of contract foreign projects	26582	34701	26582	34701
三资企业投资设备进口	Import of Machines Invested by Joint-venture, Cooperation with Foreign Investment and Sole Foreign Investment Enterprises	30166	8364		
保税仓库进出境货物	Bonded warehouse	18309	18857	3077	1096
其他贸易方式	Other trade system	272880	195784	26380	47429
按注册类型分	**By Registration**				
国有企业	State-owned enterprises	682776	700653	348835	338118
外商投资企业	Foreign Investment	3378156	3992751	1874386	2298323
合作	Cooperative Operation	5994	15075	998	1478
合资	Joint Ventures	3167972	3803231	1749174	2174871
独资	Proprietorship	204190	174445	124215	121974
集体企业	Collcetive enterprise	423430	1293746	248571	962764
其他企业	Others	690665	7949	495996	

7-4 出口总额(2013年)

Total Value of Exports (2013)

单位：万美元 (USD 10 000)

类 别	Categories of Commodities	进出口总额 Total Imports & Exports	#出口 Exports
总 计	**Total**	**5995098**	**3599206**
活动物；动物产品	Live Animals & Animal Products	33009	26898
植物产品	Vegetables; Fruits and Cereals	146781	62427
动、植物油、脂及其分解产品；精制的食用油脂；动、植物蜡	Animal and Vegetable Oils; Fats and Wax; Refined Edible Oils and Fats	3324	2925
食品；饮料、酒及醋；烟草及烟草代用品的制品	Food; Beverages; Liquor and Vinegar; Tobacco and Tobacco Substitutes	43503	40762
矿产品	Minerals	331691	8209
化学工业及相关工业的产品	Chemicals and Related Products	198157	160103
塑料及其制品；橡胶及其制品	Plastics and Related Products;Rubber and Related Products	144409	93581
生皮、皮革、毛皮及其制品；鞍具及挽具；旅行用品及其制品	Raw Hides; Leather; Furs and Related Products; Saddle; Travel Articles;Handbags	78542	37560
木及木制品；木炭软木及软木制品；稻草、秸秆、针茅及制品	Wood and Wooden Products; Charcoal; Cork and Related Products; Straws; Plaited Products	17428	15394
木浆及其他纤维状纤维素浆；纸及纸制品	Paper Pulp and Cellulose Pulp; Paper and Waste Paper	52930	17352
纺织原料及纺织制品	Textile Materials and Products	235192	198576
鞋帽伞杖鞭及其零件；已加工的羽毛及其制品人造花人发制品	Footwear; Headgear; Umbrellas; Canes; Whips; Processed Feather; Artificial Flowers; Wigs	230431	206588
石料石膏水泥石棉及类似材料的制品；陶瓷、玻璃及其制品	Gypsum; Cement; Asbestos; Mica; Ceramic Glass and Accessories	59256	52989
天然或养殖珍珠、宝石或半宝石、贵金属及其制品仿首饰、硬币	Natural or Cultivated Pearls; Precious or Semi-Precious Stones; Jewelry of Precious Metal or Rolled Precious Metal; Artificial Jewelry; Coins	44391	40770
贱金属及其制品	Base Metals and Related Products	205247	166372
机器、机械、电气设备及其零件，录音机及电视图象及附件	Machinery ,Mechanism , Electric Equipment Products and Accessories;dictaphone、television image and Accessories	3836620	2255897
车辆、航空器、船舶及有关运输设备	Locomotives; Vehicles; Aircraft; Ship and Related Transportation Equipment	104954	98348
光学、照相、电影、计量、检验、医疗或外科用仪器及设备和附件	Optical; Photographic; Film; Measuring and Checking and Medical Instruments and Equipment and Accessories	121575	15160
杂项制品	Miscellaneous Manufactured Articles	99588	99194
艺术品、收藏品、及古物	Works of Art,Collection Pieces and Antiques	86	60
特殊交易品及未分类商品	Trading Products Special and Not Otherwise Classified	7945	

7-5 各市进出口总额
Total Value of Imports and Exports by City

单位：万美元 (USD 10 000)

市 City	2012 进出口总额 Total Imports & Exports	2012 #出口 Exports	2013 进出口总额 Total Imports & Exports	2013 #出口 Exports
全　省 Total	**5175027**	**2967788**	**5995098**	**3599206**
郑州市 Zhengzhou	3585835	2029047	4274948	2506620
开封市 Kaifeng	40248	28658	49988	41131
洛阳市 Luoyang	157664	118890	179484	129256
平顶山市 Pingdingshan	40702	28423	47610	36514
安阳市 Anyang	125580	48418	186712	44127
鹤壁市 Hebi	18724	16451	26419	23181
新乡市 Xinxiang	105179	78720	112668	87273
焦作市 Jiaozuo	222298	151234	226165	151038
濮阳市 Puyang	61862	54659	66495	60548
许昌市 Xuchang	207651	159978	214340	176849
漯河市 Luohe	41232	25384	44452	25471
三门峡市 Sanmenxia	23062	19368	29218	18387
南阳市 Nanyang	131407	81834	179558	125305
商丘市 Shangqiu	21536	16617	25218	21185
信阳市 Xinyang	69312	25649	68218	29037
周口市 Zhoukou	56052	37528	77493	58916
驻马店市 Zhumadian	27210	21630	40439	31955
济源市 Jiyuan	239474	25299	145673	32412

7-6 进出口值分别居前20位商品(2013年)

The 20 Most Import and Export Value Merchandises (2013)

单位：万美元 (USD 10 000)

位次 Seat	进口值居前20位的商品 Import Products	金额 fund	位次 Seat	出口值居前20位的商品 Export Products	金额 fund
	合　计	**1881446**		**合　计**	**2493315**
1	处理器及控制器	608239	1	手持(包括车载)式无线电话机	1968824
2	手持式无线电话机的零件(天线除外)	231177	2	人发制假发，胡须，眉毛，睫毛及其他人发制品	90545
3	非特种用途的其他类型电视摄像机	167578	3	其他材料制假、假胡须、假眉毛、假睫毛等	57419
4	平均粒度≥0.8mm，＜6.3mm未烧结铁矿砂及精矿	130517	4	客车或货运机动车辆用新的充气橡胶轮胎	50127
5	存储器	127890	5	手持式无线电话机的零件(天线除外)	40250
6	放大器	82608	6	柴油机客车，座位≥30座	35038
7	铅矿砂及其精矿	70652	7	干香菇	34960
8	黄大豆，种用除外	66086	8	与电视接收机配套使用的视频游戏控制器及设备，但子目号9504.30的货品除外	26606
9	其他通信专用的仪器及装置	64948	9	家具的零件	25382
10	其他接收、转换并且发送或再生声音、图像或其他数据用的设备	49246	10	其他铝合金矩形板、片，0.35mm＜厚≤4mm	20372
11	其他集成电路	44131	11	纯度≥99.99%未锻造银	19445
12	平均粒度≥6.3mm未烧结铁矿砂及其精矿	41319	12	带有螺纹或翅片的精炼铜管，外径≤25mm	18082
13	带毛的绵羊或羔羊生皮	33969	13	其他毛皮制品	17867
14	未梳的棉花	28963	14	粘胶纤维单纱，未加捻或捻度每米不超过120转	14244
15	四层以上的印刷电路	27651	15	钛白粉	14055
16	耳机、耳塞(无线耳机、耳塞除外)，不论是否装有传声器，由传声器及一个或多个扬声器组成的组合机	23466	16	聚酰胺-6，6(尼龙-6，6)纺制的高强力纱	13807
17	经加工的人发;作假发及类似品用的羊毛等	22494	17	太阳能电池	12817
18	技术分类天然橡胶(TSNR)	21025	18	P≥132.39kw(180hp)柴油机的零件	11638
19	平均粒度＜0.8mm未烧结铁矿砂及其精矿	19983	19	其他碳电极	11555
20	氧化铝，但人造刚玉除外	19504	20	棉制针织或钩编的女式上衣	10282

7-7 河南向一些国家(地区)进出口总额

Total Value of Imports and Exports To Related Countries and Regions

单位：万美元 (USD 10 000)

国家(地区)名称	Country (Region)	进出口总额 Total Imports & Exports		#出口 Exports	
		2012	2013	2012	2013
合　计	**Total**	**5175027**	**5995098**	**2967788**	**3599206**
亚洲	**Asia**	**2473939**	**2789520**	**1003272**	**1127871**
韩国	Japan	487556	621064	66716	73770
日本	Hong Kong, China	576409	487776	274459	302154
中国	India	291319	398892		
台湾省	South Korea	172380	246838	37535	49204
中国香港	Thailand	196528	145581	193378	144063
越南	Taiwan	106438	128821	22191	44432
非洲	**Africa**	**184669**	**251045**	**158153**	**196368**
南非	South Africa	44377	84638	25963	42280
尼日利亚	Nigeria	22296	32066	21892	31778
欧洲	**Europe**	**942762**	**1050434**	**720828**	**861951**
荷兰	Federal Republic of Germany	292992	364435	289444	360503
德国	Russia	154452	150533	61846	77516
英国	Italy	98605	140196	84421	128998
俄罗斯联邦	Sweden	71439	87371	38321	57520
卢森堡	British	94638	78583	94589	78463
拉丁美洲	**Latin America**	**326659**	**366403**	**151341**	**189922**
巴西	Brazil	105321	160083	28777	59087
墨西哥	Peru	62591	79821	23578	42066
智利	Chile	24055	34829	11859	23208
北美洲	**North America**	**1000575**	**1322648**	**841247**	**1172698**
美国	United States	888501	1225995	754326	1099871
加拿大	Canada	112074	96654	86921	72827
大洋洲	**Oceania**	**244546**	**213277**	**92947**	**50396**
澳大利亚	Australia	232993	204785	84917	44810
新西兰	New Zealand	10221	7358	6698	4452

7-8 人民币汇率(年平均价)
Reference Exchange Rate of Renminbi (Period Average)

单位：元 (yuan)

年 份 Year	100美元 100 US Dollars	100日元 100 Japanese Yen	100港元 100 Hong Kong Dollars	100欧元 100 Euros
1985	293.66	1.2457	37.57	
1986	345.28	2.0694	44.22	
1987	372.21	2.5799	47.74	
1988	372.21	2.9082	47.70	
1989	376.51	2.7360	48.28	
1990	478.32	3.3233	61.39	
1991	532.33	3.9602	68.45	
1992	551.46	4.3608	71.24	
1993	576.20	5.2020	74.41	
1994	861.87	8.4370	111.53	
1995	835.10	8.9225	107.96	
1996	831.42	7.6352	107.51	
1997	828.98	6.8600	107.09	
1998	827.91	6.3488	106.88	
1999	827.83	7.2932	106.66	
2000	827.84	7.6864	106.18	
2001	827.70	6.8075	106.08	
2002	827.70	6.6237	106.07	800.58
2003	827.70	7.1466	106.24	936.13
2004	827.68	7.6552	106.23	1029.00
2005	819.17	7.4484	105.30	1019.53
2006	797.18	6.8570	102.62	1001.90
2007	760.40	6.4632	97.46	1041.75
2008	694.51	6.7427	89.19	1022.27
2009	683.10	7.2986	88.12	952.70
2010	676.95	7.7279	87.13	897.25
2011	634.52	8.1745	81.56	854.27
2012	636.28	8.2232	81.75	875.01
2013	611.13	5.9700	99.11	804.72

注：数据来源于国家外汇管理局。
a) Data from State Administration of Foreign Exchange.

7-9 历年外商和港澳台商直接投资情况
Foreign,Hong Kong, Macao and Taiwan's Direct Investments Over the years

单位：万美元 (USD 10 000)

年 份 Year	签订协议(合同) New Agerrment Signed: 个数 Number of Projects(unit)	金额 Value	实际利用外资额 Actually Used Investment by forign Enterprise Used	#独资经营 Foreign Investment Enterprises	#合资经营 Joint Ventures Enterprises	#合作经营 Cooperative Operation Enterprises
1985	29	6870	565		541	24
1986	14	2724	605		542	63
1987	31	12562	467	31	244	192
1988	38	1986	6436		6268	168
1989	36	1681	4266	37	4199	30
1990	50	2107	1049	75	708	266
1991	154	12716	3791	294	3214	283
1992	1053	88327	10691	717	9655	319
1993	1727	157768	34197	5190	27338	1669
1994	1011	79168	42488	7168	32008	3312
1995	815	86748	47981	5064	42121	796
1996	478	92166	52566	7543	36831	8192
1997	423	86799	64735	14096	30159	20480
1998	353	57333	61794	6198	36356	19240
1999	264	61832	49527	8185	32317	9025
2000	237	69921	53999	4459	27292	6248
2001	224	62188	35861	9510	20685	5666
2002	290	101964	45165	9860	29592	5713
2003	324	182560	56149	16628	32970	5911
2004	478	205383	87367	39866	36071	11430
2005	472	235176	122960	48312	54698	10267
2006	497	336788	184526	89313	81926	8702
2007	516	483538	306162	150935	97847	18572
2008	364	604146	403266	203739	94822	14715
2009	274	492055	479858	284554	163957	27023
2010	362	578385	624670	366770	191196	58545
2011	355	767752	1008209	593537	322191	84563
2012	363	1172936	1211777	766291	368604	76373
2013	344	1154233	1345659	888056	411544	28321

7-10 外商和港澳台商在豫直接投资(2013年)

Direct Investment of Foreign, Hong Kong, Macao and Taiwan Businessmen in Henan (2013)

项 目	Item	新签协议 New Agreement Signed 合同个数(个) Number of Contracts (unit)	投资额(万美元) Investments Value (USD 10 000)	实际投资(万美元) Actually Investments (USD 10 000)
总 计	**Total**	**344**	**1154233**	**1345659**
按登记注册类型分	**By Registration**			
#合资经营	Joint Ventures Enterprises	112	316537	411544
合作经营	Cooperative Operation Enterprises	2	9746	28321
独资	Foreign Investment Enterprises	230	798446	888056
股份有限公司	Foreign Investment Share Enterprises		29504	17738
按国民经济行业分	**By Sector**			
#农、林、牧、渔业	Farming, Forestry, Animal Husbandry and Fishery	19	45216	44277
采矿业	Mining	3	9157	32257
制造业	Manufacturing	195	794096	826200
电力、燃气及水的生产和供应业	Production and distribution of electricity,gas and water	9	16328	93833
建筑业	Construction	3	7288	9959
交通运输、仓储及邮政业	Traffic,transport, storage and post	5	21064	39792
信息传输、计算机服务和软件业	Information transfer, computer services and software	3	5355	7040
批发和零售业	Wholesale and retail trade	45	79104	39187
住宿和餐饮业	Accommodation and Restaurants	5	5513	666
金融业	Financial	5	5367	7122
房地产业	Real estate	16	95163	158944
租赁和商务服务业	Tenancy and business services	16	37017	42473
科学研究、技术服务和地质勘查业	Scientific Research, Technical Service and Geologic Perambulation	5	12971	29959
水利、环境和公共设施管理业	Management of Water Conservancy, Environment and Public Establishment	5	18188	10637
居民服务和其他服务业	Resident Services and Other Services			11
教育	Education	2	808	2137
卫生、社会保障和社会福利业	Sanitation, Social Security and Social Welfare			1160
文化、体育和娱乐业	Culture, Sports and Entertainment	8	1598	5
按地区、国别分	**by Country or Territory**			
香港	Hong Kong, China	208	797163	959818
台湾	Taiwan	35	87654	82942
加拿大	Canada	4	5091	8018
日本	Japan	4	10328	22836
英国	British		4221	4440
美国	America	19	64728	54554
新加坡	Singapore	6	13859	35426
德国	Germany		-191	2678
韩国	South Korea	10	19458	20693

7−11 各市外商和港澳台商在豫直接投资金额

Direct Investment by Foreign, Hong Kong, Macao and Taiwan in Henan by City

单位：万美元 (USD 10 000)

市 City	新签协议(合同)金额 Value of New Agreement (Contract) Signed		实际利用外资 Foreign Capital Actually Used	
	2012	2013	2012	2013
全 省 Total	**1172936**	**1154233**	**1211777**	**1345659**
省辖市 City				
郑州市 Zhengzhou	202058	197710	342898	332178
开封市 Kaifeng	50152	55486	36320	43898
洛阳市 Luoyang	216151	154991	199251	222272
平顶山市 Pingdingshan	19045	35518	37358	45318
安阳市 Anyang	24963	41287	31573	38057
鹤壁市 Hebi	52032	51975	44009	55783
新乡市 Xinxiang	65241	45785	63600	74009
焦作市 Jiaozuo	59187	62644	59528	66181
濮阳市 Puyang	23897	37531	32001	38979
许昌市 Xuchang	45586	54022	43977	53113
漯河市 Luohe	88392	101971	62066	70401
三门峡市 Sanmenxia	79027	63393	74672	86857
南阳市 Nanyang	78039	71713	41702	50388
商丘市 Shangqiu	34267	29252	24596	27649
信阳市 Xinyang	18157	55295	34961	42237
周口市 Zhoukou	36276	45838	36341	44241
驻马店市 Zhumadian	41390	46379	27020	31590
济源市 Jiyuan	39076	3443	19904	22508
省直管县 Province Administrating County				
巩义市 Gongyi	600	-32	19231	21800
兰考县 Lankao	2640	3446	1080	1525
汝州市 Ruzhou	20	20	18832	21314
滑县 Huaxian		4850	2880	3500
长垣县 Changyuan	7833	6240	4651	7810
邓州市 Dengzhou	8925	10194	3484	4400
永城市 Yongcheng	5000		2108	2400
固始县 Gushi	4048	3859	4000	3864
鹿邑县 Luyi	310	5071	3480	4400
新蔡县 Xincai	2000	2200	1099	1250

7-12 外商和港澳台商投资企业(单位)注册登记情况
Registration Status of Foreign, Hong Kong, Macao and Taiwan Funded Enterprises

指 标	Item	2005	2010	2011	2012	2013
年末实有企业数(户)	**Number of Registered Enterprise in the Year-end (unit)**	**2877**	**2459**	**2467**	**2227**	**2045**
与外商和港澳台商合资经营	Joint Ventures Enterprises	1717	1251	1217	1079	979
与外商和港澳台商合作经营	Cooperative Operation Enterprises	292	181	176	136	108
外商和港澳台商独资	Foreign Investment Enterprises	860	1006	1053	988	932
外商和港澳台商投资股份有限公司	Foreign Investment Share Enterprises	8	21	21	24	26
年末实有企业投资总额(亿美元)	**Total Investments (100 million USD)**	**206.41**	**378.66**	**423.53**	**462.96**	**477.87**
注册资本(亿美元)	**Registered Capital (100 million USD)**	**112.29**	**205.35**	**225.22**	**236.51**	**244.79**
#外方	Capital Invested by Foreign Partner	75.34	148.66	162.62	171.02	179.10
本年登记企业数(户)	**Number of Registered Enterprise in the Year (unit)**	**420**	**252**	**215**	**171**	**143**
中外合资	Joint-venture Enterprises	212	91	84	64	62
中外合作	Cooperation Enterprises	39	19	20	16	3
外商独资	Enterprises with Sole Foreign Investment	169	142	110	90	78
中外股份公司	Share-holding Corporations			1	1	
本年注册企业投资总额(万美元)	**Total Investments in the Year (USD 10 000)**	**401029**	**507457**	**456937**	**754541**	**363741**
本年注册资本(万美元)	**Registered Capital ih the Year(USD 10 000)**	**201757**	**269995**	**242843**	**336514**	**173492**
#外方	Capital Invested Foreign Partner	152789	225467	196297	273102	150904

7-13 外商和港澳台商在豫直接投资企业经营情况(2013年)

单位：万元

指标	Item	资产总额 Total Assets	所有者权益 Creditors' Equities
合计	**Total**	**99018584**	**32251971**
按登记注册类型分	**By Registration**		
港澳台商投资企业	**Enterprises with funds from Hong Kong, Macao and Taiwan**	**62372893**	**13657349**
合资经营	Joint Ventures Enterprises	9335231	3429318
合作经营	Cooperative Operation Enterprises	1670116	733522
港澳台商独资	Foreign Investment Enterprises	46728709	6242034
股份有限公司	Foreign Investment Share Enterprises	4638837	3252475
外商投资经济	**Enterprises with funds from foreign**	**36645691**	**18594622**
合资经营	Joint Ventures Enterprises	17567639	8997034
合作经营	Cooperative Operation Enterprises	1343404	626475
外商独资	Foreign Investment Enterprises	16222017	8185441
股份有限公司	Foreign Investment Share Enterprises	1512631	785671
按国民经济行业分组	**By Sector**		
农、林、牧、渔业	Farming, Forestry, Animal Husbandry and Fishery	452654	225108
采矿业	Mining	5536633	3297022
制造业	Manufacturing	39771224	16335263
电力、燃气及水的生产和供应业	Production and distribution of electricity,gas and water	5184030	1747770
建筑业	Construction	642758	178678
交通运输、仓储及邮政业	Traffic,transport, storage and post	336572	130537
信息传输、计算机服务和软件业	Information transfer, computer services and software	391045	267980
批发和零售业	Wholesale and retail trade	1616232	27777
住宿和餐饮业	Accommodation and Restaurants	560654	199423
金融业	Finance	67583	46145
房地产业	Real estate	43786324	9526375
租赁和商务服务业	Tenancy and business services	419561	180744
科学研究、技术服务和地质勘查业	Scientific Research, Technical Service and Geologic Perambulation	164351	52989
水利、环境和公共设施管理业	Management of Water Conservancy, Environment and Public Establishment	61860	35441
居民服务和其他服务业	Resident Services and Other Services	8193	
教育	Education		
卫生、社会保障和社会福利业	Sanitation, Social Security and Social Welfare	3305	1172
文化、体育和娱乐业	Culture, Sports and Entertainment	14615	1618
按地区、国别分	**by Country or Territory**		
香港	Hong Kong, China	55310393	15667251
日本	Japan	1564739	740943
澳门	Macao, China	239172	108478
新加坡	Singapore	2406154	1256583
韩国	Corea	2170479	872645
泰国	Thailand	344508	238558
台湾	Taiwan	12014894	1595518
英国	England	4781200	2222450
德国	Federal Republic of Germany	123940	22370
加拿大	Canada	379220	193359
美国	United States	4060121	1278184
澳大利亚	Australia	399701	171111
其他	Others	15224063	7884521

Business Status of Enterprises Directly Invest in Henan from Foreign, Hong Kong, Macao and Taiwan (2013)

(10 000 yuan)

主营业务收入 Revenue from Principal Business	主营业务成本 Cost of Pricipal Business	主营业务利润 Profits of Pricipal Business	营业利润 Profits of Business	利润总额 Total Profits
58651394	**51889204**	**6638620**	**3842820**	**4133392**
34797295	**31457308**	**3169204**	**1956043**	**2157596**
5856941	4848150	934781	344203	360229
907258	619313	275246	184106	186389
23018733	21508458	1464507	659413	836957
5014364	4481387	494671	768321	774022
23854099	**20431896**	**3469417**	**1886778**	**1975796**
15078337	13167325	1819587	791278	839047
1072084	857806	208179	116184	116572
6834074	5672371	1310117	929437	948312
869605	734394	131535	49879	71865
224831	171046	53513	31860	39717
2226710	1693858	494130	312606	312632
48462594	44280790	4042692	2355270	2479812
2919092	2349376	551249	346279	359426
82627	57625	23968	5149	4896
43007	20417	21287	1039	1575
348645	149336	187819	96979	96720
2218165	1985067	160119	164793	168058
164575	63878	91504		
613	49	522		
1851490	1055966	968527	539290	677058
48082	12131	34071	14742	14812
22410	24151			
22967	14159	7721	3842	3988
4266	1347	2670		
2061	1384			
862	408	389		
15616799	12854429	2884363	1948505	2117608
1655906	1372981	250867	111309	142852
71848	58278	12105		
2925077	2535671	371897	186505	184556
1796970	1534659	255192	146543	149055
454395	382203	68405	26759	21583
18546822	17918470	615115	398987	415867
2537311	2205720	321856	162327	188730
80149	65688	13970	4417	4507
434596	393581	39481	15548	15042
3357119	2952080	316817	129217	129254
729051	676776	51381	631	
10445351	8938668	1437171	714510	766904

7-14 各市外商和港澳台商投资企业登记注册情况(2013年)

Registration Status of Foreign, Hong Kong, Macao and Taiwan Funded Enterprises by City (2013)

市 City	年末实有企业数(个) Real Number of Enterprises by the end of the year (unit)	年末实有企业投资总额(万美元) Realized Investment in the year-end (USD 10 000)	本年登记企业数(个) Registered Enterprises in the year (unit)	本年注册企业投资总额(万美元) Total Value of Investment by Registered Enterprises This Year (USD 10 000)	累计注销企业数(个) Accumulative total of deregistered enterprises (unit)
全省 Total	**2045**	**4778674**	**143**	**363741**	**1086**
河南省(省级) Provincial	**242**	**1231964**	**14**	**25707**	**156**
郑州市 Zhengzhou	482	1082061	24	44508	439
开封市 Kaifeng	99	199849	7	30223	37
洛阳市 Luoyang	154	245587	14	19143	72
平顶山市 Pingdingshan	56	210817	4	31445	12
安阳市 Anyang	74	139678	7	20542	31
鹤壁市 Hebi	43	59995	6	26890	14
新乡市 Xinxiang	164	188964	4	13405	51
焦作市 Jiaozuo	80	230517	5	20062	65
濮阳市 Puyang	50	29069	4	1694	42
许昌市 Xuchang	77	117545	4	4678	18
漯河市 Luohe	59	150753	3	677	51
三门峡市 Sanmenxia	45	172851	4	30119	14
南阳市 Nanyang	152	198530	14	46491	27
商丘市 Shangqiu	64	58622	8	8760	10
信阳市 Xinyang	37	41530	3	139	30
周口市 Zhoukou	69	66835	7	11365	4
驻马店市 Zhumadian	73	169233	9	26728	10
济源市 Jiyuan	25	176245	2	1165	3

7-15 对外国和港澳台地区投资

Investment to Foreign, Hong Kong, Macao and Taiwan

项 目	Item	2005	2008	2009	2010	2011	2012	2013
新签协议(合同)个数(个)	Number of New Agreements (Contracts) Signed (unit)	33	38	72	62	83	69	81
中方新签协议(合同)	Investments of New Agreement (Contract)							
投资额(万美元)	Signed by China (USD 10 000)	3491	18813	37086	53132	92823	108405	130207
中方实际投资(万美元)	Actually Investments by China (USD 10 000)	8538	13128	12075	11864	30171	24497	65675
年末已建成投产(开业)	Number of Business Completed and							
企业数(个)	Put into Use in the Year-end (unit)	157	230	253	288	295	360	382

7-16 对外承包工程和劳务合作

Contracted Projects and Labor Cooperation with Foreign Countries or Regions

指 标	Item	2005	2008	2009	2010	2011	2012	2013
签订合同数(个)	Number of Contracts Signed (unit)	171	345	911	860	241	229	315
签订合同金额(万美元)	Contracted Value (USD 10 000)	65855	137256	170031	252599	293368	347086	405763
营业额(万美元)	Value of Business (USD 10 000)	49929	127702	178978	232269	319937	370866	420916
派出人员(人次)	Person Send Abroad (person-times)	10496	22183	22961	32350	32001	16492	68877
年底在外人员(人)	Number of Abroad Person at Year-end (person)	15807	35471	42572	56251	68948	57103	81751

7-17 河南与国外结成友好城市一览表
List of Foreign Sister Cities With HeNan

友好城市 Sister City	国别 Country of Origin	缔结时间 Time of Conclusion	友好城市 Sister City	国别 Country of Origin	缔结时间 Time of Conclusion
河南省			图尔市	**法国**	**1982年12月**
堪萨斯州	美国	1981年5月	普罗夫迪夫市	保加利亚	1994年8月
三重县	日本	1986年11月	拉克罗斯市	美国	1997年10月
瓦隆地区	比利时	1988年4月	陶里亚蒂市	俄罗斯	2000年4月
普利亚大区	意大利	1988年6月	**平顶山市**		
索恩.卢瓦尔省	法国	1990年10月	安东市	韩国	1997年4月
布勒伊拉县	罗马尼亚	1993年9月	塞兹兰市	俄罗斯	2000年11月
马尼托巴省	加拿大	1994年11月	圣路易斯.里约.科罗拉多市	墨西哥	2009年11月
庆尚北道	韩国	1995年10月	坎布里乌市	巴西	2011年11月
萨马拉州	俄罗斯	1997年3月	**安阳市**		
大阿尔及尔省	阿尔及利亚	1998年4月	斯哈尔贝克市	比利时	1985年9月
同塔省	越南	1998年7月	草加市	日本	1998年11月
蒂罗尔州	奥地利	1999年11月	莱桥市	加拿大	2005年5月
奥罗莫州	埃塞俄比亚	2000年9月	纳库鲁市	肯尼亚	2006年9月
春武里府	泰国	2001年6月	**新乡市**		
圣卡塔林纳州	巴西	2002年4月	柏原市	日本	1990年9月
科马隆州	匈牙利	2002年8月	伊塔亚伊市	巴西	2008年11月
莫吉廖夫州	白俄罗斯	2004年8月	北威州，乌珀塔尔市	德国	2012年8月
伊达尔戈州	墨西哥	2005年5月	**焦作市**		
恩特雷里奥斯省	阿根廷	2005年5月	热伊勒地区	吉尔吉斯斯坦	2001年4月
东芬兰省	芬兰	2005年8月	帕辽沙市	巴西	2007年9月
玻利瓦尔州	委内瑞拉	2006年8月	卢布林市	波兰	2010年4月
科金博区	智利	2007年11月	忠州市	韩国	2013年9月
法尤姆省	埃及	2007年11月	**濮阳市**		
西北省	南非	2008年4月	阿什伯顿市	新西兰	2000年9月
纽卡斯尔市	英国	2008年9月	楚河区	吉尔吉斯斯坦	2008年5月
卢布林省	波兰	2008年9月	**许昌市**		
梅克伦堡-前波莫瑞州	德国	2009年7月	博灵布鲁克市	美国	2005年5月
马格尼西亚省	希腊	2009年10月	基涅利市	俄罗斯	2007年9月
哈瓦那市	古巴	2009年7月	**漯河市**		
林波波省	南非	2011年6月	伊普斯威奇市	英国	2008年3月
打拉省	菲律宾	2011年9月	**三门峡市**		
马鲁古省	印度尼西亚	2011年9月	北上市	日本	1985年5月
加兹-纳杰孔-索尔诺克州	匈牙利	2012年3月	墨累桥市	澳大利亚	1994年4月
瓜亚斯省	厄瓜多尔	2012年3月	索尔诺克市	匈牙利	2009年9月
阿肯色州	美国	2012年4月	东豆川市	韩国	2011年5月
郑州市			**南阳市**		
埼玉市	日本	1981年10月	南阳市	日本	1988年10月
里士满市	美国	1994年9月	加特市	以色列	1995年11月
克卢日.纳波卡市	罗马尼亚	1995年5月	江原道，春川市	韩国	2012年12月
晋州市	韩国	2000年7月	雅洛米察县，斯洛博齐亚市	罗马尼亚	2012年12月
马林塔尔市	纳米比亚	2001年8月	**商丘市**		
伊尔比德市	约旦	2002年4月	维多利亚州，大谢珀顿市	澳大利亚	2012年12月
萨马拉市	俄罗斯	2002年4月	**信阳市**		
若茵维莱市	巴西	2003年11月	阿什凯隆市	以色列	1995年6月
什未林市	德国	2006年4月	**周口市**		
舒门市	保加利亚	2007年4月	彼得罗巴甫洛夫斯克市	哈萨克斯坦	1994年10月
开封市			**驻马店市**		
户田市	日本	1984年8月	梅杰迪亚市	罗马尼亚	2002年9月
威奇托市	美国	1985年12月	**济源市**		
永川市	韩国	2005年6月	新座市	日本	2003年2月
温格卡瑞比郡	澳大利亚	2007年10月	**禹州市**		
鄂木斯克市	俄罗斯	2009年8月	山清郡	韩国	2009年5月
洛阳市			**信阳市浉河区**		
冈山市	日本	1981年4月	新见市	日本	1992年4月

7-18 各市利用省外资金情况

Direct Investment by Other Provinces in Henan By City

单位：亿元 (100 million yuan)

市 City	新签协议(合同)金额 Value of New Agreement (Contract) Signed		实际利用省外资金 Foreign Capital Actually Used	
	2012	2013	2012	2013
全　　省 Total	**14495.2**	**19281.8**	**5026.6**	**6197.5**
省辖市 City				
郑州市 Zhengzhou	1941.2	2235.7	592.3	730.4
开封市 Kaifeng	720.0	1108.8	321.7	399.1
洛阳市 Luoyang	1256.6	1780.8	418.2	521.0
平顶山市 Pingdingshan	809.9	1154.8	306.1	379.1
安阳市 Anyang	1027.1	1642.3	377.2	460.5
鹤壁市 Hebi	449.2	918.9	163.1	204.5
新乡市 Xinxiang	471.0	809.4	358.7	438.6
焦作市 Jiaozuo	572.3	738.7	351.8	431.2
濮阳市 Puyang	510.3	832.4	112.4	146.1
许昌市 Xuchang	713.3	911.5	260.9	319.4
漯河市 Luohe	209.4	394.9	137.2	166.1
三门峡市 Sanmenxia	679.9	419.8	212.2	260.7
南阳市 Nanyang	1248.0	1130.2	306.6	381.6
商丘市 Shangqiu	872.7	1221.8	377.3	470.4
信阳市 Xinyang	724.8	1048.9	146.1	177.8
周口市 Zhoukou	935.4	1171.8	315.7	382.8
驻马店市 Zhumadian	900.3	1252.5	156.5	189.6
济源市 Jiyuan	453.8	508.6	112.6	138.6
省直管县 Province Administrating County				
巩义市 Gongyi	127.8	120.2	43.9	53.0
兰考县 Lankao	89.7	140.9	38.3	46.3
汝州市 Ruzhou	143.5	142.4	41.9	50.8
滑县 Huaxian	88.5	220.6	38.2	46.2
长垣县 Changyuan	78.8	87.6	28.6	34.9
邓州市 Dengzhou	199.7	88.5	30.0	36.2
永城市 Yongcheng	93.2	285.5	36.4	44.3
固始县 Gushi	67.6	215.4	19.8	23.9
鹿邑县 Luyi	54.6	110.9	37.8	46.0
新蔡县 Xincai	40.1	65.0	12.6	15.1

7-19 旅游业基本情况

Basic Condition of International Tourism

项　目	Item	2005	2010	2011	2012	2013
旅游设施	**Tourist Facilities**					
饭店(个)	Number of Tourist Hotel (unit)	360	502	503	566	575
床位(万张)	Number of Bed (10 000 units)	10.29	11.21	11.25	12.37	12.48
接待入境游客人数	**Number of International Tourists**					
(万人次)	**Received (10 000 person-times)**	**60.05**	**146.84**	**168.29**	**190.77**	**207.33**
外国人	Foreigner	34.73	96.09	104.29	118.74	125.27
香港同胞	Compatriots from Hongkong	10.30	17.91	23.40	26.48	29.38
澳门同胞	Compatriots from Macao	4.65	8.07	10.00	11.25	11.62
台湾同胞	Compatriots from Taiwan	10.37	24.77	30.16	34.30	41.06
旅游创汇收入	**Income of International Tourists**					
(万美元)	**Received (USD 10 000)**	**21604**	**49877**	**54902**	**61141**	**65997**

注：1.本表接待入境旅游者人数包括不过夜人数(下表同)。
　　2.旅游创汇收入为旅游部门抽样调查数。
　　3.饭店和床位为星级饭店年报数据。

a)Number of international tourists received exclude persons who didn't stay for night. (The following table is the same).
b)Data on the income of international tourists received are obtained from sample surry by tourism administration.
c)Numbers of Hotels and Beds were Obtained from Stara-Ranked Hotels Annual Report.

7-20 各市入境旅游情况(2013年)

Basic Condition of International Tourism by City (2013)

市	City	星级饭店数(个) Total Number of Star-rated Hotel (unit)	接待入境游客人数(人次) Number of International Tourists Received (person-times)	#外国人 Foreigner	旅游创汇收入(万美元) Income of International Tourists Received (USD 10 000)
全省	**Total**	**575**	**2073305**	**1252674**	**65997**
省辖市	**City**				
郑州市	Zhengzhou	104	436095	251201	16508
开封市	Kaifeng	20	268201	137454	5560
洛阳市	Luoyang	65	700500	488596	20296
平顶山市	Pingdingshan	35	26776	14722	770
安阳市	Anyang	19	78000	75311	2051
鹤壁市	Hebi	14	7790	1348	243
新乡市	Xinxiang	18	37872	32102	1153
焦作市	Jiaozuo	33	320181	177232	12295
濮阳市	Puyang	12	17178	15622	116
许昌市	Xuchang	20	529	419	6
漯河市	Luohe	9	9015	4749	219
三门峡市	Sanmenxia	24	61519	16382	1662
南阳市	Nanyang	84	16768	2120	788
商丘市	Shangqiu	14	12359	1785	268
信阳市	Xinyang	33	11882	3047	258
周口市	Zhoukou	29	29926	12354	906
驻马店市	Zhumadian	38	26736	11617	2667
济源市	Jiyuan	4	11978	6613	230

7-21 接待国内游客人数和收入

Number and Income of Civil Tourists Received

本表为抽样调查数。
Date in this table are obtained from the Sample Survey.

项目	Item	2012	省内游客 Local Tourists	省外游客 Non-local Tourists	2013	省内游客 Local Tourists	省外游客 Non-local Tourists
接待国内游客人数 (万人次)	Number of Civil Tourists Received (10 000 person-times)	36129	25290	10839	40898	30379	10519
#一日游	Number of One Day Tour	13729	9610	4119	14989	11134	3855
接待国内游客收入 (亿元)	Income of Civil Tourists Received (100 million yuan)	3325			3835	2848	986

7-22 各市国内旅游基本情况(2013年)

Basic statistics of internal-tour by City (2013)

市	City	总人次数(万人次) Number of person-time (10 000 person-times)	总花费(亿元) Total Cost (100 million yuan)	人均花费(元) Per capita Cost (yuan)
郑州市	Zhengzhou	9913.09	1103.87	1108
开封市	Kaifeng	3615.12	279.23	769
洛阳市	Luoyang	6376.46	698.62	1088
平顶山市	Pingdingshan	1447.81	135.75	867
安阳市	Anyang	2278.43	195.23	854
鹤壁市	Hebi	706.03	44.78	633
新乡市	Xinxiang	2291.71	147.12	640
焦作市	Jiaozuo	2964.26	230.62	761
濮阳市	Puyang	1315.27	98.92	753
许昌市	Xuchang	1003.00	55.81	556
漯河市	Luohe	678.25	41.32	608
三门峡市	Sanmenxia	2268.58	156.70	688
南阳市	Nanyang	2027.61	156.00	768
商丘市	Shangqiu	1316.33	79.19	601
信阳市	Xinyang	2073.80	115.19	555
周口市	Zhoukou	1156.01	76.25	656
驻马店市	Zhumadian	1383.43	83.35	592
济源市	Jiyuan	702.41	31.04	441

主要统计指标解释

进出口总额 海关进出口总额指实际进出我国国境的货物总金额。包括对外贸易实际进出口货物，来料加工装配进出口货物，国家间、联合国及国际组织无偿援助物资和赠送品，华侨、港澳台同胞和外籍华人捐赠品，租赁期满归承租人所有的租赁货物，进料加工进出口货物，边境地方贸易及边境地区小额贸易进出口货物(边民互市贸易除外)，中外合资企业、中外合作经营企业、外商独资经营企业进出口货物和公用物品，到、离岸价格在规定限额以上的进出口货样和广告品(无商业价值、无使用价值和免费提供出口的除外)，从保税仓库提取在中国境内销售的进口货物，以及其他进出口货物。进出口总额用以观察一个国家在对外贸易方面的总规模。我国规定出口货物按离岸价格统计，进口货物按到岸价格统计。

利用外资 指我国各级政府、部门、企业和其他经济组织通过对外借款、吸收外商直接投资以及用其他方式筹措的境外现汇、设备、技术等。

外商直接投资 指外国企业和经济组织或个人(包括华侨、港澳台胞以及我国在境外注册的企业)按我国有关政策、法规，用现汇、实物、技术等在我国境内开办外商独资企业、与我国境内的企业或经济组织共同举办中外合资经营企业、合作经营企业或合作开发资源的投资(包括外商投资收益的再投资)，以及经政府有关部门批准的项目投资总额内企业从境外借入的资金。

外商其他投资 指除对外借款和外商直接投资以外的各种利用外资的形式。包括企业在境内外股票市场公开发行的以外币计价的股票（目前主要是在香港证券市场发行的H股和在境内证券市场发行的B股）发行价总额，国际租赁进口设备的应付款，补偿贸易中外商提供的进口设备、技术、物料的价款，加工装配贸易中外商提供的进口设备、物料的价款。

对外承包工程 指各对外承包公司以招标议标承包方式承揽的下列业务：⑴承包国外工程建设项目，⑵承包我国对外经援项目，⑶承包我国驻外机构的工程建设项目，⑷承包我国境内利用外资进行建设的工程项目，⑸与外国承包公司合营或联合承包工程项目时我国公司分包部分，⑹对外承包兼营的房屋开发业务。对外承包工程的营业额是以货币表现的本期内完成的对外承包工程的工作量，包括以前年度签订的合同和本年度新签订的合同在报告期内完成的工作量。

对外劳务合作 指以收取工资的形式向业主或承包商提供技术和劳动服务的活动。我国对外承包公司在境外开办的合营企业，中国公司同时又提供劳务的，其劳务部分也纳入劳务合作统计。劳务合作营业额按报告期内向雇主提交的结算数(包括工资、加班费和奖金等)统计。

旅游人数

⑴入境旅游人数：指报告期内来我国观光、度假、探亲访友、就医疗养、购物、参加会议或从事经济、文化、体育、宗教活动的外国人、港澳台同胞等入境游客。统计时，外国人、港澳台同胞每入境一次统计 1 人次。

⑵出境人数：指中国（大陆）居民因公或因私出境前往其他国家、中国香港特别行政区、澳门特别行政区和台湾省观光、度假、探亲访友、就医疗养、购物、参加会议或从事经济、文化、体育、宗教活动的人数，即出境游客。统计时，按每出境一次统计 1 人次。

⑶国内旅游人数：指在报告期内在中国（大陆）观光游览、度假、探亲访友、就医疗养、购物、参加会议或从事经济、文化、体育、宗教活动的中国（大陆）居民人数，其出游的目的不是通过所从事的活动谋取报酬。统计时，国内游客按每出游一次统计 1 人次。

国际旅游(外汇)收入 指入境游客在中国（大陆）境内旅行、游览过程中用于交通、参观游览、住宿、餐饮、购物、娱乐等全部花费。

国内旅游收入 指国内游客在国内旅行、游览过程中用于交通、参观游览、住宿、餐饮、购物、娱乐等全部花费。

星级饭店 指设备、设施、服务符合《旅游饭店星级的划分与评定》（GB/T14308-2003），通过相关旅游管理部门评定，并取得星级饭店称号的饭店（含预备星级饭店）。

Explanatory Notes on Main Statistical Indicators

Total Imports and Exports at Customs refer to the value of commodities imported into and exported from the boundary of China. They include the actual imports and exports through foreign trade, imported and exported goods under the processing and assembling trades and materials, supplies and gifts as aid given gratis between governments and by the United Nations and other international organizations, and contributions donated by overseas Chinese, compatriots in Hong Kong and Macao and Chinese with foreign citizenship, leasing commodities owned by tenant at the expiration of leasing period, the imported and exported commodities processed with imported materials, commodities trading in border areas(excluding mutual exchange goods), the imported and exported commodities and articles for public use of the Sino-foreign joint ventures, cooperative enterprises and ventures exclusively with foreign own investment. Also included are import or export of samples and advertising goods for whose CIF or FOB value are beyond the permitted ceiling (excluding goods of no trading or use value and free commodities for export), imported goods sold in China from bonded warehouses and other imported or exported goods. The indicator of the total imports and exports at customs can be used to observe the total size of external trade in a country. In accordance with the stipulation of the Chinese government, imports are calculated at CIF, while exports are calculated at FOB.

Utilization of Foreign Capital refers to remittance, equipment and technology financed from abroad, by loans, foreign direct investment and other forms undertaken by the Chinese governments at all levels, by various departments, enterprises and other economic units.

Direct Investment by Foreign Entrepreneurs refers to the investments inside China by foreign enterprises and economic organizations or individuals (including overseas Chinese, compatriots from Hong Kong and Macao, and Chinese enterprises registered abroad), following the relevant policies and laws of China, for the establishment of ventures exclusively with foreign own investment, Sino-foreign joint ventures and cooperative enterprises or for co-operative exploration of resources with enterprises or economic organizations in China. It includes the re investment of the foreign entrepreneurs with the profits gained from the investment and the funds that enterprises borrow from abroad in the total investment of projects which are approved by the relevant department of the government.

Other Investment by Foreign Entrepreneurs refers to all forms of utilization of foreign capitals other than foreign borrowings and foreign direct investment. It includes the total value of stock shares in foreign currencies issued by enterprises at domestic or foreign stock exchanges (now mainly consisting of H shares issued at Hong Kong Security Market and B shares issued at domestic security markets), rent payable for the imported equipment through international leasing arrangement, cost of imported equipment, technology and materials provided by foreign counterparts in compensation trade and processing and assembly trade.

Contracted Projects with Foreign Countries refer to projects undertaken by Chinese contractors (project contracting companies) through bidding process. They include: (1) overseas civil engineering construction projects financed by foreign investors; (2) overseas projects financed by the Chinese government through its foreign aid programs; (3) construction projects of Chinese diplomatic missions, trade offices and other institutions stationed abroad; (4) construction projects in China financed by foreign investment; (5)sub-contracted projects to be taken by Chinese contractors through a joint umbrella project with foreign contractor's); (6)housing development projects. The business income from international contracted projects is the work volume of contracted projects completed during the reference period, expressed in monetary terms, including completed work on projects signed in previous years.

Service Cooperation with Foreign Countries refers to the activities of providing technology and labor services to employers or contractors in the forms of receiving salaries and wages. Labor services providing by contractual joint ventures of Chinese international contracting corporations should be included in the statistics of service co-operation with foreign countries. The business income of labor service co-operation is the income in the form of wages and salaries, overtime pay, bonuses and other remuneration received from the employers during the reference period.

Number of Tourists

(1) Visitor arrivals refer to the number of foreigners, Chinese compatriots from Hong Kong, Macao and Taiwan Chinese (mainland) who come to China (mainland) for sight-seeing, vacation, visiting relatives, medical treatment, shopping, attending conference, or to engage in economic, cultural, sports and religious activities. In compiling statistics, each time of entering China is counted as one person-time.

(2) Number of Chinese residents going abroad refer to the number of Chinese (mainland) residents going to other countries, Hong Kong Special Administrative region, Macao Special Administrative region and Taiwan for on official or private purposes, for sight-seeing, vacation, visiting relatives, medical treatment, shopping, attending conference, or to engage in economic, cultural, sports and religious activities. In compiling statistics, each time of leaving is counted as one person-time.

(3) Number of domestic tourists refers to the number Of Chinese (mainland) residents who travel within China (mainland) for sight-seeing, vacation, visiting relatives, medical treatment, shopping, attending conference, or to engage in economic, cultural, sports and religious activities. In compiling statistics, each time of traveling is counted as one person-time.

Foreign Exchange Earnings from International Tourism refer to the total expenditure of foreigners, overseas Chinese, Chinese compatriots from Hong Kong, Macao and Taiwan during their stay in the mainland of China on transportation, sighting, accommodation, food, shopping and entertainment.

Income from Domestic Tourism refer to expenditure of domestic tourists on transportation, sighting, accommodation, food, shopping and entertainment while they travel.

Star-rated Hotels refer to hotels rated with stars as assessed by the relevant tourism authorities according to GB/T14308-2003 standard with reference to their infrastructure, facilities and service levels.

能源
Energy Sources

● 资料整理：孟凡玲

简要说明

一、主要内容

本篇包括能源生产、消费及品种构成，能源生产和消费弹性系数、能源加工转换效率、单位能耗、规模以上工业分行业主要能源品种的购进、消费及库存，主要耗能工业企业单位产品能源消耗，水资源消耗和电力消耗等资料。

二、统计范围

能源统计范围为全社会。单位工业增加值能耗的统计范围是规模以上工业法人企业(年主营业务收入达到2000万元及以上)。能源加工转换效率表中，电力折算标准煤系数采用当量值计算，每千瓦小时折0.1229千克标准煤。

三、资料来源

能源生产总量及构成数据来自工业产品产量统计，一次能源生产量与工业统计数字一致。其他表的数据均来自历年能源平衡表以及规模以上工业企业购进、消费、库存统计年报。能源生产与消费弹性系数分别以能源生产、消费增长速度与国内生产总值增长速度相比求得。由河南省统计局能源统计处编辑整理。

Brief Introduction

I. Main Contents

Data in this chapter cover mainly energy production, consumption, and composition; elasticity ratio of energy production and consumption; efficiency of energy processing and conversion; energy consumption per unit; Purchase, consumption and Stock of enterprises above designated size by sector. Energy consumption per unit of product, consumption of water and electric.

II. Scope of Statistics

The scope of data in this chapter is the whole province. The scope of data on energy consumption per unit of added-value of industrial is enterprises above designated size (Main business income over 20 million yuan). In the table on the efficiency of energy conversion, the coefficient for the conversion of electric power into standard coal equivalent. One kilowatt is equal to 0.1229kg SCE.

III. Sources of Data

Data on total energy production are calculated on the basis of statistics on output of industrial products. The data on production of primary energy are the same as the corresponding data on industrial statistics. Data in other table come from the energy balance sheets and annual report on energy consumed by industrial enterprises above designated size. The elasticity ratio of energy production is calculated as the quotient of the growth rate of energy production divided by the growth rate of GDP; and the elasticity ratio of energy consumption is calculated as the quotient of the growth rate of energy consumption divided by the growth rate of GDP. Data in this chapter are provided by Department of Energy of the Henan provincial Bureau of Statistics.

8-1 能源生产总量及构成

Total Production of Energy and Its Composition

年 份 Year	能源生产总量 (万吨标准煤) Total Energy Production (10 000 tons of SCE)	占能源生产总量的比重 (%) As Percentage of Total Energy Production			
		原 煤 Coal	原 油 Crude Oil	天然气 Natural Gas	水 电 Electricity
1978	4434	93.7	5.4		0.9
1979	4536	91.9	7.1		1.0
1980	4402	91.3	7.5	0.1	1.1
1981	4760	87.4	11.1	0.5	1.0
1982	4998	85.3	12.8	0.7	1.2
1983	5456	83.8	14.1	0.9	1.2
1984	5981	82.8	15.3	0.9	1
1985	6909	81.5	16.4	1.2	0.9
1986	7261	80.3	17.3	1.6	0.8
1987	7361	79.3	18.1	1.9	0.7
1988	7624	78.6	18.3	2.3	0.8
1989	8031	80.0	17.0	2.2	0.8
1990	8071	81.3	15.6	2.3	0.8
1991	7999	81.9	15.2	2.2	0.7
1992	8058	82.8	14.4	2.1	0.7
1993	8037	83.7	13.6	1.9	0.8
1994	8085	85.0	12.1	2.0	0.9
1995	8454	87.5	10.2	1.6	0.7
1996	8757	88.1	9.6	1.6	0.7
1997	8558	87.9	9.8	1.7	0.6
1998	8080	87.4	10.4	2.0	0.2
1999	6947	85.6	11.6	2.5	0.3
2000	6591	83.7	12.2	2.8	1.4
2001	7238	84.0	11.2	2.9	1.9
2002	8321	85.2	9.8	2.8	2.3
2003	10634	88.3	7.4	2.3	2.0
2004	13079	90.4	5.7	1.7	2.2
2005	14522	91.3	5.0	1.8	1.9
2006	15002	91.7	4.7	1.7	2.0
2007	14604	91.8	4.8	1.4	2.0
2008	15487	92.6	4.4	1.2	1.8
2009	17002	93.4	4.0	0.8	1.8
2010	18672	92.7	3.8	0.5	3.0
2011	18298	92.3	3.8	0.4	3.6
2012	12666	89.6	4.8	0.5	5.1
2013	13248	89.9	5.1	0.5	4.5

注：电力折算标准煤数根据当年平均发电煤耗计算。

a)Data of Electricity is calculated by Average consume of coal on Power.

8–2 能源消耗总量及构成

Total Consumption of Energy and Its Composition

年 份 Year	能源消耗总量 (万吨标准煤) Total Energy Consumption (10 000 tons of SCE)	占能源消耗总量的比重 (%) As Percentage of Total Energy Consumption			
		煤 炭 Coal	石 油 Crude Oil	天然气 Natural Gas	水 电 Hydropower
1978	3353	92.3	6.8		0.9
1979	3228	92.1	6.9		1.0
1980	3389	91.6	7.0	0.2	1.2
1981	3612	91.3	6.9	0.6	1.2
1982	3560	91.1	6.5	0.9	1.5
1983	4035	90.9	6.5	1.1	1.5
1984	4474	91.0	6.5	1.2	1.3
1985	4618	89.9	7.0	1.8	1.3
1986	4709	88.3	8.4	2.2	1.1
1987	5006	88.4	8.4	2.2	1.0
1988	5292	87.7	8.8	2.5	1.0
1989	5112	87.7	8.7	2.3	1.3
1990	5206	87.8	8.4	2.6	1.2
1991	5363	88.3	8.5	2.2	1.0
1992	5583	88.4	8.4	2.3	0.9
1993	5862	88.2	8.8	2.0	1.0
1994	6225	87.7	9.0	2.2	1.1
1995	6473	87.6	9.6	1.8	1.0
1996	6654	87.5	9.8	1.7	1.0
1997	6711	87.8	9.6	1.7	0.9
1998	7244	87.6	9.8	1.6	1.0
1999	7380	87.5	9.8	1.7	1.0
2000	7919	87.6	9.6	1.7	1.1
2001	8367	87.0	9.5	1.9	1.6
2002	9005	86.6	9.3	2.0	2.1
2003	10595	86.7	9.4	1.9	2.0
2004	13074	86.6	9.2	2.0	2.2
2005	14625	87.2	8.7	2.2	1.9
2006	16234	87.4	8.0	2.5	2.1
2007	17838	87.7	7.9	2.5	1.9
2008	18976	87.2	8.0	2.6	2.2
2009	19751	87.0	7.9	2.8	2.3
2010	21438	84.3	9.0	3.0	3.7
2011	23061	83.5	9.8	3.3	3.4
2012	23647	80.2	10.3	4.2	5.3
2013	24756	80.8	11.3	4.3	3.6

8-3 能源生产弹性系数

Elasticity Ratio of Energy Production

年 份 Year	能源生产比上年增长 (%) Growth Rate of Energy Production over Preceding Year (%)	电力生产比上年增长 (%) Growth Rate of Electricity Production over Preceding Year (%)	生产总值比上年增长 (%) Growth Rate of Gross Domestic Product(GDP) over Preceding Year (%)	能源生产弹性系数 Elasticity Ratio of Energy Production	电力生产弹性系数 Elasticity Ratio of Electricity Production
1980	-3.0		15.4		
1981	8.1	13.6	7.8	1.04	1.74
1982	5.0	4.1	4.3	1.16	0.95
1983	9.2	5.6	23.8	0.39	0.24
1984	9.6	5.8	10.1	0.95	0.57
1985	15.5	5.3	13.5	1.15	0.39
1986	5.1	12.3	4.6	1.11	2.67
1987	1.4	12.0	15.0	0.09	0.80
1988	3.6	0.1	9.8	0.37	0.01
1989	5.3	5.6	4.4	1.20	1.27
1990	0.5	5.4	4.5	0.11	1.20
1991	-0.9	11.3	6.9		1.64
1992	0.7	16.2	13.7	0.05	1.18
1993	-0.3	8.8	15.8		0.56
1994	0.6	10.3	13.8	0.04	0.75
1995	4.6	12.8	14.8	0.31	0.86
1996	3.6	8.5	13.9	0.26	0.61
1997	-2.3	6.2	10.4		0.60
1998	-5.6	0.0	8.8		0.00
1999	-14.0	4.4	8.1		0.55
2000	-5.1	6.6	9.5		0.70
2001	9.8	12.8	9.0	1.09	1.42
2002	15.0	14.4	9.5	1.57	1.52
2003	27.8	12.7	10.7	2.60	1.19
2004	23.0	24.2	13.7	1.68	1.77
2005	11.0	11.3	14.2	0.78	0.80
2006	3.3	12.6	14.4	0.23	0.88
2007	-2.7	19.9	14.6		1.36
2008	6.1	2.2	12.1	0.50	0.18
2009	9.8	4.9	10.9	0.90	0.45
2010	9.8	10.4	12.5	0.78	0.83
2011	-2.0	13.8	11.9		1.16
2012	-7.5	1.9	11.5		0.17
2013	4.6	8.3	9.0	0.51	0.92

8-4 能源消费弹性系数

Elasticity Ratio of Energy Consumption

年 份 Year	能源消费比上年增长 (%) Growth Rate of Energy Consumption over Preceding Year (%)	电力消费比上年增长 (%) Growth Rate of Electricity Consumption over Preceding Year (%)	生产总值比上年增长 (%) Growth Rate of Gross Domestic Product(GDP)over Preceding Year (%)	能源消费弹性系数 Elasticity Ratio of Energy Consumption	电力消费弹性系数 Elasticity Ratio of Electricity Consumption
1980	5.0		15.4	0.32	
1981	6.6	5.6	7.8	0.85	0.72
1982	-1.4	32.3	4.3		7.51
1983	13.3	-3.2	23.8	0.56	
1984	10.9	6.5	10.1	1.08	0.64
1985	3.2	5.6	13.5	0.24	0.41
1986	2.0	7.0	4.6	0.43	1.52
1987	6.3	10.6	15.0	0.42	0.71
1988	5.7	12.1	9.8	0.58	1.23
1989	-3.4	9.8	4.4		2.23
1990	1.8	2.2	4.5	0.40	0.49
1991	3.0	9.3	6.9	0.43	1.35
1992	4.1	15.7	13.7	0.30	1.15
1993	5.0	7.5	15.8	0.32	0.47
1994	6.2	8.8	13.8	0.45	0.64
1995	4.0	13.2	14.8	0.27	0.89
1996	2.8	8.3	13.9	0.20	0.60
1997	0.9	6.5	10.4	0.09	0.63
1998	7.9	-0.5	8.8	0.90	-0.06
1999	1.9	3.4	8.1	0.23	0.42
2000	7.3	6.8	9.5	0.77	0.71
2001	5.7	12.7	9.0	0.63	1.41
2002	8.2	14.7	9.5	0.87	1.55
2003	17.0	13.7	10.7	1.59	1.28
2004	23.4	22.3	13.7	1.71	1.63
2005	11.9	7.6	14.2	0.84	0.53
2006	11.0	10.6	14.4	0.76	0.73
2007	9.9	21.5	14.6	0.68	1.47
2008	6.4	12.0	12.1	0.53	0.99
2009	4.1	5.6	10.9	0.38	0.51
2010	8.5	13.1	12.5	0.68	1.05
2011	7.6	13.0	11.9	0.64	1.09
2012	2.5	3.3	11.5	0.22	0.29
2013	4.7	5.5	9.0	0.52	0.61

8-5 能源加工转换效率
Efficiency of Energy Conversion

单位：% (%)

年 份 Year	总效率 Total Efficiency	发电及供热 Electricity Generation and Heating by Power Stations	炼 焦 Coking	炼 油 Petroleum Refining
1995	59.73	33.58	93.35	96.93
1996	61.21	35.64	91.90	97.71
1997	61.61	36.27	94.79	95.69
1998	67.84	35.41	99.40	99.40
1999	63.57	36.54	95.44	95.44
2000	61.78	36.03	96.71	96.71
2001	61.26	35.49	96.06	96.06
2002	59.47	36.36	98.31	98.31
2003	58.34	34.34	97.90	97.90
2004	58.36	33.45	94.38	94.38
2005	60.97	34.18	96.81	96.81
2006	64.94	36.10	99.08	99.08
2007	66.22	38.10	89.43	99.67
2008	65.96	39.49	91.89	95.43
2009	70.15	39.62	91.97	99.16
2010	72.64	40.85	93.24	87.14
2011	72.55	39.75	91.22	92.40
2012	71.72	39.91	91.63	93.40
2013	70.98	40.01	92.00	96.10

8-6 综合平衡表

单位：万吨标准煤

项　目	Item	2005	2006
可供量	**Total Energy Available for Consumption**	**13450.83**	**12492.31**
一次能源生产量	Primary Energy Output	14521.83	15002.08
外省(区、市)调入量	Transfer in from other province	3174.58	4423.05
进口量	Imports	380.96	414.34
本省(区、市)调出量(－)	Transfer to other province	5214.61	7612.08
出口量(－)	Exports (-)		
年初年末库存差额	Stock Changes in the Year	519.07	45.08
年初库存量	inventories in the beginning of the year	1021.96	1204.57
年末库存量(－)	inventories in the end of the year	502.89	1159.49
消费量	**Total Energy Consumption**	**14624.59**	**16233.49**
在总量中：	Consumption by Sector		
农、林、牧、渔业	Agriculture, Forestry, Animal Husbandry, Fishery	461.17	482.96
工　业	Industry	11484.95	12984.29
建筑业	Construction	65.45	68.35
交通运输、仓储和邮政业	Transport, Storage and Post	649.93	673.04
批发、零售业和住宿、餐饮业	Wholesale and Retail Trades, Hotels and Catering Services	164.08	180.99
其他	Other Sectors	227.58	246.90
生活消费	Household Consumption	1571.46	1596.65
在总量中：	Consumption by Usage		
终端消费	End-use Consumption	13653.88	15224.95
#工业	Industry	10524.22	11984.52
加工转换损失	Losses During the Process of Energy Conversion	551.72	617.78
#火力发电损失	Power Generation		0.32
供热损失	Heating		
洗选煤损失	Coal cleaning	264.48	321.74
炼焦损失	Coking	196.01	240.98
炼油及煤制油损失	Petroleum Refining	30.46	15.22
制气损失	Gas Production	-47.23	39.01
煤制品加工损失	Coal products processing	4.18	0.51
回收能	Recovery of Energy		
损失量	**Energy Losses**	**418.99**	**390.76**
平衡差额	**Balance**	**-1173.76**	**-3741.18**

Overall Energy Balance Sheet

(10 000 tons of SCE)

	2007	2008	2009	2010	2011	2012	2013
	13317.73	**13556.28**	**14247.16**	**20144.66**	**21590.42**	**19962.99**	**22166.86**
	14603.61	15487.36	17002.30	18671.67	18297.52	12665.75	13247.61
	4328.71	1430.84	5931.87	10899.08	14433.10	10350.37	13722.92
	322.86	275.72	358.58	522.77	465.72	745.20	690.01
	6428.44	6657.88	9528.84	10243.39	11686.92	3753.13	5568.57
		661.59	0.40				
	214.36	-8.52	-59.03	-75.47	81.00	-45.20	74.89
	1299.43	1085.07	1093.58	1356.49	1425.05	1285.37	1328.11
	1085.07	1093.58	1152.61	1431.96	1344.05	1330.57	1253.23
	17837.79	**18976.27**	**19751.24**	**21437.76**	**23061.88**	**23647.13**	**24755.94**
	471.61	485.44	496.67	545.04	644.55	696.67	740.15
	14519.12	15497.31	16052.51	16412.30	17558.67	17385.73	18119.09
	68.67	69.24	90.97	130.27	168.96	169.94	198.10
	772.28	802.43	875.72	1340.60	1288.68	1418.56	1467.14
	175.35	182.35	210.95	251.30	379.87	455.24	487.80
	248.40	276.82	277.99	343.90	485.56	575.68	666.34
	1581.74	1661.97	1745.83	2044.23	2535.57	2945.31	3077.32
	16679.09	17447.72	18453.88	20037.80	21899.79	23000.87	23972.72
	13368.96	13970.21	14755.77	15721.07	16396.58	16739.47	17335.88
	706.13	1082.78	837.06	633.36	799.36	390.47	459.43
		0.76				0.00	
			0.62	234.94	206.38	205.51	207.23
	373.17	728.23	580.56	368.95	230.69	176.05	213.72
	249.41	202.63	195.90	201.58	298.37	238.38	238.75
	3.27	44.37	9.25	3.87	101.17	99.27	51.57
	79.36	105.56	41.40	25.70	10.34	8.76	7.83
	0.92	1.23	9.33	1.57		0.13	1.13
					-47.95	-337.64	-260.81
	452.58	**445.77**	**460.30**	**396.53**	**362.74**	**255.77**	**323.78**
	-4520.06	**-5419.99**	**-5504.08**	**-1293.01**	**-1471.46**	**-3684.12**	**-2589.06**

8-7 分行业能源消费总量(2013年)

Energy Consumption by Sector (2013)

行业	Sector	综合能源消费量(万吨标煤) Overall Energy Consumption (10 000 tons of SCE)	煤炭消费总量(万吨) Coal Consumption (10 000 tons)	电力消费总量(亿千瓦时) Power Consumption (100 million kwh)
消费总量	**Total**	**24755.94**	**26569.69**	**3109.06**
农、林、牧、渔业	**Farming, Forestry,animal Husbandry and Fishery**	**740.15**	**142.32**	**113.21**
工业	**Industry**	**18119.09**	**25271.53**	**2237.96**
采矿业	Mining	1651.56	3121.74	218.08
煤炭开采和洗选业	Mining and Washing of Coal	1167.36	3016.48	157.61
石油和天然气开采业	Extraction of Petroleum and Natural Gas	203.14	27.65	20.51
黑色金属矿采选业	Mining of Ferrous Metal Ores	37.07	4.12	7.86
有色金属矿采选业	Mining of Non-ferrous Metal Ores	100.46	8.32	21.02
非金属矿采选业	Mining and Processing of Nonmetal Ores	72.45	53.89	8.53
开采辅助活动	Mining Auxiliary	71.08	11.28	2.55
其他采矿业	Mining of Other Ores n.e.c			
制造业	Manufacturing	14217.29	10810.35	1561.52
农副食品加工业	Processing of Food from Agricultural Products	360.46	137.04	60.42
食品制造业	Manufacture of Foods	231.95	130.88	23.77
酒、饮料和精制茶制造业	Manufacture of Wine, drinks and refined tea	206.84	127.81	24.90
烟草制造业	Manufacture of Tobacco	12.21	2.46	1.77
纺织业	Manufacture of Textile	325.95	60.14	76.65
纺织服装、服饰业	Manufacture of Textile Wearing,Apparel	41.36	14.42	7.64
皮革、毛皮、羽毛及其制品和制鞋业	Manufacture of Leather, Fur, Featherand Its Products,Shoemaking	66.89	32.12	7.28
木材加工及木、竹、藤、棕、草制品业	Processing of Timbers, Manufacture of Wood, Bamboo, Rattan, Palm, and Straw Products	99.72	33.02	12.87
家具制造业	Manufacture of Furniture	24.48	8.11	4.57
造纸及纸制品业	Manufacture of Paper and Paper Products	435.42	272.74	46.61
印刷和记录媒介复制业	Printing,Reproduction of Recording Media	24.91	8.42	4.81
文教、工美、体育和娱乐用品制造业	Manufacture of Cultural and educational supplies, industrial, sporting and entertainment	38.11	7.02	6.25
石油加工、炼焦及核燃料加工业	Processing of Petroleum ,Coking, Processing of Nucleus Fuel	462.11	3421.58	22.76
化学原料及化学制品制造业	Manufacture of Chemical Raw Material and Chemical Products	2712.11	1951.24	134.53

8-7 续表 continued

行 业	Sector	综合能源消费量（万吨标煤）Overall Energy Consumption (10 000 tons of SCE)	煤炭消费总量（万吨）Coal Consumption (10 000 tons)	电力消费总量（亿千瓦时）Power Consumption (100 million kwh)
医药制造业	Manufacture of Medicines	226.05	122.44	26.22
化学纤维制造业	Manufacture of Chemical Fiber	83.85	51.65	7.33
橡胶和塑料制品业	Manufacture of Rubber and Plastic	162.73	87.72	25.29
非金属矿物制品业	Manufacture of Non-metallic Mineral Products	2622.96	1453.67	272.83
黑色金属冶炼和压延加工业	Manufacture and Processing of Ferrous Metals	2942.41	1141.71	206.10
有色金属冶炼及压延加工业	Manufacture and Processing of Non-ferrous Metals	2152.32	1606.94	409.26
金属制品业	Manufacture of Metal Products	110.85	20.37	22.36
通用设备制造业	Manufacture of General Purpose Machinery	226.61	34.09	52.19
专业设备制造业	Manufacture of Special Purpose Machinery	165.62	28.55	34.29
汽车制造业	Manufacture of Automobile	185.91	26.29	33.46
铁路、船舶、航空航天和其他运输设备制造业	Manufacture of Railway, shipbuilding, aerospace, and other transportation equipment	45.83	16.01	6.80
电气机械及器材制造业	Manufacture of Electrical Machinery and Equipment	70.90	1.78	19.55
计算机、通信和其他电子设备制造业	Manufacture of Computer Communication Equipment , and Other Electronic Equipment	16.63	1.84	4.11
仪器仪表制造业	Manufacture of Measuring Instrument	17.18	0.25	4.11
其他制造业	Manufacture of others	5.34	1.34	0.92
废弃资源综合利用业	Comprehensive utilization of waste materials	1.32		0.25
金属制品、机械和设备修理业	Repairing of Metal products, machinery and equipment	138.27	8.70	1.62
电力、燃气及水的生产和供应业	Production and Distribution of Electricity, Gas and Water	2250.24	11339.44	458.36
电力、热力生产和供应业	Production and Supply of Electric Power and Heat Power	2184.38	11230.45	449.14
燃气生产和供应业	Production and Distribution of Gas	51.00	108.45	5.06
水的生产和供应业	Production and Distribution of Water	14.85	0.54	4.16
建筑业	**Construction**	**198.10**	**25.78**	**22.90**
交通运输、仓储和邮政业	**Traffic,transport, storage and post**	**1467.14**	**8.32**	**61.14**
批发和零售业、住宿和餐饮业	**Wholesale and retail trade, Accommodation and Restaurants**	**487.80**		**100.42**
其他行业	**Others**	**666.34**	**62.44**	**162.02**
生活消费	**Residential Consumption**	**3077.32**	**1059.30**	**411.42**

8-8 平均每天能源消费量
Average Daily Energy Consumption by Variety

能源品种	Item	1995	2000	2005	2008	2009	2010	2011	2012	2013
合计 （万吨标准煤）	**Total (10 000 tons of SCE)**	**17.73**	**21.70**	**40.07**	**51.46**	**54.87**	**59.55**	**64.06**	**64.79**	**67.82**
原煤 （万吨）	Coal (10 000 tons)	23.33	26.58	55.38	73.41	81.70	82.82	92.75	84.40	72.79
焦炭 （万吨）	Coke (10 000 tons)	1.08	1.17	2.72	4.08	4.01	4.82	5.70	6.09	4.98
原油 （万吨）	Crude Oil (10 000 tons)	1.10	1.67	1.83	1.93	2.18	2.32	2.43	2.77	2.64
汽油 （万吨）	Gasoline (10 000 tons)	0.39	0.33	0.64	0.53	0.55	0.83	1.00	1.17	1.53
煤油 （万吨）	Kerosene (10 000 tons)	0.04	0.04	0.04	0.05	0.07	0.09	0.14	0.15	0.13
柴油 （万吨）	Diesel Oil (10 000 tons)	0.37	0.42	0.90	1.49	1.46	1.56	1.84	2.02	2.13
燃料油 （万吨）	Fuel Oil (10 000 tons)	0.14	0.16	0.21	0.13	0.07	0.05	0.12	0.04	0.03
天然气 （亿立方米）	Natural Gas (100 million cu.m)	0.03	0.03	0.06	0.10	0.12	0.13	0.15	0.20	0.22
电力 （亿千瓦小时）	Electricity (100 million kwh)	1.57	1.97	3.80	5.73	6.32	6.84	7.84	8.02	8.52

8-9 人均生活能源消费量
Average Daily Energy Consumption for Non-Production Purpose

能源品种	Item	1995	2000	2005	2008	2009	2010	2011	2012	2013
平均每人生活消费	**Average Daily Energy**									
能源（千克标准煤）	**Consumption (kg of SCE)**	**112.97**	**121.27**	**161.29**	**176.90**	**184.59**	**216.41**	**269.83**	**313.43**	**326.92**
原煤 （千克）	Coal (kg)	119.76	95.36	112.90	101.12	101.39	75.91	88.75	102.48	112.50
液化石油气 （千克）	Liquefied Petroleum gas (kg)	0.91	2.18	2.62	2.26	2.28	3.40	5.40	8.71	8.08
天然气 （立方米）	Natural Gas (cu.m)	2.63	2.00	5.49	3.19	4.11	6.45	9.68	10.75	11.79
热力 （百万千焦）	Heat power (million kJ)	0.02	0.09	0.17	0.29	0.20	0.24	0.28	0.37	0.40
电力 （千瓦小时）	Electricity (kwh)	46.28	80.05	128.91	211.56	247.05	288.20	365.65	418.32	437.08

注：2007年以后使用常住人口计算人均生活能源消费量。
a)Per capita energy consumption is calculated on resident population since 2007.

8-10 规模以上工业企业分品种能源购进、消费及库存(2013年)

Purchase, Consume, and Stock of Energy in above Designated Size Industrial Enterprises by Catalog (2013)

项　目	Item	年初库存 Stock of Year Beginning	购进量 Purchase Capacity 实物量 Material Object Capacity	金额(亿元) Amount of Money (10 000 yuan)	消费量 Total Energy Consumption	工业生产消费 Consumptin of Industry Production	非工业生产消费 Consumptin of Industry Nonindustry Production	年末库存 Stock of Year End
原煤(万吨)	Coal (10 000tons)	1038.04	28737.30	1729.30	30209.60	30148.87	60.73	1247.93
洗精煤(万吨)	Clean Coal (10 000tons)	70.73	3437.41	391.53	3628.05	3628.05		74.46
其他洗煤(万吨)	Other Clean Coal (10 000tons)	30.31	144.81	2.40	201.79	201.73	0.06	14.02
煤制品(万吨)	Coal Products (10 000tons)	0.10	22.36	1.82	20.88	20.87	0.01	1.58
焦炭(万吨)	Coke (10 000tons)	32.26	1033.42	142.62	1326.49	1326.48	0.01	33.39
其他焦化产品(万吨)	Other Coking Products (10 000 tons)	0.19	7.91	1.01	15.49	15.49	0.00	0.41
焦炉煤气(亿立方米)	Coking Gas (100 million cu.m)		6.38	3.03	23.13	22.89	0.25	
高炉煤气(亿立方米)	Blast furnace Gas (100 million cu.m)		0.82	0.19	252.53	252.53		
其他煤气(亿立方米)	Other Gas (100 million cu.m)		15.41	9.76	43.01	43.01	0.00	
天然气(亿立方米)	Natural Gas (100 million cu.m)	0.07	59.94	131.69	61.47	61.34	0.13	0.02
液化天然气(亿吨)	Liquefied Gas (100 million cu.m)	0.00	2.45	0.98	2.44	2.44	0.00	0.00
原油(万吨)	Crude Oil (10 000 tons)	30.35	732.52	402.38	893.82	893.81	0.00	31.76
汽油(万吨)	Gasoline (10 000 tons)	0.16	38.22	29.40	38.99	34.24	4.75	0.06
煤油(万吨)	Kerosene (ton)	0.03	0.95	0.75	0.97	0.85	0.12	0.01
柴油(万吨)	Diesel Fuel Oil (10 000 tons)	2.04	66.58	46.92	72.72	68.24	4.48	1.78
燃料油(万吨)	Fuel Oil (10 000 tons)	1.93	2.72	1.07	12.10	12.09	0.01	1.34
液化石油气(万吨)	Liquefied Petroleum Gas (10 000 tons)	0.18	8.93	5.61	9.21	9.21	0.00	0.10
炼厂干气(万吨)	Net Gas of Plant (10 000 tons)		1.98	0.79	27.57	27.57		
其他石油制品(万吨)	Other Petroleum Products (10 000 tons)	2.46	97.05	47.00	129.12	129.12	0.00	2.40
热力(万百万千焦)	Heat (10 billion kilo-joule)		6818.69	60.56	13631.54	13582.64	48.90	
电力(亿千瓦时)	Power (100 millin kwh)		1928.38	1203.04	2251.77	2237.45	14.32	
其他燃料(万吨标准煤)	Other Fuel (10 000 tons of SCE)	0.32	4.13	0.38	5.50	5.47	0.03	0.06

8-11 规模以上工业企业分行业主要能源消费量(2013年)

行 业	Sector	综合能源消费量（万吨标准煤）Total Energy Consumption (10 000 tons of SCE)	原 煤（万吨）Coal (10 000 tons)
总计	**Industry**	**15447.22**	**30209.60**
采矿业	**Mining**	**1444.76**	**11287.48**
煤炭开采和洗选业	Mining and Washing of Coal	1151.84	11196.87
石油和天然气开采业	Extraction of Petroleum and Natural Gas	127.77	28.44
黑色金属矿采选业	Mining of Ferrous Metal Ores	16.39	4.12
有色金属矿采选业	Mining of Non-ferrous Metal Ores	46.36	8.32
非金属矿采选业	Mining and Processing of Nonmetal Ores	48.23	38.45
开采辅助活动	Mining Auxiliary	54.17	11.28
其他采矿业	Mining of Other Ores n.e.c		
制造业	**Manufacturing**	**9491.09**	**7574.56**
农副食品加工业	Processing of Food from Agricultural Products	194.32	138.86
食品制造业	Manufacture of Foods	145.90	135.33
酒、饮料和精制茶制造业	Manufacture of Wine, drinks and refined tea	125.99	127.97
烟草制造业	Manufacture of Tobacco	7.58	2.46
纺织业	Manufacture of Textile	146.63	60.14
纺织服装、服饰业	Manufacture of Textile Wearing,Apparel	21.53	14.42
皮革、毛皮、羽毛及其制品和制鞋业	Manufacture of Leather, Fur, Feather and Its Products,Shoemaking	43.69	30.99
木材加工及木、竹、藤、棕、草制品业	Processing of Timbers, Manufacture of Wood, Bamboo, Rattan, Palm, and Straw Products	49.13	33.18
家具制造业	Manufacture of Furniture	12.67	8.11
造纸及纸制品业	Manufacture of Paper and Paper Products	281.31	274.31
印刷和记录媒介复制业	Printing,Reproduction of Recording Media	12.29	8.42
文教、工美、体育和娱乐用品制造业	Manufacture of Cultural and educational supplies, industrial, sporting and entertainment	23.07	7.09
石油加工、炼焦及核燃料加工业	Processing of Petroleum ,Coking, Processing of Nucleus Fuel	436.10	978.88
化学原料及化学制品制造业	Manufacture of Chemical Raw Material and Chemical Products	1827.26	1757.94
医药制造业	Manufacture of Medicines	139.35	120.84
化学纤维制造业	Manufacture of Chemical Fiber	51.10	51.65
橡胶和塑料制品业	Manufacture of Rubber and Plastic	100.79	87.39
非金属矿物制品业	Manufacture of Non-metallic Mineral Products	1693.93	1450.88
黑色金属冶炼和压延加工业	Manufacture and Processing of Ferrous Metals	1711.84	287.28
有色金属冶炼及压延加工业	Manufacture and Processing of Non-ferrous Metals	1891.12	1847.79
金属制品业	Manufacture of Metal Products	57.78	20.35
通用设备制造业	Manufacture of General Purpose Machinery	106.54	34.04
专业设备制造业	Manufacture of Special Purpose Machinery	84.69	29.96
汽车制造业	Manufacture of Automobile	105.91	26.27
铁路、船舶、航空航天和其他运输设备制造业	Manufacture of Railway, shipbuilding, aerospace, and other transportation equipment	20.42	6.82
电气机械及器材制造业	Manufacture of Electrical Machinery and Equipment	150.98	18.95
计算机、通信和其他电子设备制造业	Manufacture of Computer Communication Equipment , and Other Electronic Equipment	28.64	1.79
仪器仪表制造业	Manufacture of Measuring Instrument	7.07	1.84
其他制造业	Manufacture of others	9.53	9.25
废弃资源综合利用业	Comprehensive utilization of waste materials	3.09	1.35
金属制品、机械和设备修理业	Repairing of Metal products, machinery and equipment	0.83	
电力、燃气及水的生产和供应业	**Production and Distribution of Electricity, Gas and Water**	**4511.37**	**11347.56**
电力、热力生产和供应业	Production and Supply of Electric Power and Heat Power	4448.18	11224.25
燃气生产和供应业	Production and Distribution of Gas	56.25	122.77
水的生产和供应业	Production and Distribution of Water	6.94	0.54

Consumption of Main Energy Sources in above Designated Size Industrial Enterprises by Industrial Sector (2013)

焦 炭 (万吨) Gas (10 000 tons)	原 油 (万吨) Crude Oil (10 000 tons)	柴 油 (万吨) Diesel Fuel Oil (10 000 tons)	燃料油 (万吨) Fuel Oil (10 000 tons)	热 力 (万百万千焦) Heat (10 billion Kilo Joule)	电 力 (亿千瓦时) Electricity (100 million kwh)
1326.49	**893.82**	**72.72**	**12.10**	**13631.54**	**2251.77**
7.09	**164.64**	**41.46**	**8.77**	**2453.78**	**218.08**
6.05	0.04	2.90		551.14	157.61
	164.52	8.55	8.76	970.22	20.51
		2.10			7.86
1.04		6.12			21.02
		1.59	0.01	497.83	8.53
	0.08	20.21		434.59	2.55
1319.39	**729.16**	**27.75**	**2.65**	**10284.86**	**1807.27**
0.78	0.21	1.48	0.00	352.81	60.42
0.12		2.65		272.48	23.77
0.06		0.34		74.07	24.90
		0.06		38.51	1.77
		0.75	0.00	103.66	76.65
0.02		0.18		12.67	7.64
0.12		0.17		84.56	7.28
0.19		0.83			12.87
	0.00	0.55			4.57
	0.03	0.52	0.03	867.71	46.61
		0.07		2.93	4.81
0.09		0.22		109.99	6.25
0.00	728.78	0.89	0.05	780.80	22.76
45.30		1.30	0.69	2854.90	254.53
0.23	0.00	0.42		216.42	26.22
0.02		0.03	0.05	46.20	7.33
0.34	0.00	0.55	0.01	332.83	25.29
86.14	0.00	5.14	1.20	91.86	272.83
1054.69		3.34		0.00	206.10
62.64		2.63	0.53	3729.37	509.26
8.67	0.00	0.21		7.45	22.36
9.17	0.02	1.06		30.04	52.19
7.53	0.00	1.76	0.00	115.48	34.29
38.74	0.07	1.16	0.00	5.62	33.46
4.09		0.44		15.53	6.80
0.01	0.05	0.54	0.08	37.77	26.91
		0.15		61.57	19.55
0.43		0.08	0.02	7.32	4.11
0.01		0.07		15.40	4.52
		0.02		10.39	0.92
		0.12		6.51	0.25
0.01	**0.01**	**3.52**	**0.69**	**892.90**	**226.43**
	0.01	3.44	0.69	419.14	216.21
		0.05		473.43	5.06
0.01		0.03		0.33	5.16

8-12 规模以上工业分部门主要能源消费量(2013年)

Consumption of Main Energy Sources in above Designated Size Industrial Enterprises by Industrial Sector (2013)

部门	Sector	综合能源消费量 (万吨标准煤) Total Energy Consumption (10 000 (tons of SCE)	原煤 (万吨) Coal (10 000 tons)	焦炭 (万吨) Gas (10 000 tons)	原油 (万吨) Crude Oil (10 000 tons)	柴油 (万吨) Diesel Fuel Oil (10 000 tons)	燃料油 (万吨) Fuel Oil (10 000 tons)	热力 (万百万千焦) Heat (10 billion Kilo Joule)	电力 (亿千瓦时) Electricity (100 million kwh)
全省总计	**Total**	**15447.22**	**30209.60**	**1326.49**	**893.82**	**72.72**	**12.10**	**13631.54**	**2251.77**
煤炭	Coal	1151.84	11196.87	6.05	0.04	2.90		551.14	157.61
石油石化	Petroleum	284.95	87.33		893.38	29.11	8.80	2174.65	34.45
冶金	Metallurgy	2074.94	1232.05	1054.69		5.98		10.96	230.85
有色	coloured Coherer	1937.48	1856.12	63.68		8.75	0.53	3729.37	530.28
建材	Construction material	1723.68	1461.01	86.40	0.00	6.83	1.20	99.31	286.80
化工	Chymic Industry	1879.78	1812.56	45.63		1.38	0.70	3187.73	262.08
轻工	Light Industry	1045.20	808.49	8.54	0.24	6.58	0.04	2265.01	218.34
烟草	Smokables	7.58	2.46			0.06		38.51	1.77
纺织	Weave	219.27	126.21	0.04		0.96	0.05	162.54	91.62
医药	Medication	141.13	121.17	0.23	0.00	0.58		216.42	26.91
机械	Machine	366.92	107.67	59.97	0.14	4.86	0.10	209.14	143.47
电子	Electron	28.64	1.79			0.15		61.57	19.55
电力	Electric power	4347.81	10936.05		0.01	3.40	0.69	418.69	213.45
其他	Other	238.02	459.83	1.26		1.19		506.51	34.60

8-13 各市规模以上工业企业分品种主要能源消费量(2013年)

Consumption of Main Energy Sources in above Designated Size Industrial Enterprises by Industrial Sector and City (2013)

市(县) City(County)	综合能源消费量(万吨标准煤) Total Energy Consumption (10 000 tons of SCE)	原煤(万吨) Coal (10 000 tons)	焦炭(万吨) Gas (10 000 tons)	原油(万吨) Crude Oil (10 000 tons)	柴油(万吨) Diesel Fuel Oil (10 000 tons)	燃料油(万吨) Fuel Oil (10 000 tons)	热力(万百万千焦) Heat (10 billion Kilo Joule)	电力(亿千瓦时) Electricity (100 million kwh)
全　　省 Total	**15447.22**	**30209.60**	**1326.49**	**893.82**	**72.72**	**12.10**	**13631.54**	**2251.77**
省　辖　市 City								
郑　州　市 Zhengzhou	2268.31	3679.02	43.15	0.25	5.46	1.06	1210.36	415.18
开　封　市 Kaifeng	470.59	622.34	30.71	0.00	2.63		0.12	58.57
洛　阳　市 Luoyang	1615.69	2676.07	18.55	719.28	4.33	0.90	1165.13	331.34
平 顶 山 市 Pingdingshan	1194.83	7012.15	65.46	0.00	3.93	0.25	1762.03	136.38
安　阳　市 Anyang	1591.87	1598.93	707.15		2.30	0.00	293.70	171.82
鹤　壁　市 Hebi	399.69	1815.78	0.50	0.01	0.81		103.66	34.31
新　乡　市 Xinxiang	984.47	1354.09	0.86	0.00	0.92	0.05	57.15	134.80
焦　作　市 Jiaozuo	982.85	1576.65	25.74		2.74	0.85	2856.75	181.09
濮　阳　市 Puyang	582.15	335.14	0.07	104.15	22.69	0.03	1184.89	54.25
许　昌　市 Xuchang	800.84	1333.96	22.68	0.07	3.52	0.01	865.48	72.21
漯　河　市 Luohe	281.12	401.72	1.59	0.03	1.84	0.08	271.39	40.63
三 门 峡 市 Sanmenxia	898.45	1810.12	5.00		7.79	0.03	2128.44	111.59
南　阳　市 Nanyang	834.80	947.27	92.04	69.98	7.51	8.77	1367.82	162.17
商　丘　市 Shangqiu	634.13	2693.59	1.70	0.04	2.17	0.02	3.08	131.55
信　阳　市 Xinyang	499.82	515.79	128.80		2.44			46.67
周　口　市 Zhoukou	151.65	146.83	1.36		0.23		163.20	39.00
驻 马 店 市 Zhumadian	505.84	581.06	34.88	0.00	0.85	0.07	49.20	64.78
济　源　市 Jiyuan	750.11	1109.10	146.24		0.56		149.14	65.43
省 直 管 县 Province Administrating County								
巩　义　市 Gongyi	411.78	491.26	33.46		0.22	0.09	0.05	107.02
兰　考　县 Lankao	16.72	11.03	0.00	0.00	2.03			3.73
汝　州　市 Ruzhou	198.74	1367.45	20.41		0.86		56.88	21.67
滑　　　县 Huaxian	10.88	3.87			0.03			6.23
长　垣　县 Changyuan	11.58	4.52			0.04			4.18
邓　州　市 Dengzhou	32.75	21.93			0.03			6.84
永　城　市 Yongcheng	436.84	2398.76	0.01	0.04	0.99	0.02	1.08	77.16
固　始　县 Gushi	9.58	1.06	0.54		0.00			3.17
鹿　邑　县 Luyi	14.32	11.00	0.04		0.00			2.50
新　蔡　县 Xincai	3.47	0.59			0.05			2.42

8-14 规模以上工业企业分行业水消费总量(2013年)

单位：万吨

行 业	Sector	取水总量 Water consumption
总计	**Total**	**346545**
轻工业	Light Industry	178854
重工业	Heavy Industry	167691
采矿业	**Mining**	**35241**
煤炭开采和洗选业	Mining and Washing of Coal	24982
石油和天然气开采业	Extraction of Petroleum and Natural Gas	3329
黑色金属矿采选业	Mining of Ferrous Metal Ores	1433
有色金属矿采选业	Mining of Non-ferrous Metal Ores	3239
非金属矿采选业	Mining and Processing of Nonmetal Ores	1235
开采辅助活动	Mining Auxiliary	1022
其他采矿业	Mining of Other Ores n.e.c	
制造业	**Manufacturing**	**118494**
农副食品加工业	Processing of Food from Agricultural Products	8252
食品制造业	Manufacture of Foods	4311
酒、饮料和精制茶制造业	Manufacture of Wine, drinks and refined tea	7023
烟草制造业	Manufacture of Tobacco	217
纺织业	Manufacture of Textile	3561
纺织服装、服饰业	Manufacture of Textile Wearing,Apparel	515
皮革、毛皮、羽毛及其制品和制鞋业	Manufacture of Leather, Fur, Feather and Its Products,Shoemaking	1121
木材加工及木、竹、藤、棕、草制品业	Processing of Timbers, Manufacture of Wood, Bamboo, Rattan, Palm, and Straw Products	501
家具制造业	Manufacture of Furniture	147
造纸及纸制品业	Manufacture of Paper and Paper Products	8900
印刷和记录媒介复制业	Printing,Reproduction of Recording Media	170
文教、工美、体育和娱乐用品制造业	Manufacture of Cultural and educational supplies, industrial, sporting and entertainment	3330
石油加工、炼焦及核燃料加工业	Processing of Petroleum ,Coking, Processing of Nucleus Fuel	2795
化学原料及化学制品制造业	Manufacture of Chemical Raw Material and Chemical Products	20193
医药制造业	Manufacture of Medicines	5854
化学纤维制造业	Manufacture of Chemical Fiber	2361
橡胶和塑料制品业	Manufacture of Rubber and Plastic	1470
非金属矿物制品业	Manufacture of Non-metallic Mineral Products	11333
黑色金属冶炼和压延加工业	Manufacture and Processing of Ferrous Metals	8519
有色金属冶炼及压延加工业	Manufacture and Processing of Non-ferrous Metals	14841
金属制品业	Manufacture of Metal Products	2023
通用设备制造业	Manufacture of General Purpose Machinery	1172
专业设备制造业	Manufacture of Special Purpose Machinery	4726
汽车制造业	Manufacture of Automobile	1083
铁路、船舶、航空航天和其他运输设备制造业	Manufacture of Railway, shipbuilding, aerospace, and other transportation equipment	248
电气机械及器材制造业	Manufacture of Electrical Machinery and Equipment	1301
计算机、通信和其他电子设备制造业	Manufacture of Computer Communication Equipment , and Other Electronic Equipment	1869
仪器仪表制造业	Manufacture of Measuring Instrument	272
其他制造业	Manufacture of others	302
废弃资源综合利用业	Comprehensive utilization of waste materials	42
金属制品、机械和设备修理业	Repairing of Metal products, machinery and equipment	41
电力、燃气及水的生产和供应业	**Production and Distribution of Electricity, Gas and Water**	**192810**
电力、热力生产和供应业	Production and Supply of Electric Power and Heat Power	50984
燃气生产和供应业	Production and Distribution of Gas	558
水的生产和供应业	Production and Distribution of Water	141268

Computation of Water in above Designated Size Industrial Enterprises by Sector (2013)

(10 000 tons)

地表水 Groundwater	地下水 Surface-water	自来水 tap water	其它水 others	重复用水 Volume of Repeated Computation
145632	**138634**	**33260**	**29019**	**1669017**
87872	77310	13350	322	22254
57760	61324	19910	28697	1646764
6053	**23917**	**2351**	**2919**	**28386**
662	19268	2134	2918	20849
435	2884	9		
1160	262	8	2	1144
2485	721	34		6365
505	663	67		28
805	119	99		
29967	**62074**	**22570**	**3883**	**720162**
114	5362	2772	4	330
35	3365	911		199
702	4793	1519	9	820
	29	183	6	17
33	2902	625	1	5308
23	394	98		22
54	994	46	27	63
43	376	82		11
11	106	29		
1797	6401	693	10	3593
6	99	65		2
1623	1605	102		10
754	927	423	691	56000
5992	8830	3183	2187	347366
808	3171	1613	262	6631
7	1334	1017	3	3629
25	1085	169	190	7450
2249	6384	2642	58	9383
5038	1906	1339	237	189135
10263	3877	606	96	76581
44	1781	198		83
19	613	467	73	2230
10	3882	824	11	4830
48	610	411	14	5137
2	165	82		11
58	623	621		228
12	198	1656	3	285
11	104	157	1	393
188	113	1		367
2	37	2	1	2
	8	33		48
109612	**52643**	**8339**	**22217**	**920469**
27505	7453	5010	11017	920248
339	31	188		221
81769	45158	3141	11200	

8-15 各市规模以上工业企业水消费量(2013年)

Computation of Water in above Designated Size Industrial Enterprises by City (2013)

单位：万吨 (10 000 tons)

市(县) City(County)	取水总量 Water consumption	地表水 Groundwater	地下水 Surface-water	自来水 tap water	其它水 others	重复用水 Volume of Repeated Computation
全 省 Total	**346545**	**145632**	**138634**	**33260**	**29019**	**1669017**
省 辖 市 City						
郑 州 市 Zhengzhou	55805	30109	17347	5088	3261	256064
开 封 市 Kaifeng	16850	9081	1441	1656	4672	122856
洛 阳 市 Luoyang	33390	9843	18750	2722	2075	229789
平 顶 山 市 Pingdingshan	29859	16073	3720	4702	5364	119394
安 阳 市 Anyang	15066	6483	7106	1008	470	228533
鹤 壁 市 Hebi	5085	2369	1955	338	424	96276
新 乡 市 Xinxiang	20969	7143	10723	2125	977	53983
焦 作 市 Jiaozuo	24143	2065	20070	1591	417	81204
濮 阳 市 Puyang	10988	4971	4546	1404	67	79348
许 昌 市 Xuchang	10104	4547	4653	220	684	144511
漯 河 市 Luohe	11340	4761	5057	947	575	2199
三 门 峡 市 Sanmenxia	23497	9389	3904	3940	6264	17404
南 阳 市 Nanyang	20189	5228	13239	1711	11	24610
商 丘 市 Shangqiu	8663	3008	3381	119	2154	53994
信 阳 市 Xinyang	27897	20202	3618	3606	470	32386
周 口 市 Zhoukou	10350	230	9963	157		812
驻 马 店 市 Zhumadian	14340	5908	6534	1638	260	46408
济 源 市 Jiyuan	8009	4222	2626	288	874	79247
省 直 管 县 Province Administrating County						
巩 义 市 Gongyi	1432	639	404	314	75	790
兰 考 县 Lankao	57		52	5		2335
汝 州 市 Ruzhou	1536	320	755	2	460	631
滑 县 Huaxian	91		87	4		18
长 垣 县 Changyuan	50		47	3		1
邓 州 市 Dengzhou	312	246	49	14	4	4
永 城 市 Yongcheng	2894	1	1152	21	1719	4395
固 始 县 Gushi	217	69	140	8		26
鹿 邑 县 Luyi	528		523	5		3
新 蔡 县 Xincai	292	25	64	202		20

8–16 各市年耗能万吨标准煤以上工业企业个数
Number of Industrial Enterprises of Consumption of Energy Above 10 000 tons by City

单位：个 (unit)

市(县)	City(County)	2005	2006	2007	2008	2009	2010	2011	2012	2013
全　　省	**Total**	**849**	**1069**	**1067**	**1091**	**1059**	**1071**	**1118**	**1003**	**978**
省　辖　市	**City**									
郑　州　市	Zhengzhou	165	203	214	224	211	212	212	191	189
开　封　市	Kaifeng	21	23	32	35	38	36	36	31	27
洛　阳　市	Luoyang	64	67	66	77	84	76	74	63	65
平顶山市	Pingdingshan	49	82	82	67	68	79	92	86	86
安　阳　市	Anyang	64	66	55	70	75	72	98	85	90
鹤　壁　市	Hebi	42	36	48	43	41	41	30	27	26
新　乡　市	Xinxiang	63	67	57	51	55	62	68	61	61
焦　作　市	Jiaozuo	106	130	141	138	124	113	108	84	77
濮　阳　市	Puyang	23	39	51	51	47	54	60	48	40
许　昌　市	Xuchang	38	115	85	101	83	92	91	95	94
漯　河　市	Luohe	23	30	28	32	30	28	22	23	19
三门峡市	Sanmenxia	36	40	44	44	41	46	65	56	51
南　阳　市	Nanyang	59	61	63	55	48	46	45	51	52
商　丘　市	Shangqiu	11	12	14	17	20	22	21	19	17
信　阳　市	Xinyang	21	28	21	25	25	22	24	20	20
周　口　市	Zhoukou	13	18	17	16	19	21	20	21	22
驻马店市	Zhumadian	27	25	25	20	23	22	26	20	19
济　源　市	Jiyuan	24	27	24	25	27	27	26	22	23
省直管县	**Province Administrating County**									
巩　义　市	Gongyi	38	37	40	44	37	36	36	34	33
兰　考　县	Lankao			1	1	1	1			
汝　州　市	Ruzhou	12	21	16	10	17	26	36	36	30
滑　　县	Huaxian	3	3	2	2	3	3	2		
长　垣　县	Changyuan	1	1	1	1	1	1	2	2	3
邓　州　市	Dengzhou	10	10	11	6	3	2	2	5	4
永　城　市	Yongcheng	6	6	6	6	6	4	6	6	5
固　始　县	Gushi							1	1	3
鹿　邑　县	Luyi	1	4	4	4	4	5	5	5	7
新　蔡　县	Xincai									

8-17 各行业年耗能万吨标准煤以上工业企业单位数

Number of Industrial Enterprises of Consumption of Energy Above 10 000 tons by Sector

单位：个 (unit)

行　业	Sector	2012	2013
总计	**Industry**	**1003**	**978**
采矿业	**Mining**	**111**	**112**
煤炭开采和洗选业	Mining and Washing of Coal	94	97
石油和天然气开采业	Extraction of Petroleum and Natural Gas	2	2
黑色金属矿采选业	Mining of Ferrous Metal Ores	3	4
有色金属矿采选业	Mining of Non-ferrous Metal Ores	5	3
非金属矿采选业	Mining and Processing of Nonmetal Ores	5	4
开采辅助活动	Mining Auxiliary	2	2
其他采矿业	Mining of Other Ores n.e.c		
制造业	**Manufacturing**	**811**	**775**
农副食品加工业	Processing of Food from Agricultural Products	27	21
食品制造业	Manufacture of Foods	23	22
酒、饮料和精制茶制造业	Manufacture of Wine, drinks and refined tea	19	18
烟草制造业	Manufacture of Tobacco	1	1
纺织业	Manufacture of Textile	23	21
纺织服装、服饰业	Manufacture of Textile Wearing,Apparel	2	1
皮革、毛皮、羽毛及其制品和制鞋业	Manufacture of Leather, Fur, Feather and Its Products,Shoemaking	8	7
木材加工及木、竹、藤、棕、草制品业	Processing of Timbers, Manufacture of Wood, Bamboo, Rattan, Palm, and Straw Products	7	8
家具制造业	Manufacture of Furniture		
造纸及纸制品业	Manufacture of Paper and Paper Products	44	41
印刷和记录媒介复制业	Printing,Reproduction of Recording Media	1	1
文教、工美、体育和娱乐用品制造业	Manufacture of Cultural and educational supplies, industrial, sporting and entertainment	2	4
石油加工、炼焦及核燃料加工业	Processing of Petroleum ,Coking, Processing of Nucleus Fuel	30	27
化学原料及化学制品制造业	Manufacture of Chemical Raw Material and Chemical Products	100	103
医药制造业	Manufacture of Medicines	21	19
化学纤维制造业	Manufacture of Chemical Fiber	5	4
橡胶和塑料制品业	Manufacture of Rubber and Plastic	14	15
非金属矿物制品业	Manufacture of Non-metallic Mineral Products	258	242
黑色金属冶炼和压延加工业	Manufacture and Processing of Ferrous Metals	77	76
有色金属冶炼及压延加工业	Manufacture and Processing of Non-ferrous Metals	71	68
金属制品业	Manufacture of Metal Products	11	8
通用设备制造业	Manufacture of General Purpose Machinery	7	9
专业设备制造业	Manufacture of Special Purpose Machinery	12	7
汽车制造业	Manufacture of Automobile	16	17
铁路、船舶、航空航天和其他运输设备制造业	Manufacture of Railway, shipbuilding, aerospace, and other transportation equipment	2	2
电气机械及器材制造业	Manufacture of Electrical Machinery and Equipment	26	27
计算机、通信和其他电子设备制造业	Manufacture of Computer Communication Equipment , and Other Electronic Equipment	3	4
仪器仪表制造业	Manufacture of Measuring Instrument		
其他制造业	Manufacture of others	1	2
废弃资源综合利用业	Comprehensive utilization of waste materials		
金属制品、机械和设备修理业	Repairing of Metal products, machinery and equipment		
电力、燃气及水的生产和供应业	**Production and Distribution of Electricity, Gas and Water**	**81**	**91**
电力、热力生产和供应业	Production and Supply of Electric Power and Heat Power	79	88
燃气生产和供应业	Production and Distribution of Gas	2	3
水的生产和供应业	Production and Distribution of Water		

8-18 主要耗能工业企业单位产品能源消耗情况

Energy Consumption per Unit of Product in Main Enterprises that Consume much Energy

单位：千克标准煤/吨 (kg SEC/ton)

指标名称	Item	2009	2010	2011	2012	2013
吨原煤生产综合能耗	Overall Energy Consumption per ton of Machining Coal	7.54	7.70	6.87	6.44	6.31
单位油气产量综合能耗	Overall Energy Consumption of Manufacturing Oil and Gas	185.20	172.34	174.77	174.66	187.25
铁矿采矿工序单位能耗	Energy Consumption per Uint of Mining of Iron ore	4.92	4.60	4.59	4.50	4.45
铁矿选矿工序单位能耗	Energy Consumption per Uint of Milling run Iron ore	4.03	4.03	4.18	4.10	4.27
每吨涤纶综合能耗(短纤)	Overall Energy Consumption per ton of Terylene(short fibre)	164.40	146.42	124.66	131.20	136.69
每吨涤纶综合能耗(长丝)	Overall Energy Consumption per ton of Terylene(long silk)	299.22	283.04	280.40	267.19	309.39
每吨纱(线)混合数综合能耗	Overall Energy Consumption per ton of Mixed Yarn(Cotton)	486.31	447.16	415.91	390.22	397.39
机制纸及纸板综合能耗	Overall Energy Consumption of Machinemade Paper and Paperboard	308.73	318.44	318.07	349.10	364.66
炼焦工序单位能耗	Energy Consumption per Unit of Coking plant	131.04	130.84	132.24	142.56	138.87
原油加工单位综合能耗	Overall Energy Consumption of Machining Base oil	65.72	63.12	69.66	62.87	62.89
单位烧碱生产综合能耗	Overall Energy Consumption of Manufacturing Caustic Soda	358.69	342.11	336.25	330.16	329.95
单位烧碱生产综合能耗(离子膜法30%)	Overall Energy Consumption per Unit of Manufacturing Caustic Soda(Ion Film 30%)	321.77	311.35	328.88	330.16	329.95
单位纯碱生产能耗	Overall Energy Consumption per Unit of Manufacturing Sodium carbonate	318.98	298.23	289.60	286.49	288.19
联碱法纯碱双吨产品生产综合能耗	Overall Energy Consumption per Unit of Sodium carbonate in Joint Alkali	281.80	249.34	245.40	264.10	262.61
天然碱法单位纯碱生产综合能耗	Overall Energy Consumption per Unit of Sodium carbonate in Natural Law	386.37	379.19	328.20	303.75	315.04
单位电石生产综合能耗	Overall Energy Consumption per Unit of Manufacturing Calcium carbide	1246.42	1222.08	1268.79	1117.65	1211.49
单位乙烯生产综合能耗	Overall Energy Consumption per Unit of Manufacturing Ethylene	913.57	877.27	878.57	1082.58	1050.74
单位合成氨生产综合能耗	Overall Energy Consumption per Unit of Manufacturing Compound ammonia	1258.91	1243.06	1277.15	1264.57	1292.30
吨水泥熟料综合能耗	Energy Consumption per ton of Cement Ripe-material	113.76	112.68	109.93	109.48	106.93
吨水泥综合能耗	Energy Consumption per ton of Cement	83.53	87.27	79.35	78.84	76.91
每重量箱平板玻璃综合能耗(千克标准煤/重量箱)	Energy Consumption per weight case of Plate Glass (Kg SEC/weight Case)	16.94	18.45	17.19	16.61	16.22
硅铁工序单位能耗	Energy Consumption per Unit of Ferrosilicon Processes	626.80	630.60	616.53	641.08	690.55
吨钢综合能耗	Energy Consumption per ton of Steel	507.71	476.00	439.29	468.68	497.51
吨钢耗新水(吨/吨)	Fresh Water Consumption per ton of Steel (ton/ton)	4.47	3.91	3.87	3.51	3.37
单位氧化铝综合能耗	Energy Consumption per Unit of Coking Alumina	567.60	562.28	543.90	525.23	474.01
单位电解铝综合能耗	Energy Consumption per Unit of Coking Aluminum	1749.68	1726.71	1661.63	1657.77	1637.44
单位粗铅综合能耗	Energy Consumption per Unit of Coking Lead	401.66	382.48	383.76	362.75	343.44
单位铅冶炼综合能耗	Energy Consumption per Unit of Lead smelting	545.96	474.53	460.35	451.00	419.25
吨铜加工材消耗能源量	Energy Consumption per ton of Machining Cuprum	160.62	282.90	314.31	284.04	265.05
吨铝加工材消耗能源量	Energy Consumption per ton of Machining Aluminium	187.78	170.74	171.35	147.86	148.13
电厂火力发电标准煤耗(克标准煤/千瓦时)	SEC Consumption of Firepower Generate Electricity (g SEC/kwh)	320.39	315.38	308.20	305.10	304.28

8-19 主要耗能工业企业单位产品电力消耗情况
Electric Power Consumption per Unit of Product in Main Enterprises that Consume much Energy

单位：千瓦时/吨 (kwh/ton)

指标名称	Item	2009	2010	2011	2012	2013
吨原煤生产耗电	Electric Power Consumption per ton of Machining Coal	32.76	32.55	33.46	33.87	34.19
选煤电力单耗	Electric Power Consumption per ton of Milling run Coal	8.11	6.82	7.94	7.85	8.10
单位油气产量耗电	Electric Power Consumption per ton of Manufacturing Oil and Gas	364.30	343.99	342.77	344.11	352.32
每吨粘胶纤维用电量(短纤)	Electric Power Consumption per ton of Pectic-fibre(short fibre)	1613.32	1715.28	1608.16	1486.76	1377.31
每吨粘胶纤维用电量(长丝)	Electric Power Consumption per ton of Pectic-fibre(long silk)	7144.95	7575.17	8308.86	7675.56	7746.77
每吨涤纶用电量(短纤)	Electric Power Consumption per ton of Terylene(short fibre)	202.55	196.75	217.86	239.88	234.45
每吨纱(线)混合数生产用电量	Electric Power Consumption per ton of Gauze and Line	1691.68	1492.42	1508.00	1846.18	2058.10
机制纸及纸板耗电	Electric Power Consumption per ton of Machinemade Paper and Paperboard	322.73	455.63	479.71	511.89	583.00
原油加工单位耗电	Electric Power Consumption per ton of Machining Base oil	64.33	63.79	66.98	59.81	60.63
单位烧碱耗电	Electric Power Consumption per unit of Manufacturing Caustic Soda	2354.37	2315.05	2337.75	2299.22	2339.13
单位烧碱生产耗交流电	Electric Power Consumption per ton of Manufacturing Caustic Soda					
(离子膜法30%)	(Ion Film 30%)	2346.94	2306.70	2335.70	2299.22	2339.13
(隔膜法30%)	(Partition Film 30%)	2442.76	2446.87	2457.56		
单位纯碱耗电	Electric Power Consumption per ton of Manufacturing Sodium carbonate	269.70	262.33	320.84	315.83	310.95
联碱法纯碱双吨产品生产耗电	Electric Power Consumption per Unit of Sodium carbonate in Joint Alkali	289.17	290.38	309.20	330.70	303.31
天然碱法单位纯碱生产耗电	Electric Power Consumption per Unit of Sodium carbonate in Natural Law	323.85	336.07	331.00	304.38	318.97
单位电石生产电力消耗	Electric Power Consumption per ton of Manufacturing Calcium carbide	3074.38	3000.94	2959.41	3079.22	3399.49
单位乙烯生产耗电	Electric Power Consumption per ton of Manufacturing Ethylene	178.17	170.46	153.20	102.63	102.71
单位合成氨耗电	Electric Power Consumption per ton of Manufacturing Compound ammonia	1303.29	1261.43	1254.43	1246.20	1079.32
吨水泥熟料综合电耗	Overall Electric Power Consumption per ton of Cement Ripe-material	76.89	74.41	72.82	69.28	69.31
吨水泥综合电耗	Overall Electric Power Consumption per ton of Cement	89.74	90.45	85.30	83.75	80.89
每重量箱平板玻璃耗电(千瓦时/重量箱)	Electric Power Consumption per ton of Plate Glass(kwh/weight case)	6.15	7.40	7.95	9.29	9.32
吨钢耗电	Electric Power Consumption per ton of Steel	359.93	332.67	336.45	360.59	339.48
电炉炼钢综合电力消耗	Electric Power Consumption per ton of Electric Cooker Ferroalloy-making	381.88	398.00	402.48	428.96	472.28
硅铁单位电耗(千瓦时/标准吨)	Energy Consumption per Unit of Ferrosilicon Processes (kwh/SET)	4323.53	4310.10	4255.50	4425.13	4240.11
轧钢工序单位电力消耗	Electric Power Consumption per ton of Steel rolling	85.18	87.44	125.33	125.75	136.94
单位铝锭综合交流电耗	Overall Alternating Current Electric Power Consumption per ton of Aluminium	14076.79	13993.26	13913.66	13881.93	13830.45
析出铅直流电单耗	DC Electric Power Consumption per ton of Separate out Aluminium	128.14	127.98	118.29	109.99	109.73
析出锌(湿法)直流电单耗	DC Electric Power Consumption per ton of Separate out Zn	3064.26	2974.65	2924.88	2923.90	2923.04
吨铜加工材消耗电量	Electric Power Consumption per ton of Machining Cuprum	1691.84	1793.33	1983.94	1673.72	1559.47
吨铝加工材消耗电量	Electric Power Consumption per ton of Machining Aluminium	523.74	539.24	538.70	475.56	467.02
发电厂用电率(%)	Electro-rate of Power plant(%)	6.95	6.40	6.03	5.75	5.92

8-20 各市全社会用电量

Electricity Consumption by city

单位：亿千瓦时 (100 millin kwh)

市(县) City(County)	2007	2008	2009	2010	2011	2012	2013
省辖市 City							
郑州市 Zhengzhou	334.89	366.67	365.84	410.09	455.99	479.52	504.92
开封市 Kaifeng	40.00	42.89	51.78	59.71	68.00	75.13	85.64
洛阳市 Luoyang	270.55	287.74	294.67	349.42	408.29	392.98	390.33
平顶山市 Pingdingshan	109.38	124.12	126.14	131.70	149.98	159.11	161.32
安阳市 Anyang	118.03	125.73	131.45	164.93	193.84	179.44	196.57
鹤壁市 Hebi	29.62	35.48	34.24	38.93	41.82	43.80	49.56
新乡市 Xinxiang	98.24	117.88	128.06	144.02	162.23	173.70	186.07
焦作市 Jiaozuo	166.97	186.50	182.03	186.31	207.59	197.91	210.90
濮阳市 Puyang	44.60	46.33	51.71	56.85	60.03	73.84	83.92
许昌市 Xuchang	49.36	55.77	65.89	76.16	84.11	93.70	103.57
漯河市 Luohe	31.61	33.89	36.51	41.17	46.92	50.59	53.62
三门峡市 Sanmenxia	99.71	105.11	117.86	141.72	140.91	133.97	130.90
南阳市 Nanyang	112.77	124.55	132.38	160.69	190.25	203.87	215.92
商丘市 Shangqiu	107.34	114.56	121.83	134.34	152.56	156.04	173.92
信阳市 Xinyang	46.01	50.53	62.10	69.22	78.24	87.59	95.77
周口市 Zhoukou	37.35	41.84	47.41	53.92	59.88	70.54	81.94
驻马店市 Zhumadian	51.31	53.89	59.89	66.32	80.10	91.77	100.48
济源市 Jiyuan	39.35	48.28	53.44	59.68	67.61	75.10	80.30
省直管县 Province Administrating County							
巩义市 Gongyi	76.73	79.67	83.21	94.79	105.07	103.67	100.72
兰考县 Lankao	2.14	3.04	3.67	5.07	5.85	7.18	9.59
汝州市 Ruzhou	11.60	13.57	12.70	13.47	16.43	19.60	20.07
滑县 Huaxian	5.71	6.22	6.96	7.52	10.22	11.07	13.29
长垣县 Changyuan	4.90	5.60	6.40	7.50	8.90	9.76	10.58
邓州市 Dengzhou	5.39	5.45	6.91	7.58	8.34	10.81	12.11
永城市 Yongcheng	53.36	58.35	56.12	59.75	80.09	86.81	93.52
固始县 Gushi	3.85	4.44	5.34	5.96	6.94	8.31	9.43
鹿邑县 Luyi	2.63	3.05	3.48	4.12	4.92	5.87	7.09
新蔡县 Xincai	1.47	1.67	2.10	2.48	2.95	3.75	4.27

注：本表由省电力公司提供。
a) Data in this table are provided by provincial electric company.

8-21 各市能耗情况(2013年)

Basic condition of Energy Consumption by City (2013)

市(县) City(County)	单位GDP能耗(吨标准煤/万元) Energy Consumption for GDP (ton of SCE/10 000yuan)		单位GDP电耗(千瓦时/万元) Energy Consumption for GDP (kw.h/10 000yuan)		单位工业增加值能耗(吨标准煤/万元) Energy Consumption for Add-value of Industry(ton of SCE/10 000yuan)	
	指标值 Index	比上年升降(±%) Change(±%)	指标值 Index	比上年升降(±%) Change(±%)	指标值 Index	比上年升降(±%) Change(±%)
2005	1.380		1277.70		4.020	
2006	1.340	-2.98	1257.50	-1.58	3.780	-5.93
2007	1.285	-4.11	1302.24	3.55	3.450	-7.08
2008	1.219	-5.10	1266.23	-2.77	3.079	-10.83
2009	1.156	-6.16	1218.36	-4.79	2.708	-11.56
2010	1.115	-3.53	1228.11	0.80	2.417	-10.75
2010(2010不变价)	0.928	-3.53	1019.35	0.80	1.593	-10.75
2011	0.895	-3.57	1032.27	1.27	1.450	-8.95
2012	0.831	-7.14	966.00	-6.42	1.236	-14.75
2013	0.798	-3.92	934.66	-3.16	1.112	-10.77
省辖市 City						
郑州市 Zhengzhou	0.634	-3.29	889.45	-4.23	0.918	-5.75
开封市 Kaifeng	0.624	5.38	664.90	2.92	1.162	7.51
洛阳市 Luoyang	0.785	-3.93	1298.59	-7.32	1.162	-8.05
平顶山市 Pingdingshan	1.017	-3.94	973.29	-4.86	1.393	-5.04
安阳市 Anyang	1.200	-1.70	1143.95	1.01	1.792	-1.69
鹤壁市 Hebi	1.175	-2.80	820.66	0.62	1.345	-10.34
新乡市 Xinxiang	0.866	-2.98	1118.02	-2.14	1.242	-9.38
焦作市 Jiaozuo	0.980	-4.87	1213.72	-3.69	1.127	-10.42
濮阳市 Puyang	0.934	-3.21	766.52	1.47	1.024	-9.68
许昌市 Xuchang	0.676	-3.96	550.57	-0.02	0.687	-10.89
漯河市 Luohe	0.767	-2.60	567.70	-3.15	0.598	-10.55
三门峡市 Sanmenxia	0.958	-3.54	1082.93	-10.36	1.191	-6.52
南阳市 Nanyang	0.506	-4.12	830.54	-2.52	0.844	-8.32
商丘市 Shangqiu	0.821	-3.42	1122.47	1.22	1.115	-8.61
信阳市 Xinyang	0.683	-3.27	658.00	0.26	1.167	-11.60
周口市 Zhoukou	0.472	-3.08	495.84	6.28	0.463	-10.82
驻马店市 Zhumadian	0.688	-4.66	708.73	-0.08	1.033	-9.33
济源市 Jiyuan	1.700	-3.65	1633.31	-4.50	2.159	-5.79
省直管县 Province Administrating County						
巩义市 Gongyi	1.026	-5.11	602.21	-15.50	1.116	-14.18
兰考县 Lankao	0.282	-4.11	523.31	26.77	0.346	-8.55
汝州市 Ruzhou	0.809	-4.63	563.24	-10.83	1.472	-4.06
滑县 Huaxian	0.404	-3.81	747.78	10.17	0.226	-7.34
长垣县 Changyuan	0.494	-4.05	517.84	-3.66	0.104	-9.63
邓州市 Dengzhou	0.383	-3.62	389.89	2.46	0.325	-6.85
永城市 Yongcheng	1.859	-3.12	2379.16	-1.22	1.639	0.27
固始县 Gushi	0.798	-3.41	430.40	8.57	0.448	-13.17
鹿邑县 Luyi	0.423	-3.95	334.98	9.45	0.176	-13.99
新蔡县 Xincai	0.675	-3.29	436.75	15.16	0.165	-7.11

主要统计指标解释

能源生产总量 指一定时期内全国(地区)一次能源生产量的总和。该指标是观察全国(地区)能源生产水平、规模、构成和发展速度的总量指标。一次能源生产量包括原煤、原油、天然气、水电、核能及其他动力能(如风能、地热能等)发电量，不包括低热值燃料生产量、生物质能、太阳能等的利用和由一次能源加工转换而成的二次能源产量。

能源消费总量 指一定时期内全国(地区)物质生产部门、非物质生产部门和生活消费的各种能源的总和。该指标是观察能源消费水平、构成和增长速度的总量指标。能源消费总量包括原煤和原油及其制品、天然气、电力，不包括低热值燃料、生物质能和太阳能等的利用。能源消费总量分为终端能源消费量、能源加工转换损失量和能源损失量三部分。

(1)终端能源消费量：指一定时期内，全国生产和生活消费的各种能源在扣除了用于加工转换二次能源消费量和损失量以后的数量。

(2)能源加工转换损失量：指一定时期内，全国投入加工转换的各种能源数量之和与产出各种能源产品之和的差额。该指标是观察能源在加工转换过程中损失量变化的指标。

(3)能源损失量：指一定时期内，能源在输送、分配、储存过程中发生的损失和由客观原因造成的各种损失量，不包括各种气体能源放空、放散量。

能源生产弹性系数 研究能源生产增长速度与国民经济增长速度之间关系的指标。计算公式为：

能源生产弹性系数=能源生产总量年平均增长速度/国民经济年平均增长速度

国民经济年平均增长速度，可根据不同的目的或需要，用国民生产总值、国内生产总值等指标来计算，本年鉴是采用国内生产总值指标计算的。

电力生产弹性系数 是研究电力生产增长速度与国民经济增长速度之间关系的指标。一般来说，电力的发展应当快于国民经济的发展，也就是说电力应超前发展。计算公式为：

电力生产弹性系数=电力生产量年平均增长速度/国民经济年平均增长速度

能源消费弹性系数 反映能源消费增长速度与国民经济增长速度之间比例关系的指标。计算公式为：

能源消费弹性系数=能源消费量年平均增长速度/国民经济年平均增长速度

电力消费弹性系数 反映电力消费增长速度与国民经济增长速度之间比例关系的指标。计算公式为：

电力消费弹性系数=电力消费量年平均增长速度/国民经济年平均增长速度

能源加工转换效率 指一定时期内能源经过加工、转换后，产出的各种能源产品的数量与同期内投入加工转换的各种能源数量的比率。该指标是观察能源加工转换装置和生产工艺先进与落后、管理水平高低等的重要指标。计算公式为：

能源加工转换效率=能源加工转换产出量/能源加工转换投入量×100%

单位GDP能耗 指一定时期内，一个国家或地区每生产一个单位的生产总值所消耗的能源。能源消费的核算范围既包括全部三次产业的生产、经营及其他活动用能，也包括居民生活用能。计算方法：

单位GDP能耗=能源消费总量/GDP（可比价）

单位GDP电耗 指一定时期内，一个国家或地区每生产一个单位的国内生产总值所消耗的电力。计算公式为：

单位GDP电耗=全社会用电量/GDP(可比价)

单位工业增加值能耗 指一定时期内，一个国家或地区每生产一个单位的工业增加值所消耗的能源。计算公式为：

单位工业增加值能耗=工业能源消耗量/工业增加值

Explanatory Notes on Main Statistical Indicators

Total Energy Production refers to the total production of primary energy by all energy producing enterprises in the country in a given period of time. It is a comprehensive indicator to show the capacity, scale, composition and development of energy production of the country. The production of primary energy includes that of coal, crude oil, natural gas, hydro-power and electricity generated by nuclear energy and other means such as wind power and geothermal power. However, it excludes the production of fuels of low calorific value, bio-energy, solar energy and the secondary energy converted from the primary energy.

Total Domestic Energy Consumption refers to the total consumption of energy of various kinds by material production sectors, non material production sectors and households in the country in a given period of time. It is a comprehensive indicator to show the scale, composition and development of energy consumption. The total energy consumption includes that of coal, crude oil and their products, natural gas and electricity; however, it excludes the consumption of fuel of low calorific value, bio-energy and solar energy. Total domestic energy consumption can be divided into three parts: final energy consumption, loss during the process of energy conversion, and energy loss.

(1) End-use Energy Consumption: It refers to the total energy consumption by the production sectors and the households in the country (region) in a given period of time. It does not include the consumption during the conversion of primary energy into secondary energy and the loss in the process of energy conversion.

(2) Loss During the Process of Energy Conversion: It refers to the total input of various kinds of energy for conversion, minus the total output of various kinds of energy in the country in a given period of time. It is an indicator to show the loss that occurs during the process of energy conversion.

(3) Energy Loss: It refers to the total of the loss of energy during the course of energy transport, distribution and storage and the loss caused by any objective reason in a given period of time. The loss of various kinds of gas due to gas discharges and stocktaking is not included.

Elasticity Ratio of Energy Production the indicator to show the relationship between the growth rate of energy production and the growth rate of the national economy. The formula is:

Elasticity Ratio of Energy Production = Average Annual Growth Rate of Energy Production / Average Annual Growth Rate of National Economy

The average annual growth rate of the national economy can be shown by the gross national product, gross domestic product and other indicators, depending upon the purposes or needs. The gross domestic product is used in calculation of the ratio in this chapter.

Elasticity Ratio of Electricity Production is an indicator to show the relationship between the growth rate of electricity production and the growth rate of the national economy. Generally speaking, the growth rate of electricity production should be higher than that of the national economy.

Its formula is:

$$\text{Elasticity Ratio of Electricity Production} = \frac{\text{Average Annual Growth Rate of Electricity Production}}{\text{Average Annual Growth Rate of National Economy}}$$

Elasticity Ratio of Energy Consumption the indicator to show the relationship between the growth rate of energy consumption and the growth rate of the national economy. The formula is:

Elasticity Ratio of Energy Consumption = Average Annual Growth Rate of Energy Consumption / Average Annual Growth Rate of National Economy

Elasticity Ratio of Electricity Consumption is an indicator to show the relationship between the growth rate of electricity consumption and the growth rate of the national economy. The formula is:

$$\text{Elasticity Ratio of Electricity Consumption} = \frac{\text{Average Annual Growth Rate of Electricity Consumption}}{\text{Average Annual Growth Rate of National Economy}}$$

Efficiency of Energy Processing and Conversion refers to the ratio of the total output of energy products of various kinds after processing and conversion and the total input of energy of various kinds for processing and conversion in the same reference period. It is an important indicator to show the current conditions of energy processing and conversion equipment, production technique and management. The formula is:

Efficiency of Energy Processing & Conversion = (Output of Energy After Processing & Conversion / Input of Energy for Processing & Conversion)×100%

Energy Consumption per Unit of GDP refers to the energy consumption per unit of gross domestic production in a country or the gross region production in a region in the same reference period. The consumption of energy accounting scope includes both all three times of industry production and business operations and other activities can use, including residents with life.

The formula is:

Energy Consumption per Unit of GDP = Total Energy Consumption / Gross Domestic Production

Electricity Consumption per Unit of GDP refers to the electricity consumption per unit of gross domestic production in a country or the gross region production in a region in the same reference period. The formula is:

Electricity Consumption per Unit of GDP = Total Electricity Consumption / Gross Domestic Production

Energy Consumption per Unit of Industrial Value-added refers to the energy consumption per unit of industrial value-added in a country or region in the same reference period. The formula is:

Energy Consumption per Unit of Industrial Value-added = Total Energy Consumption / Industrial Value-added

财政
Government Finance

资料整理：赵国顺

简要说明

一、主要内容

本篇包括地方财政收支和预算外资金收支资料。

二、统计口径

2007年起，财政收支科目实施了较大改革，特别是财政支出项目口径变化很大，与往年数据不可比。

三、资料来源

资料来源于河南省财政厅的财政总决算，由河南省统计局国民经济核算处编辑整理。

Brief Introduction

I. Main Contents

The data in this chapter present the government revenue and expenditure situation, the extra-budgetary revenue and expenditure.

II. Scope of Statistics

Because of the classifications of revenue and expenditure accounts have been adjusted largely since 2007, the relative data are not compared with data in preceding years.

III. Sources of Data

The data are based on final Henan provincial financial accounts, which are provided by the Department of National Accounts of the Henan provincial Bureau of Statistics.

9-1 地方公共财政预算收支总额

Total Public Financial Revenue and Expenditure of the Local Government

单位：亿元 (100 million yuan)

年 份 Year	财政总收入 Total Financial Revenue	公共财政预算收入 Public Financial Revenue of Local Government	#税收收入 Taxes	公共财政预算支出 Public Financial Expenditure of Local Government	#农林水事务 Farming Forestry Water Conservancy Operating	#社会保障和就业 Social Security and Obtain employment	#教科文卫 Culture Education Science & Health Care	#科学技术 Technology	#教育 Education	#医疗卫生 Medical Treatment and Public Health
1978		33.73	23.04	27.67	4.20		5.77	0.43		
1979		33.68	23.62	29.86	5.28		7.05	0.53		
1980		31.86	24.86	26.74	4.66		8.31	0.59		
1981		34.23	29.73	25.84	4.25		8.84	0.61		
1982		33.49	30.96	29.81	4.57		9.83	0.67		
1983		36.49	30.69	30.06	4.73		10.45	0.91		
1984		39.26	34.54	36.79	4.86		11.83	1.08		
1985		48.93	44.57	49.51	5.01		13.93	1.16		
1986		54.92	49.71	69.20	5.92		15.78	1.31		
1987		63.15	56.10	65.26	6.90		16.67	1.18		
1988		70.98	65.09	76.22	8.64		19.47	1.35		
1989		80.97	75.50	87.67	10.85		22.76	1.49		
1990		83.59	78.85	89.53	10.74		24.54	1.53		
1991		91.36	84.61	97.88	12.18		26.99	1.70		
1992		104.03	95.41	116.49	13.29		33.22	1.93		
1993		139.20	126.36	147.73	14.34		39.28	2.01		
1994		(171.38)								
		93.35	81.77	169.62	15.09		50.64	2.54		
1995		124.63	103.45	207.28	17.59		58.30	3.24		
1996		162.06	126.63	255.29	21.12		69.49	3.75		
1997		192.63	152.09	290.84	23.47		75.43	4.52		
1998		208.20	160.60	323.63	25.71		82.89	5.05		
1999		223.35	176.12	384.32	28.39		95.57	6.01		
2000		246.47	195.04	445.53	34.19		108.46	6.86		
2001		267.75	226.70	508.58	36.94		131.35	7.25		
2002		296.72	242.24	629.18	44.77		166.56	7.95		
2003		338.05	264.40	716.60	47.92		188.27	9.06		
2004	789.05	428.78	307.12	879.96	65.99		220.81	10.40		
2005	967.16	537.65	365.67	1116.04	82.28		270.22	13.85		
2006	1202.96	679.17	471.80	1440.09	(99.12)		(344.21)	(18.84)		
					111.34		362.82	17.37		
2007	1530.48	862.08	625.02	1870.61	152.51	281.22	523.51	25.23	366.12	98.78
2008	1781.89	1008.90	742.27	2281.61	209.59	330.23	661.40	30.44	444.03	145.47
2009	1921.80	1126.06	821.50	2905.76	361.60	403.62	843.47	35.52	526.14	223.15
2010	2293.70	1381.32	1016.55	3416.14	399.19	461.22	979.24	44.67	609.37	270.21
2011	2851.91	1721.76	1263.10	4248.82	480.48	547.96	1332.75	56.59	857.14	361.48
2012	3282.48	2040.33	1469.57	5006.40	551.73	631.61	1671.77	69.64	1106.51	425.99
2013	3686.81	2415.45	1764.71	5582.31	629.85	731.41	1824.78	80.00	1171.52	492.48

注：1.财政收入1993年以前为分税制前老口径,1994年以后为分税制后新口径,括号内为分税制前老口径。
2.1994年以后的财政收支均为地方财政一般预算收支。
3.2007年起，财政收支项目按新科目列支。2006年财政支出括号内数据为按老科目列支。
4.2011年起，财政一般预算收支改称公共财政预算收支。

a)Before 1993,government revenue is old statement before distributive taxation.The date in parentheses is statement before distributive taxation .
b)Financial revenue and expenditure refer to Ordinary budget financial revenue and expenditure of local government since 1994(the same to next).
c)Item of Financial revenue and expenditure based on new system since 2007.Data of financial expenditure Parenthesos are based on old system in 2006.
d)Data of Financial general budget revenue and expenditure change to public financial revenue and expenditure since 2011.

9-2 各项税收
Taxes

单位：亿元 (100 million yuan)

年 份 Year	公共财政预算收入 Public Financial Revenue of Local Government	#增值税 Value-added Tax	#营业税 Business Tax	#企业所得税 Corporate Income Tax	#个人所得税 Individual Income Tax	#城市维护建设税 City Maintenance and Construction Tax
1995	124.63	25.57	22.78	18.64	3.44	8.39
1996	162.06	30.00	29.76	19.83	4.92	10.13
1997	192.63	32.80	38.85	28.43	6.38	11.18
1998	208.20	36.07	42.83	22.68	8.84	12.28
1999	223.35	36.72	47.22	29.47	10.83	12.69
2000	246.47	42.24	48.18	39.60	12.88	13.64
2001	267.75	44.35	52.89	60.85	19.25	13.73
2002	296.72	49.25	63.14	31.97	17.82	17.24
2003	338.05	57.95	75.31	29.14	15.60	20.54
2004	428.78	65.78	92.81	38.43	19.32	24.60
2005	537.65	87.97	111.60	51.56	22.05	29.18
2006	679.17	105.84	143.34	70.21	24.05	35.02
2007	862.08	129.96	184.24	103.06	30.26	42.87
2008	1008.90	153.89	209.55	116.76	32.30	49.06
2009	1126.06	140.82	252.81	114.81	33.33	51.93
2010	1381.32	155.79	319.34	136.63	40.29	61.35
2011	1721.76	181.38	404.27	185.21	48.38	80.22
2012	2040.33	187.79	482.40	209.13	41.41	89.77
2013	2415.45	202.66	581.79	235.60	47.63	98.57

9-3 地方公共财政预算收入
Public Financial Revenue of the Local Government

单位：亿元 (100 million yuan)

项 目	Item	2012 绝对数 Absolute Value	2012 比重(%) Proportion (%)	2013 绝对数 Absolute Value	2013 比重(%) Proportion (%)
收入合计	**Total Revenue**	**2040.33**	**100.0**	**2415.45**	**100.0**
税收收入	Tax Revenue	1469.57	72.0	1764.71	73.1
增值税	Value-added Tax	187.78	9.2	202.66	8.4
营业税	Sales Tax	482.39	23.6	581.79	24.1
企业所得税	Enterprises' Income Tax	209.13	10.2	235.60	9.8
企业所得税退税	Drawback of Enterprise Income Tax				
个人所得税	Individual Income Tax	41.41	2.0	47.63	2.0
资源税	Resources Tax	34.13	1.7	37.40	1.5
固定资产投资方向调节税	Regulatory taxes on investment in fixed assets				
城市维护建设税	Tax on Urban Maintenance and Construction	89.77	4.4	98.57	4.1
房产税	Tax on Real Estates	33.96	1.7	38.78	1.6
印花税	Stamp Tax	21.30	1.0	25.40	1.1
城镇土地使用税	Tax on the Use of Urban Land	75.61	3.7	80.25	3.3
土地增值税	Land Value Added Tax	70.35	3.4	97.03	4.0
车船税	Tax on Vehicles and Ships	16.17	0.8	20.17	0.8
耕地占用税	Tax on The Occupancy of Cultivated Land	78.15	3.8	102.62	4.2
契税	Contract Tax	120.21	5.9	185.29	7.7
烟叶税及其他	Tax on Tobacco leaf and others	9.19	0.5	11.52	0.5
非税收入	Non-Tax Revenue	570.77	28.0	650.74	26.9
专项收入	Expert Project Income	87.89	4.3	90.25	3.7
行政事业性收费收入	Income from Adiministrative Fees	199.92	9.8	224.78	9.3
罚没收入	Penalty and Confiscator Income	75.32	3.7	79.18	3.3
国有资本经营收入	Stated-owned Assets Profit	88.48	4.3	90.17	3.7
国有资源(资产)有偿使用收入	Revenue from using Stated-owned Assets Profit	78.01	3.8	105.53	4.4
其他收入	Other	41.14	2.0	60.83	2.5

9-4 各级地方公共财政预算收入(2013年)

Public Financial Revenue of the Local Government by Rating (2013)

单位：亿元 (100 million yuan)

项目	Item	合计 Total	省级 Province	市级 City	县市级 County	乡镇级 Town & Township
收入合计	**Total Revenue**	**2415.45**	**133.86**	**928.55**	**958.83**	**394.22**
税收收入	Tax Revenue	1764.71	80.50	694.80	632.49	356.92
增值税	Value-added Tax	202.66	11.36	71.02	70.65	49.63
营业税	Sales Tax	581.79	17.56	251.65	191.33	121.24
企业所得税	Enterprises' Income Tax	235.60	44.81	89.29	66.18	35.32
企业所得税退税	Drawback of Enterprise Income Tax					
个人所得税	Individual Income Tax	47.63		25.49	14.50	7.63
资源税	Resources Tax	37.40		7.06	12.00	18.35
固定资产投资方向调节税	Regulatory taxes on investment in fixed assets					
城市维护建设税	Tax on Urban Maintenance and Construction	98.57	0.73	48.11	36.16	13.56
房产税	Tax on Real Estates	38.78		11.44	20.26	7.08
印花税	Stamp Tax	25.40	0.04	8.55	10.79	6.02
城镇土地使用税	Tax on the Use of Urban Land	80.25		22.38	32.33	25.54
土地增值税	Land Value Added Tax	97.03		29.24	51.55	16.23
车船税	Tax on Vehicles and Ships	20.17		7.44	6.91	5.81
耕地占用税	Tax on The Occupancy of Cultivated Land	102.62		10.81	67.81	24.00
契税	Contract Tax	185.29	6.00	112.32	48.99	17.99
烟叶税及其他	Tax on Tobacco leaf and other	11.52		0.01	3.01	8.50
非税收入	Non-Tax Revenue	650.74	53.35	233.75	326.34	37.30
专项收入	Expert Project Income	90.25	20.09	36.32	31.98	1.87
行政事业性收费收入	Income from Adiministrative Fees	224.78	22.74	62.77	127.56	11.70
罚没收入	Penalty and Confiscator Income	79.18	5.01	25.95	47.48	0.74
国有资本经营收入	Stated-owned Assets Profit	90.17		51.63	34.72	3.81
国有资源(资产)有偿使用收入	Revenue from using Stated-owned Assets Profit	105.53	3.94	36.49	58.09	7.02
其他收入	Other	60.83	1.57	20.60	26.51	12.15

9-5 地方公共财政预算支出

Public Financial Expenditure of the Local Government

单位：亿元 (100 million yuan)

项　目	Item	2012		2013	
		绝对数 Absolute Value	比重(%) Proportion (%)	绝对数 Absolute Value	比重(%) Proportion (%)
本年支出合计	**Total Expenditure**	**5006.40**	**100.0**	**5582.31**	**100.0**
一般公共服务	Commonly Public servings	663.07	13.2	733.21	13.1
国防	National Defense	7.13	0.1	6.51	0.1
公共安全	Public security	244.42	4.9	261.22	4.7
教育	Education	1106.51	22.1	1171.52	21.0
科学技术	Technology	69.64	1.4	80.00	1.4
文化体育与传媒	Culture Sport and Medium	69.63	1.4	80.78	1.4
社会保障和就业	Social Security and Obtain employment	631.61	12.6	731.41	13.1
医疗卫生	Medical Treatment and Public Health	425.99	8.5	492.48	8.8
环境保护	Environment Protection	109.45	2.2	111.92	2.0
城乡社区事务	Urban and Rural Area Community Operating	237.97	4.8	309.12	5.5
农林水事务	Farming Forestry and Water Conservancy Operating	551.73	11.0	629.85	11.3
交通运输	Traffic and Transport	300.43	6.0	346.19	6.2
资源勘探电力信息等事务	Resource exploration power information, etc	119.32	2.4	101.95	1.8
商业服务业等事务	Business Services, etc	53.99	1.1	39.74	0.7
金融监管支出	The financial supervision	25.06	0.5	28.72	0.5
地震灾后恢复重建支出	Expenses after the Earthquake Reconstruction		-		-
国土资源气象等事务	The Land and Resources, etc	55.96	1.1	53.88	1.0
住房保障支出	Housing Safeguard	185.65	3.7	191.11	3.4
粮油物资储备管理等事务	Grain and oil reserves management	41.43	0.8	43.72	0.8
国债还本付息支出	Debt servicing expenditure	43.34	0.9	84.76	1.5
其他支出	Others	64.09	1.3	84.22	1.51

9-6 各级地方公共财政预算支出(2013年)

Public Financial Expenditure of the Local Government by Rating (2013)

单位：亿元 (100 million yuan)

项 目	Item	合计 Total	省级 Province	市级 City	县市级 County	乡镇级 Town & Township
本年支出合计	**Total Expenditure**	**5582.31**	**790.17**	**1344.98**	**3116.69**	**330.48**
一般公共服务	Commonly Public servings	733.21	83.76	116.52	364.37	168.56
国防	National Defense	6.51	2.94	2.05	1.51	0.00
公共安全	Public security	261.22	36.92	96.29	127.33	0.67
教育	Education	1171.52	141.44	211.39	800.61	18.09
科学技术	Technology	80.00	12.17	26.75	37.06	4.02
文化体育与传媒	Culture Sport and Medium	80.78	13.40	30.37	33.07	3.95
社会保障和就业	Social Security and Obtain employment	731.41	198.35	114.56	390.70	27.80
医疗卫生	Medical Treatment and Public Health	492.48	31.22	63.09	396.10	2.07
节能环保	Energy conservation and environmental protection	111.92	3.24	46.25	59.16	3.27
城乡社区事务	Urban and Rural Area Community Operating	309.12	3.41	172.29	106.66	26.76
农林水事务	Farming Forestry and Water Conservancy Operating	629.85	43.48	73.74	453.61	59.03
交通运输	Traffic and Transport	346.19	90.20	161.29	93.35	1.36
资源勘探电力信息等事务	Resource exploration power information, etc	101.95	17.97	43.00	37.67	3.31
商业服务业等事务	Business Services, etc	39.74	1.51	19.79	18.17	0.27
金融监管等事务	Financial supervision and others	28.72	23.73	3.77	1.23	
地震灾后恢复重建支出	Expenses after the Earthquake Reconstruction					
国土资源气象等事务	The Land and Resources, etc	53.88	14.96	12.17	26.32	0.43
住房保障支出	Housing Safeguard	191.11	9.43	49.67	125.00	7.01
粮油物资储备管理等事务	Grain and oil reserves management	43.72	31.58	3.78	8.36	
国债还本付息支出	Debt servicing expenditure	84.76	28.73	50.86	5.16	0.00
其他支出	Others	84.22	1.74	47.33	31.27	3.87

9-7 各市公共财政预算收入(2013年)

单位：万元

市（县） City(County)	收入合计 Total Revenue	税收收入 Tax Revenue	增值税 Value-added Tax	营业税 Operation Tax	企业所得税 Corporate Income Tax	个人所得税 Individual Income Tax
全 省 Total	**24154482**	**17647107**	**2026570**	**5817927**	**2355960**	**476324**
省 辖 市 City						
郑 州 市 Zhengzhou	7236091	5437983	457036	2041613	785941	202620
开 封 市 Kaifeng	807419	596657	53150	227873	40030	11853
洛 阳 市 Luoyang	2340480	1691370	199367	525177	210489	50638
平 顶 山 市 Pingdingshan	1197385	845082	138418	243299	62206	19800
安 阳 市 Anyang	922013	665903	85099	193953	65009	13080
鹤 壁 市 Hebi	396400	275030	35427	77581	21349	5435
新 乡 市 Xinxiang	1295042	952353	116652	293129	122695	18100
焦 作 市 Jiaozuo	973433	647978	94763	189527	58245	15663
濮 阳 市 Puyang	605050	483222	66223	167563	32617	13621
许 昌 市 Xuchang	1085019	816176	111915	233712	73190	20071
漯 河 市 Luohe	539844	437461	66550	108705	67230	9858
三 门 峡 市 Sanmenxia	817873	553872	85280	153859	42804	12725
南 阳 市 Nanyang	1236254	994647	130453	305575	75329	24735
商 丘 市 Shangqiu	858381	632576	89556	235489	46684	17162
信 阳 市 Xinyang	679332	516686	44627	226737	53587	13205
周 口 市 Zhoukou	760460	514989	42428	175500	46985	8228
驻 马 店 市 Zhumadian	719282	526557	52972	182778	50561	11413
济 源 市 Jiyuan	346149	253521	43052	60236	52891	8117
省 直 管 县 Province Administrating County						
巩 义 市 Gongyi	300105	196980	33447	43510	12834	3353
兰 考 县 Lankao	91869	65074	7375	22123	4449	540
汝 州 市 Ruzhou	168363	110122	14229	21226	8151	1604
滑 县 Huaxian	63440	47391	4623	18710	4598	1230
长 垣 县 Changyuan	103965	81496	10697	25575	9214	865
邓 州 市 Dengzhou	93017	66981	3936	26555	5164	2259
永 城 市 Yongcheng	278766	202431	52683	52446	12893	7256
固 始 县 Gushi	77460	47258	4502	21108	3880	1063
鹿 邑 县 Luyi	77168	52020	5820	14552	3981	385
新 蔡 县 Xincai	43568	24913	1676	9145	1805	409

Public Financial Revenue of the Local Government by City (2013)

(10 000 yuan)

城市维护建设税 Tax on Town Maintenance and Construction	耕地占用税 Tax on Occupation of Cultivated Land	契税 Deed Tax	其他各项税收 Other Tax	非税收入 Non-Tax Revenue	#专项收入 Expert Project Income	#行政事业性收费收入 Income from Adiministrative Fees	#国有资本经营收入 Income from Stated-owned Assets Profit
985653	**1026214**	**1852943**	**3105516**	**6507375**	**902549**	**2247758**	**901653**
300842	127233	607130	915568	1798108	173694	418913	558264
24951	48841	78522	111437	210762	20506	112145	10618
96876	100804	165140	342879	649110	79346	240229	44943
48925	83371	67126	181937	352303	49683	144134	3356
56425	37430	93838	121069	256110	37613	101782	9457
14749	24454	35720	60315	121370	12646	30884	10488
45378	63938	107798	184663	342689	37551	114346	29913
34336	44810	61550	149084	325455	25726	69988	114932
25837	36404	49108	91849	121828	19532	62242	1595
74990	45279	67734	189285	268843	42191	136027	5158
34189	20436	54480	76013	102383	24231	39950	1699
30421	21786	58561	148436	264001	31207	58400	95184
59912	174793	71462	152388	241607	41725	114231	6855
36764	34287	71172	101462	225805	30364	77615	
23739	22292	62016	70483	162646	21819	69506	958
19208	84260	53917	84463	245471	14455	104673	7864
35364	44525	71928	77016	192725	23895	104638	
15438	11271	15741	46775	92628	15442	20629	369
11439	6763	5958	79676	103125	8678	11653	16769
1483	11577	6817	10710	26795	2103	12097	
4488	26356	8276	25792	58241	5845	9761	3
1278	2549	6164	8239	16049	933	8372	14
3116	5512	11833	14684	22469	2468	9085	
2289	10630	7424	8724	26036	1793	12849	
17612	13552	14809	31180	76335	16324	12865	
1597	1815	6803	6490	30202	8272	13530	493
1862	14521	3802	7097	25148	1861	8624	
606	6089	1986	3197	18655	456	11167	

9-8 各市公共财政预算支出(2013年)

单位：万元

市(县) City(County)	支出合计 Payout	#一般公共服务 Commonly Public servings	#公共安全 Public security	#教育 Education	#科学技术 Technology	#文化体育与传媒 Culture Sport and Medium
全省 Total	**55823139**	**7332076**	**2612160**	**11715204**	**800038**	**807762**
省辖市 City						
郑州市 Zhengzhou	8161571	819660	364068	1330655	172649	148816
开封市 Kaifeng	1970201	419217	101020	386959	22106	29462
洛阳市 Luoyang	3733705	450280	194558	749178	75275	87754
平顶山市 Pingdingshan	2265588	328694	117557	455060	26619	35186
安阳市 Anyang	2167807	276496	126123	497704	41174	36247
鹤壁市 Hebi	869198	97818	51118	197388	8722	13610
新乡市 Xinxiang	2677605	396662	155701	604148	36390	38591
焦作市 Jiaozuo	1831407	223445	112793	380401	38334	23425
濮阳市 Puyang	1738659	158741	85707	406085	21983	20144
许昌市 Xuchang	2025610	339262	100209	476722	28887	31509
漯河市 Luohe	1265438	161865	62835	255862	9446	18638
三门峡市 Sanmenxia	1540695	239720	80205	329625	25631	20241
南阳市 Nanyang	4282854	636698	188910	945431	61372	30779
商丘市 Shangqiu	3148354	395020	119448	793936	20104	26969
信阳市 Xinyang	3048838	548472	107945	743917	17703	30885
周口市 Zhoukou	3542190	451827	138965	927743	30490	44596
驻马店市 Zhumadian	3077076	480388	111428	703454	33363	29430
济源市 Jiyuan	574660	70186	24343	116561	8071	7519
省直管县 Province Administrating County						
巩义市 Gongyi	431692	68478	18744	90683	8548	13665
兰考县 Lankao	284044	43862	9866	65005	670	4856
汝州市 Ruzhou	325625	42912	11984	78985	3816	5028
滑县 Huaxian	380121	40213	14084	74997	4185	7346
长垣县 Changyuan	293582	47350	12898	79515	4192	2763
邓州市 Dengzhou	464646	54720	16528	106569	5498	2265
永城市 Yongcheng	522801	67466	18726	140636	2025	3546
固始县 Gushi	472113	103373	12611	118874	531	1970
鹿邑县 Luyi	355816	40427	9893	97712	4300	2447
新蔡县 Xincai	342068	27274	7557	80201	3784	1819

Public Financial Expenditure of the Local Government by City (2013)

(10 000 yuan)

#社会保障和就业 Social Security and Obtain employment	#医疗卫生 Medical Treatment and Public Health	#节能保护 Energy conservation and environmental protection	#城乡社区事务 Urban and Rural Area Community Operating	#农林水事务 Farming Forestry and Water Conservancy Operating	#交通运输 Traffic and Transport	#住房保障 Housing Safeguard
7314113	**4924837**	**1119228**	**3091193**	**6298543**	**3461925**	**1911140**
663696	581832	256667	1424478	606130	351349	191237
278191	219959	34122	47065	261794	69975	45515
353930	299086	84864	299115	435919	252135	140759
294325	230277	70996	101868	262374	150776	61843
215509	225165	47483	90729	292125	130072	82974
100659	69957	27913	29920	103318	36129	75010
256393	257070	63677	117084	342862	144464	125754
202401	157652	35858	93282	200691	140052	60900
249084	185231	28009	63253	240097	119598	99275
203502	177043	34519	116474	260110	106850	54729
131047	122840	21312	89404	146369	67228	75820
132578	113973	63001	64252	179836	133211	43432
517884	441298	96204	201803	662518	236600	117267
431625	364365	37659	59241	429591	136708	172737
333574	294746	69136	65632	436954	190837	142265
480094	459709	43528	88742	484480	150891	115900
439645	353290	37076	70608	447820	113527	192894
46511	59164	34779	34165	70759	29568	18571
34954	69414	13311	26303	47951	11203	8836
31248	35221	9613	11782	44423	17970	2973
44970	46428	9870	4797	49574	9433	7905
43371	49923	6586	17296	75806	23182	13814
29998	39370	5109		43047	11195	13343
61945	65870	8027	8856	95053	16909	8365
68722	57709	5645	4900	71091	40318	11156
40367	51810	6103	1552	68488	40909	18046
59795	50826	2327	3453	48747	11131	19192
52682	49321	2313	1961	45228	13691	53183

主要统计指标解释

财政收入 指国家财政参与社会产品分配所取得的收入，是实现国家职能的财力保证。公共财政预算收入主要包括税收收入和非税收入。

（1）税收收入：包括国内增值税、国内消费税、进口货物增值税和消费税、出口货物退增值税和消费税、营业税、企业所得税、个人所得税、资源税、城市维护建设税、房产税、印花税、城镇土地使用税、土地增值税、车船税、船舶吨税、车辆购置税、关税、耕地占用税、契税、烟叶税等。

（2）非税收入：包括专项收入、行政事业性收费收入、罚没收入、国有资本经营收入、国有资源（资产）有偿使用收入和其他收入。

财政支出 指国家财政将筹集起来的资金进行分配使用，以满足经济建设和各项事业的需要。公共财政预算支出主要包括：

（1）一般公共服务：指政府提供基本公共管理与服务的支出，包括人大事务、政协事务、政府办公厅（室）及相关机构事务、发展与改革事务、统计信息事务、财政事务、税收事务、审计事务、海关事务、人力资源事务、纪检监察事务、人口与计划生育事务、商贸事务、知识产权事务、工商行政管理事务、质量技术监督与检验检疫事务、国土资源事务、海洋管理事务、测绘事务、地震事务、气象事务、民族事务、宗教事务、港澳台侨事务、档案事务、共产党事务、民主党派及工商联事务、群众团体事务、彩票发行事务、国债事务、债券投资、其他一般公共服务支出。

（2）国防：指政府用于国防方面的支出，包括现役部队、预备役部队、民兵、国防科研事业、专项工程、国防动员等方面的支出。

（3）公共安全：指政府维护社会公共安全方面的支出，包括武装警察、公安、国家安全、检察、法院、司法行政、监狱、劳教、国家保密、缉私警察等。

（4）教育：指政府教育事务支出，包括教育管理、学前教育、小学教育、初中教育、普通高中教育、普通高等教育、中专教育、技校教育、职业高中教育、高等职业教育、广播电视教育、留学生教育、特殊教育、干部继续教育、教育机关服务等。

（5）科学技术：指用于科学技术方面的支出，包括科学技术管理事务、基础研究、应用研究、技术研究与开发、科技条件与服务、社会科学、科学技术普及、科技交流与合作等。

（6）文化体育与传媒：指政府在文化、文物、体育、广播影视、新闻出版等方面的支出。

（7）社会保障和就业：指政府在社会保障与就业方面的支出，包括社会保障和就业管理事务、民政管理事务、财政对社会保险基金的补助、补充全国社会保障基金、行政事业单位离退休、企业改革补助、就业补助、抚恤、退役安置、社会福利、残疾人事业、城市居民最低生活保障、其他城镇社会救济、农村社会救济、自然灾害生活救助、红十字事务等。

（8）医疗卫生：指政府在医疗卫生方面的支出，包括医疗卫生管理事务、医疗服务、社区卫生服务、医疗保障、疾病预防控制、卫生监督、妇幼保健、农村卫生、中医药等。

（9）节能环保：指政府节能环保的支出，包括环境保护管理事务、环境监测与监察、污染防治、自然生态保护、天然林保护工程、退耕还林、风沙荒漠治理、退牧还草、已垦草原退耕还草、能源节约利用、污染减排、可再生能源和资源综合利用等支出。

（10）城乡社区事务：指政府城乡社区事务支出，包括城乡社区管理事务、城乡社区规划与管理、城乡社区公共设施、城乡社区住宅、城乡社区环境卫生、建设市场管理与监督等。

（11）农林水事务：指政府农林水事务的支出，包括农业、林业、水利、扶贫、农业综合开发等。

（12）交通运输：指政府交通运输和邮政业方面的支出，包括公路运输、水路运输、铁路运输、民用航空运输、邮政业支出等。

（13）资源勘探电力信息等事务：指政府对资源勘探电力信息等事务支出，包括资源勘探业、制造业、建筑业、电力监管、工业和信息产业监管、安全生产监管、国有资产监管、支持中小企业发展和管理支出等。

（14）商业服务业等事务：指政府对商业服务业等事务的支出，包括商业流通事务、旅游业管理与服务、涉外发展服务支出等。

（15）金融监管等事务：指政府对金融保险业监管等事务方面的支出。

（16）国土资源气象等事务：指政府用于国土资源、海洋、测绘、地震、气象等公益服务事业方面的支出。

（17）住房保障支出：指政府用于住房保障方面的支出。

（18）粮油物资储备事务：指政府用于粮油物资储备事务方面的支出。

（19）国债还本付息支出：指政府在国债还本、付息、发行等方面的支出。

Explanatory Notes on Main Statistical Indicators

Government Revenue refers to income for the government finance through participating in the distribution of social products. It is the financial guarantee to ensure government functioning. Now it includes Tax Revenue and Non-Tax Revenue:

(1) Tax Revenue: Including Value-added tax, consumption tax, business tax, enterprise income tax, enterprise income tax rebate, personal income tax, resources tax , regulatory taxes on investment in fixed assets, urban maintenance and construction taxes, property taxes, stamp duty, tax on using urban land, land value-added tax, tax on using Vehicles and Ships, tax on using licence , Ship tons of tax, vehicle purchase tax (charges),tax on Slaughtering, banquet tax, customs, agriculture (tobacco) specialty tax, land tax, contract taxes and other tax revenue.

(2) Non-Tax Revenue: Including Special revenue, the Community Chest lottery income, administrative fees income, confiscated income, the state capital operating revenue, compensation income of using state-owned resources (assets), other income.

Government Expenditure refers to the distribution and use of the funds which the government finance has raised, so as to meet the needs of economic construction and various causes. It includes the following main items:

(1) Commonly Public servings :including affairs of People's Congress, affairs of Committee of People's Political Consultative Conference, the Government Office (room) and related organizations affairs, development and reform Affairs, statistical information Affairs, financial services, revenue Affairs, audit Affairs, customs affairs, personnel affairs, the discipline inspection and supervision Affairs, population and family planning Affairs, commerce and trade Affairs, intellectual property Affairs, administration affairs of industrial and commercial, supervision and administration Affairs of food and drug, quality of technical supervision and inspection and quarantine Affairs, land and natural resources Affairs, marine management Affairs, surveying and mapping Affairs, seismic Affairs, meteorological Affairs, ethical affairs, religion Affairs, Hong Kong, Macao and Taiwan affairs, file Affairs, the Communist Party affairs, other parties and the Federation of Industry and Commerce Services Mass organizations Affairs, Lottery Affairs, Treasury Affairs, bond investment, the other general public Affairs expenditure

(2) Defense: refers to the government for defense spending, including standing army, the reserve forces and the militia, national defense scientific research career, special engineering, national defense mobilization of expenditure

(3) National Defense: including Active-duty troops and reserve forces of national defense, national defense mobilization, and other defense expenditure.

(4) Education: including Education and management Affairs, general education, vocational education, adult education, radio and television education, studying abroad education, special education, teacher education and continuing education of cadres, education surcharge and education fund, other educational expenses.

(5) Science and technology : including Science and technology management Affairs, basic research, applied research, technology research and development, conditions and service of science and technology, social science, science and technology popularization , Science and technology exchanges and cooperation, and other science and technology expenditure.

(6) Culture Sport and Medium : including Culture, heritage, sports, radio, television, press, publishing, sports and other cultural and media expenditure.

(7) Social Security and Obtain employment: including Social security and Obtain employment Affairs, civil administration Management Affairs, added the National Social Security Fund, retired from administrative institutions, subsidies for shutdown and bankruptcy enterprises, employment subsidies, pension, placement of retirement, social welfare, handicapped Affairs, the minimum

living guarantee for urban residents, other urban social relief, rural social relief, living relief for natural disaster, the Red Cross Affairs, other social security expenditure and employment expenditure.

(8) Medical Treatment and Public Health: including Medical and health management affairs, medical services, community health services, health ensure, disease prevention and control, sanitation surveillance, health care of female and child, rural sanitation, Chinese traditional medicine, other medical and health expenditure.

(9) Energy conservation and environmental protection: including Environmental management affairs, environmental monitoring and surveillance, pollution control, natural ecological protection, natural forests protection, returning farmland to forests, desertification and sandstorms control, returning farmland to grassland, other environmental protection expenditure.

(10) Urban and Rural Area Community Operating :Including The management of urban and rural communities affairs, planning and management of urban and rural community, public facilities in rural and urban communities, residential of rural and urban communities, sanitation of urban and rural communities, management and supervision of marketable construction, the Government Housing Fund expenditures, expenditures of using land, additional expenditures of urban public utilities, other expenses of urban and rural community affairs.

(11) Farming Forestry and Water Conservancy Operating : including Agriculture, forestry, water conservancy, moving water from north to south, poverty alleviation, agricultural development, and other expenditures of agriculture, forestry, water affairs.

(12) Traffic and Transport : including Highway and waterway transport, rail transport, air transport, and other transport expenses.

(13) Resource exploration of electric power information: Mining, manufacturing, construction, electricity, the information industry, tourism, foreign-related development, grain and oil services, commercial circulation services, material reserves, the financial industry, tobacco affairs, production safety, state-owned assets supervision, the SME affairs, other industrial business Services such as financial expenditures.

(14) Business service and other affairs: refers to the government to business service and other affairs expenses, including commercial distribution affairs, tourism management and service, foreign development service expenditure, etc.

(15) Financial supervision: refers to the government for financial insurance regulatory affairs expenses.

(16) Land and resources weather affairs: refers to the government for land and resources, ocean, surveying and mapping, earthquake, meteorology and so on public service business spending.

(17) Housing security spending: refers to the government for housing safeguard expenses.

(18) Grain and oil materials reserve affairs: refers to the government for cereals and oil materials reserve affairs expenses

(19) National debt repayment of capital and interest expenses: refers to the government in national debt repayment of principal and interest payment and issue of expenditure.

物价
Price Indices

● 资料整理：王 燕 芦松林 贾世云 王建国

简要说明

一、主要内容

本篇包括居民消费价格指数、商品零售价格指数、农业生产资料价格指数、农产品生产价格指数、工业生产者出厂价格指数、工业生产者购进价格指数、固定资产投资价格指数等资料。

二、资料来源

价格指数编制由国家统计局河南调查总队组织实施。由省、市及抽选出的市、县调查队依据国家统计局统一制定的价格统计调查制度向基层采集原始数据汇总后得到。

居民消费、商品零售、农业生产资料价格指数采用抽样调查和重点调查相结合的方法取得，即在全省选择不同经济区域和分布合理的地区，以及有代表性的商品作为样本，对其市场价格进行定期调查，以样本推断总体。由国家统计局河南调查总队消费价格调查处编辑整理。

工业生产者价格调查采用重点调查与典型调查相结合的调查方法。重点调查将全部年主营业务收入2000万元以上的企业列为调查对象，采用主观选样的方法选择调查企业；典型调查是把年主营业务收入2000万元以下的企业作为抽样对象，采用随机抽样的调查方法。由国家统计局河南调查总队生产投资价格调查处编辑整理。

固定资产投资价格指数采用重点调查与典型调查相结合的方法。由国家统计局河南调查总队生产投资价格调查处编辑整理。

Brief Introduction

I. Main Contents

Data on price indices in this chapter including mainly consumer price indices, retail price indices, price indices for means of agricultural production, producer price indices for farm products, Industrial producers ex-factory price index, industrial producers purchase price index, price indices for investment in fixed assets.

II. Sources of Data

Compilation of statistics on price indices is organized by the Department of Henan Survey organizations, NBS. The survey organizations of the provinces, cities directly under the Central Government and of the selected cities and counties collect data from the grassroots units in accordance with the scheme of price survey system, tabulate them and report them to the higher agencies.

Data for compilation of the consumer price indices, the retail price indices and the producer price indices for farm products in Henan province are collected through a combination of sample surveys and surveys of key units. Areas distributed in different economic regions are selected as the sample areas and representative commodities are selected as the sample commodities. Regular surveys are conducted to collect data on their market prices. Population parameters are inferred on the basis of the sample data. Data of this part are provided by the Department of Henan Survey organizations, NBS.

Industrial producer prices are collected through a combined use of the key units' survey and typical units' survey methods. Key units refer to enterprises which annual sale revenue above 20 million yuan, Using the method of subjective selection. Typical units refer to the enterprises which annual sale revenue below 20 million yuan, Using the method of subjective selection Sampling survey. Data of this part are provided by the Department of Henan Survey organizations, NBS.

Data on prices of investment in fixed assets are collected by a program involving the combined use of surveys on key units and surveys on typical units. Data of this part are provided by the Department of Henan Survey organizations, NBS.

10-1 各种物价总指数
General Price Indices

(上年=100) (preceding year=100)

年 份 Year	居民消费价格总指数 General Consumer Price Index	城 市 Urban Areas	农 村 Rural Areas	商品零售价格总指数 General Retail Price Index	农业生产资料价格总指数 General Price Index of Agricultural Means of Production	工业生产者出厂价格指数 Ex-Factory Price Indices of Industrial Products	工业生产者购进价格指数 Indices of Purchasing Prices of Raw Materials, Fuels and Power	固定资产投资价格指数 Price Indices of Investment In Fixed Assets
1962	96.4	86.1	100.8	100.5	99.2			
1965	97.0	96.3	97.3	96.8	95.7			
1970	99.0	99.8	98.5	98.8	99.9			
1975	100.1	100.2	100.1	100.2	100.0			
1978	100.1	100.0	100.1	100.1	97.9			
1980	104.6	106.0	103.8	104.9	100.1			
1985	104.6	106.5	103.6	105.4	103.0			
1990	100.7	100.5	100.9	100.1	98.3	105.5	105.5	
1991	102.3	105.1	100.0	102.0	100.1	104.3	104.4	109.4
1992	105.4	107.7	102.9	105.0	101.2	106.2	110.0	119.8
1993	110.4	110.6	110.3	108.3	109.2	118.1	133.0	126.7
1994	125.2	127.4	123.5	120.6	124.4	124.1	122.0	106.0
1995	116.5	116.9	116.3	114.9	125.8	115.0	114.1	105.9
1996	110.5	109.5	110.9	107.9	107.9	104.1	106.0	103.9
1997	103.5	102.4	103.9	100.6	99.3	100.6	100.6	102.9
1998	97.5	97.9	97.1	96.6	94.2	95.3	94.8	98.7
1999	96.9	96.6	97.1	96.2	95.7	95.4	94.3	98.0
2000	99.2	99.1	99.2	98.5	99.6	104.0	105.1	102.9
2001	100.7	100.7	100.7	99.8	99.1	100.5	101.9	100.4
2002	100.1	99.8	100.6	99.2	100.8	98.6	97.6	98.7
2003	101.6	101.7	101.4	101.3	101.9	105.0	107.8	103.8
2004	105.4	105.4	105.4	105.7	111.4	110.2	115.7	110.1
2005	102.1	102.1	102.1	101.7	107.9	106.1	108.3	101.4
2006	101.3	101.2	101.5	100.9	101.2	104.3	105.3	101.6
2007	105.4	105.4	105.5	104.4	106.1	105.2	106.4	104.6
2008	107.0	106.5	107.9	107.5	120.9	112.1	111.9	109.0
2009	99.4	98.8	100.4	99.4	98.1	94.9	97.1	96.4
2010	103.5	103.4	103.8	103.7	103.1	107.8	110.2	103.5
2011	105.6	105.4	106.1	105.7	111.1	107.2	110.1	107.4
2012	102.5	102.6	102.4	102.3	105.4	99.4	99.2	101.0
2013	102.9	102.9	102.9	101.9	101.3	98.5	99.3	99.9

10-2 各种物价定基指数
General Price Indices

(1978年=100) (1978 year =100)

年份 Year	居民消费价格总指数 General Consumer Price Index	城市 Urban Areas	农村 Rural Areas	商品零售价格总指数 General Retail Price Index	农业生产资料价格总指数 General Price Index of Agricultural Means of Production	工业生产者出厂价格指数 Ex-Factory Price Indices of Industrial Productor	工业生产者购进价格指数 Purchasing Price Indices of Industrial Productor	固定资产投资价格指数 Purchasing Price Indices of Investment In Fixed Assets
1978	100.0	100.0	100.0	100.0	100.0			
1979	100.4	100.3	100.4	100.4	100.0			
1980	105.0	106.3	104.2	105.3	100.1			
1981	106.5	108.9	105.0	107.0	101.4			
1982	108.0	110.8	106.3	108.6	103.5			
1983	109.7	114.0	107.3	110.5	109.4			
1984	110.6	116.6	107.4	111.5	116.1			
1985	115.7	124.1	111.2	117.5	119.6			
1986	122.0	132.6	116.0	123.3	125.7			
1987	129.7	142.9	122.2	131.1	143.8			
1988	154.9	173.6	144.3	156.9	175.1	100.0	100.0	
1989	183.9	199.5	176.0	186.3	204.6	119.7	130.0	
1990	185.1	200.5	177.6	186.5	201.1	126.3	137.2	100.0
1991	189.4	210.7	177.6	190.2	201.3	131.7	143.2	109.4
1992	199.6	227.0	182.8	199.7	203.7	139.9	157.5	131.1
1993	220.4	251.0	201.6	216.3	222.4	165.2	209.5	166.1
1994	275.9	319.8	249.0	260.8	276.7	205.0	255.6	176.0
1995	321.4	373.8	289.5	299.7	348.1	235.8	291.6	186.4
1996	355.2	409.3	321.1	323.4	375.6	245.4	309.1	193.7
1997	367.6	419.2	333.6	325.0	373.0	246.9	310.9	199.3
1998	358.4	410.4	323.9	314.0	351.3	235.3	294.8	196.7
1999	347.3	396.4	314.6	302.0	336.2	224.5	278.0	192.8
2000	344.6	392.9	312.0	297.5	334.9	233.5	292.2	198.4
2001	347.0	395.6	314.2	296.9	331.9	234.6	297.7	199.1
2002	347.3	394.8	316.1	294.5	334.5	231.4	290.5	196.6
2003	352.9	401.5	320.5	298.4	340.9	243.0	313.0	204.0
2004	371.9	423.2	337.8	315.4	379.7	267.9	362.0	224.6
2005	379.7	432.1	344.9	320.7	409.7	284.1	392.0	227.8
2006	384.7	437.3	350.1	323.6	414.7	296.3	412.7	231.3
2007	405.5	460.9	369.4	337.8	440.0	311.8	439.2	242.0
2008	433.9	490.9	398.6	363.1	532.0	349.6	491.3	263.7
2009	431.3	485.0	400.2	360.9	521.9	331.8	477.2	254.2
2010	446.4	501.5	415.4	374.3	538.1	357.7	525.9	263.1
2011	471.4	528.6	440.7	395.6	597.8	383.4	579.1	282.4
2012	483.2	542.3	451.3	404.7	630.1	381.2	574.2	285.2
2013	497.2	558.0	464.4	412.4	638.3	375.6	570.0	285.0

注：工业生产者出厂价格和工业生产者购进价格指数以1988年=100，固定资产投资价格指数以1990年=100。
a)Ex-Factory Price Indices of Indices of Industrial Products and Indices of Purchasing Prices of Industrial Products are Calculated as the Year 1988=100, Prices Indices of Investment in Fixed Assets is Calculated as the Year 1990=100.

10-3 居民消费价格指数

Consumer Price Indices

(上年=100) (preceding year=100)

项目	Item	2012			2013		
		全省 The Whole Province	城市 Urban Indices	农村 Rural Indices	全省 The Whole Province	城市 Urban Indices	农村 Rural Indices
总指数	**General Consumer Price Index**	**102.5**	**102.6**	**102.4**	**102.9**	**102.9**	**102.9**
食品	**Food**	**103.6**	**104.3**	**102.4**	**105.6**	**105.4**	**105.8**
粮食	Grain	104.1	104.7	102.4	106.6	106.3	107.4
淀粉	Starches	107.3	107.6	104.3	105.4	106.0	100.4
干豆类及豆制品	Bean and Its Products	100.6	101.2	98.5	108.2	108.2	108.3
油脂	Oil or Fat	105.0	105.4	104.5	99.7	100.2	99.2
肉禽及其制品	Meal, Poultry and Their Products	99.4	101.7	95.6	104.8	104.8	104.7
蛋类	Eggs	94.4	94.0	94.8	104.4	104.9	103.8
水产品类	Aquatic Products	108.9	109.1	108.1	103.0	103.9	99.5
菜类	Vegetables	113.2	112.5	114.9	110.1	109.8	110.8
#鲜菜	Fresh Vegetables	115.1	114.1	117.6	110.3	109.7	111.8
调味品	Flavoring	104.9	104.9	104.9	107.7	107.8	107.4
糖类	Carbohydrate	105.8	105.7	106.0	99.9	99.8	100.1
茶及饮料	Tea and Beverages	105.2	105.3	104.6	103.2	102.9	104.1
干鲜瓜果类	Dried and Fresh Melons and Fruits	97.0	98.8	91.1	104.1	103.4	106.5
#鲜果	Fresh Fruits	93.8	96.2	87.8	106.3	105.8	108.0
糕点饼干面包	Cake and Biscuit	106.4	103.7	110.0	104.1	104.0	104.3
奶及奶制品	Milk and Its Products	101.8	101.6	102.6	104.5	104.9	103.0
在外用膳食品	Food Dining out	106.4	105.9	107.3	106.7	106.0	108.0
其它食品	Other Food Processing Service	103.0	103.7	101.7	101.7	100.6	103.7
烟酒及用品	**Tobacco,Liquor and Article for Use**	**103.4**	**103.1**	**103.6**	**100.4**	**99.2**	**101.5**
烟草	Tobacco	100.4	100.2	100.6	100.3	100.2	100.6
酒	Liquor	105.8	106.3	105.4	100.5	98.3	102.0
衣着类	**Clothing**	**103.2**	**102.1**	**105.2**	**102.5**	**102.0**	**103.5**
服装	Garments	103.0	102.3	104.5	102.5	102.0	103.7
衣着材料	Clothing Material	102.0	103.5	100.7	101.0	101.4	100.7
鞋袜帽	Shoes,Socks and Hats	103.8	101.1	107.0	102.4	101.6	103.2
衣着加工服务	Tailoring and Laundering Service	107.4	108.1	105.6	108.6	107.5	112.1
家庭设备用品及维修服务	**Household Facilities and Articles**	**102.8**	**102.8**	**102.7**	**101.5**	**101.3**	**101.9**
耐用消费品	Durable Consumer Goods	101.4	101.1	101.8	101.2	101.1	101.3
室内装饰品	Interior Decorations	101.4	101.4	101.3	100.9	100.5	102.1
床上用品	Bed Articles	102.1	101.8	102.8	100.2	99.7	101.2
家庭日用杂品	Daily Use Household Articles	104.0	104.4	103.1	101.2	100.8	102.2
家庭服务及加工维修服务	Household and Machining Service	116.4	116.3	116.4	110.7	111.3	109.6
医疗保健和个人用品	**Medicine and Medical Articles**	**101.9**	**101.8**	**102.1**	**101.5**	**100.9**	**102.6**
医疗保健	Medicine and Medical Service	101.1	101.1	101.3	101.6	101.2	102.2
个人用品及服务	Personal Article and Service	103.5	103.2	104.0	101.3	100.2	103.7
交通和通讯	**Means of Transportation and Communication**	**100.7**	**100.2**	**101.6**	**100.2**	**100.2**	**100.2**
交通	Transportation	102.1	101.4	103.0	100.8	100.8	100.8
通信	Communication	98.7	98.7	98.6	99.2	99.3	98.8
娱乐、教育、文化用品及服务	**Recreation, Education and Culture Articles**	**101.2**	**100.9**	**101.9**	**102.9**	**102.9**	**102.8**
文娱用耐用消费品及服务	Recreational Durable Consumer Goods and Service	95.3	95.1	95.7	97.0	96.2	98.1
教育	Education	102.5	101.7	104.1	104.2	104.2	104.1
文化娱乐用品	Cultural and Recreational Articles	102.0	102.4	101.1	105.1	106.1	102.3
旅游	Tourism	101.6	101.4	102.2	101.4	101.0	103.6
居住	**Residence**	**102.5**	**102.9**	**102.0**	**101.9**	**102.4**	**101.1**
建房及装修材料	Housing and Building Decoration Materials	101.0	102.0	100.3	100.4	101.1	99.9
住房租金	Rent	103.7	103.3	104.6	103.5	103.0	104.8
自有住房	Housing Uncontrolled	102.8	102.7	103.1	103.8	103.9	103.5
水、电、燃料	Water, Electricity and Fuels	102.9	103.5	102.0	99.6	100.3	98.4

10-4 分类商品零售价格指数
Retail Price Indices by Category

(上年=100) (preceding year=100)

项 目	Item	2006	2007	2008	2009	2010	2011	2012	2013
商品零售价格总指数	**Retail Price Index of commodities**	**100.9**	**104.4**	**107.5**	**99.4**	**103.7**	**105.7**	**102.3**	**101.9**
食品类	Food	102.1	115.4	116.1	101.2	108.7	112.4	103.1	105.6
饮料、烟酒类	Beverage and cigarette and alcohol	100.7	101.7	103.6	101.9	101.5	104.0	103.8	101.4
服装、鞋帽类	Clothing and shoe and cap	98.8	99.8	100.8	99.7	100.9	101.4	103.2	102.7
纺织品类	Textile product	100.2	100.9	102.3	100.5	104.0	109.8	102.4	100.8
家用电器及音像器材	Household appliance and audio-video material	98.7	99.7	98.7	95.7	97.8	98.8	99.5	99.8
文化办公用品类	Office supplies	98.6	98.6	100.0	98.1	98.7	98.5	99.3	99.2
日用品类	Articles in everyday use	100.1	101.4	104.5	101.6	100.1	102.5	102.8	101.3
体育娱乐用品类	Sport and entertainment goods	99.8	99.5	99.0	99.4	99.8	100.8	100.9	100.3
交通、通信用品类	Transportation and communication material	91.1	90.0	92.3	93.2	96.1	97.1	97.7	97.4
家具	Furniture	99.6	102.4	101.4	99.8	99.6	102.3	101.8	101.4
化妆品类	Cosmetics	99.9	100.1	100.6	100.6	100.3	101.1	103.2	102.0
金银珠宝类	Gold and sliver and jewellery	119.2	107.2	118.8	93.8	111.3	114.3	103.2	91.5
中西药品及医疗保健用品类	Chinese traditional medicine and western medicine and health product	98.2	100.6	102.9	101.2	104.0	103.9	102.4	102.2
书报杂志及电子出版物类	Book and newspaper and megazine and E-journal	99.7	98.9	102.8	106.7	99.4	100.9	103.9	102.5
燃料类	Fuel	111.2	102.6	119.3	98.7	110.5	113.6	104.5	98.3
建筑材料及五金电料类	Architectural and hardware material	102.8	105.5	109.3	96.9	104.3	107.0	101.3	100.0

10-5 农业生产资料价格指数
Price Indices of Means of Agricultural Production

(上年=100) (preceding year=100)

项 目	Item	2006	2007	2008	2009	2010	2011	2012	2013
农业生产资料价格总指数	**Price Indices of Means of Agricultural Production**	**101.2**	**106.1**	**120.9**	**98.1**	**103.1**	**111.1**	**105.4**	**101.3**
农用手工工具	Small farm tool	100.2	102.2	118.1	105.9	101.1	104.9	102.9	105.0
饲料	Feed	99.1	108.4	113.2	108.1	109.1	105.5	106.5	106.4
产品畜	Production Livestock	89.1	132.1	126.4	80.9	101.8	136.4	103.1	98.5
半机械化农具	Semi-mechanized farm machinery	99.4	101.6	105.6	100.1	100.9	105.8	104.6	102.3
机械化农具	Mechanized farm machinery	101.8	101.2	107.3	100.9	100.1	103.7	100.5	100.3
化学肥料	Chemical fertilizer	99.4	105.3	138.5	92.6	98.5	115.2	106.0	95.4
农药及农药机械	Pesticide and device in pesticide	103.9	102.7	108.4	100.0	100.6	106.0	101.4	102.1
化学农药	Chemical pesticide	103.6	102.8	109.0	98.1	99.4	106.3	101.4	102.4
农药器械	Device in pesticide	105.2	101.9	105.8	108.8	105.9	102.5	100.8	99.6
农用机油	Agricultural oil	113.2	104.2	115.4	89.4	113.1	114.7	104.2	99.3
其他农业生产资料	Other agricultural production goods	106.2	103.2	105.1	104.5	109.5	108.2	107.9	106.0
农用种子	Farm seed	104.8	101.8	104.8	110.6	113.6	108.7	109.2	106.6
其他	Others	109.3	106.3	105.8	90.5	99.5	105.6	100.6	102.0
农业生产服务	Service for agriculture	104.1	104.7	106.0	105.5	102.3	106.9	107.1	106.1

10-6 各市居民消费价格指数(2013年)

Consumer Price Indices by City (2013)

各市数据均为市政府所在城市市区数(10-7表同)。
Price Indices of every city refers to the figures of under of the cities (the same as 10-7 table).

(上年=100) (preceding year=100)

市 City	居民消费价格总指数 Consumer Price Index	食品 Food	烟酒及用品 Tobacco, Liquor and Articles	衣着 Clothing	家庭设备用品及维修服务 Household Facilities, Articles and Repair Service	医疗保健和个人用品 Medicines, Health care Services and Personal Articles	交通和通信 Transportation and Communication	娱乐教育文化用品及服务 Recreation, Education & Culture Articles	居住 Residence
省辖市 City	**102.9**	**105.6**	**100.4**	**102.5**	**101.5**	**101.5**	**100.2**	**102.9**	**101.9**
郑州市 Zhengzhou	102.8	104.8	99.6	101.9	101.8	100.8	99.7	103.7	102.9
开封市 Kaifeng	103.0	104.7	98.6	102.8	100.5	102.3	100.9	104.7	102.0
洛阳市 Luoyang	103.1	105.7	98.6	101.8	101.6	102.0	100.9	103.4	101.7
平顶山市 Pingdingshan	102.9	105.7	98.7	100.8	100.7	100.5	101.1	101.8	103.6
安阳市 Anyang	102.4	104.6	98.0	102.0	101.8	102.7	99.6	102.2	101.3
鹤壁市 Hebi	103.0	106.0	100.7	101.1	100.0	100.3	98.4	104.3	103.2
新乡市 Xinxiang	103.1	105.9	101.0	100.7	102.0	102.0	100.4	102.4	102.6
焦作市 Jiaozuo	102.5	105.2	99.4	103.5	100.5	100.6	100.5	100.8	101.6
濮阳市 Puyang	102.8	106.0	98.0	102.4	100.8	102.1	99.9	102.7	100.8
许昌市 Xuchang	102.9	105.2	100.0	100.6	102.9	100.7	100.9	104.4	101.8
漯河市 Luohe	102.7	105.1	99.8	101.1	100.0	100.8	100.1	103.0	103.3
三门峡市 Sanmenxia	103.1	107.7	101.6	99.3	100.2	103.5	100.1	102.2	100.2
南阳市 Nanyang	102.8	105.4	97.0	103.4	101.6	98.7	99.9	100.7	104.4
商丘市 Shangqiu	102.8	106.5	100.7	101.6	100.2	101.9	100.2	101.5	101.0
信阳市 Xinyang	102.9	105.7	98.6	100.9	103.3	100.7	101.7	103.2	101.0
周口市 Zhoukou	102.7	104.6	101.0	103.4	101.0	100.3	100.7	101.4	102.7
驻马店市 Zhumadian	102.8	104.9	97.7	105.4	101.7	100.2	99.8	102.4	102.3
济源市 Jiyuan									
省直管县 Province Administrating County									
巩义市 Gongyi									
兰考县 Lankao									
汝州市 Ruzhou									
滑县 Huaxian	102.2	105.5	99.1	103.7	100.8	104.5	99.2	101.9	99.1
长垣县 Changyuan									
邓州市 Dengzhou									
永城市 Yongcheng	102.9	105.5	99.7	104.3	100.9	101.3	100.3	101.9	103.1
固始县 Gushi	102.7	105.8	99.8	105.7	103.7	102.4	100.1	103.2	99.5
鹿邑县 Luyi									
新蔡县 Xincai									

10-7 各市商品零售价格指数(2013年)

(上年=100)

市 City	商品零售价格总指数 General Index	食品类 Food	饮料烟酒 Beverage and cigarette	服装鞋帽类 Clothing, Shoes and Hats	纺织品类 Drygoods	家用电器及音像器材类 Household appliance and audio-video material	文化办公用品类 Cultural and Office supplies	日用品 Articles for Daily Use
省辖市 City	**101.9**	**105.6**	**101.4**	**102.7**	**100.8**	**99.8**	**99.2**	**101.3**
郑州市 Zhengzhou	101.4	105.2	100.3	101.9	99.9	98.7	98.9	100.1
开封市 Kaifeng	101.0	104.6	100.1	102.3	95.5	97.8	97.7	99.0
洛阳市 Luoyang	101.6	106.0	99.9	101.8	101.0	99.5	99.0	103.8
平顶山市 Pingdingshan	101.6	105.9	100.6	100.7	101.1	99.1	97.2	100.4
安阳市 Anyang	101.4	105.2	99.8	102.2	102.3	98.5	99.3	101.7
鹤壁市 Hebi	101.4	105.9	101.3	101.1	98.5	98.9	98.8	99.9
新乡市 Xinxiang	102.2	106.2	101.9	100.8	100.1	98.3	101.5	103.9
焦作市 Jiaozuo	101.5	104.9	100.9	104.4	103.6	98.2	98.3	100.5
濮阳市 Puyang	101.7	106.0	98.7	102.3	101.2	99.0	97.7	101.4
许昌市 Xuchang	101.0	104.4	101.5	100.2	107.4	98.6	99.6	101.3
漯河市 Luohe	100.6	104.2	100.5	100.7	99.8	98.9	96.5	101.3
三门峡市 Sanmenxia	102.2	107.1	101.3	99.2	97.9	98.3	98.6	101.3
南阳市 Nanyang	101.7	105.3	98.5	103.3	98.9	100.7	99.3	100.0
商丘市 Shangqiu	101.6	106.2	101.7	101.6	100.6	99.8	98.3	99.7
信阳市 Xinyang	101.7	105.5	99.2	100.8	102.7	98.6	101.7	102.1
周口市 Zhoukou	101.5	104.6	101.8	103.6	101.5	94.6	98.1	101.5
驻马店市 Zhumadian	101.2	105.2	99.1	105.5	102.4	99.6	97.8	100.8
济源市 Jiyuan								
省直管县 Province Administrating County								
巩义市 Gongyi								
兰考县 Lankao								
汝州市 Ruzhou								
滑县 Huaxian	101.8	105.8	99.6	104.3	99.7	98.5	97.2	100.3
长垣县 Changyuan								
邓州市 Dengzhou								
永城市 Yongcheng	102.2	105.0	100.1	104.5	100.6	100.6	96.8	100.1
固始县 Gushi	102.3	106.1	100.2	105.5	101.3	100.5	99.5	100.3
鹿邑县 Luyi								
新蔡县 Xincai								

Retail Price Indices by City (2013)

(preceding year=100)

体育娱乐用品类 Sport and entertainment goods	交通、通信用品 Traffic& Communi-cation Goods	家　具 Furniture	化妆品 Cosmetics	金　银珠宝类 Gold、sliver and jewellery	中、西药品及医疗保健用品 Chinese traditional medicine and western medicine and health product	书报杂志及电子出出版物类 Book& newspaper、megazine and e-publication	燃料类 Fuels	建筑材料及五金电料　类 Architectural and hardware material
100.3	**97.4**	**101.4**	**102.0**	**91.5**	**102.2**	**102.5**	**98.3**	**100.0**
100.1	98.0	101.7	101.1	93.0	102.0	105.9	99.4	100.0
101.4	95.3	100.3	104.6	89.6	102.0	106.8	98.5	99.9
99.7	98.1	101.2	101.2	94.4	103.7	101.4	97.0	100.7
100.1	97.9	100.6	104.5	91.6	100.3	100.4	99.0	100.3
100.7	96.6	103.1	100.7	91.6	102.7	99.2	96.9	99.5
99.4	95.6	100.3	99.2	95.8	102.0	100.5	97.9	99.6
100.1	99.0	100.3	101.7	93.0	103.5	100.4	99.0	99.9
98.8	95.7	101.3	99.9	95.9	101.0	100.1	98.9	101.9
101.4	96.8	103.3	102.2	95.5	102.7	100.2	99.1	99.2
100.6	98.7	100.3	100.2	91.7	100.9	101.7	98.4	97.4
98.9	97.1	100.1	100.4	92.3	98.3	104.3	99.4	96.2
100.9	97.9	100.2	98.8	89.8	106.0	101.5	98.6	102.0
100.9	99.4	102.3	101.6	85.8	100.5	101.0	99.0	101.6
100.6	96.9	98.3	100.8	91.5	102.4	101.1	97.2	99.8
99.2	99.1	99.8	101.1	87.4	100.4	101.2	101.0	99.1
99.0	98.7	102.6	100.6	93.3	100.4	99.9	99.5	100.7
100.5	94.5	101.7	101.5	93.8	99.0	100.4	95.2	101.1
100.1	95.3	102.1	103.5	97.1	107.8	101.0	91.3	99.3
99.9	99.9	100.7	102.4	92.4	100.9	102.0	97.9	101.9
100.3	97.3	105.4	105.5	86.7	102.6	101.5	98.1	97.3

10-8 各市居民消费价格指数(2013年)
Consumer Price Indices by City (2013)

本表数据全市口径(10-9表同)。
Price Indices of every city refers to the whole city's caliber (the same as10-9 table).

(上年=100) (preceding year=100)

市(县) City(County)	居民消费价格总指数 Consumer Price Index	食品 Food	烟酒及用品 Tobacco, Liquor and Articles	衣着 Clothing	家庭设备用品及维修服务 Household Facilities, Articles and Repair Service	医疗保健和个人用品 Medicines, Health care Services and Personal Articles	交通和通信 Transportation and Communication	娱乐教育文化用品及服务 Recreation, Education & Culture Articles	居住 Residence
省辖市 City									
郑州市 Zhengzhou	102.4	104.7	100.1	102.5	101.2	100.8	100.0	102.5	101.9
开封市 Kaifeng	102.8	104.7	99.3	102.8	100.4	102.4	100.1	105.4	101.1
洛阳市 Luoyang	103.1	105.1	98.8	104.1	102.9	103.2	101.1	100.8	102.0
平顶山市 Pingdingshan	102.7	105.2	99.5	102.0	101.4	100.9	100.7	101.5	102.5
安阳市 Anyang	102.2	104.0	98.9	101.4	102.3	102.2	102.1	101.5	100.5
鹤壁市 Hebi	103.0	104.3	100.7	107.9	101.7	101.6	98.7	102.5	102.1
新乡市 Xinxiang	102.8	106.5	101.0	100.9	101.2	101.6	98.8	101.6	102.2
焦作市 Jiaozuo	102.4	104.9	99.8	103.8	101.1	102.9	99.9	99.8	101.0
濮阳市 Puyang	101.8	103.9	100.2	100.6	99.3	101.8	99.9	100.8	101.5
许昌市 Xuchang	102.4	105.9	100.6	101.1	100.5	101.3	99.1	99.5	101.9
漯河市 Luohe	102.7	103.9	103.5	101.8	100.9	102.0	99.8	103.1	103.4
三门峡市 Sanmenxia	102.5	106.3	100.5	100.7	100.8	100.2	99.8	101.0	101.6
南阳市 Nanyang	102.5	104.5	99.6	101.8	100.3	102.1	100.0	104.2	101.8
商丘市 Shangqiu	102.3	106.0	100.5	100.4	101.0	101.1	98.9	101.5	100.9
信阳市 Xinyang	102.4	103.9	99.0	103.9	101.1	101.0	99.8	101.9	102.3
周口市 Zhoukou	102.7	105.9	101.4	101.8	101.2	102.2	98.9	100.5	102.0
驻马店市 Zhumadian	102.7	105.3	100.2	102.8	101.2	101.8	99.8	102.3	101.2
济源市 Jiyuan	102.3	105.0	98.3	103.3	104.0	102.6	98.7	99.4	99.8
省直管县 Province Administrating County									
巩义市 Gongyi	102.5	105.5	102.0	101.8	100.8	101.5	99.8	100.3	102.2
兰考县 Lankao	103.1	105.6	99.7	99.2	101.6	107.4	99.8	104.0	101.5
汝州市 Ruzhou	102.5	106.0	98.2	102.4	100.8	99.8	100.2	102.4	100.9
滑县 Huaxian	102.2	105.5	99.1	103.7	100.8	104.5	99.2	101.9	99.1
长垣县 Changyuan	102.5	107.6	100.0	100.1	100.1	100.5	101.3	100.0	101.2
邓州市 Dengzhou	102.5	105.5	100.8	103.6	101.0	99.6	100.1	100.8	101.6
永城市 Yongcheng	102.7	105.4	102.4	103.0	100.6	101.4	100.2	101.5	101.5
固始县 Gushi	102.7	105.8	99.8	105.7	103.7	102.4	100.1	103.2	99.5
鹿邑县 Luyi	102.9	103.8	100.0	102.0	101.5	102.4	100.6	101.7	105.5
新蔡县 Xincai	102.9	106.5	101.1	105.6	100.9	100.7	99.9	101.4	100.1

10–9 各市商品零售价格指数(2013年)

Retail Price Indices by City (2013)

(上年=100) (preceding year=100)

市(县) City(County)	商品零售价格总指数 General Index	食品类 Food	饮料烟酒 Beverage and cigarette	服装鞋帽类 Clothing, Shoes and Hats	纺织品类 Drygoods	家用电器及音像器材类 Household appliance and audio-video material	文化办公用品类 Cultural and Office supplies	日用品 Articles for Daily Use	体育娱乐用品类 Sport and entertainment goods
省辖市 City									
郑州市 Zhengzhou	101.6	105.0	100.9	101.9	100.2	99.1	99.1	100.8	100.0
开封市 Kaifeng	101.1	105.2	100.3	102.5	98.4	96.9	97.6	100.5	100.5
洛阳市 Luoyang	102.0	105.1	102.0	103.9	91.3	93.2	83.9	98.7	107.2
平顶山市 Pingdingshan	101.9	105.4	100.5	101.8	102.1	99.8	98.8	100.7	100.3
安阳市 Anyang	101.1	104.7	99.8	101.8	101.7	99.7	98.1	101.0	100.6
鹤壁市 Hebi	101.8	103.5	100.2	109.4	99.9	100.4	100.4	102.3	100.0
新乡市 Xinxiang	102.3	106.4	101.7	101.0	100.3	98.5	101.5	103.2	100.1
焦作市 Jiaozuo	101.9	105.0	100.0	103.8	100.6	99.6	99.7	100.2	100.0
濮阳市 Puyang	100.8	103.2	100.1	101.2	101.2	92.9	100.3	100.6	100.2
许昌市 Xuchang	101.5	105.7	101.0	101.2	99.9	98.7	97.9	100.3	100.4
漯河市 Luohe	101.5	103.9	103.0	101.4	99.9	96.6	99.5	100.7	100.4
三门峡市 Sanmenxia	101.8	106.1	100.6	100.6	100.6	98.2	99.0	100.4	100.4
南阳市 Nanyang	101.6	104.5	100.5	102.0	100.3	98.7	100.1	100.6	100.0
商丘市 Shangqiu	101.5	105.3	100.8	100.9	100.7	99.4	100.2	100.8	100.5
信阳市 Xinyang	101.5	103.9	100.5	104.1	100.5	99.0	98.9	100.3	100.1
周口市 Zhoukou	102.2	106.7	101.1	101.5	97.7	99.6	100.0	100.4	100.4
驻马店市 Zhumadian	101.7	105.6	100.4	103.2	100.4	98.2	98.7	100.7	100.4
济源市 Jiyuan	101.9	106.1	98.8	103.5	101.7	99.4	99.7	100.5	100.2
省直管县 Provincc Administrating County									
巩义市 Gongyi	102.5	105.8	101.9	102.1	100.3	100.0	99.6	101.9	99.8
兰考县 Lankao	101.5	105.8	100.2	99.1	101.8	101.2	97.6	101.5	98.8
汝州市 Ruzhou	102.1	106.2	99.0	102.0	104.9	99.7	100.1	100.2	100.0
滑县 Huaxian	101.0	102.3	96.8	105.7	100.1	98.6	99.2	99.7	100.7
长垣县 Changyuan	102.9	109.8	100.1	100.1	100.0	100.0	100.6	100.0	100.0
邓州市 Dengzhou	102.0	104.8	101.3	103.3	101.9	101.4	99.8	100.2	100.0
永城市 Yongcheng	102.4	105.7	102.1	103.1	101.2	99.1	101.3	102.0	100.0
固始县 Gushi	102.3	106.1	100.2	105.5	101.3	100.5	99.5	100.3	100.3
鹿邑县 Luyi	101.3	104.4	100.4	101.0	100.4	100.1	100.0	100.1	100.6
新蔡县 Xincai	102.6	107.2	101.5	105.2	99.9	98.5	98.8	100.6	100.0

10-9 续表 continued

(上年=100) (preceding year=100)

市(县) City(County)	交通、通信用品 Traffic& Communication Goods	家具 Furniture	化妆品 Cosmetics	金银珠宝类 Gold、sliver and jewellery	中、西药品及医疗保健用品 Chinese traditional medicine and western medicine and health product	书报杂志及电子出出版物类 Book& newspaper、megazine and e-publication	燃料类 Fuels	建筑材料及五金电料类 Architectural and hardware material
省辖市 City								
郑州市 Zhengzhou	98.2	101.3	101.3	92.5	102.0	103.9	99.6	100.9
开封市 Kaifeng	93.9	101.1	103.9	89.5	103.0	105.4	97.8	99.3
洛阳市 Luoyang	108.6	108.5	98.7	87.7	106.7	96.5	102.8	101.1
平顶山市 Pingdingshan	98.3	101.9	102.4	93.2	100.7	101.3	100.3	100.1
安阳市 Anyang	96.7	102.5	100.6	94.9	102.6	99.6	96.7	99.6
鹤壁市 Hebi	99.5	99.7	100.3	92.5	102.0	100.8	95.9	101.0
新乡市 Xinxiang	99.1	100.2	101.7	93.6	103.5	100.4	99.9	100.1
焦作市 Jiaozuo	98.0	100.8	100.9	95.9	104.1	100.1	99.1	100.1
濮阳市 Puyang	98.2	101.6	101.5	95.6	102.3	101.1	99.8	100.7
许昌市 Xuchang	96.2	100.4	100.4	91.5	100.4	101.1	99.1	99.8
漯河市 Luohe	98.0	100.3	99.8	92.6	101.9	100.3	100.5	102.7
三门峡市 Sanmenxia	99.7	100.3	100.6	92.6	100.5	100.9	99.9	99.8
南阳市 Nanyang	99.7	100.1	104.0	91.4	102.6	100.2	101.5	99.1
商丘市 Shangqiu	96.0	101.2	101.9	92.4	101.7	101.2	98.7	99.4
信阳市 Xinyang	97.4	102.0	101.4	91.0	101.3	100.8	99.5	101.3
周口市 Zhoukou	97.3	100.6	100.7	94.6	101.4	103.2	99.4	100.6
驻马店市 Zhumadian	95.1	101.7	100.3	92.6	101.4	100.9	99.0	100.2
济源市 Jiyuan	100.0	106.6	104.5	79.7	106.0	102.5	91.8	99.7
省直管县 Province Administrating County								
巩义市 Gongyi	98.2	100.1	102.0	91.9	102.7	100.3	99.3	102.5
兰考县 Lankao	88.6	100.2	100.1	90.4	106.6	103.0	97.3	99.4
汝州市 Ruzhou	98.8	100.0	100.1	95.2	100.4	106.3	99.8	99.1
滑县 Huaxian	93.4	103.5	102.6	92.3	108.8	100.4	94.5	101.6
长垣县 Changyuan	100.0	100.0	101.4	98.3	100.0	100.0	99.1	100.7
邓州市 Dengzhou	100.0	100.3	100.8	86.5	99.7	100.0	99.6	99.8
永城市 Yongcheng	97.3	100.0	104.2	89.8	102.5	101.3	99.5	100.5
固始县 Gushi	97.3	105.4	105.5	86.7	102.6	101.5	98.1	97.3
鹿邑县 Luyi	100.0	100.0	100.0	91.7	100.1	100.3	98.4	97.7
新蔡县 Xincai	96.8	100.0	100.0	96.6	101.7	100.6	98.1	99.5

10−10 农产品生产价格指数

Indices of Producers′ Prices for Farm Products

(上年=100) (preceding year=100)

类　别	Type	2006	2007	2008	2009	2010	2011	2012	2013
农产品生产价格指数	**Indices of Producers' Prices for Farm Products**	**100.9**	**118.5**	**115.0**	**99.1**	**112.5**	**111.5**	**102.9**	**102.6**
农业产品	**Farm Crops**	**101.7**	**111.7**	**108.2**	**106.0**	**120.5**	**103.8**	**103.2**	**102.7**
粮食	Grain	101.1	109.9	108.2	107.2	111.3	105.9	103.3	106.2
小麦	Wheat	99.7	106.1	108.6	112.6	110.5	102.9	101.9	108.0
稻谷	Rice	106.8	105.3	110.7	105.8	105.4	109.9	101.9	103.5
玉米	Corn	102.1	119.0	106.6	96.8	115.0	110.6	103.5	103.4
薯类	Tubers	94.3	114.5	103.7	101.9	115.9	126.4	96.4	103.2
豆类	Beans	97.7	119.3	118.3	91.7	112.0	102.7	101.2	102.8
油料	Oil- bearing Crops	100.1	129.8	117.8	89.0	118.1	108.6	106.5	99.8
花生	Peanuts	101.4	129.8	110.6	89.0	118.1	119.4	107.9	98.1
油菜籽	Rapeseeds	92.7	112.2	143.5	89.6	105.4	103.7	102.9	104.5
芝麻	Sesame	92.9	114.7	131.5	93.8	103.0	101.0	95.3	102.4
棉花(籽棉)	Cotton	105.2	105.1	106.6	93.3	141.8	107.2	92.6	102.9
烟草	Tobacco	104.9	108.6	120.1	105.1	103.9	117.1	112.3	105.6
蔬菜	Vegetables	115.1	101.7	94.6	145.3	138.4	80.3	106.9	94.5
水果	Fruits	121.3	139.9	118.5	103.9	120.5	117.3	107.7	101.3
林业产品	**Forestry Production**	**104.4**	**107.2**	**105.4**	**93.5**	**92.3**	**104.9**	**105.3**	**103.1**
牧业(畜产品)	**Animal Husbandry Production**	**95.1**	**130.7**	**125.2**	**87.4**	**99.5**	**124.2**	**100.9**	**102.0**
牛	Cattle	106.1	108.1	130.2	102.5	105.9	111.2	115.3	118.7
羊	Sheep and Goats	106.0	114.4	122.7	98.7	110.2	113.6	115.9	110.9
猪	Hogs	88.4	139.4	126.4	84.4	97.7	129.9	92.7	99.3
家禽	Poultry	100.0	115.4	109.4	102.2	113.3	116.7	94.8	102.1
肉禽	Poultry Meat	103.2	111.5	111.0	101.9	102.4	116.7	94.5	103.5
禽蛋	Poultry Eggs	98.0	117.9	108.9	101.2	105.9	110.7	95.9	103.0
渔业	**Fishery Production**	**104.7**	**109.3**	**121.1**	**103.2**	**102.0**	**105.7**	**106.2**	**110.8**

10-11 工业生产者出厂价格指数

Ex-Factory Price Indices of Industrial Productor

(上年=100) (preceding year=100)

类 别	Type	2007	2008	2009	2010	2011	2012	2013
总指数	**General Index**	**105.2**	**112.1**	**94.9**	**107.8**	**107.2**	**99.4**	**98.5**
按轻、重工业分	**Grouped by Light & Heavy Industry**							
轻工业	Light Industry	105.7	107.9	98.4	104.3	106.9	100.1	101.8
以农产品为原料	Using Farm Products as Raw Materials	107.0	107.3	99.4	106.0	107.5	100.0	102.1
以非农产品为原料	Using Non-Farm Products as Raw Materials	103.9	108.8	97.2	102.4	104.3	100.5	100.0
重工业	Heavy Industry	104.9	115.4	92.2	110.7	107.3	99.2	97.3
采掘工业	Mining & Quarrying Industry	105.1	128.6	92.3	116.7	112.6	96.8	91.8
原料工业	Raw Materials Industry	105.1	111.5	91.6	112.9	108.4	100.2	96.8
加工工业	Manufacturing Industry	104.5	113.2	92.7	105.0	105.2	99.2	99.1
按部类分	**Grouped by Division**							
生产资料	Means of Production	104.5	113.3	93.3	108.8	107.7	98.6	97.5
采掘工业	Mining & Quarrying Industry	105.4	130.3	92.6	116.8	112.6	96.8	91.8
原料工业	Raw Materials Industry	105.0	108.6	91.7	112.0	108.3	100.1	96.9
加工工业	Manufacturing Industry	103.9	110.8	94.4	104.6	106.1	98.1	99.2
生活资料	Consumer Goods	107.7	108.1	101.1	103.9	105.5	102.5	102.2
食品类	Food	109.8	108.7	101.1	103.7	104.9	102.9	103.5
衣着类	Clothing	100.8	101.7	101.8	105.6	111.4	104.9	100.4
一般日用品类	Articles for Daily Use	101.9	109.9	100.4	103.7	105.0	101.0	100.0
耐用消费品类	Durable Consumer Goods	102.8	102.3	101.8	103.9	105.6	101.5	100.5
按工业部门分	**Grouped by Sector**							
冶金工业	Metallurgical Industry	108.4	113.7	82.9	116.4	108.7	95.2	95.9
电力工业	Power Industry	101.7	103.3	103.7	103.6	104.3	108.0	100.8
煤炭及冶炼工业	Coal and Smelt Industry	106.3	134.2	99.8	113.1	107.8	95.9	89.1
石油工业	Petroleum Industry	100.9	127.0	75.1	127.9	121.7	101.5	96.4
化学工业	Chemical Industry	105.1	112.2	91.0	107.3	111.0	98.8	97.0
机械工业	Machine Buiding Industry	103.0	106.4	99.8	101.4	103.5	100.4	100.1
建筑材料工业	Building Materials Industry	104.5	110.8	99.5	101.1	104.5	101.3	100.5
森林工业	Timber Industry	106.5	108.0	97.2	99.9	106.0	102.2	100.8
食品工业	Food Industry	109.5	109.4	100.9	103.7	104.8	102.4	103.6
纺织工业	Textile Industry	101.0	101.3	96.2	116.4	120.4	88.8	99.5
缝纫工业	Tailoring Industry	100.5	104.2	103.9	105.3	111.4	105.5	99.5
皮革工业	Leather Industry	102.1	101.0	99.7	102.7	106.3	103.0	104.1
造纸工业	Paper Industry	102.8	108.6	94.4	103.4	102.9	99.9	99.1
文教艺术用品工业	Cultural,Educational & Handicrafts Articles	101.8	101.6	99.9	101.8	100.5	102.1	102.5
其他工业	Others	104.1	114.3	94.4	103.5	106.3	100.0	99.1

10-12 工业生产者购进价格指数

Indices of Purchasing Prices of Industrial Productor

(上年=100) (preceding year=100)

类 别	Type	2007	2008	2009	2010	2011	2012	2013
总指数	**General Index**	**106.4**	**111.9**	**97.1**	**110.2**	**110.1**	**99.2**	**99.3**
燃料、动力类	Fuels and Motive Power	107.5	121.0	102.5	108.9	106.6	101.6	96.7
黑色金属材料类	Ferrous Metals Materials	111.7	124.7	86.4	108.4	108.1	94.1	96.4
#钢材	Steel Products	106.1	118.6	86.7	105.9	106.1	95.5	95.9
有色金属材料和电线类	Nonferrous Metals Materials and Electric Wire	114.8	99.0	83.8	123.2	109.2	98.2	96.4
化工原料类	Chemical Raw Materials	111.8	106.7	90.9	116.8	115.0	91.5	94.6
木材及纸浆类	Logging and Paper Pulp	104.7	106.2	98.7	104.7	107.4	102.2	100.8
建筑材料及非金属矿类	Building Materials and Nonmetal Minerals	101.0	119.5	96.6	103.9	106.3	101.4	98.8
其他工业原材料及半成品类	Others Industry Materials & Semi Finished Articles	105.7	108.4	99.6	107.4	111.5	104.6	104.4
农副产品类	Farm Products	103.6	110.5	101.0	108.3	114.2	97.0	101.3
纺织原料类	Textile Raw Materials	103.7	102.0	93.4	118.1	111.7	91.6	99.7

10-13 固定资产投资价格指数

Price Indices of Investment In Fixed Assets

(上年=100) (preceding year=100)

类 别	Type	2007	2008	2009	2010	2011	2012	2013
固定资产投资价格指数	**Price Indices of Investment In Fixed Assets**	**104.6**	**109.0**	**96.4**	**103.5**	**107.4**	**101.0**	**99.9**
建筑安装工程	Construction and Installation	106.3	112.1	94.6	104.9	110.1	101.4	99.8
设备、工器具购置	Purchase of Equipments and Instruments	101.4	102.5	98.8	100.5	102.3	99.7	99.7
其他费用	Other Expenses	101.9	103.3	102.5	101.3	103.0	101.9	101.2

主要统计指标解释

商品零售价格指数 是反映一定时期城乡商品零售价格变动趋势的一种经济指数。零售物价的调整变动直接影响到城乡居民的生活支出和国家的财政收入，影响居民购买力和市场供需平衡，影响消费与积累的比例。因此，计算零售价格指数，可以从一个侧面对上述经济活动进行观察和分析。

居民消费价格指数 是反映一定时期内城乡居民所购买的生活消费品价格和服务项目价格变动趋势和程度的相对数，是对城市居民消费价格指数和农村居民消费价格指数进行综合汇总计算的结果。利用居民消费价格指数，可以观察和分析消费品的零售价格和服务价格变动对城乡居民实际生活费支出的影响程度。

城市居民消费价格指数 是反映一定时期城市居民家庭所购买的生活消费品价格和服务项目价格变动趋势和程度的相对数。城市居民消费价格指数可以观察和分析消费品的零售价格和服务项目价格变动对职工货币工资的影响，作为研究职工生活和确定工资政策的依据。

农村居民消费价格指数 是反映一定时期农村居民家庭所购买的生活消费品价格和服务项目价格变动趋势和程度的相对数。农村居民消费价格指数可以观察农村消费品的零售价格和服务项目价格变动对农村居民生活消费支出的影响，直接反映农民生活水平的实际变化情况，为分析和研究农村居民生活问题提供依据。

农业生产资料价格指数 是反映一定时期工业、商业及其他单位和个人向农民出售农业生产资料价格变动趋势和变动程度的相对数。编制农业生产资料价格指数，目的在于掌握农业生产资料的平均价格水平，为国家制定经济政策提供依据；同时，为研究市场流通和国民经济核算提供参考依据。

农产品生产价格指数 是反映一定时期内，农产品生产者出售农产品价格水平变动趋势及幅度的相对数。该指数可以客观反映全国农产品生产价格水平和结构变动情况，满足农业与国民经济核算需要。其中某代表品生产价格指数是通过对全部有出售该产品行为的调查单位的个体指数进行几何平均求得的，类价格指数是通过对其所属的类（或代表品）的价格指数进行加权平均求得的。

工业生产者出厂价格指数 是反映一定时期全部工业产品出厂价格总水平的变动趋势和程度的相对数，包括工业企业售给本企业以外所有单位的各种产品和直接售给居民用于生活消费的产品。通过工业生产者出厂价格指数能观察出厂价格变动对工业总产值的影响。

工业生产者购进价格指数 是反映工业企业作为生产投入，而从物资交易市场和能源、原材料生产企业购买原材料、燃料和动力产品时，所支付的价格水平变动趋势和程度的统计指标，是扣除工业企业物质消耗成本中的价格变动影响的重要依据。

固定资产投资价格指数 是反映固定资产投资额价格变动趋势和程度的相对数。固定资产投资额是由建筑安装工程投资完成额、设备、工器具购置投资完成额和其他费用投资完成额三部分组成的。编制固定资产投资价格指数应首先分别编制上述三部分投资的价格指数，然后采用加权算术平均法求出固定资产投资价格总指数。

固定资产投资价格指数可以准确地反映固定资产投资中涉及的各类商品和取费项目价格变动趋势和变动幅度，消除按现价计算的固定资产投资指标中的价格变动因素，真实地反映固定资产投资的规模、速度、结构和效益，为国家科学地制定、检查固定资产投资计划并提高宏观调控水平，为完善国民经济核算体系提供科学的、可靠的依据。

Explanatory Notes on Main Statistical Indicators

Retail Price Index reflects the general change in retail prices of commodities. The change and adjustment in retail prices directly affect the living expenditure of urban and rural residents, government revenue, purchasing power of residents and the equilibrium of market supply and demand, and the ratio of consumption to accumulation. Therefore, the calculation of retail price index is useful to analyze the changes of the above economic activities.

Consumer Price Index reflects the trend and degree of changes in prices of consumer goods and services purchased by urban and rural residents, and is a composite index derived from the urban consumer price index and the rural consumer price index. Consumer price index can be used to analyze the impact of consumer price change on actual expenditure for living cost of urban and rural residents.

Urban Consumer Price Index reflects the trend and degree of changes in prices of consumer goods and services purchased by urban households. It can be used to observe and analyze the impact of price changes in consumer goods and services on money wages of staff and workers, and provide basis for policymaking concerning the living cost and wages of staff and workers.

Rural Consumer Price Index reflects the trend and degree of changes in prices of consumer goods and services purchased by rural households. It can be used to observe the impact of change in retail prices of consumer goods and service prices in rural areas on living expenditure of rural households, and to show the changes in the living standard of peasants. It provides basis for analysis and research on condition of life in rural areas.

Price Indices of Means of Agricultural Production reflect the trend and degree of changes in prices of means of agricultural production bought by farmers from industry, commerce, other units of nature person. Compilation of these indices helps to command the mean prices of means of agricultural production, providing basis for economic decision-making of the Nation, research in market circulation and national account statistics.

Producer Prices Indices for Farm Products reflect the trend and degree of changes in producers' prices received by farmers when they sell farm products during a given period. These indices depict the change in the level and structure of producer prices for farm products of the country and meet the needs of agricultural statistics and national accounts statistics. The producer price index for a given product is calculated as the geometrical mean of individual indices for all surveyed units which sell such product, and the indices for a product category is obtained as the weighted mean of price indices for all products in the category. Method for calculating accumulative quarterly indices is the same as for calculating the individual quarterly indices.

Ex-factory Price Index of Industrial Products reflects the trend and degree of changes in general ex-factory prices of all industrial products, including sales of industrial products by an industrial enterprise to all units outside the enterprise, as well as sales of consumer goods to residents. It can be used to analyze the impact of ex-factory prices on gross industrial output value.

Price Index of Investment in Fixed Assets reflects the trend and degree of changes in prices of investment in fixed assets. The investment in fixed assets consists of three components, namely the investment in construction and installation, the investment in purchases of equipment and instrument, and the investment in other items. Price index of investment in fixed assets is calculated as the weighted arithmetic mean of the price indices of the three components of investment in fixed assets.

Removing the factor of price change in the aggregates of investment at current prices, this indicator shows the changes in the prices of commodities and fees involved in the investment of fixed assets, and can be used to observe the actual size, growth, structure, and efficiency of investment in fixed assets and provides reliable and scientific data for government planning, management, decision making, and further improving the current national accounting system.

人民生活
People's Livelihood

◉ 资料整理：王安琪　张乾林　孙晓亮　刘凤玲

简要说明

一、主要内容

本篇资料反映全省人民生活现状及变化情况，包括居民家庭情况、收入、消费等资料，分为城镇居民生活和农村居民生活两部分。

二、资料来源

城镇居民生活状况的数据来源于城镇住户调查，该调查采用抽样调查的方法，在2001年以前调查对象为城市市区和县城关镇非农业住户，2002年开始为城市市区和县城关镇区住户，2007年开始为城镇区域内所有住户。采用固定样本户连续记帐的调查方式，调查网点实行样本轮换制度，每三年为一个周期。调查户是按“分层”、“二阶段”、“等距抽样”随机抽选的。省级数据调查网点分布在23个市、县的2300户样本，由国家统计局河南调查总队编辑整理。市级数据网点分布在各省辖市所有县（区），由河南省地方经济社会调查队编辑整理。

农村居民生活状况的数据来源于农村住户调查，该调查采用抽样调查的方法，实行调查户常年记账与一次性调查相结合的调查方式。调查网点实行样本轮换制度，每四年为一个周期。省级数据调查网点分布在全省420个村，每个村抽取10个农户，共抽取了4200个样本农户，由国家统计局河南调查总队编辑整理；市级数据网点分布在各省辖市所有县（区），由河南省地方经济社会调查队编辑整理。

Brief Introduction

I. Main Contents

Data in this chapter show the people's living conditions in Henan province, including basic condition, revenue and expenditure of household , consisting of two parts, on the life of urban and rural households respectively.

II. Sources of Data

Data on the living condition of urban residents come from the data collected through a sample survey on the urban households conducted, The survey had covered only non-farm households in district areas of all city and county towns before 2001. Starting from 2002, the survey covers the households in district areas of all city and county towns. And the survey covers the households in areas of all city and county towns since 2007. The data collected by fixed sample households continuously charge to an account. Network survey is set through a sample rotation, which is conducted for every three years. Sample households in urban areas is selected by "layered","Second stage","classification", "equidistant sampling". The provincial sample of provincial data include 2300 households from 23 city and county towns, data in this part are provided by the Department of Henan Survey organizations, NBS. The Municipal sampling approaches is used to identify throughout the whole county (area), which are provided by Henan provincial survey organizations of social and economy.

Data on the living condition of rural residents come from the data collected through a sample survey on the rural households conducted, data on the living condition of rural residents are collected through a combination of Regular accounting and One-time accounting. Network survey is set through a sample rotation, which is conducted for every four years. The provincial sample of provincial data included 4200 households from 420 villages through the whole province, data in this part are provided by the Department of Henan Survey organizations, NBS. The provincial sample of municipal data in the counties of each city, which are provided by Henan provincial survey organizations of social and economy.

11-1 城乡居民家庭人均收支及恩格尔系数

Per Capita Income, Expenditures and Engel's Coefficient in Urban and Rural Areas

指数以上年为100，按可比价格计算。

Indices are preceding year=100, while tempos are calculated at comparable prices.

单位：元 (yuan)

年份 Year	城镇居民家庭人均 Per Capita Annual Income and Expenditures of Urban Household					农村居民家庭人均 Per Capita Annual Income and Expenditures of Rural Household				
	可支配收入 Disposable Income	可支配收入指数 Disposable Income Index	消费支出 Consumptive Expenditures	#食品 Food	恩格尔系数(%) Engel's Coefficient (%)	纯收入 Net Income	纯收入指数 Index of Net Income	生活消费支出 Expenditures of Living	#食品 Food	恩格尔系数(%) Engel's Coefficient (%)
1978	315.00		274.00	163.00	59.5	104.71		81.70		
1979	361.04	114.3	302.98	177.21	58.5	133.56	127.6		67.32	60.7
1980	365.00	108.1	335.02	192.66	57.5	160.78	120.5	135.51	78.49	57.9
1981	395.00	103.1	363.23	205.18	56.5	215.57	133.4	165.57	89.08	53.8
1982	429.00	103.9	382.47	214.17	56.0	216.74	99.7	177.90	101.18	56.9
1983	452.50	101.6	405.00	232.07	57.3	272.00	124.5	196.35	113.71	57.9
1984	497.49	108.8	431.68	244.37	56.6	301.17	110.3	219.64	122.46	55.8
1985	600.59	114.2	556.72	277.74	49.9	328.78	107.0	260.19	145.83	56.0
1986	724.21	113.2	653.83	333.59	51.0	333.64	99.7	292.48	159.88	54.7
1987	814.20	104.9	711.27	379.57	53.4	377.72	110.1	309.90	164.03	52.9
1988	946.10	87.2	896.55	465.99	52.0	401.32	98.2	346.73	179.42	51.7
1989	1111.46	102.2	963.97	533.19	55.3	457.06	102.5	390.05	199.99	51.3
1990	1267.73	113.5	1067.67	585.27	54.8	526.95	105.5	437.73	240.93	55.0
1991	1384.81	103.9	1199.95	644.26	53.7	539.29	102.3	454.68	242.83	53.4
1992	1608.03	107.8	1342.58	716.99	53.4	588.48	104.9	472.61	264.02	55.9
1993	1962.75	110.4	1609.26	798.78	49.6	695.85	109.0	564.93	334.52	59.2
1994	2618.55	104.7	2155.15	1074.18	49.8	909.81	103.4	731.78	426.17	58.2
1995	3299.46	107.8	2673.95	1338.93	50.1	1231.97	109.5	929.39	544.26	58.6
1996	3755.44	103.9	3009.35	1439.32	47.8	1579.19	113.8	1206.43	670.89	55.6
1997	4093.62	106.4	3378.02	1506.25	44.6	1733.89	107.4	1270.52	693.09	54.6
1998	4219.42	105.3	3415.65	1454.99	42.6	1864.05	106.5	1240.30	700.78	56.5
1999	4532.36	111.2	3497.53	1427.65	40.8	1948.36	106.4	1163.98	617.46	53.0
2000	4766.26	106.1	3830.71	1386.76	36.2	1985.82	103.9	1315.83	654.13	49.7
2001	5267.42	108.8	4110.17	1424.90	34.7	2097.86	104.9	1375.60	668.77	48.6
2002	6245.40	114.2	4504.68	1517.04	33.7	2215.74	105.1	1451.51	697.02	48.0
2003	6926.12	109.0	4941.60	1662.30	33.6	2235.68	99.6	1508.67	726.57	48.2
2004	7704.90	105.5	5294.19	1855.44	35.0	2553.15	108.1	1664.09	808.27	48.6
2005	8667.97	110.2	6038.02	2067.51	34.2	2870.58	107.5	1891.57	858.97	45.4
2006	9810.26	111.9	6685.18	2215.32	33.1	3261.03	112.1	2229.28	911.48	40.9
2007	11477.05	111.0	7826.72	2707.44	34.6	3851.60	112.2	2676.41	1017.43	38.0
2008	13231.11	108.3	8837.46	3079.82	34.8	4454.24	107.2	3044.21	1165.81	38.3
2009	14371.56	109.9	9566.99	3272.75	34.2	4806.95	107.5	3388.47	1220.36	36.0
2010	15930.26	107.2	10838.49	3575.75	33.0	5523.73	111.0	3682.21	1371.17	37.2
2011	18194.80	108.4	12336.47	4212.76	34.1	6604.03	112.7	4319.95	1559.74	36.1
2012	20442.62	109.5	13732.96	4607.47	33.6	7524.94	111.3	5032.14	1701.75	33.8
2013	22398.03	106.6	14821.98	4913.87	33.2	8475.34	109.5	5627.73	1938.47	34.4

注：1978年-1991年城镇居民可支配收入根据当年生活费收入测算。

a)Data on disposable income of urban household are calculated on basis of income of living in 1978-1991.

11-2 各市城乡居民家庭人均收支情况(2013年)

Per Capita Income and Expenditures in Urban and Rural Areas by City (2013)

单位：元 (yuan)

市(县) City(County)	城镇居民家庭人均 Per Capita (Urban) Residents				农村居民家庭人均 Per Capita (Rural) Residents			
	可支配收入 Disposable Income	消费支出 Consumption Expenditures	#食品 Food	恩格尔系数(%) Angle modulus(%)	纯收入 Net Income	消费支出 living Expenditures	#食品 Food	恩格尔系数(%) Angle modulus(%)
全　省 Average	**22398.03**	**14821.98**	**4913.87**	**33.2**	**8475.34**	**5627.73**	**1938.47**	**34.4**
省 辖 市 City								
郑 州 市 Zhengzhou	26615	18672	6057	32.4	14009	10242	2455	24.0
开 封 市 Kaifeng	19492	15449	4535	29.4	8355	5460	1797	32.9
洛 阳 市 Luoyang	24820	15968	4458	27.9	8756	6783	1979	29.2
平 顶 山 市 Pingdingshan	22482	16324	5300	32.5	8541	4876	1738	35.7
安 阳 市 Anyang	23019	14003	4511	32.2	9670	6735	2001	29.7
鹤 壁 市 Hebi	21228	13668	3869	28.3	10608	7312	2644	36.2
新 乡 市 Xinxiang	22105	15042	4318	28.7	9728	7002	2199	31.4
焦 作 市 Jiaozuo	22058	14774	4391	29.7	11367	8583	2402	28.0
濮 阳 市 Puyang	21571	13088	4011	30.6	7904	4980	1630	32.7
许 昌 市 Xuchang	21717	15093	4432	29.4	11007	6561	2059	31.4
漯 河 市 Luohe	21174	15700	5325	33.9	9876	5379	1691	31.4
三 门 峡 市 Sanmenxia	20938	18078	4486	24.8	8926	6715	1965	29.3
南 阳 市 Nanyang	21653	16916	5602	33.1	8729	6109	2298	37.6
商 丘 市 Shangqiu	20214	12604	4103	32.5	7217	4772	1844	38.6
信 阳 市 Xinyang	19150	12647	5222	41.3	7982	5258	2495	47.5
周 口 市 Zhoukou	18046	12551	3797	30.3	6950	4827	1632	33.8
驻 马 店 市 Zhumadian	19431	12108	3606	29.8	7437	5769	2083	36.1
济 源 市 Jiyuan	23185	17405	4106	23.6	11958	7890	2434	30.8
省 直 管 县 Province Administrating County								
巩 义 市 Gongyi	22516	15308	3995	26.1	13951	7497	1948	26.0
兰 考 县 Lankao	16538	10960	3219	29.4	6756	5646	1792	31.7
汝 州 市 Ruzhou	19208	13080	3796	29.0	10062	5401	1849	34.2
滑 县 Huaxian	17588	12290	3802	30.9	6839	6098	2365	38.8
长 垣 县 Changyuan	18289	13249	3617	27.3	11381	6377	2007	31.5
邓 州 市 Dengzhou	19978	15563	4681	30.1	9172	5891	1952	33.1
永 城 市 Yongcheng	21435	15544	4251	27.3	8469	5715	2425	42.4
固 始 县 Gushi	18442	13095	4976	38.0	8121	5625	2459	43.7
鹿 邑 县 Luyi	18122	10271	2499	24.3	7755	4167	1504	36.1
新 蔡 县 Xincai	17055	12032	4391	36.5	7148	4849	1872	38.6

11-3 城镇居民家庭基本情况

Basic Conditions of Urban Households

项　目	Item	2000	2005	2009	2010	2011	2012	2013
平均每户家庭人口数(人)	**Average Household Size (person)**	**3.23**	**2.97**	**2.85**	**2.84**	**2.87**	**2.85**	**2.99**
有收入者人数	Number of person having income	2.14	2.07	2.04	2.07	2.04	2.06	2.03
就业人口数	Number of Person Employed	1.66	1.53	1.43	1.46	1.48	1.50	1.55
国有经济单位	State-Owned Units	1.27	1.11	0.85	0.85	0.77	0.77	0.59
城镇集体经济单位	Collective-Owned Units	0.16	0.09	0.07	0.07	0.06	0.06	
其他各种经济类型单位	Other economic units	0.02	0.07	0.09	0.09	0.11	0.11	
城镇个体经营者	Person employed by himself in town	0.14	0.13	0.13	0.14	0.15	0.15	0.20
城镇个体被雇人员	Employed person in town	0.04	0.08	0.23	0.22	0.27	0.28	
离退休再就业人员	Retired and resigned person reemployed	0.03	0.03	0.02	0.02	0.03	0.03	0.07
其他就业人员	Person employed in other way	0.01	0.02	0.05	0.05	0.09	0.09	0.68
离退休人数	Number of retired and resigned person	0.47	0.51	0.57	0.58	0.53	0.53	0.39
其他有收入者人数	Number of other person having income	0.01	0.04	0.04	0.04	0.03	0.03	0.10
无收入者人数	Number of person having no income	1.09	0.90	0.81	0.77	0.83	0.79	0.88
平均每一就业者负担人数(人)	Number of Persons Supported by Each Laborer (person)	1.9	1.9	2.0	1.9	1.9	1.9	1.9
平均每人全年总收入(元)	Per Capita Annual total Income (yuan)		9146	15408	17142	19527	21897	23687
#可支配收入	Per Capita Disposable Income	4766	8668	14372	15930	18195	20443	22398
工资性收入	Wage Income		6095	9910	10805	12039	13666	14704
经营净收入	Net Income from Operations		661	1203	1478	2264	2545	2707
财产性收入	Property Income		96	165	222	286	334	492
转移性收入	Transfer Income		2294	4130	4637	4937	5352	5784
平均每人全年总支出(元)	Per Capita Annual total Expenditures (yuan)		7831	12902	13802	15477	17300	17838
#消费支出	Consumption Expenditures	3831	6038	9567	10838	12336	13733	14822
平均每户建筑面积(平方米)	Per Household Covered Area(sq.m)		91.0	93.5	94.5	97.9	98.9	102.9
平均每人建筑面积(平方米)	Per Capita Covered Area (sq.m)		30.8	32.8	33.3	34.1	34.7	34.4

注：1.平均每一就业者负担人数包括就业者本人(下同)。

2.人均建筑面积是按家庭常住人口计算的。

a)Number of Dependents of per Laborer Contained himself.(The same as in following table)

b)Per Capita Floor space of Residential Building is Calculated by persons Living in it continuously.

11-4 按收入等级分的城镇居民家庭生活基本情况(2013年)

Basic Conditions of Urban Households Life by Level of Income (2013)

项 目	Item	总平均 Average	最低收入户 Lowest Income Households	#更低户 Difficult Households	低收入户 Low Income Households	较低收入户 Lower Middle Income Households
平均每户	Per Household					
家庭人口数(人)	Average Household Size(person)	2.99	3.56	3.68	3.58	3.29
就业人口数(人)	Average Employed Persons					
	Per Household (person)	1.55	1.48	1.32	1.65	1.67
平均每一就业者	Number of Persons Supported					
负担人数(人)	by Each Laborer (person)	1.93	2.40	2.79	2.17	1.97
平均每人全年	Per Capita Annual					
总收入(元)	Total Income (yuan)	23687	9351	8133	13044	17227
#可支配收入	Disposable Income	22398	8430	7081	12076	16253
消费支出(元)	Expenditures of Consumption(yuan)	14822	7799	8047	8922	11432

项 目	Item	中间收入户 Middle Income Households	较高收入户 Upper Middle Income Households	高收入户 High Income Households	最高收入户 Highest Income Households
平均每户	Per Household				
家庭人口数(人)	Average Household Size(person)	2.91	2.70	2.65	2.29
就业人口数(人)	Average Employed Persons				
	Per Household (person)	1.57	1.46	1.57	1.38
平均每一就业者	Number of Persons Supported				
负担人数(人)	by Each Laborer (person)	1.86	1.85	1.69	1.66
平均每人全年	Per Capita Annual				
总收入(元)	Total Income (yuan)	22372	28943	37687	57218
#可支配收入	Disposable Income	21008	27351	35893	55412
消费支出(元)	Expenditures of Consumption(yuan)	13867	18684	21640	30792

11-5 各市城镇居民人均可支配收入

Per Capita Disposable Income of Urban Residents By City

单位：元 (yuan)

市(县) City(County)	2000	2005	2007	2008	2009	2010	2011	2012	2013
省辖市 City									
郑州市 Zhengzhou	5935	10640	13692	15732	17117	18897	21612	24246	26615
开封市 Kaifeng	4089	7220	9769	11342	12318	13695	15558	17545	19492
洛阳市 Luoyang	5201	9720	12770	14672	15949	17639	20163	22636	24820
平顶山市 Pingdingshan	4790	8723	11715	13531	14721	16208	18348	20610	22482
安阳市 Anyang	4502	8822	11796	13637	14809	16394	18686	21042	23019
鹤壁市 Hebi	3946	7898	10912	12491	13628	15059	17255	19284	21228
新乡市 Xinxiang	4700	8312	11236	13000	14170	15752	17988	20159	22105
焦作市 Jiaozuo	4008	8430	11488	13199	14282	15781	18005	20136	22058
濮阳市 Puyang	4090	7972	11042	12731	13737	15138	17228	19511	21571
许昌市 Xuchang	4410	7769	10741	12448	13619	15171	17503	19685	21717
漯河市 Luohe	4633	7923	10732	12364	13390	14769	16997	19136	21174
三门峡市 Sanmenxia	5245	8071	10710	12392	13470	15032	17062	19184	20938
南阳市 Nanyang	4430	7831	10713	12395	13498	15077	17289	19544	21653
商丘市 Shangqiu	4077	7247	10166	11752	12715	14178	16151	18312	20214
信阳市 Xinyang	4037	6762	9477	11022	12047	13348	15271	17256	19150
周口市 Zhoukou	3646	6356	8955	10406	11363	12678	14583	16503	18046
驻马店市 Zhumadian	4407	6900	9762	11305	12311	13702	15795	17671	19431
济源市 Jiyuan	4723	9017	11945	13809	14983	16481	18821	21240	23185
省直管县 Province Administrating County									
巩义市 Gongyi	5025	9045	11218	13236	14409	15893	18186	20441	22516
兰考县 Lankao	3189	5973	7538	9030	10115	11430	13030	14724	16538
汝州市 Ruzhou	3896	6281	9195	11032	12252	13556	15427	17386	19208
滑县 Huaxian	3689	6073	9002	10622	11489	12527	14064	15808	17588
长垣县 Changyuan	3620	5835	8410	9985	11197	12697	14550	16355	18289
邓州市 Dengzhou	4305	7294	10217	11818	12990	14340	16079	18056	19978
永城市 Yongcheng	4228	7306	10141	11901	13448	15000	17175	19442	21435
固始县 Gushi	3973	6562	9220	10688	11675	12926	14762	16578	18442
鹿邑县 Luyi	3837	5982	8934	10175	11357	12516	14356	16222	18122
新蔡县 Xincai	3890	5882	8257	9661	10569	11757	13615	15344	17055

11-6 城镇居民家庭平均每人全年现金收入情况(2013年)

单位：元

项 目	Item	总平均 Average	最低收入户 Lowest Income Households	#更低户 Difficult Households
家庭总收入	**Total Household Income**	**23687**	**9351**	**8133**
#可支配收入	Disposable Income	22398	8430	7081
工资性收入	Wage Income	14704	6752	5395
工资及补贴收入	Wage Income and Surplus Income	14361	6500	5273
其他劳动收入	Other Earned Income	343	252	122
经营净收入	Net Income from Operations	2707	448	95
财产性收入	Property Income	492	206	324
#利息	Interest	91	13	9
股息与红利收入	Dividend Income	49	151	264
保险收益	Insurance Income	5		
其他投资收入	Other Investment Income	73	9	18
出租房屋收入	Income from Renting Room	243	32	32
转移性收入	Transfer Income	5784	1946	2319
#养老金或离退休金	Pension	4703	1438	1665
社会救济收入	Income from Social Relief	47	149	169
辞退金	Severance pay	1		
赔偿收入	Compensation money	2		
保险收入	Insurance Income	11	37	75
#失业保险金	Unemployment insurance expense	11	37	75
赡养收入	Income of Alimony	347	24	12
捐赠收入	Income of Presentation	331	92	112
亲友搭伙费	Food expenditure from kinsfolk			
提取住房公积金	Drawaing of Accumulated Fund for House	8	1	
记帐补贴	Subsidy for taking accounts	142	119	127
出售财物收入	**Income from Selling Property**	**2**	**3**	**6**
借贷收入	**Income of Borrow Money and Loan**	**1796**	**1095**	**1487**
#提取储蓄存款	Drawing Money from Banks	1498	744	925
借入款	Borrow Money	189	317	492
收回借出款	Retrieval of loan	45	31	64
兑售有价证券	Cashing in and selling bonds	17		
收回投资本金	Retrieval of Investment Pricipal	4	3	6

Per Capita Annual Cash Income of Urban Households (2013)

(yuan)

低收入户 Low Income Households	较低收入户 Lower Middle Income Households	中间收入户 Middle Income Households	较高收入户 Upper Middle Income Households	高收入户 High Income Households	最高收入户 Highest Income Households	#更高收入户 Higher Income Household
13044	**17227**	**22372**	**28943**	**37687**	**57218**	**68726**
12076	16253	21008	27351	35893	55412	66577
10394	12145	15526	17950	22904	22274	22035
10055	11839	15174	17696	22565	21462	21488
339	306	351	254	339	813	548
161	1212	1224	2574	4091	17476	27336
113	256	389	280	590	2929	4442
25	20	79	65	236	462	614
14	48	14	40	10	101	190
	1	7	3		41	41
1	20	65	8	34	683	837
60	150	220	148	194	1499	2595
2375	3615	5233	8138	10103	14538	14912
1943	2866	4489	6832	8920	10273	8352
56	45	20	24	3	49	96
	2	4				
	2	1	1		20	38
	12	20				
	12	20				
75	242	216	555	351	1458	1806
63	209	207	365	289	1800	3098
2	1			83		
117	122	139	156	160	230	234
1	**1**	**3**	**4**	**0**	**1**	**2**
1052	**1264**	**1672**	**2583**	**781**	**5362**	**6703**
980	946	1502	1910	635	5229	6446
68	52	95	606	20	32	62
	29	43	60	113	80	156
	44	23	3	12	17	33
1	6	6	4	2	3	6

11-7 各市城镇居民家庭平均每人全年可支配收入情况(2013年)

Per Capita Annual Disposable Income of Urban Households by City (2013)

单位：元 (yuan)

市(县) City(County)	总平均 Average	低收入户 Low Income Households	中低收入户 Lower Middle Income Households	中等收入户 Middle Income Households	中高收入户 Upper Middle Income Households	高收入户 High Income Households
省辖市 City						
郑州市 Zhengzhou	26615	13304	19286	24589	30943	43947
开封市 Kaifeng	19492	10366	15266	19122	23064	34395
洛阳市 Luoyang	24820	10651	17241	22342	29609	51348
平顶山市 Pingdingshan	22482	11625	17520	22316	27489	43438
安阳市 Anyang	23019	11479	18490	22229	27681	43751
鹤壁市 Hebi	21228	10283	15075	19759	24356	41688
新乡市 Xinxiang	22105	10525	16423	20083	25691	45522
焦作市 Jiaozuo	22058	12073	16911	20794	25970	41607
濮阳市 Puyang	21571	9877	15234	19293	23013	45249
许昌市 Xuchang	21717	10283	14827	20609	26956	37205
漯河市 Luohe	21174	11893	17552	21045	24525	34205
三门峡市 Sanmenxia	20938	10790	16420	20713	25289	37075
南阳市 Nanyang	21653	10165	15369	19146	24249	42936
商丘市 Shangqiu	20214	11159	16281	20334	24325	32608
信阳市 Xinyang	19150	11655	15918	18781	22234	31215
周口市 Zhoukou	18046	9217	13884	16672	21372	31193
驻马店市 Zhumadian	19431	10556	13861	17350	23488	37764
济源市 Jiyuan	23185	17995	21182	22947	29209	34400
省直管县 Province Administrating County						
巩义市 Gongyi	22516	12639	16765	20559	23090	39226
兰考县 Lankao	16538	10273	13995	15291	17812	26311
汝州市 Ruzhou	19208	11854	15097	18097	22573	31539
滑县 Huaxian	17588	8886	12175	17832	21930	33711
长垣县 Changyuan	18289	10445	13905	17218	22230	37957
邓州市 Dengzhou	19978	9881	16241	19242	24373	31066
永城市 Yongcheng	21435	12350	18577	22346	25152	35322
固始县 Gushi	18442	9226	13562	19084	22751	29991
鹿邑县 Luyi	18122	10590	15631	17803	20558	29510
新蔡县 Xincai	17055	8295	12967	15704	21183	34379

11-8 城镇居民家庭人均消费支出

Per Capita Annual Consumption Expenditures of Urban Households

单位：元 (yuan)

年份 Year	人均消费支出 Consumption Expenditures	食品支出 Food	衣着支出 Clothing	居住支出 Residence	家庭设备用品服务 Household Facilities Articles and Service	医疗保健支出 Medicine and Medical Service	交通通信支出 Transportation and Communications	娱乐教育文化服务 Recreation Education and Cultural services	杂项商品与服务 Miscellaneous and Services
1978	274.00	163.00	43.00	12.00	20.00	2.90	5.20	14.00	13.90
1980	335.02	192.66	50.19	15.30	24.30	3.22	8.86	20.84	19.65
1981	363.23	205.18	54.88	16.91	26.74	3.68	10.04	25.31	20.49
1982	382.47	214.17	56.49	19.70	29.03	3.93	12.19	25.27	21.69
1983	405.00	232.07	57.97	19.92	28.55	3.83	13.64	28.31	20.71
1984	431.68	244.37	65.23	22.65	32.56	5.01	11.47	28.63	21.76
1985	556.72	277.74	80.90	33.76	55.15	7.69	12.19	62.50	26.79
1986	653.83	333.59	96.56	39.35	62.66	8.75	15.64	63.97	33.31
1987	711.27	379.57	100.18	41.09	66.80	9.68	16.52	57.22	40.21
1988	896.55	465.99	124.21	42.02	104.28	16.23	17.18	82.66	43.98
1989	963.97	533.19	131.09	44.17	86.31	18.96	16.88	86.84	46.53
1990	1067.67	585.27	156.43	54.19	91.90	23.24	19.33	86.93	50.38
1991	1199.95	644.26	191.31	59.16	92.98	29.61	23.95	101.38	57.30
1992	1342.58	716.99	221.79	67.88	108.89	38.92	27.53	102.65	57.93
1993	1609.24	798.78	260.17	96.38	148.94	50.01	49.29	136.80	68.89
1994	2155.15	1074.18	347.31	131.89	185.55	70.07	92.86	159.78	93.51
1995	2673.95	1338.93	437.45	159.31	220.24	96.67	114.35	200.18	106.82
1996	3009.35	1439.32	488.52	281.61	215.52	125.97	131.74	211.41	115.26
1997	3378.02	1506.25	491.33	352.46	256.77	159.64	171.60	299.00	140.97
1998	3415.65	1454.99	442.34	406.54	280.23	172.84	193.65	320.88	144.19
1999	3497.53	1427.65	431.79	421.31	288.55	208.14	217.00	337.76	165.32
2000	3830.71	1386.76	460.99	547.19	312.97	280.78	246.24	407.26	188.52
2001	4110.17	1424.90	484.16	650.25	333.24	298.74	299.89	427.88	191.10
2002	4504.65	1517.00	570.42	499.48	324.43	389.60	477.55	586.33	139.84
2003	4941.60	1662.30	602.64	566.30	345.68	443.27	533.86	629.91	157.63
2004	5294.19	1855.44	650.30	578.60	332.06	436.53	569.85	694.56	176.84
2005	6038.02	2067.51	806.39	651.98	376.27	472.31	636.57	805.08	221.91
2006	6685.18	2215.32	919.31	737.00	431.02	520.57	762.08	847.12	252.76
2007	7826.72	2707.44	1053.13	795.39	549.14	626.55	858.33	936.55	300.19
2008	8837.46	3079.82	1141.76	963.59	633.32	790.87	915.12	988.95	324.03
2009	9566.99	3272.75	1270.74	1004.37	684.79	875.52	1033.99	1048.14	376.70
2010	10838.49	3575.75	1444.63	1080.10	866.72	941.32	1374.76	1137.16	418.04
2011	12336.47	4212.76	1706.94	1087.08	977.52	919.83	1573.64	1373.94	484.76
2012	13732.96	4607.47	1885.99	1190.81	1145.42	1085.47	1730.35	1525.33	562.13
2013	14821.98	4913.87	1916.99	1315.28	1281.06	1054.54	1768.28	1911.16	660.81

11-9 城镇居民家庭平均每人全年消费性支出

Per Capita Annual Consumption Expenditures of Urban Households

单位：元 (yuan)

项 目	Item	2000	2005	2008	2009	2010	2011	2012	2013
消费性支出	**Consumption Expenditures**	**3830.71**	**6038.02**	**8837.46**	**9566.99**	**10838.49**	**12336.47**	**13732.96**	**14821.98**
食品	**Food**	**1386.76**	**2067.51**	**3079.82**	**3272.75**	**3575.75**	**4212.76**	**4607.47**	**4913.87**
#粮食	Grain	219.78	228.78	306.17	322.33	349.36	393.17	393.08	459.93
淀粉及薯类	Starches and Tubers	23.45	24.75	35.66	37.62	48.11	57.26	60.79	51.81
干豆类及豆制品	Beans and Bean Products	26.43	32.70	50.91	54.54	60.95	62.29	59.64	60.11
油脂类	Oil and Fats	55.61	66.05	127.44	103.15	105.41	128.10	128.00	155.53
肉禽及制品	Meat,Poultry and Related Products	264.88	371.16	569.41	575.61	611.01	756.56	796.87	811.39
蛋类	Eggs	67.48	76.06	96.05	96.47	110.61	134.03	131.49	134.91
水产品类	Aquatic Products	34.76	43.54	65.25	75.84	78.49	89.38	105.77	101.45
蔬菜类	Vegetables	138.55	217.28	323.69	371.30	373.02	375.92	400.70	444.59
调味品	Condiments	26.50	29.48	42.66	49.04	55.32	59.05	64.16	66.67
糖类	Sugar	16.42	17.16	19.46	23.98	27.62	35.36	39.66	27.45
烟草类	Tobacco	87.18	96.56	158.64	172.53	158.35	163.26	185.98	226.28
酒和饮料	Liquor and Beverages	110.75	119.60	180.14	219.64	224.66	250.38	299.33	377.67
干鲜瓜果	Dried and Fresh Melons and Fruits	74.92	146.95	198.81	241.10	288.11	357.91	410.78	390.93
糕点类	Cake	31.07	48.58	61.12	72.58	79.69	94.61	107.05	99.18
奶及奶制品	Milk and dairy Products	43.28	115.26	140.81	148.30	170.31	207.20	214.23	215.66
食品加工服务费	Food Processing Service Fees	1.29	0.36	0.72	0.90	1.34	1.35	1.45	1.61
在外用餐	Dining Out	127.27	391.46	637.84	647.42	761.04	951.70	1110.10	1028.73
衣着	**Clothing**	**460.99**	**806.39**	**1141.76**	**1270.74**	**1444.63**	**1706.94**	**1885.99**	**1916.99**
#服装	Garments	314.99	595.33	841.95	925.12	1061.35	1265.53	1395.05	1396.65
衣着材料	Clothing Materials	28.10	9.96	7.28	7.17	7.35	10.18	9.00	7.90
鞋类及其他衣着	Shoes and Other Clothing	108.48	196.05	119.47	331.89	367.62	421.33	471.79	473.62
衣着加工服务费	Tailoring and Laundering Service Fees	9.42	5.04	6.27	6.56	8.31	9.90	10.14	4.05
居住	**Residence**	**547.19**	**651.98**	**963.59**	**1004.37**	**1080.10**	**1087.08**	**1190.81**	**1315.28**
住房	Housing	341.08	160.15	270.97	279.91	345.89	381.24	420.68	418.41
水电燃料及其他	water,Electricity and Fuels		457.65	629.28	666.11	673.51	650.98	707.95	789.53
居住服务费	Service Fee for Residence		34.18	63.34	58.35	60.70	54.86	62.18	79.71
家庭设备、用品及服务	**Household Facilities, Articles and Service**	**312.97**	**376.27**	**633.32**	**684.79**	**866.72**	**977.52**	**1145.42**	**1281.06**
#耐用消费品	Durable Consumer Goods	187.41	190.08	332.85	340.22	444.66	458.19	546.23	666.80
室内装饰品	Interior Decorations	11.15	13.65	19.22	22.52	20.27	29.69	24.77	31.73
床上用品	Bed Articles	20.37	37.74	59.93	76.95	78.86	111.69	131.34	111.83
家庭日用杂品	Household Articles for Daily Use	59.40	106.87	191.08	212.00	280.96	339.15	395.96	385.91
家具材料	Furniture Materials	3.75	4.37	6.88	6.86	10.39	6.72	8.92	18.30
家庭服务	Household Services	30.88	23.58	23.36	26.23	31.57	32.07	38.21	50.34
医疗保健	**Medicine and medical Service**	**280.78**	**472.31**	**790.87**	**875.52**	**941.32**	**919.83**	**1085.47**	**1054.54**
#药品费	Expenses for Medical Care	213.39	303.43	444.97	476.04	479.78	441.48	514.70	370.39
交通和通信	**transportation and communications**	**246.24**	**636.57**	**915.12**	**1033.99**	**1374.76**	**1573.64**	**1730.35**	**1768.28**
交通	transportation	94.36	177.07	390.37	499.95	813.55	1024.94	1125.25	1106.57
通信	Communication	151.89	459.50	524.75	534.04	561.21	548.70	605.09	661.71
教育文化娱乐服务	**Recreation,education and Cultural services**	**407.26**	**805.08**	**988.95**	**1048.14**	**1137.16**	**1373.94**	**1525.33**	**1911.16**
文化娱乐用品	Recreation Durable Consumer Goods	100.19	208.65	278.34	284.68	344.49	377.10	392.78	405.85
文化娱乐服务	Recreation	72.87	174.70	246.26	285.83	396.33	452.24	582.70	635.41
教育	Educations	234.20	421.72	464.35	477.64	396.34	544.60	549.85	850.08
杂项商品和服务	**Miscellaneous and Services**	**188.52**	**221.91**	**324.03**	**376.70**	**418.04**	**484.76**	**562.13**	**660.81**
杂项商品	Miscellaneous		147.57	217.44	236.13	256.92	309.64	374.84	469.37
服务	Services		74.34	106.59	140.57	161.12	175.12	187.29	191.44

11-10 城镇居民家庭平均每人全年现金支出情况(2013年)

Per Capita Annual Cash Expenditures of Urban Households (2013)

单位：元 (yuan)

项　目	Item	总平均 Average	低收入户 Low Income Households	中低收入户 Lower Middle Income Households	中等收入户 Middle Income Households	中高收入户 Upper Middle Income Households	高收入户 High Income Households
家庭总支出	**Total Household Expenditure**	**17837.95**	**10235.25**	**13447.39**	**16767.55**	**22966.48**	**30602.32**
消费性支出	**Consumption Expenditures**	**14821.98**	**8365.16**	**11432.25**	**13867.29**	**18684.22**	**25796.54**
食品	Food	4913.87	3263.37	4198.77	4907.60	5960.14	7166.25
#粮食	Foodstuff	459.93	396.61	430.73	441.05	542.41	524.41
肉	Meat	661.69	450.66	556.05	706.14	800.72	909.49
衣着	Clothing	1916.99	985.96	1631.50	1891.43	2390.62	3181.20
居住	Residence	1315.28	736.52	932.03	1195.92	1704.70	2399.70
家庭设备和日用品	Household Appliances	1281.06	545.99	1084.11	1092.94	1554.65	2549.97
交通通讯工具和用品	Transport and Telecommunications	1768.28	651.43	776.50	835.02	1490.31	1806.45
文教、体育娱乐用品	Education, Cultural and Recreation	1911.16	761.92	1080.18	1616.64	2270.90	3808.38
医疗、卫生保健用品	Health Care and Medical	1054.54	1217.25	1344.56	1762.02	2515.52	3213.38
其他商品	Other Goods	660.81	202.73	384.58	565.71	797.38	1671.20
购房与建房支出	**Expenditure of Buying and Building House**	**183.93**	**70.19**	**0.51**	**23.83**	**730.00**	**191.43**
转移性支出	**Transfer Expenditure**	**1675.07**	**975.81**	**1165.41**	**1631.90**	**2093.87**	**2985.35**
交纳所得税	Paid-Tax	16.92	3.30	3.10	26.68	32.07	27.45
捐赠支出	Donation Expenditure	1252.28	712.75	934.83	1272.67	1520.69	2156.45
购买彩票	Buying Lottery	14.87	9.94	26.56	5.27	9.50	23.48
赡养支出	Support Expenditure	228.83	163.97	102.03	176.19	398.09	373.28
#在外就学子女费用	Expenditure of Children Studying far from Home	91.25	103.07	33.60	96.29	100.38	136.32
各种非储蓄性保险支出	All Kinds of non Saving Insurance Expenditure	85.16	30.93	54.64	83.18	67.80	227.53
#车辆保险支出	Expenditure of Car Insurance	28.00	6.60	13.83	41.93	29.93	59.98
其他转移性支出	Other Transfer Expenditure	77.01	54.92	44.25	67.91	65.71	177.15
财产性支出	**Property Expenditure**	**27.27**	**1.02**	**0.06**	**47.05**	**55.19**	**48.68**
#非生产性贷款利息支出	Interest Expenditure of Non-Productive Loans	16.55	0.57	0.02	9.64	52.10	31.69
社会保障支出	**Expenditure of Social Protection**	**1129.70**	**823.07**	**849.16**	**1197.47**	**1403.19**	**1580.33**
个人交纳的养老基金	Pension Fund Paid by Oneself	494.41	472.51	401.95	531.51	549.77	547.47
个人交纳的住房公积金	House Accumulated Fund Paid by Oneself	396.72	195.55	271.02	434.63	570.19	627.32
个人交纳的医疗基金	Medical Fund Paid by Oneself	172.62	128.74	139.26	180.13	224.33	216.70
个人交纳的失业基金	Unemployment Fund Paid by Oneself	34.65	25.36	24.66	45.36	49.39	33.01
其他社会保障支出	Expenditure of Other Social Protection	31.30	0.92	12.27	5.85	9.52	155.85
借贷支出	**Expenditure on Loan**	**3332.96**	**1224.26**	**2309.26**	**3014.46**	**3745.04**	**7743.04**
#存入储蓄款	Savings Deposits	2966.20	1040.48	2034.68	2641.62	3323.17	7050.36
借出款	Lending Money	20.68	17.71	30.16	5.36	27.47	22.87
归还借款	Money of Repaying	47.83	57.90	32.82	46.90	39.61	63.58
储蓄性保险支出	Expenditure on Saving Insurance	49.45	32.65	39.70	70.38	53.83	57.67
购买有价证券	Purchase of Valuable Securites	3.46	0.60		5.80	12.19	
其他投资支出	Expenditure of Other Investment	1.08	2.09		2.98		
归还住房贷款	Repayment of House Loan	222.17	71.18	161.74	240.86	255.51	466.93

11-11 各市城镇居民家庭消费支出情况(2013年)

Per Capita Consumption Expenditures of Urban Households by City (2013)

单位：元

市(县)	City(County)	消费支出 Consumption Expenditures	食品 Food	衣着 Clothing	居住 Residence	家庭设备用品及服务 Household Appliances	医疗保健 Health Care and Medical	交通和通讯 Transport, and Communi-cations	教育文化娱乐服务 Education, Cultural and Recreation	其他商品和服务 Other Goods
省辖市	**City**									
郑州市	Zhengzhou	18672	6057	2614	1769	1596	1174	2193	2234	1034
开封市	Kaifeng	15449	4535	1624	1265	1083	1105	3194	1906	736
洛阳市	Luoyang	15968	4458	1944	1584	1489	1290	2183	2199	820
平顶山市	Pingdingshan	16324	5300	2454	1310	1280	1218	2047	2013	701
安阳市	Anyang	14003	4511	2011	1234	1415	1041	1411	1527	852
鹤壁市	Hebi	13668	3869	1445	1324	1087	1321	2410	1609	604
新乡市	Xinxiang	15042	4318	2125	1471	1537	871	1716	2158	846
焦作市	Jiaozuo	14774	4391	2067	1275	1424	1377	1708	1867	666
濮阳市	Puyang	13088	4011	1424	1358	873	893	2409	1745	375
许昌市	Xuchang	15093	4432	1948	1342	1382	1011	1911	2085	980
漯河市	Luohe	15700	5325	2660	1236	1232	924	1935	1773	616
三门峡市	Sanmenxia	18078	4486	2351	2458	1559	1337	2339	2779	712
南阳市	Nanyang	16916	5602	2299	1620	1260	1416	2198	1977	545
商丘市	Shangqiu	12604	4103	1976	1191	940	634	1967	1328	466
信阳市	Xinyang	12647	5222	1755	1115	1350	661	1074	1047	423
周口市	Zhoukou	12551	3797	1546	1572	1299	930	1617	1170	620
驻马店市	Zhumadian	12108	3606	1604	1409	1072	1182	1343	1317	576
济源市	Jiyuan	17405	4106	2176	2328	1916	713	2288	2763	1116
省直管县	**Province Administrating County**									
巩义市	Gongyi	15308	3995	2357	1654	1349	276	3122	1924	632
兰考县	Lankao	10960	3219	1857	1188	1006	877	1032	1156	625
汝州市	Ruzhou	13080	3796	1865	1205	1073	1222	1867	1409	645
滑县	Huaxian	12290	3802	1706	1086	1368	755	1820	1199	555
长垣县	Changyuan	13249	3617	1612	1409	1370	807	2468	1362	603
邓州市	Dengzhou	15563	4681	1888	2479	1383	885	2176	1552	518
永城市	Yongcheng	15544	4251	2105	1203	954	865	3593	1902	670
固始县	Gushi	13095	4976	1847	1570	1390	890	851	954	617
鹿邑县	Luyi	10271	2499	956	1437	1249	424	1603	716	1387
新蔡县	Xincai	12032	4391	1888	1279	1118	546	1004	1377	428

11-12 按收入等级分的城镇居民家庭平均每人全年消费性支出(2013年)

Per Capita Annual Consumption Expenditures of Urban Households by Level of Income (2013)

单位：元 (yuan)

项目	Item	总平均 Average	最低收入户 Lowest Income Households	#更低户 Difficult Households	低收入户 Low Income Households	较低收入户 Lower Middle Income Households
消费性支出	**Expenditures of Consumption**	**14821.98**	**7799.02**	**8046.63**	**8922.30**	**11432.25**
食品	**Food**	**4913.87**	**3197.26**	**2958.69**	**3328.43**	**4198.77**
#粮食	Grain	459.93	419.98	420.28	373.61	430.73
油脂类	Oil and Fats	155.53	122.05	113.02	118.15	145.93
肉禽及制品	Meat,Poultry and Related Products	811.39	533.75	468.48	579.10	694.01
蛋类	Eggs	134.91	118.46	126.04	106.90	123.92
水产品	Aquatic Products	101.45	46.40	40.65	55.18	73.73
菜类	Vegetables	444.59	304.06	292.85	343.70	398.05
烟草类	Tobacco	226.28	149.74	123.44	144.93	162.74
酒和饮料	Liquor and Beverages	377.67	213.63	165.38	206.44	287.64
奶及奶制品	Milk and dairy Products	215.66	117.85	115.34	115.82	165.23
衣着	**Clothing**	**1916.99**	**841.59**	**814.91**	**1128.02**	**1631.50**
#服装	Garments	1396.65	606.27	573.78	817.27	1205.69
居住	**Residence**	**1315.28**	**752.67**	**780.87**	**720.62**	**932.03**
住房	Housing	418.41	194.65	227.62	134.99	208.54
水电燃料及其他	water,Electricity and Fuels	789.53	512.32	502.48	536.73	647.94
居住服务费	Service Fee for Residence	79.71	37.01	40.05	38.90	48.02
家庭设备、用品及服务	**Household Facilities, Articles and Service**	**1281.06**	**495.28**	**584.43**	**595.90**	**1084.11**
耐用消费品	Durable Consumer Goods	666.80	193.75	264.52	230.18	556.50
室内装饰品	Interior Decorations	31.73	7.72	13.40	16.84	21.96
床上用品	Bed Articles	111.83	50.55	43.17	64.95	105.78
家庭日用杂品	Household Articles for Daily Use	385.91	224.69	244.67	260.64	331.06
家具材料	furniture material	18.30	0.01	0.03	0.98	27.17
家庭服务	household service	50.34	12.63	8.10	19.00	25.78
医疗保健	**Medicine and medical Service**	**1054.54**	**504.52**	**627.70**	**795.99**	**776.50**
#药品费	Expenses for medical care	370.39	210.47	262.52	365.44	286.20
交通和通信	**transportation and communications**	**1768.28**	**699.63**	**842.72**	**823.21**	**1080.18**
交通	transportation	1106.57	356.85	497.44	432.27	537.04
通信	Communication	661.71	342.78	345.28	390.94	543.15
教育文化娱乐服务	**Recreation,Education and Cultural services**	**1911.16**	**1120.90**	**1235.77**	**1312.06**	**1344.56**
文化娱乐用品	Recreation and Cultural Articles	405.85	148.43	163.97	135.63	288.33
文化娱乐服务	Recreation and Cultural Services	635.41	223.15	193.99	185.55	352.66
教育	Educations	850.08	719.46	816.60	979.46	674.51
杂项商品和服务	**Miscellaneous Commodities and Services**	**660.81**	**187.16**	**201.53**	**218.06**	**384.58**

11-12 续表 continued

单位：元 (yuan)

项　目	Item	中间收入户 Middle Income Households	较高收入户 Upper Middle Income Households	高收入户 High Income Households	最高收入户 Highest Income Households	#更高收入户 Higher Income Household
消费性支出	**Expenditures of Consumption**	**13867.29**	**18684.22**	**21640.37**	**30792.49**	**33701.90**
食品	**Food**	**4907.60**	**5960.14**	**6584.19**	**7865.91**	**7865.73**
#粮食	Grain	441.05	542.41	502.81	550.38	537.79
油脂类	Oil and Fats	142.90	171.79	207.71	229.77	226.50
肉禽及制品	Meat,Poultry and Related Products	850.68	987.30	1060.36	1158.66	1117.37
蛋类	Eggs	136.44	151.87	151.12	175.26	178.37
水产品	Aquatic Products	106.62	124.92	161.44	205.59	181.42
菜类	Vegetables	467.22	509.32	581.77	592.73	585.39
烟草类	Tobacco	219.96	242.35	451.34	378.67	478.11
酒和饮料	Liquor and Beverages	356.76	434.99	643.85	784.90	740.22
奶及奶制品	Milk and dairy Products	235.13	244.98	324.32	433.42	435.84
衣着	**Clothing**	**1891.43**	**2390.62**	**2765.30**	**3681.14**	**3876.32**
#服装	Garments	1414.81	1760.65	1971.55	2559.44	2804.82
居住	**Residence**	**1195.92**	**1704.70**	**1839.10**	**3073.57**	**4229.18**
住房	Housing	327.99	597.30	582.18	1474.01	2598.58
水电燃料及其他	water,Electricity and Fuels	760.62	943.30	1140.53	1351.14	1280.97
居住服务费	Service Fee for Residence	87.03	112.97	102.26	182.76	251.99
家庭设备、用品及服务	**Household Facilities, Articles and Service**	**1092.94**	**1554.65**	**2196.10**	**2975.34**	**2963.91**
耐用消费品	Durable Consumer Goods	510.22	795.01	1198.76	1925.56	1952.04
室内装饰品	Interior Decorations	25.15	49.01	56.84	68.94	81.14
床上用品	Bed Articles	97.97	129.14	204.17	187.75	164.36
家庭日用杂品	Household Articles for Daily Use	404.43	455.70	499.80	658.34	575.50
家具材料	furniture material	3.28	35.16	28.88	35.04	67.98
家庭服务	household service	44.15	62.17	180.58	66.30	85.86
医疗保健	**Medicine and medical Service**	**835.02**	**1490.31**	**1569.16**	**2091.69**	**1916.64**
#药品费	Expenses for medical care	380.38	462.27	480.43	506.31	558.87
交通和通信	**transportation and communications**	**1616.64**	**2270.90**	**2673.21**	**5172.92**	**5839.44**
交通	transportation	979.14	1491.55	1602.63	3917.08	4576.57
通信	Communication	637.50	779.34	1070.58	1255.84	1262.88
教育文化娱乐服务	**Recreation,Education and Cultural services**	**1762.02**	**2515.52**	**2720.12**	**3806.30**	**4409.68**
文化娱乐用品	Recreation and Cultural Articles	312.18	538.45	728.24	1146.91	1011.95
文化娱乐服务	Recreation and Cultural Services	596.97	878.95	1250.73	1647.07	2120.86
教育	Educations	846.33	1066.20	729.51	1007.30	1267.06
杂项商品和服务	**Miscellaneous Commodities and Services**	**565.71**	**797.38**	**1293.18**	**2125.60**	**2601.00**

11-13 各市按收入等级分的城镇居民家庭平均每人全年消费支出(2013年)

Per Capita Annual Consumption Expenditures of Urban Households by Level of Income By City (2013)

单位：元 (yuan)

市(县) City(County)	总平均 Average	低收入户 Low Income Households	中低收入户 Lower Middle Income Households	中等收入户 Middle Income Households	中高收入户 Upper Middle Income Households	高收入户 High Income Households
省辖市 City						
郑州市 Zhengzhou	18672	12137	13796	19166	19880	28864
开封市 Kaifeng	15449	8684	15170	13488	15723	26869
洛阳市 Luoyang	15968	10921	11523	14478	19660	28429
平顶山市 Pingdingshan	16324	10774	15465	15533	15236	31626
安阳市 Anyang	14003	7817	12181	13972	16649	23548
鹤壁市 Hebi	13668	6653	10383	14958	17704	20787
新乡市 Xinxiang	15042	8112	12524	13796	18062	27070
焦作市 Jiaozuo	14774	9088	12787	16313	17983	20370
濮阳市 Puyang	13088	9849	12174	12226	14171	18087
许昌市 Xuchang	15093	10345	12431	14704	16670	21820
漯河市 Luohe	15700	12503	13590	16174	17393	20241
三门峡市 Sanmenxia	18078	15806	12861	13116	18818	25282
南阳市 Nanyang	16916	10794	12996	14064	19345	30306
商丘市 Shangqiu	12604	7848	11926	11190	16281	17371
信阳市 Xinyang	12647	8333	10709	13266	14496	18641
周口市 Zhoukou	12551	9405	9406	11371	12710	20891
驻马店市 Zhumadian	12108	7172	7777	13485	12646	23213
济源市 Jiyuan	17405	12334	13508	17591	18370	26397
省直管县 Province Administrating County						
巩义市 Gongyi	15308	7641	13334	15928	14922	24981
兰考县 Lankao	10960	8437	9385	9464	12547	15477
汝州市 Ruzhou	13080	19366	7879	11507	15017	13828
滑县 Huaxian	12290	5190	8570	14652	15403	20976
长垣县 Changyuan	13249	10693	11534	9475	15253	24751
邓州市 Dengzhou	15563	10701	8687	12088	25587	20311
永城市 Yongcheng	15544	17832	8393	20576	14552	19333
固始县 Gushi	13095	5856	9137	13806	16919	21425
鹿邑县 Luyi	10271	9861	11271	5535	15619	12052
新蔡县 Xincai	12032	8847	10999	12316	12241	17792

11-14 城镇居民家庭平均每人购买食品数量(2013年)

单位：千克

指标	Indicator	总平均 Average	最低收入户 Lowest Income Households	#更低户 Difficult Households	低收入户 Low Income Households
大米	Rice	22.52	20.03	20.91	15.64
面粉	Flour	27.77	31.09	33.85	25.19
食用植物油	Edible Vegetable Oil	10.26	8.85	8.39	9.72
猪肉	Pork	14.80	10.34	9.46	11.87
牛肉	Beef	2.07	1.10	0.66	1.11
羊肉	Mutton	1.28	0.41	0.31	0.47
鸡	Chicken	5.29	3.82	3.48	4.14
鸭	Duck	0.51	0.15	0.13	0.30
鲜蛋	Fresh Eggs	14.62	13.13	14.18	12.07
鱼	Fish	4.08	2.11	2.06	2.65
虾	Shrimp	0.53	0.14	0.15	0.22
鲜菜	Vegetable	106.83	87.54	82.67	92.63
白酒	Liquor	2.85	2.69	2.55	2.15
果酒	Wine	0.12	0.04	0.05	0.07
啤酒	Beer	3.65	2.80	3.06	2.50
茶叶	Tea	0.27	0.10	0.04	0.13
鲜果	Fresh Furit	54.77	40.26	37.77	46.73
鲜瓜	Fresh melon	9.67	7.10	6.67	8.25
糕点	Cakes	5.45	3.64	4.22	4.45
鲜乳品	Dairy	14.21	6.38	7.46	8.14
奶粉	Milk	0.31	0.25	0.25	0.13
酸奶	Yogurt	4.16	2.04	1.89	2.48

Per Capita Annual Purchases of Food of Urban Households (2013)

(kg)

较低收入户 Lower Middle Income Households	中间收入户 Middle Income Households	较高收入户 Upper Middle Income Households	高收入户 High Income Households	最高收入户 Highest Income Households	#更高收入户 Higher Income Household
21.77	23.01	24.54	27.15	28.27	24.45
26.92	26.18	33.02	24.00	25.24	26.11
9.57	9.20	11.18	11.97	13.98	14.08
12.95	16.50	17.66	17.48	17.70	16.86
1.73	1.99	2.35	3.86	3.56	3.42
1.06	1.21	1.66	2.33	2.67	2.51
4.66	4.85	6.22	7.36	7.76	7.00
0.61	0.60	0.63	0.59	0.49	0.35
13.25	14.80	16.39	16.36	18.37	18.92
3.52	4.43	5.04	5.47	6.29	5.56
0.23	0.55	0.64	1.18	1.41	1.41
99.16	113.57	117.76	124.13	119.01	115.62
2.22	2.35	3.10	4.67	4.61	4.85
0.08	0.11	0.22	0.12	0.25	0.29
3.18	4.17	4.38	4.81	3.80	3.76
0.30	0.27	0.28	0.33	0.58	0.47
50.40	58.51	66.45	56.84	63.70	62.30
8.89	10.33	11.73	10.03	11.24	10.99
5.01	5.52	6.49	6.77	7.06	7.47
9.73	13.34	19.88	21.00	30.49	30.48
0.19	0.33	0.24	0.76	0.70	0.69
3.49	4.08	5.52	5.96	7.05	7.37

11−15 城镇居民家庭平均每百户购买非食品数量(2013年)

指 标	Indicator	总平均 Average	最低收入户 Lowest Income Households	#更低户 Difficult Households
鞋类(双/人)	Shoes(double/person)	3.12	2.43	2.45
水(吨/人)	Water (ton/person)	32.26	21.55	21.37
电(度/人)	Elecritcity(kw/person)	642.94	500.73	466.27
煤炭(千克/人)	Coal(kg/person)	42.08	46.62	40.26
液化石油气(千克/人)	Liquefied gas(kg/person)	8.27	7.51	7.05
管道煤气(立方米/人)	Gas pipeline(cu. m/person)	4.02	0.10	0.18
管道天然气(立方米/人)	Natural Gas pipeline(cu. m/person)	41.64	23.91	26.25
洗衣机(台)	Washing Machine (unit)	8.27	3.06	5.26
电冰箱(台)	Refrigerator (unit)	3.71	0.51	0.37
微波炉(台)	Oven (unit)	2.44		
空调器(台)	Air Conditioner (unit)	12.91	9.75	11.29
淋浴热水器(台)	Shower (unit)	5.68	1.85	
消毒碗柜(台)	Antiseptic Cupboard (unit)	0.16		
洗碗机(台)	Dish Washing Machine (unit)	0.54		
摩托车(辆)	Motorcycle (unit)	1.11		
助力车(辆)	Aided Power Bike (unit)	12.62	9.24	10.55
家用汽车(辆)	Domestic Car (unit)	1.63	0.36	0.75
电话机(部)	Telephone (unit)	2.27	1.32	2.75
移动电话(部)	Hand Telephone (unit)	47.03	30.85	27.52
彩色电视机(台)	Color TV Set (unit)	7.41	3.11	5.92
组合音响(台)	Hi-Fi Stereo (unit)	0.75		
摄像机(架)	Pickup Camera (unit)	0.40		
照相机(架)	Camera (unit)	1.47		

Per hundred Urban Households Annual Procurement of The Main Non-food (2013)

低收入户 Low Income Households	较低收入户 Lower Middle Income Households	中间收入户 Middle Income Households	较高收入户 Upper Middle Income Households	高收入户 High Income Households	最高收入户 Highest Income Households	#更高收入户 Higher Income Household
2.49	3.02	3.05	3.30	3.75	4.53	4.66
21.67	25.06	32.91	39.80	50.46	46.48	44.68
490.08	588.03	625.66	752.29	778.00	902.57	951.50
37.23	38.45	63.28	40.11	30.97	16.27	13.73
8.34	9.71	8.87	7.04	8.67	5.98	2.85
2.19	4.94	4.64	4.83	6.89	3.56	5.61
28.68	27.01	40.31	55.52	58.95	84.11	88.39
4.11	6.85	5.58	10.17	11.18	19.00	18.68
4.94	3.75	1.49	5.42	5.77	4.48	5.83
0.57	0.46	1.27	4.73	5.21	5.69	11.12
4.64	13.54	9.13	12.32	25.58	19.12	14.66
6.52	3.50	2.54	8.40	12.04	7.53	10.18
				0.73	0.86	1.68
0.89		0.37	1.37	1.05		
2.76	0.82		1.79	3.14		
14.36	10.32	12.34	16.45	13.89	10.47	8.29
0.46	0.70	1.68	1.43	3.62	4.20	4.88
4.34	1.10	2.15	3.25	1.05	2.93	3.42
31.14	47.06	41.82	51.18	61.34	66.64	77.24
3.91	6.46	5.41	11.78	10.16	9.54	5.90
	0.75	0.77	0.33	0.73	3.06	2.64
			0.37		3.25	2.70
0.83	0.77	0.98	0.85	1.65	6.97	6.94

11-16 主要年份城镇居民家庭平均每百户主要消费品年末拥有量
Per hundred Urban Households Annual Purchase of Durable Consumer Goods by Main Years

指标	Indicator	1990	1995	2000	2005	2010	2012	2013
摩托车(辆)	Motorcycle (unit)	1.48	6.46	19.47	28.14	19.97	18.66	16.14
助力车(辆)	Aided Power Bike (unit)				15.60	48.96	63.59	71.61
家用汽车(辆)	Domestic Car (unit)			0.10	1.58	6.75	15.60	15.77
洗衣机(台)	Washing Machine (unit)	75.23	88.06	87.87	98.23	97.43	99.73	97.48
电冰箱(台)	Refrigerator (unit)	33.98	58.84	71.78	86.33	90.70	93.37	91.94
彩色电视机(台)	Color TV Set (unit)	53.68	84.01	108.02	124.62	126.51	126.31	112.43
家用电脑(台)	Computer(unit)			5.72	31.82	56.98	74.41	79.92
组合音响(套)	Hi-Fi Stereo Component System (set)	0.26	8.11	13.28	17.96	16.97	15.68	4.47
摄像机(架)	Pickup Camera (unit)			0.68	3.11	5.59	6.36	5.12
照相机(架)	Camera (unit)	15.11	22.46	27.24	38.92	33.61	37.09	28.92
其他中高档乐器(件)	Medium and High-Grade Musical Instrument (unit)	8.71	5.06	3.30	6.52	4.74	4.42	2.67
微波炉(台)	Oven(unit)			6.27	30.36	38.88	43.15	42.21
空调器(台)	Air Conditioner (unit)	0.31	9.70	34.46	93.55	120.28	137.67	127.14
淋浴热水器(台)	Shower (unit)		17.98	24.27	50.61	66.83	79.67	78.08
消毒碗柜(台)	Antiseptic Cupboard unit)				8.95	7.68	8.06	2.89
洗碗机(台)	Dish Washing Machine (unit)				0.59	0.24	0.65	0.54
健身器材(套)	Healthy Equipment(set)			1.88	3.11	3.26	2.77	2.64
固定电话(部)	Telephone (unit)				90.93	66.71	51.98	42.21
移动电话(部)	Hand Telephone (unit)			12.18	125.51	175.12	200.20	206.95
接入互连网移动电话(部)	Internet Mobile Phones (unit)				2.97	10.99	30.77	58.21
接入有线电视电视机(台)	Cable TV (unit)				108.64	101.07	98.15	99.19
接入互连网计算机(台)	Internet computers (unit)				19.35	41.23	59.38	66.66

11-17 各市城镇居民家庭平均每人主要食品消费量(2013年)

Per Capita Consumption of Major Food in Rural Households by City (2013)

单位：千克 (kg)

市(县) City(County)	大米面粉 Rice and Flour	鲜菜 Fresh Vegetables	食用植物油 Edible Vegetable Oil	猪牛羊肉 Pork, Beef and Mutton	鸡鸭 Chicken and Duck	鲜蛋 Fresh Eggs	鱼虾 Fish and Shrimp	鲜奶 Fresh Milk	酒 Liquor
省辖市 City									
郑州市 Zhengzhou	55.8	124.3	13.8	24.0	7.6	15.6	7.6	23.9	7.9
开封市 Kaifeng	53.2	98.0	10.5	14.3	4.6	13.5	4.6	13.7	8.5
洛阳市 Luoyang	41.6	93.7	8.6	15.7	2.8	11.4	3.7	15.0	4.7
平顶山市 Pingdingshan	38.6	95.1	8.4	14.2	4.2	10.3	3.0	13.3	7.1
安阳市 Anyang	63.2	117.6	13.8	14.5	2.6	18.5	3.0	15.9	9.3
鹤壁市 Hebi	57.5	110.3	12.2	15.8	3.7	15.7	3.1	8.7	7.3
新乡市 Xinxiang	46.5	82.9	9.5	12.1	3.0	12.8	2.6	8.7	6.4
焦作市 Jiaozuo	51.4	79.4	12.8	18.8	4.8	12.8	2.7	11.4	7.9
濮阳市 Puyang	42.5	111.5	11.1	14.3	3.2	13.5	3.2	11.5	6.0
许昌市 Xuchang	33.7	76.6	8.2	12.7	4.0	8.2	2.2	8.2	4.5
漯河市 Luohe	34.8	103.8	10.4	23.2	6.4	12.0	4.1	10.8	10.3
三门峡市 Sanmenxia	54.6	109.6	9.4	13.8	4.2	11.7	2.9	10.1	3.2
南阳市 Nanyang	51.2	111.3	10.0	21.1	6.5	16.3	4.1	11.9	9.0
商丘市 Shangqiu	52.1	99.8	8.6	12.5	8.0	13.1	4.8	10.9	8.4
信阳市 Xinyang	69.0	110.4	15.2	33.4	11.7	10.2	11.9	4.5	16.5
周口市 Zhoukou	45.9	78.9	9.6	11.4	6.7	11.5	5.2	6.9	7.5
驻马店市 Zhumadian	51.2	70.0	10.4	16.7	7.2	10.9	4.7	7.4	12.9
济源市 Jiyuan	35.8	94.5	7.2	16.2	9.8	12.7	1.4	16.0	6.4
省直管县 Province Administrating County									
巩义市 Gongyi	28.9	88.5	7.8	11.9	1.5	11.9	2.9	10.5	2.1
兰考县 Lankao	36.8	84.4	8.9	8.2	6.5	11.0	2.9	9.1	7.2
汝州市 Ruzhou	28.9	79.5	6.6	9.6	1.2	11.6	0.8	7.2	6.1
滑县 Huaxian	49.3	80.8	9.2	8.4	1.3	13.5	1.1	4.1	6.1
长垣县 Changyuan	62.4	100.8	6.8	9.3	5.2	11.4	2.1	0.8	8.4
邓州市 Dengzhou	60.1	117.5	9.9	15.2	5.9	15.6	2.8	2.7	4.6
永城市 Yongcheng	67.6	85.9	9.1	16.5	7.2	11.2	4.5	5.3	8.2
固始县 Gushi	43.4	102.9	6.7	21.6	11.6	4.4	7.8	0.2	5.6
鹿邑县 Luyi	37.6	67.9	15.9	15.1	8.0	15.8	4.9	4.6	14.5
新蔡县 Xincai	75.4	123.5	11.1	23.0	18.7	18.2	8.8	4.9	5.8

11-18　农村居民家庭基本情况
Basic Conditions of Rural Households

项　目	Item	2000	2005	2010	2012	2013
调查户数(户)	Number of Households Surveyed(household)	4200	4200	4200	4200	5032
调查户常住人口(人)	Number of Residents Surveyed (person)	17376	17591	17007	17154	19744
平均每户中	Average Number of Permanent					
常住人口	Residents per Household	4.14	4.19	4.05	4.08	3.91
整、半劳动力	Average Number of Able-bodied and					
	Semi-ablebodied Laborers per Household	2.66	2.87	2.92	2.89	2.69
劳动力占常住人口比重(%)	Percentage of Laborers to Residents Surveyed(%)	64.3	68.5	72.2	70.7	68.7
每个劳动力负担人口	Average Number of Persons Supported by					
	a Laborer	1.56	1.46	1.39	1.41	1.46
平均每百个常住人口中(人)	Among Per 100 Permanent Residents (person)					
学龄前人数	Preschool	5.9	6.4	6.2	9.6	8.2
7-15岁人数	Age 7-15	23.1	14.7	10.3	11.2	11.1
#在校人数	Student Enrollment	22.1	14.2	10.2	10.9	10.8
入学率(%)	Enrolled rote (%)	95.4	96.9	98.9	97.3	97.8
16-60岁人数	Age 16-60	66.0	72.6	73.9	69.5	67.2
61岁以上人数	Age 61 and over	4.9	6.2	9.6	9.5	13.3
每百个就业劳动力文化程度(人)	Among Per 100 Laborers (person)(by cultur level)					
不识字或识字很少	Illiterate or Semiliterate	6.1	6.6	5.3	5.1	3.2
小学程度	Primary School	23.3	18.5	16.2	16.6	18.1
初中程度	Junior Secondary School	57.6	61.2	60.9	60.9	61.5
高中程度	Senior Secondary School	11.0	10.5	12.9	12.0	13.5
中专	Specialized Secondary School	1.7	2.1	2.8	2.5	
大专及以上	College and Higher Level	0.4	1.0	2.0	2.9	3.6
平均每百人经营耕地面积(公顷)	Per 100 Capita Area of Cultivated Land					
	Under Management (hectare)	10.0	10.2	11.1	10.6	10.6
平均每百人经营山地面积(公顷)	Average Hilly Area Run by Per 100 Capita (hectare)	0.1	0.1	0.2	0.6	0.9
平均每人年内新建购住房	Per 100 Capita Floor Space of House					
面积(平方米)	newly Built Within the year (sq.m)	0.9	1.5	1.0	1.8	0.7
年内平均每平方米新建(购)	Value of Newly Built House					
住房价值(元)	Per Square Metre(yuan)	232.1	324.7	499.6	629.2	576.25
平均每人年末住房面积(平方米)	Per Capita Living Floor Space (sq.m)	23.1	27.2	34.7	38.5	34.78
#砖木结构	Brick and Wood Structure	16.1	15.7	17.3	17.1	15.45
钢筋混凝土结构	Reinforced Concrete Structure	6.0	10.4	16.3	20.1	18.97
住房中有卫生设备的住户(户)	Number of Household with Sanitary					
	Equipments in Rooms (household)	4095	4064	3999	4083	4931
生活用电数量(度/户)	Power Consumption (kwh/household)	244	248	581	535	601
使用安全饮用水的住户(户)	Number of Household Drinking Safe Drinking					
	Water (household)	2411	2949	3240	3132	3384
使用液化气的住户(户)	Number of Household Using Liqified					
	Gas (household)	16	90	716	1325	1530
使用煤炭的住户(户)	Number of Household Using Coal (household)	2139	2056	1487	776	1164

11-19 各市农村居民家庭主要指标(2013年)

Major Indicators of Rural Households by City (2013)

单位：元 (yuan)

市(县)	City(County)	调查户数(户) Number of Households Surveyed (Household)	常住人口(人) Permanent Residents (person)	就业劳动力数(人) Full/Semi Labour Force (person)	每百就业劳动力中受教育程度数(人) Among per 100 Labour Force (person)					
					文盲或半文盲 Illiterate and Semiliterate	小学程度 Primary School	初中程度 Junior High School	高中程度 Senior High School	中专 Secondary School	大专及以上 Junior College an over
省辖市	**City**									
郑州市	Zhengzhou	577	2183	1368	3.0	11.0	58.0	20.0		8.0
开封市	Kaifeng	592	2315	1490	4.6	16.7	58.5	15.0		5.2
洛阳市	Luoyang	1358	4839	2693	1.3	12.2	50.0	21.6		14.9
平顶山市	Pingdingshan	545	2025	1110	2.0	18.8	65.2	11.0		3.1
安阳市	Anyang	537	2036	1222	1.9	18.5	63.3	13.1		3.3
鹤壁市	Hebi	255	1018	593	1.3	16.2	64.1	14.7		3.7
新乡市	Xinxiang	727	3073	1821	2.5	12.6	59.8	19.6		5.5
焦作市	Jiaozuo	517	2057	1215	1.0	9.1	65.4	20.1		4.4
濮阳市	Puyang	468	1809	1212	4.4	23.8	60.1	9.4		2.3
许昌市	Xuchang	393	1569	983	2.1	13.2	68.1	12.7		3.9
漯河市	Luohe	282	1070	721	1.5	16.1	61.9	16.0	1.9	2.6
三门峡市	Sanmenxia	381	1449	988	1.6	11.2	58.7	22.1		6.4
南阳市	Nanyang	845	3307	2275	3.3	17.2	65.0	11.1	0.1	3.2
商丘市	Shangqiu	664	2475	1725	5.2	16.0	64.2	10.3		4.3
信阳市	Xinyang	677	2817	1830	5.9	24.7	57.1	8.5		3.8
周口市	Zhoukou	675	2425	1635	5.4	21.4	61.4	9.0		2.7
驻马店市	Zhumadian	587	2432	1511	2.4	14.4	70.2	10.8		2.1
济源市	Jiyuan	40	148	101	1.0	4.0	54.0	37.0		5.0
省直管县	**Province Administrating County**									
巩义市	Gongyi	69	247	141		2.1	52.5	29.8		15.6
兰考县	Lankao	70	285	189	4.0	11.0	70.0	10.0		5.0
汝州市	Ruzhou	60	237	160		14.4	75.6	5.6		4.4
滑县	Huaxian	59	225	137	3.0	15.0	67.0	9.0		6.0
长垣县	Changyuan	90	363	203	2.5	13.0	69.5	11.0		4.0
邓州市	Dengzhou	70	309	211	3.0	16.0	74.0	7.0		
永城市	Yongcheng	80	282	201	7.0	19.0	65.0	7.5		1.5
固始县	Gushi	79	302	184	3.0	30.0	59.0	6.0	2.0	
鹿邑县	Luyi	60	233	142	3.0	37.0	46.0	14.0		
新蔡县	Xincai	60	243	164	4.3	26.8	54.9	12.2		1.8

11-20 农民家庭平均每人总收入

Per Capita Total Income in Rural Households

单位：元 (yuan)

项　目	Item	2007	2008	2009	2010	2012	2013
全年总收入	**Annual Total Cash Income**	**5197**	**5994**	**6414**	**7293**	**9829**	**11345**
工资性收入	**Income of Wage**	**1268**	**1500**	**1622**	**1944**	**2989**	**3582**
家庭经营收入	**Income from Household Business Operation**	**3721**	**4212**	**4462**	**4969**	**6197**	**6804**
第一产业	Primary Industry	3144	3577	3711	4099	4929	5304
农业收入	Farming Products	2234	2513	2640	2978	3550	3874
林业收入	Forestry Products	45	51	46	51	80	87
牧业收入	Animal Husbandry Products	835	985	1000	1042	1257	1297
渔业收入	Fishery Products	30	29	26	28	42	45
第二产业	Secondary Industry	185	194	211	241	302	355
工业收入	From Industrial products Processing	133	142	150	170	224	216
建筑业收入	From Construction	52	51	61	71	78	139
第三产业	Tertiary Industry	392	440	540	628	966	1146
#交通运输、邮电业收入	From transportation	120	135	164	191	305	260
批发和零售贸易、餐饮业收入	Wholesale,retail and Catering Businesses	157	187	231	275	436	732
社会服务业现金收入	From Services Trade	40	41	50	52	77	119
其他家庭经营现金收入	From Other Household Business	43	42	52	62	91	34
财产性收入	**Property Income**	**53**	**53**	**56**	**59**	**135**	**160**
转移性收入	**Transfer Income**	**155**	**230**	**275**	**322**	**508**	**798**

11-21 农村居民家庭平均每人总支出

Per Capita Total Expenditures in Rural Households

单位：元 (yuan)

项目	Item	2000	2005	2007	2008	2009	2010	2012	2013
全年总支出	**Annual Total Expenditure**	**2120**	**3107**	**4213**	**4832**	**5220**	**5767**	**7852**	**8693**
家庭经营费用支出	**Expenditure for Household Business**	**540**	**945**	**1194**	**1378**	**1419**	**1562**	**2010**	**2250**
第一产业	Primary Industry	470	842	1036	1211	1217	1320	1680	1871
第二产业	Secondary Industry	21	41	72	71	81	92	105	107
第三产业	Tertiary Industry	48	62	87	96	121	151	224	272
购置生产性固定资产支出	**Expenditure on Purchasing Productive Fixed Assets**	**66.1**	**129.0**	**118.1**	**152.0**	**132.6**	**189.0**	**199.3**	**311.3**
税费支出	**Expenditure of Tax**	**97.4**	**3.1**	**3.5**	**2.6**	**2.8**	**3.0**	**2.4**	**0.1**
生活消费支出	**Living Expenditure**	**1316**	**1892**	**2676**	**3044**	**3388**	**3682**	**5032**	**5628**
食品	Food	654	859	1017	1166	1220	1371	1702	1938
衣着	Clothing	87	132	190	210	226	262	424	482
居住	Residence	206	318	616	713	876	765	1061	1044
家庭设备和日用品	Household Appliances	69	83	136	170	204	254	362	416
交通通讯工具和用品	Transport and Telecommunications	56	160	269	291	310	401	525	633
文教、体育娱乐用品	Education, Cultural and Recreation	133	178	212	214	234	250	344	391
医疗、卫生保健用品	Health Care and Medical	64	123	173	215	243	288	469	604
其他商品	Other Goods	46	39	62	66	76	90	146	120
生活消费支出构成(%)	**Structure of Living Expenditure(%)**	**100.0**	**100.0**	**100.0**	**100.0**	**100.0**	**100.0**	**100.0**	**100.0**
食品	Food	49.7	45.4	38.0	38.3	36.0	37.2	33.8	34.4
衣着	Clothing	6.6	7.0	7.1	6.9	6.7	7.1	8.4	8.6
居住	Residence	15.7	16.8	23.0	23.4	25.8	20.8	21.1	18.5
家庭设备和日用品	Household Appliances	5.3	4.4	5.1	5.6	6.0	6.9	7.2	7.4
交通通讯工具和用品	Transport and Telecommunications	4.3	8.4	10.1	9.6	9.2	10.9	10.4	11.2
文教、体育娱乐用品	Education, Cultural and Recreation	10.1	9.4	7.9	7.0	6.9	6.8	6.8	7.0
医疗、卫生保健用品	Health Care and Medical	4.8	6.5	6.5	7.1	7.2	7.8	9.3	10.7
其他商品	Other Goods	3.5	2.0	2.3	2.2	2.2	2.4	2.9	2.1
财产性支出	**Property Expenditure**	**13**	**5**	**6**	**7**	**4**	**7**	**2**	**1**
转移性支出	**Transfer Expenditure**	**87**	**134**	**214**	**248**	**273**	**323**	**604**	**499**

11-22 农村居民家庭按收入来源分组的平均每人纯收入
Per Capital Annual net income of rural household by Source

单位：元 (yuan)

项 目	Item	2000	2005	2007	2008	2009	2010	2012	2013
纯收入	**Net Income**	**1986**	**2871**	**3852**	**4454**	**4807**	**5524**	**7525**	**8475**
工资性收入	**Laborage**	**474**	**854**	**1268**	**1500**	**1622**	**1944**	**2989**	**3582**
家庭经营纯收入	**Net Income from Household Business**	**1427**	**1914**	**2398**	**2699**	**2891**	**3240**	**3973**	**4285**
农业收入	Farming	933	1261	1581	1747	1885	2154	2558	2697
林业收入	Forestry	23	30	38	45	42	49	66	69
牧业收入	Animal Husbandry	183	307	374	455	434	434	448	467
渔业收入	Fishery	12	13	16	15	19	21	30	34
工业收入	Industry	46	62	73	79	84	94	142	121
建筑业收入	Construction	22	19	31	36	36	43	45	93
交通、运输、邮电业收入	Transport, Post and Telecommunication Services	40	58	74	82	91	101	198	177
批发、零售贸易及餐饮业收入	Wholesale and Retail Trade and Catering Services	57	92	116	141	177	202	311	531
社会服务业收入	Social Services	24	20	30	33	42	45	58	78
其他收入	Others	79	39	41	39	47	58	74	19
财产性收入	**Property Income**	**29**	**36**	**53**	**53**	**56**	**59**	**135**	**160**
转移性收入	**Transfer Income**	**56**	**67**	**133**	**202**	**239**	**280**	**427**	**448**

11-23 按收入等级分农村居民家庭平均每人生活消费支出(2013年)

Composition of Per Capita Consumption Expenditure of Rural Households by Level of Income (2013)

单位：元 (yuan)

项目	Item	全省平均 Average	低收入户 Low Income Households	中低收入户 Lower Middle Income Households	中等收入户 Middle Income Households	中高收入户 Upper Middle Income Households	高收入户 High Income Households
生活消费支出	**Consumption Expenditure**	**5627.73**	**3867.50**	**4771.76**	**5291.68**	**6670.92**	**8285.34**
食品	Food	1938.47	1510.03	1772.36	1896.82	2218.19	2456.24
衣着	Clothing	481.78	334.13	443.89	443.18	557.68	687.06
居住	Residence	1043.93	541.16	666.80	954.61	1348.17	1955.17
家庭设备和日用品	Household Appliances	415.97	249.37	316.89	371.45	537.56	680.40
交通通讯工具和用品	Transport and Telecommunications	632.88	405.70	463.83	603.52	725.23	1079.15
文教、体育娱乐用品	Education, Cultural and Recreation	391.27	230.16	318.99	362.95	484.01	626.97
医疗、卫生保健用品	Health Care and Medical	603.73	527.15	674.63	556.71	650.42	620.36
其他商品	Other Goods	119.70	69.79	114.38	102.43	149.68	180.00
生活消费现金支出结构(%)	**Structure of Cash Consumption Expenditure(%)**	**100.0**	**100.0**	**100.0**	**100.0**	**100.0**	**100.0**
食品	Food	34.4	39.0	37.1	35.8	33.3	29.6
衣着	Clothing	8.6	8.6	9.3	8.4	8.4	8.3
居住	Residence	18.5	14.0	14.0	18.0	20.2	23.6
家庭设备和日用品	Household Appliances	7.4	6.4	6.6	7.0	8.1	8.2
交通通讯工具和用品	Transport and Telecommunications	11.2	10.5	9.7	11.4	10.9	13.0
文教、体育娱乐用品	Education, Cultural and Recreation	7.0	6.0	6.7	6.9	7.3	7.6
医疗、卫生保健用品	Health Care and Medical	10.7	13.6	14.1	10.5	9.8	7.5
其他商品	Other Goods	2.1	1.8	2.4	1.9	2.2	2.2

11-24 农民家庭主要食品消费量

Per Capita Consumption of Major Goods in Rural Households

单位：公斤/人 (Kg/person)

项　目	Item	1980	1990	1995	2000	2005	2010	2012	2013
粮食	Grain	221.60	253.96	235.67	257.63	211.62	188.47	143.97	151.29
#小麦	Wheat	102.39	204.38	189.42	209.28	170.48	145.21	106.98	109.15
稻谷	Rice	20.64	18.54	17.54	17.11	19.58	20.84	20.03	22.83
玉米	Corn			18.96	22.17	16.86	15.51	10.90	12.09
薯类	Tubers			6.01	5.58	0.86	0.95	0.89	1.35
豆类	Beans			2.50	3.44	2.93	1.87	1.71	3.81
油脂类	Oil	1.50	3.17	3.32	5.09	4.36	4.85	6.91	6.62
植物油	Vegetables Oil	1.00	2.60	2.97	4.77	4.25	4.79	6.85	6.53
动物油	Animal Oil	0.50	0.57	0.35	0.32	0.11	0.05	0.06	0.09
蔬菜及菜制品	Vegetables	75.08	85.00	52.76	146.54	100.75	88.03	70.46	63.65
瓜类	Melons					5.93	10.33	12.81	16.26
水果类	Fruits					9.46	10.63	15.08	16.37
肉禽及制品	Meat and Products	4.33	5.68	4.69	12.35	8.68	12.42	10.91	12.93
#猪肉	Pork	3.83	4.75	3.98	8.58	5.46	8.03	6.56	7.92
牛肉	Beef			0.13	1.12	0.83	0.34	0.26	0.37
羊肉	Mutton			0.09	0.64	0.14	0.15	0.11	0.20
家禽	Poultry	0.23	0.46	0.35	1.72	1.57	2.28	2.27	2.69
蛋类及蛋制品	Eggs and Related Productions	1.03	2.19	2.71	9.73	8.48	9.10	9.06	7.86
奶和奶制品	Milk and dairy Products		0.02	0.09	0.14	0.85	2.44	3.04	3.66
水产品	Aquatic Products	0.27	0.22	0.49	0.96	1.30	1.50	1.74	1.91
食糖	Sugar	0.67	1.46	1.41	1.19	1.06	0.83	0.79	0.85
酒类	Liquor	0.67	2.27	2.80	4.62	5.97	6.24	6.14	6.43

11–25 农民家庭平均每百户主要耐用消费品年末拥有量

Number of Durable Consumer Goods Owned Per 100 Rural Households at the Year-end

项 目	Item	1990	1995	2000	2005	2010	2012	2013
洗衣机(台)	Washing Machine (unit)	4.02	11.36	24.52	55.67	84.64	92.57	91.60
电冰箱(台)	Refrigerator (unit)	0.24	2.17	6.90	13.48	46.12	66.86	71.93
空调器(台)	Air Conditioner (unit)			0.60	5.19	22.86	37.24	46.22
排油烟机(台)	Gas Hooker (unit)			0.43	0.48	3.02	4.05	4.22
微波炉(台)	Oven(unit)			0.17	0.67	5.12	5.29	10.51
淋浴热水器(台)	Shower (unit)			1.24	3.24	16.26	32.48	40.90
自行车(辆)	Bike (Unit)	127.57	145.19	151.95	133.38	132.19	127.71	74.01
摩托车(辆)	Motorcycle (unit)	0.52	1.43	14.57	39.14	54.88	51.31	66.58
生活用汽车(辆)	Domestic Car (Unit)				0.33	1.76	5.07	8.99
固定电话(部)	Telephone (unit)			25.40	51.33	34.26	26.33	18.92
移动电话(部)	Hand Telephone (unit)			1.38	55.38	151.67	194.10	215.25
#接入互联网的	Internet Mobile Phones (unit)				1.69	13.45	26.05	46.30
彩色电视机(台)	Color TV Set (unit)	2.81	12.07	38.21	81.69	106.26	111.21	115.12
#接入有线电视网的	Cable TV				10.07	30.83	46.57	42.08
摄像机(架)	Pickup Camera (unit)			0.05	0.31	0.69	0.79	0.55
照相机(架)	Camera (unit)	0.24	0.60	1.29	2.14	2.83	2.67	3.51
家用电脑(台)	Computer(unit)			0.07	0.57	7.50	20.21	22.90
#接入互联网的	Internet computers				0.24	5.00	15.67	17.04
中高档乐器(件)	Medium and High-Grade Musical Instrument (unit)				0.07	0.21	0.38	0.47

11-26 按收入分组的农民家庭平均每人主要食品消费量(2013年)

Per Capita Annual Purchases of Food of Rural Households by Level of Income (2013)

单位：公斤/人 (Kg/person)

项　目	Item	低收入户 Low Income Households	中低收入户 Lower Middle Income Households	中等收入户 Middle Income Households	中高收入户 Upper Middle Income Households	高收入户 High Income Households
粮食(原粮)	Grain	146.89	137.65	147.62	154.37	175.24
#小麦	Wheat	108.56	98.14	104.49	111.95	126.29
稻谷	Rice	17.21	22.61	24.76	24.75	26.12
玉米	Corn	13.91	10.86	11.49	10.28	13.92
薯类	Tubers	1.43	1.05	1.23	1.42	1.71
豆类	Beans	2.99	3.54	3.74	4.20	4.88
油脂类	Oil	5.70	6.00	6.35	7.36	8.09
植物油	Vegetables Oil	5.61	5.94	6.24	7.26	8.00
动物油	Animal Oil	0.09	0.06	0.11	0.10	0.09
豆制品	Soybean	2.51	2.95	3.56	3.61	4.23
蔬菜及菜制品	Vegetables	49.12	58.33	64.53	73.97	77.16
瓜类	Melons	13.66	14.51	15.11	19.15	20.12
水果类	Fruits	13.23	14.77	15.39	19.60	20.17
肉禽及制品	Meat and Products	10.38	11.97	13.36	14.05	15.77
#猪肉	Pork	6.63	7.52	7.96	8.45	9.50
牛肉	Beef	0.21	0.36	0.34	0.45	0.53
羊肉	Mutton	0.09	0.18	0.22	0.21	0.30
家禽	Poultry	2.04	2.44	3.04	2.87	3.24
蛋类及蛋制品	Eggs and Related Productions	6.21	7.19	8.23	8.82	9.37
奶和奶制品	Milk and dairy Products	2.67	3.39	3.62	4.12	4.84
水产品	Aquatic Products	1.34	1.81	1.92	2.42	2.20
酒类	Liquor	4.32	5.90	6.13	7.55	9.03

11-27 按收入分组的农民家庭平均每百户主要耐用消费品年末拥有量(2013年)

Number of Durable Consumer Goods Owned Per hundred Rural Households at the Year-end by Level of Income (2013)

项 目	Item	低收入户 Low Income Households	中低收入户 Lower Middle Income Households	中等收入户 Middle Income Households	中高收入户 Upper Middle Income Households	高收入户 High Income Households
洗衣机(台)	Washing Machine (unit)	89.88	89.58	91.18	94.26	93.08
电冰箱(台)	Refrigerator (unit)	65.81	68.63	71.58	74.54	79.05
空调器(台)	Air Conditioner (unit)	38.28	39.44	41.42	50.89	61.01
排油烟机(台)	Gas Hooker (unit)	2.42	2.61	4.53	4.67	6.87
微波炉(台)	Oven(unit)	8.93	7.19	11.41	10.82	14.20
淋浴热水器(台)	Shower (unit)	33.56	33.51	39.42	48.46	49.52
自行车(辆)	Bike (Unit)	66.37	71.80	73.62	75.23	83.04
摩托车(辆)	Motorcycle (unit)	64.11	64.23	67.26	70.47	66.80
生活用汽车(辆)	Domestic Car (Unit)	8.17	5.12	7.33	9.36	14.96
固定电话(部)	Telephone (unit)	14.59	15.47	18.84	22.37	23.32
移动电话(部)	Hand Telephone (unit)	212.54	212.52	207.58	216.32	227.28
#接入互联网的	Internet Mobile Phones (unit)	46.61	42.54	39.81	49.51	53.04
彩色电视机(台)	Color TV Set (unit)	114.68	112.83	110.12	117.42	120.55
#接入有线电视网的	Cable TV	40.49	40.95	37.87	41.21	49.88
摄像机(架)	Pickup Camera (unit)	0.27	0.28	1.01	0.41	0.79
照相机(架)	Camera (unit)	3.38	2.48	3.76	3.29	4.62
家用电脑(台)	Computer(unit)	15.57	18.22	21.72	26.85	32.14
#接入互联网的	Internet computers	11.45	13.46	15.84	20.83	23.62
中高档乐器(件)	Medium and High-Grade Musical Instrument (unit)	0.40	0.92	0.37	0.37	0.30

11-28 各市农村居民人均纯收入

Per Capita Net Income of Rural Household by City

单位：元 (yuan)

市(县) City(County)	1990	1995	2000	2005	2010	2011	2012	2013
省 辖 市 City								
郑 州 市 Zhengzhou	692	1555	2912	4774	9225	11050	12531	14009
开 封 市 Kaifeng	612	1167	2096	2714	5390	6492	7414	8355
洛 阳 市 Luoyang	439	1040	1976	2903	5680	6822	7777	8756
平 顶 山 市 Pingdingshan	492	1121	1967	2688	5504	6578	7518	8541
安 阳 市 Anyang	615	1299	2129	3220	6359	7586	8618	9670
鹤 壁 市 Hebi	571	1285	2105	3469	6813	8271	9388	10608
新 乡 市 Xinxiang	601	1467	2165	3133	6241	7532	8647	9728
焦 作 市 Jiaozuo	675	1779	2564	3831	7512	8902	10113	11367
濮 阳 市 Puyang	541	1114	1845	2472	5077	6082	6945	7904
许 昌 市 Xuchang	530	1447	2520	3643	7197	8651	9819	11007
漯 河 市 Luohe	531	1530	2303	3319	6460	7700	8755	9876
三 门 峡 市 Sanmenxia	537	1183	2161	2935	5787	6929	7906	8926
南 阳 市 Nanyang	487	1124	1889	2894	5666	6776	7752	8729
商 丘 市 Shangqiu	438	980	1815	2346	4674	5637	6426	7217
信 阳 市 Xinyang	450	1056	1916	2707	5311	6153	7008	7982
周 口 市 Zhoukou	514	1245	1915	2276	4510	5448	6199	6950
驻 马 店 市 Zhumadian	449	1086	1905	2486	4861	5804	6599	7437
济 源 市 Jiyuan	601	1532	2425	3889	7784	9341	10648	11958
省 直 管 县 Province Administrating County								
巩 义 市 Gongyi	776	1704	3167	5458	9514	11392	12953	13951
兰 考 县 Lankao	495	1028	1939	2198	4429	5236	5984	6756
汝 州 市 Ruzhou	512	1356	2297	3051	6443	7783	8888	10062
滑 县 Huaxian	496	1614	1956	2868	4998	5300	6052	6839
长 垣 县 Changyuan	495	1298	2176	3580	7263	8789	10072	11381
邓 州 市 Dengzhou	474	1080	1989	3104	6141	7139	8131	9172
永 城 市 Yongcheng	389	918	1863	2700	5429	6557	7488	8469
固 始 县 Gushi	435	1018	1828	2795	5483	6304	7206	8121
鹿 邑 县 Luyi	455	1205	1916	2571	5036	6036	6875	7755
新 蔡 县 Xincai	376	957	1733	2225	4508	5491	6287	7148

11−29 各市农村居民家庭平均每人全年纯收入按收入来源分组情况(2013年)

Per Capita Net Income of Rural Household by City (2013)

单位：元 (yuan)

市(县) City(County)	合计 Total	工资性收入 Net Income from Wages and Salaries	家庭经营收入 Net Income from Household Operations	财产性收入 Net Income from Properties	转移性收入 Net Income from Transfers
省辖市 City					
郑州市 Zhengzhou	14009	8070.11	4432.94	839.28	666.67
开封市 Kaifeng	8355	3575.29	4316.32	144.43	319.10
洛阳市 Luoyang	8756	5673.44	2506.45	200.47	375.83
平顶山市 Pingdingshan	8541	3730.63	4160.43	121.12	528.53
安阳市 Anyang	9670	5172.43	4051.97	138.78	306.40
鹤壁市 Hebi	10608	5074.38	4766.41	84.31	683.30
新乡市 Xinxiang	9728	5252.49	3653.17	287.29	535.62
焦作市 Jiaozuo	11367	6198.30	4395.60	371.90	400.90
濮阳市 Puyang	7904	3785.07	3543.58	173.73	401.32
许昌市 Xuchang	11007	6209.00	3810.00	235.00	753.00
漯河市 Luohe	9876	4366.70	4826.20	353.00	330.10
三门峡市 Sanmenxia	8926	3346.81	4999.61	204.69	374.72
南阳市 Nanyang	8729	3147.14	5081.13	87.59	412.93
商丘市 Shangqiu	7217	3692.50	3119.86	73.51	331.43
信阳市 Xinyang	7982	3748.46	3829.52	49.91	354.26
周口市 Zhoukou	6950	3532.60	3045.90	35.10	335.90
驻马店市 Zhumadian	7437	3395.47	3585.11	72.27	384.44
济源市 Jiyuan	11958	5301.00	5963.00	150.00	544.00
省直管县 Province Administrating County					
巩义市 Gongyi	13951	9216.00	4131.00	21.00	583.00
兰考县 Lankao	6756	2858.66	3655.08	71.38	171.29
汝州市 Ruzhou	10062	4650.33	4838.93	68.31	504.13
滑县 Huaxian	6839	2989.83	3354.15	38.84	456.28
长垣县 Changyuan	11381	5940.00	4696.55	217.47	527.18
邓州市 Dengzhou	9172	3407.00	5141.00	177.00	446.00
永城市 Yongcheng	8469	4390.16	3716.07	2.70	360.11
固始县 Gushi	8121	3786.00	3811.00	81.00	444.00
鹿邑县 Luyi	7755	4062.28	3387.84	38.00	267.00
新蔡县 Xincai	7148	3017.00	3670.40	79.60	381.20

11-30 各市农村居民家庭平均每人全年纯收入分组情况(2013年)

Per Capita Net Income of Rural Household by City (2013)

单位：元 (yuan)

市(县) City(County)	低收入户 Low Income Households	中低收入户 Lower Middle Income Households	中等收入户 Middle Income Households	中高收入户 Upper Middle Income Households	高收入户 High Income Households
省辖市 City					
郑州市 Zhengzhou	6208	9320	11884	15959	29975
开封市 Kaifeng	3715	5838	7760	10582	16653
洛阳市 Luoyang	2373	5734	7733	10224	21898
平顶山市 Pingdingshan	3334	5781	7647	9971	19790
安阳市 Anyang	3863	6517	8614	11137	21626
鹤壁市 Hebi	4418	8022	10204	12449	21342
新乡市 Xinxiang	4073	6775	8954	11635	20005
焦作市 Jiaozuo	3701	7479	9961	13392	24972
濮阳市 Puyang	2625	5027	7186	9743	17877
许昌市 Xuchang	4191	7283	9808	12555	24515
漯河市 Luohe	2391	5906	8911	12606	23638
三门峡市 Sanmenxia	3278	5595	7763	10868	18210
南阳市 Nanyang	4241	6449	8152	10648	17754
商丘市 Shangqiu	2881	5248	7163	9258	13714
信阳市 Xinyang	3755	6012	7729	9974	15468
周口市 Zhoukou	3099	5072	6865	9243	13794
驻马店市 Zhumadian	3233	5433	6952	8807	14828
济源市 Jiyuan	5751	7999	10786	13234	23759
省直管县 Province Administrating County					
巩义市 Gongyi	4106	8329	11460	15902	32537
兰考县 Lankao	3219	4635	6074	8355	12324
汝州市 Ruzhou	5634	8030	9792	12450	17916
滑县 Huaxian	2761	5195	6680	9564	12212
长垣县 Changyuan	5431	7932	10048	13478	21796
邓州市 Dengzhou	5196	7123	8717	10575	16524
永城市 Yongcheng	4513	6415	8325	9994	13942
固始县 Gushi	3711	5920	8175	10651	14894
鹿邑县 Luyi	5153	6413	7188	8960	11670
新蔡县 Xincai	3497	5193	7316	8895	13873

11-31 各市农村居民家庭平均每人生活消费支出(2013年)
Per Capita Consumption Expenditure of Rural Households by City (2013)

单位：元 (yuan)

市(县)	City(County)	生活消费支出合计 Consumption Expenditure	食品 Food	衣着 Clothing	居住 Residence	家庭设备和日用品 Household Appliances	交通通讯工具和用品 Transport, and Communi-cations	文教、体育娱乐用品 Education, Cultural and Recreation	医疗、卫生保健用品 Health Care and Medical	其他商品 Other Goods
省辖市	**City**									
郑州市	Zhengzhou	10242	2455	873	2944	691	1502	742	719	317
开封市	Kaifeng	5460	1797	573	1112	404	679	412	376	107
洛阳市	Luoyang	6783	1979	697	1448	602	929	437	525	166
平顶山市	Pingdingshan	4876	1738	428	951	480	423	293	440	123
安阳市	Anyang	6735	2001	596	1702	493	759	401	575	208
鹤壁市	Hebi	7312	2644	644	1334	469	742	641	656	181
新乡市	Xinxiang	7002	2199	707	1342	567	675	581	645	287
焦作市	Jiaozuo	8583	2402	695	1803	860	978	698	734	414
濮阳市	Puyang	4980	1630	471	875	427	675	404	398	100
许昌市	Xuchang	6561	2059	563	1256	575	830	414	638	225
漯河市	Luohe	5379	1691	474	1068	630	587	296	444	188
三门峡市	Sanmenxia	6715	1965	566	1582	430	731	500	819	122
南阳市	Nanyang	6109	2298	411	1533	402	574	261	446	184
商丘市	Shangqiu	4772	1844	461	655	415	592	308	425	71
信阳市	Xinyang	5258	2495	434	830	398	452	247	307	96
周口市	Zhoukou	4827	1632	358	1213	332	575	212	404	100
驻马店市	Zhumadian	5769	2083	432	1234	445	542	371	533	129
济源市	Jiyuan	7890	2434	541	1081	704	892	467	1491	280
省直管县	**Province Administrating County**									
巩义市	Gongyi	7497	1948	680	1810	554	878	732	649	246
兰考县	Lankao	5646	1792	468	1476	408	713	448	289	52
汝州市	Ruzhou	5401	1849	541	1207	444	455	268	451	186
滑县	Huaxian	6098	2365	485	1132	358	829	374	435	120
长垣县	Changyuan	6377	2007	678	1439	562	685	481	326	199
邓州市	Dengzhou	5891	1952	388	1790	352	498	260	543	108
永城市	Yongcheng	5715	2425	539	642	439	710	369	528	63
固始县	Gushi	5625	2459	496	891	526	401	249	501	102
鹿邑县	Luyi	4167	1504	244	1187	241	622	71	199	99
新蔡县	Xincai	4849	1872	418	917	353	539	296	423	32

11-32 各市农村居民家庭平均每人生活消费现金支出(2013年)

Per Capita Cash Consumption Expenditure of Rural Households by City (2013)

单位：元 (yuan)

市(县)	City(County)	生活消费支出合计 Consumption Expenditure	食品 Food	衣着 Clothing	居住 Residence	家庭设备和日用品 Household Appliances	交通通讯工具和用品 Transport, and Communi-cations	文教、体育娱乐用品 Education, Cultural and Recreation	医疗、卫生保健用品 Health Care and Medical	其他商品 Other Goods
省辖市	**City**									
郑州市	Zhengzhou	10063	2290	873	2931	690	1502	741	719	317
开封市	Kaifeng	5236	1575	571	1111	404	679	412	376	106
洛阳市	Luoyang	6537	1770	697	1413	602	929	437	525	165
平顶山市	Pingdingshan	4587	1497	428	905	479	423	292	440	123
安阳市	Anyang	6347	1722	595	1593	493	759	401	575	208
鹤壁市	Hebi	6975	2307	644	1334	469	742	641	656	181
新乡市	Xinxiang	6900	2102	707	1337	566	675	581	645	287
焦作市	Jiaozuo	8353	2174	695	1802	860	978	698	734	412
濮阳市	Puyang	4861	1511	471	875	427	675	404	398	100
许昌市	Xuchang	6379	1896	563	1239	574	830	414	638	225
漯河市	Luohe	5114	1440	472	1056	630	587	296	444	188
三门峡市	Sanmenxia	6295	1587	566	1540	430	731	500	819	122
南阳市	Nanyang	5587	1891	411	1420	402	574	261	446	182
商丘市	Shangqiu	4630	1743	461	615	415	592	308	425	71
信阳市	Xinyang	4691	2028	433	741	396	449	246	305	93
周口市	Zhoukou	4570	1436	358	1153	332	575	212	404	100
驻马店市	Zhumadian	5470	1837	431	1182	444	542	370	533	129
济源市	Jiyuan	7611	2154	541	1081	704	893	467	1491	280
省直管县	**Province Administrating County**									
巩义市	Gongyi	7281	1819	680	1723	554	878	732	649	246
兰考县	Lankao	5473	1618	468	1476	408	713	448	289	52
汝州市	Ruzhou	5205	1658	541	1207	442	455	266	451	185
滑县	Huaxian	4976	1755	485	620	358	829	374	435	120
长垣县	Changyuan	6332	1962	677	1439	562	685	481	326	199
邓州市	Dengzhou	5694	1777	388	1767	352	498	260	543	108
永城市	Yongcheng	5361	2294	539	419	439	710	369	528	63
固始县	Gushi	4977	1879	493	824	526	401	249	501	104
鹿邑县	Luyi	3963	1303	244	1187	241	622	71	196	99
新蔡县	Xincai	4595	1627	418	913	347	539	296	423	32

11-33 各市农村居民家庭平均每人主要食品消费量(2013年)

Per Capita Consumption of Major Food in Rural Households by City (2013)

单位：千克 (kg)

市(县)	City(County)	粮食 Grain	蔬菜 Vegetables	食油 Edible Oil	猪牛羊肉 Pork, Beef and Mutton	家禽 Poultry	蛋类及其制品 Eggs and Related Products	水产品 Aquatic Products	食糖 Sugar	酒 Liquor	鲜奶和奶制品 Fresh Milk and Dairy products
省辖市	**City**										
郑州市	Zhengzhou	122.0	73.3	8.9	9.8	1.7	8.6	1.9	0.6	4.9	7.0
开封市	Kaifeng	144.6	56.7	6.7	6.6	2.2	6.4	1.8	0.8	6.9	2.1
洛阳市	Luoyang	145.2	68.8	9.0	8.1	1.0	6.5	0.7	0.9	4.8	6.3
平顶山市	Pingdingshan	161.1	67.5	6.9	8.0	1.6	5.7	1.0	0.8	7.0	4.1
安阳市	Anyang	180.3	81.5	8.9	6.8	1.8	10.5	0.9	0.6	6.0	6.8
鹤壁市	Hebi	262.2	89.3	11.0	8.8	1.6	10.9	1.3	1.0	14.1	6.4
新乡市	Xinxiang	136.5	64.3	7.2	8.6	1.8	9.2	1.4	0.9	8.3	5.7
焦作市	Jiaozuo	176.7	57.5	11.2	10.3	1.9	9.4	1.1	1.5	6.5	8.7
濮阳市	Puyang	132.7	52.7	10.3	5.9	2.1	7.9	1.1	0.7	5.3	4.7
许昌市	Xuchang	121.0	79.0	9.0	8.0	2.0	6.0	1.0	1.0	4.0	5.0
漯河市	Luohe	182.3	51.7	7.4	7.8	2.4	5.6	1.7	0.8	3.3	4.6
三门峡市	Sanmenxia	238.8	72.2	10.1	5.6	0.6	5.9	0.5	1.0	3.4	4.5
南阳市	Nanyang	204.5	76.6	6.4	10.2	2.6	12.6	1.9	1.0	6.7	4.2
商丘市	Shangqiu	125.2	56.6	8.2	7.4	3.8	8.1	2.2	0.8	5.9	4.7
信阳市	Xinyang	161.3	89.7	8.4	19.6	8.5	6.9	7.5	0.9	15.5	2.3
周口市	Zhoukou	153.3	48.6	6.6	6.3	3.7	7.4	3.1	0.8	5.0	2.6
驻马店市	Zhumadian	158.7	63.3	8.0	9.8	4.8	6.7	2.4	0.9	8.8	2.3
济源市	Jiyuan	225.0	62.0	6.0	9.0	3.0	12.0	1.0	1.0	5.0	9.0
省直管县	**Province Administrating County**										
巩义市	Gongyi	97.0	52.0	7.0	7.0	1.0	8.0	1.0	1.0	2.0	5.0
兰考县	Lankao	144.7	66.0	6.7	6.1	2.3	7.4	1.7	0.8	6.4	2.9
汝州市	Ruzhou	141.3	81.7	11.2	7.6	0.6	6.2	0.4	0.7	2.7	8.0
滑县	Huaxian	225.2	71.8	8.6	6.8	3.3	11.0	1.6	0.7	9.0	3.0
长垣县	Changyuan	138.8	75.0	6.8	7.5	2.3	8.7	1.8	0.7	5.2	5.0
邓州市	Dengzhou	143.6	63.3	4.3	8.5	2.2	13.4	1.5	1.5	7.2	5.1
永城市	Yongcheng	144.0	69.0	11.0	10.0	6.0	9.0	3.0	1.0	11.0	3.0
固始县	Gushi	131.0	70.0	7.0	26.0	13.0	7.0	6.0	1.0	13.0	1.0
鹿邑县	Luyi	142.1	55.9	10.1	5.1	4.9	8.6	2.5	0.6	4.6	3.6
新蔡县	Xincai	175.9	41.1	4.5	9.8	2.5	6.4	2.9	0.4	9.9	0.5

11−34 各市农村居民家庭住房情况(2013年)
Housing Conditions of Rural Households by City (2013)

市(县)	City(County)	拥有住房面积(平方米/人) Per Capita Floor Space of Owned Houses (sq.m/person)	拥有住房价值(元/平方米) Value of Owned Houses (yuan/sq.m)	实际住房结构 (平方米/人) Actual House Structures (sq.m/person)			
				钢筋混凝土结构 Reinforced Concrete Structure		砖木结构 Brick and Wood Structure	
				2013年	2012年口径	2013年	2012年口径
省 辖 市	**City**						
郑 州 市	Zhengzhou	58.2	1084.1	13.1	45.2	39.5	7.3
开 封 市	Kaifeng	38.0	654.9	4.8	31.6	32.5	5.7
洛 阳 市	Luoyang	43.3	760.0	4.4	40.7	38.5	2.2
平 顶 山 市	Pingdingshan	39.4	611.3	6.4	31.2	32.5	7.7
安 阳 市	Anyang	41.4	836.7	3.8	34.6	37.2	6.4
鹤 壁 市	Hebi	42.3	500.4	4.3	32.6	37.8	9.5
新 乡 市	Xinxiang	40.4	639.1	5.0	31.8	34.9	8.1
焦 作 市	Jiaozuo	45.3	713.4	5.7	33.9	38.3	10.1
濮 阳 市	Puyang	33.0	550.6	1.7	14.7	31.3	18.3
许 昌 市	Xuchang	39.0	534.2	7.0	33.0	32.0	6.0
漯 河 市	Luohe	39.8	816.0	4.6	34.5	34.4	4.5
三 门 峡 市	Sanmenxia	36.2	691.6	4.8	29.4	29.0	4.4
南 阳 市	Nanyang	34.4	872.3	10.1	30.8	24.2	3.6
商 丘 市	Shangqiu	38.8	598.9	3.1	27.8	35.6	10.8
信 阳 市	Xinyang	30.5	766.0	10.1	24.5	20.0	5.6
周 口 市	Zhoukou	34.0	556.0	6.0	12.1	28.0	21.9
驻 马 店 市	Zhumadian	30.8	703.9	8.7	25.8	21.7	4.6
济 源 市	Jiyuan	56.0	1007.0		53.0	54.0	1.0
省 直 管 县	**Province Administrating County**						
巩 义 市	Gongyi	49.0	1041.0	3.1	45.6	43.2	0.7
兰 考 县	Lankao	29.3	518.7	1.7	15.8	27.0	12.9
汝 州 市	Ruzhou	40.9	556.4	9.4	34.8	31.5	6.1
滑 县	Huaxian	38.3	623.0	5.0	32.1	33.3	6.2
长 垣 县	Changyuan	30.3	792.0	2.2	14.1	27.0	15.1
邓 州 市	Dengzhou	39.6	734.7	25.7	36.7	13.9	2.9
永 城 市	Yongcheng	44.0	670.0	12.0	32.0	32.0	12.0
固 始 县	Gushi	27.0	703.6	8.0	25.0	18.0	1.0
鹿 邑 县	Luyi	36.6	716.0	4.2	15.1	32.5	21.5
新 蔡 县	Xincai	33.1	774.8	13.8	21.7	16.8	8.8

注：1.拥有住房，包括出租的住房面积和价值，但不包括租住的面积。实际住房，包括租住的面积。
2.2013年砖木结构面积包括砖混结构，2012年数据已按新口径调整。
a) Owned housing include rental housing area and value, but does not include the area of the lease.The actual housing, including the area of the lease.
b) Data of area of brick and wood structure include brick structure in 2013,data of 2012 is calculated according to the new size .

主要统计指标解释

城镇家庭人口 指居住在一起，经济上合在一起共同生活的家庭成员。凡计算为家庭人口的成员其全部收支都包括在本家庭中。

城镇就业面 指就业人口占家庭人口的百分比。

城镇就业者负担人数 指家庭人口与就业人口之比。

城镇家庭总收入 指家庭成员得到的工薪收入、经营净收入、财产性收入、转移性收入之和，不包括出售财物收入和借贷收入。

城镇家庭可支配收入 指家庭成员得到可用于最终消费支出和其它非义务性支出以及储蓄的总和，即居民家庭可以用来自由支配的收入。它是家庭总收入扣除交纳的个人所得税、个人交纳的社会保障支出以及记账补贴后的收入。计算公式为：

可支配收入=家庭总收入－交纳个人所得税－个人交纳的社会保障支出－记账补贴

城镇家庭总支出 指除借贷支出以外的全部家庭支出。包括消费性支出、购房建房支出、转移性支出、财产性支出、社会保障支出。

城镇家庭消费性支出 指家庭用于日常生活的支出，包括食品、衣着、居住、家庭设备用品及服务、医疗保健、交通和通信、娱乐教育文化服务、其他商品和服务等八大类支出。

城镇家庭服务性消费支出 指家庭用于支付社会提供的各种非商品性服务费用。

城镇家庭收入分组方法 是将所有调查户按户人均可支配收入由低到高排队，按 10%，10%，20%，20%，20%，10%，10% 的比例依次分成：最低收入户、低收入户、中等偏下收入户、中等收入户、中等偏上收入户、高收入户、最高收入户等七组。总体中最低 5%的户为困难户。

农村居民家庭总收入 指调查期内农村住户和住户成员从各种来源渠道得到的收入总和。按收入的性质划分为工资性收入、家庭经营收入、财产性收入和转移性收入。

农村居民家庭现金收入 指农村住户和住户成员在调查期内得到以现金形态表现的收入。按来源分成工资性收入、家庭经营现金收入、财产性收入、转移性收入。

农村居民家庭纯收入 指农村住户当年从各个来源得到的总收入相应地扣除所发生的费用后的收入总和。纯收入主要用于再生产投入和当年生活消费支出，也可用于储蓄和各种非义务性支出。“农民人均纯收入”按人口平均的纯收入水平，反映的是一个地区或一个农户农村居民的平均收入水平。

农村居民家庭总支出 指农村住户用于生产、生活和再分配的全部支出。家庭经营费用支出、购置生产性固定资产支出、生产性固定资产折旧、税费支出、生活消费支出、财产性支出和转移性支出。

农村居民家庭现金支出 指农村住户用于生产、生活和再分配所支付的现金。包括家庭经营费用支出、缴纳的税费、购买生产性固定资产、生活消费、财产性和转移性支出。

农村居民家庭生活消费支出 指农村常住居民家庭用于日常生活的全部开支，是反映和研究农民家庭实际生活消费水平高低的重要指标。

恩格尔系数 指食物支出金额在消费性总支出金额中所占的比例。计算公式为：

恩格尔系数=食品支出金额／消费性总支出金额×100%

如果城乡居民在食用方面的支出较大，恩格尔系数就高，表明人们的生活水平低；反之，随着人们生活水平的提高，城乡居民在食用方面的支出少，恩格尔系数越来越小。

Explanatory Notes on Main Statistical Indicators

Population of Urban Households refer to members of households living and sharing economically together in the urban areas. All the income and expenditure of all the members of such households are included in the income and expenditure of the household.

Proportion of Urban Employment refers to the proportion of employed population to the population of urban households.

Number of Dependents per Urban Employee refers to the ratio between number of persons in an urban household and the number of employed persons.

Total Income of Urban Households refers to the sum of wage and salary; net business income; income from properties; and income from transfers of members of the households. Income from selling of properties and income from borrowing are not included.

Disposable Income of Urban Households refers to the actual income at the disposal of members of the households which can be used for final consumption, other non-compulsory expenditure and savings. This equals to total income minus income tax, personal contribution to social security and subsidy for keeping diaries in being a sample household. The following formula is used:

Disposable income = total household income - income tax - personal contribution to social security - subsidy for keeping diaries for a sampled household

Total Expenditure of Urban Households refers to all expenditure of households except expenditure on lending. It includes expenditure on consumption; on purchasing or building houses; on transfers; on properties; and on social security.

Consumption Expenditure of Urban Households refers to total expenditure of households for consumption in daily life, including expenditure on the eight categories of food; clothing; housing; household appliances and services; health care and medical services; transport and communications; recreation, education and cultural services; and miscellaneous goods and services.

Expenditure of Urban Households on Consumption of Services refers to expenditure of households on various kinds of non-commercial services provided by society.

Urban Households by Income Group All households in the sample are grouped, by per capita disposable income of the household, into groups of lowest income, low income, lower middle income, middle income, upper middle income, high income and highest income, each group consisting of 10%, 10%, 20%, 20%, 20%, 10% and 10% of all households respectively. The lowest 5% of households are also referred to as poor households.

Total Income of Rural Households refers to the sum of income earned from various sources by the rural households and their members during the reference period, and is classified as income from wages and salaries, income from household operations, income from properties and income from transfers.

Cash Income of Rural Households refers to income received by rural households and their members in the form of cash during the reference period. It is classified, by source of income, into income from wages and salaries, cash income from household operations, income from properties and income from transfers.

Net Income of Rural Households refers to the total income of rural households from all sources minus all corresponding expenses. Net income is mainly used as input for reinvestment in production and as consumption expenditure of the year, and also used for savings and non-compulsory expenses of various forms. "Per capita net income of farmers" is the level of net income averaged by population, reflecting the average income level of rural households in a given area.

Total Expenditure of Rural Households refers to total expenses of rural households on production, consumption and redistribution, including expenditure on household operations, on purchase of productive fixed assets, depreciation of productive fixed assets, taxes and fees, expenses on household consumption, expenses on properties and expenses on transfers.

Cash Expenditure of Rural Households refers to cash expenditure by rural households for production, consumption and redistribution during the reference period, including cash expenses on household operations, taxes and fees, purchase of productive fixed assets, household consumption, and expenses on properties and transfers.

Expenditure of Rural Households for Consumption refers to total expenses of rural households on daily life, including expenses on food clothing housing, fuel, article for daily use, and expenses on cultural life and services. This indicator is used to show the actual consumption level of peasants.

Engel Coefficient refers to the percentage of expenditure on food in the total consumption expenditure, using the following formula: Engel coefficient = expenditure on food /total consumption expenditure×100%

If the food expenditure of urban and rural households is bigger, Engel coefficient will be higher ,it means the life level of people is lower; On the contrary, with the improving on the life level and the decreasing on the food expenditure of urban and Rural Households, Engel coefficient will be lower.

城市概况

General Survey of Cities

● 资料整理：王习涛　孙　黎　刘文太

简要说明

一、主要内容

本篇反映河南省城市社会经济发展和城市建设的规模及综合水平的资料。城市公用事业概况主要包括：城市建设、供水、供气、供热、市政设施、公共交通、城市绿化、环境卫生等资料。

二、统计范围

包括全省所有设市城市在建成区范围内的城市规划管理、建设或经营管理相关设施的单位。

三、资料来源

省辖市主要经济指标和城市公共交通由河南省统计局地方调查队编辑整理。省辖市和县级市城市公用事业基本情况资料由省住房城乡建设厅和省交通厅提供，由河南省统计局社会与科技处编辑整理。

Brief Introduction

I. Main Contents

Data in this chapter present the scale and the comprehensive level of Social economic development and urban construction of Henan provincial cities, main include supply of water, gas and heating; municipal infrastructure; public transportation; urban greenery; public transportation and environmental, sanitation.

II. Scope of Statistics

Data in this chapter cover all units under the jurisdiction of cities which are engaged in urban planning and management, construction and operation of relevant facilities.

III. Sources of Data

Data on Districts and Public transport are provided by Henan provincial survey organizations of social and economy. Data on basic conditions and overall level of urban public facilities are collected by the Henan provincial bureau of Housing and Urban-Rural development. Data on this chapter are provided by Department of social and scientific and technological of Henan provincial bureau of statistics.

12-1 城市社会经济主要指标(2013年)

Major Social and Economic Indicators of Cities (2013)

本表价值量指标均按当年价格计算。
Data in value terms in this table are calculated at current prices.

指标	Item	全省 The Province Total	省辖市市区合计 Total of Cities Zones	省辖市市区占全省比重(%) Percentage of Cities to Province (%)
土地面积(万平方公里)	Total Area (10 000 sq.km)	16.7	1.53	9.1
年末城镇失业人员(登记数)(万人)	Number of Registered Urban Unemployed Persons at the Year-end (10 000persons)	40.19	21.96	54.6
生产总值(亿元)	Gross Domestic Product (100 million yuan)	32155.86	10067.55	31.3
第一产业	Primary Industry	4058.98	398.16	9.8
第二产业	Secondary Industry	17806.39	5162.81	29.0
第三产业	Tertiary Industry	10290.49	4506.58	43.8
公共财政预算收入(亿元)	Total Revenue of Local Governments (100 million yuan)	2415.45	1279.27	53.0
公共财政预算支出(亿元)	Total Expenditures of Local Governments (100 million yuan)	5582.31	1844.27	33.0
规模以上工业企业	Enterprises above Designated Size			
主营业务收入(亿元)	Product Sales (100 million yuan)	59975.16	17425.32	29.1
利润总额(亿元)	Total Profits (100 million yuan)	4543.07	744.25	16.4
限额以上批零贸易业商品销售总额(亿元)	Total Sales of Enterprise above Designated Size in Wholesale and Retail Sale Trades (100 million yuan)	10532.00	7194.29	68.3
当年实际使用外资金额(万美元)	Amount of Foreign Capital Actually Vtilized This Year (USD 10 000)	1745659	667523	38.2
居民人民币储蓄存款余额(亿元)	Outstanding Amount of Savings Deposit in Urban and Rural Areas (year-end) (100 million yuan)	20232.12	9155.68	45.3
在岗职工工资总额(亿元)	Total Wages of Staff and Workers (100 million yuan)	4048.73	2383.62	58.9
在校学生数(万人)	Student Enrollment (10 000 persons)			
#普通高等学校	Number of Regular Institutes of Higher Education	161.83	149.60	92.4
普通中学	Number of Regular Secondary Schools	574.28	132.76	23.1
小学	Number of Primary Schools	939.98	178.03	18.9
医院、卫生院个数(个)	Number of Hospitals (unit)	3471	978	28.2
医院、卫生院床位数(万张)	Number of Beds in Hospitals (10 000 beds)	40.03	16.99	42.4
医生(万人)	Number of Doctors (10 000 persons)	18.06	7.07	36.8

12-2 省辖市市区社会经济主要指标(2013年)

本表价值量指标均按当年价格计算。
Data in value terms in this table are calculated at current prices.

指　标	Item	郑　州 Zhengzhou	开　封 Kaifeng	洛　阳 Luoyang	平顶山 Pingdingshan	安　阳 Anyang
年底(末)总人口(万人)	Total Population (year-end) (10 000 persons)	517.10	87.29	193.33	97.88	114.43
从业人员期末人数(万人)	Number of Employed Persons (year-end) (10 000 persons)	138.15	22.32	41.89	34.64	20.47
在岗职工平均人数(万人)	Staff and Workers (10 000 persons)	117.46	16.91	38.90	33.17	19.99
行政区域土地面积(平方公里)	Total Area (sq.km)	1010	362	768	443	534
#建成区面积	Developed Areas	383	113	192	73	110
生产总值(亿元)	Gross Domestic Product (100 million yuan)	3335.73	352.60	1223.67	452.84	453.81
#第二产业	Secondary Industry	1513.52	140.19	631.14	281.98	252.12
第三产业	Tertiary Industry	1785.44	193.86	568.61	163.48	193.14
公共财政预算收入(公工财政收入)(亿元)	Public Financial Revenue of Local Governments (100 million yuan)	549.99	41.32	142.91	63.21	51.46
公共财政预算支出(公共财政支出)(亿元)	Public Financial Expenditures of Local Governments (100 million yuan)	573.74	70.93	176.97	90.09	85.62
规模以上工业法人企业	Enterprises above Designated Size					
主营业务收入(亿元)	Product Sales (100 million yuan)	4416.32	444.15	2401.44	966.69	854.77
利润总额(亿元)	Total Profits (100 million yuan)	216.28	12.08	59.42	35.04	19.73
社会用电量(亿千瓦小时)	Annual Electricity Consumption (100 million kwh)	361.85	48.08	244.02	79.79	145.83
#工业用电	Industrial Power Consumption	242.06	31.15	215.30	65.94	126.92
城乡居民生活用电	Residents Power Consumption	46.49	7.80	12.56	6.66	9.59
限额以上批零贸易业商品销售总额(亿元)	Total Sales of Enterprise above Designated Size in Wholesale and Retail Sale Trades (100 million yuan)	2839.85	174.48	889.68	542.78	355.38
当年实际使用外资金额(万美元)	Amount of Foreign Capital Actually Vtilized This Year (USD 10 000)	247250	24108	111778	14637	22111
居民人民币储蓄存款余额(亿元)	Outstanding Amount of Savings Deposit (100 million yuan)	3427.27	346.82	972.66	501.01	372.23
在岗职工工资总额(亿元)	Total Wages of Staff and Workers (100 million yuan)	570.38	60.54	182.12	151.34	77.99
在校学生数(万人)	Student Enrollment (10 000 persons)					
普通高等学校	Number of Regular Institutes of Higher Education	57.34	8.66	11.85	5.93	6.23
中等职业学校	Number of Vocational Secondary Schools	18.78	5.32	6.44	3.07	1.88
普通中学	Number of Regular Secondary Schools	23.50	6.04	11.81	5.74	6.41
小学	Number of Primary Schools	34.12	6.73	15.86	8.91	10.54
医院、卫生院个数(个)	Number of Hospitals (unit)	175	51	92	68	45
医院、卫生院床位数(万张)	Number of Beds in Hospitals (10 000 beds)	4.86	0.83	1.56	0.92	0.90
医生(万人)	Number of Doctors (10 000 persons)	1.55	0.87	0.72	0.38	0.40

Major Social and Economic Indicators of Districts in Cities Directly Under the Province (2013)

鹤 壁 Hebi	新 乡 Xinxiang	焦 作 Jiaozuo	濮 阳 Puyang	许 昌 Xuchang	漯 河 Luohe	三门峡 Sanmenxia	南 阳 Nanyang	商 丘 Shangqiu	信 阳 Xinyang	周 口 Zhoukou	驻马店 Zhumadian
62.59	103.91	98.31	68.38	41.85	139.42	29.94	185.96	183.29	149.50	53.28	80.64
14.13	21.85	23.76	24.02	13.58	22.20	6.52	31.57	17.83	20.47	12.67	21.23
11.52	18.73	18.91	24.55	12.46	18.86	6.76	27.64	15.26	18.27	11.37	18.63
679	352	416	263	97	1020	185	2135	1697	3604	338	1365
64	110	108	50	92	61	30	149	62	84	63	69
310.28	568.50	303.77	359.65	297.67	507.78	154.79	594.35	305.81	408.62	172.05	265.64
228.46	272.89	129.05	252.96	206.50	334.72	75.15	278.43	142.92	192.59	89.00	141.20
69.93	286.44	161.82	89.29	89.35	123.66	75.76	270.95	109.08	152.08	74.73	98.96
30.01	62.72	48.08	39.91	41.11	41.99	23.10	48.45	32.26	13.30	17.98	31.45
48.20	94.05	84.43	65.90	56.60	84.68	53.11	121.66	94.56	41.47	40.18	62.08
756.73	1079.92	1016.84	699.55	579.34	1348.58	414.46	771.41	380.16	570.51	286.26	438.21
16.12	46.95	32.51	-11.97	51.28	125.94	11.19	51.01	9.82	20.43	28.28	20.11
35.16	75.77	147.20	49.25	30.02	35.17	17.95	75.28	94.49	42.04	15.12	42.25
28.52	54.89	134.68	39.44	21.08	22.55	15.68	52.27	76.20	22.78	8.99	31.67
2.44	7.92	5.24	4.32	4.48	6.23	2.14	13.95	9.42	7.88	2.88	4.23
73.77	321.00	178.54	183.93	201.04	162.68	135.88	388.15	230.07	174.53	166.45	176.10
40913	27570	16990	12453	31038	53386	5573	11292	10313	18057	4860	15194
147.92	381.33	311.60	348.51	262.32	288.03	152.19	486.73	338.86	386.86	177.51	253.84
41.91	71.79	80.13	100.74	52.23	65.01	31.20	114.82	52.86	63.14	52.39	615.04
1.07	14.11	8.29	0.99	3.38	2.96	1.38	6.77	7.17	7.13	3.18	3.18
1.77	3.64	3.79	1.94	1.73	2.36	1.52	5.13	1.66	1.76	3.24	2.26
4.71	6.67	5.89	8.86	3.22	8.46	2.19	10.74	11.43	7.84	3.55	5.70
5.53	8.98	6.86	7.80	4.01	10.57	2.50	20.96	15.27	5.20	5.70	8.49
29	53	40	40	38	64	17	95	47	65	31	28
0.35	0.91	0.67	0.64	0.51	0.70	0.41	1.48	0.66	0.61	0.40	0.57
0.17	0.29	0.30	0.31	0.21	0.30	0.13	0.56	0.31	0.19	0.19	0.20

12-3 城市建设基本情况

Basic Statistics on Urban Construction

指 标	Item	2005	2008	2009	2010	2012	2013
城市个数(个)	Number of Cities (unit)	38	38	38	38	38	38
城区面积(平方公里)	Urban Area (sq.km)		3332	4026	4101	4628	4658
建成区面积(平方公里)	Area of Built Districts (sq.km)	1572	1857	1913	2014	2219	2289
年底供水综合生产能力(万立方米/日)	General Production Capacity of Water Supply (year-end) (10 000 cu.m/day)	1027	1014	1008	1010	1042	1047
全年供水总量(万立方米)	Total Annual Volume of Water Supply (10 000 cu.m)	183436	168294	173377	179122	188538	188710
#生活用水量			70814	74181	76986	80097	82258
平均每人每天生活用水量(升)	Per Capita Daily Consumption of Tap Water for Residential Use (liter)	147.1	115.9	118.5	109.1	104.1	105.3
用水普及率(%)	Percentage of Population with Access to Tap Water (%)	91.9	85.6	88.3	91.0	91.8	92.2
公共交通标准运营车辆(标台)	Operating Standard Public Transit Vehicles (Standardized)	12514	15661	18381	18912	21852	22790
出租汽车数(辆)	Taxi (unit)					59523	59966
煤气家庭用量(万立方米)	Consumption of Coal Gas for Residential Use (10 000cu.m)	12735	13468	13507	15420	11036	3374
天然气家庭用量(万立方米)	Consumption of Natural Gas for Residential Use (10 000cu.m)	18649	32092	38969	48243	65289	94825
液化石油气家庭用量(吨)	Consumption of Liquefied Petroleum Gas for Residential Use (ton)	198629	212604	202029	201931	197610	190221
燃气普及率(%)	Percentage of Population with Access to Gas (%)		66.9	72.9	73.4	77.9	82.0
集中供热面积(万平方米)	Heated Area (10 000 sq.m)	5361	8625	9283	10737	13006	15151
道路长度(千米)	Length of Roads (km)	7090	8704	9018	9413	10798	11235
道路面积(万平方米)	Area of Roads (10 000sq.m)	15653	19689	20534	21767	25458	26843
排水管道长度(千米)	Length of Drainage Pipelines (km)	10201	13248	13896	14733	17292	18297
建成区绿化覆盖面积(公顷)	Coverage Space of Green Areas Developed (hectare)	50822	65713	69426	73652	81880	86076
建成区绿化覆盖率(%)	Coverage Rate of Green Areas Developed (%)	32.3	35.4	36.3	36.5	36.9	37.6
公园个数(个)	Number of Parks (unit)	272	240	248	262	280	290
公园绿地面积(公顷)	Public Green Areas (hectare)		16301	17154	18361	21202	22226
人均公园绿地面积(平方米)	Per Capita Public Green Area (sq.m)		8.2	8.7	8.7	9.2	9.6
生活垃圾清运量(万吨)	Volume of Residential Garbages and Night Soil Disposal (10 000 tons)	754	757	679	694	796	805
生活垃圾无害化处理率(%)	Percentage of Harmless Disposal (%)	58.1	67.3	75.3	82.5	86.4	90.0
城市污水排放量（亿吨)	Volume of Consumption Waste Water Discharge (100 million tons)		13.40	14.19	14.74	16.50	16.77
城市污水处理量（亿吨)	processing Volume of Consumption Waste Water Discharge (100 million tons)		10.39	11.90	12.91	14.49	15.24
城市污水处理厂集中处理率（%)	Concentration of Consumption Waste Water(%)					86.0	89.3

12-4 城市市区市政设施、公共交通情况(2013年)

Municipal Installation and Public Transportation in Urban Districts (2013)

城市名称	City	建成区面积(平方公里) Developed Areas (sq.km)	市区人口密度(人/平方公里) Density of cantonal Population (person /sq.km)	年底道路长度(公里) Length of Roads (year-end) (km)	年底道路面积(万平方米) Area of Roads (year-end) (10 000sq.m)	人均城市道路面积(平方米) Per Capita Area of Roads (sq.m)	年底路灯盏数(盏) Number of Street Lights (year-end) (unit)	年底实有运营车辆(辆) Operating Transit Vehicles (year-end) (unit)
郑州	Zhenzhou	383	13347	1520	3836	6.55	75251	5745
开封	Kaifeng	99	7336	464	1326	14.90	32195	843
洛阳	Luoyang	192	7637	711	2269	8.96	69507	1709
平顶山	Pingdingshan	73	3572	279	1048	11.29	43798	668
安阳	Anyang	79	4673	440	965	13.49	27663	605
鹤壁	Hebi	64	3480	325	722	15.90	19398	341
新乡	Xinxiang	110	5429	461	1084	14.26	29771	817
焦作	Jiaozuo	102	7550	433	1201	15.60	22239	689
濮阳	Puyang	50	3039	266	648	13.89	21335	565
许昌	Xuchang	84	5036	286	606	12.40	38020	550
漯河	Luohe	61	5224	350	805	14.43	22561	968
三门峡	Sanmenxia	30	10967	161	316	9.61	21509	238
南阳	Nanyang	149	2400	1318	1908	12.41	30171	449
商丘	Shangqiu	62	9361	380	888	9.21	33751	1178
信阳	Xinyang	84	1900	411	859	17.42	28397	274
周口	Zhoukou	63	3096	225	712	22.99	32822	231
驻马店	Zhumadian	69	2506	339	1046	22.56	23239	470
济源	Jiyuan	43	5422	217	552	20.36	29236	275
巩义	Gongyi	28	8906	100	294	9.17	15440	307
荥阳	Xingyang	23	6059	123	263	17.10	7762	91
新郑	Xinzheng	30	7668	114	369	14.04	8522	134
登封	Dengfeng	22	3145	169	355	19.22	14510	73
新密	Xinmi	23	1970	96	254	16.46	9163	374
偃师	Yanshi	18	8405	89	143	8.13	7660	99
汝州	Ruzhou	33	1919	140	301	11.49	7092	90
舞钢	Wugang	16	1798	122	239	19.55	2988	66
林州	Linzhou	22	4742	149	269	14.92	15985	88
卫辉	Weihui	20	3087	86	163	11.76	7780	—
辉县	Huixian	22	1821	122	268	12.64	7853	—
沁阳	Qinyang	20	4132	176	379	26.94	8254	19
孟州	Mengzhou	15	1310	84	275	18.55	13838	17
禹州	Yuzhou	43	7673	134	390	9.72	20293	239
长葛	Changge	25	2518	171	370	19.44	9938	104
义马	Yima	18	1579	128	264	14.94	3725	58
灵宝	Lingbao	21	6479	85	210	11.18	5246	70
永城	Yongcheng	35	4269	220	538	15.50	8798	133
邓州	Dengzhou	32	8888	168	358	10.08	15958	37
项城	Xiangcheng	30	5000	171	351	11.69	4472	156

12-5 城市市区供、排水情况(2013年)

Supply of Tap Water and Wastewater Discharging in Urban Districts (2013)

城市名称 City	年底供水综合生产能力(万立方米/日) General Production Capacity of Water Supply(year-end)(10 000 cu.m/day)	供水管道长度(公里) Length of Water Supply Pipelines (year-end) (km)	全年供水总量(万立方米) Total Annual Volume of Water Supply (10 000cu.m)	#居民家庭用水 For Residential Use	用水人口(万人) Number of Residents with Access to Tap Water (10 000 persons)	人均日生活用水量(升) Per Capita Daily ConSumption of Tap Water for Residential Use (liter)	用水普及率(%) Percentage of Population with Access to Tap Water (%)	排水管道长度(公里) Length of Drainage Pipelines (km)	排水管道密度(公里/平方公里) Density of Drainage Pipelines (km/sq.km)
郑州 Zhenzhou	109.42	2902	35413	12411	586.01	87	100.0	3377	8.82
开封 Kaifeng	62.50	1248	8479	2453	86.80	95	97.6	798	8.08
洛阳 Luoyang	85.30	1592	16218	6550	250.14	107	98.8	1538	8.02
平顶山 Pingdingshan	60.96	1207	10985	3573	90.00	114	96.9	438	6.04
安阳 Anyang	79.00	788	9922	2608	71.50	144	100.0	817	10.35
鹤壁 Hebi	38.33	627	5487	1755	42.50	116	93.7	400	6.28
新乡 Xinxiang	62.00	712	12598	2946	75.30	107	99.1	820	7.45
焦作 Jiaozuo	57.30	986	8003	2382	76.88	104	99.8	816	8.01
濮阳 Puyang	35.60	156	5457	1520	42.70	131	91.5	404	8.04
许昌 Xuchang	39.00	547	4409	1461	47.31	106	96.9	499	5.94
漯河 Luohe	33.40	473	9918	1664	51.03	144	91.5	466	7.64
三门峡 Sanmenxia	14.50	240	2140	1465	32.26	132	98.1	193	6.44
南阳 Nanyang	72.81	1325	9254	2901	105.42	109	68.6	1218	8.18
商丘 Shangqiu	37.30	506	3847	2105	59.70	102	61.9	391	6.29
信阳 Xinyang	26.80	1296	3848	2041	47.43	135	96.2	331	3.95
周口 Zhoukou	19.00	339	3131	1138	29.66	144	95.8	554	8.80
驻马店 Zhumadian	22.77	435	5170	1305	37.85	104	81.6	656	9.51
济源 Jiyuan	10.27	352	2881	1036	27.09	137	99.9	397	9.26
巩义 Gongyi	12.00	169	1955	699	31.10	91	97.0	188	6.70
荥阳 Xingyang	4.40	211	1215	583	14.10	135	91.8	232	10.04
新郑 Xinzheng	6.13	300	1222	487	16.90	116	64.3	207	6.96
登封 Dengfeng	3.70	114	1016	257	13.70	94	74.1	216	10.03
新密 Xinmi	10.50	248	1215	503	14.00	152	90.9	119	5.11
偃师 Yanshi	7.55	204	1053	556	16.80	101	95.2	100	5.66
汝州 Ruzhou	8.62	237	1009	266	13.08	76	49.9	177	5.43
舞钢 Wugang	15.70	137	2516	380	11.88	114	97.1	170	10.71
林州 Linzhou	6.00	222	1692	622	16.73	133	92.8	205	9.36
卫辉 Weihui	6.00	171	1916	601	13.77	165	99.1	130	6.34
辉县 Huixian	10.00	402	2116	576	20.40	134	96.2	243	11.26
沁阳 Qinyang	7.60	90	606	254	13.12	65	93.4	244	12.45
孟州 Mengzhou	7.30	211	924	241	14.30	82	96.3	225	14.81
禹州 Yuzhou	7.70	202	2057	1310	36.46	105	90.9	345	8.00
长葛 Changge	11.00	73	1276	311	16.41	80	86.3	205	8.31
义马 Yima	14.80	85	1544	362	15.85	70	89.7	63	3.60
灵宝 Lingbao	8.20	122	1665	414	17.89	83	95.2	140	6.58
永城 Yongcheng	11.00	265	2640	1208	27.80	143	80.1	362	10.50
邓州 Dengzhou	14.30	543	1364	450	24.89	71	70.0	270	8.49
项城 Xiangcheng	8.50	220	2550	854	29.82	90	99.4	343	11.43

12-6 城市市区燃气供应情况(2013年)

Supply of Gas in Urban Districts (2013)

城市名称 City	煤气 Coal Gas			天然气 Natural Gas			液化石油气 Liquefied Petroleum Gas			燃气普及率(%)
	供气总量(万立方米) Total Gas Supply (10 000 cu.m)	#家庭用量 Resid-ential Use	用气人口(万人) Population with Access to Gas(10 000 persons)	供气总量(万立方米) Total Gas Supply (10 000 cu.m)	#家庭用量 Resid-ential Use	用气人口(万人) Populat-ion with Access to Gas (10 000 persons)	供气总量(吨) Total Gas Supply (ton)	#家庭用量 Resid-ential Use	用气人口(万人) Population with Access to Gas (10 000 persons)	Percentage of Popul-ation with Access to Gas (%)
郑州 Zhenzhou				86524	30580	426.89	63024	45513	100.92	90.1
开封 Kaifeng				11558	3369	58.89	10248	9382	22.10	91.1
洛阳 Luoyang				21949	3481	150.60	22123	19578	34.43	73.1
平顶山 Pingdingshan	1028	829	10.00	8666	2038	70.00				86.1
安阳 Anyang	43000	410	3.36	17397	5612	58.36	7206	3687	8.36	98.0
鹤壁 Hebi				3313	1930	36.00	1418	1418	3.90	87.9
新乡 Xinxiang				13870	8310	70.00	1200	1200	4.37	97.9
焦作 Jiaozuo				20265	4963	61.75	2117	2117	9.12	92.0
濮阳 Puyang				5701	3600	41.55				89.0
许昌 Xuchang				4248	1299	26.00	6776	6740	17.30	88.6
漯河 Luohe				2123	1320	20.00	9512	8925	25.80	82.1
三门峡 Sanmenxia				12066	339	15.13	2410	2300	14.04	88.7
南阳 Nanyang	9225	300	10.90	3947	1873	28.76	20605	20458	64.77	67.9
商丘 Shangqiu				3676	952	25.16	13901	11076	46.80	74.6
信阳 Xinyang				10400	4638	23.45	10160	7920	24.60	97.5
周口 Zhoukou				6829	497	10.80	4000	4000	14.86	82.9
驻马店 Zhumadian				2600	2410	16.60	3270	3260	11.00	59.5
济源 Jiyuan	4267	170	0.87	11286	1519	24.37	790	790	1.33	98.0
巩义 Gongyi				7446	3396	22.32	3303	1700	5.90	88.0
荥阳 Xingyang				1100	573	9.00	2036	1785	5.10	91.8
新郑 Xinzheng				3058	900	5.00	2532	1920	9.60	55.5
登封 Dengfeng				2316	144	5.51	1124	1030	4.31	53.1
新密 Xinmi				3650	2053	10.05	1018	1010	4.11	91.9
偃师 Yanshi				1235	1228	9.10	1389	1385	5.07	80.3
汝州 Ruzhou	2036	1213	10.00				2607	700	2.50	47.7
舞钢 Wugang				590	237	7.10				58.1
林州 Linzhou				1790	1288	13.86	1291	1268	3.88	98.5
卫辉 Weihui				969	615	5.80	973	970	3.50	67.0
辉县 Huixian	58	58	0.19	3130	1048	7.90	3922	3913	11.30	91.4
沁阳 Qinyang				1656	363	4.94	2015	2015	8.17	93.3
孟州 Mengzhou				927	925	12.14				81.8
禹州 Yuzhou				4560	2140	8.80	5645	5160	19.00	69.3
长葛 Changge				8213	334	5.80	4930	4050	9.72	81.6
义马 Yima	438	394	7.82				2990	2981	4.96	72.3
灵宝 Lingbao				87	80	2.72	2750	2700	10.44	70.0
永城 Yongcheng				508	289	7.50	3712	3260	13.60	60.8
邓州 Dengzhou				72			3322	3320	14.75	41.5
项城 Xiangcheng				900	482	5.60	2890	2690	12.15	59.2

12-7 城市市区园林绿化情况(2013年)

Virescence of gardens in Urban Districts (2013)

城市名称 City	建成区绿化覆盖面积(公顷) Coverage Space of Green Areas in Developed Area(hectare)	建成区绿化覆盖率(%) Coverage Rate of Green Areas in Developed Area (%)	公园个数(个) Number of Parks (unit)	公园面积(公顷) Public Green Area (hectare)	公园绿地面积(公顷) Public Green Area (hectare)	人均公园绿地面积(平方米) Per Capita Public Green Area (sq.m)
郑州 Zhenzhou	14540	38.0	68	2082	3895	6.7
开封 Kaifeng	3679	37.2	13	254	799	9.0
洛阳 Luoyang	7148	37.3	14	767	1869	7.4
平顶山 Pingdingshan	2900	40.0	13	383	952	10.3
安阳 Anyang	3095	39.2	11	156	697	9.8
鹤壁 Hebi	2470	38.7	7	380	653	14.4
新乡 Xinxiang	4492	40.8	16	131	775	10.2
焦作 Jiaozuo	4057	39.8	13	682	776	10.1
濮阳 Puyang	1957	38.9	9	525	624	13.4
许昌 Xuchang	3289	39.2	5	135	508	10.4
漯河 Luohe	2396	39.3	13	191	825	14.8
三门峡 Sanmenxia	1304	43.5	5	448	482	14.7
南阳 Nanyang	3753	25.2	9	2139	2660	17.3
商丘 Shangqiu	2573	41.4	9	337	584	6.1
信阳 Xinyang	3563	42.4	5	118	697	14.1
周口 Zhoukou	2457	39.0	4	188	321	10.4
驻马店 Zhumadian	2784	40.4	4	74	466	10.1
济源 Jiyuan	1792	41.8	8	112	326	12.0
巩义 Gongyi	1192	42.6	2	118	416	13.0
荥阳 Xingyang	882	38.2	3	100	172	11.2
新郑 Xinzheng	1129	38.0	2	120	209	8.0
登封 Dengfeng	817	38.0	9	66	169	9.1
新密 Xinmi	815	35.0	2	110	204	13.2
偃师 Yanshi	672	38.2	4	153	161	9.1
汝州 Ruzhou	1032	31.8	4	179	214	8.2
舞钢 Wugang	640	40.2	2	76	146	11.9
林州 Linzhou	825	37.7	2	99	190	10.5
卫辉 Weihui	724	35.4	1	19	111	8.0
辉县 Huixian	772	35.7	5	71	148	7.0
沁阳 Qinyang	484	24.7	3	25	118	8.4
孟州 Mengzhou	580	38.3	2	125	149	10.0
禹州 Yuzhou	1337	31.0	4	238	325	8.1
长葛 Changge	857	34.7	3	137	283	14.9
义马 Yima	578	33.0	4	195	197	11.1
灵宝 Lingbao	801	37.8	1	74	193	10.3
永城 Yongcheng	1439	41.7	8	305	395	11.4
邓州 Dengzhou	1069	33.6	1	35	203	5.7
项城 Xiangcheng	1181	39.4	2	96	316	10.5

注：公园个数、面积含小游园。
a)Data on number parks and area of parks include samall amusement parks.

12-8 城市环境卫生情况(2013年)

Environment and Sanitation in Urban Districts (2013)

城市名称 City	污水排放量(万立方米) Domestic Sewage Discharged (10 000 cu.m)	污水处理量(万立方米) Domestic Sewage Treated (10 000 cu.m)	生活垃圾清运量(万吨) Volume of Garbage Disposal (10 000 tons)	生活垃圾处理量(万吨) Volume of Garbages Treated (10 000 tons)	垃圾无害化处理量(万吨) Volume of Garbages innocuously Treated (10 000tons)	公共厕所(座) Number of Public Lavatories (unit)	环卫车辆(辆) Number of Special Vehicles for Environmental Sanitation (unit)	保洁面积(万平方米) Area under Cleaning Program (10 000 sq.m)
郑州 Zhenzhou	31877	30557	180	161	161	963	900	3838
开封 Kaifeng	8226	6037	26	18	18	519	194	1400
洛阳 Luoyang	15195	14977	77	64	64	558	429	2339
平顶山 Pingdingshan	10085	9075	31	28	28	396	136	1048
安阳 Anyang	7980	7797	36	36	36	635	181	964
鹤壁 Hebi	3890	3229	16	15	15	89	67	692
新乡 Xinxiang	10079	9071	36	36	36	310	104	1065
焦作 Jiaozuo	8465	7390	29	28	28	159	118	1469
濮阳 Puyang	4350	3875	17	15	15	141	172	640
许昌 Xuchang	3527	3420	23	22	22	261	94	530
漯河 Luohe	7261	6900	22	22	22	323	83	600
三门峡 Sanmenxia	2036	1887	10	9	9	121	33	240
南阳 Nanyang	6758	6261	50	34	34	517	244	2054
商丘 Shangqiu	8297	7187	30	25	25	335	91	803
信阳 Xinyang	3655	3542	20	18	18	366	76	671
周口 Zhoukou	2685	2149	11	10	10	95	23	512
驻马店 Zhumadian	4019	3700	19	17	17	273	69	776
济源 Jiyuan	2723	2620	16	16	16	104	64	421
巩义 Gongyi	1400	693	9	9	9	37	42	318
荥阳 Xingyang	1130	1088	7	7	7	50	45	345
新郑 Xinzheng	1905	1624	8	8	8	47	42	190
登封 Dengfeng	980	901	7	6	6	40	16	295
新密 Xinmi	972	826	9	9	9	61	59	302
偃师 Yanshi	950	874	8	8	8	35	18	180
汝州 Ruzhou	760	739	9	8	8	40	33	203
舞钢 Wugang	2060	1736	5	5	5	73	45	142
林州 Linzhou	1194	843	8	8	8	42	22	366
卫辉 Weihui	1530	1530	7	7	7	21	21	235
辉县 Huixian	1743	1604	9	9	9	46	28	177
沁阳 Qinyang	424	340	5	4	4	27	24	245
孟州 Mengzhou	830	809	4	4	4	17	14	253
禹州 Yuzhou	1645	1640	12	9	9	46	91	538
长葛 Changge	1420	1398	7	6	6	29	50	155
义马 Yima	1081	103	6	4	4	28	29	220
灵宝 Lingbao	1277	1040	8	8	8	45	17	181
永城 Yongcheng	2428	2302	11	10	10	105	34	460
邓州 Dengzhou	995	876	11	10	10	77	37	322
项城 Xiangcheng	1910	1733	11	11	11	58	32	351

主要统计指标解释

城区面积

包括：市本级(1)街道办事处所辖地域；(2)城市公共设施、居住设施和市政公用设施等连接到的其他镇（乡）地域；（3）常住人口在3000人以上独立的工矿区、开发区、科研单位、大专院校等特殊区域。

建成区面积

城市行政区内实际已成片开发建设、市政公用设施和公共设施基本具备的区域。对核心城市，它包括集中连片的部分以及分散的若干个已经成片建设起来，市政公用设施和公共设施基本具备的地区；对一城多镇来说，它包括由几个连片开发建设起来的，市政公用设施和公共设施基本具备的地区组成。因此建成区范围，一般是指建成区外轮廓线所能包括的地区，也就是这个城市实际建设用地所达到的范围。

供水总量 指报告期供水企业（单位）供出的全部水量。包括有效供水量和漏损水量。

有效供水量指水厂将水供出厂外后，各类用户实际使用到的水量。包括售水量和免费供水量。

城市燃气 指符合《城镇燃气设计规范》的规定，供城市生产和生活作燃料使用的天然气、人工煤气和液化石油气等气体能源的统称。

供气总量 指报告期燃气企业（单位）向用户供应的燃气数量。包括销售量和损失量

集中供热面积 指从一个或多个热源通过热网向城市的热用户供给生产和生活热能，供热企业（单位）向城市各类房屋建筑物、构筑物及其附属设施供热的全部建筑面积。

道路长度 指道路长度和与道路相通的桥梁、隧道的长度，按车行道中心线计算。

道路面积 指道路实际铺装面积和与道路相通的广场、桥梁、隧道的铺装面积（统计时，将人行道面积单独统计）。

人行道面积按道路两侧面积相加计算，包括步行街和广场，不含人车混行的道路。

排水管道长度 指所有排水总管、干管、支管、检查井及连接井进出口等长度之和。计算时应按单管计算，即在同一条街道上如有两条或两条以上并排的排水管道时，应按每条排水管道的长度相加计算。

污水排放总量 指生活污水、工业废水的排放总量，包括从排水管道和排水沟（渠）排出的污水量。

污水处理量 指污水处理厂（或污水处理装置）实际处理的污水量。包括物理处理量、生物处理量和化学处理量。

其中处理本市（县）外，指污水处理厂作为区域设施，不仅处理本市（县）的污水，还处理本市（县）以外其他市、县或乡镇等的污水。这部分污水处理量单独统计，并在计算本市（县）的污水处理率时扣除。

公园绿地面积 城市中向公众开放的、以游憩为主要功能，有一定的游憩设施和服务设施，同时兼有健全生态、美化景观、防灾减灾等综合作用的绿化用地。它是城市建设用地、城市绿地系统和城市市政公用设施的重要组成部分。

生活垃圾清运量 指报告期内收集和运送到各生活垃圾处理厂(场)和生活垃圾最终消纳点的生活垃圾数量。生活垃圾指城市日常生活或为城市日常生活提供服务的活动中产生的固体废物以及法律行政规定的视为城市生活垃圾的固体废物。包括：居民生活垃圾、商业垃圾、集市贸易市场垃圾、街道清扫垃圾、公共场所垃圾和机关、学校、厂矿等单位的生活垃圾。

生活垃圾处理量 指报告期内简易处理场和各种生活垃圾无害化处理场（厂）处理生活垃圾总量。生活垃圾简易处理量指生活垃圾简易处理场所处理的生活垃圾总量。生活垃圾无害化处理量指生活垃圾无害化处理场（厂）所处理的生活垃圾总量。

Explanatory Notes on Main Statistical Indicators

City Area include three parts:(1), area under the jurisdiction of the street agency;(2), urban public facilities, residential facilities and municipal public facilities connected to other towns area, (3) Independent industrial and mining district, development area, scientific research units, colleges and other special areas with over 3000 resident population.

Area of Built Districts refers to the Urban area that already development and construction and have public facilities. Core cities include focused even dispersion of parts, as well as several have film build up, the urban areas of basic public infrastructure and public facilities; on more than one city, town, it included several continuous development and construction, municipal and public facilities and public areas with basic facilities. Scope of the built-up area, generally refer to the built-up areas can include outer contour line, which is achieved by the actual construction of the city's range.

Volume of Water Supply refers to the total volume of water supplied by water-works (units) during the reference period, including both the effective water supply and loss during the water supply.

Available water supply refers to all kinds of users actually use water volume after water plant form water factory. Includes water sale and free water.

City gas refers to supply to urban for production and daily life, such as natural gas, manufactured gas and LPG gas energy collectively.

Volume of gas supply refers to Volume of gas supply for household by gas enterprises in reference period. Including sales and the amount of loss.

Central heating Area refers to supply to user Production and life heat energy us heat net from one or more Means from one or more sources of heat, all heat area of urban housing buildings, structures and their ancillary equipment by Heating enterprise (units).

Road length refers to the length of roads with paved surface including bridges and tunnels connected with roads. Length of the roads is measured by the central lines for vehicles for paved roads.

Road area refers to actual pavement area and with a road paving of squares, bridges, tunnels area (statistics, sidewalk area separate statistics). The sidewalk area are calculated on add of both sides area, including walking Street and square, does not contain mixed line of road vehicles and pedestrians.

Length of Urban Sewage Pipes refers to the total length of general drainage, trunks, branch and inspection wells, connection wells, inlets and outlets, etc. if there are two or more than two side-by-side in a street pipes, length of pipes should be Calculated by adding length.

Volume of waste water discharge refers to Sewage and industrial waste water, include sewer and drain (drainage) discharge of waste water.

Treatment capacity Sewage treatment plant (or sewage treatment plant) the actual amount of sewage treatment. Including physical treatment, biological treatment and chemical treatment. Which deal with the city (County), sewage treatment plants as a regional facility, not only dealing with the city (County) of sewage, also deals with the city (County), such as cities, counties or towns other than water. This portion of the amount of sewage to individual statistics and in the calculation of the city (County) when the sewage treatment rate of deduction.

Park Green Area refers to green areas open to the public for amusement and rest with the facilities of amusement, rest and services. Its function includes perfecting ecology, beautifying landscape, and preventing and reducing disaster. Park green areas include comprehensive park, community park, topic park, belt-shaped park and green area nearby street. Total areas of comprehensive park, topic park and belt-shaped is the area of park.

Consumption Wastes Transported refers to volume of consumption wastes collected and transported to disposal factories or sites. Consumption wastes are solid wastes produced from urban households or from service activities for urban households, and solid wastes regarded by laws and regulations as urban consumption wastes, including those from households, commercial activities, markets, cleaning of streets, public sites, offices, schools, factories, mining units and other sources.

Volume of consumption Wastes treatment refers to Volume of consumption Wastes Simple processing and consumption wastes treated in the reporting period.

农业

Agriculture

◉ 资料整理：韩爱桃　贾世云　张　新　刘露霞

简要说明

一、主要内容

本篇包括我省农业生产和农村经济的基本情况，内容主要包括农村劳动力、耕地、农业机械拥有量、农林牧渔业增加值、农作物播种面积、主要农产品及畜禽产品产量、水利设施与除涝治水、农村居民家庭拥有生产性固定资产等方面的统计资料。

二、统计范围

统计范围包括农村各种经济组织和农户经营的农林牧渔业生产活动；各种专业性农、林、牧、渔场的农业生产活动；国家各级机关、团体、学校、部队进行的农业生产活动；集体所有制的乡、镇、村办农场的农业生产活动；以及工矿企业经营的农、林、牧、渔业生产活动。

2006年农林牧渔业增加值及农业、牧业生产情况已与第二次农业普查数据进行了衔接。2010年以后的农业、林业增加值数据是按照国家统计局制定的新《统计用产品分类目录》进行了调整。

三、资料来源

全省农作物播种面积及产量、畜牧业生产情况由河南省统计局农业处和国家统计局河南调查总队编辑整理。农村基本情况、农林牧渔业增加值、市级农作物播种面积及产量、市级畜牧业生产情况等由河南省统计局农业处编辑整理。林业生产情况、渔业生产情况、灌溉、水库和除涝、治水资料，农业机械拥有情况及农机化作业情况、农村基层组织情况等由河南省统计局农业处根据河南省林业厅、河南省农业厅水产局、河南省水利厅、河南省农业机械化管理局、河南省民政厅等部门提供的资料整理编辑。市级粮食产量数据由河南省地方调查队编辑整理。

Brief Introduction

I. Main Contents

The data in this chapter show the basic conditions of agricultural production and rural economy, including mainly cultivated number of rural employed persons, land, quantity of agricultural machinery, value-added of agriculture, forestry, animal husbandry and fishery, sown areas of farm crops, output of major products and livestock, facilities of water conservancy and efforts to eliminate water-logging , productive fixed assets owned by rural households.

II. Statistical Scopes

Statistics on agriculture cover in agriculture statistics are production activities in agriculture, forestry, animal husbandry and fishery undertaken by rural economic units of various types and by rural households; production activities of farms specializing in agriculture, forestry, animal husbandry and fishery; production activities in agriculture undertaken by government agencies, institutions, schools and military units; production activities in agriculture undertaken by collective farms run by townships and villages; and production activities in agriculture, forestry, animal husbandry and fishery undertaken by manufacturing and mining enterprises.

Data on value-added of agriculture, forestry, animal husbandry and fishery and production of agriculture and animal husbandry in 2006 have been reflected basis on the second agricultural census. Data on value-added of agriculture and forestry since 2010 are adjusted according to the new classified catalogue of statistics product which formulated by NBS.

III. Data Sources

Data on number of rural employed persons, agricultural production and value-added of agriculture, forestry, animal husbandry and fishery are provided by Department of agricultural of the Henan provincial Bureau of Statistics. Data on provincial sown areas and output of farm crops are provided by Department of Henan Survey organizations, NBS, and municipal sown areas and output of farm crops are provided by Department of agricultural of the Henan provincial Bureau of Statistics. Data on irrigation and reservoirs, data on efforts to eliminate water-logging, to prevent floods by water control are calculated by Henan provincial Bureau of water. Data on fishery come from Henan provincial Bureau of agricultural. Data on rural grassroots units are figures jointly confirmed by Henan provincial Bureau of Civil affairs.

13-1 农村基本情况(年底数)

Basic Statistics on Rural Areas (Year-end)

指 标	Item	2000	2005	2008	2009	2010	2011	2012	2013
农村基层组织(个)	**Rural Grassroots Units (unit)**								
乡镇	Number of Township and Town Governments	2129	1907	1889	1882	1878	1863	1841	1840
#镇	Number of Town Governments	844	841	856	904	949	1011	1014	1085
村民委员会	Number of Villagers' Committees	48206	48064	47447	47346	47311	47347	47140	46997
农村基础设施（个）	**Social Basic Facilities In Rural Areas(unit)**								
自来水受益村数	Number of Villages with Access to Tap Water	13252	17369	22346	24517	26329	28214	29882	31284
通汽车村数	Number of Villages with Highways	44593	47131	47814	47819	47818	47647	47675	47039
通电话村数	Number of Villages with Telephone Communications	48062	48044	47998	47901	47839	47687	47687	47044
乡村劳动力和从业人员	**Number of Rural Laborer and Employed Persons**								
乡村户数(万户)	Number of Rural Households (10 000 households)	1972	2026	2037	2046	2061	2062	2066	2049
乡村劳动力资源数(万人)	Number of Rural Laborer Resource (10 000 persons)	5069	5167	5266	5296	5338	5353	5367	5334
#男	Male						2844	2854	2833
女	Female						2509	2512	2502
乡村从业人员(万人)	Number of Rural Employed Persons (10 000 persons)	4712	4752	4859	4882	4915	4911	4905	4851
#男	Male	2493	2517	2582	2600	2630	2626	2624	2591
女	Female	2220	2235	2277	2282	2285	2285	2281	2261
#农业	Agricultural	3559	3128	2837	2757	2698	2655	2611	2541

注：乡镇个数、镇个数、村民委员会个数为民政部门数据。

a)Number of Township and Town Governments,Villagers' Committees are taken from civil administration department.

13-2 各市农村基本情况(2013年底)
Basic Conditions of Rural Areas by City (End of 2013)

市(县) City(County)	乡村户数(万户) Number of Rural Households (10 000 households)	乡村劳动力资源数(万人) Number of Rural Laborer Resource (10 000 persons)	男 Male	女 Female	乡村从业人员(万人) Number of Rural Employed Persons (10 000 persons)	男 Male	女 Female	#农业 Farming
省辖市 City								
郑州市 Zhengzhou	102.82	262.04	140.32	121.72	232.81	125.94	106.87	94.27
开封市 Kaifeng	99.49	272.33	143.34	128.99	252.46	131.10	121.36	135.89
洛阳市 Luoyang	124.44	325.45	172.13	153.32	294.34	156.74	137.60	147.41
平顶山市 Pingdingshan	101.97	263.25	141.14	122.11	243.15	130.91	112.24	141.34
安阳市 Anyang	122.51	303.11	163.14	139.97	274.20	150.83	123.37	138.88
鹤壁市 Hebi	25.86	68.09	36.94	31.15	60.31	33.97	26.34	26.96
新乡市 Xinxiang	105.75	266.43	142.71	123.73	242.87	130.55	112.32	109.31
焦作市 Jiaozuo	63.85	163.78	86.55	77.23	147.90	78.49	69.41	75.21
濮阳市 Puyang	74.51	203.52	107.14	96.38	189.50	101.41	88.09	116.27
许昌市 Xuchang	82.15	219.45	116.05	103.40	203.46	108.37	95.10	95.43
漯河市 Luohe	54.46	140.72	74.76	65.96	128.83	68.38	60.45	69.29
三门峡市 Sanmenxia	44.28	104.94	55.90	49.04	95.08	50.69	44.39	62.44
南阳市 Nanyang	244.21	619.12	332.83	286.29	554.77	302.03	252.74	317.64
商丘市 Shangqiu	194.55	479.85	253.05	226.80	438.55	232.43	206.13	222.03
信阳市 Xinyang	180.96	446.02	239.52	206.49	406.66	218.13	188.53	207.25
周口市 Zhoukou	233.16	616.03	323.38	292.65	576.92	303.95	272.97	308.36
驻马店市 Zhumadian	182.39	549.73	287.26	262.47	483.36	252.70	230.66	259.14
济源市 Jiyuan	12.03	30.64	16.40	14.25	26.22	13.95	12.27	13.62
省直管县 Province Administrating County								
巩义市 Gongyi	15.40	35.54	19.62	15.92	32.70	18.31	14.39	8.50
兰考县 Lankao	16.38	47.12	24.01	23.11	46.07	23.57	22.49	20.00
汝州市 Ruzhou	21.36	56.37	29.48	26.88	51.43	26.95	24.48	26.96
滑县 Huaxian	32.21	75.91	38.86	37.05	68.04	36.31	31.73	38.70
长垣县 Changyuan	13.11	34.05	19.10	14.95	31.78	17.79	13.98	7.29
邓州市 Dengzhou	36.47	101.38	53.12	48.26	86.80	46.10	40.70	50.19
永城市 Yongcheng	34.13	87.31	47.28	40.04	80.54	44.34	36.20	29.75
固始县 Gushi	40.31	93.49	50.95	42.54	86.92	46.76	40.16	40.54
鹿邑县 Luyi	27.22	68.13	35.36	32.77	67.48	35.04	32.45	28.58
新蔡县 Xincai	22.66	66.57	33.94	32.63	65.18	32.94	32.24	32.55

13-3 农林牧渔业总产值

Value of Farming, Forestry, Animal Husbandry and Fishery

本表增加值按当年价格计算，指数按可比价格计算。
Data in this table are calculated at current prices.Indices are based on comparable prices.

年 份 Year	农林牧渔业 Farming, Forestry, Animal Husbandry and Fishery	农 业 Farming	林 业 Forestry	牧 业 Animal Husbandry	渔 业 Fishery	农林牧渔服务业 Service for Farming,Forestry, Animal Husbandry and Fishery
绝对值(亿元) Absolute value (100 million yuan)						
1949	17.19	15.32		1.86	0.01	
1952	27.74	24.51	0.03	3.16	0.04	
1957	31.57	27.92	0.20	3.38	0.07	
1962	28.13	24.68	0.16	3.22	0.07	
1965	42.17	36.87	0.35	4.84	0.11	
1978	95.38	81.74	2.58	10.87	0.19	
1980	134.62	113.17	3.88	17.28	0.29	
1985	241.54	188.79	10.29	41.19	1.27	
1990	502.01	372.19	20.77	105.17	3.88	
1995	1304.25	865.82	38.32	391.08	9.03	
1996	1606.04	1092.35	41.61	461.41	10.67	
1997	1710.12	1105.73	47.20	544.05	13.14	
1998	1823.01	1159.55	50.20	597.13	16.13	
1999	1906.75	1231.89	51.75	605.61	17.50	
2000	1981.54	1264.29	56.18	641.56	19.51	
2001	2102.79	1331.55	57.00	693.81	20.43	
2002	2192.02	1215.22	64.42	773.57	21.31	117.50
2003	2193.09	1137.74	69.11	835.93	23.31	127.00
2004	2963.92	1602.88	75.85	1117.23	27.96	140.00
2005	3309.70	1790.37	83.92	1251.65	35.26	148.50
2006	3348.94	2011.09	94.92	1067.85	29.38	145.70
2007	3879.93	2254.52	104.85	1326.09	44.47	150.00
2008	4669.54	2561.10	122.89	1761.18	59.00	165.38
2009	4871.51	2833.27	134.09	1654.29	64.94	184.92
2010	5734.20	3540.83	115.29	1805.89	71.23	200.96
2011	6218.64	3599.90	127.32	2198.38	72.55	220.50
2012	6679.04	3958.95	140.85	2255.61	86.40	237.23
2013	7198.08	4202.30	152.35	2486.28	93.52	263.64
指数(上年=100) Index (Preceding year=100)						
1952	101.1	98.4	182.1	128.5	78.1	
1957	107.8	105.6	116.6	129.7	127.4	
1962	115.4	109.7	137.7	191.0	84.9	
1965	128.2	126.1	134.8	146.8	105.5	
1978	109.6	110.2	109.7	105.3	100.7	
1980	105.0	106.4	117.9	93.7	114.0	
1985	104.3	98.8	119.3	143.6	130.5	
1990	107.8	107.0	105.0	111.9	119.8	
1995	117.6	113.3	106.1	128.5	115.3	
1996	112.6	111.2	110.8	115.4	115.1	
1997	107.9	105.6	103.3	112.5	117.3	
1998	106.9	105.3	104.7	109.7	114.7	
1999	107.7	108.8	103.7	106.3	108.9	
2000	105.4	104.2	105.6	107.2	112.1	
2001	105.6	105.4	101.3	106.2	104.5	
2002	104.3	104.9	105.2	103.1	113.7	
2003	98.0	90.4	103.8	106.9	108.3	108.7
2004	112.9	118.8	105.5	106.7	109.9	105.0
2005	107.5	107.7	104.7	107.6	122.5	104.0
2006	107.4	108.1	107.7	106.6	119.0	102.7
2007	103.9	104.7	105.0	101.9	113.1	104.1
2008	105.8	105.1	107.9	107.0	108.5	105.0
2009	104.5	103.1	107.5	106.0	106.6	105.5
2010	104.6	104.3	104.5	105.0	107.5	105.0
2011	103.8	104.3	107.1	102.2	107.2	105.5
2012	104.5	104.2	104.9	104.6	105.8	106.0
2013	104.4	104.1	107.0	104.1	106.5	108.9

13-4 各市农林牧渔业总产值(2013年)
Value of Farming, Forestry, Animal Husbandry and Fishery by City (2013)

本表按当年价格计算。
Data in this table are calculated at current prices.

单位：亿元 (100 million yuan)

市(县) City(County)	农林牧渔业 Farming, Forestry, Animal Husbandry and Fishery	农业 Farming	林业 Forestry	牧业 Animal Husbandry	渔业 Fishery	农林牧渔服务业 Service for Farming, Forestry, Animal Husbandry and Fishery
全省 Total	**7198.08**	**4202.30**	**152.35**	**2486.28**	**93.52**	**263.64**
省辖市 City						
郑州市 Zhengzhou	263.35	131.67	4.13	107.63	16.52	3.39
开封市 Kaifeng	512.51	304.21	7.52	166.49	6.49	27.81
洛阳市 Luoyang	430.92	226.95	40.59	134.64	5.14	23.60
平顶山市 Pingdingshan	290.27	135.29	10.09	134.15	4.93	5.82
安阳市 Anyang	346.36	236.41	11.81	87.22	0.75	10.17
鹤壁市 Hebi	111.53	42.08	0.94	63.56	0.98	3.97
新乡市 Xinxiang	367.72	202.82	4.53	143.82	6.61	9.94
焦作市 Jiaozuo	233.83	132.60	2.51	87.03	1.62	10.07
濮阳市 Puyang	262.82	152.65	5.71	96.11	1.60	6.75
许昌市 Xuchang	328.98	172.48	11.28	133.53	1.12	10.57
漯河市 Luohe	188.74	98.54	1.50	83.63	1.33	3.75
三门峡市 Sanmenxia	171.99	127.88	3.25	38.38	1.61	0.86
南阳市 Nanyang	770.33	476.65	16.02	244.78	11.28	21.60
商丘市 Shangqiu	608.52	402.94	8.62	168.68	9.77	18.50
信阳市 Xinyang	723.85	462.67	28.89	183.12	33.05	16.12
周口市 Zhoukou	798.60	506.44	14.85	229.84	5.59	41.89
驻马店市 Zhumadian	691.25	371.20	4.73	272.79	12.92	29.61
济源市 Jiyuan	36.02	15.68	2.02	15.95	2.03	0.34
省直管县 Province Administrating County						
巩义市 Gongyi	19.13	7.84	0.94	9.27	0.30	0.79
兰考县 Lankao	63.04	35.74	2.64	21.19	0.33	3.15
汝州市 Ruzhou	69.42	23.89	5.28	36.07	0.34	3.82
滑县 Huaxian	112.47	85.22	1.88	21.52	0.06	3.77
长垣县 Changyuan	55.26	34.55	1.94	17.30	0.47	1.01
邓州市 Dengzhou	157.12	95.28	0.88	52.97	0.73	7.27
永城市 Yongcheng	104.97	65.01	1.41	33.41	1.98	3.16
固始县 Gushi	132.78	81.44	1.93	41.51	6.55	1.35
鹿邑县 Luyi	86.99	53.42	1.23	26.89	0.43	5.02
新蔡县 Xincai	90.66	49.91	0.41	35.37	1.21	3.75

13-5 农林牧渔业增加值

Value-Added of Farming, Forestry, Animal Husbandry and Fishery

本表增加值按当年价格计算，指数按可比价格计算。

Data in this table are calculated at current prices.Indices are based on comparable prices.

年 份 Year	农林牧渔业 Farming, Forestry, Animal Husbandry and Fishery	农 业 Farming	林 业 Forestry	牧 业 Animal Husbandry	渔 业 Fishery	农林牧渔服务业 Service for Farming,Forestry, Animal Husbandry and Fishery
绝对值(亿元) Absolute value (100 million yuan)						
1985	173.43	139.96	9.19	23.07	1.21	
1990	325.77	251.82	16.61	54.08	3.26	
1995	762.99	512.10	28.55	215.85	6.49	
1996	937.64	644.25	31.04	254.70	7.65	
1997	1005.55	653.48	35.40	307.25	9.42	
1998	1068.58	690.35	37.65	329.21	11.37	
1999	1120.14	735.80	38.86	332.88	12.60	
2000	1160.22	751.03	41.72	353.77	13.70	
2001	1234.34	798.75	40.39	381.41	13.79	
2002	1246.44	722.49	37.73	431.69	15.20	39.33
2003	1239.70	673.54	42.16	466.45	16.55	41.00
2004	1692.79	956.92	46.27	624.53	19.85	45.22
2005	1892.01	1068.85	51.19	699.67	24.33	47.96
2006	1916.73	1196.84	57.72	595.05	20.21	46.91
2007	2217.65	1337.48	63.56	736.62	30.49	49.49
2008	2658.77	1514.57	74.26	975.22	40.32	54.39
2009	2769.05	1670.25	80.78	913.15	44.24	60.63
2010	3258.11	2080.78	69.49	993.79	48.37	65.68
2011	3512.24	2108.83	76.50	1205.96	49.10	71.84
2012	3769.54	2315.80	84.93	1233.46	58.29	77.05
2013	4058.98	2458.15	91.86	1359.60	63.10	86.28
指数(上年=100) Index (Preceding year=100)						
1985	100.8					
1990	105.4					
1995	111.9					
1996	111.3					
1997	107.6	105.3	104.2	112.0	117.8	
1998	107.0	105.4	104.7	109.7	114.6	
1999	107.2	108.2	103.0	106.2	106.3	
2000	104.5	103.2	105.2	106.6	110.2	
2001	105.5	105.4	96.4	107.1	100.2	
2002	104.5	103.8	103.2	105.4	115.3	
2003	97.5	90.1	108.0	106.9	108.3	106.9
2004	113.2	118.8	105.5	106.8	109.9	105.0
2005	107.6	107.7	104.7	107.6	119.0	104.0
2006	107.3	107.7	107.4	106.6	118.6	102.3
2007	103.8	104.7	105.0	101.5	111.7	104.1
2008	105.5	104.7	107.5	106.7	108.5	104.7
2009	104.2	102.9	107.2	105.8	106.3	105.2
2010	104.5	104.2	104.3	104.9	107.4	104.8
2011	103.7	104.2	107.0	102.0	106.9	105.3
2012	104.5	104.2	104.9	104.6	105.7	105.9
2013	104.3	104.1	107.0	104.1	106.5	108.9

注：2010年起的增加值数据，按照2011年国家统计局修订的《统计用产品分类目录》进行计算。

a) Data of Value-Added of Farming, Forestry,Animal Husbandry and Fishery are calculated on new statistical product category in 2010.

13-6 各市农林牧渔业增加值(2013年)
Value-Added of Farming, Forestry, Animal Husbandry and Fishery by City (2013)

本表按当年价格计算。
Data in this table are calculated at current prices.

单位：亿元 (100 million yuan)

市(县) City(County)	农林牧渔业 Farming, Forestry, Animal Husbandry and Fishery	农业 Farming	林业 Forestry	牧业 Animal Husbandry	渔业 Fishery	农林牧渔服务业 Service for Farming,Forestry, Animal Husbandry and Fishery
全省 Total	**4058.98**	**2458.15**	**91.86**	**1359.60**	**63.10**	**86.28**
省辖市 City						
郑州市 Zhengzhou	146.96	76.97	2.71	57.01	8.16	2.11
开封市 Kaifeng	280.40	176.27	5.26	87.48	2.79	8.60
洛阳市 Luoyang	246.52	134.81	28.94	65.16	3.51	14.09
平顶山市 Pingdingshan	162.53	82.53	7.04	66.49	3.57	2.91
安阳市 Anyang	199.16	139.48	6.60	47.17	0.41	5.49
鹤壁市 Hebi	61.04	26.01	0.54	31.75	0.67	2.08
新乡市 Xinxiang	215.53	126.44	3.12	77.70	4.57	3.70
焦作市 Jiaozuo	132.97	79.74	1.70	47.82	1.19	2.52
濮阳市 Puyang	148.62	87.76	4.29	53.35	1.13	2.09
许昌市 Xuchang	184.98	103.85	8.08	68.05	0.82	4.18
漯河市 Luohe	107.53	57.47	1.08	46.68	0.79	1.50
三门峡市 Sanmenxia	99.66	77.61	2.44	17.87	1.18	0.57
南阳市 Nanyang	450.33	299.88	11.93	121.35	8.09	9.09
商丘市 Shangqiu	343.17	247.79	6.72	76.41	6.98	5.27
信阳市 Xinyang	419.53	275.94	23.35	86.87	26.79	6.58
周口市 Zhoukou	445.96	306.49	10.99	112.62	4.14	11.73
驻马店市 Zhumadian	393.84	223.35	2.99	147.62	8.48	11.41
济源市 Jiyuan	21.47	9.35	1.43	9.11	1.35	0.22
省直管县 Province Administrating County						
巩义市 Gongyi	11.08	4.52	0.60	5.27	0.20	0.50
兰考县 Lankao	35.02	20.72	1.88	11.39	0.12	0.92
汝州市 Ruzhou	38.95	15.05	4.00	17.77	0.20	1.93
滑县 Huaxian	64.72	49.14	1.20	11.71	0.03	2.63
长垣县 Changyuan	31.73	20.62	1.15	9.05	0.34	0.58
邓州市 Dengzhou	91.81	61.16	0.65	26.45	0.48	3.08
永城市 Yongcheng	60.01	40.24	1.12	16.20	1.35	1.11
固始县 Gushi	76.53	49.06	1.55	20.08	5.23	0.60
鹿邑县 Luyi	49.31	32.16	0.89	13.18	0.30	2.78
新蔡县 Xincai	47.66	27.23	0.23	17.84	0.93	1.43

13—7 农业生产条件

Conditions of Agriculture

年份 Year	乡村从业人员 (万人) Employed persons in Rural Area (10 000 persons)	#农、林、牧、渔业 Farming, Forestry, Animal Husbandry and Fishery	耕地面积 (千公顷) Area of Plow land (1 000 hectares)	农用机械总动力 (万千瓦) Total Power of Agricultural Machinery (10 000 kw)	农田有效灌溉面积 (千公顷) Effective Irrigated Area (1 000 hectares)	化肥施用折纯量 (万吨) Consumption of Chemical Fertilizer by 100% Effective Component (10 000 tons)	农村用电量 (亿千瓦小时) Electricity Consumption in Rural Areas (100 million kwh)	农药施用实物量 (万吨) Consumption of Chemical Pesticides (10 000 tons)	农用塑料薄膜使用量 (万吨) Plastic Film Use for Agriculture (10 000 tons)
1978	2384	2251	7157.3	974.4	3722.67	52.54	13.25		
1979	2429	2300	7138.7	1079.3	3636.00	60.05	14.59		
1980	2505	2365	7128.1	1178.0	3536.23	72.52	17.23		
1981	2576	2457	7121.3	1262.1	3388.00	81.90	20.85		
1982	2669	2515	7109.3	1356.3	3265.33	105.50	22.76		
1983	2711	2537	7100.7	1405.9	3210.00	130.67	23.50		
1984	2819	2565	7079.3	1507.0	3278.67	140.16	25.83		
1985	2932	2558	7033.2	1590.0	3189.97	143.58	28.33		
1986	2998	2561	6998.9	1737.9	3212.71	148.73	33.30		
1987	3096	2583	6972.6	1865.9	3250.07	135.58	37.29		
1988	3212	2636	6956.4	2004.2	3358.76	150.57	40.81		
1989	3284	2706	6944.4	2153.4	3438.00	184.25	45.20		
1990	3424	2820	6933.2	2264.0	3550.09	213.18	46.93	3.31	2.75
1991	3511	2913	6920.0	2330.4	3676.59	239.74	52.06	3.88	3.15
1992	3601	2947	6887.8	2424.4	3779.72	251.13	59.58	4.76	3.45
1993	3658	2902	6871.0	2624.0	3868.33	288.21	61.10	5.44	3.84
1994	3717	2859	6830.0	2780.5	3931.30	292.47	70.54	6.53	4.87
1995	3773	2808	6805.8	3115.4	4044.19	322.21	85.07	7.56	5.32
1996	3848	2816	6786.3	4256.4	4191.05	345.33	103.66	8.33	6.17
1997	4015	2903	6773.4	4337.9	4333.06	355.31	118.27	8.49	6.95
1998	4067	2940	6834.0	4764.4	4513.86	382.80	121.21	9.10	7.49
1999	4311	3299	6825.9	5342.9	4648.78	399.85	122.54	9.61	7.94
2000	4712	3559	6875.3	5780.6	4725.31	420.71	125.80	9.55	9.19
2001	4688	3472	6907.3	6078.7	4766.00	441.73	134.61	9.85	9.41
2002	4691	3393	7262.8	6548.2	4802.36	468.83	141.36	10.20	9.86
2003	4695	3321	7187.2	6953.2	4792.22	467.89	144.59	9.87	9.88
2004	4718	3235	7177.5	7521.1	4829.10	493.16	157.69	10.12	10.16
2005	4752	3128	7201.2	7934.2	4864.12	518.14	172.15	10.51	10.84
2006	4777	3039	7202.4	8309.1	4918.80	540.43	188.82	11.16	11.84
2007	4815	2910	7201.9	8718.7	4955.84	569.68	223.43	11.80	12.66
2008	4859	2837	7202.2	9429.3	4989.20	601.68	237.36	11.91	13.07
2009	4882	2754	8192.0	9817.9	5033.03	628.67	257.76	12.14	14.14
2010	4915	2698	8177.5	10195.9	5080.96	655.15	269.41	12.49	14.70
2011	4911	2655	8161.9	10515.8	5150.44	673.71	281.82	12.87	15.16
2012	4905	2611	8156.8	10872.7	5205.63	684.43	290.03	12.83	15.52
2013	4851	2541		11150.0	4975.97	696.37	305.42	13.01	16.78

注：2008年及以前年份耕地面积为年底常用面积数据，2009年数据为第二次全省土地调查数据，2010-2012年数据已按2009年数据口径调整。(下表同)

a)Data of Plow land Area is cultivated area at year-end before 2008,data in 2009 is from The second provincial land survey,and data in 2010-2012 is changed by 2009 caliber (The same as following tables).

13-8 各市耕地面积
Plow land Area by City

单位：千公顷 (1 000 hectares)

市（县） City(County)	2009	水田 Paddy field	水浇地 Irrigated land	旱地 dry land	2010	水田 Paddy field	水浇地 Irrigated land	旱地 dry land
全省 Total	**8192.01**	**759.03**	**4612.44**	**2820.54**	**8177.45**	**757.77**	**4602.55**	**2817.13**
省辖市 City								
郑州市 Zhengzhou	340.51	1.29	217.16	122.06	337.64	1.27	214.74	121.63
开封市 Kaifeng	417.57	6.40	391.16	20.01	417.30	6.40	391.28	19.63
洛阳市 Luoyang	435.09	1.76	88.65	344.68	434.07	1.76	87.99	344.33
平顶山市 Pingdingshan	323.66	1.11	222.56	99.98	322.00	1.11	220.88	100.01
安阳市 Anyang	411.38	0.04	334.87	76.47	410.15	0.04	333.53	76.59
鹤壁市 Hebi	124.42		114.50	9.92	123.38		113.49	9.89
新乡市 Xinxiang	475.36	42.16	413.23	19.97	475.22	42.07	413.23	19.92
焦作市 Jiaozuo	195.60	3.07	178.64	13.89	196.45	3.07	179.61	13.78
濮阳市 Puyang	282.49	25.39	254.63	2.47	282.67	25.39	254.83	2.46
许昌市 Xuchang	344.98		257.35	87.63	343.49		255.96	87.52
漯河市 Luohe	190.68		190.10	0.58	191.14		190.56	0.58
三门峡市 Sanmenxia	177.56	0.07	31.21	146.28	177.00	0.07	30.97	145.96
南阳市 Nanyang	1059.90	27.09	308.34	724.47	1057.20	27.01	307.49	722.70
商丘市 Shangqiu	709.04		569.94	139.11	708.39		569.30	139.09
信阳市 Xinyang	839.75	629.34	2.83	207.57	838.56	628.30	2.81	207.46
周口市 Zhoukou	862.12	0.37	815.09	46.66	860.72	0.37	813.82	46.53
驻马店市 Zhumadian	954.75	20.93	204.56	729.26	955.08	20.93	204.56	729.59
济源市 Jiyuan	47.16		17.61	29.55	46.99		17.51	29.48
省直管县 Province Administrating County								
巩义市 Gongyi	40.67		13.22	27.45	40.45		13.16	27.29
兰考县 Lankao	68.41	2.70	65.69	0.02	68.58	2.70	65.86	0.02
汝州市 Ruzhou	62.54		44.72	17.82	62.64		44.60	18.04
滑县 Huaxian	133.22		133.17	0.05	133.15		132.99	0.16
长垣县 Changyuan	69.85	4.39	65.38	0.09	69.67	4.39	65.19	0.09
邓州市 Dengzhou	171.64	0.01	64.28	107.34	171.04	0.01	64.11	106.92
永城市 Yongcheng	137.60		0.03	137.56	137.60		0.03	137.56
固始县 Gushi	156.17	143.63	0.26	12.28	156.05	143.51	0.26	12.29
鹿邑县 Luyi	85.98		85.97	0.01	85.84		85.83	0.01
新蔡县 Xincai	101.46		0.06	101.40	101.38		0.06	101.32

13-8 续表　Continued

单位：千公顷　(1 000 hectares)

市（县） City(County)	2011	水田 Paddy field	水浇地 Irrigated land	旱地 dry land	2012	水田 Paddy field	水浇地 Irrigated land	旱地 dry land
全　省 Total	**8161.90**	**757.14**	**4588.87**	**2815.90**	**8156.76**	**756.68**	**4581.82**	**2818.27**
省辖市 City								
郑州市 Zhengzhou	333.80	1.24	211.34	121.22	331.79	1.23	209.59	120.97
开封市 Kaifeng	416.53	6.39	390.78	19.36	416.17	6.40	390.52	19.25
洛阳市 Luoyang	433.14	1.76	86.55	344.84	432.60	1.75	85.30	345.55
平顶山市 Pingdingshan	321.63	1.11	220.33	100.19	321.80	1.11	220.07	100.62
安阳市 Anyang	409.74	0.04	332.69	77.02	410.02	0.04	332.64	77.34
鹤壁市 Hebi	122.51		112.61	9.90	121.79		111.95	9.85
新乡市 Xinxiang	474.87	41.70	413.37	19.79	475.51	41.40	414.44	19.67
焦作市 Jiaozuo	195.25	3.06	178.13	14.05	195.64	3.06	178.31	14.26
濮阳市 Puyang	283.16	25.38	255.33	2.45	283.63	25.35	255.84	2.44
许昌市 Xuchang	340.95		253.69	87.26	339.49		252.47	87.02
漯河市 Luohe	190.66		190.08	0.58	190.53		189.96	0.58
三门峡市 Sanmenxia	176.53	0.07	30.50	145.96	176.98	0.07	30.41	146.50
南阳市 Nanyang	1055.94	26.95	306.62	722.37	1056.91	27.08	305.89	723.94
商丘市 Shangqiu	708.73		569.80	138.93	708.35		569.48	138.86
信阳市 Xinyang	839.09	628.17	2.93	207.99	839.75	627.94	2.92	208.89
周口市 Zhoukou	859.31	0.36	812.57	46.37	857.77	0.35	811.15	46.27
驻马店市 Zhumadian	953.30	20.91	204.21	728.18	951.59	20.90	203.80	726.90
济源市 Jiyuan	46.77		17.33	29.45	46.45		17.09	29.36
省直管县 Province Administrating County								
巩义市 Gongyi	40.28		13.01	27.27	40.27		13.06	27.21
兰考县 Lankao	68.43	2.70	65.71	0.02	68.42	2.70	65.70	0.02
汝州市 Ruzhou	62.61		44.59	18.02	62.43		44.46	17.96
滑县 Huaxian	132.83		132.69	0.14	133.08		132.95	0.14
长垣县 Changyuan	69.57	4.38	65.10	0.09	69.46	4.38	65.00	0.08
邓州市 Dengzhou	170.38	0.01	63.90	106.47	169.91	0.01	63.77	106.13
永城市 Yongcheng	137.44		0.03	137.41	137.38		0.03	137.35
固始县 Gushi	156.52	143.92	0.26	12.35	156.94	144.28	0.26	12.40
鹿邑县 Luyi	85.71		85.70	0.01	85.33		85.32	0.01
新蔡县 Xincai	101.24		0.06	101.18	100.96		0.06	100.90

13-9 主要农业机械和农产品加工机械年末拥有量
Number of Agricultural Machinery and Machinery for Processing Farm Products at Year-end

指 标	Item	1980	1990	2000	2010	2012	2013
农业机械总动力(万千瓦)	**Total Power of Agricultural Machinery(10 000 kw)**	**1178.00**	**2263.99**	**5780.60**	**10195.94**	**10872.73**	**11149.96**
#柴油发动机动力	Diesel Engines		1588.55	4859.20	9029.20	9635.65	9887.13
汽油发动机动力	Benzine Engines		94.62	107.90	56.29	64.37	66.77
电动发动机动力	Electric Engines		580.82	812.40	1110.30	1172.67	1196.01
大中型拖拉机(混合台)(万台)	Large and Medium Tractors (10 000 units)	5.97	4.93	6.62	27.44	33.85	35.78
(万千瓦)	(10 000 kw)	216.90	174.30	216.80	969.55	1283.47	1387.54
小型(包括手扶)拖拉机(万台)	Mini-Tractors (10 000 units)	12.77	82.20	224.67	358.61	353.94	351.32
(万千瓦)	(10 000 kw)	111.10	758.40	2317.70	3797.50	3830.16	3801.52
大中型拖拉机配套农具(万部)	Number of Large and Medium Tractor Towing Farm Machinery (10 000 units)	7.41	6.57	11.87	64.26	80.22	84.99
小型拖拉机配套农具(万部)	Number of Mini-Tractor Towing Farm Machinery(10 000 units)	4.76	83.34	357.32	666.42	679.87	675.21
机引犁(万台)	Tractor-propelled Plough(10 000 units)	3.81	63.93	196.23	318.33	322.28	323.46
机引耙(万台)	Citation Machine harrow(10 000 units)	2.24	18.51	110.17	214.60	220.46	215.62
旋耕机(万台)	Rotary cultivator(10 000 units)		1.17	4.08	18.38	21.92	23.41
农用运输车(万辆)	Trucks for Agricultural(10 000 unit)			131.24	219.55	219.32	218.71
(万千瓦)	(10 000 kw)			1406.07	2744.90	2777.65	2793.07
农用排灌动力机械(万台)	Drainage and Irrigation Agricultural Machinery (10 000 unit)	80.52	86.93	125.58	160.05	164.89	165.58
(万千瓦)	(10 000 kw)	574.60	609.60	905.90	1147.75	1238.11	1181.04
柴油机(万台)	Diesel Engines (10 000 units)	43.50	32.59	47.52	54.00	54.73	54.68
(万千瓦)	(10 000 kw)	356.70	295.40	458.70	525.50	529.14	529.45
电动机(万台)	Electric Engines (10 000 units)	37.02	54.29	78.06	106.06	109.36	110.05
(万千瓦)	(10 000 kw)	218.10	314.00	447.20	622.25	642.12	647.37

13-9 续表　　Continued

指　　标	Item	1980	1990	2000	2010	2012	2013
节水灌溉机械(万套)	Watersaving Irrigation Machinery (10 000 sets)				17.37	19.73	20.81
农用水泵(万台)	Pumps (10 000 units)	56.53	79.51	175.89	216.29	222.87	223.63
联合收割机(台)	Combine Harvesters (unit)	799	837	26900	143760	177106	200232
水稻插秧机(部)	Rice Transplanter (unit)	1053			1250	2377	2636
割晒机(万台)	Swather motor(10 000 units)			28.38	8.28	6.69	6.20
机动脱粒机(万台)	Mobile thresher(10 000 units)	11.93	34.96	79.15	55.73	53.67	54.61
谷物烘干机(台)	Grain dryer (unit)	41	9	100	646	646	873
种子加工机械(台)	Seed processing machinery (unit)	119	123	110	643	1172	1214
机动喷雾(粉)机(万部)	Mobile spray (powder) machines(10 000 units)	0.52	3.32	15.58	26.19	27.66	28.58
(万千瓦)	(10 000 kw)	1.00	5.40	24.90	50.15	53.45	54.61
饲草料加工机械(万台)	Hours processing machinery (10 000 units)	11.38	9.92	11.53	16.92	18.25	18.44
农产品初加工动力机械(万台)	Power Machinery processing of agricultural products (10 000 units)	32.86	53.09	67.76	80.24	82.71	83.19
(万千瓦)	(10 000 kw)	223.80	355.10	466.80	582.70	594.05	598.77
柴油机(万台)	Diesel Engines(10 000 units)	9.14	9.50	11.44	15.74	16.28	16.20
(万千瓦)	(10 000 kw)	84.80	88.20	118.70	156.71	153.31	153.75
电动机(万台)	Electric Engines(10 000 units)	23.72	43.59	53.46	64.50	66.21	66.87
(万千瓦)	(10 000 kw)	139.00	266.90	348.10	426.04	439.83	443.16
农产品初加工作业机械(万台)	Agricultural products processing machinery (10 000 units)			43.18	50.82	54.47	55.72
#粮食加工机	Food processing machine			32.31	34.80	34.99	35.28
棉花加工机	Cotton processing machine			3.87	4.94	4.51	4.49
油料加工机	Oil processing machine			6.82	8.88	8.89	9.22
农田基本建设机械(台)	Farmland capital construction machinery(unit)			5302	15743	17949	18794

13−10 各市农业机械和农产品加工机械年末拥有量(2013年)

市(县)	City(County)	农业机械总动力（万千瓦）Total Power of Agricultural Machinery (10 000 kw)	柴油发动机动力 Diesel Engines	汽油发动机动力 Benzine Engines	电动机动力 Electric Engines	农用大中型拖拉机 Large and Medium Tractors（台）(unit)	农用大中型拖拉机 Large and Medium Tractors（万千瓦）(10 000 kw)	小型及手扶拖拉机 Mini-Tractors（万台）(10 000 units)	小型及手扶拖拉机 Mini-Tractors（万千瓦）(10 000 kw)
省 辖 市	**City**								
郑 州 市	Zhengzhou	561.48	441.41	4.42	115.65	12890	59.76	11.73	113.06
开 封 市	Kaifeng	712.60	638.27	2.24	72.09	13077	62.83	22.45	239.66
洛 阳 市	Luoyang	492.04	390.08	5.11	96.85	8477	36.98	18.74	163.16
平 顶 山 市	Pingdingshan	394.39	330.27	2.10	62.01	19425	68.66	10.38	112.47
安 阳 市	Anyang	617.87	502.78	3.43	111.66	12334	63.02	12.93	155.56
鹤 壁 市	Hebi	235.05	206.73	0.58	27.73	7750	27.19	7.59	99.28
新 乡 市	Xinxiang	741.42	647.65	1.86	91.85	20092	96.88	17.01	196.06
焦 作 市	Jiaozuo	400.62	342.47	1.16	56.99	12072	55.58	5.14	58.83
濮 阳 市	Puyang	442.16	370.66	3.30	68.21	10518	47.59	8.88	106.27
许 昌 市	Xuchang	374.93	308.30	1.05	65.58	8366	44.39	5.13	60.71
漯 河 市	Luohe	267.80	251.39	0.28	16.13	6137	34.74	8.95	112.46
三 门 峡 市	Sanmenxia	175.24	148.47	1.68	25.08	3568	12.95	4.51	41.63
南 阳 市	Nanyang	1307.85	1194.86	11.41	101.57	38864	161.98	87.23	804.98
商 丘 市	Shangqiu	1176.14	1085.52	7.07	83.55	26313	129.07	22.75	278.51
信 阳 市	Xinyang	580.01	525.11	4.82	50.07	25084	85.42	18.64	188.36
周 口 市	Zhoukou	1143.72	1080.99	3.78	58.94	29073	137.16	36.14	403.47
驻 马 店 市	Zhumadian	1416.20	1331.54	12.11	72.56	100372	249.59	51.30	648.47
济 源 市	Jiyuan	110.47	90.62	0.38	19.47	3404	13.77	1.81	18.59
省 直 管 县	**Province Administrating County**								
巩 义 市	Gongyi	58.34	46.09	0.24	12.01	1686	6.71	1.39	11.47
兰 考 县	Lankao	96.65	83.86	0.22	12.58	2140	10.62	1.18	13.04
汝 州 市	Ruzhou	143.55	110.80	1.65	31.10	5534	18.56	3.16	30.74
滑 县	Huaxian	255.14	218.63	1.70	34.81	2576	16.00	8.93	112.62
长 垣 县	Changyuan	113.00	105.63	0.29	7.09	2259	10.66	4.45	52.94
邓 州 市	Dengzhou	194.76	172.56	3.31	18.88	9216	46.57	13.04	95.81
永 城 市	Yongcheng	178.32	169.18	0.53	8.61	3854	18.04	4.24	53.74
固 始 县	Gushi	103.57	95.45	0.70	7.42	3219	13.67	3.52	27.83
鹿 邑 县	Luyi	122.86	118.05	0.21	4.61	3780	14.41	2.30	25.85
新 蔡 县	Xincai	157.95	142.34	1.08	14.54	10809	28.66	4.45	55.15

Number of Agricultural Machinery and Machinery for Processing Farm Products at Year-end by City (2013)

大中型拖拉机配套农具(部) Number of Large and Medium Tractor Towing Farm Machinery (unit)	小型拖拉机配套农具(万部) Number of Mini-Tractor Towing Farm Machinery (10000 units)	耕整地及种植机械(万台) Arable land and planting machinery (10 000 units)					
		机引犁 Tractor-propelled Plough	机引耙 Citation Machine harrow	旋耕机 Rotary cultivator	播种机 Drill Machine	化肥深施机 Fertilizer deep-Shi Machine	秸秆粉碎还田机 Straw Mill
30935	17.35	8.19	7.17	1.07	2.80	0.24	0.92
33450	32.37	18.29	10.77	1.20	5.00	1.09	0.95
17308	30.63	14.79	12.17	2.31	5.81	0.18	0.32
41102	19.46	9.77	5.03	1.24	5.81	0.08	0.68
33494	26.06	11.47	8.73	1.06	4.15	0.46	1.03
19485	19.24	7.48	7.18	0.26	3.80	0.40	0.40
39789	28.20	12.98	10.01	1.42	7.30	0.35	1.36
30036	6.76	3.14	1.02	0.78	3.44		1.13
23487	16.65	6.65	4.72	0.79	3.84	1.54	1.17
18748	9.11	5.78	1.84	0.70	2.99	0.79	0.64
13575	21.01	7.23	7.03	0.54	4.61	0.36	0.80
7163	6.26	2.88	1.34	0.47	0.76	0.09	0.07
109165	172.60	88.22	62.31	2.66	20.41	0.85	0.67
59456	37.81	16.19	5.68	2.40	9.88	1.95	1.80
27089	28.89	15.81	9.60	1.52	0.99	0.68	0.03
44356	64.36	36.45	17.77	2.40	10.77	1.19	1.01
291826	133.89	57.16	42.68	2.16	38.69	0.91	2.15
9438	4.56	0.97	0.56	0.43	1.14	0.01	0.17
3268	1.69	0.86	0.43	0.14	0.36	0.02	0.06
3478	2.80	1.22	0.96	0.18	0.52	0.11	0.11
7360	5.38	2.46	0.87	0.42	1.70		0.15
5182	18.40	7.86	7.27	0.21	2.76	0.22	0.28
6212	6.55	3.07	1.73	0.15	1.99	0.05	0.16
28634	18.45	11.58	6.39	0.93	1.39	0.29	0.14
8533	7.60	2.43	0.89	0.38	2.08	0.12	0.17
3330	4.67	2.64	1.78	0.22	0.01	0.01	
7000	3.20	1.60	0.86	0.51	0.75	0.02	0.15
30108	12.61	5.22	4.02	0.37	2.60	0.05	0.17

13-10 续表 1

市(县) City(County)	农用排灌动力机械 Irrigation and drainage of agricultural power machinery		柴油机 Diesel Engines		电动机 Electric Engines		农用水泵(万台) Agricultural pumps	节水灌溉机械(万套) Water-saving irrigation machinery
	(万台) (10 000 units)	(万千瓦) (10 000 kw)	(万台) (10 000 units)	(万千瓦) (10 000 kw)	(万台) (10 000 units)	(万千瓦) (10 000 kw)	(10 000 units)	(10 000 units)
省 辖 市 City								
郑 州 市 Zhengzhou	9.63	76.82	1.84	14.46	7.80	62.36	10.04	1.20
开 封 市 Kaifeng	12.39	78.15	3.25	32.81	9.14	45.32	14.26	3.02
洛 阳 市 Luoyang	7.78	66.32	2.80	23.47	4.98	42.69	4.25	1.22
平 顶 山 市 Pingdingshan	7.25	50.75	1.97	21.03	5.28	29.72	8.97	0.61
安 阳 市 Anyang	12.76	94.06	1.02	12.48	11.73	81.58	17.40	0.05
鹤 壁 市 Hebi	3.61	26.61	0.51	5.43	3.10	21.19	4.38	0.14
新 乡 市 Xinxiang	14.42	101.65	3.88	51.47	10.54	49.99	16.97	0.28
焦 作 市 Jiaozuo	8.01	45.36	0.21	1.97	7.78	43.38	7.29	0.03
濮 阳 市 Puyang	11.93	92.39	4.58	44.60	7.30	47.55	15.00	0.15
许 昌 市 Xuchang	10.72	57.81	1.89	22.04	8.84	35.77	9.77	0.01
漯 河 市 Luohe	5.12	34.64	3.28	24.88	1.84	9.76	6.25	0.27
三 门 峡 市 Sanmenxia	1.63	15.70	0.58	5.26	1.05	10.43	1.55	0.35
南 阳 市 Nanyang	10.94	69.24	3.78	31.64	6.47	37.58	20.52	1.87
商 丘 市 Shangqiu	19.69	131.74	8.99	88.31	10.70	40.68	18.57	2.43
信 阳 市 Xinyang	7.43	65.15	5.16	44.15	2.27	21.00	9.19	0.40
周 口 市 Zhoukou	13.01	94.50	7.77	70.70	5.21	23.26	37.46	1.39
驻 马 店 市 Zhumadian	7.84	68.47	3.16	34.63	4.63	33.56	20.46	7.36
济 源 市 Jiyuan	1.43	11.68	0.03	0.13	1.40	11.56	1.31	0.02
省 直 管 县 Province Administrating County								
巩 义 市 Gongyi	0.44	4.88	0.01	0.06	0.43	4.81	0.44	0.01
兰 考 县 Lankao	2.11	14.80	0.72	7.22	1.39	7.59	2.35	0.25
汝 州 市 Ruzhou	3.02	25.29	1.05	11.70	1.96	13.59	3.51	0.00
滑 县 Huaxian	4.57	28.22			4.57	28.22	6.08	0.00
长 垣 县 Changyuan	1.43	11.04	0.54	7.05	0.89	3.99	1.98	0.11
邓 州 市 Dengzhou	1.38	9.58	0.86	6.37	0.52	3.21	5.13	0.28
永 城 市 Yongcheng	2.02	19.88	1.55	16.89	0.47	2.99	2.20	0.70
固 始 县 Gushi	2.12	14.67	1.60	11.63	0.52	3.05	2.38	0.01
鹿 邑 县 Luyi	0.93	8.55	0.48	6.85	0.45	1.66	3.21	0.18
新 蔡 县 Xincai	0.52	4.92	0.29	3.19	0.23	1.73	1.49	1.28

continued

联合收割机 Combine harvester (台) (unit)	(万千瓦) (10 000 kw)	水稻插秧机 (台) Rice Transplanter (unit)	晴晒机 (台) Blind drying machine (unit)	机动脱粒机 (台) Mobile thresher (unit)	谷物烘干机 (台) Grain dryer (unit)	机动喷雾(粉)机 (台) Mobile spray machines (unit)	饲草料加工机械 (台) Hours processing machinery (units)
7759	45.65		4290	32921	28	11290	8106
11027	55.07	49	945	40600	410	7195	12156
4528	19.44		24539	108016	2	13084	8794
6789	31.12	4	1712	19062	16	5779	11413
12992	62.34		265	48807	55	18783	5608
7283	34.68		228	5078		4569	1357
16271	83.46	72	4762	16017	2	8814	16450
8086	34.83	20		11694	14	6845	5322
7292	41.55	49	3631	20241	20	11370	4195
8037	40.62			7788	32	6957	17154
6075	30.95			13030		2060	642
1877	8.72		1125	24640	35	8134	4704
12398	67.12	128	2159	37901	157	54087	12543
24398	110.09		5050	68540	2	31756	22344
14264	71.49	2308	1152	13563	31	13999	6777
24480	129.58		5215	41618	16	20547	16626
25132	153.07	6	6000	31578	16	56789	25329
1544	8.24		899	4987	37	3726	4873
744	3.00		43	10585	1	469	1479
2244	13.72	1		8458		781	1132
2079	9.49		1712	11264	1	3630	6285
3744	17.84			10303		10490	2373
1939	9.28			2221	2	1344	588
3586	21.12			1200	6	13530	1658
4654	21.36		2660	11200		5856	5526
1908	9.84	658		177		3050	1255
2962	18.83					1420	1225
2174	11.32	2		4800	1	6950	6000

13-10 续表 2

市(县) City(County)	农田基本建设机械 Farmland capital construction machinery		农产品初加工动力机械 Power Machinery processing of agricultural products		#柴油机 Diesel Engines		#电动机 Electric Engines	
	(台) (unit)	(万千瓦) (10 000 kw)	(万台) (10 000 units)	(万千瓦) (10 000 kw)	(万台) (10 000 units)	(万千瓦) (10 000 kw)	(万台) (10 000 units)	(万千瓦) (10 000 kw)
省辖市 City								
郑州市 Zhengzhou	2871	22.34	4.71	37.38	0.08	1.01	4.63	36.26
开封市 Kaifeng	1733	8.07	5.47	37.20	2.31	13.23	3.15	23.97
洛阳市 Luoyang	1900	11.48	7.42	54.28	1.12	12.25	6.30	42.03
平顶山市 Pingdingshan	904	5.37	3.92	25.86	0.34	3.10	3.55	22.49
安阳市 Anyang	1017	5.80	3.56	23.39	0.14	1.45	3.39	21.89
鹤壁市 Hebi	52	0.34	1.04	7.19	0.03	0.78	1.01	6.03
新乡市 Xinxiang	1482	9.18	5.67	39.99	1.07	5.50	4.60	33.90
焦作市 Jiaozuo	1061	3.05	1.74	11.04	0.01	0.15	1.72	10.89
濮阳市 Puyang	711	3.92	2.26	19.51	0.22	1.67	2.04	17.84
许昌市 Xuchang	815	4.32	4.75	29.58	0.39	4.75	4.36	24.84
漯河市 Luohe	123	0.73	1.33	9.95	0.33	3.86	0.99	6.08
三门峡市 Sanmenxia	551	4.02	2.05	13.88	0.31	2.83	1.74	11.05
南阳市 Nanyang	1474	9.86	8.52	65.25	1.29	13.70	7.23	51.46
商丘市 Shangqiu	1127	4.95	9.51	73.07	3.14	30.64	6.36	42.28
信阳市 Xinyang	941	5.03	7.50	48.58	2.17	22.03	5.33	26.55
周口市 Zhoukou	400	2.08	6.59	48.54	1.23	14.81	5.36	33.72
驻马店市 Zhumadian	1222	8.77	6.69	50.77	2.02	21.97	4.63	28.58
济源市 Jiyuan	410	4.29	0.48	3.32	0.00	0.01	0.47	3.31
省直管县 Province Administrating County								
巩义市 Gongyi	225	2.01	1.05	5.92	0.00	0.01	1.05	5.91
兰考县 Lankao	192	0.76	0.87	5.74	0.15	1.60	0.72	4.14
汝州市 Ruzhou	279	1.59	1.82	13.66	0.14	1.39	1.65	12.01
滑县 Huaxian	298	1.75	1.03	6.58			1.03	6.58
长垣县 Changyuan	235	1.29	0.49	3.99	0.12	1.26	0.36	2.73
邓州市 Dengzhou	300	1.70	1.32	13.27	0.08	1.15	1.24	12.12
永城市 Yongcheng	125	0.73	1.28	8.28	0.43	2.88	0.85	5.39
固始县 Gushi	229	1.21	0.72	7.32	0.30	2.95	0.42	4.37
鹿邑县 Luyi	75	0.56	0.40	2.95			0.40	2.95
新蔡县 Xincai	198	1.31	0.79	6.89	0.15	1.67	0.63	5.22

continued

农用运输车 Trucks for Agricultural		#三轮运输车 Tricycle		农产品初加工作业机械（万台） Agricultural products processing machine (10 000 units)	粮食加工机械 Food processing machine	棉花加工机械 Cotton processing machine	油料加工机械 Oil processing machine
（万辆） (10 000 units)	（万千瓦） (10 000 kw)	（万辆） (10 000 units)	（万千瓦） (10 000 kw)				
11.83	167.50	9.83	114.57	2.84	2.23	0.20	0.37
19.44	223.08	18.57	205.42	2.56	1.22	0.50	0.61
6.69	108.77	4.93	62.93	4.54	3.27	0.61	0.66
6.87	85.81	5.74	63.15	2.71	2.13	0.19	0.38
14.20	196.79	13.38	177.64	2.97	2.16	0.27	0.49
4.11	38.62	3.81	33.03	0.74	0.56	0.10	0.07
17.15	206.77	16.29	180.06	2.66	1.98	0.20	0.39
17.48	184.09	16.74	167.78	1.13	0.89	0.08	0.16
11.02	124.99	9.94	113.67	1.83	1.29	0.14	0.39
9.98	130.65	8.52	97.36	2.21	1.68	0.27	0.26
3.07	43.41	2.94	41.22	0.72	0.51	0.09	0.12
5.75	63.13	5.29	53.75	0.91	0.72	0.06	0.12
7.48	107.60	5.91	71.61	5.52	3.58	0.38	1.40
37.54	439.64	34.65	376.43	4.82	3.26	0.47	1.07
6.63	98.83	4.77	58.21	8.00	3.21	0.16	0.58
25.33	314.06	23.61	283.23	6.55	2.88	0.48	1.14
11.02	216.62	9.54	167.88	4.71	3.42	0.26	1.00
3.13	42.72	2.68	29.63	0.31	0.29	0.01	0.01
0.55	10.88	0.35	3.83	0.36	0.33	0.01	0.01
3.39	36.80	3.28	34.89	0.31	0.18	0.03	0.10
2.97	36.02	2.47	25.64	0.62	0.51	0.04	0.07
5.44	70.41	5.36	67.32	0.54	0.41	0.00	0.12
2.03	23.15	2.01	22.24	0.36	0.26	0.02	0.07
0.60	10.62	0.28	4.17	0.59	0.38	0.01	0.16
4.60	55.55	4.38	49.75	0.69	0.49	0.07	0.12
1.42	27.02	0.95	13.96	0.73	0.52	0.02	0.19
3.94	51.55	3.69	47.60	2.27	0.13	0.03	0.07
2.07	40.75	1.81	31.93	0.50	0.41		0.09

13-11 农业机械化、能源、主要物资消耗及水利建设情况

Agricultural Mechanization, Energy Resources, Consumption of main materials and Construction of Water Conservancy

指 标	Item	2000	2005	2010	2012	2013
农业机械化情况	**Agricultural Mechanization**					
当年实际机耕面积(千公顷)	Area Cultivated by Machine This Year (1 000 hectares)	5607	5804	8260	8971.46	8987
当年机械播种面积(千公顷)	Area Sown by Machine This Year (1 000 hectares)	4648	5855	9063	9617.49	9621
为农作物播种面积%	Percentage to Sown Area of Crops (%)	35.40	42.10	63.60	67.43	67.20
当年机械收获面积(千公顷)	Mechanical Harvest Area This Year (1 000 hectares)	4250	4801	7374	8749	9251
为农作物播种面积(%)	Percentage to Sown Area of Crops (%)	32.40	34.50	51.80	61.34	64.60
农村能源情况	**Agricultural Energy**					
农村用电量(亿千瓦小时)	Electricity Consumed in Rural Area (100 million kwh)	125.80	172.15	269.41	290.03	305.42
农业主要物资消耗情况	**Agricultural Consumption of main materials**					
农用化肥施用折纯量(万吨)	Consumption of Chemical Fertilizer by 100% Effective Component (10 000 tons)	420.71	518.14	655.15	684.43	696.37
农用塑料薄膜使用量(万吨)	Plastic Film Use for Agriculture (10 000 tons)	9.19	10.84	14.70	15.52	16.78
农药施用实物量(万吨)	Pesticide Use (10 000 tons)	9.55	10.51	12.49	12.83	13.01
农用柴油使用量(万吨)	Diesel Oil Use for Agriculture (10 000 tons)	79.56	89.79	107.92	112.25	113.43
农田水利建设情况	**Farm Water Conservancy Condition**					
灌溉面积(千公顷)	Irrigated Area (1 000 hectares)	4785.59	4941.21	5172.01	5026.93	5088.5
#耕地灌溉面积(千公顷)	Cultivated Irrigated Area	4725.31	4864.12	5080.96	4922.72	4969.11
林地灌溉面积(千公顷)	Woodland Irrigated Area	11.21	23.28	33.07	56.72	59.91
园地灌溉面积(千公顷)	Garden Irrigated Area	46.43	50.11	51.4	33.00	44.66
#节水灌溉面积(千公顷)	Water Saving Irrigated Area	949.61	1309.14	1536.64	1174.31	1295.84
节水灌溉面积占灌溉面积比重(%)	Mechanical and Electrical Irrigated Area Percentage to Effective Irrigated Area (%)	19.8	26.5	29.7	23.4	25.5
农业灌溉供水量（万立方米）	Irrigated Water Supply (1 000 cum)	1355863	1034076	1162144	1382641	1426240

注：2011年以后的水利建设情况数据根据第一次全国水利普查数据调整。
a)Data on the construction of water conservancy is calculated from The first National water resources census since 2011.

13-12 各市农业机械化、能源及水利建设情况(2013年)

Agricultural Mechanization, Energy Resources Construction of Water Conservancy by City (2013)

市(县) City(County)	农业机械化情况 Agricultural Mechanization			农村能源情况 Agricultural Energy Resources	水利建设情况 Water Conservancy		
	机耕面积(千公顷) Area Ploughed by Tractors (1 000 hectares)	机播面积(千公顷) Area Sown by Machines (1 000 hectares)	机收面积(千公顷) Area Harvested by Machines (1 000 hectares)	农村用电量(亿千瓦小时) Electricity Consumption in Rural Areas (100 million kwh)	水库数量(座) Reservoir (unit)	塘坝数量(座) Spoilage (unit)	机电井数量(眼) Motor-pumped Well (unit)
省辖市 City							
郑州市 Zhengzhou	267.35	364.09	348.28	37.70	151	500	56315
开封市 Kaifeng	533.42	611.13	514.61	8.59	2		105512
洛阳市 Luoyang	372.54	364.53	262.22	24.55	169	684	17025
平顶山市 Pingdingshan	258.50	389.08	335.16	10.92	169	798	48115
安阳市 Anyang	343.41	497.53	526.91	29.35	158	940	109595
鹤壁市 Hebi	91.19	159.68	154.00	2.30	38	170	24393
新乡市 Xinxiang	448.46	597.10	572.87	61.16	41	711	98182
焦作市 Jiaozuo	183.63	272.59	278.36	13.96	40	144	45194
濮阳市 Puyang	275.29	320.10	340.25	8.29			56840
许昌市 Xuchang	312.42	408.49	352.47	9.52	61	160	69941
漯河市 Luohe	209.75	272.50	231.45	4.17			46913
三门峡市 Sanmenxia	111.77	100.71	86.33	3.62	172	141	4908
南阳市 Nanyang	1457.22	1378.12	1088.21	19.94	495	18480	110176
商丘市 Shangqiu	706.04	1165.38	1002.37	21.74	26		180189
信阳市 Xinyang	1005.15	344.24	762.35	15.06	931	113174	18448
周口市 Zhoukou	1084.82	1281.69	1154.83	15.30			169761
驻马店市 Zhumadian	1302.82	1391.41	1191.15	17.35	187	4770	113654
济源市 Jiyuan	22.95	50.85	49.49	1.91	23	441	3668
省直管县 Province Administrating County							
巩义市 Gongyi	28.02	39.35	35.97	13.82	14	68	1472
兰考县 Lankao	71.92	113.87	98.65	2.37			13267
汝州市 Ruzhou	58.98	99.70	97.81	2.98	26	158	9017
滑县 Huaxian	113.33	215.20	193.07	4.32	1		39749
长垣县 Changyuan	71.56	94.97	94.36	5.44			10447
邓州市 Dengzhou	326.93	321.26	237.53	1.98	18	2715	25217
永城市 Yongcheng	120.40	204.86	183.50	3.70	1		24299
固始县 Gushi	246.30	68.77	168.33	2.87	61	18130	413
鹿邑县 Luyi	102.67	153.50	150.67	1.40			18920
新蔡县 Xincai	163.53	161.96	135.68	0.88	3	275	16070

13－13 各市农用物资消耗情况(2013年)

Consumption of Agricultural Materials by City (2013)

单位：吨 (ton)

市(县) City(County)	农用化肥使用折纯量 Consumption of Chemical Fertilizer by 100% Effective Component	#氮肥 Nitrogenous Fertilizer	#磷肥 Phosphate Fertilizer	#钾肥 Potash Fertilizer	农用塑料薄膜使用量 Plastic Film Use for Agriculture	农用柴油使用量 Diesel Oil Use for Agriculture	农药使用量 Consumption of Chemical Pesticides
省辖市 City							
郑州市 Zhengzhou	234324	75698	41678	19893	7985	63718	4216
开封市 Kaifeng	303388	127922	62828	33266	10456	54156	6203
洛阳市 Luoyang	239057	83982	38619	25607	4714	47303	4537
平顶山市 Pingdingshan	372962	114309	51057	26082	4139	63083	4474
安阳市 Anyang	455768	140316	69637	31459	26542	66402	6238
鹤壁市 Hebi	80238	32227	13082	5247	906	14078	1483
新乡市 Xinxiang	522806	202189	82872	30733	4103	90693	8819
焦作市 Jiaozuo	202053	68184	27052	7550	2132	36968	4519
濮阳市 Puyang	276262	125108	55248	20950	6193	36690	4396
许昌市 Xuchang	297878	94856	44242	23140	5014	38336	4241
漯河市 Luohe	173606	62337	21190	10855	3864	23158	2492
三门峡市 Sanmenxia	99114	28193	12250	12440	3662	19951	2952
南阳市 Nanyang	871158	296293	166319	99151	29805	145909	19700
商丘市 Shangqiu	794470	257811	157128	111174	13021	88075	19857
信阳市 Xinyang	542801	292526	114848	38490	13498	88439	9963
周口市 Zhoukou	752450	282370	143329	66392	19204	150887	19236
驻马店市 Zhumadian	721331	142144	104789	73235	11647	96955	6239
济源市 Jiyuan	23997	8634	5277	2927	910	9481	494
省直管县 Province Administrating County							
巩义市 Gongyi	36660	13001	5889	1749	134	11131	430
兰考县 Lankao	73622	30352	17550	8521	1015	10685	831
汝州市 Ruzhou	97828	31488	18476	5826	759	18811	695
滑县 Huaxian	217396	59648	35673	8945	3406	20551	1961
长垣县 Changyuan	64091	24140	12398	6553	503	12823	1133
邓州市 Dengzhou	167794	52598	30753	15689	4170	26829	3821
永城市 Yongcheng	112161	34980	9450	12380	2378	18753	2279
固始县 Gushi	98000	50100	25050	8750	2655	16300	2500
鹿邑县 Luyi	91153	57232	11532	3803	702	14509	1196
新蔡县 Xincai	76300	12700	22100	9800	1830	10500	1280

13-14 各市农田水利情况(2013年)

Condition of Irrigation and Conservancy Project by City (2013)

单位：千公顷 (1 000 hectares)

市(县) City(County)	灌溉面积 Irrigated Area	耕地灌溉面积 Effective Irrigated Area	实际耕地灌溉面积 Actual Irrigated area	园地灌溉面积 Garden Irrigated Area	节水灌溉面积 Water Saving Irrigated Area
省辖市 City					
郑州市 Zhengzhou	200.77	188.09	163.67	2.23	85.97
开封市 Kaifeng	349.00	332.54	307.57	5.43	19.87
洛阳市 Luoyang	139.29	131.75	108.64	3.53	61.89
平顶山市 Pingdingshan	184.44	180.32	126.18	2.74	58.50
安阳市 Anyang	296.15	278.76	254.30	2.01	68.83
鹤壁市 Hebi	90.72	87.61	81.21	1.26	65.06
新乡市 Xinxiang	360.18	358.58	339.30	0.52	183.45
焦作市 Jiaozuo	180.04	169.72	156.66	1.56	120.15
濮阳市 Puyang	233.87	224.82	221.99	3.40	139.14
许昌市 Xuchang	244.65	244.31	221.16	0.31	134.19
漯河市 Luohe	131.65	131.65	130.53		15.30
三门峡市 Sanmenxia	47.51	43.20	33.41	4.30	11.92
南阳市 Nanyang	480.60	472.76	406.26	1.79	128.67
商丘市 Shangqiu	583.80	576.03	512.24	5.03	61.35
信阳市 Xinyang	497.81	486.15	383.38	8.16	26.13
周口市 Zhoukou	538.85	538.18	478.20	0.21	40.31
驻马店市 Zhumadian	503.91	501.66	403.03	2.18	72.63
济源市 Jiyuan	25.26	22.97	17.64		2.48
省直管县 Province Administrating County					
巩义市 Gongyi	16.78	16.22	15.54		6.55
兰考县 Lankao	53.93	53.93	53.93		4.30
汝州市 Ruzhou	40.05	39.10	37.10	0.95	4.67
滑县 Huaxian	104.67	96.88	93.00	1.30	41.92
长垣县 Changyuan	44.49	43.83	43.83		19.20
邓州市 Dengzhou	111.13	109.49	109.49	0.45	29.57
永城市 Yongcheng	81.99	81.99	73.00		9.69
固始县 Gushi	104.27	104.06	92.37	0.21	15.24
鹿邑县 Luyi	63.37	63.37	63.37		7.27
新蔡县 Xincai	70.60	70.48	49.48	0.12	8.46

13-15 水库、灌区情况

Reservoirs and Irrigated Areas

指 标	Item	2000	2010	2011	2012	2013
年底水库数(座)	**Number of Reservoirs at Year-end (unit)**	**2396**	**2350**	**2476**	**2661**	**2663**
大型水库(1亿立方米以上)	Large Reservoirs (100 million and over cu.m)	21	21	21	25	25
中型水库(1千万至1亿立方米)	Medium-sized Reservoirs (10 million - 100 million cu.m)	102	108	108	121	121
小型水库(10万至1千万立方米)	Small Reservoirs (100 thousand - 10 million cu.m)	2273	2221	2347	2515	2517
塘坝数量（座）	Small Reservoirs (in a hilly area,unit)		277838	277838	142434	141113
窖池数量（座）	Pits(unit)					275431
年底灌区数(处)	**Number of Irrigation Areas at Year-end (unit)**	**171**	**191**	**191**	**664**	**664**
规模以上灌区渠道长度（公里）	Irrigation channel length Above designated size (km)		2075	2075	2296	2296

13-16 除涝、治水、堤防情况

Condition of Flood Prevention, water-control and Embankment

指 标	Item	2000	2005	2010	2012	2013
除涝面积(千公顷)	Flooded or Waterlogged Area Under Control (1 000 hectares)	1848.11	1958.97	1973.3	1980.341	1884.63
水土流失综合治理面积（平方公里）	Area of Soil Erosion Under Control (sq.km)	3810	4429	4413	4511	3237
堤防长度(公里)	Total Length of Dikes (km)	15758	16277	16313	16450	19361
达标堤防长度(公里)	Standards Length of Dikes (km)		6440	6440	11732	10265
堤防保护耕地面积（千公顷）	Area of Land Protected by Dikes (1 000 hectares)	3260	3376	3388	3231	3231

13-17 农业生产情况

Agriculture Production

年 份 Year	播种面积(千公顷) Insemination Area (1 000 hectares)	#粮食 Grain	#棉花 Cotton	#油料 Oil- bearing Crops	粮食产量(万吨) Grain Yield (10 000 tons)	#小麦 Wheat	棉花产量(万吨) Cotton Yield (10 000 tons)	油料产量(万吨) Oil- bearing Crops Yield (10 000 tons)	园林水果产量(万吨) Garden Fruits Yield (10 000 tons)
1978	10966.70	9123.30	612.00	465.33	2097.40	868.18	22.42	24.16	47.11
1979	10917.00	9066.70	555.33	632.67	2134.50	969.00	19.84	36.87	52.37
1980	10788.20	8858.90	626.67	710.00	2148.68	890.37	40.62	46.20	43.55
1981	11013.00	9029.30	641.33	744.67	2314.50	1083.50	35.50	55.99	52.30
1982	11076.00	8923.30	754.00	709.33	2217.10	1220.10	32.04	44.16	46.63
1983	11326.70	9286.70	794.00	607.33	2904.00	1455.75	63.24	51.52	58.67
1984	11432.70	8996.70	1162.00	579.33	2893.50	1653.00	86.89	52.50	41.01
1985	11685.30	9029.30	814.30	793.70	2710.53	1528.23	54.73	96.18	53.33
1986	11819.50	9372.20	619.33	921.33	2545.67	1567.90	39.86	98.99	61.23
1987	11952.90	9365.20	717.33	977.33	2948.41	1626.00	57.00	136.57	77.84
1988	11930.20	9053.80	916.03	952.84	2663.00	1520.95	63.71	96.17	74.81
1989	11999.40	9262.00	836.15	915.43	3149.44	1695.13	52.72	118.48	76.75
1990	11889.70	9316.10	823.00	876.40	3303.66	1639.86	67.61	152.29	63.92
1991	12001.90	9040.40	1193.20	896.00	3010.30	1554.28	94.77	127.62	63.67
1992	11936.30	8804.70	1247.90	908.60	3109.61	1650.67	65.85	133.63	87.79
1993	12068.00	8969.00	974.00	1075.00	3639.21	1922.13	66.01	204.50	125.12
1994	12087.70	8810.90	966.70	1242.00	3253.80	1798.42	62.81	225.00	170.54
1995	12136.80	8810.00	1000.10	1271.50	3466.50	1754.18	77.00	298.00	211.66
1996	12257.40	8965.30	933.30	1181.10	3839.90	2026.76	73.57	278.46	247.26
1997	12276.74	8879.90	868.30	1208.50	3894.66	2372.35	79.00	276.66	269.26
1998	12567.05	9101.98	800.00	1235.90	4009.61	2073.53	72.84	312.13	312.60
1999	12659.90	9032.30	733.30	1316.10	4253.25	2291.46	70.73	349.25	349.42
2000	13136.91	9029.60	779.33	1492.54	4101.50	2235.95	70.38	392.55	364.73
2001	13127.70	8822.79	858.20	1443.97	4119.88	2299.71	82.77	362.49	399.12
2002	13359.80	8975.10	793.10	1537.00	4209.98	2248.39	76.49	420.68	427.01
2003	13684.40	8923.30	926.67	1569.90	3569.47	2292.50	37.67	309.91	430.38
2004	13805.69	8970.07	951.80	1554.96	4260.00	2480.93	66.67	408.75	507.07
2005	13922.60	9153.40	781.47	1605.80	4582.00	2577.69	67.70	449.60	555.69
2006	13995.39	9455.80	748.20	1489.10	5112.30	2936.50	81.00	460.07	591.78
2007	14087.84	9468.03	700.00	1497.41	5245.22	2980.21	75.00	483.98	663.49
2008	14181.67	9600.00	606.00	1518.32	5365.48	3051.00	65.08	505.34	714.09
2009	14196.59	9683.61	537.33	1541.22	5389.00	3056.00	51.75	532.98	755.90
2010	14248.69	9740.17	467.30	1564.12	5437.10	3082.22	44.72	540.72	795.99
2011	14258.61	9859.87	396.67	1578.91	5542.50	3123.00	38.24	532.36	833.58
2012	14262.17	9985.15	256.67	1573.63	5638.60	3177.35	25.69	569.51	870.43
2013	14323.54	10081.81	186.67	1589.93	5713.69	3226.44	18.97	589.08	888.30

13−18 农作物播种面积

Total Sown Areas of Farm Crops

单位：千公顷 (1 000 hectares)

指 标	Item	2007	2008	2009	2010	2011	2012	2013
播种面积总计	**Total**	**14087.84**	**14181.67**	**14196.59**	**14248.69**	**14258.61**	**14262.17**	**14323.54**
粮食作物	Grain	9468.03	9600.00	9683.61	9740.17	9859.87	9985.15	10081.81
夏收粮食	Summer Harvest	5246.67	5286.67	5290.00	5306.67	5353.33	5366.67	5393.33
秋收粮食	Autumn Harvest	4221.36	4313.33	4393.61	4433.50	4506.54	4618.48	4688.48
谷物	Cereal	8662.53	8741.10	8838.97	8920.89	9055.35	9152.78	9276.11
稻谷	Rice	600.00	604.67	611.30	628.00	638.00	648.16	641.33
小麦	Wheat	5213.33	5260.00	5263.30	5280.00	5323.33	5340.00	5366.66
玉米	Corn	2779.22	2820.00	2895.42	2946.00	3025.00	3100.00	3203.33
谷子	Millet	33.33	34.50	37.96	36.37	35.87	35.37	35.53
高粱	Sorghum	3.31	3.73	3.97	3.85	3.15	2.58	2.59
其他谷物	Others	33.32	18.20	27.02	26.67	30.00	26.67	26.67
#大麦	Barley	33.32	18.20	25.20	26.67	30.00	26.67	26.67
豆类	Beans	525.50	551.00	529.29	513.40	505.87	520.45	503.78
#大豆	Soybean	468.84	486.10	467.00	452.98	445.69	460.52	443.85
绿豆	Mung bean	52.00	60.80	58.05	53.31	54.29	55.29	54.07
红薯	Tubers	280.00	307.90	315.35	305.88	298.65	311.92	301.92
油料	Oil- bearing Crops	1497.41	1518.32	1541.22	1564.12	1578.91	1573.63	1589.93
#花 生	Peanuts	947.75	956.73	975.35	989.49	1010.58	1007.11	1037.27
油菜籽	Rapeseeds	356.44	376.61	381.96	393.26	383.45	380.42	371.33
芝 麻	Sesame	185.30	177.99	177.46	175.96	177.49	180.67	175.80
棉花	Cotton	700.00	606.00	537.33	467.30	396.67	256.67	186.67
生麻	Fiber Crops	14.88	11.39	7.48	7.44	8.13	6.61	6.54
#黄红麻	Jute and Ambary Hemp	14.75	11.37	7.33	7.35	8.12	6.59	6.54
甘蔗	Sugarcane	3.03	3.49	5.00	3.92	3.96	3.97	3.95
烟叶	Tobacco	102.34	111.89	127.03	122.15	124.70	125.42	137.15
#烤烟	Flue-cured Tobacco	100.00	111.61	116.78	122.07	124.67	125.42	137.15
中草药材	Medicinal Materials	96.60	111.05	117.77	121.87	123.10	122.73	121.20
蔬菜及食用菌	Vegetables	1688.35	1713.70	1692.21	1704.06	1720.10	1730.28	1745.78
瓜果类	Fruits	326.83	315.76	333.02	341.75	329.13	330.62	336.39
#西瓜	Watermelon	273.28	259.98	280.48	284.56	265.74	276.59	282.01
甜瓜	Honey-dew Melon	48.24	51.10	46.10	49.46	58.58	49.02	49.07
草莓	Strawberries	5.31	4.68	4.23	4.80	4.81	5.01	5.31
其他农作物	Others	190.37	190.07	151.92	175.91	114.04	127.09	114.12
#青饲料	Succulence	25.76	18.59	9.92	7.51	5.80	4.18	4.19
花卉	Flower	73.00	69.91	86.68	83.93	91.20	71.17	70.97

13-19 主要农作物种植结构

Planting Structure of Major Farm Crops

单位：%　　(%)

指　标	Item	2007	2008	2009	2010	2011	2012	2013
总播种面积	**Total sown Area**	**100.0**	**100.0**	**100.0**	**100.0**	**100.0**	**100.0**	**100.0**
粮食作物	Grain	67.2	67.7	68.2	68.4	69.1	70.0	70.4
夏收粮食	Summer Harvest	37.2	37.3	37.3	37.2	37.5	37.6	37.7
秋收粮食	Autumn Harvest	30.0	30.4	30.9	31.1	31.6	32.4	32.7
谷物	Cereal	61.5	61.6	62.3	62.6	63.5	64.2	64.8
稻谷	Rice	4.3	4.3	4.3	4.4	4.5	4.5	4.5
小麦	Wheat	37.0	37.1	37.1	37.1	37.3	37.4	37.5
玉米	Corn	19.7	19.9	20.4	20.7	21.2	21.7	22.4
谷子	Millet	0.3	0.2	0.3	0.3	0.3	0.2	0.2
高粱	Sorghum	0.0	0.0	0.0	0.0	0.0	0.0	0.0
其他谷物	Others	0.2	0.1	0.2	0.2	0.2	0.2	0.2
#大麦	Barley	0.2	0.1	0.2	0.2	0.2	0.2	0.2
豆类	Beans	3.7	3.9	3.7	3.6	3.5	3.6	3.5
#大豆	Soybean	3.3	3.4	3.3	3.2	3.1	3.2	3.1
绿豆	Mung bean	0.4	0.4	0.4	0.4	0.4	0.3	0.4
红薯	Tubers	2.0	2.2	2.2	2.1	2.1	2.2	2.1
油料	Oil- bearing Crops	10.6	10.7	10.9	11.0	11.1	11.0	11.1
#花　生	Peanuts	6.0	6.8	6.9	6.9	7.1	7.1	7.2
油菜籽	Rapeseeds	2.5	2.7	2.7	2.8	2.7	2.7	2.6
芝　麻	Sesame	1.3	1.3	1.3	1.2	1.2	1.3	1.2
棉花	Cotton	5.0	4.3	3.8	3.3	2.8	1.8	1.3
生麻	Fiber Crops	0.1	0.1	0.1	0.1	0.1	0.0	0.0
#黄红麻	Jute and Ambary Hemp	0.1	0.1	0.1	0.1	0.1	0.0	0.0
烟叶	Tobacco	0.7	0.8	0.9	0.9	0.9	0.9	1.0
#烤烟	Flue-cured Tobacco	0.7	0.8	0.8	0.9	0.9	0.9	1.0
中草药材	Medicinal Materials	0.7	0.8	0.8	0.9	0.9	0.9	0.8
蔬菜及食用菌	Vegetables	12.0	12.1	11.9	12.0	12.1	12.1	12.2
瓜果类	Fruits	2.3	2.2	2.3	2.4	2.3	2.3	2.3
#西瓜	Watermelon	1.9	1.8	1.9	2.0	1.9	1.9	2.0
甜瓜	Honey-dew Melon	0.3	0.4	0.3	0.3	0.4	0.3	0.3
其他农作物	Others	1.4	1.3	1.0	1.2	0.8	0.9	0.8
#青饲料	Succulence	0.2	0.1	0.1	0.1	0.0	0.0	0.0
花卉	Flower	0.5	0.5	0.6	0.6	0.6	0.5	0.5

13-20 主要农产品产量

Output of Major Farm Crops

单位：万吨 (10 000 tons)

指 标	Item	2007	2008	2009	2010	2011	2012	2013
粮 食	Grain	5245.22	5365.48	5389.00	5437.10	5542.50	5638.60	5713.69
夏收粮食	Summer Harvest	2993.77	3060.00	3065.00	3090.70	3131.50	3186.00	3235.19
秋收粮食	Autumn Harvest	2251.45	2305.48	2324.00	2346.4	2411.00	2452.60	2478.50
谷物	Cereal	5023.42	5126.28	5159.87	5207.14	5308.08	5431.43	5522.72
稻 谷	Rice	436.50	443.13	451.00	471.19	474.50	492.55	485.80
小 麦	Wheat	2980.21	3051.00	3056.00	3082.22	3123.00	3177.35	3226.44
玉 米	Corn	1582.53	1615.00	1634.00	1634.79	1696.50	1747.75	1796.50
谷 子	Millet	10.27	10.40	11.00	10.11	5.30	4.91	4.97
高 粱	Sorghum	0.35	0.38	0.37	0.35	0.28	0.22	0.26
其他谷物	Others	13.56	6.37	7.50	8.48	8.50	8.65	8.75
#大麦	Barley	13.56	6.37	7.38	8.48	8.50	8.65	8.75
豆类	Beans	91.80	96.20	93.00	93.34	95.15	84.56	78.83
#大 豆	Soybean	85.00	88.73	86.00	86.37	88.04	78.13	72.94
绿 豆	Mung bean	5.90	6.94	6.40	6.42	6.54	6.01	5.42
红薯	Tubers	130.00	143.00	136.13	136.62	139.27	122.61	112.14
油 料	Oil- bearing Crops	483.98	505.34	532.98	540.72	532.36	569.51	589.08
#花 生	Peanuts	373.59	384.59	412.56	427.61	429.79	454.03	471.37
油菜籽	Rapeseeds	85.91	97.07	93.07	88.87	77.32	87.61	89.80
芝 麻	Sesame	22.32	22.25	26.17	23.22	24.14	26.76	26.86
棉 花	Cotton	75.00	65.08	51.75	44.72	38.24	25.69	18.97
生 麻	Fiber Crops	4.75	4.38	4.62	3.88	4.35	3.67	3.65
#黄红麻	Jute and Ambary Hemp	4.68	4.37	4.56	3.84	4.35	3.67	3.65
甘 蔗	Sugarcane	16.60	20.74	28.27	26.12	26.69	26.88	28.31
烟叶(未加工烟草)	Tobacco	23.94	26.73	29.73	28.75	29.25	30.68	34.65
#烤烟	Flue-cured Tobacco	23.54	26.72	29.73	28.74	29.24	30.68	34.65
蔬菜及食用菌	Vegetables	6235.49	6394.31	6370.38	6624.26	6709.74	7011.68	7112.51
瓜果类	Fruits	1425.11	1415.50	1472.19	1598.01	1580.54	1664.61	1711.37
#西 瓜	Watermelon	1260.12	1206.72	1279.36	1389.19	1346.71	1467.76	1508.00
甜 瓜	Honey-dew Melon	156.58	198.94	164.50	185.79	219.86	182.00	188.55
草 莓	Strawberries	8.41	9.83	12.14	12.68	13.97	14.85	14.82

13-21 主要农产品单位面积产量(按播种面积计算)
Output of Major Farm Crops Per Hectare by Sown Areas

单位：千克/公顷 (kg/hectare)

指　标	Item	2007	2008	2009	2010	2011	2012	2013
粮食	Grain	5540	5589	5565	5582	5621	5647	5667
夏收粮食	Summer Harvest	5706	5788	5794	5824	5850	5937	5999
秋收粮食	Autumn Harvest	5333	5345	5289	5292	5350	5310	5286
谷物	Cereal	5799	5865	5838	5837	5862	5934	5954
稻谷	Rice	7275	7328	7378	7504	7437	7599	7575
小麦	Wheat	5717	5800	5806	5838	5867	5950	6012
玉米	Corn	5694	5727	5643	5549	5608	5638	5608
谷子	Millet	3081	3014	2898	2780	1478	1388	1399
高粱	Sorghum	1058	1019	932	909	889	853	1004
其他谷物	Others	4068	3500	2776	3180	2833	3243	3281
#大麦	Barley	4068	3500	2929	3180	2833	3243	3281
豆类	Beans	1747	1746	1757	1819	1881	1625	1565
#大豆	Soybean	1813	1825	1842	1907	1975	1697	1643
绿豆	Mung bean	1475	1141	1102	1204	1205	1087	1002
红薯	Tubers	4643	4644	4317	4466	4663	3931	3714
油料	Oil- bearing Crops	3232	3328	3458	3457	3372	3619	3705
#花　生	Peanuts	3942	4020	4229	4322	4253	4508	4544
油菜籽	Rapeseeds	2410	2578	2437	2260	2016	2303	2418
芝　麻	Sesame	1204	1250	1474	1320	1360	1481	1528
棉花	Cotton	1071	1074	963	957	964	1001	1016
生　麻	Fiber Crops	3193	3844	3857	5218	5351	5552	5582
#黄红麻	Jute and Ambary Hemp	3170	3847	3854	5221	5353	5562	5582
甘蔗	Sugarcane	54840	59426	61869	66622	67398	67709	71678
烟叶(未加工烟草)	Tobacco (unprocessed)	2339	2389	2341	2353	2345	2446	2527
#烤烟	Flue-cured Tobacco	2354	2394	2662	2355	2345	2446	2526
蔬菜及食用菌	Vegetables and edible fungus	36933	37313	37645	38873	39008	40523	40741
瓜果类	Fruits	43604	44828	45111	46759	48022	50348	50874

注：本表单位面积产量均按原始计量单位计算，故与表13-18、20表的计算结果略有出入。
a)Output of farm crops per hectare in this table are calculated at original computation unit,so the data is different from 13-18、20).

13-22 各市主要农作物播种面积(2013年)

单位：千公顷

市(县) City(County)	农作物播种面积 Sown Area of Farm Crops	粮食作物 Grain	夏收粮食 Summer Harvest	秋收粮食 Autumn Harvest	谷物 Cereal	#稻谷 Rice	#小麦 Wheat	#玉米 Corn	豆类 legume
省辖市 City									
郑州市 Zhengzhou	503.51	363.42	175.79	187.63	337.17	0.65	175.79	159.20	12.63
开封市 Kaifeng	800.17	482.08	298.30	183.79	447.24	7.41	298.29	141.25	17.45
洛阳市 Luoyang	705.09	528.82	251.42	277.40	464.75	2.08	251.40	195.62	33.84
平顶山市 Pingdingshan	551.18	418.73	206.48	212.25	382.29	1.79	206.39	173.99	15.03
安阳市 Anyang	754.28	562.53	307.66	254.87	548.17	0.40	307.66	233.96	5.93
鹤壁市 Hebi	192.55	169.46	87.57	81.89	166.60		87.57	78.01	1.26
新乡市 Xinxiang	802.81	627.78	340.38	287.40	599.41	37.33	339.98	220.35	18.42
焦作市 Jiaozuo	354.72	274.36	142.07	132.29	266.94	5.70	142.07	119.05	4.47
濮阳市 Puyang	502.59	389.61	219.04	170.57	369.01	43.10	219.04	106.42	14.74
许昌市 Xuchang	607.88	437.32	216.46	220.85	390.75		216.46	174.11	15.19
漯河市 Luohe	369.60	267.26	141.97	125.29	249.50		141.96	107.52	10.24
三门峡市 Sanmenxia	251.91	169.44	80.82	88.62	138.60		80.82	55.80	23.92
南阳市 Nanyang	1865.54	1177.92	676.85	501.06	1038.29	46.26	672.35	317.82	79.46
商丘市 Shangqiu	1400.76	980.81	574.50	406.31	901.80	0.26	573.61	327.22	57.96
信阳市 Xinyang	1228.99	843.76	316.86	526.90	808.33	458.85	314.42	32.62	16.26
周口市 Zhoukou	1719.83	1209.42	670.21	539.20	1067.88	0.58	670.10	397.00	107.14
驻马店市 Zhumadian	1663.32	1193.78	675.65	518.14	1146.27	29.99	671.51	440.61	30.17
济源市 Jiyuan	57.79	41.98	19.58	22.40	39.23		19.58	19.61	1.80
省直管县 Province Administrating County									
巩义市 Gongyi	50.89	45.06	22.72	22.34	42.61		22.72	19.20	1.34
兰考县 Lankao	123.97	93.67	56.89	36.79	87.47	0.85	56.89	29.73	3.66
汝州市 Ruzhou	119.72	95.90	45.12	50.78	89.04	0.03	45.12	43.77	2.55
滑县 Huaxian	261.04	183.51	113.83	69.68	181.25	0.33	113.82	67.06	0.99
长垣县 Changyuan	123.54	94.61	52.52	42.09	88.62	2.93	52.48	33.18	4.30
邓州市 Dengzhou	334.94	205.08	137.21	67.88	185.88	1.10	136.11	48.67	15.32
永城市 Yongcheng	233.09	189.77	103.13	86.65	161.51		103.10	58.39	27.09
固始县 Gushi	249.33	156.54	39.47	117.07	153.55	109.07	39.47	5.01	0.88
鹿邑县 Luyi	172.88	131.99	68.76	63.23	116.19		68.76	47.36	14.28
新蔡县 Xincai	194.89	134.48	80.84	53.64	128.88	5.88	80.30	42.07	2.35

Total Sown Areas of Farm Crops by City (2013)

(1 000 hectares)

#大豆 Soybean	红薯 Tubers	油料 Oilbearing Crops	#花生 Peanuts	#油菜籽 Rapeseeds	#芝麻 Sesame	棉花 Cotton	烟叶 Fluecured Tobacco	蔬菜及食用菌 Vegetables and Edible Fungus	瓜果 Melon and fruit
9.57	13.61	50.26	39.91	8.89	1.46	2.08	0.85	74.40	10.53
16.71	17.39	110.14	102.33	7.28	0.53	23.34		138.62	44.75
23.32	30.24	45.92	26.81	12.28	4.10	2.58	28.58	60.23	6.43
12.70	21.41	52.97	27.51	20.13	5.33	1.81	18.50	48.93	8.51
5.40	8.43	60.04	52.62	6.98	0.40	5.85		109.78	14.05
1.00	1.60	10.26	9.23	0.87	0.16	0.52		10.73	0.39
18.11	9.94	82.73	77.49	5.01	0.24	7.35		66.06	6.62
4.23	2.95	18.95	17.20	1.64	0.09	2.05		41.19	4.46
14.30	5.87	38.40	37.41	0.94	0.06	4.04		63.69	6.31
14.81	31.38	29.48	18.35	10.13	1.01	4.56	16.29	49.81	8.37
10.24	7.51	13.44	6.80	5.21	1.44	8.01	9.24	57.85	13.72
18.42	6.92	17.29	5.18	8.20	1.28	1.57	19.60	31.57	4.28
60.17	60.17	323.19	211.87	51.94	59.38	35.04	24.27	247.12	29.52
54.18	21.05	90.83	74.27	13.64	2.92	31.00	3.98	220.28	56.36
13.44	19.18	235.69	55.49	166.63	13.58	1.44	0.91	110.36	23.09
99.13	34.39	106.99	63.24	10.62	33.14	47.23	4.22	240.49	75.16
26.86	17.34	302.13	210.85	40.66	50.62	8.07	8.39	117.30	24.43
1.49	0.95	1.21	0.71	0.43	0.08	0.14	2.33	8.70	0.44
0.72	1.10	3.69	2.35	0.84	0.50	0.30		1.36	0.42
3.31	2.54	17.10	16.44	0.64	0.02	4.00		7.01	2.17
1.47	4.32	12.03	8.38	2.52	1.14	0.70	2.54	6.99	1.42
0.96	1.27	29.43	28.70	0.72	0.01	3.08		39.53	5.01
4.25	1.69	17.29	14.39	2.90		0.50		9.49	1.63
11.08	3.88	65.34	45.41	7.82	12.11	12.32	3.51	43.06	4.92
27.07	1.17	5.69	1.31	3.76	0.62	1.96		27.88	6.34
0.74	2.12	60.11	10.83	46.78	2.50	0.11	0.30	21.78	5.98
13.99	1.52	6.48	1.56	2.17	2.75	4.72	1.38	26.00	1.65
1.78	3.26	28.63	16.85	1.91	9.87	3.91	0.75	16.62	9.49

13-23 各市主要农产品产量(2013年)

单位：万吨

市(县)	City(County)	粮食 Grain	夏粮 Summer Harvest	秋粮 Autumn Harvest	谷物 Cereal	#稻谷 Rice	#小麦 Wheat	#玉米 Corn	豆类 legume	#大豆 Soybean
省辖市	**City**									
郑州市	Zhengzhou	168.27	80.46	87.81	157.07	0.52	80.46	75.75	2.33	1.82
开封市	Kaifeng	272.54	176.54	95.99	259.25	4.69	176.54	77.85	4.75	4.56
洛阳市	Luoyang	219.83	96.66	123.17	196.37	1.14	96.66	93.02	5.87	3.68
平顶山市	Pingdingshan	201.06	99.05	102.02	184.47	1.20	99.03	84.19	3.82	3.42
安阳市	Anyang	354.34	191.67	162.67	346.59	0.35	191.67	152.58	1.66	1.55
鹤壁市	Hebi	117.74	61.09	56.65	116.56		61.09	55.20	0.29	0.25
新乡市	Xinxiang	405.95	231.14	174.81	395.62	26.26	230.88	137.74	4.50	4.43
焦作市	Jiaozuo	205.62	108.92	96.69	201.69	4.54	108.92	88.20	1.33	1.26
濮阳市	Puyang	261.51	151.49	110.02	253.05	33.82	151.49	67.53	3.52	3.41
许昌市	Xuchang	283.63	154.10	129.53	263.70		154.10	109.49	3.31	3.28
漯河市	Luohe	173.58	99.16	74.42	168.52		99.16	69.35	1.69	1.69
三门峡市	Sanmenxia	61.50	27.60	33.90	52.33		27.60	24.18	4.52	3.59
南阳市	Nanyang	617.21	366.18	251.03	570.59	31.62	364.77	173.71	15.26	11.36
商丘市	Shangqiu	644.16	404.52	239.64	619.16	0.16	403.94	214.52	15.45	14.16
信阳市	Xinyang	586.04	145.83	440.21	576.38	415.89	145.62	14.66	1.67	1.39
周口市	Zhoukou	793.87	498.49	295.38	740.45	0.52	498.46	241.41	29.37	27.41
驻马店市	Zhumadian	708.45	434.48	273.96	690.77	18.35	432.92	237.87	7.28	6.45
济源市	Jiyuan	22.17	11.00	11.17	21.51		11.00	10.50	0.28	0.24
省直管县	**Province Administrating County**									
巩义市	Gongyi	15.31	7.72	7.59	14.75		7.72	6.92	0.15	0.08
兰考县	Lankao	51.20	32.27	18.93	48.50	0.58	32.27	15.64	0.81	0.74
汝州市	Ruzhou	45.21	21.98	23.23	42.65	0.02	21.98	20.60	0.45	0.29
滑县	Huaxian	139.92	84.31	55.60	138.49	0.30	84.31	53.88	0.34	0.34
长垣县	Changyuan	61.02	37.35	23.68	58.85	2.72	37.32	18.78	0.94	0.93
邓州市	Dengzhou	111.02	76.71	34.31	104.93	0.68	76.34	27.91	3.61	2.61
永城市	Yongcheng	119.50	72.77	46.72	111.41		72.75	38.64	6.77	6.75
固始县	Gushi	121.41	17.28	104.13	119.99	99.86	17.28	2.85	0.10	0.09
鹿邑县	Luyi	92.01	52.17	39.83	85.29		52.17	33.10	5.25	5.17
新蔡县	Xincai	79.10	51.72	27.37	76.97	3.79	51.45	21.41	0.66	0.45

Output of Major Farm Crops by City (2013)

(10 000 tons)

红薯 Tubers	油料 Oil-bearing Crops	#花生 Peanuts	#油菜籽 Rapeseeds	#芝麻 Sesame	棉花 Cotton	烟叶 (未加工) Flue-cured Tobacco	蔬菜及食用菌 Vegetables and Edible Fungus	瓜果 Melon and fruit
8.86	17.39	15.84	1.38	0.17	0.20	0.24	301.23	39.37
8.54	47.64	45.35	2.19	0.10	2.66		648.22	219.30
17.59	13.49	9.94	2.35	0.78	0.25	7.55	252.97	21.18
12.77	16.03	10.93	4.34	0.76	0.18	3.87	252.29	34.63
6.09	27.30	25.99	1.26	0.04	0.66		567.01	85.23
0.89	3.09	2.97	0.11	0.01	0.04		53.81	1.98
5.84	34.01	32.73	1.25	0.03	0.79		304.98	29.40
2.60	9.12	8.74	0.37	0.01	0.20		234.26	25.15
4.94	17.63	17.30	0.32	0.01	0.40		262.21	31.07
16.61	9.80	7.08	2.51	0.21	0.38	4.98	220.23	29.77
3.38	4.05	2.56	1.28	0.21	0.79	1.42	199.81	45.97
4.65	3.56	1.49	1.29	0.17	0.12	4.30	112.20	11.73
31.36	126.99	102.91	14.10	9.98	3.36	6.78	1007.18	163.83
9.55	42.15	36.85	4.79	0.51	3.07	1.48	964.09	323.94
7.99	64.82	24.12	39.09	1.61	0.13	0.28	335.18	101.73
24.04	39.84	30.82	3.52	5.51	5.06	1.41	923.72	415.82
10.40	111.92	95.50	9.70	6.72	0.85	2.03	432.50	134.37
0.38	0.20	0.15	0.05	0.01	0.01	0.31	35.05	0.74
0.41	0.54	0.44	0.06	0.04	0.03		5.20	0.79
1.89	7.24	7.08	0.16	0.00	0.40		19.77	9.71
2.12	3.88	3.32	0.48	0.08	0.07	0.56	29.93	4.02
1.08	13.58	13.41	0.16	0.00	0.30		192.16	29.38
1.23	6.14	5.31	0.83		0.07		51.52	9.44
2.47	25.06	20.78	2.38	1.91	1.11	1.48	229.69	25.34
1.32	2.38	0.88	1.37	0.13	0.19		136.90	42.90
1.32	15.35	4.24	10.72	0.39	0.01	0.09	87.39	31.98
1.46	1.65	0.58	0.72	0.35	0.50	0.43	90.79	6.92
1.47	10.63	8.97	0.46	1.20	0.46	0.33	64.89	50.27

13-24 各市主要农产品单位面积产量（2013年，按播种面积计算）

单位：千克/公顷

市(县) City(County)	粮食 Grain	夏收粮食 Summer Harvest	秋收粮食 Autumn Harvest	谷物 Cereal	稻谷 Rice	小麦 Wheat	玉米 Corn	豆类 Soybean	大豆 Soybean
省辖市 City									
郑州市 Zhengzhou	4630	4577	4680	4658	7955	4577	4758	1848	1906
开封市 Kaifeng	5653	5918	5223	5797	6326	5918	5511	2722	2728
洛阳市 Luoyang	4157	3845	4440	4225	5468	3845	4755	1735	1580
平顶山市 Pingdingshan	4802	4797	4806	4825	6700	4798	4839	2541	2696
安阳市 Anyang	6299	6230	6382	6323	8736	6230	6521	2798	2863
鹤壁市 Hebi	6948	6976	6918	6996		6976	7076	2305	2526
新乡市 Xinxiang	6467	6791	6082	6600	7035	6791	6251	2440	2446
焦作市 Jiaozuo	7495	7667	7310	7556	7956	7667	7409	2977	2988
濮阳市 Puyang	6712	6916	6450	6858	7848	6916	6346	2386	2388
许昌市 Xuchang	6486	7119	5865	6749		7119	6288	2182	2214
漯河市 Luohe	6495	6985	5940	6754		6985	6450	1647	1647
三门峡市 Sanmenxia	3630	3415	3825	3776		3415	4334	1888	1948
南阳市 Nanyang	5240	5410	5010	5495	6835	5425	5466	1921	1888
商丘市 Shangqiu	6568	7041	5898	6866	6273	7042	6556	2666	2614
信阳市 Xinyang	6946	4602	8355	7131	9064	4631	4494	1026	1037
周口市 Zhoukou	6564	7438	5478	6934	9000	7439	6081	2742	2766
驻马店市 Zhumadian	5934	6431	5288	6026	6118	6447	5399	2414	2401
济源市 Jiyuan	5281	5616	4987	5483		5616	5356	1549	1630
省直管县 Province Administrating County									
巩义市 Gongyi	3399	3400	3398	3463		3400	3606	1125	1080
兰考县 Lankao	5466	5673	5145	5544	6907	5673	5261	2207	2237
汝州市 Ruzhou	4715	4872	4575	4790	5606	4872	4707	1759	2001
滑县 Huaxian	7625	7407	7980	7641	9000	7407	8034	3494	3515
长垣县 Changyuan	6450	7110	5625	6641	9302	7111	5662	2184	2188
邓州市 Dengzhou	5413	5591	5055	5645	6150	5609	5735	2357	2355
永城市 Yongcheng	6297	7056	5393	6898		7056	6618	2498	2496
固始县 Gushi	7756	4378	8895	7815	9156	4378	5700	1177	1199
鹿邑县 Luyi	6971	7587	6300	7341		7587	6988	3678	3697
新蔡县 Xincai	5881	6398	5103	5972	6449	6407	5089	2798	2545

Output of Major Farm Crops Per Hectare by City (2013, by Sown Areas)

(kg/hectare)

红薯 Tubers	油料 Oil-bearing Crops	花生 Peanuts	油菜籽 Rapeseeds	芝麻 Sesame	棉花 Cotton	烟叶（未加工） Tobacco	#烤烟 Flue-cured Tobacco	蔬菜及食用菌 Vegetables and Edible Fungus	瓜果类 Melon for Fruits
6509	3460	3968	1555	1162	982	2776	2776	40487	37383
4910	4326	4432	3013	1887	1138			46761	49011
5816	2937	3709	1913	1912	986	2644	2645	42002	32960
5965	3027	3973	2158	1425	971	2094	2094	51558	40691
7229	4547	4940	1802	1089	1121			51652	60646
5578	3014	3217	1313	578	712			50171	51422
5875	4111	4224	2493	1391	1075			46167	44405
8814	4815	5085	2235	1129	978			56877	56358
8422	4591	4626	3404	1750	987			41169	49266
5295	3325	3858	2479	2110	839	3054	3054	44212	35558
4494	3016	3760	2464	1494	990	1538	1538	34542	33516
6722	2061	2879	1574	1357	745	2192	2192	35545	27384
5212	3929	4857	2714	1682	960	2794	2794	40756	55497
4536	4640	4961	3515	1736	991	3712	3712	43766	57474
4168	2750	4346	2346	1189	936	3089	3089	30371	44062
6990	3724	4873	3314	1662	1072	3338	3338	38410	55328
5996	3704	4529	2386	1328	1055	2421	2421	36873	54994
3974	1670	2074	1185	684	950	1352	1352	40272	16858
3700	1471	1886	729	768	912			38229	18690
7448	4235	4305	2505	2091	1006			28217	44827
4911	3225	3968	1890	709	929	2189	2189	42819	28204
8465	4613	4672	2288	1727	981			48606	58706
7285	3551	3688	2870		1292			54298	57893
6375	3836	4575	3045	1575	900	4230	4230	53345	51558
11250	4183	6750	3645	2024	975			49104	67691
6214	2554	3916	2290	1572	1000	2967	2967	40125	53478
9598	2550	3720	3315	1281	1060	3098	3098	34925	42072
4500	3714	5325	2415	1215	1184	4389	4389	39052	52956

13-25 蔬菜生产情况
Production of Vegetables

指 标	Item	2012 播种面积（千公顷） Sown Areas (1 000 hectares)	2012 产量（万吨） Output (10 000tons)	2013 播种面积（千公顷） Sown Areas (1 000 hectares)	2013 产量（万吨） Output (10 000tons)
蔬菜及食用菌合计	**Vegetables and Edible fungus**	**1730.28**	**7011.68**	**1745.78**	**7112.51**
叶菜类	Leaf Type for Vegetable	200.53	819.61	203.70	826.48
#芹菜	Celery	79.46	375.36	81.85	362.33
油菜	Cole	21.56	71.90	23.16	77.35
菠菜	Spinach	69.86	234.19	69.91	245.53
白菜类	Cabbage	198.02	935.42	195.90	985.90
大白菜	Celery Cabbage	182.98	873.78	178.40	904.91
甘蓝类	Cabbages	54.37	246.22	54.90	254.79
圆白菜	Cabbage Patch	50.57	233.24	50.30	238.92
块根、块茎类	Root and Stem Tuber for Vegetable	223.64	1058.97	231.50	1113.96
#萝卜	Radish	127.33	603.46	131.35	653.93
胡萝卜	Carrot	54.96	262.22	56.18	266.48
瓜菜类	Melons for Vegetable	181.42	868.94	182.29	874.05
#黄瓜	Cucumber	137.66	688.84	136.60	689.72
菜用豆类	Legume for Vegetable	131.53	508.57	130.05	503.63
#长豆角	Carob	74.75	289.46	75.41	299.33
四季豆	Kidney Bean	45.35	180.40	43.70	172.70
茄果菜类	Eggplant and Fruit for Vegetable	283.35	1075.01	341.11	1107.15
#茄子	Eggplant	69.86	310.06	67.28	296.91
西红柿	Tomato	99.20	500.60	98.63	484.56
葱蒜类	Shallot and Garlic for Vegetable	228.25	895.61	230.33	877.29
#大葱	Scallion	92.44	411.05	87.95	395.94
蒜头	Garlic	115.70	427.26	119.99	404.58
水生菜类	Aquicolous Vegetable	31.99	141.67	31.50	136.97
#莲藕	Lotus	29.97	132.78	29.39	130.47
其他蔬菜	Others	197.18	307.46	144.50	268.09
食用菌	Edible Fungus		154.19		164.20

13-26 各市蔬菜播种面积(2013年)

Total Sown Areas of Vegetables by City (2013)

单位：千公顷 (1000 hectare)

市(县) City(County)	蔬菜 Vegetables	叶菜类 Leaf Type for Vegetable	白菜类 Cabbage Type for Vegetable	甘蓝类 Cabbages	块根、块茎类 Root and Stem Tuber for Vegetable	瓜菜类 Melons for Vegetable	菜用豆类 Legume for Vegetable	茄果菜类 Eggplant and Fruit for Vegetable	葱蒜类 Shallot and Garlic for Vegetable	水生菜类 Aquicolous Vegetable	其他蔬菜 Others
全　省 Total	**1745.78**	**203.70**	**195.90**	**54.90**	**231.50**	**182.29**	**130.05**	**341.11**	**230.33**	**31.50**	**144.51**
省辖市 City											
郑州市 Zhengzhou	74.40	6.78	10.20	2.63	9.47	5.21	5.36	6.94	22.51	2.18	3.14
开封市 Kaifeng	138.62	10.52	12.87	2.89	19.02	8.41	5.58	17.68	43.85	2.32	15.49
洛阳市 Luoyang	60.23	8.00	7.17	2.34	9.96	4.99	4.96	15.02	5.23	0.71	1.84
平顶山市 Pingdingshan	48.93	8.17	7.82	1.62	9.07	4.76	4.08	6.16	4.19	0.32	2.74
安阳市 Anyang	109.78	14.06	12.16	3.26	9.61	13.55	8.56	31.85	15.58	0.08	1.06
鹤壁市 Hebi	10.73	1.41	2.25	0.62	1.30	1.13	0.71	1.61	0.47		1.23
新乡市 Xinxiang	66.06	8.10	17.10	2.02	8.21	7.33	4.63	9.52	4.50	0.67	3.97
焦作市 Jiaozuo	41.19	5.24	8.00	1.05	6.31	5.40	3.71	5.64	4.81	0.29	0.74
濮阳市 Puyang	63.69	6.88	10.05	1.19	6.87	7.99	4.26	17.37	6.00	1.51	1.58
许昌市 Xuchang	49.81	6.72	5.31	1.75	9.42	8.14	2.53	9.93	4.50	0.47	1.04
漯河市 Luohe	57.85	6.77	5.65	1.21	7.01	5.39	3.28	6.02	7.12	0.03	15.36
三门峡市 Sanmenxia	31.57	3.10	3.33	1.08	6.53	2.82	1.62	9.59	2.10	0.27	1.13
南阳市 Nanyang	247.12	17.19	13.00	7.99	32.80	19.26	19.05	49.52	23.42	9.48	55.41
商丘市 Shangqiu	220.28	27.08	27.98	8.81	21.42	20.04	14.99	62.07	27.79	3.08	7.03
信阳市 Xinyang	110.36	16.79	11.86	3.46	17.34	11.35	9.54	12.59	10.83	4.23	12.38
周口市 Zhoukou	240.49	28.55	22.24	6.81	27.88	35.36	23.55	53.84	26.67	3.37	12.23
驻马店市 Zhumadian	117.30	21.75	11.84	4.57	21.35	14.88	9.10	14.65	13.69	1.61	3.88
济源市 Jiyuan	8.70	0.90	1.63	0.06	1.50	1.19	0.91	1.62	0.66	0.01	0.22
省直管县 Province Administrating County											
巩义市 Gongyi	1.36	0.24	0.21	0.01	0.37	0.13	0.11	0.16	0.09	0.01	0.04
兰考县 Lankao	7.01	1.03	1.01	0.12	0.51	0.98	0.72	1.54	0.60	0.38	0.11
汝州市 Ruzhou	6.99	0.83	1.25	0.24	1.56	0.83	0.48	0.72	0.88	0.03	0.17
滑县 Huaxian	39.53	8.12	4.88	1.40	3.31	5.59	2.39	6.65	6.99	0.05	0.15
长垣县 Changyuan	9.49	1.70	2.34	0.17	1.34	1.23	0.32	0.85	0.70	0.02	0.82
邓州市 Dengzhou	43.06	2.63	2.74	0.75	5.82	5.21	4.22	13.95	5.06	2.68	
永城市 Yongcheng	27.88	2.90	4.81	2.56	4.51	1.59	2.10	4.84	3.33	0.47	0.78
固始县 Gushi	21.78	4.21	1.71	0.82	2.28	2.11	2.81	2.48	3.94	0.61	0.81
鹿邑县 Luyi	26.00	6.20	2.89	1.05	2.55	3.46	1.28	3.39	3.68	0.06	1.44
新蔡县 Xincai	16.62	2.14	1.54	0.90	4.81	1.60	0.80	2.11	2.05	0.33	0.32

13-27 各市蔬菜及食用菌产量(2013年)
Output of Vegetables and Edible fungus by City (2013)

单位：万吨 (10 000tons)

市(县) City(County)	蔬菜及食用菌 Vegetables and Edible fungus	叶菜类 Leaf Type for Vegetable	白菜类 Cabbage Type for Vegetable	甘蓝类 Cabbages	块根、块茎类 Root and Stem Tuber for Vegetable	瓜菜类 Melons for Vegetable	菜用豆类 Legume for Vegetable	茄果菜类 Eggplant and Fruit for Vegetable	葱蒜类 Shallot and Garlic for Vegetable	水生菜类 Aquicolous Vegetable	食用菌 Edible Fungus
全　　省 Total	**7112.51**	**826.48**	**985.90**	**254.79**	**1113.96**	**874.05**	**503.63**	**1107.15**	**877.29**	**136.97**	**164.20**
省　辖　市 City											
郑　州　市 Zhengzhou	301.23	21.52	61.10	12.58	44.08	21.54	17.68	30.78	66.43	11.01	0.90
开　封　市 Kaifeng	648.22	64.67	80.09	15.79	108.72	46.32	24.75	84.09	166.33	13.90	8.71
洛　阳　市 Luoyang	252.97	33.65	36.96	11.87	44.31	28.33	16.75	49.38	21.21	1.17	3.71
平 顶 山 市 Pingdingshan	252.29	37.94	39.10	9.63	57.76	27.51	16.90	25.47	16.08	1.28	10.15
安　阳　市 Anyang	567.01	64.55	72.89	16.64	53.05	86.09	35.40	151.53	75.06	0.24	9.28
鹤　壁　市 Hebi	53.81	6.13	11.86	3.47	7.90	6.12	2.00	9.42	1.87		0.59
新　乡　市 Xinxiang	304.98	30.42	76.52	9.96	42.44	35.39	15.61	43.22	14.05	2.40	19.92
焦　作　市 Jiaozuo	234.26	25.54	47.78	6.46	36.81	36.38	14.97	33.26	24.71	1.39	2.01
濮　阳　市 Puyang	262.21	26.72	51.78	5.80	32.46	44.50	14.06	42.83	22.97	5.37	9.87
许　昌　市 Xuchang	220.23	25.95	22.96	5.24	41.29	41.55	13.77	34.10	24.99	2.03	2.75
漯　河　市 Luohe	199.81	33.36	24.32	6.33	33.10	22.89	12.22	26.16	20.55	0.17	0.73
三 门 峡 市 Sanmenxia	112.20	10.14	12.82	3.82	26.95	11.32	4.01	22.85	8.33	1.77	5.80
南　阳　市 Nanyang	1007.18	88.68	77.28	45.78	177.49	116.25	111.63	132.76	131.54	52.35	18.84
商　丘　市 Shangqiu	964.09	115.87	172.18	43.09	121.55	94.53	56.87	166.94	113.72	16.35	35.13
信　阳　市 Xinyang	335.18	57.61	46.58	13.52	69.19	40.55	29.61	35.04	24.33	9.87	6.42
周　口　市 Zhoukou	923.72	111.34	87.99	23.60	126.00	157.47	90.55	161.27	99.57	12.92	8.87
驻 马 店 市 Zhumadian	432.50	68.18	54.90	20.75	81.00	51.26	24.75	52.95	42.79	4.62	19.74
济　源　市 Jiyuan	35.05	3.56	8.01	0.26	8.98	5.37	1.74	4.22	2.07	0.05	0.65
省 直 管 县 Province Administrating County											
巩　义　市 Gongyi	5.20	0.54	0.85	0.02	1.38	0.70	0.46	0.76	0.25	0.04	0.07
兰　考　县 Lankao	19.77	2.44	3.44	0.32	1.62	2.31	1.39	3.47	1.78	1.00	1.77
汝　州　市 Ruzhou	29.93	4.47	5.63	1.25	7.57	3.20	1.21	2.39	3.67	0.15	0.07
滑　　　县 Huaxian	192.16	37.79	27.07	6.40	19.34	35.37	11.03	22.90	31.34	0.16	0.29
长　垣　县 Changyuan	51.52	8.70	10.22	1.45	8.85	7.09	1.64	5.90	3.68	0.09	0.52
邓　州　市 Dengzhou	229.69	14.38	31.91	4.71	35.49	39.46	23.56	48.33	12.43	18.64	0.77
永　城　市 Yongcheng	136.90	9.61	39.36	10.97	29.37	6.26	7.74	14.87	10.03	4.25	2.32
固　始　县 Gushi	87.39	17.02	9.82	3.33	18.31	10.44	7.20	7.25	8.45	1.78	1.65
鹿　邑　县 Luyi	90.79	16.84	11.88	2.02	10.74	14.11	3.18	13.94	10.67	0.19	0.12
新　蔡　县 Xincai	64.89	5.71	15.00	3.75	15.81	9.29	1.87	5.99	4.34	1.15	1.29

13-28 茶叶、水果及食用坚果生产情况

Production of Tea, Fruit and Nuts

指 标	Item	2000	2005	2008	2009	2010	2012	2013
面 积	**Area**							
茶园面积(千公顷)	Area of Tea Plantations (1 000 hectares)	20.68	33.09	55.07	59.80	65.15	87.63	97.69
果园面积(千公顷)	Area of Orchards (1 000 hectares)	355.90	416.63	438.18	449.03	455.26	466.70	475.70
苹果园	Apple Orchards	206.97	165.78	173.06	175.70	177.63	178.84	176.65
梨园	Pears Orchards	30.87	39.23	45.97	47.07	47.28	51.99	52.32
葡萄园	Grapes Orchards	16.75	26.17	26.82	29.58	29.90	29.60	32.39
猕猴桃园	Chinese goosebeery Orchards		6.90	9.32	8.89	9.20	10.24	10.30
桃园	Peach Orchards	29.11	60.22	69.54	70.31	73.90	76.27	76.39
柑桔园	Citrus Orchards	4.88	10.05	10.10	10.66	10.85	10.99	11.54
其他果园	Others	67.30	108.30	103.37	106.82	106.50	108.77	116.11
产 量	**Output**							
茶叶产量(吨)	Output of Tea (ton)	9163	16902	31923	35519	42732	51374	55891
园林水果产量(万吨)	Output of garden fruit (10 000 tons)	364.73	555.69	714.09	755.90	795.99	870.43	888.30
苹果	Apples	238.90	300.62	374.39	388.63	408.96	436.70	443.15
梨	Pears	33.30	65.47	87.65	92.26	94.66	104.39	107.73
葡萄	Grapes	20.83	41.26	43.73	46.11	48.41	55.20	55.67
鲜枣	Jujube	17.78	26.81	36.65	38.78	39.19	40.60	41.55
柿	Persimmon	15.88	25.86	36.42	41.57	44.38	54.26	54.63
桃	Peach	26.63	60.10	85.09	93.86	101.74	110.61	110.12
柑桔	Citrus	2.12	3.59	3.96	4.01	4.17	4.04	4.81
其他园林水果	other garden fruit	9.29	31.98	46.20	50.68	74.48	64.63	70.64
食用坚果产量(吨)	Nuts (ton)							
核桃	Walnuts	17143	25339	41067	44816	55407	109716	130428
板栗	Chestnut	85650	112351	213244	237725	206517	220885	242671

13-29 各市果园面积(2013年)
Area of Orchard by City (2013)

单位：千公顷 (1 000 hectares)

市(县) City(County)	合计 Total	#苹果园 Apple Orchards	#梨园 Pears Orchards	#葡萄园 Grapes Orchards	#柑橘园 Orange Orchards	#猕猴桃园 Chinese goosebeery Orchards	#桃园 Peach Orchards
全 省 Total	**475.70**	**176.65**	**52.32**	**32.39**	**11.54**	**10.30**	**76.39**
省 辖 市 City							
郑 州 市 Zhengzhou	23.96	4.03	1.37	1.94		0.02	3.10
开 封 市 Kaifeng	24.81	14.88	1.72	2.22			3.97
洛 阳 市 Luoyang	41.27	23.42	2.23	2.86		0.08	2.53
平 顶 山 市 Pingdingshan	14.26	1.53	1.76	0.82		0.03	6.13
安 阳 市 Anyang	48.18	12.76	2.45	2.24			5.34
鹤 壁 市 Hebi	5.17	2.08	0.34	0.31			0.46
新 乡 市 Xinxiang	13.61	4.24	1.13	0.66		0.01	4.46
焦 作 市 Jiaozuo	12.85	4.88	1.07	0.65			3.68
濮 阳 市 Puyang	11.33	6.26	0.86	0.76			1.08
许 昌 市 Xuchang	7.27	3.07	0.98	1.32		0.01	1.26
漯 河 市 Luohe	3.84	0.09	0.69	1.88		0.02	1.06
三 门 峡 市 Sanmenxia	66.94	52.69	1.45	2.04		0.01	3.29
南 阳 市 Nanyang	79.50	8.86	13.15	2.30	11.31	10.03	16.11
商 丘 市 Shangqiu	44.79	27.66	8.30	3.80		0.01	2.98
信 阳 市 Xinyang	15.45	0.34	4.21	2.86	0.23	0.07	5.07
周 口 市 Zhoukou	24.53	5.17	4.56	2.57			6.21
驻 马 店 市 Zhumadian	24.29	2.36	6.75	3.04		0.01	7.72
济 源 市 Jiyuan	3.64	0.79	0.31	0.06			0.31
省 直 管 县 Province Administrating County							
巩 义 市 Gongyi	2.09	1.30	0.18	0.10			0.24
兰 考 县 Lankao	6.53	4.96	0.37	0.17			0.29
汝 州 市 Ruzhou	6.48	0.72	0.23	0.07			3.26
滑 县 Huaxian	6.39	2.24	0.89	0.32			1.38
长 垣 县 Changyuan	1.38	0.12	0.18	0.36			0.08
邓 州 市 Dengzhou	4.22	0.37	0.41	0.57	0.51		1.41
永 城 市 Yongcheng	6.17	1.82	1.92	0.44			0.82
固 始 县 Gushi	2.03	0.11	0.60	0.33	0.13		0.58
鹿 邑 县 Luyi	0.55	0.06	0.17	0.03			0.11
新 蔡 县 Xincai	4.30	0.20	1.10	1.09			0.98

13-30 各市园林水果产量(2013年)
Output of garden fruit by City (2013)

单位：吨 (ton)

市(县)	City(County)	合计 Total	#苹果 Apples	#梨 Pears	#葡萄 Grapes	#枣 Jujube	#柿 Persimmon	#桃 Peach
全省	**Total**	**8882988**	**4431491**	**1077323**	**556741**	**415495**	**546320**	**1101169**
省辖市	**City**							
郑州市	Zhengzhou	298583	60982	20513	36545	69068	18386	46977
开封市	Kaifeng	544663	323453	34014	32736	19623	18561	98784
洛阳市	Luoyang	782055	429601	40862	92084	25660	68756	49101
平顶山市	Pingdingshan	102449	20335	15601	9193	1746	15787	32773
安阳市	Anyang	680540	278639	49040	29947	123601	71966	97961
鹤壁市	Hebi	46887	21345	4845	4469	6119	3868	6234
新乡市	Xinxiang	170034	56685	16201	13970	7116	9180	59821
焦作市	Jiaozuo	311920	173982	23513	16957	5475	9277	76474
濮阳市	Puyang	261195	180771	23988	11687	10228	3602	13801
许昌市	Xuchang	74848	25167	19553	16730	255	1468	10603
漯河市	Luohe	110470	2448	17782	57581	163	1755	21985
三门峡市	Sanmenxia	2080503	1664086	30802	35525	70921	142378	90871
南阳市	Nanyang	813243	48763	75370	19051	26962	42982	148154
商丘市	Shangqiu	1819543	1036050	531051	97998	10807	35378	89241
信阳市	Xinyang	134111	3551	49776	23753	4089	15787	33786
周口市	Zhoukou	452636	82756	75698	37054	21492	75122	154199
驻马店市	Zhumadian	151875	9352	43520	21145	4192	7226	64843
济源市	Jiyuan	39626	13525	5401	174	171	4841	5688
省直管县	**Province Administrating County**							
巩义市	Gongyi	27816	15653	1824	3122	120	2550	3012
兰考县	Lankao	176385	144284	10477	2797	11298	360	5468
汝州市	Ruzhou	34310	11082	872	982	631	8553	8627
滑县	Huaxian	185165	76126	24581	7780	12610	30684	33384
长垣县	Changyuan	19318	4221	491	7614	4604	125	223
邓州市	Dengzhou	29019	4278	2953	2107	3396	1433	10442
永城市	Yongcheng	247972	65587	150657	4870	1640	3480	21738
固始县	Gushi	47900	1950	22000	4800	1800	6300	8600
鹿邑县	Luyi	10425	1655	5275	516	231	197	2087
新蔡县	Xincai	31240	1760	8720	5850	370	3300	11240

13-31 林业生产情况
Conditions of Forestry Production

指 标	Item	2000	2005	2008	2009	2010	2012	2013
营林情况	**Afforestation Conditions**							
当年造林面积(千公顷)	New Forest Area This Year (1 000 hectares)	241.32	263.50	338.14	416.13	277.11	228.29	253.91
#人工造林	By Manpower	206.45	186.72	320.80	382.13	211.53	205.97	201.21
按造林用途分(千公顷)	Afforestation Area by Use (1 000 hectares)							
用材林	Timber Forest	56.77	73.90	91.68	156.30	72.81	45.51	55.70
经济林	Economic Forest	69.11	39.00	38.76	47.68	35.46	34.54	41.44
防护林	Shelter Forest	113.80	72.93	207.71	212.16	168.58	147.82	156.77
年末实有封山育林面积 (千公顷)	Area of Close Hillsides to Facilitate Afforestation at the year end(1 000 hectares)	475.46	385.92	339.55	299.83	367.46	347.38	362.78
零星(四旁)植树(万株)	Planting Trees Piecemeal (10 000 trees)	25806	30639	24202	29905	27328	21919	22948
育苗面积(千公顷)	Area of Tending Seedlings (1 000 hectares)	18.21	28.65	28.55	59.51	34.94	36.51	42.55
当年苗木产量(万株)	Output of Nursery Stock(10 000 trees)		201169	192510	185463	153503	206152	239485
未成林抚育作业面积 (千公顷次)	Area of Tending Growing Forest (1 000 hectares-time)	978.01	1239.02	1080.03	1066.7	973.16	768.51	400.73
中、幼龄林抚育面积(千公顷)	Area of Young and middle aged forests (1 000 hectares)				549.41	634.61	382.79	323.95
主要林产品产量	**Output of Major Forest Products**							
天然生漆(吨)	Lacquer (ton)	569	955	1414	1563	2034	2100	2209
油桐籽(吨)	Tung-oil Seeds (ton)	57054	45802	66640	72416	120701	96241	83830
油茶籽(吨)	Tea-oil Seeds (ton)	3270	8079	17893	19347	20823	25799	17461
乌桕籽(吨)	Tallow-seeds (ton)	1157	2557	10086	11426	11631	10052	10825
五倍子(吨)	Chinese Gall (ton)	934	1709	3287	3350	3986	4131	4181
村及村以下竹木采伐量	**Fall of Bamboo and Tree in Rural Areas**							
木材(万立方米)	Wood (10 000 cu.m)	306.00	55.94	151.62	110.34	149.67	278.45	243.13
竹材(万根)	Bamboo (10 000 units)	158.00	506.50	55.02	451.17	76.50	159.79	125.85

13-32 各市林业生产情况(2013年)

Conditions of Forestry Production by City (2013)

单位：千公顷 (1 000 hectares)

市 City	当年造林面积 Current New Forest Area	#人工造林 By Manpower	#用材林 Timber Forest	#经济林 Economic Forest	#防护林 Shelter Forest
省辖市 City					
郑州市 Zhengzhou	7.87	7.87	1.03	3.49	3.35
开封市 Kaifeng	7.82	7.82	5.24	0.78	1.80
洛阳市 Luoyang	35.82	29.03	3.37	6.32	26.12
平顶山市 Pingdingshan	3.10	2.79	0.73	1.06	1.32
安阳市 Anyang	6.28	5.60	0.64	1.69	3.96
鹤壁市 Hebi	18.73	14.28	1.77	2.86	14.10
新乡市 Xinxiang	6.27	5.33	1.84	0.82	3.60
焦作市 Jiaozuo	7.99	7.58	1.34	0.52	6.13
濮阳市 Puyang	11.48	11.48	4.49	1.25	5.74
许昌市 Xuchang	9.88	8.55	3.26	1.42	5.20
漯河市 Luohe	2.17	2.17	0.38	0.42	1.38
三门峡市 Sanmenxia	26.66	24.84	2.97	4.96	18.74
南阳市 Nanyang	59.80	32.95	5.66	6.93	47.21
商丘市 Shangqiu	4.39	4.39	2.46	0.22	1.71
信阳市 Xinyang	26.19	20.55	12.85	7.46	5.87
周口市 Zhoukou	4.38	4.38	3.88	0.15	0.35
驻马店市 Zhumadian	13.09	9.61	3.80	0.76	8.53
济源市 Jiyuan	1.99	1.99		0.33	1.67
省直管县 Province Administrating County					
巩义市 Gongyi	0.83	0.83	0.02	0.62	0.19
兰考县 Lankao	1.14	1.14	0.30	0.54	0.31
汝州市 Ruzhou	0.66	0.66	0.07	0.27	0.32
滑县 Huaxian	1.31	1.31		1.27	0.05
长垣县 Changyuan	0.50	0.50		0.32	0.18
邓州市 Dengzhou	0.57	0.57			0.57
永城市 Yongcheng	0.27	0.27			0.27
固始县 Gushi	0.69	0.69	0.16	0.18	0.35
鹿邑县 Luyi	0.22	0.22	0.13		0.09
新蔡县 Xincai	0.20	0.20	0.20		

13-32 续表 continued

单位：千公顷 (1 000 hectares)

市 City	年末实有封山育林面积 Area of Close Hillsides to Facilitate Afforestation at the year end	零星(四旁)植树(万株) Planting Trees Piecemeal (10 000 trees)	当年苗木产量(万株) Area of Tending Forest (10 000 trees)	未成林抚育作业面积(公顷次) Area of Tending Growing Forest (1 000hectares-time)	中、幼林抚育面积 Area of young and middle aged Forest
省辖市 City					
郑州市 Zhengzhou	4.96	852.70	8816.98	35846	38.87
开封市 Kaifeng		865.40	1972.08	2914	0.52
洛阳市 Luoyang	48.27	916.00	18998.80		15.47
平顶山市 Pingdingshan	9.34	1801.43	5514.76	800	2.33
安阳市 Anyang	14.43	711.90	14285.67	120	0.77
鹤壁市 Hebi	10.99	345.79	3249.40	41523	8.34
新乡市 Xinxiang	14.21	2025.87	12500.91		0.15
焦作市 Jiaozuo	8.14	401.61	30617.12	1480	0.79
濮阳市 Puyang		221.30	2007.49	49393	59.45
许昌市 Xuchang	4.67	1919.00	18824.05	18300	34.36
漯河市 Luohe		404.90	4176.80	1468	1.76
三门峡市 Sanmenxia	59.47	1458.00	19664.76		4.01
南阳市 Nanyang	92.16	4657.19	50547.07	162934	108.26
商丘市 Shangqiu		1180.64	1408.90	6800	1.56
信阳市 Xinyang	75.79	2071.10	22930.73	53650	7.68
周口市 Zhoukou		1365.00	7260.35	7600	6.54
驻马店市 Zhumadian	14.63	1600.00	11752.80	12900	31.62
济源市 Jiyuan	5.73	150.00	4956.60	5000	1.47
省直管县 Province Administrating County					
巩义市 Gongyi			1300.00		0.40
兰考县 Lankao		113.00	113.00	1414	0.46
汝州市 Ruzhou	1.00	875.00	1477.00		0.17
滑县 Huaxian			433.25		
长垣县 Changyuan		600.00	2041.14		
邓州市 Dengzhou		511.00	1185.80		0.26
永城市 Yongcheng		236.00		1500	0.25
固始县 Gushi	0.73	165.00	565.00		0.33
鹿邑县 Luyi		80.00	149.00		
新蔡县 Xincai		186.50	601.52		6.39

13-33 牧渔业产量

Output of Animal Husbandry and Fishery

年份 Year	肉类产量（万吨）Total Output of Meat (10 000 tons)	#猪肉 Pork	#牛肉 Beef	#羊肉 Mutton	#禽肉 Poultry	大牲畜年底头数（万头）Number of Livestock at Year-end (10 000 units)	#役畜 Draught Animals	猪年底头数（万头）Hogs (10 000 units)	禽蛋产量（万吨）Poultry Eggs (10 000 tons)	奶类产量（万吨）Output of Milk (10 000 tons)	水产品产量（万吨）Total Aquatic Products (10 000 tons)
1978	45.64	42.20				515.03	401.70	1724.90			2.47
1979	55.14	50.00				521.50	400.40	1592.30			2.30
1980	55.03	49.45	0.69	2.88	1.90	541.99	423.75	1474.24	15.86	2.20	2.91
1981	51.58	44.30	0.60	3.36		607.00	498.90	1386.50	16.31		3.00
1982	54.26	47.60	0.52	3.46		671.50	542.10	1310.70	16.75		3.25
1983	51.33	43.70	0.88	3.41		704.70	562.20	1195.70	21.41		3.78
1984	58.59	49.60	1.83	3.31		794.70	615.70	1327.00	31.38		4.89
1985	71.83	61.08	3.01	3.38	4.10	886.35	664.55	1621.74	37.15	4.50	6.37
1986	79.42	65.00	5.50	3.70		957.44	708.10	1539.41	37.32		6.61
1987	86.63	66.10	8.90	5.00		1000.82	738.44	1404.72	43.55		7.62
1988	103.75	76.87	12.24	6.48		1069.20	779.57	1586.18	50.43		9.39
1989	121.53	88.11	15.26	7.89		1111.56	794.04	1680.22	53.62		9.83
1990	134.86	97.45	18.16	8.05	9.40	1116.33	798.30	1750.32	59.58	7.40	10.48
1991	157.95	108.73	24.82	7.76		1102.10	782.25	1820.80	73.81		10.77
1992	171.66	119.23	25.67	7.96		1135.50	794.90	1959.70	79.29		11.55
1993	203.51	137.60	32.64	9.90	19.30	1211.00	843.00	2085.00	95.58	7.50	13.83
1994	253.31	165.81	44.00	12.57	25.70	1329.18	919.79	2325.17	125.28	8.90	15.84
1995	333.00	210.37	64.39	21.10	31.00	1420.45	985.76	2667.72	140.01	9.80	18.09
1996	347.72	225.63	59.45	21.72	34.10	1089.14	783.00	2229.67	154.54	9.70	20.51
1997	403.00	256.12	64.88	25.23	49.30	1420.87	857.03	2931.91	201.40	10.60	23.88
1998	461.63	297.86	76.71	28.00	50.76	1416.84	803.70	3439.66	229.34	12.30	27.02
1999	485.11	313.95	82.21	29.96	51.47	1448.42	530.60	3556.43	251.82	15.90	28.83
2000	517.00	337.88	83.00	32.00	55.00	1445.73	482.84	3787.69	270.00	20.20	32.17
2001	540.65	343.77	89.23	34.51	63.90	1435.93	479.53	3672.07	286.00	30.00	31.46
2002	570.01	366.49	89.20	37.85	66.40	1409.78	437.03	3800.00	302.00	39.00	36.22
2003	603.55	386.00	93.00	42.00	74.00	1469.45	430.00	3917.80	326.20	52.60	38.95
2004	643.00	412.37	98.33	44.06	79.55	1491.19	427.00	4152.87	347.40	78.90	42.70
2005	689.00	441.20	102.75	47.38	87.51	1508.80	412.90	4439.00	375.30	108.50	51.68
2006	584.60	391.30	82.00	23.80	76.60	1114.26	410.12	3953.30	329.50	154.07	61.43
2007	542.90	339.00	82.10	25.30	85.50	1081.93	353.76	4185.50	336.70	223.54	74.74
2008	584.50	367.10	84.10	26.50	93.50	1097.55	251.62	4462.00	173.60	298.62	85.68
2009	615.10	389.60	84.00	25.90	100.10	1080.11	216.55	4528.90	382.90	301.29	92.94
2010	638.40	408.30	83.00	25.20	105.80	1044.80	290.20	4547.00	388.60	307.90	99.41
2011	641.65	406.40	82.00	24.80	111.40	988.60	257.67	4569.00	390.50	321.14	102.90
2012	677.35	432.50	80.44	24.75	122.21	942.34	216.71	4587.28	404.17	330.43	109.75
2013	699.05	454.13	80.56	24.76	122.32	936.80	204.96	4426.74	410.23	328.77	116.65

13-34 畜禽产品年末存栏数量及产量

Number of Livestock Year-end and Output of Livestock Products

单位：万头、万只 (10 000 units)

指 标	Item	1980	1990	2000	2005	2010	2012	2013
年底存栏总头数	**Number of Livestock at Year-end**							
#大牲畜	Large Livestock	542.00	1116.30	1445.70	1508.80	1044.80	942.34	936.80
#从事农事劳役	Draught Animals	423.80	798.30	482.80	412.90	290.20	216.71	204.96
牛	Cow	339.60	892.50	1340.20	1447.00	1010.20	908.21	905.11
#肉牛	Cattle	177.70		282.80	514.06	634.20	602.68	610.10
#乳牛	Dairy	0.90	1.90	6.70	31.22	98.50	100.60	100.71
马	Horse	52.20	39.20	29.30	17.29	13.10	12.20	11.23
驴	Donkey	94.30	120.90	49.50	29.60	16.10	17.38	16.70
骡	Mule	55.90	63.70	26.80	14.91	5.40	4.55	3.76
猪	Pig	1474.20	1750.30	3787.70	4439.00	4547.00	4587.28	4426.74
羊	Sheep	1147.80	1279.50	2961.40	3988.00	1895.40	1827.70	1830.30
山羊	Goat	764.80	1129.50	2730.10	3509.00	1794.90	1751.06	1752.60
绵羊	Sheep	383.00	150.00	231.30	479.00	100.50	76.65	77.70
家禽	Poultry		19849.90	42529.00	61958.00	62104.00	68197.31	68100.20
猪牛羊出栏头(只)数	**Slaughtered Fattened Hogs, Cattle and Sheep**							
肉猪(万头)	Hogs (10 000 units)	684.70	1182.40	4180.00	5568.00	5390.50	5711.25	5996.87
肉用牛(万头)	Cattle (10 000 units)	9.00	167.90	578.00	702.64	551.90	534.65	535.50
肉用羊(万只)	Sheep and Goats (10 000 units)	289.10	834.00	2903.80	4225.00	2114.70	2027.45	2032.40
肉用禽(万只)	Poultry (10 000 units)					85101.71	94358.70	94332.10
肉类总产量(万吨)	**Total Output of Meat (10 000 tons)**	**55.00**	**134.90**	**517.00**	**689.00**	**638.40**	**677.35**	**699.05**
#猪肉	Pork	49.40	97.40	337.90	441.20	408.30	432.50	454.13
牛肉	Beef	0.70	18.20	83.00	102.75	83.00	80.44	80.56
羊肉	Mutton	2.90	8.10	32.00	47.38	25.20	24.75	24.76
禽肉	Meat of Poultry	1.90	9.40	55.00	87.51	105.80	122.21	122.32
兔肉	Rabbit	0.10	0.30	4.20	5.66	8.40	9.56	8.99
其他畜产品产量	**Others Output of Livestock Products**							
奶类总产量(万吨)	Output of Milk (10 000 tons)	2.20	7.40	20.20	108.50	307.90	330.43	328.77
牛奶	Cow Milk	0.80	2.70	16.10	104.00	290.90	316.10	316.42
羊奶	Sheep Milk	1.40	4.70	4.10	5.00	17.00	14.33	12.35
羊毛总产量(吨)	Output of Wool (ton)	10708	6745	10844	14335	14165	14288	15363
山羊粗毛	Goat Wool	771	1372	2858	2873	5235	5849	7100
绵羊毛	Sheep Wool	9937	5373	7986	11462	8930	8439	8263
羊绒产量(吨)	Cashmere (ton)	52	102	277	7135	933	868	887
蜂蜜产量(吨)	Honey (ton)	5287	11908	23105	27441	98265	99607	99053
禽蛋产量(万吨)	Poultry Eggs (10 000 tons)	15.90	59.60	270.00	375.30	388.60	404.17	410.23
蚕茧产量(吨)	Output of Silkworm Cocoons (ton)			15190	20366	28254	25758	25054
#桑蚕茧	Mulberry Silkworm Cocoons			12560	14803	21052	18687	18108
柞蚕茧	Tussore Silkworm Cocoons			2630	5563	7202	7071	6946

13-35 各市牲畜饲养情况(2013年底)

Number of Livestock by City (End of 2013)

市(县)	City(County)	大牲畜年底头数(万头) Number of Large Animals (year-end) (10 000 units)	#役畜 Draught Animals	牛(万头) Cattle's (10 000 units)	马(万头) Horses (10 000 units)	驴(万头) Donkeys (10 000 heads)	骡(万头) Mules (10 000 units)
省辖市	**City**						
郑州市	Zhengzhou	24.86	1.57	24.54	0.12	0.16	0.04
开封市	Kaifeng	54.49	0.01	53.47	0.21	0.69	0.12
洛阳市	Luoyang	62.89	10.25	62.50	0.13	0.16	0.09
平顶山市	Pingdingshan	75.52	10.57	69.41	2.57	2.59	0.94
安阳市	Anyang	28.69	1.51	27.62	0.15	0.74	0.18
鹤壁市	Hebi	4.93	0.15	4.45	0.12	0.21	0.16
新乡市	Xinxiang	44.97	0.01	44.27	0.21	0.32	0.17
焦作市	Jiaozuo	24.76		24.74		0.02	
濮阳市	Puyang	25.79	0.78	24.81	0.34	0.47	0.17
许昌市	Xuchang	47.62	2.34	45.66	0.36	1.47	0.13
漯河市	Luohe	13.20	0.20	13.02	0.08	0.05	0.05
三门峡市	Sanmenxia	38.87	19.48	38.86	0.00		
南阳市	Nanyang	140.70	26.61	135.30	2.35	2.67	0.38
商丘市	Shangqiu	88.98		87.45	0.66	0.84	0.03
信阳市	Xinyang	54.37	27.23	54.37			
周口市	Zhoukou	69.81	0.02	68.76	0.37	0.42	0.26
驻马店市	Zhumadian	131.51	14.42	123.46	3.54	3.48	1.03
济源市	Jiyuan	3.23	0.43	3.23			
省直管县	**Province Administrating County**						
巩义市	Gongyi	0.75	0.23	0.72	0.01	0.01	0.01
兰考县	Lankao	10.93		10.42	0.06	0.44	0.01
汝州市	Ruzhou	25.34	6.12	21.70	1.34	1.54	0.76
滑县	Huaxian	15.14		15.00	0.03	0.10	0.01
长垣县	Changyuan	5.15	0.01	5.09	0.02	0.04	
邓州市	Dengzhou	27.72	4.36	27.62	0.04	0.05	0.02
永城市	Yongcheng	14.94		14.65	0.02	0.26	0.02
固始县	Gushi	6.26	3.28	6.26			
鹿邑县	Luyi	9.35		9.35			
新蔡县	Xincai	31.39	2.37	28.95	1.30	0.60	0.54

13-35 续表 contiuned

市(县)	City(County)	猪年底头数（万头）Hogs (year-end) (10 000 units)	羊年底只数（万只）Sheep and Goats (year-end) (10 000 units)	#山 羊 Goats	家 禽（万只）Poultry (10 000 units)	兔（万只）Rabbits (10 000 units)
省 辖 市	**City**					
郑 州 市	Zhengzhou	177.00	48.41	43.22	3131.81	72.14
开 封 市	Kaifeng	321.70	149.90	144.08	3485.00	113.09
洛 阳 市	Luoyang	205.00	70.29	42.70	2438.20	254.50
平 顶 山 市	Pingdingshan	270.12	99.20	77.90	3122.00	97.36
安 阳 市	Anyang	193.00	71.12	58.19	4326.70	81.73
鹤 壁 市	Hebi	87.00	31.60	24.73	3908.00	17.67
新 乡 市	Xinxiang	276.67	64.18	44.50	4252.20	111.91
焦 作 市	Jiaozuo	151.00	42.48	6.50	2860.87	71.01
濮 阳 市	Puyang	147.50	69.95	48.71	3478.10	131.63
许 昌 市	Xuchang	263.00	80.50	76.95	2820.00	81.39
漯 河 市	Luohe	225.20	19.97	19.32	2044.50	142.43
三 门 峡 市	Sanmenxia	77.00	32.74	18.69	994.44	6.82
南 阳 市	Nanyang	532.00	254.95	245.83	6314.50	358.51
商 丘 市	Shangqiu	333.57	294.81	292.03	6136.00	85.30
信 阳 市	Xinyang	310.40	73.40	73.40	6601.80	73.95
周 口 市	Zhoukou	510.00	239.20	239.18	5200.00	168.17
驻 马 店 市	Zhumadian	653.89	185.14	184.00	6375.00	674.82
济 源 市	Jiyuan	44.90	3.98	2.37	255.58	25.93
省 直 管 县	**Province Administrating County**					
巩 义 市	Gongyi	19.40	2.86	1.82	129.24	5.40
兰 考 县	Lankao	38.00	22.14	20.88	443.24	37.25
汝 州 市	Ruzhou	62.30	13.40	9.36	702.60	11.76
滑 县	Huaxian	26.90	33.10	25.41	998.31	11.25
长 垣 县	Changyuan	24.09	8.04	7.17	481.92	19.45
邓 州 市	Dengzhou	94.00	48.14	43.35	1357.66	33.13
永 城 市	Yongcheng	40.00	49.10	49.10	1380.00	14.52
固 始 县	Gushi	62.50	25.61	25.61	2031.61	14.20
鹿 邑 县	Luyi	55.60	18.21	18.21	514.92	2.03
新 蔡 县	Xincai	68.00	28.65	28.65	1135.00	248.16

13-36 各市畜产品产量(2013年)

Output of Livestock Products by City (2013)

市(县) City(County)	猪牛羊出栏头(只)数 Slaughtered Fattened Hogs,Cattle and Sheep 猪(万头) Hogs (10 000 heads)	牛(万头) Cattle (10 000 heads)	羊(万只) Sheep and Goats (10 000 units)	肉类总产量(万吨) Total Output of Meat (10 000 tons)	#猪肉 Pork	#牛肉 Beef	#羊肉 Mutton
省辖市 City							
郑州市 Zhengzhou	233.78	13.68	53.85	26.23	17.70	2.07	0.69
开封市 Kaifeng	377.47	36.68	179.20	39.97	28.57	5.52	2.18
洛阳市 Luoyang	238.19	33.04	57.35	26.69	17.90	4.98	0.70
平顶山市 Pingdingshan	357.46	36.69	98.99	40.16	26.26	5.53	1.21
安阳市 Anyang	209.63	7.30	58.43	23.68	15.93	1.10	0.72
鹤壁市 Hebi	114.70	2.29	40.41	25.61	8.77	0.35	0.49
新乡市 Xinxiang	367.88	24.80	95.56	38.74	26.87	3.76	1.18
焦作市 Jiaozuo	175.16	18.24	33.30	20.62	12.75	2.75	0.42
濮阳市 Puyang	178.46	11.84	91.10	25.63	13.39	1.80	1.13
许昌市 Xuchang	406.33	25.07	92.11	39.87	29.97	3.80	1.15
漯河市 Luohe	364.76	8.46	23.21	30.33	25.45	1.27	0.28
三门峡市 Sanmenxia	94.40	14.49	21.90	10.07	6.80	2.19	0.27
南阳市 Nanyang	647.65	90.30	300.43	74.26	48.04	13.60	3.67
商丘市 Shangqiu	462.10	64.27	321.31	56.09	34.31	9.67	3.92
信阳市 Xinyang	434.50	20.49	80.86	65.49	34.95	3.09	0.99
周口市 Zhoukou	659.30	57.23	289.00	74.41	49.50	8.63	3.53
驻马店市 Zhumadian	838.74	73.37	189.73	86.22	61.96	11.04	2.32
济源市 Jiyuan	64.16	1.95	4.08	5.17	4.43	0.30	0.05
省直管县 Province Administrating County							
巩义市 Gongyi	26.80	0.63	2.22	2.52	2.11	0.09	0.03
兰考县 Lankao	42.29	6.41	24.24	4.97	3.07	0.95	0.30
汝州市 Ruzhou	82.67	9.83	12.60	9.40	6.20	1.47	0.15
滑县 Huaxian	34.00	4.81	23.70	4.93	2.64	0.73	0.35
长垣县 Changyuan	31.31	3.79	17.60	4.17	2.26	0.61	0.22
邓州市 Dengzhou	113.17	22.63	52.71	14.54	8.77	3.53	0.64
永城市 Yongcheng	54.53	12.88	65.96	9.07	4.06	1.94	0.95
固始县 Gushi	94.00	1.12	30.92	15.70	8.10	0.16	0.37
鹿邑县 Luyi	70.53	5.66	20.90	7.45	5.29	0.82	0.25
新蔡县 Xincai	81.42	15.84	27.00	10.88	6.14	2.39	0.33

13-36 续表 contiuned

市(县) City(County)	奶类总产量(吨) Total Output of Milk (ton)	#牛奶 Cow Milk	蜂 蜜(吨) Honey (ton)	禽 蛋(万吨) Poultry Eggs (10 000 ton)	绵羊毛(吨) Sheep Wool (ton)	#细羊毛 Fine Wool	山羊粗毛(吨) Goat Wool (ton)
省 辖 市 City							
郑 州 市 Zhengzhou	499464	487150	341	23	235	166	72
开 封 市 Kaifeng	266346	264100	125	26	368	2	
洛 阳 市 Luoyang	431000	398160	7342	15	1360	370	424
平 顶 山 市 Pingdingshan	232055	230900	495	15	2154	93	1367
安 阳 市 Anyang	66638	66557	251	30	577	5	35
鹤 壁 市 Hebi	93215	93215	25	16	69	6	78
新 乡 市 Xinxiang	348013	348000	334	36	396	81	122
焦 作 市 Jiaozuo	248727	248000	122	29	352	9	71
濮 阳 市 Puyang	79043	78902		29	1317		17
许 昌 市 Xuchang	78149	77200	833	23	125		24
漯 河 市 Luohe	145407	145233	25	13	4		
三 门 峡 市 Sanmenxia	42528	42500	2772	5	665	28	453
南 阳 市 Nanyang	329294	257200	31396	34	454	66	1644
商 丘 市 Shangqiu	303100	303070	218	29			1500
信 阳 市 Xinyang	2092	2092	8150	26			
周 口 市 Zhoukou	124400	124300	143	26	13	13	19
驻 马 店 市 Zhumadian	72122	71520	46081	34	133	107	363
济 源 市 Jiyuan	32040	32040	400	3	40		26
省 直 管 县 Province Administrating County							
巩 义 市 Gongyi	5152	5152	52	1	3	1	9
兰 考 县 Lankao	18746	16500		3	3	2	
汝 州 市 Ruzhou	41965	41965	3	6	21	10	21
滑 县 Huaxian	10500	10500		8	185		
长 垣 县 Changyuan	21506	21506	29	4	129	33	37
邓 州 市 Dengzhou	15805	15500	272	7	21	12	114
永 城 市 Yongcheng	5300	5300		5			
固 始 县 Gushi	5	5	3	8			
鹿 邑 县 Luyi	2510	2510	17	3			
新 蔡 县 Xincai	9900	9900	4065	4			

13-37 渔业生产情况

Output of Aquatic Products

项　目	Item	1980	1990	1995	2000	2005	2010	2012	2013
水产品产量（万吨）	**Output of Aquatic Products (10 000 tons)**	**2.91**	**10.48**	**18.09**	**32.17**	**51.68**	**99.41**	**109.75**	**116.65**
鱼类	Fish	2.85	10.22	17.68	31.08	49.75	95.07	105.63	112.90
甲壳类	Crustaceans	0.04	0.17	0.23	0.66	1.45	3.12	2.72	2.82
贝类	Shellfish	0.02	0.09	0.04	0.11	0.14	0.28	0.09	0.10
其他	Others			0.14	0.32	0.34	0.94	1.31	0.84
淡水捕捞	Freshwater Fishing		1.09	1.18	1.94	3.46	5.56	6.35	6.61
鱼类	Fish			0.92	1.23	2.56	4.25	5.39	5.58
甲壳类	Crustaceans			0.17	0.54	0.79	1.17	0.88	0.95
贝类	Shellfish			0.03	0.11	0.08	0.14	0.07	0.07
其他	Others			0.06	0.06	0.03	0.01		
淡水养殖	Freshwater Cultured	2.12	9.38	16.91	30.23	48.22	93.85	103.40	110.05
鱼类	Fish			16.76	29.84	47.19	90.83	100.24	107.33
甲壳类	Crustaceans			0.06	0.13	0.65	1.95	1.83	1.87
贝类	Shellfish			0.02		0.07	0.14	0.02	0.02
其他	Others			0.07	0.26	0.31	0.93	1.30	0.83
淡水养殖面积（千公顷）	**Freshwater Aquaculture Ware(1000 hectares)**	**147.56**	**161.76**	**174.27**	**189.15**	**229.95**	**259.90**	**253.57**	**274.64**
池塘养殖	Pond	57.53	70.82	82.14	91.65	103.80	124.83	119.67	129.29
湖泊养殖	Lakes	3.85	3.63	3.57	2.92	4.05	3.63	3.40	3.40
河沟养殖	rivulet	4.09	3.90	3.15	3.63	6.35	9.84	10.62	10.77
水库养殖	Reservoir	82.09	81.58	84.80	90.40	114.92	121.33	119.58	131.12
其他	Others		1.83	0.60	0.55	0.83	0.27	0.30	0.06

注：淡水养殖面积合计中不包括稻田养殖面积。

a) Data on Freshwater Aquaculture Ware do not include Rice breeding.

13−38 各市渔业生产情况(2013年)

Output of Aquatic Products by City (2013)

市(县) City(County)	养殖面积(公顷) Aquaculture area (hectares)	水产品总产量(吨) Output of Aquatic Products (ton)	捕捞产量 Fishing	养殖产量 Cultured	鱼类 Fish	甲壳类 Crustaceans	贝类 Shellfish	其他 Others
省辖市 City								
郑州市 Zhengzhou	10028	155165	5	155160	154728	45		392
开封市 Kaifeng	6555	64215	299	63916	63471	57		687
洛阳市 Luoyang	30450	49109	4873	44236	48640	458	1	10
平顶山市 Pingdingshan	15430	47403	840	46563	46887	429	10	77
安阳市 Anyang	2796	18184	1330	16854	18179	1		4
鹤壁市 Hebi	1900	12145	298	11847	12111	20		14
新乡市 Xinxiang	4164	60247	218	60029	60119	8		120
焦作市 Jiaozuo	1525	15700	35	15665	15700			
濮阳市 Puyang	3437	28846	583	28263	28546	300		
许昌市 Xuchang	3494	11244	515	10729	10896	223	25	100
漯河市 Luohe	1823	18080	985	17095	17980	82	1	17
三门峡市 Sanmenxia	3161	19200	6817	12383	18975			225
南阳市 Nanyang	50886	134779	5009	129770	132223	1811	54	691
商丘市 Shangqiu	11442	83282	2731	80551	81655	1486		141
信阳市 Xinyang	64513	234913	17385	217528	210788	18180	353	5592
周口市 Zhoukou	17489	62865	7904	54961	62123	704	23	15
驻马店市 Zhumadian	35471	120781	15812	104969	115847	4158	505	271
济源市 Jiyuan	10071	30380	440	29940	30180	200		
省直管县 Province Administrating County								
巩义市 Gongyi	323	4394		4394	4379			15
兰考县 Lankao	1000	7860	45	7815	7838	16		6
汝州市 Ruzhou	597	3003	16	2987	2989	12		2
滑县 Huaxian	142	547		547	547			
长垣县 Changyuan	392	4500	200	4300	4494	6		
邓州市 Dengzhou	3748	12094	93	12001	12094			
永城市 Yongcheng	2133	15990	719	15271	15847	133		10
固始县 Gushi	11720	47922	6470	41452	44818	1537	31	1536
鹿邑县 Luyi	2634	5922	1743	4179	5341	581		
新蔡县 Xincai	3418	12095	1472	10623	11746	273	71	5

主要统计指标解释

农林牧渔业总产值 指以货币表现的农、林、牧、渔业全部产品和对农林牧渔业生产活动进行的各种支持性服务活动的价值总量，它反映一定时期内农林牧渔业生产总规模和总成果。1957 年以前的农林牧渔业总产值中包括了厩肥和农民自给性手工业(如农民自制衣服、鞋、袜，自己从事粮食初步加工等)。1958 年及以后，林业中增加了村及村以下竹木采伐产值；牧业中取消了厩肥产值；副业中取消了农民自给性手工业产值，增加了村及村以下办的工业产值； 渔业中增加了海洋捕捞水产品产值。1980 年及以后，在副业中增加了农民家庭兼营工业商品部分的产值。从 1984 年起村及村以下工业产值划归工业。从 1993 年起取消副业，将野生动物的捕猎划入牧业，野生植物采集和农民家庭兼营商品性工业划归农业。从 2003 年起，执行新的国民经济行业分类标准，农林牧渔业总产值中包括了农林牧渔服务业产值。林业中增加了森林采运业产值。农业中取消了家庭兼营商品性工业产值，将野生林产品的采集划归林业。第一次农业普查以后，由于畜牧业产品年报数据与普查数据之间存在一定的差距，根据农业普查结果，对畜牧业年报数据和畜牧业产值进行了修正。2010 年执行《统计用产品分类目录》，对 2009 年的农业、林业产值做了相应调整。

农林牧渔业总产值的计算方法通常是按农、林、牧、渔业产品及其副产品的产量分别乘以各自单位产品价格求得；少数生产周期较长，当年没有产品或产品产量不易统计的，则采用间接方法匡算其产值；然后将四业产品产值及农林牧渔服务业产值相加即为农林牧渔业总产值。

粮食产量 指农业生产经营者日历年度内生产的全部粮食数量。按收获季节包括夏收粮食、早稻和秋收粮食，按作物品种包括谷物、薯类和豆类。其产量计算方法：谷物按脱粒后的原粮计算，豆类按去豆荚后的干豆计算；薯类(包括甘薯和马铃薯，不包括芋头和木薯)1963 年以前按每 4 公斤鲜薯折 1 公斤粮食计算，从 1964 年开始改为按 5 公斤鲜薯折 1 公斤粮食计算。城市郊区作为蔬菜的薯类(如马铃薯等)按鲜品计算，并且不作粮食统计。1989 年以前全国粮食产量数据主要靠全面报表取得，1989 年开始使用抽样调查数据。

棉花产量 指全社会的产量。包括春播棉和夏播棉。产量按皮棉计算。不包括木棉。

油料产量 指全部油料作物的生产量。包括花生、油菜籽、芝麻、向日葵籽、胡麻籽（亚麻籽）和其他油料。不包括大豆、木本油料和野生油料。花生以带壳干花生计算。

水产品产量 指渔业（捕捞和养殖）生产活动的最终有效成果，包括全部海水和淡水鱼类、甲壳类（虾、蟹）、贝类、头足类、藻类和其他类渔业产品的最终产量。水产品产量是通过各级水产和统计部门逐级上报取得数据。1995 年及以前，贝类中牡蛎按鲜肉计算；蚶、蛤、蛏按 5 斤鲜品折 1 斤计算。1996 年以后则统一按鲜品计算。

猪、牛、羊肉产量 指当年出栏并已屠宰、除去头蹄下水后带骨肉(即胴体重)的重量。

期初(末)畜禽存栏头(只)数 指报告期初(末)农村各种合作经济组织和国营农场、农民个人、机关、团体、学校、工矿企业、部队等单位以及城镇居民饲养的大牲畜、猪、羊、家禽等畜禽的存栏数。

常用耕地 是指耕地总资源中专门种植农作物并经常进行耕种、能够正常收获的土地。包括当年实际耕种的熟地; 弃耕、休闲不满三年，随时可以复耕的地; 开荒利用三年以上的地。不包括临时种植农作物的坡度在 25 度以上的陡坡地; 在河套、湖畔、库区临时开发的成片或零星土地; 也不包括已列为国家和省（区、市）退耕计划但临时耕种的土地。

农作物播种面积 指实际播种或移植有农作物的面积。凡是实际种植有农作物的面积，不论种植在耕地上还是种植在非耕地上，均包括在农作物播种面积中。在播种季节基本结束后，因遭灾而重新改种和补种的农作物面积，也包括在内。

有效灌溉面积 指具有一定的水源，地块比较平整，灌溉工程或设备已经配套，在一般年景下当年能够进行正常灌溉的耕地面积。

农用化肥施用量 指本年内实际用于农业生产的化肥数量，包括氮肥、磷肥、钾肥和复合肥。化肥施用量要求按折纯量计算数量。折纯量是指把氮肥、磷肥、钾肥分别按含氮、含五氧化二磷、含氧化钾的百分之一百成份进行折算后的数量。复合肥按其所含主要成分折算。

农业机械总动力 指主要用于农、林、牧、渔业的各种动力机械的动力总和。包括耕作机械、排灌机械、收获机械、农用运输机械、植物保护机械、牧业机械、林业机械、渔业机械和其他农业机械〔内燃机按引擎马力折成瓦(特)计算、电动机按功率折成瓦(特)计算〕。不包括专门用于乡镇、村、组办工业、基本建设、非农业运输、科学试验和教学等非农业生产方面用的动力机械与作业机械。

Explanatory Notes on Main Statistical Indicators

Gross Output Value of Agriculture, Forestry, Animal Husbandry and Fishery refers to the total value of products of agriculture, forestry, animal husbandry and fishery, and total value of services in support of agriculture, forestry, animal husbandry and fishery activities. It reflects the total scale and results of agricultural production during a given period. Prior to 1957, China's gross agricultural output value included barnyard manure and handicraft products for self-consumption (clothes, shoes, stockings, and initial grain processing undertaken by peasants). Since 1958, cutting and felling of bamboo and trees by villages and other cooperative organizations under villages have been included in forestry; value of barnyard manure has been excluded from animal husbandry; self consumed handicrafts have not been included from sideline occupations, while the output value of industries run by villages and cooperative organizations under village has been included in sideline occupations; and the output value of fish catches by motor fishing boats has been added to fishery. Since 1980, the value of handicraft products made for sale by individuals in households has been added to sideline occupations. Since 1984, industries run by villages and under villages have been included in the sector of industry. Since 1993, the subdivision of sideline occupations has been cancelled, and the hunting of wild animals has been classified into animal husbandry, and the gathering of wild plants and commodity industry run by rural household have been included in farming. A new industrial classification of economic activities was introduced in 2003. Under the new classification, value of services to agriculture, forestry, animal husbandry and fishery is included in the gross output value of agriculture, value of wood felling and transport is included in forestry, value of industrial output by rural households is not included in agriculture. The First Agriculture Census of China revealed some discrepancy between the production of animal products from the annual reports and that from the census. According to the result of the First Agriculture census, efforts were made to adjust the annual reports of animal husbandry output and the output value of animal husbandry to make the figures from the annual reports consistent with the census data. "The Classification of Products for Statistical Purposes" implemented in 2010 made relevant revision on the output value of agriculture and forestry in 2009.

Gross output value of agriculture is obtained by multiplying the output of each product or by-product by its price, resulting in the output value of each single item. For a small number of products, annual output of which is not available or difficult to get due to the long production (growing) process involved, the output value is estimated through an indirect approach. The sum of output values of all products of agriculture, forestry, animal husbandry and fishery and services in support to those industries is then equal to the gross output value of agriculture.

Grain Output refers to the total output of grains produced by agricultural producers within a calendar year. It includes summer grain, early rice and autumn grain if classified by harvest seasons; it covers cereal, tubers and beans if classified by type of crops. Output of cereal should be limited to husked grain only. Output of beans refers to dry beans without pods. The output of tubers (sweet potatoes and potatoes, not including taros and cassava) are converted into that of grain at the ratio 4:1, i.e. 4 kilograms of fresh tubers were equivalent to 1 kilogram of grain up to 1963. Since 1964 the ratio for conversion has been 5:1. Tubers supplied as vegetables (such as potatoes) in cities and suburbs are calculated as fresh vegetables and their output is not included in the output of grain. Data on grain production before 1989 were obtained through the Comprehensive Statistical Reporting System. Since 1989, data from sample surveys are used.

Cotton Output refers to cotton production in the whole country including cotton planted in spring and in autumn. Output is measured as the weight of ginned cotton. Ceiba is not included.

Output of Oil-bearing Crops refers to the total production of oil-bearing crops of various kinds, including peanuts (dry, in shell), rapeseeds, sesame, sunflower seeds, flax seeds, and other oil-bearing crops. Soybeans, oil-bearing woody plants, and wild oil-bearing crops are not included.

Output of Aquatic Products refers to final output actually yielded from fishing production (fishery and breeding), including all output of marine and freshwater fish, crustaceans (shrimps, crabs), shellfish, cephalopod, seaweed and other fishery products. Data on output of aquatic products are reported by aquatic product and statistical agencies level by level. Before 1995, among the shellfish, oyster was counted as fresh meat; 5 kilograms of ark shell, clams and frogs are equivalent to 1 kilogram of fresh aquatic products; they have all been counted as fresh aquatic products since 1996.

Output of Pork, Beef, and Mutton refers to the meat of slaughtered hogs, cattle, sheep and goats with head, feet, and offal taken away.

Number of Livestock or Poultry in Stock at Beginning (or End) refers to the total number of large animals, pigs, sheep, fowls, etc. raised by rural cooperative organizations, state farms, rural individuals, government agencies, schools, industrial and mining enterprises, army, and urban residents at the beginning (or end) of the reference period.

Regularly Cultivated Land refers to farmland among the total land resources which is exclusively used for farming and is under regular cultivation with harvest in normal years. Included are currently cultivated land, land that has been abandoned or put in idle for less than 3 years and could be re-used for cultivation at any time, and new-claimed land that has been put into cultivation for more than 3 years. Excluded under this category are steep slope land over 25 degrees under temporary cultivation, land (large or small plots) that is claimed along river bends, lake sides or banks of reservoirs, as well as land that has been designated under the "Green for Grain" programs of the state and provincial governments but is still temporarily under cultivation.

Sown Area of Crops refers to area of land sown or transplanted with crops regardless of being in cultivated area or non cultivated area. Area of land re-sown due to natural disasters is also included.

Irrigated Area refers to areas that are effectively irrigated, i.e. level land, which has water source and complete sets of irrigation facilities to lift and move adequate water for irrigation purpose under normal conditions.

Consumption of Chemical Fertilizers in Agriculture refers to the quantity of chemical fertilizers applied in agriculture in the year, including nitrogenous fertilizer, phosphate fertilizer, potash fertilizer, and compound fertilizer. The consumption of chemical fertilizers is required in calculation to convert the gross weight into weight containing 100% effective component (e.g. 100% nitrogen content in nitrogenous fertilizer, 100% phosphorous-pent oxide contents in phosphate fertilizer, 100% potassium oxide contents in potash fertilizer). Compound fertilizer is converted with its major component.

Total Power of Farm Machinery refers to total mechanical power of machinery used in farming, forestry, animal husbandry, and fishery, including equipment of ploughing, irrigation and drainage, harvesting, transport, plant protection, stock breeding, forestry and fishery. The power of internal combustion engines is required to convert horsepower into watts and the power of electric motors is required to be converted into watts. Machinery employed for non agricultural purposes, such as the machines used in township run and village-run industry, construction, non agricultural transport, scientific experiments and teaching, is excluded.

工业
Industry

● 资料整理：田晓更　张奕琳　施　薇　任焱丽

简要说明

一、主要内容

本篇包括河南省规模以上工业企业单位数、工业增加值、工业主要产品产量和主要经济效益指标；规模以下和个体单位数、工业增加值及从业人员情况。

二、统计范围

工业统计调查范围为河南省全部工业法人企业和个体工业单位。1997年以前，我国工业的统计范围按隶属关系划分，分为乡及乡以上独立核算工业企业和非独立核算生产单位、村办工业、城镇合作工业、农村合作工业、城镇个体工业、农村个体工业六大部分，（其中，1984年以前不包括农村的村及村以下办工业）。1998年起，工业统计调查对象范围的界定由按隶属关系划分，改变为按企业规模划分，分为“规模以上工业”和“规模以下工业”。规模以上工业是指全部国有及年主营业务收入在500万元及以上非国有工业企业，规模以下工业是指年主营业务收入在500万元以下非国有工业企业及个体工业。2006年年报起，规模以上工业统计范围由全部国有及年主营业务收入在500万元及以上非国有工业企业改为年主营业务收入在500万元及以上的工业法人企业，相应改变规模以下工业的调查范围为年主营业务收入在500万元以下的工业企业及个体工业。从2011年定报起，规模以上工业统计范围调整为年主营业务收入在2000万元及以上的工业法人企业，相应改变规模以下工业的调查范围为年主营业务收入在2000万元以下的工业企业及个体工业。

三、资料来源

年主营业务收入2000万元及以上的工业法人企业实行全数调查，由河南省统计局工业处整理提供；年主营业务收入2000万元以下的工业企业实行目录抽样调查，个体工业经营户实行整群抽样调查，省级数据由国家统计局河南调查总队整理提供，省级以下数据由河南省统计局工业处提供。

Brief Introduction

I. Main Contents

Data on this chapter including number of industrial enterprises, value-added of industrial enterprises, output, beneficial indicators of industrial enterprises above designated size. Number, value-added and employed persons of industrial enterprises below designated size and individual.

II. Scope of Statistics

The scopes of industrial statistics are all corporate and individual industrial enterprises. Before 1997, the scopes of industrial statistics include six parts, as enterprises above township, Village-run enterprises, Cooperation in industrial cities and towns, rural cooperative industrial, urban individual industries, individual industries in rural areas. From 1998 to 2005, divided into " industrial enterprises above designated size " and "below designated size ". Industrial enterprises above designated size refers to all State-owned industrial enterprises and non-State-owned industrial enterprises with revenue from principal business over 5 million yuan, and industrial enterprises above designated size refers to non-State-owned industrial enterprises with revenue from principal business below 5 million yuan and individual. From 2006 to 2010, the industrial enterprises above designated size refers to all industrial enterprises with revenue from principal business over 5 million yuan, and the industrial enterprises below designated size refers to all industrial enterprises with revenue from principal business below 5 million yuan and individual. Since 2011, the industrial enterprises above designated size refers to all industrial enterprises with revenue from principal business over 20 million yuan, and the industrial enterprises below designated size refers to all industrial enterprises with revenue from principal business below 20 million yuan and individual.

III. Sources of Data

Data on industrial enterprises with principal business revenue above 5 million yuan are collected through a combination of Full survey, which are provided by the Department of Industrial of the Henan provincial bureau of Statistics. Data on industrial enterprises with principal business revenue below 5 million yuan are collected through a combination of Sample survey directory, data on individual household are collected through a combination of Cluster sample survey, Provincial data are provided by the Department of Henan Survey organizations, NBS. and municipal data are provided by the Department of Industrial of the Henan provincial bureau of Statistics.

14－1 规模以上工业增加值及指数

Value-added and Growth Rate of Industrial Enterprises above Designated Size

年份 Year	工业增加值(亿元) Value-added of Industrial Enterprises above Designated Size (100 million yuan)	轻工业 Enterprises of Light Industry	重工业 Enterprises of Heavy Industry	#国有控股 State-owned and State-holds	工业增加值指数(上年=100) Growth Rate of Value-added of Industrial Enterprises above Designated Size (Preceding=100)	轻工业 Enterprises of Light Industry	重工业 Enterprises of Heavy Industry	#国有控股 State-owned and State-holds
1997	970.25	347.72	622.53	526.17	105.9	106.0	105.8	100.6
1998	970.34	326.30	644.00	572.40	107.2	104.1	109.2	102.8
1999	993.62	332.40	661.20	586.30	107.5	107.0	107.8	107.4
2000	1154.39	366.70	787.60	692.80	111.6	106.2	114.2	114.6
2001	1269.97	405.20	864.80	751.50	109.8	109.3	110.1	108.6
2002	1430.75	439.70	991.00	828.00	114.2	110.8	115.7	113.2
2003	1754.08	510.80	1243.30	990.10	119.9	115.2	121.9	117.0
2004	2332.68	668.60	1664.10	1121.85	123.6	119.8	125.4	118.0
2005	3200.23	929.50	2270.80	1298.20	123.3	128.8	121.0	109.5
2006	4150.60	1212.60	2938.00	1521.50	123.4	124.6	122.8	116.6
2007	5438.06	1643.84	3794.22	1777.24	124.2	125.0	123.9	118.0
2008	7305.39	2239.33	5066.06	2087.06	119.8	124.8	117.6	111.6
2009	7764.45	2463.90	5300.56	1986.08	114.6	113.7	115.0	106.4
2010	9901.52	3070.82	6830.71	2209.96	119.0	120.0	118.8	113.6
2011	11882.55	3635.64	8246.91	2696.37	119.6	120.4	119.2	112.6
2012	12654.83	3998.11	8656.72	2734.62	114.6	116.2	113.9	104.3
2013	13986.51	4595.82	9390.70	2700.09	111.8	111.5	111.9	105.3

注：本表增加值均为现价数据，增速为可比价数据。

a) Data of Output value and Value-added in this table are calculated at current prices,and Data of Growth Rate are calculated at comparable prices.

14−2 各市规模以上工业单位数(2013年)

Number of All Industrial Above Designated size by City (2013)

单位：个 (unit)

市(县) City(County)	合计 Total	国有控股 State holds the majority of shares	集体控股 Collective holds the majority of shares	私人控股 Private holds the majority of shares	港澳台控股 Hong Kong,Macao and Taiwan holds the majority of shares	外商控股 Foreign holds the majority of shares	其他 Other
全　　省 Total	**20583**	**813**	**648**	**17871**	**198**	**182**	**871**
省　辖　市 City							
郑　州　市 Zhengzhou	2736	107	68	2292	42	44	183
开　封　市 Kaifeng	1254	24	23	1155	12	12	28
洛　阳　市 Luoyang	1770	148	38	1487	10	21	66
平　顶　山　市 Pingdingshan	799	88	43	635	5	5	23
安　阳　市 Anyang	937	27	8	858	7	9	28
鹤　壁　市 Hebi	555	12	71	439	3	5	25
新　乡　市 Xinxiang	1243	40	36	1010	10	13	134
焦　作　市 Jiaozuo	1211	34	31	1086	5	5	50
濮　阳　市 Puyang	875	28	34	753	12	4	44
许　昌　市 Xuchang	1433	46	25	1298	7	5	52
漯　河　市 Luohe	599	17	8	543	10	4	17
三　门　峡　市 Sanmenxia	637	54	122	453	3	5	
南　阳　市 Nanyang	1568	50	42	1372	22	9	73
商　丘　市 Shangqiu	979	36	19	880	4	9	31
信　阳　市 Xinyang	1154	29	24	1073	8	7	13
周　口　市 Zhoukou	1128	18	6	1019	12	9	64
驻　马　店　市 Zhumadian	1476	42	41	1338	23	13	19
济　源　市 Jiyuan	227	11	9	180	3	3	21
省　直　管　县 Province Administrating County							
巩　义　市 Gongyi	434	6	12	373	1	3	39
兰　考　县 Lankao	274	3	1	269	1		
汝　州　市 Ruzhou	128	9	5	108	2		4
滑　　县 Huaxian	128	2		119			7
长　垣　县 Changyuan	133	1	1	85			46
邓　州　市 Dengzhou	145	6	4	130	2	1	2
永　城　市 Yongcheng	128	9	2	117			
固　始　县 Gushi	169	1	3	163		1	1
鹿　邑　县 Luyi	84	1		82			1
新　蔡　县 Xincai	150	3	3	144			

14－3　各种分组的规模以上工业增加值及指数

Value-added and the Indices of Value-added of the Industry Enterprises above Designated Size

本表按当年价格计算。

The data in this table are calculated at current prices.

单位：亿元　　(100 million yuan)

项　　目	Item	2000	2005	2008	2009	2010	2011	2012	2013
增加值	**Total**	**1154.39**	**3200.23**	**7305.39**	**7764.45**	**9901.52**	**11882.55**	**12654.83**	**13986.51**
按注册类型分	By Registration status								
内资企业	Domestic Funded Enterprises	1068.67	3018.37	6823.25	7279.18	9295.75	11019.16	11783.65	12984.07
国有	State-owned	461.61	643.40	775.88	767.98	909.53	1219.39	1302.50	922.32
集体	Collective-owned	263.75	363.84	428.84	324.49	439.60	492.56	461.41	450.40
股份合作	Cooperative	24.07	67.75	106.96	74.52	97.19	97.94	96.33	96.71
联营	Joint Ownership	6.97	10.43	26.11	14.80	13.81	10.02	8.23	13.29
有限责任公司	Limited Liability Corporations	156.75	830.68	2224.65	2292.52	2760.80	3282.74	3539.30	4705.87
股份有限公司	Share-holding Corporation Ltd	95.96	345.07	707.10	708.43	884.58	1025.55	1097.64	1110.83
私营	Private	59.51	739.10	2514.50	3051.13	4122.31	4806.87	5067.86	5461.65
其他	Other	0.05	18.11	39.21	45.31	67.91	84.10	210.39	223.01
港澳台商投资	Enterprises with Funds from Hong Kong, Macao and Taiwan	56.84	89.42	242.62	212.54	264.68	411.13	444.83	568.48
外商投资	Foreign Funded	28.88	92.44	239.52	272.74	341.10	452.26	426.34	433.97
按控股类型分	By Proprietarily System								
#国有控股	State-holding			2087.06	1986.08	2209.96	2696.37	2734.62	2700.09
集体控股	Collective-holding			572.01	458.57	619.94	689.54	667.30	671.10
私人控股	Private-holding			4147.23	4678.58	6274.82	7439.21	8103.54	9270.49
港澳台控股	Hong Kong, Macao and Taiwan-holding			243.50	179.47	225.44	364.84	439.39	531.87
外商控股	Foreign-holding			255.60	202.55	234.06	287.19	263.66	274.33
按所有制分	By Proprietorial System								
公有制	Public-owned		1772.81	2659.07	2444.65	2829.90	3385.90	3401.92	3371.19
非公有制	Non-Public-owned		1427.42	4646.32	5319.81	7071.62	8496.65	9252.91	10615.33
按轻重工业分	Grouped by Light & Heavy Industry								
轻工业	Enterprises of Light Industry	366.74	929.47	2239.33	2463.90	3070.82	3635.64	3998.11	4595.82
重工业	Enterprises of Heavy Industry	787.65	2270.76	5066.06	5300.56	6830.71	8246.91	8656.72	9390.70
按企业规模分	Grouped by Size of Enterprises								
大型企业	Large Enterprises	471.24	992.00	2151.61	2093.60	2341.10	3030.36	4295.90	4780.84
中型企业	Medium-sized Enterprises	147.29	748.41	2127.68	2395.57	2953.32	3641.72	3456.69	3895.07
小型企业	Small Enterprises	535.86	1459.82	3026.10	3275.28	4607.11	5210.48	4882.93	5278.01
指　数	**Indices**	**111.6**	**123.3**	**119.8**	**114.6**	**119.0**	**119.6**	**114.6**	**111.8**
按注册类型分	By Registration status								
内资企业	Domestic Funded Enterprises	111.6	124.0	119.8	114.5	119.8	118.5	113.4	111.3
国有	State-owned	114.6	109.5	110.2	110.0	115.5	112.4	105.5	106.6
集体	Collective-owned	106.7	128.8	107.6	109.6	115.9	117.8	109.6	109.9
股份合作	Cooperative	111.1	130.3	120.3	105.5	122.2	106.5	107.5	109.7
联营	Joint Ownership	93.6	120.7	128.5	130.4	101.9	102.8	95.3	103.3
有限责任公司	Limited Liability Corporations	108.3	119.9	119.6	114.1	120.5	119.1	114.2	114.0
股份有限公司	Share-holding Corporation Ltd	112.8	115.8	109.5	111.0	116.7	115.3	109.9	105.3
私营	Private	122.2	148.5	128.9	117.5	121.6	120.7	116.3	111.7
其他	Other	102.0	164.1	139.7	132.6	129.0	131.6	117.3	120.5
港澳台商投资	Enterprises with Funds from Hong Kong, Macao and Taiwan	113.9	110.8	118.3	111.6	117.4	154.1	173.6	127.3
外商投资	Foreign Funded	106.4	115.2	119.3	110.7	118.0	127.4	104.1	108.5
按控股类型分	By Proprietarily System								
#国有控股	State-holding			111.6	106.4	113.6	112.6	104.3	105.3
集体控股	Collective-holding			110.1	107.6	117.9	115.6	109.0	110.3
私人控股	Private-holding			125.8	119.5	121.5	121.2	117.0	113.2
港澳台控股	Hong Kong, Macao and Taiwan-holding			118.5	112.7	117.4	175.0	182.1	130.0
外商控股	Foreign-holding			120.4	110.8	110.7	115.2	103.5	106.6
按所有制分	By Proprietorial System								
公有制	Public-owned		114.0	111.3	106.6	115.3	113.4	105.2	106.1
非公有制	Non-Public-owned		137.0	124.9	118.3	121.8	122.4	118.4	113.9
按轻重工业分	Grouped by Light & Heavy Industry								
轻工业	Enterprises of Light Industry	106.2	128.8	124.8	113.7	120.0	120.4	116.2	111.5
重工业	Enterprises of Heavy Industry	114.2	121.0	117.6	115.0	118.8	119.2	113.9	111.9
按企业规模分	Grouped by Size of Enterprises								
大型企业	Large Enterprises	116.0	114.3	113.2	109.8	116.3	113.9	111.8	110.3
中型企业	Medium-sized Enterprises	103.0	112.5	119.5	116.7	118.7	118.9	112.2	111.6
小型企业	Small Enterprises	110.4	138.0	124.4	115.6	122.4	123.9	118.4	113.6

14-4 规模以上工业增加值(2013年)

本表增加值按当年价格计算，指数按可比价格计算。
Gross Value-added of industry are calculated at current prices, Indices are based on comparable prices.
单位：亿元

行 业	Sector	规模以上工业 Industrial above Designated Size	
		增加值 Value-Added of Industry	指数(%) Indices (%)
总 计	**Total**	**13986.51**	**111.8**
按轻重工业分	**Grouped by Light & Heavy Industry**		
轻工业	Enterprises of Light Industry	4595.82	111.5
重工业	Heavy Industry	9390.70	111.9
按企业规模分	**Grouped by Size of Enterprises**		
大型企业	Large Enterprises	4780.84	110.3
中型企业	Medium-sized Enterprises	3895.07	111.6
小型企业	Small Enterprises	5278.01	113.6
按行业分	**By Sector**		
煤炭开采和洗选业	Mining and Washing of Coal	902.12	105.5
石油和天然气开采业	Extraction of Petroleum and Natural Gas	108.70	98.4
黑色金属矿采选业	Mining of Ferrous Metal Ores	60.59	111.0
有色金属矿采选业	Mining of Non-ferrous Metal Ores	399.94	111.4
非金属矿采选业	Mining and Processing of Nonmetal Ores	123.74	106.6
开采辅助活动	Mining Auxiliary	96.29	108.1
其他采矿业	Mining of Other Ores n.e.c		
农副食品加工业	Processing of Food from Agricultural Products	1013.05	108.6
食品制造业	Manufacture of Foods	438.17	109.1
酒、饮料和精制茶制造业	Manufacture of Wine, drinks and refined tea	313.07	116.9
烟草制品业	Manufacture of Tobacco	362.08	111.6
纺织业	Manufacture of Textile	534.92	110.3
纺织服装服饰业	Manufacture of Textile Wearing,Apparel	179.44	123.5
皮革、毛皮、羽毛及其制品和制鞋业	Manufacture of Leather, Fur, Featherand Its Products,Shoemaking	296.82	109.0
木材加工及木、竹、藤、棕、草制品业	Processing of Timbers, Manufacture of Wood, Bamboo, Rattan, Palm, and Straw Products	212.91	112.6
家具制造业	Manufacture of Furniture	119.06	111.7
造纸及纸制品业	Manufacture of Paper and Paper Products	235.86	103.0
印刷和记录媒介的复制业	Printing,Reproduction of Recording Media	81.83	111.3
文教、工美、体育和娱乐用品制造业	Manufacture of Cultural and educational supplies, industrial, sporting and entertainment	135.51	113.6
石油加工、炼焦及核燃料加工业	Processing of Petroleum ,Coking, Processing of Nucleus Fuel	216.84	101.9
化学原料及化学制品制造业	Manufacture of Chemical Raw Material and Chemical Products	691.35	116.2
医药制造业	Manufacture of Medicines	320.91	118.0
化学纤维制造业	Manufacture of Chemical Fiber	24.20	106.1
橡胶和塑料制品业	Manufacture of Rubber and Plastic	343.95	115.5
非金属矿物制品业	Manufacture of Non-metallic Mineral Products	1809.59	110.4
黑色金属冶炼及压延加工业	Manufacture and Processing of Ferrous Metals	767.11	114.8
有色金属冶炼及压延加工业	Manufacture and Processing of Non-ferrous Metals	553.42	107.3
金属制品业	Manufacture of Metal Products	327.54	117.7
通用设备制造业	Manufacture of General Purpose Machinery	556.12	117.8
专用设备制造业	Manufacture of Special Purpose Machinery	614.82	108.4
汽车制造业	Manufacture of Automobile	454.34	117.9
铁路、船舶、航空航天和其他运输设备制造业	Manufacture of Railway, shipbuilding, aerospace, and other transportation equipment	138.19	120.0
电气机械及器材制造业	Manufacture of Electrical Machinery and Equipment	444.23	119.2
计算机、通信和其他电子设备制造业	Manufacture of Computer Communication Equipment , and Other Electronic Equipment	403.22	152.4
仪器仪表制造业	Manufacture of Measuring Instrument	85.57	126.0
其他制造业	Manufacture of others	24.46	131.1
废弃资源综合利用业	Comprehensive utilization of waste materials	22.10	111.4
金属制品、机械和设备修理业	Repairing of Metal products, machinery and equipment	6.69	144.4
电力、热力的生产和供应业	Production and Supply of Electric Power and Heat Power	505.82	103.9
燃气生产和供应业	Production and Distribution of Gas	43.09	119.5
水的生产和供应业	Production and Distribution of Water	18.78	108.5

Value-added of Industry Enterprises Above Designated Size (2013)

(100 million yuan)

#国有控股 State-holding		#公有制 Public-owned		#私营工业企业 Private	
增加值 Value-Added of Industry	指数(%) Indices (%)	增加值 Value-Added of Industry	指数(%) Indices (%)	增加值 Value-Added of Industry	指数(%) Indices (%)
2700.09	**105.3**	**3371.19**	**106.1**	**5461.65**	**111.7**
517.52	110.3	746.19	108.4	2023.90	108.5
2182.57	104.8	2624.99	105.4	3437.75	112.7
2101.50	105.8	2280.79	106.0	660.11	120.7
428.88	106.3	631.33	106.2	1742.00	112.8
169.14	105.4	458.44	107.9	3043.63	109.6
559.34	105.3	584.07	105.0	186.14	104.8
107.21	98.6	108.70	98.8		
3.19	121.7	8.44	118.8	29.22	110.9
52.70	112.9	233.29	112.6	109.31	110.3
7.90	100.1	16.02	98.4	87.75	109.5
93.38	106.0	93.58	105.9	1.69	96.8
28.54	111.0	77.97	107.1	493.80	104.4
8.47	122.9	33.52	102.4	171.89	109.5
29.26	119.2	48.56	117.2	117.77	111.5
359.99	110.6	361.53	110.6		
19.21	103.3	30.59	97.1	297.99	109.2
1.07	95.6	5.92	166.4	96.57	117.2
5.02	94.8	23.53	84.9	143.06	105.0
1.11	297.6	2.92	141.1	146.95	110.0
		1.97	56.4	93.38	112.5
18.47	111.6	40.38	95.6	108.76	100.2
2.18	93.3	11.67	103.7	47.37	110.6
1.26	133.5	3.45	110.7	54.24	106.1
84.02	100.1	85.01	99.4	70.66	117.8
106.09	120.1	140.53	119.1	305.45	112.1
11.35	111.7	56.19	122.6	99.32	113.3
10.20	87.6	12.76	92.3	6.09	115.8
21.13	99.7	51.34	110.2	161.18	112.7
86.06	102.2	148.54	103.4	993.78	109.4
76.44	120.2	80.08	119.2	363.56	119.2
190.24	100.5	196.82	100.2	164.01	117.1
7.49	87.4	22.62	97.3	176.13	115.0
34.97	87.0	54.36	93.1	231.91	115.8
105.39	96.4	126.88	97.1	225.67	111.3
91.78	110.7	108.14	110.2	119.89	119.7
20.36	111.9	23.05	110.7	76.44	115.3
54.45	110.0	66.89	109.0	186.18	117.6
5.33	117.6	7.62	115.9	39.54	122.6
14.58	112.0	14.80	110.2	31.06	118.0
4.58	121.9	9.50	138.6	8.48	112.0
8.96	111.7	9.26	110.8	8.87	100.4
4.79	150.7	4.83	149.3	0.77	119.7
446.34	104.2	447.52	104.2	0.83	112.3
7.52	105.8	7.52	105.8	2.66	122.6
9.72	102.0	10.81	100.2	3.31	116.9

14-5 各市规模以上工业增加值(2013年)

本表按当年价格计算。
Data in this table are calculated at current prices.
单位：亿元

市(县) City(County)	合计 Total	公有制企业 Public-owned	非公有制企业 Non-public owned	大型企业 Large-sized Enterprises	中型企业 Medium-sized Enterprises	小型企业 Small Enterprises
全 省 Total	**13986.51**	**3371.19**	**10615.33**	**4780.84**	**3895.07**	**5278.01**
省 辖 市 City						
郑 州 市 Zhengzhou	2473.39	457.39	2015.97	874.99	660.79	930.66
开 封 市 Kaifeng	460.50	52.18	408.36	116.22	177.90	166.31
洛 阳 市 Luoyang	1350.00	528.84	821.12	455.52	366.47	523.82
平 顶 山 市 Pingdingshan	683.44	272.22	411.22	248.97	114.31	314.73
安 阳 市 Anyang	772.00	164.35	607.64	364.79	198.09	207.66
鹤 壁 市 Hebi	390.32	91.89	298.47	64.82	129.33	190.70
新 乡 市 Xinxiang	797.69	155.88	641.80	356.00	253.90	187.50
焦 作 市 Jiaozuo	986.85	131.05	855.80	237.80	365.00	382.80
濮 阳 市 Puyang	643.74	197.82	445.90	116.80	148.20	378.70
许 昌 市 Xuchang	1060.00	250.64	809.32	428.52	233.76	396.22
漯 河 市 Luohe	488.09	103.10	385.00	256.90	121.80	109.20
三 门 峡 市 Sanmenxia	683.62	343.72	339.90	121.20	207.30	355.00
南 阳 市 Nanyang	880.00	256.84	623.13	353.64	197.54	328.33
商 丘 市 Shangqiu	539.52	183.63	355.90	220.44	166.14	151.61
信 阳 市 Xinyang	420.50	55.46	365.02	99.53	142.02	178.55
周 口 市 Zhoukou	672.86	29.23	643.63	243.46	208.03	220.54
驻 马 店 市 Zhumadian	489.90	71.88	418.03	98.38	186.67	202.37
济 源 市 Jiyuan	295.00	76.39	218.57	166.99	38.55	89.26
省 直 管 县 Province Administrating County						
巩 义 市 Gongyi	344.91	15.50	329.38	64.36	104.49	171.95
兰 考 县 Lankao	66.21	2.12	64.08	3.27	26.74	36.25
汝 州 市 Ruzhou	104.79	29.89	74.86	32.62	8.83	61.56
滑 县 Huaxian	53.00	3.45	49.60	11.20	16.00	25.70
长 垣 县 Changyuan	96.74	1.34	95.40	54.80	26.20	15.70
邓 州 市 Dengzhou	81.80	8.30	73.50	13.70	20.60	47.50
永 城 市 Yongcheng	212.81	142.03	70.75	156.52	14.52	41.30
固 始 县 Gushi	47.86	1.76	46.11	2.50	14.00	31.40
鹿 邑 县 Luyi	89.35	0.50	88.90	82.80	4.00	2.40
新 蔡 县 Xincai	34.72	1.78	32.96	2.40	12.18	20.08

Value-added of Industry Enterprises Above Designated Size by City (2013)

(100 million yuan)

轻工业 Enterprises of Light Industry	重工业 Enterprises of Heavy Industry	#国有控股 State holds the majority of shares	#集体控股 Collective holds the majority of shares	#私人控股 Private holds the majority of shares	#港澳台控股 Hong Kong,Macao and Taiwan holds the majority of shares	#外商控股 Foreign holds the majority of shares	工业增加值指数 (上年=100) Indiccs of Valuc Addedof Industry (preceding year=100)
4595.82	**9390.70**	**2700.09**	**671.10**	**9270.49**	**531.87**	**274.33**	**111.8**
473.43	1999.97	407.83	49.50	1545.83	297.60	65.70	111.3
210.86	249.57	33.66	18.51	377.08	3.96	9.60	117.2
236.78	1113.23	496.37	32.42	734.01	13.72	26.04	108.1
108.00	575.50	250.80	21.38	372.64	14.05	8.14	107.1
199.42	572.65	155.90	8.44	584.48	4.22	7.61	112.4
129.24	261.03	52.50	39.30	276.70	3.45	6.01	116.0
312.00	485.70	85.70	70.10	521.40	5.20	18.50	112.0
339.20	647.60	105.80	25.30	804.30	7.30	2.50	114.2
275.10	368.60	163.60	34.20	416.10	14.60	3.80	115.7
364.41	695.64	231.91	18.72	768.58	5.24	14.74	114.8
364.40	123.70	51.70	51.40	260.00	76.20	28.70	111.9
44.60	639.00	146.30	197.40	303.90	7.50	28.40	110.4
351.35	528.58	231.70	25.10	561.70	19.37	6.14	111.8
244.77	294.73	168.97	14.64	342.07	3.63	1.61	116.2
193.40	227.10	37.21	18.27	347.93	7.81	1.86	114.7
461.21	211.69	13.38	15.88	534.85	9.34	20.70	116.4
260.06	229.86	55.79	16.10	389.73	20.00	7.40	114.7
30.47	264.54	59.32	17.12	174.42	19.70	18.84	115.7
11.61	333.29	9.51	6.01	268.43	13.91	15.31	112.1
21.99	44.27	1.49	0.59	59.32	0.40	3.47	118.1
6.59	98.10	29.72	0.11	72.85	0.56		108.5
31.60	21.40	1.10	2.40	46.70			114.5
22.00	74.70	1.00	0.30	54.10			117.4
52.30	29.50	4.70	3.60	69.50	2.00	0.90	113.9
39.56	173.18	141.80	0.20	69.83			109.9
24.10	23.70	0.70	1.00	46.11			116.2
88.20	1.20	0.50		84.50			117.2
25.27	9.49	0.80	1.00	32.96			115.3

14-6 各市规模以上公有制工业企业增加值(2013年)
Value-added of Public-owned Industrial Enterprises above Designated Size by City (2013)

单位：亿元 (100 million yuan)

市(县) City(County)	合计 Total	轻工业 Enterprises of Light Industry	重工业 Enterprises of Heavy Industry	#大型企业 Large-sized Enterprises	#中型企业 Medium-sized Enterprises	指数 (上年=100) Indices (Preceding year=100)
省辖市 City						
郑州市 Zhengzhou	457.39	140.24	317.05	359.79	68.38	105.5
开封市 Kaifeng	52.18	13.86	38.32	26.24	22.67	123.5
洛阳市 Luoyang	528.84	36.31	492.43	368.37	128.27	103.4
平顶山市 Pingdingshan	272.22	14.56	257.66	201.26	48.46	102.6
安阳市 Anyang	164.35	60.72	103.63	146.75	11.32	110.3
鹤壁市 Hebi	91.89	10.05	81.85	46.88	17.43	111.6
新乡市 Xinxiang	155.88	69.79	86.09	117.79	26.40	110.0
焦作市 Jiaozuo	131.05	8.80	122.25	89.33	25.61	103.7
濮阳市 Puyang	197.82	20.20	177.72	87.81	27.50	103.4
许昌市 Xuchang	250.64	104.56	146.08	203.79	24.06	107.7
漯河市 Luohe	103.10	85.80	17.30	87.30	9.50	104.0
三门峡市 Sanmenxia	343.72	8.80	334.92	108.91	77.50	107.5
南阳市 Nanyang	256.84	71.45	185.39	198.09	41.76	107.2
商丘市 Shangqiu	183.63	20.80	162.83	156.78	23.62	105.6
信阳市 Xinyang	55.46	30.76	24.70	25.58	23.43	109.3
周口市 Zhoukou	29.23	9.71	19.52	4.71	23.36	122.8
驻马店市 Zhumadian	71.88	35.79	36.09	27.29	33.49	102.2
济源市 Jiyuan	76.39	6.57	69.92	63.03	8.83	109.6
省直管县 Province Administrating County						
巩义市 Gongyi	15.50		15.50	3.50	9.30	92.5
兰考县 Lankao	2.12	0.50	1.61		1.71	111.1
汝州市 Ruzhou	29.89		29.89	27.10	2.57	102.0
滑县 Huaxian	3.45	2.43	1.11	2.43	0.91	103.4
长垣县 Changyuan	1.34		1.34		1.03	83.3
邓州市 Dengzhou	8.30	5.60	2.70	2.30	3.90	100.0
永城市 Yongcheng	142.03	3.07	139.07	141.52	0.41	107.5
固始县 Gushi	1.76	0.20	1.47		0.68	117.6
鹿邑县 Luyi	0.50		0.50		0.50	43.2
新蔡县 Xincai	1.78	0.79	0.99		0.59	133.3

14-7 各市规模以上国有控股工业增加值(2013年)
Value-added of State-holding Industrial Enterprises above Designated Size by City (2013)

单位：亿元 (100 million yuan)

市(县) City(County)	合计 Total	轻工业 Enterprises of Light Industry	重工业 Enterprises of Heavy Industry	#大型企业 Large-sized Enterprises	#中型企业 Medium-sized Enterprises	指数 (上年=100) Indices (Preceding year=100)
省辖市 City						
郑州市 Zhengzhou	407.83	129.32	278.51	357.73	39.16	105.6
开封市 Kaifeng	33.66	4.26	29.50	20.39	12.57	129.3
洛阳市 Luoyang	496.37	32.85	463.51	361.39	116.28	102.9
平顶山市 Pingdingshan	250.80	13.44	237.37	201.23	41.83	101.5
安阳市 Anyang	155.90	56.18	99.82	142.83	8.13	112.1
鹤壁市 Hebi	52.50	3.35	49.15	43.83	5.42	108.0
新乡市 Xinxiang	85.70	15.40	70.30	63.80	17.40	112.1
焦作市 Jiaozuo	105.80	2.90	102.90	77.00	18.00	104.7
濮阳市 Puyang	163.60	8.30	155.30	84.00	13.80	103.3
许昌市 Xuchang	231.91	95.35	136.57	195.54	20.37	109.3
漯河市 Luohe	51.70	37.40	14.30	38.10	9.40	104.9
三门峡市 Sanmenxia	146.30	1.90	144.40	108.90	25.90	98.3
南阳市 Nanyang	231.70	63.63	168.07	192.75	31.76	107.7
商丘市 Shangqiu	168.97	6.56	162.41	156.75	11.20	106.7
信阳市 Xinyang	37.21	21.88	15.34	16.31	19.73	105.0
周口市 Zhoukou	13.38	1.64	11.74		13.00	109.2
驻马店市 Zhumadian	55.79	25.20	30.69	27.30	26.50	106.6
济源市 Jiyuan	59.32	0.43	58.79	51.57	7.64	108.1
省直管县 Province Administrating County						
巩义市 Gongyi	9.51		9.51	2.90	6.11	92.6
兰考县 Lankao	1.49	0.50	0.99		1.09	166.7
汝州市 Ruzhou	29.72		29.72	27.15	2.57	102.7
滑县 Huaxian	1.10		1.10		0.90	111.1
长垣县 Changyuan	1.00		1.00		1.00	100.0
邓州市 Dengzhou	4.70	2.40	2.20	2.30	2.10	111.1
永城市 Yongcheng	141.80	2.96	138.93	141.49	0.20	107.6
固始县 Gushi	0.70		0.70		0.70	166.7
鹿邑县 Luyi	0.50		0.50		0.50	43.2
新蔡县 Xincai	0.80	0.30	0.50		0.60	142.9

14-8 各市规模以上私营工业企业增加值(2013年)

Value-added of Private Industrial Enterprises above Designated Size by City (2013)

市(县) City(County)	工业增加值(亿元) Value Added of Industry (100 millionyuan)	轻工业 Enterprises of Light Industry	重工业 Enterprises of Heavy Industry	#大型企业 Large-sized Enterprises	#中型企业 Medium-sized Enterprises	工业增加值指数(上年=100) Indices of Value Added of Industry (Preceding year=100)
省辖市 City						
郑州市 Zhengzhou	802.14	123.45	678.68	40.16	272.85	106.5
开封市 Kaifeng	267.39	132.85	134.54	54.55	104.44	112.8
洛阳市 Luoyang	441.36	145.14	296.33	24.86	125.79	113.9
平顶山市 Pingdingshan	218.03	63.62	154.41	11.81	22.80	113.2
安阳市 Anyang	312.82	60.09	252.83	110.00	79.95	112.5
鹤壁市 Hebi	139.28	59.00	80.28	2.07	44.23	114.9
新乡市 Xinxiang	257.00	102.40	154.60	83.50	85.70	110.8
焦作市 Jiaozuo	527.80	189.20	338.60	44.70	240.50	111.3
濮阳市 Puyang	284.70	161.60	123.10	14.80	79.90	117.5
许昌市 Xuchang	513.10	139.57	373.62	86.03	145.49	116.8
漯河市 Luohe	156.20	103.80	52.40	24.80	70.80	111.5
三门峡市 Sanmenxia	245.00	25.10	219.90		78.80	115.0
南阳市 Nanyang	309.17	165.57	143.60	30.51	72.89	115.0
商丘市 Shangqiu	252.64	151.00	101.64	41.69	101.64	121.1
信阳市 Xinyang	183.14	85.47	97.58	12.21	60.46	112.9
周口市 Zhoukou	289.09	187.53	101.66	46.59	72.20	107.0
驻马店市 Zhumadian	234.16	127.28	106.88	18.60	78.59	108.6
济源市 Jiyuan	51.25	6.89	44.36	15.50	9.58	118.5
省直管县 Province Administrating County						
巩义市 Gongyi	217.59	4.40	213.28	9.71	83.87	114.0
兰考县 Lankao	42.88	14.26	28.72		19.51	113.8
汝州市 Ruzhou	55.08	2.35	52.74		1.45	113.5
滑县 Huaxian	32.40	19.10	13.30	7.10	6.70	119.9
长垣县 Changyuan	13.10	0.70	12.40	7.10	3.00	125.0
邓州市 Dengzhou	46.50	30.40	16.10	1.70	7.10	110.5
永城市 Yongcheng	67.37	34.35	33.02	14.93	13.80	115.9
固始县 Gushi	26.50	13.30	13.20		6.40	111.1
鹿邑县 Luyi	12.20	12.00	0.30	9.90	1.30	90.1
新蔡县 Xincai	17.48	13.48	4.00		5.79	111.8

14-9 规模以上工业企业主要指标(2013年)

单位：亿元

行 业	Sector	单位数 (个) Number of Enterprises (unit)	平均从业人员 (万人) Number of Employed Persons (10 000 persons)
总 计	**Total**	**20583**	**632.57**
按轻重工业分	**Grouped by Light & Heavy Industry**		
轻工业	Enterprises of Light Industry	7899	232.34
重工业	Heavy Industry	12684	400.24
按企业规模分	**Grouped by Size of Enterprises**		
大型企业	Large Enterprises	622	243.16
中型企业	Medium-sized Enterprises	4054	199.81
小型企业	Small Enterprises	15017	186.87
微型企业	Micro-enterprises	890	2.73
按所有制分	**By Proprietorial System**		
公有制	Public-owned	1461	150.98
非公有制	Non-Public-owned	19122	481.60
按行业分	**By Sector**		
煤炭开采和洗选业	Mining and Washing of Coal	493	53.91
石油和天然气开采业	Extraction of Petroleum and Natural Gas	3	6.04
黑色金属矿采选业	Mining of Ferrous Metal Ores	137	1.83
有色金属矿采选业	Mining of Non-ferrous Metal Ores	337	7.90
非金属矿采选业	Mining and Processing of Nonmetal Ores	261	4.36
开采辅助活动	Mining Auxiliary	5	4.06
其他采矿业	Mining of Other Ores n.e.c		
农副食品加工业	Processing of Food from Agricultural Products	1989	43.40
食品制造业	Manufacture of Foods	731	24.08
酒、饮料和精制茶制造业	Manufacture of Wine, drinks and refined tea	456	13.07
烟草制品业	Manufacture of Tobacco	19	2.01
纺织业	Manufacture of Textile	988	33.98
纺织服装服饰业	Manufacture of Textile Wearing,Apparel	496	16.94
皮革、毛皮、羽毛及其制品和制鞋业	Manufacture of Leather, Fur, Featherand Its Products,Shoemaking	474	15.80
木材加工及木、竹、藤、棕、草制品业	Processing of Timbers, Manufacture of Wood, Bamboo, Rattan, Palm, and Straw Products	547	10.60
家具制造业	Manufacture of Furniture	292	6.76
造纸及纸制品业	Manufacture of Paper and Paper Products	380	10.78
印刷和记录媒介的复制业	Printing,Reproduction of Recording Media	251	5.58
文教、工美、体育和娱乐用品制造业	Manufacture of Cultural and educational supplies, industrial, sporting and entertainment	336	11.86
石油加工、炼焦及核燃料加工业	Processing of Petroleum ,Coking, Processing of Nucleus Fuel	93	4.00
化学原料及化学制品制造业	Manufacture of Chemical Raw Material and Chemical Products	1220	28.75
医药制造业	Manufacture of Medicines	417	16.28
化学纤维制造业	Manufacture of Chemical Fiber	36	1.80
橡胶和塑料制品业	Manufacture of Rubber and Plastic	728	14.97
非金属矿物制品业	Manufacture of Non-metallic Mineral Products	3379	66.47
黑色金属冶炼及压延加工业	Manufacture and Processing of Ferrous Metals	660	20.97
有色金属冶炼及压延加工业	Manufacture and Processing of Non-ferrous Metals	498	20.63
金属制品业	Manufacture of Metal Products	750	14.43
通用设备制造业	Manufacture of General Purpose Machinery	1048	24.68
专用设备制造业	Manufacture of Special Purpose Machinery	1129	30.71
汽车制造业	Manufacture of Automobile	588	20.01
铁路、船舶、航空航天和其他运输设备制造业	Manufacture of Railway, shipbuilding, aerospace, and other transportation equipment	206	7.50
电气机械及器材制造业	Manufacture of Electrical Machinery and Equipment	746	21.39
计算机、通信和其他电子设备制造业	Manufacture of Computer Communication Equipment , and Other Electronic Equipment	232	37.55
仪器仪表制造业	Manufacture of Measuring Instrument	192	4.92
其他制造业	Manufacture of others	59	2.27
废弃资源综合利用业	Comprehensive utilization of waste materials	52	0.80
金属制品、机械和设备修理业	Repairing of Metal products, machinery and equipment	9	0.60
电力、热力的生产和供应业	Production and Supply of Electric Power and Heat Power	243	17.32
燃气生产和供应业	Production and Distribution of Gas	52	1.50
水的生产和供应业	Production and Distribution of Water	51	2.07

Main Indicators of Industrial Enterprises above Designated Size by Industrial Sector (2013)

(100 million yuan)

资产总计 Total Assets	流动资产合计 Balance of Working Capitals	负债合计 Total Liabilities	主营业务收入 Revenue from Principal Business	主营业务成本 Cost of Pricipal Business	利润总额 Total Profits	利税总额 Total Pre-tax Profits	本年应缴增值税 Value Added Tax Payable
43431.82	**20131.51**	**21050.58**	**59975.16**	**51549.68**	**4543.07**	**6800.54**	**1594.74**
11813.95	5757.15	4022.24	18860.72	15777.86	1726.45	2491.41	445.75
31617.87	14374.35	17028.34	41114.44	35771.83	2816.62	4309.14	1148.99
19029.04	8911.94	11679.32	22451.16	19579.13	1132.41	2238.01	677.49
11885.17	5280.65	5277.98	17289.45	14857.53	1478.28	2008.69	432.06
12116.01	5762.89	3927.19	19880.59	16808.67	1905.47	2515.77	475.52
401.60	176.02	166.09	353.96	304.36	26.92	38.07	9.67
14034.47	5732.89	9098.76	13647.93	11790.45	585.24	1393.26	411.90
29397.35	14398.61	11951.82	46327.23	39759.24	3957.84	5407.29	1182.84
3333.68	1255.04	2047.22	2842.03	2410.68	190.47	359.45	137.58
399.26	88.82	176.41	244.95	147.05	-10.35	79.76	24.71
149.53	75.13	65.44	205.24	169.89	21.37	29.30	5.92
740.40	363.16	256.70	1471.28	1216.02	186.98	209.45	13.59
275.52	100.30	89.81	413.12	338.68	47.24	65.62	14.32
165.98	77.31	123.54	162.71	144.83	0.70	9.66	7.18
2479.40	1100.56	808.13	4973.19	4316.37	403.86	518.78	88.23
1070.58	523.78	388.59	1951.20	1637.21	202.81	262.41	48.36
862.39	409.26	398.88	1208.06	987.09	113.06	160.90	27.57
349.01	260.73	108.44	448.38	131.05	78.29	331.14	50.48
1529.62	689.27	621.67	2276.26	1982.26	163.55	221.14	44.41
437.12	175.41	126.54	765.42	654.20	63.04	85.26	17.07
1157.62	777.01	202.76	1075.98	905.42	112.90	143.65	25.50
413.72	157.60	93.29	728.17	613.91	69.40	90.83	15.66
279.85	102.18	38.12	466.87	381.09	51.33	65.95	10.47
645.88	284.40	285.79	900.91	777.82	74.10	101.72	23.63
216.79	102.26	74.16	336.36	283.81	30.68	42.64	9.80
356.62	192.61	117.13	611.42	508.63	60.40	79.61	15.82
652.03	335.47	412.00	1227.85	1069.51	48.09	133.80	23.94
2651.29	1013.79	1390.83	3175.99	2793.58	205.41	279.02	58.28
916.02	448.57	354.96	1334.45	1094.21	132.36	173.05	33.57
89.87	36.66	45.77	86.84	75.64	5.83	7.31	1.00
808.26	363.60	267.37	1442.17	1216.15	141.65	188.18	35.43
4601.35	2162.38	1803.58	6826.85	5700.62	713.16	996.06	239.16
2189.11	948.69	1148.24	3330.97	3008.84	180.26	278.68	81.19
3362.00	1606.57	2222.16	4317.34	4028.69	101.54	177.37	62.57
743.68	358.09	243.14	1307.72	1133.04	107.05	138.37	24.52
1541.51	873.37	701.62	2394.96	2059.17	193.12	259.28	53.50
1954.61	1129.00	816.86	2727.20	2337.93	203.76	280.25	62.87
1352.50	715.50	654.05	1933.94	1603.78	172.58	233.29	47.73
357.45	202.88	133.49	620.85	526.51	58.58	71.18	10.40
1592.16	947.64	696.69	2275.88	1939.16	182.02	235.06	42.78
1633.41	1206.03	1235.16	2344.30	2157.29	90.04	222.22	129.28
246.91	150.38	96.18	270.57	216.70	27.93	37.60	8.06
107.24	53.00	40.42	112.06	86.54	9.02	12.71	3.00
53.07	26.69	18.70	125.60	112.93	8.73	11.05	1.79
34.19	21.81	23.04	31.93	27.73	1.18	1.85	0.52
3301.82	652.66	2492.47	2783.63	2576.63	79.93	178.62	89.11
276.74	108.48	173.08	184.23	148.76	19.90	25.28	4.17
103.61	35.42	58.17	38.34	30.27	1.10	3.03	1.52

14-10 规模以上国有控股工业企业主要指标(2013年)

单位：亿元

行 业	Sector	单位数 (个) Number of Enterprises (unit)	平均从业人员 (万人) Number of Employed Persons (10 000 persons)
总 计	**Total**	**813**	**129.99**
按轻重工业分	**Grouped by Light & Heavy Industry**		
轻工业	Enterprises of Light Industry	153	14.15
重工业	Heavy Industry	660	115.84
按企业规模分	**Grouped by Size of Enterprises**		
大型企业	Large Enterprises	165	104.72
中型企业	Medium-sized Enterprises	347	21.76
小型企业	Small Enterprises	243	3.32
微型企业	Micro-enterprises	58	0.19
按行业分	**By Sector**		
煤炭开采和洗选业	Mining and Washing of Coal	79	46.02
石油和天然气开采业	Extraction of Petroleum and Natural Gas	2	5.96
黑色金属矿采选业	Mining of Ferrous Metal Ores	3	0.17
有色金属矿采选业	Mining of Non-ferrous Metal Ores	24	1.62
非金属矿采选业	Mining and Processing of Nonmetal Ores	6	0.26
开采辅助活动	Mining Auxiliary	2	3.98
其他采矿业	Mining of Other Ores n.e.c		
农副食品加工业	Processing of Food from Agricultural Products	30	1.77
食品制造业	Manufacture of Foods	11	0.51
酒、饮料和精制茶制造业	Manufacture of Wine, drinks and refined tea	11	1.13
烟草制品业	Manufacture of Tobacco	14	1.78
纺织业	Manufacture of Textile	18	2.12
纺织服装服饰业	Manufacture of Textile Wearing,Apparel	5	0.10
皮革、毛皮、羽毛及其制品和制鞋业	Manufacture of Leather, Fur, Featherand Its Products,Shoemaking	3	0.24
木材加工及木、竹、藤、棕、草制品业	Processing of Timbers, Manufacture of Wood, Bamboo, Rattan, Palm, and Straw Products	2	0.05
家具制造业	Manufacture of Furniture		
造纸及纸制品业	Manufacture of Paper and Paper Products	5	0.90
印刷和记录媒介的复制业	Printing,Reproduction of Recording Media	6	0.18
文教、工美、体育和娱乐用品制造业	Manufacture of Cultural and educational supplies, industrial, sporting and entertainment	1	0.02
石油加工、炼焦及核燃料加工业	Processing of Petroleum ,Coking, Processing of Nucleus Fuel	8	1.04
化学原料及化学制品制造业	Manufacture of Chemical Raw Material and Chemical Products	57	5.08
医药制造业	Manufacture of Medicines	11	0.91
化学纤维制造业	Manufacture of Chemical Fiber	1	1.09
橡胶和塑料制品业	Manufacture of Rubber and Plastic	7	1.02
非金属矿物制品业	Manufacture of Non-metallic Mineral Products	69	3.56
黑色金属冶炼及压延加工业	Manufacture and Processing of Ferrous Metals	10	5.08
有色金属冶炼及压延加工业	Manufacture and Processing of Non-ferrous Metals	45	8.38
金属制品业	Manufacture of Metal Products	13	0.43
通用设备制造业	Manufacture of General Purpose Machinery	26	2.51
专用设备制造业	Manufacture of Special Purpose Machinery	40	6.93
汽车制造业	Manufacture of Automobile	13	2.31
铁路、船舶、航空航天和其他运输设备制造业	Manufacture of Railway, shipbuilding, aerospace, and other transportation equipment	9	1.50
电气机械及器材制造业	Manufacture of Electrical Machinery and Equipment	32	2.87
计算机、通信和其他电子设备制造业	Manufacture of Computer Communication Equipment , and Other Electronic Equipment	10	0.43
仪器仪表制造业	Manufacture of Measuring Instrument	11	1.03
其他制造业	Manufacture of others	3	1.26
废弃资源综合利用业	Comprehensive utilization of waste materials	1	0.10
金属制品、机械和设备修理业	Repairing of Metal products, machinery and equipment	2	0.49
电力、热力的生产和供应业	Production and Supply of Electric Power and Heat Power	192	15.47
燃气生产和供应业	Production and Distribution of Gas	8	0.35
水的生产和供应业	Production and Distribution of Water	23	1.35

Main Indicators on Economic Benefit of State-holding Industrial Enterprises above Designated Size (2013)

(100 million yuan)

资产总计 Total Assets	流动资产合计 Balance of Working Capitals	负债合计 Total Liabilities	主营业务收入 Revenue from Principal Business	主营业务成本 Cost of Pricipal Business	利润总额 Total Profits	利税总额 Total Pre-tax Profits	本年应缴增值税 Value Added Tax Payable
12799.42	**5084.89**	**8624.71**	**11195.92**	**9712.17**	**331.58**	**1090.30**	**375.80**
1264.99	717.18	692.87	1198.22	797.5	85.37	357.47	63.01
11534.43	4367.71	7931.84	9997.7	8914.66	246.21	732.83	312.78
10324.67	4215.42	6843.33	8995.01	7749.06	264.69	950.21	312.56
1935.34	661.78	1392.35	1657.84	1469.41	53.34	112.83	51.71
495.77	195.01	354.35	540.32	491.64	13.31	26.99	11.50
43.63	12.67	34.68	2.74	2.06	0.24	0.28	0.03
2844.62	1039.65	1855.71	2180.67	1873.78	105.76	235.49	106.73
396.40	86.30	174.69	242.16	144.69	-10.68	79.16	24.48
16.49	5.33	9.95	9.39	6.61	1.46	2.44	0.69
126.71	43.87	78.88	128.98	108.69	11.48	15.87	3.07
35.87	8.13	19.60	22.38	17.39	1.51	3.07	1.05
163.29	76.12	122.75	158.74	141.63	0.17	9.04	7.11
74.11	37.99	43.70	123.32	117.68	0.81	1.41	0.48
28.48	11.36	12.16	51.27	45.89	1.91	2.91	0.87
185.43	118.38	156.95	135.90	112.79	3.71	11.01	2.27
342.05	256.20	103.53	440.68	125.20	78.14	330.47	50.03
161.61	83.61	117.63	169.13	160.78	-7.17	-5.47	1.42
1.94	1.09	0.80	2.47	1.58	0.16	0.40	0.22
7.13	4.04	2.55	18.32	15.94	0.70	1.36	0.54
0.21	0.09	0.02	0.67	0.60	0.04	0.06	0.01
134.87	55.93	100.71	74.71	67.37	-2.64	-0.02	2.46
9.10	4.26	1.67	7.62	6.05	0.52	1.05	0.45
0.81	0.5	0.62	3.69	3.6	0.03	0.05	0.02
197.78	95.03	169.48	549.81	486.38	-9.04	59.87	13.53
738.24	205.99	615.64	533.6	502.45	-8.45	-0.62	6.93
59.09	28.15	33.78	33.57	25.04	1.78	3.56	1.54
52.68	18.31	25.98	32.19	28.54	1.50	1.70	0.08
82.22	41.19	55.17	91.64	74.66	3.48	5.94	1.55
362.41	143.18	196.03	258.44	222.75	18.38	27.57	7.71
615.57	292.35	475.3	498.97	464.46	0.9	11.48	9.05
1389.08	601.84	1018.20	1410.51	1354.56	-13.82	8.80	18.00
15.82	10.59	12.85	44.13	41.28	0.47	0.71	0.16
213.22	116.87	138.26	146.97	127.68	2.61	5.26	2.27
723.63	484.82	392.98	581.97	495.69	30.43	45.53	12.63
179.70	129.66	125.02	185.32	156.74	10.09	19.48	5.98
103.86	72.22	58.71	61.56	47.04	4.63	5.76	0.92
459.65	332.51	271.59	276.51	220.46	18.91	30.46	10.04
64.55	26.29	39.88	14.39	9.15	2.40	3.11	0.64
63.48	45.80	29.59	46.17	35.00	5.29	7.09	1.54
76.03	42.88	29.77	50.68	39.46	4.37	5.92	1.40
3.20	3.08	2.31	41.63	39.81	1.68	1.75	0.04
29.17	19.84	21.95	23.20	20.29	0.55	0.99	0.38
2742.00	509.17	2049.30	2498.77	2333.49	67.92	154.32	78.28
26.17	9.12	15.83	25.82	20.96	1.7	2.22	0.34
72.75	23.18	45.21	19.94	15.98	-0.06	1.07	0.91

14-11 规模以上公有制工业企业主要指标(2013年)

单位：亿元

行 业	Sector	单位数 (个) Number of Enterprises (unit)	平均从业人员 (万人) Number of Employed Persons (10 000 persons)
总 计	**Total**	**1461**	**150.98**
按轻重工业分	**Grouped by Light & Heavy Industry**		
轻工业	Enterprises of Light Industry	320	22.35
重工业	Heavy Industry	1141	128.63
按企业规模分	**Grouped by Size of Enterprises**		
大型企业	Large Enterprises	191	111.41
中型企业	Medium-sized Enterprises	495	29.63
小型企业	Small Enterprises	685	9.61
微型企业	Micro-enterprises	90	0.33
按行业分	**By Sector**		
煤炭开采和洗选业	Mining and Washing of Coal	111	47.11
石油和天然气开采业	Extraction of Petroleum and Natural Gas	3	6.04
黑色金属矿采选业	Mining of Ferrous Metal Ores	9	0.29
有色金属矿采选业	Mining of Non-ferrous Metal Ores	125	4.08
非金属矿采选业	Mining and Processing of Nonmetal Ores	14	0.96
开采辅助活动	Mining Auxiliary	4	4.04
其他采矿业	Mining of Other Ores n.e.c		
农副食品加工业	Processing of Food from Agricultural Products	72	3.05
食品制造业	Manufacture of Foods	20	1.68
酒、饮料和精制茶制造业	Manufacture of Wine, drinks and refined tea	25	1.65
烟草制品业	Manufacture of Tobacco	18	1.99
纺织业	Manufacture of Textile	32	2.65
纺织服装服饰业	Manufacture of Textile Wearing,Apparel	13	0.75
皮革、毛皮、羽毛及其制品和制鞋业	Manufacture of Leather, Fur, Featherand Its Products,Shoemaking	8	0.47
木材加工及木、竹、藤、棕、草制品业	Processing of Timbers, Manufacture of Wood, Bamboo, Rattan, Palm, and Straw Products	6	0.14
家具制造业	Manufacture of Furniture	1	0.02
造纸及纸制品业	Manufacture of Paper and Paper Products	19	1.66
印刷和记录媒介的复制业	Printing,Reproduction of Recording Media	16	0.40
文教、工美、体育和娱乐用品制造业	Manufacture of Cultural and educational supplies, industrial, sporting and entertainment	8	0.57
石油加工、炼焦及核燃料加工业	Processing of Petroleum ,Coking, Processing of Nucleus Fuel	11	1.13
化学原料及化学制品制造业	Manufacture of Chemical Raw Material and Chemical Products	97	6.12
医药制造业	Manufacture of Medicines	24	2.41
化学纤维制造业	Manufacture of Chemical Fiber	2	1.09
橡胶和塑料制品业	Manufacture of Rubber and Plastic	33	1.97
非金属矿物制品业	Manufacture of Non-metallic Mineral Products	155	5.23
黑色金属冶炼及压延加工业	Manufacture and Processing of Ferrous Metals	18	5.14
有色金属冶炼及压延加工业	Manufacture and Processing of Non-ferrous Metals	62	8.73
金属制品业	Manufacture of Metal Products	37	0.95
通用设备制造业	Manufacture of General Purpose Machinery	55	3.28
专用设备制造业	Manufacture of Special Purpose Machinery	84	7.72
汽车制造业	Manufacture of Automobile	27	3.11
铁路、船舶、航空航天和其他运输设备制造业	Manufacture of Railway, shipbuilding, aerospace, and other transportation equipment	16	1.62
电气机械及器材制造业	Manufacture of Electrical Machinery and Equipment	64	3.54
计算机、通信和其他电子设备制造业	Manufacture of Computer Communication Equipment , and Other Electronic Equipment	17	0.78
仪器仪表制造业	Manufacture of Measuring Instrument	14	1.13
其他制造业	Manufacture of others	6	1.31
废弃资源综合利用业	Comprehensive utilization of waste materials	2	0.14
金属制品、机械和设备修理业	Repairing of Metal products, machinery and equipment	3	0.52
电力、热力的生产和供应业	Production and Supply of Electric Power and Heat Power	196	15.59
燃气生产和供应业	Production and Distribution of Gas	8	0.35
水的生产和供应业	Production and Distribution of Water	26	1.57

Main Indicators on Economic Benefit of Public-owned Industrial Enterprises above Designated Size (2013)

(100 million yuan)

资产总计 Total Assets	流动资产合计 Balance of Working Capitals	负债合计 Total Liabilities	主营业务收入 Revenue from Principal Business	主营业务成本 Cost of Pricipal Business	利润总额 Total Profits	利税总额 Total Pre-tax Profits	本年应缴增值税 Value Added Tax Payable
14034.47	**5732.89**	**9098.76**	**13647.93**	**11790.45**	**585.24**	**1393.26**	**411.90**
1617.05	881.23	816.18	1986.55	1472.41	166.03	452.74	74.19
12417.42	4851.66	8282.58	11661.38	10318.04	419.2	940.52	337.71
10703.21	4393.64	7004.02	9686.65	8342.34	333.48	1035.31	325.24
2351.34	883.99	1574.8	2361.62	2059.63	121.22	198.8	65.77
922.99	433.20	476.09	1591.26	1381.51	130.46	158.81	20.67
56.93	22.06	43.85	8.4	6.97	0.08	0.33	0.23
2901.54	1070.12	1887.01	2234.25	1918.67	108.82	240.95	108.57
399.26	88.82	176.41	244.95	147.05	-10.35	79.76	24.71
21.69	8.99	11.06	24.7	18.23	4.77	6.59	1.41
373.19	185.16	120.72	865.80	714.59	113.88	121.54	3.08
53.11	13.88	29.60	54.11	44.12	4.60	8.91	2.90
164.08	76.75	123.39	159.45	142.26	0.18	9.08	7.13
158.52	71.07	70.69	329.68	300.02	19.58	22.16	2.16
78.57	39.74	30.65	194.27	153.26	26.79	30.93	3.31
218.65	132.12	164.79	190.64	159.04	9.12	18.60	3.49
348.15	260.29	107.90	447.94	130.72	78.29	331.10	50.46
182.65	93.82	125.02	200.82	188.22	-4.28	-1.99	1.87
13.77	5.77	7.63	19.60	17.63	0.20	0.86	0.51
22.09	9.10	8.65	62.93	56.04	5.04	6.75	1.54
2.11	1.54	0.53	7.75	6.57	0.97	1.16	0.17
0.23	0.08	0.10	0.75	0.64	0.01	0.03	0.01
176.94	75.52	121.32	142.86	129.47	2.14	5.42	2.94
18.22	10.48	5.31	19.14	15.19	1.86	2.94	0.90
6.64	2.72	2.22	18.8	15.56	1.45	2.24	0.72
200.11	96.54	171.52	551.81	488.26	-9.15	59.82	13.56
833.49	246.04	664.08	689.07	644.79	-1.18	10.99	10.22
108.11	52.91	46.87	180.35	155.44	14.70	18.17	2.64
53.08	18.48	26.16	32.37	28.69	1.48	1.69	0.09
141.91	68.75	71.9	199.22	164.54	15.77	21.96	4.21
500.11	211.57	241.87	444.10	374.91	38.87	54.76	13.20
625.08	299.09	479.88	509.07	472.71	2.01	12.89	9.25
1422.97	620.23	1043.04	1442.71	1385.21	-13.47	9.59	18.38
36.53	23.28	22.48	75.57	68.38	2.48	3.63	0.93
257.53	144.26	159.95	239.07	207.82	9.95	15.26	4.45
754.25	502.81	405.77	659.88	565.43	34.33	50.65	13.59
226.16	160.59	156.46	239.78	202.60	12.88	24.54	8.04
107.55	73.97	61.30	69.18	53.64	5.16	6.56	1.15
506.24	363.48	298.24	334.00	268.59	23.24	36.56	11.64
80.69	37.99	47.74	32.69	24.44	3.35	4.67	1.09
68.10	49.46	32.44	51.76	39.72	5.64	7.53	1.61
77.35	43.53	30.58	54.59	43.07	4.55	6.16	1.44
4.63	3.61	3.09	41.88	40.08	1.68	1.78	0.06
29.41	20.00	22.05	26.40	23.42	0.55	1.03	0.38
2752.87	512.72	2055.91	2507.66	2342.31	67.90	154.73	78.67
26.17	9.12	15.83	25.82	20.96	1.7	2.22	0.34
82.70	28.49	48.61	22.51	18.16	-0.30	1.02	1.07

14-12 分行业规模以上私营工业企业主要指标(2013年)

单位：亿元

行 业	Sector	单位数(个) Number of Enterprises (unit)	平均从业人员(万人) Number of Employed Persons (10 000 persons)
总 计	**Total**	**10724**	**213.70**
按轻重工业分	**Grouped by Light & Heavy Industry**		
轻工业	Enterprises of Light Industry	4323	95.09
重工业	Heavy Industry	6401	118.61
按企业规模分	**Grouped by Size of Enterprises**		
大型企业	Large Enterprises	144	28.5
中型企业	Medium-sized Enterprises	1817	82.88
小型企业	Small Enterprises	8355	100.83
微型企业	Micro-enterprises	408	1.49
按行业分	**By Sector**		
煤炭开采和洗选业	Mining and Washing of Coal	173	3.20
石油和天然气开采业	Extraction of Petroleum and Natural Gas		
黑色金属矿采选业	Mining of Ferrous Metal Ores	93	1.05
有色金属矿采选业	Mining of Non-ferrous Metal Ores	161	2.80
非金属矿采选业	Mining and Processing of Nonmetal Ores	188	2.48
开采辅助活动	Mining Auxiliary	1	0.03
其他采矿业	Mining of Other Ores n.e.c		
农副食品加工业	Processing of Food from Agricultural Products	1238	20.34
食品制造业	Manufacture of Foods	382	8.55
酒、饮料和精制茶制造业	Manufacture of Wine, drinks and refined tea	235	4.33
烟草制品业	Manufacture of Tobacco		
纺织业	Manufacture of Textile	525	15.25
纺织服装服饰业	Manufacture of Textile Wearing,Apparel	247	7.34
皮革、毛皮、羽毛及其制品和制鞋业	Manufacture of Leather, Fur, Featherand Its Products,Shoemaking	286	6.34
木材加工及木、竹、藤、棕、草制品业	Processing of Timbers, Manufacture of Wood, Bamboo, Rattan, Palm, and Straw Products	369	6.99
家具制造业	Manufacture of Furniture	212	4.68
造纸及纸制品业	Manufacture of Paper and Paper Products	190	4.46
印刷和记录媒介的复制业	Printing,Reproduction of Recording Media	125	2.30
文教、工美、体育和娱乐用品制造业	Manufacture of Cultural and educational supplies, industrial, sporting and entertainment	162	3.58
石油加工、炼焦及核燃料加工业	Processing of Petroleum ,Coking, Processing of Nucleus Fuel	43	1.60
化学原料及化学制品制造业	Manufacture of Chemical Raw Material and Chemical Products	593	11.06
医药制造业	Manufacture of Medicines	177	4.64
化学纤维制造业	Manufacture of Chemical Fiber	16	0.30
橡胶和塑料制品业	Manufacture of Rubber and Plastic	359	6.14
非金属矿物制品业	Manufacture of Non-metallic Mineral Products	1923	32.57
黑色金属冶炼及压延加工业	Manufacture and Processing of Ferrous Metals	408	8.22
有色金属冶炼及压延加工业	Manufacture and Processing of Non-ferrous Metals	230	6.06
金属制品业	Manufacture of Metal Products	409	7.25
通用设备制造业	Manufacture of General Purpose Machinery	522	9.59
专用设备制造业	Manufacture of Special Purpose Machinery	530	10.12
汽车制造业	Manufacture of Automobile	259	5.92
铁路、船舶、航空航天和其他运输设备制造业	Manufacture of Railway, shipbuilding, aerospace, and other transportation equipment	130	3.80
电气机械及器材制造业	Manufacture of Electrical Machinery and Equipment	309	7.33
计算机、通信和其他电子设备制造业	Manufacture of Computer Communication Equipment , and Other Electronic Equipment	90	3.13
仪器仪表制造业	Manufacture of Measuring Instrument	76	1.45
其他制造业	Manufacture of others	21	0.31
废弃资源综合利用业	Comprehensive utilization of waste materials	21	0.26
金属制品、机械和设备修理业	Repairing of Metal products, machinery and equipment	1	0.01
电力、热力的生产和供应业	Production and Supply of Electric Power and Heat Power	6	0.08
燃气生产和供应业	Production and Distribution of Gas	5	0.04
水的生产和供应业	Production and Distribution of Water	9	0.10

Main Indicators on Economic Benefit of Private Industrial Enterprises above Designated Size (2013)

(100 million yuan)

资产总计 Total Assets	流动资产合计 Balance of Working Capitals	负债合计 Total Liabilities	主营业务收入 Revenue from Principal Business	主营业务成本 Cost of Pricipal Business	利润总额 Total Profits	利税总额 Total Pre-tax Profits	本年应缴增值税 Value Added Tax Payable
11918.91	**5285.13**	**3792.79**	**21819.98**	**18561.34**	**2062.45**	**2735.94**	**532.54**
4202.32	1769.31	1093.71	7996.31	6744.5	786.84	1019.24	180.72
7716.59	3515.83	2699.08	13823.67	11816.85	1275.61	1716.69	351.81
1999.42	895.97	889.05	3098.48	2713.39	217.67	303.04	68.17
4120.73	1840.71	1302.65	7771.86	6662.93	736.58	971.79	191.15
5628.51	2470.82	1544.34	10764.47	9025.83	1093.99	1441.19	268.32
170.26	77.63	56.76	185.18	159.2	14.21	19.92	4.9
205.93	91.38	77.77	335.17	276.75	38.27	58.44	15.57
99.97	53.03	43.96	122.17	102.37	11.79	16.1	3.09
244.23	119.56	88.59	460.21	391.80	48.73	56.56	5.34
164.89	64.94	43.39	283.93	233.48	32.50	43.34	8.74
1.9	0.56	0.15	3.26	2.57	0.51	0.58	0.05
1077.13	440.55	276.60	2223.70	1904.13	206.41	268.87	47.19
291.51	126.45	71.34	595.96	502.43	61.06	78.62	14.19
241.22	105.31	75.04	411.04	339.47	42.80	56.78	9.27
644.34	260.87	185.32	1061.41	900.28	97.17	126.73	23.00
200.66	70.88	42.72	332.79	279.32	30.99	40.46	7.25
261.23	110.17	54.57	465.52	391.86	51.84	69.15	14.72
268.47	100.74	56.32	480.19	401.40	47.89	62.47	10.54
201.37	65.85	23.27	341.54	273.41	39.32	49.34	7.20
226.68	102.58	63.04	408.84	348.47	39.20	51.90	10.83
92.19	42.84	32.48	147.68	123.19	14.27	19.10	3.81
113.39	58.61	28.81	274.73	230.53	27.69	36.2	6.84
284.74	161.93	143.69	438.98	374.08	42.54	53.60	6.43
888.27	334.54	298.12	1280.96	1090.84	118.84	154.34	27.19
292.00	126.14	101.18	413.65	329.11	42.81	56.60	11.10
10.28	5.31	3.48	25.74	21.91	2.43	3.20	0.60
291.96	128.98	68.58	631.92	531.01	67.43	87.38	15.54
1894.16	828.83	597.08	3451.66	2881.65	382.41	519.80	114.89
768.89	297.9	229.97	1571.82	1390.53	108.2	163.91	43.52
797.25	410.03	442.66	1306.94	1184.18	63.42	91.93	23.85
352.95	159.18	93.46	679.45	578.83	60.3	76.78	12.84
496.04	287.64	194.04	1053.42	903.28	96.95	127.75	24.36
504.51	251.09	149.70	905.60	765.54	88.10	114.86	21.53
250.66	109.89	74.44	519.89	440.51	53.09	70.32	14.10
143.08	73.09	29.96	416.31	361.16	43.38	49.96	5.97
404.04	202.71	129.46	871.92	752.58	74.47	93.23	14.62
90.58	39.24	33.13	131.42	110.68	11.86	15.23	2.77
64.72	32.19	19.19	100.20	83.31	9.55	13.39	3.26
10.04	4.11	3.09	23.22	19.03	2.23	3.50	1.05
23.24	12.40	9.71	35.40	30.63	3.11	4.38	1.07
0.97	0.67	0.58	0.52	0.39	0.02	0.04	0.02
6.93	2.31	4.90	3.03	2.71	-0.10	-0.07	0.02
4.12	1.36	1.79	4.2	3.3	0.39	0.5	0.07
4.35	1.26	1.22	5.58	4.62	0.56	0.70	0.10

14−13 规模以上高成长性制造业、传统支柱产业和六大高载能行业主要指标(2013年)

Main indicators of High-growth industries, Traditional pillar Industrial Exterprises and Six Carrying energy Industrial Enterprises above Designated Size (2013)

行 业	Sector	单位数（个） Number of Enterprises (unit)	工业增加值（亿元） Value-added of Industrial Enterprises (100 million yuan)	占规模以上工业增加值比 重% Proportion (%)	工业增加值指 数 (上年=100) Indices of Value-Added of Industry (Preceding =100
高成长性制造业	**High-growth industries**	**9399**	**5914.08**	**42.3**	**115.0**
电子信息产业	Electronic information industry	202	403.22	2.9	136.8
装备制造业	Equipment manufacturing industry	3330	1982.83	14.2	114.0
汽车及零部件产业	Automobile and parts industry	520	454.34	3.2	119.1
食品产业	Food industry	3108	2126.38	15.2	110.5
现代家居产业	Modern furniture industry	1282	539.61	3.9	114.4
服装服饰	Clothing accessories	957	407.72	2.9	120.7
传统支柱产业	**Traditional pillar industries**	**9032**	**6981.09**	**49.9**	**109.6**
冶金工业	Metallurgical industry	1183	1320.54	9.4	112.4
建材工业	Building materials industry	3112	1741.29	12.4	110.2
化学工业	Chemical industry	1408	1002.29	7.2	112.9
轻纺工业	Textile industry	2597	1357.24	9.7	109.6
能源工业	Energy industry	732	1559.73	11.2	104.8
六大高载能行业	**Six Carrying energy Industrial**	**6493**	**5229.41**	**37.4**	**109.7**
煤炭开采和洗选业	Mining and Washing of Coal	493	902.12	6.5	105.5
化学原料及化学制品制造业	Manufacture of Chemical Raw Material and Chemical Products	1220	691.35	4.9	116.2
非金属矿物制品业	Manufacture of Non-metallic Mineral Products	3379	1809.59	12.9	110.4
黑色金属冶炼及压延加工业	Manufacture and Processing of Ferrous Metals	660	767.11	5.5	114.8
有色金属冶炼及压延加工业	Manufacture and Processing of Non-ferrous Metals	498	553.42	4.0	107.3
电力、热力的生产和供应业	Production and Supply of Electric Power and Heat Power	243	505.82	3.6	103.9

14-14 规模以上能源原材料工业增加值及结构

Value-added and structure of Energy raw material industrial

行 业	sector	2008	2009	2010	2011	2012	2013
能源原材料工业（亿元）	**Energy and raw material industrial**	**4025.40**	**4074.26**	**5097.39**	**5964.42**	**6361.57**	**6567.14**
煤炭开采和洗选业	Mining and Washing of Coal	675.40	738.79	978.30	1138.13	1015.33	902.12
石油和天然气开采业	Extraction of Petroleum and Natural Gas	169.45	108.16	107.64	165.65	120.64	108.70
黑色金属矿采选业	Mining of Ferrous Metal Ores	34.70	33.89	55.57	54.12	61.67	60.59
有色金属矿采选业	Mining of Non-ferrous Metal Ores	231.30	222.30	339.92	379.98	418.06	399.94
非金属矿采选业	Mining and Processing of Nonmetal Ores	77.29	72.86	92.11	106.39	112.81	123.74
石油加工、炼焦和核燃料加工业	Processing of Petroleum ,Coking, Processing of Nucleus Fuel	173.80	177.15	277.87	267.32	239.91	216.84
化学原料和化学制品制造业	Manufacture of Chemical Raw Material and Chemical Products	374.12	368.52	503.20	590.11	639.63	691.35
橡胶和塑料制品业	Manufacture of Rubber and Plastic	156.03	169.00	232.86	254.90	288.56	343.95
非金属矿物制品业	Manufacture of Non-metallic Mineral Products	776.85	944.08	1256.67	1470.07	1634.44	1809.59
黑色金属冶炼和压延加工业	Manufacture and Processing of Ferrous Metals	510.92	437.19	508.39	527.33	691.00	767.11
有色金属冶炼和压延加工业	Manufacture and Processing of Non-ferrous Metals	466.29	422.58	532.97	649.23	572.26	553.42
废弃资源综合利用业	Comprehensive utilization of waste materials	7.97	7.09	8.16	19.96	21.26	22.10
电力、热力生产和供应业	Production and Supply of Electric Power and Heat Power	444.34	449.77	301.11	460.33	492.57	505.82
燃气生产和供应业	Production and Distribution of Gas	12.31	14.88	32.54	32.91	36.94	43.09
水的生产和供应业	Production and Distribution of Water	7.50	9.02	14.29	11.87	16.49	18.78
能源原材料工业占规模以上工业增加值比重（%）	**Proportion in Value-added of Industry Enterprises Above Designated Size(%)**	**55.1**	**52.5**	**51.5**	**50.2**	**50.3**	**47.0**
煤炭开采和洗选业	Mining and Washing of Coal	9.2	9.5	9.9	9.6	8.0	6.4
石油和天然气开采业	Extraction of Petroleum and Natural Gas	2.3	1.4	1.1	1.4	1.0	0.8
黑色金属矿采选业	Mining of Ferrous Metal Ores	0.5	0.4	0.6	0.5	0.5	0.4
有色金属矿采选业	Mining of Non-ferrous Metal Ores	3.2	2.9	3.4	3.2	3.3	2.9
非金属矿采选业	Mining and Processing of Nonmetal Ores	1.1	0.9	0.9	0.9	0.9	0.9
石油加工、炼焦和核燃料加工业	Processing of Petroleum ,Coking, Processing of Nucleus Fuel	2.4	2.3	2.8	2.2	1.9	1.6
化学原料和化学制品制造业	Manufacture of Chemical Raw Material and Chemical Products	5.1	4.7	5.1	5.0	5.1	4.9
橡胶和塑料制品业	Manufacture of Rubber and Plastic	2.1	2.2	2.4	2.1	2.3	2.5
非金属矿物制品业	Manufacture of Non-metallic Mineral Products	10.6	12.2	12.7	12.4	12.9	12.9
黑色金属冶炼和压延加工业	Manufacture and Processing of Ferrous Metals	7.0	5.6	5.1	4.4	5.5	5.5
有色金属冶炼和压延加工业	Manufacture and Processing of Non-ferrous Metals	6.4	5.4	5.4	5.5	4.5	4.0
废弃资源综合利用业	Comprehensive utilization of waste materials	0.1	0.1	0.1	0.2	0.2	0.2
电力、热力生产和供应业	Production and Supply of Electric Power and Heat Power	6.1	5.8	3.0	3.9	3.9	3.6
燃气生产和供应业	Production and Distribution of Gas	0.2	0.2	0.3	0.3	0.3	0.3
水的生产和供应业	Production and Distribution of Water	0.1	0.1	0.1	0.1	0.1	0.1

14-15 各市规模以上工业企业主要财务指标

Main Indicators on Economic Benefit of Industrial Enterprises above Designated Size by City

单位：亿元 (100 million yuan)

年份 year / 市(县) City(County)	单位数(个) Number of Enterprises (unit)	平均从业人员(万人) Average Number of Employed Persons (10 000 persons)	资产总计 Total Assets	流动资产合计 Balance of Working Capitals	负债合计 Total Liabilities	主营业务收入 Revenue from Principal Business	主营业务成本 Cost of Pricipal Business	利润总额 Total Profits	利税总额 Total Pre-tax Profits	本年应缴增值税 Value Added Tax Payable
1998	10450	380.58	4813.59		3237.58	2774.43	2278.26	71.21	251.73	117.88
1999	9922	358.02	5090.87		3357.14	2889.61	2391.14	79.58	269.43	128.23
2000	9930	343.13	5234.71		3477.34	3297.78	2708.84	139.97	343.68	140.02
2001	9720	335.73	5633.03		3699.60	3642.32	3015.28	141.62	363.93	150.68
2002	9671	322.47	5987.80		3825.08	4159.57	3438.38	183.85	440.01	174.14
2003	9091	317.32	6575.13		4227.07	5284.81	4399.48	255.91	558.98	208.00
2004	9782	326.92	8142.33		5087.83	7283.63	6078.52	403.65	794.78	283.02
2005	10867	355.70	9158.03		5639.20	10114.21	8441.39	643.39	1205.65	402.71
2006	11895	361.94	11026.18		6644.10	13809.07	11463.04	1141.80	1907.06	565.18
2007	13518	382.43	13788.00		7970.01	18936.82	15478.08	1941.51	3023.05	812.31
2008	15795	401.53	16421.08		9497.17	25292.02	21251.31	2179.10	3458.82	926.72
2009	18592	449.14	19668.61	7769.93	11103.26	28246.65	23765.05	2444.18	3835.99	976.99
2010	19574	479.27	23467.42	9798.26	12960.96	36163.12	30316.67	3302.22	4928.53	1147.72
2011	18338	546.84	29049.22	12411.51	15651.99	47647.21	40301.82	4131.59	6124.18	1397.73
2012	19245	584.05	35174.81	15830.84	18087.58	52276.38	44546.45	4016.39	6107.52	1452.56
2013	20583	632.57	43431.82	20131.51	21050.58	59975.16	51549.68	4543.07	6800.54	1594.74
省辖市 City										
郑州市 Zhengzhou	2736	105.55	8528.61	4625.76	4597.17	11016.27	9315.90	976.90	1529.25	432.10
开封市 Kaifeng	1254	36.15	1572.40	578.23	488.73	2059.07	1766.20	193.89	255.22	47.60
洛阳市 Luoyang	1770	50.21	4467.70	2007.75	2483.50	5860.63	5177.84	236.62	423.56	98.18
平顶山市 Pingdingshan	799	35.75	2555.42	1147.14	1492.86	2335.85	1985.83	160.76	267.38	88.55
安阳市 Anyang	937	26.44	2161.43	990.50	1345.54	3196.70	2796.13	220.89	341.38	76.69
鹤壁市 Hebi	555	18.03	975.86	347.33	531.18	1538.32	1343.90	89.26	133.37	35.44
新乡市 Xinxiang	1243	39.33	2232.57	1091.05	1227.69	3489.81	3125.55	205.06	274.18	55.48
焦作市 Jiaozuo	1211	42.56	2521.92	1112.32	1062.57	4220.58	3665.00	319.04	463.28	120.56
濮阳市 Puyang	875	25.34	1550.96	623.09	539.67	2607.09	2195.69	217.46	338.94	64.82
许昌市 Xuchang	1433	37.83	2991.96	1309.85	1100.82	4279.82	3567.30	379.69	625.47	152.38
漯河市 Luohe	599	22.24	1231.50	556.65	386.67	2246.47	1862.81	269.39	334.77	41.34
三门峡市 Sanmenxia	637	21.81	2302.56	1074.92	1316.27	3247.79	2872.47	228.73	290.20	46.63
南阳市 Nanyang	1568	42.68	2583.27	1279.08	1307.32	3207.74	2716.09	218.88	368.31	91.84
商丘市 Shangqiu	979	27.90	1553.50	701.27	795.59	2447.48	2159.08	148.98	215.75	51.46
信阳市 Xinyang	1154	27.11	1162.44	370.99	504.46	1795.19	1527.11	107.70	167.36	44.63
周口市 Zhoukou	1128	35.36	1810.30	810.22	592.97	3036.31	2509.37	335.47	430.85	66.84
驻马店市 Zhumadian	1476	28.81	2093.56	1068.01	614.30	2054.57	1764.20	158.29	227.14	47.16
济源市 Jiyuan	227	9.45	1135.88	437.33	663.27	1335.46	1199.19	76.07	114.13	33.06
省直管县 Province Administrating County										
巩义市 Gongyi	434	10.19	981.47	476.49	531.98	1630.54	1421.77	110.41	164.09	47.59
兰考县 Lankao	274	6.51	213.93	90.81	32.44	274.08	228.94	34.60	47.40	9.74
汝州市 Ruzhou	128	4.03	493.79	240.20	340.23	255.22	227.98	9.46	24.34	13.97
滑县 Huaxian	128	2.68	121.42	47.99	45.00	220.49	191.67	17.30	22.58	2.53
长垣县 Changyuan	133	4.02	257.74	177.34	122.74	408.44	346.17	43.45	55.09	10.50
邓州市 Dengzhou	145	3.59	202.51	101.12	106.06	330.17	283.74	20.84	29.52	6.48
永城市 Yongcheng	128	6.53	705.69	373.28	398.87	955.58	850.42	54.42	81.56	21.13
固始县 Gushi	169	3.77	73.43	29.36	7.82	194.06	166.88	13.52	17.49	3.01
鹿邑县 Luyi	84	3.45	194.40	106.63	90.67	352.69	271.99	37.46	41.91	3.50
新蔡县 Xincai	150	2.77	82.24	31.71	16.35	153.64	122.16	13.98	17.30	2.34

14-16 各市规模以上国有控股工业企业主要财务指标(2013年)

Main Indicators on Economic Benefit of State-holding Industrial Enterprises above Designated Size by City (2013)

单位：亿元 (100 million yuan)

市(县) City(County)	平均从业人员(万人) Number of Employed Persons (10 000 persons)	资产总计 Total Assets	流动资产合计 Balance of Working Capitals	负债合计 Total Liabilities	主营业务收入 Revenue from Principal Business	主营业务成本 Cost of Pricipal Business	利润总额 Total Profits	利税总额 Total Pre-tax Profits	本年应缴增值税 Value Added Tax Payable
全　　省 Total	**129.99**	**12799.42**	**5084.89**	**8624.71**	**11195.92**	**9712.17**	**331.58**	**1090.30**	**375.80**
省 辖 市 City									
郑　州　市 Zhengzhou	15.41	1750.06	794.24	1162.00	1396.83	1165.48	52.89	190.83	57.73
开　封　市 Kaifeng	2.21	253.55	77.99	200.40	166.33	151.44	1.41	3.90	2.08
洛　阳　市 Luoyang	18.10	2265.53	944.61	1435.97	2148.95	1895.33	47.19	172.74	51.12
平 顶 山 市 Pingdingshan	22.00	1282.52	523.84	872.41	993.51	865.51	24.20	69.10	37.32
安　阳　市 Anyang	5.37	723.54	284.08	572.71	584.92	501.05	17.67	69.36	18.79
鹤　壁　市 Hebi	4.70	298.78	66.58	247.58	259.56	239.10	1.36	10.39	7.49
新　乡　市 Xinxiang	5.04	513.58	168.19	352.89	373.55	317.37	25.02	41.16	13.90
焦　作　市 Jiaozuo	8.56	646.81	221.50	407.67	668.17	607.99	17.03	42.75	21.35
濮　阳　市 Puyang	9.15	588.96	174.52	384.09	508.96	441.29	-28.15	38.63	25.98
许　昌　市 Xuchang	5.77	728.78	370.53	418.57	603.34	435.18	56.55	146.14	34.00
漯　河　市 Luohe	1.36	161.75	67.31	103.88	154.53	121.19	8.99	29.30	6.10
三 门 峡 市 Sanmenxia	9.75	1083.61	439.49	811.56	993.95	929.92	4.75	34.26	24.69
南　阳　市 Nanyang	8.18	794.81	315.46	480.21	657.84	512.95	42.10	115.36	27.25
商　丘　市 Shangqiu	6.17	759.76	347.62	507.98	795.61	711.24	40.68	69.18	22.90
信　阳　市 Xinyang	3.43	181.19	71.66	143.77	273.00	262.85	0.67	7.15	5.43
周　口　市 Zhoukou	0.92	52.39	12.85	47.96	73.41	71.12	-2.24	0.19	2.16
驻 马 店 市 Zhumadian	2.44	240.11	64.42	190.00	216.81	191.25	3.91	20.92	7.44
济　源　市 Jiyuan	1.42	473.67	139.99	285.07	326.65	291.89	17.53	28.95	10.08
省 直 管 县 Province Administrating County									
巩　义　市 Gongyi	0.92	68.94	25.21	52.88	33.63	32.25	-4.32	-2.24	1.79
兰　考　县 Lankao	0.03	1.35	0.64	0.24	1.48	1.08	0.32	0.42	0.09
汝　州　市 Ruzhou	2.19	118.62	37.19	104.70	74.62	66.67	-1.80	1.55	2.77
滑　　　县 Huaxian	0.08	2.06	0.58	1.23	6.54	6.34	0.07	0.09	
长　垣　县 Changyuan	0.04	1.16	0.28	0.91	5.11	4.33	-0.05	0.07	0.11
邓　州　市 Dengzhou	0.47	23.68	7.59	13.79	17.83	14.49	1.34	2.34	0.90
永　城　市 Yongcheng	4.63	589.49	309.52	356.04	633.19	556.89	39.53	63.67	19.05
固　始　县 Gushi	0.15	2.33	0.86	1.64	4.30	4.25	-0.05	0.08	0.12
鹿　邑　县 Luyi	0.06	1.65	0.92	1.64	3.07	2.99	-0.02	0.55	0.56
新　蔡　县 Xincai	0.16	2.54	0.83	1.09	3.66	3.20	0.11	0.23	0.10

14-17 各市规模以上公有制工业企业主要财务指标(2013年)

Main Indicators on Economic Benefit of Public-owned Industrial Enterprises above Designated Size by City (2013)

单位：亿元 (100 million yuan)

市(县) City(County)	平均从业人员(万人) Number of Employed Persons (10 000 persons)	资产总计 Total Assets	流动资产合计 Balance of Working Capitals	负债合计 Total Liabilities	主营业务收入 Revenue from Principal Business	主营业务成本 Cost of Pricipal Business	利润总额 Total Profits	利税总额 Total Pre-tax Profits	本年应缴增值税 Value Added Tax Payable
全 省 Total	**150.98**	**14034.47**	**5732.89**	**9098.76**	**13647.93**	**11790.45**	**585.24**	**1393.26**	**411.90**
省 辖 市 City									
郑 州 市 Zhengzhou	17.38	1889.16	864.93	1237.31	1570.44	1309.85	70.83	215.82	63.84
开 封 市 Kaifeng	3.07	290.89	101.60	219.53	232.34	210.53	5.92	9.81	3.22
洛 阳 市 Luoyang	19.03	2314.27	971.57	1461.89	2263.50	2001.91	49.34	176.96	52.82
平 顶 山 市 Pingdingshan	22.96	1316.60	548.86	897.92	1036.38	902.68	25.81	72.09	38.53
安 阳 市 Anyang	5.54	731.31	290.02	575.91	599.42	511.69	20.62	73.22	19.64
鹤 壁 市 Hebi	5.98	351.76	93.19	264.67	379.69	344.35	7.25	19.15	9.55
新 乡 市 Xinxiang	7.48	601.65	207.79	385.94	636.29	560.31	40.37	59.26	15.20
焦 作 市 Jiaozuo	10.18	721.36	269.34	453.84	759.73	686.84	21.47	50.04	23.74
濮 阳 市 Puyang	10.09	690.38	224.39	409.53	650.85	557.76	-11.16	59.47	29.21
许 昌 市 Xuchang	6.37	761.16	388.67	429.81	653.27	477.43	62.28	153.51	35.10
漯 河 市 Luohe	2.52	243.64	110.33	125.59	367.75	283.63	47.77	72.26	9.35
三 门 峡 市 Sanmenxia	12.67	1357.80	595.52	861.89	1804.79	1599.37	115.58	149.71	25.67
南 阳 市 Nanyang	9.36	894.97	357.71	523.38	744.11	585.75	49.19	127.30	31.08
商 丘 市 Shangqiu	6.79	784.52	357.85	523.12	845.16	756.08	44.24	74.29	24.36
信 阳 市 Xinyang	4.42	206.27	79.26	157.01	325.07	307.54	4.30	12.75	7.01
周 口 市 Zhoukou	1.43	97.60	34.85	67.10	115.19	106.13	1.94	6.35	3.25
驻 马 店 市 Zhumadian	3.53	267.77	78.88	198.97	280.50	246.58	8.40	26.72	8.50
济 源 市 Jiyuan	2.19	513.36	158.13	305.35	383.44	342.02	21.07	34.57	11.84
省 直 管 县 Province Administrating County									
巩 义 市 Gongyi	1.27	92.17	35.12	67.71	51.50	48.08	-3.27	-0.43	2.50
兰 考 县 Lankao	0.09	3.00	1.03	0.85	5.68	5.24	0.32	0.62	0.26
汝 州 市 Ruzhou	2.19	118.62	37.19	104.70	74.62	66.67	-1.80	1.55	2.77
滑 县 Huaxian	0.08	2.06	0.58	1.23	6.54	6.34	0.07	0.09	
长 垣 县 Changyuan	0.05	1.86	0.89	1.06	5.80	4.86	0.06	0.20	0.12
邓 州 市 Dengzhou	0.55	27.56	9.40	15.74	30.77	25.72	1.61	3.12	1.19
永 城 市 Yongcheng	4.68	594.40	310.61	360.66	634.41	558.34	39.24	63.39	19.05
固 始 县 Gushi	0.19	2.86	1.24	1.73	6.39	5.76	0.12	0.29	0.14
鹿 邑 县 Luyi	0.06	1.65	0.92	1.64	3.07	2.99	-0.02	0.55	0.56
新 蔡 县 Xincai	0.19	4.08	1.48	1.25	8.17	6.88	0.39	0.66	0.20

14-18 各市规模以上私营工业企业主要财务指标(2013年)

Main Indicators on Economic Benefit of Private Industrial Enterprises above Designated Size by City (2013)

单位：亿元 (100 million yuan)

市(县) City(County)	平均从业人员(万人) Number of Employed Persons (10 000persons)	资产总计 Total Assets	流动资产合计 Balance of Working Capitals	负债合计 Total Liabilities	主营业务收入 Revenue from Principal Business	主营业务成本 Cost of Pricipal Business	利润总额 Total Profits	利税总额 Total Pre-tax Profits	本年应缴增值税 Value Added Tax Payable
全省 Total	**213.70**	**11918.91**	**5285.13**	**3792.79**	**21819.98**	**18561.34**	**2062.45**	**2735.94**	**532.54**
省辖市 City									
郑州市 Zhengzhou	19.98	1405.56	745.76	444.58	2662.20	2191.91	349.06	452.92	92.10
开封市 Kaifeng	19.72	714.25	241.83	88.94	1109.50	929.60	129.08	168.15	30.61
洛阳市 Luoyang	21.38	1487.01	730.99	727.32	2539.64	2229.03	137.71	176.43	28.42
平顶山市 Pingdingshan	5.93	442.86	201.31	124.33	710.53	584.29	89.78	125.17	28.97
安阳市 Anyang	9.59	650.79	331.72	289.16	1183.18	1023.76	109.83	142.92	26.45
鹤壁市 Hebi	4.79	284.13	107.65	94.12	583.09	490.24	54.90	74.03	15.58
新乡市 Xinxiang	13.36	615.40	309.41	290.15	1078.99	962.86	68.23	87.26	14.58
焦作市 Jiaozuo	14.81	966.42	430.96	236.40	1890.18	1613.04	185.05	256.94	60.72
濮阳市 Puyang	7.38	380.24	180.10	47.76	1006.60	849.51	115.05	143.34	20.59
许昌市 Xuchang	15.75	1206.21	403.06	242.41	2261.42	1910.73	211.21	318.79	77.64
漯河市 Luohe	6.62	282.91	122.04	61.99	451.82	373.27	58.12	66.23	5.28
三门峡市 Sanmenxia	6.82	507.52	230.09	205.87	958.36	843.94	82.94	100.25	13.05
南阳市 Nanyang	13.34	644.01	325.62	266.64	1082.47	942.80	77.74	106.72	24.74
商丘市 Shangqiu	13.29	533.52	246.37	179.92	1144.72	1002.13	77.68	102.72	19.38
信阳市 Xinyang	14.48	563.51	165.82	184.94	927.89	763.51	66.16	99.51	24.52
周口市 Zhoukou	12.93	677.48	295.46	189.40	1101.54	889.59	144.19	176.85	23.85
驻马店市 Zhumadian	12.31	449.28	160.16	59.36	855.76	715.51	88.63	114.89	21.05
济源市 Jiyuan	1.23	107.82	56.80	59.50	272.08	245.65	17.10	22.82	5.02
省直管县 Province Administrating County									
巩义市 Gongyi	4.32	291.40	164.43	82.46	786.87	677.60	78.51	101.59	20.66
兰考县 Lankao	3.53	116.78	49.07	16.64	151.22	120.90	23.70	31.79	6.33
汝州市 Ruzhou	0.59	47.38	18.52	24.64	97.45	88.30	7.81	14.34	6.46
滑县 Huaxian	1.67	64.68	25.48	14.92	143.90	124.60	12.70	16.66	1.55
长垣县 Changyuan	0.56	29.60	23.08	15.76	51.46	44.96	4.91	6.20	1.18
邓州市 Dengzhou	1.57	112.90	61.16	62.52	168.19	142.13	11.91	16.40	3.15
永城市 Yongcheng	1.85	111.13	62.57	38.08	320.58	291.61	15.15	18.14	2.07
固始县 Gushi	1.61	29.96	12.83	1.58	87.72	75.80	6.35	8.40	1.70
鹿邑县 Luyi	0.42	85.62	39.30	44.34	40.59	30.01	7.43	8.98	1.37
新蔡县 Xincai	1.34	42.18	15.93	8.67	70.03	55.09	6.58	8.24	1.08

14-19 分行业规模以上工业企业主要经济效益指标(2013年)

行　业	Sector	总资产贡献率(%) Ratio of Total Assets to Industrial Output Value (%)
总　计	**Total**	**16.9**
按轻重工业分	**Grouped by Light & Heavy Industry**	
轻工业	Light Industry	22.1
重工业	Heavy Industry	15.0
按企业规模分	**Grouped by Size of Enterprises**	
大型企业	Large Enterprises	13.2
中型企业	Medium-sized Enterprises	18.2
小型企业	Small Enterprises	21.7
微型企业	Micro-enterprises	10.2
按所有制分	**By Proprietorial System**	
公有制	Public-owned	11.7
非公有制	Non-Public-owned	19.4
按行业分	**Grouped by Sectors**	
煤炭开采和洗选业	Mining and Washing of Coal	12.5
石油和天然气开采业	Extraction of Petroleum and Natural Gas	20.2
黑色金属矿采选业	Mining of Ferrous Metal Ores	20.8
有色金属矿采选业	Mining of Non-ferrous Metal Ores	29.5
非金属矿采选业	Mining and Processing of Nonmetal Ores	24.7
开采辅助活动	Mining Auxiliary	6.3
其他采矿业	Mining of Other Ores n.e.c	
农副食品加工业	Processing of Food from Agricultural Products	22.0
食品制造业	Manufacture of Foods	25.6
酒、饮料和精制茶制造业	Manufacture of Wine, drinks and refined tea	19.9
烟草制品业	Manufacture of Tobacco	94.9
纺织业	Manufacture of Textile	15.7
纺织服装服饰业	Manufacture of Textile Wearing,Apparel	20.7
皮革、毛皮、羽毛及其制品和制鞋业	Manufacture of Leather, Fur, Featherand Its Products,Shoemaking	12.9
木材加工及木、竹、藤、棕、草制品业	Processing of Timbers, Manufacture of Wood, Bamboo, Rattan, Palm, and Straw Products	22.9
家具制造业	Manufacture of Furniture	24.7
造纸及纸制品业	Manufacture of Paper and Paper Products	16.9
印刷和记录媒介的复制业	Printing,Reproduction of Recording Media	21.0
文教、工美、体育和娱乐用品制造业	Manufacture of Cultural and educational supplies, industrial, sporting and entertainment	24.0
石油加工、炼焦及核燃料加工业	Processing of Petroleum ,Coking, Processing of Nucleus Fuel	22.1
化学原料及化学制品制造业	Manufacture of Chemical Raw Material and Chemical Products	11.9
医药制造业	Manufacture of Medicines	20.2
化学纤维制造业	Manufacture of Chemical Fiber	10.0
橡胶和塑料制品业	Manufacture of Rubber and Plastic	24.3
非金属矿物制品业	Manufacture of Non-metallic Mineral Products	22.7
黑色金属冶炼及压延加工业	Manufacture and Processing of Ferrous Metals	14.1
有色金属冶炼及压延加工业	Manufacture and Processing of Non-ferrous Metals	7.4
金属制品业	Manufacture of Metal Products	19.7
通用设备制造业	Manufacture of General Purpose Machinery	17.7
专用设备制造业	Manufacture of Special Purpose Machinery	15.2
汽车制造业	Manufacture of Automobile	18.0
铁路、船舶、航空航天和其他运输设备制造业	Manufacture of Railway, shipbuilding, aerospace, and other transportation equipment	20.6
电气机械及器材制造业	Manufacture of Electrical Machinery and Equipment	15.7
计算机、通信和其他电子设备制造业	Manufacture of Computer Communication Equipment , and Other Electronic Equipment	13.6
仪器仪表制造业	Manufacture of Measuring Instrument	15.9
其他制造业	Manufacture of others	12.9
废弃资源综合利用业	Comprehensive utilization of waste materials	21.6
金属制品、机械和设备修理业	Repairing of Metal products, machinery and equipment	6.0
电力、热力的生产和供应业	Production and Supply of Electric Power and Heat Power	8.2
燃气生产和供应业	Production and Distribution of Gas	10.1
水的生产和供应业	Production and Distribution of Water	4.1

Main Economic Beneficial Indicators of Industrial Enterprises above Designated Size by Sector (2013)

成本费用利润率 (%) Ratio of Profits to Industrial Cost (%)	资产负债率 (%) Assets-Liability Ratio (%)	产品销售率 (%) Proportion of Products Sold (%)	全员劳动生产率 (元/人.年) Over Labour Productivity of Industrial Enterpreses (yuan/person.year)
8.2	**48.5**	**98.4**	**221106**
10.3	34.1	98.1	197806
7.3	53.9	98.5	234627
5.3	61.4	98.4	196613
9.3	44.4	98.4	194939
10.7	32.4	98.3	282443
8.3	41.4	99.3	119387
4.4	64.8	98.2	223287
9.4	40.7	98.4	220418
7.1	61.4	98.3	167338
-4.4	44.2	99.7	179970
11.8	43.8	98.4	331100
14.6	34.7	99.2	506255
13.1	32.6	98.9	283797
0.4	74.4	100.0	237175
8.9	32.6	98.2	233422
11.6	36.3	98.5	181965
10.5	46.3	97.7	239533
45.6	31.1	97.0	1801416
7.7	40.6	98.2	157421
9.1	29.0	98.0	105926
12.0	17.5	98.8	187858
10.7	22.6	98.1	200855
12.5	13.6	99.0	176126
9.0	44.3	97.9	218798
10.1	34.2	98.4	146641
11.0	32.8	97.3	114255
4.2	63.2	99.7	542088
6.6	52.5	97.7	240470
11.0	38.8	97.7	197120
7.1	50.9	98.2	134437
11.0	33.1	98.1	229758
11.7	39.2	98.2	272241
5.7	52.5	98.3	365815
2.4	66.1	98.6	268261
9.0	32.7	98.2	226988
8.8	45.5	98.7	225334
8.0	41.8	97.9	200201
9.5	48.4	98.3	227054
10.3	37.3	98.0	184260
8.7	43.8	98.4	207681
3.8	75.6	98.8	107382
11.3	39.0	97.6	173914
8.6	37.7	98.1	107751
7.5	35.2	99.2	276300
3.7	67.4	98.7	111570
2.8	75.5	99.4	292043
12.0	62.5	98.2	287282
2.8	56.1	96.5	90726

14-20 分行业规模以上国有控股工业企业主要经济效益指标(2013年)

行 业	Sector	总资产贡献率(%) Ratio of Total Assets to Industrial Output Value (%)
总 计	**Total**	**10.3**
按轻重工业分	**Grouped by Light & Heavy Industry**	
轻工业	Light Industry	29.6
重工业	Heavy Industry	8.2
按企业规模分	**Grouped by Size of Enterprises**	
大型企业	Large Enterprises	10.9
中型企业	Medium-sized Enterprises	8.3
小型企业	Small Enterprises	8.1
微型企业	Micro-enterprises	0.8
按行业分	**Grouped by Sectors**	
煤炭开采和洗选业	Mining and Washing of Coal	10.1
石油和天然气开采业	Extraction of Petroleum and Natural Gas	20.2
黑色金属矿采选业	Mining of Ferrous Metal Ores	16.3
有色金属矿采选业	Mining of Non-ferrous Metal Ores	14.2
非金属矿采选业	Mining and Processing of Nonmetal Ores	11.0
开采辅助活动	Mining Auxiliary	6.0
其他采矿业	Mining of Other Ores n.e.c	
农副食品加工业	Processing of Food from Agricultural Products	3.2
食品制造业	Manufacture of Foods	11.1
酒、饮料和精制茶制造业	Manufacture of Wine, drinks and refined tea	8.7
烟草制品业	Manufacture of Tobacco	96.6
纺织业	Manufacture of Textile	-1.2
纺织服装服饰业	Manufacture of Textile Wearing,Apparel	21.1
皮革、毛皮、羽毛及其制品和制鞋业	Manufacture of Leather, Fur, Featherand Its Products,Shoemaking	20.1
木材加工及木、竹、藤、棕、草制品业	Processing of Timbers, Manufacture of Wood, Bamboo, Rattan, Palm, and Straw Products	32.6
家具制造业	Manufacture of Furniture	
造纸及纸制品业	Manufacture of Paper and Paper Products	2.3
印刷和记录媒介的复制业	Printing,Reproduction of Recording Media	11.5
文教、工美、体育和娱乐用品制造业	Manufacture of Cultural and educational supplies, industrial, sporting and entertainment	6.2
石油加工、炼焦及核燃料加工业	Processing of Petroleum ,Coking, Processing of Nucleus Fuel	32.3
化学原料及化学制品制造业	Manufacture of Chemical Raw Material and Chemical Products	2.0
医药制造业	Manufacture of Medicines	8.3
化学纤维制造业	Manufacture of Chemical Fiber	5.4
橡胶和塑料制品业	Manufacture of Rubber and Plastic	9.4
非金属矿物制品业	Manufacture of Non-metallic Mineral Products	9.1
黑色金属冶炼及压延加工业	Manufacture and Processing of Ferrous Metals	4.1
有色金属冶炼及压延加工业	Manufacture and Processing of Non-ferrous Metals	2.8
金属制品业	Manufacture of Metal Products	6.4
通用设备制造业	Manufacture of General Purpose Machinery	3.2
专用设备制造业	Manufacture of Special Purpose Machinery	6.9
汽车制造业	Manufacture of Automobile	11.7
铁路、船舶、航空航天和其他运输设备制造业	Manufacture of Railway, shipbuilding, aerospace, and other transportation equipment	6.8
电气机械及器材制造业	Manufacture of Electrical Machinery and Equipment	7.5
计算机、通信和其他电子设备制造业	Manufacture of Computer Communication Equipment , and Other Electronic Equipment	4.8
仪器仪表制造业	Manufacture of Measuring Instrument	11.6
其他制造业	Manufacture of others	8.8
废弃资源综合利用业	Comprehensive utilization of waste materials	54.6
金属制品、机械和设备修理业	Repairing of Metal products, machinery and equipment	3.9
电力、热力的生产和供应业	Production and Supply of Electric Power and Heat Power	8.4
燃气生产和供应业	Production and Distribution of Gas	9.0
水的生产和供应业	Production and Distribution of Water	2.6

Main Economic Beneficial Indicators of State-holding Industrial Enterprises above Designated Size by Sector (2013)

成本费用利润率 (%) Ratio of Profits to Industrial Cost (%)	资产负债率 (%) Assets-Liability Ratio (%)	产品销售率 (%) Proportion of Products Sold (%)	全员劳动生产率 (元/人.年) Over Labour Productivity of Industrial Enterpreses (yuan/person.year)
3.0	**67.4**	**98.1**	**207715**
9.1	54.8	96.2	365736
2.4	68.8	98.3	188413
3.0	66.3	98.3	200678
3.1	71.9	98.5	197094
2.4	71.5	93.6	509444
8.5	79.5	100.0	30526
5.0	65.2	98.1	121543
-4.6	44.1	99.8	179875
19.1	60.3	95.4	187433
9.5	62.3	98.4	325297
6.5	54.6	99.5	303892
0.1	75.2	100.0	234626
0.7	59.0	96.0	161262
3.8	42.7	99.6	166010
2.9	84.6	91.4	258899
47.6	30.3	97.1	2022422
-3.6	72.8	99.1	90629
6.1	41.2	98.4	106745
4.0	35.8	99.0	209108
6.9	9.2	98.6	221893
-3.4	74.7	98.0	205260
6.7	18.4	98.1	121036
0.8	76.4	100.4	631925
-1.7	85.7	99.7	807846
-1.3	83.4	99.5	208831
5.6	57.2	94.4	124743
4.7	49.3	93.2	93558
4.0	67.1	91.9	207113
6.9	54.1	97.6	241729
0.2	77.2	97.6	150472
-1.0	73.3	97.3	227019
1.1	81.2	99.1	174228
1.7	64.8	85.6	139333
5.2	54.3	95.3	152074
4.8	69.6	98.8	397326
7.0	56.5	99.3	135750
7.0	59.1	99.0	189738
19.9	61.8	98.3	123926
12.4	46.6	100.2	141585
8.9	39.2	96.2	36389
4.2	72.0	100.0	895574
2.3	75.2	98.9	97818
2.7	74.7	99.5	288521
7.1	60.5	99.1	214758
-0.3	62.1	94.4	72028

14-21 分行业规模以上公有制工业企业主要经济效益指标(2013年)

行　业	Sector	总资产贡献率(%) Ratio of Total Assets to Industrial Output Value (%)
总　计	**Total**	**11.7**
按轻重工业分	**Grouped by Light & Heavy Industry**	
轻工业	Light Industry	29.4
重工业	Heavy Industry	9.4
按企业规模分	**Grouped by Size of Enterprises**	
大型企业	Large Enterprises	11.3
中型企业	Medium-sized Enterprises	10.7
小型企业	Small Enterprises	19.0
微型企业	Micro-enterprises	1.0
按行业分	**Grouped by Sectors**	
煤炭开采和洗选业	Mining and Washing of Coal	10.2
石油和天然气开采业	Extraction of Petroleum and Natural Gas	20.2
黑色金属矿采选业	Mining of Ferrous Metal Ores	31.6
有色金属矿采选业	Mining of Non-ferrous Metal Ores	34.0
非金属矿采选业	Mining and Processing of Nonmetal Ores	18.4
开采辅助活动	Mining Auxiliary	6.0
其他采矿业	Mining of Other Ores n.e.c	
农副食品加工业	Processing of Food from Agricultural Products	15.3
食品制造业	Manufacture of Foods	42.4
酒、饮料和精制茶制造业	Manufacture of Wine, drinks and refined tea	10.9
烟草制品业	Manufacture of Tobacco	95.1
纺织业	Manufacture of Textile	1.0
纺织服装服饰业	Manufacture of Textile Wearing,Apparel	7.4
皮革、毛皮、羽毛及其制品和制鞋业	Manufacture of Leather, Fur, Featherand Its Products,Shoemaking	31.4
木材加工及木、竹、藤、棕、草制品业	Processing of Timbers, Manufacture of Wood, Bamboo, Rattan, Palm, and Straw Products	56.2
家具制造业	Manufacture of Furniture	21.8
造纸及纸制品业	Manufacture of Paper and Paper Products	4.9
印刷和记录媒介的复制业	Printing,Reproduction of Recording Media	16.2
文教、工美、体育和娱乐用品制造业	Manufacture of Cultural and educational supplies, industrial, sporting and entertainment	39.9
石油加工、炼焦及核燃料加工业	Processing of Petroleum ,Coking, Processing of Nucleus Fuel	31.9
化学原料及化学制品制造业	Manufacture of Chemical Raw Material and Chemical Products	3.3
医药制造业	Manufacture of Medicines	18.3
化学纤维制造业	Manufacture of Chemical Fiber	5.4
橡胶和塑料制品业	Manufacture of Rubber and Plastic	17.0
非金属矿物制品业	Manufacture of Non-metallic Mineral Products	12.3
黑色金属冶炼及压延加工业	Manufacture and Processing of Ferrous Metals	4.3
有色金属冶炼及压延加工业	Manufacture and Processing of Non-ferrous Metals	2.8
金属制品业	Manufacture of Metal Products	11.4
通用设备制造业	Manufacture of General Purpose Machinery	6.7
专用设备制造业	Manufacture of Special Purpose Machinery	7.3
汽车制造业	Manufacture of Automobile	11.9
铁路、船舶、航空航天和其他运输设备制造业	Manufacture of Railway, shipbuilding, aerospace, and other transportation equipment	7.3
电气机械及器材制造业	Manufacture of Electrical Machinery and Equipment	8.1
计算机、通信和其他电子设备制造业	Manufacture of Computer Communication Equipment , and Other Electronic Equipment	6.0
仪器仪表制造业	Manufacture of Measuring Instrument	11.6
其他制造业	Manufacture of others	9.0
废弃资源综合利用业	Comprehensive utilization of waste materials	38.8
金属制品、机械和设备修理业	Repairing of Metal products, machinery and equipment	4.0
电力、热力的生产和供应业	Production and Supply of Electric Power and Heat Power	8.4
燃气生产和供应业	Production and Distribution of Gas	9.0
水的生产和供应业	Production and Distribution of Water	2.2

Main Economic Beneficial Indicators of Public-owned Industrial Enterprises above Designated Size by Sector (2013)

成本费用利润率 (%) Ratio of Profits to Industrial Cost (%)	资产负债率 (%) Assets-Liability Ratio (%)	产品销售率 (%) Proportion of Products Sold (%)	全员劳动生产率 (元/人.年) Over Labour Productivity of Industrial Enterprises (yuan/person.year)
4.4	**64.8**	**98.2**	**223287**
10.1	50.5	97.1	333867
3.6	66.7	98.4	204073
3.5	65.4	98.2	204721
5.1	67.0	98.5	213071
8.8	51.6	97.5	477045
0.9	77.0	99.5	19091
5.0	65.0	98.1	123981
-4.4	44.2	99.7	179970
24.4	51.0	97.4	291200
15.1	32.4	99.6	571785
9.1	55.7	99.6	166861
0.1	75.2	100.0	231642
6.3	44.6	98.2	255628
16.1	39.0	98.5	199544
5.2	75.4	93.5	294298
45.7	31.0	97.0	1816737
-1.9	68.5	99.3	115428
1.0	55.4	99.0	78911
8.7	39.2	97.8	500616
14.4	25.1	99.2	208709
1.6	43.2	98.0	982692
1.5	68.6	96.5	243257
10.2	29.2	99.8	291654
8.5	33.5	99.3	60470
-1.7	85.7	99.7	752297
-0.2	79.7	98.6	229631
8.9	43.4	97.4	233144
4.6	49.3	93.3	117048
8.7	50.7	95.6	260617
9.0	48.4	98.0	284012
0.4	76.8	97.6	155804
-0.9	73.3	97.3	225453
3.4	61.5	98.9	238156
4.2	62.1	91.1	165719
5.2	53.8	95.8	164358
4.9	69.2	98.9	347704
7.1	57.0	99.4	142276
7.2	58.9	98.6	188957
11.5	59.2	91.6	97692
11.7	47.6	100.2	131017
8.7	39.5	96.3	72490
4.2	66.7	100.0	661439
2.1	75.0	99.0	92948
2.6	74.7	99.5	287057
7.1	60.5	99.1	214758
-1.2	58.8	95.0	68866

14-22 分行业规模以上私营工业企业主要经济效益指标(2013年)

行业	Sector	总资产贡献率(%) Ratio of Total Assets to Industrial Output Value (%)
总计	**Total**	**24.0**
按轻重工业分	**Grouped by Light & Heavy Industry**	
轻工业	Light Industry	25.3
重工业	Heavy Industry	23.3
按企业规模分	**Grouped by Size of Enterprises**	
大型企业	Large Enterprises	16.6
中型企业	Medium-sized Enterprises	24.6
小型企业	Small Enterprises	26.6
微型企业	Micro-enterprises	12.5
按行业分	**Grouped by Sectors**	
煤炭开采和洗选业	Mining and Washing of Coal	29.2
石油和天然气开采业	Extraction of Petroleum and Natural Gas	
黑色金属矿采选业	Mining of Ferrous Metal Ores	17.4
有色金属矿采选业	Mining of Non-ferrous Metal Ores	24.2
非金属矿采选业	Mining and Processing of Nonmetal Ores	27.0
开采辅助活动	Mining Auxiliary	30.5
其他采矿业	Mining of Other Ores n.e.c	
农副食品加工业	Processing of Food from Agricultural Products	26.1
食品制造业	Manufacture of Foods	27.8
酒、饮料和精制茶制造业	Manufacture of Wine, drinks and refined tea	24.3
烟草制品业	Manufacture of Tobacco	
纺织业	Manufacture of Textile	20.6
纺织服装服饰业	Manufacture of Textile Wearing,Apparel	21.5
皮革、毛皮、羽毛及其制品和制鞋业	Manufacture of Leather, Fur, Featherand Its Products,Shoemaking	27.8
木材加工及木、竹、藤、棕、草制品业	Processing of Timbers, Manufacture of Wood, Bamboo, Rattan, Palm, and Straw Products	24.2
家具制造业	Manufacture of Furniture	25.9
造纸及纸制品业	Manufacture of Paper and Paper Products	23.7
印刷和记录媒介的复制业	Printing,Reproduction of Recording Media	22.4
文教、工美、体育和娱乐用品制造业	Manufacture of Cultural and educational supplies, industrial, sporting and entertainment	33.5
石油加工、炼焦及核燃料加工业	Processing of Petroleum ,Coking, Processing of Nucleus Fuel	19.9
化学原料及化学制品制造业	Manufacture of Chemical Raw Material and Chemical Products	18.4
医药制造业	Manufacture of Medicines	21.0
化学纤维制造业	Manufacture of Chemical Fiber	31.7
橡胶和塑料制品业	Manufacture of Rubber and Plastic	30.8
非金属矿物制品业	Manufacture of Non-metallic Mineral Products	28.3
黑色金属冶炼及压延加工业	Manufacture and Processing of Ferrous Metals	22.2
有色金属冶炼及压延加工业	Manufacture and Processing of Non-ferrous Metals	13.4
金属制品业	Manufacture of Metal Products	22.9
通用设备制造业	Manufacture of General Purpose Machinery	26.7
专用设备制造业	Manufacture of Special Purpose Machinery	23.7
汽车制造业	Manufacture of Automobile	29.4
铁路、船舶、航空航天和其他运输设备制造业	Manufacture of Railway, shipbuilding, aerospace, and other transportation equipment	35.2
电气机械及器材制造业	Manufacture of Electrical Machinery and Equipment	23.8
计算机、通信和其他电子设备制造业	Manufacture of Computer Communication Equipment , and Other Electronic Equipment	18.1
仪器仪表制造业	Manufacture of Measuring Instrument	21.5
其他制造业	Manufacture of others	36.0
废弃资源综合利用业	Comprehensive utilization of waste materials	19.6
金属制品、机械和设备修理业	Repairing of Metal products, machinery and equipment	4.2
电力、热力的生产和供应业	Production and Supply of Electric Power and Heat Power	-0.7
燃气生产和供应业	Production and Distribution of Gas	12.3
水的生产和供应业	Production and Distribution of Water	18.2

Main Economic Beneficial Indicators of Private Industrial Enterprises above Designated Size by Sector (2013)

成本费用利润率 (%) Ratio of Profits to Industrial Cost (%)	资产负债率 (%) Assets-Liability Ratio (%)	产品销售率 (%) Proportion of Products Sold (%)	全员劳动生产率 (元/人.年) Over Labour Productivity of Industrial Enterpreses (yuan/person.year)
10.6	**31.8**	**98.5**	**255575**
11.1	26.0	98.5	212841
10.3	35.0	98.5	289836
7.6	44.5	98.5	231619
10.6	31.6	98.6	210184
11.5	27.4	98.4	301857
8.4	33.3	98.3	106711
13.0	37.8	97.9	581683
10.9	44.0	98.3	278314
11.9	36.3	98.4	390381
13.2	26.3	99.1	353824
18.9	7.9	98.0	563103
10.4	25.7	98.4	242771
11.6	24.5	99.1	201042
11.9	31.1	98.5	271990
10.3	28.8	98.5	195403
10.4	21.3	98.3	131561
12.7	20.9	99.3	225648
11.3	21.0	98.2	210227
13.2	11.6	99.0	199534
10.7	27.8	97.7	243858
10.8	35.2	98.0	205935
11.3	25.4	97.3	151510
10.8	50.5	98.0	441637
10.3	33.6	97.6	276177
11.5	34.7	98.4	214059
10.6	33.8	103.3	203011
12.1	23.5	98.6	262510
12.6	31.5	98.4	305120
7.5	29.9	98.1	442281
5.1	55.5	98.8	270643
9.9	26.5	97.8	242934
10.3	39.1	100.7	241820
10.9	29.7	98.5	222989
11.5	29.7	98.7	202515
11.7	20.9	98.6	201155
9.4	32.0	98.8	253995
10.1	36.6	97.9	126334
10.5	29.7	96.8	214189
10.8	30.8	100.5	273579
9.7	41.8	99.1	341216
4.5	59.7	78.7	767224
-3.3	70.7	100.6	103546
10.2	43.4	99.0	665545
11.3	28.2	97.2	330684

14—23 各市规模以上工业企业主要经济效益指标
Main Economic Beneficial Indicators of Industrial Enterprises above Designated Size by City

年份 市(县)	Year City(County)	总资产贡献率 (%) Ratio of Total Assets to Industrial Output Value (%)	成本费用利润率 (%) Ratio of Profits to Industrial Cost (%)	资产负债率 (%) Assets-Liability Ratio (%)	产品销售率 (%) Proportion of Products Sold (%)	全员劳动生产率 (元/人.年) Over Labour Productivity of Industrial Enterpreses (yuan/person.year)
	1998	7.6	2.7	67.3	97.2	25496
	1999	7.3	2.8	65.9	97.8	27753
	2000	8.6	4.5	66.4	98.0	33643
	2001	8.1	4.1	65.7	97.9	37827
	2002	9.4	4.7	63.9	98.3	44368
	2003	10.7	5.2	64.3	98.5	55278
	2004	23.0	6.0	62.4	98.4	76834
	2005	15.7	6.9	61.6	98.4	88950
	2006	20.7	9.1	60.3	97.0	111021
	2007	23.5	11.6	57.8	98.3	142201
	2008	24.7	9.5	57.8	98.4	181939
	2009	21.0	9.6	56.5	98.5	172874
	2010	22.4	10.2	55.2	98.7	206596
	2011	22.7	9.5	53.9	98.6	217295
	2012	18.9	8.3	51.4	98.3	216674
	2013	16.9	8.2	48.5	98.4	221106
省辖市	**City**					
郑州市	Zhengzhou	18.9	9.9	53.9	98.6	235755
开封市	Kaifeng	16.1	9.7	33.6	97.3	128677
洛阳市	Luoyang	10.8	4.2	55.6	98.8	248793
平顶山市	Pingdingshan	13.1	7.3	55.9	97.8	187815
安阳市	Anyang	17.4	7.4	63.8	98.9	283747
鹤壁市	Hebi	15.8	6.1	54.4	97.6	219770
新乡市	Xinxiang	12.8	5.5	56.0	97.7	202820
焦作市	Jiaozuo	19.6	8.2	42.1	98.8	231873
濮阳市	Puyang	22.6	9.2	34.8	98.7	254041
许昌市	Xuchang	22.0	9.9	36.8	98.2	288884
漯河市	Luohe	28.1	13.8	31.4	98.4	219463
三门峡市	Sanmenxia	14.5	7.5	57.2	98.3	313442
南阳市	Nanyang	15.7	7.4	50.5	97.8	198001
商丘市	Shangqiu	17.3	6.8	46.8	98.1	191583
信阳市	Xinyang	15.3	6.3	45.6	98.2	158796
周口市	Zhoukou	25.4	12.7	31.1	98.4	197670
驻马店市	Zhumadian	11.3	8.2	29.7	98.3	170074
济源市	Jiyuan	11.8	6.0	58.4	99.5	289937
省直管县	**Province Administrating**					
巩义市	Gongyi	18.8	7.2	54.2	97.6	338188
兰考县	Lankao	22.8	14.6	15.2	98.3	102697
汝州市	Ruzhou	6.1	3.7	68.9	96.1	232738
滑县	Huaxian	19.3	8.6	37.1	99.1	197780
长垣县	Changyuan	22.7	12.0	47.6	99.5	240636
邓州市	Dengzhou	15.5	6.8	52.4	97.1	227849
永城市	Yongcheng	13.4	6.1	56.5	97.5	318777
固始县	Gushi	24.5	7.5	10.7	99.9	126931
鹿邑县	Luyi	23.8	13.2	46.6	99.6	258991
新蔡县	Xincai	22.8	10.1	19.9	98.6	125493

14−24 各市规模以上国有控股工业企业主要经济效益指标(2013年)

Main Economic Beneficial Indicators of State-holding Industrial Enterprises above Designated Size by City (2013)

市(县)	City(County)	总资产贡献率(%) Ratio of Total Assets to Industrial Output Value (%)	成本费用利润率(%) Ratio of Profits to Industrial Cost (%)	资产负债率(%) Assets-Liability Ratio (%)	产品销售率(%) Proportion of Products Sold (%)	全员劳动生产率(元/人.年) Over Labour Productivity of Industrial Enterprises (yuan/person.year)
全省	**Total**	**10.3**	**3.0**	**67.4**	**98.1**	**207715**
省辖市	**City**					
郑州市	Zhengzhou	15.2	5.8	61.6	98.2	266256
开封市	Kaifeng	11.7	8.5	49.9	92.7	153846
洛阳市	Luoyang	9.1	2.3	63.4	98.7	253757
平顶山市	Pingdingshan	6.9	2.8	66.8	97.4	112000
安阳市	Anyang	12.9	4.7	73.1	99.1	282123
鹤壁市	Hebi	6.3	0.5	82.9	98.9	113404
新乡市	Xinxiang	14.7	9.6	61.6	98.3	170040
焦作市	Jiaozuo	8.2	2.6	63.0	99.0	123598
濮阳市	Puyang	8.1	-5.2	65.2	99.6	178798
许昌市	Xuchang	21.2	10.9	57.4	98.2	414385
漯河市	Luohe	20.0	6.7	64.2	97.3	380147
三门峡市	Sanmenxia	5.5	0.5	74.9	95.9	150051
南阳市	Nanyang	16.3	6.9	58.8	98.2	272005
商丘市	Shangqiu	12.0	5.2	62.9	97.4	271313
信阳市	Xinyang	11.8	3.0	59.4	98.5	111079
周口市	Zhoukou	19.2	9.9	55.9	99.7	151087
驻马店市	Zhumadian	14.3	5.0	64.2	98.4	228689
济源市	Jiyuan	8.6	5.6	60.2	99.2	388028
省直管县	**Province Administrating County**					
巩义市	Gongyi	-1.1	-11.7	76.7	95.6	103261
兰考县	Lankao	32.4	27.8	18.0	99.6	500000
汝州市	Ruzhou	3.0	-2.1	88.3	97.7	121461
滑县	Huaxian	5.4	1.1	59.6	100.2	137500
长垣县	Changyuan	7.9	-1.1	78.4	100.0	250000
邓州市	Dengzhou	11.0	7.8	58.2	98.0	100000
永城市	Yongcheng	12.8	6.7	60.4	97.9	299568
固始县	Gushi	4.2	-1.2	70.6	100.0	46667
鹿邑县	Luyi	33.8	-0.7	99.5	100.0	83333
新蔡县	Xincai	11.4	2.9	43.1	99.9	50000

14-25 各市规模以上公有制工业企业主要经济效益指标(2013年)

Main Economic Beneficial Indicators of Public-owned Industrial Enterprises above Designated Size by City (2013)

市(县) City(County)	总资产贡献率 (%) Ratio of Total Assets to Industrial Output Value (%)	成本费用利润率 (%) Ratio of Profits to Industrial Cost (%)	资产负债率 (%) Assets-Liability Ratio (%)	产品销售率 (%) Proportion of Products Sold (%)	全员劳动生产率 (元/人.年) Over Labour Productivity of Industrial Enterprises (yuan/person.year)
全 省 Total	**11.7**	**4.4**	**64.8**	**98.2**	**223287**
省 辖 市 City					
郑 州 市 Zhengzhou	15.4	6.1	61.2	98.2	264764
开 封 市 Kaifeng	12.1	8.4	50.0	93.5	171696
洛 阳 市 Luoyang	9.1	2.2	63.2	98.5	257147
平 顶 山 市 Pingdingshan	7.0	2.8	67.0	97.4	116479
安 阳 市 Anyang	13.3	5.0	72.9	99.0	288288
鹤 壁 市 Hebi	8.1	1.9	75.2	97.7	156001
新 乡 市 Xinxiang	15.4	8.7	59.2	98.0	208402
焦 作 市 Jiaozuo	8.5	2.9	62.9	99.0	128731
濮 阳 市 Puyang	10.0	-1.7	59.3	99.4	196059
许 昌 市 Xuchang	21.3	11.0	56.5	98.2	405659
漯 河 市 Luohe	32.0	15.6	51.6	98.3	409113
三 门 峡 市 Sanmenxia	13.2	6.7	63.5	97.8	271286
南 阳 市 Nanyang	16.0	7.2	57.4	98.0	263505
商 丘 市 Shangqiu	12.4	5.4	62.7	97.5	267936
信 阳 市 Xinyang	12.8	3.4	58.9	98.6	128462
周 口 市 Zhoukou	18.4	10.0	53.8	99.5	212310
驻 马 店 市 Zhumadian	14.9	5.4	61.9	98.4	203661
济 源 市 Jiyuan	9.1	5.7	59.5	98.8	323965
省 直 管 县 Province Administrating County					
巩 义 市 Gongyi	1.3	-6.1	73.5	96.9	121906
兰 考 县 Lankao	21.1	6.1	28.4	99.9	237477
汝 州 市 Ruzhou	3.0	-2.1	88.3	97.7	122157
滑 县 Huaxian	5.4	1.1	59.6	100.2	430762
长 垣 县 Changyuan	12.6	1.0	56.8	100.0	268280
邓 州 市 Dengzhou	12.4	5.5	57.1	97.6	150934
永 城 市 Yongcheng	12.7	6.6	60.7	98.0	296858
固 始 县 Gushi	11.2	2.0	60.7	100.0	92567
鹿 邑 县 Luyi	33.8	-0.7	99.5	100.0	82570
新 蔡 县 Xincai	20.0	4.9	30.6	99.7	94023

14-26 各市规模以上私营工业企业主要经济效益指标(2013年)

Main Economic Beneficial Indicators of Private Industrial Enterprises above Designated Size by City (2013)

市(县) City(County)	总资产贡献率 (%) Ratio of Total Assets to Industrial Output Value (%)	成本费用利润率 (%) Ratio of Profits to Industrial Cost (%)	资产负债率 (%) Assets-Liability Ratio (%)	产品销售率 (%) Proportion of Products Sold (%)	全员劳动生产率 (元/人.年) Over Labour Productivity of Industrial Enterprises (yuan/person.year)
全　　省 Total	**24.0**	**10.6**	**31.8**	**98.5**	**255575**
省辖市 City					
郑州市 Zhengzhou	25.9	12.2	42.7	98.1	403904
开封市 Kaifeng	23.3	12.9	12.9	98.6	136968
洛阳市 Luoyang	13.2	5.8	48.9	99.2	191020
平顶山市 Pingdingshan	16.1	11.7	49.5	97.5	361214
安阳市 Anyang	22.5	10.1	45.1	99.0	316997
鹤壁市 Hebi	27.6	10.6	33.1	98.2	295198
新乡市 Xinxiang	17.4	8.1	47.1	98.3	192365
焦作市 Jiaozuo	27.5	11.0	24.5	99.4	356381
濮阳市 Puyang	38.0	13.1	12.6	98.2	385772
许昌市 Xuchang	27.3	10.5	20.1	97.9	335873
漯河市 Luohe	24.4	14.9	21.9	98.4	235952
三门峡市 Sanmenxia	21.1	9.5	40.6	99.2	359238
南阳市 Nanyang	17.4	7.5	42.3	97.7	222564
商丘市 Shangqiu	16.2	7.1	47.9	97.9	188337
信阳市 Xinyang	19.2	7.8	31.5	98.8	129489
周口市 Zhoukou	28.5	14.7	30.0	98.9	232251
驻马店市 Zhumadian	26.3	11.6	13.7	98.4	190252
济源市 Jiyuan	22.6	6.7	55.2	99.1	386992
省直管县 Province Administrating County					
巩义市 Gongyi	35.8	11.1	28.3	97.8	503241
兰考县 Lankao	28.0	18.9	14.3	98.3	122663
汝州市 Ruzhou	31.2	8.7	52.0	96.2	835593
滑县 Huaxian	26.4	9.8	23.1	99.5	194012
长垣县 Changyuan	22.9	10.6	53.2	100.0	233929
邓州市 Dengzhou	15.4	7.7	55.4	97.7	296178
永城市 Yongcheng	17.1	5.1	34.3	96.9	356216
固始县 Gushi	28.7	7.8	5.3	99.9	164596
鹿邑县 Luyi	13.5	20.9	51.8	97.1	290476
新蔡县 Xincai	21.4	10.5	20.6	99.1	130597

14−27 主要工业产品产量

Output of Major Industrial Products

年 份 year	纱 (万吨) Yarn (10 000 tons)	卷烟 (亿支) Cigarettes (100 million rolls)	农用化肥 (万吨) Chemical Fertilizers (10 000 tons)	原煤 (万吨) Coal (10 000 tons)	原油 (万吨) Crude Oil (10 000 tons)	发电量 (亿千瓦小时) Electricity (100 million kwh)	粗 钢 (万吨) Steel (10 000 tons)	平板玻璃 (万重量箱) Plate Glass (10 000 weight cases)
1978	16.28	161.70	51.92	5845	167.44	130.68	54.22	184.20
1979	18.88	187.70	55.65	5838	225.72	145.50	59.18	231.71
1980	20.17	231.60	65.06	5625	230.89	159.45	64.50	294.61
1981	22.90	258.80	65.57	5825	369.23	171.17	55.78	284.16
1982	23.27	277.90	75.35	5968	448.32	177.97	63.88	343.90
1983	22.43	254.30	89.06	6402	541.21	187.88	77.08	402.13
1984	21.22	290.40	99.01	6934	639.59	198.72	86.68	485.03
1985	22.92	316.20	81.43	7857	793.31	209.34	97.26	595.73
1986	26.01	329.20	80.29	7949	880.78	231.63	103.99	665.07
1987	28.46	326.30	111.62	8062	932.04	259.33	118.09	769.16
1988	30.65	323.30	129.28	8245	979.07	286.57	138.95	877.52
1989	32.58	285.56	131.84	8858	953.15	302.82	159.00	981.57
1990	31.45	291.49	140.58	9080	882.06	319.14	168.98	904.80
1991	31.95	293.68	156.50	8973	848.32	356.49	186.12	1014.20
1992	37.45	298.71	169.78	9027	810.13	405.17	212.87	1132.95
1993	47.65	297.51	164.84	9279	764.07	440.65	239.39	1299.13
1994	35.20	295.51	189.70	9618	688.25	485.46	241.30	1604.21
1995	41.03	298.30	219.19	10334	601.96	547.71	280.98	2127.41
1996	42.70	290.95	241.09	10781	587.19	593.99	309.87	1832.36
1997	49.59	290.28	237.89	10520	587.13	630.83	334.16	1546.18
1998	47.06	275.77	267.89	9406	587.60	631.05	366.58	2165.02
1999	52.85	287.67	252.72	8012	565.40	658.97	392.03	2137.14
2000	61.06	294.23	258.56	7578	562.18	694.93	404.84	2425.41
2001	67.64	291.56	280.13	8448	566.57	791.05	530.98	2794.30
2002	81.33	282.62	308.30	9921	568.06	909.68	672.22	2920.37
2003	86.91	285.50	307.70	11871	547.60	1025.10	851.75	2978.20
2004	106.37	1434.73	345.03	14445	523.41	1185.58	974.73	3346.34
2005	138.80	1430.19	396.64	18761	507.16	1414.68	1226.62	3894.92
2006	188.36	1484.44	440.87	18532	492.06	1590.25	1740.84	3463.84
2007	246.66	1552.10	523.98	18917	485.08	1910.97	2264.65	3588.17
2008	305.20	1586.08	536.04	20888	475.81	1952.78	2187.85	3208.94
2009	340.40	1613.50	554.80	23018	474.50	2068.00	2329.00	2764.70
2010	402.96	1650.45	439.25	21349	497.90	2180.87	2327.35	2414.41
2011	464.71	1676.15	474.03	20935	485.50	2571.88	2370.65	2153.48
2012	483.15	1691.01	435.47	18058	476.56	2626.90	2215.78	1216.06
2013	568.67	1712.96	535.89		476.51	2853.27	2786.08	1128.04

注：2003年以前卷烟产量计量单位为“万箱”。
a) Data on unit of cigarette is “10 000 cases” before 2003.

14–28 主要工业产品产量

Output of Major Industrial Products

产品名称	Item	2000	2005	2009	2010	2011	2012	2013
两轮脚踏自行车(万辆)	Bicycles (10 000 units)	35.74	11.05	8.80	13.26	41.82	23.05	1.45
电动自行车（万辆）	Electric bicycle (10 000 units)						170.48	367.93
彩色电视机(万台)	Colour Television Set (10 000 units)	90.91	177.00	43.50	17.45	3.85	4.68	46.39
家用电冰箱(万台)	Household Refrigerators (10 000 units)	107.97	249.00	319.20	366.47	406.37	455.93	517.75
化学纤维(吨)	Chemical Fiber (ton)	186297	397266	525154	522459	530916	531435	538231
纱(万吨)	Yarn (10 000 tons)	61.06	138.80	340.45	402.96	464.71	483.15	568.67
布(亿米)	Cloth (100 million m)	11.09	16.03	31.68	39.34	32.39	27.83	31.34
呢绒(万米)	Woolen Piece Goods (10 000 m)	184.90	529.40	366.60	375.10	367.30	331.10	557.20
毛线(吨)	Knitting Wool (ton)	12115	16207	32363	24915	32007	35947	41637
服装(万件)	Garments (10 000 sets)	6502	20138	38774	55743	64922	75817	116659
原盐(万吨)	Salt (10 000 tons)	59.38	109.95	217.35	262.50	282.48	355.82	412.23
卷烟(亿支)	Cigarettes (100 million rolls)	294.23	1430.19	1613.50	1650.45	1676.15	1691.01	1712.96
饮料酒(万千升)	Alcoholic Beverages (10 million litre)	141.45	227.53	468.41	525.05	562.44	627.13	562.44
方便面(万吨)	Instant Noodles(10 000 tons)		64.87	158.51	212.53	245.03	275.06	347.21
速冻米面食品(万吨)	Quick-frozen Rice and Wheat Flour foods(10 000 tons)		93.47	181.43	220.88	253.98	250.69	365.13
罐头(吨)	Canned Food (ton)	24615	31270	156848	141681	194423	182058	176426
畜肉制品(万吨)	Raise Meat Products(10 000 tons)		88.39	111.61	123.12	139.30	126.45	201.04
液体乳(吨)	Liquid Milk(ton)		309129	882555	1064476	1572487	1453819	1886114
配、混合饲料(万吨)	Mixed Feed (10 000 tons)	185.03	475.20	866.02	1109.53	1457.13	1476.82	1409.40
机制纸及纸板(万吨)	Machine-made Paper and Paperboard (10 000 tons)	290.06	562.18	1023.66	975.64	1181.95	905.77	826.11
合成洗涤剂(万吨)	Synthetic Detergents (10 000 tons)	19.03	16.33	43.98	47.38	58.58	62.38	74.93
日用精铝制品(吨)	Fine Aluminium Products Daily-use (ton)	16527	23089	12751	16521	25475	29411	45414
卫生陶瓷制品(万件)	Household Ceramics (10 000 pcs)						4411	5425
日用玻璃制品(万吨)	Daily-use Glassware (10 000 ton)	26.99	71.66	31.63	43.94	47.44	58.77	51.44
塑料制品(万吨)	Plastic Products (10 000 tons)	46.88	103.95	155.70	314.68	255.21	261.86	426.59
#农用薄膜	Plastic Film for Farm Use	9.28	15.14	11.20	15.83	20.31	23.83	38.38
原煤(万吨)	Coal (10 000 tons)	7578	18761	23018	21349	20935	18058	
原油(万吨)	Crude Oil (10 000 tons)	562.18	507.16	474.50	497.90	485.50	476.56	476.51
原油加工量(万吨)	Volume of Crude Oil Processing (10 000 tons)	573.65	553.58	793.80	879.35	782.36	925.17	876.12
汽油(万吨)	Gasoline (10 000 tons)	136.86	127.03	189.40	207.98	191.39	239.21	222.47
柴油(万吨)	Diesel Oil (10 000 tons)	213.42	218.97	287.01	297.54	274.26	310.59	250.51
润滑油(吨)	Lubricating Oil (ton)	42783	101431	149612	177113	80601	199236	35497
天然气(万立方米)	Natural Gas (10 000 cu.m)	149465	201432	99915	67488	50164	50111	49313
发电量(亿千瓦小时)	Electricity (100 million kwh)	694.93	1414.68	2067.96	2180.87	2571.88	2626.90	2853.27

注：卷烟产量2000年计量单位为“万箱”，饮料酒2005年以前计量单位为“万吨”。
a) unit of cigarette is “10 000 cases” in 2000，unit of Alcoholic Beverages is “10 000 tons"before 2005.

14-28 续表 contiuned

产品名称	Item	2000	2005	2009	2010	2011	2012	2013
铁矿石原矿(万吨)	Iron ore (10 000 tons)	154.66	281.32	828.38	1269.21	1337.11	1502.79	2024.89
生铁(万吨)	Pig Iron (10 000 tons)	508.88	973.00	1944.63	2073.92	2151.01	2116.00	2551.91
粗钢(万吨)	Steel (10 000 tons)	404.84	1226.62	2328.99	2327.35	2370.65	2215.78	2786.08
钢材(万吨)	Steel Products (10 000 tons)	405.62	1337.40	2882.47	3196.42	3551.19	3481.38	4255.19
铁合金(万吨)	Ferroalloy (10 000 tons)	14.27	54.98	136.80	149.23	144.52	119.49	190.60
焦炭(万吨)	Coke (10 000 tons)	355.22	1317.27	2163.06	2570.18	2847.89	2420.73	2705.61
十种有色金属(万吨)	10 Nonferrous Metal (10 000 tons)	70.92	294.86	481.62	516.69	564.34	568.69	536.30
铜材(万吨)	Copper Products (10 000 tons)	11.69	25.74	40.90	45.56	41.69	44.27	57.85
原铝(万吨)	Aluminium (10 000 tons)	41.53	193.96	317.74	365.49	388.42	368.84	332.49
氧化铝(万吨)	Alumina (10 000 tons)	144.42	353.35	852.10	957.11	1041.74	1141.63	1213.41
硫铁矿石(万吨)	Sulfur-iron ore (Output) (10 000 tons)	23.26	9.90	16.50	16.30	17.21	19.07	20.30
硫酸(万吨)	Sulfuric Acid (10 000 tons)	75.01	124.76	207.59	247.73	329.31	339.14	378.78
浓硝酸(吨)	Concentrated Nitric Acid (ton)	38451	110114	227109	209189	279844	340715	334236
纯碱(万吨)	Soda Ash (10 000 tons)	33.65	118.65	212.20	188.14	280.84	294.92	337.58
烧碱(万吨)	Caustic Soda (10 000 tons)	37.62	67.84	111.24	140.28	166.69	168.45	181.13
电石(折合量)(万吨)	Calcium Carbide (10 000 tons)	9.88	21.98	76.62	78.15	99.45	98.37	116.07
纯苯(吨)	Pure Benzene (ton)	47545	106730	106582	115454	114185	195335	328053
合成氨(万吨)	Synthetic Ammonia (10 000 tons)	316.55	515.71	485.58	427.50	455.72	428.10	490.72
农用化肥(折纯量)(万吨)	Chemical Fertilizers (10 000 tons)	258.56	396.64	554.77	439.25	474.03	435.47	535.89
化学农药原药(吨)	Chemical Pesticide (ton)	21008	47476	108339	87763	123750	199862	216078
化学药品原药(吨)	Chemical Raw Medicine (ton)	13832	68544	125228	135926	217257	258194	289158
橡胶轮胎外胎(万条)	Tires (10 000 units)	555.51	851.81	1576.55	2128.89	2217.64	2419.10	2357.73
初级形态的塑料(万吨)	Plastics (10 000 tons)	38.20	69.63	122.59	148.02	165.18	162.60	209.63
人造板(万立方米)	Artificial Board (10 000 cu.m)	64.66	316.47	1422.59	2118.34	2473.19	2565.32	2744.99
水泥(万吨)	Cement (10 000 tons)	3723	6211	11711	11480	13666	14805	16764
平板玻璃(万重量箱)	Plate Glass (10 000 weight cases)	2425	3895	2765	2414	2153	1216	1128
发电设备(万千瓦)	Power Generating Equipment (10 000kw)	17.18	115.68	50.60	76.31	92.24	109.50	98.25
交流电动机(万千瓦)	Alternating Eguipment (10 000 Kw)	152.74	429.35	1206.15	1434.67	1626.45	1808.60	2286.17
金属切削机床(台)	Metal-cutting Machine Tools (unit)	1197	8701	5847	8035	8728	6311	9223
汽车(辆)	Motor Vehicles (unit)	7903	36352	124573	235211	413626	403976	511670
大中型拖拉机(台)	Large and Medium Tractors (unit)	7059	29548	71376	81624	93105	108717	137392
小型拖拉机(万台)	Small-size Tractor (10 000 units)	42.01	53.39	22.81	25.08	26.85	29.36	30.95
彩色显象管玻壳(万只)	Chromatron Glass-shell (10 000 units)		3650	1299	1913	1133	790	254
电话单机(部)	Telephone(unit)		62573	28960	7928	12905	7810	6868

14−29 各市主要工业产品产量(2013年)

Output of Major Industrial Products by City (2013)

市(县)	City(County)	化学纤维(吨) Chemical Fiber (ton)	纱(万吨) Yarn (10 000tons)	布(万米) Cloth (10 000m)	服装(万件) Garments (10 000sets)	卷烟(亿支) Cigarettes (100millinrolls)	饮料酒(千升) Alcoholic Beverages (1 000 litre)
全省	**Total**	**538230.56**	**568.67**	**313367.18**	**116659.15**	**1712.96**	**5624404**
省辖市	**City**						
郑州市	Zhengzhou	3408.00	5.28	96155.73	15137.29	594.05	679441
开封市	Kaifeng		67.43	12996.30	8033.41		223794
洛阳市	Luoyang	119546.00	1.70	4213.00	608.53	94.21	125224
平顶山市	Pingdingshan	109527.70	12.99	4529.01	795.96		282510
安阳市	Anyang		18.13	19497.00	13009.26	262.77	735694
鹤壁市	Hebi		7.03	5251.00	2291.27		200914
新乡市	Xinxiang	156443.00	62.34	7354.57	497.33		654498
焦作市	Jiaozuo	24800.00	14.45	14651.20	1906.26		172730
濮阳市	Puyang	40162.00	18.46	4168.00	3055.70		20918
许昌市	Xuchang	64611.00	63.32	43697.90	1407.60	434.06	62505
漯河市	Luohe		1.60	9191.00	3861.09	117.34	294681
三门峡市	Sanmenxia		2.05	158.00			42275
南阳市	Nanyang	302.00	123.62	55274.34	6348.00	135.84	136200
商丘市	Shangqiu	13140.86	54.79	919.03	35313.73		597842
信阳市	Xinyang	4609.00	6.34		3294.56		212279
周口市	Zhoukou		77.67	28107.10	15548.38		968383
驻马店市	Zhumadian	1681.00	29.53	7204.00	5474.78	74.69	214517
济源市	Jiyuan		1.95		76.00		
省直管县	**Province Administrating County**						
巩义市	Gongyi	3408.00			43.14		37648
兰考县	Lankao		2.25	1403.30	612.60		
汝州市	Ruzhou						167736
滑县	Huaxian		7.55	1823.00	2469.27		
长垣县	Changyuan						149059
邓州市	Dengzhou		13.37	12298.94	1726.04		21152
永城市	Yongcheng		3.79	451.03	12.77		3032
固始县	Gushi				38.83		30612
鹿邑县	Luyi		0.79	100.50	521.58		586
新蔡县	Xincai		4.25	3440.00	570.30		

14-29 续表 1 contiuned

市(县) City(County)	液体乳 (吨) Liquid Milk (ton)	畜肉制品 (吨) Raise Meat Products (ton)	速冻米面食品 (吨) Quick-frozen Rice and Wheat Flour foods (ton)	机制纸及纸板 (万吨) Machinemade Paper and Paperboard (10 000 tons)	塑料制品 (万吨) Plastic Products (10 000 tons)	焦炭 (万吨) Synthetic Detergents (10 000 tons)	十种有色金属 (万吨) Ten Kinds of Nonferrous Metals (10 000 tons)
全 省 Total	**1886114**	**2010412**	**3651272**	**826.11**	**426.59**	**2705.61**	**536.30**
省 辖 市 City							
郑 州 市 Zhengzhou	105744	30469	1094750	218.28	20.76		65.16
开 封 市 Kaifeng	48157	42749	52941	3.91	12.57		13.95
洛 阳 市 Luoyang	56900	65300		5.23	36.94	77.61	127.59
平 顶 山 市 Pingdingshan	100019	67221		4.63	6.62	568.42	
安 阳 市 Anyang		21992	78869	37.34	14.75	1230.23	56.12
鹤 壁 市 Hebi	210601	422929	678767	5.74	27.64		2.97
新 乡 市 Xinxiang	33531	37168	61266	117.01	27.01		0.75
焦 作 市 Jiaozuo	491545	25051	215471	96.31	57.58	2.94	53.55
濮 阳 市 Puyang	36417	42698	18991	44.57	43.90		
许 昌 市 Xuchang	78298		11095	97.57	10.52	430.59	
漯 河 市 Luohe	212477	986556	772635	87.33	40.98		
三 门 峡 市 Sanmenxia	37872	1131			11.53		29.15
南 阳 市 Nanyang	39493	25167		18.03	22.98		19.41
商 丘 市 Shangqiu	338195	32189	581387	19.55	7.44		43.47
信 阳 市 Xinyang		15213		6.86	1.42	50.81	
周 口 市 Zhoukou	84400	87545	20311	22.74	65.43		
驻 马 店 市 Zhumadian		78278	22802	41.01	16.49		
济 源 市 Jiyuan	12465	28757	41987		2.03	345.01	124.17
省 直 管 县 Province Administrating County							
巩 义 市 Gongyi					1.72		46.66
兰 考 县 Lankao		13006	2635	3.91	3.01		
汝 州 市 Ruzhou						134.59	
滑 县 Huaxian		3260			8.10		
长 垣 县 Changyuan	5513				0.21		
邓 州 市 Dengzhou				7.84	3.74		
永 城 市 Yongcheng					0.01		40.85
固 始 县 Gushi		7070					
鹿 邑 县 Luyi				2.31	0.29		
新 蔡 县 Xincai		2644			0.74		

14-29 续表 2 contiuned

市(县) City(County)	发电量 (亿千瓦小时) Electricity (100 million kwh)	生 铁 (万吨) Pig Iron (10 000 tons)	粗 钢 (万吨) Steel (10 000 tons)	成品钢材 (万吨) Steel Products (10 000 tons)	硫 酸 (万吨) Sulfuric Acid (10 000 tons)	烧 碱 (万吨) Caustic Soda (10 000 tons)	原 铝 (万吨) Aluminum (10 000 tons)
全 省 Total	**2853.27**	**2551.91**	**2786.08**	**4255.19**	**378.78**	**181.13**	**332.49**
省 辖 市 City							
郑 州 市 Zhengzhou	602.85	9.10	2.21	525.61	41.56		65.16
开 封 市 Kaifeng	55.90			3.62		15.11	
洛 阳 市 Luoyang	447.69		27.35	388.27	26.62		118.85
平 顶 山 市 Pingdingshan	287.96	93.80	161.51	220.20		38.30	
安 阳 市 Anyang	98.74	1666.52	1784.74	1677.23	13.61		21.75
鹤 壁 市 Hebi	106.69	0.53					
新 乡 市 Xinxiang	154.70			40.02	27.85		
焦 作 市 Jiaozuo	116.92	8.98		45.18	61.53	69.79	44.56
濮 阳 市 Puyang	22.15			16.26			
许 昌 市 Xuchang	118.18			104.60			
漯 河 市 Luohe	34.23			15.30		10.51	
三 门 峡 市 Sanmenxia	132.89			30.92	76.83	5.91	20.83
南 阳 市 Nanyang	134.50	191.33	196.03	209.58		0.31	17.86
商 丘 市 Shangqiu	136.56			217.76			43.47
信 阳 市 Xinyang	93.88	222.78	223.27	332.59		3.91	
周 口 市 Zhoukou	8.08				5.45		
驻 马 店 市 Zhumadian	83.68		31.46	73.55			
济 源 市 Jiyuan	217.68	358.88	359.53	354.50	125.35	37.30	
省 直 管 县 Province Administrating County							
巩 义 市 Gongyi	67.56	0.70	2.21	57.26			46.66
兰 考 县 Lankao				3.36			
汝 州 市 Ruzhou	14.93						
滑 县 Huaxian							
长 垣 县 Changyuan				7.01			
邓 州 市 Dengzhou	2.39						
永 城 市 Yongcheng	79.04			114.08			40.85
固 始 县 Gushi	0.42						
鹿 邑 县 Luyi	1.88						
新 蔡 县 Xincai				0.18			

14-29 续表 3 contiuned

市(县) City(County)	合成氨 (万吨) Synthetic Ammonia (10 000 tons)	农用化肥(折纯量) (万吨) Synthetic Ammonia (10 000 tons)	化学农药(原药) (吨) Chemical Pesticide (ton)	人造板 (万立方米) Artificial Board (10 000 cu.m)	水 泥 (万吨) Cement (10 000 tons)	平板玻璃 (万重量箱) Plate Glass (10 000 weight cases)	小型拖拉机 (台) Small Tractors (unit)
全 省 Total	**490.72**	**535.89**	**216077**	**2744.99**	**16764.44**	**1128.04**	**309484**
省 辖 市 City							
郑 州 市 Zhengzhou	10.77	10.63	13881	25.98	2517.75		
开 封 市 Kaifeng	111.79	71.53	2300.00	330.36	124.46		201672
洛 阳 市 Luoyang	18.19	21.79	682	25.02	680.64	285.46	38341
平 顶 山 市 Pingdingshan	2.77	1.71		43.02	1667.91		
安 阳 市 Anyang	31.15	32.94	1949	54.29	1412.80		
鹤 壁 市 Hebi		13.59	33044	41.47	507.08		
新 乡 市 Xinxiang	127.80	126.49	9441	124.75	1958.93		
焦 作 市 Jiaozuo	31.20	36.92	2180	98.45	823.34		1726
濮 阳 市 Puyang	3.26	25.77		172.47	185.34		
许 昌 市 Xuchang		17.58	53016	450.29	1440.46		67077
漯 河 市 Luohe			2933	76.68	44.94		668
三 门 峡 市 Sanmenxia	19.58	15.11		178.85	633.14		
南 阳 市 Nanyang	0.77	34.31		238.94	1827.39		
商 丘 市 Shangqiu		29.38	493	171.90	479.83	723.71	
信 阳 市 Xinyang				281.65	787.77		
周 口 市 Zhoukou	15.59	29.34	77296	212.87	209.66		
驻 马 店 市 Zhumadian	117.85	64.84	18862	218.00	1233.06		
济 源 市 Jiyuan		3.95			229.95	118.87	
省 直 管 县 Province Administrating County							
巩 义 市 Gongyi				11.41	460.99		
兰 考 县 Lankao		5.95		234.76			
汝 州 市 Ruzhou					396.01		
滑 县 Huaxian		11.58	1128	44.55	28.02		
长 垣 县 Changyuan				0.43	43.18		
邓 州 市 Dengzhou				73.88	247.15		
永 城 市 Yongcheng				5.25	151.41		
固 始 县 Gushi				30.50	44.97		
鹿 邑 县 Luyi		1.11					
新 蔡 县 Xincai		3.08		7.05	34.75		

14-30 规模以下工业主要经济指标
Main Indicators of Industrial Enterprises below Designated Size

年份	单位数合计（个）Number (unit)	企业 Enterpirses	个体 Individual	从业人员合计（万人）Number of Employed Persons (10 000person)	企业 Enterpirses	个体 Individual
1998	681512	71160	610352	658.50	232.53	425.97
1999	726290	70711	655579	680.40	223.46	456.94
2000	685961	71239	614722	597.85	201.92	395.93
2001	679793	71686	608107	571.95	205.42	366.53
2002	660163	72418	587745	571.09	225.38	345.71
2003	697095	69915	627180	580.39	212.19	368.20
2004	696366	66420	629946	507.70	196.19	311.51
2005	689993	64625	625368	559.68	219.76	339.92
2006	696587	67542	629045	548.28	214.32	333.96
2007	780941	75134	705807	588.68	218.22	370.46
2008	664548	70460	594088	564.49	185.92	378.57
2009	756548	75266	681282	515.07	159.25	355.82
2010	743585	84400	659185	469.33	177.27	292.06
2011	719527	83383	636144	462.22	176.81	285.41
2012	663253	74328	588925	421.42	157.06	264.36
2013	613201	71617	541584	368.84	140.38	228.46

年份	增加值 Value-added		企 业 Enterpirses		个 体 Individual	
	亿元 100 million yuan	指数(%) Indices(%)	亿元 100 million yuan	指数(%) Indices(%)	亿元 100 million yuan	指数(%) Indices(%)
1998	752.15		270.70		481.45	
1999	768.22	107.5	283.59	110.0	484.63	106.2
2000	890.76	111.5	335.20	113.7	555.56	110.2
2001	981.22	109.6	370.31	109.9	610.91	109.4
2002	1077.98	109.9	406.37	109.7	671.61	109.9
2003	1255.06	113.5	440.80	103.7	814.26	119.6
2004	1415.98	110.5	546.04	113.7	869.93	108.8
2005	1695.78	110.8	654.71	111.0	1041.07	110.7
2006	1880.61	110.4	732.05	111.3	1148.56	109.8
2007	2070.27	109.5	829.27	112.6	1241.00	107.4
2008	2240.69	106.1	752.91	98.7	1487.78	110.4
2009	2249.35	105.0	687.99	100.0	1561.37	107.4
2010	2049.37	103.0	769.34	102.5	1280.03	103.3
2011	2390.44	106.0	924.29	106.1	1466.16	106.0
2012	2418.63	101.9	943.07	102.1	1475.56	101.8
2013	2142.11	103.5	835.96	103.8	1306.15	103.3

注：规模以下工业指标均为抽样调查数据。

a)Data on Industrial Enterprises below Designated Size is Sampling survey data.

14-31 各市规模以下工业企业单位数(2013年)

Number of below Designated Size Industrial Enterprises by City (2013)

单位：个 (unit)

市（县） City(County)	合计 Total	公有制企业 Public-owned	国有及国有控股 States-owned and State-holding	集体及集体控股 Collective-owned and Collective-holding	非公有制企业 Non-public owned	轻工业 Enterprises of Light Industry	重工业 Enterprises of Heavy Industry
省辖市 City							
郑州市 Zhengzhou	6695	1526	850	676	5169	1850	4845
开封市 Kaifeng	5286	258	49	209	5028	1677	3609
洛阳市 Luoyang	6075	191	49	142	5884	1004	5071
平顶山市 Pingdingshan	3503	82	22	60	3421	610	2893
安阳市 Anyang	5159	117	8	109	5042	1770	3389
鹤壁市 Hebi	788	74	12	62	714	162	626
新乡市 Xinxiang	5707	234	45	189	5473	1499	4208
焦作市 Jiaozuo	4232	58	30	28	4174	1669	2563
濮阳市 Puyang	3941				3941	1639	2302
许昌市 Xuchang	6855	4	4		6851	1994	4861
漯河市 Luohe	1584	5		5	1579	804	780
三门峡市 Sanmenxia	2095	386	6	380	1709	495	1600
南阳市 Nanyang	11645	170	58	112	11475	4580	7065
商丘市 Shangqiu	6965	60	22	38	6905	3143	3822
信阳市 Xinyang	4463	628	214	414	3835	3521	942
周口市 Zhoukou	6359	93	67	26	6266	1783	4576
驻马店市 Zhumadian	4933	24	18	6	4909	2234	2699
济源市 Jiyuan	328	7	2	5	321	62	266
省直管县 Province Administrating County							
巩义市 Gongyi	1520	34	4	30	1486	111	1409
兰考县 Lankao	937	12	11	1	925	340	597
汝州市 Ruzhou	648	9		9	639	97	551
滑县 Huaxian	1033	35		35	998	327	706
长垣县 Changyuan	426	10		10	416	49	377
邓州市 Dengzhou	1291	12		12	1279	430	861
永城市 Yongcheng	730				730	461	269
固始县 Gushi	598	43		43	555	210	388
鹿邑县 Luyi	686				686	373	313
新蔡县 Xincai	598	15	11	4	583	327	271

14-32 各市规模以下工业企业主要指标(2013年)

Main Indicators of below Designated Size Industrial Enterprises by City (2013)

本表按当年价格计算。
Data in this table are calculated at current prices.
单位：亿元

市(县) City(County)	合计 Total	公有制企业 Public-owned	国有及国有控股 States-owned and State-holding	集体及集体控股 Collective-ownedand Collective-holding	非公有制企业 Non-public owned	轻工业 Enterprises of Light Industry	重工业 Enterprises of Heavy Industry	工业增加值指数(上年=100) Indices of Value Added of Industry (Preceding year=100)	平均从业人员(万人) Number of Employed persons (10 000 persons)
省辖市 City									
郑州市 Zhengzhou	68.02	3.09	1.28	1.81	64.93	14.92	53.10	103.7	16.51
开封市 Kaifeng	47.01	1.73	0.45	1.28	45.28	13.80	33.21	103.4	11.96
洛阳市 Luoyang	84.00	2.35	0.62	1.73	81.65	9.66	74.34	104.5	10.35
平顶山市 Pingdingshan	37.40	1.09	0.30	0.79	36.31	7.44	29.96	105.9	6.90
安阳市 Anyang	44.67	0.76		0.76	43.92	14.71	29.96	103.8	11.35
鹤壁市 Hebi	9.80	0.90	0.01	0.89	8.90	1.93	7.87	103.5	1.91
新乡市 Xinxiang	31.95	1.12	0.25	0.87	30.83	8.56	23.39	103.6	12.09
焦作市 Jiaozuo	41.99	0.33	0.14	0.19	41.66	15.90	26.09	103.9	11.41
濮阳市 Puyang	25.90				25.90	10.10	15.80	103.5	9.80
许昌市 Xuchang	55.18	0.03	0.03		55.15	14.98	40.20	103.9	13.76
漯河市 Luohe	13.70	0.02		0.02	13.68	6.72	6.98	107.2	3.00
三门峡市 Sanmenxia	29.30	7.59	1.37	6.22	21.71	6.65	22.65	103.2	4.30
南阳市 Nanyang	76.00	1.83	0.47	1.36	74.17	29.70	46.30	100.4	33.31
商丘市 Shangqiu	58.82	0.51	0.29	0.22	58.31	25.79	33.03	103.9	15.82
信阳市 Xinyang	49.19	6.82	2.56	4.26	42.37	17.52	31.67	103.5	10.39
周口市 Zhoukou	47.20	2.67	1.89	0.78	44.53	13.24	33.97	103.9	14.57
驻马店市 Zhumadian	55.37	1.08	0.74	0.34	54.29	26.96	28.33	103.7	12.26
济源市 Jiyuan	7.92	1.53	0.06	1.47	6.39	2.90	5.02	98.6	0.79
省直管县 Province Administrating County									
巩义市 Gongyi	13.21	0.15	0.15		13.06	1.32	11.89	102.6	3.60
兰考县 Lankao	8.42	0.23	0.20	0.04	8.19	2.98	5.44	93.3	2.76
汝州市 Ruzhou	3.11				3.11	0.25	2.86	103.5	1.30
滑县 Huaxian	8.01	0.28		0.28	7.73	2.70	5.31	104.3	2.60
长垣县 Changyuan	3.54	0.07		0.07	3.47	0.41	3.13	103.9	1.46
邓州市 Dengzhou	8.78	0.14		0.14	8.64	2.90	5.88	93.4	2.90
永城市 Yongcheng	12.00				12.00	7.27	4.73	103.5	1.25
固始县 Gushi	11.74	0.83		0.83	10.91	4.41	7.33	103.6	1.43
鹿邑县 Luyi	6.97				6.97	2.40	4.57	104.2	1.07
新蔡县 Xincai	7.99	0.90	0.59	0.31	7.09	4.26	3.73	103.6	0.86

14-33 各市城乡个体工业单位主要指标(2013年)

Main Indicators of Individual Industrial Enterprises by City (2013)

市(县) City(County)	单位数(个) Number of Enterprises (unit)	轻工业 Enterprises of Light Industry	重工业 Enterprises of Heavy Industry	工业增加值(亿元) Value Added of Industry (100 million yuan)	轻工业 Enterprises of Light Industry	重工业 Enterprises of Heavy Industry	工业增加值指数(上年=100) Indices of Value Added of Industry (Preceding year=100)	平均从业人员(万人) Number of Employed persons (10 000 persons)
省辖市 City								
郑州市 Zhengzhou	54649	10657	43992	175.98	55.72	120.26	103.3	38.69
开封市 Kaifeng	40845	24469	16376	48.44	29.02	19.41	103.8	17.12
洛阳市 Luoyang	45271	7836	37435	156.00	25.22	130.78	102.9	34.29
平顶山市 Pingdingshan	38778	21378	17400	115.00	63.40	51.60	102.3	21.50
安阳市 Anyang	28010	22294	5716	38.83	29.97	8.86	103.8	11.15
鹤壁市 Hebi	3409	2311	1098	13.60	5.72	7.88	103.5	1.01
新乡市 Xinxiang	33789	11839	21950	44.05	13.27	30.78	103.6	13.65
焦作市 Jiaozuo	28142	20825	7317	54.81	31.80	23.01	103.2	13.90
濮阳市 Puyang	12257	8825	3432	21.20	15.26	5.94	103.5	4.20
许昌市 Xuchang	37351	11459	25892	86.37	26.95	59.42	103.5	14.67
漯河市 Luohe	14249	9692	4557	49.79	30.58	19.21	106.2	6.89
三门峡市 Sanmenxia	10899	996	9903	28.20	2.39	25.81	103.8	7.80
南阳市 Nanyang	127601	103785	23816	154.00	114.00	40.00	100.4	60.13
商丘市 Shangqiu	39490	24546	14944	26.68	12.47	14.21	103.1	13.00
信阳市 Xinyang	44318	34969	9349	50.81	33.10	17.71	103.5	12.89
周口市 Zhoukou	88524	66229	22295	79.00	59.10	19.90	103.1	28.14
驻马店市 Zhumadian	29508	13653	15855	49.63	24.05	25.57	103.7	8.96
济源市 Jiyuan	2654	2310	344	21.68	9.52	12.16	98.7	3.18
省直管县 Province Administrating County								
巩义市 Gongyi	6788	2344	4444	30.09	10.39	19.70	102.6	6.38
兰考县 Lankao	5412	2760	2652	21.91	12.63	9.28	111.7	3.62
汝州市 Ruzhou	14165	10185	3980	57.19	33.75	23.44	103.5	11.00
滑县 Huaxian	5482	4341	1141	4.49	3.66	0.83	104.3	2.44
长垣县 Changyuan	3050	1068	1982	4.86	1.46	3.40	103.9	2.02
邓州市 Dengzhou	10158	9142	1016	27.42	24.67	2.75	93.4	3.05
永城市 Yongcheng	730	461	269	12.00	7.27	4.73	103.5	1.25
固始县 Gushi	6080	5655	425	7.16	5.21	1.95	102.7	1.50
鹿邑县 Luyi	4804	4676	128	9.73	7.83	1.90	103.3	1.44
新蔡县 Xincai	2746	1878	868	4.11	2.21	1.90	103.6	0.66

主要统计指标解释

工业 指从事自然资源的开采，对采掘品和农产品进行加工和再加工的物质生产部门。具体包括：(1)对自然资源的开采，如采矿、晒盐等(但不包括禽兽捕猎和水产捕捞)；(2)对农副产品的加工、再加工，如粮油加工、食品加工、缫丝、纺织、制革等；(3)对采掘品的加工、再加工，如炼铁、炼钢、化工生产、石油加工、机器制造、木材加工等，以及电力、自来水、煤气的生产和供应等；(4)对工业品的修理、翻新，如机器设备的修理、交通运输工具(如汽车)的修理等。

工业统计调查单位为独立核算法人工业企业。

独立核算法人工业企业指从事工业生产经营活动的单位。独立核算法人工业企业应同时具备以下条件：①依法成立，有自己的名称、组织机构和场所，能够承担民事责任；②独立拥有和使用资产，承担负债，有权与其他单位签订合同；③独立核算盈亏，并能够编制资产负债表。

国有及国有控股企业 指国有企业加上国有控股企业。国有企业(即原全民所有制工业或国营工业)指企业全部资产归国家所有，并按《中华人民共和国企业法人登记管理条例》规定登记注册的非公司制的经济组织。包括国有企业、国有独资公司和国有联营企业。1957 年以前的公私合营和私营工业，后均改造为国营工业，1992 年改为国有工业，这部分工业的资料不单独分列时，均包括在国有企业内。国有控股企业是对混合所有制经济的企业进行的“国有控股”分类。它是指这些企业的全部资产中国有资产(股份)相对其他所有者中的任何一个所有者占资(股)最多的企业。该分组反映了国有经济控股情况。

本篇涉及的其他企业登记注册类型的解释详见综合篇。

轻工业 指主要提供生活消费品和制作手工工具的工业。按其所使用的原料不同，可分为两大类：(1)以农产品为原料的轻工业，是指直接或间接以农产品为基本原料的轻工业。主要包括食品制造、饮料制造、烟草加工、纺织、缝纫、皮革和毛皮制作、造纸以及印刷等工业；(2)以非农产品为原料的轻工业，是指以工业品为原料的轻工业。主要包括文教体育用品、化学药品制造、合成纤维制造、日用化学制品、日用玻璃制品、日用金属制品、手工工具制造、医疗器械制造、文化和办公用机械制造等工业。

重工业 指为国民经济各部门提供物质技术基础的主要生产资料的工业。按其生产性质和产品用途，可以分为下列三类：(1)采掘(伐)工业，是指对自然资源的开采，包括石油开采、煤炭开采、金属矿开采、非金属矿开采等工业；(2)原材料工业，指向国民经济各部门提供基本材料、动力和燃料的工业。包括金属冶炼及加工、炼焦及焦炭、化学、化工原料、水泥、人造板以及电力、石油和煤炭加工等工业；(3)加工工业，是指对工业原材料进行再加工制造的工业。包括装备国民经济各部门的机械设备制造工业、金属结构、水泥制品等工业，以及为农业提供的生产资料如化肥、农药等工业。

根据上述划分原则，修理业中以重工业产品为修理作业对象的划为重工业，反之划为轻工业。

资产总计 指企业过去的交易或者事项形成的、由企业拥有或者控制的、预期会给企业带来经济利益的资源。资产一般按流动性分为流动资产和非流动资产。其中流动资产可分为货币资金、交易性金融资产、应收票据、应收账款、预付款项、其他应收款、存货等；非流动资产可分为长期股权投资、固定资产、无形资产及其他非流动资产等。根据会计“资产负债表”中“资产总计”项目的期末余额数填报。

流动资产合计 资产满足以下条件之一应归为流动资产：（1）预计在一个正常营业周期中变现、出售或耗用，主要包括存货、应收账款等；（2）主要为交易目的而持有；（3）预计在资产负债表日起一年内（含一年）变现；（4）自资产负债日起一年内，交换其他资产或清偿负债的能力不受限制的现金或现金等价物。包括货币资金、应收票据、应收账款、存货等项目。根据会计“资产负债表”中“流动资产合计”项目的期末余额数填报。

固定资产原价 指固定资产的成本，包括企业在购置、自行建造、安装、改建、扩建、技术改造某项固定资产时所发生的全部支出总额。根据会计“固定资产”科目的期末借方余额填报。

累计折旧 指企业在报告期末提取的历年固定资产折旧累计数。根据会计“累计折旧”科目的期末贷方余额填报。

负债合计 指企业过去的交易或者事项形成的，预期会导致经济利益流出企业的现时义务。负债一般按偿还期长短分为流动负债和非流动负债。根据会计“资产负债表”中“负债合计”项目的期末余额数填报。

流动负债合计 负债满足下列条件之一的应归为流动负债：（1）预计在一个正常营业周期中清偿；（2）主要为交易目的而持有；（3）自资产负债表日起一年内到期应予清偿；（4）企业无权自主地将清偿推迟至资产负债表日后一年以上。包括短期借款、应付票据、应付账款、应付职工薪酬、应交税费等项目。根据会计“资产负债表”中“流动负债合计”项目的期末余额数填报。

所有者权益合计 指企业资产扣除负债后由所有者享有的剩余权益。公司的所有者权益又称股东权益。包括实收资本、资本公积、盈余公积、未分配利润等。根据会计“资产负债表”中“所有者权益合计”项目的期末余额数填报。

主营业务收入 指企业确认的销售商品、提供劳务等主营业务的收入。根据会计“主营业务收入”科目的期末贷方余额填报。

主营业务成本 指企业经营主要业务所发生的成本总额。根据会计“主营业务成本”科目的期末借方余额填报。

主营业务税金及附加 指企业经营主要业务应负担的营业税、消费税、城市维护建设税、教育费附加等。根据会计“主营业务税金及附加”科目的期末借方余额填报。

利润总额 指企业在一定会计期间的经营成果，是生产经营过程中各种收入扣除各种耗费后的盈余，反映企业在报告期内实现的盈亏总额。根据会计“利润表”中“利润总额”项目的本期金额数填报。

应交增值税 指企业按税法规定，从事货物销售或提供加工、修理修配劳务等增加货物价值的活动本期应交纳的税金。计算公式为：

应交增值税=销项税额−（进项税额−进项税额转出）−出口抵减内销产品应纳税额−减免税款+出口退税

进项税额指企业在报告期内购入货物或接受应税劳务而支付的、准予从销项税额中抵扣的增值税额。

销项税额指企业在报告期内销售货物或提供应税劳务应收取的增值税额。

总资产贡献率 反映企业全部资产的获利能力，是企业经营业绩和管理水平的集中体现，是评价和考核企业盈利能力的核心指标。计算公式为：

$$\text{总资产贡献率}(\%)=\frac{\text{利润总额}+\text{税金总额}+\text{利息支出}}{\text{平均资产总额}}\times 100\%$$

公式中：税金总额为主营业务税金及附加与应交增值税之和；平均资产总额为期初期末资产之和的算术平均值。

资产负债率 该指标既反映企业经营风险的大小，也反映企业利用债权人提供的资金从事经营活动的能力。计算公式为：

$$\text{资产负债率}(\%)=\frac{\text{负债总额}}{\text{资产总额}}\times 100\%$$

资产与负债均为报告期期末数。

流动资产周转次数 指一定时期内流动资产完成的周转次数，反映投入工业企业流动资金的周转速度。计算公式为：

$$\text{流动资产周转次数}=\frac{\text{主营业务收入}}{\text{全部流动资产平均余额}}$$

公式中：全部流动资产平均余额为期初和期末的流动资产之和的算术平均值。

成本费用利润率 反映企业投入的生产成本及费用的经济效益，同时也反映企业降低成本所取得的经济效益。计算公式为：

$$\text{成本费用利润率}(\%)=\frac{\text{利润总额}}{\text{成本费用总额}}\times 100\%$$

公式中：成本费用总额为主营业务成本、销售费用、管理费用、财务费用之和。

产品销售率　该指标反映工业产品已实现销售的程度，是分析工业产销衔接情况，研究工业产品满足社会需求的指标。计算公式为：

$$产品销售率(\%)=\frac{工业销售产值}{工业总产值}\times 100\%$$

Explanatory Notes on Main Statistical Indicators

Industry refers to the material production sector which is engaged in the extraction of natural resources and processing and reprocessing of minerals and agricultural products, including (1) extraction of natural resources, such as mining, salt production (but not including hunting and fishing); (2) processing and reprocessing of farm and sideline produces, such as rice husking, flour milling, wine making, oil pressing, silk reeling, spinning and weaving, and leather making; (3) manufacture of industrial products, such as steel making, iron smelting, chemicals manufacturing, petroleum processing, machine building, timber processing; water and gas production and electricity generation and supply; (4)repairing of industrial products such as the repairing of machinery and means of transport (including cars).

In industrial statistics surveys, the units of enquiry are corporate industrial enterprises with independent accounting systems.

Corporate industrial enterprises with independent accounting systems refer to enterprises engaging in industrial production activities, which meet the following requirements: (1) They are established legally, having their own names, organizations, location and able to take civil liability; (2) They possess and use their assets independently, assume liabilities and are entitled to sign contracts with other units; (3) They are financially independent and compile their own balance sheets.

State-owned and State-holding Enterprises refer to state-owned enterprises plus State-holding enterprises. State-owned enterprises (originally known as State-run enterprises with ownership by the whole society) are non-corporate economic entities registered in accordance with the *Regulation of the People's Republic of China on the Management of Registration of Legal Enterprises*, where all assets are owned by the State. Included in this category are State-owned enterprises, State-funded corporations and State-owned joint-operation enterprises. Joint State-private industries and private industries, which existed before 1957, were transformed into state-run industries since 1957, and into State-owned industries after 1992. Statistics on those enterprises are included in the State-owned industries instead of being grouped them separately. State-holding enterprises are a sub-classification of enterprises with mixed ownership, referring to enterprises where the percentage of State assets (or shares by the State) is larger than any other single share holder of the same enterprise. This sub-classification illustrates the control of the State over a particular industry.

For explanation of enterprises of other types of registration covered in this chapter, please refer to General Survey.

Light Industry refers to the industry that produces consumer goods and hand tools. It consists of two categories, depending on the materials used:

(1) Industries using farm products as raw materials. These are the branches of light industry which directly or indirectly use farm products as basic raw materials, including the manufacture of food and beverages, tobacco processing, textile, clothing, fur and leather manufacturing, paper making, printing, etc.

(2) Industries using non-farm products as raw materials. These are the branches of light industry which use manufactured goods as raw materials, including the manufacture of cultural, educational articles and sports goods, chemicals, synthetic fibre, chemical products for daily use, glass products for daily use, metal products for daily use, hand tools, medical apparatus and instruments, and the manufacture of cultural and office machinery.

Heavy Industry refers to the industry which produces capital goods, and provides various sectors of the national economy with necessary material and technical basis for production. It consists of the following three branches according to the purpose of production or the use of products:

(1) Mining, quarrying and logging industry, which refers to the industry that extracts natural resources, including extraction of petroleum, coal, metal and non-metal ores.

(2) Raw materials industry refers to the industry that provides various sectors of the national economy with raw materials, fuels and power. It includes smelting and processing of metals, coking and coke chemistry, chemical materials and building materials such as cement, plywood, and power, petroleum refining and coal dressing.

(3) Manufacturing industry which refers to the industry that processes raw materials. It includes machine-building industries which equip sectors of the national economy; industries producing metal structure and cement products; and industries producing means of agricultural production, such as chemical fertilizers and pesticides.

In accordance with the above principles of classification, the repairing trades, which are engaged primarily in repairing products of heavy industry, are classified as heavy industry while those which are engaged in repairing products of light industry are classified as light industry.

Total Assets refer to all resources that are owned or controlled by enterprises through previous trades or transactions with expectation of making economic profits. Classified by the degree of liquidity, total assets include current assets, and non-current assets. Current assets can be classified into monetary assets, trading financial assets, notes receivable, accounts receivable, advanced payments, other prepaid money and inventories. Non-current assets can be divided into long-term equity investment, fixed assets, intangible assets and other non-current assets. Data on this indicator can be obtained by the year-end figures of total assets in the *Assets and Liability Table* of accounting records of enterprises.

Total Current Assets refer to the assets that meet one of the following requirements: (1) expected to be cashed, sold or used in a normal operation cycle, mainly including inventory and accounts receivable; (2) be owned for trading purpose mainly; (3) expected to be cashed in one year (including one year) from the day of the *Assets and Liability Table*; (4) unlimited cash or cash equivalents that can be exchanged with other assets or being capable of settling debts during one year since the day of *Assets and Liability Table*. Included are monetary assets, notes receivable, accounts receivable and inventories. Data on this indicator can be obtained by the year-end figures of total current assets in the *Assets and Liability Table* of the accounting records of enterprises.

Original Value of Fixed Assets refers to the cost of fixed assets, or the total expenditure of an enterprise spent on certain fixed assets, through purchase, construction, installation, transformation, expansion or technical upgrading. It is reported according to the year-end debit balance of fixed assets of accounting records.

Accumulated Depreciation refers to the accumulated figure of fixed assets depreciation over the past years that are extracted by the enterprise at the end of the reference period. It is reported according to the year-end credit balance of accumulated depreciation of accounting records.

Total Liabilities refer to payable liabilities of enterprises that accumulated from previous trades or transactions with expectation of economic profits leaking out. In terms of payment, it can be divided into liquid liabilities and long-term liabilities. Data on this item is obtained from the year-end figures on total liabilities from the Assets and Liability Table of the accounting record of the enterprises.

Total Liquid Liabilities refer to the liabilities that meet one of the following requirements: (1) expected to be repaid in a normal operation cycle; (2) be owned for trading purpose mainly; (3) expected to be repaid in one year from the day of the *Assets and Liability Table*; (4) enterprise has no right to postpone the settlement of which over a year from the day of the *Assets and Liability Table*. Included are short-term loans, notes payable, accounts payable, employee compensations, taxes and expenses due. Data on this indicator can be obtained by the year-end figures of total liquid liabilities in the *Assets and Liability Table* of the accounting records of enterprises.

Total Equity refers to the residual ownership of enterprise investors by deducting total liabilities from the total assets, including the paid-in capital, accumulation of capital, operating surplus and non-distributed profits. Data are obtained from the year-end figures on "total equity" from the Assets and Liability Table of the accounting record of enterprise.

Revenue from Principal Business refers to the income confirmed of an enterprise from the principal business of selling products and providing labor services. Data on this indicator can be obtained from the year-end credit balance of "revenue from principal business" in the accounting record of enterprise.

Cost of Principal Business refers to the total cost occurred from the principal business of the enterprise. Data can be obtained from the year-end debit balance of "cost of principal business" in the accounting record of enterprise.

Tax and Extra Charges from Principal Business refer to the sales tax, consumption tax, urban maintenance and construction tax and education expenses shouldered by the enterprise from its principal business. Data are obtained from the year-end debit balance of "tax and extra charges from principal business" in the accounting record of enterprise.

Total Profits refers to the operation results in a certain accounting period, and it is the balance of various incomes minus various spendings in the course of operation, reflecting the total profits and losses of enterprises in reference period. Data are obtained from the amount of "total profits" in the "profit table" of the accounting record of enterprise.

Value-added Tax Payable refers to the payable tax of enterprises which engaged in selling of goods or providing services that bring added value to the goods, such as processing, repairing, fitting and other activities should be paid according to Tax Law. The formula is as follows:

Value-added Tax Payable = tax on sales-(tax on purchase-transferred tax on purchase)-exports deduct tax payable on domestic sales-tax relief+the export tax rebate.

Tax on Purchase refers to the value-added tax payable by enterprises that purchase goods or receiving taxable services during the reference period and this part of the tax is allowed to be deducted from the tax on sales.

Tax on Sales refers to the value-added tax chargeable by enterprises that sell goods or provide taxable services during the reference period.

Ratio of Profits, Taxes and Interests to Average Assets reflects the profit-making capability of all assets of the enterprise and is a key indicator manifesting the performance and management and evaluating the profit-making potential of the enterprise. It is calculated as follows:

$$\text{Ratio of Profits, Taxes and Interests to Average Assets (\%)} = \frac{\text{total profits} + \text{total taxes} + \text{interest payment}}{\text{average assets}} \times 100\%$$

In the above formula, total taxes is the sum of tax and extra charges on the principal business and value-added tax payable; and average assets is the arithmetic mean of the sum of beginning assets and ending assets.

Ratio of Debts to Assets reflects both the operation risk and the capability of the enterprise in making use of the capital from the creditors. It is calculated as follows:

$$\text{Ratio of Debts to Assets (\%)} = \frac{\text{total debts}}{\text{total assets}} \times 100\%$$

Both assets and debts are figures at the end of the reference period.

Turnover of Current Assets refers to the number of times of turnover of current assets in a given period of time, which reflects the speed of the turnover of current assets of industrial enterprises, and is calculated as follows:

$$\text{Turnover of Current Assets} = \frac{\text{sales revenue of products}}{\text{average balance of total current assets}}$$

In the above formula, average balance of total current assets refers to the arithmetic mean of the sum of current assets at the beginning and at the end of the reference period.

Ratio of Profits to Total Industrial Costs refers to the ratio of profits realized in a given period to the total costs in the same period, which reflects the economic efficiency of input cost and is calculated as follows:

$$\text{Ratio of Profits to Total Industrial Cost (\%)} = \frac{\text{total profits}}{\text{total costs}} \times 100\%$$

Total costs in the above formula are the sum of cost of principal business, marketing cost, management cost and financial cost.

Sales Ratio of Products is an indicator reflecting the actual sale of industrial products, analyzing the production-selling and supply-demand relations. It is calculated as:

$$\text{Sales Ratio of Products (\%)} = \frac{\text{value of industrial sales}}{\text{gross industrial output value (current prices)}} \times 100\%$$

建筑业
Construction

资料整理：孔令惠

简要说明

一、主要内容

本篇反映河南省建筑业企业的基本情况和经营情况。包括企业个数、从业人员数、建筑业总产值、房屋建筑面积、资产、利润、税金、劳动生产率等资料。

二、统计范围

从2002年起，由原具有建筑业资质等级四级及四级以上的独立核算建筑业企业，调整为具有建筑业资质的总承包和专业承包、劳务分包建筑业企业。

三、资料来源

建筑业资料采取全面调查的方法，由河南省统计局固定资产投资处编辑整理。

Brief Introduction

I. Main Contents

Data in this chapter show the general and operation situation of the construction industry in Henan provincial. They cover the situation of production and management of the construction enterprises, including the number of enterprises; number of employed persons; gross output value of the construction industry; floor space of buildings under construction; profits and taxes ; and labour productivity etc.

II. Scope of Statistics

Starting from 2002 the scope of construction statistics has been adjusted to include all the construction enterprises of various types of ownership with qualification certificates and independent accounting systems, replacing the previous criteria that required construction enterprises of various types of ownership to have qualification certificates at or above Class 4 with independent accounting systems.

III. Sources of Data

Data on construction enterprises are collected in accordance with the Reporting Form System of Construction Statistics, which are provided by Department of investment in fixed assets of the Henan provincial Bureau of Statistics.

15-1 建筑业企业主要统计指标

Main Indicators of Construction Enterprises

年份 Year	单位数(个) Number of Enterprise (unit)	建筑业总产值(亿元) Gross Output Value of Construction (100 million yuan)	从业人员(万人) Number of Person Employed (10 000persons)	房屋建筑面积(万平方米) Floor Spece of Buildings (10 000 sq.m) 施工 Under Construction	竣工 Completed	资产(亿元) Asset (100 million yuan)	利润(亿元) Profit (100 million yuan)	税金(亿元) Tax (100 million yuan)	劳动生产率(按总产值计算)(元/人.年) Overall Labor Productivity by Total Output (yuan/person.year)
1978			24.03						
1979			25.91						
1980			27.74						
1981			28.23						
1982			28.01						
1983	249	13.30	27.97	1050.00	608.40		0.90	0.26	4749
1984	264	19.53	34.50	1177.00	647.10		1.10	0.38	5762
1985	375	26.09	38.20	1287.70	607.90		1.39	0.58	7435
1986	383	29.20	37.60	1324.70	659.70		1.09	0.45	7991
1987	412	31.56	38.74	1482.90	731.30		1.16	0.68	8429
1988	442	36.81	39.88	1829.20	674.90		1.10	0.91	9720
1989	403	39.26	36.49	1355.50	594.60		0.64	0.95	10759
1990	393	41.05	35.49	1264.50	609.70		1.02	1.14	11985
1991	493	53.91		1614.72	701.61		0.98	1.67	13098
1992	511	70.33		1934.10	878.60		1.27	2.04	16060
1993	979	101.26		2476.25	1015.03	108.10	1.10	2.74	19549
1994	1332	145.52		2966.28	1322.53	147.44	1.47	3.99	24100
1995	1384	182.07		3386.46	1533.55	186.59	2.07	5.18	27121
1996	2278	271.56		5335.91	2726.45	255.43	4.02	8.32	27910
1997	1975	294.69		4984.41	2447.91	274.48	2.60	8.63	31485
1998	2027	304.96	93.79	5061.35	2418.40	305.48	2.11	9.23	35619
1999	1936	316.99	79.77	5016.55	2584.82	324.54	3.72	9.51	40279
2000	1983	357.34	79.90	5308.29	2629.33	356.53	3.09	11.76	45237
2001	1824	452.49	84.01	6295.47	3146.07	437.70	5.86	14.40	52002
2002	1926	536.73	92.65	7118.44	3630.82	562.05	7.53	16.93	57930
2003	1905	634.52	93.44	8026.07	3433.59	656.32	9.40	20.36	65943
2004	2556	817.13	107.66	9086.52	4186.89	828.57	19.05	27.65	83239
2005	2842	1066.15	125.03	10813.15	4787.12	926.11	25.55	37.01	83308
2006	2834	1530.95	141.37	14472.92	6530.01	1130.11	37.10	50.78	108464
2007	3110	2151.72	176.43	19015.67	9177.80	1484.90	57.43	74.30	123272
2008	3894	2824.06	197.86	21966.53	10289.20	1898.06	92.92	98.71	140560
2009	4146	3596.49	224.34	24596.04	11994.23	2386.99	118.67	129.09	162702
2010	4341	4400.61	235.00	28677.13	13156.03	2856.03	161.65	162.31	183639
2011	4511	5279.36	228.91	33282.01	15146.83	3562.79	200.09	185.44	224132
2012	4738	6009.08	227.12	38328.73	16397.59	4159.13	232.86	210.94	287736
2013	5149	7003.20	237.19	43408.63	18179.14	4981.35	312.47	257.48	277186

注：本表不包括劳务分包企业(下同)。

a)Construction Enterprises in this table exclude Work Subcontractors Enterprises(the same as following tables).

15-2 建筑业企业主要经济指标
Main Indicators of Construction Enterprises

指标	Item	2011	2012	2013
企业单位数 (个)	Number of Construction Enterprises (unit)	4511	4738	5149
从业人员 (万人)	Number of Employed Persons (10 000 persons)	228.91	227.12	237.19
固定资产原价 (亿元)	Original Value of Fixed Assets Owned (100 million yuan)	782.03	829.59	943.97
固定资产合计 (亿元)	Net Value of Fixed Assets Owned (100 million yuan)	617.36	633.36	716.82
自有施工机械设备年末总台数	Total Number of Machinery and Equipment			
(万台)	Owned (10 000 sets)	72.62	81.90	80.22
自有施工机械设备年末净值	Net Value of Machinery and Equipment			
(亿元)	Owned (100 million yuan)	263.94	267.22	287.23
自有施工机械设备年末总功率	Total Power of Machinery and Equipment			
(万千瓦)	Owned (10 000 kw)	1405.07	1660.29	1640.19
建筑业总产值 (亿元)	Gross Output Value of Construction (100 million yuan)	5279.36	6009.08	7003.20
全员劳动生产率	Overall Labor Productivity			
按总产值计算 (元/人)	In Terms of Gross Output Value (yuan/person)	224132	287736	277186
房屋建筑施工面积 (万平方米)	Floor Space of Buildings under Construction (10 000 sq.m)	33282.01	38328.73	43408.63
房屋建筑竣工面积 (万平方米)	Floor Space of Buildings Completed (10 000 sq.m)	15146.83	16397.59	18179.14
技术装备率 (元/人)	Value of Machines per Laborer (yuan/person)	11530	11766	12110
动力装备率 (千瓦/人)	Power of Machines per Laborer (kw/person)	6.14	7.31	6.92
工程结算收入 (亿元)	Revenue of Project Settlement Accounts (100 million yuan)	5148.04	5841.65	6838.92
工程结算成本 (亿元)	Costs of Project Settlement Accounts (100 million yuan)	4531.31	5114.51	5873.62
工程结算税金及附加 (亿元)	Taxes and Extra Charges on Project Settle Accounts (100 million yuan)	169.65	192.61	237.82
管理费用中的税金 (亿元)	Taxes in Management Expenses (100 million yuan)	11.67	12.28	15
本年固定资产折旧 (亿元)	Depreciation of Fixed Assets (100 million yuan)	55.14	59.76	66.82
应付职工薪酬 (亿元)	Deal with worker firewood (100 million yuan)	567.09	586.83	786.87
利润总额 (亿元)	Total Profits (100 million yuan)	200.09	232.86	312.47
税金总额 (亿元)	Total Tax (100 million yuan)	185.44	210.94	257.48
产值利润率 (%)	Ratio of Profit to Gross Output Value (%)	3.8	3.9	4.5
产值利税率 (%)	Ratio of Pre-tax Profit to Gross Output Value (%)	7.2	7.4	8.1

15-3 建筑业企业房屋建筑竣工面积及竣工价值(2013年)

Floor space and Value of Building completed of Construction Enterprises (2013)

指　标	Item	竣工面积(万平方米) Floor space Building completed (10 000 sq.m)	竣工价值(亿元) Value of Hoor Space (10 million yuan)
竣工房屋	**Buildings Completed**	**18179.14**	**2114.87**
住宅房屋	Residential Building	12664.04	1453.50
商业及服务用房屋	Houses for Commercial and service	1011.91	120.12
商厦房屋(批发和零售用房)	Malls housing	281.89	34.82
宾馆用房屋(住宿用房)	Hotel	187.70	19.73
餐饮用房屋(餐饮用房)	Dining	88.73	9.35
商务会展用房屋	Commercial exhibition	63.19	7.63
其他商业及服务用房屋(居民服务业用房)	Others (Residents service)	390.39	48.59
办公用房屋	Official Building	1305.35	164.33
科研、教育、医疗用房屋	Houses for scientific research，education and public health and medical	1075.76	136.60
科学研究用房屋	Houses for scientific research	112.51	14.40
教育用房屋	Houses for education	727.77	88.38
医疗用房屋(卫生医疗用房)	Houses for public health and medical	235.48	33.81
文化、体育、娱乐用房屋	Houses for culture and sports and amusement	151.05	19.81
厂房及建筑物	Workshop and Buildings	1544.74	173.51
#厂房	Workshop	818.35	90.29
仓库	Houses for other uses	127.08	13.01
其他未列明的房屋建筑物	Others	299.22	34.00

15-4 建筑业企业生产情况(2013年)

指　　标	Item	合　计 Total	内资 Domestic Funded	港澳台商投资 Funded from Hong Kong, Macao and Taiwan	外商投资 Foreign Funded
企业个数(个)	Number of Enterprises(unit)	5149	5135	5	9
签订的合同额(亿元)	Contract Value Signed(100 million yuan)	12297.08	12289.21	5.98	1.89
上年结转合同额	Contract Value on Hand Last Year	4610.66	4604.46	5.87	0.32
本年新签合同额	Contract Value Newly Signed this Year	7686.42	7684.75	0.10	1.57
承包工程完成情况(亿元)	Conditions Finished of Contracted Projects(100 million yuan)				
直接从建设单位承揽	Contracted Directly from Fabricative Units				
工程完成的产值	Output Value Finished of Projects	6929.17	6926.47	0.89	1.80
自行完成施工产值	Output Value Self-Finished of Buildings Under Construction	6888.57	6885.87	0.89	1.80
分包出去工程的产值	Output Value of Projects Subcontracted	40.60	40.60		
从建设单位以外承揽	Contracted Directly Exceptant Fabricative Units				
工程完成的产值	Output Value Finished of Projects	114.64	114.64		
建筑业总产值(亿元)	Gross Output Value of Construction (100 million yuan)	7003.20	7000.51	0.89	1.80
建筑工程	Construction	6100.64	6098.56	0.82	1.25
安装工程	Installation	683.68	683.07	0.06	0.55
其他	Others	218.89	218.88	0.01	
#装修装饰	Building Decoration	311.31	310.72	0.01	0.57
建筑业竣工产值(亿元)	Buildings Completed Output Value of Construction(100 million yuan)	3964.27	3962.46	0.05	1.75
从业人员(万人)	Number of Persons Engaged(10 000 persons)	237.19	237.07	0.03	0.09
#工程技术人员	Engineering	40.18	40.15	0.01	0.02
#一级建造师	Constructor	1.83	1.83		
直接从事生产经营活动的平均人数(万人)	Annual Average people who Directly engaged in production and business operation activities(10 000 persons)	252.65	252.55	0.01	0.09
全员劳动生产率	Overall Labor Productivity				
按总产值计算(元/人)	In Terms of Gross Output Value(yuan/person)	277186	277188	970750	199443
房屋建筑施工面积(万平方米)	Floor Space of Buildings Under Construction (10 000 sq.m)	43408.63	43350.18	58.45	
#本年新开工	Beginning Projects This Year	23326.81	23326.81		
#投标承包面积	Floor Space of Enter a bid Contract	35289.08	35289.08		
#本年新开工	Beginning Projects This Year	20025.73	20025.73		
房屋建筑竣工面积(万平方米)	Floor Space of Buildings Completed (10 000 sq.m)	18179.14	18179.14		
房屋竣工率(%)	Rate of Floor Space of Buildings Completed(%)	41.9	41.9		
自有施工机械设备年末总台数(台)	Number of Machinery and Equipment Owned(set)	802156	802137		19
自有施工机械设备年末净值(亿元)	Net Value of Machinery and Equipment Owned(100 million yuan)	287.23	287.19		0.04
自有施工机械设备年末总功率(万千瓦)	Total Power of Machinery and Equipment(10 000kw)	1640.19	1640.13		0.05
技术装备率(元/人)	Valve of Machinery Per Laborer(yuan/person)	12110	12114		3991
动力装备率(千瓦/人)	Power of Machinery per Laborer(kw/person)	6.92	6.92		0.56

Main Indicators on Construction Enterprises (2013)

#国有控股 State-holding	#集体控股 Collective-holding	#私人控股 Private-holding	房屋建筑业 Floor Space	土木工程建筑业 Civil Engineering	建筑安装业 Building Installation	建筑装饰和其他建筑业 Building Decoration and Others	公有制 Public-owned	非公有制 Non-public owned
345	354	4060	1688	1085	627	1749	699	4450
2679.62	607.96	5450.55	6371.07	4830.02	636.37	459.62	3287.58	9009.50
1097.02	135.79	1626.58	2257.71	2098.92	180.10	73.94	1232.80	3377.86
1582.60	472.17	3823.97	4113.37	2731.10	456.27	385.69	2054.78	5631.64
1323.51	506.83	3779.95	3779.84	2316.84	437.87	394.62	1830.35	5098.82
1301.34	505.70	3766.86	3767.28	2296.14	434.88	390.25	1807.04	5081.53
22.18	1.13	13.09	12.56	20.70	2.98	4.36	23.31	17.29
54.68	5.02	46.89	30.63	62.56	8.01	13.44	59.70	54.93
1356.02	510.72	3813.75	3797.91	2358.70	442.90	403.69	1866.74	5136.46
1111.58	457.45	3321.72	3525.86	2104.57	214.26	255.94	1569.03	4531.60
229.29	42.77	343.36	196.06	191.30	212.94	83.38	272.06	411.62
15.15	10.50	148.67	75.99	62.83	15.70	64.37	25.65	193.24
16.28	8.29	271.06	140.24	5.30	11.78	153.99	24.57	286.74
562.79	351.33	2468.62	2318.10	1160.15	255.09	230.93	914.12	3050.15
27.92	21.95	166.79	155.85	49.14	14.29	17.90	49.86	187.32
5.79	2.98	26.31	21.72	11.75	3.12	3.58	8.77	31.41
0.32	0.09	1.12	0.79	0.59	0.18	0.26	0.41	1.42
32.56	20.32	159.53	156.45	65.77	13.97	16.47	52.88	199.77
416420	251327	239059	242762	358641	317051	245091	352983	257120
3468.30	3745.39	31889.74	40835.96	1103.65	1159.74	309.28	7213.69	36194.94
1675.14	2193.99	17311.91	21938.44	574.07	652.05	162.25	3869.13	19457.67
1674.57	3231.93	26571.49	33307.22	910.82	952.37	118.67	4906.49	30382.58
835.38	2040.49	15169.04	18937.90	473.32	532.14	82.38	2875.88	17149.85
741.27	2094.66	13996.83	16995.13	359.85	632.18	191.98	2835.93	15343.21
21.4	55.9	43.9	41.6	32.6	54.5	62.1	39.3	42.4
99113	59448	533551	476628	154031	93243	78254	158561	643595
51.16	14.35	148.70	111.79	139.50	18.88	17.06	65.51	221.72
345.51	90.26	881.76	753.39	688.49	109.81	88.49	435.77	1204.42
18327	6537	8915	7172	28388	13207	9533	13137	11836
12.38	4.11	5.29	4.83	14.01	7.68	4.94	8.74	6.43

15-5 建筑业企业主要财务指标(2013年)

单位：万元

指 标	Item	合 计 Total	内资 Domestic Funded	港澳台商投资 Funded from Hong Kong, Macao and Taiwan	外商投资 Foreign Funded
资产总计	Total Assets	49813481	49634213	113922	65346
流动资产合计	Total Circulating Funds	38580347	38429837	107950	42560
#应收工程款	Year-end Projects Arrearage	8463809	8448508	8853	6448
存货	Stock	9003532	8999617	1451	2463
固定资产合计	Total Fixed Assets	7168172	7152264	1859	14048
固定资产原价	Original Value of Fixed Assets	9439711	9419165	2220	18327
累计折旧	Total Depreciation Drawn Accumulated	3492667	3487998	383	4287
#本年折旧	Draw Depreciation This Year	668241	667561	57	624
在建工程	Under Construction Project	716892	716892		
流动负债合计	Liquid Liabilities	28410304	28271605	108785	29913
#应付账款	Accounts payable	9820648	9817459		3234
非流动负债合计	Non-current liabilities	1558667	1538635		20032
负债合计	Total Liabilities	31238299	31079479	108875	49945
所有者权益合计	Total Creditors Equity	18507366	18486919	5047	15400
#实收资本	Capitals Hold	11681216	11667661	4319	9237
国家资本	State capital	1423591	1423591		
集体资本	Collective	741352	741352		
法人资本	Legal person	3739766	3735742		4025
个人资本	Individual	5760914	5757443	3371	100
港澳台资本	Hong Kong, Macao and Taiwan	12202	8754	947	2500
外商资本	Foreign	3392	780		2612
营业收入	Business income	68829671	68798492	8788	22390
#主营业务收入	Main business income	68389187	68358152	8664	22371
营业成本	Operating costs	60000752	59976928	7206	16618
#主营业务成本	Advocate business wu cost	58736181	58718886	680	16614
营业税金及附加	Business tax and extra	2424827	2423979	154	693
#主营业务税金及附加	Main business taxes and add	2378204	2377356	154	693
其他业务利润	Other Profit from Business	99461	99337	124	
销售费用	Sales expenses	386795	386185	4	607
管理费用	Management Fee	2450974	2447090	559	3325
#税金	Taxes	149968	149903	35	31
财务费用	Financial Expenses	524626	524913	88	
#利息收入	Expenses of Interest	118323	118316	6	0
营业利润	Profits of Business	3106285	3103970	778	1537
利润总额	Total Profits	3124690	3122358	780	1552
利税总额	Profits and Tax of Business	5699485	5696240	969	2276
应付职工薪酬	Deal with worker firewood	7868713	7864526	722	3465
亏损企业个数(个)	Number of Loss-Making Enterprises(unit)	436	431	2	3

Main Economic Indicators on Construction Enterprises by Registration Status (2013)

(10 000 yuan)

#国有控股 State-holding	#集体控股 Collective-holding	#私人控股 Private-holding	房屋建筑业 Floor Space	土木工程建筑业 Civil Engineering	建筑安装业 Building Installation	建筑装饰和其他建筑业 Building Decoration and Others	公有制 Public-owned	非公有制 Non-public owned
12650788	2733027	21621192	20027906	22490063	3920071	3375440	15383815	34429665
10526644	1885528	15703092	15121403	17889250	3066599	2503096	12412172	26168175
2379294	428344	3589026	3349459	3651516	786755	676079	2807638	5656171
2545672	533426	3607049	3442453	4331229	648115	581735	3079098	5924434
1263917	533125	3995793	2993646	3066205	516420	591901	1797042	5371130
1980842	652820	4710666	3442067	4594396	710521	692728	2633663	6806049
897468	223857	1421661	1015106	1972093	300763	204706	1121325	2371342
159719	36264	273653	194580	379784	52315	41563	195982	472259
98639	63678	409661	375923	233777	65857	41336	162317	554575
8988469	1504894	8732492	10507777	14529175	2279006	1094346	10493362	17916941
3510533	530733	2140139	3547509	5007264	901085	364791	4041266	5779383
429542	70137	315024	369809	1098222	60838	29797	499679	1058988
9676937	1691902	9668509	11550961	16093123	2403234	1190981	11368839	19869460
2929439	1031991	11938535	8468048	6343359	1511920	2184039	3961431	14545936
1840247	656118	7454303	5235209	3966053	1014734	1465220	2496364	9184851
1129790	26126	56363	230431	1048210	84036	60914	1155916	267675
27283	457416	191306	398812	184479	125114	32948	484699	256653
618129	95752	1953058	1492948	1525339	273964	447516	713881	3025885
65045	75601	5244416	3104839	1203511	531470	921093	140646	5620268
	778	8826	7984	2640	150	1427	778	11423
	445	335	195	1875	0	1322	445	2947
14556573	4513572	35269096	34379464	25911151	4481311	4057745	19070145	49759526
14497012	4435527	35047856	34190332	25740492	4429707	4028657	18932539	49456648
12992973	3747913	30240203	30305688	22699714	3742008	3253342	16740886	43259866
12605123	3599597	29576395	29679251	22425977	3687131	2943822	16204720	42531461
441795	213309	1333946	1295286	820646	149573	159321	655103	1769724
432308	208549	1306105	1279624	806767	145805	146008	640857	1737346
18428	7890	58482	38830	39291	13921	7418	26319	73142
33917	42096	281841	191598	105471	35873	53854	76013	310783
539021	224486	1180010	872958	1079804	287546	210666	763507	1687467
20306	17776	96052	75035	44201	12848	17884	38082	111886
87281	27323	299296	200424	278805	19638	25759	114603	410023
22042	1866	16706	48553	63964	4138	1667	23907	94415
400911	278403	2040190	1538057	956385	250398	361445	679313	2426971
408366	283265	2040022	1546474	967887	250727	359601	691631	2433060
870466	514349	3470020	2916796	1832735	413148	536807	1384816	4314669
1202858	582618	4828234	4665857	2207630	525329	469896	1785476	6083237
30	26	338	92	94	76	174	56	380

15-6 劳务分包建筑企业生产经营情况(2013年)

单位：万元

指 标	Item	合 计 Total	#内资 Domestic Funded	国有控股 State-holding	集体控股 Collective-holding
企业数(个)	Number of Construction Enterprises (unit)	1282	1282	11	31
年末从业人员(人)	Number of Employed Persons at the Year-end (penson)	186576	186576	840	3026
#现场施工人员	Builder in Employed Persons at the Year-end	141194	141194	716	2377
从业人员平均人数(人)	Average Number of Employed Persons (penson)	152273	152273	834	2755
年末资产负债	Year-end Assets and Liabilities				
固定资产原价	Original Value of Fixed Assets	148860	148860	1744	3448
本年折旧	Draw Depreciation This Year	12443	12443	304	576
资产总计	Total Assets	594216	594216	6248	46440
负债总计	Total Liabilities	234789	234789	1183	34498
实收资本	Capitals Hold	232750	232750	1836	5961
损益及分配	Total Creditors Equity (10 000 yuan)				
营业收入	Total Income	1030609	1030609	8855	157004
#主营业务收入	Income form Principal Operations	1017171	1017171	8740	150823
营业成本	Operating costs	870300	870300	6905	146336
#主营业务成本	Advocate business wu cost	845000	845000	6788	140355
营业税金及附加	Business tax and extra	36552	36552	611	2502
#主营业务税金及附加	Main business taxes and add	35100	35100	605	2502
销售费用	Profits of Business	13173	13173	1	445
管理费用	Management Fee	83333	83333	531	3175
#税金	Taxes	4971	4971	66	154
财务费用	Financial Expenses	5618	5618	2	338
营业利润	Profits of Business	50741	50741	813	4879
利润总额	Total Profits	49286	49286	800	4175
建筑业总产值	Gross Output Value of Construction	1042520	1042520	9054	151820
#装饰装修产值	Output Value of Fitment	81888	81888	3405	8230
应付职工薪酬	Handle employee compensation	452761	452761	2459	7543

Main Indicators on Construction Enterprises of Work Subcontractors (2013)

(10 000 yuan)

私人控股 Private-holding	其 他 Others	房屋建筑业 Floor Space	土木工程建筑业 Civil Engineering	建筑安装业 Building Installation	建筑装饰和其他建筑业 Building Decoration and Others	公有制 Public-owned	非公有制 Non-public owned
1128	112	579	99	154	450	42	1240
161885	20825	105918	10548	13589	56521	3866	182710
124072	14029	79895	7440	9167	44692	3093	138101
132930	15754	84640	8292	11414	47927	3589	148684
132533	11135	87470	13377	14780	33233	5192	143668
10455	1107	5870	1632	1733	3207	880	11563
502191	39337	226841	81177	52574	233624	52689	541528
185204	13904	92906	47837	19443	74604	35682	199108
209678	15276	69588	19383	20326	123454	7797	224954
760739	104011	501828	80082	72176	376522	165859	864750
754634	102975	496973	80071	70584	369543	159563	857608
631511	85548	414020	65475	59745	331061	153241	717058
613307	84551	406912	65475	52183	320430	147142	697857
29254	4185	19308	3082	3308	10854	3113	33439
27841	4152	18816	3073	2681	10530	3107	31994
11899	829	9171	449	771	2783	446	12728
74734	4894	52635	4088	5224	21387	3706	79627
4214	538	2223	628	373	1747	219	4752
5026	252	3754	460	321	1082	340	5278
39159	5891	28170	4013	4269	14289	5692	45050
38474	5837	28659	3912	3852	12863	4975	44311
773100	108547	502888	88661	72770	378201	160874	881647
61315	8938	43471	13922	11645	12850	11634	70253
404682	38077	263616	21958	27303	139884	10002	442759

15-7 各市建筑业企业总产值

Total Output Value of Construction by City

单位：亿元 (100 million yuan)

市(县) City(County)	2000	2005	2007	2008	2009	2010	2011	2012	2013
全　省 Total	**357.34**	**1066.15**	**2151.72**	**2824.06**	**3596.49**	**4400.61**	**5279.36**	**6009.08**	**7003.20**
省辖市 City									
郑州市 Zhengzhou	105.93	299.39	583.66	797.32	1126.12	1352.33	1549.16	1816.99	2264.38
开封市 Kaifeng	10.77	35.16	62.76	79.16	93.38	105.80	132.88	164.04	198.46
洛阳市 Luoyang	50.18	168.54	356.12	512.33	681.81	877.67	1110.90	1214.38	1202.35
平顶山市 Pingdingshan	15.48	31.18	64.46	83.89	74.45	88.66	102.88	121.59	130.40
安阳市 Anyang	28.68	71.78	175.84	212.78	269.54	319.14	359.22	410.82	532.27
鹤壁市 Hebi	3.65	6.34	16.48	21.53	26.70	34.25	43.37	42.37	50.61
新乡市 Xinxiang	26.84	79.44	156.86	205.30	204.70	238.71	294.56	344.56	418.86
焦作市 Jiaozuo	9.31	36.26	62.23	60.75	69.18	87.51	99.18	108.09	121.99
濮阳市 Puyang	23.45	46.84	91.98	102.55	118.50	138.98	168.44	192.39	224.91
许昌市 Xuchang	9.69	21.28	38.36	48.00	62.70	85.04	95.32	106.11	120.28
漯河市 Luohe	3.73	10.10	13.71	18.47	25.80	35.29	41.72	42.86	51.45
三门峡市 Sanmenxia	7.55	26.25	45.60	60.93	73.03	82.44	104.68	112.55	126.56
南阳市 Nanyang	21.29	75.70	139.35	145.46	165.40	197.79	242.66	260.52	292.65
商丘市 Shangqiu	9.42	43.76	80.62	109.78	137.86	170.41	214.74	228.96	272.16
信阳市 Xinyang	14.78	43.34	108.28	141.53	169.54	207.15	247.60	278.23	321.66
周口市 Zhoukou	9.73	40.60	87.25	117.32	148.07	184.06	216.63	250.73	298.99
驻马店市 Zhumadian	6.09	23.14	57.50	93.90	134.29	175.48	233.82	284.85	342.04
济源市 Jiyuan	0.78	7.08	10.66	13.05	15.40	19.88	21.61	29.04	33.17
省直管县 Province Administrating County									
巩义市 Gongyi	0.52	3.50	6.00	7.00	7.03	9.24	11.68	11.47	16.94
兰考县 Lankao	0.08	0.31	2.31	2.94	4.99	4.80	5.93	7.62	8.51
汝州市 Ruzhou	0.16	0.52	1.79	1.46	1.11	1.01	1.43	2.03	2.78
滑县 Huaxian	0.22	6.07	10.83	11.77	16.05	18.72	22.07	24.08	26.18
长垣县 Changyuan	4.24	7.78	21.58	34.97	49.18	61.53	78.67	104.86	141.61
邓州市 Dengzhou	0.58	3.81	10.83	13.49	15.38	18.69	25.56	34.76	31.49
永城市 Yongcheng	1.44	5.86	12.42	15.21	20.43	22.04	26.92	34.78	49.05
固始县 Gushi	2.72	5.10	13.68	16.22	18.49	21.69	25.01	27.32	34.50
鹿邑县 Luyi	0.82	4.87	6.93	8.02	9.33	10.66	13.63	15.51	20.82
新蔡县 Xincai	0.18	0.26	2.00	5.14	7.51	10.58	14.74	16.13	17.54

15-8 各市建筑业企业利税总额
Total Pre-Tax Profits of Construction Enterprises by City

单位：万元 (10 000 yuan)

市(县) City(County)	2000	2005	2007	2008	2009	2010	2011	2012	2013
全 省 Total	**148547**	**625512**	**1317278**	**1916338**	**2477553**	**3239587**	**3855334**	**4437985**	**5699485**
省 辖 市 City									
郑 州 市 Zhengzhou	35374	136720	334113	524896	738885	981163	1086687	1285770	**1664808**
开 封 市 Kaifeng	3581	18134	30658	56219	54125	69580	102444	142594	176426
洛 阳 市 Luoyang	6407	96068	180636	249713	348039	435593	568588	626172	612825
平 顶 山 市 Pingdingshan	5962	19443	29181	42113	47977	60208	67976	84575	111784
安 阳 市 Anyang	15184	29358	80971	106828	136581	168267	237826	274682	354032
鹤 壁 市 Hebi	1296	1649	10073	12149	15639	20348	26354	21382	32964
新 乡 市 Xinxiang	15297	56331	122016	190766	215527	282720	321634	353188	463834
焦 作 市 Jiaozuo	2673	17570	37657	37086	39635	59892	62343	60720	66864
濮 阳 市 Puyang	11834	24647	61218	69700	76165	94763	113504	137242	185635
许 昌 市 Xuchang	6812	8436	19024	31754	45758	54114	81835	100773	116294
漯 河 市 Luohe	2363	5093	11635	14553	20182	30699	38042	38067	48080
三 门 峡 市 Sanmenxia	2626	12422	24739	41449	61322	71644	111018	108904	138632
南 阳 市 Nanyang	10156	45817	100115	110602	158883	216463	246672	237262	283888
商 丘 市 Shangqiu	8610	33083	44481	88891	110450	136697	131181	176922	245662
信 阳 市 Xinyang	7246	44549	100986	120856	144178	197830	199190	226530	328460
周 口 市 Zhoukou	9263	38970	82538	126703	141525	196239	249295	310958	404723
驻 马 店 市 Zhumadian	3624	30310	36596	78213	106093	149536	193600	231026	436653
济 源 市 Jiyuan	241	6915	10642	13847	16591	13832	17146	21219	27922
省 直 管 县 Province Administrating County									
巩 义 市 Gongyi	420	3594	6603	7938	7992	8948	15425	17602	21635
兰 考 县 Lankao	106	428	1930	1509	2698	2955	7607	7240	11678
汝 州 市 Ruzhou	26	344	1048	898	884	999	973	1423	2453
滑 县 Huaxian	64	4085	7227	9514	10552	12871	17413	18799	22539
长 垣 县 Changyuan	5342	13344	33131	41557	59610	98909	108407	132565	171898
邓 州 市 Dengzhou	207	1188	5343	10288	17020	20956	30406	33279	35484
永 城 市 Yongcheng	444	4915	9427	12062	22325	18550	21044	24762	52966
固 始 县 Gushi	1835	3208	10709	7744	10294	11541	19827	23184	30554
鹿 邑 县 Luyi	1301	8136	5006	15652	11291	11652	13058	13802	16975
新 蔡 县 Xincai	134	291	1280	8443	5247	16246	21024	22642	26645

15-9 各市建筑业企业利润总额
Total Profits of Construction Enterprises by City

单位：万元 (10 000 yuan)

市(县) City(County)	2000	2005	2007	2008	2009	2010	2011	2012	2013
全 省 Total	**30936**	**255460**	**574318**	**929179**	**1186690**	**1616515**	**2000905**	**2328601**	**3124690**
省 辖 市 City									
郑 州 市 Zhengzhou	3508	40921	150382	272640	340671	490101	601868	708762	932512
开 封 市 Kaifeng	418	6952	11326	25650	24579	33919	56990	84683	104543
洛 阳 市 Luoyang	-8040	39499	67391	92273	132296	159910	198078	221691	194882
平 顶 山 市 Pingdingshan	528	7813	7144	13918	20125	29104	33541	42639	67700
安 阳 市 Anyang	1411	6107	22011	40461	55193	73664	101678	122522	168122
鹤 壁 市 Hebi	-57	-388	4518	4568	6316	8743	12104	7617	13662
新 乡 市 Xinxiang	4511	23368	66068	101438	130576	179761	199307	224733	304239
焦 作 市 Jiaozuo	88	6175	17725	14804	16137	28387	24161	25604	27950
濮 阳 市 Puyang	5261	11735	27416	26118	34868	46593	62702	78615	109568
许 昌 市 Xuchang	4307	2563	5965	14608	24447	27695	51954	63095	72502
漯 河 市 Luohe	1454	2394	4533	6301	8155	12734	19277	18941	25832
三 门 峡 市 Sanmenxia	710	2950	7805	17290	33054	40519	68636	63252	85149
南 阳 市 Nanyang	3271	20315	42888	56968	73768	95397	130764	119710	157240
商 丘 市 Shangqiu	5148	17363	21198	51056	65329	82915	64956	92003	138498
信 阳 市 Xinyang	2725	24434	51230	67243	75997	101907	110457	133704	176769
周 口 市 Zhoukou	4782	23148	44471	73303	76646	119227	142577	170790	243275
驻 马 店 市 Zhumadian	895	15027	15430	43670	58365	78544	112237	138168	286425
济 源 市 Jiyuan	17	5086	6818	6871	10168	7395	9618	12071	15823
省 直 管 县 Province Administrating County									
巩 义 市 Gongyi	222	1843	4336	4164	4485	4933	10150	12447	15541
兰 考 县 Lankao	88	348	720	689	1528	1219	5518	5089	8238
汝 州 市 Ruzhou	15	109	353	424	314	516	481	551	1204
滑 县 Huaxian	0	1792	3327	5078	4565	5772	9417	9317	13418
长 垣 县 Changyuan	1591	9713	23043	22581	40005	68503	77664	92844	121710
邓 州 市 Dengzhou	45	209	3247	4004	10602	13386	18899	18581	20870
永 城 市 Yongcheng	201	3389	5467	6593	15072	10576	11569	12962	34683
固 始 县 Gushi	801	1348	6095	3501	4292	4836	11843	15703	20632
鹿 邑 县 Luyi	833	6648	3652	11346	7515	7331	8401	8667	10191
新 蔡 县 Xincai	70	23	249	5909	2610	13456	17315	16363	19948

15—10 各市建筑业企业主要指标(2013年)

市(县) City(County)	企业个数(个) Number of Enterprises (unit)	从业人员(万人) Number of Persons Engaged (10 000 person)	直接从事生产经营活动的平均人数(万人) Annual Average people who Directly engaged in production and business operation activities(10 000 person)	签定的合同额(亿元) Contract Value Signed (100 million yuan)
全　　省 Total	**5149**	**237.19**	**252.65**	**12297.08**
省辖市 City				
郑州市 Zhengzhou	1508	51.33	57.89	4336.50
开封市 Kaifeng	262	11.73	9.93	352.02
洛阳市 Luoyang	415	15.91	37.71	3329.48
平顶山市 Pingdingshan	205	6.40	5.94	200.66
安阳市 Anyang	247	27.97	26.24	726.78
鹤壁市 Hebi	83	2.64	2.70	67.88
新乡市 Xinxiang	393	24.22	22.04	491.00
焦作市 Jiaozuo	202	4.78	4.45	205.31
濮阳市 Puyang	213	9.62	8.75	283.64
许昌市 Xuchang	126	5.95	5.55	175.26
漯河市 Luohe	95	3.28	3.13	68.34
三门峡市 Sanmenxia	152	5.10	4.78	246.36
南阳市 Nanyang	347	14.13	12.87	356.23
商丘市 Shangqiu	179	10.44	9.84	344.18
信阳市 Xinyang	213	15.09	13.93	340.56
周口市 Zhoukou	201	11.32	10.69	357.30
驻马店市 Zhumadian	225	15.82	14.96	370.66
济源市 Jiyuan	83	1.45	1.27	44.93
省直管县 Province Administrating County				
巩义市 Gongyi	21	0.98	1.01	25.01
兰考县 Lankao	15	0.60	0.55	9.20
汝州市 Ruzhou	8	0.21	0.19	3.28
滑县 Huaxian	28	1.72	1.67	31.94
长垣县 Changyuan	111	7.31	6.41	143.91
邓州市 Dengzhou	19	0.88	0.82	31.67
永城市 Yongcheng	27	1.83	1.61	53.84
固始县 Gushi	13	1.61	1.29	37.63
鹿邑县 Luyi	8	0.68	0.62	22.23
新蔡县 Xincai	7	0.51	0.49	8.26

Main Indicators of Construction Enterprises by City (2013)

总产值(亿元) Gross Output Value (100 million yuan)	竣工产值(亿元) Buildings Completed Output Value (100 million yuan)	房屋建筑施工面积(万平方米) Floor Space of Buildings Under Construction (10 000 sq.m)	房屋建筑竣工面积(万平方米) Floor Space of Buildings Completed (10 000 sq.m)	自有施工机械设备年末总功率(万千瓦) Total Power of Machinery and Equipment Owned (10 000 kw)	自有施工机械设备年末净值(亿元) Net Value of Machinery and Equipment Owned (100 million yuan)
7003.20	**3964.27**	**43408.63**	**18179.14**	**1640.19**	**287.23**
2264.38	1080.93	14221.57	4076.11	519.27	69.42
198.46	124.54	1865.89	668.40	30.50	5.42
1202.35	512.38	6323.64	1600.36	272.52	65.18
130.40	87.67	1003.64	387.85	33.14	7.12
532.27	378.12	4773.12	2662.90	158.03	26.42
50.61	34.94	413.63	222.84	17.96	2.44
418.86	256.08	2257.76	1255.99	127.25	22.85
121.99	72.46	836.42	343.37	21.66	3.93
224.91	141.44	1029.95	657.15	67.02	12.61
120.28	89.49	1018.89	464.06	28.23	5.46
51.45	39.25	516.59	300.24	9.46	2.00
126.56	64.89	408.88	168.34	61.45	11.16
292.65	191.33	1710.26	848.97	94.60	11.47
272.16	181.56	1529.74	1106.95	45.43	9.96
321.66	213.71	1913.62	1285.93	55.48	12.44
298.99	247.12	1691.66	1051.83	53.08	10.19
342.04	222.68	1583.50	923.86	35.45	7.13
33.17	25.68	309.87	153.98	9.66	2.01
16.94	9.96	153.41	62.55	3.28	0.62
8.51	6.73	50.11	37.80	0.38	0.15
2.78	1.14	36.96	7.67	1.62	0.16
26.18	20.96	189.44	149.10	4.71	1.82
141.61	82.43	317.37	132.49	48.64	9.68
31.49	20.41	80.83	50.06	31.22	0.66
49.05	25.25	294.31	206.72	10.06	2.10
34.50	32.18	228.14	181.42	7.31	1.74
20.82	20.82	137.54	132.10	2.99	0.49
17.54	8.27	47.81	37.95	0.38	0.11

15-11 各市建筑业企业个数(2013年)

单位：个

市(县) City(County)	企业个数 Number of Enterprises	内资 Domestic Funded	港澳台商投资 Funded from Hong Kong, Macao and Taiwan	外商投资 Foreign Funded	公有制 Public-owned	非公有制 Non-public owned
全　省 Total	**5149**	**5135**	**5**	**9**	**699**	**4450**
省辖市 City						
郑州市 Zhengzhou	1508	1499	5	4	112	1396
开封市 Kaifeng	262	261		1	40	222
洛阳市 Luoyang	415	414		1	66	349
平顶山市 Pingdingshan	205	205			34	171
安阳市 Anyang	247	247			33	214
鹤壁市 Hebi	83	83			12	71
新乡市 Xinxiang	393	391		2	45	348
焦作市 Jiaozuo	202	201		1	21	181
濮阳市 Puyang	213	213			19	194
许昌市 Xuchang	126	126			14	112
漯河市 Luohe	95	95			18	77
三门峡市 Sanmenxia	152	152			21	131
南阳市 Nanyang	347	347			69	278
商丘市 Shangqiu	179	179			42	137
信阳市 Xinyang	213	213			64	149
周口市 Zhoukou	201	201			26	175
驻马店市 Zhumadian	225	225			57	168
济源市 Jiyuan	83	83			6	77
省直管县 Province Administrating County						
巩义市 Gongyi	21	21			1	20
兰考县 Lankao	15	15			1	14
汝州市 Ruzhou	8	8			4	4
滑县 Huaxian	28	28			3	25
长垣县 Changyuan	111	111			5	106
邓州市 Dengzhou	19	19			8	11
永城市 Yongcheng	27	27			11	16
固始县 Gushi	13	13			2	11
鹿邑县 Luyi	8	8				8
新蔡县 Xincai	7	7			4	3

Number of Construction Enterprises by City (2013)

(unit)

#国有控股 State-holding	#集体控股 Collective-holding	#私人控股 Private-holding	房屋建筑业 Floor Space	土木工程建筑业 Civil Engineering	建筑安装业 Building Installation	建筑装饰和其他建筑业 Building Decoration and Others
345	**354**	**4060**	**1688**	**1085**	**627**	**1749**
69	43	1278	296	280	287	645
18	22	209	109	54	48	51
28	38	326	143	55	43	174
11	23	164	87	31	16	71
13	20	188	141	34	37	35
6	6	61	45	15	8	15
18	27	322	164	62	44	123
12	9	145	48	26	22	106
14	5	176	54	69	13	77
2	12	99	51	23	13	39
4	14	64	49	12	7	27
18	3	131	36	86	5	25
41	28	262	78	89	24	156
21	21	123	94	46	6	33
29	35	137	101	53	16	43
5	21	164	70	69	11	51
32	25	145	100	58	14	53
4	2	66	22	23	13	25
	1	17	13	7	1	
1		14	9	5		1
1	3	4	5	1		2
1	2	22	13	7	6	2
4	1	99	30	15	7	59
7	1	11	4	10	2	3
4	7	15	18	4	1	4
1	1	10	7	5	1	
		8	4	3		1
3	1	3	4	3		

15-12 各市建筑业企业总产值(2013年)

单位：亿元

市(县) City(County)	总产值 Gross Output Value	内资 Domestic Funded	港澳台商投资 Funded from Hong Kong, Macao and Taiwan	外商投资 Foreign Funded	公有制 Public-owned	非公有制 Non-public owned
全　　省 Total	**7003.20**	**7000.51**	**0.89**	**1.80**	**1866.74**	**5136.46**
省　辖　市 City						
郑　州　市 Zhengzhou	2264.38	2262.89	0.89	0.59	569.50	1694.87
开　封　市 Kaifeng	198.46	198.37		0.09	65.17	133.29
洛　阳　市 Luoyang	1202.35	1202.31		0.04	326.16	876.20
平　顶　山　市 Pingdingshan	130.40	130.40			16.22	114.18
安　阳　市 Anyang	532.27	532.27			41.34	490.93
鹤　壁　市 Hebi	50.61	50.61			10.64	39.96
新　乡　市 Xinxiang	418.86	418.32		0.53	47.10	371.76
焦　作　市 Jiaozuo	121.99	121.45		0.54	67.62	54.37
濮　阳　市 Puyang	224.91	224.91			65.37	159.55
许　昌　市 Xuchang	120.28	120.28			22.20	98.08
漯　河　市 Luohe	51.45	51.45			13.08	38.37
三　门　峡　市 Sanmenxia	126.56	126.56			74.54	52.02
南　阳　市 Nanyang	292.65	292.65			107.36	185.29
商　丘　市 Shangqiu	272.16	272.16			108.05	164.11
信　阳　市 Xinyang	321.66	321.66			122.35	199.32
周　口　市 Zhoukou	298.99	298.99			53.75	245.24
驻　马　店　市 Zhumadian	342.04	342.04			153.71	188.33
济　源　市 Jiyuan	33.17	33.17			2.59	30.59
省　直　管　县 Province Administrating County						
巩　义　市 Gongyi	16.94	16.94			1.88	15.06
兰　考　县 Lankao	8.51	8.51			1.03	7.48
汝　州　市 Ruzhou	2.78	2.78			2.22	0.56
滑　　县 Huaxian	26.18	26.18			3.08	23.10
长　垣　县 Changyuan	141.61	141.61			5.30	136.31
邓　州　市 Dengzhou	31.49	31.49			19.99	11.50
永　城　市 Yongcheng	49.05	49.05			33.58	15.47
固　始　县 Gushi	34.50	34.50			0.70	33.80
鹿　邑　县 Luyi	20.82	20.82				20.82
新　蔡　县 Xincai	17.54	17.54			8.87	8.67

Total Output Value of Construction Enterprises by City (2013)

(100 million yuan)

#国有控股 State-holding	#集体控股 Collective-holding	#私人控股 Private-holding	房屋建筑业 Floor Space	土木工程建筑业 Civil Engineering	建筑安装业 Building Installation	建筑装饰和其他建筑业 Building Decoration and Others
1356.02	**510.72**	**3813.75**	**3797.91**	**2358.70**	**442.90**	**403.69**
475.00	94.50	1256.63	1257.19	631.41	198.21	177.57
45.96	19.21	127.49	116.10	24.68	52.51	5.17
294.82	31.33	295.21	383.48	752.41	49.51	16.96
4.50	11.72	61.85	102.55	21.04	2.73	4.08
24.52	16.82	441.83	477.94	32.56	17.38	4.39
7.48	3.17	32.36	39.47	8.52	1.87	0.74
24.37	22.73	343.01	245.94	76.59	24.03	72.30
53.86	13.76	45.75	54.92	55.17	5.41	6.49
62.66	2.71	144.85	96.08	105.30	6.98	16.55
8.92	13.28	77.34	72.45	34.66	4.82	8.36
3.90	9.18	31.92	37.54	8.69	3.07	2.15
73.30	1.24	52.02	29.20	96.17	0.66	0.53
70.09	37.26	162.17	148.46	101.30	30.96	11.93
71.92	36.13	152.36	184.51	75.65	0.47	11.52
57.04	65.31	177.34	207.18	90.75	10.02	13.71
11.87	41.89	231.15	152.43	114.80	18.08	13.69
63.30	90.40	152.03	172.90	119.49	13.49	36.16
2.51	0.08	28.44	19.59	9.51	2.70	1.37
	1.88	14.24	14.25	2.58	0.11	
1.03		7.48	4.98	3.53		
0.15	2.08	0.56	2.53	0.15		0.10
2.03	1.05	20.77	18.15	5.97	1.98	0.07
3.53	1.78	116.21	54.91	15.36	5.98	65.36
16.42	3.57	11.50	7.32	16.68	7.42	0.07
18.71	14.87	15.15	29.03	19.57	0.01	0.45
0.66	0.04	26.47	22.33	12.16	0.01	
		20.82	9.63	10.99		0.20
6.76	2.11	8.67	11.93	5.61		

15-13 各市建筑业企业资产总计(2013年)

单位：亿元

市(县) City(County)	资产合计 Total Assets	内资 Domestic Funded	港澳台商投资 Funded from Hong Kong, Macao and Taiwan	外商投资 Foreign Funded	公有制 Public-owned	非公有制 Non-public owned
全　　省 Total	**4981.35**	**4963.42**	**11.39**	**6.53**	**1538.38**	**3442.97**
省　辖　市 City						
郑　州　市 Zhengzhou	1849.17	1836.76	11.39	1.01	552.39	1296.78
开　封　市 Kaifeng	161.29	161.19		0.10	52.43	108.86
洛　阳　市 Luoyang	997.04	996.92		0.11	274.90	722.14
平 顶 山 市 Pingdingshan	153.63	153.63			18.31	135.32
安　阳　市 Anyang	223.86	223.86			36.56	187.31
鹤　壁　市 Hebi	65.88	65.88			29.47	36.41
新　乡　市 Xinxiang	278.32	273.49		4.82	45.84	232.48
焦　作　市 Jiaozuo	99.01	98.51		0.49	56.09	42.92
濮　阳　市 Puyang	164.68	164.68			66.09	98.59
许　昌　市 Xuchang	108.45	108.45			18.98	89.47
漯　河　市 Luohe	44.83	44.83			8.43	36.40
三 门 峡 市 Sanmenxia	157.33	157.33			111.01	46.32
南　阳　市 Nanyang	167.88	167.88			84.57	83.31
商　丘　市 Shangqiu	132.47	132.47			70.37	62.09
信　阳　市 Xinyang	121.01	121.01			46.09	74.92
周　口　市 Zhoukou	87.18	87.18			18.63	68.56
驻 马 店 市 Zhumadian	133.32	133.32			44.43	88.89
济　源　市 Jiyuan	36.01	36.01			3.81	32.20
省 直 管 县 Province Administrating County						
巩　义　市 Gongyi	15.73	15.73			1.18	14.55
兰　考　县 Lankao	5.67	5.67			0.77	4.89
汝　州　市 Ruzhou	0.94	0.94			0.71	0.23
滑　　　县 Huaxian	15.33	15.33			1.55	13.78
长　垣　县 Changyuan	97.74	97.74			3.47	94.27
邓　州　市 Dengzhou	14.17	14.17			8.93	5.25
永　城　市 Yongcheng	22.18	22.18			15.83	6.34
固　始　县 Gushi	12.81	12.81			0.23	12.58
鹿　邑　县 Luyi	1.88	1.88				1.88
新　蔡　县 Xincai	3.23	3.23			1.79	1.44

Total Assets of Construction Enterprises by City (2013)

(100 million yuan)

#国有控股 State-holding	#集体控股 Collective-holding	#私人控股 Private-holding	房屋建筑业 Floor Space	土木工程建筑业 Civil Engineering	建筑安装业 Building Installation	建筑装饰和其他建筑业 Building Decoration and Others
1265.08	**273.30**	**2162.12**	**2002.79**	**2249.01**	**392.01**	**337.54**
496.87	55.52	745.98	767.63	730.03	187.32	164.20
42.13	10.30	105.36	87.13	27.83	41.53	4.80
243.09	31.81	198.57	208.01	718.99	50.29	19.74
7.84	10.47	68.54	111.13	30.24	3.83	8.42
17.95	18.61	167.76	171.22	34.59	13.50	4.55
24.99	4.48	29.98	54.57	8.59	2.03	0.69
29.26	16.58	209.79	128.75	82.13	19.06	48.39
41.74	14.35	34.81	37.05	45.73	8.07	8.15
63.57	2.52	91.02	43.52	99.40	4.62	17.13
9.45	9.53	79.72	49.67	44.06	7.32	7.39
2.19	6.24	31.54	28.99	5.30	7.28	3.26
110.40	0.61	46.32	29.66	125.74	0.73	1.20
56.44	28.13	75.65	55.70	77.32	22.98	11.88
56.68	13.69	54.62	57.96	65.95	0.57	7.99
23.10	22.99	60.65	64.96	42.01	7.95	6.09
8.40	10.22	62.77	29.15	45.38	5.06	7.60
27.39	17.04	69.13	61.14	52.56	5.73	13.89
3.61	0.20	29.91	16.54	13.16	4.14	2.17
	1.18	13.30	11.54	3.76	0.42	
0.77		4.89	3.08	2.59		
0.25	0.46	0.23	0.60	0.25		0.09
0.92	0.64	12.01	10.65	3.27	1.26	0.15
2.47	1.00	81.43	34.87	17.55	1.80	43.52
7.62	1.31	5.25	1.42	8.13	4.56	0.07
9.95	5.88	5.84	10.85	10.71	0.03	0.59
0.11	0.12	5.25	3.81	8.88	0.12	
		1.88	0.62	1.25		0.01
1.06	0.74	1.44	1.84	1.39		

15-14 各市建筑业企业负债合计(2013年)

单位：亿元

市(县) City(County)	负债合计 Total Liabilities	内资 Domestic Funded	港澳台商投资 Funded from Hong Kong, Macao and Taiwan	外商投资 Foreign Funded	公有制 Public-owned	非公有制 Non-public owned
全　省 Total	**3123.83**	**3107.95**	**10.89**	**4.99**	**1136.88**	**1986.95**
省辖市 City						
郑州市 Zhengzhou	1226.78	1215.69	10.89	0.21	450.22	776.56
开封市 Kaifeng	98.82	98.81		0.01	33.68	65.14
洛阳市 Luoyang	787.31	787.27		0.05	219.97	567.34
平顶山市 Pingdingshan	101.51	101.51			12.01	89.50
安阳市 Anyang	95.13	95.13			21.33	73.80
鹤壁市 Hebi	37.12	37.12			18.80	18.31
新乡市 Xinxiang	113.18	108.68		4.50	29.96	83.22
焦作市 Jiaozuo	58.64	58.41		0.23	42.29	16.35
濮阳市 Puyang	87.54	87.54			53.36	34.18
许昌市 Xuchang	63.36	63.36			10.15	53.21
漯河市 Luohe	22.70	22.70			4.12	18.58
三门峡市 Sanmenxia	105.23	105.23			80.56	24.67
南阳市 Nanyang	92.10	92.10			53.77	38.34
商丘市 Shangqiu	69.58	69.58			48.85	20.73
信阳市 Xinyang	54.84	54.84			23.53	31.31
周口市 Zhoukou	32.30	32.30			10.17	22.14
驻马店市 Zhumadian	59.57	59.57			22.34	37.23
济源市 Jiyuan	18.11	18.11			1.77	16.34
省直管县 Province Administrating County						
巩义市 Gongyi	6.76	6.76			0.93	5.83
兰考县 Lankao	1.51	1.51			0.51	1.01
汝州市 Ruzhou	0.23	0.23			0.22	0.02
滑县 Huaxian	6.22	6.22			0.38	5.85
长垣县 Changyuan	28.87	28.87			1.25	27.62
邓州市 Dengzhou	4.10	4.10			3.05	1.05
永城市 Yongcheng	13.40	13.40			10.86	2.53
固始县 Gushi	7.11	7.11			0.08	7.03
鹿邑县 Luyi						
新蔡县 Xincai	1.40	1.40			0.71	0.68

Total Liabilities of Construction Enterprises by City (2013)

(100 million yuan)

#国有控股 State-holding	#集体控股 Collective-holding	#私人控股 Private-holding	房屋建筑业 Floor Space	土木工程建筑业 Civil Engineering	建筑安装业 Building Installation	建筑装饰和其他建筑业 Building Decoration and Others
967.69	**169.19**	**966.85**	**1155.10**	**1609.31**	**240.32**	**119.10**
412.81	37.41	341.24	501.56	539.72	117.29	68.21
30.17	3.51	63.89	55.11	13.15	29.18	1.38
199.37	20.61	110.01	141.05	605.67	34.19	6.40
5.63	6.38	32.97	76.94	19.93	1.23	3.42
8.35	12.98	64.36	67.22	19.12	6.31	2.48
15.32	3.49	14.75	30.74	5.39	0.72	0.26
20.81	9.15	73.58	57.31	41.15	7.52	7.20
30.00	12.28	11.38	20.07	31.01	5.20	2.36
51.96	1.39	31.45	15.25	62.56	2.00	7.73
3.89	6.27	47.28	29.41	26.49	4.89	2.57
1.17	2.95	17.07	13.46	2.46	5.64	1.14
80.42	0.14	24.67	19.72	84.75	0.38	0.39
35.37	18.40	34.66	30.59	45.03	12.78	3.71
40.95	7.91	17.14	22.16	43.78	0.36	3.27
11.72	11.81	22.49	28.49	20.12	4.49	1.74
3.85	6.32	18.90	10.85	16.56	2.67	2.22
14.24	8.10	25.76	26.03	26.06	3.44	4.03
1.68	0.10	15.25	9.13	6.35	2.02	0.61
	0.93	5.23	4.62	2.00	0.13	
0.51		1.01	0.73	0.79		
0.15	0.07	0.02	0.07	0.15		0.02
0.16	0.22	4.97	5.01	0.87	0.33	0.01
0.97	0.28	24.21	16.03	6.58	0.29	5.96
2.86	0.20	1.05	0.08	2.91	1.07	0.04
7.24	3.62	2.06	5.11	7.80	0.01	0.48
0.03	0.05	2.21	1.97	5.08	0.06	
0.43	0.29	0.68	0.96	0.44		

15—15 各市建筑业企业工程结算收入(2013年)

单位：亿元

市(县)	City(County)	工程结算收入 Revenue of Project Settlement Accounts	内资 Domestic Funded	港澳台商投资 Funded from Hong Kong, Macao and Taiwan	外商投资 Foreign Funded	公有制 Public-owned	非公有制 Non-public owned
全省	**Total**	**6838.92**	**6835.82**	**0.87**	**2.24**	**1893.25**	**4945.66**
省辖市	**City**						
郑州市	Zhengzhou	2213.86	2212.34	0.87	0.66	601.91	1611.96
开封市	Kaifeng	190.30	190.16		0.15	63.26	127.04
洛阳市	Luoyang	1304.41	1304.29		0.12	339.94	964.47
平顶山市	Pingdingshan	120.64	120.64			15.90	104.74
安阳市	Anyang	498.93	498.93			36.22	462.71
鹤壁市	Hebi	48.67	48.67			10.39	38.29
新乡市	Xinxiang	378.29	377.52		0.78	45.31	332.99
焦作市	Jiaozuo	121.72	121.18		0.54	67.94	53.78
濮阳市	Puyang	227.33	227.33			73.76	153.57
许昌市	Xuchang	115.82	115.82			21.47	94.34
漯河市	Luohe	49.41	49.41			12.88	36.54
三门峡市	Sanmenxia	170.56	170.56			118.35	52.22
南阳市	Nanyang	269.36	269.36			101.94	167.41
商丘市	Shangqiu	255.59	255.59			104.53	151.06
信阳市	Xinyang	267.95	267.95			96.25	171.70
周口市	Zhoukou	285.29	285.29			53.65	231.64
驻马店市	Zhumadian	286.15	286.15			126.32	159.83
济源市	Jiyuan	34.64	34.64			3.23	31.40
省直管县	**Province Administrating County**						
巩义市	Gongyi	16.91	16.91			1.20	15.71
兰考县	Lankao	6.22	6.22			0.48	5.74
汝州市	Ruzhou	2.30	2.30			1.74	0.56
滑县	Huaxian	26.38	26.38			3.08	23.30
长垣县	Changyuan	113.23	113.23			4.63	108.60
邓州市	Dengzhou	26.53	26.53			16.93	9.60
永城市	Yongcheng	48.49	48.49			33.56	14.93
固始县	Gushi	33.34	33.34			0.79	32.55
鹿邑县	Luyi	20.82	20.82				20.82
新蔡县	Xincai	10.45	10.45			5.39	5.05

Revenue of Project Settlement Accounts of Construction Enterprises by City (2013)

(100 million yuan)

#国有控股 State-holding	#集体控股 Collective-holding	#私人控股 Private-holding	房屋建筑业 Floor Space	土木工程建筑业 Civil Engineering	建筑安装业 Building Installation	建筑装饰和其他建筑业 Building Decoration and Others
1449.70	**443.55**	**3504.79**		**2574.05**	**442.97**	**402.87**
527.55	74.36	1123.10	1100.33	712.82	210.77	189.94
46.73	16.53	121.38	105.34	25.30	54.18	5.49
309.61	30.34	278.92	358.81	877.94	49.50	18.16
4.64	11.26	60.85	94.10	19.03	2.82	4.70
19.72	16.50	419.57	445.24	36.19	13.98	3.53
7.70	2.69	31.74	38.29	8.07	1.61	0.70
22.86	22.45	312.01	222.65	70.48	19.19	65.97
55.78	12.16	45.19	51.73	56.32	5.76	7.91
71.07	2.69	141.96	89.69	113.69	7.01	16.94
8.32	13.15	73.65	69.06	33.02	5.23	8.51
3.79	9.09	30.16	36.28	8.05	2.74	2.34
117.08	1.27	52.22	29.10	140.09	0.78	0.60
65.55	36.40	146.50	135.10	95.15	28.89	10.21
70.15	34.38	140.65	173.08	71.59	0.44	10.48
52.17	44.08	150.15	166.05	79.84	11.48	10.58
10.91	42.74	217.74	147.66	110.28	14.25	13.10
52.94	73.38	129.08	137.99	104.55	11.63	31.98
3.14	0.09	29.93	18.55	11.64	2.73	1.72
	1.20	14.71	13.31	3.48	0.12	
0.48		5.74	3.00	3.22		
0.15	1.60	0.56	2.05	0.15		0.10
2.03	1.04	21.20	17.87	6.54	1.90	0.07
2.85	1.78	94.81	36.97	14.35	2.40	59.51
13.89	3.04	9.60	6.27	14.46	5.73	0.07
18.69	14.87	14.48	28.53	19.37	0.00	0.58
0.66	0.13	25.22	21.55	11.70	0.09	
		20.82	9.63	10.99		0.20
3.29	2.11	5.05	4.94	5.51		

15-16 各市建筑业企业利润总额(2013年)

单位：万元

市(县) City(County)	利润总额 Total Profits	内资 Domestic Funded	港澳台商投资 Funded from Hong Kong, Macao and Taiwan	外商投资 Foreign Funded	公有制 Public-owned	非公有制 Non-public owned
全省 Total	**3124690**	**3122358**	**780**	**1552**	**691631**	**2433060**
省辖市 City						
郑州市 Zhengzhou	932512	931593	780	139	89452	843060
开封市 Kaifeng	104543	104566		-22	40831	63713
洛阳市 Luoyang	194882	194930		-47	59153	135729
平顶山市 Pingdingshan	67700	67700			5773	61927
安阳市 Anyang	168122	168122			19633	148489
鹤壁市 Hebi	13662	13662			-807	14469
新乡市 Xinxiang	304239	302879		1359	33257	270982
焦作市 Jiaozuo	27950	27827		123	4759	23191
濮阳市 Puyang	109568	109568			15496	94073
许昌市 Xuchang	72502	72502			17901	54601
漯河市 Luohe	25832	25832			7655	18177
三门峡市 Sanmenxia	85149	85149			55890	29259
南阳市 Nanyang	157240	157240			60014	97226
商丘市 Shangqiu	138498	138498			61872	76626
信阳市 Xinyang	176769	176769			75791	100978
周口市 Zhoukou	243275	243275			60031	183244
驻马店市 Zhumadian	286425	286425			81934	204490
济源市 Jiyuan	15823	15823			2994	12828
省直管县 Province Administrating County						
巩义市 Gongyi	15541	15541			275	15267
兰考县 Lankao	8238	8238			619	7619
汝州市 Ruzhou	1204	1204			599	606
滑县 Huaxian	13418	13418			815	12604
长垣县 Changyuan	121710	121710			1392	120318
邓州市 Dengzhou	20870	20870			13446	7425
永城市 Yongcheng	34683	34683			22262	12421
固始县 Gushi	20632	20632			808	19825
鹿邑县 Luyi	10191	10191				10191
新蔡县 Xincai	19948	19948			10123	9825

Total Profits of Construction Enterprises by City (2013)

(10 000 yuan)

#国有控股 State-holding	#集体控股 Collective-holding	#私人控股 Private-holding	房屋建筑业 Floor Space	土木工程建筑业 Civil Engineering	建筑安装业 Building Installation	建筑装饰和其他建筑业 Building Decoration and Others
408366	**283265**	**2040022**	**1546474**	**967887**	**250727**	**359601**
69283	20169	663313	485050	213433	98695	135334
22341	18490	60403	49156	21808	28712	4868
34549	24604	83622	91319	62005	29009	12550
4327	1446	48580	50252	12590	2427	2431
9421	10212	135752	138883	16094	11574	1571
-1079	273	12047	11517	1418	182	545
12089	21168	245683	138524	74628	19156	71931
3164	1595	22547	13072	8313	1479	5087
14979	517	90215	44508	45090	5139	14832
8411	9491	39034	34892	28446	2310	6854
2946	4709	14368	18423	4873	402	2134
55399	491	29259	10896	73856	185	212
43244	16770	83412	58406	73041	16394	9399
34689	27184	70845	82745	47959	208	7586
50372	25419	89171	100622	59845	5732	10571
6361	53670	174556	103560	112948	16868	9900
34703	47231	165601	109344	104150	10685	62246
3168	-174	11614	5308	7392	1571	1552
	275	15144	14522	1019	1	
619		7619	4944	3294		
11	587	606	860	11		333
376	439	11772	9436	2645	1306	31
503	888	99555	33610	15511	7051	65538
12169	1276	7425	5237	12217	3321	96
12914	9348	12053	20287	13652	31	713
667	141	12206	11278	9204	150	
		10191	3466	6630		95
9618	505	9825	15683	4265		

15-17 各市建筑业企业利税总额(2013年)

单位：万元

市(县) City(County)	利税总额 Total Pre-tax Profits	内资 Domestic Funded	港澳台商投资 Funded from Hong Kong, Macao and Taiwan	外商投资 Foreign Funded	公有制 Public-owned	非公有制 Non-public owned
全省 Total	**5699485**	**5696240**	**969**	**2276**	**1384816**	**4314669**
省辖市 City						
郑州市 Zhengzhou	1664808	1663463	969	377	267644	1397165
开封市 Kaifeng	176426	176401		26	60848	115578
洛阳市 Luoyang	612825	612856		-31	154583	458243
平顶山市 Pingdingshan	111784	111784			12086	99697
安阳市 Anyang	354032	354032			35996	318036
鹤壁市 Hebi	32964	32964			2441	30523
新乡市 Xinxiang	463834	462241		1593	52310	411525
焦作市 Jiaozuo	66864	66553		311	23060	43804
濮阳市 Puyang	185635	185635			31351	154284
许昌市 Xuchang	116294	116294			27247	89046
漯河市 Luohe	48080	48080			13207	34873
三门峡市 Sanmenxia	138632	138632			87650	50982
南阳市 Nanyang	283888	283888			108910	174977
商丘市 Shangqiu	245662	245662			106378	139285
信阳市 Xinyang	328460	328460			145963	182497
周口市 Zhoukou	404723	404723			95704	309019
驻马店市 Zhumadian	436653	436653			155277	281376
济源市 Jiyuan	27922	27922			4161	23761
省直管县 Province Administrating County						
巩义市 Gongyi	21635	21635			700	20934
兰考县 Lankao	11678	11678			788	10891
汝州市 Ruzhou	2453	2453			1542	911
滑县 Huaxian	22539	22539			2000	20540
长垣县 Changyuan	171898	171898			3638	168260
邓州市 Dengzhou	35484	35484			22787	12698
永城市 Yongcheng	52966	52966			34385	18581
固始县 Gushi	30554	30554			1080	29474
鹿邑县 Luyi	16975	16975				16975
新蔡县 Xincai	26645	26645			14662	11983

Total Pre-tax Profits of Construction Enterprises by City (2013)

(10 000 yuan)

#国有控股 State-holding	#集体控股 Collective-holding	#私人控股 Private-holding	房屋建筑业 Floor Space	土木工程建筑业 Civil Engineering	建筑安装业 Building Installation	建筑装饰和其他建筑业 Building Decoration and Others
870466	**514349**	**3470020**	**2916796**	**1832735**	**413148**	**536807**
218142	49502	1096346	895724	401518	163056	204511
36464	24384	110211	91766	33017	44849	6795
118121	36462	185335	206028	339568	47694	19535
6088	5998	70701	84227	19778	3467	4312
20607	15389	286936	302249	32013	16749	3021
1435	1006	25770	26910	4041	989	1025
20342	31968	377706	233220	101989	25541	103084
17445	5615	39932	31516	23195	3634	8519
29995	1356	146291	80075	76968	7833	20759
11216	16031	64164	61337	39926	3946	11084
4346	8861	28206	32876	7962	3962	3280
86711	939	50982	22027	115491	612	502
79255	29656	151898	120023	117709	30695	15461
66611	39766	128980	149265	84017	394	11986
77161	68802	162207	193409	107748	10485	16817
11833	83870	294645	187553	162853	24837	29480
60406	94871	227576	187909	152315	21918	74512
4288	-128	22133	10682	12626	2487	2127
	700	20389	19641	1980	14	
788		10891	6954	4724		
63	1479	911	2022	63		369
1054	946	19105	15607	5020	1858	54
2147	1492	142424	49122	20998	8237	93541
19307	3480	12698	8414	19869	7066	136
19779	14607	18062	30852	21150	32	932
893	187	21731	19360	10982	212	
		16975	6417	10332		226
11088	3574	11983	17422	9223		

主要统计指标解释

建筑业统计单位 指从事房屋、构筑物建造和设备安装活动的法人企业。建筑业法人企业应同时具备的条件是：① 依法成立，有自己的名称、组织机构和场所，能够承担民事责任；②独立拥有和使用资产，承担负债，有权与其他单位签订合同；③独立核算盈亏，能够编制资产负债表。

建筑业总产值 是以货币形式表现的建筑业企业在一定时期内生产的建筑业产品和提供的服务的总和。建筑业总产值包括：

⑴建筑工程产值：指列入建筑工程预算内的各种工程价值。

⑵安装工程产值：指设备安装工程价值，不包括被安装设备本身的价值。

⑶其他产值：建筑业总产值中除建筑工程、安装工程以外的产值。包括房屋构筑物修理产值、非标准设备制造产值、总包企业向分包企业收取的管理费以及不能明确划分的施工活动所完成的产值。

a.房屋构筑物修理产值：指房屋和构筑物修理所完成的产值，但不包括被修理房屋、构筑物本身价值和生产设备的修理产值。

b.非标准设备制造产值：指加工制造没有定型的非标准生产设备的加工费和原材料价值(如化工厂、炼油厂用的各种罐、槽，矿井生产统一使用的各种漏斗、三角槽、阀门等)以及附属加工厂为本企业承建工程制作的非标准设备的价值。

房屋建筑施工面积 指在报告期内施工的全部房屋建筑面积，包括本期新开工的房屋面积、上期施工跨入本期继续施工的房屋面积、上期停缓建在本期恢复施工的房屋面积、本期竣工的房屋面积及本期施工后又停缓建的房屋面积。

房屋建筑竣工面积 指在报告期内房屋建筑按照设计要求全部完工，达到了住人和使用条件，经验收鉴定合格，正式移交使用单位的房屋建筑面积。

自有机械设备年末总台数 指归本企业所有，属于本企业固定资产的生产性机械设备年末总台数。包括施工机械、生产设备、运输设备以及其他设备。

自有机械设备年末总功率 指本企业自有施工机械、生产设备、运输设备以及其他设备等列为在册固定资产的生产性机械设备年末总功率，按设定能力或查定能力计算。包括机械本身的动力和为该机械服务的单独动力设备，如电动机等。计算单位用千瓦，动力换算可按 1 马力＝0.735 千瓦折合成千瓦数。电焊机、变压器、锅炉不计算动力。

工程结算收入 指企业承包工程实现的工程价款结算收入，以及向发包单位收取的除工程价款以外的按规定列作营业收入的各种款项，如临时设施费、劳动保险费、施工机械调迁费等以及向发包单位收取的各种索赔款。

工程结算利润 指已结算工程实现的利润，如亏损以“－”号表示。计算公式为：

工程结算利润＝工程结算收入－工程结算成本－工程结算税金及附加－经营费用

Explanatory Notes on Main Statistical Indicators

Statistical Unit in Construction refers to corporate enterprise engaged in the construction of buildings and structures and in the installation of equipment. A corporate construction enterprise should meet the following 3 requirements:①being set up in line with relevant legal basis, having its full name, organization and location, and capable of taking civil liabilities;②independently possessing and using its assets and assuming its liabilities, and entitled to sign contracts with other institutions; and ③ making independent accounts of its profits and losses, and capable of compiling its own balance sheet

Gross Output Value of Construction refers to total of construction products and services, expressed in money terms, produced or rendered by construction and installation enterprises during a given period of time. It includes:

(1) Output value of construction projects: the value of projects covered by the project budgets;

(2) Output value of installation projects: the value of the installation of equipment, (excluding the value of the equipment to be installed);

(3) Other output values: the output value of construction industry apart from that of construction projects and installation projects. It includes: output value of repair of buildings and structures; output value of non-standard equipment manufacturing; overhead expenses received by contracted enterprises from the sub-contracted enterprises and the completed output value of construction activities for which there is no clear definition.

a. Output value of repair of buildings and structures: the value created through the repairs of buildings or structures. It does not include the value of buildings or structures being repaired and the value of the repair of production equipment;

b. Output value of manufactured non-standard equipment: the value of non-standard production equipment, including raw materials and manufacturing cost, made for the construction project (i.e., chemical plant; kettles or tanks used by refineries; various fillers, triangle tanks, valves used by mines). It also includes the output value of equipment manufactured by subsidiary workshops.

Floor Space of Buildings Under Construction refers to floor space of buildings under construction during the reference period, including newly started buildings, buildings started earlier and continued during the reference period, and buildings suspended earlier but restarted during the reference period, buildings completed during the reference period, and buildings under construction and then suspended during the reference period.

Floor Space of Buildings Completed refers to the floor space of buildings that are completed in the reference period in accordance with the requirements of the design, up to the standard for putting them into use, and have been checked and accepted by concerned departments as qualified ones.

Total Number of Machinery and Equipment Owned by the End of Year refers to the number of machines and equipment owned by the enterprises, and listed as the fixed assets of the enterprises by the end of the year, including machinery and equipment for construction, production and transportation.

Total Power of Machinery and Equipment Owned by the End of Year refers to the total power of machinery and equipment owned by the enterprises, and listed as the fixed assets of the enterprises by the end of the year, including machinery and equipment for construction, production and transportation. The power of the machinery is calculated on basis of the designed or verified capacity, covering the power of the machinery/equipment and the separate power equipment serving the machinery/equipment (such as electric motors), but excluding welders, transformers and boilers. The unit used for the calculation of power is kilowatt, with horsepower converted to kilowatt by 1 horsepower=0.735 kilowatt.

Income from Settlement of Projects refers to the income received by the construction enterprise from the contracted project through settlement procedures, and other charges of Operating income in addition to the value of the project, such as temporary facility fee, labour insurance premium, moving cost of construction equipment, as well as various types of claims to the contract.

Profit from Settlement of Projects refers to profit realized through settled projects. It is calculated with the following formula: Profit from Settlement of Projects＝Income from Settlement of Projects－Settled Cost－Settled Taxes and Other Cost- Operating expenses

交通运输、仓储和邮政业

Transport, Storage and Post

● 资料整理：刘文太　常伟杰

简要说明

一、主要内容

本篇反映河南省交通运输、仓储和邮政业发展的基本状况。主要有交通运输、仓储和邮政业单位数、从业人数、法人单位主要财务指标。交通运输业资料主要包括：主要运输方式的线路里程、运输设备拥有量、货物运输量和旅客运输量。邮政业资料主要包括：全省邮政局(所)及邮路情况，邮政设备拥有量，邮政业务完成情况，邮政通信发展水平等资料。

二、统计范围

交通运输、仓储和邮政业单位数、从业人数、法人单位主要财务指标统计范围为全部法人单位，包括郑州铁路局全局数据。铁路包括国家铁路、合资铁路、地方铁路。公路里程包括全省范围内所有国道、省道、县道、乡道(含村道)、专用公路。民用车辆拥有量包括辖区内全部登记注册民用车辆。公路、水路运输量统计范围是在全省交通运输主管部门办理营运证的从事公路、水路客、货运输的营业性的车辆和船舶所完成的运输量。邮电通信包括省邮政局、省邮政公司、省通信管理局及所有从事邮电通信运营的企业。

三、资料来源

交通运输、仓储和邮政业单位数、从业人数及法人单位主要财务指标，根据全省服务业统计调查资料取得。铁路资料由省地方铁路局、郑州铁路局、武汉铁路局提供；公路资料由省交通运输厅提供；民用车辆资料由省公安厅、省农机局和各省辖市统计局提供。民航资料由郑州新郑国际机场、南方航空公司河南分公司提供；邮政业资料由河南省邮政局、省邮政公司和省通信管理局提供。由河南省地方经济社会调查队服务业调查处编辑整理。

Brief Introduction

I. Main Contents

Data in this chapter present the development of transportation, post in Henan province. Data on transport cover mainly unit, employment and value-added of Traffic, transport, storage and post, Data on Traffic and transport include the length of the routes of five means of transportation, the possession of transport equipment, the condition of technological quality, freight traffic and passenger traffic accomplished. Data on post cover mainly the situation of post offices and postal routes; telephone lines, telegraph lines and the possession of post facilities; business volume of postal services achieved; and the level of development of postal services.

II. Scope of Statistics

Data on unit, employment and value-added of Traffic, transport, storage and post include the data of Zhengzhou Railway Administration. Data on railway transportation including the operation and management of the national, joint-venture and local railways. The length of highways refer to the operation and management of the national, provincial, county, town and dedicated lanes. Data on the possession of civil motor vehicles including all registered vehicles. Data on passenger traffic and freight traffic by highways, the statistical scope encompasses all the enterprises, institutional units and individuals (including joint-households) engaged in highway freight or passenger transport business. The data on post cover the Henan provincial bureau of post, Henan provincial Postal company, Henan provincial bureau of communications authority and all enterprises for post.

III. Sources of Data

Data on railway transportation are calculated from Henan provincial operation bureau of local railways, Zhengzhou Railway Administration, Wuhan Railway Administration. Data on highway transportation are calculated from Henan provincial bureau of transportation. Data on civilian vehicles are calculated from Henan provincial bureau of public safety, Henan provincial bureau of agricultural machinery and municipal Henan provincial bureau of statistics. Data on civil aviation are calculated from Xinzheng international airport and Henan Branch of China Southern airlines. Data on postal services come from the Henan provincial bureau of post, Henan provincial post company, and Henan provincial communications authority. Data in this chapter are provided by Henan provincial survey organizations of social and economy.

16−1 交通运输、仓储和邮政业法人单位数和从业人员数

Number of Institutional Unit and Employed Persons of Transport,Storage and Post

指标 Item	合计 Total	企业 Enterprise	行政事业 Administrative institution	社会团体及其他 Social organizations and others
单位数(个) Number of Institutional Unit(unit)				
2008	4772	4633	129	10
2009	5054	4905	134	15
2010	5396	5240	133	23
2011	5481	5322	139	20
2012	5665	5520	139	6
从业人数(万人) Employed Persons(10 000 persons)				
2008	49.87	48.90	0.96	0.02
2009	47.98	47.02	0.93	0.03
2010	49.92	48.92	0.97	0.03
2011	49.36	48.21	1.12	0.03
2012	48.02	46.68	1.33	0.01

16-2 交通运输、仓储和邮政业分行业法人单位财务指标(2012年)

Main Financial Indicators of Institutional Unit of Transport, Storage and Post by Sector (2012)

单位：万元 (10 000 yuan)

行业名称	Sector	单位数(个) Number of units (unit)	从业人数(万人) Employed Persons (10 000 Persons)	固定资产原价 Fixed Asset Price	收入合计 Total Income
合　计	**Total**	**5665**	**48.02**	**30752390**	**17718295**
铁路运输业	Railway transportation	49	11.95	20423235	7048571
道路运输业	Road transportation	3476	25.04	7791338	5352348
水上运输业	Water transportation	78	0.59	104705	163316
航空运输业	Aviation transportation	15	0.76	319319	523678
装卸搬运和运输代理业	Handling and other transport services	662	2.53	411827	437969
仓储业	Storage	1236	3.63	1140097	3300751
邮政业	Post	148	3.51	561869	891664

行业名称	Sector	成本费用合　计 Total Cost	职工薪酬 Employee Compensation	税费合计 Tax	营业利润 Operating Profit
合　计	**Total**	**14988476**	**2316025**	**479277**	**125412**
铁路运输业	Railway transportation	6219590	1114221	153625	-251591
道路运输业	Road transportation	4154122	756889	230663	187517
水上运输业	Water transportation	133313	14557	4307	19993
航空运输业	Aviation transportation	417320	83619	19444	26390
装卸搬运和运输代理业	Handling and other transport services	354910	65267	12777	28896
仓储业	Storage	2903279	105069	39248	155229
邮政业	Post	805942	176396	19211	-41023

注：1.铁路运输业包含郑州铁路局全局数据。
2.从2012年起将城市公共交通业划入道路运输业。
a) Data on railway transportation include Zhengzhou railways Administration.
b)Data on Urban public transportation Was adjusted to Road transportation since 2012.

16-3 各市交通运输、仓储和邮政业法人单位财务指标(2012年)

Main Financial Indicators of Institutional Unit of Transport, Storage and Post by City (2012)

单位：万元 (10 000 yuan)

市(县) City(county)	单位数(个) Number of units (unit)	从业人数(万人) Employed Persons (10 000 Persons)	固定资产原价 Fixed Asset Price	收入合计 Total Income	成本费用合计 Total Expenses	职工薪酬 Employee Compensation	税费合计 Tax and Expenses	营业利润 Operating Profit
全　省 Total	**5665**	**48.02**	**30752390**	**17718295**	**14988476**	**2316025**	**479277**	**125412**
省辖市 City								
郑州市 Zhengzhou	962	18.13	24382263	9587233	8315646	1358660	225702	-347639
开封市 Kaifeng	519	2.63	741005	631271	449311	70128	27878	90968
洛阳市 Luoyang	337	3.08	386480	868514	745981	106156	25782	28011
平顶山市 Pingdingshan	213	2.28	785526	494267	429123	53584	14810	-14181
安阳市 Anyang	242	1.46	242101	416809	368330	80796	18973	13969
鹤壁市 Hebi	97	0.36	41248	80590	69603	7897	2776	-1583
新乡市 Xinxiang	288	1.91	291421	318411	261165	48922	13765	20048
焦作市 Jiaozuo	262	2.24	346437	658035	581096	57078	21900	26282
濮阳市 Puyang	118	0.80	218575	206779	185902	27920	3471	6352
许昌市 Xuchang	346	1.54	291716	439592	336247	62153	13878	51458
漯河市 Luohe	166	0.85	277288	603283	474025	80086	9056	16618
三门峡市 Sanmenxia	283	0.98	148295	280932	251905	26382	7678	9486
南阳市 Nanyang	337	3.02	765776	662672	572465	94746	20732	-1337
商丘市 Shangqiu	327	2.34	238406	830320	708125	70419	28070	64325
信阳市 Xinyang	279	2.02	328230	541952	427667	45898	9539	34375
周口市 Zhoukou	380	2.05	907456	489772	335853	51798	19904	84800
驻马店市 Zhumadian	477	2.15	348062	586084	460054	68614	14103	42029
济源市 Jiyuan	32	0.16	12105	21779	15978	4790	1259	1429
省直管县 Province Administrating County								
巩义市 Gongyi	39	0.27	26307	56813	41776	7058	1973	9524
兰考县 Lankao	59	0.31	27947	54768	32376	7596	3125	20030
汝州市 Ruzhou	24	0.07	10575	6478	4328	1181	433	1955
滑县 Huaxian	18	0.11	13910	6656	4509	1587	301	-104
长垣县 Changyuan	18	0.10	4239	10911	8470	1881	703	1568
邓州市 Dengzhou	13	0.14	12353	12164	10350	2669	453	481
永城市 Yongcheng	41	0.33	36160	119375	102160	7627	3832	6994
固始县 Gushi	68	0.22	41011	29852	20617	4538	1732	5373
鹿邑县 Luyi	13	0.04	2098	1184	1144	525	42	80
新蔡县 Xincai	63	0.18	48573	112245	79107	3929	875	8602

注：郑州市包括郑州铁路局全局数据。

a) Data of Zhengzhou include Zhengzhou Railways Administration data.

16-4 交通运输基本情况

Basic Conditions of Transport

年份 Year	铁路营业里程(公里) Length of Railways in Operation (km)	公路里程(公里) Length of Highways (km)	#高速公路 Expressway	内河航道(公里) Length of Navigable Inland Waterways (km)	民用汽车拥有量(万辆) Number of Civil Vehicles Owned (10 000 units)	#私人汽车 Private-Owned
1949	1224	3909		2312	0.04	
1952	1225	5766		2916	0.11	
1957	1318	14945		3837	0.33	
1962	1690	17876		2537	1.05	
1965	1823	19907		3389	1.10	
1970	2792	22320		2072	1.71	
1975	3113	26934		2268	3.80	
1978	3212	31549		2202	6.30	
1979	3216	36155		1352	7.35	
1980	3192	36423		1361	8.51	
1981	3460	36478		1419	10.13	
1982	3401	36912		1110	11.28	
1983	3305	37196		1110	12.21	
1984	3342	37704		1110	14.10	
1985	3248	38840		1110	17.82	
1986	3344	39286		1110	18.42	3.29
1987	3409	39713		1110	21.60	3.72
1988	3358	40622		1110	24.92	5.87
1989	3546	41170		1110	28.61	6.97
1990	3536	43150		1110	30.79	7.65
1991	3384	44199		1110	33.38	8.12
1992	3486	45049		1105	34.32	8.46
1993	3456	46487		1105	38.40	7.04
1994	3350	47704	81	1104	45.23	12.45
1995	3382	49707	230	1104	46.93	12.18
1996	3426	50907	294	1104	51.41	14.98
1997	3428	55016	416	1104	60.35	19.41
1998	3461	57172	465	1104	68.09	22.01
1999	3354	60330	465	1104	76.59	29.93
2000	3354	64453	505	1104	84.73	34.93
2001	3319	69041	1077	1587	92.46	39.24
2002	3347	71741	1231	1587	105.82	50.41
2003	3410	73831	1418	1208	119.75	57.20
2004	3752	75718	1759	1381	130.97	64.10
2005	4000	79506	2678	1439	206.01	132.16
2006	3988	236351	3439	1439	252.94	169.91
2007	3989	238676	4556	1439	292.69	209.22
2008	3989	240645	4841	1439	338.44	248.77
2009	3898	242314	4861	1439	404.53	305.49
2010	4224	245089	5016	1439	484.89	377.32
2011	4203	247587	5196	1439	582.14	463.08
2012	4822	249649	5830	1439	645.92	529.67
2013	4822	249831	5859	1439	746.90	628.22

注：2006年起，公路里程包括村道(16-9同)。
a)Length of ways include county ways since 2006(the same as 16-9).

16-5 旅客和货物运输量

Passenger and Freight Traffic

年份 Year	客运量(万人) Passenger Traffic (10000 persons)	#铁路 Railway	#公路 Highway	#水运 Waterway	货运量(万吨) Freight Traffic (10000 tons)	#铁路 Railway	#公路 Highway	#水运 Waterway
1978	11145	4319	6781	45	18176	6722	11321	133
1979	12784	4513	8218	53	17533	6693	10728	112
1980	15092	4860	10151	81	17047	6758	10183	106
1981	17559	4752	12724	83	16403	6614	9705	84
1982	20129	4680	15373	76	19847	6934	12794	119
1983	23050	5060	17907	82	21579	7142	14308	129
1984	25985	5474	20412	97	23908	7456	16296	155
1985	36576	5723	30729	121	35642	8101	27340	201
1986	43590	5659	37822	105	36436	8420	27799	217
1987	46140	5524	40510	100	39539	8632	30670	237
1988	54667	6073	48421	168	38357	8772	29282	303
1989	52328	5476	46634	211	38245	9089	28811	345
1990	53567	4429	48977	150	38111	9038	28818	255
1991	53846	4223	49494	119	39923	9193	30486	244
1992	58096	4271	53703	106	44018	9343	34404	271
1993	61285	4602	56511	146	47347	9811	37182	354
1994	62686	4563	57996	81	50988	9974	40428	395
1995	61964	4288	57522	82	53582	10373	42692	324
1996	66490	3818	62464	129	55920	10594	44800	382
1997	69863	3843	65786	152	56113	9996	45542	433
1998	74182	4133	69917	55	58150	9416	48250	342
1999	78009	4366	73493	76	59218	9657	49208	352
2000	83912	4727	79017	91	60678	10172	50133	372
2001	85412	4980	80259	95	65191	11196	53596	398
2002	90334	5085	85078	86	68397	12148	55743	505
2003	81323	4864	76301	63	69689	12925	56100	663
2004	91013	5695	85016	84	73796	14732	58147	915
2005	98099	5842	91920	97	78827	14806	62684	1334
2006	108060	6313	101345	105	86608	15190	69898	1516
2007	122557	6585	115460	160	101410	16010	83537	1858
2008	(139290)	7476	(131291)	(167)	(116889)	16226	(98433)	(2226)
	130436	7476	122414	190	138392	16226	118198	3964
2009	144666	7724	136278	206	169643	13856	151343	4439
2010	167804	8399	158630	255	202470	14224	183291	4950
2011	193882	8952	184213	268	240965	14312	220122	6527
2012	208094	9628	197785	250	272240	12779	251772	7685
2013	225738	11160	213900	261	304369	12762	282970	8632

注：2008年客货运输量为公路水路运输量专项调查数据，括号内为原口径数据。

a)Data on passenger and freight Volume in 2008 are calculated on basis of Highway and waterway traffic special investigation,and data in the brakfets are original data.

16-6 旅客和货物周转量

Passenger-Kilometers and Freight Ton-Kilometers

年份 Year	旅客周转量（亿人公里） Passenger-Kilometers (100 million passenger-km)	#铁路 Railways	#公路 Highways	#水运 Waterways	货物周转量（亿吨公里） Freight Ton-Kilometers (100 million ton-km)	#铁路 Railways	#公路 Highways	#水运 Waterways
1949	6.46	6.45	0.01		16.53	16.00	0.21	0.32
1952	15.62	15.26	0.36		39.12	36.56	0.88	1.68
1957	33.23	30.85	2.33	0.05	112.68	106.68	3.13	2.87
1962	90.02	82.01	7.98	0.03	131.21	125.02	4.08	2.11
1965	46.46	37.79	8.65	0.02	227.88	219.56	6.07	2.25
1970	80.54	64.74	15.66	0.14	332.55	322.03	8.74	1.78
1975	105.23	82.18	22.90	0.15	390.77	372.64	16.29	1.84
1978	123.22	92.62	30.47	0.13	508.41	484.79	21.57	2.05
1979	140.25	105.73	34.37	0.15	529.00	507.56	19.77	1.67
1980	163.98	122.40	41.35	0.23	547.65	525.31	21.01	1.33
1981	176.99	126.76	49.98	0.25	563.45	537.75	24.45	1.25
1982	195.70	135.60	59.87	0.23	617.77	578.55	37.41	1.81
1983	226.31	155.09	70.96	0.26	674.22	624.37	47.86	1.99
1984	253.11	171.10	81.71	0.30	702.70	643.53	55.88	3.29
1985	323.50	209.77	113.36	0.37	838.22	728.25	105.72	4.25
1986	358.20	228.54	129.34	0.32	881.90	777.12	99.73	5.05
1987	400.06	249.01	150.75	0.30	1020.81	880.94	133.83	6.04
1988	484.77	290.16	194.24	0.37	1079.26	932.37	139.64	7.25
1989	488.56	280.00	208.16	0.40	1157.63	1007.00	142.70	7.93
1990	423.46	229.90	193.10	0.46	1169.44	1001.79	160.66	6.99
1991	459.53	249.52	209.64	0.37	1199.31	1022.17	170.03	7.11
1992	511.40	275.46	235.56	0.38	1302.34	1085.18	209.03	8.13
1993	538.45	295.85	242.15	0.45	1337.03	1099.61	227.37	10.05
1994	566.29	305.35	260.74	0.20	1432.97	1164.43	258.41	9.60
1995	573.85	304.66	262.11	0.24	1538.82	1233.74	295.18	9.32
1996	584.25	285.72	289.65	0.35	1603.52	1263.13	326.16	10.26
1997	620.28	296.80	314.26	0.38	1547.18	1179.62	352.74	10.92
1998	640.16	310.79	320.93	0.21	1452.74	1083.35	355.48	9.93
1999	689.89	339.15	342.56	0.30	1432.08	1058.12	363.56	10.29
2000	740.98	378.80	353.78	0.30	1476.51	1101.74	363.94	10.69
2001	779.93	401.77	369.41	0.32	1573.28	1185.36	375.78	12.01
2002	820.83	421.00	390.00	0.27	1649.22	1234.77	398.87	15.43
2003	822.92	462.10	350.02	0.19	1891.73	1463.20	405.20	23.22
2004	963.09	542.00	395.40	0.45	2107.26	1650.00	422.02	34.93
2005	1000.70	535.43	437.84	0.53	2282.60	1759.77	467.00	55.49
2006	1113.77	586.88	492.72	0.55	2415.89	1810.80	538.76	65.85
2007	1264.10	620.68	601.81	0.78	2729.30	1962.93	681.85	83.95
2008	(1444.29)	667.32	(734.96)	(0.81)	(2969.81)	1985.84	(848.22)	(114.67)
	1517.33		808.32	0.49	5215.84		2995.15	213.77
2009	1645.18	675.48	914.80	0.52	6146.09	1955.36	3927.08	263.05
2010	1840.64	747.20	1031.18	0.60	7141.82	1980.23	4860.63	300.28
2011	2033.68	766.45	1211.28	0.65	8471.07	2120.10	5949.04	401.32
2012	2144.50	779.57	1309.58	0.60	9436.42	2088.97	6863.01	483.90
2013	2328.12	853.38	1417.54	0.63	10357.41	2096.81	7702.95	557.19

注：2008年客货运输周转量为公路水路运输量专项调查数据，括号内为原口径数据。

a)Data on passenger and freight Volume in 2008 are calculated on basis of Highway and waterway traffic special investigation,and data in the brakfets are original data.

16-7 铁路、公路、内河通车通航里程(年底数)
Length of Railways, Highways and Navigable Inland Waterways (Year-end)

单位：公里 (km)

指 标	Item	2000	2005	2010	2012	2013
铁 路	**Length of Railways**	**3354**	**4000**	**4224**	**4822**	**4822**
#电气化	Electrified Railways		1309	2109	2125	2125
中央铁路	National Railways	2043	2788	3395	4014	4014
地方铁路	Local Railways	1311	1212	829	808	808
公 路	**Length of Highways**	**64453**	**79506**	**245089**	**249649**	**249831**
#高级、次高级路面	Senior and Second-senior	46917	63474	165944	194406	196790
#高速公路	Expressways	505	2678	5016	5830	5859
内 河	**Length of Navigable Inland Waterways**	**1104**	**1439**	**1439**	**1439**	**1439**

注：铁路通车里程为正线里程；铁路电气化里程为郑州铁路局全局数据。
a)Length of railways refers to trunk lines.Length of electrified railways refers to data of Zhengzhou Railway Administration.

16-8 交通运输工具拥有量(年底数)
Possession of Means of Transportation (Year-end)

指 标	Item	2000	2005	2010	2012	2013
铁路	**Railways**					
国家铁路	National Railways					
内燃机车(台)	Diesel Locomotives(unit)	951	446	297	243	218
电力机车(台)	Electric Locomotives(unit)	981	570	837	1197	1204
客车(辆)	Passenger Coaches(unit)	4981	1860	2400	2640	2760
地方铁路	Number of Locomotives					
内燃机车(台)	Diesel Locomotives(unit)	85	106	64	62	62
客车(辆)	Passenger Coaches(unit)	80	60	14	14	14
货车(辆)	Freight Cars(unit)	1476	1219	622	618	618
公路	**Highways**					
载货汽车(辆)	Ordinary Trucks(unit)	363723	491669	907504	1096066	1207263
#重型	Heabvy	212965	136946	307187	369890	398613
中型	Middle			144914	107159	89426
轻型	Light	150758	199410	443372	612605	714257
载客汽车(辆)	Buses and Cars(unit)	456068	988796	3049045	4674939	5717116
#大型	Large	32771	46187	61940	61380	64452
中型	Middle			80896	50484	44803
小型	Small	423297	672144	2660344	4298652	5339141
内河	**Inland Rivers**					
机动船(艘)	Motor Vessels (unit)	3314	4687	4916	5001	5088
驳船(艘)	Barges (unit)	418	431	127	120	108

注：国家铁路为郑州铁路局数据。由于郑州铁路局调整，2005年以后的数据与以前年份不可比。
a)Data on national railways are calculated by ZhengZhou Railways Administration. Because of The Change of ZhengZhou Railways Administration, data since 2005 could not be Compared with former Years.

16-9 各市公路线路里程(2013年底)

单位：公里

市(县) City(County)	总计 Total	等级公路 Expressway and Class Ⅰ to Ⅳ Highway	高速 Express-way	一级 First Class	二级 Second Class	三级 Third Class	四级 Four Class
全　　省 Total	**249831**	**196790**	**5859**	**1603**	**25322**	**19611**	**144396**
省辖市 City							
郑州市 Zhengzhou	12719	11455	503	168	1808	1648	7329
开封市 Kaifeng	8839	6991	302	7	1145	309	5227
洛阳市 Luoyang	18324	13495	500	8	1731	2008	9248
平顶山市 Pingdingshan	13468	12696	392	99	1728	1081	9395
安阳市 Anyang	11823	10111	266	58	1437	1152	7197
鹤壁市 Hebi	4463	4262	75	52	468	324	3343
新乡市 Xinxiang	13104	10567	269	120	2028	811	7340
焦作市 Jiaozuo	7365	6310	187	98	1651	849	3524
濮阳市 Puyang	6465	5987	140	204	771	538	4334
许昌市 Xuchang	9288	7062	260	121	1193	669	4819
漯河市 Luohe	5250	4172	126	54	535	450	3009
三门峡市 Sanmenxia	9527	7470	260	38	873	914	5385
南阳市 Nanyang	38004	28734	642	81	2873	2866	22271
商丘市 Shangqiu	23050	16199	416	219	1547	1243	12774
信阳市 Xinyang	24747	18680	550	86	1716	1889	14439
周口市 Zhoukou	21840	17161	436	102	1635	1172	13817
驻马店市 Zhumadian	19271	13430	437	61	1691	1219	10021
济源市 Jiyuan	2284	2008	96	27	492	469	924
省直管县 Province Administrating County							
巩义市 Gongyi	2148	1897	56	15	173	405	1247
兰考县 Lankao	1668	1419	50	7	159	88	1113
汝州市 Ruzhou	2578	2422	65		400	190	1767
滑县 Huaxian	3521	2938	56		432	71	2379
长垣县 Changyuan	2040	1450	26		289	149	986
邓州市 Dengzhou	4128	3085	28	18	316	157	2566
永城市 Yongcheng	3237	2286	100		282	259	1646
固始县 Gushi	2959	2864	67		244	259	2294
鹿邑县 Luyi	3027	1907	48	71	131	198	1458
新蔡县 Xincai	2096	1299	71		195	24	1009

Length of Highways by City (End of 2013)

等外公路 Highway Below Class Ⅳ	有铺装路面里程 paved Highway	沥青混凝土 Bitumen	水泥混凝土 concrete	简易铺装路面里程 Simply Paved Highway	未铺装路面里程 Unpaved Highway
53040	**137115**	**39941**	**97175**	**46463**	**66252**
1264	9153	3512	5640	2280	1286
1847	6162	4925	1236	829	1847
4829	12088	2423	9664	340	5896
772	10115	1489	8626	43	3309
1712	8485	1809	6676	856	2482
201	2501	597	1904	1176	786
2537	7124	2318	4805	3441	2540
1055	4846	980	3866	1407	1112
478	4061	1573	2488	1898	507
2226	3790	1209	2581	3206	2291
1078	2403	467	1936	1780	1067
2056	6783	1699	5083	216	2528
9270	22304	4485	17819	2896	12804
6851	5566	2811	2755	10642	6843
6067	13018	2010	11009	2467	9261
4679	7249	3514	3735	9710	4881
5841	9875	3442	6434	2859	6536
276	1593	676	917	415	276
252	1756	357	1399	141	252
250	1414	1269	145	5	250
156	1835	222	1613		743
583	2637	497	2140	301	583
590	914	269	645	536	590
1043	2182	401	1782	655	1290
951	1272	303	969	1001	964
95	1101	384	717	1058	800
1120	962	573	388	933	1131
796	854	478	375	444	798

16−10 各种民用车辆拥有量(2013年底)
Possession of Civil Vehicles (End of 2013)

单位：辆 (unit)

指 标	Item	总计 Total	营运 Commerial	非营运 Non-commerial	#进口 Imports	#私人 Private-owned	#新注册 Newly-registered	报废 Abandoned
合　计	**Total**	**16327382**	**1538903**	**10917509**	**166389**	**10957305**	**1460019**	**149095**
汽车	Vehicles	7469043	1260595	6208448	166107	6282190	1283642	50348
载客汽车	Passenger Service Vehicles	5717116	159598	5557518	165178	5039177	1075941	17885
大型	Big-size	64452	48623	15829	414	2661	8880	2574
中型	Medium-size	44803	19364	25439	1129	13196	4227	4315
小型	Small-size	5339141	90604	5248537	161954	4785061	1056384	9795
微型	mini	268720	1007	267713	1681	238259	6450	1201
#轿车	Saloon Cars	3366333	87186	3279147	65329	3022570	671140	7594
载货汽车	Freight vehicle	1207263	815101	392162	509	746189	184507	17898
重型	Heavy Duty	398613	387843	10770	203	102908	65382	8455
中型	Medium-Duty	89426	82957	6469	16	57955	4675	7167
轻型	Light-Duty	714257	342857	371400	289	581261	114428	2026
微型	Mini	4967	1444	3523	1	4065	22	250
#普通载货	Cargo Vehicle	554783	254309	300474	272	454277	89977	7070
其他汽车	Others	544664	285896	258768	420	496824	23194	14565
#三轮	Tricycle	314207	157221	156986	4	312126	14130	13299
低速货车	Low-speed truck	230457	120760	109697	3	163681	6109	735
电车	Buses	125	113	12			22	12
摩托车	Motorcycle	4815755	108277	4707478	242	4658376	152666	94074
普通	Standard	4766560	108238	4658322	242	4613783	152294	92493
轻便	Light	49195	39	49156		44593	372	1581
拖拉机	Tractors	3870970						
#大中型	Large and Medium	357816						
小型	Small	3513154						
挂车	Combination Vehicle	171266	169792	1474	40	16711	23658	4649
其他类型车	Others	223	126	97		28	31	12

注：1.拖拉机数据来源于农机管理局，其他数据来源于公安厅。
2.全省“营运”、“非营运”、“进口”、“私人”、“新注册”和“报废”车辆分类中不包括“拖拉机”分类数据。

a) Data of Tractor was calculated from the Administration of agricultural machinery,data of cars and other vehicles was calculated from Provincial public security department.

b) In addition to the total, other index data in Penn column does not include the tractor.

16−11 各市民用车辆拥有量(2013年底)

Possession of Civil Vehicles by City (End of 2013)

单位：辆 (unit)

市 City	民用汽车 Civil Vehicles	载客汽车 Buses and Cars	#大型 Large	#轿车 Sedan	载货汽车 Ordinary Trucks	#重型 Heavy	#普通载货 Ordinary Trucks
全　　省 Total	**7469043**	**5717116**	**64452**	**3366333**	**1207263**	**398613**	**554783**
省　辖　市 City							
郑　州　市 Zhengzhou	1723660	1503123	18729	936628	167422	52022	61456
开　封　市 Kaifeng	289599	216571	2276	116891	43423	9962	25764
洛　阳　市 Luoyang	605960	470296	5769	269571	99413	26410	53040
平 顶 山 市 Pingdingshan	346930	270001	3257	146791	53603	14702	27484
安　阳　市 Anyang	407472	326380	2546	196399	53496	22078	22006
鹤　壁　市 Hebi	129575	103740	1359	60641	17870	5581	9163
新　乡　市 Xinxiang	483662	396093	3579	234302	73005	20915	41458
焦　作　市 Jiaozuo	299042	231116	2447	140350	51602	28230	16416
濮　阳　市 Puyang	366043	282263	1925	169023	62180	19018	30548
许　昌　市 Xuchang	343828	269000	2114	150572	54534	16482	23665
漯　河　市 Luohe	153426	114870	1027	68988	28206	10297	11887
三 门 峡 市 Sanmenxia	203416	162652	1317	93343	30601	8471	15136
南　阳　市 Nanyang	463596	313650	5022	179991	93917	33232	45858
商　丘　市 Shangqiu	485046	252013	3599	127519	149693	80244	50380
信　阳　市 Xinyang	275627	191821	2240	103082	54555	9716	32735
周　口　市 Zhoukou	493207	349957	4124	212535	102283	26705	50558
驻 马 店 市 Zhumadian	302400	185692	2552	106411	59676	10186	31783
济　源　市 Jiyuan	96554	77878	570	53296	11784	4362	5446

市 City	其他汽车 Other	#新注册 Newly-registered	摩托车 Motors	挂　车 Trailer	拖拉机 Tractors	机动车驾驶员(万人) Number of Motor Drivers (10 000 Person)	#汽车 Automobile Drivers
全　　省 Total	**544664**	**1283642**	**4815755**	**171266**	**3870970**	**1614**	**1357**
省　辖　市 City							
郑　州　市 Zhengzhou	53115	317172	361021	12641	130159	249	243
开　封　市 Kaifeng	29605	50522	102275	3973	237583	65	61
洛　阳　市 Luoyang	36251	99544	386513	8270	195864	126	109
平 顶 山 市 Pingdingshan	23326	57266	230020	5835	123263	80	66
安　阳　市 Anyang	27596	62083	123953	12388	141619	81	68
鹤　壁　市 Hebi	7965	23041	62726	2384	83650	27	25
新　乡　市 Xinxiang	14564	90079	126277	7280	190182	94	85
焦　作　市 Jiaozuo	16324	51599	162781	20441	63483	66	58
濮　阳　市 Puyang	21600	52871	144910	8088	99343	67	63
许　昌　市 Xuchang	20294	59403	282491	4640	59707	70	59
漯　河　市 Luohe	10350	26351	116683	4620	95617	35	32
三 门 峡 市 Sanmenxia	10163	31850	195844	3898	48618	46	36
南　阳　市 Nanyang	56029	84179	167350	15051	911193	106	91
商　丘　市 Shangqiu	83340	75192	439630	42880	253817	135	108
信　阳　市 Xinyang	29251	52117	361247	3861	211521	91	62
周　口　市 Zhoukou	40967	87837	955867	9974	390445	164	113
驻 马 店 市 Zhumadian	57032	45907	547171	2216	613408	95	61
济　源　市 Jiyuan	6892	16629	48996	2826	21498	18	18

16-12 各市私人车辆拥有量(2013年底)

Possession of Private Vehicles by City (End of 2013)

单位：辆 (unit)

市 City	民用汽车 Civil Vehicles	载客汽车 Buses and Cars	载货汽车 Ordinary Trucks	其他汽车 Other Special Vehicles	摩托车 Motors	#普通 Bicycle Motor
全 省 Total	**6282190**	**5039177**	**746189**	**496824**	**4658376**	**4613783**
省 辖 市 City						
郑 州 市 Zhengzhou	1481255	1341631	93137	46487	357378	353836
开 封 市 Kaifeng	250995	192856	30362	27777	101797	96623
洛 阳 市 Luoyang	500157	403933	62798	33426	383797	379233
平 顶 山 市 Pingdingshan	288748	231762	36388	20598	215852	212927
安 阳 市 Anyang	347476	290195	31147	26134	123285	119674
鹤 壁 市 Hebi	112843	91107	14116	7620	62256	60582
新 乡 市 Xinxiang	419036	357699	51108	10229	124100	122743
焦 作 市 Jiaozuo	240205	203844	21331	15030	89208	88235
濮 阳 市 Puyang	320720	259109	42390	19221	144474	143524
许 昌 市 Xuchang	273926	219833	35709	18384	251577	250854
漯 河 市 Luohe	124742	100704	15403	8635	100072	99430
三 门 峡 市 Sanmenxia	171334	142648	19721	8965	193234	189081
南 阳 市 Nanyang	400937	283838	62626	54473	166428	165097
商 丘 市 Shangqiu	380130	221145	80356	78629	435593	434035
信 阳 市 Xinyang	228665	166598	38489	23578	359960	358707
周 口 市 Zhoukou	394558	305198	53617	35743	954237	947452
驻 马 店 市 Zhumadian	262060	156475	50113	55472	546440	543851
济 源 市 Jiyuan	84403	70602	7378	6423	48688	47899

16-13 客货运量及周转量
Passenger and Freight Traffic, Turnover Volume

指 标	Item	2005	2010	2011	2012	2013
运输量	**Traffic Volume**					
客运量(万人)	Passenger Traffic(10 000 persons)	98099	167804	193882	208094	225738
铁路	Railways	5842	8399	8952	9628	11160
国家铁路	National Railways	5758	8392	8948	9628	11160
地方铁路	Local Railways	84	7	4		
公路	Highways	91920	158630	184213	197785	213900
水运	Waterways	97	255	268	250	261
货运量(万吨)	Freight Traffic(10 000 tons)	78827	202470	240965	272240	304369
#铁路	Railways	14806	14224	14312	12779	12762
国家铁路	National Railways	12697	13292	13292	11772	11685
地方铁路	Local Railways	2109	931	1020	1007	1077
公路	Highways	62684	183291	220122	251772	282970
水运	Waterways	1334	4950	6527	7685	8631
周转量	**Turnover Volume**					
旅客周转量(百万人公里)	Passenger-Kilometers (million person-km)	100070	184064	203368	214450	232812
铁路	Railways	53543	74720	76645	77957	85337
国家铁路	National Railways	53468	74715	76643	77957	85337
地方铁路	Local Railways	75	5	3		
公路	Highways	43784	103118	121128	130958	141754
水运	Waterways	53	60	65	60	63
货物周转量(百万吨公里)	Freight Ton-Kilometers (million ton-km)	228260	714182	847107	943642	1035741
铁路	Railways	175977	198023	212010	208897	209681
国家铁路	National Railways	173606	197118	210941	207904	208607
地方铁路	Local Railways	2371	905	1069	992	1074
公路	Highways	46700	486063	594904	686301	770295
水运	Waterways	5549	30028	40132	48390	55719

注：2009年3月起国家铁路运输量包含漯阜公司，地方铁路数据不包括漯阜公司。
a) Data of LuoFu company was adjusted from local railways to national railways since March 2009.

16-14 各市公路客货运输量(2013年)

Passenger and Freight Traffic of Highway by City (2013)

市(县)	City(County)	客运量 (万人) Passenger Traffic (10 000 persons)	旅客周转量 (亿人公里) Passenger-Kilometers (100 million person-km)	货运量 (万吨) Freight Traffic (10 000 tons)	货物周转量 (亿吨公里) Freight Ton-Kilometers (100 million ton-km)
全省	**Total**	**213900**	**1417.54**	**282970**	**7702.95**
省辖市	**City**				
郑州市	Zhengzhou	34431	188.07	26202	467.53
开封市	Kaifeng	8568	75.73	9455	183.54
洛阳市	Luoyang	18878	146.38	21222	468.81
平顶山市	Pingdingshan	11242	51.27	18612	256.01
安阳市	Anyang	9291	54.71	25360	1041.78
鹤壁市	Hebi	8026	18.77	7520	184.67
新乡市	Xinxiang	7400	30.36	12177	298.35
焦作市	Jiaozuo	5051	28.30	21492	1017.84
濮阳市	Puyang	5616	40.35	5017	141.43
许昌市	Xuchang	7375	47.27	24320	521.71
漯河市	Luohe	4684	46.71	5509	83.24
三门峡市	Sanmenxia	5234	25.81	5100	104.31
南阳市	Nanyang	23695	178.73	22744	568.42
商丘市	Shangqiu	16314	105.87	27199	938.33
信阳市	Xinyang	13657	87.76	8994	187.23
周口市	Zhoukou	12718	164.59	14216	630.34
驻马店市	Zhumadian	18619	118.68	23016	558.74
济源市	Jiyuan	3101	8.19	4815	50.66
省直管县	**Province Administrating County**				
巩义市	Gongyi	1862	8.93	3402	63.32
兰考县	Lankao	433	3.72	1176	20.26
汝州市	Ruzhou	2239	7.50	1305	17.82
滑县	Huaxian	2215	11.70	1328	13.40
长垣县	Changyuan	1019	5.16	464	12.40
邓州市	Dengzhou	2406	19.76	1633	28.53
永城市	Yongcheng	7025	21.35	8532	264.61
固始县	Gushi	2330	14.23	1409	28.45
鹿邑县	Luyi	1267	16.25	1179	27.62
新蔡县	Xincai	980	6.46	1157	27.62

16－15　铁路主要站客货发送量(2013年)

Number of Passengers and Volume of Freight Dispatched from Principal Railway Stations (2013)

车站名称	Name	旅客发送量 (万人) Number of Passengers Dispatched (10 000 persons)	车站名称	Name	货物发送量 (万吨) Volume of Freight Dispatched (10 000 tons)
郑　州	Zhengzhou	3275.20	圃田西	Western putian	127.76
郑州东	Eastern zhengzhou	559.71	郑州北	Northern zhengzhou	55.73
巩　义	Gongyi	103.60	新　密	Xinmi	98.05
开　封	Kaifeng	346.64	上　街	Shangjie	167.56
兰　考	Lankao	126.57	新　郑	Xinzheng	271.12
洛　阳	Luoyang	627.32	开　封	Kaifeng	109.17
洛阳龙门	Luoyang Longmen	246.87	洛阳东	Eastern luoyang	64.39
偃　师	Yanshi	59.98	巩　义	Gongyi	94.32
安　阳	Anyang	322.21	平顶山西	Western pingdingshan	171.33
新　乡	Xinxiang	449.69	安　阳	Anyang	51.27
焦　作	Jiaozuo	79.85	鹤壁北	Northern hebi	274.46
许　昌	Xuchang	195.11	新　乡	Xinxiang	97.28
三门峡	Sanmenxia	126.27	焦作北	Northern jiaozuo	108.52
三门峡南	Southern sanmenxia	112.43	许　昌	Xuchang	102.01
灵　宝	Lingbao	84.76	三门峡	Sanmenxia	188.22
南　阳	Nanyang	302.03	三门峡西	Western sanmenxia	121.01
商　丘	Shangqiu	652.96	南　阳	Nanyang	38.81
商丘南	Southern shangqiu	82.03	商　丘	Shangqiu	71.42
民　权	Minquan	145.43	商丘北	Northern shangqiu	25.47
			济　源	Jiyuan	147.19

注：本表为郑州铁路局辖区内主要站数据。

a)Stations in this table are main Principal in popedom of zhengzhou Railways Administration.

16–16 铁路、公路分货类运输量(2013年)

Freight Traffic of Railway and Highway by Category (2013)

货类	Type of Freight	铁路 Railways 运输量(万吨) Traffic Volume (10 000 tons)	铁路 Railways 货物周转量(万吨公里) Freight Ton-Kilometers (10 000 ton-km)	货类	Type of Freight	公路 Highways 运输量(万吨) Traffic Volume (10 000 tons)	公路 Highways 货物周转量(万吨公里) Freight Ton-Kilometers (10 000 ton-km)
煤	Coal	24609	7694542	煤炭	Coal and coke	1552	1125423
石油	Petroleum	1811	456215	石油	Petroleum		
焦炭	Coke	3544	1103683	金属矿石	Metal Ores	880	602115
金属矿石	Metal Ores	8353	2322052	钢铁	Steel and Iron	835	621483
钢铁及有色金属	Steel and Iron,	5192	1860016	矿建材料	Mineral Building		
非金属矿石	Nonmetal Ores	1181	328863		Materials	2463	1477656
磷矿石	Phosphorus Ores	357	126141	水泥	Cement	569	414634
矿建材料	Mineral Building			木材	Timber	159	127200
	Materials	668	163926	非金属矿石	Nonmetal Ores	369	206551
水泥	Cement	19	6727	化肥及农药	Chemical Fertilizers		
木材	Timber	238	85453		and Pesticides	237	130208
粮食	Grain	4250	1194171	盐	Salt	83	57270
棉花	Cotton	243	108743	粮食	Grain	523	310230
化肥和农药	Chemical Fertilizers			机械、设备、电器	Machinery, Equipm-		
	and Pesticides	3116	1077560		ent and Electrical		
盐	Salt	88	25962		Appliances	77	47560
化工品	Chemical Products	1657	649891	化工原料及制品	Chemical Raw Mater-		
工业机械	Industry Machinery	173	62413		ials and Chemical		
电子电气	Electronic and Electric	5	1704		Finished Products	57	33164
金属制品	Metal Products	80	29633	有色金属	Nonferrous Metals		
农业机具	Agriculture Implements		57	轻工、医药产品	Light Industry and		
鲜活易腐货物	Fresh, Live and				Medicine Products		
	Perishable Goods	77	25057	农林牧渔业产品	Agriculture, Forestry,		
农副土特产品	Agriculture Products	141	37213		Animal Husbandry		
饮食烟草	Diet and Tobaccos	439	163352		and Fishery		
纺织品	Textile Products	9	3308		Products	71	31334
文教用品	Cultural and Educa-						
	tional Products	150	58689				
医药品	Medicine Products	36	11693				
零担	Fragmentary Freight	1	521				
集装箱	Container	3148	1340309				

注：铁路为郑州铁路局全局数，公路为交通系统数。

a)Freight Traffic of railway refers to data of Zhengzhou Railways Administration, highway refers to data of transportation department.

16−17 铁路运输主要技术经济指标

Major Economic and Technical Indicators of Railway Transport

指　　标	Item	2009	2010	2011	2012	2013
货运机车日产量　(万吨公里)	Average Daily Ton-kilometers of Freight					
	Locomotives (10 000 ton-kms)	130	133	129	121	121
内燃机车	Diesel Locomotives	141	125	34	31	29
电力机车	Electric Locomotives	124	135	134	125	125
货运机车平均牵引总重量　(吨)	Average Total Tonnage of Freight Locomotives (ton)	3633	3667	3663	3723	3697
内燃机车	Diesel Locomotives	3539	3634	2662	2646	2485
电力机车	Electric Locomotives	3688	3674	3681	3740	3713
客运机车日车公里　(公里)	Daily Distance per Passenger Locomotive (km)	819	823	858	835	761
货运机车日车公里　(公里)	Daily Distance per Freight Locomotive (km)	453	443	467	448	446
内燃机车万吨公里耗油 (公斤)	Oil Consumption of Diesel Locomotive Per 10 000 tons.km (kg)	20.1	23.0	60.6	79.9	111.2
电力机车万吨公里耗电	Electricity Consumption of Electric					
(千瓦小时)	Locomotive Per 10 000 tons.km (kwh)	112.4	107.4	98.5	100.2	105.2
旅客列车技术速度　(公里/小时)	Technical Speed of Passenger Trains (km/hr)	85.9	85.6	87.9	86.2	84.5
旅客列车旅行速度　(公里/小时)	Traveling Speed of Passenger Trains (km/hr)	74.1	73.9	76.2	75.3	73.8
货物列车技术速度　(公里/小时)	Technical Speed of Freight Trains (km/hr)	46.4	46.5	47.3	46.2	46.2
货物列车旅行速度　(公里/小时)	Running Speed of Freight Trains (km/hr)	33.8	33.6	34.2	31.9	29.8
货物列车运行正点率　(%)	Punctuality Rate of Freight Trains in Running (%)	96.5	85.9	92.2	91.9	93.8
货物列车出发正点率　(%)	Punctuality Rate of Freight Trains at Departure (%)	95.0	88.0	92.4	92.3	93.8
货车周转时间　(天)	Trunning Around Time of Freight Cars (day)	1.6	1.6	1.6	1.8	1.8
货车一次作业时间　(小时)	Handling Time of Freight Cars (hour)	25.5	24.5	25.7	27.0	28.1
货车中转停留时间　(小时)	Transfer Waiting Time Per Freight Car (hour)	4.4	4.2	4.4	4.8	5.0

注：本表数据来源于郑州铁路局。

a)Data in this chapter are calculated by ZhengZhou Railways Administration.

16-18 民航基本情况

Main Indicators of Civil Aviation

指　　标	Item	2010	2012	2013
航线条数(条)	Number of Civil Aviation Routes(unit)	71	69	51
#国际	International Routes	2	2	3
国内	Domestic Routes	66	65	46
地区	Regional Routes	3	2	2
航线里程(公里)	Length of Civil Aviation Routs(km)	241151	223578	205253
#国际	International Routes	9706	12326	14078
国内	Domestic Routes	220063	203960	183883
地区	Regional Routes	11382	7292	7292
飞机班次(班次)	Number of Flight	38902	37363	38109
#国际	International Routes	993	916	1279
国内	Domestic Routes	37087	35277	35746
地区	Regional Routes	822	1170	1084
民用机场数(个)	Number of Civil Airports (unit)	3	3	3
#可降737以上机型	Airports Serving Boeing 737 and above	3	3	3
民用飞机架数(架)	Number of Civil Aircraft (unit)	23	20	23
通航国家和地区(个)	Navigable Country or Region (unit)	5	4	4
#通航城市	Navigable City	2	4	4
客货吞吐量	Passenger and Cargo throughput			
旅客吞吐量(万人)	Passenger throughput (10 000persons)	918.40	1268.87	1412.86
货邮吞吐量(万吨)	Cargo throughput(10 000tons)	8.80	15.31	25.79

注：民用机场数和客货吞吐量为全省数据，其他指标数据为中国南方航空股份有限公司河南分公司数据。

a)Data of Civil Airports and Passenger and Cargo throughput refer to the whole province,and other data come from China southern airlines co., LTD., henan branch.

16-19 邮政行业基本情况及邮政水平(年底数)

Basic Conditions and Level of Post Services (Year-end)

指　　标	Item	2010	2012	2013
局所网络	Offices and Network			
邮政局所(处)	Number of Post Offices(unit)	2546	2531	2507
邮路总长度(公里)	Length of Postal Routes(km)	63780	63846	65935
#汽车邮路总长度	Length of Postal Routes and Rural	54874	55415	57504
铁路邮路总长度	Delivery Routes	7545	7621	7621
农村投递线路总长度(公里)	Rural Delivery Routes(km)	193690	197726	198258
邮政业务总量(万元)	Business Volume of Post (10 000 yuan)	703421(897962)	691594	924593
函件(万件)	Number of Letters (10 000 pcs)	24704	17517	17570
包裹(万件)	Number of Parcels (10 000 pcs)	253	284	295
快递(万件)	Pieces of Express Mail Services (10 000 pcs)	5765(1793)	12503	19444
报刊期发数(万份)	Newspapers and Magazines Circulation (10 000 copies)	803	1010	951
集邮业务(万枚)	Philately (10 000 units)	8158	7595	6138
邮政水平	Level of Post Services			
平均每一邮电局所服务面积(平方公里)	Average Area Served Every Post Office (sq.km)	59	66	67
平均每一邮电局所服务人口(万人)	Average People Served by Every Post Office (10 000 persons)	3.5	4.1	3.8
平均每人发函件数(件)	Average Number of Letters Mailed per Capita (piece)	2.7	1.7	1.9
平均每百人订有报刊数(份)	Average Number of Newspaper and Magazine Subscribed per 100 Persons (piece)	8.1	9.6	10.1

注：1.括号内为上个时期不变价数据。
2.2010年起快递为全社会快递业务量；邮政业务总量也做同口径调整。

a)Data of Business Volume of Post and Telecommunications in brackets is last year constant price.

b)Data of pieces of express mail refer the whole social sine 2010.

16−20 邮政业务量

Business Volume of Post

年份 Year	邮电业务总量 (万元) Business Volume of Post and Telecommu-nications (10 000 yuan)	#邮政业务总量 Business Volume of Post	函件 (万件) Number of Letters (10 000 pcs)	包裹 (万件) Number of Parcels (10 000 pcs)	快递 (万件) Pieces of Express Mail Services (10 000 pcs)	订销报刊期发数 (万份) Magazine Subscriptions (10 000 pcs)	集邮业务 (万枚) Stamps for Collection (10 000 units)
1949	161		1276				
1952	502		2170				
1957	1193		6165				
1962	2084		8285				
1965	2300		8295				
1970	3502		9420				
1975	4902		11505				
1978	(5450)7120		11629	273		267	
1979	7540		12783				
1980	8062		14230	299		368	
1981	8390		14823				
1982	8666		14726				
1983	9024		15144				
1984	9647		16974				
1985	11057		20304			726	
1986	11977		21055	327			
1987	14675		24020				
1988	19182		25368				
1989	22805		23345				
1990	(27872)48983		22032	442		632	
1991	59324		17335				
1992	80685		17795				
1993	122245		20260				
1994	188902		21963				
1995	302583		21958	648		509	
1996	461609		22470	648	225	547	
1997	643107		19164	489	173	1130	2295
1998	1035556		18799	489	197	929	1045
1999	1384139		19452	509	296		13581
2000	(1869359)1300586	117999	21408	499	423		13614
2001	1740235	210508	29260	492	539		12352
2002	2201977	236549	29532	482	761		10441
2003	3035707	264200	35938	486	945	880	9159
2004	4359263	282726	26470	433	1105	768	10500
2005	5565060	318093	24471	415	1163	686	8769
2006	7214687	365236	23030	405	1136	707	7038
2007	9331635	412016	21515	367	1248	759	6883
2008	11241309	470421	22147	315	1497	846	7100
2009	12968686	548800	19786	271	1788	809	6064
2010	(15077061)5359762	703421(897962)	24704	253	(1793)5765	803	8158
2011	5958822	627996	32396	264	8378	1062	7090
2012	6613588	691594	17516	283	12503	1010	7585
2013	7949251	924593	17570	295	19444	951	6138

注：1.邮电业务总量括号内为上个时期不变价数据。

2.2010年起，快递为全社会快递业务量；邮电业务总量也做同口径调整。

a)Data of Business Volume of Post and Telecommunications in brackets is last year constant price.

b)Data of pieces of express mail refer the whole social sine 2010, data of Business Volume of Post and Telecommunications is synchronous adjustment.

16-21 各市邮政网和业务量(2013年)

Network and Business Volume of Post by City (2013)

市(县) City(County)	邮政局所(处) Number of Post Offices (unit)	邮路总长度(公里) Length of Postal Routes (km)	农村投递线路总长度(公里) Rural Delivery Routes (km)	邮政业务总量(亿元) business Volume of Post	函件(万件) Number of Letters (10 000 pcs)	包裹(万件) Number of Parcels (10 000 pcs)	特快专递(万件) EMS (10 000 pcs)	订销报刊期发数(万份) Magazine Subscriptions (10 000 pcs)	集邮业务(万枚) Stamps for Collection (10 000 units)
全 省 Total	**2507**	**65935**	**198258**	**57.39**	**17570.12**	**294.79**	**478.44**	**951.49**	**6137.95**
省 辖 市 City									
郑 州 市 Zhengzhou	217	6978	16730	6.31	5967.02	82.46	105.30	114.01	1452.19
开 封 市 Kaifeng	94	1393	8598	2.04	624.08	9.94	15.16	36.85	356.53
洛 阳 市 Luoyang	185	4251	14026	3.58	442.74	29.98	29.31	65.50	445.72
平 顶 山 市 Pingdingshan	109	1484	8164	2.24	267.20	7.45	16.71	37.63	296.77
安 阳 市 Anyang	91	1269	10080	2.73	951.26	9.16	16.22	51.28	354.76
鹤 壁 市 Hebi	25	391	2929	0.57	320.05	2.80	4.98	13.82	176.20
新 乡 市 Xinxiang	130	2890	13046	3.51	831.31	15.66	21.59	74.53	306.56
焦 作 市 Jiaozuo	114	1180	7893	2.06	647.48	9.46	14.13	55.18	318.92
濮 阳 市 Puyang	97	1255	5961	1.95	404.32	10.79	13.57	34.70	173.68
许 昌 市 Xuchang	114	1316	8223	2.39	188.85	9.77	15.73	49.33	250.39
漯 河 市 Luohe	60	972	3708	1.31	812.29	5.02	11.12	18.60	115.07
三 门 峡 市 Sanmenxia	79	1359	7673	1.45	1576.53	6.81	8.89	31.16	281.10
南 阳 市 Nanyang	239	4783	26998	4.92	1002.50	19.59	39.23	96.68	404.98
商 丘 市 Shangqiu	171	2632	14945	4.02	1074.81	12.82	23.98	50.29	326.53
信 阳 市 Xinyang	184	4454	16050	3.14	356.18	10.18	31.48	44.15	102.30
周 口 市 Zhoukou	165	2849	16037	4.20	204.60	14.02	33.24	51.03	116.07
驻 马 店 市 Zhumadian	174	2961	12445	4.12	920.86	11.23	28.59	33.44	174.20
济 源 市 Jiyuan	25	420	1274	0.46	158.40	2.32	4.10	13.84	123.22
省 直 管 县 Province Administrating County									
巩 义 市 Gongyi	21	260	260	0.56	86.56	1.63	6.68	7.01	98.05
兰 考 县 Lankao	18	258	258	0.40	29.16	1.20	2.80	6.04	75.40
汝 州 市 Ruzhou	16	308	300	0.34	7.59	0.88	2.43	5.98	36.48
滑 县 Huaxian	26	365	365	0.70	108.32	3.80	3.75	6.78	27.31
长 垣 县 Changyuan	21	153	153	0.63	167.70	9.27	5.25	11.67	13.51
邓 州 市 Dengzhou	28	573	540	0.71	21.11	1.72	6.06	14.66	40.82
永 城 市 Yongcheng	31	606	606	0.88	198.23	2.16	5.72	7.90	38.23
固 始 县 Gushi	31	497	432	0.53	4.76	1.67	6.27	7.10	4.78
鹿 邑 县 Luyi	21	315	309	0.50	8.67	1.92	2.73	4.11	4.85
新 蔡 县 Xincai	21	255	255	0.56	186.23	1.09	3.43	8.25	23.33

注：本表全省合计包括郑州邮区中心局数据。特快专递指邮政企业代办的EMS业务量。
a)Data of Total include Data of Center situation in zhengzhou postal district.EMS only refers to postal.

主要统计指标解释

交通运输、仓储和邮政业 包括铁路运输业、道路运输业、水上运输业、航空运输业、管道运输业、装卸搬运和运输代理业、仓储业、邮政业。

交通运输业 指国民经济中专门从事运送货物和旅客的社会生产部门，包括铁路、道路、水运、航空等运输部门。

仓储业 指专门从事货物仓储、货物运输中转仓储，以及以仓储为主的货物送配活动，还包括以仓储为目的的收购活动。

邮政业 包括邮政基本服务和快递服务。邮政基本服务指邮政企业提供的信件、印刷品、包裹、汇兑等邮政服务，以及国家规定的其他邮政服务；快递服务指在承诺的时限内快速完成的寄递服务。

铁路营业里程 又称营业长度（包括正式营业和临时营业里程），指办理客货运输业务的铁路正线总长度。凡是全线或部分建成双线及以上的线路，以第一线的实际长度计算；复线、站线、段管线、岔线和特殊用途线以及不计算运费的联络线都不计算营业里程。铁路营业里程是反映铁路运输业基础设施发展水平的重要指标，也是计算客货周转量、运输密度和机车车辆运用效率等指标的基础资料。

铁路电气化里程 指具备了电力机车牵引条件，并已交付运营的线路里程。

公路里程 指在一定时期内实际达到《公路工程技术标准JTG B01—2003》规定的技术等级的公路，并经公路主管部门正式验收交付使用的公路里程数。包括大、中城市的郊区公路，以及公路通过小城镇（指县城、集镇）街道的公路里程和公路桥梁长度、隧道长度、渡口的宽度以及分期修建的公路已验收交付使用的里程，不包括大中城市的街道、厂矿、林区生产用道和农业生产用道的里程。两条或多条公路共同经由同一路段，只计算一次，不得重复计算里程长度。按公路技术等级分为等级公路和等外公路，其中等级公路分为高速公路、一级公路、二级公路、三级公路和四级公路。该指标可以反映公路建设的发展规模，也是计算运输网密度等指标的基础资料。

内河航道里程 指在一定时期内，能通航运输船舶及排筏的天然河流、湖泊水库、运河及通航渠道的长度。包括全年季节性通航累计三个月以上的航道，不包括仅供零散流放竹、木排的河道。两省以河为界的航道里程，双方均按一半计算，以免重复。该指标可以反映内河水运网的规模、水平和发展情况。

民用航空航线里程 指统计期间内全部民用航空航线的航线总长度。航线长度指民用航空航线的计费距离。计算航线里程可按重复和不重复两种方法，前者是指各航线长度相加的总和；后者则要扣除各航线之间相同航段重复计算的部分。

货（客）运量 指在一定时期内，各种运输工具实际运送的货物（旅客）数量。它是反映运输业为国民经济和人民生活服务的数量指标，也是制定和检查运输生产计划、研究运输发展规模和速度的重要指标。货运按吨计算，客运按人计算。货物不论运输距离长短、货物类别，均按实际重量统计。旅客不论行程远近或票价多少，均按一人一次客运量统计；半价票、小孩票也按一人统计。

货物（旅客）周转量 指在一定时期内，由各种运输工具运送的货物（旅客）数量与其相应运输距离的乘积之总和。它是反映运输业生产总成果的重要指标，也是编制和检查运输生产计划，计算运输效率、劳动生产率以及核算运输单位成本的主要基础资料。计算货物周转量通常按发出站与到达站之间的最短距离，也就是计费距离计算。计算公式为：

货物（旅客）周转量＝Σ货物（旅客）运输量×运输距离

民用汽车拥有量 指报告期末，在公安交通管理部门按照《机动车注册登记工作规范》，已注册登记领有民用车辆牌照的全部汽车数量。汽车拥有量统计的主要分类：根据汽车结构分为载客汽车、载货汽车以及其他汽车；根据汽车所有者的不同分为个人（私人）汽车、单位汽车；根据汽车的使用性质分为营运汽车、非营运汽车和特种汽车；根据汽车大小规格不同载客汽车分为大型、中型、小型和微型，载客汽车分为重型、中型、轻型和微型。

Explanatory Notes on Main Statistical Indicators

Transportation, storage and the postal service including transportation, railway transportation, urban public transportation roads, water transportation, air transportation, pipeline transportation, loading and unloading handling and other transport services, ware-housing, postal service.

Transportation industry refers to the social production department in national economy for Carrying goods and passengers, including the rail, road, water transportation, aviation and transportation department.

Storage service refers to the logistics distribution activities for Storage, transport transshipment of goods, Mainly includes grain storage and other agricultural products such as cotton storage.

Postal service including postal basic service and express service. Postal basic services refers to the letters, prints, package, remittances, postal services from postal enterprises, and the provisions of other national postal services; Express service refers to the done quickly delivery service in promise time.

Length of Railways in Operation refers to the total length of the trunk line under passenger and freight transportation (including both full operation and temporary operation). The calculation is based on the actual length of the first line even if this line has a full or partial double track or more tracks, excluding double tracks, station sidings, tracks under the charge of stations, branch lines, special-purpose lines and the non-payable connecting lines. The length of railways in operation is an important indicator to show the development of the infrastructure for the railway transport, and also the essential data to calculate volume of passenger freight transport, traffic density and utilization efficiency of the locomotives and carriages.

Length of Electrified Railways refers to the length of the section of railways in operation in which the power supply lines and other equipment are installed for the running of electrified locomotives. The proportion of the length of electrified railways to the total length of railways in operation is an important indicator to show the modernization of railways.

Length of Highways refers to the length of highways which are built in conformity with the grades specified by the highway engineering standard formulated by the Ministry of Communications, and have been formally checked and accepted by the departments of highways and put into use. The length of highways includes that of the suburb highways at large and medium-sized cities, highways passing through streets at small cities and towns, and also the length of bridges and ferries. It does not include the length of streets in big and medium-sized cities and highways built for the production purpose at factories, mines, forest areas and agricultural areas. If two or more highways go the same section of the way, the length of the section is only calculated for once and no duplication is allowed. The length of highways is an important indicator to show the development of the highway construction and to provide essential information to calculate the transport network density.

Length of Navigable Inland Waterways an indicator reflecting the size and development of inland water network, it refers to the length of the natural rivers, lakes, reservoirs, canals, and ditches open to navigation during a given period, which enables the transport by ships and rafts. It includes the channels open to navigation for over an accumulative 3 months in a year, yet this does not include the river courses which are only used to float odd logs and bamboo rafts.

Length of Civil Aviation Routes refers to the length of all routes for civil aviation flights, which is used to account the freight, during the period of statistics.. There are usually two ways to calculate the route length: duplicated calculation and non-duplicated calculateion, the former is the sum of length of all civil aviation routes, and the latter should deduct the duplication length of same route among all routes.

Freight (Passenger) Traffic refers to the volume of freight (passenger) transported with various means. Freight transport is calculated in tons and passenger traffic is calculated in the number of persons. Despite the type of freight and travelling distance, the freight transport is calculated in the actual weight of the goods: and despite the travelling distance and ticket price, the passenger traffic is calculated by the principle that one person can be counted only once in one travel. The passenger who travel with a half price ticket or a child ticket is also calculated as one person. The freight (passenger) traffic provides a quantitative measure to show how the transport industry serves the national economy and people, and is also an important indicator for planning the transport industry and for studying the development scale and speed of the transport industry.

Freight Ton-kilometers (Passenger-kilometers) refer to the sum of the products of the volume of transported cargo (passengers) multiplying by the transport distance, usually using ton-kilometer and passenger-kilometer as units for measurement. Normally, the shortest distance between the departure station and the destination station (i.e., the payable distance) is the basis to calculate the freight ton-kilometers. This is an important indicator to show the total results of the transport industry, to prepare and examine the transport plan and to measure the efficiency, the labour productivity and the unit cost of transport.

The formula is as follows:

Freight Ton-kilometers (Passenger-kilometers) =$\sum${Freight (Passenger) Traffic x Distance of Transportation}

Measuring unit: ton-kilometer (person-kilometer)

Possession of civil Motor Vehicles refer to the total numbers of vehicles that are registered and received vehicles' license tags according to the Work Standard for Motor Vehicles Registration formulated by transport management office under department of public security at the end of reference period. They are divided into following categories according to the structure of motor vehicles: passenger vehicles, trucks and others; and private vehicles and vehicles for units use according to ownerships; working vehicles, non-working vehicles and special motor vehicles according to kind of usage; large passenger vehicles; medium passenger vehicles and small passenger vehicles, heavy trucks, light-heavy trucks and light trucks according to sizes of vehicles.

信息传输、软件和信息技术服务业

Information Transmission, Software and Information technology Services

● 资料整理：刘文太　常伟杰

简要说明

一、主要内容

本篇包括信息传输、软件和信息技术服务业企业、行政事业单位、社会团体及其他法人单位的单位数、从业人数、主要财务指标以及通信业情况。

二、资料来源

信息传输、软件和信息技术服务业单位数、从业人数、财务指标根据全省服务业统计调查资料取得，由省统计局组织各部门和各地区统计调查；通信业数据由省通信管理局提供，由省地方经济社会调查队服务业调查处编辑整理。

Brief Introduction

I. Main Contents

Data in the chapter mainly include: unit, employment, and main financial indicators of Information transfer, Software and Information technology Services enterprises, Administrative institution, social organizations and others, and basic condition of telecommunication services.

II. Sources of Data

Data on Number of Institutional Unit, Employed Persons and Main Financial Indicators of Information transfer, Software and Information technology Services enterprises are calculated from Statistical investigation by Henan provincial bureau of statistics. Data on Telecommunication industry are calculated from Henan Provincial Communication administration.Data in this chapter are provided by Henan provincial survey organizations of social and economy.

17-1 信息传输、软件和信息技术服务业法人单位数和从业人员数

Number of Information transfer, software and Information technology services Institutional Unit and Employed Persons

年份(Year)	合计 Total	企业 Enterprise	行政事业 Administrative institution	社会团体及其他 Social organizations and others
单位数(个)Number of Institutional Unit(unit)				
2008	4602	4512	82	8
2009	4789	4698	82	9
2010	4999	4907	81	11
2011	5242	5146	84	12
2012	2429	2338	91	
从业人数(万人)Employed Persons(10 000 persons)				
2008	8.83	8.55	0.26	0.01
2009	10.73	10.43	0.29	0.01
2010	11.23	10.91	0.31	0.01
2011	12.81	12.44	0.36	0.01
2012	11.10	10.70	0.40	

注：从2012年起，国民经济行业分类标准调整，将网吧调整到文化、体育和娱乐业(下同)。

a)Since 2012, Internet cafes adjusted to the culture, sports and entertainment industry.(the same as the following table)

17-2 分行业信息传输、软件和信息技术服务业法人单位财务指标(2012年)

Main Financial Indicators of Information transfer, software and Information technology services Institutional Unit by Sector (2012)

单位：万元 (10 000 yuan)

指 标	Item	信息传输、软件和信息技术服务业 Information transfer, software and Information technology services	电信、广播电视和卫星传输服务 Telecom,Radio,television and Satellite transmission service	互联网和相关服务 Internet and related services	软件和信息技术服务业 Software and information services
单位数(个)	Number of units (unit)	2429	329	367	1733
从业人数(万人)	Employed Persons (10 000 Persons)	11.10	7.98	0.93	2.19
固定资产原价	Fixed Asset Price	12066689	11867819	56381	142488
收入合计	Total Income	5241241	4834204	102697	304340
成本费用合计	Total Cost	2655659	2409260	70212	176186
职工薪酬	Employee compensation	468488	362490	18576	87423
税费合计	Tax	193531	162117	4794	26620
营业利润	Operating Profit	1033224	982503	23473	27248

17-3 各市信息传输、软件和信息技术服务业法人单位财务指标(2012年)

Main Financial Indicators of Information transfer, software and Information technology services Institutional Unit by City (2012)

单位：万元 (10 000 yuan)

市(县) City(County)	单位数(个) Number of units (unit)	从业人数(万人) Employed Persons (10 000 Persons)	固定资产原价 Fixed Asset Price	收入合计 Total Income	成本费用合计 Total Expenses	职工薪酬 Employee compensation	税费合计 Tax and Expenses	营业利润 Operating Profit
全　　省 Total	**2429**	**11.10**	**12066689**	**5241241**	**2655659**	**468488**	**193531**	**1033224**
省　辖　市 City								
郑　州　市 Zhengzhou	1441	3.48	3120108	1373136	758282	191047	60713	155469
开　封　市 Kaifeng	45	0.59	849909	267579	165844	19097	9322	35689
洛　阳　市 Luoyang	210	0.84	1036590	412445	205360	24012	14251	87632
平 顶 山 市 Pingdingshan	48	0.39	558557	231747	105592	18027	8097	53513
安　阳　市 Anyang	56	0.63	332642	209287	84950	14476	6638	63479
鹤　壁　市 Hebi	13	0.09	143944	76328	40984	5991	2615	8851
新　乡　市 Xinxiang	76	0.48	733303	319579	149480	23936	10502	88238
焦　作　市 Jiaozuo	39	0.26	478330	197400	102539	13332	6631	42554
濮　阳　市 Puyang	48	0.29	390795	173240	83290	11158	6002	35096
许　昌　市 Xuchang	84	0.45	458610	221725	116350	17259	10632	40839
漯　河　市 Luohe	19	0.07	103437	83666	34138	2046	2634	25389
三 门 峡 市 Sanmenxia	52	0.21	361913	127197	69910	10616	4291	18707
南　阳　市 Nanyang	75	1.23	940048	410728	188136	33790	13349	93782
商　丘　市 Shangqiu	48	0.42	648442	293433	138419	27165	9581	77929
信　阳　市 Xinyang	33	0.71	674299	261012	134173	24773	8708	52284
周　口　市 Zhoukou	34	0.47	639742	282967	133543	17791	9381	75699
驻 马 店 市 Zhumadian	102	0.40	512656	258856	126147	11407	8750	66326
济　源　市 Jiyuan	6	0.08	83364	40916	18521	2564	1434	11748
省 直 管 县 Province Administrating County								
巩　义　市 Gongyi	7	0.01	2068	339	357	225	9	84
兰　考　县 Lankao	7	0.05	3474	4054	2388	979	245	2616
汝　州　市 Ruzhou	2	0.00	79	17	10	6	8	33
滑　　　县 Huaxian	5	0.11	41285	9614	489	3453	351	577
长　垣　县 Changyuan	4	0.00	877	296	68	16	19	45
邓　州　市 Dengzhou	2	0.04	1209	703	421	348	29	173
永　城　市 Yongcheng	1	0.00	311	158	186	97	3	-20
固　始　县 Gushi	2	0.00	84	27	8	12	13	106
鹿　邑　县 Luyi	1	0.01	120	320	274	106	215	3
新　蔡　县 Xincai	4	0.01	2746	1226	910	102	123	955

17-4 邮电通信行业基本情况

Basic Conditions of Post and Telecommunications

年份 Year	邮电业务总量(万元) Business Volume of Post and Telecommunications (10 000 yuan)	#电信业务总量 Business Volume of Telecommunications	固定电话用户(万户) Subscribers of Local Telephone (10 000 subscribers)	移动电话用户(万户) Subscribers of Mobile Telephone (10 000 subscribers)	本地电话局用交换机容量(万门) Capacity of Local Telephone Exchanges (10 000 line)	长途光缆线路长度(公里) Length of Optical Cable Lines (km)	电话普及率(含移动)(部/百人) Populariza-tion Rate of Telephone (sets/100 persons)	国际互联网用户(万户) Number of Subscribers of Internet Services (10 000 subscribers)
1978	(5450)7120		12.05		21.15		0.17	
1979	7540		12.40		22.01		0.17	
1980	8062		12.96		22.58		0.18	
1981	8390		13.12		22.92		0.18	
1982	8666		13.37		23.77		0.18	
1983	9024		13.25		24.45		0.17	
1984	9647		14.33		25.23		0.19	
1985	11057		15.67		26.91		0.20	
1986	11977		16.75		27.39		0.21	
1987	14675		14.00		29.47		0.17	
1988	19182		16.10		32.50		0.20	
1989	22805		18.92		35.31		0.23	
1990	(27872)48983		22.76		40.79		0.27	
1991	59324		27.31		54.45		0.31	
1992	80685		36.65		66.04		0.42	
1993	122245		55.70		103.31		0.63	
1994	188902		89.31		171.76		0.99	
1995	302583		135.74		238.36		1.50	
1996	461609		205.71	23.87	349.34		2.51	
1997	643107		292.55	48.02	479.17		3.70	
1998	1035556	968796	442.76	118.64	723.20		6.05	
1999	1384139	1294702	773.51	173.04	837.21		8.68	
2000	(1869359) 1300586	(1751360) 1120819	912.10	310.30	969.87		12.95	67.52
2001	1740235	1529727	1096.09	503.03	1049.71	18029	16.79	185.66
2002	2201977	1965428	1180.31	531.00	1095.47	20658	17.86	208.42
2003	3035707	2771507	1370.86	1072.57	1159.70	26650	25.72	245.81
2004	4359263	4076537	1625.03	1392.31	1296.62	32644	31.14	269.17
2005	5565060	5246967	1863.48	1814.81	1349.56	33093	37.90	274.28
2006	7214687	6849451	2027.50	2351.20	1376.00	33536	44.90	326.87
2007	9331635	8919619	1940.47	2914.54	2548.50	34927	49.50	403.26
2008	11241309	10770888	1562.44	3498.89	2382.21	35718	51.20	494.38
2009	12968686	12419886	1463.89	4016.84	2304.06	36127	55.10	625.49
2010	(15077061)5359762	(14373640)4461800	1432.00	4449.72	1996.00	36446	59.00	3043.42
2011	5958822	5330826	1340.39	5061.69	1855.45	30519	68.07	3857.20
2012	6613588	6117559	1288.90	5787.70	1804.26	30271	75.38	5098.00
2013	7949251	7024658	1224.38	7200.22	1843.36	30296	89.60	5657.14

注：1.邮电业务总量2010年以来为2010年不变价，2000-2009年按2000年不变价格计算，1990-1999年按1990年不变价格计算，1978-1989年按1980年不变价格计算。括号内为上个时期不变价数据。

2.2007年起，局用交换机容量包含接入网设备容量。

3.2010年起，国际互联网用户含手机上网用户。

a)The business volume of post and telecommunications services since 2000 are calculated at 2000 constant prices.1990~1999 are calculated at 1990constant prices.1978~1989 are calculated at 1980 constant prices.Data in bracket are calculated at last period constant prices .

b) Data on capacity of local telephone exchanges include network equipment since 2007.

c)Data on Subscribers of Internet Services include Mobile Internet since 2010.

17-5 通信行业基本情况及通信水平(年底数)

Basic Conditions and Level of Post Services (Year-end)

指 标	Item	2010	2012	2013
通信网络	**Network of Telecommunication**			
电信业务总量(万元)	Business Volume of Telecommunication Services (10 000 yuan)	14373640	6117559	7024658
长途电话业务电路(2M)	Long-distance Call Lines(2M line)	347108	5127076	4554119
固定长途电话通话时长(万分钟)	Time of Long-distance Calls (10 000 minutes)	294412	218564	177532
移动电话用户期末数(万户)	Number of Mobile Telephones Subscribers at Year-end (10 000 subscribers)	4450	5788	7200
固定电话用户(万户)	Number of Local Telephone Subscribers of at Year-end (10 000 subscribers)	1432	1289	1224
#城市	Number of Urban Telephone Subscribers	937	794	754
住宅电话用户(万户)	Number of Residential Telephone Subscribers (10 000 subscribers)	1120.60	808.20	750.60
#城市	Number of Urban Telephone Subscribers	936.81	389.25	367.62
公用电话(万户)	Number of Public Telephone (10 000 Subscribers)	141.54	125.10	118.08
国际互联网用户(万户)	Number of Subscribers of Internet Service (10 000 Subscribers)	3043.42	5098.00	5657.14
电信主要通信能力	**Major Capacity of Telecommunication Services**			
固定长途电话交换机容量(路端)	Capacity of Long-distance Call Exchanges(unit)	1507479	1511800	1446394
局用电话交换机容量(万门)	Capacity of Office switching Telephone Machine(10 000 units)	1996	1804	1843
移动电话交换机容量(万户)	Capacity of Mobile Telephone Exchanges(10 000 subscribers)	7948	8550	8968
长途光缆线路长度(公里)	Length of Optical Cable Lines(km)	36446	30271	30296
通信水平	**Level of Telecommunication**			
固定电话普及率(部/百人)	Popularization Rate of Telephone (sets/100 persons)	14.4	13.7	13.0
移动电话普及率(部/百人)	Popularization Rate of Mobile Telephone (sets/100 persons)	44.6	61.5	76.5
平均每千人拥有公用电话数(部)	Per 1 000 Persons Public Telephone(set)	14.2	13.3	12.6
已通固定电话的乡(镇)比重(%)	Percentage of Townships with Telephone(%)	100	100	100
移动电话(GSM)网络覆盖县(市)	Number of County(city) Covered by GSM (unit)	109	109	109
移动电话(CDMA)网络覆盖县(市)	Number of County(city) Covered by CDMA (unit)	109	109	109
移动电话漫游国家和地区(个)	Number of country (Territory) Roamed through Mobile Telephone(unit)	237	237	270
数据通信网覆盖地(市)	Number of Region(city) Covered by Data Traffic (unit)	18	18	18

注：从2012年起，长途电话业务电路包含固定电话网、移动电话网和各类数据通信网内为疏通长话业务开放使用的长途电路。
a)since 2012,Long-distance Call Lines include Local Telephone,Mobile Telephones and other Communication network.

17-6 各市电信网和业务量(2013年)

市 City	固定长途电话交换机容量(路端) Capacity of Long-distance Telephone Exchanges (unit)	局用电话交换机容量(万门) Capacity of Office Telephone Exchanges (10 000 lines)	移动电话交换机容量(万户) Capacity of Mobile Telephone Exchanges (10 000 subscribers)	电信业务总量(亿元) Business Volume of Telecommunications (100 million yuan)	固定长途电话通话时长(万分钟) Time of Long-distance Calls (10 000 minutes)
全　　省 Total	**1446394**	**1843**	**8968**	**702.46**	**177532**
省　辖　市 City					
郑　州　市 Zhengzhou	726651	352	1845	147.33	61382
开　封　市 Kaifeng	53417	76	300	29.12	8969
洛　阳　市 Luoyang	65925	232	849	57.07	12273
平顶山市 Pingdingshan	57310	76	384	33.82	6435
安　阳　市 Anyang	42012	72	389	39.86	8702
鹤　壁　市 Hebi	20766	22	92	11.73	3579
新　乡　市 Xinxiang	47982	171	603	47.39	13899
焦　作　市 Jiaozuo	30360	97	417	29.25	7271
濮　阳　市 Puyang	34662	50	240	25.23	7023
许　昌　市 Xuchang	42081	76	453	29.03	6920
漯　河　市 Luohe	32650	50	150	17.12	3355
三门峡市 Sanmenxia	23546	41	218	17.21	2738
南　阳　市 Nanyang	69153	111	710	51.93	7453
商　丘　市 Shangqiu	50100	118	553	45.33	7002
信　阳　市 Xinyang	62100	86	400	34.50	7751
周　口　市 Zhoukou	25230	97	803	44.50	6113
驻马店市 Zhumadian	62449	94	513	36.21	5120
济　源　市 Jiyuan		23	50	5.81	1549

Network of Telecommunications and Business Volume by City (2013)

移动电话通话时长(万分钟) Time of Mobiles (10 000 minutes)	移动电话用户(万户) Number of Mobile Telephones Subscribers (10 000 subscribers)	移动短信业务量(亿条) Mobile SMS business (100 million piece)	固定电话用户(万户) Number of Local Telephone Subscribers at Year-end (10 000 subscribers)	#城市电话用户 Number of Urban Telephone Subscribers	住宅电话用户(万户) Number of Household Telephone Subscribers (10 000 subscribers)	公用电话(万户) Number of Public Telephone (10 000 subscribers)	国际互联网用户(万户) Number of Subscribers of Internet Services (10 000 subscribers)
31136595	**7200.22**	**292.34**	**1224.48**	**753.75**	**750.60**	**118.08**	**5657.14**
5968642	1190.22	66.95	243.19	193.19	117.97	25.68	999.15
1330726	316.07	11.62	48.83	29.61	29.73	6.61	253.16
2451058	537.25	26.14	125.60	82.87	77.89	7.75	449.32
1420612	364.55	15.60	50.89	36.09	29.05	5.87	284.71
1746115	433.81	14.62	82.66	42.86	59.52	5.63	334.96
511522	120.55	4.43	28.15	17.21	18.05	4.37	96.76
2060471	501.68	19.27	114.45	57.13	71.77	10.67	396.13
1322334	287.09	11.80	54.28	31.64	35.49	5.25	236.48
1218168	278.38	9.20	34.16	21.89	22.21	1.74	206.11
1273776	329.28	13.00	53.47	28.57	34.30	4.19	255.93
735248	177.22	6.10	27.08	18.45	15.21	3.99	143.32
797449	182.58	8.28	27.00	20.29	15.39	2.17	149.73
2459272	613.48	20.95	81.86	37.77	48.86	14.15	455.21
2206925	505.53	15.85	69.65	37.45	47.15	5.26	372.25
1491448	378.93	15.19	60.40	36.07	44.41	4.20	288.96
2114895	506.29	16.15	58.61	27.99	42.22	5.53	359.65
1719051	415.31	15.00	51.70	28.07	33.17	4.32	324.59
308884	62.02	2.17	12.49	6.62	8.23	0.71	49.87

主要统计指标解释

信息传输、软件和信息技术服务业 包括电信、广播电视和卫星传输服务、互联网和相关服务、软件和信息技术服务。

电信 指利用有线、无线的电磁系统或者光电系统，传送、发射或者接受语音、文字、数据图像以及其他任何形式信息的活动。主要包括固定电信服务、移动电信服务和其他电信服务。

移动电话用户 指通过移动电话交换机进入移动电话网、占用移动电话号码的电话用户。用户数量以报告期末在移动电话营业部门实际办理登记手续进入移动电话网的户数进行计算，一部移动电话统计为一户。

互联网上网人数 指平均每周使用互联网 6 周岁以上中国公民人数。

固定电话用户 指在电信运营企业营业网点办理开户登记手续并已接入固定电话网上的全部电话用户。包括普通电话用户、公用电话用户、窄带综合业务数字网（N—ISDN）用户、智能网专用接入终端用户等。按行政区划分为城市电话用户和农村电话用户。

城市电话用户 指直辖市、省辖市、地级市、县级市的市区、市郊区及县城(包括县人民政府所在地的县城关区或行政建制相当于县人民政府所在地的镇)范围内接入局用交换机的电话用户数，包括分布在农村地区的独立工矿区、林区、驻军等接入局用交换机的电话用户数。

农村电话用户 指县城关区以下的集镇和农村接入局用交换机的电话用户数。

住宅电话用户 指安装在居民住宅或农民家里并按照住宅电话用户登记注册和收费的各类电话用户。包括私人付费、单位付费和按规定免费安装的住宅电话用户。

固定长途电话交换机容量 指用于接入长途电话网的电话交换机的设备额定容量，包括国际电话交换机容量。

局用交换机容量 指安装在本地电信运营商内用于接续本地固定电话的电话交换机容量，有倍增设备按倍增后的数量计数。包括现用和备用的人工或自动交换机的全部容量。

移动电话交换机容量 指移动电话交换机根据一定话务模型和交换机处理能力计算出来的最大同时服务用户的数量。

Explanatory Notes on Main Statistical Indicators

Information transfer, computer services and software including telecommunications and other information transfer services, computer services, software business.

Telecom refers to fixed telecom service, mobile telecom service and other telecommunications services.

Mobile Telephone Subscribers refer to the persons who own mobile telephone numbers and are connected with the mobile telephone communication network through the mobile telephone switchboards. The number of subscribers is calculated by the subscribers who have completed registration at mobile communication business centers and entered into the mobile telephone network. One mobile telephone is taken as a subscriber.

Internet Users refer to the number of Chinese citizens aged 6 and over who use the Internet.

Local Telephone Subscribers refer to all subscribers who have gone through registration procedures in the operation points of enterprises engaged in telecommunications and are hence connected to the local telecommunications service provider through fixed line network. Included are general subscribers, public telephones subscribers, N-ISDN subscribers and intelligent network terminal subscribers. They are also classified in terms of administrative districts as urban telephone subscribers and rural telephone subscribers according to location.

Urban Telephone Subscribers refer to the number of telephone subscribers, located at the different administrative districts of municipalities directly under the Central Government, cities under the jurisdiction of province, cities at prefecture level, downtown and suburb of city at county level town and county towns, that are connected to the public line telephone network, including rural mineral area, forest area, military area.

Rural Telephone Subscribers refer to telephone subscribers, located at the towns below the level of county town and villages, that are connected to the public line telephone network.

Household Telephone Subscribers refer to telephone sets installed in the dwelling units of urban or rural residents, and registered as residence subscribers for payment, including three types of payment for the service: private payment, public payment and free service in accordance with relevant regulations.

Capacity of Long Distance Telephone Exchanges refers to the rated capacity of telephone exchanges to connect long distance telephone network, including capacity of international telephone exchanges.

Capacity of Office Telephone Exchanges refers to the capacity (measured in gate) of telephone exchanges installed in the offices of telecommunication service providers for communication between fixed telephones. It includes the capacity of both manual and automatic exchanges in use and for stand-by purpose. The capacity of subscriber exchanges is not included.

Capacity of Mobile Telephone Exchanges refers to the capacity of the maximum services provided to subscribers at any one time as computed based on a certain model of calls distribution and transacting capacity of the mobile telephone exchanges.

批发和零售业、住宿和餐饮业

Wholesale and Retail Sale trades, Hotels and Catering Services

资料整理：董　军

简要说明

一、主要内容

本篇包括河南省商品市场状况和批发零售业、住宿餐饮业经营情况以及主要财务状况。

二、统计范围

辖区内批发零售业和住宿餐饮业企业（单位）、个体经营户、连锁经营企业和亿元商品交易市场。

社会消费品零售总额不包括农业生产资料、居民购买住房；不包括各种经济类型的制造业法人企业、产业活动单位和个体工业直接售给城乡居民（包括本企业职工）和社会集团的商品；不包括农民在田间地头出售的农产品。

限额以上批发和零售业、住宿和餐饮业企业统计限额标准：批发业，年主营业务收入2000万元及以上；零售业，年主营业务收入500万元及以上；住宿业，年主营业务收入200万元及以上；餐饮业，年主营业务收入200万元及以上。

三、资料来源

达到限额以上标准的批发和零售业、住宿和餐饮业企业、个体经营户和其他行业附营的产业活动单位经营性指标和财务指标以及连锁经营企业、亿元商品交易市场采用全面调查的方法取得资料；限额以下批发零售企业采用抽样调查方法取得资料，限额以下住宿和餐饮业企业采用全面调查方法取得资料；批发零售和住宿餐饮业个体经营户资料采用抽样调查方法取得。由省统计局贸易外经处编辑整理。

Brief Introduction

I. Main Contents

Data in this chapter main contents include the operation and financial terms conditions of the wholesale and retail trades, hotels and catering services in Henan province.

II. Scope of Statistics

Wholesale and retail, accommodation catering enterprises (units), individual, chain business enterprises and one hundred million yuan commodity trading market.

Total retail sales of consumer goods do not include means of agricultural production; purchase of housing by residents; and do not include commodities that various types of corporate enterprise, industrial activity units and individual industrial directly sale to residents and social groups; and do not include agricultural products that sold by farmers in the fields.

Criteria for wholesale and retail sale trades, hotels and catering services above designated size are as follows: wholesale trade, having main business income over 20 million yuan; retail trade, having main business income over 5 million yuan; hotels, certified hotels with star-ranking and having main business income over 2 million yuan; catering services, having main business income over 2 million yuan.

III. Sources of Data

Data on business index and financial indicators of wholesale and retail trades, hotels and catering services enterprises, individual, Industrial activity unit above designated size, Chain group, trading market above one hundred million yuan are collected through comprehensive reporting form system. Data on enterprises and individual enterprises below the designated size are collected by sample surveys. Data in this chapter are provided by the Department of Trade and External Economic Relations of the Henan provincial bureau of Statistics.

18-1 社会消费品零售总额

Total Retail Sale of Consumer Goods

单位：亿元 (100 million yuan)

年 份 Year	社会消费品零售总额 Total Retail Sales of Consumer Goods	#批发和零售业 Wholesale and Retail Trades	住宿和餐饮业 Hotels and Catering Serbices	城镇 Urban	乡村 Rural
绝对数(亿元)					
1978	71.79				
1980	96.04				
1985	180.59				
1990	314.31	283.78	16.42	217.06	97.25
1991	368.92	332.88	19.81	259.31	109.61
1992	470.30	427.64	27.85	334.90	135.40
1993	577.96	524.17	34.77	417.39	160.57
1994	790.17	696.31	60.37	566.34	223.83
1995	957.76	823.67	87.06	677.01	280.75
1996	1194.76	1045.79	115.26	831.69	363.07
1997	1427.53	1211.04	172.19	1009.55	417.98
1998	1565.88	1339.39	177.10	1102.45	463.43
1999	1691.20	1445.48	191.09	1189.81	501.39
2000	1869.80	1586.69	219.35	1313.92	555.88
2001	2071.93	1743.90	258.65	1458.11	613.82
2002	2292.75	1906.72	312.70	1623.97	668.78
2003	2539.33	2103.25	359.08	1809.43	729.90
2004	2938.26	2468.73	402.21	2131.42	806.84
2005	3380.88	2840.62	470.90	2479.08	901.80
2006	3932.55	3264.86	596.57	2911.99	1020.56
2007	4690.32	3830.07	779.77	3505.48	1184.84
2008	5815.44	4725.41	992.28	4375.69	1439.75
2009	6746.38	5525.51	1115.22	5085.74	1660.64
2010	8004.15	6790.78	1102.67	6618.76	1385.39
2011	9453.65	8018.88	1304.03	7821.77	1631.88
2012	10915.62	9272.24	1515.37	9021.73	1893.89
2013	12426.61	10564.79	1711.81	10236.77	2189.84
增速(%)					
1991	17.4	17.3	20.6	19.5	12.7
1992	27.5	28.5	40.6	29.2	23.5
1993	22.9	22.6	24.8	24.6	18.6
1994	36.7	32.8	73.6	35.7	39.4
1995	21.2	18.3	44.2	19.5	25.4
1996	24.7	27.0	32.4	22.8	29.3
1997	19.5	15.8	49.4	21.4	15.1
1998	9.7	10.6	2.9	9.2	10.9
1999	8.0	7.9	7.9	7.9	8.2
2000	10.6	9.8	14.8	10.4	10.9
2001	10.8	9.9	17.9	11.0	10.4
2002	10.7	9.3	20.9	11.4	9.0
2003	10.8	10.3	14.8	11.4	9.1
2004	15.7	17.4	12.0	17.8	10.5
2005	15.1	15.1	17.1	16.3	11.8
2006	16.3	14.9	26.7	17.5	13.2
2007	19.3	17.3	30.7	20.4	16.1
2008	24.0	23.4	27.3	24.8	21.5
2009	16.0	16.9	12.4	16.2	15.3
2010	19.0	18.9	19.1	19.4	16.3
2011	18.1	18.1	18.3	18.2	17.8
2012	15.7	15.6	16.2	15.6	16.1
2013	13.8	13.9	13.0	13.5	15.6

18-2 社会消费品零售总额及分组

Total Retail Sale of Consumer Goods by Sector

单位：亿元 (100 million yuan)

指 标	Item	2005	2007	2008	2009	2010	2011	2012	2013
社会消费品零售总额	**Total Retail Sale of Consumer Goods**	**3380.88**	**4690.32**	**5815.44**	**6746.38**	**8004.15**	**9453.65**	**10915.62**	**12426.61**
批发和零售业	Wholesale and Retail Trade	2840.62	3830.07	4725.41	5525.51	6790.78	8018.88	9272.24	10564.79
限额以上	Above Designed Size	656.07	1060.98	1340.58	1637.75	2185.37	3017.92	3626.93	4317.99
限额以下	Below Designed Size	302.39	420.87	526.64	616.04	943.75	1073.32	1445.48	1723.57
个体户	Outside Market	1882.17	2348.23	2858.19	3271.72	3661.66	3927.63	4199.84	4523.24
住宿和餐饮业	Accommodation and Catering Trade	470.91	779.77	992.29	1115.22	1102.67	1304.03	1515.37	1711.81
限额以上	Above Designed Size	48.12	84.52	109.13	132.07	195.04	271.23	346.07	372.60
限额以下	Below Designed Size	39.37	62.62	75.51	78.77	85.09	97.14	108.79	119.03
个体户	Outside Market	383.42	632.63	807.65	904.38	822.55	935.66	1060.51	1220.18
其他	Others	69.35	80.47	97.74	105.65	110.70	130.75	128.00	150.00

18-3 各市社会消费品零售总额(2013年)

Total Retail Sale of Consumer Goods by City (2013)

单位：亿元 (100 million yuan)

市(县) City(County)	社会消费品零售总额 Total Retail Sales of Consumer Goods	城镇 Urban Area	乡村 Urual Area	批发和零售业 Wholesale and Retail Sale Trade	住宿和餐饮业 Accommodation and Catering	其他 Others
省 辖 市 City						
郑 州 市 Zhengzhou	2623.51	2402.10	221.41	2182.95	403.47	37.10
开 封 市 Kaifeng	585.65	470.14	115.52	500.49	77.32	7.84
洛 阳 市 Luoyang	1269.20	1109.66	159.54	1066.84	190.89	11.47
平 顶 山 市 Pingdingshan	545.21	482.60	62.61	449.60	91.26	4.34
安 阳 市 Anyang	536.05	441.27	94.78	466.20	66.49	3.37
鹤 壁 市 Hebi	145.13	137.47	7.66	118.30	24.68	2.15
新 乡 市 Xinxiang	623.98	557.59	66.39	547.93	67.26	8.79
焦 作 市 Jiaozuo	497.24	400.43	96.81	417.98	76.77	2.49
濮 阳 市 Puyang	368.63	269.76	98.87	298.70	66.63	3.29
许 昌 市 Xuchang	556.55	449.20	107.35	453.83	95.37	7.36
漯 河 市 Luohe	341.54	276.17	65.37	284.78	51.29	5.46
三 门 峡 市 Sanmenxia	315.74	265.27	50.47	272.48	38.85	4.41
南 阳 市 Nanyang	1234.65	968.15	266.51	1030.05	186.41	18.19
商 丘 市 Shangqiu	633.19	470.22	162.97	518.74	104.68	9.78
信 阳 市 Xinyang	689.76	560.81	128.95	481.30	193.46	14.99
周 口 市 Zhoukou	767.04	622.38	144.66	611.32	145.45	10.27
驻 马 店 市 Zhumadian	589.89	432.75	157.14	504.47	81.00	4.42
济 源 市 Jiyuan	107.90	104.79	3.11	85.93	20.39	1.57
省 直 管 县 Province Administrating County						
巩 义 市 Gongyi	194.30	179.85	14.45	150.54	40.67	3.09
兰 考 县 Lankao	64.34	46.36	17.98	52.86	10.06	1.42
汝 州 市 Ruzhou	92.59	63.08	29.51	80.22	11.51	0.87
滑 县 Huaxian	64.71	48.78	15.93	57.24	7.08	0.39
长 垣 县 Changyuan	52.75	40.56	12.18	45.00	6.96	0.78
邓 州 市 Dengzhou	110.32	84.12	26.21	85.16	23.62	1.55
永 城 市 Yongcheng	115.10	90.80	24.30	80.82	32.50	1.77
固 始 县 Gushi	119.29	95.32	23.97	88.66	28.10	2.53
鹿 邑 县 Luyi	85.97	74.04	11.93	66.47	19.32	0.17
新 蔡 县 Xincai	43.87	30.91	12.96	36.36	7.19	0.33

18-4 各市批发和零售业、住宿和餐饮业商品销售额(营业额)增幅(2013年)

Growth rate of Total Sales of Wholesale and Retail Sale, Hotels and Catering Services by City (2013)

单位：% (%)

市(县) City(County)	批发和零售业商品销售额 Wholesale and Retail Sale Trade	#限额以上 Above Designated Size	住宿和餐饮业营业额 Accommodation and Catering	#限额以上 Above Designated Size
省辖市 City				
郑州市 Zhengzhou	11.2	7.6	7.1	-1.1
开封市 Kaifeng	18.5	24.4	14.6	9.8
洛阳市 Luoyang	17.8	20.1	17.4	7.4
平顶山市 Pingdingshan	15.9	6.0	16.9	5.9
安阳市 Anyang	15.6	20.8	6.9	-1.8
鹤壁市 Hebi	16.9	22.5	13.6	8.7
新乡市 Xinxiang	17.4	15.5	15.4	9.3
焦作市 Jiaozuo	18.4	9.0	19.3	10.7
濮阳市 Puyang	19.0	27.1	14.0	15.8
许昌市 Xuchang	19.0	22.0	18.9	11.8
漯河市 Luohe	19.3	16.5	19.2	18.8
三门峡市 Sanmenxia	18.8	17.0	16.1	0.2
南阳市 Nanyang	15.0	12.2	15.6	7.8
商丘市 Shangqiu	16.9	9.9	19.3	17.4
信阳市 Xinyang	18.3	19.1	19.8	16.9
周口市 Zhoukou	18.7	19.0	14.5	8.1
驻马店市 Zhumadian	18.5	17.2	17.3	14.2
济源市 Jiyuan	12.9	11.5	13.3	6.5
省直管县 Province Administrating County				
巩义市 Gongyi	16.4	15.5	18.9	20.8
兰考县 Lankao	20.0	15.6	19.0	15.9
汝州市 Ruzhou	16.5	36.0	11.8	6.0
滑县 Huaxian	18.6	22.7	5.4	3.9
长垣县 Changyuan	20.2	25.6	20.3	18.2
邓州市 Dengzhou	18.4	19.7	19.4	20.2
永城市 Yongcheng	12.1	8.2	20.5	11.7
固始县 Gushi	18.4	19.3	18.5	17.1
鹿邑县 Luyi	16.9	15.9	16.3	12.8
新蔡县 Xincai	18.4	13.7	16.4	12.3

18-5 按登记注册类型分批发和零售业、住宿和餐饮业基本情况

Basic Conditions of Enterprises in Wholesale and Retail Trades, Hotels and Catering Services by Types of Registration

指标	Item	2012 单位数(个) (unit)	2012 从业人员(人) Persons Employed (person)	2013 单位数(个) (unit)	2013 从业人员(人) Persons Employed (person)
批发和零售业	**Wholesale and Retail Sale trades**	**53961**	**1025833**	**101966**	**1627437**
限额以上单位	Above Designated Size	8899	504087	9885	564904
按注册登记类型分	By Registration				
内资企业	Domestic-Funded Enterprises	6285	446897	7313	505829
港澳台商投资企业	Enterprises With Investment from Hong Kong, Macao and Taiwan	21	6870	27	8100
外商投资企业	Enterprises With Foreign Investment	33	4074	33	5039
限额以上个体	Individual	2560	46246	2512	45936
按国民经济行业分	By Sector				
批发业	Wholesale Trade	2312	154647	2727	174280
零售业	Retail trade	6586	349366	7158	390624
限额以下企业	Below Designated Size	45062	521746	92081	1062533
按注册登记类型分	By Registration				
内资企业	Domestic-Funded Enterprises	45000	520395	91974	1059146
港澳台商投资企业	Enterprises With Investment from Hong Kong, Macao and Taiwan	22	547	44	1011
外商投资企业	Enterprises With Foreign Investment	40	804	63	2376
按国民经济行业分	By Sector				
批发业	Wholesale Trade	23320	298233	47064	567113
零售业	Retail trade	21742	223513	45017	495420
住宿和餐饮业	**Hotels and Catering Services**	**9904**	**326805**	**14062**	**400930**
限额以上企业	Above Designated Size	5264	252663	5387	247894
按注册登记类型分	By Registration				
内资企业	Domestic-Funded Enterprises	2395	170712	2488	166690
港澳台商投资企业	Enterprises With Investment from Hong Kong, Macao and Taiwan	19	5516	18	4561
外商投资企业	Enterprises With Foreign Investment	15	4002	13	6138
限额以上个体	Individual	2835	72433	2868	70505
按国民经济行业分	By Sector				
住宿业	Hotels Services	1422	111183	1474	107874
餐饮业	Catering Services	3842	141480	3913	140020
限额以下企业	Below Designated Size	4640	74142	8675	153036
按注册登记类型分	By Registration				
内资企业	Domestic-Funded Enterprises	4634	73468	8655	152589
港澳台商投资企业	Enterprises With Investment from Hong Kong, Macao and Taiwan	5	654	10	175
外商投资企业	Enterprises With Foreign Investment	1	20	10	272
按国民经济行业分	By Sector				
住宿业	Hotels Services	1354	25250	2574	48647
餐饮业	Catering Services	3286	48892	6101	104389

18-6 限额以上批发和零售业法人基本情况(2013年)

Basic Conditions of Corporation in Wholesale and Retail Trades above Designated Size (2013)

指标名称	Item	法人企业 (个) Corporate Enterprises (unit)	从业人员期末人数 (人) Persons Employed (person)	法人属产业活动单位数 (个) Establish_ments Units (unit)	#批发和零售业 Wholesale and Retail Trades
总 计	**Total**	**7331**	**515370**	**18294**	**18126**
批发业	**Wholesale Trades**	**2508**	**169329**	**5484**	**5450**
按批发行业小类分	By small kind points				
农、林、牧产品	Animal products	323	22021	444	440
食品、饮料及烟草制品	Food, Beverages, Tobacco and Liquor	309	52393	856	839
纺织、服装及家庭用品	Textile Clothing, and Articles for Daily Use	129	9029	145	142
文化、体育用品及器材	Culture, sports supplies and equipment	47	3801	87	87
医药及医疗器材	Medicine and the medical equipment	148	15827	398	398
矿产品、建材及化工产品	Mineral products, building materials and chemical products	1160	49827	3100	3090
机械设备、五金产品及电子产品	Mechanical equipment, hardware and electronic products	295	13084	308	308
贸易经纪与代理	Trade brokers and agents	3	37	3	3
其他	Others	94	3310	143	143
按登记注册类型分	By Registration				
内资企业	Domestic-Funded Enterprises	2497	168389	5472	5439
港澳台商投资企业	Enterprises With Investment from Hong Kong, Macao and Taiwan	7	866	8	7
外商投资企业	Enterprises With Foreign Investment	4	74	4	4
按控股情况分	By Proprietarily System				
国有控股	State-holding	346	65832	2587	2566
集体控股	Collective-holding	136	10436	561	556
私人控股	Private-holding	1724	76662	1969	1967
港澳台商控股	Hong Kong, Macao and Taiwan-holding	7	866	8	7
外商控股	Foreign-holding	2	24	2	2
其他	Others	293	15509	357	352
按经营形式分	By Managing Form				
独立门店	Independent store	1933	115364	3438	3423
连锁总店(总部)	Chain head office	24	9729	1083	1080
连锁门店	Chain store	8	836	10	10
其他	Others	543	43400	953	937

18-6 续表 continued

指标名称	Item	法人企业（个） Corporate Enterprises (unit)	从业人员期末人数（人） Persons Employed (person)	法人属产业活动单位数（个） Establish_ments Units (unit)	#批发和零售业 Wholesale and Retail Trades
零售业	**Retail Sale trades**	**4823**	**346041**	**12810**	**12676**
按零售行业小类分	By small kind points				
综合	Comprehensive	1110	152093	3396	3320
食品、饮料及烟草制品	Food, Beverages, Tobacco and Liquor	292	15189	765	752
纺织、服装及日用品	Textile Clothing, and Articles for Daily Use	312	18567	517	505
文化、体育用品及器材	Culture, sports supplies and equipment	239	18942	587	577
医药及医疗器材	Medicine and the medical equipment	223	24201	3755	3748
汽车、摩托车、燃料及零配件	Automobile, motorcycle, fuel and spare parts	1473	73544	2301	2291
家用电器及电子产品	Household appliances and electronic	690	26498	983	980
五金、家具及室内装饰材料	Hardware, furniture and indoor decoration materials	295	10819	314	312
货摊、无店铺及其他	Non-store and Others	189	6188	192	191
按登记注册类型分	By Registration				
内资企业	Domestic-Funded Enterprises	4786	334958	12720	12588
港澳台商投资企业	Enterprises With Investment from Hong Kong, Macao and Taiwan	17	7074	53	52
外商投资企业	Enterprises With Foreign Investment	20	4009	37	36
按控股情况分	By Proprietarily System				
国有控股	State-holding	428	44280	3411	3361
集体控股	Collective-holding	441	31684	1872	1825
私人控股	Private-holding	3498	217871	6289	6256
港澳台商控股	Hong Kong, Macao and Taiwan-holding	13	6394	35	35
外商控股	Foreign-holding	19	3875	37	35
其他	Others	424	41937	1166	1164
按经营形式分	By Managing Form				
独立门店	Independent store	4307	249729	8719	8604
连锁总店(总部)	Chain head office	149	58908	2872	2858
连锁门店	Chain store	87	15176	447	445
其他	Others	280	22228	772	769
按零售业态分	By Retail Formats				
有店铺零售	Store Retailing	4815	345618	12802	12668
无店铺零售	Non-store Retailing	8	423	8	8

18-7 限额以上住宿和餐饮业法人基本情况(2013年)

Basic Conditions of Corporation in Hotels and Catering Services above Designated Size (2013)

指标名称	Item	法人企业(个) Corporate Enterprises (unit)	从业人员期末人数(人) Persons Employed (person)	法人属产业活动单位数(个) Establish_ments Units (unit)	#住宿和餐饮业 Wholesale and Retail Trades
总　计	**Total**	**2441**	**172962**	**2769**	**2739**
住宿业	**Hotels**	**1067**	**96485**	**1170**	**1146**
按住宿行业小类分	By small kind points				
旅游饭店	Tourist hotel	603	69702	656	646
一般旅馆	General hotel	430	24568	480	466
其他住宿业	Others	34	2215	34	34
按登记注册类型分	By Registration				
内资企业	Domestic-Funded Enterprises	1047	92278	1147	1123
国有企业	State-owned	129	17132	165	152
集体企业	Collective-owned	43	3203	48	46
股份合作企业	Cooperative	4	336	6	6
联营企业	Joint Ownership	1	50	1	1
有限责任公司	Limited Liability Corporations	322	35286	350	347
股份有限公司	Share-holding Corporation Ltd	57	4826	61	60
私营企业	Private	482	31110	507	502
其他企业	Other	9	335	9	9
港澳台商投资企业	Enterprises With Investment from Hong Kong, Macao and Taiwan	13	3366	16	16
外商投资企业	Enterprises With Foreign Investment	7	841	7	7
按控股情况分	By Proprietarily System				
国有控股	State-holding	173	25057	220	207
集体控股	Collective-holding	72	5694	78	76
私人控股	Private-holding	699	51108	734	726
港澳台商控股	Hong Kong, Macao and Taiwan-holding	10	2779	13	13
外商控股	Foreign-holding	7	641	7	7
其他	Others	106	11206	118	117
按经营形式分	By Managing Form				
独立门店	Independent store	1004	91868	1077	1060
连锁总店(总部)	Chain head office	4	603	18	18
连锁门店	Chain store	18	898	20	20
其他	Others	41	3116	55	48
按星级分	By Star Points				
五星	Five-star	31	9467	34	33
四星	Four-star	109	19362	120	119
三星	Three-star	230	25365	250	244
二星	Two-star	111	7106	122	118
一星	One-star	5	194	5	5
其他	Others	581	34991	639	627

18-7 续表 continued

指标名称	Item	法人企业（个）Corporate Enterprises (unit)	从业人员期末人数（人）Persons Employed (person)	法人属产业活动单位数（个）Establish_ments Units (unit)	#住宿和餐饮业 Wholesale and Retail Trades
餐饮业	**Catering Services**	**1374**	**76477**	**1599**	**1593**
按餐饮行业小类分	By small kind points				
正餐服务	Dinner	1271	66548	1352	1348
快餐服务	Snack	74	8087	215	213
饮料及冷饮服务	Drinks and cold drinks	3	48	3	3
其他餐饮业	Others	26	1794	29	29
按登记注册类型分	By Registration				
内资企业	Domestic-Funded Enterprises	1363	69985	1451	1446
国有企业	State-owned	23	1320	24	23
集体企业	Collective-owned	16	450	25	24
股份合作企业	Cooperative	3	220	3	3
联营企业	Joint Ownership	1	62	1	1
有限责任公司	Limited Liability Corporations	336	23513	360	359
股份有限公司	Share-holding Corporation Ltd	48	2320	48	48
私营企业	Private	896	40448	950	948
其他企业	Other	40	1652	40	40
港澳台商投资企业	Enterprises With Investment from Hong Kong, Macao and Taiwan	5	1195	42	42
外商投资企业	Enterprises With Foreign Investment	6	5297	106	105
按控股情况分	By Proprietarily System				
国有控股	State-holding	26	1838	27	26
集体控股	Collective-holding	33	1708	42	41
私人控股	Private-holding	1209	60060	1274	1271
港澳台商控股	Hong Kong, Macao and Taiwan-holding	5	1195	42	42
外商控股	Foreign-holding	6	5297	106	105
其他	Others	95	6379	108	108
按经营形式分	By Managing Form				
独立门店	Independent store	1265	64818	1305	1301
连锁总店(总部)	Chain head office	29	8039	202	201
连锁门店	Chain store	36	1979	48	47
其他	Others	44	1641	44	44

18-8 各市批发和零售、住宿和餐饮业法人企业单位数(2013年)
Number of Corporation in Wholesale and Retail Sale, Hotels and Catering Services by City (2013)

单位：个 (unit)

市(县)	City(County)	批发业 Wholesale Trade	#限额以上 Above Designated Size	零售业 Retail Sale	#限额以上 Above Designated Size	住宿业 Accommodation	#限额以上 Above Designated Size	餐饮业 Catering Trade	#限额以上 Above Designated Size
省辖市	**City**								
郑州市	Zhengzhou	12384	680	7696	669	562	184	607	190
开封市	Kaifeng	1933	132	2528	397	147	54	515	145
洛阳市	Luoyang	4147	270	3686	417	332	109	516	80
平顶山市	Pingdingshan	2583	157	2175	334	253	105	550	103
安阳市	Anyang	2544	117	2557	176	169	33	263	49
鹤壁市	Hebi	545	32	718	99	49	21	95	27
新乡市	Xinxiang	2087	146	3318	255	156	47	334	78
焦作市	Jiaozuo	1754	76	1514	197	122	37	148	26
濮阳市	Puyang	1442	61	2196	166	92	22	334	26
许昌市	Xuchang	4520	143	4426	261	245	48	605	67
漯河市	Luohe	1028	50	1199	134	73	27	166	48
三门峡市	Sanmenxia	1871	48	1948	192	144	34	202	37
南阳市	Nanyang	5473	228	5726	436	465	98	1314	146
商丘市	Shangqiu	2093	77	2675	187	149	26	373	49
信阳市	Xinyang	1001	79	2101	303	220	69	614	110
周口市	Zhoukou	1250	69	1706	211	238	71	308	95
驻马店市	Zhumadian	2262	116	3343	348	197	72	513	91
济源市	Jiyuan	655	27	328	41	28	10	18	7
省直管县	**Province Administrating County**								
巩义市	Gongyi	519	15	274	31	31	8	40	11
兰考县	Lankao	390	34	726	110	12	6	104	19
汝州市	Ruzhou	322	33	325	75	19	4	18	2
滑县	Huaxian	391	27	279	28	11	3	6	2
长垣县	Changyuan	178	7	764	33	16	3	47	20
邓州市	Dengzhou	255	11	557	51	39	5	99	7
永城市	Yongcheng	156	2	280	20	13	3	76	5
固始县	Gushi	157	12	380	59	24	13	45	19
鹿邑县	Luyi	98	14	126	18	13	7	25	7
新蔡县	Xincai	349	10	987	42	27	2	127	10

18–9 各市批发和零售、住宿和餐饮业法人企业从业人员(2013年)
Number of Persons Employed in Wholesale and Retail Sale, Hotels and Catering Services by City (2013)

单位：人 (person)

市(县)	City(County)	批发业 Wholesale Trade	#限额以上 Above Designated Size	零售业 Retail Sale	#限额以上 Above Designated Size	住宿业 Accomm-odation	#限额以上 Above Designated Size	餐饮业 Catering Trade	#限额以上 Above Designated Size
省辖市	**City**								
郑州市	Zhengzhou	154234	38673	139799	62348	34168	25207	31512	19574
开封市	Kaifeng	40522	9372	48742	21105	6361	4804	12725	5975
洛阳市	Luoyang	51788	12583	74788	41657	12956	8738	17091	8058
平顶山市	Pingdingshan	32650	9684	37772	20346	10760	8349	10545	4247
安阳市	Anyang	37171	6489	35410	11141	5609	2924	5927	2749
鹤壁市	Hebi	6784	1679	11191	5631	1743	1160	2064	877
新乡市	Xinxiang	29352	7587	53331	19248	6011	3820	9387	5071
焦作市	Jiaozuo	23301	4001	28606	13369	6237	4600	3925	1802
濮阳市	Puyang	21811	4560	29286	8965	2179	1053	5289	1058
许昌市	Xuchang	66866	6972	67006	15215	8223	4785	12445	2457
漯河市	Luohe	16030	2836	18913	7685	2470	1461	4449	2139
三门峡市	Sanmenxia	21758	4583	21693	9075	5077	3336	5355	1814
南阳市	Nanyang	90397	19741	84677	25781	15176	8757	21380	5770
商丘市	Shangqiu	38905	8909	44692	13593	4276	2069	9121	2277
信阳市	Xinyang	20673	7283	44447	24590	8475	5301	11705	4686
周口市	Zhoukou	32440	11717	42396	23237	6681	4021	7251	3483
驻马店市	Zhumadian	44321	11271	52164	19532	7274	5142	10086	4103
济源市	Jiyuan	7439	1389	6548	3523	1456	958	609	337
省直管县	**Province Administrating County**								
巩义市	Gongyi	7497	368	5012	1423	1150	785	891	395
兰考县	Lankao	6790	1334	10911	3811	499	443	2045	552
汝州市	Ruzhou	5529	1485	6130	3355	657	468	453	125
滑县	Huaxian	5309	1501	2979	854	214	129	167	118
长垣县	Changyuan	2474	153	15065	3323	350	160	2760	1999
邓州市	Dengzhou	5302	1578	10333	4053	1099	357	1664	322
永城市	Yongcheng	2737	244	5982	2557	593	386	2054	254
固始县	Gushi	3122	717	6232	3077	921	759	1053	532
鹿邑县	Luyi	5691	4242	2151	716	676	570	502	262
新蔡县	Xincai	3323	580	9349	1618	416	147	1486	318

18-10 各市批发和零售、住宿和餐饮业限额以上企业(单位)单位数(2013年)

Number of Corporation in Wholesale and Retail Sale, Hotels and Catering Services Above Designated Size by City (2013)

单位：个 (unit)

市(县) City(County)	批发业 Wholesale Trade	限额以上法人 Institutional Above Designated Size	大个体 Large Individual	外行业附营产业 The additive Industry of other Sector	零售业 Retail Sale	限额以上法人 Institutional Above Designated Size	大个体 Large Individual	外行业附营产业 The additive Industry of other Sector
省 辖 市 City								
郑 州 市 Zhengzhou	725	680	42	3	1107	669	436	2
开 封 市 Kaifeng	134	132	1	1	493	397	94	2
洛 阳 市 Luoyang	281	270	8	3	639	417	219	3
平 顶 山 市 Pingdingshan	165	157	8		527	334	189	4
安 阳 市 Anyang	122	117	4	1	260	176	82	2
鹤 壁 市 Hebi	39	32	2	5	134	99	34	1
新 乡 市 Xinxiang	148	146	1	1	391	255	136	
焦 作 市 Jiaozuo	79	76	2	1	272	197	75	
濮 阳 市 Puyang	89	61	28		370	166	203	1
许 昌 市 Xuchang	184	143	41		364	261	103	
漯 河 市 Luohe	55	50	4	1	172	134	38	
三 门 峡 市 Sanmenxia	49	48		1	211	192	18	1
南 阳 市 Nanyang	256	228	27	1	563	436	126	1
商 丘 市 Shangqiu	80	77	3		326	187	139	
信 阳 市 Xinyang	93	79	12	2	419	303	115	1
周 口 市 Zhoukou	73	69	4		307	211	96	
驻 马 店 市 Zhumadian	126	116	9	1	556	348	205	3
济 源 市 Jiyuan	29	27	2		47	41	6	
省 直 管 县 Province Administrating County								
巩 义 市 Gongyi	16	15	1		67	31	36	
兰 考 县 Lankao	35	34	1		139	110	29	
汝 州 市 Ruzhou	38	33	5		106	75	31	
滑 县 Huaxian	31	27	4		56	28	28	
长 垣 县 Changyuan	7	7			51	33	18	
邓 州 市 Dengzhou	11	11			70	51	19	
永 城 市 Yongcheng	2	2			29	20	9	
固 始 县 Gushi	12	12			65	59	6	
鹿 邑 县 Luyi	14	14			25	18	7	
新 蔡 县 Xincai	13	10	3		60	42	18	

18-10 续表 continued

单位：个 (unit)

市(县) City(County)	住宿业 Accommodation	限额以上法人 Institutional Above Designated Size	大个体 Large Individual	外行业附营产业 The additive Industry of other Sector	餐饮业 Catering Trade	限额以上法人 Institutional Above Designated Size	大个体 Large Individual	外行业附营产业 The additive Industry of other Sector
省辖市 City								
郑州市 Zhengzhou	252	184	61	7	763	190	572	1
开封市 Kaifeng	69	54	11	4	240	145	94	1
洛阳市 Luoyang	155	109	37	9	434	80	344	10
平顶山市 Pingdingshan	138	105	31	2	340	103	234	3
安阳市 Anyang	39	33	5	1	120	49	68	3
鹤壁市 Hebi	33	21	10	2	101	27	73	1
新乡市 Xinxiang	60	47	13		206	78	128	
焦作市 Jiaozuo	55	37	18		114	26	87	1
濮阳市 Puyang	41	22	17	2	139	26	108	5
许昌市 Xuchang	73	48	25		207	67	140	
漯河市 Luohe	39	27	12		129	48	81	
三门峡市 Sanmenxia	40	34	3	3	54	37	17	
南阳市 Nanyang	131	98	31	2	279	146	129	4
商丘市 Shangqiu	42	26	16		113	49	64	
信阳市 Xinyang	94	69	24	1	283	110	161	12
周口市 Zhoukou	98	71	27		188	95	93	
驻马店市 Zhumadian	105	72	31	2	189	91	96	2
济源市 Jiyuan	10	10			14	7	7	
省直管县 Province Administrating County								
巩义市 Gongyi	15	8	7		63	11	52	
兰考县 Lankao	8	6	2		31	19	12	
汝州市 Ruzhou	8	4	4		30	2	28	
滑县 Huaxian	8	3	5		15	2	13	
长垣县 Changyuan	4	3	1		28	20	8	
邓州市 Dengzhou	13	5	8		33	7	26	
永城市 Yongcheng	4	3	1		6	5	1	
固始县 Gushi	17	13	4		28	19	9	
鹿邑县 Luyi	7	7			11	7	4	
新蔡县 Xincai	4	2	2		15	10	5	

18－11 各市批发和零售、住宿和餐饮业限上企业(单位)从业人员(2013年)

Number of Persons Employed in Wholesale and Retail Sale, Hotels and Catering Services Above Designated Size by City (2013)

单位：人 (Person)

市(县) City(County)	批发业 Wholesale Trade	限额以上法人 Institutional Above Designated Size	大个体 Large Individual	外行业附营产业 The additive Industry of other Sector	零售业 Retail Sale	限额以上法人 Institutional Above Designated Size	大个体 Large Individual	外行业附营产业 The additive Industry of other Sector
省　辖　市 City								
郑　州　市 Zhengzhou	39393	38673	523	197	71925	62348	9411	166
开　封　市 Kaifeng	9443	9372	17	54	22626	21105	1476	45
洛　阳　市 Luoyang	13009	12583	134	292	45605	41657	3914	34
平 顶 山 市 Pingdingshan	9842	9684	158		23482	20346	2249	887
安　阳　市 Anyang	6667	6489	141	37	12989	11141	1788	60
鹤　壁　市 Hebi	2082	1679	51	352	6317	5631	676	10
新　乡　市 Xinxiang	7662	7587	12	63	22453	19248	3205	
焦　作　市 Jiaozuo	4095	4001	44	50	15703	13369	2334	
濮　阳　市 Puyang	4983	4560	423		11351	8965	2364	22
许　昌　市 Xuchang	7543	6972	571		16889	15215	1674	
漯　河　市 Luohe	3403	2836	36	531	8245	7685	560	
三 门 峡 市 Sanmenxia	4620	4583		37	9760	9075	614	71
南　阳　市 Nanyang	20017	19741	231	45	27909	25781	2098	30
商　丘　市 Shangqiu	8937	8909	28		16383	13593	2790	
信　阳　市 Xinyang	7846	7283	131	432	26882	24590	2260	32
周　口　市 Zhoukou	11749	11717	32		25246	23237	2009	
驻 马 店 市 Zhumadian	11591	11271	279	41	23226	19532	3584	110
济　源　市 Jiyuan	1398	1389	9		3633	3523	110	
省 直 管 县 Province Administrating County								
巩　义　市 Gongyi	376	368	8		3453	1423	2030	
兰　考　县 Lankao	1351	1334	17		4460	3811	649	
汝　州　市 Ruzhou	1589	1485	104		3659	3355	304	
滑　　　县 Huaxian	1642	1501	141		1950	854	1096	
长　垣　县 Changyuan	153	153			3976	3323	653	
邓　州　市 Dengzhou	1578	1578			4395	4053	342	
永　城　市 Yongcheng	244	244			2672	2557	115	
固　始　县 Gushi	717	717			3235	3077	158	
鹿　邑　县 Luyi	4242	4242			793	716	77	
新　蔡　县 Xincai	747	580	167		1822	1618	204	

18-11 续表 continued

单位：人 (Person)

市(县) City(County)	住宿业 Accomm-odation	限额以上法人 Institutional Above Designated Size	大个体 Large Individual	外行业附营产业 The additive Industry of other Sector	餐饮业 Catering Trade	限额以上法人 Institutional Above Designated Size	大个体 Large Individual	外行业附营产业 The additive Industry of other Sector
省辖市 City								
郑州市 Zhengzhou	27077	25207	1415	455	39571	19574	19841	156
开封市 Kaifeng	5063	4804	196	63	8108	5975	2074	59
洛阳市 Luoyang	10097	8738	768	591	16460	8058	7752	650
平顶山市 Pingdingshan	9558	8349	1060	149	8608	4247	4258	103
安阳市 Anyang	3165	2924	201	40	4748	2749	1529	470
鹤壁市 Hebi	1934	1160	331	443	2419	877	1527	15
新乡市 Xinxiang	4061	3820	241		8232	5071	3161	
焦作市 Jiaozuo	5172	4600	572		3993	1802	2171	20
濮阳市 Puyang	1438	1053	283	102	3101	1058	1953	90
许昌市 Xuchang	5400	4785	615		5734	2457	3277	
漯河市 Luohe	1697	1461	236		4003	2139	1864	
三门峡市 Sanmenxia	3762	3336	142	284	2364	1814	550	
南阳市 Nanyang	9525	8757	662	106	8257	5770	2459	28
商丘市 Shangqiu	2384	2069	315		3440	2277	1163	
信阳市 Xinyang	6054	5301	743	10	8647	4686	3667	294
周口市 Zhoukou	4691	4021	670		5655	3483	2172	
驻马店市 Zhumadian	5838	5142	573	123	5995	4103	1716	176
济源市 Jiyuan	958	958			685	337	348	
省直管县 Province Administrating County								
巩义市 Gongyi	930	785	145		2251	395	1856	
兰考县 Lankao	513	443	70		831	552	279	
汝州市 Ruzhou	591	468	123		688	125	563	
滑县 Huaxian	330	129	201		615	118	497	
长垣县 Changyuan	200	160	40		2373	1999	374	
邓州市 Dengzhou	525	357	168		760	322	438	
永城市 Yongcheng	401	386	15		268	254	14	
固始县 Gushi	912	759	153		772	532	240	
鹿邑县 Luyi	570	570			314	262	52	
新蔡县 Xincai	170	147	23		378	318	60	

18-12 限额以上批发和零售企业商品分类销售总额(2013年)

Total Sales of Enterprises above Designated Size of Wholesale and Retail Trade by Category of Main Commodities (2013)

单位：亿元 (100 million yuan)

指 标	Item	合计 Total	批发 Wholesale Trade	零售 Retail Trade
粮油、食品、饮料、烟酒类	Food, Beverages, Tobacco and Liquor	1910.80	1343.18	567.62
粮油、食品类	Food	764.99	418.57	346.42
#粮油类	Grain and oils	360.08	251.46	108.62
肉禽蛋类	Meat, Poultry and Eggs	124.49	58.30	66.20
水产品类	Aquatic products	10.03	2.32	7.71
蔬菜类	Vegetables	54.06	35.45	18.61
干鲜果品类	Nuts	48.58	19.49	29.09
饮料类	Beverages	114.92	26.16	88.76
烟酒类	Tobacco and Liquor	1030.89	898.45	132.44
服装、鞋帽、针纺织品类	Clothing, Shoes, Hats and Textiles	484.90	69.77	415.13
服装类	Clothing	328.31	32.19	296.12
鞋帽类	Shoes and Hats	83.37	8.55	74.83
针纺织品类	Knitwear and Textiles	73.21	29.03	44.18
化妆品类	Cosmetics	63.85	5.56	58.28
金银珠宝类	Gold, Silver and Jewelry	86.72	12.51	74.21
日用品类	Articles for Daily Use	210.75	40.24	170.51
#洗涤用品类	Washing Articles	38.99	6.42	32.58
儿童玩具类	Children Toys	8.14	0.15	7.99
五金、电料类	Hardware and Electrical Materials	68.82	17.88	50.94
体育、娱乐用品类	Sports and Recreation Articles	12.58	0.41	12.17
书报杂志类	Newspapers and Magazines	75.90	31.49	44.41

18-12 续表 continued

单位：亿元 (100 million yuan)

指 标	Item	合计 Total	批发 Wholesale Trade	零售 Retail Trade
电子出版物及音像制品类	E-journal and Video Products	3.10	0.24	2.86
家用电器和音像器材类	Household Appliances and Video Appliances	521.87	214.38	307.50
中西药品类	Traditional Chinese and Western Medicines	781.14	628.85	152.29
#西药类	Western Medicines	470.21	392.41	77.80
中草药及中成药类	Traditional Chinese Medicines	89.38	63.24	26.13
文化办公用品类	Cultural and Official Goods	97.97	41.73	56.25
家具类	Furniture	99.41	3.26	96.16
通讯器材类	Communication Appliances	65.95	16.78	49.18
煤炭及制品类	Coal and Related Products	655.09	623.54	31.55
木材及制品类	Wood and Wooden Products	6.87	6.81	0.07
石油及制品类	Petroleum and Related Products	1457.50	1067.54	389.96
化工材料及制品类	Raw Chemical Materials	426.04	395.13	30.91
#化肥类	Fertilizer	198.71	174.61	24.10
金属材料类	Metal Materials	1095.08	1093.76	1.32
建筑及装潢材料类	Building and Decoration Materials	146.40	118.53	27.87
机电产品及设备类	Mechanical and Electrical Products	246.24	203.56	42.68
#农机类	Agricultural Machinery	79.13	78.09	1.04
汽车类	Automobile	1503.08	207.88	1295.20
种子饲料类	Seed and Feedstuff	94.63	92.69	1.94
棉麻类	Cotton, Hemp	66.26	65.93	0.33
其他类	Others	351.03	303.26	47.77

18-13 各市限额以上批发和零售企业商品分类批发总额(2013年)

Total Wholesale Value of Enterprises above Designated Size of Wholesales and Retail Trades by City and Sort (2013)

单位：万元 (10 000 yuan)

市(县)	City(County)	粮油食品饮料烟酒类 Food,Beverages Tobaccos and wine	日用品类 Articles for Daily Use	服装、鞋帽针纺织类 Clothing,shoes and Hats,Knitwear and Textiles	文化办公用品类 Cultural and Sports	家用电器和音像器材类 Household and Video Appliances	中西药品类 Medical Treatment Use	书报杂志类 Newspapers and Magazines
省辖市	**City**							
郑州市	Zhengzhou	1784954	156802	434172	404389	1322046	3480387	272958
开封市	Kaifeng	610739	4831	10267		31589	130095	3141
洛阳市	Luoyang	785084	11172	16128	322	20830	418543	1
平顶山市	Pingdingshan	716018	9400	13	7	514	212884	510
安阳市	Anyang	602876	12172	4705	69	9258	151410	8259
鹤壁市	Hebi	362890	107		1461		4828	
新乡市	Xinxiang	688643	14825	4016	4	120320	390875	202
焦作市	Jiaozuo	352322		4945		501	19833	313
濮阳市	Puyang	401878	75716	39712	11425	47615	22375	3946
许昌市	Xuchang	577092	3069	28687	555	261	122262	58
漯河市	Luohe	661398	3056	101	8	156287	39790	
三门峡市	Sanmenxia	288044	3099	53		5127	62865	
南阳市	Nanyang	1713255	19354	31699	2105	268949	480331	17155
商丘市	Shangqiu	618645	2102	3281	1965	4110	534384	
信阳市	Xinyang	802388	5862	19310	78	73777	53283	5237
周口市	Zhoukou	1159438	11390	15028	4050	5271	64657	4145
驻马店市	Zhumadian	692445	9374	21941	579	22303	78610	12017
济源市	Jiyuan	63719	1	5	1		33595	
省直管县	**Province Administrating County**							
巩义市	Gongyi	2597	146	132	11	10	4594	
兰考县	Lankao	28000	7				1536	2972
汝州市	Ruzhou	100	10					
滑县	Huaxian	61743	240	1946		4606	8528	4853
长垣县	Changyuan	69		306			5881	
邓州市	Dengzhou	155581	619		5		1056	
永城市	Yongcheng	35				84	5007	
固始县	Gushi	29100				196	1467	
鹿邑县	Luyi	10385	11119	8829	4031	4058		
新蔡县	Xincai	10739	1027	845			6203	400

18−14 各市限额以上批发和零售企业商品分类零售总额(2013年)

Retail Trades Value of Enterprises above Designated Size in Wholesales and Retail Trades by City and Sort (2013)

单位：万元 (10 000 yuan)

市(县)	City(County)	粮油食品饮料烟酒类 Food,Beverages Tobaccos and wine	日用品类 Articles for Daily Use	服装、鞋帽针纺织类 Clothing,shoes and Hats,Knitwear and Textiles	文化办公用品类 Cultural and Sports	家用电器和音像器材类 Household and Video Appliances	中西药品类 Medical Treatment Use	书报杂志类 Newspapers and Magazines
省辖市	**City**							
郑州市	Zhengzhou	1091225	535159	1381965	324660	936654	274239	57706
开封市	Kaifeng	394730	64430	186174	18051	205644	90675	15474
洛阳市	Luoyang	565272	117835	361941	62473	258909	96892	35464
平顶山市	Pingdingshan	296638	74417	152829	42949	107813	210153	15841
安阳市	Anyang	233791	98309	106918	19852	72614	143800	16060
鹤壁市	Hebi	45637	7721	27528	1418	37338	13963	8029
新乡市	Xinxiang	358843	61358	217643	29796	123064	118691	22980
焦作市	Jiaozuo	195605	54226	157091	19093	135168	62888	19521
濮阳市	Puyang	302881	117876	205850	21905	137159	15330	11654
许昌市	Xuchang	206369	47682	224754	5445	165204	26482	24345
漯河市	Luohe	318967	36273	87885	26665	77356	44292	9221
三门峡市	Sanmenxia	251915	79311	132624	11861	71496	61598	9525
南阳市	Nanyang	428850	117300	246295	29294	298081	106506	29768
商丘市	Shangqiu	171541	29876	68182	11142	54458	41035	33031
信阳市	Xinyang	462327	66604	167077	16089	139047	49020	40073
周口市	Zhoukou	404754	80328	232649	15508	126923	80036	34239
驻马店市	Zhumadian	449965	164448	231566	19275	155151	66943	45341
济源市	Jiyuan	46849	11975	25945	3080	27906	7896	2833
省直管县	**Province Administrating County**							
巩义市	Gongyi	33266	20711	24217	6055	13875	2927	3611
兰考县	Lankao	21309	5202	7109	4589	16221	3986	246
汝州市	Ruzhou	20806	13791	14054	2046	14846	9127	3212
滑县	Huaxian	22223	4135	9848	410	14563	1095	82
长垣县	Changyuan	30771	5817	18156	2997	16855	6122	3891
邓州市	Dengzhou	29652	7424	27020	2603	18946	3023	6527
永城市	Yongcheng	29367	6227	8394	2079	12761	10726	5311
固始县	Gushi	54325	4645	33481	3081	14030	8314	5932
鹿邑县	Luyi	23682	23575	7738	5149	10359	8154	3814
新蔡县	Xincai	26229	14121	19629	145	9222	6102	3816

18-15 限额以上批发和零售企业商品销售、库存(2013年)

Total Sales and Inventory of Enterprises above Designated Size in Wholesale and Retail Trades (2013)

指　　标	Item	购进量 purchases	销售量 Total Sales	库存量 Inventory (year-end)
大米(稻米)(吨)	Rice(ton)	137922	128750	36672
白面(小麦面)(吨)	Flour(ton)	123634	120612	36435
杂粮(吨)	Food grains (ton)	525379	560022	651239
食用植物油(吨)	Edible Vegetable Oil (ton)	66463	64790	12041
猪肉(吨)	pork(ton)	72855	69354	10679
牛肉(吨)	Beef (ton)	4652	3172	3626
羊肉(吨)	Sheep (ton)	2837	1780	2568
禽肉(吨)	Poultry meat(ton)	10370	7742	6266
鲜蛋(吨)	Eggs(ton)	15449	14979	4889
彩色电视机(台)	Colour Television Set (unit)	958123	908878	249807
家用电冰箱(台)	Refrigerator (unit)	660015	637016	192217
房间空调器(台)	Air conditioner	1080984	1081644	614694
电脑(微型计算机)(台)	Personal Computer (unit)	242144	241382	91188
汽车(辆)	Motor Vehicles (unit)	332241	336768	100767
#轿车	Car	207563	210431	65070
煤炭(吨)	Coal (ton)	28416792	28486345	1609547
汽油(吨)	Gasoline (ton)	1984287	1395596	350923
柴油(吨)	Diesel Oil (ton)	3738605	2693951	385414
钢材(吨)	Steel Products (ton)	4681462	4569787	471226
铜(吨)	Copper (ton)	100280	102605	2103
铝(吨)	Aluminum (ton)	32214	31831	1651
水泥(吨)	Cement (ton)	665967	653980	164498
化学肥料(吨)	Chemical Fertilizers (ton)	3163251	3117527	251452
化学农药(吨)	Chemical Pesticide (ton)	34900	33359	13328

18-16 限额以上批发和零售企业商品购销存总额(2013年)

单位：万元

指 标	Iterm	商品购进额 purchases	#进口 Imports
总计	**Total**	**94603849**	**2846321**
批发业	**Wholesale Trades**	**59120891**	**1974055**
#国有控股	State-ownedand State-holding	26954287	1202467
按登记注册类型分	By Registration status		
内资企业	Domestic Funded Enterprises	57788475	1967190
国有企业	State-owned	8825685	384
集体企业	Collective-owned	1362324	11170
股份合作企业	Cooperative	20403	
联营企业	Joint Ownership	21169	
有限责任公司	Limited Liability Corporations	31346111	1276679
股份有限公司	Share-holding Corporation Ltd	6434100	6420
私营企业	Private	9419874	669372
其他企业	Other	358809	3165
港澳台商投资企业	Enterprises with Funds from Hong Kong, Macao and Taiwan	172139	6865
外商投资企业	Foreign Funded	283386	
个体经营	Individual	876891	
按国民经济行业分	By sector		
农、林、牧产品	Farming, forestry, animal husbandry products	3768930	384200
食品、饮料及烟草制品	Food, drinks and tobacco products	9643071	24665
纺织、服装及家庭用品	Textile, clothing and household items	3591652	139470
文化、体育用品及器材	Cultural and sports supplies and equipment	853493	1000
医药及医疗器材	Pharmaceutical and medical equipment	6071511	221337
矿产品、建材及化工产品	Minerals, building materials and chemical products	29874958	1142708
机械设备、五金产品及电子产品	Mechanical equipment, metal products and electronic products	4335267	45784
贸易经纪与代理	Trade brokers and agents	12371	
其他批发业	Others	969638	14892
零售业	**Retail Trades**	**35482958**	**872266**
#国有控股	State-ownedand State-holding	4237761	70616
按登记注册类型分	By Registration status		
内资企业	Domestic Funded Enterprises	31049162	843574
国有企业	State-owned	1070133	11587
集体企业	Collective-owned	1802749	7387
股份合作企业	Cooperative	28584	13597
联营企业	Joint Ownership	51684	
有限责任公司	Limited Liability Corporations	13649147	495365
股份有限公司	Share-holding Corporation Ltd	3456002	3000
私营企业	Private	10850239	312637
其他企业	Other	140624	
港澳台商投资企业	Enterprises with Funds from Hong Kong, Macao and Taiwan	697095	
外商投资企业	Foreign Funded	572844	28692
个体经营	Individual	3163856	
按国民经济行业分	**By sector**		
综合零售	Comprehensive retail	9202085	20038
食品、饮料及烟草制品	Food, drinks and tobacco products	1197923	8023
纺织、服装及日用品	Textile, clothing and household items	1398059	4543
文化、体育用品及器材	Cultural and sports supplies and equipment	1039244	182
医药及医疗器材	Pharmaceutical and medical equipment	1404431	1206
汽车、摩托车、燃料及零配件	Automobiles, motorcycles, fuel and spare parts	16376330	826082
家用电器及电子产品	Household appliances and electronic products	3112645	5215
五金、家具及室内装饰材料	Hardware, furniture and interior decoration materials	1090426	171
货摊、无店铺及其他	Booth and others	661816	6807

Total Purchases, Sales and Inventory above Designated Size of Wholesale and Retail Trades (2013)

(10 000yuan)

商品销售额 Total Sales	批发额 Wholesale trade	#出口 Imports	零售额 Retail Trade	年末商品库存额 Inventory (year-end)
107599899	**64849585**	**885952**	**42750314**	**8237115**
68386253	**62177084**	**874235**	**6209169**	**4886651**
33535920	29574107	280665	3961814	2804390
66858932	60824727	818509	6034205	4819440
11215350	11103810	44368	111540	1792922
1401356	1251434		149922	28430
20374	20374			572
15237	12942		2295	8777
34075699	32426727	533220	1648972	1943400
9604563	6321225	74079	3283338	321134
10125705	9321285	166842	804419	710099
400649	366930		33719	14107
174128	174128	48838		12309
315577	284926	6888	30651	12821
1037615	893302		144313	42081
4080779	3887490	70653	193289	1210233
12243993	11742576	56181	501417	1217021
3870435	3690737	186477	179698	326397
924782	843237	95007	81545	109122
6390797	6178741	2471	212056	422069
35049379	30579851	211814	4469528	1257056
4692942	4169637	197222	523305	294569
12693	10077	9222	2617	309
1120454	1074739	45188	45714	49875
39213647	**2672502**	**11717**	**36541145**	**3350465**
4845550	579842	1105	4265708	235604
33762439	2441653	11717	31320786	3007207
1134842	118323	305	1016518	65826
1909481	291419		1618062	70150
31031	2719		28313	2267
54622	25670		28953	2824
15029730	834818	800	14194912	1484245
4003572	440793	1500	3562778	230041
11449098	711355	9113	10737744	1141493
150064	16557		133506	10361
1371951	3033		1368919	54482
618912	8847		610065	69754
3460345	218969		3241376	219021
11074390	531415		10542975	830083
1319493	93957	800	1225536	119893
1483769	110117	8535	1373652	116615
1063707	124273		939434	153554
1544922	339078	255	1205844	168514
17531292	958204	1550	16573088	1526278
3205762	319344	577	2886418	302962
1270079	121601		1148478	98560
720234	74514		645720	34006

18-17 各市限额以上批发和零售企业商品购、销、存总额(2013年)

Total Purchases, Sales and Inventory above Designated Size of Wholesale and Retail Trades by City (2013)

单位：亿元 (100 million yuan)

市(县)	City(County)	商品购进额 purchases	商品销售额 Total Sales	批发额 Wholesale trade	零售额 Retail Trade	年末商品库存额 Inventory (year-end)
全省	**Total**	**9460.38**	**10759.99**	**6484.96**	**4275.03**	**823.71**
省辖市	**City**					
郑州市	Zhengzhou	3220.25	3516.02	2278.25	1237.77	234.27
开封市	Kaifeng	278.35	315.95	134.99	180.96	20.85
洛阳市	Luoyang	986.73	1040.21	629.21	411.01	63.19
平顶山市	Pingdingshan	640.97	729.32	507.22	222.10	49.89
安阳市	Anyang	402.88	471.64	325.84	145.80	23.99
鹤壁市	Hebi	105.50	112.89	72.51	40.37	14.38
新乡市	Xinxiang	425.41	530.94	272.11	258.83	39.43
焦作市	Jiaozuo	222.24	277.29	106.71	170.57	18.90
濮阳市	Puyang	245.77	311.38	162.61	148.77	21.31
许昌市	Xuchang	352.78	427.03	261.79	165.23	35.96
漯河市	Luohe	205.28	251.01	130.54	120.47	7.58
三门峡市	Sanmenxia	237.87	259.30	157.14	102.16	13.21
南阳市	Nanyang	594.78	725.51	412.41	313.11	95.98
商丘市	Shangqiu	499.17	628.16	462.69	165.47	56.32
信阳市	Xinyang	297.83	317.19	127.07	190.12	39.32
周口市	Zhoukou	327.03	367.82	192.54	175.29	53.78
驻马店市	Zhumadian	329.01	390.15	190.91	199.24	31.40
济源市	Jiyuan	88.53	88.17	60.40	27.77	3.96
省直管县	**Province Administrating County**					
巩义市	Gongyi	23.73	27.21	10.43	16.77	1.63
兰考县	Lankao	29.37	28.03	9.44	18.59	2.40
汝州市	Ruzhou	46.74	48.41	33.15	15.26	3.99
滑县	Huaxian	19.34	19.66	13.05	6.61	2.60
长垣县	Changyuan	20.72	22.39	5.66	16.73	1.56
邓州市	Dengzhou	35.66	46.87	32.48	14.39	19.53
永城市	Yongcheng	174.93	276.85	264.95	11.91	1.02
固始县	Gushi	23.75	23.25	5.08	18.17	1.36
鹿邑县	Luyi	46.27	45.57	34.40	11.17	1.09
新蔡县	Xincai	16.03	14.89	6.41	8.48	2.15

18-18 成品油批发企业能源商品购进、销售与库存(2013年)

Purchases, Sales and Inventory energy Commodity of Wholesale Finished Product oil Enterprises (2013)

单位：吨 (ton)

能源品种	energy name	期初库存量 Inventory (year-early)	累计购进量 Total Purchases	#购自省外 From Other Province	累计销售量 Total Sales	#售予省内批发和零售企业 To Wholesale and Retail	期末库存量 Inventory (year-end)
汽油	Gasoline	316484	4958354	1919196	4931446	1408893	246146
#93″	93″	184616	3793204	1676989	4009959	1169988	173212
柴油	Diesel oil	403580	9514273	4230773	9614693	2883906	259019
#0″	0″	333212	8690069	4036666	8818600	2677980	175107
煤油	Kerosene	19790	397523	397523	396212		27778
燃料油	Elding oil	53	21485		21690		51
润滑油	Lubricating oil	33	162	21	166	95	34

18-19 成品油零售企业能源商品销售与库存(2013年)

Sales and Inventory energy Commodity of Retail Finished Product oil Trades (2013)

单位：吨 (ton)

能源品种	energy name	期初库存量 Inventory (year-early)	累计销售量 Total Sales	期末库存量 Inventory (year-end)
汽油	Gasoline	220210	5254454	155436
#93″	93″	170271	4176540	114688
柴油	Diesel oil	263853	7393838	140724
#0″	0″	229240	6863500	106220
煤油	Kerosene	5	23	5
燃料油	Elding oil	528	7869	594
润滑油	Lubricating oil	1344	12351	1608

18−20 住宿和餐饮企业(单位)经营情况(2013年)
Management of Hotels and Catering Services (2013)

单位：万元 (10 000 yuan)

指 标	Item	营业额 Total Business Revenue	客房收入 guest room Revenue	餐费收入 meal Revenue	商品销售额 Total Retail Sales of Consumer Goods	其他收入 other Revenue
总 计	**Total**	**6193063**	**1371320**	**4421342**	**229415**	**170986**
限额以上企业	Above Designated Size	4604451	996755	3276102	184320	147275
住宿业	Star-rated Hotels	1660020	831900	663203	69722	95196
餐饮业	Catering Trade	2944431	164855	2612899	114599	52079
限额以下企业	Below Designated Size	1588611	374565	1145240	45095	23711
住宿业	Star-rated Hotels	431283	335963	77987	10722	6610
餐饮业	Catering Trade	1157328	38602	1067253	34373	17101

18−21 各市限额以上住宿和餐饮企业(单位)经营情况(2013年)
Management of Enterprises above Designated Size of Star-rated Hotels and Catering Services by City (2013)

单位：万元 (10 000 yuan)

市(县)	City(County)	营业额 Total Business Revenue	客房收入 Guest room Revenue	餐费收入 Meal Revenue	商品销售额 Total Retail Sales of Consumer Goods	其他收入 Other Revenue
省辖市	**City**					
郑州市	Zhengzhou	1181887	245628	807426	56969	71863
开封市	Kaifeng	296990	71495	215413	7399	2683
洛阳市	Luoyang	379884	81157	275116	13033	10578
平顶山市	Pingdingshan	326351	65232	227456	23329	10333
安阳市	Anyang	115840	21957	85219	3688	4977
鹤壁市	Hebi	61646	11423	46742	3211	271
新乡市	Xinxiang	193973	38518	143383	8208	3865
焦作市	Jiaozuo	166199	41334	104903	8474	11488
濮阳市	Puyang	152679	33876	115128	2214	1462
许昌市	Xuchang	227064	44887	166871	6055	9251
漯河市	Luohe	144687	18657	122618	2920	491
三门峡市	Sanmenxia	71799	19231	44112	5582	2874
南阳市	Nanyang	326901	77122	235843	7515	6421
商丘市	Shangqiu	106004	23552	75651	5100	1702
信阳市	Xinyang	334760	73631	244333	12380	4416
周口市	Zhoukou	245655	50341	185637	7481	2196
驻马店市	Zhumadian	246001	71752	161451	10743	2056
济源市	Jiyuan	26131	6961	18800	21	350
省直管县	**Province Administrating County**					
巩义市	Gongyi	47439	10109	34651	1658	1021
兰考县	Lankao	21095	4439	15784	832	40
汝州市	Ruzhou	19759	3065	12707	3044	942
滑县	Huaxian	11908	2248	9502	61	98
长垣县	Changyuan	19914	6546	12920	66	381
邓州市	Dengzhou	23778	4678	18682		418
永城市	Yongcheng	8176	2400	5562	64	149
固始县	Gushi	38849	9161	27245	2006	438
鹿邑县	Luyi	15334	4824	9363	434	713
新蔡县	Xincai	14820	4204	10617		

18-22 各市限额以上住宿企业(单位)经营情况(2013年)

Business of Star-rated Hotels above Designated Sized by City (2013)

单位：万元 (10 000 yuan)

市(县) City(County)	营业额 Total Business Revenue	客房收入 guest room Revenue	餐费收入 meal Revenue	商品销售额 Total Retail Sales of Consumer Goods	其他收入 other Revenue
省辖市 City					
郑州市 Zhengzhou	442065	223459	149444	23904	45259
开封市 Kaifeng	88398	56785	27967	2103	1543
洛阳市 Luoyang	124828	65547	45376	4333	9571
平顶山市 Pingdingshan	134137	62926	50951	11781	8480
安阳市 Anyang	39330	18039	16306	1521	3465
鹤壁市 Hebi	23934	10129	11854	1840	112
新乡市 Xinxiang	62757	28917	29607	1644	2589
焦作市 Jiaozuo	70886	31359	36541	438	2548
濮阳市 Puyang	46927	29990	16129	687	120
许昌市 Xuchang	77871	36528	33964	1010	6368
漯河市 Luohe	23754	14032	9465	169	88
三门峡市 Sanmenxia	40450	16812	18210	2879	2548
南阳市 Nanyang	128582	58217	60916	3846	5603
商丘市 Shangqiu	32373	18751	10780	1605	1237
信阳市 Xinyang	106629	50820	48312	5623	1874
周口市 Zhoukou	92385	44501	44454	1837	1592
驻马店市 Zhumadian	109606	58220	45045	4491	1850
济源市 Jiyuan	15110	6867	7882	11	350
省直管县 Province Administrating County					
巩义市 Gongyi	13997	9342	4266	200	190
兰考县 Lankao	4295	2162	1979	132	23
汝州市 Ruzhou	5462	2369	2200	299	594
滑县 Huaxian	3222	2062	1001	61	98
长垣县 Changyuan	4737	4637			100
邓州市 Dengzhou	7090	3437	3347		307
永城市 Yongcheng	3357	1587	1557	64	149
固始县 Gushi	16471	8512	7500	381	79
鹿邑县 Luyi	8148	4624	2377	434	713
新蔡县 Xincai	4463	2204	2259		

18−23 各市限额以上餐饮企业(单位)经营情况(2013年)

Business of Catering Services above Designated Size by City (2013)

单位：万元 (10 000 yuan)

市(县) City(County)	营业额 Total Business Revenue	客房收入 guest room Revenue	餐费收入 meal Revenue	商品销售额 Total Retail Sales of Consumer Goods	其他收入 other Revenue
省辖市 City					
郑州市 Zhengzhou	739821	22169	657983	33066	26604
开封市 Kaifeng	208592	14710	187446	5296	1140
洛阳市 Luoyang	255056	15610	229740	8700	1006
平顶山市 Pingdingshan	192214	2307	176506	11548	1854
安阳市 Anyang	76510	3918	68913	2167	1512
鹤壁市 Hebi	37713	1294	34889	1371	159
新乡市 Xinxiang	131217	9602	113775	6564	1275
焦作市 Jiaozuo	95313	9975	68362	8036	8940
濮阳市 Puyang	105752	3885	98998	1527	1342
许昌市 Xuchang	149194	8359	132907	5046	2883
漯河市 Luohe	120933	4625	113153	2751	403
三门峡市 Sanmenxia	31350	2419	25902	2703	326
南阳市 Nanyang	198319	18905	174927	3668	818
商丘市 Shangqiu	73631	4801	64871	3494	465
信阳市 Xinyang	228131	22811	196021	6757	2542
周口市 Zhoukou	153270	5840	141183	5644	604
驻马店市 Zhumadian	136396	13532	116406	6252	206
济源市 Jiyuan	11021	93	10917	10	
省直管县 Province Administrating County					
巩义市 Gongyi	33442	767	30386	1459	831
兰考县 Lankao	16799	2276	13805	700	18
汝州市 Ruzhou	14297	697	10507	2745	349
滑县 Huaxian	8686	186	8500		
长垣县 Changyuan	15177	1910	12920	66	281
邓州市 Dengzhou	16688	1242	15335		111
永城市 Yongcheng	4819	813	4006		
固始县 Gushi	22378	649	19745	1625	359
鹿邑县 Luyi	7186	200	6986		
新蔡县 Xincai	10358	2000	8358		

18−24 个体批发和零售业、住宿和餐饮业经营情况(2013年)

Management of Individual Enterprises in Wholesale and Retail Trades, Hotels and Catering Trades (2013)

指标	Item	户数(户) Number of Households (household)	从业人员(万人) Persons Employed (10 000 persons)	营业额(亿元) Business Revenue (100 million yuan)	商品销售额(亿元) Total Sales (100 million yuan)	批发额 Wholesale Trade	零售额 Retail Trade
批发和零售业	**Wholesale and Retail Trades**	**1533496**	**321.14**		**9309.92**	**4645.25**	**4664.67**
#城镇	Urban Area	686299	145.26		7396.28	3578.97	3817.31
乡村	Rural Area	847197	175.78		1913.64	1066.28	847.36
#批发业	Wholesale Trade	254761	58.86		2766.13	2347.18	418.95
零售业	Retail Trades	1278735	262.27		6543.79	2298.07	4245.72
住宿和餐饮业	**Hotels and Catering Trades**	**250505**	**80.44**	**1913.56**			
城镇	Urban Area	140582	48.37	1608.26			
乡村	Rural Area	109923	32.07	305.30			

18-25 限额以上批发和零售、住宿和餐饮法人企业主要财务指标(2013年)

Main Financial Indicators of Enterprises in Wholesale and Retail Trades, Hotels and Catering Trades above Designated Size (2013)

单位：万元 (10 000 yuan)

指标	Item	批发业 Wholesale	零售业 Retail Sale	住宿业 Accommodation Trade	餐饮业 Catering Trade
期末资产负债	**Assets and Liability(year-end)**				
流动资产合计	Circulating Funds	16968630	9903309	1343714	523633
应收帐款	Accounts receivable	3182803	948687	119103	57146
存货	Inventory	4260343	2570361	81813	47965
固定资产合计	Total Fixed assets	2518233	2351632	1329563	510543
固定资产原价	Original Value of Fixed Assets	3424699	3123683	1964687	670102
累计折旧	Accumulated Depreciation	970962	856337	714038	188223
本年折旧	Depreciation of Deducted This Year	156731	177914	105732	52182
在建工程	Project under construction	279077	331741	161452	54294
资产总计	Total Assets	22037108	14057435	3267341	1266396
流动负债合计	Total Flow liabilities	14134576	9466093	1592461	551806
应付账款	Accounts payable	3133942	1504772	160166	74161
非流动负债合计	Total current liabilities	617984	704766	610251	103172
负债合计	Total liabilities	15001388	10337768	2288442	699374
所有者权益合计	Total Creditors'Equity	7084707	3719666	978899	567022
实收资本	Actual Capital	3391157	2848835	926590	457475
损益及分配	**Profit and Loss Apportionment**				
营业收入	Business income	60671965	32193217	1406418	1476073
主营业务收入	Main Sales Revenue	60424359	31856716	1389478	1469216
营业成本	Operating costs	54919232	27982380	664797	835297
主营业务成本	Cost of Sales	54743161	27902528	659197	832263
营业税金及附加	Sales Tax and Extra Changes	677919	313534	76012	75075
主营业务税金及附加	Main Sales Tax and Extra Changes	673388	304767	75126	74240
其他业务利润	Other Profits	60702	325909	14171	18251
销售费用	Operating Expenses	1243741	1325946	272138	200203
管理费用	Management Expenses	1098757	901555	271854	114846
税金	Taxes	58030	62672	19826	13120
财务费用	Financial Expenses	252622	250146	44273	21311
利息收入	Interest income	44842	27364	1261	857
利息支出	Profit Paying	170188	126525	18930	8872
资产减值损失	Loss of asset impairment	19472	4399	376	78
公允价值变动收益	The changes in the fair value	1054	774	96	36
投资收益	Investment income	18214	13664	400	62
营业利润	Operating profit	2519292	1452832	80264	240645
营业外收入	Non-operating income	77059	81236	10203	4455
补贴收入	Subsidies income	23064	4223	1488	78
利润总额	Profit total	2398154	1403112	72967	228806
应交所得税	Payable income tax	345291	145107	9877	14388
人工成本及增值税	**Artificial cost and value added tax**				
应付职工薪酬	Deal with worker firewood	902363	1027559	268598	198952
应交增值税	VAT payable	812995	462031		

18-26 各市限额以上批发和零售法人企业主要财务指标(2013年)

Main Economic Indicators of Enterprises in Wholesale and Retail Trades above Designated Size by City (2013)

单位：万元　　(10 000 yuan)

市(县)	City(County)	流动资产合计 Circulating Funds	#存货 Inventory	固定资产原价 Fixed Asset	资产总计 Original Values of Fixed Asset	所有者权益 Total Assets	主营业务收入 Main Sales Revenue	主营业务成本 Cost of Main Sales
省辖市	**City**							
郑州市	Zhengzhou	10983305	2117472	1483141	13925742	3014797	29669498	27488707
开封市	Kaifeng	542889	153799	375983	987883	525995	2960700	2372970
洛阳市	Luoyang	2628947	596043	487092	3302593	705708	9161581	8337114
平顶山市	Pingdingshan	1573385	397246	382995	2062935	656299	6290017	5776186
安阳市	Anyang	1055135	226341	249931	1406838	392397	4134949	3737012
鹤壁市	Hebi	284075	143640	94467	395076	160521	901776	788087
新乡市	Xinxiang	1053570	328250	310226	1417632	454035	4560238	4026896
焦作市	Jiaozuo	590444	164199	214833	826319	221275	2267462	1996512
濮阳市	Puyang	418217	160578	196225	709345	402940	2426340	2188430
许昌市	Xuchang	963582	229211	360412	1371172	428891	3638709	3123936
漯河市	Luohe	368940	117179	271492	662899	325152	2235665	1909167
三门峡市	Sanmenxia	640034	220783	168669	842662	307967	2256804	1995557
南阳市	Nanyang	2135176	784208	537850	2664249	953477	5836749	5057727
商丘市	Shangqiu	1154190	200431	233690	1508908	501765	5618062	5164454
信阳市	Xinyang	651328	208681	386651	1113265	548419	2664171	2242805
周口市	Zhoukou	906787	481545	416913	1488859	610977	3413268	2792342
驻马店市	Zhumadian	720156	247495	327658	1131156	495555	3354555	2877143
济源市	Jiyuan	201780	53605	50156	277011	98204	890532	770644
省直管县	**Province Administrating County**							
巩义市	Gongyi	46309	6500	15996	63090	28866	188827	161984
兰考县	Lankao	57493	17112	59648	125916	79732	231844	163817
汝州市	Ruzhou	159082	33151	62740	231222	96695	439771	385292
滑县	Huaxian	58285	30694	33936	93138	56015	163448	133468
长垣县	Changyuan	48034	14274	21714	70351	41825	166488	135544
邓州市	Dengzhou	286035	171359	79347	357028	92081	433856	385808
永城市	Yongcheng	234998	9741	23161	264627	66182	2373921	2294025
固始县	Gushi	36538	11261	37957	77890	45527	203983	169407
鹿邑县	Luyi	58238	5105	59617	136431	105111	339136	279243
新蔡县	Xincai	11204	3612	4960	19256	13288	117390	88448

18-26 续表 continued

单位：万元 (10 000 yuan)

市(县) City(County)	主营业务税金及附加 Main Sales Tax and Extra Changes	销售费用 Marketing Expenses	管理费用 Management Expenses	财务费用 Finance Charge	营业利润 Profits of Main Sales	利润总额 Total Profits	本年应缴增值税 Increment Value Tax Payable
省辖市 City							
郑州市 Zhengzhou	130640	869228	572866	164842	681104	675371	279230
开封市 Kaifeng	50553	104967	83093	21681	334996	327824	73308
洛阳市 Luoyang	57264	269978	156421	49912	318412	308246	98656
平顶山市 Pingdingshan	46761	134711	112726	38730	197506	203422	82317
安阳市 Anyang	69118	81164	69726	7408	174408	176040	58645
鹤壁市 Hebi	15671	15264	22700	6834	53884	53058	9509
新乡市 Xinxiang	49674	95327	92925	30105	272454	257373	62197
焦作市 Jiaozuo	21987	68647	63059	18888	106405	102059	41371
濮阳市 Puyang	27343	57102	43397	11409	99924	86908	22023
许昌市 Xuchang	62458	112294	99024	22948	220231	202438	63778
漯河市 Luohe	43766	65817	48711	4725	188056	145889	32711
三门峡市 Sanmenxia	33625	72812	55629	9734	94571	90336	46367
南阳市 Nanyang	97576	194454	180071	32027	283365	269692	126012
商丘市 Shangqiu	57043	74363	77068	10562	237569	209575	90574
信阳市 Xinyang	55544	110407	79661	17412	174119	172963	50726
周口市 Zhoukou	103953	121586	118109	30509	260929	257471	49556
驻马店市 Zhumadian	48360	101062	104067	19906	205944	197363	71173
济源市 Jiyuan	6821	20506	21059	5137	68247	65240	16873
省直管县 Province Administrating County							
巩义市 Gongyi	1088	2082	5397	1343	17083	11713	1799
兰考县 Lankao	9178	10165	9142	4870	34674	31898	9173
汝州市 Ruzhou	4889	11150	6368	4589	27892	27996	9967
滑县 Huaxian	1992	6295	4308	1291	16327	16084	942
长垣县 Changyuan	1336	5491	5298	1580	17178	17224	1542
邓州市 Dengzhou	6310	9572	17011	3498	11593	11541	17319
永城市 Yongcheng	1272	8422	7101	1781	63104	63423	4318
固始县 Gushi	5819	7051	5128	1092	15650	15957	2360
鹿邑县 Luyi	6173	12443	9740	890	30658	30243	2644
新蔡县 Xincai	412	6426	7462	1143	13527	13181	276

18-27 各市限额以上住宿和餐饮法人企业主要财务指标(2013年)

Main Economic Indicators of Enterprises in Hotels and Catering Services above Designated Size by City (2013)

单位：万元 (10 000 yuan)

市(县)	City(County)	流动资产合计 Circulating Funds	#存货 Inventory	固定资产原价 Original Values of Fixed Asset	资产总计 Total Assets	所有者权益 Total Creditors' Equity	#实收资本 Actual Capital	主营业务收入 Main Sales Revenue
省辖市	**City**							
郑州市	Zhengzhou	786523	34845	797621	1514676	336847	389037	700053
开封市	Kaifeng	61324	6277	163199	217873	120469	93736	239121
洛阳市	Luoyang	171854	10027	249050	407571	112601	143523	197762
平顶山市	Pingdingshan	105014	8937	211141	308199	128921	97968	197574
安阳市	Anyang	27139	3242	83480	102928	38065	19934	80114
鹤壁市	Hebi	6469	825	18130	25834	12538	9256	30130
新乡市	Xinxiang	99723	6449	90889	194570	69370	66703	110907
焦作市	Jiaozuo	79309	4122	108714	174478	30076	50651	86831
濮阳市	Puyang	51486	1883	46876	101414	59661	51100	41271
许昌市	Xuchang	110285	4729	119615	297099	135600	78352	141905
漯河市	Luohe	18012	1554	31075	48918	21981	13537	93368
三门峡市	Sanmenxia	22429	3510	54133	71078	19607	26209	55925
南阳市	Nanyang	129253	6682	217422	408675	100090	92747	229426
商丘市	Shangqiu	29359	2785	39599	81220	44661	35820	69160
信阳市	Xinyang	70984	8040	183712	250465	126264	78793	198519
周口市	Zhoukou	36359	8900	78777	105984	70379	59484	178993
驻马店市	Zhumadian	49372	14864	121491	194744	107193	72931	187343
济源市	Jiyuan	12454	2109	19866	28013	11598	4282	20294
省直管县	**Province Administrating County**							
巩义市	Gongyi	5272	1427	26515	31891	14899	7381	13721
兰考县	Lankao	4989	1891	8463	23836	13556	8488	12992
汝州市	Ruzhou	8020	81	4996	10699	7312	8039	3743
滑县	Huaxian	340	117	9383	9398	130	470	1597
长垣县	Changyuan	7046	1960	19642	25187	15394	11090	14452
邓州市	Dengzhou	1878	352	6252	14424	10538	9349	6425
永城市	Yongcheng	1898	178	1573	3173	1207	460	7514
固始县	Gushi	5654	518	11415	16555	9719	9001	27705
鹿邑县	Luyi	1176	137	1781	3200	2639	947	13000
新蔡县	Xincai	778	562	214	1915	1366	1025	11787

18-27 续表 continued

单位：万元 (10 000 yuan)

市(县) City(County)	主营业务成本 Cost of main Sales	主营业务税金及附加 Main sales tax and Extra Charges	销售费用 Operating Expenses	管理费用 Manage-ment	财务费用 Finance Charge	营业利润 Operating Profits	利润总额 Total Profits
省辖市 City							
郑州市 Zhengzhou	286994	38590	226533	164396	21268	-22031	-21253
开封市 Kaifeng	100265	20344	17348	16666	3891	82430	75471
洛阳市 Luoyang	103243	10689	43318	35544	6274	2335	2868
平顶山市 Pingdingshan	114408	10151	30106	19290	5281	19561	15310
安阳市 Anyang	43960	3302	11561	13155	409	8212	5926
鹤壁市 Hebi	16430	1972	3231	3092	620	4579	4590
新乡市 Xinxiang	62118	5398	15126	14327	2433	11833	10613
焦作市 Jiaozuo	45588	2438	13286	11030	2987	11695	12395
濮阳市 Puyang	24595	1683	4245	2750	474	7609	7710
许昌市 Xuchang	71109	5697	16378	20173	3576	24660	28392
漯河市 Luohe	56586	5126	5005	3186	1105	22733	22123
三门峡市 Sanmenxia	33862	2695	9663	9926	1208	278	878
南阳市 Nanyang	137152	9544	27576	30001	4683	21694	13237
商丘市 Shangqiu	41036	3460	8395	5850	1266	9316	8800
信阳市 Xinyang	113339	9355	17840	16231	4775	38236	38242
周口市 Zhoukou	117728	11233	8575	9646	2675	28944	28803
驻马店市 Zhumadian	110304	7003	11320	9298	2518	46912	45789
济源市 Jiyuan	12747	686	2834	2138	144	1914	1880
省直管县 Province Administrating County							
巩义市 Gongyi	7498	518	2221	1913	214	1407	1130
兰考县 Lankao	7393	484	387	928	263	3536	3398
汝州市 Ruzhou	1333	189	1202	648	208	545	549
滑县 Huaxian	836	135	499	434	13	-320	-317
长垣县 Changyuan	7866	747	2206	1954	522	1157	478
邓州市 Dengzhou	3524	324	508	959	309	801	801
永城市 Yongcheng	4033	364	1509	670	19	985	990
固始县 Gushi	15363	1337	2065	2046	310	6581	6583
鹿邑县 Luyi	9533	580	894	793	137	974	833
新蔡县 Xincai	9130	61	254	505	117	1721	1721

18-28 各种分组的连锁企业单位数(2013年)

Number of Chain Enterprise By variety of Group (2013)

指标名称	Item	连锁总店 Head Offices of Chain Store	连锁门店数 Number of Chain Stores	直营店 Under Direct Management	加盟店 Through License Arrangement
批发和零售业	**Wholesale and Retail**	**151**	**5374**	**4079**	**1295**
按登记注册类型分	By Status of Registration				
内资企业	Domestic Funded Enterprises	147	5178	3883	1295
#国有企业	State-owned	10	209	201	8
集体企业	Collective-owned	2	4	4	
有限责任公司	Limited Liability Corporations	68	1600	1314	286
股份有限公司	Share-holding Corporation Ltd	24	1734	1571	163
私营企业	Private	42	1627	789	838
私营独资企业	Proprietorship	6	532	34	498
私营合伙企业	Partnership	2	12	12	
私营有限责任公司	Limited Liability Corporations	32	647	414	233
私营股份有限公司	Share-holding Corporation Ltd	2	436	329	107
其他企业	Others	1	4	4	
港、澳、台商投资企业	Enterprises with Funds from Hong Kong, Macao and Taiwan	3	185	185	
外商投资企业	Foreign Funded	1	11	11	
按行业分	By Sector				
批发业	Wholesale Trades	18	966	962	4
#食品、饮料及烟草制品批发	Food, drink and tobacco products wholesale	2	75	71	4
矿产品、建材及化工产品批发	Minerals, building materials and chemical products wholesale	14	885	885	
机械设备、五金产品及电子产品批发	Mechanical equipment, metal products and electronic products wholesale	2	6	6	
零售业	Retail Trades	133	4408	3117	1291
#综合零售	Comprehensive retail	52	1443	833	610
食品、饮料及烟草制品专门零售	Food, drink and tobacco retail	9	665	403	262
纺织、服装及日用品专门零售	Special retail textile, clothing and daily necessities	8	59	55	4
文化、体育用品及器材专门零售	Cultural and sports supplies and equipment retail	4	17	17	
医药及医疗器材专门零售	Pharmaceutical and medical equipment	35	1295	1006	289
汽车、摩托车、燃料及零配件专门零售	Automobiles, motorcycles, fuel and spare parts	7	726	602	124
家用电器及电子产品专门零售	Household appliances and electronic products retail	18	203	201	2
按业态分	By Format				
#便利店	Neighbourhood Market	2	22	22	
超市	Supermarker	28	851	241	610
大型超市	large supermarket	19	544	544	
百货店	Department Store	2	18	18	
专业店	Professional Shop	86	3385	2862	523
#加油站	Gas station	17	1337	1213	124
专卖店	Regie Shop	14	554	392	162
住宿和餐饮业	**Hotels and Catering**	**24**	**233**	**214**	**19**
按登记注册类型分	By Status of Registration				
#内资企业	Domestic Funded Enterprises	21	111	92	19
有限责任公司	Limited Liability Corporations	8	48	34	14
私营企业	Private	13	63	58	5
私营独资企业	proprietorship	4	14	9	5
私营有限责任公司	Limited Liability Corporations	9	49	49	
外商投资企业	Foreign Funded	3	122	122	
按行业分	By Sector				
住宿业	Hotels	3	26	12	14
#旅游饭店	Tourist hotel	2	2	2	
一般旅馆	General hotel	1	24	10	14
餐饮业	Catering Services	21	207	202	5
正餐服务	Restaurant	17	79	74	5
快餐服务	Fast food	3	122	122	
小吃服务	Snack	1	6	6	

18-29 各种分组的连锁企业基本情况(2013年)

Basic Conditions of Chain Enterprise By variety of Group (2013)

指标名称	Item	营业面积(平方米) Operational Area(sq.m)	从业人数(人) Employed Persons(person)	商品销售总额(万元) Total Sale Value (10 000yuan)	零售额(万元) Retail Sale (10 000yuan)
批发和零售业	**Wholesale and Retail**	71484	6627662	8444006	6866955
按登记注册类型分	By Status of Registration				
内资企业	Domestic Funded Enterprises	63939	5931413	7170088	5593038
#国有企业	State-owned	1683	178106	148562	126805
集体企业	Collective-owned	231	6300	25778	25778
有限责任公司	Limited Liability Corporations	34929	1558540	1629884	1549449
股份有限公司	Share-holding Corporation Ltd	15027	3876810	4861096	3452509
私营企业	Private	12049	307857	503960	437688
私营独资企业	Proprietorship	1574	48836	34505	34505
私营合伙企业	Partnership	280	36000	10858	10858
私营有限责任公司	Limited Liability Corporations	9146	190561	381446	317352
私营股份有限公司	Share-holding Corporation Ltd	1049	32460	77151	74972
其他企业	Others	20	3800	809	809
港、澳、台商投资企业	Enterprises with Funds from Hong Kong, Macao and Taiwan	7168	669249	1204393	1204393
外商投资企业	Foreign Funded	377	27000	69525	69525
按行业分	By Sector				
批发业	Wholesale Trades	6210	2172679	2867678	1669249
#食品、饮料及烟草制品批发	Food, drink and tobacco products wholesale	266	19200	9374	3367
矿产品、建材及化工产品批发	Minerals, building materials and chemical products wholesale	5840	2145479	2833812	1661425
机械设备、五金产品及电子产品批发	Mechanical equipment, metal products and electronic products wholesale	104	8000	24492	4457
零售业	Retail Trades	65274	4454983	5576328	5197706
#综合零售	Comprehensive retail	44690	2116140	2637851	2518867
食品、饮料及烟草制品专门零售	Food, drink and tobacco retail	1823	41835	90482	71055
纺织、服装及日用品专门零售	Special retail textile, clothing and daily necessities	614	15363	33261	33251
文化、体育用品及器材专门零售	Cultural and sports supplies and equipment retail	637	7580	11122	10685
医药及医疗器材专门零售	Pharmaceutical and medical equipment	8173	130876	262753	242822
汽车、摩托车、燃料及零配件专门零售	Automobiles, motorcycles, fuel and spare parts	4418	1657949	1914483	1713639
家用电器及电子产品专门零售	Household appliances and electronic products retail	4919	485240	626375	607387
按业态分	By Format				
#便利店	Neighbourhood Market	239	14610	7540	7540
超市	Supermarker	8246	270923	257259	181546
大型超市	large supermarket	34448	1765427	2319050	2275779
百货店	Department Store	1702	64180	50314	50314
专业店	Professional Shop	24705	4431036	5667748	4253156
#加油站	Gas station	9097	3229137	4088858	2715626
专卖店	Regie Shop	2144	81486	142095	98621
住宿和餐饮业	**Hotels and Catering**	**7478**	**115474**		
按登记注册类型分	By Status of Registration				
#内资企业	Domestic Funded Enterprises	3054	74311		
有限责任公司	Limited Liability Corporations	1425	40980		
私营企业	Private	1629	33331		
私营独资企业	proprietorship	296	2989		
私营有限责任公司	Limited Liability Corporations	1333	30342		
外商投资企业	Foreign Funded	4424	41163		
按行业分	By Sector				
住宿业	Hotels	884	1380		
#旅游饭店	Tourist hotel	34	380		
一般旅馆	General hotel	850	1000		
餐饮业	Catering Services	6594	114094		
正餐服务	Restaurant	2094	69131		
快餐服务	Fast food	4424	41163		
小吃服务	Snack	76	3800		

18-30　连锁企业商品购进和配送情况(2013年)

Conditions of Purchase and Delivery of Chain Enterprise (2013)

单位：万元　　　　(10 000 yuan)

指标名称	Item	商品购进总额 Total Purchases	统一配送商品购进额 Centralized Pruchase and Delivery	自有配送中心配送商品购进额 Self Centralized Purchase and Delivery	非自有配送中心配送商品购进额 Non-self Centralized Purchase and Delivery
总计	**Wholesale and Retail**	**7621303**	**4628051**	**2681248**	**16424**
按登记注册类型分	By Status of Registration				
内资企业	Domestic Funded Enterprises	6762700	4445465	2498662	16424
国有企业	State-owned	140881	103275	10561	
集体企业	Collective-owned	21972			
有限责任公司	Limited Liability Corporations	1603822	1141385	708842	11773
股份有限公司	Share-holding Corporation Ltd	4571606	2851938	1697826	
私营企业	Private	423614	348061	81432	3846
私营独资企业	Proprietorship	31747	22251	13600	1868
私营合伙企业	Partnership	12151	12151	12151	
私营有限责任公司	Limited Liability Corporations	297384	231326	55682	1978
私营股份有限公司	Share-holding Corporation Ltd	82333	82333		
其他企业	Others	805	805		805
港、澳、台商投资企业	Enterprises with Funds from Hong Kong, Macao and Taiwan	786680	110664	110664	
外商投资企业	Foreign Funded	71922	71922	71922	
按行业分	By Sector				
批发业	Wholesale Trades	2656310	1451091	864735	
食品、饮料及烟草制品批发	Food, drink and tobacco products wholesale	9921	9921	8208	
矿产品、建材及化工产品批发	Minerals, building materials and chemical products wholesale	2622823	1417604	856527	
机械设备、五金产品及电子产品批发	Mechanical equipment, metal products and electronic products wholesale	23565	23565		
零售业	Retail Trades	4964993	3176960	1816512	16424
综合零售	Comprehensive retail	2153882	805902	473398	7522
食品、饮料及烟草制品专门零售	Food, drink and tobacco retail	92964	70347		
纺织、服装及日用品专门零售	Special retail textile, clothing and daily necessities	25764	6941	1534	805
文化、体育用品及器材专门零售	Cultural and sports supplies and equipment retail	9413	9413	5234	
医药及医疗器材专门零售	Pharmaceutical and medical equipment	216730	185612	36786	8097
汽车、摩托车、燃料及零配件专门零售	Automobiles, motorcycles, fuel and spare parts	1820000	1485054	863129	
家用电器及电子产品专门零售	Household appliances and electronic products retail	646240	613692	436431	
按业态分	By Format				
便利店	Neighbourhood Market	7779	7779	6370	1410
超市	Supermarker	252311	121606	30255	4244
大型超市	large supermarket	1842993	660874	423891	1868
百货店	Department Store	47319	12162	9402	
专业店	Professional Shop	5335761	3718223	2209255	8902
其中：加油站	Gas station	3802109	2596891	1413888	
专卖店	Regie Shop	135140	107408	2076	
总计	**Hotels and Catering**	**64227**	**45584**		**240**
按登记注册类型分	By Status of Registration				
内资企业	Domestic Funded Enterprises	19007	7446		240
有限责任公司	Limited Liability Corporations	6752	4642		
私营企业	Private	12255	2803		240
私营独资企业	proprietorship	7260			
私营有限责任公司	Limited Liability Corporations	4995	2803		240
外商投资企业	Foreign Funded	45220	38138		
按行业分	By Sector				
住宿业	Hotels	1992	157		
旅游饭店	Tourist hotel	157	157		
一般旅馆	General hotel	1835			
餐饮业	Catering Services	62235	45427		240
正餐服务	Restaurant	16475	6749		240
快餐服务	Fast food	45220	38138		
小吃服务	Snack	540	540		

18-31 各种分组的住宿餐饮业连锁企业主要指标(2013年)
Basic Conditions of Chain Hotels and Catering Services Enterprise By variety of Group (2013)

指标名称	Item	客房数（间）Number of (Rooms)	床位数（个）Number of (Beds)	餐位数（位）Meal digits (unit)	营业额（万元）Bussiness revinue (10 000yuan)	餐费收入（万元）From Meals (10 000yuan)
总计	**Total**	3090	5750	31376	127946	115466
按登记注册类型分	By Status of Registration					
#内资企业	Domestic Funded Enterprises	3090	5750	14776	36174	23694
有限责任公司	Limited Liability Corporations	2780	5210	4318	23102	10846
私营企业	Private	310	540	10458	13072	12847
私营独资企业	proprietorship			1128	3595	3595
私营有限责任公司	Limited Liability Corporations	310	540	9330	9477	9253
外商投资企业	Foreign Funded			16600	91772	91772
按行业分	By Sector					
住宿业	Hotels	2840	5290	938	12237	148
#旅游饭店	Tourist hotel	230	380	70	372	148
一般旅馆	General hotel	2610	4910	868	11865	
餐饮业	Catering Services	250	460	30438	115709	115318
正餐服务	Restaurant	250	460	13138	22849	22458
快餐服务	Fast food			16600	91772	91772
小吃服务	Snack			700	1088	1088

18-32 亿元以上商品交易市场情况
Statistics on Commodity Exchange Market of Turnover above 100 million yuan

类 别	Type	2012		2013	
		摊位数量（个）Number of Booths (Unit)	成交额（亿元）Total Turnover (100 million yuan)	摊位数量（个）Number of Booths (Unit)	成交额（亿元）Total Turnover (100 million yuan)
总 计	**Total**	**134510**	**2474.66**	**126507**	**2726.26**
粮油、食品、饮料、烟酒类	Food,Beverages and Tobacco	39881	1015.66	37054	1111.44
粮油、食品类	Food	35280	973.15	32947	1064.51
#粮油类	Grain,Edible Oil,Fruits,Vegetables	5047	114.52	3804	111.93
肉禽蛋类	Meat,Poultry and Eggs	2224	28.65	2266	44.88
水产品类	Aquatic Products	2248	57.99	4570	77.76
蔬菜类	Vegetables	14753	413.18	13942	453.55
干鲜果品类	Dried and Fresh Melons and Fruits	8487	339.56	7302	358.40
饮料类	Beverages	2189	23.84	1950	31.60
烟酒类	Tobacco and Liquor	2412	18.66	2157	15.33
服装、鞋帽、针纺织品类	Garments,Footwears,Hats,Kintwear and Textiles	44082	200.29	38462	234.53
服装类	Clothing	27273	134.35	24311	154.92
鞋帽类	Shoes and Hats	8292	28.36	6395	40.04
针纺织品类	Knitwear and Textiles	8517	37.58	7756	39.57
化妆品类	Cosmetics	4445	13.72	4228	15.10
金银珠宝类	Gold,Silver and Fewelry	514	10.99	167	9.70
日用品类	Articles for Daily Use	5384	41.73	4505	35.28
#洗涤用品类	Washing Articles	2101	10.66	1724	8.95
儿童玩具类	Childern toys	1356	7.08	1440	7.69
五金、电料类	Hardware and Electrical Materials	4645	80.51	3409	69.91
体育、娱乐用品类	Sports & Recreation Articles	881	5.83	810	6.03
书报杂志类	Newspapers and Magazines	368	7.87	777	14.40
电子出版物及音像制品类	E-journals and Video Products	807	4.91	759	3.90
家用电器和音像器材类	Household Appliances and Video Appliances	2399	42.56	2835	48.44
中西药品类	Traditional Chinese and Western Medicines	2920	26.74	2951	27.69
#西药类	Western Medicines	154	0.66	169	0.52
中草药及中成药类	Traditional Chinese l Medicines	2737	26.04	2770	27.12
文化办公用品类	Cultural and Official Appliances	4381	96.44	4177	35.99
家具类	Furniture	2143	44.85	2360	53.42
通讯器材类	Communication Appliances	600	23.77	627	34.89
煤炭及制品类	Coal and Related Products	96	0.18	98	0.17
木材及制品类	Wood and Wooden Products	392	20.29	348	20.74
石油及制品类	Petroleum and Related Products	62	0.27	989	10.11
化工材料及制品类	Chemical Materials and Related Products	1706	16.36	522	3.71
#化肥类	Fertilizers	398	2.16	196	2.28
金属材料类	Metals Materials	2484	396.20	2637	544.55
建筑及装潢材料类	Building and Decoration Materials	6927	150.10	5737	164.13
机电产品及设备类	Mechanical & Electrical Products	1222	14.28	1160	10.75
#农机类	Agricultural Machineries	329	6.30	339	6.41
汽车类	Automobiles	2282	146.63	3932	160.39
种子饲料类	Seeds and Feedstuff	241	1.23	830	6.41
棉麻类	Cotton and Hemp	118	5.96	134	5.96
其他类	Others	5530	107.31	6999	98.64

18-33 各市亿元以上商品交易市场情况

Statistics on Commodity Exchange Market of Turnover above 100 million yuan by City

市(县) City(County)	2012		2013	
	摊位数量 (个) Number of Booths (Unit)	成交额 (亿元) Total Turnover (100 million yuan)	摊位数量 (个) Number of Booths (Unit)	成交额 (亿元) Total Turnover (100 million yuan)
省辖市 City				
郑州市 Zhengzhou	46312	1034.77	41291	980.40
开封市 Kaifeng	5074	28.90	5362	30.95
洛阳市 Luoyang	13191	267.75	15887	273.18
平顶山市 Pingdingshan	3116	17.84	2221	13.43
安阳市 Anyang	3989	24.02	3404	22.67
鹤壁市 Hebi	825	20.66	938	21.08
新乡市 Xinxiang	3551	61.51	4991	74.23
焦作市 Jiaozuo	1914	3.29	1962	3.13
濮阳市 Puyang				
许昌市 Xuchang	5907	311.86	6766	393.98
漯河市 Luohe	4460	22.10	4618	26.36
三门峡市 Sanmenxia	769	11.84	778	12.40
南阳市 Nanyang	16419	214.11	15050	216.84
商丘市 Shangqiu	7874	269.25	7846	380.99
信阳市 Xinyang	6621	18.62	2206	15.95
周口市 Zhoukou	4953	96.08	4963	138.08
驻马店市 Zhumadian	7178	61.63	6003	56.75
济源市 Jiyuan	2357	10.41	4819	14.54
省直管县 Province Administrating County				
巩义市 Gongyi				
兰考县 Lankao				
汝州市 Ruzhou	40	1.29	42	1.39
滑县 Huaxian				
长垣县 Changyuan	245	3.30	290	3.30
邓州市 Dengzhou	2628	25.14	2719	29.08
永城市 Yongcheng	936	7.18	936	7.18
固始县 Gushi	4327	5.59	4411	5.64
鹿邑县 Luyi				
新蔡县 Xincai	1300	2.19	484	4.70

主要统计指标解释

社会消费品零售总额 指企业（单位、个体户）通过交易直接售给个人、社会集团非生产、非经营用的实物商品金额，以及提供餐饮服务所取得的收入金额。个人包括城乡居民和入境人员，社会集团包括机关、社会团体、部队、学校、企事业单位、居委会或村委会等。

批发业 指向其他批发或零售单位（含个体经营者）及其他企事业单位、机关团体等批量销售生活用品、生产资料的活动，以及从事进出口贸易和贸易经纪与代理的活动，包括拥有货物所有权，并以本单位(公司)的名义进行交易活动，也包括不拥有货物的所有权，收取佣金的商品代理、商品代售活动；还包括各类商品批发市场中固定摊位的批发活动，以及以销售为目的的收购活动。

零售业 指百货商店、超级市场、专门零售商店、品牌专卖店、售货摊等主要面向最终消费者（如居民等）的销售活动，以互联网、邮政、电话、售货机等方式的销售活动，还包括在同一地点，后面加工生产，前面销售的店铺（如面包房）；谷物、种子、饲料、牲畜、矿产品、生产用原料、化工原料、农用化工产品、机械设备（乘用车、计算机及通信设备除外）等生产资料的销售不作为零售活动；多数零售商对其销售的货物拥有所有权，但有些则是充当委托人的代理人，进行委托销售或以收取佣金的方式进行销售。

批发和零售业商品购进、销售、库存额 指各种登记注册类型的批发和零售业企业(单位)以本企业(单位)为总体的，从国内、国外市场购进的商品总量，销售和出口的商品总量，库存的商品总量等情况。该指标可以反映商品流转过程中商品的购进、销售、库存之间的比例关系和存在的问题。

商品购进额 指从本企业以外的单位和个人购进（包括从国外直接进口）作为转卖或加工后转卖的商品金额（含增值税）。商品购进包括：（1）从工农业生产者、批发和零售业企业、住宿和餐饮业企业、出版社或报社的出版发行部门和其他服务业企业购进的商品；（2）从机关团体、事业单位购进的商品；（3）从海关、市场管理部门购进的缉私和没收的商品；（4）从居民收购的废旧商品等。不包括：（1）企业为本单位自身经营用，不是作为转卖而购进的商品，如材料物资、包装物、低值易耗品、办公用品等；（2）未通过买卖行为而收入的商品，如接受其他部门移交的商品、借入的商品、收入代其他单位保管的商品、其他单位赠送的样品、加工回收的成品等；（3）经本单位介绍，由买卖双方直接结算，本单位只收取手续费的业务；（4）销售退回和买方拒付货款的商品；（5）商品溢余。

商品销售额 指对本单位以外的单位和个人出售的商品金额（包括售给本单位消费用的商品，含增值税）。商品销售包括（1）售给城乡居民和社会集团消费用的商品；（2）售给农业、工业、建筑业、服务业等国民经济各行业用于生产、经营用的商品，包括售予批发和零售业作为转卖或加工后转卖的商品；（3）对国（境）外直接出口的商品。不包括：（1）未通过买卖行为付出的商品，如随机构变动移交给其他企业单位的商品、借出的商品、归还受其他单位委托代保管的商品、付出的加工原料和赠送给其他单位的样品等；（2）经本单位介绍，由买卖双方直接结算，本单位只收取手续费的业务；（3）购货退回的商品；（4）商品损耗和损失；（5）出售本单位自用的废旧物资。

商品库存额 对于批发和零售业法人单位和个体经营户，是指报告期末取得所有权的全部商品金额（含增值税）；对于批发和零售业产业活动单位，是指报告期末实际在库且归属法人具有所有权的全部商品金额（含增值税）。库存商品包括：(1)存放在本单位(如门市部、批发站、采购站、经营处)的仓库、货场、货柜和货架中的商品；(2)挑选、整理、包装中的商品；(3)已记入购进而尚未运到本单位的商品，即发货单或银行承兑凭证已到而货未到的商品；(4)寄放他处的商品，如因购货方拒绝付款而暂时存在购货方的商品；(5)委托其他单位代销(未作销售或调出)尚未售出的商品；(6)代其他单位购进尚未交付的商品。不包括：所有权不属于本单位的商品；委托外单位加工的商品；外贸企业代理其他单位从国外进口，尚未付给订货单位的商品；代国家储备部门保管的商品。

连锁总店（总部） 指负责连锁企业资源（商号、商誉、经营模式、服务标准、管理模式等等）的开发、配置、控制或使用等功能的企业核心管理机构。连锁经营是指经营同类商品或服务，使用统一商号的若干店铺，在同一总店（总部）的管理下，采取统一采购或特许经营等方式，实现规模效益的组织形式，包括直营连锁、特许连锁和自愿连锁三种形式。其中，直营连锁是指连锁店铺由连锁公司全资或控股开设，在总部的直接控制下，开展统一经营的连锁经营形式；特许连锁是指拥有注册商标、企业标志、专利、专有技术等经营资源的企业（特许人），以合同形式将其拥有的经营资源许可其他经营者（被特许人）使用，被特许人按合同约定在统一的经营模式下开展经营，并向特许人支付特许经营费用的连锁经营形式；自愿连锁是指若干个店铺或企业自愿组合起来，在不改变各自资产所有权关系的情况下，以同一个品牌形象面对消费者，以共同进货为纽带开展的连锁经营形式。

亿元以上商品交易市场　指年成交额在亿元及以上的商品交易市场。商品交易市场是指经有关部门和组织批准设立，有固定场所、设施，有经营管理部门和监管人员，若干市场经营者入内，常年或实际开业三个月以上，集中、公开、独立地进行生活消费品、生产资料等现货商品交易以及提供相关服务的交易场所，包括各类消费品市场、生产资料市场等。

住宿业　指为旅行者提供短期留宿场所的活动，有些单位只提供住宿，也有些单位提供住宿、饮食、商务、娱乐一体的服务，不包括主要按月或按年长期出租房屋住所的活动。

餐饮业　指通过即时制作加工、商业销售和服务性劳动等，向消费者提供食品和消费场所及设施的服务。

营业额　指住宿和餐饮业单位在经营活动中因提供服务或销售商品等取得的收入。包括：客房收入、餐费收入、商品销售额（含增值税）和其他收入。其中，客房收入指住宿和餐饮业单位在经营活动中因提供住宿服务取得的收入。餐费收入指本单位为顾客提供就餐服务取得的收入，包括：经烹饪、调制加工后出售的各种食品，如主食、炒菜、凉拌菜等的收入。

Explanatory Notes on Main Statistical Indicators

Total Retail Sales of Consumer Goods refer to the amount obtained by enterprises (units, self-employed individuals) through direct sales of non-production and non-business physical commodity to individuals, social institutions, and revenue from providing catering services. Individuals include rural and urban households, population from abroad, social institutions include government agencies, social organizations, military units, schools, institutions, neighbourhood (village) committees.

Wholesale Trade refers to the activities of selling wholesale commodities for daily use and capital goods to enterprises of wholesale and retail trades (including self-employed individuals) and other enterprises, institutions and government organs and organizations, and the activities of engaging in import and export and acting as a trade agent. The wholesaler may have the ownership of the commodities for wholesale and trade in the name of its own (a company), and the wholesaler can act as commission agent or commodity broker without the ownership of commodities. Also included are the wholesale activities at the fixed stalls in wholesale market and the acquisition for sales purpose.

Retail Trade refers to the activities of department store, supermarket, franchised store, brand store, retail stall and on-the-spot-making-selling store selling commodities to the final consumers (residents) by any means including internet, post, telephone, sales machine. It also includes shops with sales and production localted in the same places (such as bakeries). Retail trade excludes the activities of sales of capital goods such as grain, seed, feed, livestock, mineral products, raw material for production, industrial chemicals, chemical products for agricultural use, machine and equipment (excluding vehicles, computers and communication equipment). Most retailers have the ownership of commodities to sell, but some are acting as agents or brokers to make transactions for a commission.

Purchase, Sales and Stock of Commodities by Wholesale and Retail Trades refer to the total volume of commodities purchased, total volume of sales and exports, and the stock of commodities by wholesale and retail enterprises (establishments) of different status of registration from domestic and overseas markets. This indicator reflects the relationship among purchase, sales and stock of commodities in the circulation of goods and reveals the existing problems.

Total Purchases of Commodities refer to the total value of purchases of commodities by enterprises (establishments) from other establishments or individuals (including direct import from abroad) for the purpose of re-selling, either with or without further processing of the commodities purchased. The commodities include: (1) commodities purchased from agricultural and industrial producer, wholesaler, retailer, publishing house and other service business; (2) commodities purchased from institutions and government departments; (3) confiscated goods purchased from the customs authorities or market management agencies; (4) second-hand goods and wastes purchased from residents; The commodities exclude (1) commodities purchased by enterprises (establishments) for use in their own business operation, commodities obtained without buying or selling procedures such as materials, consumable goods of low value, office appliance, etc. (2) received goods without trading, such as goods handed over from others, borrowed goods, preserved goods for others, donated goods from others, processed and retrieved goods, etc. (3) goods of direct settlement between buyer and seller with handling fees introduced by others, (4) goods returned or refused to pay by the buyer, (5) excessive goods.

Total Sales of Commodities refer to value of commodities sold by the establishments to other establishments and individuals (including goods sold for self consumption, including the value-added tax). The commodities include: (1) commodities sold to urban and rural residents and social groups for their consumption; (2) commodities sold to establishments in all industries for their production and operation, including agriculture, industry, construction, and catering services including commodities sold to wholesale and retail establishments for re-selling, with or without further processing; and (3) commodities for direct export to abroad. Excluded are (1) extended commodities without trading, such as goods handed over to other enterprises and institutions because of the change of organizations, lent goods, returned goods preserved for others, extended processing materials and samples donated to others, (2) goods of direct settlement between buyer and seller with handling fees introduced by others, (3) goods returned after purchase, (4) damaged and spoiled goods, (5) waste and used goods of self use,

Total Stock of Commodities For the legal entities and self-employed individuals engaged in wholesale and retail trade, it refers to total value (including VAT) of commodities possessed at the end of the reference period; and for wholesale and retail establishments, it refers to the value (including VAT) of all commodities actually in stock and owned by their legal persons at the end of reference period. The commodities in stock includes: (1) commodities located in storage, garages, counters, and shelves of operating places of wholesale and retail trades (such as sale stores, wholesale centres, procurement stations and operating offices); (2) commodities in the process of being selected, sorted, and packed; (3) commodities not arrived but recorded as purchase in the account, i.e. commodities not arrived but payment receipts for the commodities from the sellers or the banks arrived; (4) commodities deposited in other places rather than places mentioned above, for instance: commodities in the hold of purchasers temporarily due to the refusal of payment; (5) commodities entrusted to other units to sell but not sold yet; (6) commodities purchased for other units but not delivered yet. Commodities not included as stock are those not owned by the enterprises (units), commodities on commission for processing, imported commodities of agency of foreign trade enterprise but not yet delivered to ordering units and finally those put in stock on behalf of the state reserves units.

Chain Head Stores (headquarter) refer to the core leading stores responsible for development, allocation, administration and utilization of resources (name of stores, brand of stores, operation model, service standard, management way, etc.) of chain stores. Chain stores refers to the stores engaged in providing homogeneous commodities or services, with the central leadership of head store (headquarters) and guided by common policies, conduct centralized purchase and distributed selling of commodities, in order to gain better efficiency through standardized operation. The chain stores include regular chain stores, franchise chain stores and voluntary chain stores.

Regular Chain store refers to chain stores that are invested or controlled by the headquarters. They operate under direct and unified management from the headquarters.

Franchise chain store refers to the chain stores (franchisees) which are franchised with operation resources such as trade marks, names, patent and operation know-how by the franchisors in form of contract and pay the operation fees to the franchisors.

Voluntary chain store refers to the stores operate jointly on the voluntary bases while maintaining their status of independent legal entities with full ownership of their assets. They sell goods of same brand from same channel of resource to the consumers.

Large Commodity Markets with Transaction Value over 100 Million Yuan refers to the commodity markets with an annual transaction at and above 100 million. The commodity market refers to the markets approved and managed by related departments, where there are fixed sites, facilities, managers and administration offices, where there are a certain number of traders to operate for three month and above or all the year, where the commodities including the articles for daily consumption and capital goods and services are traded in a centralized, independent and open way. Such market includes markets of daily goods and market of capital goods, etc.

Hotel Services refer to the accommodation services provided to visitors. Some units may provide only accommodation while others provide a combination of accommodation, meals, business services and/or recreational facilities. It excludes activities related to the provision of long-term primary residences in facilities such as apartments typically leased on a monthly or annual basis.

Catering Services refer to the activities of providing foods, serving locations and facilities to customers through instant processing, commercial sales and service-type labor.

Business Revenue refers to revenue of hotels and catering services received from providing services or selling commodities through business activities, including income from hotels, from catering services, from selling of commodities (including VAT) and from other services. Income from hotels refers to income of hotels and catering services by providing lodging services through business activities. Income from catering services refers to income from providing catering services, including selling of cooked or prepared foods, such as staple food, cooked dishes, or cold dishes.

金融业

Financial Intermediation

● 资料整理：赵国顺

简要说明

一、主要内容

本篇包括金融机构、证券业、保险业和国债发行情况资料。

二、资料来源

金融机构和国债发行情况资料来源于中国人民银行郑州中心支行。证券业资料来源于河南证监局。保险业资料来源于河南保监局。本篇资料由河南省统计局国民经济核算处编辑整理。

Brief Introduction

I. Main Contents

Data in this chapter including four aspects: the financial activities of the financial institutions; the situations of the securities industry; the situation regarding the insurance business and the situation regarding the issuance of treasury bonds.

II. Data Sources

Data on financial institutions and issuance of treasury bonds are calculated from The People's Bank of China, Zhengzhou Central Sub-branch. Data on securities industry are calculated from Henan provincial Securities Regulatory Commission. Data on insurance business are calculated from Henan provincial Insurance Regulatory. Data on this chapter are provided of Department of National Accounts of the Henan provincial Bureau of Statistics.

19−1　金融机构和保险业主要指标

Main Indicators of Banking and Insurance

单位：亿元　　(100 million yuan)

年 份 Year	各项存款年底余额 Total Saving Deposit Balance	各项贷款年底余额 Total Loan Balance	#短期 Short-term	#中长期 Medium-term & Long-term	城乡居民储蓄存款年底余额 Urban and Rural Savings Deposits	保险公司保费收入 Premium Income of Insarance Companies	保险公司赔款及给付 Claim & Payment of Insarance Companies
1978	45.71	99.99			9.81		
1979	52.00	108.14			12.97		
1980	57.77	125.01			19.44		
1981	68.45	146.42			26.90		
1982	74.08	153.73			32.83		
1983	88.10	174.83			45.59		
1984	136.84	229.88			64.35		
1985	146.42	284.91			84.23		
1986	184.66	350.21			115.03		
1987	231.71	392.32			167.88		
1988	270.67	447.99			209.33		
1989	329.01	511.90			276.34		
1990	593.96	773.04			376.12	6.57	3.18
1991	754.03	945.90			484.84	8.47	4.49
1992	936.04	1127.26			595.39	13.65	5.46
1993	1143.66	1366.98			766.57	18.48	7.55
1994	1602.95	1704.82			1085.80	21.03	11.89
1995	2131.69	2170.17			1456.35	25.57	11.47
1996	2707.65	2665.41			1855.28	26.87	15.23
1997	3271.76	3320.89			2243.00	34.84	16.02
1998	3772.51	3878.53			2657.23	44.92	17.78
1999	4198.10	4179.51			2940.08	47.89	15.83
2000	4753.41	4356.94	3114.58	1057.50	3182.08	55.77	17.30
2001	5530.16	4885.73	3336.16	1447.99	3634.50	69.57	21.85
2002	6451.59	5553.58	3673.39	1702.63	4202.57	126.22	22.68
2003	7618.03	6422.66	4025.08	2138.16	4919.09	162.98	27.53
2004	8631.79	7092.31	4200.53	2487.19	5607.30	202.05	33.84
2005	10003.96	7434.53	4088.16	2736.63	6488.55	213.55	38.16
2006	11492.55	8567.33	4731.54	3259.90	7367.37	252.31	50.98
2007	12576.42	9545.48	5213.08	3800.96	7812.24	323.56	100.88
2008	15255.42	10368.05	5180.84	4302.41	9515.82	518.92	128.77
2009	19175.06	13437.43	6016.17	6066.05	11207.40	565.39	148.23
2010	23148.83	15871.32	6995.81	7806.31	12883.70	793.28	153.91
2011	26646.15	17506.24	8273.66	8690.17	14648.43	839.82	171.14
2012	31970.43	20301.72	9977.52	9608.35	17528.08	841.13	199.55
2013	37591.70	23511.41	11823.35	11029.60	20232.12	916.52	279.75

注：1. 各项存款、贷款年底余额1989年及以前为国家银行口径，1990年以后为金融机构口径。
2. 城乡居民储蓄存款年底余额1986年以前为国家银行口径，1986-1989年含城市、农村信用社，1990年开始为金融机构口径。

a)The balance of various Deposits and loans before 1998 is measured by statistics of state-owned banks,otherwise,after 1990,it is evaluated by datum from financial institutions.

b)The balance of Urban and rural saving deposits is measured by statistics of state-owned banks before 1986, between 1986 to 1989,it includes both rural and urban credit cooperatives,but after 1989, it is evaluated by datum from financial institations.

19-2 金融机构人民币信贷收支情况(年底数)

Deposits and Loans of Financial Institutions (Year-end)

单位：亿元 (100 million yuan)

项　目	Item	2000	2005	2010	2012	2013
资金来源总计	**Funds Sources**	**4531.20**	**10143.15**	**22632.53**	**30512.37**	**36681.10**
各项存款	Total Deposits	4753.41	10003.96	23148.83	31648.50	37591.70
单位存款	Unit deposit				12945.72	15538.29
个人存款	Individual deposit				17639.71	20719.28
财政性存款	Financial deposit				666.08	750.75
临时性存款	Temporary deposit				81.90	121.41
委托存款	Consignment Deposits	-6.89	10.39	188.34	59.20	142.76
其他存款	Other Deposits				255.89	319.20
金融债券	Financial bonds				6.90	56.90
应付及暂收款	Account Payable and Deposit Received		147.26	377.78	642.38	799.85
同业往来	Interbanks Account		49.46	233.64	245.91	498.12
外汇买卖	Foreign exchange trading				202.82	772.19
各项准备	Reserves		109.03	278.79	489.44	597.36
所有者权益	Creditors' Equity	-143.29	57.62	656.95	1125.32	1440.84
其他	Others				-3848.90	-5075.85
资金运用总计	**All Uses**	**4531.20**	**10143.15**	**22632.53**	**30512.37**	**36681.10**
各项贷款	Loans	4356.94	7434.53	15871.32	20031.44	23511.41
短期贷款	Short-term Loan	3114.58	4088.16	6995.81	9767.12	11823.35
中长期贷款	Medium-term & Long-term Loans	1057.50	2736.63	7806.31	9569.10	11029.60
其他贷款	Others	184.13	609.74	1069.19	695.21	658.45
有价证券及投资	Securities & Investment	71.42	269.50	827.77	582.02	607.89
应收及预付款	Account Receivable and Payment Collected in Advance		87.37	79.65	172.69	304.80
外汇占款	Combines foreign exchange	0.52	0.93	1.64	202.95	772.02
其他	Others	102.32	2350.82	5852.15	9523.28	11484.98

19-3 各市金融机构存款年底余额
Deposits of Financial Institutions by City

单位：亿元 (100 million yuan)

市(县) City(County)	2012	#单位存款 Unit deposit	#个人存款 Individual deposit	2013	#单位存款 Unit deposit	#个人存款 Individual deposit
省辖市 City						
郑州市 Zhengzhou	10448.29	6057.86	3955.48	12450.46	7158.51	4684.24
开封市 Kaifeng	961.23	276.00	659.53	1134.27	333.83	771.30
洛阳市 Luoyang	2902.47	1298.04	1484.52	3350.27	1512.89	1706.56
平顶山市 Pingdingshan	1457.38	481.18	918.80	1666.23	563.91	1034.80
安阳市 Anyang	1352.98	430.60	896.89	1584.52	467.64	1077.45
鹤壁市 Hebi	366.65	139.94	220.46	426.00	158.93	264.67
新乡市 Xinxiang	1476.61	486.46	931.22	1723.02	569.77	1090.69
焦作市 Jiaozuo	1012.64	339.78	645.73	1151.52	375.87	741.38
濮阳市 Puyang	836.89	209.61	593.09	971.49	244.59	691.56
许昌市 Xuchang	1188.22	416.29	746.62	1410.52	510.54	874.04
漯河市 Luohe	593.75	201.69	367.83	687.37	204.97	442.22
三门峡市 Sanmenxia	825.07	314.18	496.69	936.03	360.00	557.78
南阳市 Nanyang	2104.68	675.91	1371.21	2476.73	811.98	1599.92
商丘市 Shangqiu	1353.83	328.74	970.61	1559.11	397.81	1102.10
信阳市 Xinyang	1536.44	405.38	1105.89	1830.06	478.20	1319.16
周口市 Zhoukou	1403.50	257.79	1115.65	1655.62	302.60	1318.44
驻马店市 Zhumadian	1429.50	366.87	1021.26	1710.03	456.85	1207.14
济源市 Jiyuan	222.63	87.18	134.83	256.36	98.53	155.50
省直管县 Province Administrating County						
巩义市 Gongyi	268.95	94.71	169.67	288.42	95.95	189.39
兰考县 Lankao	95.43	21.26	73.33	114.34	22.28	89.15
汝州市 Ruzhou	154.98	45.21	108.32	170.03	43.59	126.11
滑县 Huaxian	145.11	26.84	116.19	173.62	33.21	135.24
长垣县 Changyuan	198.78	43.21	148.07	224.96	46.26	170.41
邓州市 Dengzhou	183.09	36.88	137.55	218.95	43.57	163.60
永城市 Yongcheng	240.86	61.35	174.47	277.43	72.71	198.41
固始县 Gushi	211.56	41.39	169.99	255.27	49.21	205.88
鹿邑县 Luyi	126.64	23.57	102.35	149.16	24.26	123.99
新蔡县 Xincai	124.55	27.29	92.70	150.24	36.29	110.38

19-4 各市金融机构贷款年底余额
Loans of Financial Institution by City

单位：亿元 (100 million yuan)

市(县) City(County)	2012	#短期 Short-term	#中长期 Medium-term & Long-term	2013	#短期 Short-term	#中长期 Medium-term & Long-term
省辖市 City						
郑州市 Zhengzhou	6794.13	2765.86	3805.85	9342.31	3385.75	5802.93
开封市 Kaifeng	554.32	233.87	285.96	699.42	309.23	354.93
洛阳市 Luoyang	1645.34	930.99	576.24	1965.98	1095.54	701.68
平顶山市 Pingdingshan	934.97	464.61	443.16	1060.61	577.56	449.76
安阳市 Anyang	687.29	437.06	205.67	753.21	466.67	255.60
鹤壁市 Hebi	336.56	186.12	139.55	389.57	217.99	159.76
新乡市 Xinxiang	868.48	495.45	357.26	1037.76	578.18	447.46
焦作市 Jiaozuo	672.19	386.92	244.30	773.40	456.22	283.55
濮阳市 Puyang	304.09	178.28	118.87	379.05	215.77	154.69
许昌市 Xuchang	850.76	587.69	230.32	999.23	687.62	280.51
漯河市 Luohe	310.92	196.38	112.62	343.92	215.32	126.41
三门峡市 Sanmenxia	467.35	282.92	164.46	548.16	322.50	202.17
南阳市 Nanyang	1113.34	730.84	326.90	1326.19	893.93	380.90
商丘市 Shangqiu	700.94	403.97	281.86	833.41	473.67	346.79
信阳市 Xinyang	740.80	445.06	277.49	909.49	531.02	363.00
周口市 Zhoukou	638.45	428.77	208.03	703.71	437.78	261.50
驻马店市 Zhumadian	643.87	402.38	238.11	757.68	443.83	309.54
济源市 Jiyuan	175.26	119.37	54.34	197.98	138.64	59.18
省直管县 Province Administrating County						
巩义市 Gongyi	147.73	84.56	59.09	156.61	100.32	55.71
兰考县 Lankao	30.18	18.68	11.51	44.77	23.40	21.37
汝州市 Ruzhou	90.83	68.66	21.43	116.75	87.05	27.87
滑县 Huaxian	57.95	43.61	14.34	79.72	48.53	31.18
长垣县 Changyuan	120.69	78.30	41.17	139.00	85.34	53.31
邓州市 Dengzhou	78.14	62.95	14.07	95.87	75.76	18.39
永城市 Yongcheng	163.82	66.42	94.55	204.83	83.04	119.15
固始县 Gushi	80.10	65.98	14.12	101.13	77.40	23.73
鹿邑县 Luyi	55.56	46.51	9.05	76.71	52.31	24.40
新蔡县 Xincai	35.80	23.96	11.84	43.25	26.11	17.13

19-5 中小型银行信贷收支情况(2013年)

Deposits and Loans of Stock-holding System Commercial Banks (2013)

单位：亿元 (100 million yuan)

项目	Item	年末余额 绝对数 Absolute Value	年末余额 比重(%) Proportion (%)	比年初增减数 绝对数 Absolute Value
资金来源总计	**All Sources**	**6506.15**	**100.0**	**950.21**
各项存款	Deposits	5345.64	82.2	831.25
单位存款	Unit deposit	4091.47	62.9	570.61
个人存款	Individual deposit	1086.97	16.7	239.01
临时性存款	Temporary deposit	17.02	0.3	-2.89
其他存款	Other Deposits	150.18	2.3	24.51
代理财政性存款	Agency financial savings	25.34	0.4	-2.06
应付及暂收款	Account Payable and Deposit Received	101.80	1.6	26.55
同业往来	Interbanks Account	1278.97	19.7	512.51
外汇买卖	Foreign exchange trading	22.52	0.3	3.76
委托存款及委托投资基金(净)	Entrust deposit and entrust investment fund	178.35	2.7	126.86
各项准备	Reserves	50.73	0.8	3.79
所有者权益	Creditors' Equity	131.63	2.0	19.55
其他	Others	-628.83	-9.7	-572.00
资金运用总计	**All Uses**	**6506.15**	**100.0**	**950.21**
各项贷款	Loans	4938.02	75.9	434.35
短期贷款	Short-term Loans	3249.02	49.9	332.11
中长期贷款	Medium-term & Long-term Loans	1636.58	25.2	87.80
其他贷款	Others	52.41	0.8	14.43
有价证券及投资	Securities & Investment	282.44	4.3	147.43
存放中央银行准备金存款	Reserve Deposits Leaving in Central Bank	110.33	1.7	-1.36
库存现金	Storage Cash	21.51	0.3	4.36
外汇买卖	Purchase of Foreign Exchanges	22.52	0.3	3.76
其他	Others	1131.35	17.4	361.69

注：中小型银行包括招商银行、农业发展银行、浦东发展银行、中信银行、兴业银行、民生银行、光大银行和广发银行。

a)Small and Medium Banks include CMB, ADBC, SPDB, China Citic Bank,CIB,CMBC,CEB and Guangdong Development Bank.

19-6 大型银行信贷收支情况(2013年)

Deposits and Loans of State-Owned Commercial Banks (2013)

单位：亿元 (100 million yuan)

项 目	Item	年末余额 绝对数 Absolute Value	年末余额 比重(%) Proportion (%)	比年初增减数 绝对数 Absolute Value
资金来源总计	**All Sources**	**13171.80**	**100.0**	**2240.79**
各项存款	Deposits	20166.28	153.1	2441.14
单位存款	Unit deposit	7554.28	57.4	946.58
个人存款	Individual deposit	12353.92	93.8	1471.00
临时性存款	Temporary deposit	77.26	0.6	34.46
其他存款	Other Deposits	180.83	1.4	-10.90
代理财政性存款	Agency financial savings	4.02	0.0	-3.85
应付及暂收款	Account Payable and Deposit Received	407.18	3.1	87.04
同业往来	Interbanks Account	557.77	4.2	-106.51
外汇买卖	Foreign exchange trading	365.27	2.8	329.50
各项准备	Reserves	215.15	1.6	32.50
委托存款及委托投资基金(净)	Entrust deposit and entrust investment fund	1.83	0.0	-2.37
所有者权益	Creditors' Equity	250.28	1.9	82.04
其他	Others	-8795.98	-66.78	-618.70
资金运用总计	**All Uses**	**13171.80**	**100.0**	**2240.79**
各项贷款	Loans	11383.46	86.4	1503.06
短期贷款	Short-term Loans	3002.34	22.8	398.92
中长期贷款	Medium-term & Long-term Loans	8143.42	61.8	1129.11
其他贷款	Others	237.70	1.80	-24.96
有价证券及投资	Securities & Investment	23.40	0.2	3.84
存放中央银行准备金存款	Reserve Deposits Leaving in Central Bank	672.18	5.1	594.66
库存现金	Storage Cash	152.23	1.2	21.55
外汇买卖	Purchase of Foreign Exchanges	365.22	2.8	329.39
其他	Others	575.32	4.4	-211.71

注：大型银行包括工商银行、建设银行、农业银行、中国银行、国家开发银行、交通银行和邮政储蓄银行。
a)Large Banks include ICBC, CCB, ABC, BOC, CDB, BOC and PSBC.

19—7 区域性中小型银行信贷收支情况(2013年)

Deposits and Loans of Urban Commercial Banks (2013)

单位：亿元 (100 million yuan)

项 目	Item	年末余额 绝对数 Absolute Value	年末余额 比重(%) Proportion (%)	比年初增减数 绝对数 Absolute Value
资金来源总计	**All Sources**	**6523.68**	**100.00**	**1623.83**
各项存款	Deposits	4976.13	76.28	1178.24
单位存款	Unit deposit	2474.00	37.92	515.87
个人存款	Individual deposit	2478.11	37.99	661.30
临时性存款	Temporary deposit	14.00	0.21	3.07
其他存款	Other Deposits	10.02	0.15	-1.99
代理财政性存款	Agency financial savings	5.40	0.08	2.66
应付及暂收款	Account Payable and Deposit Received	118.65	1.82	25.44
同业往来	Interbanks Account	465.18	7.13	139.70
外汇买卖	Foreign exchange trading			
委托存款及委托投资基金(净)	Entrust deposit and entrust investment fund	0.87	0.01	0.44
各项准备	Reserves	127.96	1.96	30.06
所有者权益	Creditors' Equity	564.80	8.66	129.20
其他	Others	264.70	4.06	118.08
资金运用总计	**All Uses**	**6523.68**	**100.00**	**1623.83**
各项贷款	Loans	3255.45	49.90	749.70
短期贷款	Short-term Loans	2468.42	37.84	661.35
中长期贷款	Medium-term & Long-term Loans	452.48	6.94	114.50
其他贷款	Others	334.55	5.13	-26.15
有价证券及投资	Securities & Investment	798.57	12.24	78.71
存放中央银行准备金存款	Reserve Deposits Leaving in Central Bank	1162.00	17.81	245.75
库存现金	Storage Cash	43.25	0.66	9.24
外汇买卖	Purchase of Foreign Exchanges			
其他	Others	1264.41	19.38	540.43

注：区域性中小银行包括城市商业银行、农村商业银行、农村合作银行和村镇银行。
a)Regional Small and Medium Banks include Urban commercial Banks, Rural Commercial Banks, Rural Cooperative Banks and Town Bank.

19-8 农村信用社信贷收支情况(2013年)
Deposits and Loans of Rural Credit Cooperatives (2013)

单位：亿元 (100 million yuan)

项目	Item	年末余额 绝对数 Absolute Value	年末余额 比重(%) Proportion (%)	比年初增减数 绝对数 Absolute Value
资金来源总计	**All Sources**	**5888.28**	**100.0**	**878.06**
各项存款	Deposits	5502.42	93.4	726.82
单位存款	Unit deposit	757.30	12.9	85.98
个人存款	Individual deposit	4733.81	80.4	638.00
临时性存款	Temporary deposit	11.31	0.2	2.84
其他存款	Other Deposits			
代理财政性存款	Agency financial savings	11.53	0.2	0.06
应付及暂收款	Account Payable and Deposit Received	160.32	2.7	21.94
同业往来	Interbanks account	122.79	2.1	-16.87
外汇买卖	Foreign exchange trading			
委托存款及委托投资基金(净)	Entrust deposit and entrust investment fund	1.38	0.0	-1.76
各项准备	Reserves	194.72	3.3	36.91
所有者权益	Creditors' Equity	352.63	6.0	60.40
其他	Others	-457.51	-7.77	50.53
资金运用总计	**All Uses**	**5888.28**	**100.0**	**878.06**
各项贷款	Loans	3331.45	56.6	380.28
短期贷款	Short-term Loans	2719.13	46.2	290.42
中长期贷款	Medium-term & Long-term Loans	612.25	10.4	89.86
其他贷款	Others	0.08	0.00	
有价证券及投资	Securities & Investment	417.49	7.1	-72.43
存放中央银行准备金存款	Reserve Deposits Leaving in Central Bank	946.09	16.1	118.23
同业往来	Intercourse between Banks	773.43	13.1	204.16
库存现金	Storage Cash	58.68	1.0	7.08
其他	Others	361.13	6.1	240.74

19-9 信托投资公司信贷收支情况(2013年)
Deposits and Loans of Financial Trust Investment Agencies (2013)

单位：亿元 (100 million yuan)

项目	Item	年末余额 绝对数 Absolute Value	年末余额 比重(%) Proportion (%)	比年初增减数 绝对数 Absolute Value
资金来源总计	**All Sources**	**54.24**	**100.0**	**9.54**
应付及暂收款	Account Payable and Deposit Received	4.68	8.6	-0.20
各项准备	Reserves	0.94	1.7	0.16
所有者权益	Creditors' Equity	54.23	100.0	10.64
其他	Others	-5.61	-10.4	-1.07
资金运用总计	**All Uses**	**54.24**	**100.0**	**9.54**
各项贷款	Loans	16.41	30.3	-0.50
股权及其他投资	Equity and other investment	30.79	56.8	9.38
其他	Others	7.04	13.0	0.66

19-10 个人贷款总额
Total Amount of Personal Loans

单位：亿元 (100 million yuan)

指 标	Indicators	2005	2009	2010	2011	2012	2013
个人贷款总额	**Total Amount of Personal Loans**	**377.79**	**1229.86**	**1898.14**	**2328.50**	**2883.99**	**4022.70**
个人消费贷款	Personal Consumption Loan	347.30	1044.37	1623.94	1982.62	2471.50	3413.66
#个人住房贷款	Housing Mortgage Loan	269.71	829.03	1257.00	1567.79	2024.15	2687.08
汽车消费贷款	Car Consumption Loan	41.02	47.24	68.09	73.28	56.17	58.56
公积金贷款	Accumulation Fund Loan	30.48	185.48	274.20	345.88	412.49	609.04
个人住房贷款占个人消费贷款额比重(%)	**Percentage of Housing Mortgage Loan in Personal Consumption Loan (%)**	**77.7**	**79.4**	**77.4**	**79.1**	**81.9**	**78.7**

19-11 各市城乡居民储蓄存款年底余额
Residents' Saving Deposits of Financial Institutions in Urban and Rural Areas by City (Year-end)

单位：亿元 (100 million yuan)

市(县)	City(County)	2010	2011	2012	2013
全省	**Total**	**12883.70**	**14648.43**	**17528.08**	**20232.12**
省辖市	**City**				
郑州市	Zhengzhou	2911.00	3252.14	3845.46	4475.32
开封市	Kaifeng	472.54	545.00	658.31	763.83
洛阳市	Luoyang	1111.68	1233.05	1465.16	1659.84
平顶山市	Pingdingshan	730.13	789.21	914.37	1014.52
安阳市	Anyang	638.60	727.26	892.16	1056.02
鹤壁市	Hebi	177.94	188.23	220.37	257.14
新乡市	Xinxiang	718.61	793.17	928.51	1081.82
焦作市	Jiaozuo	503.76	562.90	638.08	722.91
濮阳市	Puyang	435.58	496.96	592.52	686.07
许昌市	Xuchang	543.51	615.72	743.29	866.66
漯河市	Luohe	260.29	298.02	367.37	438.52
三门峡市	Sanmenxia	392.82	424.07	492.12	549.92
南阳市	Nanyang	955.82	1136.37	1366.92	1586.56
商丘市	Shangqiu	667.28	790.37	968.91	1098.58
信阳市	Xinyang	784.10	920.69	1104.25	1306.03
周口市	Zhoukou	760.28	906.71	1112.87	1311.63
驻马店市	Zhumadian	713.63	851.36	1020.39	1196.83
济源市	Jiyuan	104.22	114.64	134.58	153.99
省直管县	**Province Administrating County**				
巩义市	Gongyi	133.04	146.97	169.35	188.08
兰考县	Lankao	46.25	56.92	73.24	88.88
汝州市	Ruzhou	69.30	81.70	108.10	125.64
滑县	Huaxian	80.26	95.83	116.12	134.93
长垣县	Changyuan	112.55	122.70	147.92	170.19
邓州市	Dengzhou	89.53	110.34	137.54	163.35
永城市	Yongcheng	119.70	139.31	173.75	197.34
固始县	Gushi	121.74	142.88	169.93	205.16
鹿邑县	Luyi	69.23	82.78	102.23	123.74
新蔡县	Xincai	62.48	76.78	92.70	109.97

19-12 人民币一年期存贷款利率

Official Interest Rates of RMB Deposits and Loans of Financial Institutions

单位：年利率 % (annual interest rate %)

执行日期 Ajust Time	金融机构 存款基准利率 Official Interest Rates of Deposits of Financial Institutions	金融机构 贷款基准利率 Official Interest Rates of Loans of Financial Institutions	中央银行对金融机构 贷款基准利率 Official Interest Rates of Loans of Central Bank
1978	3.24	5.04	
1980	3.96-5.76	5.04	
1985	5.40-7.20	3.60-7.92	
1990.01.01	11.34	11.34	
1990.04.15	10.08	10.08	
1990.08.21	8.64	9.36	
1991.04.21	7.56	8.64	
1993.05.15	9.18	9.36	
1993.07.11	10.98	10.98	
1995.07.01	10.98	12.06	
1996.05.01	9.18	10.98	10.98
1996.08.23	7.47	10.08	10.62
1997.10.23	5.67	8.64	9.36
1998.03.25	5.22	7.92	7.92
1998.07.01	4.77	6.93	5.67
1998.12.07	3.78	6.39	5.13
1999.06.10	2.25	5.85	3.78
2002.02.21	1.98	5.31	3.24
2004.03.25	1.98	5.31	3.87
2004.10.29	2.25	5.58	3.87
2006.04.28	2.25	5.85	3.87
2006.08.19	2.52	6.12	3.87
2007.03.18	2.79	6.39	3.87
2007.05.19	3.06	6.57	3.87
2007.07.21	3.33	6.84	3.87
2007.08.22	3.60	7.02	3.87
2007.09.15	3.87	7.29	3.87
2007.12.21	4.14	7.47	3.87
2008.01.01	4.14	7.47	4.68
2008.09.16	4.14	7.20	4.68
2008.10.09	3.87	6.93	4.68
2008.10.30	3.60	6.66	4.68
2008.11.27	2.52	5.58	3.60
2008.12.23	2.25	5.31	3.33
2010.10.20	2.50	5.56	3.33
2010.12.26	2.75	5.81	3.85
2011.02.09	3.00	6.06	3.85
2011.04.06	3.25	6.31	3.85
2011.07.07	3.50	6.56	3.85
2012.06.08	3.25	6.31	3.85
2012.07.06	3.00	6.00	3.85

19-13 各市证券交易额(2013年)

Securities transactions by City (2013)

单位：亿元 (100 million yuan)

市 City	2009	2010	2011	2012	2013
全　　省 Total	**26443.67**	**25065.78**	**19873.60**	**15987.46**	**18586.20**
省　辖　市 City					
郑　州　市 Zhengzhou	14739.50	13928.78	11176.51	9241.54	10132.35
开　封　市 Kaifeng	558.49	577.66	445.92	315.76	441.43
洛　阳　市 Luoyang	2431.37	2387.21	1886.47	1433.71	1830.23
平顶山市 Pingdingshan	907.18	939.37	741.02	538.33	718.20
安　阳　市 Anyang	709.46	645.36	574.31	406.11	494.45
鹤　壁　市 Hebi	155.91	250.49	203.57	161.61	152.79
新　乡　市 Xinxiang	864.90	930.63	788.36	704.73	759.19
焦　作　市 Jiaozuo	750.33	640.65	462.84	363.18	449.34
濮　阳　市 Puyang	494.01	453.68	336.87	312.22	341.07
许　昌　市 Xuchang	949.15	860.20	629.23	453.74	585.25
漯　河　市 Luohe	366.88	312.01	239.84	180.64	281.89
三门峡市 Sanmenxia	546.46	438.41	282.79	212.67	275.74
南　阳　市 Nanyang	858.51	827.87	617.53	492.04	638.12
商　丘　市 Shangqiu	469.56	290.30	370.97	278.46	337.20
信　阳　市 Xinyang	605.73	525.41	379.96	310.93	386.30
周　口　市 Zhoukou	474.30	415.59	295.90	229.53	306.28
驻马店市 Zhumadian	561.93	488.09	361.94	293.89	383.13
济　源　市 Jiyuan		154.09	79.56	58.37	73.24

19-14 各市国债发行情况
Issuance of National Debt by City

单位：万元 (10 000 yuan)

市 City	2000	2005	2007	2008	2009	2010	2011	2012	2013
全 省 Total	**485000**	**460969**	**432787**	**378128**	**629698**	**618676**	**648960**	**406549**	**617544**
省 辖 市 City									
郑 州 市 Zhengzhou	160330	190559	162122	165302	260249	140710	185175	127292	197459
开 封 市 Kaifeng	23266	18625	16700	11917	25413	31839	29823	16598	18066
洛 阳 市 Luoyang	79250	68155	58420	53215	69539	55497	64665	58884	66022
平 顶 山 市 Pingdingshan	21000	13410	14140	13363	17609	24190	25692	9140	15522
安 阳 市 Anyang	30500	16682	16130	11677	19723	13050	14902	9350	30300
鹤 壁 市 Hebi	2880	3360	8150	2619	4587	10755	18427	3711	7714
新 乡 市 Xinxiang	30737	24089	18060	11750	23661	45620	24177	17054	25976
焦 作 市 Jiaozuo	25021	11699	17180	11700	22824	31401	47384	33237	49336
濮 阳 市 Puyang	35300	35975	23460	28492	62422	45013	35024	24604	41366
许 昌 市 Xuchang	14600	10770	11040	4927	11236	10737	12095	9384	13934
漯 河 市 Luohe	3296	6080	8760	7766	11846	8191	13582	8902	15142
三 门 峡 市 Sanmenxia	11710	9690	9255	6314	11447	18821	17897	16683	22276
南 阳 市 Nanyang	8000	17220	19320	11486	20616	25086	30194	14152	24980
商 丘 市 Shangqiu	6515	4505	10600	7166	12629	22454	26705	12951	23326
信 阳 市 Xinyang	8275	9900	12400	7757	16395	37562	20307	9077	14013
周 口 市 Zhoukou	8800	5575	11200	8477	14225	28285	44135	15044	25154
驻 马 店 市 Zhumadian	11600	9125	10270	10197	21248	59963	33382	16847	18472
济 源 市 Jiyuan	3920	5550	5580	4003	4029	9502	5394	3640	8486

19－15 证券市场情况

Basic Statistics on Securities Market

指 标	Item	2011	2012	2013
年末河南上市公司数量(家)	Number of Henan Listed Companies in Share Market at the Year-end(unit)	99	103	95
年末发行股票(只)	Issued shares at the end year (unit)	100	104	97
发行A股	A Shares	63	66	65
#新发行	Issued in this Year	12	3	
发行境外股票	Overseas stock	37	38	32
#新发行	Issued in this Year	6	1	3
截止年末募集资金总额(亿元)	Capital Avaliable at the end year (100 million yuan)	1034.03	1166.57	1831.32
本年首次发行、再融资募集资金(亿元)	Capital Avaliable from First Issued and Refinancing (100 million yuan)	282.93	209.20	226.63
#A股	A Shares	260.75	188.97	210.38
年末A股上市公司流通股市价总值(亿元)	Total Negotiable Market Capotalization of Companies Listed in A Share Market at the Year-edn(100 million yuan)	2520.82	2460.69	2992.47
股票成交量(亿元)	Total Stock Turnover (100 million yuan)	18749.83	12685.78	18586.20
债券成交量金额(亿元)	Bonds Turnover Amount(100 million yuan)	166.67	411.41	582.35
投资者开户数(万户)	Total Investors (10 000 households)	394.00	408.00	421.51
#机构	Institutions	0.40	0.40	0.42
个人	Individuals	393.60	407.60	421.09
证券营业部个数(个)	Number of Business Departments of Security Companies (unit)	146	148	208
#外省证券公司设本省营业部	Number of Local Business Departments of Security Companies from Strange Provinces	105	105	159

19-16 河南A股股票发行情况(1993-2013年)
Issuance of A Shares (1993-2013)

股票名称 Name of Stocks	证券代码 Code of Stocks	发行(上市)日期 issue or the listing date	发行数量(万股) Total Issued Capital (10 000 shares)	发行价格(元/股) Issued Prices (yuan/share)	发行总市值(万元) Issued Aggregate Market Value (10 000yuan)	募集资金净额(万元) Net Capitalization Collected (10 000yuan)
中原环保	000544.SZ	1993/12/08	4500	3.50	15750	15075
神马股份	600810.SH	1994/01/06	4950	4.68	23166	23166
洛阳玻璃	600876.SH	1995/10/31	5000	5.03	25150	23900
焦作万方	000612.SZ	1996/09/26	3201	6.80	21767	21127
东方银星	600753.SH	1996/09/27	2000	5.18	10360	9760
*ST思达	000676.SZ	1996/12/24	1250	5.20	6500	6000
大地传媒	000719.SZ	1997/03/31	1478			
许继电气	000400.SZ	1997/04/18	5000	9.24	46200	44700
银鸽投资	600069.SH	1997/04/30	4000	4.62	18480	17810
宇通客车	600066.SH	1997/05/08	3500	9.75	34125	33075
郑州煤电	600121.SH	1998/01/07	8000	5.50	44000	42520
豫能控股	001896.SZ	1998/01/22	8000	3.36	26880	25920
莲花味精	600186.SH	1998/08/25	10000	7.01	70100	68000
黄河旋风	600172.SH	1998/11/26	4000	6.40	25600	24721
双汇发展	000895.SZ	1998/12/10	5000	6.24	31200	30046
同力水泥	000885.SZ	1999/03/19	6000	7.08	42480	40980
安彩高科	600207.SH	1999/07/14	18000	7.20	129600	127623
神火股份	000933.SZ	1999/08/31	7000	7.50	52500	51170
新乡化纤	000949.SZ	1999/10/21	7500	7.80	58500	56752
太龙药业	600222.SH	1999/11/05	3500	6.52	22820	21823
羚锐制药	600285.SH	2000/10/18	4000	8.30	33200	32030
天方药业	600253.SH	2000/12/27	6000	7.75	46500	44820
平高电气	600312.SH	2001/02/21	6000	12.45	74700	72787
安阳钢铁	600569.SH	2001/08/20	27500	6.80	187000	182925
中孚实业	600595.SH	2002/06/26	5000	8.30	41500	39939
豫光金铅	600531.SH	2002/07/30	4500	7.34	33030	31502
瑞贝卡	600439.SH	2003/07/10	2400	10.40	24960	23956
中原高速	600020.SH	2003/08/08	28000	6.36	178080	172754
大有能源	600403.SH	2003/10/09	3000	6.67	20010	19078
风神股份	600469.SH	2003/10/21	7500	4.30	32250	30533
华兰生物	002007.SZ	2004/06/25	2200	15.74	34628	32985
轴研科技	002046.SZ	2005/05/26	2500	6.39	15975	14784
平煤股份	601666.SH	2006/11/23	37000	8.16	301920	294892
新野纺织	002087.SZ	2006/11/30	8000	5.19	41520	38821
恒星科技	002132.SZ	2007/04/27	4100	8.00	32800	30200
中航光电	002179.SZ	2007/11/01	3000	16.19	48570	46231
利达光电	002189.SZ	2007/12/03	5000	5.1	25500	23512
三全食品	002216.SZ	2008/02/20	2350	21.59	50737	48864
濮耐股份	002225.SZ	2008/04/25	6000	4.79	28740	27012
辉煌科技	002296.SZ	2009/09/29	1550	25.00	38750	37004
汉威电子	300007.SZ	2009/10/30	1500	27.00	40500	37364
华英农业	002321.SZ	2009/12/16	3700	16.98	62826	58884
森源电气	002358.SZ	2010/02/10	2200	26.00	57200	54715
豫金刚石	300064.SZ	2010/03/26	3800	21.32	81016	74502
远东传动	002406.SZ	2010/05/18	4700	26.60	125020	121490
多氟多	002407.SZ	2010/05/18	2700	39.39	106353	99085
中原特钢	002423.SZ	2010/06/03	7900	9.00	71100	67383
新大新材	300080.SZ	2010/06/25	3500	43.40	151900	148008
中原内配	002448.SZ	2010/07/16	2350	21.80	51230	47275
郑煤机	601717.SH	2010/08/03	14000	20.00	280000	270040
新开源	300109.SZ	2010/08/25	900	30.00	27000	24805
雏鹰农牧	002477.SZ	2010/09/15	3350	35.00	117250	108623
林州重机	002535.SZ	2011/01/11	5120	25.00	128000	120520
西泵股份	002536.SZ	2011/01/11	2400	36.00	86400	81749
四方达	300179.SZ	2011/02/15	2000	24.75	49500	46312
通达股份	002560.SZ	2011/03/03	2000	28.80	57600	53389
好想你	002582.SZ	2011/05/20	1860	46.00	85560	81478
佰利联	002601.SZ	2011/07/15	2400	55.00	132000	125818
新开普	300248.SZ	2011/07/29	1120	30.00	33600	29903
北玻股份	002613.SZ	2011/08/30	6700	13.50	90450	82145
新天科技	300259.SZ	2011/08/31	1900	21.90	41610	38732
隆华节能	300263.SZ	2011/09/16	2000	33.00	66000	61074
明泰铝业	601677.SH	2011/09/19	6000	20.00	120000	113549
中信重工	601608.SH	2012/07/06	68500	4.67	319895	308557
一拖股份	601038.SH	2012/08/08	15000	5.40	81000	77373
洛阳钼业	603993.SH	2012/10/09	20000	3.00	60000	55815

注：2007年及以前为发行日期，2008年起为上市日期。
a)Data before 2007 is issue date,and later 2008 is listing date.

19－17 保险业务情况

Major Indicators of Insurance Business

单位：万元 (10 000 yuan)

项　目	Item	2006	2007	2008	2009	2011	2012	2013
保费收入	**Premium Income**	**2523106**	**3235621**	**5189239**	**5653914**	**8398213**	**8411318**	**9165235**
财产保险	Property Insurance	476181	647687	778537	977354	1633326	1957715	2388330
#机动车辆险	Motor Vehicle Insurance	399160	538271	631479	817024	1399549	1626570	1973599
企业财产险	Enterprise Property Insurance	41440	52030	57058	54314	89390	86662	81421
家庭财产险	Family Property Insurance	3810	1916	2452	2242	2398	2242	2342
人身保险	Life Insurance	2046925	2587934	4410702	4676560	6764888	6453603	6776905
寿险	Life Insurance	1854461	2386260	4110140	4344466	6371589	5954889	6133972
健康险	Health Insurance	133789	132658	223564	249136	283075	370951	494875
意外伤害险	Accident Insurance	58675	69015	76997	82958	110223	127764	148058
赔款及给付	**Claim and Payment**	**509782**	**1008777**	**1287669**	**1482335**	**1711388**	**1995526**	**2797456**
财产保险	Property Insurance	231549	338994	451263	521312	805384	1025003	1220775
#机动车辆险	Motor Vehicle Insurance	189390	289728	382449	431539	685909	888478	1058190
企业财产险	Enterprise Property Insurance	23945	28708	23876	29468	35667	36985	35523
家庭财产险	Family Property Insurance	396	536	627	687	554	572	389
人身保险	Life Insurance	278233	669783	836406	961023	906004	970523	1576680
寿险	Life Insurance	197318	600394	745623	862212	761419	837180	1410872
健康险	Health Insurance	60553	44116	65145	73159	116123	97948	128269
意外伤害险	Accident Insurance	20362	25273	25639	25651	28462	35395	37539

19-18 各市国内保险业务主要指标(2013年)

单位：万元

市 City	保费收入	财产保险				人身保险			
			#机动车辆险	#企业财产险	#家庭财产险		寿险	健康险	意外伤害险
	Premium Income	Property Insurance	Motor Vehicle Insurance	Enterprise Property Insurance	Family Property Insurance	Life Insurance	Life Insurance	Health Insurance	Accident Insurance
全 省 Total	**9165235**	**2388330**	**1973599**	**81421**	**2342**	**6776905**	**6133972**	**494875**	**148058**
省 辖 市 City									
郑 州 市 Zhengzhou	2221032	796746	671094	42928	708	1424286	1246374	132660	45252
开 封 市 Kaifeng	327241	56472	42979	920	36	270769	244814	20239	5716
洛 阳 市 Luoyang	708064	198884	157865	5813	210	509180	461492	36986	10702
平 顶 山 市 Pingdingshan	420606	97402	85476	2533	74	323205	295197	22521	5486
安 阳 市 Anyang	446822	108885	91816	3119	70	337937	307650	22121	8166
鹤 壁 市 Hebi	119272	32973	27404	890	12	86299	77530	6436	2333
新 乡 市 Xinxiang	479721	102453	90603	3509	116	377268	334235	34514	8519
焦 作 市 Jiaozuo	419739	109344	86280	2358	75	310395	278125	25478	6793
濮 阳 市 Puyang	385466	82578	71866	1688	71	302888	276420	20846	5622
许 昌 市 Xuchang	427628	110376	90340	2674	147	317252	292877	18030	6346
漯 河 市 Luohe	248672	42984	33998	1084	259	205688	189255	12866	3567
三 门 峡 市 Sanmenxia	215144	45718	38763	956	18	169425	153596	9527	6303
南 阳 市 Nanyang	747140	160066	131691	5513	157	587074	530721	46487	9866
商 丘 市 Shangqiu	500146	111469	92024	1665	219	388677	361092	20994	6591
信 阳 市 Xinyang	422062	90864	72999	1369	57	331198	308747	18012	4439
周 口 市 Zhoukou	531654	122495	99724	1431	28	409160	386413	18269	4477
驻 马 店 市 Zhumadian	458681	92087	67149	1361	85	366594	337809	22454	6331
济 源 市 Jiyuan	83475	24898	20358	1183	14	58577	50965	6288	1324

Major Indicators of Domestic Insurance Business by City (2013)

(10 000 yuan)

赔款及给付 Claim and Payment	财产保险 Property Insurance	#机动车辆险 Motor Vehicle Insurance	#企业财产险 Enterprise Property Insurance	#家庭财产险 Family Property Insurance	人身保险 Life Insurance	寿险 Life Insurance	健康险 Health Insurance	意外伤害险 Accident Insurance
2797456	**1220775**	**1058190**	**35523**	**389**	**1576680**	**1410872**	**128269**	**37539**
614425	363013	324922	14275	70	251412	202701	40432	8278
86362	31766	23660	708	16	54597	48118	5587	891
257951	90307	75264	2042	35	167644	156679	7712	3253
143332	56072	49920	1197	45	87260	80860	4951	1450
129031	55371	47807	1128	32	73660	64997	5242	3421
43389	16807	14379	531	11	26582	24431	1538	612
149950	50153	43106	3824	11	99797	85128	12785	1883
129612	52012	45245	2077	19	77600	70398	5736	1466
117670	44378	38155	2810	15	73292	66914	4796	1582
132783	60251	56020	964	32	72532	66318	4639	1575
80325	25336	21925	573	4	54989	51068	3102	820
70725	25607	22104	249	3	45119	40030	2050	3038
228648	93432	79013	2100	42	135215	120403	11395	3417
136452	65532	57235	623	9	70920	65255	3669	1996
134538	48913	42556	388	23	85625	79772	5106	746
150693	69718	60562	365	8	80975	76327	3452	1196
153487	51298	39155	510	7	102189	95909	4901	1379
28576	11562	9682	421	2	17015	15551	1160	304

主要统计指标解释

信贷资金 指金融机构以信用方式积聚和分配的货币资金。金融机构信贷资金的来源有各项存款、对国际金融机构负债、流通中货币、银行自有资金及当年结益等；信贷资金的运用有各项贷款、黄金占款、外汇占款、财政借款及在国际金融机构中的资产等。

存款 指企业、机关、团体或居民根据资金必须收回的原则，把货币资金存入银行或其他信用机构保管并取得一定利息的一种信用活动形式。根据存款对象的不同可划分为企业存款、财政存款、机关团体存款、基本建设存款、城镇储蓄存款、农村存款等科目。它是银行信贷资金的主要来源。

贷款 指银行或其他信用机构根据资金必须归还的原则，按一定利率，为企业、个人等提供资金的一种信用活动形式。我国银行贷款分为短期贷款、委托及信托类贷款、其他贷款等。

保险公司 在中国境内的、经过保险监督部门批准设立，并依法登记注册的各类商业保险公司。

保险金额 指保险人承担赔偿或者给付保险金责任的最高限额。

证券 由债券购买者承购的或因销售产品而拥有的，可在金融市场上交易并代表一定债权的书面证明。包括政府债券、金融债券、企业债券、商业票据、股票、支付固定收入但不提供法人企业残余价值分享权的优先股等。

股票 指股票购买者及直接投资者对其投资企业净资产所拥有的权益。股票是股份公司签发的证明股东投资并按其所持股份享有权益和承担义务的权益性证券。

保费 指投保人为取得保险人在约定范围内所承担赔偿责任而支付给保险人的费用。

赔款 指保险人根据保险合同的规定，向被保险人支付的赔偿保险责任损失的金额。

给付 包括死伤医疗给付和满期给付。死伤医疗给付是指保险人根据人寿保险及长期健康保险合同的规定，因被保险人在保险期内发生保险责任范围内的保险事故支付给被保险人（或受益人）的金额。满期给付是指被保险人生存期满，保险人按人寿保险合同规定支付给被保险人的满期保险金额。

Explanatory Notes on Main Statistical Indicators

Credit Funds refer to the funds issued as loans by banking institutions. The sources of credit funds of the banking institutions included deposits, liabilities to international financial institutions, currency in circulation, self-owned funds and current retained profits, etc. The credit funds can be used in forms of loans, gold, foreign exchange, government debt and assets in the international financial institutions.

Deposit is a form of credit by which enterprises, institutions, organizations or households can put money into banks and other credit institutions for safekeeping and interest earning under the principle of free withdrawal. According to different depositors, deposits are divided into enterprise deposits, treasury deposits, deposits of government agencies and organizations, capital construction deposits, urban savings deposits, rural deposits and other deposits. Deposits are major sources of the credit funds of banks.

Loan is a form of credit by which banks and other credit institutions provide funds at certain interest rate to enterprises and individuals in the light of the principle of unconditional repayment. Loans from Chinese banks include short-term loans, medium-term and long-term loans, entrusted loans, and other loans.

Insurance Companies refer to commercial insurance companies of various forms registered by law and established in china with the approval of insurance regulatory agencies.

Insurance amount refers to the insurer undertakes to indemnify or pay under its insurance obligation ceiling.

Securities refer to written certificates representing creditors' rights, purchased by bond holders or owned by selling products, which can be transacted at the financial markets. They include government bonds, financial bonds, corporation bonds, commercial drafts, stocks, preferential stocks that provide fixed income without the right to share the residual value of corporations, etc.

Stocks refer to the rights by stockholders and direct investors on the net assets of corporations they invested in. Stocks refer to negotiable securities on creditor's rights, issued by stock companies certifying the investment by stockholders and their rights and duties depending on their stocks.

Premium is the fee paid by the insurant to the insurer to obtain the obligation of compensation from the insurance within the agreed terms.

Settled Claim is the compensation paid by the insurer to the insurant in accordance with the insurance contract.

Payment includes payment for death, injury or medical treatment and mature payment. Payment for death, injury or medical treatment refers to the money paid to the insurant (or the beneficiary) in accordance with the life or health insurance contract when the insurant encounters accidents within the insured period covered in the contract. Mature payment refers to the mature payment to the insurant in accordance with the life insurance contract at the end of the insured period.

房地产业
Real Estate

• 资料整理：朱丽玲

简要说明

一、主要内容

本篇包括房地产开发企业单位数、从业人数、主要财务指标以及房地产开发与经营活动的规模、结构及资金来源等资料。

二、统计范围

房地产开发统计范围包括：各种登记注册类型的房地产开发公司、商品房建设公司及其他房地产开发单位统一开发（包括统代建，拆迁还建）的各种房屋建筑物和配套的服务设施、土地开发工程，如道路、给水、排水、供电、供热、通讯、平整场地等基础设施工程，还包括实际从事房地产开发或经营活动的附营房地产开发单位。凡从事房地产开发与经营活动的单位，均按单位进行统计。

房地产开发企业数据，暂不包括物业管理、房地产中介服务、其它房地产活动法人单位数据。

三、资料来源

本篇资料由河南省统计局固定资产投资统计处编辑整理。

Brief Introduction

I. Main Contents

Statistics in this chapter including the unit, employment, and main financial indicators of real estate, the Size, structure and funding sources of real estate development and operation.

II. Scope of Statistics

Data on Scope of real estate development enterprises refer to various types of registration companies, commercial building companies, various of housing services to buildings and ancillary facilities built by real estate development companies, such as roads, water supply, drainage, electricity, heating, communications, site formation works and other infrastructure, and data also including subsidiary real estate development business unit which actually engaged in real estate development or business activities.

Data in this chapter except property management, real estate intermediary services and other real estate activities.

III. Sources of Data

Data in this chapter are provided by the Department of investment in fixed assets of the Henan provincial Bureau of Statistics.

20-1 房地产开发企业主要指标

Main Indicators of Enterprises for Real Estate Development

年份 Year	企业个数(个) Number of Enterprises (unit)	本年完成投资额(亿元) Investment Completed This Year (100 million yuan)	#住宅 Residential Buildings	房屋建筑面积竣工率(%) Rate of Floor Space of Buildings Completed (%)	商品房销售面积(万平方米) Floor Space of Selling House (10 000 sq.m)	#住宅 Residential Buildings	商品房销售额(亿元) Sales of Selling House (100 million yuan)	#住宅 Residential Buildings
1990		3.43	2.80					
1991		4.07	3.25	42.2	83.16		2.99	
1992		8.78	6.27	35.1	103.36		4.83	
1993		25.27		31.2	100.20		6.41	
1994	896	49.61	35.22	39.3	225.04	198.19	16.43	9.58
1995	880	62.56	39.38	64.0	660.29	484.53	26.14	20.86
1996	731	54.84	30.49	37.1	255.82	215.27	22.75	18.55
1997	509	51.75	27.15	35.5	220.49	201.65	20.26	17.69
1998	655	58.10	32.09	33.3	279.61	262.94	27.32	24.70
1999	677	70.41	42.94	33.2	297.10	275.28	30.37	26.41
2000	1020	77.87	50.37	36.0	509.21	438.41	64.18	50.51
2001	938	102.84	75.87	32.6	529.21	483.77	65.59	56.55
2002	1108	138.36	101.31	35.9	639.94	584.74	88.29	75.50
2003	1430	185.56	135.10	31.3	862.71	795.78	120.75	103.60
2004	1774	258.82	174.81	28.8	1055.37	948.61	165.91	136.76
2005	1906	388.52	271.62	28.0	1724.82	1539.60	322.01	255.37
2006	2100	581.95	432.64	24.0	2409.33	2190.99	484.72	403.72
2007	2586	837.11	639.08	26.4	3928.04	3569.18	885.16	742.83
2008	4146	1206.71	970.86	21.8	3191.98	2943.36	746.46	629.40
2009	3798	1553.76	1235.21	21.2	4336.90	4019.26	1156.22	1005.21
2010	4176	2114.08	1685.21	21.7	5452.23	5092.49	1658.79	1454.57
2011	4963	2626.54	2021.19	21.8	6275.16	5725.12	2196.81	1788.04
2012	5316	3035.29	2203.06	19.9	5968.49	5455.50	2286.67	1915.57
2013	5438	3843.76	2827.09	16.6	7310.21	6561.41	3074.14	2516.26

注：商品房销售面积、销售额2005年开始采用新口径，与以前不可比，新口径包括期房销售和现房销售。(下同)

a)Figures on Floor Space and Sales of selling House are Accounted in New Caliber in 2005, So they are different from former years. New Caliber Include marketable housing and futures marketable housing (the same as following tables).

20−2 房地产开发企业(单位)个数和从业人员数

Number of Employed Persons and Enterprises for Real Estate Development

指 标	Item	2009	2010	2011	2012	2013
企业个数（个）	**Number of Enterprises(unit)**	**3798**	**4176**	**4963**	**5316**	**5438**
#国有控股	State-holding	220	209	237	251	234
集体控股	Collective-holding	154	167	172	167	148
私人控股	Private-holding	3203	3511	4104	4407	4498
港澳台控股	Hong Kong, Macao and Taiwan-holding	61	63	68	66	63
外资控股	Foreign-holding	61	61	58	49	44
从业人数（人）	**number of Employed Persons(person)**	**88286**	**100350**	**138716**	**144708**	**158600**
#国有控股	State-holding	6709	6352	6227	6600	6636
集体控股	Collective-holding	3886	4257	9225	13720	9945
私人控股	Private-holding	71226	81719	108264	108426	123771
港澳台控股	Hong Kong, Macao and Taiwan-holding	1754	1694	1900	1573	1507
外资控股	Foreign-holding	2555	2491	2461	1700	1918

20-3 各市房地产开发企业(单位)个数(2013年)

Number of Enterprises for Real Estate Development by City (2013)

单位：个 (unit)

市(县) City(County)	企业(单位)个数 Enterprises Number	一级 First Class	二级 Second Class	三级 Third Class	四级 Fourth Class	暂定 Provisional	其他 Others
全　　省 Total	**5438**	**65**	**586**	**1051**	**614**	**2861**	**261**
省　辖　市 City							
郑　州　市 Zhengzhou	1173	21	175	235	37	647	58
开　封　市 Kaifeng	240	1	10	34	31	151	13
洛　阳　市 Luoyang	557	4	65	151	86	226	25
平 顶 山 市 Pingdingshan	328	6	29	53	42	158	40
安　阳　市 Anyang	290	3	36	58	18	157	18
鹤　壁　市 Hebi	126		9	16	24	76	1
新　乡　市 Xinxiang	368		42	80	21	196	29
焦　作　市 Jiaozuo	204	3	23	45	13	115	5
濮　阳　市 Puyang	138	4	20	32	10	61	11
许　昌　市 Xuchang	265	1	30	66	28	135	5
漯　河　市 Luohe	100	1	11	22	16	41	9
三 门 峡 市 Sanmenxia	141		6	18	34	81	2
南　阳　市 Nanyang	384	7	44	67	116	149	1
商　丘　市 Shangqiu	296	4	18	48	8	205	13
信　阳　市 Xinyang	256	5	16	54	78	100	3
周　口　市 Zhoukou	234		17	38	26	147	6
驻 马 店 市 Zhumadian	260	5	17	21	23	172	22
济　源　市 Jiyuan	78		18	13	3	44	
省 直 管 县 Province Administrating County							
巩　义　市 Gongyi	32		3	6	1	22	
兰　考　县 Lankao	24					18	6
汝　州　市 Ruzhou	23		6	5	1	10	1
滑　　　县 Huaxian	24	1	4	3	3	12	1
长　垣　县 Changyuan	36		5	5		24	2
邓　州　市 Dengzhou	24		1	2	6	15	
永　城　市 Yongcheng	39		4	1	1	33	
固　始　县 Gushi	21		2	4	6	9	
鹿　邑　县 Luyi	9			3	2	4	
新　蔡　县 Xincai	15					15	

20−4 各市房地产开发企业从业人员(2013年)

Number of Employed Persons in Enterprises for Real Estate Development (2013)

单位：人 (person)

市(县)	City(County)	从业人员 Number of Employed Persons	一级 First Class	二级 Second Class	三级 Third Class	四级 Fourth Class	暂定 Provisional	其他 Others
全省	**Total**	**158600**	**4624**	**27640**	**27633**	**17127**	**75425**	**6151**
省辖市	**City**							
郑州市	Zhengzhou	33183	1942	8973	5110	477	16061	620
开封市	Kaifeng	7172	57	277	520	532	5099	687
洛阳市	Luoyang	13262	282	2838	3361	1289	5231	261
平顶山市	Pingdingshan	8794	372	1233	1546	778	3982	883
安阳市	Anyang	9701	196	1509	1363	441	5278	914
鹤壁市	Hebi	2521		211	313	491	1503	3
新乡市	Xinxiang	9889		2353	1811	284	4992	449
焦作市	Jiaozuo	5008	346	847	998	284	2447	86
濮阳市	Puyang	3877	51	881	883	160	1575	327
许昌市	Xuchang	6330	116	1330	1532	483	2824	45
漯河市	Luohe	2396		422	811	191	889	83
三门峡市	Sanmenxia	3371		227	448	728	1802	166
南阳市	Nanyang	10236	711	2152	1987	1754	3625	7
商丘市	Shangqiu	8679	181	846	1449	114	5668	421
信阳市	Xinyang	18599	165	1841	3276	8016	5176	125
周口市	Zhoukou	5254		529	752	509	3298	166
驻马店市	Zhumadian	8803	205	655	1124	522	5389	908
济源市	Jiyuan	1525		516	349	74	586	
省直管县	**Province Administrating County**							
巩义市	Gongyi	556		69	62	9	416	
兰考县	Lankao	1579					1077	502
汝州市	Ruzhou	662		163	34	2	422	41
滑县	Huaxian	618	36	179	22	49	328	4
长垣县	Changyuan	1565		723	238		590	14
邓州市	Dengzhou	940		12	59	159	710	
永城市	Yongcheng	1100		122			978	
固始县	Gushi	1561		1133	100	129	199	
鹿邑县	Luyi	209			48	50	111	
新蔡县	Xincai	382					382	

20-5 房地产开发投资额

Completed Investment in Real Estate Development

单位：亿元 (100 million yuan)

项　　目	Item	2005	2010	2011	2012	2013
投资总额	**Total Investment**	**388.52**	**2114.08**	**2626.54**	**3035.29**	**3843.76**
#国有控股	State-holding		100.87	185.31	193.56	292.53
集体控股	Collective-holding		153.07	134.36	119.33	114.01
私人控股	Private-holding		1618.75	1898.16	2279.02	2809.27
港澳台控股	Hong Kong, Macao and Taiwan-holding		46.97	49.29	55.08	59.10
外资控股	Foreign-holding		59.62	61.79	58.39	47.67
按构成分	**Grouped by Use of Composition**					
建筑、安装工程	Construction and Installation	283.87	1657.06	2118.25	2397.41	3132.97
设备、工器具购置	Purchase of Equipment and Instruments	2.84	25.34	24.32	44.27	57.26
其他费用	Others	101.81	431.68	483.97	593.61	653.53
#土地购置费	Total Value of Land Purchased	74.81	293.23	292.68	307.36	391.70
按工程用途分	**By Use of Projects**					
住宅	Residential Buildings	271.62	1685.21	2021.19	2203.06	2827.09
#144平方米以上	Over 144 sq.m		253.23	283.62	302.78	352.01
90平方米以下	Under 90 sq.m		422.33	473.53	676.46	857.86
办公楼	Office Buildings	14.05	56.74	115.44	136.35	175.40
商业营业用房	Houses for Bussiness Use	67.79	192.77	239.35	319.39	442.10
其他	Other	35.06	179.36	250.57	376.49	399.17
新增固定资产	**Newly Increased Fixed Assets**	**189.47**	**861.63**	**1226.42**	**1602.45**	**1572.90**
资金来源	**Source of Funds**	**388.52**	**2114.08**	**2890.91**	**3455.04**	**4402.70**
国内贷款	Domestic Loans	60.75	209.37	278.77	321.09	387.13
利用外资	Foreign Investment	2.10	1.51	6.69	1.13	5.40
#外商直接投资	Foreign Direct Investment	1.45	1.46	6.69	1.03	0.27
自筹资金	Self-raising Funds	180.91	1144.53	1659.13	1920.72	2472.67
其他资金	Others	144.76	758.67	946.32	1212.10	1537.51

注：2011年以前资金来源是按完成投资分，2011年以后是企业到位资金。

a) Data of source fo funds before 2011 refers to completed investment,and data since 2011 refers to funds available.

20-6 房地产开发企业(单位)建设房屋建筑面积和造价
Floor Space and Cost of Buildings Developed by Enterprises for Real Estate Development

市(县) City(County)	施工房屋面积(万平方米) Floor Space Under Construction (10 000 sq.m)	竣工房屋面积(万平方米) Floor Space Completed (10 000 sq.m)	房屋建筑面积竣工率(%) Rate of Floor Space of Buildings Completed(%)	竣工房屋价值(亿元) Value of Buildings Completed(100 million yuan)	竣工房屋造价(元/平方米) Cost of Buildings Completed (yuan/sq.m)
1997	1042.19	370.26	35.5	32.10	867
1998	1175.96	392.03	33.3	28.41	725
1999	1339.60	444.87	33.2	34.05	765
2000	1657.53	597.21	36.0	40.49	678
2001	1976.84	644.40	32.6	45.74	710
2002	2484.01	892.32	35.9	67.83	760
2003	3210.26	1005.52	31.3	86.33	859
2004	3940.64	1135.32	28.8	100.94	889
2005	4902.98	1370.94	28.0	144.72	1056
2006	7017.17	1681.42	24.0	184.87	1099
2007	10550.90	2785.48	26.4	326.78	1173
2008	13906.18	3026.04	21.8	403.95	1335
2009	16074.35	3400.98	21.2	434.30	1277
2010	20393.98	4426.94	21.7	630.25	1424
2011	25343.32	5527.42	21.8	923.85	1671
2012	29559.36	5870.54	19.9	1059.08	1804
2013	35979.33	5965.87	16.6	1117.83	1874
省辖市 City					
郑州市 Zhengzhou	9721.23	1137.47	11.70	272.38	2395
开封市 Kaifeng	1286.01	198.43	15.43	43.00	2167
洛阳市 Luoyang	4329.81	918.41	21.21	163.19	1777
平顶山市 Pingdingshan	1913.84	225.01	11.76	43.10	1915
安阳市 Anyang	2070.09	233.96	11.30	43.84	1874
鹤壁市 Hebi	638.82	177.09	27.72	29.01	1638
新乡市 Xinxiang	2325.67	313.94	13.50	54.96	1751
焦作市 Jiaozuo	1006.12	145.17	14.43	28.86	1988
濮阳市 Puyang	780.59	122.10	15.64	23.98	1964
许昌市 Xuchang	1173.53	274.58	23.40	54.23	1975
漯河市 Luohe	416.85	61.65	14.79	13.11	2127
三门峡市 Sanmenxia	860.44	102.03	11.86	24.88	2438
南阳市 Nanyang	2127.55	246.54	11.59	43.07	1747
商丘市 Shangqiu	1922.63	431.92	22.47	72.92	1688
信阳市 Xinyang	2111.42	501.00	23.73	89.81	1793
周口市 Zhoukou	909.22	319.87	35.18	36.19	1131
驻马店市 Zhumadian	1929.82	517.53	26.82	74.20	1434
济源市 Jiyuan	455.69	39.16	8.59	7.11	1816
省直管县 Province Administrating County					
巩义市 Gongyi	172.42	66.18	38.38	17.10	2583
兰考县 Lankao	77.86	8.43	10.83	1.25	1484
汝州市 Ruzhou	154.89	52.59	33.95	8.73	1660
滑县 Huaxian	128.72				
长垣县 Changyuan	337.91	38.53	11.40	5.97	1550
邓州市 Dengzhou	87.68	25.86	29.49	4.68	1811
永城市 Yongcheng	356.45	24.32	6.82	5.07	2085
固始县 Gushi	286.33	30.58	10.68	6.21	2031
鹿邑县 Luyi	23.54				
新蔡县 Xincai	199.25	38.20	19.17	4.88	1277

20—7 房地产开发企业开发情况

Operating Statistics of Enterprises for Real Estate Development

项　目	Item	2005	2010	2011	2012	2013
本年购置土地面积（万平方米）	Land Space Purchased This year (10 000sq.m)	2015.82	2864.32	1565.92	1742.63	1501.56
本年待开发的土地面积（万平方米）	Land Space Needed to Development This year(10 000sq.m)	763.50	1209.47	964.30	1318.72	1309.60
房屋建筑面积(万平方米)	Floor Space of Building Construction (10 000 sq.m)					
施工面积	Floor Space Under Construction	4902.98	20393.98	25343.32	29559.36	35979.33
#住宅	Residential Buildings	3895.44	16901.99	20620.70	23466.99	28113.59
竣工面积	Floor Space Completed	1370.94	4426.94	5527.42	5870.54	5965.87
#住宅	Residential Buildings	1151.39	3852.60	4806.79	4888.17	4916.31
房屋竣工价值(亿元)	Value of Buildings Completed (100 million yuan)	144.72	630.25	923.85	1059.08	1117.83
房屋竣工造价（元/平方米）	Cost of Buildings Completed (yuan/sq.m)	1056	1424	1671	1804	1874
商品房屋销售建筑面积（万平方米）	Floor Space of Selling House (10 000 sq.m)	1724.82	5452.23	6275.16	5968.49	7310.21
现房销售面积	Sale Space of marketable housing	791.21	1910.83	2188.09	2179.25	2547.91
期房销售面积	Sale Space of futures marketable housing	933.61	3541.40	4087.07	3789.24	4762.30
商品房屋销售额(亿元)	Total Sales of Commerical Houses (100 million yuan)	322.01	1658.79	2196.81	2286.67	3074.14
现房销售额	Sale of marketable housing	128.95	438.82	584.59	646.01	837.71
期房销售额	Sale of futures marketable housing	193.06	1219.97	1612.22	1640.65	2236.43
商品住宅销售套数(万套)	Total Flats Saled of Residential Buildeins (10 000 sets)		45.93	49.77	48.93	58.38
现房销售套数	Sale of marketable housing		14.92	16.55	16.44	19.32
期房销售套数	Sale of futures marketable housing		31.01	33.22	32.49	39.07
商品房待售面积(万平方米)	Area of Land Lying Idle (10 000 sq.m)	307.30	1161.14	1580.67	2453.46	2716.66

20-8 房地产开发企业施工、销售和待售情况(2013年)

项　　目	Item	合计 Total	住宅 Commercially Residential Buildings	#90平方米以下 Under 90 sq.m
房屋施工面积(万平方米)	Floor Space of Buildings under Construction (10 000 sq.m)	35979.33	28113.59	7469.56
#新开工	Started This Year	12465.09	10055.31	2455.90
房屋竣工面积(万平方米)	Floor Space of Buildings Completed (10 000 sq.m)	5965.87	4916.31	1025.45
#不可销售面积	Floor Space Cannot be Solded	514.43	326.36	68.46
住宅竣工套数(万套)	Total Flats of Residential Buildings Completed (10 000 sets)	43.26	43.26	13.23
竣工房屋价值(亿元)	Value of Buildings Completed (100 million yuan)	1117.83	884.15	198.30
批准预售面积(万平方米)	Approval to open to Booking Area(10 000 sq.m)	6056.20	5148.64	982.18
批准预售住宅套数(套)	Approval to open to Booking Residence (set)		45.23	12.19
出租房屋面积(万平方米)	Space of Buildings Leased (10 000 sq.m)	110.75	11.07	9.10
商品房销售面积(万平方米)	Floor Space Sold (10 000 sq.m)	7310.21	6561.41	1374.32
现房销售	Sale of marketable housing	2547.91	2223.33	414.97
期房销售	Sale of futures marketable housing	4762.30	4338.08	959.35
商品房销售额(亿元)	Total Sale of Commercial Buildings (100 million yuan)	3074.14	2516.26	620.02
现房销售	Sale of marketable housing	837.71	660.50	123.58
期房销售	Sale of futures marketable housing	2236.43	1855.75	496.43
商品住宅销售套数(万套)	Total Flats Saled of Residential Buildings (10 000 sets)	58.38	58.38	17.28
现房销售	Sale of marketable housing	19.32	19.32	5.08
期房销售	Sale of futures marketable housing	39.07	39.07	12.19
商品房待售面积(万平方米)	Floor Space of Buildings Emptied(10 000 sq.m)	2716.66	2106.96	444.96
#待售1-3年	1-3Years Emptied	852.28	626.72	151.09
待售3年以上	Over 3 Years Emptied	23.46	6.63	0.06

Situation of Construction，Sale and Buildings Emptied of Real Estate Enterprises (2013)

#144平方米以上 Over 144sq.m	#别墅、高档公寓 Villas, Highgrade Apartments	办公楼 Office Buildings	商业营用房 House for Business Use	其他 Others
3886.33	229.37	1297.06	3709.10	2859.58
1333.47	85.43	329.90	1185.51	894.36
871.67	16.92	121.80	620.81	306.95
50.07	0.01	27.14	74.66	86.27
5.08	0.10			
156.87	3.08	35.08	136.69	61.91
799.09	36.86	249.26	512.60	145.70
4.61	0.27			
1.96		3.31	92.06	4.31
1001.95	41.23	205.44	444.99	98.37
369.95	6.46	33.23	247.66	43.69
632.00	34.77	172.21	197.33	54.68
407.11	32.38	187.16	334.53	36.19
112.06	3.76	13.50	148.49	15.21
295.06	28.63	173.66	186.04	20.98
6.12	0.23			
2.34	0.03			
3.78	0.20			
386.41	17.18	53.57	425.05	131.09
102.15	3.65	19.30	155.75	50.52
3.02	0.34	2.05	9.33	5.45

20−9 各市房地产开发投资情况(2013年)

Development and Investment Completed for Real Estate by City (2013)

市(县) City(County)	投资总额(亿元) Total Investment (100 million yuan)	住宅 Residential Buildings	#90平方米以下 Under 90 sq.m	#144平方米以上 Over 144sq.m	#别墅、高档公寓 Villas, Highgrade Apartments	办公楼 Office Buildings	商业营业用房 Houses for Business Use	其他 Other
全省 Total	**3843.76**	**2827.09**	**857.86**	**352.01**	**27.04**	**175.40**	**442.10**	**399.17**
省辖市 City								
郑州市 Zhengzhou	1445.33	910.46	448.80	117.92	13.82	135.91	188.68	210.28
开封市 Kaifeng	134.80	102.55	31.63	19.10	3.30	1.16	17.75	13.35
洛阳市 Luoyang	301.97	228.76	44.46	45.72	1.51	12.49	30.07	30.64
平顶山市 Pingdingshan	120.16	89.37	30.77	9.47	0.42	1.66	9.67	19.47
安阳市 Anyang	153.76	117.80	19.42	22.30	0.51	5.26	21.26	9.45
鹤壁市 Hebi	50.56	41.06	8.10	2.41	0.04	2.95	5.37	1.18
新乡市 Xinxiang	227.29	177.55	44.42	24.25	3.07	3.06	24.25	22.43
焦作市 Jiaozuo	117.00	94.80	21.98	6.87	0.09	1.17	11.66	9.36
濮阳市 Puyang	72.68	60.18	17.37	3.10	0.44	0.88	6.74	4.88
许昌市 Xuchang	120.66	89.23	19.48	11.80	1.10	1.51	13.46	16.46
漯河市 Luohe	46.39	42.60	16.94	4.44	0.06	0.30	2.46	1.03
三门峡市 Sanmenxia	85.72	51.83	15.52	6.27	0.15	2.74	23.49	7.67
南阳市 Nanyang	131.03	104.85	19.14	8.36	0.66	0.70	15.84	9.64
商丘市 Shangqiu	189.68	157.97	28.13	14.14	0.32	0.13	19.55	12.03
信阳市 Xinyang	226.29	189.67	13.37	15.63		2.33	16.41	17.89
周口市 Zhoukou	207.20	194.21	13.40	13.53			9.10	3.89
驻马店市 Zhumadian	181.32	152.71	62.97	20.99	1.54	1.42	19.56	7.63
济源市 Jiyuan	31.94	21.51	1.95	5.70		1.74	6.79	1.90
省直管县 Province Administrating County								
巩义市 Gongyi	47.81	28.34	13.49	7.00		1.10	13.19	5.19
兰考县 Lankao	6.35	5.96	1.17	1.68	0.17		0.05	0.35
汝州市 Ruzhou	11.05	7.96	1.28	1.02		0.06	0.88	2.15
滑县 Huaxian	6.13	3.95	0.06	0.34		0.01	1.93	0.24
长垣县 Changyuan	16.42	14.07	1.20	6.68	0.08	0.08	1.76	0.50
邓州市 Dengzhou	12.13	10.26	0.53	0.20			1.76	0.10
永城市 Yongcheng	30.53	20.29	7.02	4.59		0.08	4.01	6.15
固始县 Gushi	19.69	15.29	0.36	0.10		0.07	0.68	3.65
鹿邑县 Luyi	2.30	2.30	0.73	0.18				
新蔡县 Xincai	12.37	11.30	1.92	4.73			0.32	0.76

20-10 各市房地产开发企业实际到位资金(2013年)

Actual Funds in Place of Enterprises for Real Estate Development (2013)

单位：亿元 (100 million yuan)

市(县) City(County)	合计 Total	国内贷款 Domestic Loans	利用外资 Foreign Investment	#外商直接投资 Foreign Direct Investment	自筹资金 Self-raising Funds	其他资金来源 Others
全　　省 Total	**4402.70**	**387.13**	**5.40**	**0.27**	**2472.67**	**1537.51**
省　辖　市 City						
郑　州　市 Zhengzhou	1672.71	141.82	4.43		802.31	724.16
开　封　市 Kaifeng	168.16	9.90	0.47		106.88	50.91
洛　阳　市 Luoyang	399.73	39.47			154.39	205.87
平顶山市 Pingdingshan	136.14	12.93	0.50		78.16	44.55
安　阳　市 Anyang	154.51	9.08			110.05	35.38
鹤　壁　市 Hebi	57.26	3.76			43.07	10.43
新　乡　市 Xinxiang	255.88	18.01			158.27	79.60
焦　作　市 Jiaozuo	134.21	12.16			88.13	33.92
濮　阳　市 Puyang	78.89	7.28			49.57	22.04
许　昌　市 Xuchang	147.72	16.97			72.04	58.71
漯　河　市 Luohe	55.58	1.30			37.33	16.95
三门峡市 Sanmenxia	89.60	10.39			56.42	22.79
南　阳　市 Nanyang	175.07	13.46			89.89	71.73
商　丘　市 Shangqiu	205.70	18.49			146.57	40.64
信　阳　市 Xinyang	233.81	39.15			146.07	48.59
周　口　市 Zhoukou	213.22	10.17			187.83	15.22
驻马店市 Zhumadian	186.49	21.48			126.23	38.78
济　源　市 Jiyuan	38.04	1.31			19.46	17.27
省直管县 Province Administrating County						
巩　义　市 Gongyi	48.04	8.43			39.61	
兰　考　县 Lankao	7.96	0.67			6.92	0.36
汝　州　市 Ruzhou	13.05	0.29			6.58	6.19
滑　　县 Huaxian	9.07				7.25	1.82
长　垣　县 Changyuan	18.20	0.47			14.64	3.09
邓　州　市 Dengzhou	17.97	0.32			9.04	8.61
永　城　市 Yongcheng	29.93	0.41			17.66	11.86
固　始　县 Gushi	19.69	3.30			10.62	5.77
鹿　邑　县 Luyi	2.31				2.31	
新　蔡　县 Xincai	6.12	2.09			4.03	

20-11 各市房地产开发施工房屋面积(2013年)

Floor Space of Buildings under Construction by City (2013)

单位：万平方米 (10 000 sq.m)

市(县)	City(County)	施工房屋面积 Floor Space of Buildings under Construction	住宅 Residential Buildings	#90平方米以下 Under 90 sq.m	#144平方米以上 Over 144 sq.m	#别墅、高档公寓 Villas,luxury apartments	办公楼 Office Buildings	商业营业用房 Houses for Business Use	其他 Others
全省	**Total**	**35979.33**	**28113.59**	**7469.56**	**3886.33**	**229.37**	**1297.06**	**3709.10**	**2859.58**
省辖市	**City**								
郑州市	Zhengzhou	9721.23	6348.90	2710.03	786.47	89.49	866.41	1079.14	1426.78
开封市	Kaifeng	1286.01	1098.48	342.70	195.97	10.65	17.05	115.62	54.87
洛阳市	Luoyang	4329.81	3282.27	540.93	463.17	16.28	183.87	425.46	438.22
平顶山市	Pingdingshan	1913.84	1567.61	440.87	232.61	4.93	31.85	176.54	137.83
安阳市	Anyang	2070.09	1730.45	265.23	400.27	4.46	33.08	215.56	91.00
鹤壁市	Hebi	638.82	535.87	147.01	47.15	8.16	16.97	64.31	21.67
新乡市	Xinxiang	2325.67	1962.11	378.64	301.00	33.55	26.81	252.05	84.71
焦作市	Jiaozuo	1006.12	845.59	164.25	72.81	7.23	3.87	105.37	51.30
濮阳市	Puyang	780.59	662.95	218.24	42.54	1.56	10.91	71.98	34.75
许昌市	Xuchang	1173.53	969.59	259.13	133.01	9.24	11.11	109.36	83.47
漯河市	Luohe	416.85	384.91	112.37	29.78	0.27	1.59	19.82	10.52
三门峡市	Sanmenxia	860.44	619.09	213.52	85.60	3.00	35.08	153.81	52.47
南阳市	Nanyang	2127.55	1802.11	352.14	167.41	6.03	11.16	229.78	84.50
商丘市	Shangqiu	1922.63	1657.66	383.73	176.78	4.43	2.50	234.75	27.72
信阳市	Xinyang	2111.42	1807.48	137.70	234.03		10.52	150.25	143.17
周口市	Zhoukou	909.22	851.47	102.08	124.12			47.67	10.08
驻马店市	Zhumadian	1929.82	1643.92	668.68	324.43	30.09	18.31	192.86	74.74
济源市	Jiyuan	455.69	343.15	32.33	69.17		15.98	64.75	31.81
省直管县	**Province Administrating County**								
巩义市	Gongyi	172.42	112.90	34.16	22.92		1.90	48.57	9.05
兰考县	Lankao	77.86	75.16	9.15	26.72	0.08		0.82	1.88
汝州市	Ruzhou	154.89	124.05	22.07	17.67		0.19	16.73	13.92
滑县	Huaxian	128.72	100.82	1.85	21.12		0.01	27.56	0.33
长垣县	Changyuan	337.91	293.46	18.48	83.70	1.59	7.00	28.52	8.93
邓州市	Dengzhou	87.68	79.91	10.00	2.79			6.07	1.70
永城市	Yongcheng	356.45	294.88	106.07	58.03		0.31	58.45	2.82
固始县	Gushi	286.33	208.62	4.76	3.52		0.89	16.06	60.76
鹿邑县	Luyi	23.54	23.54	12.35	0.18				
新蔡县	Xincai	199.25	194.64	47.58	81.20			3.55	1.06

20−12 各市房地产开发竣工房屋面积(2013年)

Floor Space of Buildings Completed by City (2013)

单位：万平方米 (10 000 sq.m)

市(县) City(County)	竣工房屋面积 Floor Space of Buildings Completed	住宅 Residential Buildings	#90平方米以下 Under 90 sq.m	#144平方米以上 Over 144sq.m	#别墅高档公寓 Villas,luxury apartments	办公楼 Office Buildings	商业营业用房 Houses for Business Use	其他 Others
全　　省 Total	**5965.87**	**4916.31**	**1025.45**	**871.67**	**16.92**	**121.80**	**620.81**	**306.95**
省辖市 City								
郑州市 Zhengzhou	1137.47	760.56	231.10	132.60	2.54	85.08	135.01	156.83
开封市 Kaifeng	198.43	177.25	57.67	56.93	2.35	1.94	14.76	4.48
洛阳市 Luoyang	918.41	745.76	84.68	158.49	0.21	19.65	97.12	55.86
平顶山市 Pingdingshan	225.01	198.26	41.49	46.55		2.79	19.53	4.43
安阳市 Anyang	233.96	220.57	18.98	58.25		0.08	11.77	1.53
鹤壁市 Hebi	177.09	150.13	51.00	21.27	3.30	0.19	24.31	2.46
新乡市 Xinxiang	313.94	245.57	35.82	72.73	2.98	7.54	46.98	13.86
焦作市 Jiaozuo	145.17	131.19	25.94	6.71	0.08	0.51	9.30	4.17
濮阳市 Puyang	122.10	111.61	35.90	1.48			9.67	0.81
许昌市 Xuchang	274.58	220.32	57.55	34.31	0.83	2.14	35.81	16.32
漯河市 Luohe	61.65	56.78	39.83	3.32	0.19		4.67	0.20
三门峡市 Sanmenxia	102.03	75.12	11.96	9.17		0.65	24.47	1.79
南阳市 Nanyang	246.54	215.99	26.54	21.63	0.05	0.39	25.83	4.33
商丘市 Shangqiu	431.92	386.75	54.99	55.87	0.20	0.05	43.98	1.15
信阳市 Xinyang	501.00	447.96	23.17	71.73		0.60	28.46	23.97
周口市 Zhoukou	319.87	306.16	22.41	64.43			12.88	0.83
驻马店市 Zhumadian	517.53	442.71	204.03	55.88	4.19	0.18	61.55	13.09
济源市 Jiyuan	39.16	23.61	2.38	0.32			14.70	0.85
省直管县 Province Administrating County								
巩义市 Gongyi	66.18	39.47	11.72	3.29		0.90	18.80	7.01
兰考县 Lankao	8.43	8.43	0.81	3.78				
汝州市 Ruzhou	52.59	49.10	4.57	12.23			2.26	1.23
滑县 Huaxian								
长垣县 Changyuan	38.53	33.75		31.53			4.78	
邓州市 Dengzhou	25.86	24.19	2.57	1.93			1.55	0.12
永城市 Yongcheng	24.32	19.90	10.34	7.91			4.41	
固始县 Gushi	30.58	26.70	0.67	2.51			3.79	0.09
鹿邑县 Luyi								
新蔡县 Xincai	38.20	37.08	10.66	12.06			1.12	

20-13 各市房地产开发竣工房屋价值(2013年)

Value of Buildings Completed by City (2013)

单位：亿元 (100 million yuan)

市(县) City(County)	竣工房屋价值 Value of Buildings Completed	住宅 Residential Buildings	#90平方米以下 Under 90 sq.m	#144平方米以上 Over 144sq.m	#别墅、高档公寓 Villas,luxury apartments	办公楼 Office Buildings	商业营业用房 Houses for Business Use	其他 Others
全省 Total	**1117.83**	**884.15**	**198.30**	**156.87**	**3.08**	**35.08**	**136.69**	**61.91**
省辖市 City								
郑州市 Zhengzhou	272.38	174.40	57.11	29.40	0.71	26.11	37.94	33.93
开封市 Kaifeng	43.00	38.00	13.09	11.21	0.31	0.44	3.63	0.94
洛阳市 Luoyang	163.19	126.03	14.91	27.53	0.04	5.30	22.58	9.29
平顶山市 Pingdingshan	43.10	37.16	9.22	10.21		0.70	4.38	0.86
安阳市 Anyang	43.84	40.79	3.51	11.11		0.02	2.75	0.28
鹤壁市 Hebi	29.01	22.71	6.54	3.50	0.63	0.05	5.94	0.31
新乡市 Xinxiang	54.96	40.66	6.51	10.78	0.35	1.34	10.30	2.65
焦作市 Jiaozuo	28.86	26.22	6.00	1.10	0.02	0.13	1.82	0.69
濮阳市 Puyang	23.98	21.76	8.18	0.24			2.07	0.16
许昌市 Xuchang	54.23	45.34	12.07	7.21	0.21	0.62	4.47	3.80
漯河市 Luohe	13.11	11.88	8.22	0.79	0.04		1.21	0.02
三门峡市 Sanmenxia	24.88	18.03	2.97	2.12		0.16	6.34	0.35
南阳市 Nanyang	43.07	37.61	4.26	4.01		0.07	4.66	0.73
商丘市 Shangqiu	72.92	64.61	9.56	9.10	0.02	0.01	8.19	0.10
信阳市 Xinyang	89.81	77.31	4.81	13.40		0.12	6.50	5.88
周口市 Zhoukou	36.19	34.75	2.79	7.02			1.35	0.09
驻马店市 Zhumadian	74.20	62.27	28.18	8.07	0.74	0.02	10.26	1.64
济源市 Jiyuan	7.11	4.60	0.39	0.07			2.31	0.19
省直管县 Province Administrating County								
巩义市 Gongyi	17.10	9.74	2.85	0.72		0.25	5.15	1.95
兰考县 Lankao	1.25	1.25	0.19	0.48				
汝州市 Ruzhou	8.73	8.12	0.74	2.05			0.46	0.15
滑县 Huaxian								
长垣县 Changyuan	5.97	5.02		4.63			0.95	
邓州市 Dengzhou	4.68	4.40	0.57	0.46			0.26	0.02
永城市 Yongcheng	5.07	4.21	1.07	1.23			0.86	
固始县 Gushi	6.21	5.29	0.12	0.50			0.91	0.01
鹿邑县 Luyi								
新蔡县 Xincai	4.88	4.71	1.28	1.62			0.17	

20-14 房地产开发企业房屋销售情况
Selling of Enterprises for Real Estate Development

指 标	Item	2005	2010	2011	2012	2013
商品房屋销售额(亿元)	**Total Sales of Commerical Houses (100 million yuan)**	**322.01**	**1658.79**	**2196.81**	**2286.67**	**3074.14**
商品住宅	Commercially Residential Buildings	255.37	1454.57	1788.04	1915.57	2516.26
#90平方米以下	Under 90 sq.m		400.76	351.52	530.66	620.02
144平方米以上	Over 144 sq.m		301.59	327.78	294.95	407.11
#别墅、高档公寓	Villas and Good Apartments	24.19	20.55	29.21	22.18	32.38
办公楼	Office Buildings	7.60	50.31	138.79	111.57	187.16
商业营业用房	Houses for Bussiness Use	58.32	137.09	245.65	228.15	334.53
其他房屋	Others	0.72	16.82	24.33	31.38	36.19
商品房屋销售面积(万平方米)	**Floor Space of Selling House (10 000 sq.m)**	**1724.82**	**5452.23**	**6275.16**	**5968.49**	**7310.21**
商品住宅	Commercially Residential Buildings	1539.60	5092.49	5725.12	5455.50	6561.41
#90平方米以下	Under 90 sq.m		1106.32	993.47	1251.73	1374.32
144平方米以上	Over 144 sq.m		941.14	1019.72	898.24	1001.95
#别墅、高档公寓	Villas and Good Apartments	94.85	41.14	47.16	33.69	41.23
办公楼	Office Buildings	24.86	60.79	149.18	126.49	205.44
商业营业用房	Houses for Bussiness Use	154.91	246.44	326.49	297.96	444.99
其他房屋	Others	5.45	52.51	74.37	88.54	98.37

20-15 各市房地产开发商品房屋销售面积(2013年)
Floor Space of Commercial Houses Sold by City (2013)

单位：万平方米 (10 000sq.m)

市(县) City(County)	商品房屋销售面积 Floor Space Sold of Commercial House	现房 marketable housing	期房 futures marketable housing	住宅 Residential Buildings	#90平方米以下 Under 90 sq.m	#别墅、高档公寓 Villas, luxury apartments	办公楼 Office Buildings	商业营业用房 Houses for Business Use	其他 Others
全　　省 Total	**7310.21**	**2547.91**	**4762.30**	**6561.41**	**1374.32**	**41.23**	**205.44**	**444.99**	**98.37**
省　辖　市 City									
郑　州　市 Zhengzhou	1621.89	248.52	1373.38	1313.48	474.75	15.84	176.74	88.27	43.41
开　封　市 Kaifeng	253.03	90.99	162.04	238.40	63.08	4.32	0.12	12.77	1.73
洛　阳　市 Luoyang	701.00	227.61	473.39	637.21	114.84	3.25	7.99	44.59	11.20
平顶山市 Pingdingshan	217.36	59.89	157.46	202.94	53.60	0.32	0.60	13.48	0.34
安　阳　市 Anyang	399.35	90.73	308.62	372.36	27.70	0.36	2.59	23.83	0.57
鹤　壁　市 Hebi	149.01	57.87	91.14	133.88	13.31	0.14	0.17	14.27	0.69
新　乡　市 Xinxiang	571.86	188.60	383.26	519.26	62.18	8.98	9.67	38.82	4.11
焦　作　市 Jiaozuo	174.74	62.83	111.91	165.61	16.06	3.15	0.11	6.51	2.51
濮　阳　市 Puyang	284.21	129.38	154.83	267.54	79.82		1.39	13.37	1.91
许　昌　市 Xuchang	271.06	62.23	208.84	243.96	38.78	2.06	3.36	17.33	6.42
漯　河　市 Luohe	107.32	27.82	79.50	103.10	29.81	0.19	0.56	3.66	
三门峡市 Sanmenxia	122.99	36.18	86.80	113.90	19.62		0.82	7.50	0.77
南　阳　市 Nanyang	434.10	119.24	314.86	410.38	67.51	0.25	0.47	21.06	2.19
商　丘　市 Shangqiu	528.03	265.62	262.41	500.48	66.06	0.47	0.35	25.75	1.44
信　阳　市 Xinyang	445.18	290.18	155.00	390.32	28.21			41.88	12.98
周　口　市 Zhoukou	330.65	242.27	88.38	316.12	23.90			13.95	0.57
驻马店市 Zhumadian	607.32	325.59	281.73	552.86	188.52	1.68		46.97	7.49
济　源　市 Jiyuan	91.12	22.37	68.76	79.60	6.55	0.22	0.50	10.99	0.03
省直管县 Province Administrating County									
巩　义　市 Gongyi	99.57	85.39	14.18	76.96	29.77			20.25	2.36
兰　考　县 Lankao	17.50	8.20	9.31	17.50	2.58				
汝　州　市 Ruzhou	29.64	8.14	21.50	28.66	1.13			0.98	
滑　　县 Huaxian	33.93		33.93	31.87	1.29			2.06	
长　垣　县 Changyuan	97.00	42.37	54.63	91.20	5.54		0.05	5.69	0.05
邓　州　市 Dengzhou	62.42	23.10	39.32	58.74	5.41			3.66	0.02
永　城　市 Yongcheng	59.76	17.05	42.72	57.07	10.75			2.69	
固　始　县 Gushi	46.01	46.01		41.74	0.96			4.13	0.13
鹿　邑　县 Luyi	5.48	0.95	4.53	5.48	0.53				
新　蔡　县 Xincai	33.20	33.20		32.46	14.83				0.74

20-16 各市房地产开发商品房屋销售额(2013年)

Total Sales of Commercial Houses by City (2013)

单位：万元 (10 000 yuan)

市(县)	City(County)	商品房屋销售额 Total Sales of Commerical Houses	现房 marketable housing	期房 futures marketable housing	住宅 Residential Buildings	#90平方米以下 Under 90 sq.m	#别墅、高档公寓 Villas, luxury apartments	办公楼 Office Buildings	商业营业用房 Houses for Business Use	其他 Others
全　　省	**Total**	**30741352**	**8377055**	**22364297**	**25162572**	**6200164**	**323805**	**1871592**	**3345290**	**361898**
省 辖 市	**City**									
郑　州　市	Zhengzhou	11616453	1197806	10418647	8651663	3288060	194763	1722624	1058640	183526
开　封　市	Kaifeng	1002258	296209	706049	863250	224521	21866	848	130520	7640
洛　阳　市	Luoyang	2931827	758339	2173488	2454111	428592	43407	48966	389701	39049
平 顶 山 市	Pingdingshan	716377	185395	530982	637236	171211	1307	1111	74076	3954
安　阳　市	Anyang	1272020	278711	993309	1094261	77937	2382	17082	159455	1222
鹤　壁　市	Hebi	434706	166126	268580	358038	31497	546	851	74558	1259
新　乡　市	Xinxiang	1910817	590029	1320788	1639890	216421	34287	42210	212676	16041
焦　作　市	Jiaozuo	592208	211108	381100	534003	53690	7615	704	50357	7144
濮　阳　市	Puyang	1006103	386824	619279	932111	309411		7624	62316	4052
许　昌　市	Xuchang	1012905	232572	780333	870286	158858	6389	16205	106994	19420
漯　河　市	Luohe	373183	85213	287970	344017	99318	646	3405	25761	
三 门 峡 市	Sanmenxia	424822	130798	294024	358846	66716		4608	58743	2625
南　阳　市	Nanyang	1347433	365608	981825	1235150	199612	1180	827	107157	4299
商　丘　市	Shangqiu	1415418	750892	664526	1288909	188636	2191	1761	121873	2875
信　阳　市	Xinyang	1608640	1055983	552657	1254608	93389			306982	47050
周　口　市	Zhoukou	1008127	725668	282459	928202	69250			78647	1278
驻 马 店 市	Zhumadian	1751128	905857	845271	1431147	500729	6103		299787	20194
济　源　市	Jiyuan	316927	53917	263010	286844	22316	1123	2766	27047	270
省 直 管 县	**Province Administrating County**									
巩　义　市	Gongyi	419935	350965	68970	252658	99860			155992	11285
兰　考　县	Lankao	44226	20391	23835	44226	6506				
汝　州　市	Ruzhou	91744	26596	65148	87064	3700			4680	
滑　　　县	Huaxian	93610		93610	85297	3066			8313	
长　垣　县	Changyuan	299992	128226	171766	279282	13754		170	20370	170
邓　州　市	Dengzhou	214557	76352	138205	187514	17155			27008	35
永　城　市	Yongcheng	183121	57493	125628	170669	31506			12452	
固　始　县	Gushi	173786	173786		144226	3165			29260	300
鹿　邑　县	Luyi	12059	1950	10109	12059	1163				
新　蔡　县	Xincai	84308	84308		82453	36365				1855

20-17 房地产开发企业(单位)财务状况
Financial Conditions of Enterprises for Real Estate Development

单位：万元 (10 000 yuan)

年份 Year	实收资本合计 Total Capital Hold	资产总计 Total Assets	累计折旧 Total Depreciation	#本年折旧 Depriciation This Year	负债总计 Total Liabilities	所有者权益 Owners' Equity	资产负债率(%) Assets Liabilities Ration
1995		1764785	14267	5342	1279978	484807	72.5
1996	551806	1807658	26520	7591	1387989	419669	76.8
1997	406745	1740105	19949	7588	1447544	292561	83.2
1998	505463	2280437	30805	8592	1910905	369532	83.8
1999	510523	2173758	36403	10014	1753236	420520	80.7
2000	817805	3018825	56674	12183	2338003	680822	77.4
2001	945883	3442486	63638	15519	2604287	838199	75.7
2002	1150354	4595641	85859	17913	3481164	1114477	75.7
2003	1455042	5510446	102740	19951	4038378	1472068	73.3
2004	2202011	8276947	129627	29240	5938250	2338698	71.7
2005	2318891	9784926	143625	29277	6816474	2968452	69.7
2006	3014227	12757587	186086	48428	8971739	3785848	70.3
2007	4432599	19659483	230093	45495	13732874	5926609	69.9
2008	6637409	26964335	304507	73239	17873731	9090604	66.3
2009	7364502	33620940	378972	80626	22812498	10808442	67.9
2010	8508683	45243820	493246	114146	32685619	12558201	72.2
2011	11222136	65168658	585018	136696	48594182	16574476	74.6
2012	13021039	86412935	688028	144209	66347192	20065743	76.8
2013	17606463	118597788	946125	228537	92631519	25966268	78.1
省辖市 City							
郑州市 Zhengzhou	7937462	56015386	432867	110043	45717560	10297826	81.6
开封市 Kaifeng	509187	3379632	16972	4723	2604184	775448	77.1
洛阳市 Luoyang	1601440	14088935	127814	20150	10160409	3928526	72.1
平顶山市 Pingdingshan	952797	4192585	41699	10478	3204714	987871	76.4
安阳市 Anyang	693554	4674991	28716	8834	3790157	884834	81.1
鹤壁市 Hebi	190004	1442334	9354	2855	1117274	325060	77.5
新乡市 Xinxiang	893686	6122134	38079	8994	4691399	1430736	76.6
焦作市 Jiaozuo	514547	2786897	14935	5750	2224815	562082	79.8
濮阳市 Puyang	348681	2158448	12261	2932	1821632	336816	84.4
许昌市 Xuchang	664475	4466619	26137	7552	3385635	1080984	75.8
漯河市 Luohe	166896	1603590	9131	1941	1304687	298904	81.4
三门峡市 Sanmenxia	313458	1818846	12319	3733	1448407	370438	79.6
南阳市 Nanyang	755835	4488734	55688	8888	3447259	1041475	76.8
商丘市 Shangqiu	616201	2836302	15490	4156	1934298	902004	68.2
信阳市 Xinyang	519966	3259992	21206	5503	2276326	983667	69.8
周口市 Zhoukou	316991	1849676	51881	12752	1103077	746600	59.6
驻马店市 Zhumadian	387737	2482423	20511	6908	1780919	701504	71.7
济源市 Jiyuan	223547	930264	11066	2345	618769	311495	66.5
省直管县 Province Administrating County							
巩义市 Gongyi	67912	466530	3657	1285	313791	152739	67.3
兰考县 Lankao	42639	86347	2022	676	21037	65310	24.4
汝州市 Ruzhou	69128	320983	3488	448	171176	149807	53.3
滑县 Huaxian	38807	265959	1390	279	203423	62536	76.5
长垣县 Changyuan	88782	584051	11788	1816	382659	201392	65.5
邓州市 Dengzhou	27629	136945	977	566	86066	50879	62.8
永城市 Yongcheng	46255	547284	1118	437	487723	59561	89.1
固始县 Gushi	48222	494595	1846	695	412543	82052	83.4
鹿邑县 Luyi	6604	85860	932	221	76547	9313	89.2
新蔡县 Xincai	12459	54593	1490	623	32960	21634	60.4

20-18 房地产开发企业(单位)经营状况

Operating Statistics of Enterprises for Real Estate Development

单位：万元 (10 000 yuan)

年份 Year	主营业务总收入 Revenue from Principal Business	土地转让收入 Land Transferred	商品房屋销售收入 Commercial Houses Sold	房屋出租收入 Houses Leased	其他收入 Others	主营业务税金及附加 Operating Tax and Extra Charges	利润总额 Operating Profit
1995	296217	12144	261429	6646	15998		
1996	255167	5452	233920	3017	12778	11632	-25046
1997	253688	5168	219637	15007	13876	10766	-25754
1998	351299	13176	281049	12390	44684	14994	-24228
1999	372131	5429	305042	8766	52894	13786	-32030
2000	589976	5061	540151	2006	42758	25236	-31592
2001	795263	9742	667394	28533	89594	38027	-37939
2002	1076871	5910	922688	23136	125137	54990	-24806
2003	1456160	21772	1368253	18096	48039	76469	-33501
2004	2020881	15111	1918110	38611	49049	115015	26208
2005	2811080	61734	2675030	11543	62773	160582	176260
2006	3979391	24054	3887229	23325	44783	258454	273585
2007	6090315	45874	5939029	14200	91212	438474	632245
2008	7046582	53621	6772130	29211	191620	481789	694067
2009	8933162	63141	8721890	13006	135125	645284	1015016
2010	12005594	37385	11676405	137383	154421	895513	1328860
2011	13865231	45658	13400414	203150	216009	1055193	1583907
2012	15709431	77198	15133586	209955	288692	1318915	1817922
2013	26254232	175336	25111237	529686	437973	2154407	3930904
省辖市 City							
郑州市 Zhengzhou	8358690	7556	7801725	416129	133281	833738	1357720
开封市 Kaifeng	1033018	8491	936714	7370	80444	67643	177869
洛阳市 Luoyang	3168402	134073	3001043	26897	6389	259943	507794
平顶山市 Pingdingshan	848205	18	813711	4992	29484	56670	74278
安阳市 Anyang	1053146	157	1021541	18406	13042	70818	113334
鹤壁市 Hebi	423500		419494	1972	2035	25926	36405
新乡市 Xinxiang	2018696	16035	1962913	23022	16725	148783	348612
焦作市 Jiaozuo	650589	26	646802	2154	1607	59193	17980
濮阳市 Puyang	711376	444	703834	5005	2095	45319	63180
许昌市 Xuchang	994694	616	974089	5379	14610	71482	146164
漯河市 Luohe	390637	326	388386	691	1235	29653	47715
三门峡市 Sanmenxia	330808	1764	307504	2417	19123	25915	35259
南阳市 Nanyang	1156457	1387	1112565	5365	37141	78326	133109
商丘市 Shangqiu	1400405	57	1338666	2450	59232	106814	252186
信阳市 Xinyang	1352378	972	1342068	2611	6728	114484	238759
周口市 Zhoukou	973314		972180	830	304	69478	153864
驻马店市 Zhumadian	1091694	3417	1071538	3582	13157	66488	187573
济源市 Jiyuan	298224	1	296466	415	1342	23737	39105
省直管县 Province Administrating County							
巩义市 Gongyi	162719		157756		4963	8937	12370
兰考县 Lankao	72208	4380	55998	2689	9141	4454	16872
汝州市 Ruzhou	98764		90302	49	8413	3065	14046
滑县 Huaxian	77758		77637	21	100	5104	15576
长垣县 Changyuan	150344	400	149820	124	0	11908	19617
邓州市 Dengzhou	105719	116	102624	153	2826	5791	22998
永城市 Yongcheng	214465		180680		33785	11345	78479
固始县 Gushi	145574	720	142819	1870	165	10048	18256
鹿邑县 Luyi	22876		22769		107	1524	6562
新蔡县 Xincai	56449		56449			1693	17765

主要统计指标解释

房地产开发投资　指各种登记注册类型的房地产开发法人单位统一开发的包括统代建、拆迁还建的住宅、厂房、仓库、饭店、宾馆、度假村、写字楼、办公楼等房屋建筑物，配套的服务设施，土地开发工程（如道路、给水、排水、供电、供热、通讯、平整场地等基础设施工程）和土地购置的投资；不包括单纯的土地开发和交易活动。

房屋建筑面积　指从房屋外墙线算起的各层平面面积的总和，包括可供使用的有效面积和房屋结构(如柱、墙)占用的面积。多层建筑按各层（包括地下室）面积总和计算。

住宅建筑面积　指施工和竣工房屋建筑面积中供居住用的施工和竣工房屋建筑面积。

施工面积　指报告期内施工的全部房屋建筑面积。包括本期新开工的面积、上期跨入本期继续施工的房屋面积、上期停缓建在本期恢复施工的房屋面积、本期竣工的房屋面积及本期施工后又停缓建的房屋面积。

竣工面积　指在报告期内房屋建筑按照设计要求已全部完工，达到住人和使用条件，经验收鉴定合格，正式移交使用单位的建筑面积。

新增固定资产　指报告期内已经完成建造和购置过程，并已交付生产或使用单位的固定资产价值。该指标是表示固定资产投资成果的价值指标，也是反映建设进度，计算固定资产投资效果的重要指标。

别墅、高档公寓　指建筑造价和销售价格明显高于一般商品住宅的商品住宅。别墅一般指地处郊区，独立成栋的商品住宅；高档公寓一般指地处市内高尚社区，高层或多层的商品住宅。别墅、高档公寓的确定标准：一是经有房地产投资计划审批权的主管部门审批建设的别墅、高档公寓开发项目；二是销售价格高于当地同等地段商品住宅平均销售价格一倍以上的别墅、公寓开发项目。该指标可以分析房地产投资结构，反映高收入家庭商品住宅的供求平衡情况。

商品房销售面积　指报告期内出售商品房屋的合同总面积(即双方签署的正式买卖合同中所确定的建筑面积)。由现房销售建筑面积和期房销售建筑面积两部分组成。

商品房销售额　指报告期内出售商品房屋的合同总价款(即双方签署的正式买卖合同中所确定的合同总价)。该指标与商品房销售面积同口径，由现房销售额和期房销售额两部分组成。

商品房建设投资额　是指房地产开发企业（单位）开发建设的供出售、出租用的住宅、厂房、仓库、饭店、度假村、写字楼、办公楼等房屋工程及其配套的服务设施所完成的投资额。

完成开发土地面积　指报告期内对土地进行开发并已完成七通一平等前期开发工程，具备进行房屋建筑物施工或达到出让条件的土地面积。

本年购置土地面积　指在本年内通过各种方式获得土地使用权的土地面积。

Explanatory Notes on Main Statistical Indicators

Investment in Real Estate Development refers to investment by real estate development companies, commercialized buildings construction companies and other real estate development units of various types of ownership in the construction of buildings, such as residential buildings, factory buildings, warehouses, hotels, guesthouses, holiday villages, office buildings, the complementary service facilities and land development projects, such as roads, water supply, water drainage, power supply, heating supply, telecommunications, land leveling and other infrastructural projects. It does not include activities in pure land transactions.

Floor Space of Buildings Under Construction and Completed refers to total floor space in each story of buildings calculated from the outside line of building walls, including both usable space and the space occupied by constructions like pillars or walls. The floor space of multi-story buildings includes the total floor space of each story (including basement).

Floor Space of Residential Buildings refers to the floor space of the residential buildings under construction and completed among the total space of buildings under construction and completed.

Floor Space Under Construction refers to total floor space of all buildings under construction during the reference period, including floor space of newly started buildings during the reference period, floor space of construction extended from the previous period to the current period, floor space of construction suspended during the previous period and resumed in the current period, floor space of construction completed in the current period, and floor space of construction started and then suspended in the current period.

Floor Space of Buildings Completed refers to the floor space of buildings completed in the reference period, which have come up to the designed standards and have been put into use.

Newly Increased Fixed Assets refer to the newly increased value of fixed assets, constructed or purchased, that have been transferred to the investors. This is an indicator that demonstrates the results of investment in fixed assets in monetary terms, and an important indicator to reflect the speed of construction and to calculate the efficiency of investment.

Villas, High-Grade Apartments refers to commercial houses whose construction costs and marketing prices are significantly higher than ordinary housing. Villas are independent structures generally located in the suburbs; high-grade apartments are multi-story buildings located in elegant urban neighborhoods. Criteria for villas and high-grade apartments include: 1) projects for the construction of villas or high-grade apartments have to be approved by competent departments in charge of real estate development and investment plans, and 2) prices for projects on villas or high-grade apartments are higher by over 100% compared with the average prices of ordinary commercial housing projects in similar location. This indicator helps to analyze the investment structure of the real estate industry and the demand and supply of housing for high-income households.

Area of Commercialized Housing Sold refers to total contracted area of commercialized housing (i.e. area of floor space as designated in the formal contracts signed by both sides) during the reference time. It constitutes floor space of completed housing and floor space of future housing.

Value of Commercialized Housing Sold refers to the total contracted value (i.e. value of sales/purchase for selling/purchase of commercialized housing as designated in the contract signed by both sides) during the reference time. This indicator has the same coverage as the area of commercialized housing sold, which constitutes floor space of completed housing and floor space of housing yet to be completed

Investment in Commercial Buildings refers to the investment in residential buildings, workshops, warehouses, hotels, official buildings and related service establishment for sale or rent by real estate development enterprises.

Developed Land Area Completed refers to the land area of land development and prophase development projects completed, which can carry out construction or remise.

Purchased Land Area in Current Year refers to the land area accessible by various means in current year.

租赁和商务服务业

Leasing and Business Services

● 资料整理：常伟杰

简要说明

一、主要内容

本篇包括租赁和商务服务业企业、行政事业单位、社会团体及其他法人单位的单位数、从业人数、主要财务指标等社会活动情况。

二、资料来源

租赁和商务服务业企业、行政事业单位、社会团体及其他法人单位的单位数、从业人数、主要财务指标由省统计局组织各部门和各地区统计调查。由省地方经济社会调查队服务业调查处整理提供。

Brief Introduction

I. Main Contents

Data in the chapter mainly include: unit, employment, and main financial indicators of Tenancy and business services enterprises, Administrative institution, social organizations and others, and basic condition of telecommunication services, etc.

II. Sources of Data

Data on Number of Institutional Unit, Employed Persons and Main Financial Indicators of Management of Leasing and Business Services are calculated from Statistical investigation by Henan provincial bureau of statistics, which are provided by Henan provincial survey organizations of social and economy.

21-1 租赁和商务服务业法人单位数和从业人员数

Number of Institutional Unit and Employed Persons of Leasing and Business Services

年份(Year)	合 计 Total	企 业 Enterprise	行政事业 Administrative institution	社会团体及其他 Social organizations and others
单位数(个) Number of Institutional Unit(unit)				
2008	9611	8381	956	274
2009	10534	9281	960	293
2010	11658	10370	956	332
2011	12944	11646	963	335
2012	14384	13128	980	276
从业人数(万人) Employed Persons(10 000 persons)				
2008	17.50	15.01	2.19	0.30
2009	20.10	17.29	2.40	0.40
2010	21.29	18.59	2.40	0.31
2011	25.09	22.49	2.25	0.35
2012	31.59	28.52	2.75	0.31

21-2 分行业租赁和商务服务业法人单位财务指标(2012年)

Main Financial Indicators of Institutional Unit of Leasing and Business Services by Sector (2012)

单位：万元 (10 000 yuan)

指 标	Item	租赁和商务服务业 Tenancy and business services	租赁业 Tenancy	商务服务业 Business service
单位数(个)	Number of units (unit)	14384	826	13558
从业人数(万人)	Employed Persons (10 000 Persons)	31.59	1.14	30.45
固定资产原价	Fixed Asset Price	4986124	211321	4774804
收入合计	Total Income	4544187	160939	4383248
成本费用合计	Total Cost	3726328	108039	3618289
职工薪酬	Employee Compensation	782727	23879	758848
税费合计	Tax	200270	10288	189982
营业利润	Operating Profit	323847	21937	301910

21-3 各市租赁和商务服务业法人单位财务指标(2012年)
Main Financial Indicators of Institutional Unit of Leasing and Business Services by City (2012)

单位：万元 (10 000 yuan)

市(县) City(County)	单位数(个) Number of units (unit)	从业人数(万人) Employed Persons (10 000 Persons)	固定资产原价 Fixed Asset Price	收入合计 Total Income	成本费用合计 Total Expenses	职工薪酬 Employee Compensation	税费合计 Tax and Expenses	营业利润 Operating Profit
全 省 Total	**14384**	**31.59**	**4986124**	**4544187**	**3726328**	**782727**	**200270**	**323847**
省辖市 City								
郑州市 Zhengzhou	6784	12.73	2297603	2631843	2352423	350122	128192	-33151
开封市 Kaifeng	483	1.08	88003	110472	78027	26152	7993	31403
洛阳市 Luoyang	1025	2.17	280880	269483	210222	45798	8776	26246
平顶山市 Pingdingshan	502	1.99	54517	154821	129435	34845	5924	-5406
安阳市 Anyang	487	1.87	194788	173310	113596	30402	6517	69427
鹤壁市 Hebi	150	0.32	13653	19510	12899	6725	714	670
新乡市 Xinxiang	554	1.27	92211	66112	41531	24103	4314	31743
焦作市 Jiaozuo	463	1.46	843845	227717	166296	26894	4155	17457
濮阳市 Puyang	191	1.63	24101	104439	95667	84318	774	2167
许昌市 Xuchang	549	0.93	190608	128121	73191	20003	9660	33146
漯河市 Luohe	152	0.54	33139	39391	22337	8795	1139	13333
三门峡市 Sanmenxia	900	1.32	281820	184688	106223	33960	4868	40530
南阳市 Nanyang	828	1.66	92766	182629	164075	37163	6476	29908
商丘市 Shangqiu	205	0.38	33155	31117	17069	7701	1531	7091
信阳市 Xinyang	336	0.75	93194	47580	33219	14756	2133	8964
周口市 Zhoukou	261	0.55	66801	85955	46764	14878	3909	32459
驻马店市 Zhumadian	433	0.78	59977	65284	46539	13961	2561	14972
济源市 Jiyuan	81	0.14	245064	21716	16811	2151	634	2888
省直管县 Province Administrating County								
巩义市 Gongyi	65	0.14	11586	8818	6356	2663	705	1017
兰考县 Lankao	46	0.12	9730	14925	12269	2587	651	4493
汝州市 Ruzhou	41	0.06	8696	6932	3117	1441	787	-9512
滑县 Huaxian	26	0.15	32978	26602	18879	2435	1733	1599
长垣县 Changyuan	45	0.08	1772	3757	2110	1005	236	1470
邓州市 Dengzhou	28	0.08	2629	4867	3503	2078	99	271
永城市 Yongcheng	15	0.03	780	2156	1864	525	76	384
固始县 Gushi	81	0.16	11350	12708	7038	3463	502	3364
鹿邑县 Luyi	10	0.02	2171	1660	1123	325	59	191
新蔡县 Xincai	49	0.11	2537	6958	6452	1909	220	1103

主要统计指标解释

租赁业 是指一种以一定费用借贷使用实物的经济行为。在这种经济行为中，出租人将自己所拥有的某种物品交与承租人使用，承租人由此获得在一段时期内使用该物品的权利，但物品的所有权仍保留在出租人手中。承租人为其所获得的使用权需向出租人支付一定的费用（租金）。按照《2011国民经济行业分类注释》，租赁业主要包括机械设备租赁和文化及体育设备出租两大类别，其中机械设备租赁包括汽车租赁、农业机械租赁、建筑工程机械与设备租赁、计算机及通讯设备租赁以及其他机械与设备租赁；文化及日用品出租包括娱乐及体育设备出租、图书出租、影像制品出租、其他文化及日用品出租等。

商务服务业 按照《2011 国民经济行业分类注释》，商务服务业主要包括九大类别：企业管理服务、法律服务、咨询与调查、广告业、知识产权服务、人力资源服务、旅行社及相关服务、安全保护服务以及其他商务服务业。

Explanatory Notes on Main Statistical Indicators

Rental industry refers to the economic behavior that paying the rent for borrowing. In this kind of economic behavior, the lessor lent their goods to the borrower, and the ownership of the goods still Belong to the lessor ,the borrower should pay for the Use right in a period. In according to The national economic Explanatory Notes in 2011, mainly including mechanical equipment ,culture and sports equipment rental, mechanical equipment rental including car rental, agricultural machinery rental, construction engineering machinery and equipment rental, computer and communication equipment rental and others. Culture and daily necessities rental including entertainment and sports equipment rental, book rental, image products lease, other cultural and daily necessities rent etc.

Business services in according to The national economic Explanatory Notes in 2011, mainly including nine categories: enterprise management service, law service, consulting and research services, advertising, intellectual property services, human resources service, travel agencies and related services, security protection services and other business services.

科学研究和技术服务业

Scientific research and technical service

● 资料整理：张永安

简要说明

一、主要内容：

本篇包括科学研究和技术服务业企业、行政事业单位、社会团体及其他法人单位的单位数、从业人数及主要财务指标；全社会以及大中型工业企业、政府部门属研究机构、高校的研究与试验发展（R&D）活动及规模以上工业企业的研究与试验发展（R&D）人员、经费支出情况；全省专利申请和授权情况；科研成果及科研项目、技术市场技术合同成交资料；测绘、质量监督等综合技术服务部门业务机构及业务活动情况。

二、统计范围：

科技活动统计资料范围为全社会有研究与试验发展（R&D）活动的企事业单位，具体包括工业企业、政府部门属研究机构、普通高等学校以及研究与试验发展（R&D）活动相对密集行业（包括农、林、牧、渔业，建筑业，交通运输、仓储和邮政业，信息传输、计算机服务和软件业，金融业，租赁和商务服务业，科学研究、技术服务和地质勘查业，水利、环境和公共设施管理业，卫生、社会保障和社会福利业，文化、体育和娱乐业等）中从事研究与试验发展（R&D）活动的企事业单位。

三、资料来源：

科学研究和技术服务业企业、行政事业单位、社会团体及其他法人单位的单位数、从业人数及主要财务指标由省统计局组织各部门和各地区统计调查，由省地方经济社会调查队服务业调查处整理提供。

全省综合资料、企业及有关行业企事业单位的研究与试验发展（R&D）活动情况资料由省统计局调查提供；政府部门属研究机构资料由省科技厅和国防科技工业局调查提供；科学研究、技术服务和地址勘查业企事业的研究与试验发展（R&D）活动情况资料，以及科技论文资料、技术市场资料由省科技厅调查提供；高校资料由省教育厅调查提供；测绘、产品质量监督抽查、专利等资料，分别由省测绘局、省质量监督局、省知识产权局等部门调查提供。

四、统计调查方法：

研究与试验发展(R&D)活动情况采用全面调查取得；测绘、产品质量监督抽查、专利资料采用抽样等多种调查方法取得。

科技活动统计资料口径变动说明：2005年以前科技活动统计资料只包括大中型工业企业、政府部门属研究机构、普通高等学校，2005年及以后年份扩大到了全社会范围。本篇资料由河南省统计局社会与科技统计处编辑整理。

Brief Introduction

I. Main Contents

Data on this chapter including unit, employment, and main financial indicators of Science and technology enterprises, Administrative institution, social organizations and others, and basic condition of scientific research, technical services and geologic prospecting; The R&D personnel, the expenditure funds of R&D activities under whole society, large and medium-sized industrial enterprise, government departments, universities and colleges, data on patents application accepted and granted; data on technological markets; data on activities of the surveying and mapping, product quality supervision., etc.

II. Scope of Statistics

Data on research and development (R&D) activities of enterprises and institutions all over the country, mainly including industrial enterprises, scientific and technological institutions under government departments, universities and colleges and R&D-intensive enterprises of different industries (such as agriculture, forestry, animal husbandry, fisher, construction, transport, storage and post, information transmission, computer services and software, financial intermediation, leasing and business services, scientific research, technical service and geologic prospecting, management of water conservancy, environment and public facilities , health, social security and social welfare, culture, sports and entertainment).

III. Sources of Data

Data on unit, employment, and main financial indicators of Science and technology enterprises, Administrative institution, social organizations and others, and basic condition of scientific research, technical services and geologic prospecting are calculated from Statistical investigation by Henan provincial bureau of statistics, which are provided by Henan provincial survey organizations of social and economy.

Data on national aggregates and R&D activities of various enterprises and institutions , are from Henan provincial bureau of statistics; data on scientific and technological institutions under government departments are from Henan provincial bureau of scientific and technological and Henan provincial bureau of Defense science, technology industry; data on scientific research, technical service and geologic prospecting, scientific and technological papers; technological markets and high and new-tech industrial enterprises in development zones are from Henan provincial bureau of scientific and technological; data on scientific and technological activities in universities and colleges are from Henan provincial bureau of Education; Data on the development of surveying and mapping, product quality supervision and patents are provided separately by Henan provincial bureau of Survey and Mapping, Henan provincial bureau of product quality supervision and Quarantine, and Henan provincial Intellectual Property Office.

IV. Statistical methodology

Data on R&D activities of industrial enterprises, scientific and technological institutions under government departments, universities and colleges are collected through complete surveys. Data on surveying and mapping, product quality supervision and patent applications are through sample surveys and other surveys.

Changes of the statistical coverage of data on scientific and technological activities: before 2005, data only included large and medium-sized industrial enterprises, scientific research institutions under government departments, and universities and colleges. Since 2005 (inclusive), data have covered all industries. Data on this chapter are provided by Department of social and scientific and technological of Henan provincial bureau of statistics.

22-1 科学研究和技术服务业法人单位数和从业人员数

Number of Institutional Unit and Employed Persons of Scientific Research, Technical Services and Geologic Prospecting

年份（Year）	合计 Total	企业 Enterprise	行政事业 Administrative institution	社会团体及其他 Social organizations and others
单位数(个)Number of Institutional Unit(unit)				
2008	5027	2667	2160	200
2009	5238	2871	2149	218
2010	5822	3064	2158	600
2011	6023	3257	2161	605
2012	6616	4099	2168	349
从业人数(万人)Employed Persons(10 000 persons)				
2008	15.10	7.98	6.78	0.34
2009	14.47	8.18	6.00	0.29
2010	16.79	9.29	6.79	0.70
2011	18.05	10.76	6.60	0.70
2012	20.57	12.59	7.27	0.71

22-2 分行业科学研究和技术服务业法人单位财务指标(2012年)

Main Financial Indicators of Institutional Unit of Scientific Research, Technical Services and Geologic Prospecting by Sector (2012)

单位：万元 (10 000 yuan)

指 标	Item	科学研究和技术服务业 Scientific research, technical service and geologic perambulation	研究与试验发展 Research and experimental development	专业技术服务业 Professional technique services	科技推广和应用服务业 Services of science and technique intercommunion and generalization
单位数(个)	Number of units (unit)	6616	618	3968	2030
从业人数(万人)	Employed Persons (10 000 Persons)	20.57	3.25	12.93	4.40
固定资产原价	Fixed Asset Price	3229210	1443741	1574360	211109
收入合计	Total Income	5203732	1297328	3580304	326100
成本费用合计	Total Cost	3930749	1046896	2650067	233786
职工薪酬	Employee Compensation	871142	192850	592015	86277
税费合计	Tax	252051	45371	196733	9948
营业利润	Operating Profit	511090	119996	361531	29563

22-3 各市科学研究和技术服务业法人单位财务指标(2012年)

Main Financial Indicators of Institutional Unit of Scientific Research, Technical Services and Geologic Prospecting by City (2012)

单位：万元 (10 000 yuan)

市(县) City(County)	单位数(个) Number of units (unit)	从业人数(万人) Employed Persons (10 000 Persons)	固定资产原价 Fixed Asset Price	收入合计 Total Income	成本费用合计 Total Expenses	职工薪酬 Employee Compensation	税费合计 Tax and Expenses	营业利润 Operating Profit
全 省 Total	**6616**	**20.57**	**3229210**	**5203732**	**3930749**	**871142**	**252051**	**511090**
省 辖 市 City								
郑 州 市 Zhengzhou	1871	7.16	1146186	2100359	1625750	384811	138143	132921
开 封 市 Kaifeng	292	0.72	56041	78592	47079	16373	3079	16309
洛 阳 市 Luoyang	717	3.62	1367889	2151952	1663004	247804	80647	261392
平 顶 山 市 Pingdingshan	288	0.86	52119	94235	60359	27474	5578	5338
安 阳 市 Anyang	197	0.52	26352	46133	27499	12791	1918	9341
鹤 壁 市 Hebi	91	0.19	11385	13022	8732	3839	236	800
新 乡 市 Xinxiang	237	0.69	81239	124064	81142	19144	2058	15788
焦 作 市 Jiaozuo	375	0.92	141519	75911	47187	18327	3068	5686
濮 阳 市 Puyang	125	0.32	30880	53367	45874	13402	1518	-223
许 昌 市 Xuchang	257	0.67	43210	94186	61702	16122	3675	19181
漯 河 市 Luohe	69	0.14	14059	17893	15302	3054	451	2184
三 门 峡 市 Sanmenxia	450	0.69	44219	54880	37443	18928	1524	3837
南 阳 市 Nanyang	617	1.58	78869	111076	73438	32178	5007	15659
商 丘 市 Shangqiu	93	0.28	15881	25934	19517	7069	395	1284
信 阳 市 Xinyang	391	0.97	57739	67179	52482	23676	1580	5616
周 口 市 Zhoukou	145	0.31	17816	29350	18003	7277	1469	8385
驻 马 店 市 Zhumadian	336	0.81	34364	52473	38042	15165	1394	6375
济 源 市 Jiyuan	65	0.15	9444	13127	8194	3707	313	1217
省 直 管 县 Province Administrating County								
巩 义 市 Gongyi	34	0.10	5284	12037	10113	2082	513	1077
兰 考 县 Lankao	39	0.19	10757	24780	14871	3900	821	5788
汝 州 市 Ruzhou	29	0.09	3160	4803	3489	1744	204	411
滑 县 Huaxian	22	0.09	3651	2470	1348	1230	161	673
长 垣 县 Changyuan	21	0.03	1869	1239	836	668	40	383
邓 州 市 Dengzhou	31	0.13	3032	7149	4854	2727	51	406
永 城 市 Yongcheng	11	0.03	832	3485	1854	783	51	340
固 始 县 Gushi	73	0.17	3873	10107	7971	3640	124	1151
鹿 邑 县 Luyi	5	0.02	606	4909	3059	531	250	1364
新 蔡 县 Xincai	28	0.06	3181	4401	3152	1165	145	1121

22-4 研究与试验发展(R&D)主要指标
Basic Statistics on R&D Activities

年 份 Year	有(R&D)活动的单位数 (个) Number of Institutions for R&D (unit)	(R&D)人员 (个) Number of Persons for R&D (person)	(R&D)人员折合全时当量 (人年) Number of Persons for R&D Anounted to Full-time (person-year)	(R&D)经费内部支出 (万元) Intramural Expenditures on R&D (10 000 yuan)	(R&D)经费外部支出 (万元) External Expenditures on R&D (10 000 yuan)	(R&D)项目数 (项) Statistics on R&D Topics (item)	(R&D)机构数 (个) Statistics on R&D Institutions (unit)
2000	1017		34629	248024	15050	7904	1331
2001	985		36138	283091	24064	8100	1122
2002	982		41492	293151	31148	8470	1151
2003	989		40742	341910	24664	9293	1173
2004	1090		38250	423560	24573	12105	1423
2005	1107		50888	556090	39913	16069	1498
2006	1109		58716	798414	47729	18904	1432
2007	1169		64888	1011302	59761	24395	1531
2008	1286		72830	1240890	55061	27349	1727
2009	1636		92571	1747599	96107	22347	1821
2010	1555	144408	101668	2113773	89253	24050	1798
2011	1585	167386	118266	2644922	109950	28422	1817
2012	1720	185116	128323	3107803	124399	30319	1870
2013	2051	216269	152541	3553486	109470	33015	2064

22-5 研究与试验发展(R&D)活动概况
Basic Statistics on R&D Activities

指　　标	Item	2012	2013
科技活动人员(人)	Number of Persons for S&T (person)	305990	330257
#大学本科及以上学历	Graduated from Bachelor and Above	131806	141503
有研究与试验发展(R&D)活动的单位数(个)	Number of Institutions for R&D (unit)	1720	2051
研究与试验发展(R&D)人员(人)	Number of Persons for R&D (person)	185116	216269
#女性	Female	41391	47975
#研究人员	Researchers	82995	95024
#全时人员	Full-time Personnel	105529	125596
非全时人员	Timing Personnel	79587	90673
#博士毕业	Graduated from Doctor	5111	6063
硕士毕业	Graduated from Master	19906	21930
本科毕业	Graduated from Bachelor	54734	57533
其他学历	Other Degree	105365	130743
研究与试验发展(R&D人)员折合全时当量(人年)	Number of Persons for R&D Anounted to Full-time (person-year)	128323	152541
#研究人员	Researchers	56483	65696
#基础研究	Basic Research	3495	3948
应用研究	Applied Research	5676	7561
试验发展	Experimental Development	119156	141032
研究与试验发展(R&D)经费内部支出(万元)	Intramural Expenditures on R&D (10 000 yuan)	3107803	3553486
#基础研究	Basic Research	75662	81826
应用研究	Applied Research	116552	166073
试验发展	Experimental Development	2915589	3305587
#日常性支出	Daily spending	2638545	3036282
#人员劳务费	Labour Fee	706720	866089
#资产性支出	Assets spending	469258	517204
#仪器和设备	Instruments and Equipment	436285	488793
#政府资金	Government Apppropriation Funds	427074	432970
企业资金	Self-raised Funds by Enterpirses	2541871	2999190
境外资金	Foreign Apppropriation Funds	3723	8299
其他资金	Other Funds	135138	113027
研究与试验发展(R&D)经费外部支出(万元)	External Expenditures on R&D(10 000 yuan)	124399	109470
#对国内研究机构支出	Expenses on Domestic R&D Institutions	81408	63225
对国内高等学校支出	Expenses on Domestic Colleges and Universities	35281	37151
对国内企业支出	Expenses on Domestic Enterprises	5965	6834
对境外支出	Expenses on Overseas	1732	2261
研究与试验发展(R&D)产出情况	**Statistics on R&D Outputs**		
专利申请数(件)	Total Applications Examined(piece)	15788	18095
#发明专利申请数	Creation Inventions	5437	6233
专利授权数数(件)	Number of Patents Applications Granted (piece)	1959	2032
#发明专利	Inventions	853	879
有效发明专利数(件)	Number of Effective Invention Patent (piece)	7626	9775
专利所有权转让及许可数(件)	Assignment and Permit of Patent Ownership(piece)	225	112
专利所有权转让及许可收入(万元)	Income from Assignment and Permit of Patent Ownership10 000 yuan)	7697	7379
植物新品种权授予数(项)	Number of New Varieties of Plants Applications Granted (item)	29	25
形成国家或行业标准数(项)	Become National or Trade standards(item)	687	642
发表科技论文(篇)	Scientific and Technological Treatise Published(paper)	60665	57311
出版科技著作(种)	Scientific and Technological Books Publiced(type)	2086	2195
研究与试验发展(R&D)项目(课题)情况	Statistics on R&D Topics		
项目(课题)数(项)	Projects of R&D (item)	30319	33015
项目(课题)参加人员(人)	Number of R&D Personnel(person)	113922	137039
#研究人员	Researchers	48560	56642
项目(课题)经费内部支出(万元)	Intramural Expenditures on R&D (10 000 yuan)	2717569	3188165
研究与试验发展(R&D)机构情况	Statistics on R&D Institutions		
机构数(个)	Number of R&D Institutions (unit)	1870	2064
从事研究与试验发展(R&D)人员(人)	Number of R&D Personnel(person)	80979	92338
#博士毕业	Graduated from Doctor	2334	3021
#硕士毕业	Graduated from Master	9866	11532
研究与试验发展(R&D)经费支出(万元)	Expenditures on R&D (10 000 yuan)	1638516	1913957
科研用仪器设备原价(万元)	Original price of Equipment for S&T (10 000yuan)	1432210	1603490
#进口	Import	257322	302080

22-6 研究与试验发展(R&D)活动概况(2013年)

Basic Statistics on R&D Activities (2013)

指 标	Item	总计 Total	#科学研究与技术开发机构 Institution for Scientific Research and Technological Empolder	#全日制普通高等学校 Full-time Regular Institutions of Higher Edcation	#大中型工业企业 Large and Medium-sized Industrial Enterprises
有研究与试验发展(R&D)活动的单位数(个)	Number of Institutions for R&D (unit)	2051	87	88	998
研究与试验发展(R&D)人员(人)	Number of Persons for R&D (person)	216269	15655	18871	148109
#女性	Female	47975	4406	8241	27976
#研究人员	Researchers	95024	8069	15753	55410
#全时人员	Full-time Personnel	125596	10999	4973	93009
非全时人员	Timing Personnel	90673	4656	13898	55100
博士毕业	Graduated from Doctor	6063	659	3551	1258
硕士毕业	Graduated from Master	21930	4316	8891	6905
本科毕业	Graduated from Bachelor	57533	5511	5673	39086
其他学历	Other Degree	130743	5169	756	100860
研究与试验发展(R&D人)员折合全时当量(人年)	Number of Persons for R&D Anounted to Full-time (person-year)	152541	12724	6715	112042
#研究人员	Researchers	65696	7770	5703	42250
#基础研究	Basic Research	3948	642	3039	
应用研究	Applied Research	7561	3483	2659	998
试验发展	Experimental Development	141032	8599	1016	111044
研究与试验发展(R&D)经费内部支出(万元)	Intramural Expenditures on R&D (10 000 yuan)	3553486	309550	159128	2653296
#基础研究	Basic Research	81826	16109	63712	
应用研究	Applied Research	166073	76441	68279	17935
试验发展	Experimental Development	3305587	217000	27137	2635362
#日常性支出	Daily spending	3036282	235864	116410	2323523
#人员劳务费	Labour Fee	866089	81676	12444	666921
#资产性支出	Assets spending	517204	73686	42719	329773
#仪器和设备	Instruments and Equipment	488793	57775	39411	322440
#政府资金	Government Apppropriation Funds	432970	220363	102627	86351
企业资金	Self-raised Funds by Enterpirses	2999190	9603	36225	2550361
境外资金	Foreign Apppropriation Funds	8299	3	231	7858
其他资金	Other Funds	113027	79581	20045	8726
研究与试验发展(R&D)经费外部支出(万元)	External Expenditures on R&D(10 000 yuan)	109470	887	3867	94155
#对国内研究机构支出	Expenses on Domestic R&D Institutions	63225	695	981	56212
对国内高等学校支出	Expenses on Domestic Colleges and Universities	37151	165	2369	30567
对国内企业支出	Expenses on Domestic Enterprises	6834	27	428	5346
对境外支出	Expenses on Overseas	2261		89	2030

22-6 续表 continued

指 标	Item	总计 Total	#科学研究与技术开发机构 Institution for Scientific Research and Technological Empolder	#全日制普通高等学校 Full-time Regular Institutions of Higher Edcation	#大中型工业企业 Large and Medium-sized Industrial Enterprises
研究与试验发展(R&D)产出情况	Statistics on R&D Outputs				
专利申请数(件)	Total Applications Examined(piece)	18095	891	2524	11179
#发明专利申请数	Creation Inventions	6233	663	1289	3282
专利授权数(件)	Number of Patents Applications Granted (piece)	2032	527	1505	
#发明专利	Inventions	879	285	594	
有效发明专利数(件)	Number of Effective Invention Patent (piece)	9775	1282	1962	5301
专利所有权转让及许可数(件)	Assignment and Permit of Patent Ownership(piece)	112	3	30	55
专利所有权转让及许可收入(万元)	Income from Assignment and Permit of Patent Ownership10 000 yuan)	7379	597	1347	4450
集成电路布图设计登记数(件)	Number of Integrated Circuit Layout Rosters(piece)	2	2		
植物新品种权授予数(项)	Number of New Varieties of Plants Applications Granted (item)	25	24	1	
形成国家或行业标准数(项)	Become National or Trade standards(item)	642	122		445
发表科技论文(篇)	Scientific and Technological Treatise Published(paper)	57311	4177	44891	6073
出版科技著作(种)	Scientific and Technological Books Publiced(type)	2195	161	1929	
研究与试验发展(R&D)项目(课题)情况	Statistics on R&D Topics				
项目(课题)数(项)	Projects of R&D (item)	**33015**	930	19655	9296
项目(课题)参加人员	Number of R&D Personnel(person)	137039	10148	6714	102057
#研究人员	Researchers	56642	6844	5703	37755
项目(课题)经费内部支出(万元)	Intramural Expenditures on R&D (10 000 yuan)	3188165	224041	146998	2441830
研究与试验发展(R&D)机构情况	Statistics on R&D Institutions				
机构数(个)	Number of R&D Institutions (unit)	2064	128	210	1062
从事研究与试验发展(R&D)人员(人)	Number of R&D Personnel(person)	92338	13908	1807	64633
#博士毕业	Graduated from Doctor	3021	591	840	1155
#硕士毕业	Graduated from Master	11532	3865	448	6023
研究与试验发展(R&D)经费支出(万元)	Expenditures on R&D (10 000 yuan)	1913957	302030	18420	1445707
科研用仪器设备原价(万元)	Original price of Equipment for S&T (10 000yuan)	1603490	265984	113119	1064258
#进口	Import	302080	67796	61963	149637

22-7 科技活动人员情况

Basic Statistics on Personnel Engaged in S&T Activities

指标	Item	2012 科技活动人员(人) Number of Persons for S&T (person)	2012 #大学本科及以上学历 Graduated from Bachelor and Above	2013 科技活动人员(人) Number of Persons for S&T (person)	2013 #大学本科及以上学历 Graduated from Bachelor and Above
总计	**Total**	**305990**	**131806**	**330257**	**141503**
按数据来源分组	**Grouped by Data Source**				
科研单位	Scientific and Technological Sector	22489	13804	23292	14770
#科研机构	Scientific and Technological Institutions	17494	11385	18526	11769
非工业企业	Enterprises Except Industrial	762	595	2117	1823
事业单位	Public Institution	2850	1127	2649	1178
高等院校	Institutions of Higer Education	54268	50499	55681	52055
#理工农医院校	Schools of Science, Engineering, Agriculture and Medicine	30228	27636	30806	28302
人文社科院校	Schools of humanities and Social Science	24040	22863	24875	23753
工业企业	Industrial Enterprises	210506	63242	230464	70090
大中型工业企业	Large and Medium-sized Industrial Enterprises	185858	55326	200094	60625
规上小型工业企业	Small-sized Industrial Enterprises above Designated Size	24243	7849	29978	9414
规上微型工业企业		405	67	392	51
重点服务业企业				3816	710
非工业企业	Enterprises Except Industrial	11159	3247	9436	2864
事业单位	Public Institution	7568	1014	7568	1014
按执行部门分组	**Grouped by Executive Departments**				
企业	Enterprises	223157	67576	245833	75487
#大中型	Large and Medium-sized Enterprises	185858	55326	200094	60625
科研机构	Scientific and Technological Institutions	17494	11385	18526	11769
高等院校	Institutions of Higer Education	54268	50499	55681	52055
其他	Others	11071	2346	10217	2192
按隶属关系分组	**Grouped by Administrative Relationship**				
中央	Central	53270	20974	57725	24121
地方	Local	252720	110832	272532	117382

22-8 各市科技活动人员情况

Basic Statistics on Personnel Engaged in S&T Activities by City

市(县)	City(County)	2012		2013	
		科技活动人员(人) Number of Persons for S&T (person)	#大学本科及以上学历 Graduated from Bachelor and Above	科技活动人员(人) Number of Persons for S&T (person)	#大学本科及以上学历 Graduated from Bachelor and Above
全　　省	**Total**	**305990**	**131806**	**330257**	**141503**
省 辖 市	**City**				
郑　州　市	Zhengzhou	83574	44459	91010	48286
开　封　市	Kaifeng	10357	4992	12703	5940
洛　阳　市	Luoyang	37681	15296	39275	16246
平 顶 山 市	Pingdingshan	19726	6180	21359	5710
安　阳　市	Anyang	16872	5158	15596	4750
鹤　壁　市	Hebi	2713	1640	2650	1471
新　乡　市	Xinxiang	24543	13831	26809	14675
焦　作　市	Jiaozuo	20430	8050	22894	8812
濮　阳　市	Puyang	9069	2791	9599	3845
许　昌　市	Xuchang	17325	6582	19096	6068
漯　河　市	Luohe	4805	2642	5136	2745
三 门 峡 市	Sanmenxia	7190	1060	8197	1325
南　阳　市	Nanyang	20979	7655	22826	8379
商　丘　市	Shangqiu	7103	2968	9026	3604
信　阳　市	Xinyang	4936	2593	6750	3143
周　口　市	Zhoukou	8112	2857	8532	3182
驻 马 店 市	Zhumadian	4963	2209	5115	2371
济　源　市	Jiyuan	5612	843	3684	951
省 直 管 县	**Province Administrating County**				
巩　义　市	Gongyi	2844	699	3411	806
兰　考　县	Lankao	908	34	1177	19
汝　州　市	Ruzhou	1229	399	1592	349
滑　　县	Huaxian	513	356	423	289
长　垣　县	Changyuan	2641	1284	2636	1397
邓　州　市	Dengzhou	324	28	900	347
永　城　市	Yongcheng	2742	293	3090	372
固　始　县	Gushi	77	11	286	25
鹿　邑　县	Luyi	1136	179	1100	192
新　蔡　县	Xincai	452	50	392	68

22-9 研究与试验发展(R&D)经费支出情况(2013年)
Statistics on Appropriation Expenditure for R&D (2013)

单位：万元 (10 000 yuan)

指 标	Item	(R&D)经费内部支出 Intramural Expenditures on R&D	政府资金 Government Apppropriation Funds	企业资金 Self-raised Funds by Enterpirses	境外资金 Foreign Apppropriation Funds	其他资金 Other Funds	(R&D)经费外部支出 External Expenditures on R&D
总 计	**Total**	**3553486**	**432970**	**2999190**	**8299**	**113027**	**109470**
按数据来源分组	**Grouped by Data Source**						
科研单位	Scientific and Technological Sector	309550	220363	9603	3	79581	887
#科研机构	Scientific and Technological Institutions	300012	216012	4879	3	79117	285
非工业企业	Enterprises Except Industrial	6678	1842	4724		112	519
事业单位	Public Institution	2860	2509			352	83
高等院校	Institutions of Higer Education	159128	102627	36225	231	20045	3867
#理工农医院校	Schools of Science, Engineering, Agriculture and Medicine	140894	89780	32358	206	18550	3839
人文社科院校	Schools of humanities and Social Science	18234	12846	3867	25	1495	28
工业企业	Industrial Enterprises	2953410	98234	2833972	8065	13139	102756
大中型工业企业	Large and Medium-sized Industrial Enterprises	2653296	86351	2550361	7858	8726	94155
规上小型工业企业	Small-sized Industrial Enterprises above Designated Size	291198	11581	274997	207	4413	8540
规上微型工业企业		8916	302	8614			62
重点服务业企业		8925	59	8866			676
非工业企业	Enterprises Except Industrial	100792	654	100087		51	1284
事业单位	Public Institution	21681	11033	10437		211	
按执行部门分组	**Grouped by Executive Departments**						
企业	Enterprises	3069804	100789	2947649	8065	13302	105235
#大中型	Large and Medium-sized Enterprises	2653296	86351	2550361	7858	8726	94155
科研机构	Scientific and Technological Institutions	300012	216012	4879	3	79117	285
高等院校	Institutions of Higer Education	159128	102627	36225	231	20045	3867
其他	Others	24542	13542	10437		562.2	83
按隶属关系分组	**Grouped by Administrative Relationship**						
中央	Central	863441	233399	551796	255	77991	16102
地方	Local	2690045	199571	2447394	8044	35036	93368

22-10 研究与试验发展(R&D)活动机构情况(2013年)

Basic Statistics on Institutions Having R&D Activities (2013)

指 标	Item	机构数 (个) Number of Institutions (unit)	机构从事(R&D)活动人员(人) Number of R&D Personnel (person)	#博士毕业 Graduated from Doctor	#硕士毕业 Graduated from Master	机构(R&D)经费内部支出(万元) Expenditures on R&D (10 000 yuan)	机构科研用仪器设备原价(万元) Original price of Equipment for S&T (10 000yuan)	#进口 Import
总 计	**Total**	**2064**	**92338**	**3021**	**11532**	**1913957**	**1603490**	**302080**
按数据来源分组	**Grouped by Data Source**							
科研单位	Scientific and Technological Sector	128	13908	591	3865	302030	265984	67796
#科研机构	Scientific and Technological Institutions	116	13777	573	3844	300012	258985	67147
非工业企业	Enterprises Except Industrial	9	111	11	15	1794	4994	478
事业单位	Public Institution	3	20	7	6	224	2005	171
高等院校	Institutions of Higer Education	210	1807	840	448	18420	113119	61963
#理工农医院校	Schools of Science, Engineering, Agriculture and Medicine	170	1128	409	270	16946	112378	61715
人文社科院校	Schools of humanities and Social Science	40	679	431	178	1474	741	248
工业企业	Industrial Enterprises	1577	73204	1516	6838	1565487	1186196	164054
大中型工业企业	Large and Medium-sized Industrial Enterprises	1062	64633	1155	6023	1445707	1064258	149637
规上小型工业企业	Small-sized Industrial Enterprises above Designated Size	510	8538	357	804	118843	119593	14417
规上微型工业企业		5	33	4	11	937	2345	
重点服务业企业		12	112	2	9	1011	2638	163
非工业企业	Enterprises Except Industrial	63	2394	14	89	24265	25115	3573
事业单位	Public Institution	74	913	58	283	2744	10438	4532
按执行部门分组	**Grouped by Executive Departments**							
企业	Enterprises	1661	75821	1543	6951	1592558	1218942	168268
#大中型	Large and Medium-sized Enterprises	1062	64633	1155	6023	1445707	1064258	149637
科研机构	Scientific and Technological Institutions	116	13777	573	3844	300012	258985	67147
高等院校	Institutions of Higer Education	210	1807	840	448	18420	113119	61963
其他	Others	77	933	65	289	2968	12444	4703
按学科分组	**Grouped by Subject**							
自然科学	Natural Science	51	304	121	92	4136	30621	20551
农业科学	Agricultural Science	94	2521	234	537	43273	60300	28757
医药科学	Medical Science	94	1271	142	401	5382	29587	15980
工程与技术科学	Engineering and Technology Science	1756	87351	2065	10273	1857409	1479347	235471
人文与社会科学	Humanities and Social Science	69	890	459	229	3758	3635	1322

22-11 研究与试验发展(R&D)人员情况(2013年)

Basic Statistics on Personnel Engaged in R&D Activities (2013)

指标	Item	单位数(个) Number of Institutions (unit)	#有(R&D)活动的单位数 Number of Institutions for R&D	(R&D)人员(人) Number of Persons for R&D (person)	#研究人员 Researchers	(R&D)人员折合全时当量(人年) Number of Persons for R&D Anounted to Full-time (person-year)	#研究人员 Researchers
总　计	**Total**	**23495**	**2051**	**216269**	**95024**	**152541**	**65696**
按数据来源分组	**Grouped by Data Source**						
科研单位	Scientific and Technological Sector	242	87	15655	8069	12724	7770
#科研机构	Scientific and Technological Institutions	116	57	13777	6950	11126	6806
非工业企业	Enterprises Except Industrial	17	7	1295	854	1106	730
事业单位	Public Institution	109	23	583	265	492	234
高等院校	Institutions of Higer Education	88	88	18871	15753	6715	5703
#理工农医院校	Schools of Science, Engineering, Agriculture and Medicine	44	44	6218	5286	4142.3	3522
人文社科院校	Schools of humanities and Social Science	44	44	12653	10467	2572	2181
工业企业	Industrial Enterprises	20573	1705	168212	61833	125091	46472
大中型工业企业	Large and Medium-sized Industrial Enterprises	4673	998	148109	55410	112042	42250
规上小型工业企业	Small-sized Industrial Enterprises above Designated Size	15007	703	19828	6336	12910	4175
规上微型工业企业		893	4	275	87	139	47
重点服务业企业		2012	19	1224	845	704	470
非工业企业	Enterprises Except Industrial	377	69	5795	4748	4098	3528
事业单位	Public Institution	203	83	6512	3776	3210	1754
按执行部门分组	**Grouped by Executive Departments**						
企业	Enterprises	22979	1800	176526	68280	130999	51199
#大中型	Large and Medium-sized Enterprises	4673	998	148109	55410	112042	42250
科研机构	Scientific and Technological Institutions	116	57	13777	6950	11126	6806
高等院校	Institutions of Higer Education	88	88	18871	15753	6715	5703
其他	Others	312	106	7095	4041	3702	1988
按隶属关系分组	**Grouped by Administrative Relationship**						
中央	Central	331	117	45096	23615	37232	20356
地方	Local	23164	1934	171173	71409	115309	45340

22-12 研究与试验发展(R&D)产出情况(2013年)

指 标	Item	专利申请数 (件) Total Applications Examined (piece)	#发明专利申请数 Creation Inventions	专利授权数 (件) Number of Patents Applications Granted (piece)	#发明专利授权数 Inventions
总 计	**Total**	**18095**	**6233**	**2032**	**879**
按数据来源分组	**Grouped by Data Source**				
科研单位	Scientific and Technological Sector	891	663	527	285
#科研机构	Scientific and Technological Institutions	746	578	427	258
非工业企业	Enterprises Except Industrial	92	47	77	16
事业单位	Public Institution	53	38	23	11
高等院校	Institutions of Higer Education	2524	1289	1505	594
#理工农医院校	Schools of Science, Engineering, Agriculture and Medicine	2445	1266	1449	585
人文社科院校	Schools of humanities and Social Science	79	23	56	9
工业企业	Industrial Enterprises	14400	4182		
大中型工业企业	Large and Medium-sized Industrial Enterprises	11179	3282		
规上小型工业企业	Small-sized Industrial Enterprises above Designated Size	3130	867		
规上微型工业企业		91	33		
重点服务业企业		37	15		
非工业企业	Enterprises Except Industrial	211	72		
事业单位	Public Institution	32	12		
按执行部门分组	**Grouped by Executive Departments**				
企业	Enterprises	14740	4316	77	16
#大中型	Large and Medium-sized Enterprises	11179	3282		
科研机构	Scientific and Technological Institutions	746	578	427	258
高等院校	Institutions of Higer Education	2524	1289	1505	594
其他	Others	85	50	23	11
按隶属关系分组	**Grouped by Administrative Relationship**				
中央	Central	3506	1651	440	248
地方	Local	14589	4582	1592	631

Statistics on Achievements for R&D (2013)

有效发明专利数(件) Number of Effective Invention Patent (piece)	专利所有权转让及许可数(件) Assignment and Permit of Patent Ownership(piece)	专利所有权转让及许可收入(万元) Income from Assignment and Permit of Patent Ownership (10 000 yuan)	植物新品种权授予数(项) Number of New Varieties of Plants Applications Granted (item)	形成国家或行业标准数(项) Become National or Trade Standards (item)	发表科技论文(篇) Scientific Papers Published (paper)	出版科技著作(种) Science and Technology Workers Published (type)
9775	**112**	**7379**	**25**	**642**	**57311**	**2195**
1282	3	597	24	122	4177	161
1201	3	581	20	59	3625	120
54				62	270	1
27		16	4	1	282	40
1962	30	1347	1		44891	1929
1942	30	1347	1		29120	704
20					15771	1225
6470	76	5428		510	6626	
5301	55	4450		445	6073	
1168	20	799		65	312	
1	1	180			241	
6				1	3	
55	3	7		9	426	
					1188	105
6585	79	5435		582	7325	1
5301	55	4450		445	6073	
1201	3	581	20	59	3625	120
1962	30	1347	1		44891	1929
27		16	4	1	1470	145
2675	5	2	2	178	3793	28
7100	107	7377	23	464	53518	2167

22-13 规模以上工业企业研究与试验发展(R&D)人员活动情况(2013年)

单位：人

类 别	Item	(R&D)人员合计(人) Number of Persons for R&D	参加项目人员 Participating in project Personnel	管理和服务人员 Management and Service Personnel
总 计	**Total**	**168212**	**153435**	**14777**
按企业规模分组	**By Size**			
大型企业	Large-sized	109185	99789	9396
中型企业	Medium-sized	38924	35394	3530
小型企业	Small-sized	19828	17997	1831
微型企业	Miniature	275	255	20
按工业行业大类分组	**By Sector**			
#煤炭开采和洗选业	Mining and Washing of Coal	14316	13604	712
石油和天然气开采业	Extraction of Petroleum and Natural Gas	4123	3460	663
黑色金属矿采选业	Mining of Ferrous Metal Ores			
有色金属矿采选业	Mining of Non-ferrous Metal Ores	274	189	85
非金属矿采选业	Mining and Processing of Nonmetal Ores	428	411	17
农副食品加工业	Processing of Food from Agricultural Products	5829	5150	679
食品制造业	Manufacture of Foods	5985	5416	569
酒、饮料和精制茶制造业	Manufacture of Wine, drinks and refined tea	2705	2508	197
烟草制品业	Manufacture of Tobacco	377	359	18
纺织业	Manufacture of Textile	2381	2133	248
纺织服装服饰业	Manufacture of Textile Wearing,Apparel	396	365	31
皮革、毛皮、羽毛及其制品和制鞋业	Manufacture of Leather, Fur, Featherand Its Products, Shoemaking	460	420	40
木材加工及木、竹、藤、棕、草制品业	Processing of Timbers, Manufacture of Wood, Bamboo, Rattan, Palm, and Straw Products	499	466	33
家具制造业	Manufacture of Furniture	211	188	23
造纸及纸制品业	Manufacture of Paper and Paper Products	2136	1958	178
印刷和记录媒介的复制业	Printing,Reproduction of Recording Media	505	466	39
文教、工美、体育和娱乐用品制造业	Manufacture of Cultural and educational supplies, industrial, sporting and entertainment	1570	1502	68
石油加工、炼焦及核燃料加工业	Processing of Petroleum ,Coking, Processing of Nucleus Fuel	882	753	129
化学原料及化学制品制造业	Manufacture of Chemical Raw Material and Chemical Products	9054	8258	796
医药制造业	Manufacture of Medicines	7964	7195	769
化学纤维制造业	Manufacture of Chemical Fiber	1264	1241	23
橡胶和塑料制品业	Manufacture of Rubber and Plastic	3488	3044	444
非金属矿物制品业	Manufacture of Non-metallic Mineral Products	14640	13585	1055
黑色金属冶炼及压延加工业	Manufacture and Processing of Ferrous Metals	9176	8129	1047
有色金属冶炼及压延加工业	Manufacture and Processing of Non-ferrous Metals	8500	7671	829
金属制品业	Manufacture of Metal Products	2116	1913	203
通用设备制造业	Manufacture of General Purpose Machinery	12197	11286	911
专用设备制造业	Manufacture of Special Purpose Machinery	14825	13323	1502
汽车制造业	Manufacture of Automobile	11372	10444	928
铁路、船舶、航空航天和其他运输设备制造业	Manufacture of Railway, shipbuilding, aerospace, and other transportation equipment	3245	3001	244
电气机械及器材制造业	Manufacture of Electrical Machinery and Equipment	12156	11246	910
计算机、通信和其他电子设备制造业	Manufacture of Computer Communication Equipment , and Other Electronic Equipment	4314	4025	289
仪器仪表制造业	Manufacture of Measuring Instrument	4608	3952	656
其他制造业	Manufacture of others	1164	1055	109
废弃资源综合利用业	Comprehensive utilization of waste materials	99	91	8
金属制品、机械和设备修理业	Repairing of Metal products, machinery and equipment	1422	1420	2
电力、热力的生产和供应业	Production and Supply of Electric Power and Heat Power	3377	3062	315
燃气生产和供应业	Production and Distribution of Gas	108	104	4
水的生产和供应业	Production and Distribution of Water	46	42	4

Basic Statistics on R&D Activities in Enterprises above Designated Size (2013)

(person)

#女性 Female	#研究人员 Researchers	#全时人员 Full-time Personnel	非全时人员 Timing Personnel	(R&D)人员折合全时当量合计(人年) Number of Persons for R&D Anounted to Full-time (person-year)	#研究人员 Researchers	#应用研究人员 Applied Research	试验发展人员 Experimental Development
31757	**61833**	**104983**	**63229**	**125091**	**46472**	**1020**	**124070**
19695	43423	68163	41022	83771	33452	952	82818
8281	11987	24846	14078	28271	8798	46	28225
3747	6336	11725	8103	12910	4175	22	12888
34	87	249	26	139	47		139
354	5899	4701	9615	8933	3458	445	8488
1195	3100	3407	716	4037	3039	348	3689
12	135	193	81	246	120		246
137	204	348	80	266	116		266
1452	2127	2991	2838	4332	1557	2	4330
1510	1706	3557	2428	4858	1373	17	4841
711	951	1391	1314	1681	588	35	1646
46	98	114	263	280	73	4	276
794	1232	1373	1008	1226	643		1226
118	73	226	170	182	34		182
90	108	243	217	233	63	1	232
111	89	144	355	262	46		262
29	61	138	73	161	49		161
340	460	1320	816	1554	370		1554
79	169	305	200	230	83		230
514	821	1298	272	547	80		547
182	339	485	397	638	248		638
2198	3138	6412	2642	6837	2383	25	6812
2692	2544	5446	2518	5752	1853	49	5703
287	456	1248	16	1251	446		1251
413	755	1558	1930	2820	578		2820
2326	3836	7970	6670	11430	3007	18	11413
1106	4388	4432	4744	7677	3825		7677
1710	2724	5573	2927	5855	1922	46	5809
336	665	1228	888	1508	463	3	1505
2236	4167	7664	4533	8554	2934	3	8552
2938	6385	9964	4861	11583	5191	4	11580
1822	3240	8296	3076	7973	2389	1	7972
851	839	2759	486	2676	732		2676
2180	4160	9415	2741	9296	3328	13	9283
885	2679	3654	660	3204	1899	6	3199
1064	1796	3254	1354	3869	1583		3869
351	483	1111	53	900	375	1	899
12	33	74	25	35	10		35
403	395	1393	29	1418	394		1418
250	1467	1174	2203	2668	1134		2668
5	73	102	6	84	55		84
18	38	22	24	33	32		33

22−14 规模以上工业企业研究与试验发展(R&D)经费支出活动情况(2013年)

单位：万元

类 别	Item	(R&D)经费内部支出 Intramural Expenditures on R&D	#应用研究支出 Applied Research	试验发展支出 Experimental Development
总 计	**Total**	**2953410**	**18333**	**2935077**
按企业规模分组	**By Size**			
大型企业	Large-sized	2043070	16813	2026257
中型企业	Medium-sized	610226	1122	609105
小型企业	Small-sized	291198	398	290800
微型企业	Miniature	8916		8916
按工业行业大类分组	**By Sector**			
#煤炭开采和洗选业	Mining and Washing of Coal	219272	7428	211844
石油和天然气开采业	Extraction of Petroleum and Natural Gas	46069	4780	41289
黑色金属矿采选业	Mining of Ferrous Metal Ores			
有色金属矿采选业	Mining of Non-ferrous Metal Ores	8522		8522
非金属矿采选业	Mining and Processing of Nonmetal Ores	3725		3725
农副食品加工业	Processing of Food from Agricultural Products	118539	83	118456
食品制造业	Manufacture of Foods	66316	908	65409
酒、饮料和精制茶制造业	Manufacture of Wine, drinks and refined tea	59263	509	58753
烟草制品业	Manufacture of Tobacco	5741	89	5652
纺织业	Manufacture of Textile	54496		54496
纺织服装服饰业	Manufacture of Textile Wearing,Apparel	5688		5688
皮革、毛皮、羽毛及其制品和制鞋业	Manufacture of Leather, Fur, Featherand Its Products, Shoemaking	14529	50	14479
木材加工及木、竹、藤、棕、草制品业	Processing of Timbers, Manufacture of Wood, Bamboo, Rattan, Palm, and Straw Products	8048		8048
家具制造业	Manufacture of Furniture	4173		4173
造纸及纸制品业	Manufacture of Paper and Paper Products	44041		44041
印刷和记录媒介的复制业	Printing,Reproduction of Recording Media	9485		9485
文教、工美、体育和娱乐用品制造业	Manufacture of Cultural and educational supplies, industrial, sporting and entertainment	14733		14733
石油加工、炼焦及核燃料加工业	Processing of Petroleum ,Coking, Processing of Nucleus Fuel	23511		23511
化学原料及化学制品制造业	Manufacture of Chemical Raw Material and Chemical Products	159219	161	159057
医药制造业	Manufacture of Medicines	106546	2169	104377
化学纤维制造业	Manufacture of Chemical Fiber	12251		12251
橡胶和塑料制品业	Manufacture of Rubber and Plastic	58668		58668
非金属矿物制品业	Manufacture of Non-metallic Mineral Products	262072	632	261440
黑色金属冶炼及压延加工业	Manufacture and Processing of Ferrous Metals	189467		189467
有色金属冶炼及压延加工业	Manufacture and Processing of Non-ferrous Metals	207568	650	206918
金属制品业	Manufacture of Metal Products	26061	93	25967
通用设备制造业	Manufacture of General Purpose Machinery	215519	44	215475
专用设备制造业	Manufacture of Special Purpose Machinery	307419	413	307006
汽车制造业	Manufacture of Automobile	249297	25	249272
铁路、船舶、航空航天和其他运输设备制造业	Manufacture of Railway, shipbuilding, aerospace, and other transportation equipment	41631		41631
电气机械及器材制造业	Manufacture of Electrical Machinery and Equipment	247455	133	247322
计算机、通信和其他电子设备制造业	Manufacture of Computer Communication Equipment , and Other Electronic Equipment	50166	108	50057
仪器仪表制造业	Manufacture of Measuring Instrument	45138		45138
其他制造业	Manufacture of others	12088	57	12031
废弃资源综合利用业	Comprehensive utilization of waste materials	3823		3823
金属制品、机械和设备修理业	Repairing of Metal products, machinery and equipment	7098		7098
电力、热力的生产和供应业	Production and Supply of Electric Power and Heat Power	44035		44035
燃气生产和供应业	Production and Distribution of Gas	1245		1245
水的生产和供应业	Production and Distribution of Water	498		498

Basic Statistics on R&D Activities in Enterprises above Designated Size (2013)

(10 000 yuan)

政府资金 Government Apppropriation Funds	企业资金 Self-raised Funds by Enterpirses	境外资金 Foreign Apppropriation Funds	其他资金 Other Funds	(R&D)经费外部支出 External Expenditures on R&D	对境内研究机构支出 Expenses on Domestic R&D Institutions	对境内高等学校支出 Expenses on Domestic Universities	对境外支出 Expenses on Overseas
98234	**2833972**	**8065**	**13139**	**102756**	**60644**	**33795**	**2141**
62287	1968239	6788	5756	78320	49069	24636	1623
24064	582122	1070	2970	15835	7143	5931	407
11581	274997	207	4413	8540	4426	3173	111
302	8614			62	7	55	
257	218994		21	5736	1522	4129	
5360	40709			3539	1943	1596	
96	8426			292	275	17	
4	3688		33	50	20	30	
2537	115095		907	5799	1841	3432	292
3328	62655		333	2298	630	1276	261
1605	57658			2693	1287	1303	
	5282		459	2041	149	1892	
511	53369		615	553	222	296	7
114	5574			224		73	
163	14355		11	34	16	19	
4	8044						
20	4153						
741	43301			919	158	575	
177	9308			170	9	161	
729	14004			8			
1190	22114		207	1629	704	406	
4083	153492		1644	4355	2996	1329	
5727	100097	27	695	8470	6373	1130	
80	12171			95		27	
1073	56649		946	1470	836	461	65
5543	255464		1065	5149	3737	1036	243
946	188521			8708	4906	3707	
3593	203975			5883	2963	1951	
1468	24477		115	104	87	17	
9483	205183		854	5493	3273	1747	
10975	294272		2172	4102	2279	1173	384
20700	226623	1590	384	19217	17556	1467	125
3610	37306		715	22	16	6	
8686	231997	5963	810	7566	2338	3021	766
1180	48867	51	68	565	367	198	
2616	42088	434		1282	844	329	
456	10630		1002	19		19	
451	3373			1918	1640	278	
53	7045						
588	43362		85	2357	1657	700	
	1245						
89	409						

22–15 规模以上工业企业研究与试验发展(R&D)活动情况(2013年)
Basic Statistics on R&D Activities in Enterprises above Designated Size (2013)

类别	Item	新产品产值(万元) Gross Output Value of new Products (10 000 yuan)	新产品销售收入(万元) Sales Revenue of New Products (10 000 yuan)	专利申请数(项) Total Patent Applications (item)	有效发明专利数(项) Patent Owned (item)
总 计	**Total**	**49481044**	**47914474**	**14400**	**6470**
按企业规模分组	**By Size**				
大型企业	Large-sized	42685766	41439728	7413	3125
中型企业	Medium-sized	5183976	4863588	3766	2176
小型企业	Small-sized	1601306	1601896	3130	1168
微型企业	Miniature	9995	9263	91	1
按工业行业大类分组	**By Sector**				
#煤炭开采和洗选业	Mining and Washing of Coal	232632	204730	316	72
石油和天然气开采业	Extraction of Petroleum and Natural Gas	600	23963	231	11
黑色金属矿采选业		19710	19540		
有色金属矿采选业	Mining of Non-ferrous Metal Ores	1529		2	
非金属矿采选业	Mining and Processing of Nonmetal Ores	70082	67778	6	5
农副食品加工业	Processing of Food from Agricultural Products	1403313	1334941	416	244
食品制造业	Manufacture of Foods	743552	596064	234	158
酒、饮料和精制茶制造业	Manufacture of Wine, drinks and refined tea	878387	822491	234	105
烟草制品业	Manufacture of Tobacco	130477	130346	342	51
纺织业	Manufacture of Textile	626640	618587	48	34
纺织服装服饰业	Manufacture of Textile Wearing,Apparel	130269	126595	124	12
皮革、毛皮、羽毛及其制品和制鞋业	Manufacture of Leather, Fur, Featherand Its Products, Shoemaking	83860	79516	117	38
木材加工及木、竹、藤、棕、草制品业	Processing of Timbers, Manufacture of Wood, Bamboo, Rattan, Palm, and Straw Products	46736	44053	16	1
家具制造业	Manufacture of Furniture	23316	22733	87	1
造纸及纸制品业	Manufacture of Paper and Paper Products	448546	454227	51	9
印刷和记录媒介的复制业	Printing,Reproduction of Recording Media	57106	58344	36	21
文教、工美、体育和娱乐用品制造业	Manufacture of Cultural and educational supplies, industrial, sporting and entertainment	213029	262937	154	70
石油加工、炼焦及核燃料加工业	Processing of Petroleum ,Coking, Processing of Nucleus Fuel	60369	58611	67	45
化学原料及化学制品制造业	Manufacture of Chemical Raw Material and Chemical Products	1325637	1323794	510	369
医药制造业	Manufacture of Medicines	1075769	1004813	536	332
化学纤维制造业	Manufacture of Chemical Fiber	312211	312211	5	22
橡胶和塑料制品业	Manufacture of Rubber and Plastic	645131	637696	376	131
非金属矿物制品业	Manufacture of Non-metallic Mineral Products	2330786	2204098	947	477
黑色金属冶炼及压延加工业	Manufacture and Processing of Ferrous Metals	3107006	2499340	201	115
有色金属冶炼及压延加工业	Manufacture and Processing of Non-ferrous Metals	2119240	1792258	531	793
金属制品业	Manufacture of Metal Products	156269	271518	273	145
通用设备制造业	Manufacture of General Purpose Machinery	2884424	3043224	1148	659
专用设备制造业	Manufacture of Special Purpose Machinery	3761518	3779014	1797	680
汽车制造业	Manufacture of Automobile	3624291	3547812	1083	373
铁路、船舶、航空航天和其他运输设备制造业	Manufacture of Railway, shipbuilding, aerospace, and other transportation equipment	829860	800544	429	205
电气机械及器材制造业	Manufacture of Electrical Machinery and Equipment	2976140	2874931	1806	482
计算机、通信和其他电子设备制造业	Manufacture of Computer Communication Equipment , and Other Electronic Equipment	18313030	18070394	346	171
仪器仪表制造业	Manufacture of Measuring Instrument	353165	333294	658	269
其他制造业	Manufacture of others	170823	170452	88	134
废弃资源综合利用业	Comprehensive utilization of waste materials	2386	1386	22	
金属制品、机械和设备修理业	Repairing of Metal products, machinery and equipment	145783	145783	80	14
电力、热力的生产和供应业	Production and Supply of Electric Power and Heat Power	176195	176186	1063	196
燃气生产和供应业	Production and Distribution of Gas			10	16
水的生产和供应业	Production and Distribution of Water	1227	272	10	10

22-16 规模以上工业企业研究与试验发展(R&D)活动情况(2013年)

Basic Statistics on R&D Activities in Enterprises above Designated Size (2013)

类别	Item	项目数(项) Projects for S&T Activities (item)	参加项目人员(人) Total Personnel of Projects (person)	项目人员折合全时当量(人年) Number of Persons for R&D Anounted to Full-time (person-year)	项目经费支出合计(万元) Expenditure of Projects (10 000 yuan)
总计	**Total**	**11257**	**153435**	**113908**	**2710856**
按企业规模分组	**By Size**				
大型企业	Large-sized	6514	99789	76320	1885581
中型企业	Medium-sized	2782	35394	25736	556249
小型企业	Small-sized	1939	17997	11723	262373
微型企业	Miniature	22	255	129	6653
按工业行业大类分组	**By Sector**				
#煤炭开采和洗选业	Mining and Washing of Coal	728	13604	8475	200574
石油和天然气开采业	Extraction of Petroleum and Natural Gas	366	3460	3380	38675
有色金属矿采选业	Mining of Non-ferrous Metal Ores	13	189	163	8351
非金属矿采选业	Mining and Processing of Nonmetal Ores	36	411	257	3325
农副食品加工业	Processing of Food from Agricultural Products	398	5150	3763	111314
食品制造业	Manufacture of Foods	337	5416	4392	61332
酒、饮料和精制茶制造业	Manufacture of Wine, drinks and refined tea	140	2508	1579	55345
烟草制品业	Manufacture of Tobacco	141	359	267	4742
纺织业	Manufacture of Textile	122	2133	1100	47445
纺织服装服饰业	Manufacture of Textile Wearing,Apparel	19	365	163	4452
皮革、毛皮、羽毛及其制品和制鞋业	Manufacture of Leather, Fur, Featherand Its Products, Shoemaking	50	420	211	13652
木材加工及木、竹、藤、棕、草制品业	Processing of Timbers, Manufacture of Wood, Bamboo, Rattan, Palm, and Straw Products	31	466	244	7118
家具制造业	Manufacture of Furniture	16	188	142	3556
造纸及纸制品业	Manufacture of Paper and Paper Products	115	1958	1424	41053
印刷和记录媒介的复制业	Printing,Reproduction of Recording Media	35	466	209	8998
文教、工美、体育和娱乐用品制造业	Manufacture of Cultural and educational supplies, industrial, sporting and entertainment	74	1502	509	13236
石油加工、炼焦及核燃料加工业	Processing of Petroleum ,Coking, Processing of Nucleus Fuel	53	753	556	19895
化学原料及化学制品制造业	Manufacture of Chemical Raw Material and Chemical Products	538	8258	6261	144944
医药制造业	Manufacture of Medicines	660	7195	5190	95335
化学纤维制造业	Manufacture of Chemical Fiber	33	1241	1231	12251
橡胶和塑料制品业	Manufacture of Rubber and Plastic	160	3044	2508	55634
非金属矿物制品业	Manufacture of Non-metallic Mineral Products	900	13585	10633	246674
黑色金属冶炼及压延加工业	Manufacture and Processing of Ferrous Metals	417	8129	6780	175360
有色金属冶炼及压延加工业	Manufacture and Processing of Non-ferrous Metals	374	7671	5297	197229
金属制品业	Manufacture of Metal Products	192	1913	1365	23734
通用设备制造业	Manufacture of General Purpose Machinery	924	11286	7954	197756
专用设备制造业	Manufacture of Special Purpose Machinery	1462	13323	10432	277679
汽车制造业	Manufacture of Automobile	832	10444	7302	232215
铁路、船舶、航空航天和其他运输设备制造业	Manufacture of Railway, shipbuilding, aerospace, and other transportation equipment	120	3001	2469	33498
电气机械及器材制造业	Manufacture of Electrical Machinery and Equipment	1049	11246	8630.9	227155
计算机、通信和其他电子设备制造业	Manufacture of Computer Communication Equipment , and Other Electronic Equipment	208	4025	2981.4	47422
仪器仪表制造业	Manufacture of Measuring Instrument	401	3952	3248.3	38269
其他制造业	Manufacture of others	67	1055	815.5	11198
废弃资源综合利用业	Comprehensive utilization of waste materials	6	91	30.6	3247
金属制品、机械和设备修理业	Repairing of Metal products, machinery and equipment	13	1420	1416.4	7011
电力、热力的生产和供应业	Production and Supply of Electric Power and Heat Power	209	3062	2419.5	39481
燃气生产和供应业	Production and Distribution of Gas	12	104	80.4	1226
水的生产和供应业	Production and Distribution of Water	6	42	29.9	476

22-17 研究与试验发展(R&D)项目(课题)情况(2013年)
Statistics on R&D Projects(Topics) (2013)

指 标	Item	项目(课题)数(项) Projects of R&D (item)	项目(课题)参加人员折合全时当量(人年) Number of Persons for R&D Anounted to Full-time (person-year)	#研究人员 Researchers	项目(课题)经费内部支出支出(万元) Intramural Expenditures on R&D (10 000 yuan)
总 计	**Total**	**33015**	**137039**	**56642**	**3188165**
按数据来源分组	**Grouped by Data Source**				
科研单位	Scientific and Technological Sector	930	10148	6844	224041
#科研机构	Scientific and Technological Institutions	743	8944	6111	216095
非工业企业	Enterprises Except Industrial	134	977	609	6287
事业单位	Public Institution	53	227	125	1659
高等院校	Institutions of Higer Education	19655	6714	5703	146998
#理工农医院校	Schools of Science, Engineering, Agriculture and Medicine	8038	4142	3522	137943
人文社科院校	Schools of humanities and Social Science	11617	2572	2181	9055
工业企业	Industrial Enterprises	11257	113908	41498	2710856
大中型工业企业	Large and Medium-sized Industrial Enterprises	9296	102057	37755	2441830
规上小型工业企业	Small-sized Industrial Enterprises above Designated Size	1939	11723	3699	262373
规上微型工业企业		22	129	44	6653
重点服务业企业		113	639	45	7979
非工业企业	Enterprises Except Industrial	439	3243	2369	87129
事业单位	Public Institution	621	2387	182	11161
按执行部门分组	**Grouped by Executive Departments**				
企业	Enterprises	11943	118767	44521	2812252
#大中型	Large and Medium-sized Enterprises	9296	102057	37755	2441830
科研机构	Scientific and Technological Institutions	743	8944	6111	216095
高等院校	Institutions of Higer Education	19655	6714	5703	146998
其他	Others	674	2614	307	12820
按项目来源分组	**Grouped by Projects Source**				
国家科技项目	National Project	5350	13739	9671	367394
地方科技项目	Local Project	11589	10877	7086	186367
企业委托科技项目	Commissioned by Enterprises Project	1861	3898	1737	90770
自选科技项目	Optional Project	13254	106891	37111	2507207
来自国外的科技项目	Foreign Project	58	227	150	10133
其它科技项目	Other Project	903	1408	887	26293
按活动类型分组	**Grouped by Activity type**				
基础研究	Basic Research	9912	3743	3036	70017
应用研究	Applied Research	8525	7051	4789	137756
试验发展	Experimental Development	14577	126246	48816	2980392
按学科分组	**Grouped by Subject**				
自然科学	Natural Science	2525	1382	1099	55459
农业科学	Agricultural Science	1317	2660	1813	40848
医药科学	Medical Science	2091	3389	966	22593
工程与技术科学	Engineering and Technology Science	15393	126828	50469	3057881
人文与社会科学	Humanities and Social Science	11689	2779	2294	11385

22-18 各市研究与试验发展(R&D)人员情况(2013年)

Basic Statistics on Personnel Engaged in R&D Activities by City (2013)

市(县)	City(County)	单位数(个) Number of Institutions (unit)	#有(R&D)活动 Number of Institutions for R&D	(R&D)活动人员(人) Number of Persons for R&D (person)	#研究人员 Researchers	(R&D)活动人员折合全时当量(人年) Number of Persons for R&D Anounted to Full-time (person-year)	#研究人员 Researchers
全省	**Total**	**23495**	**2051**	**216269**	**95024**	**152541**	**65696**
省辖市	**City**						
郑州市	Zhengzhou	3415	554	56518	27569	38101	17871
开封市	Kaifeng	1471	130	7757	3510	5460	2273
洛阳市	Luoyang	2008	146	26545	12648	20275	10087
平顶山市	Pingdingshan	937	92	12588	5515	10157	4455
安阳市	Anyang	1055	58	10819	5857	8356	4700
鹤壁市	Hebi	590	20	1216	439	725	243
新乡市	Xinxiang	1380	167	19145	8813	12588	5840
焦作市	Jiaozuo	1368	129	13768	4989	8654	2750
濮阳市	Puyang	956	71	7105	3799	5806	3327
许昌市	Xuchang	1552	101	14066	4222	10263	2490
漯河市	Luohe	664	27	3580	1349	3000	1139
三门峡市	Sanmenxia	703	59	6333	1532	3843	858
南阳市	Nanyang	1734	125	16246	6669	12187	4815
商丘市	Shangqiu	1125	82	5426	1936	3579	1248
信阳市	Xinyang	1304	77	3312	1562	1683	740
周口市	Zhoukou	1277	38	5541	2482	3560	1482
驻马店市	Zhumadian	1711	150	3755	1394	2272	772
济源市	Jiyuan	245	25	2549	739	2036	608
省直管县	**Province Administrating County**						
巩义市	Gongyi	445	26	2086	585	1568	437
兰考县	Lankao	366	37	806	201	677	174
汝州市	Ruzhou	155	14	1275	268	871	219
滑县	Huaxian	141	3	310	149	236	85
长垣县	Changyuan	144	13	2025	704	822	332
邓州市	Dengzhou	163	8	622	207	427	157
永城市	Yongcheng	155	9	2191	681	1506	437
固始县	Gushi	188	13	242	39	167	20
鹿邑县	Luyi	94	3	469	159	44	16
新蔡县	Xincai	158	10	177	66	69	18

22-19 各市研究与试验发展(R&D)机构情况(2013年)

Basic Statistics on Institutions Having R&D Activities by City (2013)

市(县) City(County)	机构数 (个) Number of Institutions (unit)	机构从事(R&D)活动人员 (人) Number of R&D Personnel (person)	#博士毕业 Graduated from Doctor	#硕士毕业 Graduated from Master	机构(R&D)经费内部支出 (万元) Expenditures on R&D (10 000 yuan)	机构科研用仪器设备原价 (万元) Original price of Equipment for S&T (10 000yuan)	#进口 Import
全 省 Total	**2064**	**92338**	**3021**	**11532**	**1913957**	**1603490**	**302080**
省 辖 市 City							
郑 州 市 Zhengzhou	605	26221	1305	3780	515102	511977	140989
开 封 市 Kaifeng	104	3065	222	266	89618	55780	14202
洛 阳 市 Luoyang	111	11566	246	2618	304659	183864	33816
平 顶 山 市 Pingdingshan	74	3970	84	292	109277	87526	13180
安 阳 市 Anyang	73	3551	113	326	50680	40444	11936
鹤 壁 市 Hebi	35	807	31	72	10533	29403	1885
新 乡 市 Xinxiang	220	9249	300	1321	170346	157577	20150
焦 作 市 Jiaozuo	149	5413	118	312	137222	129822	20327
濮 阳 市 Puyang	72	4311	90	289	59070	30015	615
许 昌 市 Xuchang	90	5124	96	701	131728	93877	15046
漯 河 市 Luohe	63	2405	33	199	45284	22590	5960
三 门 峡 市 Sanmenxia	49	1514	35	83	21554	20102	1314
南 阳 市 Nanyang	124	7989	118	620	145208	130024	12346
商 丘 市 Shangqiu	83	1335	55	163	27929	20733	539
信 阳 市 Xinyang	51	808	25	80	11337	20099	1077
周 口 市 Zhoukou	58	1906	90	218	17761	18126	1713
驻 马 店 市 Zhumadian	78	1800	37	116	30268	26037	1161
济 源 市 Jiyuan	25	1305	24	75	36382	25497	5825
省 直 管 县 Province Administrating County							
巩 义 市 Gongyi	27	1557	32	67	41915	38080	5977
兰 考 县 Lankao	2	24	1	2	159	84	22
汝 州 市 Ruzhou	15	423	16	27	8899	4983	269
滑 县 Huaxian	8	310	6	14	1303	3708	
长 垣 县 Changyuan	21	1555	22	126	39743	33435	
邓 州 市 Dengzhou	4	339	3	4	2215	188	64
永 城 市 Yongcheng	25	260	4	46	5619	5749	
固 始 县 Gushi	1	28		1	205	618	470
鹿 邑 县 Luyi	5	209	5	9	1080	2912	
新 蔡 县 Xincai	8	41	6	13	862	352	127

22-20 各市研究与试验发展(R&D)经费支出情况(2013年)

Statistics on Appropriation Expenditure for R&D by City (2013)

单位：万元 (10 000 yuan)

市(县)	City(County)	(R&D)经费内部支出 Intramural Expenditures on R&D	政府资金 Government Appropriation Funds	企业资金 Self-raised Funds by Enterpirses	境外资金 Foreign Apppropriation Funds	其他资金 Other Funds	(R&D)经费外部支出 External Expenditures on R&D
全省	Total	**3553486**	**432970**	**2999190**	**8299**	**113027**	**109470**
省辖市	**City**						
郑州市	Zhengzhou	948015	157056	753071	414	37475	30898
开封市	Kaifeng	163768	26174	133379		4214	2648
洛阳市	Luoyang	499473	109169	349544		40761	7353
平顶山市	Pingdingshan	215604	4172	210826		606	7903
安阳市	Anyang	148375	16239	131211		925	13195
鹤壁市	Hebi	15740	1005	14660	51	24	937
新乡市	Xinxiang	338664	75151	245346	184	17983	10155
焦作市	Jiaozuo	208538	8409	198410		1720	5522
濮阳市	Puyang	95823	9007	86585		231	2521
许昌市	Xuchang	288764	6766	274045	5521	2433	9912
漯河市	Luohe	50886	1277	49591		18	422
三门峡市	Sanmenxia	65978	1544	64411		23	1320
南阳市	Nanyang	211734	5456	201615	2129	2534	5033
商丘市	Shangqiu	77048	2829	73526		693	1290
信阳市	Xinyang	46010	2888	41900		1222	1980
周口市	Zhoukou	47169	2861	43799		509	3791
驻马店市	Zhumadian	49536	2302	45577		1657	2467
济源市	Jiyuan	82361	666	81695			2123
省直管县	**Province Administrating County**						
巩义市	Gongyi	53070	1697	50897		476	276
兰考县	Lankao	17168	820	16348			44
汝州市	Ruzhou	11618	783	10835			120
滑县	Huaxian	1685		1685			
长垣县	Changyuan	44092	199	43893			2524
邓州市	Dengzhou	4766	5	4750		11	100
永城市	Yongcheng	29789	58	29711		21	507
固始县	Gushi	1611		1611			
鹿邑县	Luyi	3740		3740			31
新蔡县	Xincai	2402	68	1780		555	

22-21 各市研究与试验发展(R&D)项目(课题)情况(2013年)
Statistics on R&D Projects(Topics) by City (2013)

市(县) City(County)	项目(课题)数(项) Projects of R&D (item)	项目(课题)参加人员折合全时当量(人年) Number of Persons for R&D Anounted to Full-time (person-year)	#研究人员 Researchers	项目(课题)经费内部支出(万元) Intramural Expenditures on R&D (10 000 yuan)
全 省 Total	**33015**	**137039**	**56642**	**3188165**
省 辖 市 City				
郑 州 市 Zhengzhou	12447	34569	15175	844480
开 封 市 Kaifeng	1483	4529	1736	151369
洛 阳 市 Luoyang	2871	17614	8769	431947
平 顶 山 市 Pingdingshan	1027	9325	4049	200965
安 阳 市 Anyang	1125	7405	4100	126494
鹤 壁 市 Hebi	125	677	230	13318
新 乡 市 Xinxiang	4812	11286	5206	306762
焦 作 市 Jiaozuo	2068	7812	2256	198936
濮 阳 市 Puyang	576	4962	2626	82310
许 昌 市 Xuchang	1598	9601	2185	263085
漯 河 市 Luohe	206	2565	921	48367
三 门 峡 市 Sanmenxia	433	3555	762	58549
南 阳 市 Nanyang	1883	11131	4231	191765
商 丘 市 Shangqiu	508	3326	1156	67801
信 阳 市 Xinyang	853	1521	676	41362
周 口 市 Zhoukou	267	3301	1365	41595
驻 马 店 市 Zhumadian	489	2088	703	42962
济 源 市 Jiyuan	244	1772	495	76098
省 直 管 县 Province Administrating County				
巩 义 市 Gongyi	104	1426	395	51997
兰 考 县 Lankao	53	627	161	16610
汝 州 市 Ruzhou	44	808	202	10443
滑 县 Huaxian	39	213	76	1450
长 垣 县 Changyuan	164	738	287	40997
邓 州 市 Dengzhou	33	391	142	4203
永 城 市 Yongcheng	101	1402	408	27399
固 始 县 Gushi	17	156	19	1455
鹿 邑 县 Luyi	5	36	13	2729
新 蔡 县 Xincai	48	61	16	2137

22-22 各市研究与试验发展(R&D)产出情况(2013年)

Statistics on Achievements for R&D by City (2013)

市(县)	City(County)	专利申请数 (件) Total Applications Examined (piece)	#发明专利申请数 Creation Inventions	专利授权数 (件) Number of Patents Applications Granted (piece)	#发明专利授权数 Inventions	有效发明专利数 (件) Number of Effective Invention Patent (piece)
全省	**Total**	**18095**	**6233**	**2032**	**879**	**9775**
省辖市	**City**					
郑州市	Zhengzhou	6765	2033	767	387	3788
开封市	Kaifeng	313	107	36	31	211
洛阳市	Luoyang	3105	1324	644	272	2022
平顶山市	Pingdingshan	666	251	62	9	296
安阳市	Anyang	420	181	27	17	221
鹤壁市	Hebi	186	59			37
新乡市	Xinxiang	1394	550	185	74	717
焦作市	Jiaozuo	1212	396	178	67	682
濮阳市	Puyang	489	179	3	3	181
许昌市	Xuchang	1185	406	22		386
漯河市	Luohe	231	52	29		62
三门峡市	Sanmenxia	240	34			92
南阳市	Nanyang	914	361	30	10	568
商丘市	Shangqiu	181	43	7		96
信阳市	Xinyang	202	74	30	7	76
周口市	Zhoukou	269	51			154
驻马店市	Zhumadian	163	84	12	2	89
济源市	Jiyuan	160	49			97
省直管县	**Province Administrating County**					
巩义市	Gongyi	101	32			109
兰考县	Lankao	8	8			4
汝州市	Ruzhou	140	26			128
滑县	Huaxian	39	24			44
长垣县	Changyuan	223	47			53
邓州市	Dengzhou	20	7			29
永城市	Yongcheng	122	23			44
固始县	Gushi	6	6			6
鹿邑县	Luyi	127	1			
新蔡县	Xincai	5	3			3

22-22 续表 continued

市(县) City(County)	专利所有权转让及许可数(件) Assignment and Permit of Patent Ownership(piece)	专利所有权转让及许可收入(万元) Income from Assignment and Permit of Patent Ownership (10 000 yuan)	植物新品种权授予数(项) Number of New Varieties of Plants Applications Granted (item)	形成国家或行业标准数(项) Become National or Trade Standards (item)	发表科技论文(篇) Scientific Papers Published (paper)	出版科技著作(种) Science and Technology Workers Published (type)
全 省 Total	**112**	**7379**	**25**	**642**	**57311**	**2195**
省 辖 市 City						
郑 州 市 Zhengzhou	22	1640	1	111	25873	1063
开 封 市 Kaifeng	6	71	5	6	3067	245
洛 阳 市 Luoyang	2		3	120	5642	150
平 顶 山 市 Pingdingshan		16	2	17	2010	32
安 阳 市 Anyang	13	646	1	24	2208	43
鹤 壁 市 Hebi			1	7	292	
新 乡 市 Xinxiang	5	2157	1	50	6336	190
焦 作 市 Jiaozuo	12	1374		55	2822	109
濮 阳 市 Puyang	10	78	5	38	306	8
许 昌 市 Xuchang	5	165	2	47	1092	69
漯 河 市 Luohe	1	350	2	7	379	20
三 门 峡 市 Sanmenxia				6	377	9
南 阳 市 Nanyang	12	448		80	2427	106
商 丘 市 Shangqiu	5			7	1526	46
信 阳 市 Xinyang				4	1528	28
周 口 市 Zhoukou	1			12	501	49
驻 马 店 市 Zhumadian	18	434	2	8	786	18
济 源 市 Jiyuan				44	140	10
省 直 管 县 Province Administrating County						
巩 义 市 Gongyi				7	53	
兰 考 县 Lankao	1	5		1	9	
汝 州 市 Ruzhou					45	
滑 县 Huaxian						
长 垣 县 Changyuan				2	30	
邓 州 市 Dengzhou					9	
永 城 市 Yongcheng	5				726	
固 始 县 Gushi					1	
鹿 邑 县 Luyi						
新 蔡 县 Xincai	2	34		2		

22-23 各市规模以上工业企业研究与试验发展(R&D)活动情况(2013年)

Basic Statistics on R&D Activities in Enterprises above Designated Size by City (2013)

市(县)	City(County)	(R&D)人员 合计(人) Number of Persons for R&D	参加项目人员 Participating in project Personnel	管理和服务人员 Management and Service Personnel	#女性 Female	#研究人员 Researchers	全时人员 Full-time Personnel	非全时人员 Timing Personnel
全省	**Total**	**168212**	**153435**	**14777**	**31757**	**61833**	**104983**	**63229**
省辖市	**City**							
郑州市	Zhengzhou	35032	32474	2558	6521	12026	19564	15468
开封市	Kaifeng	5929	4868	1061	1001	2045	4603	1326
洛阳市	Luoyang	17857	16179	1678	4384	7169	12663	5194
平顶山市	Pingdingshan	11748	10758	990	1499	5051	7464	4284
安阳市	Anyang	9615	8470	1145	1114	5046	5090	4525
鹤壁市	Hebi	1139	1077	62	194	414	722	417
新乡市	Xinxiang	13427	12418	1009	2858	5192	10260	3167
焦作市	Jiaozuo	12524	11499	1025	2430	4029	6776	5748
濮阳市	Puyang	6196	5352	844	1347	3238	4264	1932
许昌市	Xuchang	13289	12492	797	2226	3727	9098	4191
漯河市	Luohe	3392	2921	471	774	1245	1668	1724
三门峡市	Sanmenxia	6225	5690	535	807	1487	2754	3471
南阳市	Nanyang	14250	13058	1192	3538	5192	9732	4518
商丘市	Shangqiu	4804	4473	331	604	1522	2650	2154
信阳市	Xinyang	2354	2142	212	438	837	1570	784
周口市	Zhoukou	4974	4521	453	1060	2062	3243	1731
驻马店市	Zhumadian	3025	2850	175	523	862	1543	1482
济源市	Jiyuan	2432	2193	239	439	689	1319	1113
省直管县	**Province Administrating County**							
巩义市	Gongyi	2086	1886	200	225	585	1179	907
兰考县	Lankao	701	642	59	132	174	607	94
汝州市	Ruzhou	1275	1185	90	201	268	766	509
滑县	Huaxian	310	279	31	43	149	244	66
长垣县	Changyuan	2025	1874	151	260	704	1391	634
邓州市	Dengzhou	622	575	47	251	207	495	127
永城市	Yongcheng	2191	2045	146	69	681	1035	1156
固始县	Gushi	242	226	16	42	39	179	63
鹿邑县	Luyi	469	377	92	84	159	139	330
新蔡县	Xincai	177	157	20	51	66	80	97

22-23 续表 1 continued

市(县)	City(County)	(R&D)人员折合全时当量合计(人年) Number of Persons for R&D Anounted to Full-time (person-year)	#研究人员 Researchers	#应用研究人员 Applied Research	试验发展人员 Experimental Development
全 省	**Total**	**125091**	**46472**	**1020**	**124070**
省 辖 市	**City**				
郑 州 市	Zhengzhou	25356	8440	21	25334
开 封 市	Kaifeng	4517	1530		4517
洛 阳 市	Luoyang	14469	6068	21	14448
平 顶 山 市	Pingdingshan	9693	4218	37	9656
安 阳 市	Anyang	7643	4236	5	7638
鹤 壁 市	Hebi	662	226	6	657
新 乡 市	Xinxiang	9443	3813	7	9437
焦 作 市	Jiaozuo	8135	2392	13	8122
濮 阳 市	Puyang	5192	2934	352	4840
许 昌 市	Xuchang	9837	2245	7	9829
漯 河 市	Luohe	2818	1039	5	2813
三 门 峡 市	Sanmenxia	3772	830	260	3512
南 阳 市	Nanyang	11472	4372	1	11471
商 丘 市	Shangqiu	3303	1073	199	3103
信 阳 市	Xinyang	1379	515		1379
周 口 市	Zhoukou	3443	1391	30	3413
驻 马 店 市	Zhumadian	2002	584	13	1989
济 源 市	Jiyuan	1956	568	42	1914
省 直 管 县	**Province Administrating County**				
巩 义 市	Gongyi	1568	437		1568
兰 考 县	Lankao	574	147		574
汝 州 市	Ruzhou	871	219	21	851
滑 县	Huaxian	236	85		236
长 垣 县	Changyuan	822	332		822
邓 州 市	Dengzhou	427	157		427
永 城 市	Yongcheng	1506	437	198.7	1307
固 始 县	Gushi	167	20		167
鹿 邑 县	Luyi	44	16		44
新 蔡 县	Xincai	69	18		69

22-23 续表 2 continued

单位：万元 (10 000 yuan)

市(县) City(County)	(R&D)经费内部支出合计 Intramural Expenditures on R&D	#应用研究支出 Applied Research	#试验发展支出 Experimental Development	政府资金 Government Appropriation Funds	企业资金 Self-raised Funds by Enterpirses	境外资金 Foreign Apppropriation Funds	其他资金 Other Funds
全 省 Total	**2953410**	**18333**	**2935077**	**98234**	**2833972**	**8065**	**13139**
省 辖 市 City							
郑 州 市 Zhengzhou	711602	997	710605	27489	680235	180	3699
开 封 市 Kaifeng	129831		129831	2354	127260		217
洛 阳 市 Luoyang	316523	248	316275	15103	300495		926
平 顶 山 市 Pingdingshan	212296	340	211957	3176	208660		460
安 阳 市 Anyang	133572	53	133519	2323	131042		207
鹤 壁 市 Hebi	14981	108	14873	539	14391	51	
新 乡 市 Xinxiang	255185	84	255101	17745	236709	184	547
焦 作 市 Jiaozuo	195274	65	195209	4090	191047		138
濮 阳 市 Puyang	91160	4781	86379	7326	83603		231
许 昌 市 Xuchang	281368	540	280828	6094	267818	5521	1935
漯 河 市 Luohe	49746	137	49609	531	49215		
三 门 峡 市 Sanmenxia	65633	1760	63873	1464	64146		23
南 阳 市 Nanyang	205250	57	205193	3912	197241	2129	1967
商 丘 市 Shangqiu	74639	6265	68374	2099	72049		491
信 阳 市 Xinyang	41409		41409	360	40645		405
周 口 市 Zhoukou	46698	2179	44519	2514	43714		470
驻 马 店 市 Zhumadian	47454	268	47186	973	45056		1425
济 源 市 Jiyuan	80790	451	80339	143	80647		
省 直 管 县 Province Administrating County							
巩 义 市 Gongyi	53070		53070	1697	50897		476
兰 考 县 Lankao	15158		15158	421	14737		
汝 州 市 Ruzhou	11618	75	11543	783	10835		
滑 县 Huaxian	1685		1685		1685		
长 垣 县 Changyuan	44092		44092	199	43893		
邓 州 市 Dengzhou	4766		4766	5	4750		11
永 城 市 Yongcheng	29789	6254	23536	58	29711		21
固 始 县 Gushi	1611		1611		1611		
鹿 邑 县 Luyi	3740		3740		3740		
新 蔡 县 Xincai	2402		2402	68	1780		555

22-23 续表 3 continued

单位：万元 (10 000 yuan)

市(县) City(County)	(R&D)经费外部支出合计 External Expenditures on R&D	#对境内研究机构支出 Expenses on Domestic R&D Institutions	对境内高等学校支出 Expenses on Domestic Universities	对境外支出 Expenses on Overseas	项目数(项) Projects for S&T Activities (item)	项目人员合计(人) Total Personnel of Projects (person)	项目经费支出合计 Expenditure of Projects
全 省 Total	**102756**	**60644**	**33795**	**2141**	**11257**	**153435**	**2710856**
省 辖 市 City							
郑 州 市 Zhengzhou	27686	21272	5453	305	2704	32474	656351
开 封 市 Kaifeng	528	324	204		395	4868	120290
洛 阳 市 Luoyang	7055	2629	1546	333	1213	16179	282864
平 顶 山 市 Pingdingshan	7903	3456	4294		780	10758	198248
安 阳 市 Anyang	13195	8233	4733	114	575	8470	121691
鹤 壁 市 Hebi	924	382	332		119	1077	13043
新 乡 市 Xinxiang	9672	5389	3049	698	943	12418	237023
焦 作 市 Jiaozuo	5307	2918	2183	193	851	11499	188950
濮 阳 市 Puyang	2489	1853	623		464	5352	79406
许 昌 市 Xuchang	9625	4175	4833	86	737	12492	256580
漯 河 市 Luohe	414	37	230		174	2921	47723
三 门 峡 市 Sanmenxia	1316	512	803		421	5690	58260
南 阳 市 Nanyang	5032	1562	3085	359	913	13058	188156
商 丘 市 Shangqiu	1290	794	357		217	4473	65828
信 阳 市 Xinyang	1980	1116	318	53	141	2142	38025
周 口 市 Zhoukou	3791	2478	751		99	4521	41387
驻 马 店 市 Zhumadian	2455	1833	622		270	2850	41931
济 源 市 Jiyuan	2095	1682	377		241	2193	75101
省 直 管 县 Province Administrating County							
巩 义 市 Gongyi	276	154	122		96	1745	51891
兰 考 县 Lankao					34	636	14474
汝 州 市 Ruzhou	120		120		44	1024	10329
滑 县 Huaxian					10	266	1362
长 垣 县 Changyuan	2524	1798	505		157	1645	40994
邓 州 市 Dengzhou	100	100			30	522	4120
永 城 市 Yongcheng	507	11	356		60	1458	27076
固 始 县 Gushi					13	226	1413
鹿 邑 县 Luyi	31	16	16		5	294	1742
新 蔡 县 Xincai					10	120	1977

22-23 续表 4 continued

市(县) City(County)	新产品产值(万元) Gross Output Value of new Products (10 000 yuan)	新产品销售收入(万元) Sales Revenue of New Products (10 000 yuan)	企业办科技机构(个) Number of Institutions of S&T in Enterprises(unit)	专利申请数(项) Total Patent Applications (item)	有效发明专利数(项) Patent Owned (item)
全省 Total	**49481044**	**47914474**	**1577**	**14400**	**6470**
省辖市 City					
郑州市 Zhengzhou	24425324	23963404	359	5274	2115
开封市 Kaifeng	760851	727234	64	250	89
洛阳市 Luoyang	3416277	3540248	75	2003	1107
平顶山市 Pingdingshan	1873722	1797898	68	584	284
安阳市 Anyang	1718479	1705991	58	368	188
鹤壁市 Hebi	460884	405600	32	186	37
新乡市 Xinxiang	3299399	3014988	178	1058	439
焦作市 Jiaozuo	2313303	2111851	131	857	495
濮阳市 Puyang	601985	611471	59	474	173
许昌市 Xuchang	3987254	3356890	82	1155	368
漯河市 Luohe	681290	656640	52	207	62
三门峡市 Sanmenxia	167260	123898	46	232	90
南阳市 Nanyang	2680485	2877316	110	861	531
商丘市 Shangqiu	129902	129534	73	168	93
信阳市 Xinyang	289095	245049	41	167	65
周口市 Zhoukou	485644	520122	52	269	153
驻马店市 Zhumadian	735470	727916	73	130	84
济源市 Jiyuan	1454422	1398426	24	157	97
省直管县 Province Administrating County					
巩义市 Gongyi	521518	411547	27	101	109
兰考县 Lankao	8712	8708		2	1
汝州市 Ruzhou	108578	105328	15	140	128
滑县 Huaxian	82780	82780	7	39	44
长垣县 Changyuan	566813	543169	21	223	53
邓州市 Dengzhou	21781	21410	3	20	29
永城市 Yongcheng	5688	4825	25	122	44
固始县 Gushi	5400	5400	1	6	6
鹿邑县 Luyi			5	127	
新蔡县 Xincai	25680	25119	8	5	3

22-24 大中型工业企业研究与试验发展(R&D)活动情况

Basic Statistics on R&D Activities in Large and Medium-Sized Industrial Enterprises

单位：亿元 (100 million yuan)

指 标	Item	2011	2012	2013
企业(R&D)活动人员 (人)	Number of Persons for R&D (person)	111577	124159	148109
企业办科技机构 (个)	Number of R&D Institutions operationed by Enterprises(unit)	880	953	1062
企业办科技机构人员 (人)	Personner of R&D Institutions operationed by Enterprises(person)	75156	80842	85519
企业项目数 (项)	Number of Projects(item)	7169	7704	9296
企业参加项目人员 (个)	Participating in project Personnel (person)	100081	112301	135183
当年(R&D)经费内部支出	External Expenditures on R&D	195.71	226.63	265.33
新产品销售收入	Sales Revenue of New Products	2416.63	2448.23	4630.33
#出口	Export	200.97	200.57	1956.64
仪器和设备原价	Original price of Equipment for S&T (10 000yuan)	80.35	92.98	106.43
#进口	Import	11.86	12.40	14.96
引进技术经费支出	Expenditures on Imported Technology	7.99	5.90	7.19
消化吸收经费支出	Expenditures on Digestion and Absorption	3.77	3.61	3.64
购买国内技术支出	Expenditures on Domestic Technology	7.76	5.29	5.46
技术改造经费支出	Expenditures on Technical Reform	161.34	132.96	141.92

22-25 三种专利申请受理量及授权量

Three Types of Patent Application Examined and Granted

单位：项 (item)

项　　目	Item	2005	2008	2009	2010	2011	2012	2013
申请量合计	**Total Applications Examined**	**8981**	**19090**	**19589**	**25149**	**34076**	**43442**	**55920**
发明	Inventions	1703	4954	4952	6408	8833	10910	15580
实用新型	Utility Models	4594	8167	9912	13856	19120	23594	29420
外观设计	Designs	2684	5969	4725	4885	6123	8938	10920
在三种专利申请受理量中	In the Three Types of Patent Applications Examined							
个人	Individuals	5955	10760	9059	9528	11155	14468	18500
大专院校	Universities and Colleges	311	568	726	1387	2228	2470	4254
科研单位	Research Institutions	166	689	570	578	824	1122	983
工矿企业	Industrial and Mineral Enterprises	2534	6968	9180	13449	19402	24670	30887
机关团体	Government Agencies and Organizations	15	105	54	207	467	712	1296
授权量合计	**Total Applications Granted**	**3748**	**9133**	**11425**	**16539**	**19259**	**26833**	**29482**
发明	Inventions	356	668	1129	1498	2462	3168	3173
实用新型	Utility Models	2304	5317	6630	11048	13032	18739	21153
外观设计	Designs	1088	3148	3666	3993	3765	4926	5156
在三种专利授权量中	In the Three Types of Patent Applications Granted							
个人	Individuals	2535	5715	5465	6395	6185	7742	8529
大专院校	Universities and Colleges	65	249	381	630	860	1708	2108
科研单位	Research Institutions	60	233	283	410	469	534	398
工矿企业	Industrial and Mineral Enterprises	1076	2900	5272	9043	11531	16469	18057
机关团体	Government Agencies and Organizations	12	36	24	61	214	380	390
发明专利拥有量	Patent ownership				4501	6129	8683	11249

22-26 各类技术合同情况(2013年)

Statistics on Technical Contracts (2013)

合同类别	Type	合同数 (个) Number of Contracts (unit)	成交额 (万元) Transaction Value (10 000 yuan)	#技术额 Technical Contract Value
总　　计	**Total**	**3799**	**413901**	**361683**
技术开发	Technological Development	1542	179225	165066
技术转让	Technological Transfer	395	89439	68421
技术咨询	Technological Consultation	592	50592	50589
技术服务	Technological Services	1270	94645	77607

22–27 各种分组的技术成交情况(2013年)

Statistics on Transaction of Technology by Group (2013)

指 标	Item	合同数(个) Number of Contracts (unit)	成交额(万元) Transaction Value (10 000 yuan)
总 计	**Total**	**3799**	**413901**
受让技术所服务的社会经济目标分类	**Grouped by Social and Economic Service Objection**		
环境保护、生态建设及污染防治	Environmental protection, ecological construction and pollution control	73	3402
能源生产、分配和合理利用		512	135990
卫生事业发展	Health	39	2785
教育事业发展	Education	51	2807
基础设施以及城市和农村规划	Infrastructure and urban and rural planning	231	45168
社会发展和社会服务	Social development and social services	1779	126402
地球和大气层的探索与利用	Exploration and utilization of the earth and atmosphere	16	520
民用空间探测及开发	Detection and development of Civilian space	8	953
农林牧渔业发展	Animal husbandry fishery development	252	29306
工商业发展	Industrial and commercial development	189	22620
非定向研究	The directional research	51	3317
其他民用目标	Others Civilian space	540	28049
国防	National defense	58	12584
按技术领域分类	**Grouped by Technology**	**3799**	**413901**
电子信息技术	Electronic Information Technology	866	42419
航空航天技术	Aeronautic and Astronautic Technology	25	33934
先进制造技术	Advanced manufacturing technology	492	159500
生物、医药和医疗器械技术	Biological ,Medical and Medical Device Technology	108	10569
新材料及其应用	New Materials and Their Application	100	12420
新能源与高效节能	New Energy, High Efficiency and Energy Saving	490	63657
环境保护与资源综合利用技术	Environmental Protetion and Resources comprehensive utilization Technology	145	10143
核应用技术	Nuclear Application Technology	2	23
农业技术	Agriculture Technology	293	32240
现代交通	Modern Communication	124	1654
城市建设与社会发展	City Construction and Social Development	1154	47343
知识产权分类	**Grouped by Intellectual Property**	**3799**	**413901**
技术秘密	Technology Secret	1284	289184
专利	Patent	150	14389
计算机软件	Computer Software	322	19316
动、植物新品种	New varieties of Animal and Plants	12	251
集成电路布图设计	IC Layout Design	2	147
生物、医药新品种	New varieties of Biology and Medicine	11	2980
未涉及知识产权	Others	2018	87634

22-28 各市技术市场交易成交项数(2013年)

Number of Business on Technological Markets by City (2013)

单位：项 (item)

市(县) City(County)	技术买方 Technology Buyers	事业法人 Institution Corporate	企业法人 Enterprise Corporate	其他 Others	技术卖方 Technology Sellers	事业法人 Institution Corporate	企业法人 Enterprise Corporate	其他 Others
全省 Total	**3799**	**507**	**3039**	**253**	**3799**	**974**	**2822**	**3**
省辖市 City								
郑州市 Zhengzhou	2625	377	2037	211	2625	455	2170	
开封市 Kaifeng	16	1	15		16	3	13	
洛阳市 Luoyang	450	80	340	30	450	97	351	2
平顶山市 Pingdingshan	7		7		7		7	
安阳市 Anyang	22		22		22	8	14	
鹤壁市 Hebi	2		1	1	2	1		1
新乡市 Xinxiang	62	8	52	2	62	25	37	
焦作市 Jiaozuo	387	27	352	8	387	381	6	
濮阳市 Puyang	71		71		71		71	
许昌市 Xuchang	23		23		23		23	
漯河市 Luohe	27		27		27		27	
三门峡市 Sanmenxia	2		2		2		2	
南阳市 Nanyang	82	3	78	1	82	4	78	
商丘市 Shangqiu	6	4	2		6		6	
信阳市 Xinyang	6		6		6		6	
周口市 Zhoukou								
驻马店市 Zhumadian	1		1		1		1	
济源市 Jiyuan	10	7	3		10		10	

22-29 各市技术市场交易成交金额(2013年)

Volume of Business on Technological Markets by City (2013)

单位：万元 (10 000 yuan)

市 City	技术买方 Technology Buyers	事业法人 Institution Corporate	企业法人 Enterprise Corporate	其他 Others	技术卖方 Technology Sellers	事业法人 Institution Corporate	企业法人 Enterprise Corporate	其他 Others
全 省 Total	**413901**	**34087**	**362526**	**17287**	**413901**	**62186**	**351455**	**259**
省 辖 市 City								
郑 州 市 Zhengzhou	210018	21074	171837	17107	210018	23207	186811	
开 封 市 Kaifeng	2022	40	1982		2022	65	1957	
洛 阳 市 Luoyang	105333	12008	93325		105333	32189	72945	199
平 顶 山 市 Pingdingshan	18100		18100		18100		18100	
安 阳 市 Anyang	1635		1595	40	1635	569	1065	
鹤 壁 市 Hebi	365		305	60	365	305		60
新 乡 市 Xinxiang	6588	407	6181		6588	196	6392	
焦 作 市 Jiaozuo	5787	252	5467	68	5787	5589	198	
濮 阳 市 Puyang	265		265		265		265	
许 昌 市 Xuchang	52979		52979		52979		52979	
漯 河 市 Luohe	3426		3426		3426		3426	
三 门 峡 市 Sanmenxia	6		6		6		6	
南 阳 市 Nanyang	343	253	90		343		343	
商 丘 市 Shangqiu	2820		2820		2820		2820	
信 阳 市 Xinyang	2247	53	2182	12	2247	65	2182	
周 口 市 Zhoukou								
驻 马 店 市 Zhumadian	740		740		740		740	
济 源 市 Jiyuan	1227		1227		1227		1227	

22-30 测绘行业持证单位人员情况(2013年)

Statistics on Persons Engaged in Units Hold Certificate of Soundness by Surveying and Mapping Trades (2013)

系统名称	Department	持证单位数(个) Number of Units Hold Certificate of Soundness	甲 First	乙 Second	丙 Third	丁 Fourth	职工总数(人) Number of Staff and Workers (person)	测绘专业证持证人员 Certification staff	测绘专业技术人员 Number of Professional Qualification Personnel 高级工程师 Senior	中级工程师 Medium	初级工程师 Jumior
总　　计	**Total**	**788**	**26**	**155**	**253**	**354**	**18275**	**10534**	**1417**	**4296**	**5932**
测　　绘	Surveying and Mapping Department	4	4				621	376	48	115	254
国土资源	Land and resources	136	2	22	43	69	2597	1398	176	689	962
城乡建设与规划	Urban construction and planning	178	3	12	45	118	3068	1935	149	656	903
铁　　道	Railway Department	6	1	5			560	252	40	143	234
交通运输	Transport	11	2	7	2		679	450	76	126	77
水利水电	Water Resources and Electric Power	29	3	16	8	2	1328	971	193	390	315
通　　讯	Communication										
石　　油	Petrol Department	8		5	1	2	281	114	28	90	49
石　　化	Petrochemical										
煤　　炭	Coaling Department	19	1	6	3	9	445	282	39	96	122
有　　色	Non-ferrous	11	1	7	3		374	150	56	126	96
农　　业	Farming										
林　　业	Forestry										
气　　象	Meteorology										
地　　震	Earthquake	1		1			63	41	20	11	6
环　　保	Environmental Protection										
公安武警	The public Security Police	1			1		14	11	1	6	6
科教文卫	The science-education-culture-health	3	1	2			120	82	27	30	25
冶　　金	Metallurgy Department	2			1	1	18	9	2	4	3
其　　他	Others	379	8	72	146	153	8107	4463	562	1814	2880

22−31 各系统主要仪器设备情况(2013年,持有测绘资格证单位)

Statistics on Major Instrument and Equipment (2013, Hold Certificate of Soundness)

单位：台\套 (unit\set)

系统名称	Department	水准仪 Water Level	测距仪 range finder	全站仪 Omnidirec-tional Instrument	GPS	全数字摄影测量系统 Digital Monitor System
总　计	**Total**	**2321**	**2248**	**3412**	**4060**	**531**
测　绘	Surveying and Mapping Department	34	133	156	161	85
国土资源	Land and resources	256	162	463	716	27
城乡建设与规划	Urban construction and planning	374	457	458	369	20
铁　道	Railway Department	316	18	247	80	
交通运输	Transport	71	31	65	70	
水利水电	Water Resources and Electric Power	151	80	211	380	64
通　讯	Communication					
石　油	Petrol Department	22	4	79	140	
石　化	Petrochemical					
煤　炭	Coaling Department	70	45	122	135	17
有　色	Non-ferrous	45	14	64	112	
农　业	Farming					
林　业	Forestry					
气　象	Meteorology					
地　震	Earthquake	3	12	6	4	8
环　保	Environmental Protection					
公安武警	The public Security Police	2		3		
科教文卫	The science-education-culture-health	15	7	22	27	17
航空航天	Aeronautics and Astronautics					
冶　金	Metallurgy Department	4		5	3	
其　他	Others	958	1285	1511	1863	293

22−32 基础地理信息情况(2013年)

Basic geographic information (2013)

系统名称	Department	1:1万地形图提供量(幅) Output of Relief Map (1:10000) (unit)	1:5万地形图提供量(幅) Output of Relief Map (1:50000) (unit)	大地成果提供量(点) Geodetic Results (point)	完成测绘服务总值(万元) completed total value of mapping Service (10 000yuan)
总　计	**Total**	**882**	**123**	**2503**	**206718.26**
测绘地理信息	Surveying and Mapping Department	20	33	181	15389.95
国土资源	Land and resources	64	8	51	33938.05
城乡建设与规划	Urban construction and planning	74		4	31556.63
铁　道	Railway Department	98			4676.13
交通运输	Transport	325	14	20	3189.90
水利水电	Water Resources and Electric Power	105	29		19580.97
通　讯	Communication				
石　油	Petrol Department		39	8	3254.11
石　化	Petrochemical				
煤　炭	Coaling Department			7	6830.07
有　色	Non-ferrous				3733.51
农　业	Farming				
林　业	Forestry				
气　象	Meteorology	3			
地　震	Earthquake				182.00
环　保	Environmental Protection				
公安武警	The public Security Police				
科教文卫	The science-education-culture-health	52			820.00
军　队	Army			2230	
航空航天	Aeronautics and Astronautics				
冶　金	Metallurgy Department				83.50
其　他	Others	141		2	83483.44

22-33 质量技术监督基本情况
Basic Statistics on Quality and Technical Control

指　标	Index	2012	2013
产品质量监督检验机构(个)	Institution of Supervising and Checking on Product Quality (unit)	259	263
国家质检中心(个)	national Centers of Checking on Product Quality (unit)	29	33
行政执法人员(人)	Administration Tipstaff (person)	4694	5227
管理体系认证证书(个)	Certificate of Management System Attestation (unit)	14468	18301
强制性产品认证证书(个)	Certificate of Mandatory product Attestation (unit)	5626	6233
河南名牌产品(个)	Henan Famous Brand Products (unit)	843	911
省级地方标准(个)	Local Standard at Province Level (unit)	787	872
企业产品标准备案(个)	Standard Recorded Archives of Products (unit)	35438	3124
地理标志保护产品(个)	Product Protection of Orginal Producing Area (unit)	44	51
省长质量奖(家)	Governor Quality Award(unit)	26	36
市长质量奖(家)	Mayor Quality Award (unit)	187	247

22-34 产品质量监督检查情况（2013年）
Results of Sampling Check on The Quality of Products under Supervision (2013)

项　目	Item	监督检查企业数(个) Number of Enterprises supervised and Checked (unit)	检查产品批次 Check of Product Batch	产品合格批次(批) Check of Qualified Products (batch)	批次合格率(%) Rate of Batch-time qualified (%)
总　计	**Total**	**15042**	**25038**	**24222**	**96.7**
食品	Food	9474	17111	16604	97.0
机械装备制造	Mechanical equipment manufacturing	1663	2282	2231	97.8
金属冶炼及压延加工业	Manufacture and Processing of Metals	168	333	326	97.9
非金属矿物制品业	Manufacture of Nonmetallic Mineral Products	1170	1612	1559	96.7
石油化工行业	Manufacture of Petroleum Chemical	786	1236	1190	96.3
纺织服装行业	Manufacture of Textile and Clothing	446	631	580	91.9
橡塑制品行业	Manufacture of Rubber and Plastic Products	842	1095	1033	94.3
造纸印刷行业	Manufacture of Paper printing	232	382	370	96.9
木材加工及家具制造业	Manufacture of Wood Processing and Furniture	261	356	329	92.4

22-35 公有经济企事业单位专业技术人员(2013年)
Professional and Technical Personnel of Public Sector Enterprises (2013)

单位：人 (person)

指标	Index	合计 Total	女性 Female	事业单位 Business unit	女性 Female	企业单位 Enterprise unit	女性 Female
总计	**Total**	**1363070**	**681962**	**1253918**	**644603**	**109152**	**37359**
按职称分组	By title of a technical post						
高级职务	Senior and sub-senior	158159	58361	149298	56022	8861	2339
#正高级职务	Senior	12117	3857	11723	3769	394	88
中级职务	Intermediate	576726	280762	539924	267089	36802	13673
初级职务	Primary	595498	326582	543103	309371	52395	17211
未聘任专业技术职务	No-appointment	32687	16257	21593	12121	11094	4136
按专业类别分组	By Professional category						
工程技术人员	Engineering technology	120234	33745	63787	22152	56447	11593
农业技术人员	Agricultural technology	33498	12495	33062	12310	436	185
科学研究人员	Scientific research	7574	2700	7057	2551	517	149
卫生技术人员	Health technology	215495	122036	204431	114365	11064	7671
教学人员	Teaching	872737	458084	869133	456025	3604	2059
经济人员	Economic	33778	14610	18025	8465	15753	6145
会计人员	Accounting	24357	13879	14721	8528	9636	5351
统计人员	Statistical	3743	1688	2734	1199	1009	489
翻译人员	Translation	321	173	221	128	100	45
图书档案、文博人员	Book archive	10382	5962	9924	5620	458	342
新闻、出版人员	Press and publication	8152	3757	7624	3504	528	253
律师、公证人员	Lawyers, notarization	446	146	394	133	52	13
播音人员	Broadcasting	1064	640	1050	633	14	7
工艺美术人员	Arts and crafts	395	222	366	208	29	14
体育人员	Sports	2654	1007	2651	1007	3	
艺术人员	Art	4586	1950	4186	1810	400	140
政工人员	Political work	23654	8868	14552	5965	9102	2903

主要统计指标解释

科学研究、技术服务和地质勘查业 包括研究与试验发展、专业技术服务业、科技交流和推广服务业、地质勘查业。

研究与试验发展(R&D) 指在科学技术领域，为增加知识总量，以及运用这些知识去创造新的应用进行的系统的创造性的活动，包括基础研究、应用研究、试验发展三类活动。国际上通常采用 R&D 活动的规模和强度指标反映一国的科技实力和核心竞争力。

基础研究 指为了获得关于现象和可观察事实的基本原理的新知识(揭示客观事物的本质、运动规律，获得新发现、新学说)而进行的实验性或理论性研究，它不以任何专门或特定的应用或使用为目的。其成果以科学论文和科学著作为主要形式。用来反映知识的原始创新能力。

应用研究 指为获得新知识而进行的创造性研究，主要针对某一特定的目的或目标。应用研究是为了确定基础研究成果可能的用途，或是为达到预定的目标探索应采取的新方法(原理性)或新途径。其成果形式以科学论文、专著、原理性模型或发明专利为主。用来反映对基础研究成果应用途径的探索。

试验发展 指利用从基础研究、应用研究和实际经验所获得的现有知识，为产生新的产品、材料和装置，建立新的工艺、系统和服务，以及对已产生和建立的上述各项作实质性的改进而进行的系统性工作。其成果形式主要是专利、专有技术、具有新产品基本特征的产品原型或具有新装置基本特征的原始样机等。在社会科学领域，试验发展是指把通过基础研究、应用研究获得的知识转变成可以实施的计划(包括为进行检验和评估实施示范项目)的过程。人文科学领域没有对应的试验发展活动。主要反映将科研成果转化为技术和产品的能力，是科技推动经济社会发展的物化成果。

专业技术服务业 指拥有专业技术的一方为另一方解决某一特定技术问题所提供的各种服务，按照《2011 国民经济行业分类注释》，专业技术服务主要包括九大类别：气象服务、地震服务、海洋服务、测绘服务、质检技术服务、环境与生态监测服务、地质勘查服务、工程技术服务和其他专业技术服务业。

科技交流和推广服务业 指将新技术、新产品、新工艺直接推向市场而进行的相关技术活动，以及技术推广和转让活动。按照《2011 国民经济行业分类注释》，技术推广服务主要包括农业技术推广服务、生物技术推广服务、新材料技术推广服务、节能技术推广服务，以及其他技术推广服务。

地质勘查业 指对矿产资源、工程地质、科学研究进行地质勘查、测试、监测、评估等活动。主要包括矿产地质勘查、基础地质勘查和地质勘查技术服务等类别。

R&D 人员 指参与研究与试验发展项目研究、管理和辅助工作的人员， 包括项目(课题)组人员，企业科技行政管理人员和直接为项目(课题)活动提供服务的辅助人员。反映投入从事拥有自主知识产权的研究开发活动的人力规模。

R&D 人员全时当量 指全时人员数加非全时人员按工作量折算为全时人员数的总和。例如：有两个全时人员和三个非全时人员(工作时间分别为 20%、30%和 70%)，则全时当量为 2+0.2+0.3+0.7=3.2 人年。为国际上比较科技人力投入而制定的可比指标。

R&D 经费内部支出合计 指调查单位用于内部开展 R&D 活动（基础研究、应用研究和试验发展）的实际支出。包括用于 R&D 项目（课题）活动的直接支出，以及间接用于 R&D 活动的管理费、服务费、与 R&D 有关的基本建设支出以及外协加工费等。不包括生产性活动支出、归还贷款支出以及与外单位合作或委托外单位进行 R&D 活动而转拨给对方的经费支出。

R&D 经费内部支出中政府资金 指 R&D 经费内部支出中来自各级政府部门的各类资金，包括财政科学技术拨款、科学基金、教育等部门事业费以及政府部门预算外资金的实际支出。

R&D 经费内部支出中企业资金 指 R&D 经费内部支出中来自本企业的自有资金和接受其他企业委托而获得的经费，以及科研院所、高校等事业单位从企业获得的资金的实际支出。

R&D 项目（课题）数 指在当年立项并开展研究工作、以前年份立项仍继续进行研究的研发项目（课题）数，包括当年完成和年内研究工作已告失败的研发项目（课题），但不包括委托外单位进行的研发项目（课题）数。

R&D 项目（课题）经费内部支出 指调查单位内部在报告年度进行研发项目（课题）研究和试制等的实际支出。包括劳务费、其他日常支出、固定资产购建费、外协加工费等，不包括委托或与外单位合作进行项目（课题）研究而拨付给对方使用的经费。

专利 是专利权的简称，是对发明人的发明创造经审查合格后，由专利局依据专利法授予发明人和设计人对该项发明创造享有的专有权。包括发明、实用新型和外观设计。反映拥有自主知识产权的科技和设计成果情况。

Explanatory Notes on Main Statistical Indicators

Scientific research, technical services and geological prospecting including research and experiment development, professional and technical services, science and technology exchange and promotion service industry, geological prospecting.

Research and Development (R&D) refers to systematic and creative activities in the field of science and technology aiming at increasing the knowledge and using the knowledge for new application. R&D includes 3 categories of activities: basic research, applied research and experimentation for development. The scale and intensity of R&D are widely used internationally to reflect the strength of S&T and the core competitiveness of a country in the world.

Basic Research refers to empirical or theoretical research aiming at obtaining new knowledge on the fundamental principles regarding phenomena or observable facts to reveal thc intrinsic nature and underlying laws and to acquire new discoveries or new theories. Basic research takes no specific or designated application as the aim of the research. Results of basic research are mainly released or disseminated in the form of scientific papers or monographs. This indicator reflects the innovation capacity for original knowledge.

Applied Research refers to creative research aiming at obtaining new knowledge on a specific objective or target. Purpose of the applied research is to identify the possible uses of results from basic research, or to explore new (fundamental) methods or new approaches. Results of applied research are expressed in the form of scientific papers, monographs, fundamental models or invention patents. This indicator reflects the exploration of ways to apply the results of basic research.

Experiments and Development refer to systematic activities aiming at using the knowledge from basic and applied researches or from practical experience to develop new products, materials and equipment, to establish new production process, systems and services, or to make substantial improvement on the existing products, process or services. Results of experiment and development activities are embodied in patents, exclusive technology, and monotype of new products or equipment. In social sciences, experiment and development activities refer to the process of converting the knowledge from basic or applied researches into feasible programmes (including conduct of demonstration projects for assessment and evaluation). There are no experiment and development activities in the science of humanities. This indicator reflects the capability of transferring the results of S&T into technique and products, and measures the realization of S&T in spearheading the economic and social development.

Professional technical service refers that Technology party provide Technology service for the other party, in according to the national economic sector note in 2011 ", professional technical service mainly includes nine categories: meteorological service, earthquake service, Marine service, surveying and mapping service, quality inspection technology service, environmental and ecological monitoring service, geological prospecting service, engineering technology services and other professional technical services.

Science and technology exchange and promotion service means that technical activities for Pushing new technology, new product, new technology directly to the market, as well as the technology diffusion and transfer activity. In accordance to the national economic sector note in 2011, technical services mainly include agricultural technology extension service, biological technology extension service, new materials technology extension service, energy-saving technical services, and other technical services.

Geological exploration refers prospecting, testing, monitoring, evaluation mineral resources geology, engineering geology, scientific research on geological and other activities. Mainly including mineral geology exploration, basic geological exploration and geological exploration technology services categories.

R & D Personnel refer to persons engaged in research, management and supporting activities of R & D, including persons in the project teams, persons engaged in the management of S&T activities of enterprises and supporting staff providing direct service to the research projects. This indicator reflects the size of personnel engaged in R&D activities with independent intellectual property.

Full-time Equivalent of R&D Personnel refers to the sum of the full-time persons and the full-time equivalent of part-time persons converted by workload. For instance, if there are 2 full-time persons and 3 part-time workers (20%, 30% and 70% of working hours respectively on R&D activities), the full-time equivalent are 2+0.2+0.3+0.7=3.2 person-years. This is an internationally comparable indicator of S&T manpower input.

Total Internal Expenditure of Funds on R&D refers to the real expenditure of surveyed units on their own R&D activities (basic research, application study, test and development) including direct expenditure on R&D activities, indirect expendure of management and services on R&D activities, expenditure on capital construction and material processing by others. Excluding the expenditure on production activities, return of loan, and fees transferred to cooperated and entrusted agencies on R&D activities.

Internal Expenditure of Government Funds refer to the expenditure of funds on R&D activities from government agencies at different levels, including appropriate funds on science and technology from financial departments, scientific funds, operating expenses from education departments and the real expenditure of extrabudgetary funds from government agencies.

Internal Expenditure of Funds of Enterprises refer to the expenditure of funds on R&D activities from self-raised funds of enterprises and funds from other enterprises through entrustment, and the expenditure of funds of institutions, such a institution of scientific research and universityies, from enterprises.

Number of R&D Projects (subjects) refers to the number of R&D projects (subjects) set up and implemented at the reference year, and the number of R&D projects (subjects) set up in former years and under implementation, including the projects (subjects) finished and failed at the reference year, excluding the projects (subjects) implemented by others throught entrustment.

Internal Expenditure of Funds on R&D Projects (subjects) refers to the real expenditure of internal funds of the surveyed units on research and test of R&D projects (subjects) at the reference year, including service fee, other daily expenditure, cost for captital goods, cost of external process; excluding expenditure of funds transferred to other cooperated and entrusted units of the projects.

Patent is an abbreviation for the patent right and refers to the exclusive right of ownership by the inventors or designers for the creation or inventions, given from the patent offices after due process of assessment and approval in accordance with the Patent Law. Patents are granted for inventions, utility models and designs. This indicator reflects the achievements of S&T and design with independent intellectual property.

水利、环境和公共设施管理业

Management of Water Conservancy, Environment and Public Facilities

● 资料整理：陈向真

简要说明

一、主要内容

本篇包括水利、环境和公共设施管理业企业、行政事业单位、社会团体及其他法人单位的单位数、从业人数、主要财务指标以及水环境，大气环境，固体废物，生态环境，自然灾害和环境污染治理投资等资料。

二、资料来源

水利、环境和公共设施管理业企业、行政事业单位、社会团体及其他法人单位的单位数、从业人数、主要财务指标由省统计局组织各部门和各地区统计调查，由省地方经济社会调查队服务业调查处整理提供。

环境污染与治理、污染物排放及处理、工业污染治理投资情况为省环境保护厅提供。水资源、城市生活垃圾清运及处理、耕地变动、森林资源、自然灾害等情况分别为省水利厅、省住房和城乡建设厅、省国土资源厅、省林业厅、省民政厅提供。由省统计局能源处编辑整理。

Brief Introduction

I. Main Content

Data in this chapter mainly reflect unit, employment, and main financial indicators of Management of water conservancy, environment and public establishment enterprises, Administrative institution, social organizations and others. the Water Environment, Atmospheric environment, solid waste, ecological environment, natural disasters and investment in environmental pollution treatment. The specific contents are as follows: the total water resources, water utilization, discharge and treatment of industrial and other waste water, emission and treatment of waste gas, production, treatment and utilization of industrial solid wastes; change in cultivated land, water resources, forest resources, reforestation natural protection; Natural disasters, etc.

II. Sources of Data

Data on Number of Institutional Unit, Employed Persons and Main Financial Indicators of Management of water conservancy, environment and public establishment are calculated from Statistical investigation by Henan provincial bureau of statistics, which are provided by Henan provincial survey organizations of social and economy.

Data on environmental pollution and treatment, pollutants from consumption, acoustic environment and on investment in the treatment of industrial pollution are provided by the Henan provincial bureau of environmental protection. Other data from the Henan provincial bureau of Land and Resources, Henan provincial bureau of Water Resources, Henan provincial bureau of Housing and Urban-Rural Development, Henan provincial bureau of Forestry Administration and Henan provincial bureau of civil affaires. Data in this chapter are provided by Department of Energy of the Henan provincial Bureau of Statistics.

23−1 水利、环境和公共设施管理业法人单位数和从业人员数

Number of Institutional Unit and Employed Persons of Management of Water Conservancy, Environment and Public Facilities

年份(Year)	合计 Total	企业 Enterprise	行政事业 Administrative institution	社会团体及其他 Social organizations and others
单位数(个)Number of Institutional Unit(unit)				
2008	2114	791	1283	40
2009	2172	855	1275	42
2010	2246	914	1290	42
2011	2279	942	1293	44
2012	2326	1015	1279	32
从业人数(万人)Employed Persons(10 000 persons)				
2008	11.49	2.53	8.85	0.11
2009	11.05	2.60	8.32	0.14
2010	12.63	3.04	9.48	0.11
2011	13.07	2.93	10.00	0.14
2012	14.23	3.56	10.61	0.06

23−2 分行业水利、环境和公共设施管理业法人单位财务指标(2012年)

Main Financial Indicators of Institutional Unit of Management of Water Conservancy, Environment and Public Facilities by Sector (2012)

单位：万元 (10 000 yuan)

指　标	Item	水利、环境和公共设施管理业 Management of water Conservancy, Environment and public Establishment	水利管理业 Management of water Conservancy	生态保护和环境治理业 Ecological protection and Environmental management	公共设施管理业 Management of public Establishment
单位数(个)	Number of units (unit)	2326	716	155	1455
从业人数(万人)	Employed Persons (10 000 Persons)	14.23	3.02	0.57	10.64
固定资产原价	Fixed Asset Price	4004673	2654720	126167	1223786
收入合计	Total Income	1280316	319669	90372	870276
成本费用合计	Total Cost	970570	278901	70474	621195
职工薪酬	Employee compensation	294868	75464	16948	202455
税费合计	Tax	29337	2080	1814	25443
营业利润	Operating Profit	84725	-2214	6762	80178

23-3 各市水利、环境和公共设施管理业法人单位财务指标(2012年)

Main Financial Indicators of Institutional Unit of Management of Water Conservancy, Environment and Public Facilities by City (2012)

单位：万元 (10 000 yuan)

市(县)	City(County)	单位数(个) Number of units (unit)	从业人数(万人) Employed Persons (10 000 Persons)	固定资产原价 Fixed Asset Price	收入合计 Total Income	成本费用合计 Total Expenses	职工薪酬 Employee compensation	税费合计 Tax and Expenses	营业利润 Operating Profit
全省	**Total**	**2326**	**14.23**	**4004673**	**1280316**	**970570**	**294868**	**29337**	**84725**
省辖市	**City**								
郑州市	Zhengzhou	335	1.57	348961	287529	205061	58045	4635	15336
开封市	Kaifeng	89	0.74	85620	68102	41662	18360	1624	13317
洛阳市	Luoyang	245	1.21	788811	226424	204610	24023	2587	-1051
平顶山市	Pingdingshan	131	1.06	465474	63742	33233	15413	1368	2515
安阳市	Anyang	120	0.78	155346	50092	38098	17544	768	1697
鹤壁市	Hebi	41	0.30	43861	13836	13070	4876	147	749
新乡市	Xinxiang	168	0.98	453814	70813	62794	17868	1870	7621
焦作市	Jiaozuo	89	0.58	151204	98614	49462	16231	2422	9127
濮阳市	Puyang	54	0.45	126554	27973	23940	8361	50	420
许昌市	Xuchang	115	0.80	174316	44666	33170	16688	7033	1446
漯河市	Luohe	43	0.42	46129	15380	14919	3939	75	1026
三门峡市	Sanmenxia	154	0.41	94568	38462	29776	10945	470	2683
南阳市	Nanyang	287	1.40	349965	79538	64604	27038	1380	5499
商丘市	Shangqiu	49	0.84	16598	18048	12626	8538	160	2369
信阳市	Xinyang	192	1.23	523646	111528	83353	25317	3450	18622
周口市	Zhoukou	63	0.71	49088	16316	15916	7677	186	-147
驻马店市	Zhumadian	125	0.62	98814	39158	37089	10533	408	1537
济源市	Jiyuan	26	0.12	31905	10094	7187	3472	702	1959
省直管县	**Province Administrating County**								
巩义市	Gongyi	25	0.07	21086	9139	6579	1979	38	221
兰考县	Lankao	9	0.03	1824	2240	1574	517	79	464
汝州市	Ruzhou	14	0.04	6832	2315	2903	806	13	7
滑县	Huaxian	5	0.01	17113	1267	672	261		388
长垣县	Changyuan	10	0.21	92596	11445	8518	1949	331	1629
邓州市	Dengzhou	26	0.21	39833	9913	9127	3107	0	447
永城市	Yongcheng	3	0.32	511	1368	1203	1253	57	341
固始县	Gushi	17	0.15	64344	7403	6293	2209	79	1484
鹿邑县	Luyi	7	0.03	4942	1773	1729	620	31	235
新蔡县	Xincai	13	0.03	3088	3738	2609	508	5	-938

23-4 生态环境保护情况
Basic Conditions of Environmental Protection

指标名称	Item	2005	2010	2012	2013
累计水土流失治理面积(千公顷)	Area of Water and Soil Conservation		4429	4511	3237
森林面积(万公顷)	Forest Area (10 000 hectares)	270.30	336.59	383.77	359.07
森林覆盖率(%)	Forest-coverage Rate (%)	16.2	20.2	23.0	21.5
活立木蓄积量(万立方米)	Total Standing Stock Volume (10 000cu.m)	13371	18051	19852	22881
森林蓄积量(万立方米)	Stock Volume of the Forest(10 000cu.m)	8405	12936	14227	17095
当年造林面积(万公顷)	Area of Afforestation for This Year (10 000 hectares)	26.35	27.71	22.83	25.39
人工造林面积	Artificial afforestation	18.67	21.23	20.60	20.12
无林地和疏林地本年新封	Closure in non-stocked Land and Scattered Wood Land	7.68	5.15	2.23	5.27
湿地面积(万公顷)	Area of Weslands (10 000 hectares)	110.87	110.87	110.87	62.79
自然保护区数(个)	Number of Nature Reserves (unit)	32	35	33	33
#国家级自然保护区	National-level Nature Reserves	10	11	11	11
自然保护区面积(万公顷)	Area of Nature Reserves (10 000 hectares)	73.77	73.48	75.91	75.91
自然保护区面积占辖区总面积比重(%)	Percentage of Nature Reserves in the Region(%)	4.3	4.4	4.5	4.5

23-5 水资源情况
Water Resources

指标名称	Item	2005	2010	2012	2013
降水量(毫米)	Precipitation(mm)	905.8	841.7	605.2	576.6
水资源总量(亿立方米)	Total Amount of Water Resources (100 million cu.m)	558.56	534.89	265.50	215.20
#地表水资源量	Surface Water Resources	435.92	415.70	172.60	123.13
地下水资源量	Ground Water Resources	219.74	214.66	161.80	147.12
地表水与地下水资源重复量	Superposition Amount of Surface Water Resources and Ground Water Resources		95.47	68.90	55.05
人均水资源量(立方米/人)	Per Capita Water Resources(cu.m/person)		568.70	252.47	228.69
用水总量(亿立方米)	Water Use (100 million cu.m)	197.81	224.61	238.60	236.27
农业用水	Agriculture	114.59	125.59	135.50	135.52
工业用水	Industry	45.71	55.57	60.50	60.78
生活用水	Consumption	37.51	36.11	32.00	33.28
生态环境补水	Biological Protection		7.34	10.60	6.69
废水排放总量(亿吨)	Total Volume of Waste Water Discharge (100 millin tons)	26.26	35.87	40.37	41.26
工业废水排放量	Volume of Industrial Waste Water Discharge	12.35	15.04	13.74	13.08
城镇生活污水排放量	Volume of Consumption Waste Water Discharge	13.91	20.83	26.62	28.17
集中式治理设施污水排放量	Centralized wastewater treatment facilities			0.01	0.01
化学需氧量(COD)排放量(万吨)	Volume of COD Discharge (10 000 tons)	72.08	61.97	139.36	135.42
工业废水中COD排放量	COD Discharge from Industrial Waste Water	34.26	29.56	17.90	17.07
农业COD排放量	COD Discharge from Agricultural			80.26	78.15
城镇生活污水中COD排放量	COD Discharge from Consumption Waste Water	37.82	32.41	40.30	39.48
集中式治理设施污水排放量	Centralized wastewater treatment facilities			0.90	0.73
氨氮排放量(万吨)	Volume of Ammonia Nitrogen Discharge (10 000 tons)	10.36	7.25	14.98	14.42
工业废水中氨氮排放量	Ammonia Nitrogen Discharge from Industrial Waste Wate	5.36	2.31	1.30	1.23
农业氨氮排放量	Ammonia Nitrogen Discharge from Agricultural			6.40	6.11
城镇生活污水中氨氮排放量	Ammonia Nitrogen Discharge from Consumption Waste Wate	5.00	4.94	7.16	7.00
集中式治理设施污水排放量	Centralized wastewater treatment facilities			0.11	0.09

23-6 大气环境情况

Basic Conditions of Atmosphere Environment

指标名称	Item	2005	2010	2012	2013
二氧化硫(SO2)排放量(万吨)	Volume of Sulphur Dioxide Emission (10 000 tons)	162.45	133.87	127.59	125.40
工业SO2排放量	Volume of Sulphur Dioxide Emission by Industry	147.11	116.29	112.99	110.27
城镇生活SO2排放量	Volume of Sulphur Dioxide Emission by Consumption	15.34	17.58	14.60	15.13
集中式治理设施SO2排放量	Centralized so2 treatment facilities				
氮氧化物排放量(万吨)	Nitrogen oxides Volume (10 000tons)		121.24	162.59	156.56
工业氮氧化物排放量	Nitrogen oxides Volume from Industrial		100.02	110.00	102.88
城镇生活氮氧化物排放量	Nitrogen oxides Volume from Urban life		21.22	2.43	2.43
机动车氮氧化物排放量	Nitrogen oxides Volume from Motor vehicle			50.15	51.25
集中式治理设施氮氧化物排放量	Centralized Nitrogen oxides treatment facilities			0.01	0.01
烟(粉)尘排放量(万吨)	Volume of Soot Emission ((10 000 tons)	163.28	77.35	59.98	64.13
工业烟(粉)尘排放量	Volume of Industrial Soot Emission	156.16	70.07	49.28	54.72
城镇生活烟尘排放量	Volume of Urban life Soot Emission	7.12	7.28	4.11	4.27
机动车烟尘排放量	Volume of Motor vehicle Soot Emission			6.59	5.13
集中式治理设施烟尘排放量	Centralized Soot Emission treatment facilities				

23-7 固体废物的产生及利用情况

Production and Utilization of Industrial Solid Wastes

指标名称	Item	2005	2010	2012	2013
一般工业固体废物产生量(万吨)	Volume of General Industrial Solid Wastes Produced (10 000tons)	6178.00	10714.00	15250.47	16270.08
一般工业固体废物综合利用量(万吨)	Volume of General Industrial Solid Wastes Utilized (10 000tons)	4244.00	8380.00	11597.47	12465.81
#综合利用往年贮存量(万吨)	Uolume of Storage of Former Years Utilized	212.50	154.48	111.28	115.30
一般工业固体废物综合利用率(%)	Proportion of General Industrial Solid Wastes Utilized (%)	66.4	77.1	75.5	76.1
一般工业固体废物处置量(万吨)	Volume of General Industrial Solid Wastes Treated (10 000tons)	1287.00	1770.00	3204.26	3470.37
#处置往年贮存量(万吨)	Accumulated in Previous Years		0.09	1.71	0.69
一般工业固体废物处置率(%)	Proportion of General Industrial Solid Wastes Treated (%)	20.8	16.5	21.0	21.3
一般工业固体废物贮存量(万吨)	Storage capacity of General Industrial Solid Wastes(10 000tons)	831.20	721.66	559.62	449.88
一般工业固体废物倾倒丢弃量(吨)	Dump forsake quantity of General Industrial Solid Wastes(ton)			21117	80
危险废物产生量(吨)	Volume of Hazardous waste (ton)	151000	186430	500988	592673
危险废物综合利用量(吨)	Volume of Hazardous waste Utilized (ton)	135000	186292	422904	421533
#综合利用往年贮存量	Uolume of Storage of Former Years Utilized			3074	96
危险废物综合利用率(%)	Proportion of Hazardous waste Utilized (%)			84.0	71.1
危险废物处置量(吨)	Volume of Hazardous wastes Treated (ton)	15300	35129	78135	170971
#处置往年贮存量(吨)	Accumulated in Previous Years			1153	240
危险废物处置率(%)	Proportion of Hazardous wastes Treated (%)			16.0	28.8
危险废物贮存量(吨)	Storage capacity of Hazardous wastes(ton)	800	2040	4176	504

23-8 各市废水排放、废气排放和固体废物处理利用情况(2013年)

Production and Utilization of Waste water, toxic emission Industrial Solid Wastes by City (2013)

单位：万吨 (100 millin tons)

市 City	废水排放总量 Total Volume of Waste Water Discharge	废水COD排放量 Volume of COD Discharge	废水中氨氮排放量 Volume of Ammonia Nitrogen Discharge	二氧化硫排放量 Volume of Sulphur Dioxide Emission	氮氧化物排放量 Nitrogen oxides Volume	烟(粉)尘排放量 Volume of Soot Emission	一般工业固体废物产生量 Volume of General Industrial Solid Wastes Produced	一般工业固体综合利用量 Volume of General Industrial Solid Wastes Utilized	一般工业固体废物处置量 Volume of General Industrial Solid Wastes Treated	一般工业固体废物贮存量 Storage capacity of General Industrial Solid Wastes
全　省 Total	**412581.82**	**135.42**	**14.42**	**125.40**	**156.56**	**64.13**	**16270.08**	**12465.81**	**3470.37**	**449.88**
省辖市 City										
郑州市 Zhengzhou	60496.97	9.33	1.22	11.81	19.74	4.88	1548.72	1138.85	377.46	33.22
开封市 Kaifeng	20201.37	7.29	0.73	5.53	5.12	2.58	132.40	127.74	6.76	0.65
洛阳市 Luoyang	29503.83	6.75	0.71	14.29	15.44	5.66	3294.48	1963.95	1320.55	9.98
平顶山市 Pingdingshan	20646.28	5.83	0.66	9.70	8.97	7.75	2431.52	2299.26	1.08	184.19
安阳市 Anyang	17416.24	6.82	0.74	12.12	9.04	9.29	1222.47	1073.50	149.18	
鹤壁市 Hebi	9478.32	4.50	0.41	4.43	5.98	1.53	729.31	687.45		47.20
新乡市 Xinxiang	29252.64	7.57	0.77	6.42	9.39	2.25	283.17	276.59	6.60	0.06
焦作市 Jiaozuo	25743.23	5.40	0.46	6.54	10.97	4.15	967.10	569.60	402.84	22.75
濮阳市 Puyang	15027.55	5.58	0.55	2.56	5.84	2.02	92.76	90.46	2.05	0.24
许昌市 Xuchang	17501.44	5.86	0.64	4.91	7.88	2.36	387.57	382.90	4.67	
漯河市 Luohe	13006.51	4.22	0.48	2.05	2.35	0.62	137.24	137.21	0.03	
三门峡市 Sanmenxia	14055.91	2.69	0.38	12.87	8.57	3.47	1794.58	607.58	1122.24	83.79
南阳市 Nanyang	26064.87	8.31	0.99	7.48	9.90	2.19	452.55	333.73	68.97	50.42
商丘市 Shangqiu	17438.41	9.99	0.87	2.45	4.94	1.92	113.49	112.35	1.21	
信阳市 Xinyang	15193.09	6.00	0.78	3.55	5.64	1.18	529.77	523.46	3.01	3.41
周口市 Zhoukou	24504.85	11.22	1.24	2.42	8.01	1.90	72.14	69.18	2.97	
驻马店市 Zhumadian	19159.60	12.21	1.28	3.96	4.62	2.60	348.43	343.56	0.08	8.45
济源市 Jiyuan	4352.13	1.18	0.12	4.14	4.49	1.54	619.65	613.70	0.47	5.49
省直管县 Province Administrating County										
巩义市 gongyi	3992.94	0.94	0.11	3.25	3.44	2.69	203.69	205.88	0.02	
兰考县 lankao	2189.81	0.96	0.10	0.42	0.35	0.21	1.21	1.21		
汝州市 ruzhou	2625.96	1.63	0.14	1.70	1.18	1.20	575.80	575.80		
滑县 huaxian	2570.94	1.25	0.13	0.37	0.30	0.18	3.13	3.01	0.11	
长垣县 changyuan	1830.27	0.70	0.09	0.16	0.14	0.19	2.32	2.32		
邓州市 dengzhou	4921.10	2.74	0.23	0.51	0.54	0.25	6.26	6.21	0.05	
永城市 yongcheng	9010.83	2.10	0.11	1.30	2.59	1.30	313.45	313.45		
固始县 gushui	2145.70	1.58	0.17	0.22	0.38	0.07				
鹿邑县 luyi	3106.28	1.55	0.15	0.16	0.68	0.11	6.79	6.79		
新蔡县 xincai	1144.75	1.21	0.13	0.07	0.08	0.03	0.08	0.08		

注：各省辖市数据不包含直管县数据。

a) Data of city unclude Province Administrating County

23−9 农村环境基本情况
Basic Condition of Rural Enviroment

指　标	Item	2005	2008	2009	2010	2011	2012	2013
农村改水累计受益人口(万人)	Rural benefit population by water improvement (10 000 persons)		7806.9	7651.3	7324.2	7463.4	7738.4	7528.4
#自来水	Tap water		4374.9	4408.0	4421.9	4780.8	5056.6	5007.8
手压机井	Hand pressure shaft		3385.6	3128.9	2846.9	2599.0	2519.3	2451.6
农村改水受益率(%)	Benefit rate of rural water Improvement(%)	97.3	97.7	95.4	93.3	93.5	95.2	93.2
农村改水投资(万元)	Investment in water improvement(10 000 yuan)		80835	125628	177387	176146	210517	173442
农村自来水普及率(%)	Penetration rate of rural Tap water(%)	50.2	54.8	54.9	55.1	59.9	62.2	62.5
农村卫生厕所普及率(%)	Penetration rate of rural Sanitation toilets (%)	61.1	68.0	69.1	69.8	71.1	72.9	74.3
农村沼气池产气总量(万立方米)	Total gas production of rural digester(10 000 cu.m)	63869	108999	124796	133893	134637	138873	139215
农村生活污水净化沼气池(个)	Purification pool (unit)	100	1426	1426	815	712	652	605
农村太阳能热水器面积(万立方米)	Area of Rural Solar water heater(10 000 cu.m)	122	213	279	341	399	444	488

23−10 自然灾害情况
Conditions of Natural Disasters

指标名称	Item	2005	2010	2012	2013
地质灾害次数(次)	Number of Geological disasters(time)	79	583	50	29
地质灾害人员伤亡(人)	Casualties persons in Geological disasters(person)	18	10		1
地质灾害直接经济损失(万元)	Casualties persons in Geological disasters(10 000 yuan)	4476	11173	898	135
森林火灾次数(次)	Number of Forest fires(time)	982	519	322	693
森林火灾受害森林面积(公顷)	Suffered Forest area in Forest fires(ha)	507	505	192	619
突发环境事件次数(次)	Number of Abrupt environment affairs (time)	7	18	14	17

23-11 各市农作物受灾情况(2013年)

Scale of the crop by City (2013)

单位：万公顷 (10 000 hectares)

市 City	受灾面积 Affected area	绝收面积 Crop area	直接经济损失（亿元） Direct economic losses (100 million yuan)
全 省 Total	**195.75**	**20.43**	**106.11**
郑 州 市 Zhengzhou	5.91		2.01
开 封 市 Kaifeng	10.80	0.55	3.70
洛 阳 市 Luoyang	19.16	4.26	12.63
平 顶 山 市 Pingdingshan	17.75	1.29	2.80
安 阳 市 Anyang	2.74	0.21	1.81
鹤 壁 市 Hebi	1.35	0.24	0.89
新 乡 市 Xinxiang	4.13	0.12	5.36
焦 作 市 Jiaozuo	10.22	4.27	11.46
濮 阳 市 Puyang	10.14	0.56	3.61
许 昌 市 Xuchang	5.18	1.00	1.98
漯 河 市 Luohe	2.32	0.02	0.96
三 门 峡 市 Sanmenxia	5.21	0.58	3.70
南 阳 市 Nanyang	58.86	5.46	36.85
商 丘 市 Shangqiu	2.21	0.01	1.86
信 阳 市 Xinyang	14.85	0.80	5.97
周 口 市 Zhoukou	10.70	0.25	4.29
驻 马 店 市 Zhumadian	11.08	0.20	3.99
济 源 市 Jiyuan	3.14	0.61	2.24

23-12 各市农村改水、改厕情况(2013年)

Condition of Rural Water transformation and Compost toilets by City (2013)

市 City	改厕 Compost toilets				改水 Water transformation			
	累计卫生厕所户数（万户） Sanitary toilet number (10 000 household)	卫生厕所普及率(%) sanitary toilets penetration (%)	无害化卫生厕所普及率(%) harmless sanitary toilets penetration (%)	农村改厕投资合计（万元） investment in Compost toilets (10 000yuan)	改水累计受益合计（万人） The number of benefit by Water transformation (10 000 persons)	合计累计改水受益百分比(%) Benefit from the percentage (%)	自来水累计受益百分比(%) Benefit from Tap water (%)	农村改水投资合计（万元） investment in Water transformation (10 000yuan)
全 省 Total	**1650.65**	**74.27**	**52.64**	**33285.66**	**7528.39**	**93.2**	**62.0**	**173442**
郑 州 市 Zhengzhou	100.87	92.46	86.51		425.37	97.2	92.3	
开 封 市 Kaifeng	62.53	63.03	50.34	227.50	415.35	100.0	55.8	6729
洛 阳 市 Luoyang	97.26	79.82	49.72	604.20	448.84	95.1	89.7	1421
平 顶 山 市 Pingdingshan	67.84	68.78	53.93	170.00	350.00	94.8	85.5	8698
安 阳 市 Anyang	89.16	73.67	46.17	6472.72	429.66	96.8	92.3	10412
鹤 壁 市 Hebi	19.47	73.83	55.59	535.00	104.80	100.0	84.1	
新 乡 市 Xinxiang	92.26	76.14	55.46	1187.00	435.57	94.7	77.1	12077
焦 作 市 Jiaozuo	49.74	79.56	31.26	1586.61	252.04	99.8	97.4	6873
濮 阳 市 Puyang	55.18	73.67	69.45	1277.50	241.33	89.6	79.5	26220
许 昌 市 Xuchang	64.92	76.34	38.32	558.19	266.53	78.7	53.2	9690
漯 河 市 Luohe	39.83	79.49	46.52	500.14	217.70	99.6	54.8	7072
三 门 峡 市 Sanmenxia	26.94	63.53	53.74	329.35	148.44	92.1	88.7	3528
南 阳 市 Nanyang	352.06	78.13	53.03	3349.60	902.61	92.7	56.7	20444
商 丘 市 Shangqiu	139.19	80.72	39.42	3155.00	701.48	98.2	58.7	22808
信 阳 市 Xinyang	121.24	68.83	61.71	2980.85	555.95	78.7	48.6	16296
周 口 市 Zhoukou	145.00	63.77	56.96	9234.00	894.44	92.9	24.6	
驻 马 店 市 Zhumadian	116.19	67.89	44.62	908.00	690.31	94.8	38.2	20124
济 源 市 Jiyuan	10.96	88.10	18.25	210.00	48.00	100.0	99.0	1050

23-13 各市农村可再生能源利用情况(2013年)
Condition of Rural Renewable energy utilization by City (2013)

地区	City	沼气池产气总量（万立方米） biogas gas volume (10 000 cu m)	户用沼气池 Household biogas digester	沼气工程 Biogas project	太阳能热水器（万平方米） solar water heater (10 000 cu m)	生活污水净化沼气池（个） Sewage purification pool(unit)
全省	**Total**	**139215.34**	**109640.25**	**29575.09**	**488.26**	**605**
省辖市	**City**					
郑州市	Zhengzhou	9688.16	5699.79	3988.37	7.59	
开封市	Kaifeng	2524.03	2422.08	101.95	27.07	28
洛阳市	Luoyang	6896.85	6679.40	217.45	19.84	34
平顶山市	Pingdingshan	5295.17	5051.77	243.40	25.80	
安阳市	Anyang	7430.95	5401.43	2029.52	36.40	
鹤壁市	Hebi	2909.04	2198.60	710.44	9.91	10
新乡市	Xinxiang	10539.76	9435.95	1103.81	27.71	19
焦作市	Jiaozuo	5117.02	4439.27	677.75	24.33	16
濮阳市	Puyang	3581.55	3503.84	77.71	13.95	
许昌市	Xuchang	3848.01	3749.22	98.79	25.60	16
漯河市	Luohe	5643.78	5400.93	242.85	18.22	
三门峡市	Sanmenxia	2929.85	2792.67	137.18	11.88	24
南阳市	Nanyang	26659.68	11085.88	15573.80	75.53	44
商丘市	Shangqiu	12678.60	12492.60	186.00	20.25	
信阳市	Xinyang	4926.33	4389.30	537.03	28.11	35
周口市	Zhoukou	8975.77	8270.12	705.64	44.03	259
驻马店市	Zhumadian	6494.52	5790.57	703.95	18.02	8
济源市	Jiyuan	1688.13	903.58	784.55	2.81	8
省直管县	**Province Administrating County**					
巩义市	Gongyi	1272.46	614.01	658.45	0.20	
兰考县	Lankao	600.15	600.00	0.15	5.40	
汝州市	Ruzhou	1255.15	1196.65	58.50	6.43	
滑县	Huaxian	120.31	13.65	106.66	1.47	1
长垣县	Changyuan	1721.00	1680.00	41.00	5.66	
邓州市	Dengzhou	1264.26	1097.60	166.66	10.52	
永城市	Yongcheng	1623.36	1618.80	4.56	3.35	
固始县	Gushi	1199.46	923.46	276.00	8.63	11
鹿邑县	Luyi	1557.84	1472.51	85.33	6.96	92
新蔡县	Xincai	774.18	716.58	57.60	2.57	

23-14 环境污染治理投资情况

Investment in Treatment of Environment Pollution

项目	Item	2005	2010	2012	2013
环境污染治理投资总额(万元)	Total Investment in Treatment of Environment Pollution (10 000 yuan)	823431	1322450	1782135	2880995
城市环境基础设施投资	Investment in Urban Environment Infrastructure	442771	710056	1085443	1574313
燃气	Gas Supply	48237	85960	141830	187859
集中供热	Centralized Hezting	103205	141445	116210	200409
排水	Frainage Works	104074	200684	256864	385381
园林绿化	Gardening and Greening	164533	252500	501140	691301
市容环境卫生	Environmental Sanitation	22722	29467	69399	109363
工业企业污染防治投资	Investment in the Treatment of Industrial Pollution	206815	125120	148347	439720
治理废水	Treatment of Waste Water	101842	44301	30452	48112
治理废气	Treatment of Waste Gas	70824	75616	77995	349729
治理固体废物	Treatment of Solid Wastes	24178	856	3952	22011
治理噪声	Treatment of Noise Pollution	438	445	425	185
治理其他	Others	9533	3902	35522	19683
完成环保验收项目环保投资	Investment in New Construction, Expansion and Reconstruction Projects of Environment Protection	173845	487274	548345	866963
环境污染治理投资占GDP比重 (%)	Total Investment in the Treatment of Environment Pollution as Percent of GDP (%)	0.8	0.6	0.6	0.9
工业废气治理设施运行费用(万元)	Operation cost on Industrial waste gas treatment facilities (10 000 yuan)		490262	564513	616657
工业废水治理设施运行费用(万元)	Operation cost on Industrial waste water treatment facilities (10 000 yuan)		208840	230013	231883.3
排污费收入总额(万元)	Income of Pollutant discharge expenses (10 000yuan)			100259	95414

23-15 工业重点调查单位分行业工业废水排放及处理利用情况(2013年)

Industrial waste water discharge, treatment and utilization in Key research Industrial unit by Sector (2013)

行业	Sector	汇总工业企业数(个) Number of Enterprises (unit)	工业废水排放量(万吨) Volume of Industrial Waste Water (10 000tons)	废水治理设施数(套) Number of Wastewater treatment facilities(set)
总计	**Total**	**6494**	**119467.56**	**3306**
煤炭开采和洗选业	Mining and Washing of Coal	239	21780.69	277
石油和天然气开采业	Extraction of Petroleum and Natural Gas	17	283.86	15
黑色金属矿采选业	Mining of Ferrous Metal Ores	120	827.15	93
有色金属矿采选业	Mining of Non-ferrous Metal Ores	339	2049.20	294
非金属矿采选业	Mining and Processing of Nonmetal Ores	33	187.88	18
开采辅助活动	Mining Auxiliary			
其他采矿业	Mining of Other Ores n.e.c	1		
农副食品加工业	Processing of Food from Agricultural Products	615	11786.55	207
食品制造业	Manufacture of Foods	199	3708.01	82
酒、饮料和精制茶制造业	Manufacture of Wine, drinks and refined tea	183	6243.52	123
烟草制品业	Manufacture of Tobacco	12	137.60	10
纺织业	Manufacture of Textile	181	3779.27	86
纺织服装、服饰业	Manufacture of Textile Wearing,Apparel	16	141.16	7
皮革、毛皮、羽毛及其制品和制鞋业	Manufacture of Leather, Fur, Feather and Its Products,Shoemaking	309	6156.92	107
木材加工和木、竹、藤、棕、草制品业	Processing of Timbers, Manufacture of Wood, Bamboo, Rattan, Palm, and Straw Products	78	341.68	6
家具制造业	Manufacture of Furniture	3	0.24	
造纸和纸制品业	Manufacture of Paper and Paper Products	253	20043.81	169
印刷和记录媒介复制业	Printing,Reproduction of Recording Media	15	69.40	4
文教、工美、体育和娱乐用品制造业	Manufacture of Cultural and educational supplies, industrial, sporting and entertainment	64	260.67	56
石油加工、炼焦和核燃料加工业	Processing of Petroleum ,Coking, Processing of Nucleus Fuel	45	1570.88	46
化学原料和化学制品制造业	Manufacture of Chemical Raw Material and Chemical Products	594	16901.53	407
医药制造业	Manufacture of Medicines	170	5798.29	121
化学纤维制造业	Manufacture of Chemical Fiber	16	3869.19	21
橡胶和塑料制品业	Manufacture of Rubber and Plastic	64	614.66	17
非金属矿物制品业	Manufacture of Non-metallic Mineral Products	1899	1591.15	331
黑色金属冶炼和压延加工业	Manufacture and Processing of Ferrous Metals	132	2773.56	140
有色金属冶炼和压延加工业	Manufacture and Processing of Non-ferrous Metals	262	1510.23	163
金属制品业	Manufacture of Metal Products	112	307.37	73
通用设备制造业	Manufacture of General Purpose Machinery	124	420.62	28
专用设备制造业	Manufacture of Special Purpose Machinery	68	418.34	36
汽车制造业	Manufacture of Automobile	54	661.96	30
铁路、船舶、航空航天和其他运输设备制造业	Manufacture of Railway, shipbuilding, aerospace, and other transportation equipment	20	298.82	22
电气机械和器材制造业	Manufacture of Electrical Machinery and Equipment	39	198.19	27
计算机、通信和其他电子设备制造业	Manufacture of Computer Communication Equipment , and Other Electronic Equipment	21	236.07	30
仪器仪表制造业	Manufacture of Measuring Instrument	6	67.77	3
其他制造业	Manufacture of others	31	100.67	9
废弃资源综合利用业	Comprehensive utilization of waste materials	30	155.36	5
金属制品、机械和设备修理业	Repairing of Metal products, machinery and equipment	3	1.84	
电力、热力生产和供应业	Production and Supply of Electric Power and Heat Power	125	3803.27	241
燃气生产和供应业	Production and Distribution of Gas	2	370.20	2

23-16 工业重点调查单位分行业工业废气排放及处理情况(2013年)

Industrial Wastes gas discharge and treatment and utilization in Key research Industrial unit by Sector (2013)

行 业	Sector	废气治理设施数(套) Number of Wastegas treatment facilities(set)	工业废气排放量(亿标立方米) Volume of Industrial Waste Gas (100 million cu.m)	工业二氧化硫排放量(吨) Volume of Industrial so2 (ton)
总 计	**Total**	**10524**	**37665.26**	**1005987**
煤炭开采和洗选业	Mining and Washing of Coal	344	120.53	3643
石油和天然气开采业	Extraction of Petroleum and Natural Gas	11	37.46	1658
黑色金属矿采选业	Mining of Ferrous Metal Ores	24	29.76	66
有色金属矿采选业	Mining of Non-ferrous Metal Ores	31	8.52	390
非金属矿采选业	Mining and Processing of Nonmetal Ores	13	20.97	5245
开采辅助活动	Mining Auxiliary			
其他采矿业	Mining of Other Ores n.e.c			
农副食品加工业	Processing of Food from Agricultural Products	323	268.38	19388
食品制造业	Manufacture of Foods	207	244.09	21940
酒、饮料和精制茶制造业	Manufacture of Wine, drinks and refined tea	203	134.33	10713
烟草制品业	Manufacture of Tobacco	18	37.20	210
纺织业	Manufacture of Textile	120	60.84	4721
纺织服装、服饰业	Manufacture of Textile Wearing,Apparel	9	1.57	196
皮革、毛皮、羽毛及其制品和制鞋业	Manufacture of Leather, Fur, Feather and Its Products,Shoemaking	247	42.19	3103
木材加工和木、竹、藤、棕、草制品业	Processing of Timbers, Manufacture of Wood, Bamboo, Rattan, Palm, and Straw Products	73	76.77	3867
家具制造业	Manufacture of Furniture	1	1.67	16
造纸和纸制品业	Manufacture of Paper and Paper Products	323	322.79	30151
印刷和记录媒介复制业	Printing,Reproduction of Recording Media	10	4.20	154
文教、工美、体育和娱乐用品制造业	Manufacture of Cultural and educational supplies, industrial, sporting and entertainment	25	2.99	161
石油加工、炼焦和核燃料加工业	Processing of Petroleum ,Coking, Processing of Nucleus Fuel	146	882.38	37036
化学原料和化学制品制造业	Manufacture of Chemical Raw Material and Chemical Products	1061	1739.38	89088
医药制造业	Manufacture of Medicines	186	91.48	8490
化学纤维制造业	Manufacture of Chemical Fiber	21	78.26	8979
橡胶和塑料制品业	Manufacture of Rubber and Plastic	51	57.17	3580
非金属矿物制品业	Manufacture of Non-metallic Mineral Products	4617	7885.96	168413
黑色金属冶炼和压延加工业	Manufacture and Processing of Ferrous Metals	556	4569.84	118224
有色金属冶炼和压延加工业	Manufacture and Processing of Non-ferrous Metals	649	5239.53	83632
金属制品业	Manufacture of Metal Products	84	29.50	1315
通用设备制造业	Manufacture of General Purpose Machinery	56	18.26	924
专用设备制造业	Manufacture of Special Purpose Machinery	137	76.86	653
汽车制造业	Manufacture of Automobile	80	544.09	531
铁路、船舶、航空航天和其他运输设备制造业	Manufacture of Railway, shipbuilding, aerospace, and other transportation equipment	41	12.73	359
电气机械和器材制造业	Manufacture of Electrical Machinery and Equipment	163	5.08	261
计算机、通信和其他电子设备制造业	Manufacture of Computer Communication Equipment , and Other Electronic Equipment	6	100.74	9
仪器仪表制造业	Manufacture of Measuring Instrument	2	0.16	13
其他制造业	Manufacture of others	37	49.35	549
废弃资源综合利用业	Comprehensive utilization of waste materials	38	6.22	395
金属制品、机械和设备修理业	Repairing of Metal products, machinery and equipment			
电力、热力生产和供应业	Production and Supply of Electric Power and Heat Power	575	14817.16	372197
燃气生产和供应业	Production and Distribution of Gas	36	46.89	5714

23-17 工业重点调查单位分行业工业固体废物产生及处理利用情况(2013年)

Industrial Solid Wastes Produced discharge and treatment and utilization in Key research Industrial unit by Sector (2013)

单位：万吨 (10 000tons)

行业	Sector	一般工业固体废物产生量 Volume of General Industrial Solid Wastes Produced	一般工业固体废物综合利用量 Volume of General Industrial Solid Wastes Utilized	一般工业固体废物贮存量 Storage capacity of General Industrial Solid Wastes	一般工业固体废物处置量 Volume of General Industrial Solid Wastes Treated
总计	**Total**	**15548.87**	**11891.41**	**437.41**	**3335.57**
煤炭开采和洗选业	Mining and Washing of Coal	2623.31	2644.52	74.42	12.69
石油和天然气开采业	Extraction of Petroleum and Natural Gas	12.03	6.71	0.18	5.15
黑色金属矿采选业	Mining of Ferrous Metal Ores	528.07	234.85	260.79	32.43
有色金属矿采选业	Mining of Non-ferrous Metal Ores	2512.99	782.30	62.02	1668.66
非金属矿采选业	Mining and Processing of Nonmetal Ores	36.70	30.61		6.19
开采辅助活动	Mining Auxiliary				
其他采矿业	Mining of Other Ores n.e.c	0.28			0.28
农副食品加工业	Processing of Food from Agricultural Products	59.15	58.20	0.01	0.95
食品制造业	Manufacture of Foods	40.48	39.96		0.52
酒、饮料和精制茶制造业	Manufacture of Wine, drinks and refined tea	41.17	41.01	0.06	0.27
烟草制品业	Manufacture of Tobacco	1.18	1.08		0.10
纺织业	Manufacture of Textile	7.65	7.17		0.48
纺织服装、服饰业	Manufacture of Textile Wearing,Apparel	0.34	0.34		0.00
皮革、毛皮、羽毛及其制品和制鞋业	Manufacture of Leather, Fur, Feather and Its Products,Shoemaking	12.97	10.13		2.84
木材加工和木、竹、藤、棕、草制品业	Processing of Timbers, Manufacture of Wood, Bamboo, Rattan, Palm, and Straw Products	12.62	12.22		0.40
家具制造业	Manufacture of Furniture	0.02	0.02		
造纸和纸制品业	Manufacture of Paper and Paper Products	117.72	103.23		14.71
印刷和记录媒介复制业	Printing,Reproduction of Recording Media	0.23	0.19		0.04
文教、工美、体育和娱乐用品制造业	Manufacture of Cultural and educational supplies, industrial, sporting and entertainment	0.72	0.67		0.05
石油加工、炼焦和核燃料加工业	Processing of Petroleum ,Coking, Processing of Nucleus Fuel	172.12	172.02	0.07	0.03
化学原料和化学制品制造业	Manufacture of Chemical Raw Material and Chemical Products	770.45	691.28	0.97	83.36
医药制造业	Manufacture of Medicines	22.08	15.11		6.98
化学纤维制造业	Manufacture of Chemical Fiber	25.91	25.90		0.01
橡胶和塑料制品业	Manufacture of Rubber and Plastic	13.66	12.82		0.84
非金属矿物制品业	Manufacture of Non-metallic Mineral Products	495.08	491.50	0.65	3.65
黑色金属冶炼和压延加工业	Manufacture and Processing of Ferrous Metals	1552.24	1401.74	0.62	150.45
有色金属冶炼和压延加工业	Manufacture and Processing of Non-ferrous Metals	2049.75	725.70	32.07	1291.99
金属制品业	Manufacture of Metal Products	4.44	3.95	0.00	0.49
通用设备制造业	Manufacture of General Purpose Machinery	11.16	8.62		2.54
专用设备制造业	Manufacture of Special Purpose Machinery	9.36	4.63	0.01	4.73
汽车制造业	Manufacture of Automobile	1.98	1.75		0.25
铁路、船舶、航空航天和其他运输设备制造业	Manufacture of Railway, shipbuilding, aerospace, and other transportation equipment	1.57	1.53	0.00	0.04
电气机械和器材制造业	Manufacture of Electrical Machinery and Equipment	2.00	1.85		0.15
计算机、通信和其他电子设备制造业	Manufacture of Computer Communication Equipment , and Other Electronic Equipment	1.13	0.44		0.69
仪器仪表制造业	Manufacture of Measuring Instrument	0.15	0.14		0.01
其他制造业	Manufacture of others	1.55	1.55		
废弃资源综合利用业	Comprehensive utilization of waste materials	1.34	1.13	0.06	0.16
金属制品、机械和设备修理业	Repairing of Metal products, machinery and equipment	0.01	0.01		
电力、热力生产和供应业	Production and Supply of Electric Power and Heat Power	4367.98	4319.26	5.48	43.46
燃气生产和供应业	Production and Distribution of Gas	37.27	37.27		

主要统计指标解释

水利、环境和公共设施管理业 包括水利管理业、环境管理业、公共设施管理业。

水利管理业 指防汛、抗旱、改造农田和开发、利用保护水资源等所从事的工作。按照《2011国民经济行业分类注释》，水利管理业主要包括防洪除涝设施管理、水资源管理、天然水收集与分配、水文服务以及其他水利管理业。

环境管理业 包括生态保护业和环境治理业。生态保护业指对人类赖以生存的生态系统进行保护，使之免遭破坏，使生态功能得以正常发挥的各种活动，主要包括自然保护区管理、野生动物保护、野生植物保护、以及其他自然保护等类别。环境治理业主要包括对水污染治理、大气污染治理、固体废物治理、危险废物治理、放射性废物治理以及其他污染的治理。

公共设施管理业 即公共设施相关的管理行业。公共设施是指为市民提供公共服务产品的各种公共性、服务性设施，按照管理对象可分为市政设施管理、环境卫生管理、城乡市容管理、绿化管理、公园和游览景区管理等。

森林覆盖率 指一个国家或地区森林面积占土地总面积的百分比。森林覆盖率是反映森林资源的丰富程度和生态平衡状况的重要指标。在计算森林覆盖率时，森林面积包括郁闭度0.2以上的乔木林地面积和竹林地面积，国家特别规定的灌木林地面积、农田林网以及四旁(村旁、路旁、水旁、宅旁)林木的覆盖面积。

湿地 指天然或人工、长久或暂时性的沼泽地、泥炭地或水域地带，包括静止或流动、淡水、半咸水、咸水体，低潮时水深不超过6米的水域以及海岸地带地区的珊瑚滩和海草床、滩涂、红树林、河口、河流、淡水沼泽、沼泽森林、湖泊、盐沼及盐湖。

自然保护区 指对有代表性的自然生态系统、珍稀濒危野生动植物物种的天然分布区、水源涵养区、有特殊意义的自然历史遗迹等保护对象所在的陆地、陆地水体或海域，依法划出一定面积进行特殊保护和管理的区域。以县及县以上各级人民政府正式批准建立的自然保护区为准(包括“六五”以前由部门或“革委会”批准且现仍存在的自然保护区)。风景名胜区、文物保护区不计在内。

水资源总量 指评价区内降水形成的地表和地下产水总量，不包括过境水量。水资源总量等于地表水资源量与地下水资源量之和减去地表水和地下水资源重复量。

地表水资源量 指评价区内河流、湖泊、冰川等地表水体中可以逐年更新的动态水量，即当地天然河川径流量。

地下水资源量 指评价区内降水和地表水对饱水岩土层的补给量。

用水总量 指分配给各类用户的包括输水损失在内的毛用水量之和，不包括海水直接利用量。按用户特性分为农业、工业、生活和生态用水四大类。

农业用水 指农田灌溉用水、林果地灌溉用水、草地灌溉用水和鱼塘补水。

工业用水 指工矿企业在生产过程中用于制造、加工、冷却、空调、净化、洗涤等方面的用水，按新水取用量计，不包括企业内部的重复利用水量。

生活用水 包括城镇生活用水和农村生活用水。城镇生活用水由居民用水和公共用水（含第三产业及建筑业等用水）组成；农村生活用水除居民生活用水外，还包括牲畜用水在内。

生态环境补水 仅包括人为措施供给的城镇环境用水和部分河湖、湿地补水。

废水排放总量 为工业废水排放量、城镇生活污水排放量和集中式治理设施污水排放量之和。

工业废水排放量 指报告期内经过企业厂区所有排放口排到企业外部的工业废水量。包括生产废水、外排的直接冷却水、超标排放的矿井地下水和与工业废水混排的厂区生活污水，不包括外排的间接冷却水(清污不分流的间接冷却水应计算在废水排放量内)。

城镇生活污水排放量 指报告期内城镇居民排放生活污水的量。城镇生活包括“住宿业与餐饮业、居民服务和其他服务业、医院和独立燃烧设施以及城镇生活污染源”。

集中式治理设施污水排放量 指报告期内集中式治理设施的渗滤液排放量。集中式治理设施包括垃圾处理场（厂）和危险废物（医疗废物）集中处置厂。

化学需氧量(COD)排放量 为工业、农业、城镇生活和集中式治理设施排放的废水中COD排放量之和。

氨氮排放量 为工业、农业、城镇生活和集中式治理设施排放的废水中氨氮排放量之和。

二氧化硫排放量 指报告期内工业、城镇生活和集中式治理设施SO_2排放量之和。

工业SO_2排放量 指报告期内企业在燃料燃烧和生产工艺过程中排入大气的SO_2总量。

烟（粉）尘排放量 指报告期内工业、城镇生活、机动车和集中式治理设施烟（粉）尘排放量之和。

工业烟（粉）尘排放量 指报告期内企业在燃料燃烧和生产工艺过程中排入大气的烟尘及工业粉尘的总质量之和。烟尘或工业粉尘排放量可以通过除尘系统的排风量和除尘设备出口烟尘浓度相乘求得。

一般工业固体废物产生量 指未被列入《国家危险废物名录》或者根据国家规定的危险废物鉴别标准、固体废物浸出毒性浸出方法及固体废物浸出毒性测定方法鉴别方法判定不具有危险特性的工业固体废物。计算公式为：

一般工业固体废物产生量=（一般工业固体废物综合利用量-其中：综合利用往年贮存量）+一般工业固体废物贮存量+（一般工业固体废物处置量-其中：处置往年贮存量）+一般工业固体废物倾倒丢弃量

一般工业固体废物综合利用量 指报告期内企业通过回收、加工、循环、交换等方式，从固体废物中提取或者使其转化为可以利用的资源、能源和其他原材料的固体废物量（包括当年利用的往年工业固体废物累计贮存量）。如用作农业肥料、生产建筑材料、筑路等。

一般工业固体废物综合利用率 指一般工业固体废物综合利用量占一般工业固体废物产生量与综合利用往年贮存量之和的百分率。计算公式为：

一般工业固体废物综合利用率=一般工业固体废物综合利用量/一般工业固体废物产生量+综合利用往年贮存量×100%

一般工业固体废物处置量 指报告期内企业将工业固体废物焚烧和用其他改变工业固体废物的物理、化学、生物特性的方法，达到减少或者消除其危险成分的活动，或者将工业固体废物最终置于符合环境保护规定要求的填埋场的活动中，所消纳固体废物的量。

一般工业固体废物处置率 指一般工业固体废物处置量占一般工业固体废物产生量与处置往年贮存量之和的百分率。计算公式为：

一般工业固体废物处置率=一般工业固体废物处置量/一般工业固体废物产生量+处置往年贮存量×100%

环境污染治理投资 指城市环境基础设施投资、工业企业污染防治投资和完成环保验收项目环保投资之和。

Explanatory Notes on Main Statistical Indicators

Water conservancy, environment and public facilities management include water resources management, environment management, public facilities management.

Water resources management refers to the flood control and drought, the transformation of farmland and the development, utilization and protection of water resources in the work. In according to the national economic sector note in 2011", water management mainly includes the flood control and waterlogged elimination facilities management, water resources management, natural water collection and distribution, hydrological service and other water resources management.

Environmental management include ecological protection industry and environmental management industry. Ecological protection industry refers to nature reserve management, wildlife and wild plants protection, and other natural protection category. Environmental control include water pollution control, atmospheric pollution, solid waste management, hazardous waste management, radioactive waste management and other pollution management.

Public facilities management refers to public facilities related management industry. Public facilities refers to provide public services for the citizens of all kinds of public products, service facilities, according to management object can be divided into municipal facilities management, environmental health management, urban and rural appearance management, green management, park and tour scenic area management, etc.

Forest Coverage Rate Forest Coverage Rate refers to the ratio of area of afforested land to total land area. It is a very important indicator that reflects the status of abundance of forest resource and balance of the ecosystem. Forest area includes the area of trees and bamboo grow with canopy density above 0.2, the area of shrubby tree according to regulations of the government, the area of forest land inside farm land and the area of trees planted by the side of villages, farm houses and along roads and rivers.

Wetlands refer to marshland and peat bog, whether natural or man-made, permanent or temporary; water covered areas, whether stagnant or flowing, with fresh or semi-fresh or salty water that is less than 6 meters deep at low tide; as well as coral beach, weed beach, mud beach, mangrove, river outlet, rivers, fresh-water marshland, marshland forests, lakes, salty bog and salt lakes along the coastal areas.

Natural Reserves refer to certain areas of land, waters or sea that are representative in natural ecological systems, or are natural habitats for rare or endangered wild animals or plants, or water conservation zones, or the location of important natural or historic relics, which are demarked by law and put under special protection and management. Natural reserves are designated by the formal approval of governments at and above county level (including those approved by relevant departments or "revolutionary committees" before 1980). Scenic spots and cultural preservation zones are not included

Water Resource refers to sum of Surface Water and Ground Water. Water Resource is as follows:

Water Resource= Surface Water + Ground Water – repetitious volume of Surface Water and Ground Water

Surface Water Resources refers to total renewable resources which exist in rivers, lakes, glaciers and other collectors from rainfall and are measured as run-off of rivers.

Groundwater Resources refers to replenishment of aquifers with rainfall and surface water.

Water Use refers to gross water use distributed to users, including loss during transportation, broken down into use by agriculture, industry, living consumption and ecological protection.

Water Use by Agriculture includes uses of water by irrigation of farming fields and by forestry, animal husbandry and fishing. Water use by forestry, animal husbandry and fishery includes irrigation of forestry and orchards, irrigation of grassland and replenishment of fishing farms.

Water Use by Industry refers to new withdrawals of water, excluding reuse of water within enterprises.

Water Use by Living Consumption includes use of water for living consumption in both urban and rural areas. Urban water use by living consumption is composed of household use and public use (including services, commerce, restaurants, cargo transportation, posts, telecommunications and construction). Rural water use by living consumption includes both households and animals.

Water Use by Ecological and Environmental Protection includes replenishment of rivers and lakes and use for urban environment.

Waste water discharge Resources for industrial wastewater emissions, urban sewage emissions and centralized treatment facilities of wastewater.

Waste Water Discharged by Industry refers to the volume of waste water discharged by industrial enterprises through all their outlets, including waste water from production process, directly cooled water, groundwater from mining wells which does not meet discharge standards and sewage from households mixed with waste water produced by industrial activities, but excluding indirectly cooled water discharged (It should be included if the discharge is not separated from waste water).

Urban Waste Water Discharge refers to annual discharge of non-industrial waste water by urban households. Include accommodations industry and food industry, residents service and other services, hospitals and independent combustion facilities and urban life pollution sources.

Centralized treatment facilities wastewater refers to report period of centralized treatment facilities leachate emissions. Centralized management facilities including landfill (factory) and hazardous waste (medical waste) disposal factory.

Volume of Chemical Oxygen Demand (COD) refers to volume of COD in wastewater discharge form Industry, agriculture, urban life and centralized management facilities emissions.

Volume of Ammonia nitrogen refers to volume of ammonia nitrogen in wastewater discharge form Industry, agriculture, urban life and centralized management facilities emissions.

Volume of Sulfur dioxide refers to volume of SO_2 form Industry, urban life and centralized management facilities emissions.

Volume of Industrial Sulfur Dioxide Discharged refers to the volume of sulfur dioxide discharged to the air in the process of fuel burning or in the production process.

Volume of Industrial Soot Discharged refers to the volume of solid soot in the smoke discharged in the process of fuel burning in the area of the factory.

Industrial Dust Discharged refers to the total weight of solid dust discharged by industrial enterprises in the production process, such as dust of refractory materials from iron plants, dust from coke-screening system or from sintering machines of coking plants, dust from lime kilns, cement dust from building material enterprises, etc., but excluding smoke and dust discharged by power plants.

General Industrial Solid Wastes Produced refers to have not listed in the national hazardous waste list or according to the regulations of the state identification of hazardous waste standard, solid waste leaching-out toxicity leaching method and the solid waste leaching-out toxicity identification method for determining if a risk characteristics of industrial solid waste.

General Industrial Solid Wastes Utilized refers to volume of solid wastes from which useful materials can be extracted or which can be converted into usable resources, energy or other materials by means of reclamation, processing, recycling and exchange (including utilizing in the year the stocks of industrial solid wastes of the previous year). Examples of such utilizations include fertilizers, building materials and road materials.

Rate of General Utilization of Industrial Solid Wastes refers to the percentage of industrial solid wastes utilized over industrial solid wastes produced.

Rate of General Utilization of Industrial Solid Wastes= General Industrial Solid Wastes Utilized / (General Industrial Solid Wastes Produced+ Solid Wastes Utilized of ever reserves)×100%

General industrial solid waste disposal refers to enterprises during the reporting period the industrial solid waste incineration and other changes of industrial solid waste methods of physical, chemical, biological characteristics, activities to reduce or eliminate its dangerous substances, or the final placing of industrial solid waste landfill activities comply with the environmental protection requirements, the Council is satisfied that the amount of solid waste.

Rate of General industrial solid waste disposal refer to general industrial solid waste disposal accounted for general industrial solid waste generation and disposal of storage volume and percentage in previous years. Calculation formula is:

Rate of General industrial solid waste disposal= General industrial solid waste disposal / (General Industrial Solid Wastes Produced+ Disposal of ever reserves) ×100%

Investment in Environment Pollution Harnessing Projects refers to the proportion of investment in fixed assets in the total investment in harnessing industrial pollution and in the construction of urban environment infrastructure facilities.

居民服务业、修理和其他服务业

Resident Services,Repairing and other Services

资料整理：常伟杰

简要说明

一、主要内容

本篇包居民服务业、修理和其他服务业企业、行政事业单位、社会团体及其他法人单位的单位数、从业人数及主要财务指标。

二、资料来源

本篇由省统计局组织各部门和各地区统计调查，由省地方经济社会调查队服务业调查处整理提供。

Brief Introduction

I. Main Contents

Data in the chapter mainly include: unit, employment, and main financial indicators of Resident Services, Repairing and other Services, Administrative institution, social organizations and others, and basic condition of telecommunication services.

II. Sources of Data

Data in the chapter are calculated from Statistical investigation by Henan provincial bureau of statistics. are provided by Henan provincial survey organizations of social and economy.

24-1 居民服务、修理和其他服务业法人单位数和从业人员数

Number of Institutional Unit and Employed Persons of Resident services,Repairing and other services

年份(Year)	合计 Total	企业 Enterprise	行政事业 Administrative institution	社会团体及其他 Social organizations and others
单位数(个)Number of Institutional Unit(unit)				
2008	3641	3279	247	115
2009	3920	3539	249	132
2010	4188	3793	253	142
2011	4373	3975	248	150
2012	3932	3555	235	142
从业人数(万人)Employed Persons(10 000 persons)				
2008	6.62	5.76	0.72	0.14
2009	6.80	5.95	0.67	0.19
2010	6.90	6.01	0.73	0.16
2011	8.87	7.94	0.71	0.22
2012	9.17	8.38	0.57	0.22

24-2 分行业居民服务、修理和其他服务业法人单位财务指标(2012年)

Main Financial Indicators of Resident services, Repairing and other services by Sector (2012)

单位：万元 (10 000 yuan)

指标	Item	居民服务、修理和其他服务业 Resident services Repairing and other services	居民服务业 Resident Services	机动车、电子产品和日用产品修理业 Motor vehicle repair industry, electronic products and daily products	其他服务业 Other Services
单位数(个)	Number of units (unit)	3932	2154	1062	716
从业人数(万人)	Employed Persons (10 000 Persons)	9.17	4.23	2.76	2.18
固定资产原价	Fixed Asset Price	700309	360838	123856	215615
收入合计	Total Income	696290	409971	160549	125770
成本费用合计	Total Cost	450651	242455	122150	86046
职工薪酬	Employee Compensation	169803	85974	49031	34799
税费合计	Tax	36275	20906	8023	7346
营业利润	Operating Profit	155348	102353	35338	17658

24-3 各市居民服务、修理和其他服务业法人单位财务指标(2012年)

Main Financial Indicators of Resident services,Repairing and other services by City (2012)

单位：万元 (10 000 yuan)

市(县) City(County)	单位数(个) Number of units (unit)	从业人数(万人) Employed Persons (10 000 Persons)	固定资产原价 Fixed Asset Price	收入合计 Total Income	成本费用合计 Total Expenses	职工薪酬 Employee Compensation	税费合计 Tax and Expenses	营业利润 Operating Profit
全　省 Total	**3932**	**9.17**	**700309**	**696290**	**450651**	**169803**	**36275**	**155348**
省辖市 City								
郑州市 Zhengzhou	796	1.73	159085	92136	65250	30348	6033	6633
开封市 Kaifeng	176	0.46	37819	58830	36373	11608	2808	17460
洛阳市 Luoyang	247	0.64	54513	37492	23270	10248	1891	5365
平顶山市 Pingdingshan	259	0.48	35453	36464	26233	7831	2309	7775
安阳市 Anyang	258	0.72	49184	55780	29350	12434	2587	15824
鹤壁市 Hebi	38	0.08	2197	5352	3890	1298	194	1099
新乡市 Xinxiang	250	0.59	32285	38235	25821	8634	1611	7751
焦作市 Jiaozuo	108	0.42	41886	21989	13726	6634	1185	2892
濮阳市 Puyang	115	0.27	11243	17267	11187	4831	446	2242
许昌市 Xuchang	315	0.63	67498	86167	50684	11268	5567	24464
漯河市 Luohe	96	0.22	8013	14747	7816	3270	412	7507
三门峡市 Sanmenxia	290	0.71	24987	21834	32801	18757	797	4278
南阳市 Nanyang	319	0.68	43377	54459	32386	13032	2275	9577
商丘市 Shangqiu	83	0.19	19724	18910	14175	4059	982	3899
信阳市 Xinyang	105	0.37	26690	22568	14322	6489	1147	5586
周口市 Zhoukou	165	0.29	36475	41662	19562	7126	3076	15847
驻马店市 Zhumadian	294	0.60	47874	69375	42297	11145	2805	17011
济源市 Jiyuan	18	0.07	2007	3024	1509	792	149	138
省直管县 Province Administrating County								
巩义市 Gongyi	12	0.02	5622	2364	1894	1261	59	-109
兰考县 Lankao	50	0.17	16202	25876	12975	4198	1229	9872
汝州市 Ruzhou	23	0.05	5278	4027	2472	882	309	835
滑县 Huaxian	35	0.11	6575	7409	4161	1469	327	2172
长垣县 Changyuan	9	0.01	1516	1388	479	237	32	843
邓州市 Dengzhou	19	0.04	3430	3341	2173	756	105	1168
永城市 Yongcheng	4	0.03	1831	1689	1317	658	28	272
固始县 Gushi	24	0.08	3356	5248	2139	1592	273	2194
鹿邑县 Luyi	3	0.00	210	234	139	49	12	40
新蔡县 Xincai	49	0.10	6749	11378	7286	1972	418	3307

主要统计指标解释

居民服务业 指为居民提供的各种服务活动。按照《2011 国民经济行业分类注释》，居民服务业主要包括家庭服务、托儿所服务、洗染服务、理发及美容服务、洗浴服务、保健服务、婚姻服务、殡葬服务以及其他居民服务等。

其他服务业 按照《2011 国民经济行业分类注释》，其他居民服务业主要包括对建筑物、办公用品、家庭用品的清洗和消毒以及其他未列明的服务活动。

Explanatory Notes on Main Statistical Indicators

Residents service refers to provide various services for the residents activities. In according to the national economic sector note in 2011, residents service mainly includes family services, nurseries, service, Washing printing and dyeing service, haircut and beauty services, wash bath service, health care, service, marriage, funeral and interment service and other residents service, etc.

Other services In according to the national economic sector note in 2011, other residents service mainly includes service activities for buildings, office supplies, household cleaning and disinfection and other not specified.

教育
Education

● 资料整理：张永安

简要说明

一、主要内容

本篇包括教育行业企业、行政事业单位、社会团体及其他法人单位的单位数、从业人数、主要财务指标以及研究生教育、高等教育(普通教育本专科、成人教育本专科)、中等教育(高中阶段教育和初中阶段教育)、初等教育(小学)、学前教育、特殊教育(盲聋哑和弱智儿童学校等)以及教育经费等资料。

二、资料来源

教育行业企业、行政事业单位、社会团体及其他法人单位的单位数、从业人数、主要财务指标是以经济普查数据为基础，利用财政系统和教育系统统计数据综合推算，由省地方经济社会调查队服务业调查处整理提供。

教育事业统计资料由省教育厅提供；技工学校的资料由省人力资源和社会保障厅提供。由省统计局社会与科技处编辑整理。

Brief Introduction

I. Main Content

Data on education cover the unit, employment, and main financial indicators of education enterprises, Administrative institution, social organizations and others. The situations on education of postgraduates, higher education (universities and colleges), secondary education (senior and junior high schools), elementary education (primary schools), preschool education, special education (schools for the blind, deaf-mutes and mentally retarded) and their expenditure. The main indicators include the number of schools, the number of students enrolled, the number of new students enrolled, the number of graduates, the number of staff and workers, the number of full-time teachers, sources and outlay of education funding.

II. Sources of Data

Data on Number of Institutional Unit, Employed Persons and Main Financial Indicators of education are calculated basis on The Second Census, the financial system data and education system statistical data, which are provided by Henan provincial survey organizations of social and economy.

Data on education undertakings are calculated from Henan Provincial bureau of Education. Data on technical training schools are calculated from Henan provincial bureau of Human Resources and Social Security. Data in this chapter are provided by Department of social and technology of the Henan provincial Bureau of Statistics.

25-1 教育业法人单位数和从业人员数
Number of Institutional Unit and Employed Persons of Education

年份(Year)	合计 Total	企业 Enterprise	行政事业 Administrative institution	社会团体及其他 Social organizations and others
单位数(个)Number of Institutional Unit(unit)				
2008	22206	1727	16157	4322
2009	22367	1759	16213	4395
2010	22537	1817	16253	4467
2011	22343	1846	16141	4356
2012	22223	1913	16038	4272
从业人数(万人)Employed Persons(10 000 persons)				
2008	121.50	3.62	107.86	10.03
2009	122.08	3.76	108.06	10.25
2010	122.74	4.07	108.09	10.58
2011	122.81	4.68	107.68	10.44
2012	121.81	4.99	106.76	10.06

25-2 分行业教育业法人单位财务指标(2012年)
Main Financial Indicators of Institutional Unit of Education by Sector (2012)

单位：万元 (10 000yuan)

指 标	Item	教育 Education	学前教育 Pre-school Education	初等教育 Primary Education	中等教育 Secondary Education	高等教育 Higher Education	特殊教育 Special Education	技能培训、教育辅助及其他教育 Other Education
单位数(个)	Number of units (unit)	22223	3753	9710	5795	261	146	2558
从业人数(万人)	Employed Persons (10 000 Persons)	121.81	7.44	39.37	58.76	8.67	0.37	7.19
固定资产原价	Fixed Asset Price	10994785	417444	2142157	4830557	2759250	21738	823640
收入合计	Total Income	14120320	934460	3411930	6277710	2102529	48902	1344787
成本费用合计	Total Cost	13594209	847809	3359752	6123703	1976616	50624	1235705
职工薪酬	Employee compensation	5685377	464461	1687492	2501437	473833	34483	523672
税费合计	Tax and Expenses	39155	8787	5900	5123	3908	102	15336
营业利润	Operating Profit	161506	23031	22642	53540	4313	693	57286

25-3 各市教育业法人单位财务指标(2012年)

Main Financial Indicators of Institutional Unit of Education by City (2012)

单位：万元 (10 000 yuan)

市(县) City(County)	单位数(个) Number of units (unit)	从业人数(万人) Employed Persons (10 000 Persons)	固定资产原价 Fixed Asset Price	收入合计 Total Income	成本费用合计 Total Cost	职工薪酬 Employee compensation	税费合计 Tax and Expenses	营业利润 Operating Profit
全　省 Total	**22223**	**121.81**	**10994785**	**14120320**	**13594209**	**5685377**	**39155**	**161506**
省辖市 City								
郑州市 Zhengzhou	2459	15.73	2407875	3329267	3258925	1083527	7986	11669
开封市 Kaifeng	741	6.58	842138	1274567	1193535	532793	6564	29397
洛阳市 Luoyang	2591	8.60	1035090	1430362	1276588	511777	2416	13695
平顶山市 Pingdingshan	990	5.60	354930	710562	698368	353502	5316	3539
安阳市 Anyang	1648	5.92	375515	419892	401398	190392	3140	8432
鹤壁市 Hebi	389	1.84	137791	199024	194665	77092	43	1478
新乡市 Xinxiang	1241	6.59	667685	825231	802953	378262	820	14616
焦作市 Jiaozuo	632	4.23	334036	388468	383589	170922	723	3624
濮阳市 Puyang	901	3.90	187753	291186	290069	122877	99	-345
许昌市 Xuchang	1426	5.70	361219	495213	486698	211711	1996	9484
漯河市 Luohe	520	2.77	202972	254935	234803	107287	558	4279
三门峡市 Sanmenxia	454	3.05	215530	415600	404606	173187	170	2287
南阳市 Nanyang	3135	13.32	917752	1079494	1045327	490188	2465	22493
商丘市 Shangqiu	1194	9.66	693932	572692	567440	247556	290	7226
信阳市 Xinyang	1150	8.58	772009	711793	703524	351159	679	3962
周口市 Zhoukou	1213	11.11	806542	820177	810753	330184	1717	5515
驻马店市 Zhumadian	1325	7.73	586712	806782	745640	312024	3992	17414
济源市 Jiyuan	214	0.89	95304	95076	95328	40934	182	2741
省直管县 Province Administrating County								
巩义市 Gongyi	165	0.96	97797	98275	107635	48928	2048	2730
兰考县 Lankao	53	0.85	54373	177025	180027	98596	1566	49557
汝州市 Ruzhou	117	0.90	58367	277474	278275	150309	3666	19
滑县 Huaxian	437	1.12	49895	97149	96182	40541	17	130
长垣县 Changyuan	46	0.85	70664	63213	63077	30415	6	828
邓州市 Dengzhou	566	1.45	76112	109641	104014	48076	214	1786
永城市 Yongcheng	103	1.45	126875	106361	103506	44030	27	1796
固始县 Gushi	206	1.48	124946	97419	95897	52421	185	399
鹿邑县 Luyi	68	1.08	36614	70558	70184	26898	29	128
新蔡县 Xincai	178	0.62	42169	50749	41557	14615	1802	6967

25-4 各级各类学校数

Number of Schools by Level and Type

单位：所 (unit)

年份 year	小学 Primary Schools	普通中学 Regular Secondary Schools	高中 Senior Secondary Schools	初中 Junior Secondary Schools	职业中学 Vocational Secondary Schools	普通高等学校 Regular Institutions of Higher Education
1978	48772	26586	3705	22881		24
1979	34983	25826	2976	22850		24
1980	46672	12672	2431	10241	1	25
1981	45939	10304	1703	8601	6	26
1982	46542	10510	1279	9231	8	26
1983	46265	10324	1177	9147	21	32
1984	46232	9969	1102	8867	41	38
1985	41935	9459	1069	8390	390	43
1986	45250	9730	1058	8672	370	47
1987	44865	9632	1027	8605	336	47
1988	44379	9406	1003	8403	378	47
1989	43951	8961	958	8003	466	47
1990	43286	8249	920	7329	480	47
1991	42455	7369	854	6515	539	49
1992	42370	6893	789	6104	636	47
1993	42071	6644	719	5925	685	48
1994	41899	6476	661	5815	785	50
1995	41698	6367	641	5726	785	50
1996	41466	6282	635	5647	761	50
1997	41526	6142	645	5497	742	50
1998	41238	6069	643	5426	722	51
1999	41404	6120	688	5432	696	56
2000	41269	6217	761	5456	609	52
2001	39825	6384	819	5565	520	64
2002	37729	6399	854	5545	484	66
2003	36379	6363	888	5475	462	71
2004	34164	6229	909	5320	442	82
2005	33026	6207	945	5262	455	83
2006	31410	6045	955	5090	515	84
2007	30677	5864	920	4944	552	82
2008	30214	5718	908	4810	584	84
2009	29420	5571	868	4703	589	89
2010	28603	5441	825	4616	563	107
2011	27793	5388	792	4596	452	117
2012	27452	5336	785	4551	409	120
2013	26086	5326	776	4550	381	127

25-5 各级各类学校专任教师数

Number of Full-time Teachers by Level and Type of school

单位：万人 (10 000 persons)

年份 year	小学 Primary Schools	普通中学 Regular Secondary Schools	高中 Senior Secondary Schools	初中 Junior Secondary Schools	职业中学 Vocational Secondary Schools	普通高等学校 Regular Institutions of Higher Education
1978	42.88	29.34	4.98	24.36		0.54
1979	43.66	30.01	5.09	24.92		0.62
1980	44.72	30.13	4.48	25.65	0.00	0.68
1981	47.20	26.99	3.91	23.08	0.01	0.71
1982	41.95	22.58	3.52	19.05	0.01	0.84
1983	42.52	22.17	3.46	18.71	0.04	0.91
1984	42.81	21.86	3.41	18.45	0.02	0.97
1985	43.09	22.21	3.41	18.80	0.68	1.10
1986	43.62	22.93	3.54	19.39	0.77	1.27
1987	43.52	23.69	3.73	19.96	0.81	1.33
1988	43.79	24.01	3.79	20.22	0.88	1.38
1989	43.76	23.84	3.77	20.07	1.13	1.38
1990	44.34	24.05	3.79	20.25	1.27	1.40
1991	37.93	23.54	3.83	19.71	1.34	1.42
1992	37.55	23.49	3.76	19.73	1.51	1.45
1993	38.19	23.60	3.62	19.98	1.72	1.47
1994	38.87	23.94	3.48	20.46	2.08	1.55
1995	39.23	24.68	3.45	21.23	2.28	1.55
1996	40.02	25.48	3.51	21.97	2.44	1.64
1997	41.12	26.38	3.61	22.77	2.67	1.65
1998	42.55	27.60	3.75	23.85	2.76	1.70
1999	44.66	29.09	4.09	25.00	2.67	1.88
2000	45.93	30.86	4.57	26.29	2.49	2.02
2001	47.56	32.90	5.13	27.77	2.35	2.46
2002	49.62	35.06	6.03	29.03	2.39	2.85
2003	48.85	35.88	6.72	29.16	2.21	3.33
2004	47.85	36.55	7.60	28.95	2.23	4.18
2005	47.55	37.30	8.40	28.90	2.29	4.63
2006	47.82	37.64	9.19	28.45	2.68	5.29
2007	48.30	37.88	9.79	28.09	2.76	5.88
2008	48.53	37.89	10.27	27.62	2.91	6.49
2009	48.91	38.30	10.49	27.81	3.16	7.15
2010	49.04	38.10	10.43	27.67	3.25	7.75
2011	49.58	38.65	10.43	28.22	3.20	8.20
2012	49.69	38.97	10.73	28.24	3.08	8.60
2013	49.45	38.80	10.81	27.99	2.76	9.09

25-6 各级各类学校在校学生数

Student Enrollment by Level and Type of school

单位：万人 (10 000 persons)

年份 year	小学 Primary Schools	普通中学 Regular Secondary Schools	高中 Senior Secondary Schools	初中 Junior Secondary Schools	职业中学 Vocational Secondary Schools	普通高等学校 Regular Institutions of Higher Education
1978	1140.26	521.62	116.38	405.24		2.73
1979	1147.88	504.04	106.42	397.62		3.38
1980	1133.75	487.27	83.75	403.52	0.02	4.59
1981	1110.65	412.31	60.66	351.65	0.27	4.93
1982	1098.47	361.41	49.25	312.16	0.51	4.63
1983	1054.04	341.32	47.82	293.50	1.11	4.80
1984	1055.08	354.20	50.87	303.33	2.28	5.33
1985	1034.97	357.46	52.27	305.19	10.89	6.85
1986	1015.67	366.96	54.66	312.30	11.92	7.50
1987	997.75	373.51	54.41	319.10	11.63	7.57
1988	980.05	362.64	52.51	310.13	11.94	7.99
1989	969.82	349.05	49.54	299.51	14.50	8.01
1990	961.15	352.56	49.26	303.30	15.61	8.04
1991	944.02	357.66	48.80	308.86	17.77	8.18
1992	936.71	359.78	46.21	313.57	20.40	8.95
1993	951.50	362.96	43.52	319.44	25.86	10.44
1994	991.06	384.80	42.51	342.29	35.74	11.71
1995	1039.56	417.86	42.91	374.95	45.86	12.24
1996	1105.58	454.48	44.02	410.46	51.18	12.79
1997	1169.96	480.21	46.68	433.53	56.84	13.60
1998	1200.06	512.51	51.13	461.38	60.10	14.64
1999	1186.97	568.86	61.06	507.80	53.75	18.55
2000	1130.63	638.14	75.15	562.99	48.27	26.24
2001	1070.73	683.38	94.73	588.65	38.71	36.91
2002	1104.59	733.35	125.55	607.80	41.52	46.80
2003	1058.61	750.51	146.42	604.09	42.32	55.72
2004	1014.06	759.42	168.75	590.67	45.93	70.28
2005	986.84	758.22	188.39	569.83	49.31	85.19
2006	997.09	742.22	201.58	540.64	59.90	97.41
2007	1018.71	719.83	212.63	507.20	66.22	109.52
2008	1036.60	691.46	207.26	484.20	72.76	125.02
2009	1052.03	675.45	201.20	474.25	80.88	136.88
2010	1070.53	661.56	192.16	469.40	79.47	145.67
2011	1092.90	657.48	189.50	467.98	75.78	150.01
2012	1079.20	646.42	192.63	453.78	73.15	155.90
2013	939.98	574.28	189.23	385.05	54.92	161.83

25−7 各级各类学校招生数

New Student Enrollment by Level and Type of school

单位：万人 (10 000 persons)

年份 year	小学 Primary Schools	普通中学 Regular Secondary Schools	高中 Senior Secondary Schools	初中 Junior Secondary Schools	职业中学 Vocational Secondary Schools	普通高等学校 Regular Institutions of Higher Education
1978	254.37	234.71	53.79	180.92		1.39
1979	249.91	215.50	48.55	166.95		1.07
1980	239.12	169.65	28.69	140.96	0.02	1.25
1981	226.50	146.95	24.44	122.51	0.24	1.25
1982	219.17	124.70	18.17	106.53	0.27	1.36
1983	198.48	119.04	17.04	102.00	0.88	1.65
1984	197.99	119.69	17.40	102.29	1.36	1.89
1985	174.24	118.93	17.22	101.71	5.42	2.67
1986	190.38	123.72	17.77	105.95	5.00	2.42
1987	184.06	124.03	17.84	106.19	4.56	2.64
1988	181.53	121.80	17.09	104.71	4.95	2.72
1989	179.88	118.08	16.27	101.81	6.34	2.61
1990	172.46	122.53	16.92	105.61	6.37	2.66
1991	164.72	125.47	16.49	108.98	8.28	2.76
1992	169.53	125.38	15.28	110.10	9.53	3.38
1993	190.31	130.28	14.86	115.42	12.71	4.05
1994	220.01	144.20	13.98	130.23	16.96	4.17
1995	232.52	158.34	14.58	143.76	20.75	4.32
1996	239.94	164.89	15.12	149.77	20.48	4.49
1997	239.79	171.79	16.41	155.38	23.61	4.66
1998	217.82	189.67	18.72	170.95	23.56	5.02
1999	193.65	220.12	24.42	195.70	16.95	7.88
2000	171.11	246.46	31.48	214.98	16.83	11.69
2001	163.32	246.96	37.63	209.33	14.63	14.01
2002	185.77	253.93	50.93	203.00	17.05	16.61
2003	164.35	253.19	53.77	199.42	16.85	19.02
2004	162.49	257.45	61.33	196.12	17.40	25.74
2005	169.44	259.58	69.99	189.59	20.30	27.76
2006	176.86	233.85	67.75	166.10	28.51	33.77
2007	183.22	231.49	70.57	160.92	28.83	35.52
2008	186.92	233.55	68.42	165.13	28.90	44.51
2009	184.51	225.18	64.50	160.68	33.03	45.74
2010	187.76	221.66	62.85	158.81	30.40	47.83
2011	193.44	226.25	64.63	161.62	27.18	47.14
2012	190.97	224.73	66.57	158.16	24.06	49.82
2013	181.06	203.82	66.11	137.71	18.34	50.84

25-8 各级各类学校毕业生数

Graduates by Level and Type of school

单位：万人 (10 000 persons)

年份 year	小学 Primary Schools	普通中学 Regular Secondary Schools	高中 Senior Secondary Schools	初中 Junior Secondary Schools	职业中学 Vocational Secondary Schools	普通高等学校 Regular Institutions of Higher Education
1978	185.03	213.34	44.37	168.97		0.96
1979	179.69	204.86	50.44	154.42		0.41
1980	173.62	109.74	45.66	64.08	0.01	
1981	173.52	131.24	43.45	87.79	0.01	0.90
1982	165.80	104.44	27.36	77.08	0.02	1.65
1983	168.90	87.90	15.85	72.05	0.28	1.47
1984	166.90	86.78	14.74	72.04	0.28	1.35
1985	158.48	88.92	15.44	73.48	2.08	1.17
1986	172.97	91.60	16.70	74.90	2.52	1.75
1987	172.82	97.24	17.78	79.46	3.11	2.53
1988	167.45	99.44	18.03	81.40	3.62	2.29
1989	162.51	100.39	17.27	83.12	3.64	2.56
1990	162.60	99.36	16.70	82.66	4.17	2.61
1991	161.86	98.77	15.96	82.81	5.26	2.72
1992	162.39	99.90	15.01	84.89	4.86	2.59
1993	163.26	102.34	14.45	87.89	5.35	2.66
1994	166.48	103.90	13.98	89.92	6.16	2.93
1995	168.96	109.35	13.51	95.84	9.22	3.76
1996	165.13	115.90	13.82	102.08	12.41	3.91
1997	168.57	133.16	13.78	119.38	15.18	3.89
1998	180.67	145.88	14.93	130.95	17.23	3.96
1999	205.01	153.97	15.50	138.47	17.95	3.99
2000	225.57	162.16	17.47	144.69	18.65	4.17
2001	220.41	176.44	19.84	156.60	15.32	4.61
2002	202.55	203.04	25.78	177.26	12.57	7.12
2003	204.18	225.16	36.38	188.78	11.68	10.90
2004	203.54	240.69	42.48	198.21	11.97	13.43
2005	191.90	252.02	53.66	198.36	13.97	16.52
2006	166.71	245.24	57.36	187.88	15.40	20.21
2007	160.19	254.20	65.10	189.10	17.21	26.72
2008	168.90	258.05	74.98	183.07	17.93	30.25
2009	165.75	233.36	70.17	163.18	22.31	33.41
2010	165.35	225.35	70.43	154.92	24.93	38.25
2011	167.61	222.00	66.55	155.45	25.05	43.30
2012	170.44	213.82	64.01	149.81	24.84	43.53
2013	164.48	203.46	63.13	140.34	24.41	45.02

25-9 学校、教职工和专任教师情况(2013年)
Basic Statistics on Schools, Teachers and Staff and Full-time Teachers (2013)

项　目	Item	学校数(所) Number of Schools (unit)	教职工数(人) Teachers and Staff (person)	#专任教师(人) Full-time Teachers (person)
高等教育	**Higher Education**	**190**	**128857**	**93238**
普通高等学校	Regular Institutions of Higher Education	127	125170	90949
本科院校	Universities with Full Undergraduate Courses	50	79897	58685
#独立学院	Independent Colleges	8	7836	6375
专科院校	Colleges with Specialized Courses	77	45273	32264
#职业技术学院	Vocational and Technical Colleges	66	34975	26764
其他机构(教学点)	Others			
成人高等学校	Adult Institutions of Higher Education	13	3352	2158
民办的其他高等教育机构	Other Private Institutions of Higher Education	50	335	131
中等教育	**Secondary Education**	**6225**	**544151**	**471873**
高中阶段教育	Senior Secondary Education	1675	227647	186154
#普通高中	Regular Senior Secondary Schools	776	143263	122593
中等职业教育	Vocational Secondary Education	899	84384	63561
普通中专	Regular Specialized Secondary Schools	145	22583	16152
成人中专	Adult Specialized Secondary Schools	190	11597	8129
职业高中	Vocational Senior Secondary Schools	381	34157	27560
技工学校	Technical Schools	183	14947	11002
其他机构(教学点)	Others	31	1100	718
初中阶段教育	Junior Secondary Education	4550	316504	285719
普通初中	Regular Junior Secondary Schools	4550	316504	285719
初等教育	**Primary Education**	**29048**	**503442**	**477073**
普通小学	Regular Primary Schools	26086	499445	474208
成人小学	Adult Primary Schools	2962	3997	2865
#扫盲班	Literacy Courses	570	1256	1065
工读学校	**Schools for Juvenile Delinquents**	**3**	**75**	**57**
特殊教育	**Special Education**	**137**	**3807**	**3272**
学前教育	**Pre-school Education**	**14485**	**215391**	**129422**

注：其他机构学校数不计入总数。
a) Number of Adult Institutions of Higher Eduation excludes Other Institutions.

25-10 各级各类学历教育学生情况(2013年)

Basic Statistics on Students by Level and Type of Education (2013)

单位：人 (person)

项　目	Item	招生数 New Enrollment	在校学生数 Total Enrollment	女学生占学生总数的比重(%) Females as % of Total	毕业生数 Graduates
高等教育	**Students Received Higher Education**	**725201**	**2072606**	**53.1**	**586188**
研究生	Postgraduates	12185	33317	56.6	10660
博　士	Doctor's Degree	415	1380	45.9	250
硕　士	Master's Degree	11770	31937	57.0	10410
普通本专科	Regular Undergraduates and College Students	508422	1618320	52.3	450194
本　科	Enrolled in Full Undergraduate Courses	259379	910156	52.2	184178
专　科	Enrolled in Specialized Courses	249043	708164	52.6	266016
成人本专科	Adult Undergraduates and College Students	154106	336395	56.1	105871
本　科	Enrolled in Full Undergraduate Courses	63119	139283	55.7	42723
专　科	Enrolled in Specialized Courses	90987	197112	56.3	63148
民办的其他高等学历教育	Other Degree of Higher Education run by the local people		12144		5033
在职人员攻读博士、硕士学位	Employees Enrolled in Graduate Programs Leading to Doctor or Master Degrees	3646	10351	34.5	
网络本专科生	Students Enrolled in Internet-based Courses	50488	84574	54.9	19463
本　科	Enrolled in Full Undergraduate Courses	18042	37430	62.5	8116
专　科	Enrolled in Specialized Courses	32446	47144	48.8	11347
自学考试助学班	Students Taking Unified Exams after Completing Self-learning Programs		9458	79.3	2173
中等教育	**Secondary Education**	**2560875**	**7207830**	**48.6**	**2633647**
高中阶段教育	Senior Secondary Education	1183784	3357337	50.8	1230289
普通高中	Regular Senior Secondary Schools	661063	1892306	49.4	631289
中等职业教育	Vocational Secondary Education	522721	1465031	52.5	599000
普通中专	Regular Specialized Secondary Schools	233108	637875	57.6	231438
成人中专	Adult Specialized Secondary Schools	47975	93922	45.6	48549
职业高中	Vocational Senior Secondary Schools	141126	461308	48.3	231707
技工学校	Technical Schools	100512	271926	50.0	87306
初中阶段教育	Junior Secondary Education	1377091	3850493	46.8	1403358
普通初中	Regular Junior Secondary Schools	1377091	3850493	46.8	1403358
初等教育	**Primary Education**	**1810567**	**9790111**	**46.1**	**2087500**
普通小学	Regular Primary Schools	1810567	9399771	45.8	1644760
成人小学	Adult Primary Schools		390340	53.4	442740
#扫盲班	Literacy Courses		43676	56.7	51246
工读学校	**Schools for Juvenile Delinquents**	**59**	**217**		**15**
特殊教育	**Special Education**	**3312**	**16697**	**37.0**	**1735**
学前教育	**Pre-school Education**	**2026017**	**3469546**	**46.5**	**1397486**

25-11 研究生分学科毕业、招生及在学人数

Number of Graduates,New Student Enrollment, Student Enrollment of Postgraduate by Field of Study

单位：人 (person)

学 科	Subjects	1990	1995	2000	2005	2010	2011	2012	2013
分学科毕业生数	**Total**	**476**	**340**	**640**	**2587**	**7750**	**8856**	**10331**	**10660**
#哲 学	Philosophy	4	6	12	43	149	192	174	134
经济学	Economics	20	9	59	102	211	240	280	316
法 学	Law	8	15	48	234	655	1016	1004	904
教育学	Education	18	8	11	104	460	768	835	891
文 学	Literature	59	33	65	231	725	769	637	695
历史学	History	28	12	18	86	193	156	155	156
理 学	Science	93	74	101	377	907	1060	1227	1209
工 学	Engineering	129	101	169	737	2019	2207	2589	2771
农 学	Agriculture	30	14	59	139	422	382	481	480
医 学	Medicine	87	68	98	401	1143	1414	1558	1620
管理学	Administration				133	498	652	1127	1154
艺术学	Art								330
#学术型学位	Academic Type					7382	7879	8330	8089
专业学位	Professional Degree					368	977	2001	2571
分学科招生数	**New Student Enrollment**	**334**	**469**	**1485**	**6561**	**10704**	**10891**	**11683**	**12185**
#哲 学	Philosophy		9	30	146	133	120	104	98
经济学	Economics	10	23	54	194	238	333	334	327
法 学	Law	19	29	166	487	734	813	788	810
教育学	Education	8	8	44	415	400	1025	1124	1185
文 学	Literature	35	59	134	565	791	1052	688	709
历史学	History	13	17	52	215	143	169	168	188
理 学	Science	61	78	230	985	1263	1204	1217	1222
工 学	Engineering	92	151	416	1688	2376	2721	3097	3226
农 学	Agriculture	21	21	89	351	389	554	556	686
医 学	Medicine	75	74	270	1040	1318	1637	1831	1903
管理学	Administration				475	572	1263	1386	1378
艺术学	Art								453
#学术型学位	Academic Type					8357	7879	7806	7279
专业学位	Professional Degree					2347	3012	3877	4906
分学科在学人数	**Student Enrollment**	**1037**	**1307**	**3229**	**15830**	**29021**	**30908**	**31965**	**33317**
#哲 学	Philosophy	15	23	59	309	503	427	355	320
经济学	Economics	30	71	181	468	766	900	874	905
法 学	Law	34	77	280	1195	2308	2644	2398	2310
教育学	Education	25	23	146	856	1253	2439	2689	2866
文 学	Literature	95	148	274	1328	2398	2778	1936	2029
历史学	History	52	51	113	489	487	491	489	518
理 学	Science	200	218	531	2426	3769	3754	3723	3693
工 学	Engineering	283	386	901	4335	6952	8004	8396	8850
农 学	Agriculture	66	56	194	829	1144	1440	1528	1736
医 学	Medicine	237	254	550	2583	3782	4707	4964	5149
管理学	Administration				1012	1780	3324	3611	3786
艺术学	Art								1155
#学术型学位	Academic Type					25142	24984	24281	22806
专业学位	Professional Degree					3879	5924	7684	10511

25－12 普通高等学校专任教师分学历的人数(2013年)

Number of Full-Time Teachers by Educational Level in Regular Higher Educational Institutions (2013)

单位：人 (person)

学 历	Educational Background	合 计 Total	正高级 Senior	副高级 Sub-Senior	中 级 Medidle	初 级 Junior	无职称 Not Rank
总 计	**Total**	**90949**	**7752**	**24120**	**36213**	**18085**	**4779**
博士	Doctor	10920	2290	4048	4326	26	230
硕士	Master	34218	1749	6364	15489	8540	2076
本科毕业	Undergraduate	44620	3593	13364	16050	9335	2278
专科及以下	Junior Collоge and Below	1191	120	344	348	184	195

25－13 普通中等专业学校专任教师学历情况(2013年)

Number of Full-time Teachers by Educational Background in Specialized Secondary Schools (2013)

单位：人 (person)

学 历	Educational Background	合 计 Total	正高级 Senior	副高级 Sub-Senior	中 级 Medium	初 级 Junior	无职称 Not Rank
总 计	**Total**	**16152**	**57**	**4322**	**6492**	**4504**	**777**
博士	Doctor	14	5	6	3		
硕士	Master	1712	16	460	676	406	154
本科毕业	Undergraduate	13402	34	3770	5383	3709	506
专科及以下	Junior College and Below	15114	50	4230	6059	4115	660

25-14 普通中等专业学生分学科毕业生、招生及在校学生数(2013年)
Graduates, New Student Enrollment, Student Enrollment of Specialized Secondary Schools by Field of Study (2013)

单位：人 (person)

学 科	Subject	毕业生 Graduates	招生 New student Enrollment	高中毕业 Graduates of Senior Secondary Schools	初中毕业 Graduates of Junior Secondary Schools	在校学生 Student Enrollment
总 计	**Total**	**231438**	**233108**	**15448**	**191724**	**637875**
农林牧渔类	Farming, Forestry,animal Husbandry and Fishery	28007	12671	605	10559	58921
资源与环境类	Resources and Environment	5225	2444		283	6845
能源与新能源类	Energy and New Energy	1361	275	1	226	1216
土木水利工程类	Civil and Irrigation Engineering	8689	14318	2376	10443	32570
加工制造类	Manufacturing	20439	19196	684	16537	56534
石油化工类	Petroleum Chemical	228	761	2	758	2046
轻纺食品类	Light textile and Food	2109	1372	404	886	2901
交通运输类	Communications & Transportation	10006	19387	1121	17162	39291
信息技术类	Information Technologies	32965	28719	1351	24580	83515
医药卫生类	Medical and Health	33686	30418	1196	25924	89676
休闲保健类	Leisure health	809	2378	337	1979	3941
财经商贸类	Financial and Business	29660	26517	3176	20194	65868
旅游服务类	Tourism service	7540	6330	458	5448	16178
文化艺术类	Culture and Art	11042	11372	506	10221	31051
体育与健身	Sports and Fitness	2192	3070	58	3000	9395
教育类	Education	34101	50583	2993	41582	129326
司法服务类	Judicial Service	626	456		360	1407
公共管理与服务类	Public Management and Service	1184	1605	62	714	3861
其他	Other	1569	1236	118	868	3333

25-15 普通中小学和幼儿园专任教师分学历的人数与构成

Number and Composition of Full-time Teachers in Regular Secondary Schools, Primary Schools and Kindergartens by Educational Level

单位：人 (person)

	Educational Level	2012 绝对数 Total	2012 构成(%) Composition (%)	2013 绝对数 Total	2013 构成(%) Composition (%)
高中教师	**Teachers of Senior Secondary School**	**107347**	**100.0**	**108063**	**100.0**
大学本科毕业及以上	Undergraduates and over	103620	96.5	104239	96.4
大学专科毕业	Junior Collige	3690	3.4	3775	3.6
高中阶段毕业及以下	Senior Secondary and below	37	0.0	49	0.0
初中教师	**Teachers of Junior Secondary School**	**282413**	**100.0**	**279942**	**100.0**
大学本科毕业及以上	Undergraduates and over	169346	60.0	181263	64.8
大学专科毕业	Junior Collige	109911	38.9	96016	34.3
高中阶段毕业	Senior Secondary	3152	1.1	2660	1.0
高中阶段毕业以下	Below Senior	4	0.0	3	0.0
小学教师	**Teachers of Primary School**	**496856**	**100.0**	**494515**	**100.0**
大学专科毕业及以上	Specialized secondary of Higher Education and over	415848	83.7	426225	86.2
高中阶段毕业	Senior Secondary	80930	16.3	68281	13.8
高中阶段毕业以下	Below Senior	78	0.0	9	0.0
幼儿园教师	**Teachers of Kindergartens**	**112551**	**100.0**	**129422**	**100.0**
大学专科毕业及以上	Junior Collige and Below	70838	62.9	84629	65.4
高中阶段毕业	Senior Secondary	37153	33.0	39803	30.8
高中阶段毕业以下	Below Senior	4560	4.1	4990	3.9

25-16 技工学校数、学生数和教职工数
Number of Technical Schools, Students, Teachers and Staff

指 标	Item	1990	1995	2000	2005	2010	2013
学校数(所)	Number of Schools (unit)	168	204	193	173	183	183
在校学生数(万人)	Student Enrollment (10 000 persons)	5.64	9.32	6.75	17.27	27.94	27.19
毕业生数(万人)	Graduates(10 000 persons)	1.63	2.30	3.13	3.59	7.50	8.73
招生数(万人)	New Student Enrollment(10 000 persons)	2.00	3.39	2.79	7.26	11.06	10.05
教职工数(万人)	Teachers and Staff(10 000 persons)	1.48	1.77	1.27	1.17	1.14	1.49

25-17 民办教育基本情况(2013年)
Basic Statistics on Non-state Education (2013)

指 标	Item	学校数(所) Number of School (unit)	学生数(人) student(person)			教职工数(人) Teachers and Staff (person)	
			毕业生数 Graduates	招生数 New Enroll-ment	在校生数 Total Enroll-ment		#专任教师 Full-time Teachers
总 计	**Total**	**14244**	**1226536**	**1757578**	**4549784**	**311899**	**204525**
民办高等教育	Non-state Higher Education	85	78996	108585	330385	24338	18108
普通高校	Regular Institutions of Higher Education	35	73963	108585	318241	24003	17977
民办的其他高等教育机构	Private Institutions of Higer Education	50	5033		12144	335	131
民办中等教育机构	Non-state Secondary Education	1041	323713	378156	1018993	75713	57039
高中阶段教育	Senior Secondary Education	414	155966	164742	431509	35185	26829
民办普通高中	Private Regular Senior Secondary Schools	196	80593	93468	245446	24841	19530
民办中等职业教育	Private Vocational Secondary Education	218	75373	71274	186063	10344	7299
初中阶段教育	Junior Secondary Education	627	167747	213414	587484	40528	30210
民办普通初中	Private Regular Junior Secondary School	627	167747	213414	587484	40528	30210
民办普通小学	Non-state Regular Primary Schools	1429	185616	178661	1106109	42869	30720
民办幼儿园	Non-state Kindergartens	11686	638201	1092161	2094167	168963	98648
民办特殊教育		3	10	15	130	16	10

注：民办普通高中的教职工数和专任教师数包含民办普通初中数据。
a)Number of Teachers, Staff and Full-time Teachers include those of Private Regular Junior Secondary Schools.

25−18 成人学校基本情况(2013年)
Basic Statistics on Adult Schools (2013)

单位：人 (person)

各类学校	Various Schools	学校数(所) Number of Schools (unit)	教职工数 Teachers and Staff	#专任教师 Full-time Teachers	在校学生数 Student Enrollment	招生数 New Student Enrollment	毕业生数 Graduates
成人高等学校	**Adult Institutions of Higher Eduation**	**13**	**3352**	**2158**	**336395**	**154106**	**105871**
广播电视大学	Radio and TV Universities	1	397	206	948	272	1055
职工、农民学院	Schools of Higher Eduation for Staff,Workers and Peasants	8	869	557	13306	6367	5850
教育学院	Pedagogical Colleges	4	1601	1149	9617	4476	2901
其他机构	Others	4	485	246	150		108
高校函授部、夜大学	Correspondence Departments or Evening Universities Run by Institutions of Higher Education				312374	142991	95957
成人中等专业学校	**Trade School for Adults**	**11110**	**27845**	**17687**	**2562410**		**2806759**
成人中学	Secondary Schools for Adults	675	2381	1849	160039		182891
职工中学	Secondary Schools for Staff and Workers	11	64	36	5463		5905
农民中学	Secondary Schools for Peasants	664	2317	1813	154576		176986
技术培训学校	Technical Training Schools	10435	25464	15838	2402371		2623868
职工技术培训学校	Techinical Training Schools for Staff and Workers	254	4376	3418	177642		145571
农民技术培训学校	Techinical Training Schools for Peasants	9717	17394	10029	2080000		2341604
其他培训机构	Other Training Organizations	464	3694	2391	144729		136693
成人初等学校	**Primary Schools for Adults**	**2962**	**3997**	**2865**	**390340**		**442740**
职工初等学校	Primary Schools for Staff and Workers	314	174	133	7360		12595
农民初等学校	Primary Schools for peasants	2648	3823	2732	382980		430145
#扫盲班	Literacy Courses	570	1256	1065	43676		51246

注：其他机构、高校函授部、夜大学不计入成人高等学校总校数。

a)Number of Adult Institutions of Higher Eduation excludes those of Other Institutions , Correspondence Departments or Evening Universities Run by Institutions of Higher Education.

25-19 职业技术培训机构基本情况(2013年)

项 目	Item	学校数(所) Schools (unit)	教学班(点、个) Teaching Classes (site,unit)
总 计	**Total**	**10435**	**20145**
职工技术培训学校	**Technical Training Schools**		
(机构)	**(Institutions) for Employees**	**254**	**2028**
教育部门和集体办	Run by Education Dept. and Collective	93	1055
其他部门办	Run by Other Dept.	96	693
民 办	Run by Private	65	280
农村成人文化技术	**Cultural & Technical Training Schools**		
培训学校(机构)	**(Institutions) for Rural Adults**	**9717**	**17008**
教育部门和集体办	Run by Education Dept. and Collective	9676	16940
县 办	Run by County	110	323
乡 办	Run by Township	1307	5272
村 办	Run by Village	8259	11345
其他部门办	Run by Other Dept	32	44
民 办	Run by Private	9	24
其他培训机构	**Other Training Institutions**		
(含社会培训机构)	**(Incld. Social Training Institutions)**	**464**	**1109**
教育部门和集体办	Run by Education Dept. and Collective	39	144
其他部门办	Run by Other Dept.	44	186
民 办	Run by Private	381	779
少数民族	National Miniority		
按培训形式分	**By Training Form**		
资格证书培训	Qualification Certificate		
岗位证书培训	Post certificate		
按产业结构分	**By Industrial Structure**		
第一产业	Primary Industry		
第二产业	Secondary Industry		
第三产业	Teriary Industry		
按培训时间分	**By Training Time**		
一个月以内	Within a month		
一个月至三个月	A month to three months		
三个月至半年以内	Three months to half a year		
半年至一年以内	Six months to a year		
一年及以上	One Year and Over		

Basic Statistics on Vocational Technology Training Institutions (2013)

结业生数(人次) Students Completing Courses (person-time)		注册学生数(人) Enrolled Students (person)		教职工数(人) Teachers and Staff (person)		聘请校外教师(人) External Teachers Retained (person)
合计 Total	#女性 Female	合计 Total	#女性 Female	合计 Total	#专任教师 Full-time Teachers	
2623868	**1213959**	**2402371**	**1134619**	**25464**	**15838**	**12885**
145571	**65974**	**177642**	**82483**	**4376**	**3418**	**973**
91180	47331	104131	54610	2820	2249	628
40120	11364	40040	11170	599	424	171
14271	7279	33471	16703	957	745	174
2341604	**1074440**	**2080000**	**981458**	**17394**	**10029**	**11071**
2334643	1070192	2066932	978139	17143	9845	11002
169269	85470	169929	84936	813	538	706
1114715	480288	957725	442553	5005	3044	3844
1050659	504434	939278	450650	11325	6263	6452
4997	3255	9999	2292	202	138	66
1964	993	3069	1027	49	46	3
136693	**73545**	**144729**	**70678**	**3694**	**2391**	**841**
9516	5073	6181	2645	280	173	216
51753	31211	47391	28098	414	326	83
75424	37261	91157	39935	3000	1892	542
2981	1352	3664	1433	63	35	3
450933	180585	448806	175883			
526679	279323	536496	286836			
985440	448469	886967	415011			
497618	245745	430138	213519			
1140810	519745	1085266	506089			
2028379	928214	1799526	837948			
305196	138969	297955	144966			
152769	77000	155869	76899			
110773	55459	115222	56907			
26751	14317	33799	17899			

25-20 网络教育学生情况(2013年)

Statistics on Network Education Students (2013)

单位：人

类 别	Types	本科毕业生人数 Graduates	本科招生人数 New Students Enrollment	本科在校学生人数 Students Enrollment
总 计	**Total**	**8116**	**18042**	**37430**
#女	Female	4423	10975	23410
经济学	Economics	438	935	1744
法 学	Law	696	1367	2483
教育学	Education	381	478	1158
文 学	Literature	705	864	2172
理 学	Science	194	267	626
工 学	Engineering	1306	4208	7565
医 学	Medicine	2602	5675	13229
管理学	Administration	1794	4248	8453

类 别	Types	专科毕业生人数 Graduates	专科招生人数 New Students Enrollment	专科在校学生人数 Students Enrollment
总 计	**Total**	**11347**	**32446**	**47144**
#女	Female	5019	15837	23014
材料与能源	Material and Energy	459	1307	1485
土建	Civil Construction	1229	5518	7206
制造	Manufacture	596	2614	3332
电子信息	Electronic information	656	2057	2406
财经	Financial	4002	11564	16312
医药卫生	Medicine and Health	2864	5254	9868
旅游	Tourism	123	404	591
公共事业	Public	320	1348	2019
文化教育	Culture Education	347	1137	1523
艺术设计传媒	Art Design Media	12	80	88
法律	law	739	1163	2314

25−21 学校教育女学生和女教师数

Number of Female Students and Teachers

项　目	Item	2011	2012	2013
女学生数(万人)	**Number of Female Students (10 000 persons)**			
高等教育	Higher Education	94.99	102.80	110.10
#研究生	Postgraduates	1.69	1.81	1.88
普通本专科	Regular Undergraduates and College Students	78.05	80.64	84.71
成人本专科	Adult Undergraduates and College Students	12.26	16.52	18.86
中等教育	Secondary Education	407.94	397.98	350.60
高中阶段教育	Senior Secondary Education	186.51	183.11	170.44
高中	Senior Education	91.46	93.61	93.51
#普通高中	Regular Senior Secondary Schools	91.46	93.61	93.51
中等职业教育	Vocational Secondary Education	95.05	89.50	76.93
#普通中专	Regular Specialized Secondary Schools	39.25	37.67	36.77
初中阶段教育	Junior Secondary Education	221.43	214.88	180.17
#普通初中	Regular Junior Secondary Schools	221.43	214.88	180.17
初等教育	Primary Education	502.64	496.28	430.11
#普通小学	Regular Primary Schools	502.64	496.28	430.11
工读学校	Schools for Juvenile Delinquents			
特殊教育	Special Education	0.65	0.61	0.62
学前教育	Pre-school Education	130.93	149.51	161.43
女学生占学生总数(%)	**Percentage of Female Students to Total Students(%)**			
高等教育	Higher Education	51.6	52.8	53.1
#研究生	Postgraduates	54.8	56.7	56.6
普通本专科	Regular Undergraduates and College Students	52.0	51.7	52.3
成人本专科	Adult Undergraduates and College Students	47.8	55.4	56.1
中等教育	Secondary Education	48.4	48.5	48.6
高中阶段教育	Senior Secondary Education	49.8	50.0	50.8
高中	Senior Education	48.3	48.6	49.4
#普通高中	Regular Senior Secondary Schools	48.3	48.6	49.4
中等职业教育	Vocational Secondary Education	51.4	51.6	52.5
#普通中专	Regular Specialized Secondary Schools	56.7	56.8	84.7
初中阶段教育	Junior Secondary Education	47.32	47.35	46.79
#普通初中	Regular Junior Secondary Schools	47.32	47.35	46.79
初等教育	Primary Education	46.0	46.0	45.8
#普通小学	Regular Primary Schools	46.0	46.0	45.8
工读学校	Schools for Juvenile Delinquents			
特殊教育	Special Education	33.6	36.7	37.0
学前教育	Pre-school Education	46.4	46.8	46.5
女教师数(万人)	**Number of Female Teachers(10 000 persons)**			
普通高等学校	Regular Institutions of Higher Education	3.53	4.00	5.71
普通中等专业学校	Specialized Secondary Schools	0.79	0.84	1.08
普通中学	Regular Secondary Schools	19.25	20.40	24.21
职业中学	Vocational Secondary Schools	1.55	1.49	1.60
小　学	Primary Schools	28.18	29.58	29.75
女教师占教师总数(%)	**Percentage of Female Teachers to Total Teachers(%)**			
普通高等学校	Regular Institutions of Higher Education	45.5	46.5	45.6
普通中等专业学校	Specialized Secondary Schools	49.7	50.6	47.8
普通中学	Regular Secondary Schools	50.5	52.3	52.7
职业中学	Vocational Secondary Schools	47.7	48.4	46.8
小　学	Primary Schools	57.5	59.5	59.6

25−22 平均每万人口在校学生数、教师负担学生数及其他
Number of Students Enrollment per 10 000 persons, Student-Teacher Ration and Other

项 目	Item	1990	1995	2000	2005	2010	2012	2013
平均每万人口在校学生数(人)	**Student Enrollment per 10 000 persons (person)**							
大学生(含研究生)	Undergraduates(include Postgraduates)	9	14	28	89	149	201	211
普通中专生	Specialized Secondary Schools Students	16	24	35	49	68	63	68
职业学生	Vocational Secondary Schools Students	18	50	51	50	80	74	49
普通高中生	Regular Senior Secondary Schools Students	57	47	79	194	193	184	201
普通初中生	Regular Junior Secondary Schools Students	351	412	593	586	471	433	409
小学生	Primary School Students	1111	1142	1192	1016	1074	1029	999
平均每个教师负担学生数(人)	**Student-Teacher Ration (person)**							
高等学校(含研究生)	Institutions of Higher Education (include Postgraduate)	5.8	8.0	13.2	17.5	17.6	19.3	21.3
普通中等专业学校	Specialized Secondary Schools	11.2	15.2	20.1	43.7	42.8	29.3	26.9
普通中学	Regular Secondary Schools	14.7	16.9	20.7	20.3	17.4	15.9	14.1
小 学	Primary Schools	21.7	26.5	24.6	20.8	21.8	21.7	19.8
入学率、巩固率、升学率	**Enrollment Rate,Consolidation Rate, Enter Higher School Rate**							
高等教育毛入学率(%)	The Gross enrollment rate of higher education(%)			8.7	17.0	23.7	27.2	30.1
高中阶段毛入学率(%)	The Gross enrollment rate of higher stage(%)			39.2	48.3	89.1	90.0	90.2
初中适龄人口入学率(%)	Percentage of School-Age Primary Enrolled (%)		83.3	98.2	98.3	99.6	99.7	99.1
初中在校生巩固率(%)	Percentage of Student Enrollment Consolidated of Junior Secondary Schools (%)		97.0	100.3	98.3	94.0	90.9	88.1
初中毕业生升学率(%)	Percentage of Graduates of Junior Secondary Schools Entering Senior Secondary Schools (%)	31.9	45.1	41.4	60.2	79.5	78.2	79.3
小学适龄人口入学率(%)	Percentage of School-Age Children Enrolled (%)	98.8	99.2	99.8	99.7	99.9	99.9	99.9
小学在校生巩固率(%)	Percentage of Student Enrollment Consolidated of Primary (%)		99.3	100.0	99.6	97.9	94.1	91.5
小学毕业生升学率(%)	Percentage of Graduates of Primary (%) Schools Entering Junior Secondary Schools (%)	65.5	85.6	95.4	98.8	96.1	92.8	83.7
中小学学校校舍危房率(%)	**Percentage of dangerous house of Regular Secondary and Primary Schools (%)**			**0.3**	**2.9**	**10.3**	**4.2**	**2.7**
小学生辍学人数(万人)	**Number of Primary Discontinue their Study (10 000 persons)**			**1.86**	**5.39**	**4.62**		
初中学生辍学人数(万人)	**Number of Junior Discontinue their Study (10 000 persons)**			**9.81**	**9.52**	**7.74**		
小学教师学历合格率(%)	**Percentage of Up to Grade of Primary Teachers (%)**			**98.0**	**99.1**	**99.6**	**100.0**	**99.9**

25−23　各市教育经费情况(2013年)

Basic Statistics on Educational Funds by City (2013)

单位：万元　　(10 000 yuan)

市	City	合计 Total	国家财政性教育经费 Government Appropriation for Education	#预算内 Budgetary	社会团体和公民个人办学经费 Funds of Social Orgainizations and Citizens for Running Schools	社会捐资和集资办学经费 Donations and Fund-Raising for Running Schools	事业收入 Undertak Revenue	#学费和杂费 Tuition and Miscell-aneous	其他教育经费 Other Educational Funds
全　　省	**Total**	**15577127**	**12650584**	**11917545**	**199298**	**6492**	**2470745**	**2067431**	**250007**
省本级	Provincial Level	2785778	1655053	1593021	19233	3583	918845	851920	189064
省辖市	**City**								
郑州市	Zhengzhou	1636213	1357678	1207787	37511	448	234219	186833	6357
开封市	Kaifeng	526937	426807	403796	1716	17	91068	68358	7329
洛阳市	Luoyang	864424	749194	710719	11895	54	97302	70015	5980
平顶山市	Pingdingshan	597760	526208	479812	6443	19	61581	50548	3509
安阳市	Anyang	564187	481979	453603	4251	53	75840	61880	2064
鹤壁市	Hebi	275947	233574	218803	1236	95	38725	31817	2316
新乡市	Xinxiang	716699	620057	580047	4219	12	90199	71141	2211
焦作市	Jiaozuo	480547	410969	381443	2891	227	65344	52340	1116
濮阳市	Puyang	502842	435277	412292	9478	10	55413	46318	2664
许昌市	Xuchang	567913	488333	449552	4557	288	74322	64563	414
漯河市	Luohe	301639	253830	229334	1156	43	43891	37166	2719
三门峡市	Sanmenxia	384624	345127	314371	608	40	35657	30949	3193
南阳市	Nanyang	1205018	1068264	1020004	25486	121	107339	82474	3808
商丘市	Shangqiu	1062481	907362	856016	16016	4	138956	111132	143
信阳市	Xinyang	864940	760651	752142	13133	424	82144	56649	8589
周口市	Zhoukou	1159780	994376	979650	18971	910	144923	119102	601
驻马店市	Zhumadian	928496	800624	758592	20372	137	99472	61433	7892
济源市	Jiyuan	150902	135221	116561	127	9	15505	12795	40
省直管县	**Province Administrating County**								
巩义市	Gongyi	100230	91175	85142			9055	6999	
兰考县	Lankao	87348	72043	71484		3	10216	6794	5086
汝州市	Ruzhou	101899	92281	82675	197		9421	8355	
滑县	Huaxian	87982	77436	74255	455		10091	8338	
长垣县	Changyuan	95543	77315	74354	200		17923	15462	105
邓州市	Dengzhou	156265	123898	122133	18444	63	13256	11309	603
永城市	Yongcheng	192736	172628	151165	2781		17326	12506	
固始县	Gushi	136097	118874	118629	6471		10751	8949	
鹿邑县	Luyi	132912	111491	104205	4379		17026	15569	16
新蔡县	Xincai	106627	92206	89653	1887		12535	2450	

25−24　普通高等学校办学条件

Condition of running Institutions of Higher Education

指　标	Item	2007	2008	2009	2010	2012	2013
占地面积(万平方米)	occupying Space (10 000 sq .m)	7914.11	8774.85	8952.88	9352.04	10198.25	10612.45
校舍建筑面积(万平方米)	Schoolhouse Building Space (10 000 sq.m)	3527.19	3721.58	4158.67	4237.21	4987.49	5395.75
一般图书(万册)	Common Books (10 000 volumes)	8093.61	9099.18	10050.64	11038.59	12506.98	13343.50
固定资产总值(亿元)	Fixed Assets (100 million yuan)	344.50	370.18	404.67	460.63	582.44	639.34
#教学、科研仪器设备值	Value of Equipment for teaching and scientific research	62.05	70.68	77.47	86.58	108.84	122.31

25-25 各市普通高等学校基本情况(2013年)
Basic Statistics on Regular Institutions of Higher Education by City (2013)

单位：人 (person)

市 City	学校数(所) Number of Schools (unit)	教职工数 Teachers and Staff	#专任教师 Full-time Teachers	在校学生数 Student Enrollment	招生数 New Student Enrollment	毕业生数 Graduates
全 省 Total	**127**	**125170**	**90949**	**1618320**	**508422**	**450194**
郑 州 市 Zhengzhou	56	53391	39146	747637	243677	198319
开 封 市 Kaifeng	5	7202	5048	86625	25964	23387
洛 阳 市 Luoyang	7	7958	5676	94539	27974	21808
平 顶 山 市 Pingdingshan	4	3956	2981	59307	16201	18151
安 阳 市 Anyang	6	4410	3512	62282	20339	14697
鹤 壁 市 Hebi	2	952	700	10701	3660	3462
新 乡 市 Xinxiang	9	10535	7802	131426	36159	30979
焦 作 市 Jiaozuo	6	6776	5118	83135	26897	22110
濮 阳 市 Puyang	1	831	655	9876	2519	4102
许 昌 市 Xuchang	4	2542	1976	33973	10079	10182
漯 河 市 Luohe	3	4106	1734	26245	9343	11068
三 门 峡 市 Sanmenxia	1	978	851	13755	4593	5148
南 阳 市 Nanyang	6	6258	4037	68279	20536	19981
商 丘 市 Shangqiu	6	5847	4391	75419	25650	26494
信 阳 市 Xinyang	5	4403	3433	54739	15848	16295
周 口 市 Zhoukou	3	2661	2092	31750	10264	13223
驻 马 店 市 Zhumadian	2	1600	1170	19813	6209	6435
济 源 市 Jiyuan	1	764	627	8819	2510	4353

25-26 各市成人教育基本情况(2013年)
Basic Statistics on Adult Education by City (2013)

单位：人 (person)

市 City	学校数(所) Number of Schools (unit)	教职工数 Teachers and Staff	#专任教师 Full-time Teachers	在校学生数 Student Enrollment	招生数 New Student Enrollment	毕业生数 Graduates
全 省 Total	**14275**	**46791**	**30839**	**3383067**	**202081**	**3403919**
郑 州 市 Zhengzhou	1485	8754	5807	398860	63625	406591
开 封 市 Kaifeng	617	2050	1362	99839	11507	153849
洛 阳 市 Luoyang	1232	3012	2283	211458	13386	210059
平 顶 山 市 Pingdingshan	594	2689	2031	100034	18185	84056
安 阳 市 Anyang	67	3656	512	157475	7348	234355
鹤 壁 市 Hebi	18	347	216	10898	3176	5783
新 乡 市 Xinxiang	493	2176	1245	228768	23808	195452
焦 作 市 Jiaozuo	753	1709	1439	121573	10304	105935
濮 阳 市 Puyang	28	284	166	35296	209	35252
许 昌 市 Xuchang	1312	3319	2519	35501	9198	38098
漯 河 市 Luohe	420	2774	2059	99284	1129	82083
三 门 峡 市 Sanmenxia	756	889	414	341677	705	341048
南 阳 市 Nanyang	3358	5244	4036	793556	11822	767639
商 丘 市 Shangqiu	167	2029	1377	141651	5241	131602
信 阳 市 Xinyang	388	2525	1379	236598	8443	229061
周 口 市 Zhoukou	2139	3323	2661	158990	7119	179412
驻 马 店 市 Zhumadian	447	1903	1246	211352	6776	203357
济 源 市 Jiyuan	1	108	87	257	100	287

25-27 各市成人高等教育基本情况(2013年)

Basic Statistics on Adult Education Schools by City (2013)

单位：人 (person)

市	City	学校数(所) Number of Schools (unit)	教职工数 Teachers and Staff	#专任教师 Full-time Teachers	在校学生数 Student Enrollment	招生数 New Student Enrollment	毕业生数 Graduates
全省	**Total**	**13**	**3352**	**2158**	**336395**	**154106**	**105871**
郑州市	Zhengzhou	5	1649	954	95898	43971	37282
开封市	Kaifeng	2	677	448	26182	10453	6477
洛阳市	Luoyang	3	311	184	24295	10761	6690
平顶山市	Pingdingshan	1	332	299	21797	9585	6252
安阳市	Anyang				12787	6089	4719
鹤壁市	Hebi				753	197	280
新乡市	Xinxiang				44306	20207	11876
焦作市	Jiaozuo	1	213	140	26702	10304	8304
濮阳市	Puyang				49	20	20
许昌市	Xuchang				8884	4927	2351
漯河市	Luohe				3341	887	711
三门峡市	Sanmenxia				784	391	266
南阳市	Nanyang				19880	11332	4822
商丘市	Shangqiu				9135	4042	3365
信阳市	Xinyang				16743	7841	4400
周口市	Zhoukou				11681	6723	3233
驻马店市	Zhumadian	1	170	133	12921	6276	4725
济源市	Jiyuan				257	100	98

25-28 各市普通中等专业学校基本情况(2013年)

Basic Statistics on Regular Specialized Secondary Schools by City (2013)

单位：人 (person)

市	City	学校数(所) Number of Schools (unit)	教职工数 Teachers and Staff	#专任教师 Full-time Teachers	在校学生数 Student Enrollment	招生数 New Student Enrollment	毕业生数 Graduates
全省	**Total**	**145**	**22583**	**16152**	**434099**	**148391**	**191192**
郑州市	Zhengzhou	34	5993	4204	112368	44280	53184
开封市	Kaifeng	11	1472	1063	31879	11097	16093
洛阳市	Luoyang	24	2470	1778	48672	17070	16573
平顶山市	Pingdingshan	11	1714	1368	26842	7879	10790
安阳市	Anyang	2	197	120	1568	585	822
鹤壁市	Hebi	1	287	257	6193	2355	1682
新乡市	Xinxiang	5	1075	803	16186	5163	5918
焦作市	Jiaozuo	7	1501	1025	21846	5827	8783
濮阳市	Puyang	2	183	143	2161	695	357
许昌市	Xuchang	6	1475	893	27955	9282	12583
漯河市	Luohe	1	28	23	292	72	60
三门峡市	Sanmenxia	7	930	706	17829	6819	7579
南阳市	Nanyang	14	2146	1517	56869	17239	31157
商丘市	Shangqiu	5	768	548	19090	4402	8464
信阳市	Xinyang	3	422	322	6234	2034	2325
周口市	Zhoukou	3	579	433	13057	4957	3688
驻马店市	Zhumadian	6	917	654	21633	7304	9734
济源市	Jiyuan	3	426	295	3425	1331	1400

25−29 各市技工学校基本情况(2013年)

Basic Statistics on Technical Schools by City (2013)

单位：人 (person)

市 City	学校数(所) Number of Schools (unit)	在职教职工数 Teachers and Staff	#专任教师 Full-time Teachers	在校学生数 Student Enrollment	招生数 New Student Enrollment	毕业生数 Graduates
全 省 Total	**183**	**14947**	**11002**	**271926**	**100512**	**87306**
郑 州 市 Zhengzhou	32	3504	2579	95716	37720	27245
开 封 市 Kaifeng	14	966	648	25302	15066	8625
洛 阳 市 Luoyang	24	1384	976	28701	5846	10691
平 顶 山 市 Pingdingshan	10	1011	805	13538	2582	4431
安 阳 市 Anyang	6	378	310	2162	1145	1209
鹤 壁 市 Hebi	4	415	234	3642	1136	1606
新 乡 市 Xinxiang	10	1036	843	24783	9081	7509
焦 作 市 Jiaozuo	7	802	559	16184	5273	5401
濮 阳 市 Puyang	4	217	164	2173	1081	360
许 昌 市 Xuchang	7	419	287	2562	688	759
漯 河 市 Luohe	7	575	527	7111	3081	2997
三 门 峡 市 Sanmenxia	4	781	451	14103	4887	4228
南 阳 市 Nanyang	16	1008	773	7334	2773	2133
商 丘 市 Shangqiu	11	455	361	4019	1442	1694
信 阳 市 Xinyang	10	515	354	5899	1725	2121
周 口 市 Zhoukou	8	434	337	2260	639	858
驻 马 店 市 Zhumadian	6	754	577	10202	4378	3869
济 源 市 Jiyuan	3	293	217	6235	1969	1570

25-30 各市普通中学基本情况(2013年)

Basic Statistics on Regular Secondary Schools by City (2013)

单位：人 (person)

市 City	学校数(所) Number of Schools (unit)	教职工数 Teachers and Staff	#专任教师 Full-time Teachers	在校学生数 Student Enrollment	招生数 New Student Enrollment	毕业生数 Graduates
全 省 Total	**5326**	**459767**	**408312**	**5742799**	**2038154**	**2034647**
省 辖 市 City						
郑 州 市 Zhengzhou	371	38521	33045	460887	161592	141662
开 封 市 Kaifeng	275	21410	18582	267895	97262	93730
洛 阳 市 Luoyang	451	32807	29948	394345	138344	127406
平 顶 山 市 Pingdingshan	251	21103	18771	236242	84121	76835
安 阳 市 Anyang	296	23922	20774	277434	102942	89572
鹤 壁 市 Hebi	84	7682	6633	101750	36801	34697
新 乡 市 Xinxiang	386	28785	24954	332063	115499	108802
焦 作 市 Jiaozuo	218	18260	16236	216319	76586	71447
濮 阳 市 Puyang	212	20984	18016	226399	80731	86018
许 昌 市 Xuchang	239	20869	18770	231144	79241	80363
漯 河 市 Luohe	110	10999	9750	136466	48253	47653
三 门 峡 市 Sanmenxia	128	12386	10964	125392	40194	42228
南 阳 市 Nanyang	498	42175	38589	517341	190755	179723
商 丘 市 Shangqiu	446	39946	34629	516155	183604	197533
信 阳 市 Xinyang	378	39729	35747	475361	162989	192732
周 口 市 Zhoukou	608	41624	38392	691850	250366	256994
驻 马 店 市 Zhumadian	338	34816	31325	494939	174928	193007
济 源 市 Jiyuan	37	3749	3187	40817	13946	14245
省 直 管 县 Province Administrating County						
巩 义 市 Gongyi	35	3609	3215	37191	13077	11683
兰 考 县 Lankao	57	4116	3393	48836	18320	13808
汝 州 市 Ruzhou	64	4061	3421	42880	16282	12682
滑 县 Huaxian	60	4279	4356	59584	22564	18450
长 垣 县 Changyuan	51	5605	3381	56940	17811	18356
邓 州 市 Dengzhou	66	4983	4758	72547	26291	27891
永 城 市 Yongcheng	62	4984	4504	66274	23863	30096
固 始 县 Gushi	65	6006	5950	91208	31018	34880
鹿 邑 县 Luyi	78	4009	3971	70580	26499	31829
新 蔡 县 Xincai	42	685	3198	57807	21905	23793

25-31 各市普通高中基本情况(2013年)

Basic Statistics on Regular Senior Secondary Schools by City (2013)

单位：人 (person)

市 City	学校数(所) Number of Schools (unit)	专任教师 Full-time Teachers	在校学生数 Student Enrollment	招生数 New Student Enrollment	毕业生数 Graduates
全 省 Total	**776**	**122593**	**1892306**	**661063**	**631289**
省 辖 市 City					
郑 州 市 Zhengzhou	103	13581	170508	59557	54742
开 封 市 Kaifeng	47	6410	92602	31654	31657
洛 阳 市 Luoyang	74	10114	126908	42784	41577
平 顶 山 市 Pingdingshan	31	4782	79071	28145	26355
安 阳 市 Anyang	38	5843	83401	30648	25978
鹤 壁 市 Hebi	13	1543	28907	10543	9128
新 乡 市 Xinxiang	52	8059	107149	36281	34269
焦 作 市 Jiaozuo	31	4697	71078	24856	22188
濮 阳 市 Puyang	36	5470	63147	22866	22599
许 昌 市 Xuchang	29	5317	80710	27284	24956
漯 河 市 Luohe	16	2420	47181	16583	14467
三 门 峡 市 Sanmenxia	21	3717	45584	14965	15575
南 阳 市 Nanyang	71	9880	149711	54714	46604
商 丘 市 Shangqiu	34	8362	175213	60924	68693
信 阳 市 Xinyang	73	11298	176160	60389	61510
周 口 市 Zhoukou	65	11127	219499	79067	73527
驻 马 店 市 Zhumadian	35	8763	159777	54547	52010
济 源 市 Jiyuan	7	1210	15700	5256	5454
省 直 管 县 Province Administrating County					
巩 义 市 Gongyi	6	1088	14282	4747	4278
兰 考 县 Lankao	5	1025	15786	5656	4758
汝 州 市 Ruzhou	6	717	11385	4200	3756
滑 县 Huaxian	8	1355	14251	5621	4463
长 垣 县 Changyuan	4	1099	19321	5422	7726
邓 州 市 Dengzhou	8	1122	19305	6516	6144
永 城 市 Yongcheng	5	1169	21742	8136	7715
固 始 县 Gushi	17	2649	35329	11850	12326
鹿 邑 县 Luyi	7	1019	19227	7614	6575
新 蔡 县 Xincai	3	612	16409	5385	5482

25-32 各市普通初中基本情况(2013年)

Basic Statistics on Regular Junior Secondary Schools by City (2013)

市 City	学校数 (所) Number of Schools (unit)	专任教师 (人) Full-time Teachers (person)	在校学生数 (人) Student Enrollment (person)	招生数 (人) New Student Enrollment (person)	毕业生数 (人) Graduates (person)	初中适龄人口入学率 (%) Percentage of School-Age Primary Enrolled (%)	初中在校生巩固率 (%) Percentage of Student Enrollment Consolidated (%)
全 省 Total	**4550**	**285719**	**3850493**	**1377091**	**1403358**	**99.1**	**88.1**
省辖市 City							
郑州市 Zhengzhou	268	19464	290379	102035	86920	100.0	95.2
开封市 Kaifeng	228	12172	175293	65608	62073	99.7	89.2
洛阳市 Luoyang	377	19834	267437	95560	85829	99.8	85.1
平顶山市 Pingdingshan	220	13989	157171	55976	50480	100.0	92.9
安阳市 Anyang	258	14931	194033	72294	63594	98.7	85.4
鹤壁市 Hebi	71	5090	72843	26258	25569	100.0	90.9
新乡市 Xinxiang	334	16895	224914	79218	74533	100.0	95.9
焦作市 Jiaozuo	187	11539	145241	51730	49259	100.0	88.4
濮阳市 Puyang	176	12546	163252	57865	63419	98.2	87.4
许昌市 Xuchang	210	13453	150434	51957	55407	100.0	91.7
漯河市 Luohe	94	7330	89285	31670	33186	95.8	88.9
三门峡市 Sanmenxia	107	7247	79808	25229	26653	100.0	97.0
南阳市 Nanyang	427	28709	367630	136041	133119	99.8	90.5
商丘市 Shangqiu	412	26267	340942	122680	128840	95.5	75.2
信阳市 Xinyang	305	24449	299201	102600	131222	98.1	95.5
周口市 Zhoukou	543	27265	472351	171299	183467	100.0	84.9
驻马店市 Zhumadian	303	22562	335162	120381	140997	100.0	89.9
济源市 Jiyuan	30	1977	25117	8690	8791	100.0	95.9
省直管县 Province Administrating County							
巩义市 Gongyi	29	2127	22909	8330	7405	100.0	89.8
兰考县 Lankao	52	2368	33050	12664	9050	99.0	79.4
汝州市 Ruzhou	58	2704	31495	12082	8926	100.0	76.7
滑县 Huaxian	52	3001	45333	16943	13987	95.0	82.9
长垣县 Changyuan	47	2282	37619	12389	10630	100.0	119.2
邓州市 Dengzhou	58	3636	53242	19775	21747	100.0	99.3
永城市 Yongcheng	57	3335	44532	15727	22381	92.2	80.7
固始县 Gushi	48	3301	55879	19168	22554	100.0	94.8
鹿邑县 Luyi	71	2952	51353	18885	25254	100.0	85.0
新蔡县 Xincai	39	2586	41398	16520	18311	100.0	75.7

25-33 各市小学基本情况(2013年)

Basic Statistics on Primary Schools by City (2013)

市 City	学校数(所) Number of Primary Schools (unit)	教职工数(人) Teachers and Staff (person)	#专任教师 Full-time Teachers	在校学生数(人) Student Enrollment (person)	招生数(人) New Student Enrollment (person)	毕业生数(人) Graduates (person)	小学适龄人口入学率(%) Percentage of School-Age Children Enrolled (%)	小学在校生巩固率(%) Peercentage of Student Enrollment Consolidated (%)	小学毕业生升学率(%) Percentage of Graduates of Primary Schools Entering Junior Secondary Schools (%)
全 省 Total	**26086**	**499445**	**474208**	**9399771**	**1810567**	**1644760**	**99.9**	**91.5**	**83.7**
省 辖 市 City									
郑 州 市 Zhengzhou	980	36768	34075	705194	137465	99360	100.0	100.0	102.7
开 封 市 Kaifeng	1401	24298	22988	449130	78033	76995	100.0	93.8	85.2
洛 阳 市 Luoyang	1722	29714	28719	597872	107535	99942	100.0	95.7	95.6
平 顶 山 市 Pingdingshan	1400	26049	24714	480304	94585	59941	100.0	106.1	93.4
安 阳 市 Anyang	1362	25671	24372	528486	102279	82051	99.7	89.8	88.1
鹤 壁 市 Hebi	365	7776	7146	152586	20777	31283	100.0	102.4	83.9
新 乡 市 Xinxiang	1539	25527	23832	591102	105799	90943	100.0	98.4	87.1
焦 作 市 Jiaozuo	599	14924	13928	260057	42712	54226	100.0	104.5	95.4
濮 阳 市 Puyang	1168	20725	19303	387534	79362	78863	100.0	89.2	73.4
许 昌 市 Xuchang	1007	23372	21565	396975	76185	59691	100.0	91.7	87.0
漯 河 市 Luohe	527	11642	11043	191955	33958	37142	98.5	99.7	85.3
三 门 峡 市 Sanmenxia	271	10362	9896	151410	26161	29916	100.0	97.8	84.3
南 阳 市 Nanyang	3474	51522	49835	1152338	238668	169662	100.0	90.5	80.2
商 丘 市 Shangqiu	2412	51850	49073	774692	154611	158153	99.1	78.6	77.6
信 阳 市 Xinyang	1983	42496	40173	687791	131936	140339	100.0	98.1	73.1
周 口 市 Zhoukou	3826	52052	50991	1051772	218013	211844	100.0	90.3	80.9
驻 马 店 市 Zhumadian	1946	42164	40094	792315	154718	155358	100.0	93.4	77.5
济 源 市 Jiyuan	104	2533	2461	48258	7770	9051	100.0	96.8	96.0
省 直 管 县 Province Administrating County									
巩 义 市 Gongyi	80	3687	3472	50301	8927	8394	100.0	98.6	99.2
兰 考 县 Lankao	223	4052	3974	73361	9650	13159	100.0	106.0	96.2
汝 州 市 Ruzhou	376	1424	1364	105543	18900	12661	100.0	99.0	95.4
滑 县 Huaxian	320	2340	2207	120941	24691	19908	99.1	88.3	85.1
长 垣 县 Changyuan	248	3400	3239	94660	15388	14488	100.0	129.6	85.5
邓 州 市 Dengzhou	535	2880	2809	166588	34095	30961	100.0	91.9	63.9
永 城 市 Yongcheng	392	6299	6108	134817	27930	25825	100.0	80.9	60.9
固 始 县 Gushi	367	5708	5627	141241	25985	23795	100.0	132.1	80.6
鹿 邑 县 Luyi	502	6821	6635	122357	27284	26573	100.0	85.8	71.1
新 蔡 县 Xincai	193	2512	2485	109565	27064	20608	100.0	93.2	80.2

25−34 各市幼儿教育基本情况(2013年)
Basic Statistics on Kindergartens by City (2013)

市 City	机构数(所) Number of Kindergartens (unit)	班数(个) Number of Classes (unit)	教职工数(人) Teachers and Staff (person)	#专任教师 Full-time Teachers	在园(班)幼儿数(人) Student Enrollment (person)
全省 Total	**14485**	**112330**	**215391**	**129422**	**3469546**
省辖市 City					
郑州市 Zhengzhou	1354	10945	36768	19798	332966
开封市 Kaifeng	742	5063	10423	6122	163064
洛阳市 Luoyang	726	6797	13886	8267	200972
平顶山市 Pingdingshan	1044	6357	14185	8896	191867
安阳市 Anyang	1161	7287	14657	8406	192500
鹤壁市 Hebi	352	2215	4830	3041	61584
新乡市 Xinxiang	1559	8317	16728	10873	226525
焦作市 Jiaozuo	548	4038	9518	5641	109497
濮阳市 Puyang	528	4562	9936	5842	136214
许昌市 Xuchang	987	5888	14052	8143	174711
漯河市 Luohe	380	2712	5584	3332	84684
三门峡市 Sanmenxia	320	2471	6261	4020	70289
南阳市 Nanyang	1286	12465	15306	10081	411525
商丘市 Shangqiu	783	8960	15967	10199	285028
信阳市 Xinyang	698	6088	8331	5263	210611
周口市 Zhoukou	1140	9474	5748	3252	305670
驻马店市 Zhumadian	718	7683	10687	6975	282510
济源市 Jiyuan	159	1008	2524	1271	29329
省直管县 Province Administrating County					
巩义市 Gongyi	105	1001	3129	1521	28691
兰考县 Lankao	92	645	1137	645	22568
汝州市 Ruzhou	324	1733	2834	1815	49933
滑县 Huaxian	110	1296	1502	984	42691
长垣县 Changyuan	142	908	1945	1321	25860
邓州市 Dengzhou	286	2281	2452	1768	82686
永城市 Yongcheng	125	1931	3226	2098	66432
固始县 Gushi	164	1207	1721	1106	38468
鹿邑县 Luyi	79	971	636	388	30961
新蔡县 Xincai	17	620	258	193	23288

25-35 外国留学生情况(2013年)

Basic condition of abroad student (2013)

单位：人、人次 (person, person-time)

指 标	Item	毕(结)业人数 Number of Graduates	授予学位数 Number of degree-granting	招生数 New Student Enrollment	在校学生数 Student Enrollment	第一年 First Year	第二年 Second Year	第三年 Third Year	第四年 Forth Year	第五年及以上 Over Five Years
总 计	**Total**	**677**	**254**	**254**	**1354**	**482**	**371**	**224**	**143**	**134**
#女	Female	242	38	139	602	302	155	76	37	32
按层次分	**by Level**									
博 士	Doctor	1	1	1	11	4	3	2	1	1
硕 士	Master's Degree	48	48	28	144	48	47	49		
本 科	Enrolled in Full Undergraduate Courses	226	205	43	888	179	267	167	142	133
专 科	Junior College			11	34	11	22	1		
培 训	Trainee	402		171	277	240	32	5		
按大洲分	**by Continents**									
亚 洲	Asia	538	219	206	1121	388	280	194	135	124
非 洲	Africa	14	4	7	111	41	44	16	4	6
欧 洲	Europe	21	9	13	32	23	8			1
北美洲	North America	84	10	19	43	20	16	4	2	1
南美洲	South America	7		1	4	1	2	1		
大洋洲	Oceania	13	12	8	43	9	21	9	2	2
按经费来源分	**by Sources of funding**									
国际组织资助	From International Organizations									
中国政府资助	From Chinese Government	49	22	43	117	89	23	4	1	
本国政府资助	From National Government			11	39	11	26		1	1
学校间交换	School exchange	65		27	104	100	4			
自费	Self-supporting	563	232	173	1094	282	318	220	141	133

主要统计指标解释

教育 指国家、社会、私人依照国家有关法规开办的各类教育机构的活动，以及其他与教育相关的活动。主要包括学前教育、初等教育、中等教育、高等教育和其他教育等类别。学前教育指按照国家幼儿教育规定对学龄前幼儿进行保育和教育活动；初等教育指义务教育法规定的初等教育和成人扫盲教育活动；中等教育指小学毕业到大学专科教育以前的教育；高等教育指经教育行政部门批准、由国家、地方、社会办的获取学历的高等教育活动和经教育主管部门批准举办的成人高等教育活动；其他教育主要指职业技能培训、特殊教育以及其他未列明的教育活动。

国家财政性教育经费 包括国家财政预算内教育经费，各级政府征收用于教育的税费，企业办学校教育经费，校办产业、勤工俭学和社会服务收入用于教育的经费。

财政预算内教育经费 指中央、地方各级财政或上级主管部门在年度内安排，并计划拨到教育部门和其他部门主办的各级各类学校、教育事业单位，列入国家预算支出科目的教育经费，包括教育事业拨款、科研经费拨款、基建拨款和其他经费拨款。

在园幼儿数 指在单独设立的、小学附设的学前班、幼儿班及托儿所附设的幼儿班的幼儿数。托幼混合班仅统计三至周六岁的幼儿数。不包括季节性的农忙时临时组织的幼儿园。

学前教育毛入园率 指学前教育在学人数占国家规定的年龄组人口数的比重。计算公式为：

$$学前教育毛入园率=\frac{在园儿童数}{学前教育学龄人口总数}\times100\%$$

小学学龄儿童净入学率 指小学学龄人口中正在接受小学教育人数所占比重。计算公式为：

$$学龄儿童净入学率=\frac{小学学龄人口中已经进入小学学习的在校学生总数}{小学学龄人口数}\times100\%$$

小学五年巩固率 指小学五年级在校学生中，能够从一年级连续学习五年的学生数占入学时本年级学生数比重。计算公式为：

$$小学五年的巩固率=\frac{在校学生数}{该年级入小学一年级时的学生数}\times100\%$$

初中阶段毛入学率 指初中阶段在校学生总数与12-14岁学龄组人口数的比重。计算公式为：

$$初中阶段毛入学率=\frac{初中阶段在校学生数}{12至14学龄组人口数}\times100\%$$

初中三年巩固率 指初中三年级在校学生中，能够从一年级连续学习三年的学生占入学时本年级学生数比重。计算公式为：

$$初中三年巩固率=\frac{三年级在校学生数}{该年级入初中一年级时的学生数}\times100\%$$

高中阶段毛入学率 指高中阶段(包括普通高中、职业高中、中等专业学校、技工学校、成人中等专业学校、成人高中)在校学生总数与15—17岁学龄组人口数的比重。计算公式为：

$$高中阶段毛入学率=\frac{高中阶段在校学生数}{15-17岁学龄组人口数}\times100\%$$

高等教育毛入学率 指高等教育(包括国家承认学历的各类高等教育：研究生、普通高校本专科、成人高等本专科、高等学历文凭考试专科、网络教育本专科、自学考试本专科、军事院校本专科等)在校学生总数与18—22岁年龄组人口数的比重。

特殊教育 指独立设置的招收盲聋哑和残疾儿童，以及其他特殊需要的儿童，青少年进行普通或职业初中，中等教育的教学。

普通高等学校 指按国家规定的设置标准和审批程序批准建立的，通过全国普通高等教育统一招生考试，招收高中毕业生为主要培养对象，实施高等学历教育的全日制大学、独立设置的学院和高等专科学校、高等职业学校和其他机构。

大学、独立设置的学院主要实施本科及本科层次以上教育。高等专科学校、高等职业学校实施专科层次教育。其他机构是承担国家普通招生计划任务不计校数的机构。包括普通高等学校分校和批准筹建的普通高等学校等(注：高等学校在校学生数均不包括在校研究生)。

成人高等学校 指国家规定的设置标准和审批程序批准举办的，通过全国成人高等教育统一招生考试，招收具有高中毕业或同等学历的人员为主要培养对象，利用函授、业余、脱产的多种形式对其实施高等学历教育的学校。包括职工高等学校、农民高等学校、管理干部学院、教育学院、独立函授学院、广播电视大学、其他机构。其他机构是承担国家成人招生计划任务不计校数的机构。

初中毕业生升学率 计算初中毕业生升学率所用分子数为高级中学招生数，包括：普通高中招生数、职业高中招生数、技工学校招生数、普通中专招收初中毕业生数、普通中专举办的成人中专招收应届初中毕业生数及成人中专招收应届初中毕业生数，分母是初中毕业生人数。

Explanatory Notes on Main Statistical Indicators

Education refers to education institutions offered activities in the state, society, private in according to the relevant regulations of the state of all kinds of, as well as other and education related activities. Mainly include preschool education, elementary mainly include education, secondary education, higher education and other education classes.

Government Appropriation for Education refers to State budgetary fund for education, taxes and fees collected by governments at all levels that are used for education purpose, education fund for enterprise-run schools, income from school-run enterprises, work-study program and social services that are used for education purpose.

Budgetary Fund for Education refers to education funding that is planned to be allocated to various schools and education institutions by central and local financial departments at various levels within the reference year, which is within the State budgetary expenditure, including: appropriated funds for education, for science and research, for capital construction and others.

The number of infant refers infant in all kinds of kindergarten. nursery and education establishment, enrolling children in 3-6 years old.

Pre-school education entrance rate refers proportion of number of Pre-school education persons in Pre-school education school-age population × 100%.

Pre-school education entrance rate= number of Pre-school education persons/ Pre-school education school-age population.

Net Enrolment Ratio of Primary Schools refers to the proportion of school age children enrolled at schools to the total number of school age children both in and outside schools (including retarded children, but excluding blind, deaf and mute children). The formula is:

$$\text{Net Enrolment Ratio of Primary Schools} = \frac{\text{Total Primary School - age Children at Schools}}{\text{Total Primary School - age Children Whether or Not Attending School}} \times 100\%$$

Elementary school five years Consolidate rate refers to the proportion of Primary school pupils to the A primary school grade.

Elementary school five years Consolidate rate= Primary school pupils/ the A primary school grade × 100%.

The junior middle school stage gross enrollment rate refers to the proportion of number of middle school students in school to 12-14 years old population.

The junior middle school stage gross enrollment rate= number of middle school students/12-14 years old population × 100%

Junior school three years Consolidate rate refers to the proportion of Junior school students to the Junior school grade.

Junior school three years Consolidate rate= Junior school students / the Junior school grade × 100%.

The senior middle school stage gross enrollment rate refers to the proportion of number of senior middle school students in school to 15-17 years old population.

The senior middle school stage gross enrollment rate= number of senior middle school students/15-17 years old population × 100%

Higher Education gross enrollment rate refers to the proportion of number of Higher Education students in school to 18-22 years old population.

Special Education Schools refer to educational establishments set up independently, enrolling blind, deaf, dumb, amentia or other special children, and educational establishment, providing regular or vocational junior and senior secondary education for hobbledehoy.

Regular Institutions of Higher Education refer to educational establishments set up according to the government evaluation and approval procedures, recruiting graduates from senior secondary schools as the main target by National Matriculation TEST. They include full-time universities, colleges, institutions of higher professional education, institutions of higher vocational education, institutions of higher vocational education and others (non-university tertiary, branch schools and undergraduate classes).

Universities and colleges primarily provide undergraduate courses; institutions of higher professional education and institutions of higher vocational education primarily provide professional trainings; and others refer to educational establishments, which are responsible for enrolling higher education students under the State Plan but not enumerated in the total number of schools, including: branch schools of universities and colleges, and universities and colleges that have been approved and under plan for construction. Non-university tertiary refers to the regular undergraduate branch college which is running in new mechanism and mode, excluding the branch schools and other similar branches of educational institutions.

Institutions of Higher Education for Adults refer to educational establishments, set up in line with relevant rules approved by the government, enrolling staff and workers with senior secondary school or equivalent education, and providing higher education courses in many forms of correspondence, spare time, or full time for adults. Professionals thus trained receive a qualification equivalent to graduates studying regular courses at regular universities, colleges and professional colleges. Institutions of higher learning for adults include schools of higher education for staff and workers, schools of higher education for peasants, colleges for management cadres, pedagogical colleges, independent correspondence colleges, Radio and TV universities and other educational establishments. Other educational establishments have undertakings to enrol adult students but not enumerated in the schools under the State Plan.

Junior high school graduates entering middle schools rate refers to ordinary high school include, professional high school include, technicians schools include average technical secondary school, junior middle school graduate recruit average technical secondary school, the number of the adult technical secondary school recruit fresh held the junior middle school graduates number and adult secondary recruit fresh junior high school graduates number, the molecules is Senior middle schools recruit students, the denominator is junior high school graduates.

卫生和社会工作

Sanitation and Social work

● 资料整理：赵　霞

简要说明

一、主要内容

本篇包括卫生和社会工作企业、行政事业单位、社会团体及其他法人单位的单位数、从业人数、主要财务指标以及社会福利企事业机构、人员、经费情况、优抚和社会救济情况、城镇社区服务等情况。

二、资料来源

卫生和社会工作企业、行政事业单位、社会团体及其他法人单位的单位数、从业人数、主要财务指标由省统计局组织各部门和各地区统计调查，由省地方经济社会调查队服务业调查处整理提供。

卫生部分的资料由省卫生厅提供；由省统计局社会与科技处编辑整理。

Brief Introduction

I. Main Content

Data in this chapter reflect unit, employment, and main financial indicators of Sanitation and social work enterprises, Administrative institution, social organizations and others. condition of institutions and personnel, budget, social welfare relief, people participated in basic pension insurance, medical insurance, unemployment insurance.

II. Sources of Data

Data on Number of Institutional Unit, Employed Persons and Main Financial Indicators of Health, Social Security and Social Welfare are calculated from Statistical investigation by Henan provincial bureau of statistics, which are provided by Henan provincial survey organizations of social and economy.

Data on public health are calculated from Henan provincial bureau of health. Data on this chapter are provided by Department of social and technology of the Henan provincial Bureau of Statistics.

26-1 卫生和社会工作法人单位数和从业人员数

Number of Institutional Unit and Employed Persons of Sanitation and Social work

年份(Year)	合计 Total	企业 Enterprise	行政事业 Administrative institution	社会团体及其他 Social organizations and others
单位数(个)Number of Institutional Unit(unit)				
2008	25835	1592	7476	16767
2009	25841	1548	7502	16791
2010	25882	1547	7500	16835
2011	25905	1556	7502	16847
2012	25145	1554	6960	16631
从业人数(万人)Employed Persons(10 000 persons)				
2008	44.69	3.55	35.39	5.75
2009	45.57	2.93	36.46	6.18
2010	49.41	3.14	40.06	6.22
2011	52.43	3.34	42.83	6.27
2012	53.58	4.09	42.99	6.51

26-2 分行业卫生和社会工作法人单位财务指标(2012年)

Main Financial Indicators of Institutional Unit of Sanitation and Social work by Sector (2012)

单位：万元 (10 000 yuan)

指 标	Item	卫生和社会工作 Sanitation, and Social Work	卫生 Sanitation	社会工作 Social Work
单位数(个)	Number of units (unit)	25145	24057	1088
从业人数(万人)	Employed Persons (10 000 Persons)	53.58	52.09	1.50
固定资产原价	Fixed Asset Price	6541893	6344687	197206
收入合计	Total Income	8641871	8453503	188367
成本费用合计	Total Cost	7745314	7556013	189301
职工薪酬	Employee compensation	2071097	2031274	39823
税费合计	Tax and Expenses	20896	15533	5364
营业利润	Operating Profit	375172	373811	1361

注：从2012年起，将社会保障归入公共管理、社会保障和社会组织。

a)Since 2012, social security adjusted to public management, social security and social organization.

26-3 各市卫生和社会工作法人单位财务指标(2012年)

Main Financial Indicators of Institutional Unit of Sanitation and Social work by City (2012)

单位：万元 (10 000 yuan)

市(县) City(County)	单位数(个) Number of units (unit)	从业人数(万人) Employed Persons (10 000 Persons)	固定资产原价 Fixed Asset Price	收入合计 Total Income	成本费用合计 Total Cost	职工薪酬 Employee compensation	税费合计 Tax and Expenses	营业利润 Operating Profit
全 省 Total	**25145**	**53.58**	**6541893**	**8641871**	**7745314**	**2071097**	**20896**	**375172**
省 辖 市 City								
郑 州 市 Zhengzhou	2961	8.45	1556681	2477877	2297039	503890	7533	-10993
开 封 市 Kaifeng	450	2.28	248773	223328	195614	96492	2093	44880
洛 阳 市 Luoyang	3420	4.75	498286	676344	630212	174555	1786	82994
平 顶 山 市 Pingdingshan	740	2.61	323046	397092	377733	113411	691	4943
安 阳 市 Anyang	1568	3.20	375386	533960	438637	120195	2209	51275
鹤 壁 市 Hebi	845	0.91	97067	112019	95342	27735	56	808
新 乡 市 Xinxiang	774	3.29	394138	516463	483981	117108	126	12283
焦 作 市 Jiaozuo	908	2.01	182780	256178	222712	63707	104	11621
濮 阳 市 Puyang	3876	2.12	183282	260901	206666	55626	109	17628
许 昌 市 Xuchang	2013	2.68	222823	356107	316726	87969	484	12478
漯 河 市 Luohe	146	1.08	173817	170501	120022	36492	74	9438
三 门 峡 市 Sanmenxia	381	1.25	148215	165485	159045	45103	84	196
南 阳 市 Nanyang	3959	5.90	630069	753250	667816	187897	2930	24089
商 丘 市 Shangqiu	389	3.27	293182	448871	386473	113688	108	21899
信 阳 市 Xinyang	961	2.82	451877	374205	336900	101348	1027	62094
周 口 市 Zhoukou	393	3.29	336864	418844	370357	108972	393	12953
驻 马 店 市 Zhumadian	804	3.17	366192	425380	371514	99683	981	14752
济 源 市 Jiyuan	557	0.50	59414	75067	68526	17227	108	1835
省 直 管 县 Province Administrating County								
巩 义 市 Gongyi	347	0.46	51709	59742	54623	17665	41	148
兰 考 县 Lankao	62	0.36	29865	34283	24403	9763	266	17096
汝 州 市 Ruzhou	59	0.48	46927	62087	58868	15471	378	545
滑 县 Huaxian	42	0.35	34289	50968	41901	10448	3	5806
长 垣 县 Changyuan	27	0.38	71143	48901	47465	12942	0	9804
邓 州 市 Dengzhou	568	0.65	41978	75661	65567	20048	94	1568
永 城 市 Yongcheng	47	0.50	43631	79864	67947	22002	8	5342
固 始 县 Gushi	99	0.45	50176	61568	58739	15483	62	24285
鹿 邑 县 Luyi	26	0.19	8941	23150	22051	5871	1	550
新 蔡 县 Xincai	90	0.26	56983	18200	14233	5761	378	3052

26-4 卫生事业基本情况

Basic Statistics on Public Health

年份 Year	卫生机构数(个) Number of Health Institutions (unit)	#医院、卫生院 Hospitals & Health Centers	卫生机构床位数(万张) Number of Beds in Health Institutions (10 000 units)	#医院、卫生院 Hospitals & Health Centers	卫生技术人员数(万人) Medical and Technical Personnel (10 000 persons)	#执业(助理)医师 Practice (assistant) Physicians	每万人口拥有 per 10 000 Population: 卫生机构床位数(张) Number of Beds in Health Institutions (unit)	执业(助理)医师数(人) Practice (assistant) Physicians (person)
1978	7356	2476	10.20	9.73	11.44	4.38	14.4	6.2
1979	7702	2501	11.23	10.63	12.89	4.79	15.6	6.7
1980	7831	2530	11.92	11.17	14.48	5.41	16.4	7.4
1981	8483	2563	12.49	11.65	16.31	6.81	16.9	9.2
1982	8513	2578	13.08	12.11	17.34	7.31	17.4	9.7
1983	8504	2611	13.77	12.74	18.38	7.82	18.0	10.2
1984	8583	2665	14.24	13.13	19.12	8.10	18.4	10.5
1985	9207	2688	14.91	13.77	19.49	8.36	19.0	10.7
1986	8933	2713	15.31	13.99	20.15	8.50	19.2	10.6
1987	8833	2730	16.90	15.42	20.44	8.49	20.7	10.4
1988	8865	2756	17.55	15.95	21.36	8.85	21.1	10.6
1989	8721	2810	17.96	16.25	21.85	9.61	21.2	11.3
1990	8676	2824	18.21	16.36	22.28	9.94	21.1	11.5
1991	8639	2834	18.49	16.56	23.03	9.93	21.1	11.3
1992	8375	2857	18.91	16.97	23.91	10.14	21.3	11.4
1993	7669	2892	18.91	17.22	24.39	10.16	21.1	11.4
1994	7656	2944	19.14	17.45	25.13	10.55	21.2	11.7
1995	7661	2965	19.23	17.54	25.50	10.57	21.1	11.6
1996	7253	2987	18.95	17.54	25.77	10.57	20.7	11.5
1997	7194	3001	18.92	17.58	26.20	10.67	20.5	11.5
1998	11774	2999	19.42	17.99	26.32	10.68	20.8	11.5
1999	11643	3014	19.71	18.26	26.66	10.89	21.0	11.6
2000	10764	3027	19.86	18.34	26.84	11.11	20.9	11.7
2001	10719	3024	19.99	18.50	27.18	11.12	20.9	11.6
2002	13291	3094	19.73	18.75	26.48	10.17	20.5	10.6
2003	13621	3149	20.37	19.28	27.87	10.64	21.1	11.0
2004	13821	3182	20.90	19.72	28.42	10.94	21.5	11.3
2005	14554	3260	21.40	20.23	28.92	11.11	21.9	11.4
2006	14629	3292	22.52	21.23	30.07	11.55	22.9	11.8
2007	11888	3281	23.95	22.61	29.79	11.59	24.3	11.7
2008	11683	3263	26.83	25.22	30.99	11.93	27.1	12.0
2009	12157	3282	30.24	28.30	34.64	13.96	30.3	14.0
2010	75741	3282	32.76	30.44	37.28	15.48	34.8	16.5
2011	76201	3304	34.92	32.49	39.52	15.58	37.2	16.6
2012	69222	3356	39.39	36.57	42.88	16.77	41.9	17.8
2013	71464	3471	42.98	40.03	46.91	18.06	45.7	19.2

注：从2010年起村卫生室、2013年起计划生育技术服务机构，其机构、人员分别计入卫生机构总数、卫生人员总数(下表同)。

a)Data of Number of Health Institutions and Personnel is include Village Hospital & Health Center since 2012, and include family planning fertility technical service institution since 2013.(the same as the following table)

26-5 卫生事业发展情况
Basic Statistics on Public Health Development

项　目	Item	1990	1995	2000	2005	2010	2013
卫生机构数(个)	**Number of Health Institutions (unit)**	**8676**	**7661**	**10764**	**14554**	**75741**	**71464**
#医院、卫生院	Hospitals & Health Centers	2824	2965	3027	3260	3282	3471
#医院	Hospitals	789	896	966	1172	1198	1402
疗养院、所	Sanatoriums	12	8	7	5	6	2
门诊部、所	Clinics	5142	3942	196	68	86	137
诊所、卫生所、医务室	Clics,Individual-Run Medical Units					6694	6839
乡镇卫生院	towns and townships Health Centers			2084	2084	2084	2069
社区卫生服务中心(站)	Community Sanitation Service Station			861	1017	861	1281
专科防治所、站	Specialized Prevention & Treatment Centers or Stations	45	44	45	32	20	22
妇幼保健所、站	Maternity and Child Care Centers	138	142	135	167	167	165
卫生机构床位数(万张)	**Number of Beds in Health Institutions(10 000 units)**	**18.21**	**19.23**	**19.86**	**21.40**	**32.76**	**42.98**
#医院、卫生院	Hospital & Health Center	16.36	17.54	18.34	20.23	30.44	40.03
#医院	Hospitals	10.80	12.10	13.26	14.97	22.10	30.65
疗养院、所	Sanatoriums	0.22	0.15	0.15	0.06	0.09	0.01
门诊部	Clinics	1.10	0.84	0.51	0.11	0.11	0.06
平均每千人口卫生机构床位数(张)	Number of Health Institutions Beds per 1 000 Population (unit)	2.11	2.11	2.09	2.19	3.48	4.57
#医院、卫生院	Hospitals & Health Centers	1.89	1.93	1.93	2.07	3.24	4.25
医院病床使用率(%)	Utilization Rate of Beds (%)	75.71	68.08	59.60	67.01	85.36	90.67
卫生机构人员数(万人)	**Number of Persons in Health Institutions (10 000 persons)**	**27.06**	**31.31**	**33.50**	**36.23**	**59.11**	**71.72**
#卫生技术人员	Medical Technical Personnel	22.28	25.50	26.84	28.92	37.28	46.91
#执业(助理)医师	Practice (assistant) Physicians	9.94	10.57	11.11	11.11	15.48	18.06
护士	Senior Nurses	2.16	3.19	3.84	7.71	12.14	17.65
平均每千人口医生数(人)	Number of Doctors per 1 000 Population (person)	1.15	1.16	1.17	1.14	1.65	1.92

注：1.1996年及以后年度门诊部、所不含诊所、卫生保健所和医务室,与以前年度不可比(下同)。
2.1998年及以后年度卫生机构包括个体开业(下同)。
3.2002年以来医生、护士人员数为"执业医师、执业助理医师与注册护士人员数"。
4.2007年起，诊所、卫生室、医务室与社区卫生服务中心(站)分开统计。

a)The numbers of clinics since 1996 exclude cliniques, hygiene places and infirmaries. It cannot be compared with some relative years (the same as in following tables).

b)The number of health institutions include individuals since 1998 (the same as in the following tables).

c)Number of doctors and junior nurses since 2002 is the Number of registered doctors,deputy doctors and junior nurses.

d)Number of Clics,Individual-Run Medical Units and Community Sanitation Service Station are calculated by Separate statistics system since 2007.

26-6 卫生机构、床位、人员数(2013年)

Number of Health Institutions, Beds and Persons (2013)

机构类别	Type of Institutions	机构数（个）Institutions (unit)	床位数（张）Beds (unit)	人员合计（人）Total of Persons (Person)	#卫生技术人员 Medical Technical Personnel	#其他技术人员 Other Technical Personnel	#管理人员 Managerial Personnel	#工勤人员 Logistics Workers
总　　计	**Total**	**71464**	**429810**	**717232**	**469126**	**32906**	**32955**	**60896**
#医院合计	**Total Number of Hospitals**	**1402**	**306546**	**346807**	**284529**	**14868**	**16784**	**30626**
综合医院	General Hospitals	879	223791	255607	211437	9917	12177	22076
中医医院	Hospitals Specialized in Traditional Chinese Medicine	220	46479	54945	44719	2847	2416	4963
中西医结合医院	Hospitals Combining Chinese and Western Medicine	15	1385	1327	1095	73	61	98
专科医院	Specialized Hospital	287	34841	34914	27264	2031	2130	3489
口腔医院	Hospitals for Mouth Cavity Diseases Care	12	1282	2256	1772	79	177	228
眼科医院	Hospital for Eye Care	24	1641	1886	1338	239	118	191
耳鼻喉科医院	ENT Hospital	6	272	307	234	39	15	19
肿瘤医院	Tumor Hospitals	9	5325	4830	4129	206	205	290
心血管病医院	Heart and Blood Vessel Trouble Hospital	9	1319	1791	1520	64	139	68
胸科医院	Chest Hospital	2	943	1203	1049	68	35	51
血液病医院	Hematonosis Hospital	3	124	71	60	2	4	5
妇产(科)医院	Maternity Hospitals	19	1118	1976	1369	66	167	374
儿童医院	Hospitals for Children	3	1959	3240	2717	75	197	251
精神病医院	Mental Hospitals	38	9310	5761	4419	362	270	710
传染病医院	Hospitals of Infectious Diseases	11	2616	2206	1717	96	187	206
皮肤病医院	Dermatosis Hospital	6	175	243	195	21	5	22
结核病医院	Tuberculosis Hospitals	1	150	68	46	7		15
麻风病医院	Leprosy hospital	1	40	45	31		4	10
职业病医院	Diseases hospital	1	99	189	136	4	19	30
骨科医院	Orthopaedics Hospitals	42	3060	3418	2506	333	226	353
康复医院	Rehabilitation Hospitals	23	2389	1759	1261	153	96	249
整形外科医院	Plastic Surgery Hospital	1	25	86	42	14	12	18
美容医院	Hairdressing hospital	6	140	305	154	41	40	70
其他专科医院	Other Specialized Hospitals	70	2854	3274	2569	162	214	329
社区卫生服务中心(站)	**Community Sanitation Service Stations**	**1281**	**9748**	**19558**	**16331**	**921**	**959**	**1347**
卫生院	**Heath Center**	**2069**	**93725**	**101258**	**79234**	**6530**	**3838**	**11656**
村卫生室	Village clinics	56955		143970	22621			
门诊部	**Clinics**	**137**	**637**	**2225**	**1955**			**270**
诊所、卫生室、医务室	**Clics,Individual-Run Medical Units and**	**6839**		**15231**	**14582**			**649**
采供血机构	**Collectting and Supply Institutions for Blood**	**22**		**1847**	**1143**	**229**	**119**	**356**
妇幼保健院(所、站)	**Maternity and Child Care Centers**	**165**	**17680**	**24958**	**19694**	**1328**	**1207**	**2729**
专科疾病防治院(所、站)	**Specialized Prevention & Treatment Centers or Stations**	**22**	**1194**	**1501**	**1029**	**147**	**106**	**219**
疾病预防控制中心(防疫站)	**Center for Disease Prevention and Control**	**180**		**17733**	**10572**	**1954**	**1613**	**3594**
卫生监督所(中心)	**Sanitation Supervision Stations**	**176**		**7021**	**4740**	**544**	**745**	**992**
计划生育技术服务机构	**Family planning fertility technical service institution**	**1882**		**25770**	**8183**	**5164**	**6033**	**6390**

注：本表人员合计中包括乡村医生111254人和卫生员10095人。

a)Data of total persons include county doctor 111254 persons and Heath Center 10095 persons.

26-7 卫生机构各类人员

Employed Persons In Health Institutions by Types of Occupation

单位：人 (person)

人员类别	Type of Personnel	1990	2000	2005	2010	2012	2013
各类人员总计	**Total**	**270573**	**335031**	**362263**	**591059**	**653019**	**717232**
卫生技术人员	Medical Technical Personnel	222771	268427	289157	372818	428820	469126
其他技术人员	Other Technical Personnel	2256	12428	23409	24100	24790	32906
管理人员	Managerial Personnel	19856	23554	20060	25348	25295	32955
工勤人员	Logistics Workers	25690	30622	29637	40013	49909	60896
乡村医生和卫生员	Village Doctors & Assistants				128780	124205	121349
卫生技术人员	**Medical Technical Personnel**	**222771**	**268427**	**289157**	**372818**	**428820**	**469126**
执业(助理)医师	Practice (assistant) Physicians	99354	111113	111134	154801	167698	180600
注册护士	Registered Nurses	46391	63032	77132	121384	156032	176534
药剂人员	Pharmacists	25812	28094	22432	20488	21396	22882
检验人员	Laboratory Technicians	10244	13982	13987	14445	15169	16560
其他	Others	40970	52206	64472	61700	68525	72550
平均每千人口	**Number of Medical Technical**						
卫生技术人员	Personnel per 1 000 Population	2.58	2.82	2.96	3.96	4.56	4.98
#执业(助理)医师	Practice (assistant) Physicians	1.15	1.17	1.14	1.65	1.78	1.92

26-8 卫生总费用

Total Health Expenditure

指标名称	Index	2011	2012
卫生总费用(亿元)	Total Health Expenditure(100 million yuan)	1066.57	1517.63
#政府卫生支出	Government Health Expenditure	321.19	489.46
社会卫生支出	Social Health Expenditure	272.98	381.86
居民个人现金卫生支出	Out-of-pocket Health Expenditure	472.40	646.31
人均卫生总费用(元)	Per Capita Health Expenditure(yuan)	1134.04	1613.47
卫生总费用占GDP比重(%)	Health Expenditure as Percentage of GDP (%)	4.62	5.13
卫生消费弹性系数	Health consumption elasticity coefficient	0.73	2.05
门诊病人次均医药费用(元)	Outpatient all medical expenses (yuan)	86.9	95.3

26-9 卫生部门医院住院病人前十位疾病构成(ICD-10)(2013年)

Percentage of 10 Main Diseases of Inpatients in City Hospitals of Health Sector (ICD-10) (2013)

顺序 No.	市	City	疾病构成(%) As % of Total
	十种疾病构成	**Total**	
1	呼吸系统疾病	Diseases of the Respiratory System	11.50
2	消化系统疾病	Diseases of the Digestive System	8.29
3	脑血管病	Cerebrovascular Disease	7.36
4	损伤、中毒和外因	Injury, Poisoning & External Causes	7.24
5	妊娠、分娩和产褥期病	Pregnancy,childbirth & the Puerperium	7.19
6	恶性肿瘤	Malignant Neoplasms	6.90
7	缺血性心脏病	Ischaemic Heart Disease	6.77
8	泌尿生殖系统疾病	Disease of the Genitourinary System	5.28
9	神经系统疾病	Diseases of the Nervous System	3.93
10	传染病和寄生虫病	Certain Infestious and Parasitic Diseases	3.69

顺序 No.	县	County	疾病构成(%) As % of Total
	十种疾病构成	**Total**	
1	呼吸系统疾病	Diseases of the Respiratory System	17.69
2	妊娠、分娩和产褥期病	Pregnancy,childbirth & the Puerperium	15.26
3	损伤、中毒和外因	Injury, Poisoning & External Causes	10.34
4	脑血管病	Cerebrovascular Disease	9.74
5	消化系统疾病	Diseases of the Digestive System	9.45
6	缺血性心脏病	Ischaemic Heart Disease	6.25
7	传染病和寄生虫病	Certain Infestious and Parasitic Diseases	4.24
8	恶性肿瘤	Malignant Neoplasms	3.39
9	泌尿生殖系统疾病	Disease of the Genitourinary System	3.38
10	起源于围生期病	In the Perinatal Period	2.81

26-10 部分市、县前十位主要疾病死亡率(2013年)

Death Rate of Ten Major Diseases in Partial Cities and Counties (2013)

单位：1/10万 (1/100 000)

死亡原因	Cause of Death	死亡率 Death Rate
市　县	**City and County**	
脑血管病	Cerebrovascular Disease	158.24
心脏病	Heart Trouble	134.28
恶性肿瘤	Malignant Neoplasms	124.92
呼吸系统疾病	Diseases of the Respiratory System	50.91
损伤和中毒	Trauma and Toxicosis	49.25
内分泌、营养和代谢疾病及免疫疾病	Endocrine, Nutritional & Metabolic Diseases, immune disease	10.74
传染病和寄生虫病	Certain Infestious and Parasitic Diseases	5.92
消化系统疾病	Diseases of the Digestive System	5.19
泌尿和生殖系病	Disease of the Genitourinary System	4.77
神经系统疾病	Diseases of the Nervous System	4.33
城　市	**City**	
脑血管病	Cerebrovascular Disease	137.68
恶性肿瘤	Malignant Neoplasms	121.54
心脏病	Heart Trouble	111.99
呼吸系统疾病	Diseases of the Respiratory System	46.41
损伤和中毒	Trauma and Toxicosis	44.98
内分泌、营养和代谢疾病及免疫疾病	Endocrine, Nutritional & Metabolic Diseases, immune disease	16.81
消化系统疾病	Diseases of the Digestive System	7.07
传染病和寄生虫病	Certain Infestious and Parasitic Diseases	6.2
泌尿和生殖系病	Disease of the Genitourinary System	4.22
神经系统疾病	Diseases of the Nervous System	3.78
县	**County**	
脑血管病	Cerebrovascular Disease	162.85
心脏病	Heart Trouble	139.28
恶性肿瘤	Malignant Neoplasms	125.67
呼吸系统疾病	Diseases of the Respiratory System	51.92
损伤和中毒	Trauma and Toxicosis	50.21
内分泌、营养和代谢疾病及免疫疾病	Endocrine, Nutritional & Metabolic Diseases, immune disease	9.38
传染病和寄生虫病	Certain Infestious and Parasitic Diseases	5.86
泌尿和生殖系病	Disease of the Genitourinary System	4.9
消化系统疾病	Diseases of the Digestive System	4.77
神经系统疾病	Newborn Baby Disease	4.45

26-11 法定报告传染病发病及死亡情况(2013年)

Incidence and Death from Infectious Diseases (2013)

病 名	Item	发病率 (1/10万) Incidence Disease Rate (per100 000 persons)	死亡率 (1/10万) Death Rate (per 100 000 persons)	病死率 (%) Mortality Rate per 100 Infectious Disease Patients (%)
总 计	**Total**	**399.02**	**1.5300**	**0.39**
*病毒性肝炎	Viral Hepatitis	118.97	0.0606	0.05
痢疾	Dysentery	18.71	-	-
伤寒副伤寒	Typhoid and Paratyphoid Fever	0.17	-	-
艾滋病	AIDS	3.03	1.1939	39.38
淋病	Gonorrhea	2.88	-	-
梅毒	Syphilis	25.24	0.0053	0.02
麻疹	Measles	0.88	-	-
百日咳	Pertussis	0.02	-	-
流脑	Epidemic Encephalitis	0.01	0.0011	16.67
猩红热	Scarlet Fever	0.83	-	-
出血热	Hemorrhage Fever	0.16	0.0064	4.00
狂犬病	Hydrophobia	0.09	0.0765	88.89
布氏杆菌病	Brucellosis	3.46	-	-
乙脑	Encephalitis B	0.12	0.0021	1.83
疟疾	Malaria	0.21	0.0043	2.07
新生儿破伤风	Newborn Tetanus	0.01	0.0018	12.50
肺结核	Pulmonary Tuberculosis	67.06	0.1552	0.23

26-12 防病工作情况

Basic Condition of Disease Prevention and Cure

指 标	Item	2011	2012	2013
传染病发病总例数 (甲、乙)(万例)	**Number of Incidence from infectious disease(A、B) (10 000 persons)**	**29.6**	**29.5**	**22.8**
发病率(1/10万)	Incidence Disease Rate (1/100 000)	314.6	314.2	242.1
传染病死亡总人数(人)	Number of Death from infectious disease (person)	1637	1869	1419
死亡率(1/10万)	Death Rate (1/100 000)	1.7	2.0	1.5
结核病登记病人数(千例)	Number of register of Tuberculosis (1000 persons)	68.6	70.6	65.2
登记患病率(‰)	Register sicken Rate(‰)	0.70	0.67	0.75
结核病新发病人数(千例)	Number of New Incidence from Tuberculosis (1000 persons)	27.8	24.2	18.8
登记新发病率(1/万)	Register New Incidence Disease Rate (1/10 000)	0.30	0.23	0.26
结核病死亡人数(人)	Number of Death from Tuberculosis (person)	127	126	141
死亡率(1/10万)	Death Rate (1/100 000)	0.14	0.12	0.15
“五苗”接种率(%)	Five Type of bacterins inoculability Rate (%)	99.6	99.7	99.7
乙肝疫苗全程接种率(%)	Hepatitis B Bacterins Quite inoculability Rate (%)	99.6	99.7	99.7

26-13 各市卫生事业基本情况(2013年)
Basic Statistics on Public Health by City (2013)

市(县)	City(County)	卫生机构数(个) Number of Health Institutions (unit)	#医院、卫生院 Hospital & Health Centers	#村卫生室 Village clinics	诊所、卫生所、医务室 Clinics, infirmary	计划生育技术服务机构 Family planning fertility technical service institution	#疾病控制中心 Sanitation and Antiepidemic Agencies	#妇幼保健院(所、站) Maternity and Child Care Centers	社区卫生服务中心(站) Community health service centers
全省	**Total**	**71464**	**3471**	**56955**	**6839**	**1882**	**180**	**165**	**1281**
省辖市	**City**								
郑州市	Zhengzhou	4024	317	2519	773	83	16	14	211
开封市	Kaifeng	3014	170	2419	197	78	11	8	82
洛阳市	Luoyang	4106	273	3118	313	151	16	16	157
平顶山市	Pingdingshan	4079	188	2915	746	55	12	11	102
安阳市	Anyang	5376	162	3614	1430	94	10	10	31
鹤壁市	Hebi	1488	57	1186	176	24	6	5	12
新乡市	Xinxiang	5038	242	4190	279	138	13	13	126
焦作市	Jiaozuo	2810	137	2177	310	69	11	11	73
濮阳市	Puyang	4265	134	3633	303	78	8	7	72
许昌市	Xuchang	4357	166	3756	297	56	7	6	54
漯河市	Luohe	1834	102	1366	234	55	6	5	50
三门峡市	Sanmenxia	1923	122	1455	256	8	7	5	53
南阳市	Nanyang	6502	315	5718	144	233	14	13	21
商丘市	Shangqiu	6492	261	5671	208	131	10	9	101
信阳市	Xinyang	3955	262	3160	207	212	11	10	60
周口市	Zhoukou	8108	298	6731	803	203	11	11	18
驻马店市	Zhumadian	3470	244	2840	122	195	10	10	11
济源市	Jiyuan	623	21	487	41	19	1	1	47
省直管县	**Province Administrating County**								
巩义市	Gongyi	650	29	504	71	17	1	1	22
兰考县	Lankao	540	27	481	9	16	1	1	
汝州市	Ruzhou	535	29	460	19	16	1	1	5
滑县	Huaxian	1160	30	1083	20	24	1	1	
长垣县	Changyuan	701	25	595	47	18	1	1	11
邓州市	Dengzhou	804	28	697	39	29	1	1	3
永城市	Yongcheng	845	34	746	24	30	1	1	2
固始县	Gushi	702	35	604	20	33	1	1	4
鹿邑县	Luyi	933	37	749	120	21	1	1	1
新蔡县	Xincai	466	28	398	8	26	1	1	

26-13 续表 continued

市(县) City(County)	卫生机构床位数(张) Number of Beds in Health Institutions (unit)	#医院、 Hospital	卫生院 & Health Center	卫生机构人员数(人) Number of Persons in Health Institutions (person)	卫生技术人员数(人) Medical Technical Personnel (person)	#执业(助理)医师 Practice (assistant) Physicians	#注册护士 Registered Nurses
全 省 Total	**429810**	**306546**	**93725**	**717232**	**469126**	**180600**	**176534**
省 辖 市 City							
郑 州 市 Zhengzhou	68764	59020	4924	97959	76161	26766	35532
开 封 市 Kaifeng	21431	16018	3987	36940	24118	9318	9481
洛 阳 市 Luoyang	34149	26056	5686	52781	36457	14320	14805
平 顶 山 市 Pingdingshan	23469	17412	4367	37451	25344	9665	9295
安 阳 市 Anyang	23939	17144	5142	38291	24227	11196	8105
鹤 壁 市 Hebi	7367	5802	1282	11468	7383	3075	2767
新 乡 市 Xinxiang	28416	19887	7017	48367	31286	11788	12107
焦 作 市 Jiaozuo	17818	12248	3316	27305	18652	7936	6603
濮 阳 市 Puyang	15970	10289	4790	29412	17640	6600	6653
许 昌 市 Xuchang	17137	12726	3233	33233	21086	9015	7285
漯 河 市 Luohe	12077	8416	2502	19955	12988	4547	5034
三 门 峡 市 Sanmenxia	11607	8553	2335	17614	12793	4713	4601
南 阳 市 Nanyang	38827	26290	9470	66522	41028	14590	15288
商 丘 市 Shangqiu	29199	17846	9377	54327	33270	12574	10358
信 阳 市 Xinyang	19756	11725	6375	38042	21056	8055	6978
周 口 市 Zhoukou	30086	18239	10593	57037	32942	13212	10310
驻 马 店 市 Zhumadian	26801	16647	8760	45427	29385	11864	10122
济 源 市 Jiyuan	2997	2228	569	5101	3310	1366	1210
省 直 管 县 Province Administrating County							
巩 义 市 Gongyi	2530	1800	610	5530	4148	1606	1730
兰 考 县 Lankao	4172	2957	965	5979	3937	1333	1422
汝 州 市 Ruzhou	4819	3378	1103	6201	3458	1089	1300
滑 县 Huaxian	4513	3000	1363	7583	4327	2068	1529
长 垣 县 Changyuan	3281	2247	974	6977	4649	1929	1842
邓 州 市 Dengzhou	4159	2134	1320	7140	3529	1123	1286
永 城 市 Yongcheng	4788	2858	1775	7537	4949	1622	1675
固 始 县 Gushi	3381	1660	1032	7114	3456	1148	1164
鹿 邑 县 Luyi	3750	2568	1112	6406	3346	1473	909
新 蔡 县 Xincai	1894	750	964	4444	2901	1715	491

26−14 农村村级卫生情况
Health in Rural by Village Level

指　标	Item	2012	2013
村设置的医疗点数（个）	Medical Unit Setup in Village (unit)	57083	56955
村或群众集体办	Run by Village or Mass	36130	36938
乡卫生院设点	Units are Attach to Township and Village Hospital	541	615
乡村医生或卫生员联合办	Associational run by Rural Doctors and Health Person	3304	3425
个体办	Run by Private	16357	15133
其　他	Others	751	844
乡村医生和卫生员数（人）	Number of Rural Doctors and Health Personnels (person)	124205	121349
乡村医生	Rural Doctors	114472	111254
#行医方式中西医结合	Chinese Combine with Western Mdeicine	26050	25579
卫生员数	Health Personnel	9733	10095
#行医方式中西医结合	Chinese Combine with Western Mdeicine	1728	1996
诊疗人次数(万人次)	Person-time of See a Doctor (10 000 person-time)	24238	22842

26-15 农村乡镇卫生院医疗服务情况

Situations of Medical Services in Township Health Centers

年 份 市 Year City	诊疗人次(亿次) Visits (100 million times)	病床使用率(%) Utilization Rate (%)	出院者平均住院日(日) Average Stay Days in Hospital(day)
1990	4679	41	6
1995	5660	44	5
1996	5390	39	5
1997	5073	41	5
1998	4713	39	5
1999	4098	37	5
2000	4130	37	5
2001	4398	36	5
2002	4150	37	4
2003	4054	38	5
2004	4165	37	5
2005	4205	38	5
2006	4616	42	5
2007	5357	55	7
2008	6077	65	5
2009	6230	63	5
2010	6473	64	5
2011	6914	63	6
2012	8130	65	6
2013	8935	62	7
郑州市 Zhengzhou	713	63	7
开封市 Kaifeng	476	52	8
洛阳市 Luoyang	639	66	8
平顶山市 Pingdingshan	385	61	8
安阳市 Anyang	277	65	8
鹤壁市 Hebi	91	70	7
新乡市 Xinxiang	371	59	7
焦作市 Jiaozuo	330	52	7
濮阳市 Puyang	243	71	7
许昌市 Xuchang	415	37	7
漯河市 Luohe	177	77	8
三门峡市 Sanmenxia	213	49	9
南阳市 Nanyang	1049	63	6
商丘市 Shangqiu	1132	75	6
信阳市 Xinyang	665	70	6
周口市 Zhoukou	918	51	7
驻马店市 Zhumadian	786	62	7
济源市 Jiyuan	56	43	9

26-16 妇女儿童卫生保健状况

Basic Statistics on Health Care of Women and Children

指　标	Item	2005	2010	2013
婚前医学检查率(%)	Rate of Medical Examination before Marriage(%)	1.1	4.9	63.1
城市	Urban Areas	1.9	6.4	55.2
农村	Rural Areas	0.5	4.1	64.8
出生缺陷发生率(1/万)	Birth-defect Rate(1/10000)	82.0	81.6	96.9
婴儿死亡率（‰）	Infant Mortality (‰)	10.8	7.1	5.5
城市	Urban Areas	10.0	5.5	4.3
农村	Rural Areas	11.1	8.0	6.1
5岁以下儿童死亡率(‰)	Mortality of Child under 5 Years Old (‰)	13.8	8.7	7.2
城市	Urban Areas	10.7	6.4	5.2
农村	Rural Areas	15.3	10.0	8.1
孕产妇死亡率(1/10万)	Mortality Rate of Pregnant and Lying-in Women (1/100 000)	44.8	15.2	11.3
城市	Urban Areas	33.3	20.2	12.9
农村	Rural Areas	49.3	13.2	10.9
全省住院分娩率(%)	Hospitalization Rate of Parturition in Province(%)	87.8	98.9	99.8
农村孕产妇住院分娩率(%)	Hospital Parturition Rate of Rural Pregnant and Lying-in Women(%)	85.0	98.7	99.8
农村高危孕产妇住院分娩率（%）	Hospital Parturition Rate of Rural High Risk Pregnant and Lying-in Women (%)	97.7	99.4	99.8
产前检查率（%）	Medical Prenatal Examination Rate (%)	85.0	91.2	93.2
孕产妇系统管理率（%）	Systematic Management Rate of Pregnant and Lying-in Women (%)	67.2	76.4	79.6
城市	Urban Areas	67.6	80.0	80.6
农村	Rural Areas	67.0	75.0	79.1
5岁以下儿童中、重度营养不良患病率(%)	moderate and Serious malnutrition Rate of Children under 5 Years old (%)	3.4	2.0	1.5
城市	Urban Areas	2.4	1.5	1.1
农村	Rural Areas	4.0	2.2	1.7
7岁以下儿童保健管理率（%）	Health Care Rate of Children under 7 Years Old (%)	70.2	76.7	83.3
城市	Urban Areas		83.6	85.1
农村	Rural Areas		74.0	82.5
卡介苗疫苗接种率(%)	BCG (%)	99.4	99.8	99.8
脊髓灰质炎疫苗接种率(%)	Poliomyelitis (%)	99.2	99.3	99.7
百白破疫苗接种率(%)	DPT(%)	99.2	99.5	99.7
麻疹疫苗接种率(%)	Measles (%)	98.7	99.3	99.7
乙肝疫苗接种率（%）	Inoculation Rate of Hepatitis B Vaccine(%)	99.1	99.8	99.7

26－17 社会服务机构基本情况(2013年)

Statistics on Social Service Institutions (2013)

指标	Item	单位数(个) Institution (unit)	职工人数(人) Personnel Engaged (person)
社会服务	**Total**	**82755**	**518837**
社会工作	**Social Work**	**7433**	**99555**
提供住宿的社会服务机构	Social Welfare Residential Institutions	3243	24751
老年人年与残疾人服务机构	Institutions for Aged and Disabled	3098	21783
城市养老服务机构	Urban Institutions for Aged Persons	310	3975
农村养老服务机构	Rural Institutions for Aged Persons	2499	14406
社会福利院	Social Welfare Homes	71	1245
光荣院	Homes for Disabled Veterans	98	659
荣誉军人康复医院	Convalescent Hospitals for Honorable Serviceman	3	453
复原军人疗养院	Sanatoriums for Ex-serviceman	2	79
军队离退休干部休养所	Retired army cadres sandringham retreat	115	966
智障与精神疾病服务机构	Mental Retardation and Mental Diseases	9	932
福利类精神病院和医院	Social Welfare Hospitals	8	622
复退军人精神病院	Mental Hospitals for Ex-serviceman	1	310
为儿童提供住宿的社会服务机构	Social Welfare Institutions for Children	17	406
儿童收养机构	Welfare Homes for Children	13	373
流浪儿童救助保护中心	Centers for Rescuing Street Children	4	33
其他提供住宿的社会服务机构	Other Social Welfare Residential Institutions	119	1630
救助管理站	Salvation Stations	90	1041
军供站	Serviceman Supply Stations	24	535
其他提供住宿的社会服务机构	Other Serviceman Recreation Habitation	5	54
不提供住宿的社会服务机构	Social Welfare Institutions Without Residential Accommodations	4190	74804
老龄事业机构	Institutions for the Aged	98	357
为残疾人提供工作岗位的企业	Provide jobs for the disabled	759	45910
为残疾人提供服务的康复辅具机构	Provide service for disabled persons rehabilitation assistive devices	2	128
其他为残疾人服务的福利机构	Other welfare institutions for the disabled	176	14773
救助、低保服务机构	Rescue, low service agencies	42	279
救灾储备机构	Relief Reserve Units	13	77
福利彩票发行单位	Welfare Lottery Issuing Institutions	73	580
军队离退休人员管理中心	Management Centers for Retired Military Officers	4	73
烈士陵园及烈士纪念馆	Martyr Memorial Building Management Units	99	1380
社区服务机构	Community Centers (Stations)	2924	11247
成员组织和其他社会服务机构	**Membership Organizations and Other Social Service Institutions**	**75322**	**419282**
成员组织	Membership Organizations	74861	410459
社会组织	Social Organization	23577	197277
社会团体	Social Organization	10896	74908
基金会	Fund Organization	98	382
民办非企业单位	Non-enterprise Units Run by NGO	12538	121987
自治组织	Autonomy Organizations	51284	213182
社区居委会	Neighborhood Committee	4287	20728
村民委员会	Village Committee	46997	192454
其他社会服务机构	Other Social Service Institutions	292	6145
婚姻登记服务机构	Marriage Registration Institutions	38	282
殡 葬	Funeral and Interment Institutions	254	5863
殡仪馆	Funeral Home	115	3620
公 墓	Cemetery	52	1079
殡葬服务管理单位	Funeral and Interment Management Institutions	87	1164
其他事业单位	Others	169	2678
行政机关	**Administration**	**183**	**8211**

26-18 各地区社区服务设施基本情况(2013年)

Basic Conditions of Community Services Facilities by Region (2013)

单位：个 (unit)

市(县) City(County)	社区服务设施数 Number of Community Services Facilities	社区服务中心数 Community Services Centers	社区服务站数 Community Services Stations	其他社区服务设施数 Others Community Services Facilities	便民、利民服务网点 Number of Convenience Networks
全　　省 Total	**2924**	**583**	**814**	**1527**	**1852**
省　辖　市 City					
郑　州　市 Zhengzhou	398	48	247	103	19
开　封　市 Kaifeng	133			133	435
洛　阳　市 Luoyang	596	29	35	532	
平 顶 山 市 Pingdingshan	177	15	61	101	40
安　阳　市 Anyang	306	151		155	
鹤　壁　市 Hebi	120	13	107		167
新　乡　市 Xinxiang	196	52		144	541
焦　作　市 Jiaozuo	217	55	162		
濮　阳　市 Puyang	41	16		25	
许　昌　市 Xuchang	114	7	107		269
漯　河　市 Luohe	11	11			
三 门 峡 市 Sanmenxia	50	4	35	11	
南　阳　市 Nanyang	221	40		181	354
商　丘　市 Shangqiu	11	10	1		
信　阳　市 Xinyang	204	98	45	61	
周　口　市 Zhoukou	44	4	6	34	26
驻 马 店 市 Zhumadian	64	30	8	26	1
济　源　市 Jiyuan	21			21	
省 直 管 县 Province Administrating County					
巩　义　市 Gongyi	12	2	10		
兰　考　县 Lankao					
汝　州　市 Ruzhou	90	9	23	58	
滑　　县 Huaxian	2	2			
长　垣　县 Changyuan	11	11			
邓　州　市 Dengzhou	9	1		8	
永　城　市 Yongcheng	1	1			
固　始　县 Gushi	81	28	45	8	
鹿　邑　县 Luyi	2			2	
新　蔡　县 Xincai	1	1			

26-19 各市城镇社区服务设施个数

Number of Service Institutions in Urban Areas by City

单位：个 (unit)

市(县)	City(County)	2005	2006	2007	2008	2009	2010	2011	2012	2013
全　　省	**Total**	**3799**	**3855**	**3851**	**3792**	**3983**	**3745**	**3104**	**3072**	**2924**
省 辖 市	**City**									
郑　州　市	Zhengzhou	408	410	421	435	470	542	451	442	398
开　封　市	Kaifeng	119	119	116	116	116	116	133	133	133
洛　阳　市	Luoyang	693	693	689	686	708	708	589	589	596
平 顶 山 市	Pingdingshan	600	611	611	544	366	373	219	177	177
安　阳　市	Anyang	102	102	103	108	155	233	233	295	306
鹤　壁　市	Hebi	107	114	103	103	121	113	106	110	120
新　乡　市	Xinxiang	219	219	219	223	223	230	229	195	196
焦　作　市	Jiaozuo	434	434	434	432	504	217	217	217	217
濮　阳　市	Puyang	47	46	46	68	78	51	36	41	41
许　昌　市	Xuchang	116	116	119	119	124	128	125	125	114
漯　河　市	Luohe	35	44	40		34	34	34	11	11
三 门 峡 市	Sanmenxia	338	338	330	337	343	342	53	53	50
南　阳　市	Nanyang	166	166	166	166	202	208	220	220	221
商　丘　市	Shangqiu	101	101	101	101	99	12	11	11	11
信　阳　市	Xinyang	231	231	242	242	318	318	318	323	204
周　口　市	Zhoukou	37	40	40	40	45	45	45	45	44
驻 马 店 市	Zhumadian	38	63	63	61	66	64	64	64	64
济　源　市	Jiyuan	8	8	8	11	11	11	21	21	21
省 直 管 县	**Province Administrating County**									
巩　义　市	Gongyi						12	12	12	12
兰　考　县	Lankao									
汝　州　市	Ruzhou						90	90	90	90
滑　　　县	Huaxian									2
长　垣　县	Changyuan						10	10	10	11
邓　州　市	Dengzhou						9	9	9	9
永　城　市	Yongcheng							1	1	1
固　始　县	Gushi						189	177	177	81
鹿　邑　县	Luyi						3	3	3	2
新　蔡　县	Xincai						1	1	1	1

主要统计指标解释

社会保障业 指依据国家有关规定开展的各种社会保障活动（包括各种社会保障的登记、以及社会保障金的收取和发放等活动）。

社会福利业 包括提供临时、长期住宿的福利或救济活动以及为老人、军烈属、五保户、残疾人等提供不住宿的看护、帮助活动，以及其他社会福利活动。

医疗卫生机构 指从卫生行政部门取得《医疗机构执业许可证》、《计划生育技术服务许可证》，或从民政、工商行政、机构编制管理部门取得法人单位登记证书，为社会提供医疗保健、疾病控制、卫生监督服务或从事医学科研和医学在职培训等工作的单位。医疗卫生机构包括医院、基层医疗卫生机构、专业公共卫生机构、其他医疗卫生机构。

基层医疗卫生机构 包括社区卫生服务中心、社区卫生服务站、街道卫生院、乡镇卫生院、村卫生室、门诊部、诊所(医务室)。

专业公共卫生机构 包括疾病预防控制中心、专科疾病防治机构、妇幼保健机构（含妇幼保健计划生育服务中心）、健康教育机构、急救中心（站）、采供血机构、卫生监督机构、取得《医疗机构执业许可证》或《计划生育技术服务许可证》的计划生育技术服务机构。

其他医疗卫生机构 包括疗养院、临床检验中心、医学科研机构、医学在职教育机构、医学考试中心、农村改水中心、人才交流中心、统计信息中心等卫生事业单位。

医院 指设有固定床位，能收容病人住院并能为病人提供医疗、护理服务的医疗机构。包括综合医院、中医医院、中西医结合医院、民族医院、各类专科医院和护理院，不包括专科疾病防治院、妇幼保健院和疗养院。

卫生技术人员 包括执业医师、执业助理医师、注册护士、药师（士）、检验技师（士）、影像技师（士）、卫生监督员和见习医（药、护、技）师（士）等卫生专业人员。不包括从事管理工作的卫生技术人员（如院长、副院长、党委书记等）。

执业医师 指《医师执业证》“级别”为“执业医师”且实际从事医疗、预防保健工作的人员，不包括实际从事管理工作的执业医师。执业医师类别分为临床、中医、口腔和公共卫生四类。

执业助理医师 指《医师执业证》“级别”为“执业助理医师”且实际从事医疗、预防保健工作的人员，不包括实际从事管理工作的执业医师。执业助理医师类别分为临床、中医、口腔和公共卫生四类。

注册护士 指具有注册护士证书且实际从事护理工作的人员，不包括从事管理工作的护士。

收养性单位（提供食宿的社会福利单位） 指提供食宿的、不以盈利为目的的革命伤残人休养院、复退军人慢性病疗养院、复退军人精神病院、光荣院、社会福利院、儿童福利院、精神病人福利院、老年收养性机构（敬老院、养老院、老年公寓）等收养性的社会福利企业单位的总称。

收养性单位年末在院人数（收养人数） 指收养单位报告期末实际收养的优抚对象、社会“三无”对象和自费人员的总人数。

社会福利企业单位 指以集中安置有一定劳动能力的残疾人就业为目的（残疾职工占生产人员10%以上）、带有社会福利性质的企业总称。社会福利企业分类为：社会福利工厂、假肢厂、其他福利企业。

Explanatory Notes on Main Statistical Indicators

Social security refers to various kinds of social security activities in according to relevant regulations of the state.(include All kinds of social security, and the registration of the collection of the social security contributions and distribution activities)

Social Welfare including temporary accommodation, long-term benefits or relief activities as well as the old man, 5 protect door, the disabled, some who provide accommodation for care, not help activities, as well as other social welfare activities.

Medical and Health Care Institutions refer to the units which have been qualified the Certification of Health Care Institution, certification of family planning technical service by the administration of public health, or qualified the Certification of Corporate Unit by the civil affairs, administration for industry and commerce, commission office for public sector reform, and engaging in medical care, disease prevention and control, health supervision and inspection, medicine research and on-job training, etc., including: hospitals, health care institutions at grass-root level, specialized public health institutions, and other medical and health care institutions.

Health Care Institutions at Grass-root Level include community health service centers, community health service stations, urban health centers, township health centers, village clinics, outpatient departments and clinics (health centers).

Specialized Public Health Institutions include centers for disease control and prevention, specialized disease prevention and treatment institutions, women and children care agencies(including women and children health care family planning service center), health education institutions, first aid centers, blood gathering and supplying institutions, health supervision and inspection agencies, and family planning technical service centers that obtained the Certification of Health Care Institution or certification of family planning technical service centers.

Other Medical and Health Care Institutions include sanatoriums, clinical laboratory centers, medicinal scientific research institutions, on-job training institutions, medical examination centers, rural water improvement centers, talent exchange centers, and statistical information centers, etc.

Hospitals refer to medical institutions with permanent hospital beds, which are able to take in patients and provide them with medical and nursing services. Include general hospital, hospital of traditional Chinese medicine, hospital of combining traditional Chinese and western medicine, national hospital, all kinds of specialized subject hospital and nursing homes, not including specialized subject hospital, maternity and child care centers, and convalescent hospital.

Medical Technical Personnel include Licensed Doctors, Licensed Assistant Doctors, Pharmacists, inspection technician, image technicians, hygiene supervisors and apprentice physicians and other health professionals. Not including engaged in the management of the health technical personnel.

Licensed Doctors refer to the medical workers who have obtained the licenses of qualified doctors and are employed in medical treatment, disease prevention or healthcare institutions, excluding the licensed doctors engaged in management job. The licensed doctors are divided into 4 categories: clinician, Chinese medicine physicians, dentist and public health physicians.

Licensed Assistant Doctors refer to the medical workers who have obtained the licenses of qualified assistant doctors and are employed in medical treatment, disease prevention or healthcare institutions, excluding the licensed assistant doctors engaged in management job. The classification of licensed assistant doctors is clinician, Chinese medicine, dentist and public health.

Registered nurse refers to has registered nurse certificate and actually engaged in nursing work of the staff, not including engaged in the management of the nurse.

Social Welfare Enterprises refers to those welfare-oriented enterprises employing a significant number of handicapped people with certain labour ability (handicapped employees shall exceed 10% of the production staff), including welfare factories, artificial limb plants as well as other welfare enterprises.

文化、体育和娱乐业
Culture, Sports and Entertainment

资料整理：徐委乔

简要说明

一、主要内容

本篇包括文化、体育和娱乐业企业、行政事业单位、社会团体及其他法人单位的单位数、从业人数、主要财务指标以及文化、文物机构、档案、广播、电视、新闻出版等方面的社会活动情况。

二、资料来源

文化、体育和娱乐业企业、行政事业单位、社会团体及其他法人单位的单位数、从业人数、主要财务指标由省统计局组织各部门和各地区统计调查，由省地方经济社会调查队服务业调查处整理提供。

文化机构人员，艺术表演团体，艺术表演场馆，公共图书馆，博物馆，群众艺术馆，文化馆等资料由河南省文化厅提供；档案资料由省档案局提供；文物机构资料由省文物局提供；广播、电视资料由省广电厅提供；新闻出版资料由省新闻出版局提供；体育资料由省体育局提供。由省统计局社会与科技处编辑整理。

Brief Introduction

I. Main Contents

Data in this chapter mainly reflect unit, employment, and main financial indicators of Culture, sports and entertainment enterprises, Administrative institution, social organizations and others. the situations on institutions, archives; broadcasting; television; news and publication.

II. Sources of Data

Data on Number of Institutional Unit, Employed Persons and Main Financial Indicators of Culture, Sports and Entertainment are calculated from Statistical investigation by Henan provincial bureau of statistics, which are provided by Henan provincial survey organizations of social and economy.

Data on the number of the staff and workers in cultural situations, art performing groups and performance venues, public libraries, museums, art venues, cultural venues are calculated from Henan provincial bureau of culture; data on archives are calculated from Henan provincial bureau of archives; data on cultural relics situations are calculated from Henan provincial bureau of cultural relics; data on broadcasting and TV are calculated from Henan provincial bureau of broadcasting and TV; data on news and publication are calculated from Henan provincial bureau of news publication. Data on this chapter are provided by Department of social and scientific and technological of Henan provincial bureau of statistics.

27-1 文化、体育和娱乐业法人单位数和从业人员数

Number of Institutional Unit and Employed Persons of Culture, Sports and Entertainment

年份(Year)	合计 Total	企业 Enterprise	行政事业 Administrative institution	社会团体及其他 Social organizations and others
单位数(个)Number of Institutional Unit(unit)				
2008	3346	1094	1746	506
2009	3401	1146	1740	515
2010	3499	1222	1749	528
2011	3581	1295	1749	537
2012	6650	4426	1704	515
从业人数(万人)Employed Persons(10 000 persons)				
2008	9.52	3.55	5.04	0.93
2009	9.91	3.61	5.36	0.94
2010	9.37	3.78	4.89	0.70
2011	10.75	4.21	5.96	0.59
2012	11.35	5.86	4.78	0.70

注：从2012年起网吧归入文化、体育和娱乐业。
a).Data on Internet cafe was adjusted to Culture,Sports and Entertainment.

27-2 分行业文化、体育和娱乐业法人单位财务指标(2012年)

Main Financial Indicators of Institutional Unit of Culture, Sports and Entertainment by Sector (2012)

单位：万元 (10 000 yuan)

指 标	Item	文化体育和娱乐业 Culture, sports and Entertainment	新闻和出版业 Journalism and publishing Activities	广播、电视、电影和影视录音制作业 Broadcasting movies television and Audiovisual	文化艺术业 Culture and art	体育 Sports	娱乐业 Entertainment
单位数(个)	Number of units (unit)	6650	173	522	1967	356	3632
从业人数(万人)	Employed Persons (10 000 Persons)	11.35	1.72	2.68	3.43	0.64	2.87
固定资产原价	Fixed Asset Price	1797160	182621	480199	487806	311302	335233
收入合计	Total Income	1451415	323588	385282	300364	73248	368933
成本费用合计	Total Cost	1062242	205276	320530	270867	53379	212190
职工薪酬	Employee Compensation	325008	73816	96910	79275	21929	53079
税费合计	Tax and Expenses	70249	12212	26731	5977	2256	23072
营业利润	Operating Profit	185196	39109	17474	20947	4562	103103

27-3 各市文化、体育和娱乐业法人单位财务指标(2012年)

Main Financial Indicators of Institutional Unit of Culture, Sports and Entertainment by City (2012)

单位：万元 (10 000 yuan)

市(县) City(County)	单位数(个) Number of units (unit)	从业人数(万人) Employed Persons (10 000 Persons)	固定资产原价 Fixed Asset Price	收入合计 Total Income	成本费用合计 Total Cost	职工薪酬 Employee Compensation	税费合计 Tax and Expenses	营业利润 Operating Profit
全　　省 Total	**6650**	**11.35**	**1797160**	**1451415**	**1062242**	**325008**	**70249**	**185196**
省 辖 市 City								
郑 州 市 Zhengzhou	985	3.18	652214	767198	572979	149658	37714	40906
开 封 市 Kaifeng	586	0.83	133067	115224	72139	21723	7206	31798
洛 阳 市 Luoyang	601	0.80	103035	62503	37933	16312	2868	13313
平 顶 山 市 Pingdingshan	530	0.89	141025	58971	41951	15878	3254	8954
安 阳 市 Anyang	319	0.45	80592	35647	25803	10071	1732	7183
鹤 壁 市 Hebi	106	0.16	14740	13756	9419	4599	153	379
新 乡 市 Xinxiang	161	0.37	32369	31181	20553	8382	1249	6368
焦 作 市 Jiaozuo	244	0.34	76078	18079	12807	6731	870	3592
濮 阳 市 Puyang	274	0.30	27396	18040	15532	6678	395	2694
许 昌 市 Xuchang	459	0.65	54070	53272	32466	11932	2787	10504
漯 河 市 Luohe	53	0.13	14115	10994	8405	2619	191	2962
三 门 峡 市 Sanmenxia	344	0.32	76060	66008	68647	8507	2170	7363
南 阳 市 Nanyang	631	0.77	71264	49403	37998	17710	1676	8781
商 丘 市 Shangqiu	109	0.24	34785	14027	11167	5069	598	1635
信 阳 市 Xinyang	290	0.47	52864	27787	21921	10401	1194	7389
周 口 市 Zhoukou	346	0.54	111190	41907	22641	10347	3465	17959
驻 马 店 市 Zhumadian	516	0.81	88195	56188	42342	15621	2280	12338
济 源 市 Jiyuan	96	0.10	34101	11230	7538	2770	447	1078
省 直 管 县 Province Administrating County								
巩 义 市 Gongyi	50	0.06	14015	3144	2599	1498	39	9
兰 考 县 Lankao	73	0.12	17938	20442	12760	2103	829	7206
汝 州 市 Ruzhou	85	0.07	10833	5540	3438	1285	790	1548
滑 县 Huaxian	22	0.02	2428	581	490	238	48	264
长 垣 县 Changyuan	24	0.03	3007	6010	2101	508	296	3591
邓 州 市 Dengzhou	46	0.05	8688	2463	2029	1012	19	105
永 城 市 Yongcheng	11	0.03	956	813	822	384	1	32
固 始 县 Gushi	48	0.16	12571	3908	4301	2447	74	578
鹿 邑 县 Luyi	5	0.01	1050	445	456	252	178	52
新 蔡 县 Xincai	88	0.18	15802	11735	9230	2680	687	2844

27-4　文化事业基本情况
Basic Statistics of Cultural Activities

年份 Year	艺术表演团体（个）Art Performance Troupes (unit)	文化馆（个）Cultural Centers (unit)	公共图书馆（个）Public Libraries (unit)	博物馆（个）Museums (unit)	图书出版数（万册）Number of Books Published (10 000 copies)	期刊出版数（万册）Number of Magazines Published (10 000 copies)	报纸出版数（万份）Number of Newspapers Published (10 000 copies)	广播人口覆盖率(%) Listener Rating (%)	电视人口覆盖率(%) Viewer Rating (%)
1978	250	150	36	11	18169			82.0	35.0
1979	274	200	68	11	22573	1325	27710	82.0	35.0
1980	280	212	70	11	21672	1368	28849	82.0	47.0
1981	273	210	70	13	28551	1516	28858	82.0	51.0
1982	273	212	76	13	27648	3350	28868	82.0	59.0
1983	277	212	79	16	27171	4654	39496	82.0	56.0
1984	271	212	95	32	30735	8044	61642	82.0	73.0
1985	264	210	118	38	30409	10341	87875	82.0	75.0
1986	258	210	122	39	29718	10522	52630	82.0	75.0
1987	253	208	119	39	34372	9486	82517	88.0	76.0
1988	244	205	122	42	36586	13245	79795	88.0	77.0
1989	238	203	125	52	31880	8307	70008	88.0	79.0
1990	231	203	127	53	29373	8460	79742	88.0	80.0
1991	230	202	129	59	35299	10100	90283	89.0	81.0
1992	228	200	128	59	31650	11253	101479	89.0	81.0
1993	220	200	131	61	30804	10490	91800	89.0	81.0
1994	216	201	132	63	34908	8795	84287	89.0	81.0
1995	216	201	132	66	36802	10501	89642	89.0	81.0
1996	214	198	132	66	37918	9618	97065	92.0	85.0
1997	208	198	132	67	39489	10216	94416	93.2	87.5
1998	206	195	132	68	42487	10643	110111	93.2	88.0
1999	206	193	133	70	40668	10937	121602	93.0	90.0
2000	205	191	134	70	35077	10721	129104	94.0	93.0
2001	204	188	135	73	32494	10548	133189	94.5	94.0
2002	202	187	134	75	33819	12678	156095	94.5	95.0
2003	199	187	136	75	32155	11849	150889	95.5	95.0
2004	228	189	136	76	29074	9738	168661	96.0	96.0
2005	438	186	136	78	27260	9323	197896	96.4	96.2
2006	453	183	136	79	24755	8828	201574	96.5	96.4
2007	454	183	138	82	22605	8425	209779	96.9	96.9
2008	394	183	142	95	23457	8980	215739	97.1	97.1
2009	413	184	142	103	19748	8781	215368	97.2	97.3
2010	371	183	142	111	20150	8524	214158	97.3	97.4
2011	468	184	152	159	21157	9148	218462	97.7	97.8
2012	364	186	156	180	22919	9566	215265	97.9	97.9
2013	429	186	157	222	23897	9748	214226	98.1	98.1

注：2005年以后艺术表演团体包含企业。
a) Data on Art Performance Troupes include enterprises since 2005.

27-5 文化机构和人员数(2013年)

Number of Institutions and Employed persons (2013)

机构类别	Category of Institution	机构数(个) Number of Institutions (unit)	从业人员(人) Number of Employed Persons (person)
事业机构合计	**Total of Affiliated institutions**	**3829**	**43460**
文化艺术服务	Culture and Art service	3363	34817
文艺创作与表演	Creation and Performance of Literary and Artistic	164	8326
艺术表演场馆	Arts Performance Places	125	3065
文物及文化保护	Historical Relics Preservation	129	2509
博物馆、纪念馆	Museums and Memorial	222	5885
图书馆	Library	157	2889
群众文化活动	Mass Culture	2527	10845
社会人文科学研究	Social and human science research	33	1225
文化社会团体	Cultural and Social Groups	1	3
其他文化艺术	Others	5	70
艺术教育	Article Education	8	335
文化、文物主管部门	Agencies of Culture and Hisrorical Relics Preservation	318	5836
文化文物执法机构	Law Enforcement Agencies of Culture and Hisrorical Relics Preservation	1	15
其他	Others	139	2457
企业机构合计	**Total of Enterprises**	**10227**	**63578**
文化艺术服务	Culture and Art service	281	9429
文艺创作与表演	Creation and Performance of Literary and Artistic	267	9188
艺术表演场馆	Arts Performance Places	14	241
网络文化服务	Internet Culture Serbices		
文化休闲娱乐服务	Recreation and cultural services	9909	53009
#娱乐场所	Entertainment	2117	23513
其他计算机服务(网吧)	Others Compture Services	7792	29496
其他文化服务	Others Culture Services		
#文化艺术经纪代理	Deputy Culture and Art		
动漫企业服务	Animation enterprise service	20	858
文化用品、设备及相关文化产品的生产与销售	Production and Sales of Stationery, equipment and related cultural products	6	116
#文物商店	Historical Relics Store	6	116
其他	Others	11	166

27-6 公共图书馆、博物馆、文物机构基本情况

Basic Statistics on Public Libraries、Museums and Cultural Relic Agencies

指标名称	Index	2012	2013
公共图书馆(个)	**Public Libraries (unit)**	**156**	**157**
总藏量（万份)	Total Collections (10 000 volumes)	2257	2218
#图书	Books	1696	1773
报刊	Newspapers and periodicals	267	277
图书流动情况	Circulation of Books		
外借人次（万人次)	Number of Books Borrowed by the Readers(10 000person-times)	910.50	960.10
外借(万册次)	Number of Books Borrowed (10 000volume-times)	1377.80	1785.20
为读者服务举办各种活动次数(次)	Service Activities Provided for Readers(times)	3223	4067
参加人数(万人次)	Number of Readers Involved (10 000 person-times)	101.70	144.70
本年收入(万元)	Income of this Year (10 000yuan)	23841.30	31263.90
本年支出(万元)	Expenditures of this Year (10 000yuan)	21724.50	30731.50
本年新购图书(万册)	Number of Books Purchased During the Year(10 000 volumes)	93.50	111.20
公共用房建筑面积(万平方米)	Floor Space of Public Buildings(10 000 sq.m)	43.00	53.50
#书库	Stack Rooms	11.60	11.90
阅览室座席(万个)	Seating Capacity of Reading Rooms(10 000 seats)	3.19	3.98
博物馆(个)	**Museums (unit)**	**180**	**222**
藏品(万件)	Number of Collections(10 000 pieces)	88.81	96.48
#一级品(件)	Grade One	1880	1871
业务活动	Operations		
展览(个)	Exhibitions(unit)	740	477
参观人数(万人次)	Number of Visitors(10 000 person-times)	3425	4181
本年收入(万元)	Income of this Year (10 000yuan)	60854	56993
#门票收入	Income from Tickets	3059	6380
本年支出(万元)	Expenditures of this Year (10 000yuan)	64419	69534
文物保护管理机构(个)	**Institutions for protection and control of cultural relics (unit)**	**124**	**125**
藏品(万件)	Number of Collections(10 000 pieces)	22.63	24.15
#一级品(件)	Grade One(Piece)	147	434
参观人数(万人次)	Number of Visitors(10 000 person-times)	787	857
本年收入(万元)	Income of this Year (10 000yuan)	25826	35546
#门票收入	Income from Tickets	29476	28405
本年支出(万元)	Expenditures of this Year (10 000yuan)	21639	30766

注：文物保护管理机构中部分藏品划归其他部门用作科研。
a)part of collection in Institutions for protection and control of cultural relics are classified to research purposes.

27-7 课本出版情况(2013年)

Basic Statistics of Textbook publishing (2013)

项　　目	Item	种数(种) Number of Items (number)	新出版(种) New Publication (number)	总印数(万册) Printed Copies (10 000)	总印张(千印张) Printed Sheets (1 000)	定价总金额(万元) Total Priced Value (10 000 yuan)
总　　计	**Total**	**1213**	**386**	**12451**	**863496**	**90093**
#大专及以上课本	Textbooks for Colleges and Universities	358	183	108	17757	3147
中专、技校课本	Textbooks for Secondary Technical Schools	4		2	254	42
中学课本	Textbooks for Secondary Schools	438	101	6580	547544	52783
小学课本	Textbooks for Primary Schools	386	98	5758	297672	33872
教学用书	Teaching Materials	27	4	3	269	249

27-8 分市图书馆情况

Basic Statistics on Public Libraries by City

市(县)	City(County)	2012 公共图书馆(个) Public Libraries (unit)	2012 公共图书馆藏书量(万册) Number of Collections in public libraries (10 000 volume)	2013 公共图书馆(个) Public Libraries (unit)	2013 公共图书馆藏书量(万册) Number of Collections in public libraries (10 000 volume)
合计	**Total**	**156**	**2257**	**157**	**2218**
省直	Directly under the provincial government	2	324	2	337
省辖市	**City**				
郑州市	Zhengzhou	13	323	13	261
开封市	Kaifeng	6	85	6	82
洛阳市	Luoyang	16	165	17	172
平顶山市	Pingdingshan	9	98	9	124
安阳市	Anyang	7	128	7	115
鹤壁市	Hebi	4	46	4	50
新乡市	Xinxiang	11	114	11	123
焦作市	Jiaozuo	7	112	7	101
濮阳市	Puyang	7	56	7	58
许昌市	Xuchang	7	106	7	109
漯河市	Luohe	5	39	5	42
三门峡市	Sanmenxia	7	148	7	133
南阳市	Nanyang	13	151	13	156
商丘市	Shangqiu	9	76	9	81
信阳市	Xinyang	11	89	11	95
周口市	Zhoukou	11	61	11	67
驻马店市	Zhumadian	10	68	10	69
济源市	Jiyuan	1	68	1	43
省直管县	**Province Administrating County**				
巩义市	Gongyi	1	45	1	59
兰考县	Lankao	1	6	1	6
汝州市	Ruzhou	1	10	1	10
滑县	Huaxian	1	7	1	8
长垣县	Changyuan	1	2	1	4
邓州市	Dengzhou	1	7	1	7
永城市	Yongcheng	1	11	1	13
固始县	Gushi	1	7	1	7
鹿邑县	Luyi	1	5	1	5
新蔡县	Xincai	1	2	1	2

27−9 群众艺术馆、文化馆(站)基本情况(2013年)

Basic Statistics of Mass Art Centers and Culture Centers (station) (2013)

项 目	Item	合计 Total	群众艺术馆 Mass Art Centers	文化馆 Culture Centers	文化站 Cultural station
单位数(个)	Number of Units (unit)	2527	19	186	2322
举办展览(个)	Number of Holding Exhibitions (unit)	8529	305	1161	7063
组织文艺活动次数(次)	Art Performances and Story-Telling Sessions(times)	41410	1449	8013	31948
举办培训班(班次)	Training Courses(times)	19783	2394	3465	13924
培训人次（万人次）	Number of Persons trained (10 000 person-times)	140.5	16.4	21.2	102.8
馆办文艺团体(户)	Troups Sponsored by Centers(household)	436	91	345	
馆办老年大学(个)	Older university by Centers(unit)	42	6	36	
群众业余文艺团体(队)（个）	Part-time Art Groups(unit)	24368	169	3957	20242
本年收入(万元)	Income of this Year (10 000yuan)	51677	8988	17014	25675
本年支出(万元)	Enpenditures of this Year (10 000yuan)	50882	8655	16523	25704

27−10 国家综合档案馆基本情况(2013年底)

Basic Statistics on the National comprehensive Archives (End of 2013)

分类	Item	机构数(个) Number of Institutions (unit)	馆藏档案(卷) Archives Stored (volume)	开放档案(卷) Opening Archives (volume)	利用档案(卷次) Number of Archives Used (volume-time)	馆藏资料(册) Number of Material Stored (volume)	库房面积(平方米) Areas of Storerooms (sq.m)
总 计	**Total**	**176**	**12511378**	**2773039**	**485880**	**2721788**	**353678**
省 级	Province Level	1	407773	164719	6241	72841	13822
市 级	City Level	18	2658954	466568	64903	554776	139529
县 级	County Level	157	9444651	2141752	414736	2094171	200327

27−11　艺术表演团体基本情况(2013年)

项　　目	Item	剧团数 (个) Number of Performance Troupes (unit)	从业人员 (人) Number of Employed Persons (person)
文化事业合计	**Total of Affiliated institutions**	**162**	**8320**
按登记注册类型分	Grouped by Registration Status		
国有剧团	Troupes Sponsored by State-owned Units	161	8304
集体剧团	Troupes Sponsored by Collective Units	1	16
其他	Others		
按剧种分	Grouped by Art Troupes		
话剧、儿童剧、滑稽剧团	Drama, Children's Play and Comedy Troupes	1	90
歌剧、舞剧、歌舞剧团	Opera, Ballet Troupes	7	295
歌舞团、轻音乐团	Song and Dance, Light Music Troupes		
文工团、文宣队	Cultural and Performance Troupes		
戏曲剧团	Local Opera Troupes	133	6866
曲、杂、木、皮团	Recitation and Ballad Troupes, Acrobatics and Circus Troupes, Puppet Show Troupes and Shadow Play Troupes	17	635
综合性艺术表演团体	Comprehensive Art Performing Troupes	4	434
文化企业合计	**Total of Enterprises**	**267**	**9188**
按登记注册类型分	Grouped by Registration Status		
国有剧团	Troupes Sponsored by State-owned Units	8	703
集体剧团	Troupes Sponsored by Collective Units		
其他	Others	259	8485
按剧种分	Grouped by Art Troupes		
话剧、儿童剧、滑稽剧团	Drama, Children's Play and Comedy Troupes	24	1034
歌剧、舞剧、歌舞剧团	Opera, dance, song and dance ensemble	66	2100
歌舞团、轻音乐团	Song and Dance, Light Music Troupes		
乐团、合唱团	Chorus		
文工团、文宣队	Cultural and Performance Troupes		
戏曲剧团	Local Opera Troupes	75	3113
曲、杂、木、皮团	Recitation and Ballad Troupes, Acrobatics and Circus Troupes, Puppet Show Troupes and Shadow Play Troupes	39	1625
综合性艺术表演团体	Comprehensive Art Performing Troupes	63	1316

Basic Statistics of Arts Performance Troupes (2013)

演出场次 (千场次) Number of Performances (1000 times)	#到农村演 出 Shows in Rural Areas	观众人数 (万人次) Number of Spectators (10 000 person-times)	总收入 (万元) Total Income (10 000 yuan)	#演出收入 Income from Performance
42.0	**36.6**	**5522.4**	**43640.6**	**8224.5**
41.9	36.5	5516.4	43627.1	8216.4
0.1	0.1	6.0	13.5	8.1
0.2	0.1	15.0	1612.1	400.4
0.8	0.5	45.3	2453.5	362.5
35.3	32.4	4877.4	34504.5	6102.0
4.0	2.0	284.7	2812.9	827.0
1.7	1.6	300.1	2257.6	532.6
219.1	**100.4**	**3599.9**	**25101.3**	**16832.8**
2.1	1.8	169.4	5380.2	1463.7
217.0	98.6	3430.6	19721.1	15369.1
3.6	2.3	192.2	2575.2	1685.4
19.4	14.6	140.5	9355.9	4236.1
20.9	17.9	1290.3	5583.6	4117.9
96.8	16.9	1777.3	4550.0	3545.8
78.52	48.76	199.56	3036.60	2934.00

27-12　艺术表演场馆基本情况(2013年)

项　目	Item	机构数 (个) Number of Performance Troupes (unit)	从业人员 (人) Number of Employed Persons (person)	坐席数 (个) Number of Seats (unit)
文化事业合计	**Total**	**125**	**3065**	**89045**
按登记注册类型分	Grouped by Registration Status			
#国有	Sponsored by State-owned Units	125	3065	89045
按机构类型分	Grouped by Type			
剧场	Theaters	40	793	27617
影剧院	Showplaces	83	2058	57224
综合性	General Performing Theates	2	214	4204
其他艺术表演场馆	Others Arts Centers			
文化企业合计	**Total**	**14**	**241**	**11822**
按登记注册类型分	Grouped by Registration Status			
国有	Sponsored by State-owned Units	8	161	7738
集体	Collective-owned			
其他	Others	6	80	4084
按机构类型分	Grouped by Type			
剧场	Theaters	4	36	2150
影剧院	Showplaces	9	193	9022
其他艺术表演场馆	Others	1	12	650

Basic Statistics of Arts Centers (2013)

演(映)出场次合计 (千场次) Number of Performances (1000 times)	#艺术演出 Art Perfor-mance	观众人次合计 (万人次) Number of Audiences (10 000 person-times)	#艺术演出 Art Perfor-mance	总收入 (万元) Total Income (10 000 yuan)
8.26	**1.52**	**215.99**	**104.25**	**9045.00**
8.26	1.52	215.99	104.25	9045.00
0.88	0.36	58.37	25.01	1731.80
7.10	0.98	121.02	51.90	3268.10
0.28	0.18	36.60	27.34	4045.10
1.33	**0.12**	**12.98**	**2.28**	**5602.90**
1.19	0.09	4.76	1.08	5005.30
0.14	0.03	8.22	1.20	597.60
0.01	0.01	0.55	0.09	235.70
1.32	0.11	12.43	2.19	5187.50
				179.70

27-13 广播电视业经营情况

Basic Statistics on Radio and Television Operation

单位：万元 (10 000yuan)

指标名称	Index	2012	2013
从业人员(人)	Number of Employed Persons (person)	46480	51704
总收入	Total Income	620072	636740
#行政事业单位收入	Income of Agencies and Institutions	467539	429993
企业主营业务收入	Revenue form Principal Business	152533	206748
事业企业单位实际创收收入	Actual Income of Institutions and Enterprises	510542	469795
#广告收入	From Advertisement	319273	239507
#网络收入	From Internet	125782	134216
#有线广播电视收视费收入	From Cablecasting	85946	99135
#付费数字电视收入	From Charge Numberal TV	3289	2380
资产总额	Total Assets	1384341	1626100

27-14 广播电视业基本情况

Basic Statistics on Radio and Television Stations

指标名称	Index	2012	2013
广播电台情况	**Broadcasting stations**		
广播电台(座)	Number of broadcasting stations (set)	18	18
中短波转播发射台(座)	Medium and short wave Relaying launch pad(set)	30	30
公共广播节目数(套)	Number of Public Radio Programs (set)	151	151
广播综合人口覆盖率(%)	Listener Rating(%)	97.89	98.09
全年广播节目播出时间(时：分)	Annual Broadcasting Hours of Radio Program(hour:minute)	642466:51	643749:22
全年制作广播节目时间(小时)	Annual Execution Hours of Radio Programs(hour)	298423	301634
被中央台采用节目(条)	Number of Programs Adopted by CCTV Hours(item)	3143	3948
电视台情况	**TV stations**		
电视台(座)	Number of TV stations (set)	18	18
电视转播发射台(座)	Television Transmission Stations and Relaying Stations (set)	153	153
公共节目套数(套)	Number of Public Programs (set)	166	166
电视综合人口覆盖率(%)	Viewer Rating(%)	97.94	98.11
全年电视节目播出时间(时：分)	Annual Broadcasting Hours of TV Programs(hour:minute)	881588:28	882412:21
全年制作电视节目时间(小时)	Annual Execution Hours of TV Programs(hour)	142235	141584
被中央台采用节目数(条)	Number of Programs Adopted by CCTV Hours(item)	2983	3058
有线电视用户(万户)	Consumers of CATV(10 000 households)	850.44	1034.36
#数字电视用户	Numberal TV	145.58	369.10
#付费数字电视用户	Charge Numberal TV	7.95	26.02
有线电视入户率(%)	Consumer of CATV Rating(%)	27.4	33.3

27-15 分市广播电视覆盖率

Radio and TV Coverage of Population

单位：%　　　　(%)

市(县) City(County)	2012		2013	
	广播覆盖率 Radio Coverage of Population	电视覆盖率 TV Coverage of Population	广播覆盖率 Radio Coverage of Population	电视覆盖率 TV Coverage of Population
合　　计 Total	**97.9**	**97.9**	**98.1**	**98.1**
省　辖　市 City				
郑　州　市 Zhengzhou	99.4	97.8	99.4	99.8
开　封　市 Kaifeng	100.0	100.0	100.0	100.0
洛　阳　市 Luoyang	97.1	97.5	97.1	97.6
平　顶　山　市 Pingdingshan	98.3	96.8	98.3	97.0
安　阳　市 Anyang	100.0	99.7	100.0	99.7
鹤　壁　市 Hebi	100.0	100.0	100.0	100.0
新　乡　市 Xinxiang	100.0	99.8	100.0	99.8
焦　作　市 Jiaozuo	99.6	98.9	99.6	99.0
濮　阳　市 Puyang	96.4	96.5	96.7	97.3
许　昌　市 Xuchang	100.0	100.0	100.0	100.0
漯　河　市 Luohe	100.0	100.0	100.0	100.0
三　门　峡　市 Sanmenxia	96.7	97.3	96.9	97.5
南　阳　市 Nanyang	96.4	96.3	96.5	96.4
商　丘　市 Shangqiu	100.0	100.0	100.0	100.0
信　阳　市 Xinyang	90.0	92.9	91.8	93.9
周　口　市 Zhoukou	98.5	98.5	98.5	98.5
驻　马　店　市 Zhumadian	97.8	96.3	97.9	96.5
济　源　市 Jiyuan	97.8	98.7	98.1	99.0
省　直　管　县 Province Administrating County				
巩　义　市 Gongyi	96.9	100.0	97.0	100.0
兰　考　县 Lankao	100.0	100.0	100.0	100.0
汝　州　市 Ruzhou	99.4	99.2	99.4	99.2
滑　县 Huaxian	100.0	100.0	100.0	100.0
长　垣　县 Changyuan	100.0	100.0	100.0	100.0
邓　州　市 Dengzhou	100.0	100.0	100.0	100.0
永　城　市 Yongcheng	100.0	100.0	100.0	100.0
固　始　县 Gushi	91.7	98.2	93.0	98.6
鹿　邑　县 Luyi	100.0	100.0	100.0	100.0
新　蔡　县 Xincai	93.9	92.7	94.1	93.2

27-16 新闻出版业主要指标

Main Indicators of News and Print Stations

指标名称	Item	2012	2013
机构和人员情况	**Agencies and Employed Persons**		
机构数(个)	Agencies(unit)	16090	17459
从业人员(人)	Employed Persons(penson)	154411	167752
出版情况	**Publishing**		
图书出版	Publishing of Books		
图书种数(种)	Sort of Books(sort)	6314	6889
图书总印数(万册)	Total Printed Copies of Books(10 000volumes)	22919	23897
图书总印张(万印张)	Total Printed Sheets of Books(10 000 sheets)	164893	178781
图书定价总金额(万元)	Total Priced Value of Books(10 000 yuan)	216480	244449
期刊出版	Magazine		
期刊种数(种)	Sort of Magazine(sort)	242	241
期刊总印数(万册)	Total Printed Copies of Magazine(10 000 volumes)	9566	9748
期刊总印张(万印张)	Total Printed Sheets of Magazine(10 000 sheets)	44115	45828
期刊定价总金额(万元)	Total Priced Value of Magazine(10 000 yuan)	55733	58795
报纸出版	Publishing of Newspaper		
报纸种数(种)	Sort of Newspaper(sort)	121	121
报纸总印数(万份)	Total Printed Copies of Newspaper(10 000 volumes)	215265	214226
报纸总印张(万印张)	Total Printed Sheets of Newspaper(10 000 sheets)	717636	711936
报纸定价总金额(万元)	Total Priced Value of Newspaper(10 000 yuan)	190933	197833
音像及电子出版物出版	Audio Products and Electronic Publications		
音像出版种数(种)	Sort of Sound and Image(kind)	250	119
音像出版数量(万盒)	Publishing of Sound and Image(10 000 cases)	611	46
电子出版物出版种数(种)	Number of kind of Electronic Publications(kind)	65	45
电子出版物出版数量(万盒、张)	Number of Electronic Publications(10 000 cases)	403	280
音像发行数量(万盒)	Total Issuance of Sound and Image(10 000 cases)	701	267
音像发行金额(万元)	Total Issuance Value of Newspaper(10 000 yuan)	6245	1870
印刷企业单位数(个)	Number of Enterprises of Printing(unit)	6847	7635
出版物发行情况	**Issuance of Publication**		
出版物购进数量(万册/张/份/盒)	Number of Publication Bought(10 000 volumes/paper/cases)	239167	511344
出版物购进金额(万元)	Total Bought Value (10 000yuan)	1178374	1345888
出版物销售数量(万册/张/份/盒)	Volume of Saling Printing(10 000 volumes/paper/cases)	243329	561457
出版物销售金额(万元)	Total Sales of Publication(10 000 yuan)	1189673	3685109
出版物库存数量(万册/张/份/盒)	Storage of Publication(10 000 volumes/paper/cases)	49474	380960
出版物库存金额(万元)	Inventory Publication(10 000 yuan)	323158	1308850

27-17 分市图书发行网点、人数情况(2013年)

Number of Spots and Employed persons by City (2013)

市(县)	City(County)	网点数(个) Number of Spots (unit)	#国有新华书店 State-owned Xinhua Bookstores	从业人数(人) Number of Employed Persons (person)	#国有新华书店 State-owned Xinhua Bookstores
合计	**Total**	**8701**	**1012**	**40785**	**13285**
省辖市	**City**				
郑州市	Zhengzhou	1247	34	8723	767
开封市	Kaifeng	327	105	1623	635
洛阳市	Luoyang	991	78	3458	828
平顶山市	Pingdingshan	336	27	1127	826
安阳市	Anyang	571	35	2382	365
鹤壁市	Hebi	143	9	1089	270
新乡市	Xinxiang	505	44	1658	935
焦作市	Jiaozuo	398	49	1592	489
濮阳市	Puyang	326	21	1021	425
许昌市	Xuchang	421	52	1984	635
漯河市	Luohe	176	21	1070	355
三门峡市	Sanmenxia	317	30	1267	306
南阳市	Nanyang	910	150	3616	1642
商丘市	Shangqiu	468	89	2240	1354
信阳市	Xinyang	358	55	1790	1254
周口市	Zhoukou	595	80	3413	1183
驻马店市	Zhumadian	492	130	2338	934
济源市	Jiyuan	120	5	395	80
省直管县	**Province Administrating County**				
巩义市	Gongyi	54	1	381	58
兰考县	Lankao	17	7	97	76
汝州市	Ruzhou	45	2	152	118
滑县	Huaxian	81	9	337	89
长垣县	Changyuan	53	6	175	92
邓州市	Dengzhou	32	9	128	274
永城市	Yongcheng	40	16	193	139
固始县	Gushi	39	1	197	245
鹿邑县	Luyi	26	6	150	91
新蔡县	Xincai	19	16	91	73

27-18 文化市场经营机构基本情况(2013年)

Basic condition of Cultural market operation organization (2013)

类 别	Types	机构数 (个) Agencies (unit)	从业人员 (人) Employees (person)	主营业务收入 (万元) Major Business Rerenue (10 000 yuan)	营业利润 (万元) Major Business Profits (10 000 yuan)	经营面积 (万平方米) Floor space of buildings (10 000 sq.m)
总 计	**Total**	**9909**	**53009**	**384933**	**160218**	**330.0**
娱乐场所	Entertainment	2117	23513	173881	66388	160.8
歌舞娱乐场所	Dance entertainment	1387	19085	146862	56427	123.9
游艺娱乐场所	Carnival entertainment	726	4407	26798	9915	36.6
其他	Others	4	21	221	46	0.3
经营性互联网文化单位	Operating Internet culture unit					
网 吧	Internet cafe	7792	29496	211052	93830	169.2

27-19 运动员人数

Number of Athletes

单位：人 (person)

人员分类	Category of Personnel	2012	#女 Female	2013	#女 Female
等级运动员人数	**Number of Athletes in Grades**	**4005**	**1293**	**4000**	**1307**
运动健将	Sportive Master	80	35	50	24
一级运动员	First Grades	688	260	492	192
二级运动员	Second Grades	3237	998	3458	1091

27-20 河南省运动员在国际国内比赛成绩

International and Internal Achievement of Henan Athletes

项　目	Item	1990	1995	2000	2005	2008	2010	2011	2012	2013
荣获金牌数(枚)	Number of Golden Medals (unit)	56	59	87	97	109	70	114	156	150
荣获银牌数(枚)	Number of Silvern Medals (unit)	45	52	55	62	93	53	175	122	110
荣获铜牌数(枚)	Number of Cupreous Medals (unit)	38	36	75	66	94	38	154	114	102
获团体和个人全国4-6名(人次)	Party and Individual Top Four-Six of Country (person-time)	234	111	507	119	217	248	487	279	352

27-21 群众体育活动情况(2013年)

Activities of Mass Sports (2013)

项　目	Item	年活动次数(次) Number of activities (times)	每次平均参与人数(人/次) Number of participants per time (person/time)	年活动总人数(万人次) Number of persons this year (person.time)
群众体育活动情况	Activities of Mass Sports	5094	1400	712.85
省　级	Provincial	307	4140	127.10
市　级	Municipal	1061	2325	246.68
县　级	County	3726	910	339.07

27-22 体育彩票发行情况

Issue of Sports Lottery Ticket

单位：万元　　(10 000 yuan)

项　目	Item	2008	2009	2010	2011	2012	2013
体育彩票销售点(个)	Sale Place of Physical Training Lottery Ticket (unit)	4425	5005	5588	6016	7067	7947
体育彩票销售收入	Sale Revenue of Physical Training Lottery Ticket	238212	277650	286122	388900	516325	616824
用于兑奖金额	Value of Exchanging Awards	130689	148588	157709	252785	299829	363325

主要统计指标解释

文化　主要包括新闻出版业、广播电视电影和影像业、文化艺术业等类别。新闻业指新华通讯社、各新闻单位及派驻的记者站、境外驻我国的新闻机构、中心、办事处联络站等的活动；出版业指国家批准的出版社的活动；广播电视电影和影像业指对广播、电视、电影、录音、录像内容的制作、编导、播出、放映等活动；文化艺术业主要包括文艺创作与表演、艺术表演场馆、图书与档案馆、文物及文化保护、博物馆、烈士陵园、纪念馆、文化艺术经纪代理等活动。

体育　主要包括体育组织、体育场馆、以及其他体育活动。

娱乐业　主要包括室内娱乐活动、游乐园、休闲健身娱乐活动、以及其他娱乐活动。

艺术表演团体　指由文化部门主办或实行行业管理(经文化行政部门审批或已申报登记并领取相关许可证)，专门从事表演艺术等活动的各类专业艺术表演团体，含民间职业剧团。不包括群众业余文艺表演团队。

艺术表演场馆　指由文化部门主办或实行行业管理(经文化市场行政部门审批或已申报登记并领取相关许可证)，有观众席、舞台、灯光设备，公开售票、专供文艺团体演出的文化活动场所。附属于文化部门机构内非独立核算的剧场、排演场，公开营业的也应单独统计。

文化市场经营机构　指经文化市场行政部门审批或已申报登记并领取相关许可证的、从事文化经营和文化服务活动的机构。

公共图书馆　指文化部门主办的面向社会服务的图书馆。

广播节目综合人口覆盖率　是指根据国家广电总局制定的《广播电视人口覆盖率统计技术标准和方法》，在对象区内采用无线、有线、卫星等技术手段能够收听到包括中央、省、地市、县广播节目其中任意一套的人口数与总人口的比。

电视节目综合人口覆盖率　是指根据国家广电总局制定的《广播电视人口覆盖率统计技术标准和方法》，在对象区内采用无线、有线、卫星等技术手段能够收看到包括中央、省、地市、县级电视节目中任意一套的人口数与总人口的比。

有线电视入户率　指能接收到有线广播电视台、有线广播电视站(系统内和系统外)和共享天线系统播放的有线电视节目的家庭户数与总户数的比率。计算公式：

有线电视入户率=年末有线电视总用户数/年末总户数×100%

等级运动员　是指经考核正式批准授予技术等级的运动员，分为国际级运动健将、运动健将、一级、二级运动员。

青少年体育俱乐部　是指国家体育总局或省体育行政部门运用体育彩票的资金扶持的，旨在推动青少年体育健身活动的公益性组织，被国家体育总局或省体育局命名的，以培养青少年体育兴趣、爱好和终身体育锻炼的习惯增强青少年体质，并向其传授体育运动技能，发现和培养体育人才为目标的社会体育组织。具有专业性、群众性和非营利性的特点。

政府援建体育场地　是指由各级政府体育行政部门以投资、资助等方式，组织修建的体育场地，但其产权和管理权不归属体育系统的体育场地，如农民体育健身工程、健身路径等。

Explanatory Notes on Main Statistical Indicators

Culture mainly includes Journalism, radio, television and film and video industry, culture art industry etc. Journalism refers to The Xinhua news agency, the press agencies and their reporter station. In our country overseas news agency, center, office activities; The publishing refers to the activities approved by the state; Radio, television and film and video refers to broadcasting, television, films, sound recording, video content production, broadcast playwright-director, showing activities; Culture and art owner to should include the creation of literature and art and performance, artistic performance venues, books and archives, cultural relics and culture protection, museums, martyr cemetery, memorial, arts and culture, as an agent and other activities.

Sports include sports organizations, sports venues, and other physical activities.

Entertainment include entertainment activities interior, amusement park, the leisure fitness entertainment activities, and other recreational activities.

Arts Performance Troupes refer to the various professional performing arts groups, which sponsored by the cultural sectors or guided by the cultural society (approved by the cultural market administration, or registered and permitted with the relative certificate), including non-governmental troupes, such as drama troupes, dialect troupes, comedy troupes, children troupes, Opera troupes, puppetry troupes, Shadowgraph troupes, etc., comprehensive professional arts performance troupes. The mass amateur arts performance troupes are not included.

Arts Performance Places refer to the various sites for cultural activities, which sponsored by the cultural sectors or guided by the cultural society (approved by the cultural market administration, or registered and permitted with the relative certificate), with the facility of auditorium, stage, and lighting, and selling tickets in public. The theaters and rehearse sites which are affiliated to the cultural sectors without independent financial accounts which are open to the public should be covered independently.

Cultural Market Operating Units refer to the units dealing in culture and cultural services, which registered and permitted with the relative certificate by cultural market administration.

Public library refers to the library service set up by the social cultural departments.

Radio Coverage of Population refers to the percentage of population, which can listen to one of central, provincial, city, prefecture, and county radio programs by wireless, cable, satellite and other technical means, in the surveying area, to national total population, according to Statistical Standard and Method on Television and Radio Coverage of Population established by the State Administration of Broadcasting, Film and Television.

Television Coverage of Population refers to the percentage of population, which can watch one of central, provincial, city, prefecture, and county television programs by wireless, cable, satellite and other technical means, in the surveying area, to national total population, according to Statistical Standard and Method on Television and Radio Coverage of Population established by the State Administration of Broadcasting, Film and Television.

Cable Television Coverage of Household refers to the percentage of households, which can watch television by cable of radio and television network, to national total household.

Class athletes refers to formally approved by the examination on the level of the athletes awarded technology, divided into international sports, master of sports, level 1, level 2 player.

Youth sports club refers to the nonprofit organizations support by The state administration of sports or provincial sports administrative departments using sports lottery fund, for Promoting youth sports fitness activities, which named by The state administration of sports or provincial administration of sports, in order to cultivate teenagers interest in sports, and imparting the sports skills. Having professional, mass and non-profit characteristics.

The government rebuilding sports venues refers to the sports venues constructed by all levels of the physical cultural administrative department in the way of investment, funding, but its property management do not belong to the sports system, such as the sports fitness project, fitness path, etc.

公共管理、社会保障和社会组织

Public management, social Welfare and social organization

● 资料整理：徐委乔

简要说明

一、主要内容

本篇包括公共管理、社会保障和社会组织企业、行政事业单位、社会团体及其他法人单位的单位数、从业人数以及主要财务指标以及公检法司、劳动争议仲裁、安全生产、居民最低生活保障人数、、农村社会保障网络情况和参加基本养老保险、基本医疗保险、失业保险、工伤保险、生育保险人数及社会保险基金和妇女参政议政情况等。公检法司的资料主要包括公安机关的刑事案件立案情况和治安案件查处情况，交通、火灾事故情况，检察机关的办案情况，人民法院审理案件和收结案情况，以及律师、公证、调解工作等资料。

二、资料来源

公共管理、社会保障和社会组织企业、行政事业单位、社会团体及其他法人单位的单位数、从业人数以及主要财务指标以经济普查数据为基础，利用财政系统年度统计数据综合推算，由省地方经济社会调查队服务业调查处整理提供。

公检法司统计资料分别由河南省公安厅、河南省高级人民法院、河南省人民检察院和河南省司法厅提供。劳动争议仲裁由河南省人力资源和社会保障厅提供。安全生产由河南省安全生产监督管理局提供。妇女参政议政资料由中共河南省委组织部、河南省人大常委会选举任免代表联络工作委员会、中国人民政治协商会议河南省委员会办公厅提供。社会福利和居民最低生活保障人数由省民政厅提供；参加社会保险人数、社会保险基金收支资料由省人力资源和社会保障厅提供。婚姻服务情况由省民政厅和省高级人民法院提供。由省统计局社会与科技处编辑整理。

Brief Introduction

I. Main Contents

Data in this chapter include unit, employment, and main financial indicators of Public management and social organization enterprises, Administrative institution, social organizations and others. public security, procuratorial, legal and judicial affairs, the labor disputes arbitration, production safety, female cadres and so on. Data on public security, procuratorial, legal and judicial affairs cover information such as criminal cases registered and offense cases handled by the public security agencies, traffic or fire accidents, cases handled by procuratorate's offices, cases accepted and settled by the people's courts, persons received lowest cost-of-living, urban welfare facilities, rural network of social security, work injury insurance, maternity insurance and social insurance funds and statistics on lawyers, notarization and mediation.

II. Sources of Data

Data on Number of Institutional Unit, Employed Persons and Main Financial Indicators of Public Management and Social Organizations are calculated basis on The Second economic Census, and the financial system data, which are provided by Henan provincial survey organizations of social and economy.

Data on public security, procuratorial, legal and judicial affairs are calculated from Henan provincial bureau of Public Security, the Henan provincial Supreme People's Procuratorate, the Henan provincial Supreme People's Court and the Henan provincial bureau of Justice. Data on the labor disputes arbitration are calculated from Henan provincial bureau of Human Resources and Social Security. Data on production safety are calculated from Henan provincial Supervisory Bureau of Work Safety. Data on female cadres are calculated from Henan Provincial Organization Department. Data on people participated in basic insurance are provided by Department of social and scientific and technological of Henan provincial bureau of statistics basic on monitoring reports of women and children. Data on Attend social insurance persons and social insurance funds are from Henan provincial bureau of Human Resources and Social Security. Data on social welfare and persons received lowest cost-of-living are from the Henan provincial bureau of Civil Affairs. Data on Marriages are provided by the Henan provincial bureau of Civil Affairs and Higher people's court. Data on this chapter are provided by Department of social and scientific and technological of Henan provincial bureau of statistics.

28−1 公共管理、社会保障和社会组织法人单位数和从业人员数

Number of Institutional Unit and Employed Persons of Public management, social welfare and social organization

年份(Year)	合计 Total	企业 Enterprise	行政事业 Administrative institution	社会团体及其他 Social organizations and others
单位数(个) Number of Institutional Unit(unit)				
2008	78900	13	22591	56296
2009	78995	23	22640	56332
2010	79169	28	22695	56446
2011	79098	44	22553	56501
2012	79275	59	22690	56526
从业人数(万人) Employed Persons(10 000 persons)				
2008	149.96	0.05	109.33	40.58
2009	153.17	0.07	109.83	43.27
2010	153.75	0.14	110.07	43.54
2011	156.45	0.08	109.60	46.77
2012	159.22	0.07	110.06	49.08

28-2 分行业公共管理、社会保障和社会组织法人单位财务指标(2012年)

Main Financial Indicators of Institutional Unit of Public management, social welfare and social organization by Sector (2012)

单位：万元 (10 000 yuan)

行业名称	Sector	单位数(个) Number of units (unit)	从业人数(万人) Employed Persons (10 000 Persons)	固定资产原价 Fixed Asset Price	收入合计 Total Income
公共管理和社会组织	**Public management and social organization**	**79275**	**159.22**	**12383770**	**17224249**
中国共产党机关	Chinese Communist Party organs	1338	3.32	282905	546979
国家机构	Organ of state	19349	103.31	7806644	15029033
人民政协和民主党派	People's Political Consultative Conference and democratic parties	225	0.56	55047	90999
社会保障	Social welfare	512	0.92	61009	138669
群众团体、社会团体和其他成员组织	Mass communities, social communities and other organizations	7659	12.41	852298	383026
基层群众自治组织	Grass-roots Organization	50192	38.70	3325866	1035544

行业名称	Sector	成本费用合计 Total Cost	职工薪酬 Employee Compensation	税费合计 Tax and Expenses	营业利润 Operating Profit
公共管理和社会组织	**Public management and social organization**	**16645141**	**5223628**	**20208**	**9205**
中国共产党机关	Chinese Communist Party organs	532590	167632	18	133
国家机构	Organ of state	14723413	4383216	12198	5851
人民政协和民主党派	People's Political Consultative Conference and democratic parties	91134	30061		0
社会保障	Social welfare	96455	30383	8	-141
群众团体、社会团体和其他成员组织	Mass communities, social communities and other organizations	320788	136556	2234	3361
基层群众自治组织	Grass-roots Organization	880761	475780	5751	

注：从2012年起，将社会保障归入本门类。
a)Since 2012, data on Social welfare was adjusted to this part.

28-3 各市公共管理、社会保障和社会组织法人单位财务指标(2012年)

Main Financial Indicators of Institutional Unit of Public management, social welfare and social organization by City (2012)

单位：万元 (10 000 yuan)

市(县) City(County)	单位数(个) Number of units (unit)	从业人数(万人) Employed Persons (10 000 Persons)	固定资产原价 Fixed Asset Price	收入合计 Total Income	成本费用合计 Total Cost	职工薪酬 Employee Compensation	税费合计 Tax and Expenses	营业利润 Operating Profit
全　　省 Total	**79275**	**159.22**	**12383770**	**17224249**	**16645141**	**5223628**	**20208**	**9205**
省 辖 市 City								
郑 州 市 Zhengzhou	5153	16.32	1862968	3447740	3421364	1074549	3670	-48
开 封 市 Kaifeng	3871	9.60	875764	1249510	1222661	329584	3786	2213
洛 阳 市 Luoyang	5895	11.49	1627217	1624768	1533562	480777	3182	459
平顶山市 Pingdingshan	4403	10.42	426325	727803	679390	237058	232	458
安 阳 市 Anyang	4748	7.95	621979	870454	819369	268310	832	131
鹤 壁 市 Hebi	1554	2.65	192905	251917	226147	75393	596	21
新 乡 市 Xinxiang	5386	10.05	623236	1019595	949715	269174	1119	217
焦 作 市 Jiaozuo	3313	6.47	474286	763454	727431	205544	351	396
濮 阳 市 Puyang	4044	6.82	306500	502048	492096	167378	67	17
许 昌 市 Xuchang	3681	7.20	507685	716592	688764	213894	196	338
漯 河 市 Luohe	2080	4.04	253291	344652	319881	112120	713	254
三门峡市 Sanmenxia	2388	4.18	447589	596921	586541	156331	445	22
南 阳 市 Nanyang	8181	14.02	989578	1386603	1332927	440571	2515	2897
商 丘 市 Shangqiu	6534	13.75	695016	900615	878943	311465	306	130
信 阳 市 Xinyang	6170	10.56	978562	831467	816451	295174	492	257
周 口 市 Zhoukou	6339	12.59	552483	811331	810396	246184	1062	472
驻马店市 Zhumadian	4833	9.98	781980	932814	907019	285062	562	970
济 源 市 Jiyuan	702	1.13	166407	245964	232485	55060	82	0
省直管县 Province Administrating County								
巩 义 市 Gongyi	538	1.16	114464	150892	153534	39210	566	-3
兰 考 县 Lankao	609	1.82	65822	159057	154764	30320	72	1788
汝 州 市 Ruzhou	618	1.43	41811	68000	67737	22551	1	2
滑　　县 Huaxian	1199	1.61	105866	199556	193582	58302	24	3
长 垣 县 Changyuan	716	1.19	56101	93388	91133	21283	2	5
邓 州 市 Dengzhou	896	1.58	168744	145520	139278	40220	893	819
永 城 市 Yongcheng	1014	1.92	165677	129133	128107	38897	52	63
固 始 县 Gushi	1028	1.50	88034	101644	100732	31443	89	22
鹿 邑 县 Luyi	639	1.16	97252	61361	61789	16654	362	
新 蔡 县 Xincai	747	1.42	68611	109425	109796	28507	49	307

28-4 劳动人事仲裁委员会受理及处理案件情况(2013年)

单位：件

项 目	Item	合计 Total
上期未结争议案件数	**Number of Cases Left Over from Last Period**	**815**
当期立案受理情况	**Cases Accepted**	
立案受理案件总数	Number of Cases	21689
#集体劳动(人事)争议	Number of Collective Labour Disputes	254
#劳动者申诉	Number of Persons Involved	20497
立案受理案件涉及劳动者人数(人)	Number of Persons Involoved in Collective Disputes (person)	27369
#集体劳动(人事)争议	Number of Collective Labour Disputes	3494
按争议类型分	Grouped by Dispute type	
劳动报酬	Labor compensation	5499
社会保险待遇及福利	Social Insurance and Benefits	7968
工伤保险	Work Injury Insurance	2496
确认劳动(人事)关系	Confirm labor (personnel) relations	2917
履行劳动(聘用)合同	Fulfill labor (recruit) the contract	30
解除劳动(聘用)合同	Remove labor (recruit) the contract	4317
其他	Others	958
案件处理情况	**Cases settled**	
当期审结案件数	Number of Cases Settled	21083
涉案金额(万元)	Involving Amount (10 000yuan)	62527
按处理方式分	By Manners of Settlement	
仲裁调解	By Mediation	11381
仲裁裁决	By Arbitration Lawsuit	9118
#一裁终局	Arbitration Award shall be final and binding	358
其他	Others	584
按处理结果分	By Result of Settlement	
用人单位胜诉	Won by Units	3375
劳动者胜诉	Lawsuit Won by Labourers	9505
双方部分胜诉	Lawsuit Partly by Both Parties	7712
期末累计未结案数	**Number of Cases Dissettled**	**1421**

Cases Accepted and Heard by Board of Labor Arbitration (2013)

(case)

劳动争议 Labor Dispute					人事争议 Personnel Disputes	
国有企业 State-owned Enterprises	集体企业 Collective-owned Enterprises	港澳台及外资企业 Foreign Funded and Hong Kong, Macao and Taiwan Funded Enterprises	民营企业 Private Enterprises	其他 Others	机关 Administrative Authority	事业单位 Public Institution
117	**91**	**12**	**544**	**23**	**1**	**27**
4100	2723	154	13840	542	87	243
45	29		173			7
3993	2684	157	12877	460	87	239
5169	3689	146	17367	573	90	335
844	392		2175	71		12
964	595	31	3754	127	5	23
1445	951	38	5181	169	78	106
368	232	5	1808	78		5
497	388	34	1898	85		15
				1		29
995	677	47	2444	118	1	35
199	112	4	563	44	3	33
3991	2647	148	13431	516	87	263
18181	9398	591	31738	862	338	1419
2150	1333	65	7374	276	69	114
1747	1256	79	5667	214	18	137
68	60	5	204	12	4	5
94	58	4	390	26		12
703	431	25	2105	78	7	26
1535	1072	69	6430	233	15	151
1661	1104	51	4574	182	65	75
226	**167**	**18**	**953**	**49**	**1**	**7**

28-5 律师、公证、调解工作基本情况
Basic Statistics on Lawyers, Notarization and Mediation

项　目	Item	1990	1995	2000	2005	2010	2012	2013
律师工作	**Lawyers**							
律师事务所(个)	Number of Law Offices (unit)	201	439	537	553	753	831	877
律师(人)	Number of Lawyers (person)	2357	5047	4266	5594	9352	11347	12422
#女性	Female					1826	2367	2789
#专职律师	Full-time Lawyers	1647	3582	3849	5323	8414	10284	11292
兼职律师	Part-time Lawyers	710	826	193	271	451	488	517
聘请担任常年法律顾问的单位(家)	Number of Units with Permanent Legal Advisors (unit)	3614	10087	29691	17313	16394	17161	17972
民事代理(件)	Agent of Civil Cases(case)	3614	20992	54576	93191	68982	81019	81344
刑事辩护(件)	Defender of Criminal Cases (case)	3614	12970	22312	24507	28781	24557	24220
非诉讼法律事务(件)	Agent of Non-Litigious Legal Affairs (case)					34710	32475	39328
解答法律询问(万件)	Agent of Legal Advisory Services (10 000 cases)	3614	30.65	59.90	34.65	32.12	33.87	33.10
代写法律事务文书(万件)	Agent of Legal Documents Written on Behalf of Clients (10 000 cases)					4.84	6.15	6.74
公证工作	**Notarization**							
公证处(个)	Number of Notary Offices (unit)	173	178	178	178	171	178	178
公证人员(人)	Notarial Personnel (person)	924	963	1205	1198	1110	1237	1256
#公证员	Notaries	615	612	692	608	600	674	691
助理公证员	Assistant Notaries	136	138		590	510	563	565
国内公证(万件)	Domestic (10 000 cases)	17.75	35.71	199.40	60.00	53.41	48.9	45.99
涉外公证(件)	Foreign (case)			49149	53000	86759	89000	108369
人民调解工作	**Number of People's Mediation**							
人民调解委员会(万个)	Number of People's Mediation Commit-tees (10 000 units)	5.51	5.85	5.00	5.80	5.50	5.52	5.53
调解民间纠纷(万件)	Number of Civil Disputes Mediated (10 000 cases)					42.48	52.12	49.72

28-6 法律援助工作基本情况
Basic Statistics on legal aid

项　目	Item	2009	2010	2012	2013
机构数(个)	Number of institutions (unit)	181	198	207	207
实有人数(人)	Actual persons (person)	989	971	999	1043
法律援助专职律师数(人)	Number of full time legal aid lawyers (person)	257	313	333	323
诉讼案件总数(件)	Total law case (case)	39469	49631	68904	81442
民事案件	Civil	31072	40814	57568	63260
刑事案件	Penal	7917	8383	10402	17544
行政案件	Administrative	480	434	934	638
非诉讼案件(件)	Unlitigant (case)	5921	10891	14252	14357
受援人数(人)	Recieve aid person(person)	46420	58130	451123	87163
咨询(来访、来电)数(人次)	Consultation persons(person-time)	215698	255903	382219	497242
妇女获得法律援助人数(人)	Number of women's access to legal assistance (person)			18227	78254
得到法律机构援助的未成年人数(人)	Number of juvenile legal aid agencies (person)			4944	8857

28-7 调解民间纠纷分类

Number of Civil Disputes Mediated by Types

项　目	Item	调解纠纷(件) Civil Disputes (case)		各类纠纷所占比重(%) Percentage(%)	
		2012	2013	2012	2013
总　计	**Total**	**521231**	**497208**	**100.0**	**100.0**
婚姻家庭纠纷	Marriage and family Disputes	137465	132790	26.4	26.7
邻里纠纷	Neighbor Disputes	129554	127892	24.9	25.7
房屋宅基地纠纷	Housing and Housing Sites	63746	60350	12.2	12.1
合同纠纷	Contract dispute	28845	27221	5.5	5.5
生产经营纠纷	Production business disputes	17772	16237	3.4	3.3
损害赔偿纠纷	Damage compensation disputes	29718	28715	5.7	5.8
劳动争议纠纷	Labor dispute disputes	11596	10097	2.2	2.0
村务管理纠纷	Village management disputes	8351	5630	1.6	1.1
山林土地纠纷	Mountain forest land disputes	16836	15332	3.2	3.1
征地拆迁纠纷	Whose house disputes	16474	16937	3.2	3.4
计划生育纠纷	Family planning disputes	3188	2525	0.6	0.5
环境保护纠纷	Environmental protection disputes	2409	2402	0.5	0.5
道路交通事故纠纷	Road traffic accident disputes	16197	16823	3.1	3.4
物业纠纷	Property dispute	2890	3266	0.6	0.7
医疗纠纷	Medical disputes	4228	3432	0.8	0.7
其他	Others	31962	27559	6.1	5.5

28-8 公安机关立案的刑事案件情况

Criminal Case of Register by Public Security Organs

案 件 类 别	Category of Cases	立 案 (起) Number of Cases Registered (case)		构 成 (%) Composition(%)	
		2012	2013	2012	2013
总　计	**Total**	**236752**	**237364**	**100.0**	**100.0**
杀人	Homicide	655	579	0.3	0.2
伤害	Injury	10622	11004	4.5	4.6
抢劫	Robbery	5225	4474	2.2	1.9
强奸	Rape	2178	2274	0.9	1.0
拐卖妇女、儿童	Kidnapping and Selling People	887	740	0.4	0.3
盗窃	Larceny	143752	157862	60.7	66.5
诈骗	Fraud	15854	18803	6.7	7.9
走私	Smuggling	6		0.0	
伪造贩运假货币	Forging and Fabricating or Trafficing Bills	18	11	0.0	0.0
其他	Others	57555	41617	24.3	17.5

28-9 公安机关受理的违反《治安管理处罚法》案件情况(2013年)

Classified Cases accepted of Public Order by Public Security Organs (2013)

单位：起 (case)

案件类别	Category of Cases	受理 Number of cases Accepted to be Treated	查处 Number of Investigated and Treated
总　计	**Total**	**1108148**	**1087130**
扰乱公共秩序	Disturbing Work or Public Order	17426	17103
#寻衅滋事	Gang Fighting or Picking Quarrels and Making Troubles	4603	4448
防碍国家工作人员执行职务	Obstructing the Government Workers to Perform Their Duty	794	790
非法携带枪支弹药管制刀具	Violating Regulations on Management of Firearms	1134	1131
违反危险物质管理规定	Violating Regulations on Management of Explosives	1500	1505
殴打他人	Beating Other Body	505516	499036
盗窃	Robbing Other People of Their Valuables	71365	62359
骗取、抢夺、敲榨勒索财物	Defrauding,Snatching or Extorting and Racketeering Valuables	7881	6736
哄抢公私财物	Making Stirs and Then Robbing Public or Private Valuables	73	70
伪造变造倒卖有价票证、凭证	Forging and Fraudulently Selling Bills or Certificates	149	152
卖淫、嫖娼	Prostitution or Going Whoring	1356	1360
赌博或为赌博提供条件	Gambling	5776	5739
其他	Others	495178	491149

28-10 公安机关受理的行政案件分类情况(2013年)

Classified Cases accepted of Public Order by Public Security Organs (2013)

单位：起 (case)

案件类别	Category of Cases	受理案件数 Number of cases Accepted to be Treated	查处案件数 Number of Investigated and Treated
总　计	**Total**	**7817688**	**7788560**
违反户口、居民身份证管理规定	Violating Regulations on Management of Residence or Identity Cards	1348	1347
违反治安管理处罚法	Violating Regulations on Management of public security	1108148	1087130
其他	Others	6708192	6700083

28-11 人民检察院检察官基本情况

Basic Statistics on inquisitors

单位：人 (person)

指　　标	Item	2012	2013
检察官数	**Number of inquisitor**	**10141**	**10027**
#女性	Female	2413	2431
#检察长人数	Number of law-officer	183	180
#女性	Female	15	14
#副检察长人数	Number of vice-law-officer	804	820
#女性	Female	111	119
#检察员人数	Number of fact-finder	7067	6954
#女性	Female	1758	1749
#助理检察员	Number of assistant fact-finder	849	820
#女性	Female	292	292

28-12 检察机关直接立案侦查案件情况(2013年)

Basic Statistics on Law Case Direct Registered by Procuratorial Organ (2013)

案件分类	Case Item	受案 (件) Cases Accepted (case)	立案合计 Total Number of Cases Registered				结案合计 Total number of cases settled	
			件 (case)	人 (person)	#大案 (件) Large Cases (case)	#要案 (人) Key Cases (Person)	件 (case)	人 (person)
总　计	**Total**	**2966**	**2852**	**4157**	**2353**	**199**	**2701**	**3952**
贪污贿赂案件小计	**Sub-total of Cases on Corruption and Bribery**	**2148**	**2054**	**2861**	**1667**	**179**	**1943**	**2729**
#贪污	Corruption	830	762	1274	555	25	727	1214
贿赂	Bribery	950	923	1071	801	146	857	1008
挪用公款	Misappropriation of Public Funds	349	348	469	311	5	339	459
集体私分	Collective Illegal Possession	16	19	44		3	20	47
巨额财产来源不明	Unstated Source of Large Properties	3	2	2				
其他				1				1
渎职案件小计	**Sub-total of Cases on Abuse and Dereliction of Duty**	**818**	**798**	**1296**	**686**	**20**	**758**	**1223**
滥用职权	Abuse of Power	333	320	528	304	14	297	496
玩忽职守	Dereliction of Duty	418	415	624	339	6	396	588
徇私舞弊	Fraudulent Practice	55	53	78	37		55	78
侵犯公民权利		9	7	13	4		7	15
其他	Others	3	3	53	2		3	46

28-13 检察机关审查批准、决定逮捕犯罪嫌疑人和提起公诉被告人情况(2013年)

Basic Statistics on Examined and Ratified, the Apprehension Decided of suspect and Accused Instituted Prosecution by Procuratorial Organ (2013)

案件分类	Case Item	批捕、决定逮捕合计 Total of Arrests		决定起诉合计 Total of Public Prosecutions	
		件 (case)	人 (person)	件 (case)	人 (person)
总　　计	**Total**	**36873**	**48613**	**65244**	**91009**
公安、安全、监狱机关提请小计	**Sub-total of Requests by Departments of State and Public Security and Prisons**	**35712**	**47190**	**62535**	**87099**
#危害公共安全案	Offences Against Public Security	4283	4477	14982	15398
破坏社会主义市场经济秩序案	Offences Against Socialist Economic Order	2909	4110	4891	7445
侵犯财产案	Offences Against Properties	12988	17506	18150	26219
妨害社会管理秩序案	Offences Against Social Management of Order	5684	9298	9762	19158
检察机关直接立案侦查案件小计	**Sub-total of Cases Handled by Procuratorates**	**1161**	**1423**	**2709**	**3910**
#贪污贿赂案	Offences on Corruption and Bribery	1029	1244	1944	2738
渎职案	Offences on Abuse and Dereliction of Duty	130	176	759	1158

28-14 人民检察院处理申诉案件情况(2013年)

Appeals Handled by People's Procuratorate (2013)

单位：件 (case)

案件分类	Category of Cases	受案 Cases Accepted	立案复查 Cases Registered for Reinvestigation	结案 Cases Settled	#改变原决定 Original Decision Changed
合计	**Total**	**2234**	**951**	**911**	**172**
不服检察机关处理决定	Appeals against Decision of Procuratorate's Offices	1434	259	243	172
不服不批捕	Appeals against Rejection of Arrest	376	91	89	72
不服不起诉	Appeals against Rejection of Prosecuting	728	108	96	56
不服撤案	Appeals against Withdrawal of the Case	3	2	2	1
不服原免予起诉	Appeals against Original Exemption of Lawsuit	5	2	2	2
其他	Others	322	56	54	41
不服法院刑事判决裁定	Appeals against Judgment of Criminal Case	800	692	668	
刑罚执行中被害人申诉	Appeals of the Victim at the Punishment	369	322	313	
刑罚执行中被告人申诉	Appeals of the Defendant at the Punishment	181	151	151	
刑罚执行完毕后被害人申诉	Appeals of the Victim after the Punishment	144	131	117	
刑罚执行完毕后被告人申诉	Appeals of the Defendant after the Punishment	106	88	87	

28-15 人民检察院出庭公诉情况(2013年)

Public Prosecutions Appearing in Court by People's Procuratorate (2013)

单位：件 (case)

案件类别	Category of Cases	适用简易程序 Summary Procedure Applied	出庭公诉 Public Prosecutions Appearing in Court	一审 First Instance	二审 Second Instance	上诉案 Appeal Cases	抗诉案 Procuratoral Appeal Cases	再审 Retrial
合计	**Total**	**22739**	**52168**	**50993**	**1156**	**774**	**382**	**19**
贪污贿赂	Embazzlement and Bribery	198	2041	1818	217	181	36	6
渎职侵权	Dereliction of Duty and Infringement of Citizens' Right	113	739	722	17	13	4	
刑事案件	Criminal Cases	22428	49388	48453	922	580	342	13

28-16 人民检察院办理刑事抗诉案件情况(2013年)
Criminal Appeals Handled by People's Procuratorate (2013)

案件类别	Category of Cases	提出抗诉（件）Presenting Procuratoral Appeal (case)	审判结果 合计（件）Total Result of Judgement (case)	改判（件、人）Revising Judgment (case、person)		维持原判（件）Affirming Original Judgment (case)	发回重审（件）Remanding for Retrial (case)
合　计	**Total**	**423**	**410**	**367**	**503**	**11**	**32**
二审小计	Sub-total of Second Instance	405	391	352	488	10	29
贪污贿赂案件	Embazzlement and Bribery Cases	30	35	23	26	3	9
渎职侵权案件	Dereliction of Duty and Infingement of Citizens' Right Cases	7	4	2	2		2
刑事案件	Criminal Cases	368	352	327	460	7	18
再审小计	Sub-total of Retrial	18	19	15	15	1	3
贪污贿赂案件	Embazzlement and Bribery Cases	5	6	3	3		3
刑事案件	Criminal Cases	13	13	12	12	1	

28-17 人民检察院办理民事、行政抗诉案件情况(2013年)
Civil and Administrative Appeals Handled by People's Procuratorate (2013)

单位：件 (case)

案件类别	Category of Cases	合计 Total	民事案件 Civil Cases	行政案件 Administrative Cases
立　案	Filing Cases	14593	11917	2676
提请抗诉	Submitting Procuratoral Appeal	437	412	25
抗　诉	Procuratoral Appeal	399	379	20
撤回抗诉	Withdrawing Procuratoral Appeal	1	1	
抗诉案件再审	Retrial of Procuratoral Appeal	379	374	5
改　判	Revising Judgment	223	219	4
发回重审	Remanding for Retrial	18	18	
调　解	Mediation	94	94	
维持原判	Affirming Original Judgment	28	27	1
其　他	Others	16	16	

28−18 人民检察院受理举报、控告和申诉案件情况(2013年)

Cases of Reporting, Accusation and Petition Handled by People's Procuratorate (2013)

单位：件　　(cases)

案件类别	Category of Cases	受理 Cases Accepted	处理 Cases Handled	#分送检察机关 Handled by General Office of People's Procuratorate	#转其他机关 Transfering to Other Organs
合　计	**Total**	**15272**	**14970**	**14235**	**735**
首次举报	First Report of an Offence	8012	7962	7796	166
首次控告	First Accusation	2656	2558	2184	374
首次申诉	First Petition	4604	4450	4255	195

28−19 人民检察院纠正违法情况

Law-breaking Cases Rectified by People's Procuratorate

项　目	Item	2012	2013
书面提出纠正	**Written Rectification**		
件次合计　(件次)	**Total of Written Rectification (Case-times)**	**2780**	**2816**
立案监督小计	Sub-total of Supervision of Cases Filing	1918	2358
监督立案	Supervision of Cases Filing	1177	1481
监督撤案	Supervision of Cases Withdrawed	741	877
侦查监督小计	Sub-total of Supervision of Investigation	585	360
审查批捕环节	Supervision of Investigation in the Processof Arrests Approved	358	234
审查起诉环节	Supervision of Investigation in the Process of Prosecution	227	126
刑事审判监督	Supervision of Criminal Trial	277	98
刑罚执行监督人次小计(人次)	**Sub-total of Supervision of Punishment Execution (person-times)**	**2181**	**5960**
监管活动	Administration of Prison and Custody	1790	4938
减刑、假释、保外就医	Commutation of Sentence, Parole and Released on Parole for Medical Treatment	391	1022
已纠正	**Rectified**		
件次合计　(件次)	**Total of Rectified (Case-times)**	**2648**	**2564**
立案监督小计	Sub-total of Supervision of Cases Filing	1821	2129
监督立案	Supervision of Cases Filing	1081	1327
监督撤案	Supervision of Cases Withdrawed	740	802
侦查监督小计	Sub-total of Supervision of Investigation	534	339
审查批捕环节	Supervision of Investigation in the Processof Arrests Approved	341	225
审查起诉环节	Supervision of Investigation in the Processof Prosecution	193	114
刑事审判监督	Supervision of Criminal Trial	293	96
刑罚执行监督人次小计(人次)	**Sub-total of Supervision of Punishment Execution (person-times)**	**2166**	**5959**
监管活动	Administration of Prison and Custody	1775	4937
减刑、假释、保外就医	Commutation of Sentence, Parole and Released on Parole for Medical Treatment	391	1022

28-20 人民法院审理一审案件情况

First Trial Cases by Courts

单位：件 (case)

年 份 Year	收 案 Cases Accepted	刑 事 Criminal	民 事 Civil	行 政 Administrative
2002	283041	32719	239944	10378
2003	287551	34845	242513	10193
2004	275408	30574	234754	10080
2005	278899	34480	232603	11816
2006	280552	40684	226737	13131
2007	294768	42423	237312	15033
2008	311897	54898	248957	8042
2009	321017	48863	257522	14632
2010	331606	48518	266454	16634
2011	339098	50984	264737	23377
2012	425034	60865	343823	20346
2013	435569	63174	358574	13821

注：1.一审案件指人民法院按照诉讼级别管辖按第一审程序审理的案件。
2.民事案件包含经济纠纷和海事海商案件。

a) First trial cases refer to cases accepted by people's courts according to the first trial proceedings.

b) Data of civil cases include cases of economic disputes and maritime law and affairs.

28-21 人民法院审理刑事案件罪犯情况

Criminal Offenders Heard by Courts

单位：人 (person)

年 份 Year	刑事罪犯总数 Number of Offenders	#青少年罪犯 Young Offenders	不满18岁 Less Than 18 Years	18岁至25岁 Between 18 and 25 Years	青少年罪犯占刑事罪犯比重(%) Proportion of Young Offenders in the Total (%)
2002	39774	9959	2464	7495	25.0
2003	43608	8543	2829	5714	19.6
2004	37424	7918	2961	4957	21.2
2005	42638	10550	3841	6709	24.7
2006	52378	13443	5039	8404	25.7
2007	57501	15275	5906	9369	26.6
2008	77401	21183	7824	13359	27.4
2009	69450	16386	5262	11124	23.6
2010	66731	14692	4355	10337	22.0
2011	69363	12266	3515	8751	17.7
2012	64389	12282	3099	9183	19.1
2013	70924	14961	3002	11959	21.1

28-22 人民法院审理权属、侵权纠纷及其他民事一审案件收结案情况(2013年)

First Trial Cases of Disputes of Right, Infringement of Right and Other Civil Affairs Accepted and Settled by Courts (2013)

单位：件 (case)

项目	Item	收案 Cases Accepted	结案 Cases Settled	调解 Mediation	判决 Judgment	驳回 Reject	撤诉 With-drawal	其他 Other
合计	**Total**	**79862**	**70886**	**21458**	**34322**	**1050**	**12462**	**1594**
物权	Real right	10468	9290	2310	3664	402	2830	84
特别程序	Special Proceedings	4042	3689	66	1893	168	501	1061
人格权纠纷	Personality right disputes	18761	16916	5642	7984	187	2995	108
侵权责任纠纷	Tort liability dispute							
特殊侵权纠纷	Disputes of Special Infringement of Right	1587	1036	248	458	18	303	9
不当得利	Undeserved benefit	1438	1335	283	556	42	436	18
票据、证券权益纠纷	Disputea of Bill,Securities and Stocks	103	84	11	42	1	26	4
其他	Other	43463	38536	12898	19725	232	5371	310

28-23 法官及审理有关案件情况

Statistics on Justices and Case at Trial

指标	Item	2012	2013
法官及陪审员情况(人)	**justicer and juror(person)**		
法院法官人数	Number of justicer in court	13561	12589
#女法官	Female	3265	3353
高级法院法官人数	Number of justicer in High court	378	372
#女法官	Female	116	123
人民陪审员人数	Number of juror	5197	6584
#女陪审员	Female	1432	1987
审理民事案件情况(件)	**Civil Case Trial (case)**		
离婚案件数	Divorce	27966	30898
抚育、抚养赡养案件数	Upbringing and Support	5466	4919
建立少年法庭数(个)	**Number of Juvenile Court (unit)**	**92**	**96**
各级人民法院判决生效的未成年人犯罪人数(人)	**Number of Juvenile Crime (person)**	**3099**	**3002**
未成年人犯罪人数占同期犯罪人数的比例(%)	Proportion of Juvenile Crimes in the Total (%)	4.8	4.2

28-24　全省法院判处犯罪案件情况(2013年)

Number of case Trial by court (2013)

指　标	Item	判处犯罪人数(人) Number of offender (person)	#女性 Female	女性所占比例(%) Proportion of Female(%)
总　计	**Total**	**70924**	**4408**	**6.2**
侮辱罪	Insult	7	1	14.3
组织卖淫罪	Organise Prostitution	93	10	10.8
引诱、容留、介绍卖淫罪	Tempt、Remain and introduce Prostitution	386	142	36.8
遗弃罪	Desertion	6		
妨害作证罪	Breach of bearring witness	21	2	9.5
重婚罪	Bigamy	88	29	33.0
拐卖妇女、儿童罪	Abduct and Sell Female and Chind	311	92	29.6
窝藏、包庇罪	Shelter and Screen	213	39	18.3
拐骗儿童罪	Kidnap	14	3	21.4
诈骗罪	Fenagle	2369	361	15.2
强迫卖淫罪	Coerce Prostitution	92	10	10.9
贪污罪	Corruption	759	68	9.0
盗窃罪	Larceny	14891	361	2.4
其他	Others	51674	3290	6.4

28-25　人民法院刑事一审案件收结案情况(2013年)

Basic Statistics on Criminal Case at First Trial by People's Court (2013)

单位：件　(case)

项　目	Item	收　案 Cases Accepted	结　案 Cases Settled	判决 Judgement	驳回 Reject	撤诉 Withdrawal	其他 Other
合　计	**Total**	**63174**	**60113**	**59562**	**11**	**321**	**219**
危害国家安全罪	Offences Against State Security	7	2	2			
危害公共安全罪	Offences Against Public Security	14870	14434	14378		26	30
破坏社会主义经济秩序罪	Offences Against Socialist Economic Order	3449	2879	2843		19	17
侵犯公民人身权利、民主权利罪	Offences Against Citizens' Personal and Democratic Rights	14989	14249	14086	10	87	66
侵犯财产罪	Offences Against Properties	17647	17076	16890	1	128	57
妨害社会管理秩序罪	Offences Against Social Management of Order	9323	8823	8769		33	21
危害国防利益罪	Offences Against National Defense	26	23	22		1	
贪污贿赂罪	Offences on Corruption and Bribery	2140	1966	1928		13	25
渎职罪	Offences on Dereliction of Duty	721	659	642		14	3
其他	Others	2	2	2			

注：收案中不含旧存.
a)cases not including cases left.

28-26 人民法院民商一审案件收结案情况(2013年)(一)

Basic Statistics on Civil Case at First Trial by People's Court (2013)(1)

单位：件 (case)

项 目	Item	收 案 Cases Accepted	结 案 Cases Settled	调 解 Mediation	判 决 Sentence	驳 回 Reject	撤 诉 Withdrawal	其 他 Others
合 计	**Total**	**358574**	**324052**	**105787**	**129986**	**5432**	**79103**	**3744**
婚姻家庭	Marriages and Family Affairs	80539	77679	30712	25822	412	20318	415
继承	Inheritance	51414	40139	12669	16185	883	10072	330
物权纠纷	Property rights disputes	10468	9290	2310	3664	402	2830	84
股东权纠纷	Shareholder Rights	386	299	40	144	15	89	11
特殊侵权纠纷	Dispute of Special Rights	1587	1036	248	458	18	303	9
票据、证券权益纠纷	Disputea of Bill,Securities and Stocks	103	84	11	42	1	26	4
不正当竞争纠纷	Dispute of Unfair Competition	35	30	10	10		9	1
人格权纠纷	Personality right disputes	18761	16916	5642	7984	187	2995	108
特别程序	Special Proceedings	4042	3689	66	1893	168	501	1061
其他	Other	191239	174890	54079	73784	3346	41960	1721

注：结案中含上年旧存。

a)Cases settled include cases turned over from the previous year.

28-27 人民法院民商一审案件收结案情况(2013年)(二)

Basic Statistics on Civil Case at First Trial by People's Court (2013)(2)

单位：件 (case)

项 目	Item	收 案 Cases Accepted	结 案 Cases Settled	调 解 Mediation	判 决 Judgemen	驳 回 Reject	撤 诉 Withdrawal	其 他 Others
合 计	**Total**	**147776**	**136254**	**41081**	**54059**	**3114**	**36589**	**1411**
买卖合同纠纷	Dispute at Sale Contract	26521	25033	8372	9112	359	6978	212
房地产开发经营合同纠纷	Dispute at Contract of Real Estate	2963	2463	962	839	91	557	14
服务合同	Service contract	5876	5641	1967	922	68	2657	27
借款合同纠纷	Dispute at Loan Contract	56397	51171	14588	21511	1217	13361	494
租赁合同纠纷	Dispute at Lease Contract	5352	4941	1279	2061	111	1454	36
建设工程合同纠纷	Dispute at Contract of Construction Project	4586	3771	905	1703	98	993	72
运输合同纠纷	Dispute at Transport Contract	762	735	171	313	22	220	9
知识产权合同	Contract of Intellectual Rights	30	26	5	10	1	10	
其他合同纠纷	Others	45289	42473	12832	17588	1147	10359	547

28-28 人民法院行政一审案件收结案情况(2013年)

Basic Statistics on Administrative Case at First Trial by People's Court (2013)

单位：件 (case)

项 目	Item	收 案 Cases Accepted	结 案 Cases Settled	维 持 Affirmation of Original Judgement	驳 回 Reject	撤 诉 Withd-rawal	其 他 Others
合 计	**Total**	**13821**	**13800**	**591**	**1578**	**8153**	**3478**
公 安	Public Security	1322	1296	114	168	841	173
工 商	Industry and Commerce	679	677	10	71	501	95
土 地	Land	1865	1783	35	266	842	640
林 业	Forest	58	50	4	15	17	14
城 建	City Construction	1717	1791	198	253	871	469
交 通	Communication	308	305	1	5	229	70
税 务	Taxes	45	97		5	88	4
其 他	Other	7827	7801	229	795	4764	2013

28-29 妇女参政议政情况

Statistics of Female Joined and discussion politics

单位：人 (person)

指标名称	Item	2005	2010	2011	2012	2013
省人大代表	Deputy to the people's congress of Henan	939	947	951	952	949
#女性	Female	190	177	183	192	192
市人大代表	Deputy to the people's congress of City	7715	7724	7719	8060	7848
#女性	Female	1620	1522	1583	1644	1667
县人大代表	Deputy to the people's congress of County	37007	37298	37286	37974	37974
#女性	Female	7771	7505	7565	8123	8123
省政协委员	Political Consultative Committee Member of Henan	842	874	872	899	899
#女性	Female	159	193	202	205	204
市政协委员	Political Consultative Committee Member of City	6694	6744	6760	7328	7294
#女性	Female	1521	1571	1579	1716	1695
县政协委员	Political Consultative Committee Member of County	26293	30627	33158	34093	33950
#女性	Female	3102	6056	6092	7313	7279

28-30 工会组织情况

Basic Statistics on Trade Unions

单位：万人 (10 000 persons)

年 份	工会基层组织数（万个）Number of Grassroot Trade Unions (10 000 units)	工会组织基层单位的职工与会员人数 Membership and Staff and Workers in Grassroot Trade Unions				工会专职工作人员人数 Number of Full-time Personnel of Trade Unions
		职工人数 Staff and Workers	#女职工 Female	会员人数 Membership	#女会员 Female	
2000	3.61	672.80	255.00	611.60	225.20	2.38
2001	4.86	757.84		700.10		
2002	5.68	811.02	298.59	749.51	270.99	3.28
2003	5.23	777.38	291.23	717.47	263.68	3.55
2004	5.38	785.64	297.21	734.64	266.71	3.20
2005	6.14	841.38	303.38	803.68	281.73	3.06
2006	6.94	905.50	325.51	866.43	306.15	3.36
2007	8.15	1070.20	380.30	1016.70	360.10	4.10
2008	9.13	1164.40	404.10	1125.00	392.10	4.50
2009	10.30	1291.31	443.76	1208.81	419.37	5.09
2010	11.43	1396.41	499.99	1324.06	480.69	6.45
2011	14.89	1517.46	548.67	1441.09	526.66	10.35
2012	19.42	1698.29	625.82	1616.72	602.21	13.02
2013	20.43	1734.41	642.58	1653.14	620.27	13.52

28-31 妇联干部情况

Cadres of the Women's Federation

单位：人 (person)

项　目	Item	2009	2010	2011	2012
干部总数	**Total Number of Cadres**	**3800**	**4403**	**3850**	**3393**
#少数民族干部	Number of Ethnic Minority Cadres	93	150	109	93
按行政级别分	By Administration Level				
司局级	Department/Bureau Level	36	7	7	7
县处级	County Level	114	116	118	115
科以下	Section Chief and Below	3650	4280	3725	3271
按干部年龄分	By Age Group				
35岁以下	35 and Below	1779	1856	1575	1242
36-45岁	36-45	1601	1926	1863	1715
46-55岁	46-55	389	577	369	400
56岁以上	56 and Over	31	44	43	36
按干部政治面貌分	By Political Status				
共产党员	Chinese Communist Party	3761	3263	2961	3289
共青团员	Communist Youth League	178	95	85	120
民主党派	Democratic Parties	11	9	15	26
群众	Mass	453	483	332	433
按干部文化程度分	By Education Attainments				
博士研究生	Doctorate Degree				
研究生	Master Degree	86	89	90	97
大学本科、大专学历	University / College	3624	3432	3012	3457
高中、中专及以下	Senior Middle School and Below	693	329	291	314
按行政编制分	By Organization Types				
行政编制	Administration	2929	2514	2254	2469
事业编制	Institution	1071	1254	945	1272
招聘干部	Recruitment	403	82	194	127
干部参加学历教育情况	**Cadres Attending the Formal Education**				
博士研究生	Doctorate Degree	5		1	
硕士研究生	Master Degree	20	35	27	33
大学、大专学历	University / College	492	475	269	178
干部流动情况	**Movement of Cadres**				
调入	In	121	261	202	225
调出	Out	111	233	192	186
省（区、市）妇联领导进同级	**Cadres at Provincial Level of the Same Grade**				
党委	CCP Committee	61	47	59	27
人大	People's Congress	255	211	71	90
政协	CPPCC	200	61	40	40

注：妇联干部指在妇联系统工作的专职干部。
a) Cadres of the Women's Federation refer to the full-time cadres who are working in the system of the Women's Federation.

28-32 参加各类保险人数
Active Contributors

单位：万人 (10 000 persons)

年份 Year	养老保险 Basic Pension Insurance	#女性 Female	失业保险 Unemployment Insurance	医疗保险 Basic Medical Insurance	#女性 Female	工伤保险 Work Injury Insurance	#女性 Female	生育保险 Maternity Insurance	#女性 Female
2000	662.68		671.00	287.00		198.00		172.00	
2001	639.05		676.00	456.40		245.00		207.00	
2002	645.53		670.00	537.28		218.79		204.54	
2003	659.25		679.97	567.93		210.61		199.29	
2004	688.70		681.60	590.19		324.72		200.66	
2005	716.17		681.90	640.70		404.00		228.30	
2006	762.60		682.80	704.00		432.90		238.40	
2007	804.68		684.65	726.03		452.32		254.02	
2008	948.57		689.00	840.87		501.20		313.35	
2009	1019.09		694.82	1970.13		521.02		379.76	
2010	1079.33	476.50	696.46	2043.75	910.21	551.74	192.84	412.87	176.54
2011	1168.38	525.34	701.19	2122.26	942.44	655.54	202.45	460.69	203.64
2012	1270.63	578.58	735.50	2222.20	1008.88	720.56	208.47	520.29	228.50
2013	1349.99	629.39	741.29	2297.20	991.48	773.09	291.43	569.60	251.30

注：2009年起由原来城镇职工基本医疗保险人数加入城镇居民医疗保险人数。
a) Data on basic Medical insurance include urban residents since 2009,before 2009 only refer to urban staff and workers.

28-33 社会保险基金
Social Insurance Funds

单位：亿元 (100 million yuan)

年份 Year	基金收入 Revenue	基金支出 Expenses	累计结余 Balance at the Year-end
2003	187.50	151.10	145.20
2004	216.10	166.90	195.80
2005	257.10	203.20	244.20
2006	298.50	239.20	303.30
2007	365.20	289.60	363.80
2008	540.61	445.51	496.21
2009	558.14	462.74	595.57
2010	609.40	484.90	664.70
2011	723.60	581.25	806.68
2012	872.46	702.51	977.21
2013	1275.21	1017.59	1470.86

28-34 各市参加基本养老保险人数

Number of People Participated in Basic Pension Insurance by City

单位：万人 (10 000 persons)

市(县) City(County)	2005	2006	2007	2008	2009	2010	2011	2012	2013
省辖市 City									
郑州市 Zhengzhou	98.62	108.37	119.00	127.74	141.12	158.14	198.28	251.76	290.69
开封市 Kaifeng	27.10	30.50	52.67	55.43	60.22	62.48	59.25	62.14	64.54
洛阳市 Luoyang	45.08	45.07	76.86	80.26	85.98	90.60	95.65	100.34	105.98
平顶山市 Pingdingshan	22.45	23.30	35.60	36.80	40.01	42.28	44.72	47.63	49.77
安阳市 Anyang	42.99	50.00	52.48	55.10	58.78	61.58	65.22	67.63	69.79
鹤壁市 Hebi	9.37	9.91	13.24	13.88	14.57	15.37	16.40	17.33	18.09
新乡市 Xinxiang	48.90	52.00	53.69	57.75	61.26	65.74	71.49	76.11	80.43
焦作市 Jiaozuo	24.50	26.00	41.82	42.08	45.99	48.20	50.70	52.70	53.97
濮阳市 Puyang	5.50	18.50	21.01	21.38	24.35	25.86	27.41	28.73	29.95
许昌市 Xuchang	21.01	22.99	33.08	34.21	37.07	38.76	40.70	42.50	45.09
漯河市 Luohe	17.93	17.90	20.58	20.94	23.10	24.33	25.72	27.69	29.82
三门峡市 Sanmenxia	14.79	16.30	21.99	23.58	25.08	26.39	27.51	28.80	29.94
南阳市 Nanyang	47.00	31.20	68.27	65.21	72.62	75.38	80.02	83.88	86.72
商丘市 Shangqiu	18.37	20.55	34.66	37.45	41.13	43.57	47.52	50.58	53.10
信阳市 Xinyang	40.31	31.40	41.97	42.96	48.12	50.60	54.10	58.48	60.49
周口市 Zhoukou	20.71	21.35	37.29	40.61	44.15	47.03	51.95	55.48	57.41
驻马店市 Zhumadian	14.68	15.11	25.59	26.40	28.68	30.74	34.94	37.22	39.12
济源市 Jiyuan	7.28	7.73	9.71	10.25	10.98	11.64	12.49	14.15	15.27
省直管县 Province Administrating County									
巩义市 Gongyi							8.95	9.95	10.47
兰考县 Lankao							3.65	4.79	4.85
汝州市 Ruzhou							4.46	4.67	4.93
滑县 Huaxian							5.31	5.49	5.69
长垣县 Changyuan							3.30	3.56	3.91
邓州市 Dengzhou							7.53	7.80	8.05
永城市 Yongcheng							7.07	7.53	7.72
固始县 Gushi							8.93	11.87	12.44
鹿邑县 Luyi							4.29	4.49	4.55
新蔡县 Xincai							1.70	2.63	2.75

28-35 各市参加基本医疗保险人数

Number of People Participated in Basic Medical Insurance by City

单位：万人 (10 000 persons)

市(县)	City(County)	2005	2006	2007	2008	2009	2010	2011	2012	2013
省辖市	**City**									
郑州市	Zhengzhou	47.00	56.30	64.96	74.76	208.80	230.83	261.64	296.53	315.40
开封市	Kaifeng	21.30	28.35	31.68	36.13	86.21	89.95	92.83	99.23	101.66
洛阳市	Luoyang	64.50	67.73	74.64	82.99	183.30	189.44	195.91	202.24	197.75
平顶山市	Pingdingshan	52.17	52.52	55.55	60.23	120.08	122.88	126.62	128.22	127.54
安阳市	Anyang	42.21	45.00	52.51	55.87	116.13	119.94	121.48	122.19	121.91
鹤壁市	Hebi	16.03	17.17	18.66	20.39	46.92	38.70	38.80	39.24	39.21
新乡市	Xinxiang	44.45	50.40	53.23	55.59	129.51	135.09	141.57	142.18	142.12
焦作市	Jiaozuo	29.40	38.60	41.65	43.52	95.45	91.83	93.20	93.97	94.64
濮阳市	Puyang	23.30	24.40	39.48	46.68	79.74	79.78	80.30	80.50	69.50
许昌市	Xuchang	27.89	28.24	31.01	34.22	85.93	88.61	89.91	90.79	92.40
漯河市	Luohe	17.60	17.60	21.42	24.62	64.33	67.84	73.20	78.12	76.48
三门峡市	Sanmenxia	22.20	23.61	27.37	28.56	59.11	62.21	64.04	64.93	66.73
南阳市	Nanyang	63.93	66.50	63.00	65.60	143.09	154.10	158.33	160.50	161.92
商丘市	Shangqiu	35.50	36.62	37.61	39.51	124.87	128.11	135.34	142.24	153.82
信阳市	Xinyang	40.30	44.58	47.80	51.30	124.28	128.61	132.62	134.02	134.62
周口市	Zhoukou	32.50	35.20	36.65	39.83	112.92	121.12	129.34	137.76	140.41
驻马店市	Zhumadian	33.34	35.80	36.01	38.00	106.49	109.13	116.02	121.44	122.06
济源市	Jiyuan	5.82	6.39	6.80	8.04	18.58	19.11	19.80	20.88	23.73
省直管县	**Province Administrating County**									
巩义市	Gongyi							13.90	12.93	12.93
兰考县	Lankao							6.90	7.19	7.46
汝州市	Ruzhou							11.00	11.53	11.63
滑县	Huaxian							12.80	13.01	13.74
长垣县	Changyuan							8.70	8.76	8.85
邓州市	Dengzhou							16.40	16.19	16.62
永城市	Yongcheng							18.20	17.22	18.49
固始县	Gushi							14.30	14.31	14.50
鹿邑县	Luyi							10.30	10.62	10.67
新蔡县	Xincai							7.40	9.57	10.10

28−36 各市参加失业保险人数

Number of People Participated in Unemployment Insurance by City

单位：万人 (10 000 persons)

市(县)	City(County)	2005	2006	2007	2008	2009	2010	2011	2012	2013
省辖市	**City**									
郑州市	Zhengzhou	78.60	85.52	86.22	87.08	87.74	89.75	92.71	131.24	133.13
开封市	Kaifeng	36.20	36.20	36.20	36.20	35.78	34.10	33.96	34.23	34.27
洛阳市	Luoyang	60.20	59.04	59.71	59.10	59.78	59.99	60.23	60.83	61.07
平顶山市	Pingdingshan	44.20	45.53	45.55	46.60	46.60	46.98	46.98	47.44	45.93
安阳市	Anyang	38.12	39.00	39.66	39.90	40.00	40.06	40.28	40.51	40.54
鹤壁市	Hebi	17.42	15.56	15.22	15.22	15.20	15.45	15.47	15.75	14.69
新乡市	Xinxiang	45.38	36.30	45.38	45.10	44.95	44.90	44.84	45.15	44.92
焦作市	Jiaozuo	37.20	34.80	34.44	34.19	34.18	35.40	35.20	35.45	35.06
濮阳市	Puyang	19.80	19.40	29.51	29.87	31.26	30.84	31.21	31.04	29.40
许昌市	Xuchang	27.61	27.31	27.64	27.01	27.00	27.00	27.00	27.50	27.50
漯河市	Luohe	16.00	16.00	14.95	16.86	16.98	17.02	17.10	17.64	17.10
三门峡市	Sanmenxia	20.03	22.34	22.35	22.65	22.71	22.70	22.79	23.24	22.23
南阳市	Nanyang	61.90	61.70	61.49	61.26	62.61	62.66	63.19	65.01	62.15
商丘市	Shangqiu	34.20	34.20	34.86	35.00	35.48	34.91	35.03	35.25	34.20
信阳市	Xinyang	39.71	39.20	39.11	39.17	39.29	39.23	39.41	39.70	38.88
周口市	Zhoukou	38.00	38.50	38.60	38.63	38.10	38.00	38.12	39.54	38.41
驻马店市	Zhumadian	31.80	31.80	31.80	34.03	35.37	36.61	37.04	38.92	38.83
济源市	Jiyuan	6.96	7.10	7.05	6.86	6.85	6.86	6.83	7.06	9.57
省直管县	**Province Administrating County**									
巩义市	Gongyi							5.90	6.00	6.00
兰考县	Lankao							2.90	2.90	2.90
汝州市	Ruzhou							3.30	3.40	3.30
滑县	Huaxian							4.33	4.33	4.33
长垣县	Changyuan							2.82	2.88	2.80
邓州市	Dengzhou							5.60	5.61	5.61
永城市	Yongcheng							4.80	4.80	4.80
固始县	Gushi							5.27	5.30	5.22
鹿邑县	Luyi							3.39	3.60	3.60
新蔡县	Xincai							3.11	3.20	3.13

28-37 各市参加工伤保险人数

Number of People Participated in Work Injury Insurance by City

单位：万人 (10 000 persons)

市(县)	City(County)	2005	2006	2007	2008	2009	2010	2011	2012	2013
省辖市	**City**									
郑州市	Zhengzhou	41.76	44.18	47.30	52.53	55.71	57.84	84.57	134.95	147.29
开封市	Kaifeng	20.20	21.60	22.66	25.10	25.93	27.09	32.24	33.00	33.61
洛阳市	Luoyang	37.08	38.12	41.52	45.72	47.90	49.50	55.13	60.02	61.56
平顶山市	Pingdingshan	16.80	18.66	19.74	21.71	23.09	23.72	29.00	32.13	33.20
安阳市	Anyang	24.60	26.00	28.11	31.39	32.59	34.11	40.30	42.77	43.88
鹤壁市	Hebi	9.52	9.51	6.42	6.67	7.03	7.44	9.16	11.01	11.56
新乡市	Xinxiang	31.70	36.60	36.57	43.21	44.80	48.55	50.93	51.30	52.92
焦作市	Jiaozuo	18.00	19.60	20.96	23.11	24.12	25.10	27.48	30.11	31.33
濮阳市	Puyang	4.10	4.50	11.91	16.89	17.87	19.04	21.87	22.20	22.70
许昌市	Xuchang	12.95	13.64	14.98	16.12	16.73	17.50	21.76	22.23	23.03
漯河市	Luohe	9.72	9.70	10.91	13.40	14.15	14.56	17.81	19.56	20.28
三门峡市	Sanmenxia	11.25	12.05	12.55	14.01	14.46	15.13	18.13	20.05	20.58
南阳市	Nanyang	22.50	29.50	28.77	33.19	34.27	35.65	47.07	49.22	50.46
商丘市	Shangqiu	9.72	12.06	11.36	15.23	16.06	16.60	25.71	30.40	31.01
信阳市	Xinyang	14.60	16.20	16.20	19.34	20.01	20.95	29.82	32.93	33.68
周口市	Zhoukou	13.10	14.40	14.44	16.00	17.00	18.00	28.93	36.78	40.00
驻马店市	Zhumadian	11.00	10.40	11.88	14.14	14.60	15.16	24.06	27.19	28.20
济源市	Jiyuan	4.31	4.86	5.21	5.44	5.69	5.91	7.28	7.77	8.34
省直管县	**Province Administrating County**									
巩义市	Gongyi							4.68	7.43	7.86
兰考县	Lankao							1.67	1.67	1.76
汝州市	Ruzhou							2.40	2.64	3.03
滑县	Huaxian							3.03	3.50	3.68
长垣县	Changyuan							3.03	3.03	3.03
邓州市	Dengzhou							4.12	4.12	4.35
永城市	Yongcheng							12.12	12.35	9.63
固始县	Gushi							3.72	4.38	4.40
鹿邑县	Luyi							1.90	2.70	3.01
新蔡县	Xincai							1.44	1.83	1.92

28-38 各市参加生育保险人数

Number of People Participated in Maternity Insurance by City

单位：万人 (10 000 persons)

市(县)	City(County)	2005	2006	2007	2008	2009	2010	2011	2012	2013
省辖市	**City**									
郑州市	Zhengzhou	13.50	17.25	20.79	28.70	37.98	39.95	58.57	75.84	85.04
开封市	Kaifeng	21.00	19.34	20.02	21.00	22.01	22.50	23.00	23.61	24.60
洛阳市	Luoyang	34.05	35.02	35.52	40.00	43.68	44.70	48.94	52.52	54.11
平顶山市	Pingdingshan	16.74	16.75	15.46	20.50	22.31	26.92	28.42	31.47	32.83
安阳市	Anyang	20.49	20.00	22.07	23.60	24.73	25.04	25.53	26.37	27.60
鹤壁市	Hebi	7.21	7.20	7.51	8.10	9.02	9.51	10.01	10.62	10.81
新乡市	Xinxiang	18.20	19.00	22.74	23.70	24.89	26.04	26.84	28.73	29.90
焦作市	Jiaozuo	18.00	18.60	20.22	22.00	23.30	24.24	25.59	26.97	28.18
濮阳市	Puyang	4.63	4.80	10.51	14.40	17.66	21.72	22.17	22.80	14.30
许昌市	Xuchang	14.01	14.14	15.69	16.10	18.01	18.51	19.02	19.63	20.47
漯河市	Luohe	1.87	1.90	3.45	5.50	8.35	9.51	11.06	12.43	13.06
三门峡市	Sanmenxia	7.55	7.58	8.36	9.60	10.04	11.53	12.62	13.97	14.82
南阳市	Nanyang	18.20	17.20	19.22	23.00	25.30	28.80	31.42	34.20	36.33
商丘市	Shangqiu	2.51	3.80	4.43	4.80	6.59	6.60	13.52	17.08	19.25
信阳市	Xinyang	13.40	14.58	12.01	17.30	20.13	21.87	23.73	26.05	28.46
周口市	Zhoukou	0.83	0.87	1.90	11.00	16.93	20.98	24.91	30.27	33.07
驻马店市	Zhumadian	14.00	15.00	11.43	17.00	19.11	20.02	21.52	23.56	25.15
济源市	Jiyuan	2.80	3.01	2.70	3.00	4.07	4.53	4.84	5.36	7.21
省直管县	**Province Administrating County**									
巩义市	Gongyi							4.50	5.19	5.19
兰考县	Lankao							0.60	0.60	0.90
汝州市	Ruzhou							2.80	3.06	3.25
滑县	Huaxian							2.60	2.69	2.91
长垣县	Changyuan							1.00	1.08	1.31
邓州市	Dengzhou							2.40	4.41	4.57
永城市	Yongcheng							2.70	2.27	2.56
固始县	Gushi							3.70	3.85	4.02
鹿邑县	Luyi							1.50	1.60	1.20
新蔡县	Xincai							1.10	1.19	1.19

28－39 新型农村合作医疗情况
Conditions of New Cooperative Medical System

指　标	Indicator	2005	2007	2008	2009	2010	2011	2012	2013
参加新农合人数(万人)	Number of Enrollees (10 000 persons)	1118	6102	7280	7477	7651	7804	7965	8119
参合率 (%)	Enrollment Rate (%)	73.20	86.95	91.82	94.08	96.51	96.97	97.65	98.34
当年筹资总额 (亿元)	Total Fund Raised at Current Year (100 million yuan)	3.07	31.62	64.96	75.38	115.12	179.86	231.48	262.72
人均筹资 (元)	Per Capita Premiums (yuan)	30	50	90	100	150	230	290	340
当年基金支出 (亿元)	Payout at Current Year (100 million yuan)	2.89	24.56	56.18	69.68	97.61	133.57	223.57	194.24
补偿受益人次(万人次)	Number of Beneficiaries from Reimbursement (10 000 person-times)	700	3136	3738	4800	11507	9897	13706	17918

28－40 各市新型农村合作医疗情况
Conditions of New Cooperative Medical System by City

市(县)	City(County)	2012		2013	
		参加新农合人数(万人) Number of Enrollees (10 000 persons)	补偿受益人次(万人次) Number of Beneficiaries from Reimbursement (10 000 person-times)	参加新农合人数(万人) Number of Enrollees (10 000 persons)	补偿受益人次(万人次) Number of Beneficiaries from Reimbursement (10 000 person-times)
全省	**Total**	**7965.11**	**13706.27**	**8119.50**	**17917.85**
省辖市	**City**				
郑州市	Zhengzhou	424.93	1392.60	430.81	1537.10
开封市	Kaifeng	399.28	1000.31	408.70	1371.03
洛阳市	Luoyang	470.85	1035.97	485.94	1404.62
平顶山市	Pingdingshan	374.59	635.93	377.73	814.45
安阳市	Anyang	427.35	359.45	432.61	742.44
鹤壁市	Hebi	104.17	128.83	105.07	186.96
新乡市	Xinxiang	449.21	829.67	453.93	1225.91
焦作市	Jiaozuo	250.69	848.72	257.19	896.82
濮阳市	Puyang	311.13	656.51	319.05	672.94
许昌市	Xuchang	360.77	558.54	370.60	1084.13
漯河市	Luohe	205.25	253.30	213.26	410.81
三门峡市	Sanmenxia	158.07	166.66	160.24	193.16
南阳市	Nanyang	946.79	1200.44	961.25	1514.99
商丘市	Shangqiu	712.86	908.68	721.78	1243.00
信阳市	Xinyang	650.04	1131.62	672.36	1205.01
周口市	Zhoukou	970.30	1231.13	982.74	1667.53
驻马店市	Zhumadian	695.42	1286.58	712.15	1630.76
济源市	Jiyuan	53.41	81.33	54.10	116.19
省直管县	**Province Administrating County**				
巩义市	Gongyi	65.78	296.27	50.31	297.22
兰考县	Lankao	71.06	427.78	73.81	587.90
汝州市	Ruzhou	85.65	133.24	87.14	159.60
滑县	Huaxian	117.53	91.60	118.60	176.82
长垣县	Changyuan	73.95	52.91	74.99	109.67
邓州市	Dengzhou	149.07	132.05	149.30	236.25
永城市	Yongcheng	119.57	230.94	122.48	334.96
固始县	Gushi	130.03	342.89	133.81	378.65
鹿邑县	Luyi	108.44	62.98	109.89	74.34
新蔡县	Xincai	94.04	216.97	95.43	232.44

28-41 收养性社会福利单位基本情况(2013年)

The basic situation of raises gender social welfare units (2013)

项　　目	Item	院数（个） unit	工作人员（人） Personnel (person)	床位（张） Beds (unit)	年底收养人（人） adoption (person)	其中：女性 female
总　　计	**Total**	**3009**	**21866**	**297325**	**246268**	**43292**
优抚类收养性单位	**Special Care**	**103**	**1191**	**6659**	**4396**	**378**
优抚休养、疗养院	Recuperation, nursing	5	532	1268	355	117
光荣院	Homes for Disabled Veterans	98	659	5391	4041	261
福利类收养性单位	**Welfare**	**2906**	**20675**	**290666**	**241872**	**42914**
社会福利院	Social welfare institute	71	1245	9662	6687	2028
儿童福利院	Children's welfare institute	13	373	2643	2550	1017
社会福利医院	Social welfare hospital	8	622	1347	1125	486
城镇收养性老年福利机构	Urban Institutions for Aged Persons	310	3975	31185	18128	5395
农村收养性老年福利机构	Rural Institutions for Aged Persons	2499	14406	245049	212744	33936
其他收养性福利机构	Others	5	54	780	638	52

28-42 流浪儿童救助保护中心基本情况

The basic situation of Street children rescue protection center

指标名称	Item	2012	2013
流浪儿童救助保护中心单位数(个)	Number of institutions（unit)	4	4
年末职工人数（人）	Personnel(persons)	33	33
#女性	Female	10	10
年末救助人次数（人次）	Number of salvage(person times)	1332	6832
#女性	Female	30	30
儿童	Child	820	6370
收养登记总数（件）	Adoption registration number (Case)	780	690
中国公民收养登记	Chinese citizens registrat	262	260
外国公民收养登记	Foreign citizens registrat	518	430
被收养人总数（人）	Number of adopted(person times)	780	690
被中国公民收养	By chinese citizens	262	260
被外国人收养	By Foreign citizens	780	430
福利机构抚养的孤儿	By Welfare institutions	572	528

28−43 由国家支出的社会福利救济主要费用情况
Basic Statistics on Social Welfare Relief Funds from Government

单位：万元 (10 000 yuan)

项　目	Item	2005	2010	2012	2013
社会福利救济费	**Social Welfare Relief Operating Funds**	**269044**	**1012224**	**1598917**	**1782428**
抚恤事业费	Comfort and Compensate Funds	86312	225361	365464	424921
社会救济福利事业费	Social Welfare Relief Funds	150882	713979	1202074	1331760
#农村社会救济费	Rural	56296	362875	428867	544769
城镇社会救济费	Urban	94586	278220	741828	913279
自然灾害救济费	Natural disaster Relief Funds	31850	72885	31379	25747
彩票发行额	**Circulation of lottery**	**155000**	**321660**	**568891**	**617988**

28−44 享受补助、救济人员情况
Statistics on Persons Receiving Subsidies and Relief Funds

项　目	Item	2012	2013
农村贫困户得到救济人次数(人次)	Number of Persons Receiving Traditional Relief in Rural Areas (person-times)	185552	106709
农村集中供养五保人数(人)	Number of Centralized Persons Receiving Livelihood Guaranteed in Five Aspects in Rural Areas(person)	199445	197384
#女性	Female	42829	39355
农村散居五保户人数(人)	Number of Decentralized Persons Receiving Livelihood Guaranteed in Five Aspects in Rural Areas(person)	276753	279581
#女性	Female	59138	53520
城镇居民最低生活保障人数(万人)	Number of Persons Receiving Minimum Living Allowance in Urban Areas(10 000 person)	133.40	130.98
#女性	Female	51.80	52.23
农村居民最低生活保障人数(万人)	Number of Persons Receiving Minimum Living Allowance in Rural Areas(10 000 person)	372.96	390.92
#女性	Female	113.60	117.22

28-45 残疾人事业基本情况

Basic Information of Person with Disabilities

项目	Item	2005	2009	2010	2011	2012	2013
康复	**Rehabilitation**						
视力残疾康复	Rehabilitation of Persons with Sight Disability						
白内障复明手术(万例)	Sight-restoring Cataract Surgeries (10 000 cases)	4.83	21.73	3.69	4.97	2.47	1.95
#贫困白内障患者免费手术	Free Surgeries for Poor Cataract Patients		8.00	0.99	2.88	1.22	0.99
低视力者配用助视器(人)	Vision-aids Provided for Persons of Low-vision (persons)	2909	1880	1418	9999	14402	9120
盲人定向行走训练数(人)	Blindman Trained with Direction Walking (persons)		585	607	10171	8695	8644
聋儿康复	Rehabilitation of Children with Hearing Disability						
年收训聋儿(人)	Hearing and Speech Training (persons)	1996	1864	1925	2457	2324	2388
聋儿入普幼普小率(%)	Enrollment Rate of Trained Children to Ordinary Kindergartens and Primary Schools (%)	33.1	35.6	26.2	14.7	9.3	7.3
培训家长(人)	Parents Trained (person)	1955	1871	1925	3291	2928	3137
精神病防治康复	Prevention and Treatment of Psychiatric Diseases						
开展精神病防治康复工作市县数(个)	Counties Carried on the Works of Prevention and Treatment of Psychiatric Diseases (unit)	27	96	117	147	156	156
综合防治康复精神病人数(万人)	Number of Rehabilitation Persons of Psychiatric Diseases (10 000 persons)	12.74	21.99	25.54	20.2	20.7	20.4
监护率(%)	Guardianship Rate (%)	93.0	73.4	78.0	68.3	39.9	46.5
显好率(%)	Significant Improvement Rate (%)	72.8	66.8	52.1	57.4	54.3	52.9
社会参与率(%)	Social Involvement Rate (%)	62.0	50.5	40.8	43.5	41.1	39.2
肇事率(‰)	Violent Events Rate (‰)	2.0	5.2	4.1	6.0	1.3	1.3
孤独症儿童训练数(人)	Trained Persons with Infantile Autism (person)		85	86	169	901	1158
肢体残疾康复(人)	Rehabilitation of Persons with Physical Disability (person)						
肢体残疾人社区康复训练数	Persons Rehabilitated at Community	3875	2839	2213	4777	15026	8745
肢体残疾儿童机构康复训练数	Children Rehabilitated at Institutions	1069	674	1040	2519	3287	3314
智力残疾康复(人)	Rehabilitation of Persons with Intellectual Disability (person)						
智残儿童康复训练数	Children Rehabilitated	786	1669	1726	2635	11020	8055
智残儿童家长培训数	Parents Trained	692	1384	1537	2635	11020	8055
教育	**Education**						
未入学适龄残疾儿童少年(万人)	School-age Disabled Children without Schooling (10 000 persons)	2.40	1.99	0.61	0.98	0.83	0.79
职业教育与培训机构数(个)	Vocational Education and Training Facilities (unit)	213	322	327	165	203	230
教育与培训人数(万人次)	Number of Educated and Trained (10 000 person-times)	5.47	4.23	5.71	2.59	2.60	5.11
就业	**Employment**						
城镇残疾人就业状况(人)	Employment of Urban Handicapped (person)						
当年安排就业	Persons Employed in the Year	46264	37530	30949	34217	39088	36337
#按比例就业	Employed by Quota Scheme	4853	7637	5432	6439	8822	7195
集中就业	Employed at Welfare Enterprises	17742	13614	10326	10748	13022	15136
个体及其他形式就业	Self-employed and Others	27669	16279	15191	16441	17244	14006
未安排就业	Unemployed	282552	98235	79676	72905	66081	50546
农村残疾人就业状况(万人)	Employment of Rural Handicapped (10 000 persons)						
就　业	Employed	164	163	157	168	186	191
未就业	Unemployed	49	49	39	37	35	32
残疾人就业服务机构(个)	Employment Service Institutions for Handicapped (unit)						
省	Provinces	1	1	1	1	1	1
市(含地级市、县级市)	Cities (inc. Cities at County Level)	38	32	34	39	27	29
县	County	87	82	81	89	84	76
市辖区	Districts under the Jurisdiction of Cities	50	41	44	38	39	43
盲人按摩	**Massage by Persons with Visual Disability**						
保健按摩人员培训(人)	Massage Therapists Training (person)	300	400	409	1469	1193	2092
医疗按摩人员培训(人)	Keep-fit Massager Training (person)	140	296	373	120	624	674
扶贫	**Poverty Alleviation**						
扶贫开发解决温饱残疾人(万人)	Disabled Persons Overcoming Poverty Through Government's Poverty Reduction Program (10 000 persons)	15.20	17.41	16.09	13.94	17.61	16.77
当地低收入残疾人(万人)	Disabled Persons at the Local Low-income Level (10 000 persons)		67.66	70.01	62.52	85.02	77.49
残联组织建设	**Organization of the Disabled Persons' Federation**						
残疾人工作者数(人)	Workers Working for the Disabled (person)	5955	7497	7605	8574	8743	8048

28-46 各市城乡居民养老保险情况

Basic condition of Endowment insurance in urban and rural area by City

单位：万人 (10 000person)

市(县)	City(County)	2012 年末参加城乡居民养老保险人数 Number of Endowment insurance in uaban and rural area	2012 本年领取养老金人数 Number of getting pension Person	2013 年末参加城乡居民养老保险人数 Number of Endowment insurance in uaban and rural area	2013 本年领取养老金人数 Number of getting pension Person
全省	**Total**	**4719.68**	**1140.56**	**4842.75**	**1194.84**
省辖市	**City**				
郑州市	Zhengzhou	247.34	62.29	251.06	65.83
开封市	Kaifeng	223.97	54.96	225.02	57.06
洛阳市	Luoyang	273.43	66.15	288.49	70.20
平顶山市	Pingdingshan	233.67	57.72	236.70	59.99
安阳市	Anyang	282.28	59.37	284.91	62.21
鹤壁市	Hebi	50.99	14.12	51.51	14.30
新乡市	Xinxiang	252.47	63.23	255.44	65.94
焦作市	Jiaozuo	153.64	33.66	155.61	35.73
濮阳市	Puyang	175.95	41.52	179.60	43.06
许昌市	Xuchang	241.28	58.19	248.17	59.81
漯河市	Luohe	115.71	32.56	116.21	33.99
三门峡市	Sanmenxia	100.81	23.08	102.18	23.67
南阳市	Nanyang	529.59	133.07	540.38	139.20
商丘市	Shangqiu	412.71	104.47	419.95	110.42
信阳市	Xinyang	437.99	92.41	440.13	96.99
周口市	Zhoukou	520.44	130.04	566.22	135.32
驻马店市	Zhumadian	437.54	106.39	451.29	113.51
济源市	Jiyuan	29.79	7.25	29.87	7.63
省直管县	**Province Administrating County**				
巩义市	Gongyi	36.30	10.11	36.81	10.70
兰考县	Lankao	39.15	10.06	39.65	10.78
汝州市	Ruzhou	50.45	11.54	51.10	12.14
滑县	Huaxian	73.33	17.01	73.00	17.19
长垣县	Changyuan	45.44	11.45	45.82	11.80
邓州市	Dengzhou	83.27	18.96	87.87	20.19
永城市	Yongcheng	82.26	18.77	82.72	19.82
固始县	Gushi	96.18	19.64	98.31	20.81
鹿邑县	Luyi	44.69	14.46	45.01	15.88
新蔡县	Xincai	48.28	11.96	50.53	14.07

28-47 福利彩票发行情况

Issue of Welfare Lottery Ticket

单位：万元 (10 000 yuan)

项 目	Item	2007	2008	2009	2010	2011	2012	2013
福利彩票销售点(个)	Sale Place of Welfare Lottery Ticket (unit)	4532	5001	6334	7930	9527	10741	11524
福利彩票销售收入	Sale Revenue of Welfare Lottery Ticket	208325	191362	227658	321660	452936	568891	617988
用于兑奖金额	Value of Exchanging Awards	76373	91848	144592	184334	198052	259373	276633
提取公益金	Extraction Welfare				99533	135248	170328	180536
公益金支出	Welfare Spending				38022	58735	84436	90338

28-48 安全生产基本情况

Basic Statistics on security production

指 标	Indicate	2012	2013
发生伤亡事故总数(起)	**Number of casualty accident(case)**	**10775**	**10394**
#道路交通事故	Traffic accident	6732	6449
工矿商贸企业	Factory、mine and trade Enterprise	119	125
矿山企业	Mine Enterprise	18	19
煤矿企业	Colliery Enterprise	5	8
非煤矿企业	Other mine Enterprise	13	11
非矿山	Factory and trade Enterprise	101	106
消防火灾	Fire	3639	3639
造成死亡总人数(人)	**Number of deaths in accident(person)**	**2044**	**1965**
#道路交通事故	Traffic accident	1636	1633
工矿商贸企业	Factory、mine and trade Enterprise	202	170
矿山企业	Mine Enterprise	30	25
煤矿企业	Colliery Enterprise	12	10
非煤矿企业	Other mine Enterprise	18	15
非矿山	Factory and trade Enterprise	172	145
消防火灾	Fire	16	16
一次死亡3-9人较大事故(起)	**Number of grave accident in which once dead 3~9 persons(case)**	**49**	**38**
#道路交通事故	Traffic accident	38	29
工矿商贸企业	Factory、mine and trade Enterprise	10	9
矿山企业	Mine Enterprise	2	1
煤矿企业	Colliery Enterprise	1	1
非煤矿企业	Other mine Enterprise	1	
非矿山	Factory and trade Enterprise	8	8
消防火灾	Fire	1	
一次死亡3-9人较大事故中死亡人数(人)	**Number of deaths in grave accident**	**208**	**160**
#道路交通事故	Traffic accident	154	121
工矿商贸企业	Factory、mine and trade Enterprise	50	39
矿山企业	Mine Enterprise	13	7
煤矿企业	Colliery Enterprise	9	7
非煤矿企业	Other mine Enterprise	4	
非矿山	Factory and trade Enterprise	37	32
消防火灾	Fire	4	
一次死亡10人以上重特大事故(起)	**Number of the gravest accident in which once dead over 10 persons(case)**	**4**	**2**
#道路交通事故	Traffic accident	3	1
工矿商贸企业	Factory、mine and trade Enterprise	1	
矿山企业	Mine Enterprise		
煤矿企业	Colliery Enterprise		
非煤矿企业	Other mine Enterprise		
非矿山	Factory and trade Enterprise	1	
消防火灾	Fire		
一次死亡10人以上重特大事故中死亡人数(人)	**Number of deaths in the gravest accident(person)**	**64**	**24**
#道路交通事故	Traffic accident	36	11
工矿商贸企业	Factory、mine and trade Enterprise	28	
矿山企业	Mine Enterprise		
煤矿企业	Colliery Enterprise		
非煤矿企业	Other mine Enterprise		
非矿山	Factory and trade Enterprise	28	
消防火灾	Fire		
煤矿百万吨死亡率	**Deaths per million tons of colliery**	**0.08**	**0.07**
骨干煤矿企业	Backbone mine	0.06	0.01
地方煤矿	The local mine	0.26	0.72

28-49 各市火灾事故发生情况(2013年)
Basic Statistics on Fires by City(2013)

市(县)	City(County)	事故发生数(起) Number of Traffic Accidents (case)	死亡人数(人) Number of Deaths (person)	受伤人数(人) Number of Injuries (person)	损失折款(万元) Losses Coverted into Cash (10 000 yuan)
全省	**Total**	**13587**	**46**	**55**	**14843**
省辖市	**City**				
郑州市	Zhengzhou	3379	14	10	1225
开封市	Kaifeng	1002	7	4	2194
洛阳市	Luoyang	844		2	1387
平顶山市	Pingdingshan	842		1	552
安阳市	Anyang	945	3	2	1132
鹤壁市	Hebi	255	1	2	153
新乡市	Xinxiang	413		7	334
焦作市	Jiaozuo	511	6	1	376
濮阳市	Puyang	803			1530
许昌市	Xuchang	355	2	1	245
漯河市	Luohe	365		2	260
三门峡市	Sanmenxia	308	2	6	757
南阳市	Nanyang	791		10	1066
商丘市	Shangqiu	424		4	822
信阳市	Xinyang	994	7		606
周口市	Zhoukou	576	1	2	1435
驻马店市	Zhumadian	646	3		485
济源市	Jiyuan	134		1	284
省直管县	**Province Administrating County**				
巩义市	Gongyi	161			45
兰考县	Lankao	161	7	1	866
汝州市	Ruzhou	86			15
滑县	Huaxian	128			147
长垣县	Changyuan	61			26
邓州市	Dengzhou	39		2	242
永城市	Yongcheng	78			45
固始县	Gushi	182			64
鹿邑县	Luyi	93			448
新蔡县	Xincai	36			18

28-50 婚姻登记情况
Basic Statistics on Marriages

项　目	Item	1990	1995	2000	2005	2010	2012	2013
准予登记结婚(万对)	**Registered Marriages (10 000 couples)**	**74.26**	**72.03**	**66.18**	**51.33**	**101.40**	**119.13**	**126.24**
初婚(万人)	First Marriages (10 000 person)	144.56	139.39	127.82	96.42	193.17	229.26	246.75
再婚(万人)	Remarriages (10 000 person)	3.97	4.67	4.53	6.25	9.63	9.00	5.73
离婚(万对)	**Divorces (10 000 couples)**			**8.60**	**9.10**	**13.36**	**16.76**	**20.85**
#民政部门	Civil Administration Department	1.94	2.24	2.65	6.08	10.43	13.96	17.75

28-51 各市婚姻登记情况
Basic Statistics on Marriages by City

单位：对　　(couples)

市(县)	City(County)	2012			2013		
		准予登记结婚 Registered Marriages	离婚 Divorces	#民政部门 Civil Administration Department	准予登记结婚 Registered Marriages	离婚 Divorces	#民政部门 Civil Administration Department
全省	**Total**	**1191308**	**167604**	**139638**	**1262437**	**208491**	**177502**
省辖市	**City**						
郑州市	Zhengzhou	100007	25132	22918	101141	30871	29309
开封市	Kaifeng	65338	7807	6595	62135	10817	9426
洛阳市	Luoyang	79960	11650	10545	76601	14348	12412
平顶山市	Pingdingshan	50700	9341	7811	59316	11445	9695
安阳市	Anyang	81692	9513	7893	74049	12036	9877
鹤壁市	Hebi	21967	2601	2144	18368	3450	2810
新乡市	Xinxiang	59452	9731	8194	72230	12373	10665
焦作市	Jiaozuo	42245	8180	7379	42017	8219	7218
濮阳市	Puyang	36676	5706	4257	51598	6719	5326
许昌市	Xuchang	56972	8613	6933	59012	11398	9474
漯河市	Luohe	29642	4653	3916	29022	5737	4790
三门峡市	Sanmenxia	21766	3378	2776	22944	4567	3455
南阳市	Nanyang	120708	17409	13199	116490	20174	14462
商丘市	Shangqiu	134414	13150	10821	135391	16331	13644
信阳市	Xinyang	81160	8354	6203	89296	11227	8474
周口市	Zhoukou	121970	6957	5356	154081	10809	10341
驻马店市	Zhumadian	78637	13821	11267	90227	16052	14408
济源市	Jiyuan	8002	1608	1431	8519	1918	1716
省直管县	**Province Administrating County**						
巩义市	Gongyi	8864	1568	1316	10026	1781	1616
兰考县	Lankao	10627	859	723	10354	1142	964
汝州市	Ruzhou	10638	997	696	12905	1452	1081
滑县	Huaxian	18440	1624	1361	10464	1741	1382
长垣县	Changyuan	8869	1165	1020	11251	1345	1241
邓州市	Dengzhou	21384	2455	1831	23202	2895	2180
永城市	Yongcheng	18788	2240	1904	19527	3280	2734
固始县	Gushi	18002	1419	1132	21901	2221	1704
鹿邑县	Luyi	17836	290	215	20577	639	614
新蔡县	Xincai	11371	878	426	14008	1157	781

主要统计指标解释

公共管理和社会组织 包括中国共产党机关、国家机构、人民政协和民主党派、群众团体、社会团体和宗教组织、基层群众自治组织。

受理劳动争议案件数 指劳动争议仲裁委员会根据国家有关规定，对劳动争议当事人的申请予以审查，符合受理条件而正式立案、准备处理的劳动争议案件数。

要案 指县、处级以上干部的犯罪案件。该指标主要反映职务犯罪案件中县、处级以上干部被人民检察院依法立案侦查的情况。

批准逮捕 指人民检察院对公安机关、国家安全机关、监狱管理机关提出逮捕的犯罪嫌疑人进行审查，根据事实，依法做出逮捕决定。该指标主要反映人民检察院对提请逮捕犯罪嫌疑人进行审查后依法做出批准逮捕决定的情况。

决定逮捕 指人民检察院对直接立案侦查的案件，认为需要逮捕犯罪嫌疑人时，依据法律做出的逮捕决定。该指标主要反映人民检察院对直接受理的案件行使决定逮捕权的情况。

提起公诉 指人民检察院对公安机关、国家安全机关、监狱管理机关和检察机关侦查部门等移送起诉的案件进行审查，根据事实，做出提起公诉的案件。该指标主要反映人民检察院对各种刑事案件向人民法院提起公诉的情况。

适用简易程序 指人民法院对依法可能判处三年以下有期徒刑、拘役、管制、单处罚金的公诉案件，事实清楚，证据充分，人民检察院建议或者同意适用简易程序的案件 ；告诉才处理的案件；被害人起诉的有证据证明的轻微刑事案件。

提出抗诉 指人民检察院对人民法院的判决、裁定认为确有错误，向人民法院提出对案件重新进行审理的诉讼活动。包括按照第二审程序提出的抗诉和按照审判监督程序（再审程序）提出的抗诉。

撤回抗诉 指上级人民检察院对下级人民检察院按照第二审程序提出的抗诉，经审查，认为抗诉不当时向同级人民法院撤回抗诉，同时通知提出抗诉的下级人民检察院。

立案监督 指人民检察院对侦查机关刑事立案活动的监督。包括对应当立案而不立案的监督和不应立案而立案的监督。

监督立案 包括侦查机关接到要求说明不立案理由后主动立案和执行通知立案两个内容。

监管活动 指人民检察院对监狱等监管改造场所的管理活动进行的监督。

青少年罪犯 指人民法院在报告期内判决发生法律效力的有罪判决中 14 周岁以上不满 25 周岁的罪犯。其中 14 周岁以上不满 18 周岁的罪犯为未成年罪犯。

行政案件 指公民、法人和其他组织不服行政机关作出的具体行政行为，向人民法院提起行政诉讼，人民法院依法审理的案件。

单独赔偿 指单独提起行政赔偿的案件。当事人对行政行为的合法性没有争议，就行政侵权造成的损害赔偿单独提起赔偿诉讼。

公证人员 指在公证处工作的人员总称，包括公证处主任、副主任、公证员、公证员助理(助理公证员)和其他从事辅助性工作的人员。

公证文书 指公证处根据当事人申请，依照事实和法律，按照法定程序制作的，具有法律效力的司法证明文书。

受理劳动争议案件数 指劳动争议仲裁委员会根据国家有关规定，对劳动争议当事人的申请予以审查，符合受理条件而正式立案、准备处理的劳动争议案件数。

城镇职工基本养老保险

1.（参保）职工人数 指报告期末按照国家法律、法规和有关政策规定参加基本养老保险并在社保经办机构已建立缴费记录档案的职工人数，包括中断缴费但未终止养老保险关系的职工人数，不包括只登记未建立缴费记录档案的人数。

2.（参保）离退休人员人数 指报告期末参加基本养老保险的离休、退休和退职人员的人数。

3.基金收入 指根据国家有关规定，由纳入基本养老保险范围的缴费单位和个人按国家规定的缴费基数和缴费比例缴纳的养老保险基金，以及通过其他方式取得的形成基金来源的收入。包括单位和职工个人缴纳的基本养老保险费、基本养老保险基金利息收入、上级补助收入、下级上解收入、转移收入、财政补贴和其他收入。

4.基金支出 指按照国家政策规定的开支范围和开支标准从养老保险基金中支付给参加基本养老保险的个人的养老金、丧葬抚恤补助，以及由于保险关系转移、上下级之间调剂资金等原因而发生的支出。包括离休金、退休金、退职金、各种补贴、医疗费、死亡丧葬补助费、抚恤救济费、社会保险经办机构管理费、补助下级支出、上解上级支出、转移支出、其他支出等。

5.基金累计结余 指截止报告期末基本养老保险基金收支相抵后的累计余额。

基本医疗保险

1.参保人数 指报告期末按国家有关规定参加相应基本医疗保险的人数。

2.基金收入 指由用人单位和个人按照国家规定的缴费基数、缴费比例或缴费标准缴纳的基本医疗保险基金，财政补助资金以及通过其他方式取得的形成基金来源的款项，包括：单位缴纳收入、个人缴纳收入、财政补助收入（含医疗救助补助个人收入）、财政补贴收入、利息收入和其他收入。

3.基金支出 指按照国家政策规定的开支范围和开支标准，从基本医疗保险基金中支付给参保人员的医疗保险待遇支出，以及其他支出。包括住院医疗费用支出、门急诊医疗费用支出、个人账户基金支出、其他支出。

4.基金累计结余 指截止报告期末基本医疗保险基金累计结余金额。

失业保险

1.参保人数 指报告期末按照国家法律、法规和有关政策规定参加了失业保险的城镇企业、事业单位的职工及地方政府规定参加失业保险的其他人员的人数。

2.基金收入 指报告期内筹集的失业保险基金的总额，包括失业保险费收入、利息收入、财政补贴收入、其他收入、转移收入、上级补助收入、下级上解收入。

3.基金支出 指报告期内为保障失业人员基本生活、促进其再就业等支出的基金总额，包括失业保险金支出、医疗补助金支出、丧葬补助金和抚恤金支出、职业培训和职业介绍补贴支出、农民合同制工人一次性生活补助支出、其他支出、转移支出、上级补助支出、下级上解支出。

4.基金累计结余 指截止报告期末失业保险基金收支相抵后的累计余额。

工伤保险

1.参加保险人数 指报告期末依据国家有关规定参加工伤保险的职工人数和有雇工的个体工商户的雇工数。

2.享受保险待遇人数 指年初至报告期末因工伤或职业病而享受工伤保险待遇的人数。为享受工伤医疗待遇中未评定等级的人数、享受伤残待遇人数以及享受因工死亡待遇人数之和。

3.基金收入 指根据国家有关规定，由参加工伤保险的单位按国家规定的缴费基数和缴费比例缴纳的工伤保险基金，以及通过其他形式取得的形成基金来源的款项。包括：单位缴纳的社会统筹基金收入、财政补贴收入、利息收入、其他收入。

4.基金支出 指按照国家政策规定的开支范围和开支标准从工伤保险基金中支付给参加工伤保险的人员及供养直系亲属工伤保险待遇支出及其他支出。包括工伤医疗费、伤残补助金、工亡补助金、护理费、丧葬补助费、工伤预防费用、职业康复费用和其他支出。

5.基金累计结余 指截止报告期末工伤保险基金累计结余金额。

生育保险

1.参保人数 指报告期末依据有关规定参加生育保险的人数。

2.基金收入 指根据国家有关规定，由参加生育保险的单位按照国家规定的缴费基数和缴费比例缴纳的生育保险基金，以及通过其他方式取得的形成基金来源的款项，包括：单位缴纳的基金收入、利息收入和其他收入。

3.基金支出 指按照国家政策规定的开支范围和开支标准，从生育保险基金中支付给参加生育保险的职工，因妊娠、分娩和计划生育手术而享受的待遇及其他支出。包括：生育津贴、医疗费用支出及其他支出。

4.基金累计结余 指截止报告期末生育保险基金累计结余金额。

Explanatory Notes on Main Statistical Indicators

Public management and social organizations including the Chinese communist party organs, state agencies, people's political consultative conference and the democratic parties, mass organizations, social organizations and religious organization, basic autonomous organization of the people.

Number of Labour Dispute Cases Accepted refers to the number of cases of labour dispute submitted that, after being reviewed by the labour dispute arbitration committees in line with the relevant state regulations, are accepted and registered for treatment.

Key Cases refer to crimes committed by county and director-level officials. This indicator reflects the situation of those county and director-level officials involved in criminal cases registered and handled by People's Procuratorate offices.

Approval for Arrest refers to the decision made by people's procuratorate office, in accordance with the law and relevant facts, to approve the arrest of the suspect(s) as proposed by the public security departments, state security departments or prisons authority. This indicator reflects approved arrests made by people's procuratorate offices that are proposed by related departments.

Decision on Arrest refers to decision made by the people's procuratorate office, in accordance with laws, to arrest the suspect(s) in the cases that are accepted and to be investigated by procurators office. This indicator mainly reflects the implementation of the decision on arrest by people's procuratorate office.

Cases by Public Prosecution refer to those ones that are instituted by People's Procuratorate offices after their examination of such cases transferred by public security organs, national security organs, jail management organs and prosecutorial organs on the bases of the facts found. This indicator reflects the situation of public prosecutions instituted to the people's courts by People's Procuratorate Offices.

Application of Summary Procedure refers to those cases of public prosecution where the suspects might be, according to law, sentenced to fixed-term imprisonment of not more than three years, criminal detention, public surveillance or punishment with fines exclusively by People's Court ;, those cases where the facts are clear and the evidence is sufficient, and for which the People's Procuratorate suggests or agrees to the application of summary procedure; those cases to be handled only upon complaints; and those minor criminal cases prosecuted by the victims with evidence.

Protests Presented refers to those protests presented by local People's Procuratorate at any level who considers that there exists some definite error in a judgment or order of first instance made by a People's Court at the same level to the People's Court at the next higher level, including the protests raised in accordance with the second instance and protests raised in accordance with procedure for trial supervision.

Withdrawal of Protests refers to the actions made by the People's Procuratorate at the next higher level when it considers the protests inappropriate by withdrawing the protests from the People's Court at the same level and notifying the People's Procuratorate at the next lower level.

Case Registration Supervision refers to the actions made by the People's Procuratorate to supervise the registration of criminal cases initiated by investigative authorities, including supervision of the cases which have wrongly not been registered and have wrongly been registered.

Supervision of Case Registration includes both the supervision of those registrations initiated by investigatory authorities and the supervision of those registrations according to notifications after hearing declined reasons for registration.

Supervisory Activities refers to the supervision of the People's Procuratorate over the management of prisons as well as other places of criminal reformation under supervision.

Juvenile Criminals refers to the offenders within the age range of 14 to 25 convicted guilty by the court during the reporting period while those between 14 and 18 are defined as minor offenders.

Administrative Cases refers to the cases filed by citizens, corporations and other organizations against the specific administrative conducts of administrative authorities and handled by the court.

Separate Compensation refers to cases that are separately filed for administrative compensation by the party who has no dispute on the legality of administrative conducts but brings proceedings separately to claim for damages caused by administrative tort.

Notary Personnel refers to people working for notary offices including: directors, deputy directors, notaries, assistant notaries and other people providing assistance.

Notary Documents refer to legally binding judicial notary documents developed at the request of the interested party based on facts and the law following certain legal proceedings.

Number of Labour Disputes Cases Accepted refers to the number of cases of labour disputes submitted that, after being reviewed by the labour dispute arbitration committees in line with the relevant national regulations, are accepted and registered for treatment.

Basic Pension Insurance

1. Number of staff and workers covered refer to staff and workers participating in the basic pension insurance programme according to national laws, regulations and related policies at the end of the reference period, who have already had payment records in social security management agencies, including those who have interrupt payment without terminating the insurance programme. Those who have registered in the programme but with no payment records are not included.

2. Number of retirees participating in the basic pension insurance programme refer to the number of retirees participating in basic pension insurance programmes by the end of the reference period.

3. Revenue of the basic pension insurance programme refers to payments made by employers and individuals participating in the pension insurance programme in accordance with the basis and proportion stipulated in State regulations, and income from other sources that become source of pension insurance fund, including the premium paid by employers and staff and workers, interest income, subsidies from higher level agencies, income as transfer from subordinate agencies, transferred income, government financial subsidies and other income.

4. Expenditure of basic pension insurance programme refer to payment made on pensions and funeral subsidies to those retired and resigned people covered in pension insurance programmes according to related national policies on scope and standard of expenditure. Also included are expenditure which arises due to shift of the insurance relationship or adjustment of funds among agencies. More specifically, included are pensions for resigned people, pensions for retired people, pension for people quitting jobs, various subsidies, medical fees, funeral subsidies, compensation payments, management fees for social security agencies, expenses on subsidies to lower subordinates, expenses as transfer to agencies at higher level, transferred expenditure and other expenditure.

5. Balance of basic pension insurance programme refers to the balance of basic pension insurance funds at the end of the reference period after deducting expenses from revenue.

Basic Medical Care Insurance

1. Number of people participating in the insurance programme refers to people participating in the basic medical care insurance programme according to related regulations at the end of the reference period.

2. Revenue of the insurance programme refers to payments made by employers and individuals participating in the medical care insurance programme in accordance with the basis and proportion stipulated in State regulations, and income from other sources that become source of medical insurance fund, including income paid by units, individual paid income, financial assistance's income (including individual income from medicaid), financial subsidies' income, interest income and other income.

3. Expenditure of the insurance programme refers to payment made to people covered in basic medical care insurance programme within the scope and standards of expenditure according to related national policies, and medical care payment and other expenses, including medical expenses of hospital inpatients, medical expenses for outpatients and emergency patients, payment from individual accounts and other expenditure.

4. Balance of the basic medical care insurance programme refers to the balance of medical care insurance funds at the end of the reference period.

Unemployment Insurance

1. Number of people covered refers to staff and workers in urban enterprises or institutions who have participated in the unemployment insurance programme according to relevant policies and regulations, and other people who have participated according to local government regulations at the end of the reference period.

2. Revenue of the unemployment insurance programme refers to the total unemployment insurance funds raised in the reference period, including unemployment insurance premium, interest income, financial subsidies, other income, transferred income, subsidies from higher level agencies and income as transfer from subordinate agencies.

3. Expenditure of the unemployment insurance programme refers to total expenses during the reference period to guarantee the basic livelihood of unemployed people, and to encourage their re-employment. Included are unemployment relief, medical fees, funeral subsidies, compensation payments, training expenses, management fees for unemployment insurance agencies, subsidies to lower level agencies, expenses as transfer to higher level agencies, transferred expenditure and other expenditure.

4. Balance of the unemployment insurance programme refers to the balance of revenue of the programme after deducting expenses at the end of the reference period.

Work Injury Insurance

1. Number of people covered refers to staff and workers who have participated in the work injury insurance programme and number of employees in private business according to relevant national regulations at the end of the reference period.

2. Number of beneficiaries refers to number of people benefited from work injury insurance, as a result of work injury or occupational disease. It is the sum of beneficiaries from the work injury medical treatment without rating, disabilities and deaths at work places.

3. Revenue of the work injury insurance programme refers to payments made by employers participating in the work injury insurance programme in accordance with the basis and proportion stipulated in State regulations, and income from other sources that become source of work injury insurance fund, including income of social comprehensive funds paid by employers, government financial subsidies, interest income and other income.

4. Expenditure of the work injury insurance programme refers to payments made from work injury insurance funds to those who participated in the work injury insurance programme and their direct dependents within the scope and standards of expenditure according to related national policies, and other expenditure, including medical fees for work injury, injury and disability subsidies, death subsidies, nursing fees, funeral subsidies, injury prevention fees, occupational rehabilitation fees and other expenditure.

5. Balance of the work injury insurance programme refers to the balance of the work injury funds at the end of the reference period.

Maternity Insurance

1. Number of people covered refers to people who have participated in the maternity insurance programme according to relevant regulation at the end of the reference period.

2. Revenue of maternity insurance refers to payments made by employers participating in the maternity insurance programme in accordance with the basis and proportion stipulated in State regulations, and income from other sources that become source of maternity insurance fund, including income of funds paid by employers, interest income and other income.

3. Expenditure of the maternity insurance programme refers to payments made from maternity insurance funds to staff and workers who participate in the maternity insurance programme within the scope and standards of expenditure in accordance with related national policies, expenses paid for pregnancy, child delivery or surgeries related to family planning, and other expenditure, including allowance for child bearing, medical fees and other expenditure.

4. Balance of the maternity programme refers to the balance of the maternity insurance funds at the end of the reference period.

各县（市、区）主要统计指标

Main Indicators by County (City,District)

29-1 各县(市)人口及从业人员(2013年)

Population and Employed Person by County and City (2013)

县市 County and city	年末总户数(万户) Total Households (year-end) (10 000 household)	年末总人口(万人) Population (year-end) (10 000 persons)	年平均总人口(万人) Average person Per Year (10 000 persons)	常住人口(万人) Resident population (10 000 persons)	#城镇 Urban	城镇化率(%) Urban Proportion (%)	从业人员(万人) Employment (10 000 persons)	第一产业 Primary Industry	第二、三产业 Secondary Industry and Tertiary Industry	#乡村从业人员 Employed Persons in Rural Area
郑州市 Zhengzhou										
中牟县 Zhongmu	17.59	91.55	91.95	91.55	35.16	38.40	38.61	17.89	20.72	27.81
巩义市 Gongyi	21.56	82.81	82.65	81.63	40.05	49.06	48.31	8.51	39.80	32.70
荥阳市 Xingyang	17.74	61.50	61.48	61.50	29.53	48.02	48.24	11.68	36.56	32.07
新密市 Xinmi	21.09	80.00	80.00	80.00	39.53	49.41	49.84	8.61	41.23	33.51
新郑市 Xinzheng	19.12	84.02	80.44	84.02	40.72	48.47	47.04	14.55	32.49	39.47
登封市 Dengfeng	17.54	68.34	68.05	68.34	32.80	47.99	49.94	14.38	35.56	33.84
开封市 Kaifeng										
杞县 Qixian	35.60	111.15	110.85	94.79	29.03	30.63	73.00	40.00	33.00	62.00
通许县 Tongxu	17.85	63.55	63.38	56.28	17.25	30.65	40.42	19.94	20.48	33.29
尉氏县 Weishi	25.58	95.18	94.93	87.19	27.16	31.15	69.04	27.11	41.93	50.85
开封县 Kaifeng	21.04	75.34	75.12	69.28	20.75	29.95	53.72	23.93	29.79	43.94
兰考县 Lankao	26.30	83.68	83.46	66.26	20.86	31.48	57.08	20.31	36.76	46.07
洛阳市 Luoyang										
孟津县 Mengjin	15.73	45.74	45.62	41.84	17.12	40.92	32.50	10.80	21.70	21.80
新安县 Xinan	15.77	52.64	52.57	47.45	18.46	38.90	38.60	12.50	26.10	30.00
栾川县 Luanchuan	10.67	33.62	33.51	34.45	14.27	41.41	23.80	9.80	14.00	18.80
嵩县 Songxian	17.22	59.34	59.22	51.09	14.28	27.95	37.70	18.70	19.00	30.40
汝阳县 Ruyang	12.72	47.51	47.45	41.36	11.73	28.37	33.70	18.80	14.90	29.70
宜阳县 Yiyang	19.54	69.02	68.91	60.61	17.66	29.14	41.40	22.10	19.30	36.00
洛宁县 Luoning	13.70	48.58	48.49	42.25	11.25	26.63	34.30	16.80	17.50	28.00
伊川县 Yichuan	25.45	82.49	82.14	76.31	25.04	32.81	52.20	13.20	39.00	42.90
偃师市 Yanshi	18.29	60.03	59.89	56.37	29.35	52.07	46.70	8.40	38.30	33.50
平顶山市 Pingdingshan										
宝丰县 Baofeng	16.38	52.54	52.42	49.54	17.68	35.68	33.64	13.20	20.44	27.96
叶县 Yexian	23.52	90.02	89.76	78.33	24.61	31.42	54.12	34.33	19.79	49.83
鲁山县 Lushan	24.46	93.75	93.51	78.69	24.09	30.62	53.26	25.94	27.31	48.03
郏县 Jiaxian	19.24	62.79	62.62	57.59	20.21	35.09	37.85	23.51	14.34	34.28
舞钢市 Wugang	10.47	33.99	33.90	31.91	16.54	51.84	21.57	9.12	12.45	16.14
汝州市 Ruzhou	30.22	106.54	106.28	93.27	35.14	37.68	61.35	27.20	34.14	51.43
安阳市 Anyang										
安阳县 Anyang	29.41	99.73	99.48	85.37	33.87	39.68	63.41	25.90	37.51	51.72
汤阴县 Tangyin	14.34	49.79	49.67	43.37	17.41	40.15	30.67	13.98	16.69	25.19
滑县 Huaxian	38.15	135.21	134.87	111.40	26.07	23.40	80.38	39.02	41.36	68.04
内黄县 Neihuang	19.85	77.06	76.87	67.78	15.64	23.07	53.51	23.81	29.70	46.29
林州市 Linzhou	30.46	106.02	105.83	78.90	36.16	45.83	64.77	21.11	43.66	53.96
鹤壁市 Hebi										
浚县 Xunxian	19.72	69.91	69.72	67.04	19.44	29.00	41.79	16.52	25.27	35.22
淇县 Qixian	8.66	28.84	28.75	27.96	13.61	48.68	20.10	6.77	13.33	14.31

29-1 续表 1 continued

县 市 County and city	年末总户数（万户） Total Households (year-end) (10 000 household)	年末总人口（万人） Population (year-end) (10 000 persons)	年平均总人口（万人） Average person Per Year (10 000 persons)	常住人口（万人） Resident population (10 000 persons)	#城镇 Urban	城镇化率（%） Urban Proportion (%)	从业人员（万人） Employment (10 000 persons)	第一产业 Primary Industry	第二、三产业 Secondary Industry and Tertiary Industry	#乡村从业人员 Employed Persons in Rural Area
新乡市 Xinxiang										
新乡县 Xinxiang	8.77	34.11	34.03	33.97	16.43	48.38	27.97	2.89	25.08	19.16
获嘉县 Huojia	11.40	43.32	43.21	40.42	15.85	39.21	29.79	10.95	18.84	23.51
原阳县 Yuanyang	18.52	73.36	73.17	65.90	18.29	27.76	38.53	16.76	21.77	34.23
延津县 Yanjin	13.96	49.51	49.38	46.95	14.33	30.53	29.10	12.72	16.38	23.17
封丘县 Fengqiu	21.25	81.07	80.86	73.00	21.37	29.27	41.53	18.12	23.41	35.78
长垣县 Changyuan	26.27	85.41	85.20	74.34	28.21	37.95	50.39	7.56	42.83	31.78
卫辉市 Weihui	15.54	51.43	51.30	49.73	19.06	38.32	26.34	16.41	9.93	21.75
辉县市 Huixian	26.84	84.08	83.85	73.91	29.82	40.34	44.59	18.48	26.11	35.54
焦作市 Jiaozuo										
修武县 Xiuwu	6.94	28.27	28.24	26.15	11.25	43.02	16.09	5.65	10.44	12.20
博爱县 Boai	10.46	39.57	39.52	37.02	17.92	48.41	21.82	8.84	12.98	16.59
武陟县 Wuzhi	18.84	72.65	72.55	67.54	21.50	31.84	45.24	22.31	22.93	33.89
温县 Wenxian	13.94	44.77	44.73	41.29	16.88	40.88	32.09	13.57	18.52	23.75
沁阳市 Qinyang	11.74	48.91	48.86	44.20	24.23	54.82	33.22	10.56	22.66	24.81
孟州市 Mengzhou	11.22	38.25	38.21	36.51	15.70	43.01	30.79	6.30	24.49	19.85
濮阳市 Puyang										
清丰县 Qingfeng	18.62	70.53	70.36	63.37	14.58	23.00	45.37	23.06	22.31	38.37
南乐县 Nanle	13.41	53.12	52.99	45.91	11.82	25.75	33.44	13.27	20.17	25.47
范县 Fanxian	16.31	54.77	54.63	47.14	12.54	26.61	34.07	16.14	17.93	29.35
台前县 Taiqian	10.03	37.45	37.35	31.95	8.33	26.08	23.62	9.76	13.86	19.74
濮阳县 Puyang	31.32	113.93	113.64	101.50	34.20	33.70	68.41	39.23	29.18	60.08
许昌市 Xuchang										
许昌县 Xuchang	26.31	88.92	88.71	76.76	25.99	33.86	47.41	16.83	30.58	35.69
鄢陵县 Yanling	18.84	65.71	65.56	55.06	18.58	33.74	37.67	12.85	24.82	26.06
襄城县 Xiangcheng	27.09	85.81	85.61	67.03	22.19	33.10	51.25	25.31	25.94	44.05
禹州市 Yuzhou	38.47	127.10	126.81	112.93	44.46	39.37	83.18	29.80	53.38	61.06
长葛市 Changge	20.08	76.87	76.70	67.48	31.45	46.61	53.33	13.57	39.76	34.89
漯河市 Luohe										
舞阳县 Wuyang	16.76	60.95	60.78	54.59	20.33	37.24	35.56	20.41	15.15	32.20
临颍县 Linying	21.79	76.67	76.37	71.83	28.47	39.64	47.62	21.16	21.16	40.28
三门峡市 Sanmenxia										
渑池县 Mianchi	11.91	35.32	35.27	34.88	14.24	40.84	21.02	9.07	11.95	16.67
陕县 Shanxian	11.27	34.41	34.36	34.62	13.78	39.80	18.50	10.25	8.25	14.89
卢氏县 Lushi	12.64	36.35	36.29	35.48	11.00	31.00	20.95	12.91	8.04	18.04
义马市 Yima	5.21	16.58	16.56	14.58	13.96	95.76	11.88	1.08	10.80	2.38
灵宝市 Lingbao	21.14	74.14	74.04	72.55	27.50	37.91	46.17	27.14	19.03	36.14
南阳市 Nanyang										
南召县 Nanzhao	21.55	64.61	64.48	54.89	18.17	33.11	36.51	24.18	12.32	31.24
方城县 Fangcheng	33.72	107.92	107.64	90.40	28.06	31.04	69.83	40.13	31.01	64.02
西峡县 Xixia	15.98	46.52	46.42	43.96	18.63	42.38	39.06	4.71	34.35	28.48
镇平县 Zhenping	29.28	102.35	102.12	84.70	28.80	34.00	55.26	24.54	30.73	47.71

29-1 续表 2 continued

县市 County and city	年末总户数 (万户) Total Households (year-end) (10 000 household)	年末总人口 (万人) Population (year-end) (10 000 persons)	年平均总人口 (万人) Average person Per Year (10 000 persons)	常住人口 (万人) Resident population (10 000 persons)	#城镇 Urban	城镇化率 (%) Urban Proportion (%)	从业人员 (万人) Employment (10 000 persons)	第一产业 Primary Industry	第二、三产业 Secondary Industry and Tertiary Industry	#乡村从业人员 Employed Persons in Rural Area
内乡县 Neixiang	22.76	71.21	71.09	56.43	19.05	33.76	35.36	15.10	20.26	29.94
淅川县 Xichuan	21.58	70.80	70.64	67.29	24.03	35.71	38.48	19.71	18.77	31.51
社旗县 Sheqi	22.50	72.92	72.76	62.47	20.82	33.33	45.45	26.04	19.41	40.40
唐河县 Tanghe	42.66	143.40	143.06	123.92	42.98	34.68	72.43	38.17	34.26	63.76
新野县 Xinye	25.70	82.61	82.41	61.47	20.84	33.91	50.55	22.79	27.76	43.53
桐柏县 Tongbai	16.09	47.24	47.12	38.80	14.96	38.55	24.93	10.21	14.71	21.29
邓州市 Dengzhou	48.76	175.42	175.10	143.07	47.53	33.22	96.37	50.44	45.93	86.80
商丘市 Shangqiu										
民权县 Minquan	27.83	90.56	90.36	72.06	21.20	29.42	47.05	23.90	23.15	44.59
睢县 Suixian	23.94	86.60	86.40	66.77	20.03	30.00	56.53	29.53	27.00	48.51
宁陵县 Ningling	17.67	64.64	64.48	51.07	14.16	27.73	37.68	19.56	18.12	32.30
柘城县 Zhecheng	31.21	101.69	101.46	69.49	20.35	29.29	53.65	26.69	26.96	43.75
虞城县 Yucheng	32.02	117.74	117.47	89.05	27.33	30.69	66.27	19.83	46.44	62.77
夏邑县 Xiayi	38.16	119.92	119.64	88.38	28.42	32.16	67.57	31.83	35.74	59.08
永城市 Yongcheng	40.04	153.12	152.72	123.05	48.25	39.21	102.47	29.91	72.55	80.54
信阳市 Xinyang										
罗山县 Luoshan	22.79	75.35	75.13	52.45	18.56	35.39	45.24	20.75	24.49	37.99
光山县 Guangshan	29.77	83.81	83.63	60.36	20.00	33.13	49.19	22.65	26.54	41.62
新县 Xinxian	14.88	36.19	36.09	29.01	12.02	41.44	22.96	7.24	15.72	17.26
商城县 Shangcheng	23.21	77.74	77.55	52.01	17.16	32.99	42.25	16.65	25.60	36.56
固始县 Gushi	56.68	173.41	173.01	106.52	36.11	33.90	102.16	40.72	61.44	86.92
潢川县 Huangchuan	26.51	85.36	85.12	66.04	29.23	44.26	46.24	28.55	17.69	38.14
淮滨县 Huaibin	22.78	75.86	75.54	57.61	19.24	33.40	47.38	18.48	28.90	38.49
息县 Xixian	32.78	102.61	102.37	81.34	26.78	32.92	57.80	33.26	24.54	50.35
周口市 Zhoukou										
扶沟县 Fugou	21.71	75.36	75.19	60.06	19.38	32.27	46.56	22.60	23.96	37.24
西华县 Xihua	28.14	95.73	95.52	75.92	24.39	32.12	58.21	26.34	31.87	51.58
商水县 Shangshui	33.20	122.59	122.28	89.84	26.48	29.47	77.51	38.97	38.54	65.70
沈丘县 Shenqiu	35.04	129.31	129.02	95.41	30.31	31.77	77.34	40.54	36.80	70.25
郸城县 Dancheng	41.70	132.89	132.58	95.26	30.63	32.15	84.89	42.45	42.44	74.87
淮阳县 Huaiyang	38.18	129.70	129.40	99.02	31.83	32.15	86.38	47.95	38.43	67.63
太康县 Taikang	41.59	148.65	148.33	106.06	32.46	30.61	88.60	51.86	36.74	73.87
鹿邑县 Luyi	36.77	120.14	119.87	88.67	30.30	34.17	77.85	28.79	49.06	67.48
项城市 Xiangcheng	38.15	123.19	122.90	97.16	39.71	40.87	74.16	29.26	44.90	47.24
驻马店市 Zhumadian										
西平县 Xiping	20.79	88.41	88.18	68.84	21.47	31.19	62.03	12.29	49.74	55.74
上蔡县 Shangcai	37.81	150.12	149.74	100.20	31.10	31.04	87.50	53.50	34.00	79.93
平舆县 Pingyu	25.89	99.60	99.35	71.73	24.01	33.47	64.29	31.56	32.73	57.12
正阳县 Zhengyang	23.95	81.96	81.74	62.59	16.76	26.77	49.11	25.17	23.94	43.67
确山县 Queshan	15.64	52.26	52.92	39.01	13.71	35.14	31.53	11.60	19.93	24.77
泌阳县 Biyang	24.71	91.00	90.79	67.78	22.68	33.46	60.85	28.57	32.28	50.49
汝南县 Runan	22.54	84.57	84.36	64.78	20.20	31.18	51.88	27.10	24.78	46.99
遂平县 Suiping	17.86	55.72	55.60	41.29	14.59	35.33	35.02	17.91	17.11	29.04
新蔡县 Xincai	29.20	111.75	111.49	83.24	22.38	26.88	70.36	32.67	20.31	65.18

29−2 各县(市)生产总值和指数(2013年)

县 市	County and city	生产总值 (万元) Gross Domestic Products (10 000 yuan)	第一产业 Primary Industry	第二产业 Secondary Industry	#工业 Industry	第三产业 Tertiary Industry
郑州市	**Zhengzhou**					
中牟县	Zhongmu	5513732	487695	3982701	3718259	1043336
巩义市	Gongyi	5812240	110762	4078071	3881912	1623407
荥阳市	Xingyang	5200436	258010	3638837	3442950	1303590
新密市	Xinmi	5598318	167764	3733249	3533934	1697305
新郑市	Xinzheng	6064742	208595	4183561	3979381	1672586
登封市	Dengfeng	4509039	130571	3162063	3034834	1216405
开封市	**Kaifeng**					
杞县	Qixian	2284721	787434	847701	799894	649586
通许县	Tongxu	1779449	470766	733922	682423	574761
尉氏县	Weishi	2719844	515137	1595802	1506802	608904
开封县	Kaifeng	1872057	511820	755980	711598	604257
兰考县	Lankao	1928483	350238	927323	880822	650922
洛阳市	**Luoyang**					
孟津县	Mengjin	2025838	255966	1294217	1159154	475655
新安县	Xinan	3439188	219283	2613020	2421822	606885
栾川县	Luanchuan	1440442	150920	963899	903298	325623
嵩县	Songxian	1467493	310418	677440	585142	479635
汝阳县	Ruyang	1155195	156486	695329	611033	303380
宜阳县	Yiyang	1946139	328515	973762	827220	643862
洛宁县	Luoning	1387703	303017	657347	573646	427339
伊川县	Yichuan	2751328	295255	1810879	1633030	645194
偃师市	Yanshi	3569317	212397	2166245	2024389	1190675
平顶山市	**Pingdingshan**					
宝丰县	Baofeng	2329909	185950	1552261	1505283	591698
叶县	Yexian	1870677	401701	1116505	1072618	352471
鲁山县	Lushan	1174530	238522	466393	422768	469615
郏县	Jiaxian	1339405	219548	819795	781546	300063
舞钢市	Wugang	1019214	116212	519992	475073	383010
汝州市	Ruzhou	3316636	389530	1771072	1650878	1156034
安阳市	**Anyang**					
安阳县	Anyang	3460856	336089	2158577	2008210	966190
汤阴县	Tangyin	1358052	230183	802248	773768	325621
滑县	Huaxian	1830323	647154	738883	654889	444286
内黄县	Neihuang	1449470	473411	629094	575867	346965
林州市	Linzhou	4241275	219275	2788316	2397604	1233684
鹤壁市	**Hebi**					
浚县	Xunxian	1412973	302071	803866	744585	307036
淇县	Qixian	1705915	189449	1374359	1306086	142107

Gross Domestic Product and Its indices by County and City (2013)

人均 生产总值(元) (按常住人口计算) Per Capita GDP(yuan) (calculated at residents)	生产总值 指数(%) (上年=100) Indices of Gross Domestic Products(%) (preceding year=100)	第一产业 Primary Industry	第二产业 Secondary Industry	#工业 Industry	第三产业 Tertiary Industry	人均 生产总值 指数(%) Indices of Per Capita GDP (%)
59964	108.4	101.5	109.7	109.1	109.1	103.9
71338	110.1	103.9	111.0	111.0	107.4	109.7
84594	109.2	104.0	109.6	109.4	108.9	109.1
69979	109.5	104.1	109.7	109.6	109.4	109.5
75399	111.6	103.3	112.5	112.4	110.3	105.2
66261	109.1	103.9	109.3	109.1	109.4	108.3
24062	111.0	104.5	115.3	115.3	113.0	111.4
31570	110.6	104.5	114.6	114.5	110.3	110.9
31143	112.4	104.5	115.8	115.8	109.4	112.8
26979	111.0	104.6	115.6	115.6	110.7	111.3
28974	111.1	104.6	114.2	113.8	110.5	111.8
48506	111.8	104.3	114.6	115.4	109.5	111.5
72580	110.6	104.2	111.5	111.6	106.5	110.3
41831	108.7	104.3	109.0	109.0	108.1	108.6
28777	107.9	103.9	109.1	109.0	108.5	107.6
28001	109.3	104.5	110.5	110.4	109.0	108.7
32162	109.0	104.2	110.7	110.5	108.8	108.6
32791	109.0	103.4	111.2	111.5	108.4	109.0
36126	109.6	103.5	110.4	110.5	108.3	109.2
63415	109.5	104.5	110.8	111.3	108.0	109.1
47105	111.6	104.1	114.4	114.6	105.4	111.1
23917	110.4	104.5	113.5	113.7	105.1	110.0
14936	109.1	105.0	111.5	111.8	107.7	109.3
23296	109.3	104.7	111.2	111.4	106.8	109.0
32045	102.5	104.9	101.1	100.8	105.5	101.9
35568	108.0	104.4	107.0	106.7	111.0	107.9
40562	108.2	104.0	109.5	109.8	105.5	108.2
31383	109.6	104.2	111.1	111.1	108.1	109.5
16233	109.0	104.2	112.2	112.1	110.0	113.3
21333	108.1	103.5	111.2	111.7	107.7	108.5
53764	109.5	104.3	110.3	110.0	108.1	109.7
21109	112.1	104.2	115.2	116.5	111.4	111.4
61826	114.7	104.0	116.9	117.6	106.2	113.0

29-2 续表 1

县 市 County and city	生产总值 (万元) Gross Domestic Products (10 000 yuan)	第一产业 Primary Industry	第二产业 Secondary Industry	#工业 Industry	第三产业 Tertiary Industry
新 乡 市 Xinxiang					
新 乡 县 Xinxiang	1969806	128312	1582987	1474643	258507
获 嘉 县 Huojia	801948	154956	491743	445784	155249
原 阳 县 Yuanyang	963890	255849	455753	366583	252287
延 津 县 Yanjin	1017225	237893	556072	493682	223260
封 丘 县 Fengqiu	1016592	356485	425188	307360	234919
长 垣 县 Changyuan	2266443	317335	1248746	1051489	700361
卫 辉 市 Weihui	1064233	223423	443210	374955	397601
辉 县 市 Huixian	2895949	379397	2062109	1936000	454443
焦 作 市 Jiaozuo					
修 武 县 Xiuwu	1000798	120323	619336	571080	261139
博 爱 县 Boai	1997972	176833	1448507	1383542	372632
武 陟 县 Wuzhi	2499244	323557	1690718	1607212	484969
温 县 Wenxian	2107155	212965	1506085	1447671	388105
沁 阳 市 Qinyang	3299309	191499	2357330	2279270	750480
孟 州 市 Mengzhou	2458415	195160	1905380	1827563	357875
濮 阳 市 Puyang					
清 丰 县 Qingfeng	1639980	382349	964871	921844	292760
南 乐 县 Manle	1241667	294887	707172	674518	239608
范 县 Fanxian	1303241	158923	862498	833682	281820
台 前 县 Taiqian	724352	90177	440540	412651	193635
濮 阳 县 Puyang	2799020	385799	1976459	1923369	436762
许 昌 市 Xuchang					
许 昌 县 Xuchang	2370449	383036	1385314	1257124	602099
鄢 陵 县 Yanling	2262093	525605	1168548	1043595	567940
襄 城 县 Xiangcheng	2802262	369831	1873645	1774176	558786
禹 州 市 Yuzhou	4522527	318385	3174787	2981951	1029355
长 葛 市 Changge	4108512	242502	3177382	3045557	688628
漯 河 市 Luohe					
舞 阳 县 Wuyang	1182778	248573	744274	698153	189931
临 颍 县 Linying	2351774	331014	1749353	1678066	271407
三 门 峡 市 Sanmenxia					
渑 池 县 Mianchi	2107736	185347	1488951	1426750	433438
陕 县 Shanxian	1413691	173637	724672	657366	515382
卢 氏 县 Lushi	685294	167764	265710	208197	251820
义 马 市 Yima	1617805	9207	1391193	1325656	217405
灵 宝 市 Lingbao	4686371	423828	3366505	3273239	896038
南 阳 市 Nanyang					
南 召 县 Nanzhao	1052411	159085	565464	488842	327862
方 城 县 Fangcheng	1456097	340460	676125	582659	439513
西 峡 县 Xixia	1903810	245143	1231303	1110584	427364

continued

人均生产总值(元)(按常住人口计算) Per Capita GDP(yuan) (calculated at residents)	生产总值指数(%)(上年=100) Indices of Gross Domestic Products(%) (preceding year=100)	第一产业 Primary Industry	第二产业 Secondary Industry	#工业 Industry	第三产业 Tertiary Industry	人均生产总值指数(%) Indices of Per Capita GDP (%)
58029	110.4	104.5	111.3	111.6	105.0	109.9
19865	107.7	104.4	111.2	110.9	100.6	107.2
14632	107.8	104.3	110.2	108.7	105.2	107.4
21678	107.9	104.4	111.0	111.4	102.4	107.5
13931	106.9	104.5	108.7	110.9	107.0	106.5
30292	112.6	104.6	116.1	116.0	109.2	116.7
21411	107.9	104.4	110.9	111.9	105.5	107.5
39195	108.4	104.6	109.1	109.3	107.3	108.1
38257	105.3	105.1	104.4	103.6	107.9	110.5
54048	111.2	105.1	113.2	113.4	105.2	121.1
36670	111.7	104.8	113.7	113.9	107.5	114.9
50722	111.4	105.5	112.8	113.0	108.1	112.2
74316	111.0	105.4	112.5	112.7	106.6	111.6
67380	112.3	105.1	113.8	114.1	106.6	112.3
25814	114.0	104.7	118.3	118.5	109.0	114.0
26698	113.8	104.5	118.1	118.3	109.3	110.5
27559	116.8	104.6	120.4	120.6	111.0	116.5
22371	115.8	104.4	118.5	118.7	111.7	116.2
27549	115.8	104.7	118.7	118.8	109.5	117.5
30907	110.0	104.0	111.9	111.8	108.7	109.8
41121	110.1	103.9	113.4	113.5	108.6	109.9
41837	111.6	104.2	113.5	113.5	108.9	111.5
40067	110.8	104.1	111.9	111.8	108.8	110.7
60660	111.7	104.1	112.9	113.0	108.3	112.5
21752	108.8	104.4	110.3	110.0	106.3	108.2
32845	109.8	103.7	111.2	111.1	106.1	109.3
60555	110.8	102.7	111.9	112.2	109.7	110.6
40917	109.8	101.8	112.3	111.8	107.8	109.6
19357	109.5	106.7	111.7	111.1	108.5	109.2
111166	106.0	106.4	105.5	105.7	109.7	105.9
64722	110.7	106.0	112.0	111.9	107.5	110.5
19130	108.4	104.3	108.9	108.0	109.2	108.2
16071	111.0	104.4	115.3	114.4	109.2	111.1
43214	111.2	104.3	113.2	114.2	108.3	111.1

29-2 续表 2

县 市 County and city	生产总值（万元）Gross Domestic Products (10 000 yuan)	第一产业 Primary Industry	第二产业 Secondary Industry	#工业 Industry	第三产业 Tertiary Industry
镇平县 Zhenping	1825619	269339	975586	891865	580694
内乡县 Neixiang	1246758	309697	574231	457258	362830
淅川县 Xichuan	1699667	309541	982802	875574	407324
社旗县 Sheqi	1136878	308472	510803	451429	317604
唐河县 Tanghe	2275398	623374	1056936	927440	595088
新野县 Xinye	2037018	386752	1118706	1062897	531560
桐柏县 Tongbai	1344482	183725	859466	784748	301291
邓州市 Dengzhou	3070589	918136	1311030	1180304	841423
商丘市 Shangqiu					
民权县 Minquan	1498910	392169	583868	513789	522873
睢县 Suixian	1258811	399185	508423	432904	351203
宁陵县 Ningling	817313	222286	356730	322079	238297
柘城县 Zhecheng	1397580	415008	488762	424538	493810
虞城县 Yucheng	1808071	439026	776280	696260	592765
夏邑县 Xiayi	1562417	437016	595880	522024	529521
永城市 Yongcheng	4024390	600090	2452666	2248100	971634
信阳市 Xinyang					
罗山县 Luoshan	1351773	398918	485537	376577	467318
光山县 Guangshan	1379734	422763	536158	445437	420813
新县 Xinxian	898238	230935	376578	297468	290725
商城县 Shangcheng	1313983	379893	531018	398483	403072
固始县 Gushi	2362245	765276	815484	667900	781485
潢川县 Huangchuan	1805834	553730	632234	524430	619870
淮滨县 Huaibin	1160049	332269	471386	409673	356394
息县 Xixian	1527907	455597	625902	544212	446408
周口市 Zhoukou					
扶沟县 Fugou	1355925	357474	709863	648539	288588
西华县 Xihua	1535715	513890	753935	668057	267890
商水县 Shangshui	1694421	585843	678207	609730	430371
沈丘县 Shenqiu	1841599	403792	903479	812763	534328
郸城县 Dancheng	1874847	496583	1023132	957112	355132
淮阳县 Huaiyang	1716709	591506	743706	660099	381497
太康县 Taikang	1788073	530845	806675	724494	450553
鹿邑县 Luyi	2217901	493052	1155435	1060500	569414
项城市 Xiangcheng	2213923	403441	1280233	1196589	530249
驻马店市 Zhumadian					
西平县 Xiping	1527319	455361	609958	554477	462000
上蔡县 Shangcai	1676475	388682	660974	589355	626819
平舆县 Pingyu	1476377	368432	677076	564180	430870
正阳县 Zhengyang	1241884	478045	393839	339645	370000
确山县 Queshan	1170558	307489	543069	492145	320000
泌阳县 Biyang	1566782	483188	688595	610198	395000
汝南县 Runan	1360359	434283	539176	484350	386900
遂平县 Suiping	1374444	288727	685717	604818	400000
新蔡县 Xincai	1418002	476573	542128	468000	399301

continued

人均生产总值(元)(按常住人口计算) Per Capita GDP(yuan) (calculated at residents)	生产总值指数(%)(上年=100) Indices of Gross Domestic Products(%) (preceding year=100)	第一产业 Primary Industry	第二产业 Secondary Industry	#工业 Industry	第三产业 Tertiary Industry	人均生产总值指数(%) Indices of Per Capita GDP (%)
21505	105.3	104.1	105.1	106.8	106.4	105.4
22045	110.2	104.6	113.5	112.4	109.1	110.3
25204	109.8	104.2	111.3	111.2	110.8	109.8
18158	110.1	104.5	113.4	113.7	110.5	110.0
18320	107.4	104.4	108.7	109.4	108.4	108.3
33064	109.4	104.4	111.3	111.7	108.6	109.6
34577	108.3	104.5	108.8	107.9	109.9	108.3
21313	109.3	104.5	110.9	110.3	111.0	110.1
20678	110.7	104.2	115.5	115.3	110.1	111.5
18849	110.0	104.3	114.7	114.8	109.3	110.7
15753	110.4	104.4	115.8	115.8	107.3	112.8
20067	109.8	104.6	115.9	115.7	108.4	110.8
20196	110.9	104.7	116.0	115.9	109.3	115.2
17508	111.1	104.3	114.6	115.1	113.3	112.7
32778	109.1	104.5	109.8	109.5	109.7	109.2
25560	109.2	104.2	111.4	111.5	109.9	107.1
22785	109.1	104.1	112.1	112.6	108.9	107.4
30884	109.8	103.9	113.6	114.5	108.1	107.1
25138	109.4	103.9	111.8	112.8	110.4	106.8
22231	109.2	104.2	111.3	111.8	112.1	106.9
27250	109.5	104.1	112.3	112.7	110.4	107.0
20156	109.1	104.0	112.1	112.3	108.3	108.5
18633	108.6	103.9	111.9	112.0	107.8	107.4
22550	109.0	104.4	112.8	112.6	107.4	110.4
20178	108.3	104.3	111.6	111.6	108.2	109.6
18844	108.1	104.3	113.1	113.1	107.4	109.2
19283	109.9	104.2	113.5	113.8	107.2	110.9
19605	110.4	104.1	113.9	114.0	108.0	112.6
17313	108.0	104.0	112.2	112.3	107.3	109.0
16832	109.9	104.5	113.8	114.0	110.5	111.0
24982	110.3	104.3	114.2	114.4	107.3	111.0
22758	109.9	104.3	112.4	112.5	107.0	111.0
22149	109.9	104.7	111.8	111.5	112.3	110.7
16552	110.0	104.6	112.4	111.7	110.5	113.6
20547	110.3	104.6	113.3	113.0	110.2	111.1
19806	107.9	104.4	110.9	110.5	108.7	109.4
29431	109.9	104.6	111.7	111.2	111.8	113.5
22959	110.5	104.7	115.1	113.4	109.0	113.1
20869	108.9	104.6	112.6	112.7	108.3	112.9
33153	110.0	104.4	113.0	113.0	109.0	112.6
17010	108.8	104.4	112.1	111.7	108.1	109.3

29-3 各县(市)固定资产投资、建筑业及规模以上工业主要指标(2013年)

Main Indicators on Investment in Fixed Assets、Construction and Enterprises above Designated Size Industry by County and City (2013)

县 市	County and city	全社会固定资产投资(亿元) Total Investment in Fixed Assets (100 million yuan)	#固定资产投资 Investment in Fixed Assets	#房地产开发 Real Estate	建筑业总产值(亿元) Gross Output Value of Construction (100 million yuan)	工业增加值(亿元) Value Added of Industry (100 million yuan)	工业增加值增速(%) Growth Rate of Value Added of Industry (%)	主营业务收入(亿元) Sales Revenue (100 million yuan)	利税总额(亿元) Pre-tax Profits (100 million yuan)
郑州市	**Zhengzhou**								
中牟县	Zhongmu	247.31	230.29	28.11	50.85	350.93	17.7	372.94	56.98
巩义市	Gongyi	364.06	352.54	47.81	16.94	344.91	12.1	1630.54	164.09
荥阳市	Xingyang	357.21	346.47	39.31	47.63	309.61	10.3	1363.84	170.50
新密市	Xinmi	345.20	329.38	16.14	38.09	310.49	10.7	1264.93	229.67
新郑市	Xinzheng	344.60	327.56	47.53	31.81	349.12	13.5	1171.43	259.93
登封市	Dengfeng	310.13	293.05	13.58	11.22	277.00	10.3	1075.32	203.22
开封市	**Kaifeng**								
杞县	Qixian	141.75	133.80	1.11	6.07	65.66	18.8	293.08	37.49
通许县	Tongxu	115.23	107.23	5.85	14.28	52.80	18.8	242.20	19.12
尉氏县	Weishi	176.61	169.94	16.53	10.86	128.54	18.9	584.80	100.00
开封县	Kaifeng	140.74	134.85	7.42	5.80	60.11	18.8	220.77	30.07
兰考县	Lankao	111.19	103.34	6.35	8.51	66.21	18.1	274.08	47.40
洛阳市	**Luoyang**								
孟津县	Mengjin	190.91	187.21	2.09	8.23	96.98	19.0	440.21	33.28
新安县	Xinan	320.33	315.72	9.56	10.58	195.36	14.2	939.21	39.30
栾川县	Luanchuan	153.81	150.29	1.73	18.51	85.10	9.6	158.78	28.30
嵩县	Songxian	154.30	148.39	2.41	3.64	49.13	11.2	120.10	19.80
汝阳县	Ruyang	112.98	110.94	6.63	11.30	41.18	14.3	84.55	8.47
宜阳县	Yiyang	200.15	194.15	28.75	9.25	63.47	13.2	271.22	19.55
洛宁县	Luoning	149.47	143.92	5.56	5.29	44.34	14.2	182.61	14.26
伊川县	Yichuan	292.80	286.97	5.66	3.68	122.22	13.5	462.54	-3.17
偃师市	Yanshi	206.82	198.97	6.21	6.23	246.48	13.0	1135.27	122.11
平顶山市	**Pingdingshan**								
宝丰县	Baofeng	212.64	209.15	7.77	2.60	125.38	17.2	302.44	58.91
叶县	Yexian	207.81	202.53	2.50	5.90	88.85	16.4	259.59	51.08
鲁山县	Lushan	122.22	116.88	2.84	5.23	33.26	14.2	162.49	13.61
郏县	Jiaxian	148.36	142.27	3.39	4.37	59.25	14.7	225.24	34.42
舞钢市	Wugang	139.83	136.55	6.98	3.78	39.31	0.3	164.17	5.73
汝州市	Ruzhou	207.85	203.46	11.05	2.78	104.79	8.5	255.22	24.34
安阳市	**Anyang**								
安阳县	Anyang	367.24	357.31	4.97	83.32	185.22	11.8	678.70	64.91
汤阴县	Tangyin	77.95	75.35	5.76	10.79	68.24	14.6	302.17	31.43
滑县	Huaxian	112.35	107.38	6.13	26.18	53.01	14.5	220.49	22.58
内黄县	Neihuang	90.98	77.79	5.34	9.02	47.47	15.8	216.95	26.73
林州市	Linzhou	405.33	399.39	20.56	262.78	211.73	12.4	923.61	123.33
鹤壁市	**Hebi**								
浚县	Xunxian	91.37	84.60	5.71	3.55	68.40	18.1	293.10	25.50
淇县	Qixian	104.26	101.44	8.56	0.83	128.37	18.0	488.50	73.59

29-3 续表 1　continued

县　市	County and city	全社会固定资产投资(亿元) Total Investment in Fixed Assets (100 million yuan)	#固定资产投　资 Investment in Fixed Assets	#房地产开发 Real Estate	建筑业总产值(亿元) Gross Output Value of Construction (100 million yuan)	工业增加值(亿元) Value Added of Industry (100 million yuan)	工业增加值增速(%) Growth Rate of Value Added of Industry (%)	主　营业务收入(亿元) Sales Revenue (100 million yuan)	利税总额(亿元) Pre-tax Profits (100 million yuan)
新　乡　市	**Xinxiang**								
新　乡　县	Xinxiang	128.89	125.53	8.82	26.16	138.22	12.5	593.82	32.96
获　嘉　县	Huojia	65.52	60.46	1.20	11.02	38.16	13.5	166.39	8.98
原　阳　县	Yuanyang	104.84	98.60	4.60	13.79	29.16	10.0	126.20	9.72
延　津　县	Yanjin	78.98	72.82	6.90	9.71	44.22	13.0	176.56	15.70
封　丘　县	Fengqiu	109.69	103.41	5.78	43.87	23.42	12.9	105.02	21.56
长　垣　县	Changyuan	205.38	198.82	16.42	141.61	96.74	17.4	408.44	55.09
卫　辉　市	Weihui	89.44	84.66	4.18	12.12	36.53	12.9	151.85	9.05
辉　县　市	Huixian	229.63	222.41	20.15	8.22	171.44	10.7	671.64	49.85
焦　作　市	**Jiaozuo**								
修　武　县	Xiuwu	110.13	106.23	10.36	1.91	51.27	5.3	232.82	6.50
博　爱　县	Boai	142.30	137.53	2.43	1.63	127.13	15.1	504.04	67.83
武　陟　县	Wuzhi	217.78	212.10	4.21	5.89	145.47	15.5	611.34	59.34
温　　县	Wenxian	144.66	139.15	2.92	1.56	124.44	15.6	479.51	58.49
沁　阳　市	Qinyang	253.08	247.53	8.52	6.64	204.87	14.9	756.76	120.30
孟　州　市	Mengzhou	216.46	210.99	4.16	3.77	168.33	15.8	668.30	79.36
濮　阳　市	**Puyang**								
清　丰　县	Qingfeng	173.72	169.10	3.64	1.32	83.28	20.6	355.65	55.99
南　乐　县	Manle	123.08	118.02	3.22	1.38	59.53	21.7	272.96	45.72
范　　县	Fanxian	120.80	116.70	7.11	1.92	74.29	25.3	355.47	37.51
台　前　县	Taiqian	55.01	53.55	3.21	5.65	38.39	20.4	143.94	6.07
濮　阳　县	Puyang	232.69	226.84	9.41	16.00	179.73	20.6	779.52	131.10
许　昌　市	**Xuchang**								
许　昌　县	Xuchang	140.36	129.94	10.36	9.92	104.52	14.4	367.78	50.31
鄢　陵　县	Yanling	177.27	167.29	14.42	29.30	88.31	16.5	411.72	55.18
襄　城　县	Xiangcheng	178.30	171.19	6.59	1.93	160.81	16.5	522.32	75.05
禹　州　市	Yuzhou	379.19	367.00	13.29	3.68	256.17	14.7	1013.39	146.30
长　葛　市	Changge	255.11	250.37	15.37	6.25	262.74	16.6	1347.78	166.84
漯　河　市	**Luohe**								
舞　阳　县	Wuyang	131.58	124.77	6.96	1.29	58.73	12.0	250.52	40.26
临　颍　县	Linying	152.97	146.92	8.34	5.29	154.84	11.8	647.37	116.60
三　门　峡　市	**Sanmenxia**								
渑　池　县	Mianchi	215.46	213.37	10.55	8.14	127.57	14.0	547.30	73.26
陕　　县	Shanxian	203.69	202.31	10.41	9.06	56.17	13.8	259.09	9.02
卢　氏　县	Lushi	78.78	77.22	2.97	5.17	15.75	14.1	54.57	4.95
义　马　市	Yima	151.68	151.46	9.06	13.66	131.31	5.8	537.94	30.07
灵　宝　市	Lingbao	252.31	246.48	12.27	11.45	303.90	13.1	1434.42	154.84
南　阳　市	**Nanyang**								
南　召　县	Nanzhao	108.00	105.43	1.10	8.36	38.82	14.3	107.84	8.17
方　城　县	Fangcheng	143.30	132.24	11.48	9.14	44.67	18.4	168.12	22.34
西　峡　县	Xixia	207.42	204.25	2.83	14.32	96.86	16.1	388.29	31.22
镇　平　县	Zhenping	173.11	160.46	4.90	3.48	57.79	8.2	210.79	23.19

29-3 续表 2 continued

县 市	County and city	全社会固定资产投资(亿元) Total Investment in Fixed Assets (100 million yuan)	#固定资产投资 Investment in Fixed Assets	#房地产开发 Real Estate	建筑业总产值(亿元) Gross Output Value of Construction (100 million yuan)	工业增加值(亿元) Value Added of Industry (100 million yuan)	工业增加值增速(%) Growth Rate of Value Added of Industry (%)	主营业务收入(亿元) Sales Revenue (100 million yuan)	利税总额(亿元) Pre-tax Profits (100 million yuan)
内乡县	Neixiang	148.98	140.90	2.39	14.90	29.49	17.9	98.06	6.01
淅川县	Xichuan	191.78	185.07	4.14	16.27	67.26	14.0	298.68	34.46
社旗县	Sheqi	105.30	99.20	2.81	8.66	33.64	17.8	142.76	11.71
唐河县	Tanghe	177.98	163.06	4.81	31.51	74.34	11.4	215.49	25.96
新野县	Xinye	179.32	171.97	5.00	8.43	88.09	13.7	342.76	33.41
桐柏县	Tongbai	125.96	123.11	1.06	10.40	66.07	8.9	133.38	16.44
邓州市	Dengzhou	224.89	211.90	12.13	31.49	81.80	13.9	330.17	29.52
商丘市	**Shangqiu**								
民权县	Minquan	136.66	129.28	17.06	20.93	39.67	19.5	218.38	16.97
睢县	Suixian	131.47	122.51	10.43	8.01	31.05	19.6	128.28	17.40
宁陵县	Ningling	83.59	78.24	11.33	6.67	26.85	19.2	117.16	14.40
柘城县	Zhecheng	128.01	118.49	23.49	16.25	34.63	19.8	138.01	21.05
虞城县	Yucheng	138.63	129.54	9.78	12.47	57.24	19.3	262.85	24.38
夏邑县	Xiayi	142.50	132.97	22.05	16.71	41.52	19.4	182.29	21.80
永城市	Yongcheng	217.79	214.05	30.53	49.05	212.81	9.9	955.58	81.56
信阳市	**Xinyang**								
罗山县	Luoshan	149.86	141.10	34.88	45.51	28.15	15.5	119.11	13.96
光山县	Guangshan	147.92	139.12	26.72	20.55	34.43	16.5	150.15	16.41
新县	Xinxian	97.12	93.39	9.39	24.07	23.94	18.0	98.03	13.11
商城县	Shangcheng	120.69	112.97	7.99	24.36	31.39	16.5	132.06	13.11
固始县	Gushi	197.83	185.43	19.69	34.50	47.86	16.2	194.06	17.49
潢川县	Huangchuan	153.13	144.17	9.05	29.69	41.04	15.9	173.10	10.01
淮滨县	Huaibin	100.67	95.77	15.45	20.46	33.28	15.4	136.24	18.56
息县	Xixian	150.67	142.80	20.41	37.51	45.38	14.7	185.14	22.94
周口市	**Zhoukou**								
扶沟县	Fugou	115.13	110.45	13.83	12.79	50.83	16.3	227.33	43.55
西华县	Xihua	117.22	107.73	4.86	29.83	60.42	13.2	294.93	32.60
商水县	Shangshui	117.94	106.83	12.38	19.96	51.89	15.2	274.86	38.36
沈丘县	Shenqiu	138.18	125.96	9.64	14.74	68.58	17.0	341.13	71.46
郸城县	Dancheng	122.08	108.05	8.29	29.90	83.44	16.3	377.07	28.21
淮阳县	Huaiyang	121.29	110.30	19.34	20.48	51.50	16.0	213.55	43.52
太康县	Taikang	110.73	95.17	4.40	35.73	59.77	16.5	277.78	42.93
鹿邑县	Luyi	128.09	112.55	2.30	20.82	89.35	17.2	352.69	41.91
项城市	Xiangcheng	118.14	104.61	8.03	32.37	94.90	16.2	390.72	60.03
驻马店市	**Zhumadian**								
西平县	Xiping	99.54	84.14	13.53	23.77	40.65	15.7	164.47	12.29
上蔡县	Shangcai	92.54	82.00	9.44	16.49	43.73	16.1	186.56	20.60
平舆县	Pingyu	104.13	96.36	9.99	29.76	47.36	15.9	229.02	28.43
正阳县	Zhengyang	86.72	79.18	7.47	11.23	27.31	13.0	91.29	10.14
确山县	Queshan	89.76	86.12	20.28	56.61	38.78	14.2	151.46	24.98
泌阳县	Biyang	99.87	91.65	14.11	27.92	50.65	16.7	267.74	33.17
汝南县	Runan	94.98	87.02	8.69	9.92	40.27	16.0	175.30	24.44
遂平县	Suiping	105.37	100.04	16.87	14.44	51.00	15.9	178.13	21.38
新蔡县	Xincai	95.27	85.80	12.37	17.54	34.72	15.3	153.64	17.30

29-4 各县(市)城镇从业人员和工资(2013年)

Number and Wages of Employed Person in Urban by County and City (2013)

县 市	County and city	城镇单位年末从业人员(人) Number of Employed Person in Urban (person)	城镇单位年平均从业人员(人) Everage Number of Employed Person in Urban (person)	城镇单位从业人员平均工资(元) Total Wage of Employed Persons (yuan)	#在岗职工平均工资 Average Wage of Staff and Workers
郑州市	**Zhengzhou**				
中牟县	Zhongmu	57373	52403	37163	39885
巩义市	Gongyi	77519	74835	35083	35395
荥阳市	Xingyang	98526	97201	36958	37044
新密市	Xinmi	88357	87178	34116	33807
新郑市	Xinzheng	116523	113612	39809	40249
登封市	Dengfeng	99854	94546	30933	31081
开封市	**Kaifeng**				
杞县	Qixian	56289	55371	32324	32638
通许县	Tongxu	43988	43229	32250	32573
尉氏县	Weishi	62080	61602	38381	38409
开封县	Kaifeng	44287	43576	33851	33993
兰考县	Lankao	47128	46417	36330	36412
洛阳市	**Luoyang**				
孟津县	Mengjin	44690	42614	29324	29616
新安县	Xinan	62628	62089	31376	31841
栾川县	Luanchuan	32516	32171	35342	36046
嵩县	Songxian	21504	21238	32494	33221
汝阳县	Ruyang	21365	21217	31300	31405
宜阳县	Yiyang	26987	26972	34512	34678
洛宁县	Luoning	41242	41228	26847	26866
伊川县	Yichuan	26160	26426	31304	32241
偃师市	Yanshi	32035	31940	34409	35232
平顶山市	**Pingdingshan**				
宝丰县	Baofeng	31246	29668	38306	39868
叶县	Yexian	29391	28255	33893	34351
鲁山县	Lushan	32937	32593	35912	35979
郏县	Jiaxian	26894	25674	33693	34582
舞钢市	Wugang	44011	43539	34800	35271
汝州市	Ruzhou	62408	62852	41189	41919
安阳市	**Anyang**				
安阳县	Anyang	72778	67719	32130	32095
汤阴县	Tangyin	35942	35380	28624	28680
滑县	Huaxian	65581	64754	26934	27043
内黄县	Neihuang	38489	37276	26871	26904
林州市	Linzhou	154587	150792	36333	36155
鹤壁市	**Hebi**				
浚县	Xunxian	30213	29472	35980	36148
淇县	Qixian	38507	37408	35267	35661

29-4 续表 1　　continued

县 市	County and city	城镇单位年末从业人员（人）Number of Employed Person in Urban (person)	城镇单位年平均从业人员（人）Everage Number of Employed Person in Urban (person)	城镇单位从业人员平均工资（元）Total Wage of Employed Persons (yuan)	#在岗职工平均工资 Average Wage of Staff and Workers
新乡市	**Xinxiang**				
新乡县	Xinxiang	73038	71250	34841	35000
获嘉县	Huojia	45799	43282	26371	26228
原阳县	Yuanyang	28010	27638	27226	27308
延津县	Yanjin	41554	41007	29214	29256
封丘县	Fengqiu	40254	39913	30197	30349
长垣县	Changyuan	141215	134622	33372	33393
卫辉市	Weihui	35112	34082	31277	31555
辉县市	Huixian	70247	68527	32808	33312
焦作市	**Jiaozuo**				
修武县	Xiuwu	24791	24112	30653	30704
博爱县	Boai	20588	20668	29374	29871
武陟县	Wuzhi	63549	58472	34293	33920
温县	Wenxian	38683	38144	31096	31939
沁阳市	Qinyang	37127	36769	34647	34663
孟州市	Mengzhou	71585	71164	36150	36318
濮阳市	**Puyang**				
清丰县	Qingfeng	30957	29999	26719	26877
南乐县	Manle	19579	19293	26481	27249
范县	Fanxian	14734	14711	27442	27190
台前县	Taiqian	19426	19399	27920	28076
濮阳县	Puyang	64973	64454	27451	33233
许昌市	**Xuchang**				
许昌县	Xuchang	66171	65696	34508	34544
鄢陵县	Yanling	48790	48325	28684	28715
襄城县	Xiangcheng	42555	42406	36622	30015
禹州市	Yuzhou	65449	64630	33642	33856
长葛市	Changge	82945	81418	33932	34028
漯河市	**Luohe**				
舞阳县	Wuyang	23500	21704	30814	30914
临颍县	Linying	55809	55505	32496	32675
三门峡市	**Sanmenxia**				
渑池县	Mianchi	25551	24749	40646	40635
陕县	Shanxian	20461	20323	38997	39094
卢氏县	Lushi	15424	15406	42047	42457
义马市	Yima	78185	78412	48797	47669
灵宝市	Lingbao	60971	60059	35955	36410
南阳市	**Nanyang**				
南召县	Nanzhao	42170	41833	31205	31302
方城县	Fangcheng	44190	43677	33940	35047
西峡县	Xixia	67590	67402	35119	35107

29-4 续表 2 continued

县 市 County and city	城镇单位年末从业人员（人）Number of Employed Person in Urban (person)	城镇单位年平均从业人员（人）Everage Number of Employed Person in Urban (person)	城镇单位从业人员平均工资（元）Total Wage of Employed Persons (yuan)	#在岗职工平均工资 Average Wage of Staff and Workers
镇平县 Zhenping	55370	55164	41041	41472
内乡县 Neixiang	43652	43370	34899	36166
淅川县 Xichuan	56162	54710	33118	33694
社旗县 Sheqi	39719	39256	29999	30104
唐河县 Tanghe	69121	68643	30916	31132
新野县 Xinye	50908	50363	28533	28732
桐柏县 Tongbai	23302	23196	33941	34117
邓州市 Dengzhou	72734	71205	31564	32298
商丘市 Shangqiu				
民权县 Minquan	47423	47601	36349	36512
睢县 Suixian	50744	49476	32491	32990
宁陵县 Ningling	31104	31106	34041	34195
柘城县 Zhecheng	43033	41409	36368	36931
虞城县 Yucheng	53372	52408	33994	34365
夏邑县 Xiayi	48391	47919	33002	33052
永城市 Yongcheng	103487	97480	45534	46248
信阳市 Xinyang				
罗山县 Luoshan	47842	46480	31621	33098
光山县 Guangshan	43501	42776	32210	32542
新县 Xinxian	25471	25453	34116	34724
商城县 Shangcheng	43731	42452	34170	35911
固始县 Gushi	77506	75449	34407	34867
潢川县 Huangchuan	60900	60561	32654	32685
淮滨县 Huaibin	53848	51348	32703	32863
息县 Xixian	48440	47296	38296	38387
周口市 Zhoukou				
扶沟县 Fugou	35031	35010	34414	34537
西华县 Xihua	59223	58687	33275	33462
商水县 Shangshui	56645	55487	35715	35707
沈丘县 Shenqiu	70130	69684	30178	30196
郸城县 Dancheng	71341	69663	30356	30354
淮阳县 Huaiyang	42906	42684	44282	44567
太康县 Taikang	65480	65227	35458	35673
鹿邑县 Luyi	63637	63654	41497	41554
项城市 Xiangcheng	70897	70608	28473	28572
驻马店市 Zhumadian				
西平县 Xiping	48147	47069	35160	34969
上蔡县 Shangcai	48904	48579	28454	28558
平舆县 Pingyu	46569	46063	26766	27151
正阳县 Zhengyang	35114	34870	32236	32317
确山县 Queshan	44149	43638	29637	30462
泌阳县 Biyang	75986	74274	35813	35963
汝南县 Runan	32260	31602	32028	32298
遂平县 Suiping	40163	39683	30951	30950
新蔡县 Xincai	34758	34542	32093	32163

29-5 各县(市)农业增加值、城乡居民收入和社会消费品零售总额(2013年)

Value Added of Agriculture, Per Capita Net Income of Rural and Urban Residents, Total Retail Sales of Consumer Goods (2013)

县 市	County and city	农林牧渔业增加值(万元) Value Added of Farming Forestry,Animal Husbandry and Fishery (10 000 yuan)	#农 业 Farming	#牧 业 Animal Husbandry	农民人均纯收入(元) Per Capita Net Income of Rural Residents (yuan)	城镇居民人均可支配收入(元) Per Capita Net Income of Urban Residents (yuan)	社会消费品零售总额(亿元) Total Retail Sales of Consumer Goods (100 million yuan)
郑州市	**Zhengzhou**						
中牟县	Zhongmu	253262	143511	83480	12555	20609	107.66
巩义市	Gongyi	110762	45196	52656	13951	22516	194.30
荥阳市	Xingyang	258010	142041	105767	13323	22582	156.54
新密市	Xinmi	167764	85040	58218	13310	22617	175.83
新郑市	Xinzheng	181931	98743	77191	13894	22630	165.56
登封市	Dengfeng	130571	78981	32921	11983	21795	136.63
开封市	**Kaifeng**						
杞县	Qixian	787431	486327	250798	8557	15444	67.94
通许县	Tongxu	470760	348981	106402	8964	16391	52.70
尉氏县	Weishi	515138	270496	208706	8736	17496	77.59
开封县	Kaifeng	511821	305027	184990	8225	16556	53.86
兰考县	Lankao	350238	207199	113889	6756	16538	64.34
洛阳市	**Luoyang**						
孟津县	Mengjin	255965	133000	95558	8385	19695	47.67
新安县	Xinan	219283	146774	47031	9743	22541	72.11
栾川县	Luanchuan	150920	87899	14918	7317	21041	46.15
嵩县	Songxian	310418	161102	68067	7323	19817	56.28
汝阳县	Ruyang	156486	65835	15693	6653	18421	45.85
宜阳县	Yiyang	328515	194610	102775	6869	19566	62.10
洛宁县	Luoning	303017	155462	88803	6644	18970	44.60
伊川县	Yichuan	295255	149362	127057	8826	20283	124.64
偃师市	Yanshi	212397	95071	102157	12596	22357	156.05
平顶山市	**Pingdingshan**						
宝丰县	Baofeng	185950	93663	84979	10260	17989	36.97
叶县	Yexian	401701	202043	188642	7684	16927	53.01
鲁山县	Lushan	238522	162342	50831	5714	15512	39.29
郏县	Jiaxian	219548	126209	87373	7775	15872	37.45
舞钢市	Wugang	116212	49350	58658	9376	19525	34.68
汝州市	Ruzhou	389530	150507	177705	10062	19208	92.59
安阳市	**Anyang**						
安阳县	Anyang	336089	193085	90137	11040	20307	60.83
汤阴县	Tangyin	230183	169538	49300	9332	18589	26.99
滑县	Huaxian	647154	491441	117075	6839	17588	64.71
内黄县	Neihuang	473411	404443	42158	7485	16385	46.84
林州市	Linzhou	219275	82440	127209	12614	21219	87.45
鹤壁市	**Hebi**						
浚县	Xunxian	302072	161852	125829	10839	16915	35.87
淇县	Qixian	189449	48410	131377	10950	18950	31.69

29-5 续表 1　continued

县 市	County and city	农林牧渔业增加值(万元) Value Added of Farming Forestry,Animal Husbandry and Fishery (10 000 yuan)	#农 业 Farming	#牧 业 Animal Husbandry	农民人均纯收入(元) Per Capita Net Income of Rural Residents (yuan)	城镇居民人均可支配收入(元) Per Capita Net Income of Urban Residents (yuan)	社会消费品零售总额(亿元) Total Retail Sales of Consumer Goods (100 million yuan)
新乡市	**Xinxiang**						
新乡县	Xinxiang	128312	72227	50218	12304	20886	28.58
获嘉县	Huojia	154956	89031	57475	9866	15514	29.03
原阳县	Yuanyang	255849	149038	87831	8055	15676	28.39
延津县	Yanjin	237893	161251	58982	10256	17028	30.26
封丘县	Fengqiu	356485	210625	118626	6601	15810	26.35
长垣县	Changyuan	317262	206160	90469	11381	18289	52.75
卫辉市	Weihui	223423	106627	103434	9844	17004	46.80
辉县市	Huixian	379397	196920	172670	10625	21216	85.63
焦作市	**Jiaozuo**						
修武县	Xiuwu	120323	51461	61004	10868	21096	33.25
博爱县	Boai	176833	107414	61853	10877	21183	44.90
武陟县	Wuzhi	323557	169174	136601	11409	21178	69.76
温县	Wenxian	212965	149463	58929	11374	20817	54.70
沁阳市	Qinyang	191499	114863	69091	12163	21992	69.51
孟州市	Mengzhou	195160	141685	48381	11852	21806	57.73
濮阳市	**Puyang**						
清丰县	Qingfeng	382349	263176	103944	9120	17172	53.09
南乐县	Manle	294887	157566	114549	8390	17029	40.45
范县	Fanxian	158923	64059	81191	6081	14891	45.45
台前县	Taiqian	90177	52978	32412	5722	14491	25.26
濮阳县	Puyang	385799	239679	126948	8248	19088	109.31
许昌市	**Xuchang**						
许昌县	Xuchang	383036	209940	158564	11024	20320	62.92
鄢陵县	Yanling	525605	303968	155342	11092	20180	53.26
襄城县	Xiangcheng	369831	202564	150632	10324	19110	53.97
禹州市	Yuzhou	318385	166937	136677	11432	21896	147.36
长葛市	Changge	242502	109198	106510	11215	20400	108.19
漯河市	**Luohe**						
舞阳县	Wuyang	248573	131054	109120	6010	15994	60.30
临颍县	Linying	331014	202200	118284	10367	18168	68.70
三门峡市	**Sanmenxia**						
渑池县	Mianchi	185347	103799	74825	9878	22255	38.30
陕县	Shanxian	173637	130131	35487	8000	19767	32.98
卢氏县	Lushi	167764	136661	19048	5866	18709	28.73
义马市	Yima	9207	4765	3489	11298	20524	27.92
灵宝市	Lingbao	423828	372366	39327	10301	21128	113.05
南阳市	**Nanyang**						
南召县	Nanzhao	159085	95276	32087	6701	18871	65.30
方城县	Fangcheng	340460	254530	59494	7943	19362	82.30
西峡县	Xixia	245143	174667	41380	10390	21351	57.79

29-5 续表 2 continued

县 市 County and city	农林牧渔业增加值（万元）Value Added of Farming Forestry,Animal Husbandry and Fishery (10 000 yuan)	#农 业 Farming	#牧 业 Animal Husbandry	农民人均纯收入（元）Per Capita Net Income of Rural Residents (yuan)	城镇居民人均可支配收入（元）Per Capita Net Income of Urban Residents (yuan)	社会消费品零售总额（亿元）Total Retail Sales of Consumer Goods (100 million yuan)
镇 平 县 Zhenping	269339	200036	52232	9060	19352	109.28
内 乡 县 Neixiang	309697	176871	121240	8410	19845	65.66
淅 川 县 Xichuan	309542	193427	91858	7259	20581	72.79
社 旗 县 Sheqi	308472	213603	83535	6793	17831	48.65
唐 河 县 Tanghe	623374	419315	187200	9039	19810	107.14
新 野 县 Xinye	386752	246859	125600	10495	20508	86.59
桐 柏 县 Tongbai	183725	114556	38181	6420	19073	60.93
邓 州 市 Dengzhou	918136	611561	264539	9172	19978	110.32
商 丘 市 Shangqiu						
民 权 县 Minquan	392169	258035	96346	6689	17745	45.87
睢 县 Suixian	399185	312002	76101	6635	18077	46.13
宁 陵 县 Ningling	222286	164957	47342	6268	16096	31.17
柘 城 县 Zhecheng	415008	296088	91443	6889	17092	50.35
虞 城 县 Yucheng	439026	315559	100277	7090	18611	51.88
夏 邑 县 Xiayi	437015	316914	97727	7011	19072	55.91
永 城 市 Yongcheng	600090	402409	161983	8469	21435	115.10
信 阳 市 Xinyang						
罗 山 县 Luoshan	398918	272924	72295	7881	18656	48.56
光 山 县 Guangshan	422763	296848	82608	7940	18518	58.22
新 县 Xinxian	230935	123835	27651	7946	18512	31.02
商 城 县 Shangcheng	379893	219114	84791	7704	18516	46.01
固 始 县 Gushi	765276	490611	200845	8121	18442	119.29
潢 川 县 Huangchuan	553730	354952	142574	8702	18730	65.70
淮 滨 县 Huaibin	332269	210213	83573	6725	17903	44.91
息 县 Xixian	455597	331086	68692	6987	18400	63.37
周 口 市 Zhoukou						
扶 沟 县 Fugou	357474	261484	79258	7072	16856	46.81
西 华 县 Xihua	513890	348096	124508	6505	17313	73.04
商 水 县 Shangshui	585843	419106	134582	6512	17367	55.46
沈 丘 县 Shenqiu	403792	280299	108458	6474	17326	68.73
郸 城 县 Dancheng	496583	380485	97336	6987	17725	63.75
淮 阳 县 Huaiyang	591506	384962	145272	6352	17412	78.34
太 康 县 Taikang	530845	353891	141927	6903	16992	85.95
鹿 邑 县 Luyi	493052	321578	131785	7755	18122	85.97
项 城 市 Xiangcheng	403441	303056	87319	7854	17997	95.11
驻 马 店 市 Zhumadian						
西 平 县 Xiping	455361	287388	151287	8136	17679	71.01
上 蔡 县 Shangcai	388682	221080	140223	7125	17808	60.27
平 舆 县 Pingyu	368432	216910	126359	7439	18178	57.27
正 阳 县 Zhengyang	478045	273567	174549	7356	16470	46.59
确 山 县 Queshan	307489	158856	126743	7310	17914	39.56
泌 阳 县 Biyang	483188	292204	167749	7317	18165	53.26
汝 南 县 Runan	434283	222881	165357	7572	16684	52.44
遂 平 县 Suiping	288727	142644	128623	7931	18220	47.89
新 蔡 县 Xincai	476573	272342	178413	7148	17055	43.87

29-6 各县(市)农业生产条件(2013年)

Agricultural Conditions by County and City (2013)

县 市 County and city	农用机械总动力(万千瓦) Total Agricultural Machinery Power (10 000kw)	农村用电量(万千瓦时) Electricity Consumed in Rural Areas (10 000 kwh)	化肥施用折纯量(吨) Consumption of Chemical Fertilizers (ton)	农药使用量(吨) Consumption of Agricultural Chemical (ton)	农用塑料薄膜使用量(吨) Consumption of Plastic Film (ton)
郑州市 Zhengzhou					
中牟县 Zhongmu	70.17	17209.70	44170	1136	3294
巩义市 Gongyi	58.34	138213.41	36660	430	134
荥阳市 Xingyang	79.93	32759.84	30182	580	886
新密市 Xinmi	98.81	42686.26	27395	259	602
新郑市 Xinzheng	99.14	45077.13	37683	708	694
登封市 Dengfeng	63.50	45702.76	22121	304	243
开封市 Kaifeng					
杞县 Qixian	184.82	15559.97	66564	1706	2282
通许县 Tongxu	94.51	4704.28	36291	1790	1943
尉氏县 Weishi	131.11	20561.40	43861	940	2771
开封县 Kaifeng	158.89	14551.86	72045	519	1689
兰考县 Lankao	96.65	23712.00	73622	831	1015
洛阳市 Luoyang					
孟津县 Mengjin	38.80	21262.18	19596	431	381
新安县 Xinan	46.05	5926.76	21965	500	514
栾川县 Luanchuan	28.41	29021.82	9739	65	92
嵩县 Songxian	57.18	10789.51	25110	458	326
汝阳县 Ruyang	40.62	18716.25	20746	348	441
宜阳县 Yiyang	57.70	27760.06	41127	988	750
洛宁县 Luoning	42.29	8097.00	21515	410	562
伊川县 Yichuan	72.98	35288.81	26139	336	523
偃师市 Yanshi	81.49	30160.62	28208	537	199
平顶山市 Pingdingshan					
宝丰县 Baofeng	45.68	14417.59	52752	416	362
叶县 Yexian	65.92	15345.48	94344	674	981
鲁山县 Lushan	39.18	24942.62	44110	762	380
郏县 Jiaxian	52.11	10729.54	43897	758	1113
舞钢市 Wugang	28.20	5072.19	19007	954	451
汝州市 Ruzhou	143.55	29767.66	97828	695	759
安阳市 Anyang					
安阳县 Anyang	86.44	86665.69	51281	1255	1209
汤阴县 Tangyin	59.90	63324.00	43042	566	516
滑县 Huaxian	255.14	43194.42	217396	1961	3406
内黄县 Neihuang	112.29	31696.61	78255	1610	15903
林州市 Linzhou	58.97	49454.45	39834	352	39
鹤壁市 Hebi					
浚县 Xunxian	158.80	5920.16	49034	912	744
淇县 Qixian	33.87	4816.26	7600	315	9

29-6 续表 1 continued

县 市 County and city	农用机械总动力（万千瓦）Total Agricultural Machinery Power (10 000kw)	农村用电量（万千瓦时）Electricity Consumed in Rural Areas (10 000 kwh)	化肥施用折纯量（吨）Consumption of Chemical Fertilizers (ton)	农药使用量（吨）Consumption of Agricultural Chemical (ton)	农用塑料薄膜使用量（吨）Consumption of Plastic Film (ton)
新乡市 Xinxiang					
新乡县 Xinxiang	48.70	157220.48	28619	493	85
获嘉县 Huojia	72.95	13719.29	32887	610	196
原阳县 Yuanyang	128.91	55589.00	49564	801	687
延津县 Yanjin	89.06	13388.84	102548	1135	620
封丘县 Fengqiu	109.80	12413.67	75307	2277	316
长垣县 Changyuan	113.00	54400.47	64091	1133	503
卫辉市 Weihui	60.35	19273.19	51696	931	601
辉县市 Huixian	81.62	252418.97	84608	944	440
焦作市 Jiaozuo					
修武县 Xiuwu	38.70	7091.52	14065	365	36
博爱县 Boai	30.80	13481.06	29459	392	523
武陟县 Wuzhi	117.19	17731.09	54079	1268	237
温县 Wenxian	55.35	27903.74	23278	461	236
沁阳市 Qinyang	58.19	43777.55	31782	754	284
孟州市 Mengzhou	47.44	22068.95	29702	969	686
濮阳市 Puyang					
清丰县 Qingfeng	82.45	12523.00	64215	656	575
南乐县 Manle	79.83	27954.00	55602	650	1606
范县 Fanxian	69.27	16263.34	35036	477	199
台前县 Taiqian	39.18	1058.76	10788	199	312
濮阳县 Puyang	139.18	6126.30	94814	2023	286
许昌市 Xuchang					
许昌县 Xuchang	81.00	18469.51	49249	1135	645
鄢陵县 Yanling	76.38	7726.83	37456	960	903
襄城县 Xiangcheng	77.95	12869.00	51443	770	690
禹州市 Yuzhou	80.54	21288.43	107451	503	819
长葛市 Changge	55.71	27637.07	45949	730	515
漯河市 Luohe					
舞阳县 Wuyang	64.42	8585.63	33988	696	399
临颍县 Linying	100.70	17346.12	46836	915	2379
三门峡市 Sanmenxia					
渑池县 Mianchi	37.17	5619.62	20346	324	789
陕县 Shanxian	35.60	5819.03	19079	767	621
卢氏县 Lushi	23.08	2781.01	13346	209	868
义马市 Yima	3.14	1799.58	1016	42	101
灵宝市 Lingbao	70.54	15137.36	38282	1440	1090
南阳市 Nanyang					
南召县 Nanzhao	33.39	4116.88	16910	446	887
方城县 Fangcheng	119.27	10462.20	92549	1938	4629
西峡县 Xixia	15.82	25412.61	29701	680	2596

29-6 续表 2 continued

县 市	County and city	农用机械总动力(万千瓦) Total Agricultural Machinery Power (10 000kw)	农村用电量(万千瓦时) Electricity Consumed in Rural Areas (10 000 kwh)	化肥施用折纯量(吨) Consumption of Chemical Fertilizers (ton)	农 药使用量(吨) Consumption of Agricultural Chemical (ton)	农用塑料薄膜使用量(吨) Consumption of Plastic Film (ton)
镇平县	Zhenping	97.87	15172.03	48533	947	963
内乡县	Neixiang	72.78	17919.83	33357	656	980
淅川县	Xichuan	57.87	27075.57	47378	729	1170
社旗县	Sheqi	72.35	6294.35	62957	1369	1229
唐河县	Tanghe	218.39	17997.75	109510	3631	2328
新野县	Xinye	146.60	24816.51	114409	3292	7709
桐柏县	Tongbai	83.50	7161.72	42036	440	772
邓州市	Dengzhou	194.76	19797.94	167794	3821	4170
商丘市	**Shangqiu**					
民权县	Minquan	122.56	17366.53	56964	2532	2012
睢县	Suixian	117.08	7575.35	56355	914	780
宁陵县	Ningling	97.76	12775.96	49882	1216	1183
柘城县	Zhecheng	116.72	12214.22	55215	871	1220
虞城县	Yucheng	175.10	41899.01	126769	4552	2257
夏邑县	Xiayi	172.33	47704.52	126059	1695	998
永城市	Yongcheng	178.32	37032.64	112161	2279	2378
信阳市	**Xinyang**					
罗山县	Luoshan	74.32	11659.04	39044	726	670
光山县	Guangshan	41.23	24525.59	39127	900	297
新县	Xinxian	20.83	5478.00	9076	370	150
商城县	Shangcheng	38.18	12136.00	22800	580	650
固始县	Gushi	103.57	28711.00	98000	2500	2655
潢川县	Huangchuan	44.16	15055.29	85192	737	3623
淮滨县	Huaibin	69.22	12517.00	104285	1008	2033
息县	Xixian	122.92	17265.34	62581	1710	1153
周口市	**Zhoukou**					
扶沟县	Fugou	108.05	14393.27	61209	2242	3708
西华县	Xihua	125.34	12090.76	85524	3030	1837
商水县	Shangshui	123.57	16009.40	67557	1078	1241
沈丘县	Shenqiu	89.16	20017.20	98618	1498	1549
郸城县	Dancheng	159.31	13338.86	74865	2148	1913
淮阳县	Huaiyang	119.73	20605.12	115322	3436	3614
太康县	Taikang	179.70	13671.67	101220	2563	3086
鹿邑县	Luyi	122.86	14039.00	91153	1196	702
项城市	Xiangcheng	89.23	23767.00	48539	1588	1180
驻马店市	**Zhumadian**					
西平县	Xiping	128.44	30850.61	68559	322	1213
上蔡县	Shangcai	156.96	21900.00	84656	719	996
平舆县	Pingyu	164.77	8725.25	58366	529	974
正阳县	Zhengyang	211.69	6522.35	119095	353	1080
确山县	Queshan	110.01	12568.80	68590	927	1350
泌阳县	Biyang	161.08	7637.11	61573	342	2098
汝南县	Runan	137.97	8742.07	80306	762	847
遂平县	Suiping	98.84	7262.00	59716	510	475
新蔡县	Xincai	157.95	8756.28	76300	1280	1830

29-7 各县(市)主要农作物播种面积(2013年)

Sown Area of Major Farm Products by County and City (2013)

县 市	County and city	总播种面积(千公顷) Total Sown Area (1 000 hectares)	#粮食 Food	#谷物 Grain	#小麦 Wheat	#玉米 Corn	#豆类 Beans	#棉花 Cotton	#油料 Oil-bearing Crops
郑州市	**Zhengzhou**								
中牟县	Zhongmu	89.76	40.49	36.99	15.86	20.78	1.44	1.08	12.16
巩义市	Gongyi	50.89	45.06	42.61	22.72	19.20	1.34	0.30	3.69
荥阳市	Xingyang	77.89	62.26	58.77	31.32	26.84	1.54	0.19	4.87
新密市	Xinmi	65.97	55.72	51.21	27.46	23.67	2.49	0.03	3.65
新郑市	Xinzheng	75.83	56.97	54.41	28.68	25.68	1.04	0.02	10.44
登封市	Dengfeng	58.22	50.79	45.08	23.84	21.16	3.04	0.26	3.45
开封市	**Kaifeng**								
杞县	Qixian	201.13	110.53	101.43	65.00	36.43	4.36	6.46	17.86
通许县	Tongxu	124.69	61.74	58.89	39.33	19.55	1.37	2.53	8.07
尉氏县	Weishi	149.47	94.45	87.35	62.91	24.44	3.98	7.26	23.82
开封县	Kaifeng	160.42	101.37	93.88	63.23	26.76	3.35	2.86	35.46
兰考县	Lankao	123.97	93.67	87.47	56.89	29.73	3.66	4.00	17.10
洛阳市	**Luoyang**								
孟津县	Mengjin	66.65	54.48	52.58	27.39	23.94	0.64	0.24	1.74
新安县	Xinan	66.55	51.35	44.35	22.63	20.80	3.56	0.14	2.42
栾川县	Luanchuan	25.43	14.27	12.53	5.12	7.41	1.37	0.01	0.72
嵩县	Songxian	75.36	52.29	43.74	23.24	20.35	3.85	0.25	5.00
汝阳县	Ruyang	56.38	43.46	37.22	19.51	16.60	2.15	0.14	3.80
宜阳县	Yiyang	133.00	86.49	73.02	41.68	27.12	8.83	0.53	18.76
洛宁县	Luoning	79.35	61.70	49.34	30.27	16.41	9.22	0.07	5.39
伊川县	Yichuan	95.30	79.33	69.47	38.46	24.32	2.97	0.93	4.72
偃师市	Yanshi	56.13	45.76	43.83	22.94	20.42	1.06	0.14	2.09
平顶山市	**Pingdingshan**								
宝丰县	Baofeng	65.73	47.37	46.61	24.32	22.28	0.41	0.16	8.05
叶县	Yexian	142.12	110.14	103.01	54.27	48.74	4.37	0.20	14.21
鲁山县	Lushan	74.00	58.41	54.50	29.06	24.74	1.35	0.01	8.64
郏县	Jiaxian	84.88	58.52	45.37	29.95	15.42	3.72	0.43	5.68
舞钢市	Wugang	38.56	30.53	27.52	14.99	12.40	1.73	0.30	3.03
汝州市	Ruzhou	119.72	95.90	89.04	45.12	43.77	2.55	0.70	12.03
安阳市	**Anyang**								
安阳县	Anyang	123.23	106.30	105.18	48.50	55.58	0.57	1.03	2.56
汤阴县	Tangyin	84.40	67.46	66.02	34.69	31.20	0.80	0.71	2.88
滑县	Huaxian	261.04	183.51	181.25	113.82	67.06	0.99	3.08	29.43
内黄县	Neihuang	145.13	81.00	79.92	56.34	23.58	0.21	0.67	20.86
林州市	Linzhou	88.96	81.04	72.77	33.68	34.94	3.29	0.38	3.24
鹤壁市	**Hebi**								
浚县	Xunxian	113.63	98.52	97.58	53.16	44.32	0.58	0.15	8.61
淇县	Qixian	44.34	42.37	41.84	20.63	21.14	0.06	0.06	0.63

29-7 续表 1 continued

县市 County and city	总播种面积(千公顷) Total Sown Area (1 000 hectares)	#粮食 Food	#谷物 Grain	#小麦 Wheat	#玉米 Corn	#豆类 Beans	#棉花 Cotton	#油料 Oil-bearing Crops
新乡市 Xinxiang								
新乡县 Xinxiang	43.30	35.72	35.51	18.47	16.60	0.21	0.77	2.63
获嘉县 Huojia	55.47	47.88	47.53	20.81	17.58	0.22	0.38	0.26
原阳县 Yuanyang	133.58	115.23	107.32	62.67	23.79	7.35	0.59	10.05
延津县 Yanjin	105.41	67.41	65.07	45.53	19.43	1.11	2.69	27.10
封丘县 Fengqiu	133.17	94.08	85.51	53.16	27.74	4.20	1.41	13.75
长垣县 Changyuan	123.54	94.61	88.62	52.48	33.18	4.30	0.50	17.29
卫辉市 Weihui	66.60	55.39	54.68	28.99	25.54	0.31	0.64	3.60
辉县市 Huixian	110.36	89.38	87.47	43.70	43.08	0.37	0.05	7.60
焦作市 Jiaozuo								
修武县 Xiuwu	35.19	32.29	31.10	16.37	14.70	0.95	0.08	0.74
博爱县 Boai	34.09	23.64	22.74	11.97	10.72	0.57	0.09	0.67
武陟县 Wuzhi	89.53	67.80	65.52	36.11	23.71	1.80	0.16	8.90
温县 Wenxian	54.15	38.13	37.39	21.51	15.88	0.12	0.79	3.31
沁阳市 Qinyang	56.74	44.93	43.99	21.86	22.12	0.34	0.12	1.17
孟州市 Mengzhou	54.74	41.11	40.30	21.41	18.89	0.42	0.67	3.78
濮阳市 Puyang								
清丰县 Qingfeng	114.09	76.27	74.01	48.53	25.44	1.30	0.28	15.16
南乐县 Manle	82.64	61.54	59.21	34.05	25.08	0.57	0.83	6.44
范县 Fanxian	60.20	55.88	53.17	27.32	7.96	2.41	0.09	1.70
台前县 Taiqian	39.18	35.46	31.40	17.34	13.58	3.88	0.09	0.65
濮阳县 Puyang	170.67	139.36	131.51	78.53	27.90	5.98	2.75	8.74
许昌市 Xuchang								
许昌县 Xuchang	141.98	101.52	89.52	51.39	37.96	7.61	1.91	15.62
鄢陵县 Yanling	118.42	75.06	74.57	40.85	33.72	0.30	0.12	0.46
襄城县 Xiangcheng	121.29	85.65	67.61	41.56	26.05	2.94	0.43	4.50
禹州市 Yuzhou	135.34	95.74	81.36	44.26	37.10	3.20	1.76	5.76
长葛市 Changge	87.81	77.03	75.43	37.37	38.06	1.10	0.34	3.03
漯河市 Luohe								
舞阳县 Wuyang	97.76	82.94	79.00	40.98	38.00	0.97	0.86	4.29
临颍县 Linying	119.12	75.29	68.21	40.75	27.46	3.68	4.10	1.45
三门峡市 Sanmenxia								
渑池县 Mianchi	72.77	45.38	34.51	22.58	10.11	8.29	0.14	9.64
陕县 Shanxian	41.10	28.38	24.24	13.26	10.90	2.70	0.13	2.12
卢氏县 Lushi	45.73	32.14	25.78	14.37	11.34	5.55	0.03	0.33
义马市 Yima	3.17	2.17	1.88	0.91	0.97	0.17	0.01	0.25
灵宝市 Lingbao	79.48	55.14	46.86	26.59	20.27	6.50	1.19	3.93
南阳市 Nanyang								
南召县 Nanzhao	62.77	37.47	32.50	16.40	8.72	1.60		12.48
方城县 Fangcheng	206.98	122.75	103.95	64.35	39.28	12.34	1.24	48.68
西峡县 Xixia	39.38	24.42	21.00	10.93	7.20	1.25		2.51

29-7 续表 2　continued

县 市 County and city	总播种面积（千公顷）Total Sown Area (1 000 hectares)	#粮食 Food	#谷物 Grain	#小麦 Wheat	#玉米 Corn	#豆类 Beans	#棉花 Cotton	#油料 Oil-bearing Crops
镇平县 Zhenping	135.48	98.18	93.51	50.97	41.95	2.60	1.96	21.70
内乡县 Neixiang	105.17	62.79	56.30	28.00	27.51	0.37	1.13	18.95
淅川县 Xichuan	133.58	62.92	54.36	33.75	16.91	4.54	0.44	42.23
社旗县 Sheqi	137.30	90.87	74.02	51.03	22.95	10.62	4.11	18.91
唐河县 Tanghe	297.66	221.52	190.51	135.56	42.92	15.64	4.23	26.42
新野县 Xinye	133.15	77.38	71.98	50.33	21.66	2.84	4.00	24.60
桐柏县 Tongbai	73.77	45.04	39.39	20.37	2.41	4.34	0.11	20.27
邓州市 Dengzhou	334.94	205.08	185.88	136.11	48.67	15.32	12.32	65.34
商丘市 Shangqiu								
民权县 Minquan	157.26	98.19	93.47	68.34	24.87	2.42	7.09	22.64
睢县 Suixian	158.01	95.51	86.95	57.79	29.16	6.02	6.00	13.86
宁陵县 Ningling	103.10	67.91	64.07	42.85	21.22	1.99	0.45	19.21
柘城县 Zhecheng	138.42	97.65	96.07	61.40	34.40	0.70	1.74	2.69
虞城县 Yucheng	212.10	137.59	123.53	76.97	46.48	8.12	6.83	12.19
夏邑县 Xiayi	182.29	152.02	141.55	79.32	62.03	6.53		6.60
永城市 Yongcheng	233.09	189.77	161.51	103.10	58.39	27.09	1.96	5.69
信阳市 Xinyang								
罗山县 Luoshan	142.04	96.04	92.12	27.28	0.10	2.23	0.13	29.17
光山县 Guangshan	126.70	75.12	71.61	19.02		2.20	0.18	32.77
新县 Xinxian	27.26	14.93	13.65	1.19	0.05	0.25	0.03	9.26
商城县 Shangcheng	74.46	46.19	43.41	11.75	0.09	1.94	0.08	19.78
固始县 Gushi	249.33	156.54	153.55	39.47	5.01	0.88	0.11	60.11
潢川县 Huangchuan	131.54	97.73	96.56	36.31	0.12	0.66	0.03	22.60
淮滨县 Huaibin	131.33	99.85	92.06	52.92	5.28	2.90	0.28	17.74
息县 Xixian	190.20	161.02	155.28	90.01	17.50	2.73	0.55	13.09
周口市 Zhoukou								
扶沟县 Fugou	143.62	88.13	77.23	58.58	18.07	10.65	13.18	7.03
西华县 Xihua	170.89	117.05	106.01	67.05	38.93	9.20	2.95	9.27
商水县 Shangshui	206.76	151.51	129.74	72.20	57.48	18.73	2.33	14.36
沈丘县 Shenqiu	163.75	125.35	111.81	67.10	44.71	8.48	1.18	10.32
郸城县 Dancheng	203.17	145.62	123.93	79.12	44.81	11.34	3.54	8.16
淮阳县 Huaiyang	226.31	133.08	123.46	76.17	47.30	2.27	12.75	27.91
太康县 Taikang	232.79	171.51	158.91	98.77	60.15	9.53	4.50	6.59
鹿邑县 Luyi	172.88	131.99	116.19	68.76	47.36	14.28	4.72	6.48
项城市 Xiangcheng	167.54	121.84	101.81	68.27	33.54	18.50	1.92	16.03
驻马店市 Zhumadian								
西平县 Xiping	168.70	135.05	134.71	66.00	68.72	0.23	0.05	16.31
上蔡县 Shangcai	200.18	162.59	154.46	86.41	67.84	6.47	0.78	18.70
平舆县 Pingyu	164.93	119.90	110.41	69.32	41.01	6.76	0.25	26.29
正阳县 Zhengyang	239.10	142.44	138.65	101.61	21.87	2.89	0.44	83.02
确山县 Queshan	121.93	91.36	90.04	47.01	37.87	0.25	0.01	20.60
泌阳县 Biyang	166.15	108.98	100.69	58.24	38.78	3.86	2.14	41.71
汝南县 Runan	172.89	117.89	113.57	71.55	39.57	3.42	0.38	35.88
遂平县 Suiping	125.67	98.53	94.76	48.14	46.31	2.19	0.05	15.26
新蔡县 Xincai	194.89	134.48	128.88	80.30	42.07	2.35	3.91	28.63

29-8 各县(市)主要农作物产量(2013年)

Output of Major Farm Products by County and City (2013)

县 市 County and city	粮食产量(吨) Output of Grain (ton)	#谷物 Grain	#小麦 Wheat	#玉米 Corn	#豆类 Beans	棉花产量(吨) Output of Cotton (ton)	油料产量(吨) Output of Oil-bearing Crops (ton)	园林水果产量(吨) Output of Fruits (ton)
郑州市 Zhengzhou								
中牟县 Zhongmu	240671	220896	93006	125484	3674	1099	58347	28089
巩义市 Gongyi	153133	147549	77236	69223	1510	269	5427	27816
荥阳市 Xingyang	335708	320877	171110	148207	2079	245	12901	41825
新密市 Xinmi	207300	198051	106086	91867	3072	21	10919	19673
新郑市 Xinzheng	288966	278269	142550	135505	2544	20	40246	92542
登封市 Dengfeng	174654	144794	73357	70898	6546	216	4474	24267
开封市 Kaifeng								
杞县 Qixian	637547	600684	393129	207555	12532	8533	93602	30864
通许县 Tongxu	370572	356991	243276	113715	4462	2932	38258	81513
尉氏县 Weishi	541143	509156	366587	142569	14142	7405	118313	111682
开封县 Kaifeng	562180	545237	378340	140532	7031	3460	131821	127692
兰考县 Lankao	511974	484969	322715	156393	8079	4028	72418	176385
洛阳市 Luoyang								
孟津县 Mengjin	227973	211855	114235	92676	887	153	3231	39351
新安县 Xinan	202331	178648	83901	92365	3978	159	4782	65960
栾川县 Luanchuan	59726	55361	16767	38594	2349	14	1133	8853
嵩县 Songxian	193174	170346	78548	91573	3935	217	9477	80333
汝阳县 Ruyang	163510	135738	64683	66213	4051	157	8238	11162
宜阳县 Yiyang	345428	282893	154226	113207	27355	547	84014	103426
洛宁县 Luoning	221574	205994	102620	92242	6761	75	8148	286991
伊川县 Yichuan	340569	290295	144412	120144	7677	985	10691	13044
偃师市 Yanshi	249239	242756	114684	126287	1449	113	3386	90199
平顶山市 Pingdingshan								
宝丰县 Baofeng	223530	219812	122770	96986	710	189	21320	9404
叶县 Yexian	593379	552571	282122	270449	13728	264	49314	10105
鲁山县 Lushan	205178	191873	98638	87997	2854	5	21386	26275.7
郏县 Jiaxian	316437	247478	157253	90225	11353	332	18404	11122.7
舞钢市 Wugang	146325	136873	75962	60177	3968	306	8232	9353
汝州市 Ruzhou	452141	426463	219832	206018	4481	650	38809	34310
安阳市 Anyang								
安阳县 Anyang	643472	635547	287834	344019	1983	1141	5768	40434
汤阴县 Tangyin	421582	414727	220427	193811	2559	846	10669	36191
滑县 Huaxian	1399171	1384944	843071	538761	3442	3021	135750	185165
内黄县 Neihuang	481846	474374	328730	145644	732	735	114908	325558
林州市 Linzhou	363496	323786	124637	185238	7721	527	4681	84822
鹤壁市 Hebi								
浚县 Xunxian	717196	713084	387037	325741	1574	181	27585	35497
淇县 Qixian	297067	293758	144293	149294	94	44	1717	3597

29-8 续表 1　　continued

县　市 County and city	粮食产量（吨）Output of Grain (ton)	#谷物 Grain	#小麦 Wheat	#玉米 Corn	#豆类 Beans	棉花产量（吨）Output of Cotton (ton)	油料产量（吨）Output of Oil-bearing Crops (ton)	园林水果产量（吨）Output of Fruits (ton)
新乡市 Xinxiang								
新乡县 Xinxiang	265298	264627	139816	121425	671	1034	14574	7110
获嘉县 Huojia	321181	317880	148686	103451	539	565	853	15669
原阳县 Yuanyang	716140	694660	391574	161177	18947	425	49190	32653
延津县 Yanjin	427162	418425	303660	113980	3179	2290	123548	28394
封丘县 Fengqiu	617579	580000	389613	162288	9182	1835	53162	17299
长垣县 Changyuan	610206	588517	373185	187835	9385	650	61379	19318
卫辉市 Weihui	360136	358219	189648	168173	1003	429	15043	15712
辉县市 Huixian	561832	556117	277611	276894	922	50.8	19931	24244
焦作市 Jiaozuo								
修武县 Xiuwu	226848	222593	114540	108002	2215	64	2635	5919
博爱县 Boai	185066	179060	95898	82961	1884	96	1407	39831
武陟县 Wuzhi	534420	522241	290382	186509	6250	164	49088	30702
温县 Wenxian	304525	299820	173980	125840	229	679	16152	21362
沁阳市 Qinyang	339595	333540	170385	163152	938	120	4650	36950
孟州市 Mengzhou	308252	304410	163975	140435	1302	732	16713	174332
濮阳市 Puyang								
清丰县 Qingfeng	551302	540954	352766	188017	2615	270	67566	36467
南乐县 Manle	474405	453213	256389	196659	2168	745	32388	154782
范县 Fanxian	352731	345739	170905	42089	4977	130	8650	1516
台前县 Taiqian	189041	181400	110035	68859	6527	32	3690	7402
濮阳县 Puyang	915393	882304	529031	175236	17595	2475	36426	32437
许昌市 Xuchang								
许昌县 Xuchang	671217	628515	376613	250734	14521	1147	58249	7495
鄢陵县 Yanling	539847	537212	307442	229770	1358	118	1843	22168
襄城县 Xiangcheng	548956	472055	305152	166903	7709	524	13232	25843
禹州市 Yuzhou	540167	470734	266622	204112	5763	1718	14466	15218
长葛市 Changge	543566	536071	277965	258106	3726	317	9997	3756
漯河市 Luohe								
舞阳县 Wuyang	520194	505117	270543	234486	1896	938	11048	14317
临颍县 Linying	521053	499985	311023	188962	5796	3536	3703	250
三门峡市 Sanmenxia								
渑池县 Mianchi	167025	131176	77686	48292	14842	93	22107	190094
陕县 Shanxian	90400	81091	40079	40878	3553	102	1990	464219
卢氏县 Lushi	106234	85329	47052	38157	13190	23	824	65986
义马市 Yima	6757	5947	2661	3275	306	11	386	694
灵宝市 Lingbao	215990	193809	95282	98527	11705	880	8056	1301736
南阳市 Nanyang								
南召县 Nanzhao	185067	164563	63380	51882	2701		58682	13969
方城县 Fangcheng	585381	535901	319702	214949	21537	1283	239657	42650
西峡县 Xixia	99457	85427	35460	32842	2470		7319	437641

29-8 续表 2 continued

县 市 County and city	粮食产量 (吨) Output of Grain (ton)	#谷物 Grain	#小麦 Wheat	#玉米 Corn	#豆类 Beans	棉花产量 (吨) Output of Cotton (ton)	油料产量 (吨) Output of Oil-bearing Crops (ton)	园林水果产量 (吨) Output of Fruits (ton)
镇平县 Zhenping	500267	482858	261214	218294	4979	1834	67497	7169
内乡县 Neixiang	307652	273267	139760	128055	607	952	75139	49697
淅川县 Xichuan	249179	224514	123686	81579	10597	452	124263	56471
社旗县 Sheqi	512718	454894	298490	156347	22616	4108	77025	5186
唐河县 Tanghe	1187748	1077521	793536	205596	25716	4348	113315	87743
新野县 Xinye	510417	492645	369616	123029	6453	3988	107520	14729
桐柏县 Tongbai	226008	215247	83149	10962	4691	100	71612	16900
邓州市 Dengzhou	1110175	1049328	763417	279146	36112	11085	250621	29019
商丘市 Shangqiu								
民权县 Minquan	655513	634701	475749	157321	8408	11936	88669	281561
睢县 Suixian	613938	585874	402160	183714	13088	6510	65874	71305
宁陵县 Ningling	450272	437500	299536	137964	6012	512	101107	238252
柘城县 Zhecheng	663361	657723	436058	219695	1678	4128	10240	59353
虞城县 Yucheng	905064	860817	544348	315852	25040	9251	52824	486180
夏邑县 Xiayi	1015312	985632	561647	422416	17720		22990	280120
永城市 Yongcheng	1194956	1114096	727478	386384	67675	1910	23799	247972
信阳市 Xinyang								
罗山县 Luoshan	726223	720291	113876	298	2459	96	68793	7397
光山县 Guangshan	584907	576760	81475		1756	129	81555	5745
新县 Xinxian	119703	116717	4065	352	185	28	29472	2954
商城县 Shangcheng	331366	327776	47864	355	1433	65	54598	11030
固始县 Gushi	1214130	1199925	172801	28527	1032	110	153498	47900
潢川县 Huangchuan	690696	688880	153798	538	565	28	58523	6398
淮滨县 Huaibin	575022	559215	262655	18505	1429	275	53634	21761
息县 Xixian	953963	937820	465134	72186	2656	584	33340	20317
周口市 Zhoukou								
扶沟县 Fugou	563510	532856	439808	87810	29162	13842	31774	27159.5
西华县 Xihua	721231	693731	503375	190256	16500	2963	38925	172506
商水县 Shangshui	1035850	950726	542151	408278	63739	2496	47496	44100
沈丘县 Shenqiu	847324	793832	504118	289714	24934	1490	28115	78983
郸城县 Dancheng	1000838	863304	594253	269051	39315	3709	23405	17335
淮阳县 Huaiyang	890947	847289	572249	275040	5092	13246	140949	28497
太康县 Taikang	1131339	1092665	741795	350870	24894	4923	23782	14756
鹿邑县 Luyi	920050	852909	521726	330953	52513	5008	16512	10425
项城市 Xiangcheng	798476	747393	508419	238974	40131	2800	36475	47600
驻马店市 Zhumadian								
西平县 Xiping	898848	898062	466215	431847	436	42	71896	12590
上蔡县 Shangcai	997471	964949	600373	363621	18015	737	45576	11910
平舆县 Pingyu	740573	710865	473638	236737	16380	236	59835	8590
正阳县 Zhengyang	807258	796846	597717	109887	5009	383	356664	10652
确山县 Queshan	526482	518865	293890	193947	881	11	77240	3683
泌阳县 Biyang	586719	552867	327002	207629	7325	1817	129047	31342
汝南县 Runan	723891	706909	478608	213857	8284	548	160217	10523
遂平县 Suiping	593697	577963	326883	249453	6483	61	48519	20867
新蔡县 Xincai	790951	769729	514469	214077	6570	4630	106333	31240

29-9 各县(市)牧渔业生产情况(2013年)

Statistics on Animal Husbandry and Fishery by County and City (2013)

县 市 County and city	肉类产量 (吨) Output of Meat (ton)	#猪肉 Pork	#牛肉 Beef	#羊肉 Mutton	大牲畜年底头数 (头) Large Animals (year-end) (unit)	猪年底头数 (万头) Hogs (year-end) (10 000 units)	禽蛋产量 (吨) Poultry Eggs (ton)	水产品产量 (吨) Output of Aquatic Products (ton)
郑州市 Zhengzhou								
中牟县 Zhongmu	51044	32746	6614	3014	72204	30.04	23123	74271
巩义市 Gongyi	25161	21100	878	301	7464	19.40	9960	4394
荥阳市 Xingyang	47728	33157	3638	665	25472	27.11	73730	18354
新密市 Xinmi	21686	13602	1100	270	18738	19.97	27846	825
新郑市 Xinzheng	52793	34154	985	665	28220	38.34	43408	767
登封市 Dengfeng	25758	17503	3687	697	33703	20.66	21480	2457
开封市 Kaifeng								
杞县 Qixian	103186	68381	17787	6688	133233	77.42	65433	3150
通许县 Tongxu	62317	52745	3009	1716	48271	59.62	24094	1700
尉氏县 Weishi	88352	64166	10830	5674	97599	72.28	83059	18880
开封县 Kaifeng	79649	58007	11596	4549	128732	62.73	41316	12970
兰考县 Lankao	49725	30716	9506	2980	109328	38.00	33203	7860
洛阳市 Luoyang								
孟津县 Mengjin	22572	16955	3048	427	68909	21.00	13175	16932
新安县 Xinan	21357	14420	2365	1114	28200	17.05	13649	7330
栾川县 Luanchuan	8002	5171	1450	264	11235	6.70	5296	80
嵩县 Songxian	31953	17822	9535	1257	104973	21.41	13869	3523
汝阳县 Ruyang	12402	9440	1257	300	16678	10.56	3747	225
宜阳县 Yiyang	48592	32701	9510	1454	111566	33.83	18883	2400
洛宁县 Luoning	26775	9259	12170	1212	103324	10.99	17960	3005
伊川县 Yichuan	46128	33564	8065	454	108216	36.46	24213	555
偃师市 Yanshi	30773	25319	1182	141	48588	28.15	19491	283
平顶山市 Pingdingshan								
宝丰县 Baofeng	46715	34134	5315	703	94149	36.22	16072	771
叶县 Yexian	110787	68930	21257	5704	191095	67.91	30512	15685
鲁山县 Lushan	28694	19980	3471	1189	49810	23.01	15912	11464
郏县 Jiaxian	57716	30280	8082	1785	121636	32.25	15264	850
舞钢市 Wugang	46698	34584	1367	696	28553	34.01	2483	4420
汝州市 Ruzhou	94046	62000	14740	1474	253375	62.30	61500	3003
安阳市 Anyang								
安阳县 Anyang	32169	21173	2107	422	54835	26.44	62566	4200
汤阴县 Tangyin	32285	8328	700	323	17348	10.91	27094	3896
滑县 Huaxian	49266	26400	7250	3515	151365	26.90	79500	547
内黄县 Neihuang	41140	29439	311	2771	26844	30.90	45735	565
林州市 Linzhou	75185	69607	339	112	30269	93.02	68627	3198
鹤壁市 Hebi								
浚县 Xunxian	111082	55500	1521	3231	16536	44.10	43745	3025
淇县 Qixian	132243	41254	508	364	17064	28.52	49700	5300

29—9 续表 1 continued

县 市 County and city	肉类产量 (吨) Output of Meat (ton)	#猪肉 Pork	#牛肉 Beef	#羊肉 Mutton	大牲畜年底头数 (头) Large Animals (year-end) (unit)	猪年底头数 (万头) Hogs (year-end) (10 000 units)	禽蛋产量 (吨) Poultry Eggs (ton)	水产品产量 (吨) Output of Aquatic Products (ton)
新 乡 市 Xinxiang								
新 乡 县 Xinxiang	18068	9425	2441	338	22169	11.84	30795	3400
获 嘉 县 Huojia	30642	19625	2282	642	20774	19.84	25600	5100
原 阳 县 Yuanyang	35574	21880	4478	2289	88732	24.69	38250	5245
延 津 县 Yanjin	31224	18549	3858	1421	26212	19.51	30899	19060
封 丘 县 Fengqiu	80994	60852	8314	3480	56903	48.43	32822	12400
长 垣 县 Changyuan	41692	22600	6109	2200	51500	24.09	39200	4500
卫 辉 市 Weihui	56190	42824	4911	509	112809	48.11	73800	4900
辉 县 市 Huixian	91215	76400	4639	773	56773	76.84	77760	630
焦 作 市 Jiaozuo								
修 武 县 Xiuwu	32622	21084	2052	311	15182	23.51	39624	1500
博 爱 县 Boai	19581	9007	6165	354	34499	10.31	35464	220
武 陟 县 Wuzhi	62155	37332	5833	1881	65148	43.25	80115	9460
温 县 Wenxian	26761	19680	3092	354	29299	21.10	43851	1450
沁 阳 市 Qinyang	26752	15480	5224	483	41742	19.95	39005	400
孟 州 市 Mengzhou	22064	15168	2379	537	30368	19.97	29415	1800
濮 阳 市 Puyang								
清 丰 县 Qingfeng	58067	31136	2516	1207	25601	31.50	64837	2150
南 乐 县 Manle	69205	33759	11012	607	160859	40.53	63087	2018
范 县 Fanxian	28775	14237	1738	3096	39551	16.01	32099	19169
台 前 县 Taiqian	17357	6090	490	1224	7231	6.12	40250	1005
濮 阳 县 Puyang	69409	39935	1887	4909	21524	43.50	63022	4148
许 昌 市 Xuchang								
许 昌 县 Xuchang	81958	62432	9028	1642	98315	55.83	52112	1250
鄢 陵 县 Yanling	85532	60857	14173	1646	155200	55.05	45029	5010
襄 城 县 Xiangcheng	79061	57752	8822	2312	135258	53.14	44198	1591
禹 州 市 Yuzhou	79924	57770	4200	5478	59626	52.39	36771	1718
长 葛 市 Changge	68405	57939	1701	377	25305	42.89	47915	1483
漯 河 市 Luohe								
舞 阳 县 Wuyang	66563	57652	1984	1391	40368	51.01	13796	6046
临 颍 县 Linying	77826	62396	4272	752	36305	57.97	39434	1582
三 门 峡 市 Sanmenxia								
渑 池 县 Mianchi	39587	26256	9642	913	113134	27.64	23553	4600
陕 县 Shanxian	17442	11450	4082	471	123616	13.29	8845	3700
卢 氏 县 Lushi	8424	4003	3500	298	75180	4.32	3113	1900
义 马 市 Yima	3379	2919	50	27	338	4.28	231	100
灵 宝 市 Lingbao	26268	19085	4060	894	69754	22.02	10261	7000
南 阳 市 Nanyang								
南 召 县 Nanzhao	24406	16338	3816	1828	59239	17.53	12692	21244
方 城 县 Fangcheng	37592	25050	3822	2735	41250	28.50	16514	6300
西 峡 县 Xixia	30217	20598	4718	2597	51673	23.05	13985	4727

29-9 续表 2 continued

县 市 County and city	肉类产量 (吨) Output of Meat (ton)	#猪肉 Pork	#牛肉 Beef	#羊肉 Mutton	大牲畜年底头数 (头) Large Animals (year-end) (unit)	猪年底头数 (万头) Hogs (year-end) (10 000 units)	禽蛋产量 (吨) Poultry Eggs (ton)	水产品产量 (吨) Output of Aquatic Products (ton)
镇平县 Zhenping	34203	22077	3739	1750	57323	24.88	25462	6332
内乡县 Neixiang	93116	69440	10960	6598	80482	76.98	24742	6200
淅川县 Xichuan	60527	37358	13782	2921	145919	41.35	28282	28116
社旗县 Sheqi	67094	45601	11796	1948	107247	53.49	20252	5209
唐河县 Tanghe	117789	74018	25204	3976	341277	82.77	53450	13200
新野县 Xinye	49133	23086	12915	3098	127988	26.21	27908	6000
桐柏县 Tongbai	27853	17157	5399	1478	61905	19.30	13165	11907
邓州市 Dengzhou	145361	87700	35300	6414	277198	94.00	73100	12094
商丘市 Shangqiu								
民权县 Minquan	56701	31153	11943	5050	109137	29.75	39038	19659
睢县 Suixian	54297	34000	6895	4518	64400	36.05	30130	4700
宁陵县 Ningling	39972	32120	3267	2115	41126	29.07	12585	3828
柘城县 Zhecheng	58238	33923	14059	3501	99250	30.64	16085	5380
虞城县 Yucheng	77578	33857	23895	6550	191902	29.55	30269	13802
夏邑县 Xiayi	81460	66068	6673	3430	123733	73.00	35780	5785
永城市 Yongcheng	90693	40560	19350	9465	149422	40.00	50400	15990
信阳市 Xinyang								
罗山县 Luoshan	49663	35384	2794	423	52799	31.67	19970	25483
光山县 Guangshan	48584	19314	3217	253	67085	18.01	30668	24760
新县 Xinxian	22212	14614	3042	343	57149	12.68	10570	4500
商城县 Shangcheng	44913	19014	2523	1398	49488	16.90	26468	29318
固始县 Gushi	157012	81000	1612	3700	62550	62.50	80300	47922
潢川县 Huangchuan	149150	66379	2240	539	73885	52.46	77462	39200
淮滨县 Huaibin	54725	21382	6232	1350	60577	18.90	15332	10958
息县 Xixian	66140	45861	5865	1111	50065	44.06	19446	14600
周口市 Zhoukou								
扶沟县 Fugou	52451	35000	11435	826	103700	35.50	12210	4592
西华县 Xihua	87194	64900	6155	3115	76220	64.42	26800	3207
商水县 Shangshui	91155	64263	8255	4175	65400	66.30	29800	3473
沈丘县 Shenqiu	90331	56593	12240	6408	83950	52.80	34310	6617
郸城县 Dancheng	64485	41700	7130	3655	44040	48.50	24500	5495
淮阳县 Huaiyang	105369	64909	11340	6008	91800	58.80	27300	24503
太康县 Taikang	108089	67000	14400	6559	97400	71.80	46000	3099
鹿邑县 Luyi	74539	52900	8230	2543	93474	55.60	30100	5922
项城市 Xiangcheng	61461	41885	6170	1768	34242	49.06	23700	5024
驻马店市 Zhumadian								
西平县 Xiping	110578	85868	1058	2030	20948	88.23	58383	6377
上蔡县 Shangcai	80324	61356	6506	2057	46652	67.45	51096	7592
平舆县 Pingyu	79552	60323	7223	3169	100859	56.44	24234	8477
正阳县 Zhengyang	97166	90891	875	442	25335	104.47	18393	12054
确山县 Queshan	71234	47055	15689	2298	188336	56.74	13895	11810
泌阳县 Biyang	99053	58657	30248	3045	409152	41.16	23802	17892
汝南县 Runan	86979	64059	8394	4123	59066	69.62	23164	35554
遂平县 Suiping	78549	59938	6535	1297	67546	65.36	61650	6330
新蔡县 Xincai	108757	61370	23850	3253	313880	68.00	43100	12095

29−10 各县(市)财政、金融主要指标(2013年)

Main Indicators of Government Finance and Financial Intermediation by County and City (2013)

单位：万元 (10000yuan)

县 市 County and city	公共财政预算收入 Public Financial Revenueof theLocal Government	公共财政预算支出 Public Financial Expenditures oftheLocal Government	#教育 Education	#农林水事务 Farming Forestry Water Conservancy Operating	金融机构存款余额 Depositsof National Banking System	金融机构贷款余额 Loansof National Banking System	居民储蓄存款 Balanceof Savings Depositof Ruraland Urban Residents
郑州市 Zhengzhou							
中牟县 Zhongmu	299143	435218	89182	73558	2316090	1217735	1476458
巩义市 Gongyi	300105	431692	90683	47951	2884246	1566067	1880821
荥阳市 Xingyang	201450	291202	64634	43708	2063108	1138711	1467496
新密市 Xinmi	284149	412209	76683	64835	2871057	1478432	2244292
新郑市 Xinzheng	380299	450566	78186	75047	2934218	1677066	1696203
登封市 Dengfeng	271024	403321	74905	52604	2364725	990629	1715254
开封市 Kaifeng							
杞县 Qixian	83255	290605	61154	44285	1165190	540152	964183
通许县 Tongxu	52692	184195	32239	30698	821897	348610	701934
尉氏县 Weishi	107560	291315	66258	53797	1202108	670406	935408
开封县 Kaifeng	58804	210766	44081	36642	915166	450512	679718
兰考县 Lankao	91869	284044	65005	44423	1143406	447690	888835
洛阳市 Luoyang							
孟津县 Mengjin	100136	192298	37588	42892	1010933	486180	770721
新安县 Xinan	150279	236773	61474	29935	1216665	728015	776341
栾川县 Luanchuan	150979	202656	50806	40763	1326111	439737	713653
嵩县 Songxian	62689	206269	51799	41255	812216	235272	611922
汝阳县 Ruyang	56717	175338	32034	27434	671263	269757	506565
宜阳县 Yiyang	72399	220288	62866	43276	944165	460715	625151
洛宁县 Luoning	65762	206976	48394	46501	729765	202247	466869
伊川县 Yichuan	131196	284965	60266	44827	1914026	1302838	854046
偃师市 Yanshi	121193	238456	58459	39732	1925585	833002	1546581
平顶山市 Pingdingshan							
宝丰县 Baofeng	103507	202116	35638	33102	981628	572656	798148
叶县 Yexian	60376	224143	38712	37090	1196299	479302	891791
鲁山县 Lushan	63396	256793	62201	38456	1408067	696942	1100797
郏县 Jiaxian	74303	194123	41001	37078	918418	504179	711096
舞钢市 Wugang	95353	161854	26223	18464	1043940	885773	729345
汝州市 Ruzhou	168363	325625	78985	49574	1700286	1167472	1256449
安阳市 Anyang							
安阳县 Anyang	106666	245436	64968	39348	2130640	790323	1737195
汤阴县 Tangyin	70146	173763	40888	30646	757014	395904	579274
滑县 Huaxian	63440	380121	74997	75806	1736215	797161	1349326
内黄县 Neihuang	40150	204901	54918	38050	873157	326758	647667
林州市 Linzhou	127022	307382	80809	40689	3016114	1074064	2524471
鹤壁市 Hebi							
浚县 Xunxian	42992	225678	54018	39306	854184	799370	596214
淇县 Qixian	53325	161570	35892	27535	733683	902701	495982

29-10 续表 1 continued

单位：万元 (10 000 yuan)

县 市 County and city	公共财政预算收入 Public Financial Revenue of the Local Government	公共财政预算支出 Public Financial Expenditures of the Local Government	#教育 Education	#农林水事务 Farming Forestry Water Conservancy Operating	金融机构存款余额 Deposits of National Banking System	金融机构贷款余额 Loans of National Banking System	居民储蓄存款 Balance of Savings Deposit of Rural and Urban Residents
新 乡 市 Xinxiang							
新 乡 县 Xinxiang	70667	141239	27655	21202	1260271	1254927	927322
获 嘉 县 Huojia	32366	127944	33848	21147	722906	286073	542742
原 阳 县 Yuanyang	45900	196691	45474	33870	870352	348909	601503
延 津 县 Yanjin	50100	170511	41770	31768	644204	299530	459771
封 丘 县 Fengqiu	31037	217716	50169	39441	1076048	260213	759091
长 垣 县 Changyuan	103965	293582	79515	43047	2249637	1390030	1701862
卫 辉 市 Weihui	65006	196122	44524	33326	916773	330611	625029
辉 县 市 Huixian	219136	334856	76689	53870	1875452	1166180	1387522
焦 作 市 Jiaozuo							
修 武 县 Xiuwu	80238	132680	31673	18954	706393	426084	475224
博 爱 县 Boai	63031	126603	30075	23724	767913	530641	642726
武 陟 县 Wuzhi	85038	210677	50135	40675	1070918	680785	871019
温 县 Wenxian	51300	149261	33357	28270	866571	533705	604851
沁 阳 市 Qinyang	121624	209168	44988	24901	1119122	601118	887282
孟 州 市 Mengzhou	91388	158761	35805	23767	904044	566591	631971
濮 阳 市 Puyang							
清 丰 县 Qingfeng	40346	208692	49133	38566	800874	263414	657967
南 乐 县 Manle	26162	169572	40504	34035	631474	208028	507219
范 县 Fanxian	38698	198803	43426	37162	824591	281435	625872
台 前 县 Taiqian	23760	162426	40407	30171	607065	244930	459260
濮 阳 县 Puyang	77006	340168	92121	52549	1379803	565176	1125259
许 昌 市 Xuchang							
许 昌 县 Xuchang	82076	238726	62800	43515	1532324	1005769	1097967
鄢 陵 县 Yanling	70369	230955	53500	32531	1114724	894894	832787
襄 城 县 Xiangcheng	100006	260178	73023	55107	1398766	846783	1128455
禹 州 市 Yuzhou	270369	451038	95056	44043	2183939	1229847	1717749
长 葛 市 Changge	151096	278684	84323	38088	1678134	1253218	1266407
漯 河 市 Luohe							
舞 阳 县 Wuyang	54124	190518	37655	37946	832019	290314	668253
临 颍 县 Linying	65869	228155	52789	41875	1085726	420928	836703
三 门 峡 市 Sanmenxia							
渑 池 县 Mianchi	167617	227527	57648	36760	992277	513148	657281
陕 县 Shanxian	109318	178279	45820	32121	1065142	763887	659312
卢 氏 县 Lushi	50398	172943	33243	26111	822826	281315	565567
义 马 市 Yima	106818	133985	29692	6953	1227700	747898	533682
灵 宝 市 Lingbao	152688	296826	73899	46085	2172806	1508356	1561452
南 阳 市 Nanyang							
南 召 县 Nanzhao	40212	214996	53910	35810	796995	286756	613984
方 城 县 Fangcheng	63933	320833	66865	61610	1193435	615214	834927
西 峡 县 Xixia	84766	216353	51479	34558	1143503	837479	760570

29-10 续表 2 continued

单位：万元 (10 000 yuan)

县 市 County and city	公共财政预算收入 Public Financial Revenue of the Local Government	公共财政预算支出 Public Financial Expenditures of the Local Government	#教育 Education	#农林水事务 Farming Forestry Water Conservancy Operating	金融机构存款余额 Deposits of National Banking System	金融机构贷款余额 Loans of National Banking System	居民储蓄存款 Balance of Savings Deposit of Rural and Urban Residents
镇平县 Zhenping	61036	275168	71744	46581	1641562	659466	1323587
内乡县 Neixiang	50010	219787	56898	43993	1056523	733629	760157
淅川县 Xichuan	159486	390258	86118	56767	1478509	710803	927639
社旗县 Sheqi	38188	215098	49046	34502	860499	452643	560277
唐河县 Tanghe	60169	345555	85280	64513	1687140	542938	1307622
新野县 Xinye	46569	213369	55825	41096	1243951	732062	953951
桐柏县 Tongbai	54325	190161	40568	30333	821345	406305	615302
邓州市 Dengzhou	93017	464646	106569	95053	2189455	958739	1633498
商丘市 Shangqiu							
民权县 Minquan	50005	275369	69543	52004	1172788	671334	859554
睢县 Suixian	36660	244566	72587	38911	1143238	413020	913567
宁陵县 Ningling	26966	206278	60828	30135	774550	287609	562139
柘城县 Zhecheng	43826	297736	84474	55523	1165964	402292	939923
虞城县 Yucheng	56444	325362	88390	33629	1345528	663440	1049698
夏邑县 Xiayi	43098	330689	92640	59764	1663371	583002	1298892
永城市 Yongcheng	278766	522801	140636	71091	2774347	2048267	1973403
信阳市 Xinyang							
罗山县 Luoshan	36980	240239	56160	41464	1548457	573389	1189265
光山县 Guangshan	39626	264833	79981	39405	1501357	621438	1212579
新县 Xinxian	22823	160979	40069	31224	825317	369409	605336
商城县 Shangcheng	33800	261136	76309	40532	1314082	501443	1035338
固始县 Gushi	77460	472113	118874	68488	2552693	1011328	2051619
潢川县 Huangchuan	42650	241030	48310	46011	1414889	1392474	1089952
淮滨县 Huaibin	27673	245874	79888	46081	1070841	446940	801863
息县 Xixian	30785	265788	83083	31989	1622035	487258	1205740
周口市 Zhoukou							
扶沟县 Fugou	44955	252256	64850	47447	1184333	514858	971317
西华县 Xihua	42578	277889	63923	45691	1247235	411305	1029496
商水县 Shangshui	51589	334868	108165	44544	1467290	436724	1170971
沈丘县 Shenqiu	79138	371668	111604	52505	1666353	658432	1390128
郸城县 Dancheng	65437	362608	108965	55553	1495501	625906	1275310
淮阳县 Huaiyang	48539	359106	98243	59875	1603051	367453	1311299
太康县 Taikang	70182	410146	108540	58343	1674470	470398	1447200
鹿邑县 Luyi	77168	355816	97712	48747	1491624	767121	1237352
项城市 Xiangcheng	70599	322460	89093	41107	1817627	475326	1508087
驻马店市 Zhumadian							
西平县 Xiping	51263	259299	53014	40902	1399212	522515	1091887
上蔡县 Shangcai	41439	355647	91525	49281	1939980	698169	1592540
平舆县 Pingyu	50601	265565	65980	32141	1554348	372450	1202484
正阳县 Zhengyang	33310	280506	59792	62433	1312579	507854	986471
确山县 Queshan	45500	192199	42728	37821	1101075	364279	838312
泌阳县 Biyang	51499	314000	72918	53520	1289064	393073	840232
汝南县 Runan	39601	258280	60712	44715	1265584	418621	997177
遂平县 Suiping	47969	188666	39501	29965	1050778	536473	790298
新蔡县 Xincai	43568	342068	80201	45228	1502381	432486	1099687

29−11 各县(市)教育主要指标(2013年)

Main Indicators of Education by County and City (2013)

县 市	County and city	在校学生数(人) Student Enrollment (person)		小学适龄人口入学率(%) Rate of School-age Children Enrollment (%)	小学在校生巩固率(%) Percentage of Primary Schools Enrollment Consolidated (%)	初中适龄人口入学率(%) Rate of Junior Enrollment (%)	初中在校生巩固率(%) Percentage of Junior Enrollment Consolidated (%)	高中阶段毛入学率(%) The high school stage gross enrollment rate(%)
		小学 Primary Schools	普通中学 Regular Secondary Schools					
郑 州 市	**Zhengzhou**							
中 牟 县	Zhongmu	80869	36631	100.0	85.8	100.0	92.1	58.0
巩 义 市	Gongyi	50301	37191	100.0	98.6	100.0	89.8	73.7
荥 阳 市	Xingyang	40822	30837	100.0	101.3	100.0	95.8	107.6
新 密 市	Xinmi	69767	43814	100.0	100.3	100.0	93.1	92.9
新 郑 市	Xinzheng	58319	41197	100.0	110.0	100.0	96.4	144.2
登 封 市	Dengfeng	63908	36191	100.0	96.5	100.0	90.3	148.9
开 封 市	**Kaifeng**							
杞 县	Qixian	96694	47903	100.0	89.8	100.0	82.5	47.3
通 许 县	Tongxu	63133	34268	100.0	91.2	99.8	91.7	62.6
尉 氏 县	Weishi	79729	42240	100.0	95.4	99.9	96.9	72.8
开 封 县	Kaifeng	68958	34232	100.0	101.2	99.5	92.2	94.8
兰 考 县	Lankao	73361	48836	100.0	106.0	99.0	79.4	53.7
洛 阳 市	**Luoyang**							
孟 津 县	Mengjin	30692	26657	100.0	98.4	100.0	88.4	121.4
新 安 县	Xinan	43398	34400	100.0	93.4	100.0	94.6	117.2
栾 川 县	Luanchuan	26132	19398	100.0	102.2	99.8	93.8	73.4
嵩 县	Songxian	58219	31391	100.0	88.4	100.0	69.2	58.7
汝 阳 县	Ruyang	51861	27532	100.0	101.2	100.0	84.6	47.7
宜 阳 县	Yiyang	58214	37878	100.0	81.3	100.0	80.1	48.3
洛 宁 县	Luoning	43999	23701	100.0	102.9	100.0	92.3	43.2
伊 川 县	Yichuan	85886	42703	100.0	94.9	100.0	69.6	63.1
偃 师 市	Yanshi	46384	35168	100.0	74.8	100.0	83.9	53.2
平 顶 山 市	**Pingdingshan**							
宝 丰 县	Baofeng	46913	23161	100.0	85.4	100.0	87.4	78.2
叶 县	Yexian	65683	33970	100.0	90.9	100.0	84.6	65.3
鲁 山 县	Lushan	94105	40437	100.0	144.6	100.0	108.4	97.3
郏 县	Jiaxian	57580	24599	100.0	125.1	100.0	110.1	39.5
舞 钢 市	Wugang	23242	14369	100.0	144.3	100.0	110.8	105.5
汝 州 市	Ruzhou	105543	42880	100.0	100.0	100.0	76.7	73.8
安 阳 市	**Anyang**							
安 阳 县	Anyang	93244	47443	99.7	85.6	99.8	81.2	82.9
汤 阴 县	Tangyin	46468	22729	100.0	102.7	100.0	86.0	60.6
滑 县	Huaxian	120941	59584	99.1	88.3	94.9	82.9	44.1
内 黄 县	Neihuang	70257	32548	100.0	91.6	100.0	82.1	50.3
林 州 市	Linzhou	92171	50981	100.0	100.0	100.0	92.7	75.5
鹤 壁 市	**Hebi**							
浚 县	Xunxian	68161	40498	100.0	101.5	100.0	89.3	67.5
淇 县	Qixian	29127	14191	100.0	106.6	99.9	81.4	48.9

29-11 续表 1 continued

县 市 County and city	在校学生数(人) Student Enrollment (person) 小学 Primary Schools	普通中学 Regular Secondary Schools	小学适龄人口入学率(%) Rate of School-age Children Enrollment (%)	小学在校生巩固率(%) Percentage of Primary Schools Enrollment Consolidated (%)	初中适龄人口入学率(%) Rate of Junior Enrollment (%)	初中在校生巩固率(%) Percentage of Junior Enrollment Consolidated (%)	高中阶段毛入学率(%) The high school stage gross enrollment rate(%)
新乡市 Xinxiang							
新乡县 Xinxiang	31142	19694	100.0	99.8	100.0	88.7	87.5
获嘉县 Huojia	40923	22308	100.0	100.2	100.0	89.6	77.3
原阳县 Yuanyang	69706	39454	100.0	104.3	100.0	86.4	66.3
延津县 Yanjin	53621	30559	100.0	106.0	100.0	89.4	81.2
封丘县 Fengqiu	77945	34629	100.0	90.1	100.0	96.0	73.9
长垣县 Changyuan	94660	56940	100.0	129.6	100.0	119.2	119.2
卫辉市 Weihui	49633	22279	100.0	72.3	100.0	96.5	96.5
辉县市 Huixian	83711	39461	100.0	109.1	100.0	90.9	92.2
焦作市 Jiaozuo							
修武县 Xiuwu	22950	18800	100.0	96.8	100.0	90.9	62.8
博爱县 Boai	33922	23453	100.0	104.4	100.0	82.4	66.6
武陟县 Wuzhi	53440	46909	100.0	104.3	100.0	87.5	68.9
温县 Wenxian	31815	28224	100.0	105.7	100.0	89.3	87.6
沁阳市 Qinyang	35479	27896	100.0	108.3	100.0	82.8	108.2
孟州市 Mengzhou	21139	18055	100.0	103.1	100.0	94.5	60.2
濮阳市 Puyang							
清丰县 Qingfeng	60140	22472	100.0	81.3	100.0	82.1	81.1
南乐县 Manle	52087	27433	100.0	103.8	100.0	93.3	56.1
范县 Fanxian	55301	28882	100.0	96.7	100.0	88.8	58.2
台前县 Taiqian	37546	18531	100.0	83.1	96.3	82.5	60.5
濮阳县 Puyang	104735	40503	100.0	84.8	100.0	88.4	72.1
许昌市 Xuchang							
许昌县 Xuchang	61347	36327	100.0	83.6	100.0	103.0	81.8
鄢陵县 Yanling	56763	30293	100.0	84.9	100.0	81.3	92.2
襄城县 Xiangcheng	70462	39847	100.0	96.7	100.0	88.7	111.9
禹州市 Yuzhou	103022	56751	100.0	89.8	100.0	94.3	103.5
长葛市 Changge	65271	35679	100.0	96.7	100.0	86.2	110.1
漯河市 Luohe							
舞阳县 Wuyang	36603	22697	98.2	112.6	99.5	94.9	72.1
临颍县 Linying	49735	33852	98.7	98.8	90.8	89.3	67.7
三门峡市 Sanmenxia							
渑池县 Mianchi	31139	20621	100.0	106.8	100.0	96.6	72.7
陕县 Shanxian	19467	15937	100.0	101.1	100.0	103.9	81.1
卢氏县 Lushi	18931	22001	100.0	96.1	100.0	95.4	80.6
义马市 Yima	10119	6821	100.0	105.9	100.0	92.8	86.4
灵宝市 Lingbao	46739	38084	100.0	97.5	100.0	96.7	142.3
南阳市 Nanyang							
南召县 Nanzhao	67873	30178	100.0	90.5	100.0	82.6	54.2
方城县 Fangcheng	115707	39058	100.0	85.7	100.0	90.2	54.7
西峡县 Xixia	49669	30137	100.0	100.2	100.0	77.6	103.4

29-11 续表 2 continued

县 市 County and city	在校学生数(人) Student Enrollment (person) 小学 Primary Schools	普通中学 Regular Secondary Schools	小学适龄人口入学率(%) Rate of School-age Children Enrollment (%)	小学在校生巩固率(%) Percentage of Primary Schools Enrollment Consolidated (%)	初中适龄人口入学率(%) Rate of Junior Enrollment (%)	初中在校生巩固率(%) Percentage of Junior Enrollment Consolidated (%)	高中阶段毛入学率(%) The high school stage gross enrollment rate(%)
镇平县 Zhenping	95521	38928	100.0	95.5	100.0	78.0	55.7
内乡县 Neixiang	68344	34707	99.8	95.3	100.0	92.9	76.4
淅川县 Xichuan	73764	38980	100.0	77.4	100.0	82.8	52.7
社旗县 Sheqi	69142	29048	99.8	101.9	97.0	95.7	59.3
唐河县 Tanghe	111629	45815	100.0	87.0	100.0	88.4	44.6
新野县 Xinye	75326	30260	100.0	92.8	100.0	92.7	57.4
桐柏县 Tongbai	49200	20234	100.0	92.5	100.0	93.0	58.9
邓州市 Dengzhou	166588	72547	100.0	91.9	100.0	99.3	73.8
商丘市 Shangqiu							
民权县 Minquan	75147	54258	100.0	65.0	98.0	64.2	90.2
睢县 Suixian	70531	53599	99.7	76.2	97.0	75.4	68.0
宁陵县 Ningling	54625	30272	100.0	68.3	100.0	61.3	45.2
柘城县 Zhecheng	76060	58022	100.0	77.2	98.1	73.1	65.1
虞城县 Yucheng	123075	73657	100.0	86.2	100.0	80.2	68.5
夏邑县 Xiayi	87690	65762	100.0	94.6	100.0	84.4	70.7
永城市 Yongcheng	134817	66274	100.0	80.9	92.2	80.7	69.5
信阳市 Xinyang							
罗山县 Luoshan	53612	39396	100.0	85.4	97.9	108.7	106.0
光山县 Guangshan	76462	55657	100.0	103.6	98.5	94.5	89.7
新县 Xinxian	32362	21968	100.0	105.5	100.0	99.7	90.2
商城县 Shangcheng	59775	53954	100.0	90.9	100.0	99.5	89.7
固始县 Gushi	141241	91208	100.0	132.1	100.0	94.8	108.2
潢川县 Huangchuan	59833	42586	100.0	89.4	100.0	103.0	67.3
淮滨县 Huaibin	65541	45396	100.0	100.6	100.0	96.3	69.0
息县 Xixian	88244	46797	100.0	95.8	87.9	90.5	54.4
周口市 Zhoukou							
扶沟县 Fugou	60398	46070	100.0	96.2	100.0	98.6	63.9
西华县 Xihua	73615	44552	100.0	93.3	100.0	85.5	47.7
商水县 Shangshui	124321	74008	100.0	91.0	100.0	78.8	44.2
沈丘县 Shenqiu	107457	81988	100.0	96.7	100.0	91.8	72.5
郸城县 Dancheng	137098	91447	100.0	83.8	100.0	75.4	60.4
淮阳县 Huaiyang	122893	91287	100.0	89.8	100.0	96.7	63.0
太康县 Taikang	146906	79424	100.0	93.6	100.0	78.7	52.0
鹿邑县 Luyi	122357	70580	100.0	85.8	100.0	85.0	73.8
项城市 Xiangcheng	98017	75900	100.0	88.3	100.0	90.4	78.3
驻马店市 Zhumadian							
西平县 Xiping	53317	44427	100.0	109.4	100.0	99.9	48.5
上蔡县 Shangcai	140157	84551	100.0	92.8	100.0	90.5	49.5
平舆县 Pingyu	89377	59813	100.0	106.1	100.0	104.1	74.3
正阳县 Zhengyang	69932	41769	100.0	91.3	100.0	80.5	72.4
确山县 Queshan	54612	31100	100.0	99.4	100.0	86.9	52.7
泌阳县 Biyang	83044	49200	100.0	74.1	100.0	90.2	87.5
汝南县 Runan	68715	42778	100.0	91.8	100.0	97.8	82.8
遂平县 Suiping	38660	26488	100.0	89.5	100.0	93.3	100.2
新蔡县 Xincai	109565	57807	100.0	93.2	100.0	75.7	72.8

29-12 各县(市)卫生主要指标(2013年)

Main Indicators of Sanitation by County and City (2013)

县 市 County and city	卫生机构床位数(张) Number of Beds in Health Institutions (unit)	卫生技术人员(人) Medical Technical Personnel (person)	执业医师(人) Medical practitioner (person)	执业助理医师(人) Assistant doctor of the operation (person)	注册护士(人) Registered Nurse (person)
郑州市 Zhengzhou					
中牟县 Zhongmu	3180	2460	676	360	848
巩义市 Gongyi	2530	4148	1096	510	1730
荥阳市 Xingyang	2156	2776	594	315	982
新密市 Xinmi	3723	3654	998	359	1443
新郑市 Xinzheng	2287	2901	800	281	1111
登封市 Dengfeng	3032	3280	873	373	1339
开封市 Kaifeng					
杞县 Qixian	2674	3269	717	891	843
通许县 Tongxu	2153	2238	438	300	935
尉氏县 Weishi	2353	2350	555	478	882
开封县 Kaifeng	1076	1463	340	318	357
兰考县 Lankao	4172	3937	731	602	1422
洛阳市 Luoyang					
孟津县 Mengjin	1659	1825	475	345	520
新安县 Xinan	1906	1464	437	215	510
栾川县 Luanchuan	1488	1349	304	194	510
嵩县 Songxian	1951	1656	397	293	570
汝阳县 Ruyang	1664	1513	371	180	580
宜阳县 Yiyang	2159	2470	597	456	849
洛宁县 Luoning	1891	1478	321	274	508
伊川县 Yichuan	2241	2491	584	450	818
偃师市 Yanshi	2367	2570	919	316	859
平顶山市 Pingdingshan					
宝丰县 Baofeng	1973	2402	649	597	773
叶县 Yexian	2042	2753	584	606	647
鲁山县 Lushan	2557	2458	624	414	738
郏县 Jiaxian	2006	2711	600	479	775
舞钢市 Wugang	1352	1405	414	150	541
汝州市 Ruzhou	4819	3458	696	393	1300
安阳市 Anyang					
安阳县 Anyang	2200	2080	521	752	390
汤阴县 Tangyin	1321	1690	359	431	341
滑县 Huaxian	4513	4327	1038	1030	1529
内黄县 Neihuang	1996	2443	493	477	734
林州市 Linzhou	3686	3708	1104	953	899
鹤壁市 Hebi					
浚县 Xunxian	2133	1653	450	409	423
淇县 Qixian	1642	1543	403	136	681

29−12 续表 1 continued

县 市 County and city	卫生机构床位数（张）Number of Beds in Health Institutions (unit)	卫生技术人员（人）Medical Technical Personnel (person)	执业医师（人）Medical practitioner (person)	执业助理医师（人）Assistant doctor of the operation (person)	注册护士（人）Registered Nurse (person)
新乡市 Xinxiang					
新乡县 Xinxiang	926	1217	343	304	306
获嘉县 Huojia	1424	1518	338	170	513
原阳县 Yuanyang	2200	2643	575	306	964
延津县 Yanjin	1840	1737	448	283	564
封丘县 Fengqiu	2650	2352	533	358	772
长垣县 Changyuan	3281	4649	1147	782	1842
卫辉市 Weihui	3657	3187	841	196	1343
辉县市 Huixian	2623	2993	830	450	920
焦作市 Jiaozuo					
修武县 Xiuwu	951	1105	372	363	195
博爱县 Boai	1854	1352	449	305	291
武陟县 Wuzhi	2112	2118	519	446	626
温县 Wenxian	1837	1892	510	192	684
沁阳市 Qinyang	1405	2078	767	349	524
孟州市 Mengzhou	1205	1482	426	185	515
濮阳市 Puyang					
清丰县 Qingfeng	1449	1625	365	286	452
南乐县 Manle	1764	1508	301	250	483
范县 Fanxian	1647	1645	353	196	535
台前县 Taiqian	1184	1290	237	198	419
濮阳县 Puyang	2978	2928	634	727	718
许昌市 Xuchang					
许昌县 Xuchang	1397	1933	447	379	587
鄢陵县 Yanling	2052	2668	674	647	805
襄城县 Xiangcheng	2430	2385	496	337	842
禹州市 Yuzhou	3803	4854	1398	995	1332
长葛市 Changge	1854	3310	961	583	930
漯河市 Luohe	**12077**	**12988**	**3407**	**1140**	**5034**
舞阳县 Wuyang	2094	2092	501	314	763
临颍县 Linying	2468	2403	463	266	1037
三门峡市 Sanmenxia					
渑池县 Mianchi	1418	1305	285	142	453
陕县 Shanxian	1156	1336	332	143	387
卢氏县 Lushi	1191	1543	399	347	390
义马市 Yima	1468	1688	476	102	757
灵宝市 Lingbao	2312	2629	752	444	829
南阳市 Nanyang					
南召县 Nanzhao	1715	2411	463	387	787
方城县 Fangcheng	2851	2491	575	409	736
西峡县 Xixia	2404	1974	448	175	812

29−12 续表 2 continued

县 市	County and city	卫生机构床位数(张) Number of Beds in Health Institutions (unit)	卫生技术人员(人) Medical Technical Personnel (person)	执业医师(人) Medical practitioner (person)	执业助理医师(人) Assistant doctor of the operation (person)	注册护士(人) Registered Nurse (person)
镇平县	Zhenping	2364	2166	506	464	515
内乡县	Neixiang	1679	1601	354	259	441
淅川县	Xichuan	1880	2064	494	237	621
社旗县	Sheqi	1520	1739	331	349	540
唐河县	Tanghe	2525	2967	714	360	1115
新野县	Xinye	1704	2358	529	364	771
桐柏县	Tongbai	1208	1484	276	222	396
邓州市	Dengzhou	4159	3529	725	398	1286
商丘市	**Shangqiu**					
民权县	Minquan	3248	2387	614	420	789
睢县	Suixian	2337	2745	653	374	821
宁陵县	Ningling	1606	2948	517	438	629
柘城县	Zhecheng	4340	3934	882	767	1170
虞城县	Yucheng	2497	3879	773	1196	801
夏邑县	Xiayi	2840	3470	680	549	1053
永城市	Yongcheng	4788	4949	1007	615	1675
信阳市	**Xinyang**					
罗山县	Luoshan	1781	1600	511	180	453
光山县	Guangshan	1650	1858	580	186	550
新县	Xinxian	590	885	212	130	269
商城县	Shangcheng	1654	1467	460	207	394
固始县	Gushi	3381	3456	764	384	1164
潢川县	Huangchuan	1461	1671	394	338	447
淮滨县	Huaibin	1778	1584	302	315	433
息县	Xixian	1316	1843	361	340	551
周口市	**Zhoukou**					
扶沟县	Fugou	1663	2064	466	434	603
西华县	Xihua	2457	2932	660	328	790
商水县	Shangshui	2748	2477	638	588	592
沈丘县	Shenqiu	3122	3181	706	626	644
郸城县	Dancheng	2704	3892	764	540	1342
淮阳县	Huaiyang	2846	3669	651	707	1164
太康县	Taikang	3600	3479	926	690	1038
鹿邑县	Luyi	3750	3346	687	786	909
项城市	Xiangcheng	2884	2851	694	406	1078
驻马店市	**Zhumadian**					
西平县	Xiping	2505	2348	586	380	772
上蔡县	Shangcai	2708	2561	595	367	730
平舆县	Pingyu	2704	3726	770	899	1433
正阳县	Zhengyang	1955	2357	596	365	664
确山县	Queshan	1888	2018	474	277	749
泌阳县	Biyang	2566	2335	583	413	677
汝南县	Runan	1895	2374	571	375	769
遂平县	Suiping	2463	2429	599	327	897
新蔡县	Xincai	1894	2901	514	1201	491

29-13 各县(市)社会保险和低保参保人数(2013年)

Number of People Participated in Basic Insurance and Lowest Cost-of-Living by County and City (2013)

单位：人 (person)

县 市	County and city	城镇基本养老保险参保人数 Number of Persons in Basic Pension Insurance	城镇基本医疗保险参保人数 Number of Persons in Basic Medical Insurance	城镇居民最低生活保障人数 Number of Persons Receiving Lowest Cost-of-Living in Urban Area	农村居民最低生活保障人数 Number of Persons Receiving Lowest Cost-of-Living in Rural Area	新型农村合作医疗参保人数 Number of Persons Participated in the new rural cooperative medical	新型农村社会养老保险参保人数 Number of Persons Participated in the Rural Basic Pension Insurance
郑州市	**Zhengzhou**						
中牟县	Zhongmu	700307	75577	2150	11768	676993	421865
巩义市	Gongyi	105455	112071	3094	21291	658789	390000
荥阳市	Xingyang	63902	104176	1567	18670	531569	318013
新密市	Xinmi	75876	130029	1797	18457	658096	413896
新郑市	Xinzheng	51961	202811	3821	16113	503128	364776
登封市	Dengfeng	60350	56806	4046	28435	552431	368154
开封市	**Kaifeng**						
杞县	Qixian	34641	56312	9172	49392	1010427	522628
通许县	Tongxu	27893	32007	6312	29245	564374	318760
尉氏县	Weishi	40123	20149	4288	45044	812405	474256
开封县	Kaifeng	29824	32085	3153	36355	706777	363225
兰考县	Lankao	50812	74000	6974	39767	743167	425532
洛阳市	**Luoyang**						
孟津县	Mengjin	21600	50200	2943	16203	407021	265845
新安县	Xinan	35700	93900	7004	19986	442323	238784
栾川县	Luanchuan	26300	53500	1714	15312	276312	170366
嵩县	Songxian	18900	70500	9398	23504	520939	321073
汝阳县	Ruyang	25200	51800	7975	19338	427845	221405
宜阳县	Yiyang	33300	84200	6560	27092	568334	365708
洛宁县	Luoning	17600	68100	10414	28508	425993	183483
伊川县	Yichuan	34400	89100	8275	30756	689602	316554
偃师市	Yanshi	34100	86500	2385	23107	679338	486118
平顶山市	**Pingdingshan**						
宝丰县	Baofeng	28689	63241	8366	20889	437978	280861
叶县	Yexian	36839	75248	8645	38850	704492	460819
鲁山县	Lushan	31549	72138	7359	39418	783961	448906
郏县	Jiaxian	25000	65052	6315	26952	538061	357905
舞钢市	Wugang	50074	93883	6045	10597	215304	141382
汝州市	Ruzhou	41231	116294	7315	41396	856542	506332
安阳市	**Anyang**						
安阳县	Anyang	101117	123674	2089	33187	778798	562660
汤阴县	Tangyin	46193	73310	3010	15938	387387	253534
滑县	Huaxian	39688	60032	7735	56934	1192841	737450
内黄县	Neihuang	33094	45500	5181	29874	732271	450550
林州市	Linzhou	94105	158276	6879	53967	825924	561308
鹤壁市	**Hebi**						
浚县	Xunxian	33562	65475	13080	33990	611465	285751
淇县	Qixian	29705	59248	3687	8608	233188	107552

29-13 续表1 continued

单位：人 (person)

县 市 County and city	城镇基本养老保险参保人数 Number of Persons in Basic Pension Insurance	城镇基本医疗保险参保人数 Number of Persons in Basic Medical Insurance	城镇居民最低生活保障人数 Number of Persons Receiving Lowest Cost-of-Living in Urban Area	农村居民最低生活保障人数 Number of Persons Receiving Lowest Cost-of-Living in Rural Area	新型农村合作医疗参保人数 Number of Persons Participated in the new rural cooperative medical	新型农村社会养老保险参保人数 Number of Persons Participated in the Rural Basic Pension Insurance
新乡市 Xinxiang						
新乡县 Xinxiang	43878	68020	1240	13051	341419	161485
获嘉县 Huojia	29006	71027	6205	16893	365841	212551
原阳县 Yuanyang	30531	63078	7537	32896	665209	253641
延津县 Yanjin	29346	75150	12241	20216	402145	232174
封丘县 Fengqiu	25271	76647	5882	37440	695050	448211
长垣县 Changyuan	39068	88500	17603	29942	749942	458183
卫辉市 Weihui	45138	109045	8626	9572	371327	196324
辉县市 Huixian	68550	133255	2074	32017	698974	447573
焦作市 Jiaozuo						
修武县 Xiuwu	22353	48563	3153	11333	216698	125081
博爱县 Boai	38706	71505	3590	12915	330029	182699
武陟县 Wuzhi	44647	73319	3458	23390	622254	348721
温县 Wenxian	48151	63816	3330	15420	385670	242696
沁阳市 Qinyang	48958	87682	5779	17439	378964	225809
孟州市 Mengzhou	45704	48490	2772	12952	317193	220634
濮阳市 Puyang						
清丰县 Qingfeng	35048	85812	3681	31092	628777	335117
南乐县 Manle	30457	56007	2852	26714	484432	277915
范县 Fanxian	30345	70476	4654	29914	480589	272664
台前县 Taiqian	14572	55269	4360	19980	337219	157886
濮阳县 Puyang	57646	112411	10309	48018	1028392	615158
许昌市 Xuchang						
许昌县 Xuchang	31176	44567	8198	24979	784072	486676
鄢陵县 Yanling	22392	36271	18912	36873	556726	193170
襄城县 Xiangcheng	28496	69864	3079	20404	728040	500570
禹州市 Yuzhou	104073	62470	8890	47219	992361	490026
长葛市 Changge	50517	90296	1602	8003	608505	404181
漯河市 Luohe						
舞阳县 Wuyang	26300	108463	4405	35329	523618	311072
临颍县 Linying	22200	130175	6651	34816	652738	326492
三门峡市 Sanmenxia						
渑池县 Mianchi	55714	88190	4555	13122	263269	136783
陕县 Shanxian	41195	54916	2273	17532	275760	166084
卢氏县 Lushi	19567	38586	3631	19083	328115	201052
义马市 Yima	56447	131472	7779		46770	
灵宝市 Lingbao	54120	120225	3042	30438	615042	422726
南阳市 Nanyang						
南召县 Nanzhao	36486	56134	6868	26375	552917	313700
方城县 Fangcheng	60921	93353	8020	48963	951305	561741
西峡县 Xixia	54486	63660	4977	17709	400676	208201

29-13 续表2 continued

单位：人 (person)

县 市	County and city	城镇基本养老保险参保人数 Number of Persons in Basic Pension Insurance	城镇基本医疗保险参保人数 Number of Persons in Basic Medical Insurance	城镇居民最低生活保障人数 Number of Persons Receiving Lowest Cost-of-Living in Urban Area	农村居民最低生活保障人数 Number of Persons Receiving Lowest Cost-of-Living in Rural Area	新型农村合作医疗参保人数 Number of Persons Participated in the new rural cooperative medical	新型农村社会养老保险参保人数 Number of Persons Participated in the Rural Basic Pension Insurance
镇平县	Zhenping	57538	99727	12950	40880	901951	562837
内乡县	Neixiang	47119	84588	5530	25238	616435	350236
淅川县	Xichuan	67699	108456	7097	37480	621562	298959
社旗县	Sheqi	51249	91023	8806	30869	630869	332254
唐河县	Tanghe	58337	110173	11667	56760	1193709	671484
新野县	Xinye	68785	104900	13008	29560	673011	403520
桐柏县	Tongbai	43367	81152	6433	16936	359882	185809
邓州市	Dengzhou	40570	162600	21080	60351	1493039	864000
商丘市	**Shangqiu**						
民权县	Minquan	34768	65000	8218	39346	825894	454503
睢县	Suixian	30740	107000	5937	40967	756604	451438
宁陵县	Ningling	24275	81000	9742	31299	564217	290784
柘城县	Zhecheng	29583	223700	9646	54366	870326	435211
虞城县	Yucheng	30555	111300	8432	49375	1048300	443856
夏邑县	Xiayi	36856	127100	10845	52184	1044908	739540
永城市	Yongcheng	67000	185500	8417	57879	1268978	851056
信阳市	**Xinyang**						
罗山县	Luoshan	39878	108847	13623	30758	626436	409500
光山县	Guangshan	41617	118000	10388	34380	692037	386988
新县	Xinxian	21348	65400	11289	17051	192326	267573
商城县	Shangcheng	32236	85208	9731	29410	646298	421749
固始县	Gushi	124405	145023	17494	82199	1338070	983110
潢川县	Huangchuan	52759	130239	10968	69982	668031	418596
淮滨县	Huaibin	32431	114100	10197	29271	596936	358816
息县	Xixian	33858	105726	13284	46584	872366	448022
周口市	**Zhoukou**						
扶沟县	Fugou	30722	81851	10839	33085	639490	421850
西华县	Xihua	29366	114440	7713	37080	821601	418796
商水县	Shangshui	28042	99670	12744	65088	1062940	573893
沈丘县	Shenqiu	36944	160924	9550	52697	1077058	658020
郸城县	Dancheng	40160	112384	11692	63750	1194558	604520
淮阳县	Huaiyang	48480	143203	15613	60876	1224961	756783
太康县	Taikang	45662	137910	14410	62248	1319235	711479
鹿邑县	Luyi	34493	106650	11928	57035	1098887	560000
项城市	Xiangcheng	54426	177380	6989	53025	1089411	673564
驻马店市	**Zhumadian**						
西平县	Xiping	29862	115151	13914	37307	720911	512293
上蔡县	Shangcai	25734	104745	10173	66641	1193556	683795
平舆县	Pingyu	20057	127542	18467	38769	794008	541365
正阳县	Zhengyang	23908	109813	11894	34282	670513	416870
确山县	Queshan	24570	70188	5129	18835	436747	255831
泌阳县	Biyang	25885	118016	6508	35994	73691	482386
汝南县	Runan	29329	105220	17945	53139	682465	496030
遂平县	Suiping	24597	74388	10382	20296	440228	315095
新蔡县	Xincai	490759	68100	23791	48522	970853	454593

29-14 各市区主要统计指标(2013年)

Main Statistics indicators by District (2013)

单位：亿元 (100 million yuan)

区	District	常住人口（万人） Residents popolation (10 000 persons)	#城镇 Urban	城镇化率(%) Urban Proportion (%)	生产总值 Gross Domestic Product	第一产业 Primary Industry	第二产业 Secondary Industry	第三产业 Tertiary Industry	人均生产总值（元） Per Capita GDP (yuan)
郑州市	**Zhengzhou**								
中原区	Zhongyuan	96.72	86.64	89.58	435.37	1.68	203.76	229.94	45498
二七区	Erqi	75.24	66.58	88.49	403.25	0.65	84.77	317.82	54091
管城区	Guancheng	72.07	60.66	84.17	517.62	1.39	288.58	227.65	72607
金水区	Jinshui	166.68	150.90	90.53	962.30	1.80	101.80	858.70	58300
上街区	Shangjie	13.53	12.25	90.52	107.62	0.49	80.73	26.39	79779
惠济区	Huiji	27.84	19.03	68.36	92.76	5.78	45.26	41.72	33554
开封市	**Kaifeng**								
龙亭区	Longting	12.95	9.42	72.74	40.39	1.80	10.02	28.57	31348
顺河区	Shunhe	23.49	20.35	86.65	69.25	3.48	30.09	35.69	29601
鼓楼区	Gulou	14.60	13.88	95.08	55.61	1.72	13.61	40.28	38408
禹王台区	Yuwangtai	13.24	10.36	78.26	55.29	3.63	23.40	28.26	41980
金明区	Jinming	26.52	21.95	82.76	85.98	6.23	47.36	32.38	32548
洛阳市	**Luoyang**								
老城区	Laocheng	18.87	17.06	90.40	61.78	1.84	16.33	43.61	32933
西工区	Xigong	35.43	32.62	92.08	258.40	0.36	106.55	151.48	73065
瀍河区	Chanhe	18.84	17.53	93.03	82.77	0.74	36.79	45.24	44097
涧西区	Jianxi	62.48	58.18	93.12	373.86	1.56	219.14	153.16	59923
吉利区	Jili	6.85	4.60	67.17	112.30	1.71	88.13	22.47	163433
洛龙区	Luolong	67.32	39.99	59.40	197.82	8.31	67.85	121.65	29520
平顶山市	**Pongdingshan**								
新华区	Xinhua	40.05	35.69	89.11	206.22	2.19	131.09	72.94	51902
卫东区	Weidong	31.20	29.20	93.60	108.25	1.89	55.70	50.66	35034
石龙区	Shilong	5.64	4.58	81.13	44.00	0.26	39.57	4.18	78849
湛河区	Zhanhe	29.50	22.15	75.07	94.37	3.05	55.62	35.71	32275
安阳市	**Anyang**								
文峰区	Wenfeng	46.39	34.86	75.13	113.90	3.86	39.06	70.98	24828
北关区	Beiguan	26.92	23.32	86.65	81.34	1.13	18.71	61.50	30800
殷都区	Yindu	26.38	22.72	86.12	131.46	1.28	86.58	43.60	50760
龙安区	Longan	22.49	12.89	57.33	127.11	2.28	107.76	17.06	57028
鹤壁市	**Hebi**								
鹤山区	Heshan	13.44	11.35	84.44	84.76	3.11	72.59	9.07	63385
山城区	Shancheng	23.68	20.33	85.86	111.05	2.33	91.76	16.96	47087
淇滨区	Qibin	28.78	20.28	70.48	114.47	6.45	64.11	43.91	40357

29-14 续表 1 continued

单位：亿元 (100 million yuan)

区	District	常住人口（万人） Residents popolation (10 000 persons)	#城镇 Urban	城镇化率 (%) Urban Proportion (%)	生产总值 Gross Domestic Product	第一产业 Primary Industry	第二产业 Secondary Industry	第三产业 Tertiary Industry	人均生产总值（元） Per Capita GDP (yuan)
新乡市	**Xinxiang**								
红旗区	Hongqi	40.99	38.48	93.88	255.41	2.36	144.30	108.74	63235
卫滨区	Weibin	20.12	20.12	100.00	92.92	1.10	26.41	65.40	46880
凤泉区	Fengquan	15.22	8.26	54.27	79.96	2.82	36.19	40.94	53411
牧野区	Muye	32.95	31.23	94.77	140.22	2.88	65.98	71.36	43079
焦作市	**Jiaozuo**								
解放区	Jiefang	29.72	29.72	100.00	87.22	0.24	17.76	69.22	29617
中站区	Zhongzhan	10.41	6.39	61.36	47.28	0.67	34.18	12.44	45414
马村区	Macun	14.28	8.63	60.46	45.08	1.35	32.29	11.44	31973
山阳区	Shanyang	44.29	30.58	69.04	191.50	8.68	114.09	68.72	43484
濮阳市	**Puyang**								
华龙区	Hualong	68.53	50.14	73.17	359.66	17.41	252.96	89.30	53067
许昌市	**Xuchang**								
魏都区	Weidu	50.46	47.31	93.75	297.71	1.85	206.50	89.35	59086
漯河市	**Luohe**								
源汇区	Yuanhui	32.95	19.76	59.98	111.19	7.96	51.14	52.09	33888
郾城区	Yancheng	49.96	24.12	48.28	160.74	20.85	98.30	41.59	32276
召陵区	Zhaoling	48.17	21.22	44.05	235.84	20.58	185.28	29.97	49075
三门峡市	**Sanmenxia**								
湖滨区	Hubin	32.00	28.45	88.90	153.59	3.88	76.09	73.61	48086
南阳市	**Nanyang**								
宛城区	Wancheng	89.08	50.00	56.13	297.72	25.25	160.15	112.32	33346
卧龙区	Wolong	92.52	52.32	56.55	299.32	19.71	120.59	159.01	32278
商丘市	**Shangqiu**								
梁园区	Liangyuan	82.95	40.94	49.36	134.37	20.56	60.11	53.70	16223
睢阳区	Suiyang	84.88	34.15	40.23	171.44	33.25	82.81	55.38	20220
信阳市	**Xinyang**								
浉河区	Shihe	64.34	39.85	61.93	203.29	28.85	77.98	96.46	31819
平桥区	Pingqiao	68.03	34.15	50.20	204.84	35.10	114.61	55.13	30134
周口市	**Zhoukou**								
川汇区	Chuanhui	71.00	40.07	56.44	171.36	8.32	89.00	74.04	24204
驻马店市	**Zhumadian**								
驿城区	Yicheng	90.08	56.47	62.69	265.09	25.49	140.94	98.66	29858

29-14 续表 2 continued

单位：亿元 (100 million yuan)

区	District	全社会固定资产投资 Total Investment in Fixed Assets	规模以上工业增加值 Value Added of Industry above Designated Size	规模以上工业利税 Total Pre-tax Profits of Industry above Designated Size	社会消费品零售总额 Total Retail Sales of Consumer Goods	城镇居民人均可支配收入(元) Disposable Income of Urban Household (yuan)	农民人均纯收入(元) Per Capital Annual netincome (yuan)	公共财政预算收入 Public Financial Revenue of the Local Government	公共财政预算支出 Public Financial Expenditures of the Local Government
郑州市	**Zhengzhou**								
中原区	Zhongyuan	194.08	139.98	30.25	161.37	24686	15129	26.06	23.02
二七区	Erqi	293.01	47.42	8.82	301.32	25478	15857	24.88	21.72
管城区	Guancheng	216.46	233.04	85.97	245.46	24258	17196	20.87	19.29
金水区	Jinshui	353.04	15.45	4.85	629.24	31573	16954	50.15	40.01
上街区	Shangjie	101.13	69.01	14.56	37.50	30953	14632	10.06	11.30
惠济区	Huiji	122.61	23.35	3.63	87.03	20766	16464	11.09	12.62
开封市	**Kaifeng**								
龙亭区	Longting	32.74	4.34	0.65	31.61	20774	9618	1.82	3.22
顺河区	Shunhe	28.90	20.12	0.77	43.35	19585	9240	1.51	4.73
鼓楼区	Gulou	36.83	6.19	0.21	91.11	21005	9780	1.71	3.29
禹王台区	Yuwangtai	36.93	18.21	1.32	36.63	19719	9510	1.67	3.50
金明区	Jinming	67.31	39.34	6.67	66.52	22201	9845	2.54	5.45
洛阳市	**Luoyang**								
老城区	Laocheng	49.41	9.06	1.22	57.85	24597	9810	4.55	5.91
西工区	Xigong	117.59	72.94	16.91	219.76	27770	10740	11.78	11.17
瀍河区	Chanhe	58.85	18.78	1.83	57.28	25223	11128	4.01	6.02
涧西区	Jianxi	141.27	188.58	52.09	165.35	25431	13023	16.46	15.15
吉利区	Jili	26.61	79.62	58.77	18.26	29440	10619	3.87	4.98
洛龙区	Luolong	170.42	36.81	10.82	100.02	25484	9789	12.80	17.82
平顶山市	**Pongdingshan**								
新华区	Xinhua	60.19	112.82	37.50	100.33	23534	11680	8.19	9.46
卫东区	Weidong	51.74	42.26	-4.61	114.95	23966	12375	7.07	8.11
石龙区	Shilong	12.58	36.50	2.47	4.79	14268	10881	3.84	4.86
湛河区	Zhanhe	69.81	41.03	17.70	39.62	24011	12116	7.06	8.42
安阳市	**Anyang**								
文峰区	Wenfeng	89.32	25.62	4.81	110.05	25223	13161	5.09	7.56
北关区	Beiguan	53.77	3.90	0.45	70.90	22501	13297	4.12	5.14
殷都区	Yindu	32.53	76.53	10.96	41.20	25534	13380	3.75	4.48
龙安区	Longan	56.86	103.08	56.19	31.23	21922	11172	4.95	7.31
鹤壁市	**Hebi**								
鹤山区	Heshan	45.10	66.30	5.03	13.77	20467	9982	1.65	4.18
山城区	Shancheng	81.87	79.32	7.93	25.96	21524	10677	3.93	6.95
淇滨区	Qibin	72.83	47.94	7.27	36.22	22798	9827	7.40	11.39

29-14 续表 3　continued

单位：亿元　(100 million yuan)

区	District	全社会固定资产投资 Total Investment in Fixed Assets	规模以上工业增加值 Value Added of Industry above Designated Size	规模以上工业利税 Total Pre-tax Profits of Industry above Designated Size	社会消费品零售总额 Total Retail Sales of Consumer Goods	城镇居民人均可支配收入(元) Disposable Income of Urban Household (yuan)	农民人均纯收入(元) Per Capital Annual netincome (yuan)	公共财政预算收入 Public Financial Revenue of the Local Government	公共财政预算支出 Public Financial Expenditures of the Local Government
新乡市	**Xinxiang**								
红旗区	Hongqi	99.46	122.97	51.24	79.52	23874	11453	6.30	6.99
卫滨区	Weibin	83.64	17.62	1.30	123.73	23805	11021	3.41	4.59
凤泉区	Fengquan	32.03	30.63	4.36	11.73	21123	10256	2.48	3.91
牧野区	Muye	127.29	48.58	14.37	59.96	24327	12274	6.01	7.09
焦作市	**Jiaozuo**								
解放区	Jiefang	72.53	10.00	1.35	67.40	22952		5.41	6.78
中站区	Zhongzhan	41.20	29.04	4.50	6.19	18303	10450	3.06	5.36
马村区	Macun	37.50	26.55	5.87	12.54	18535	10462	2.28	3.92
山阳区	Shanyang	74.84	99.75	60.09	68.81	22872	11053	4.35	5.33
濮阳市	**Puyang**								
华龙区	Hualong	123.97	56.45	62.55	91.84	23682	10022	9.52	11.75
许昌市	**Xuchang**								
魏都区	Weidu	104.28	187.76	110.36	121.84	22765	12529	7.00	9.10
漯河市	**Luohe**								
源汇区	Yuanhui	85.26	36.97	25.13	83.30	23111	12116	4.34	10.03
郾城区	Yancheng	129.11	75.96	44.37	70.50	22551	11796	4.32	15.47
召陵区	Zhaoling	173.41	161.58	85.94	46.40	21153	11416	2.45	12.29
三门峡市	**Sanmenxia**								
湖滨区	Hubin	77.24	48.92	5.53	74.76	21178	9501	7.44	8.57
南阳市	**Nanyang**								
宛城区	Wancheng	234.87	117.67	17.83	123.22	23481	10235	6.03	20.00
卧龙区	Wolong	169.37	85.78	12.43	150.47	23530	10019	5.86	20.86
商丘市	**Shangqiu**								
梁园区	Liangyuan	122.76	31.61	2.62	152.30	21462	7590	7.13	24.81
睢阳区	Suiyang	136.62	64.14	15.55	85.98	20762	7620	6.83	26.34
信阳市	**Xinyang**								
浉河区	Shihe	167.35	43.52	13.53	109.61	20051	9978	7.94	19.86
平桥区	Pingqiao	239.61	91.52	28.24	90.95	19978	8777	5.36	21.62
周口市	**Zhoukou**								
川汇区	Chuanhui	172.63	62.15	13.04	106.56	19189	9550	3.05	9.36
驻马店市	**Zhumadian**								
驿城区	Yicheng	130.90	115.49	34.41	114.63	21146	7803	8.76	21.60

全国及各省、市、区主要统计指标

Main Indicators of the whole Nation and 31 Provinces (Municipality, Autonomous, Regions)

30-1 全国及各省市区人口、工资及投资(2013年)

Population, Wage and Investment by Provinces and Regions (2013)

地区 Region	常住人口(万人) Number of the resident population (10 000 persons)	在岗职工平均工资(元) Average Wage of Staff and Workers (yuan)	#国有经济 State-Owned Units	#城镇集体经济 Urban Collective Owned Units	固定资产投资(亿元) Investment in Fixed Assets (100 million yuan)	#房地产 Real Estate
全国 National	**136072**	**52379**	**54205**	**39667**	**436527.70**	**86013.38**
北京 Beijing	2115	93997	97356	42482	6797.54	3483.40
天津 Tianjin	1472	68864	78374	42031	9103.01	1480.82
河北 Hebei	7333	42532	40757	34003	22629.77	3445.42
山西 Shanxi	3630	47417	43228	37152	10745.35	1308.63
内蒙古 Inner Mongolia	2498	51388	54592	52107	14070.50	1479.01
辽宁 Liaoning	4390	46310	46890	32417	24791.40	6450.75
吉林 Jilin	2751	43821	46726	35181	9880.00	1252.43
黑龙江 Heilongjiang	3835	42744	41230	36586	11794.17	1604.83
上海 Shanghai	2415	91477	99460	56984	5644.13	2819.59
江苏 Jiangsu	7939	57984	70137	51754	35983.00	7241.45
浙江 Zhejiang	5498	57310	84133	53061	20189.07	6216.25
安徽 Anhui	6030	48929	50668	38761	18090.89	3946.23
福建 Fujian	3774	49328	60245	42855	15045.81	3702.97
江西 Jiangxi	4522	43116	46258	36185	12450.84	1174.58
山东 Shandong	9733	47652	53801	42028	35875.86	5444.53
河南 Henan	**9413**	**38804**	**42831**	**33954**	**25188.06**	**3843.76**
湖北 Hubei	5799	44613	46126	34181	18796.85	3286.02
湖南 Hunan	6691	43893	45381	33912	17230.14	2628.32
广东 Guangdong	10644	53607	63487	35789	21794.98	6489.59
广西 Guangxi	4719	42637	44257	33623	11383.93	1614.63
海南 Hainan	895	45573	48632	36814	2625.02	1196.76
重庆 Chongqing	2970	51015	57271	34853	10285.29	3012.78
四川 Sichuan	8107	49019	55332	39457	19754.36	3853.00
贵州 Guizhou	3502	49087	52327	50545	7102.78	1942.54
云南 Yunnan	4687	44188	48997	45410	9621.83	2488.33
西藏 Tibet	312	64409	67191	23856	876.00	9.68
陕西 Shaanxi	3764	48853	49815	39141	14516.71	2240.17
甘肃 Gansu	2582	44109	47050	33040	6407.20	724.65
青海 Qinghai	578	52105	55810	34984	2285.30	247.61
宁夏 Ningxia	654	52185	52130	50526	2577.79	558.97
新疆 Xinjiang	2264	49843	46523	57518	7363.39	825.69
河南为全国% Henan as % of the Country	**6.9**	**74.1**	**79.0**	**85.6**	**5.8**	**4.5**
河南居全国位次 Order of Precedence of Henan in the Country	**3**	**31**	**29**	**26**	**3**	**8**

30-2 全国及各省市区生产总值(2013年)

Gross Domestic Product by Provinces and Regions (2013)

地区 Region	生产总值(亿元) Gross Domestic Products (100 million yuan)	第一产业 Primary Industry	第二产业 Secondary Industry	第三产业 Tertiary Industry	生产总值增速(上年=100) Growth Rate of GDP (preceding year=100)	第一产业 Primary Industry	第二产业 Secondary Industry	第三产业 Tertiary Industry
全国 National	**568845**	**56957.0**	**249684.4**	**262203.8**	**7.7**	**4.0**	**7.8**	**8.3**
北京 Beijing	19500.56	161.83	4352.30	14986.43	7.7	3.0	8.1	7.6
天津 Tianjin	14370.16	188.45	7276.68	6905.03	12.5	3.7	12.7	12.5
河北 Hebei	28301.41	3500.42	14762.10	10038.89	8.2	3.5	9.0	8.4
山西 Shanxi	12602.24	773.81	6792.68	5035.75	8.9	4.5	10.2	7.5
内蒙古 Inner Mongolia	16832.38	1599.41	9084.19	6148.78	9.0	5.2	10.7	7.1
辽宁 Liaoning	27077.65	2321.63	14269.46	10486.56	8.7	4.8	8.9	9.2
吉林 Jilin	12981.46	1509.34	6858.23	4613.89	8.3	4.0	8.8	8.7
黑龙江 Heilongjiang	14382.93	2516.79	5918.22	5947.92	8.0	5.1	6.6	10.4
上海 Shanghai	21602.12	129.28	8027.77	13445.07	7.7	-2.9	6.1	8.8
江苏 Jiangsu	59161.75	3646.08	29094.03	26421.64	9.6	3.1	10.0	9.8
浙江 Zhejiang	37568.49	1784.62	18446.65	17337.22	8.2	0.4	8.4	8.7
安徽 Anhui	19038.87	2348.09	10403.96	6286.82	10.4	3.5	12.4	9.5
福建 Fujian	21759.64	1936.31	11315.30	8508.03	11.0	4.4	12.9	9.6
江西 Jiangxi	14338.50	1636.49	7671.38	5030.63	10.1	4.6	11.7	9.1
山东 Shandong	54684.33	4742.63	27422.47	22519.23	9.6	3.8	10.7	9.2
河南 Henan	**32155.86**	**4058.98**	**17806.39**	**10290.49**	**9.0**	**4.3**	**10.0**	**8.8**
湖北 Hubei	24668.49	3098.16	12171.56	9398.77	10.1	4.7	11.3	10.0
湖南 Hunan	24501.67	3099.23	11517.35	9885.09	10.1	2.8	10.9	11.4
广东 Guangdong	62163.97	3047.51	29427.49	29688.97	8.5	2.5	7.7	9.9
广西 Guangxi	14378.00	2343.57	6863.04	5171.39	10.2	4.3	11.9	10.2
海南 Hainan	3146.46	756.47	871.29	1518.70	9.9	6.3	9.2	12.1
重庆 Chongqing	12656.69	1016.74	6397.92	5242.03	12.3	4.7	13.4	12.0
四川 Sichuan	26260.77	3425.61	13579.03	9256.13	10.0	3.6	11.5	9.9
贵州 Guizhou	8006.79	1029.05	3243.70	3734.04	12.5	5.8	14.1	12.6
云南 Yunnan	11720.91	1895.34	4927.82	4897.75	12.1	6.8	13.3	12.4
西藏 Tibet	807.67	86.82	292.92	427.93	12.1	3.8	20.0	8.7
陕西 Shaanxi	16045.21	1526.05	8911.64	5607.52	11.0	4.7	12.6	9.9
甘肃 Gansu	6268.01	879.37	2821.04	2567.60	10.8	5.6	11.5	11.5
青海 Qinghai	2101.05	207.59	1204.31	689.15	10.8	5.3	12.3	9.8
宁夏 Ningxia	2565.06	222.98	1264.96	1077.12	9.8	4.5	12.5	7.5
新疆 Xinjiang	8360.24	1468.29	3765.97	3125.98	11.0	6.9	13.6	9.3
河南为全国% Henan as % of the Country	**5.7**	**7.1**	**7.1**	**3.9**				
河南居全国位次 Order of Precedence of Henan in the Country	**5**	**2**	**5**	**8**	**21**	**17**	**21**	**22**

注：生产总值按当年价格计算。生产总值指数按可比价格计算。
a)GDP in this table are calculated at current prices. The indices in this table are calculated at comparable prices.

30—3 全国及各省市区物价指数(2013年)

Price Indices by Provinces and Regions (2013)

(上年=100) (Preceding Year=100)

地区	Region	居民消费价格总指数 General Consumer Price Index	固定资产投资价格指数 Price Indices of Investment In Fixed Assets	农业生产资料价格指数 General Price Index of Agricultural Means of Production	工业生产者出厂价格指数 Ex-Factory Price Indices of Industrial Products	工业生产者购进价格指数 Purchasing Price Indices of Raw, Fuels and Power
全国	**National**	**102.6**	**100.3**	**101.4**	**98.1**	**98.0**
北京	Beijing	103.3	99.9		97.4	97.8
天津	Tianjin	103.1	99.5		97.0	97.4
河北	Hebei	103.0	99.9	101.1	96.6	97.6
山西	Shanxi	103.1	100.5	102.5	90.7	95.5
内蒙古	Inner Mongolia	103.2	99.6	103.5	97.0	99.3
辽宁	Liaoning	102.4	100.0	99.9	99.0	98.5
吉林	Jilin	102.9	100.0	100.8	98.7	99.4
黑龙江	Heilongjiang	102.2	100.1	104.1	98.0	98.7
上海	Shanghai	102.3	100.2		98.2	96.5
江苏	Jiangsu	102.3	100.5	102.4	98.0	97.1
浙江	Zhejiang	102.3	100.0	102.8	98.2	97.7
安徽	Anhui	102.4	100.2	100.9	98.2	96.9
福建	Fujian	102.5	100.1	99.5	98.4	98.4
江西	Jiangxi	102.5	100.4	102.4	98.5	98.4
山东	Shandong	102.2	100.4	101.2	98.4	98.4
河南	**Henan**	**102.9**	**99.9**	**101.3**	**98.5**	**99.3**
湖北	Hubei	102.8	100.5	103.1	99.2	98.2
湖南	Hunan	102.5	101.3	102.3	98.5	98.4
广东	Guangdong	102.5	101.4	99.7	98.8	98.2
广西	Guangxi	102.2	100.1	99.9	98.2	98.9
海南	Hainan	102.8	99.3	101.0	99.5	97.0
重庆	Chongqing	102.7	100.5		98.0	97.6
四川	Sichuan	102.8	100.4	101.5	98.7	99.2
贵州	Guizhou	102.5	100.9	99.0	97.4	96.4
云南	Yunnan	103.1	101.1	100.1	97.5	98.8
西藏	Tibet	103.6		101.8	99.8	
陕西	Shaanxi	103.0	102.0	102.6	97.3	99.3
甘肃	Gansu	103.2	100.4	102.1	96.9	97.8
青海	Qinghai	103.9	101.5	104.3	97.0	98.8
宁夏	Ningxia	103.4	99.8	101.6	96.0	97.0
新疆	Xinjiang	103.9	100.5	102.6	96.5	97.8
河南居全国位次	**Order of Precedence of Henan in the Country**	**14**	**25**	**16**	**8**	**4**

30-4 全国及各省市区城乡居民收支(2013年)

Income and Expenditure of Urban and Rural Residents by Provinces and Regions (2013)

单位：元 (yuan)

地区	Region	城镇居民人均全部收入 Per Capita Annual Total Income in Urban Households	#可支配收入 Annual Disposable Income	城镇居民人均消费支出 Per Capita Living Expenditure of Urban Households	农民人均纯收入 Per Capita Annual Net Income in Rural Households	农民人均生活消费支出 Per Capita Living Expenditure of Rural Households
全国	**National**	**29547.1**	**26955.1**	**18022.6**	**8895.9**	**6625.5**
北京	Beijing	45273.8	40321.0	26274.9	18337.5	13553.2
天津	Tianjin	35655.5	32293.6	21711.9	15841.0	10155.0
河北	Hebei	24142.9	22580.3	13640.6	9101.9	6134.1
山西	Shanxi	24013.6	22455.6	13166.2	7153.5	5812.7
内蒙古	Inner Mongolia	26978.1	25496.7	19249.1	8595.7	7268.3
辽宁	Liaoning	27904.9	25578.2	18029.7	10522.7	7159.0
吉林	Jilin	23544.2	22274.6	15932.3	9621.2	7379.7
黑龙江	Heilongjiang	21149.2	19597.0	14161.7	9634.1	6813.6
上海	Shanghai	48879.3	43851.4	28155.0	19595.0	14234.7
江苏	Jiangsu	35131.0	32538.0	20371.5	13597.8	9909.8
浙江	Zhejiang	41241.0	37851.0	23257.2	16106.0	11760.2
安徽	Anhui	25006.2	23114.2	16285.2	8097.9	5724.5
福建	Fujian	33382.7	30816.4	20092.7	11184.2	8151.2
江西	Jiangxi	22949.4	21872.7	13850.5	8781.5	5653.6
山东	Shandong	30628.1	28264.1	17112.2	10619.9	7392.7
河南	**Henan**	**23686.5**	**22398.0**	**14822.0**	**8475.3**	**5627.7**
湖北	Hubei	25180.5	22906.4	15749.5	8867.0	6279.5
湖南	Hunan	24643.0	23414.0	15887.1	8372.1	6609.5
广东	Guangdong	36503.9	33090.0	24133.3	11669.3	8343.5
广西	Guangxi	25028.7	23305.4	15417.6	6790.9	5205.6
海南	Hainan	24919.9	22928.9	15593.0	8342.6	5465.6
重庆	Chongqing	26850.3	25216.1	17813.9	8332.0	5796.4
四川	Sichuan	23893.9	22367.6	16343.5	7895.3	6308.5
贵州	Guizhou	21413.0	20667.1	13702.9	5434.0	4740.2
云南	Yunnan	24698.3	23235.5	15156.1	6141.3	4743.6
西藏	Tibet	22560.7	20023.4	12231.9	6578.2	3574.0
陕西	Shaanxi	24108.8	22858.4	16679.7	6502.6	5724.2
甘肃	Gansu	20149.0	18964.8	14020.7	5107.8	4849.6
青海	Qinghai	22131.0	19498.5	13539.5	6196.4	6060.2
宁夏	Ningxia	23766.8	21833.3	15321.1	6931.0	6489.7
新疆	Xinjiang	22387.9	19873.8	15206.2	7296.5	6119.1
河南为全国%	**Henan as % of the Country**	**80.2**	**83.1**	**82.2**	**95.3**	**84.9**
河南居全国位次	**Order of Precedence of Henan in the Country**	**23**	**21**	**23**	**16**	**25**

30-5 全国及各省市区主要农产品产量(2013年)

Output of Major Farm Products by Provinces and Regions (2013)

单位：万吨 (10 000 tons)

	粮 食 Grain	棉 花 Cotton	油 料 Oil-bearing Crops	水果 Fruits	肉类 Meat	奶类 Milk
全 国 National	**60193.84**	**629.90**	**3516.99**	**25093.04**	**8535.02**	**3649.52**
北 京 Beijing	96.13	0.02	0.98	103.85	41.80	61.46
天 津 Tianjin	174.71	4.85	0.58	54.17	46.48	68.53
河 北 Hebei	3364.99	45.68	151.13	1863.31	448.78	465.66
山 西 Shanxi	1312.80	3.06	19.47	711.84	83.21	87.21
内 蒙 古 Inner Mongolia	2773.00	0.16	158.14	294.77	244.90	778.55
辽 宁 Liaoning	2195.60	0.10	113.64	944.65	420.12	125.74
吉 林 Jilin	3551.02	0.58	84.02	234.66	262.66	48.34
黑 龙 江 Heilongjiang	6004.07		19.02	274.37	221.28	522.52
上 海 Shanghai	114.15	0.39	1.50	74.73	23.75	26.53
江 苏 Jiangsu	3422.99	20.93	150.37	814.19	383.23	59.89
浙 江 Zhejiang	733.95	2.80	37.78	715.65	174.27	18.21
安 徽 Anhui	3279.60	25.11	225.43	905.06	403.83	25.34
福 建 Fujian	664.36	0.01	28.83	744.31	211.21	15.30
江 西 Jiangxi	2116.10	13.09	119.29	637.77	321.93	12.25
山 东 Shandong	4528.20	62.10	349.61	3028.84	774.77	281.22
河 南 Henan	**5713.69**	**18.97**	**589.08**	**2599.66**	**699.05**	**328.77**
湖 北 Hubei	2501.30	45.97	333.17	920.46	430.08	15.78
湖 南 Hunan	2925.74	19.80	224.44	879.44	519.23	8.90
广 东 Guangdong	1315.90		101.01	1485.40	435.23	14.06
广 西 Guangxi	1521.80	0.24	57.21	1433.42	420.02	9.56
海 南 Hainan	190.90		10.92	439.48	82.85	0.23
重 庆 Chongqing	1148.13	0.01	53.14	319.26	207.85	6.80
四 川 Sichuan	3387.10	1.31	290.44	840.07	690.39	71.12
贵 州 Guizhou	1029.99	0.10	91.53	167.75	199.74	5.45
云 南 Yunnan	1824.00	0.04	60.68	634.52	359.40	59.30
西 藏 Tibet	96.15		6.38	1.30	26.82	32.97
陕 西 Shaanxi	1215.80	5.79	59.52	1764.41	112.56	188.55
甘 肃 Gansu	1138.90	7.05	69.72	611.49	91.01	39.15
青 海 Qinghai	102.37		32.57	2.96	31.81	28.74
宁 夏 Ningxia	373.40		16.81	264.31	27.37	104.19
新 疆 Xinjiang	1377.00	351.75	60.63	1326.94	139.40	139.19
河南为全国% Henan as % of the Country	**9.5**	**3.0**	**16.7**	**10.4**	**8.2**	**9.0**
河南居全国位次 Order of Precedence of Henan in the Country	**2**	**8**	**1**	**2**	**2**	**4**

30－6　全国及各省市区规模以上工业主要统计指标(2013年)

Main Indicators of Enterprises Above Designed Size by Provinces and Regions (2013)

地　区	Region	原　油 (万吨) Crude Oil (10 000 tons)	发电量 (亿千瓦小时) Electricity (100 mill-ion kwh)	成品钢材 (万吨) Steel (10 000 tons)	水　泥 (万吨) cement (10 000 tons)	农　用 化　肥 (万吨) Chemical Fertilizers (10 000 tons)	增加值 指　数 (上年=100) Indices of Value-Added of Industry (Preceding=100)
全　国	**National**	**20947**	**53976**	**106762**	**241440**	**7154**	**109.7**
北　京	Beijing		336	219	901		108.0
天　津	Tianjin	3045	624	6641	952	14	113.0
河　北	Hebei	591	2488	22862	12676	229	110.0
山　西	Shanxi		2604	4486	4985	446	110.5
内蒙古	Inner Mongolia		3476	1798	6396	112	112.0
辽　宁	Liaoning	1001	1516	6863	6005	77	109.6
吉　林	Jilin	620	751	1510	4503	52	109.6
黑龙江	Heilongjiang	4001	826	631	4029	60	106.9
上　海	Shanghai	7	960	2323	750	2	106.6
江　苏	Jiangsu	201	4289	12398	17992	247	111.5
浙　江	Zhejiang		2884	3823	12463	30	108.5
安　徽	Anhui		1958	3139	12131	326	113.7
福　建	Fujian		1643	2783	7890	47	113.2
江　西	Jiangxi		788	2464	9204	106	112.4
山　东	Shandong	2766	3500	8109	16218	826	111.3
河　南	**Henan**	**477**	**2853**	**4255**	**16764**	**536**	**111.8**
湖　北	Hubei	80	2119	3345	11057	1187	111.8
湖　南	Hunan		1277	1978	11265	135	111.6
广　东	Guangdong	1292	3796	3385	13395	55	108.7
广　西	Guangxi	44	1199	2791	10708	105	112.9
海　南	Hainan	26	215	27	1988	66	106.3
重　庆	Chongqing		583	1270	6127	213	113.6
四　川	Sichuan	22	2448	2785	13897	440	111.1
贵　州	Guizhou		1620	563	8141	512	113.6
云　南	Yunnan		1955	2054	9009	338	112.3
西　藏	Tibet		22		296		112.2
陕　西	Shaanxi	3688	1493	1565	8546	103	113.1
甘　肃	Gansu	73	1142	1022	4413	59	111.5
青　海	Qinghai	215	566	131	1786	413	112.6
宁　夏	Ningxia	6	1074	150	1914	70	112.5
新　疆	Xinjiang	2792	1446	1395	5040	348	112.9
河南为全国%	**Henan as % of the Country**	**2.3**	**5.3**	**4.0**	**6.9**	**7.5**	
河南居全国位次	**Order of Precedence of Henan in the Country**	**10**	**6**	**7**	**2**	**3**	**15**

30-7 全国及各省市区贸易外经和财政主要指标(2013年)

Main Indicators of Internal and Foreign Trade、Government Finance by Provinces and Regions (2013)

地区	Region	社会消费品零售总额(亿元) Total Retail Sales of Consumer Goods (100 million yuan)	进出口贸易总额(亿美元) Total Value of Imports (USD 100 million)	#出口 Total Value of Exports	公共财政预算收入(亿元) Public Financial Revenueof theLocal Government (100 million yuan)	公共财政预算支出(亿元) Public Financial Expenditures oftheLocal Government (100 million yuan)
全国	**National**	**237809.9**	**41603.08**	**22100.19**	**68969.13**	**119272.51**
北京	Beijing	8375.1	4291.03	632.46	3661.11	4170.21
天津	Tianjin	4470.4	1285.28	490.25	2078.30	2571.21
河北	Hebei	10516.7	548.83	309.63	2292.20	4353.80
山西	Shanxi	5139.3	157.98	79.96	1700.22	3027.50
内蒙古	Inner Mongolia	5114.2	119.93	40.95	1719.54	3682.15
辽宁	Liaoning	10581.4	1142.85	645.41	3341.77	5200.93
吉林	Jilin	5426.4	258.53	67.57	1156.96	2744.81
黑龙江	Heilongjiang	6251.2	388.78	162.32	1277.40	3369.18
上海	Shanghai	8052.0	4412.26	2041.97	4109.51	4528.61
江苏	Jiangsu	20796.5	5508.44	3288.57	6568.46	7731.16
浙江	Zhejiang	15225.5	3358.34	2487.92	3796.92	4730.78
安徽	Anhui	6542.4	456.34	282.56	2073.82	4342.59
福建	Fujian	8275.3	1693.52	1065.04	2118.67	3056.48
江西	Jiangxi	4576.1	367.38	281.70	1620.17	3465.08
山东	Shandong	22294.8	2671.48	1344.99	4560.02	6692.95
河南	**Henan**	**12426.6**	**599.51**	**359.92**	**2415.45**	**5582.31**
湖北	Hubei	10885.9	363.89	228.38	2175.79	4330.63
湖南	Hunan	9018.6	251.64	148.21	2029.50	4565.70
广东	Guangdong	25453.9	10915.70	6364.04	7075.54	8265.78
广西	Guangxi	5133.1	328.37	186.95	1316.84	3192.15
海南	Hainan	992.9	149.78	37.06	480.52	1008.65
重庆	Chongqing	4599.8	687.04	467.97	1692.92	3059.86
四川	Sichuan	10561.4	645.93	419.52	2784.23	6196.03
贵州	Guizhou	2366.2	82.90	68.86	1205.72	3098.25
云南	Yunnan	4004.6	258.29	159.59	1610.69	4096.56
西藏	Tibet	293.2	33.19	32.69	95.00	1014.31
陕西	Shanxi	4999.5	201.27	102.24	1747.24	3666.25
甘肃	Gansu	2173.8	102.78	46.79	606.45	2308.22
青海	Qinghai	544.1	14.03	8.47	224.41	1227.98
宁夏	Ningxia	610.5	32.18	25.52	308.14	931.48
新疆	Xinjiang	2108.2	275.62	222.70	1127.98	3065.00
河南为全国%	**Henan as % of the Country**	**5.2**	**1.4**	**1.6**	**3.5**	**4.7**
河南居全国位次	**Order of Precedence of Henan in the Country**	**5**	**12**	**12**	**9**	**5**

注：财政收支为月度执行情况汇总数，全国数据为公共财政预算收支合计。

a)Government revenue and expenditures is collected by monthly executive instance.Data of National is the Sum of 31 Provinces.

30−8 全国及各省市区教育、卫生情况(2013年)

Main Indicator on Education and Public Health by Provinces and Regions (2013)

地区 Region	在校学生数(万人) Student Enrollment (10 000 persons)			卫生机构数(个) Health Care Institutions (unit)	卫生机构床位数(张) Number of Beds in Health Institutions (unit)	执业(助理)医师数(人) Doctors (person)
	普通高等学校 Institutions of Higher Education	普通中学 Regular Secondary Schools	小学 Primary Schools			
全国 National	**2468**	**6876**	**9361**	**974398**	**6181891**	**2794754**
北京 Beijing	60	50	79	9683	104011	77114
天津 Tianjin	49	44	55	4689	57743	32059
河北 Hebei	117	318	546	78485	303497	150144
山西 Shanxi	68	214	230	40281	172620	88182
内蒙古 Inner Mongolia	40	118	131	23257	120065	62055
辽宁 Liaoning	97	174	204	35612	241860	103344
吉林 Jilin	60	110	136	19913	133245	61998
黑龙江 Heilongjiang	72	152	154	21369	189183	80475
上海 Shanghai	50	59	79	4929	114314	57944
江苏 Jiangsu	168	297	435	30998	368287	169641
浙江 Zhejiang	96	232	350	30063	230056	138279
安徽 Anhui	105	325	409	24645	235959	98613
福建 Fujian	73	176	260	28175	156149	72642
江西 Jiangxi	86	263	408	38902	174299	70251
山东 Shandong	170	488	626	75426	489737	231754
河南 Henan	**162**	**574**	**940**	**71464**	**429810**	**180600**
湖北 Hubei	142	247	328	35631	288169	117191
湖南 Hunan	110	318	468	62210	314090	127241
广东 Guangdong	171	625	808	47835	378367	210306
广西 Guangxi	66	277	426	33943	187216	83310
海南 Hainan	17	53	74	5011	32100	16725
重庆 Sichuan	66	168	199	18926	147436	55141
四川 Chongqing	127	423	526	80037	426635	173890
贵州 Guizhou	42	296	356	29177	166724	55959
云南 Yunnan	55	261	392	24264	210125	74860
西藏 Tibet	3	18	29	6725	11003	5176
陕西 Shaanxi	108	210	227	37137	185139	74397
甘肃 Gansu	44	170	187	26697	116064	44887
青海 Qinghai	5	32	47	6020	29529	13239
宁夏 Ningxia	10	45	60	4231	31134	14317
新疆 Xinjiang	28	137	189	18663	137325	53020
河南为全国% Henan as % of the Country	**6.6**	**8.4**	**10.0**	**7.3**	**7.0**	**6.5**
河南居全国位次 Order of Precedence of Henan in the Country	**4**	**2**	**1**	**4**	**2**	**3**

中国统计出版社最新图书简目

(仅供参考，以最后出书为准)

统计资料

综合类：中国统计年鉴　中国统计摘要　中国发展报告

国际资料类：国际统计年鉴　金砖国家联合统计手册　世界能源资源年鉴

区域资料类：中国区域经济统计年鉴　中国县域统计年鉴　中国城市统计年鉴　中国农村统计年鉴　中国地区经济监测报告

经贸与投资类：中国贸易外经统计年鉴　中国对外直接投资统计公报　中国商品交易市场统计年鉴　大中型批发零售和住宿餐饮企业统计年鉴　中国零售和餐饮连锁企业统计年鉴

住户与物价类：中国住户调查年鉴　中国价格统计年鉴　中国农产品价格调查年鉴　全国农产品成本收益资料汇编

资源与环境类：中国环境统计年鉴　中国能源统计年鉴

产业类：中国工业统计年鉴　中国建筑业统计年鉴　中国房地产统计年鉴　中国第三产业统计年鉴　中国证券期货统计年鉴

科技类：中国科技统计年鉴　中国高技术产业统计年鉴　工业企业科技活动资料

人口与就业类：中国劳动统计年鉴　中国人口和就业统计年鉴　中国人才资源统计报告

社会与文化类：中国社会统计年鉴　中国文化及相关产业统计年鉴

公共管理类：中国民政统计年鉴　中国民族统计年鉴　中国乡镇街道行政区域简册

省级综合统计年鉴系列

北京 天津 河北 山西 内蒙古 辽宁 吉林 黑龙江 上海 江苏 浙江 安徽 福建 江西 山东 河南 湖北 湖南 广东 广西 海南 重庆 四川 贵州 云南 西藏 陕西 甘肃 青海 宁夏 新疆 新疆生产建设兵团

市(县)级综合统计年鉴系列

天津滨海新区 石家庄 唐山 邯郸 太原 大同 阳泉 长治 晋城 朔州 晋中 运城 忻州 临汾 呼和浩特 鄂尔多斯 包头 沈阳 大连 长春 吉林市 四平 哈尔滨 黑龙江垦区 上海浦东新区 南京 无锡 徐州 常州 苏州 南通 连云港 淮安 盐城 扬州 镇江 泰州 宿迁 江阴 丹阳 杭州 宁波 温州 嘉兴 绍兴 金华 衢州 舟山 台州 丽水 合肥 福州 厦门 宁德 福州经济技术开发区 南昌 济南 青岛 郑州 洛阳 平顶山 三门峡 南阳 武汉 十堰 荆州 宜昌 荆门 咸宁 长沙 广州 深圳 惠州 东莞 南宁 柳州 桂林 来宾 海口 三亚 成都 贵阳 昆明 西安 兰州 庆阳 银川 乌鲁木齐 兵团一师 兵团十师

调查年鉴系列

山西 内蒙古 吉林 辽宁 上海 福建 湖北 广西 重庆 四川 云南 甘肃 宁夏 新疆 南宁 桂林

“十二五”规划教材

统计学（经济管理类专业本科适用，单薇 等）　抽样调查理论与方法（冯士雍 等）

贝叶斯统计（茆诗松 等）　统计学（黄良文 等）　试验设计（茆诗松 等）

统计学：从数据到结论（吴喜之）　医学统计学（于浩）　统计学（经济、管理类专业基础教材，张小斐）

概率论与数理统计三十三讲（魏振军）　概率论与数理统计三十三：学习指导与习题解答（魏振军）

非参数统计（吴喜之 等）　统计学：经济与管理中的数据分析（李慧云 等）

卫生管理统计学（新编医学院校基础课教材，尚磊）医院统计学（新编医学院校基础课教材，徐天和 等）

社会统计学（蒋萍 等）　现代金融投资统计分析（李腊生 等）

国民经济核算初级教程（经济类、统计类、管理类专业适用，蒋萍 等）

重点图书

新中国65年　新编英汉汉英统计大词典　中华医学统计百科全书

挑大学选专业2014—考研择校指南　挑大学选专业2014—高考志愿填报指南

《河南统计年鉴2014》只读光盘（CD-ROM）介绍

《河南统计年鉴—2014》只读光盘（CD-ROM）是一张信息高度密集的资料工具软件。该光盘全面反映河南省经济和社会发展情况，收录了全省和各省辖市2013年经济和社会等各方面大量的统计数据，以及历史重要年份的全省主要统计数据。

《河南统计年鉴—2014》光盘（CD-ROM）设有中、英文双语版本，操作简便、功能实用。在浏览时可随时实现不同章节之间的切换。并设计了将表格转换为Excel文件的功能。

本光盘所有资料的浏览查阅和计算加工，未经许可不得用于营业性用途，否则必追究其法律责任。

Introduction to the CD-ROM

Henan Statistical Yearbook 2014 (CD-ROM)is an annual statistical publication, which covers very comprehensive data series in 2013 and some selected data series in historically important years and the most recent ten years at provincial level, and local levels of prefecture and county, and therefore, reflects various aspects of Henan's social and economic development.

Henan Statistical Yearbook 2014 (CD-ROM)is compiled in Chinese and English and is easy to use. When you browse the CD-ROM, For convenient use, all tables in the CD-ROM can be converted to Excel documents as well.

The consultation and calculation of data in this disk are not permitted for commercial purposes without written permission from the publisher.Legal responsibilities are reserved to prosecute.